KB201506

불교 요가 수행자들의 수행토대

瑜伽師地論

유가사지론

불교 요가 수행자들의 수행토대

瑜伽師地論 유가사지론

안성두
이영진·원과 스님·운산 스님
역주

씨아이알

이 번역작업은 보성장학재단의 학술연구기금(2016-2021)의 지원에 의해 수행되었음.

보성장학재단 이화영 이사장님께

이 책을 바칩니다.

감사의 글

『瑜伽師地論』(Yogācārabhūmi)을 처음 접했던 때는 한국학대학원 이기영 선생님의 수업에서 원효의 『대승기신론소』를 읽었을 때였다. 당시 원효소의 자구를 이해하기에도 벅찼기에 『유가사지론』의 이해로 넘어갈 엄두도 못 냈지만 유식-여래장 사상에 대한 근본적 관심은 마음에 자리하고 있었다. 대학원 졸업 후에 인도불교를 공부하겠다고 결심한 이후에도 인도유식문헌을 읽을 엄두도 내지 못했다. 비록 한문번역을 읽을 수 있었다고 해도 의미의 이해와는 거리가 있었고, 산스크리트와 고전 티벳어의 뒷받침이 없이는 유식의 세계로 들어가기 힘들었기 때문이다.

유학을 준비하던 차에 한양대 조흥윤 교수님의 소개로 독일 함부르크 대학의 Lambert Schmithausen 교수님의 1981년 논문 On Some Aspects of Descriptions or Theories of Liberating Insight and Enlightenment in Early Buddhism을 처음으로 접한 적이 있었다. 그 논문은 당시까지 내가 읽었던 어떤 불교학의 논문과도 다른 접근법을 취하고 있었다. 이에 나는 주저하지 않고 그에게 가서 공부하기로 결정을 내렸고, 우여곡절 끝에 함부르크 대학에서 인도불교를 처음부터 다시 시작할 수 있었다. 이런 귀중한 인연을 소개해 주신 조흥윤 교수님께 진심으로 감사를 드린다.

Schmithausen 교수님은 기대했던 것보다 학문적으로 더 위대한 학자였고, 인간적으로도 다시 보기 힘든 따뜻한 마음을 가지신 분이었다. 그런 위대한 보살로부터 유식사상을 위시한 불교사상을 배울 수 있었던 것에 대해 언제나 깊은 존경과 감사의 마음이 든다.

본 번역은 『유가사지론』의 5부 중에서 첫 부분인 「본지분」(Maulyo Bhūmayaḥ)과 두 번째 부분인 「섭결택분」의 일부를 번역한 것이다. 다행히 「본지분」에 대한 산스크리트 사본이 1937-8년 티벳에서 Sāṅkṛtyāyana에 의해 발견되고 사진본으로 남아 있었다. 이에 의거하여 「본지분」을 구성하는 17地 중에서 제10장 「문소성지」와 제11장 「사소성지」, 제12장 「수소성지」를 제외한 부분들이 여러 학자들에 의해 편집본의 형태로 출판되었다. 그 상세한 내역은 Martin Delhey(2013; 2017)에 의해 상세히 보고되어 있는데, 본 번역은 그의 평가에 의거하여 편집본을 택해 번역한 것이다(본서 해제 참조). 이에 Delhey 교수에게도 감사를 드린다. 위에서 언급한 「문소성지」 등의 세 부분은 공동 번역자인 운산 스님과 원과 스님, 이영진 교수에 의해 학계에서 처음으로 산스크리트 사본으로부터 비판편집본이 준비되었고 이에 의거해서 번역된 것이다. 이런 작업은 『유가사지론』 사본 필름본을 기꺼이 제공해 준 독일 괴팅엔 대학의 정진일 박사님과 또 새롭게 촬영된 『유가사지론』 사본을 제공해 주신 중국 북경대의 Ye, Shaoyong 교수의 학문적 도움이 없이는 불가능했을 것이다. 이 기회를 빌려 두 학자께도 번역자 모두의 깊은 감사를 드린다.

우리의 번역작업은 보성장학재단의 학술연구기금의 지원(2016-2021)에 의해 수행되었다. 『유가사지론』이 불교사상과 수행론에 대해 가진 의의를 높이 평가해서 지원해 주신 이화영 이사장님께 깊은 감사를 드린다. 아울러 불교학파들에 있어 수행론의 차이에도 불구하고 그것이 一以貫之될 수 있다는 믿음을 갖고 언제나 우리의 번역작업을 격려해 주신 미산 스님의 도움이 없었다면 이 번역연구는 시작조차 하지 못했을 것이다.

번역하는 도중에 『유가사지론』 일부를 원전강독팀에서 읽은 적이 있다. 이 기회에 이길산 박사와 종담 스님, 오기열 선생님을 위시한 원전강독에 참여한 모든 분들에게도 감사를 드린다. 그리고 출판을 위한 교정본을 꼼꼼히 읽고 산스크리트 단어를 정정해 준 방정란 박사에게도 인사드린다.

그리고 마지막으로 다시 한번 Schmithausen 교수님의 따뜻한 도움에 대해 감사를 드리고 싶다. 선생님은 1957년 출판되었지만, 아직 그에 대한 비판교정본이 나오지 않은 Bhattacharya의 책을 사본에 의거해 개인적으로 수정한 내용을 보여주셨고, 이를 통해 의심쩍고 어려운 부분들의 번역을 수행할 수 있었다. 나아가 선생님은 우리 번역팀에서 수행한 「문소성지」와 「사소성지」의 산스크리트 편집본을 읽고 그에 대한 교정과 다른 해독가능성도 제안해 주어 본 번역의 완성도를 높이는 데 커다란 도움을 주었다. '스승의 인색함'(ācāryamuṣṭi)의 어떠한 흔적도 없이 제자의 학문적 성숙과 『유가사지론』의 보다 나은 이해만을 위한 선생님의 바다와 같은 보살심에 깊은 존경의 인사를 드린다.

이 책의 출판을 기꺼이 허락해 주신 씨아이알 출판사의 김성배 사장님과 어려운 편집작업을 맡아주신 최장미 선생님에게도 심심한 감사를 드리며,

2023년 11월

안성두

목차

2부 섭결택분 (Viniścayasaṃgrahaṇī) 부분번역

제1부

「본지분」의 번역 및 주석

瑜伽師地(yogācārabhūmi)[1]란 무엇인가? 그것은 17地들이라고 알아야 한다. 17이란 무엇인가? 압축적인 요약송이다.

> 5식과 상응하는 것, 意地, 3종의 또 다른
> 유심유사 등[2], 삼매에 수반되거나 그렇지 않은 것,
> 유심지와 무심지, 문소성지, 사소성지 및 수소성지,
> 삼승을 갖춘 것 및 유여의와 무여의이다.

5식신상응지(Pañcavijñānakāyasaṃprayuktā bhūmiḥ), 意地(Manobhūmi), 유심유사지(Savitarkā savicārā bhūmiḥ), 무심유사지(Avitarkā vicāramātrā bhūmiḥ), 무심무사지(Avitarkāvicārā bhūmiḥ), 사마히타지(Samāhitā bhūmiḥ), 비사마히타지(Asamāhitā bhūmiḥ), 유심지(Sacittikā bhūmiḥ), 무심지(Acittikā bhūmiḥ), 문소성지(Śrutamayī bhūmiḥ), 사소성지(Cintāmayī bhūmiḥ), 수소성지(Bhāvanāmayī bhūmiḥ), 성문지(Śrāvakabhūmi), 독각지(Pratyekabuddhabhūmi), 보살지(Bodhisattvabhūmi), 유여의지(Sopadhikā bhūmiḥ), 무여의지(Nirupadhikā bhūmiḥ)이다.

이 17지들이 요약해서 유가사지(yogācārabhūmi)라고 설해진다.

---

1 yogācārabhūmi는 '불교요가수행의 단계에 대한 [논서]' 또는 '불교요가를 수행하는 자의 단계에 대한 [논서]'를 의미한다. 이러한 번역에 대해서는 Schmithausen 2007: 213, Delhey 2009: 3, n.2 참조. 최근 Kragh(2013)는 후자의 번역에 의거하면서 地(bhūmi)를 '단계' 대신에 '토대' 내지 '기초'의 의미에서 "Foundation for Yoga Practitioners"로 번역하고 있다. 그런데 여기서 yogācārabhūmi는 17지로 명시되어 있는데, 각각의 지의 명칭은 현존하는 「본지분」(*Maulyo Bhūmayaḥ)을 구성하는 地의 명칭과 동일하다. 그렇다면 yogācārabhūmi의 편찬자들은 17지를 단지 「본지분」으로 이해했다고 추정할 수 있는데, 이는 현존하는 『유가사지론』의 한역과 티벳역이 「본지분」을 포함해 다른 네 개의 攝分(saṃgrahaṇī)으로 구성되어 있다는 사실과 충돌할 것이다. 그러나 현장이 17지라는 명칭을 「본지분」과 구별해서 사용하고 있다는 점을 고려할 때, 17지는 광의의 의미에서 「본지분」과 다른 네 개의 섭분을 모두 가리키는 것으로 이해하는 것이 타당할 것이다. 이에 대한 논의는 Deleanu 2006: 43-48 참조.

2 YBh 3,5: savitarkavicārābhyāṃ을 YBh_ms: savitarkavicārādyā에 따라 교정. 여기서 ādyā(= 等)은 이하에서 나오듯이 有尋有伺地 외에 無尋唯伺地(avitarkā vicāramātrā bhūmiḥ) 및 無尋無伺地(avitarkāvicārā bhūmiḥ)를 가리킨다. Bhattacharya의 YBh 편집본에 포함된 내용이 바로 앞의 5지까지이다.

제1장
오식신상응지(五識身相應地)
(YBh 4; Ch, 279a22)

다섯 식의 그룹(五識身)과 상응하는 토대(地)란 무엇인가? 자체적으로 그 [다섯 식]들의 의지체(āśraya)이며 그것들의 인식대상(ālambana)이며, 그것들의 조반(sahāya)이며, 그것들의 작용(karman)인 5식의 그룹들이 요약해서 5식의 그룹과 상응하는 토대이다.

1. 오식의 그룹

다섯 식의 그룹이란 무엇인가? 안식과 이식, 비식, 설식, 신식[3]이다.

1.1. 眼識

眼識이란 무엇인가? 眼을 의지체로 하는, 색의 요별(rūpaprativijñapti)이다.

---

3 身識 다음에 YBh 4,4에서는 kāya-mano-vijñānaṃ으로 mano를 첨가하고 있고 이는 티벳역(D 2a3f)에서도 마찬가지다. 그러나 YBh_ms: 1b3 및 한역에서는 5식의 내용에 부합되게 mano 없이 읽고 있다. 그리고 본 번역에서는 전통적 용어인 眼識, 耳識, 鼻識, 舌識, 身識을 소통의 유용성 때문에 그대로 사용하겠다. 이를 현대적 표현으로 바꾼다면 시각, 청각, 후각, 미각, 촉각이 될 것이다.

안식의 의지체(āśraya)란 무엇인가? 眼은 동시적인(sahabhū) 의지체이고, 意는 직후의 의지체이다. 일체종자를 가진(sarvabījaka), 의지체를 집수하고(āśrayopādātṛ), 이숙에 포함되는(vipākasaṃgṛhīta) 알라야식(ālayavijñāna)[4]이 [안식의] 종자의 의지체이다. 그 [종자의 의지체]는 2종으로서, 즉, 물질적인 의지체와 비물질적 의지체이다. 그중에서 眼은 물질적인 것이고 그것과 다른 것은 비물질적인 것이다.

眼이란 무엇인가? 4대종에 의거한 안식의 토대이며, 보이지 않고 저항을 가진 청정한 색이다. 意란 무엇인가? 안식의 직후에 지나간 식이다. 일체종자를 가진 식이란 무엇인가? 이전의 희론에 대한 기쁨을 원인으로 한 후에 산출된 일체종자를 가진 異熟(vipāka)이다.[5]

안식의 인식대상이란 무엇인가? 보이고 저항을 가진 색이다. 그런데 그것은 다수이다. 요약하면 색깔(varṇa)과 형태(saṃsthāna), 표색(vijñapti)이다. 색깔이란 무엇인가? 즉 청·황·적·백, 그림자(chāyā)와 열(ātapa), 광명(āloka)과 어둠(andhakāra), 안개(abhra)와 연기(dhūma), 구름(rajas)과 안개(mahikā), 그리고 한 색깔의 하늘(nabhaś cāpy ekavarṇaṃ)이다. 형태란 무엇인가? 즉 장·단·방·원, 미세함과 거침, 곧음과 구부러짐, 높음과 낮음이다. 표색이란 무엇인가? 즉 취·사와 굴·신,[6] 머묾과 앉음, 누움, 가까움(abhikrama)과 멂(pratikrama)이다.[7]

* 또한 색깔이란 무엇인가? 색의 나타남(rūpanibhā)[8]이며, 안식의 영역이다. YBh 5

---

4 YBh에서 여기서 처음으로 ālayavijñāna가 언급되고 있다. 그것은 "일체종자를 가진(sarvabījaka), 의지체를 집수하고(āśrayopādātṛ), 이숙에 포함되는(vipākasaṃgṛhīta)"이라는 세 개의 수식어로 묘사되고 있다. Schmithausen(1987: 109ff)은 이 수식어의 사용맥락을 상세히 분석하면서, 여기서의 알라야식의 설명은 유식학파에 의해 새로운 형태의 식으로서 수용되게 된 두 가지 이유를 충족시키지 못한다고 지적하고 있다. Schmithausen 1987: 15에서 제시된 두 가지 이유는 먼저 알라야식이라는 새로운 개념이 등장하기 위한 체계적이고 교설적 상황이 인정되어야 하며, 그리고 그 새로운 식의 기능이나 성질이 알라야식이라는 명칭을 택하는 데 있어 충분히 개연적이어야 한다는 것이다.

5 YBh 4,11f: pūrvakaṃ prapañcaratihetum upādāya yaḥ sarvabījako vipāko nirvṛttaḥ; Ch. 279b2: 無始時來樂著戲論熏習爲因所生 一切種子異熟識. prapañcarati의 다양한 의미에 대해서는 Schmithausen 1987: n.1405 참조.

6 Ed. samiñjitaṃ. 그리고 prasāraṇaṃ이 결락. YBh_ms 1b6: saṃmiṃjitaṃ prasāraṇaṃ.

7 한역(279b7: 表色者, 謂取捨屈伸, 行住坐臥)에는 마지막 한 쌍의 개념인 abhikrama, pratikrama에 대응하는 단어가 없다.

형태란 무엇인가? 長 등으로 분할되는 형상을 가진 색의 덩어리이다. 표색이란 무엇인가? 바로 그 뭉친 색이 생겨났고 소멸했을 때 대립하는 원인에 의해 (vairodhikena kāraṇena) [이전의] 생겨난 곳에서 [다시] 생겨나지 않고, –틈이 있건 없건, 또는 가까이 있건 멀리 있건 간에– 그것과 다른 곳에서 생기는 것이거나, 또는 동일한 곳에서 변형되어 생겨나는 것이 표색이라고 불린다.[9]

그중에서 색깔은 빛(ābha)과 조명(nirbhāsa)이라는 차이가 있다. 형태는 적집인데 길고 짧음 등의 차이가 있다. 표색은 행위와 작용, 동작과 떨림이라는 차이가 있다. 모든 색깔과 형태, 표색들은 眼의 영역이고 안의 경계이고, 안식의 영역이고 안식의 경계이고 안식의 인식대상이며, 의식의 영역이고 의식의 경계이고 의식의 인식대상이라는 차이가 있다. 또한 바로 그것은 좋은 색깔이거나 추한 색깔이거나 또는 그 양자와 다른 모습을 가진 것이든 간에 색깔로 현현한다.

[안식의] 조반이란 무엇인가? 그 [식]과 동시적이고 상응하는 심소법으로, 즉 作意, 觸, 受, 想, 思이다. 또한 안식과 동시적이고 상응하는 심소법들이 같은 인식대상을 갖고 다양한 행상을 갖고, 동시적이고 상응하면서 하나하나씩 생겨나는 것이다. 또한 자신의 종자로부터 생겨난 모든 것은 [인식대상과] 상응하며, 행상을 갖고 있고, 인식대상을 가지며, 의지체를 갖고 있다.[10]

[안식의] 작용이란 무엇인가? 그것은 6종이라고 알아야 한다. 작용은 먼저 자신의 경계와 인식대상의 요별이다. 다음으로 자신의 특징의 요별이다. 다음으
YBh 6 로 일어나는 때의 요별이다. 다음으로 한 찰나의 요별이다. * 다음으로 두 종류

---

8 YBh 5,1: yo rūpanibhaś. YBh_ms: 2a1: yā rūpanibhā. nibhā가 명사로 사용된다는 것에 대해서는 BHSD 참조.

9 Bhattacharya는 사본을 변형시켜 tasminn eva vā deśe 'vikṛtotpattir vijñaptir ity ucyate (YBh 5,5)로 편집하고 있지만, YBh_ms 2a1-2에 의거해서 다음과 같이 편집했다: vijñaptir ity ucyate, tasminn eva vā deśe vikṛtotpattiḥ. (이하에서 Bhattacharya의 편집본(= YBh)에 대한 YBh_ms의 인용은 Schmithausen 교수의 미발표된 교정 자료에 의거하고 있다. 이에 Schmithausen 교수께 깊은 감사를 드린다.)

10 Ch, 又彼一切各各從自種子而生.

로 의식을 따라 일어나는 것으로, 선과 염오를 따라 일어나는 것과 업의 현기를 따라 일어나는 것이다. 다음으로 원하고 원하지 않는 과보를 포함하는 것이 여섯 번째 작용이다.

1.2. 耳識 (Ch. 279b28)

耳識이란 무엇인가? 耳를 의지체로 하는, 소리의 요별(śabdaprativijñapti)이다. 의지체란 무엇인가? 동시적인 의지체인 耳이다. 직후의 의지체는 意이다. 종자의 의지체란 바로 저 일체종자를 가진 알라야식이다. 耳란 무엇인가? 4대종에 의거한 이식의 의지체이며, 보이지 않지만 저항을 가진 청정한 색이다. 의와 종자 양자의 구별은 앞에서와 같다.

[이식의] 인식대상이란 무엇인가? 보이지 않고 저항을 가진 다양한 소리들이다. 예를 들면 조개소리, 북소리, 작은 북소리, 작은 종(mṛdaṅga)소리, 춤소리, 노랫소리, 악기소리, 큰북소리, 여자소리, 남자소리, 바람소리, 뚜렷하거나 뚜렷하지 않은 소리, 의미 있거나 없는 소리, 소·중·대의 소리, 강물소리, 미약한 소리, 요약적인 스승의 수업에서의 말소리와 분명한 소리 등 이런 부류의 많은 소리들이다.

그런데 그 소리는 집수된 대종을 원인으로 하는 것과 집수되지 않은 대종을 원인으로 하는 것, 그리고 집수되고 집수되지 않은 대종을 원인으로 하는 것이다. 그중에서 첫 번째는 오직 내적인 것을 조건으로 하며, 두 번째는 오직 외적인 것을 조건으로 하며, 세 번째는 오직 외적이고 내적인 것을 조건으로 하는 것이다. 그리고 그 [소리]는 마음에 드는 것(mānāpika)과 마음에 들지 않는 것, 그 양자와 상위한 것이다.

소리와 말(ghoṣa), 음성(svara), 어원(nirukti), 외침(nāda), 목소리(vāk), 표상(vijñapti)은 동의어이다. 귀의 영역, 귀의 경계, 이식의 영역, 이식의 경계,* 이식 YBh 7
의 인식대상, 의식의 영역, 의식의 경계, 의식의 인식대상은 동의어이다. [귀의] 조반과 작용은 안식처럼 이해되어야 한다.

1.3. 鼻識 (Ch. 279c15)

비식이란 무엇인가? 鼻를 의지체로 하는, 냄새의 요별(gandhaprativijñapti)이다. 의지체란 무엇인가? 의지체는 조반인 鼻이다. 직후의 의지체는 意이다. 종자라는 의지체는 바로 일체종자를 가진 알라야식이다. 鼻란 무엇인가? 4대종에 의거한 鼻識의 의지체이며, 보이지 않고 저항성을 가진 청정한 색이다. 意와 종자 양자의 구별은 앞에서와 같다.

[비식의] 인식대상이란 무엇인가? 보이지 않고 저항성을 가진 다수의 향으로서, 좋은 향이나 나쁜 향, 균등한 향과 냄새맡을 수 있는 것들이다. 즉, 뿌리의 향, 액즙의 향, 잎의 향, 꽃의 향, 과실의 향[11]과 같은 이러한 부류의 많은 향들이다.

그중에서 향에는 냄새맡을 수 있는 것, 강하게 냄새맡을 수 있는 것, 냄새나는 것 등의 동의어가 있다.[12] 코의 영역(gocara)이고 코의 경계(viṣaya)이고, 비식의 영역이고 비식의 경계이고 비식의 인식대상(ālambana)이며, 의식의 영역이고 의식의 경계이고 의식의 인식대상이라는 차이가 있다. [코의] 조반과 작용도 앞에서처럼 이해되어야 한다.

1.4. 舌識 (Ch. 279c25)

설식이란 무엇인가? 舌을 의지체로 하는, 맛의 요별(rasaprativijñapti)이다. 의지체란 무엇인가? 舌은 동시적인 의지체이다. 意는 직후의 의지체이다. 종자라
YBh 8 는 의지체는 일체종자를 가진 알라야식이다. * 舌이란 무엇인가? 4대종에 의거한 舌識의 의지체이며, 보이지 않고 저항성을 가진 청정한 색이다. 意와 종자 양자의 구별은 앞에서와 같다.

[설식의] 인식대상이란 무엇인가? 보이지 않고 저항성을 가진 다수의 맛으로

---

11 YBh 67,3에도 5종의 향이 나열되어 있다.

12 우리말로 그 뉘앙스를 구별해서 표현하기 힘들다. 한역은 차례대로 鼻所聞, 鼻所取, 鼻所嗅로 구분하지만 의미가 통하지 않음은 마찬가지다.

서, 맵고, 시고, 떫고, 짜고, 단 것이며, 마음에 들거나 들지 않거나 또는 중립적으로 맛을 낼 수 있는 것들이다. 그중에서 맛은 음미할 수 있고 삼킬 수 있는 것으로서, 먹는 것이나 마시는 것, 핥을 수 있는 것, 삼킬 수 있는 것, 향수할 수 있는 것이라는 이러한 부류의[13] 차이가 있다. 혀의 영역(gocara)이고 혀의 경계(viṣaya)이고, 설식의 영역이고 설식의 경계이고 설식의 인식대상(ālambana)이며, 의식의 영역이고 의식의 경계이고 의식의 인식대상이라는 차이가 있다.

[설식의] 조반과 작용도 앞에서처럼 이해되어야 한다.

1.5. 身識 (Ch. 280a6)

身識이란 무엇인가? 신체를 의지체로 하는, 접촉될 수 있는 것의 요별(spraṣṭavyaprativijñapti)이다. 의지체란 무엇인가? [신식의] 의지체는 조반으로서 신체이다. 직후의 의지체는 意이다. 종자라는 의지체는 바로 일체종자를 가진 알라야식이다. 신체란 무엇인가? 4대종에 의거한 신식의 의지체이며, 보이지 않고 저항성을 가진 청정한 색이다. 意와 종자 양자의 구별은 앞에서와 같다.

[신식의] 인식대상이란 무엇인가? 보이지 않고 저항성을 가진 다수의 접촉될 수 있는 것으로서, 즉, 지 · 수 · 화 · 풍, 경쾌함, 둔중함, 유연함, 단단함, 차가움, 배고픔, 목마름, * 포만감, 힘셈, 힘의 약함, 병 · 노 · 사, 피곤, 휴식, 미약함, 굳셈 YBh 9
(ūrjā)[14] 등의 이러한 부류의 많은 접촉되어지는 것이 있다. 그런데 그것은 좋은 접촉이나 나쁜 접촉, 또는 중립적인 것으로서 접촉되어진다. 그중에서 접촉될 수 있는 것은 접촉되고 접촉을 일으킬 수 있는 단단한 것과 유동적인 것, 움직이는 것, 따뜻한 것이라는 차이가 있다. [신식의] 조반과 작용도 앞에서처럼 이해되어야 한다.

---

13 YBh 8,8: iti paryāyāḥ로서, 사본에 따라 ity evamādayaḥ paryāyāḥ로 교정.

14 YBh_ms 3a3: ūrjā. 이 단어는 AS 4,12에서 ūrjjā (Tib. spungs che ba; 한역: 勇)로 표기되어 있다.

2. 오식의 생기 (Ch. 280a18)

그런데 눈이 변괴하지 않고, 색이 현현하지 않고,[15] 거기서 생겨난 작의가 현전하지 않을 때, 거기서 생겨난(tajjasya)[16] 안식은 생기하지 않는다. 눈이 변괴하지 않고 색이 현현하고 또 거기서 생겨난 작의가 현전할 때, 거기서 생겨난 안식은 생기한다. 안식처럼 이식과 비식, 설식과 신식도 마찬가지라고 알아야 한다.

YBh 10 * 또한 안식이 생겨날 때 세 개의 심이 지각된다. 즉, 순서대로 率爾心(aupanipātika),[17] 尋求心(paryeṣika), 決定心(niścita)이다. 그중에서 전자는 안식에, 양자는 의식에 있다. 결정심 이후에(prabhṛti)[18] 잡염과 청정이 있다고 보아야 한다. 그 후에 그것에서 흘러나오는 안식도 선하고 불선한 것으로 일어나지만, 자신의 분별의 힘에 의해서는 아니다. 그 意가 다른 것에 대해 산란하지 않는 한에서, 의식과 안식 양자는 선하거나 염오된 것으로 일어난다. 안식이 일어나는 것처럼, 신식에 이르기까지 마찬가지라고 알아야 한다.

또한 다섯 식의 그룹들의 의지체는 다른 장소로 출발한 자에게 수레와 같고, [다섯 식의 그룹들의] 조반은 함께 추구하는 자와 같으며, [다섯 식의 그룹들의] 인식대상은 행해져야 하는 것과 같고, 그것들의 작용은 스스로의 공능과 같다.

또한 다른 설명이 있다. 이것들의 의지체는 재가자에게 집과 같으며, 인식대상은 향수물과 같으며, 조반은 남종과 여종과 같고, 작용은 일과 같다.

유가사지론에서 다섯 식의 그룹들과 상응하는 첫 번째 地를 끝냈다.

---

15 이 문장에서 산스크리트와 티벳역 및 한역 사이에 차이가 있다. YBh 9,10: cakṣuḥ paribhinnaṃ bhavati / rūpam anābhāsagataṃ bhavati (= YBh_ms). 그러나 한역(雖眼不壞 色現在前) 및 티벳역(D 5a2f: mig kyang yongs su ma nyams pa dang/ gzugs kyang snang bar gyur du zin kyang)은 cakṣur aparibhinnaṃ bhavati / rūpam ābhāsagataṃ bhavati로 읽고 있다. 산스크리트에 따라 번역했다.

16 YBh 9,11: tasya (= YBh_ms). 그러나 티벳역 de las skyes pa'i 및 한역 所生은 tajjasya를 지지하며, 이하 다른 곳에서도 tajjasya로 표현되고 있다.

17 aupanipātika는 '갑자기 나타난 것' 정도로서 안식에 돌발적으로 나타난 대상적인 이미지를 의미할 것이다. (cf. upanipāta, "sudden and unexpected attack"). 여기서는 그 의미를 나타내기 위해 한역 용어를 그대로 사용했다.

18 YBh 10,3f: tatra niścitāc cittāt paraṃ. YBh_ms 3a6에서는 paraṃ 대신에 탈격 뒤에서 '~ 이후에'를 의미하는 prabhṛti로 읽는다.

제2장

意地 Manobhūmi

(Ch. 280b3)

* 意地(manobhūmi)란 무엇인가? 그것도 다섯 가지 측면에 의해 알려져야 한다. (1) 자체의 측면에서(svabhāvataḥ) (2) 의지체의 측면에서(āśrayataḥ) (3) 인식대상의 측면에서(ālambanataḥ) (4) 조반의 측면에서(sahāyataḥ) (5) 작용의 측면에서(karmataḥ)이다. YBh 11

1. 자성의 측면

[意] 자체(svabhāva)[1]란 무엇인가? 心과 意와 識이다(cittaṃ mano vijñānaṃ).[2]

심(citta)은 무엇인가? 일체 종자를 수반하고(sarvabījopagata), 의지체를 수반

---

1 여기서 自性(svabhāva)은 '자체' 정도를 의미한다.

2 심·의·식은 초기불교와 보통 동의어로 사용되었고, 이는 종종 심의 다른 기능이나 측면을 가리키기 위해 사용된 아비달마 문헌에서도 마찬가지다. 하지만 여기서 意의 자성이 심·의·식 3자로 명시적으로 구분되어 설명되고 있다는 점에 주의해야 한다. 여기서 심·의·식의 명시적인 구별은 알라야식이 도입된 후 심·의·식을 차별적으로 해석하는 맥락에서 나왔다고 보이며, 이는 "4종 번뇌와 상응하는 염오된 意(kliṣṭaṃ manas)"라는 용어를 고려할 때 분명할 것이다. 이에 대한 상세한 설명은 Schmithausen 1987: 117-127 및 각주 참조.

하고(āśrayabhāvopagata), 의지체에 부착되어 있고(āśrayabhāvasanniṣṭha[3]), 집수자(upādātṛ)이며, 이숙에 포섭된(vipākasaṃgṛhīta)[4] 알라야식이다. 意(manas)란 무엇인가? 모든 여섯 식의 그룹들이 직후에 멸한 것이며, 또한 항상 무명과 아견, 아만, 갈애에 의해 특징지어지는 4종 번뇌와 상응하는 염오된 意(kliṣṭaṃ manaḥ)이다.[5] 식(vijñāna)이란 무엇인가? 인식대상의 요별 속에 현전하는 것이다.

2. 의지체의 측면

의지체란 무엇인가? 직전의 의지체(samanantarāśraya)는 意(manas)이다. 종자로서의 [意의] 의지체(bījāśraya)는 바로 앞에서처럼 일체종자를 가진 알라야식이다.[6]

---

3 Schmithausen(1987: n.905)에 따라 YBh 11,4: āśrayabhāva-niṣṭha를 -sanniṣṭha로 교정했으며, 한역 依附도 이 교정을 지지한다. 유사한 표현은 예를 들어 ŚrBh 493,16: āśrayasanniviṣṭas tṛṣṇānuśayādikaḥ ("의지체에 남아있는/부착된 갈애의 수면 등은"). 유식문헌에서 saṃniviṣṭha의 여러 용례에 대해서는 Schmithausen(1987: Index) 참조.

4 앞의 「오식신상응지」에서 알라야식의 수식구와 비슷한 이 구절의 의미에 대해서 Schmithausen 1987: 117ff을 볼 것.

5 意의 2종의 구분을 『섭대승론』(MSg I.6)의 설명과 비교하라. "意는 2종이다. [첫째] 그것은 등무간연(等無間緣)으로 작용함으로써 [식의 활동의] 의지체(所依)가 되기 때문에 직전에 멸한 식으로서 意라고 불린다. [그것은] 생기의 토대가 되는 식이다. 둘째는 染汚意(kliṣṭaṃ manaḥ)로 네 번뇌, [즉] 유신견과 아만, 아애, 무명과 항상 상응하며, 그것은 잡염에 토대를 둔 식이다. [그리고] 식은 첫 번째의 의지처에 의해 생겨나고, 두 번째 [染汚意]에 의해 오염된다. 대상을 식별하기 때문에 식이다. 직전에 사라진 것[이기 때문에」, 또 [알라야식을] 자아라고 생각하기 때문에 意는 2종이다."

6 Schmithausen(1987: 124)은 여기서 manas가 직전의 所依로서, 그리고 알라야식이 종자의 소의로서 설명되고 있음을 지적하면서, 양자는 감각지각뿐 아니라 manas에게도 요구되는 것이었다고 평가한다. 반면에 sahabhū-āśraya는 여기서 언급되지 않았는데, 왜냐하면 전통적인 아비달마 맥락에서 manas는 이를 갖지 않았기 때문이다. 반면 예를 들어 후대에 도입된 염오의는 의식의 sahabhū-āśraya로 설명되고 있지만, 의지의 단계에서는 알려지지 않았음을 보여준다. 그는 새로운 식으로서의 염오의를 설하는 개소로서 MSg I.7A.2를 지적하면서, MSg I.6에서 새로운 manas는 식의 잡염의 토대로 규정되고 있다고 지적한다.

3. 인식대상의 측면

[意의] 인식대상이란 무엇인가? 일체법이 [意의] 인식대상이다. 그러나 개별적으로는 受蘊과 想蘊, 行蘊, 무위, 그리고 無見·無對의 色과 6처와 일체종자들이다.

4. 조반의 측면

조반(sahāya)이란 무엇인가?

즉, 作意(manaskāra)·觸(sparśa)·受(vedanā)·想(saṃjñā)·思(cetanā), 또 欲(chanda)·勝解(adhimokṣa)·念(smṛti)·三摩地(samādhi)·慧(prajñā), 또 信(śraddhā)·慚(hrī)·愧(apatrāpya)·無貪(alobha)·無瞋(adveṣa)·無癡(amoha)·精進(vīrya)·輕安(prasrabdhi)·不放逸(apramāda)·捨(upekṣā)·不害(ahiṃsā)와 貪(rāga)·恚(pratigha)·無明(avidyā)·慢(māna)·見(dṛṣṭi)·疑(vicikitsā), 또 忿(krodha)·恨(upanāha)·覆(mrakṣa)·惱(pradāśa)·嫉(īrṣyā)·慳(mātsarya)·誑(māyā)·諂(śāṭhya)·憍(mada)·害(vihiṃsā·無慚(ahrīkya)·無愧(anapatrāpya), 惛沈(styāna)·掉擧(auddhatya)·不信(āśraddhya)·懈怠(kausīdya)·放逸(pramāda)[7]·忘念(muṣitasmṛtitā)·散亂(adhikṣepa)·不正知(asamprajanya), 그리고 惡作(kaukṛtya)·睡眠(middha)·尋(vitarka)·伺(vicāra)이다.[8] 이러한 부류의 동시적이고 상응하는 심소법들이 조반이라 불린다.

---

7 여기서 심소법은 모두 51종으로 나열되어 있다. 하지만 한역은 放逸 다음에 YBh에 없는 邪欲(*mithyāchanda) + 邪勝解(*mithyādhimokṣa) 두 법을 더해 모두 53종으로 나열하고 있다. 이것이 YBh 57,8f.(§7)에서 kalāpa에 따른 53종의 심소법의 구분에 맞추어 의도적으로 일치시킨 것인지, 아니면 원래 이 개소에서도 53종의 심소법이 열거되어 있었는지는 단언할 수 없지만, 사본과 티벳역에서 모두 51종을 열거하는 것을 보면 현장의 번역과정에서의 편집이라 보인다. 이는 수번뇌의 숫자와 관련해 『유가론』에는 두 개의 나열방식이 보인다는 점에서도 지지된다. 「섭결택분」(Ch. 604a13ff)에서 24종의 수번뇌를 나열하는 곳과 26종의 수번뇌를 나열하는 곳(Ch. 622b23ff)이 보이는데, 각각의 계열이 다른데 기인한다고 보인다.

8 유식문헌에 나타난 각각의 심소법에 대한 정의는 Saito et.al. 2014에 잘 정리되어있다. Cf. AKBh에서

그것들은 동일한 인식대상을 갖고 있고, 다양한 행상을 갖고 있으며, 동시적이고, 각각 일어난 것이며, 자체의 종자로부터 생겨난 것이며,[9] [인식대상과] 상응하고, 행상을 갖고 있으며, 인식대상을 가지고, 의지체를 가진 것들이다.

5. 작용의 측면 (Ch. 280b21)

YBh 12 * [意의] 작용이란 무엇인가? 자와 타의 경계와 인식대상의 요별(vijñapti)이 첫 번째 작용이다. 또한 자상과 공상의 요별이다. 또한 과거, 미래, 현재시의 요별이다. 또한 찰나와 상속의 요별이다. 또한 청정하고 부정한 법들과 업들이 생겨나고 이어 생겨나는 것이다. 또한 그것과 다른 식의 그룹들이 바라고 바라지 않던 결과를 취하는 것인데, 그것의 원인에서 흘러나오는 것을 일으키는 것이다.

5.1. 意에 고유한 15종의 작용

또한 일체 방법으로 일체 경우에 그것과 다른 식의 그룹들로부터 구별된 작용이 있다. 인식대상(avalambana)을 분별하고, 인식대상을 사려하고, 술 취하고, 미치고, 잠들고, 깨고, 기절하고, 기절에서 나오고, 신업과 어업을 일으키고, 이욕을 하고 이욕에서 물러나고, 선근들을 끊고, 선근들을 잇고, 죽고, 생하는 [작용]이다.

5.1.1. 인식대상의 구별

어떻게 [意는] 인식대상을 분별하는가? 7종 분별에 의해서이다. 그것은 무엇

의 정의도 Saito et.al. 2011 참조.

9 YBh 11,21: svabījaniyatāḥ. YBh_ms 3b6: svabījā<n> nirjātāḥ. 이는 한역 280b20f: 各自種子所生에 의해 지지된다. 하지만 티벳역(rang gi sa bon las nges par 'byung ba)에서 nges par 'byung ba는 일반적으로 '벗어남'의 의미에서 niḥsaraṇa의 번역어로 사용된 단어이다.

인가? [명료한 심적] 관념상에서 나오는 [분별], [명료한 심적] 관념상에서 나오지 않은 [분별], 저절로 작동하는 [분별], 탐구하는 [분별], 반성적으로 관찰하는 [분별], 염오된 [분별]과 염오되지 않은 분별이다.[10]

(i) [명료한 심적] 관념상에서 나오는(naimittika) 분별이란 무엇인가? 이전에 경험된 대상들에 대해 언설에 대해 능숙한,[11] 성숙한 근을 가진 자의 [분별]이다.

(ii) [명료한 심적] 관념상에서 나오지 않는 분별이란 무엇인가? 이전의 [대상]과 상응하는 것으로서 미래의 [대상]에 대한 분별이고, 또 언설에 대해 능숙하지 않은 아이의 [분별]이다.

(iii) 저절로 진행하는(svarasavāhī) 분별이란 무엇인가? 현전하는 경계에 대해 자연히 경계의 힘만으로 일어나는 것이다.

(iv) 탐구하는(paryeṣaka) [분별은] 무엇인가? 법들을 검토하고 사유하는 자의

---

10 여기서 설해지는 순서와 동일한 7종 분별이 「섭결택분」(Ch. 697b19ff)에서도 같은 순서로 나열되고 있기 때문에 이 구별은 중시되었다고 보이지만, 그것이 어떤 원리에 의해 구별되었는지는 자체적으로 분명치 않다. 잘 알려진 분별의 구별은 『구사론』(T29: 8a29ff = AKBh 22,19ff)에서 제시된 3종으로서, 순서대로 自性分別, 計度分別, 隨念分別이다. 오식의 그룹에 자성분별이 존재하지만 다른 두 분별은 없기에 오식의 그룹은 무분별이라고 한다고 하면서, 마치 한 다리를 가진 말을 발이 없다고 하는 것과 같은 것이라고 말한다. 계탁분별은 의식과 상응하는, 산란한 혜로 정의되며, 수념분별은 집중된 것이든 집중되지 않은 것이든, 심에 있는 모든 기억으로 정의된다. 세친은 kila(傳說)이라는 표현을 사용함으로써 이 구별에 전적으로 동의하지 않는다는 것을 보여준다. 3종 분별에 대한 여러 유식문헌에서의 설명에 대해서는 Kramer 2017: 323ff 참조. ASBh 16,11f.에서는 3종 분별을 제시한 후에 다시 7종 분별을 제시하고 정의하면서, 후자를 전자의 방식과 관련시키고 있다. 여기서 7종 분별의 나열순서는 (iii)이 먼저 제시되고 나머지는 같은 순서로 나열된다. 7종 분별은 다음과 같이 설명되고 있다. "(iii)은 5식의 그룹이다. 왜냐하면 그것들은 대상을 이미지로 산출하지 않은 후에 각각의 대상들과 관련해 자발적으로 진행하기 때문이다. (i)은 자성분별이나 수념분별이다. 왜냐하면 이런 분별은 현재나 미래의 대상에 대해 이미지를 만들기 때문이다. (ii)는 미래의 경계를 향하며, 원하는 대로의 행상을 가진 것이다. (iv-vii)의 분별은 abhinirūpaṇāvikalpa를 자성으로 하는 것이다. 왜냐하면 어떤 때는 추론하는 [분별]은 탐구하고, 어떤 때는 반성적으로 관찰하고, 어떤 때는 염오되었고, 어떤 때는 염오되지 않았기 때문이다." 이 설명에 따르면 (iii)은 자성분별이고, (i)는 명시된 대로 자성분별이나 수념분별이며, (ii)는 분명치 않지만 미래의 경계를 향한다는 점에서 수념분별이며, 또 원하는 대로의 행상을 가진다는 점에서 계탁분별일 것이다. 반면 (iv-vii)은 전적으로 계탁분별일 것이다.

11 YBh 12,12에서 paripakvendriyasya 다음에 vyavahārakuśalasya가 누락되어 있다.

[분별]이다.

(v) 반성적으로 관찰하는(pratyavekṣaka) [분별이란] 무엇인가? 이미 검토되고 사유되고 건립되어진 것에 대해 반성적으로 관찰하는 자의 [분별]이다.

(vi) 염오된 [분별]이란 무엇인가? 과거에 대한 연착을 수반하고 미래에 대해 기대를 수반하고 현재에 대해 집착을 수반한 것으로, 욕애의 생각, 분노의 생각, 손상의 생각이거나 이러저러한 번뇌와 수번뇌와 상응하는 생각(saṃkalpa)이다.

YBh 13 (vii)* 염오되지 않은 [분별]이란 무엇인가? 선하고 중립적인 출리하려는 생각과 분노가 없는 생각, 해치지 않으려는 생각 또는 이러저러한 信 등의 선법들과 상응하는 분별이고, 행동거지나 기술과 관련한 변화를 일으키는 자의 분별이다.

여기까지가 인식대상의 구별이다.

5.1.2. 인식대상의 사려

어떻게 [意는] 인식대상을 사려하는가? 논리에 의해 생겨난 관점에서, 비논리에 의해 생겨난 관점에서, 그리고 논리에 의해 생겨난 것도 아니고 비논리에 의해 생겨난 것도 아닌 관점에서이다.

(i) 논리에 의해 생겨난 관점은 무엇인가? 진실을 4종 전도에 의해, 즉 무상한 것에 대해 영원하다고 [보는] 전도, 苦인 것에 대해 樂이라고 [보는] 전도, 不淨한 것에 대해 淨이라고 [보는] 전도, 無我인 것에 대해 我라고 [보는] 전도에 의해 증익하지 않는다. 또한 진실을 邪見에 의해, 즉 보시는 없다는 이러한 부류의 행상을 가진 사견에 의해 손감하지 않는다. 또는 법주지(dharmasthitijñāna)[12] 속에서

---

12 YBh 229,5f에서 法住智는 '세존께서 확립하시고(*vyavasthita) 설명하신 것과 같이 아는 것'으로 정의되고 있다. 『分別緣起初勝法門經』에서는 법주지를 세속제의 인식에, 그리고 자내증의 최고의 지의 대상을 승의제로 구분한다. "이와 같이 사성제에 대해 [그것을] 법주지의 영역으로 할 때 이것이 세속제이며, [그것을] 자내증의 최고의 지의 대상으로 할 때, [즉] 비안립제의 영역으로 할

여실하게 사태를 관찰하고(upalakṣate)[13] 변지한다. 또는 청정한 출세간지에 의해 제법을 여실하게 깨닫는다. 그와 같은 것이 논리에 의해 생겨난 관점에서이다.

(ii) 그것과 반대이기에 비논리에 의해 생겨난 관점이라고 보아야 한다.

(iii) 논리에 의해 생겨난 것도 아니고 비논리에 의해 생겨난 것도 아닌 관점은 어떤 것인가? 중립적인 반야에 의지하여 제법을 사려하는 것이다.

이와 같이 인식대상을 사려한다.

5.1.3. 어떻게 취하는가? 본성적으로 신체가 약하고, 음주에 익숙하지 않고, 음주에 매우 민감하고, 음주를 과하게 함에 의해서이다.

5.1.4. 어떻게 미치는가? 이전의 업에 의해 인발되고, 요소들이 불균형하고, 공포와 두려움, 급소를 맞음, 귀신과 만남에 의해서이다.

5.1.5. * 어떻게 잠에 드는가? 본성적으로 의지체가 약하고, 피곤과 피로의 과 YBh 14
환, 음식의 과중함, 어둠의 상을 작의함, 일체 행동을 쉼, 잠에 익숙함, 타인에 의해 인발됨에 의해서이다. 예컨대 안마받거나 또는 주문이나 약이나 위력에 의해 잠을 자는 자가 잠에 든다.

5.1.6. 어떻게 깨어나는가? 잠이 오는 자에게 그 [잠]의 분출이 지속되지 않고, 해야 할일이 있는 자가 그것 때문에 잠을 즐기지 않고, 타인에 의해 인발됨에 의해서이다.

5.1.7. 어떻게 기절을 하는가? 바람과 담즙이 어지러움에 의해, 때림에 의해,

때 그것을 승의제라고 한다." (T717.16: 843c27-29: 於如是四聖諦中 若法住智所行境界, 是世俗諦. 若自內證最勝義智所行境界, 非安立智所行境界, 名勝義諦). 『해심밀경』(SNS V.6)은 이런 점에서 보살이 바로 법주지에 의거해서 심의식의 비밀스런 교설을 여실히 이해한다고 말하지만, 동시에 그와 같이 심의식의 비밀에 능숙한 그 보살이 모든 방식으로 완전히 그 비밀을 안다고 말씀하시지는 않았다고 설하는 것이다.

13 YBh 13,11: prekṣate. YBh_ms 4a6: upalakṣate.

심한 배출, 즉 대변의 배출이나 피의 배출에 의해서, 또 배출한 자가 심하게 노력함에 의해서이다.

5.1.8. 어떻게 기절에서 나오는가? 바로 그 기절의 분출이 사라짐에 의해서이다.

5.1.9. 어떻게 신업과 어업을 작동하는가? 신업과 어업을 일으킬 수 있는 智에 의거함에 의해, 그 후에 욕구를 일으킴에 의해, 그 후에 노력을 착수함에 의해, 그 후에 노력에 의거하는 신업과 어업에 적합한 움직임(風)이 일어남에 의해서이다.

5.1.10. 어떻게 離欲을 하는가? 이욕에 수순하는 근의 성숙에 의해, 타인으로부터 적절한 교수를 얻음에 의해, 그것의 장애를 버림에 의해, 바르고 전도 없는 작의를 수습함에 의해서이다.

5.1.11. 어떻게 이욕으로부터 떠나는가? 본성적으로 둔근의 상태에 의해, 초보적인 선품을 가진 자가 그것의 행상과 표식과 상을 작의함에 의해, 퇴실하기 위한 법을 받은 후에 행함에 의해, 번뇌의 덮개에 의해, 그리고 나쁜 친구를 취함에 의해서이다.

5.1.12. 어떻게 선근들을 끊는가? 예리한 감각을 가진 자가 강력하게 악한 의향과 행위의 법을 수반하기 때문에, 그것에 적합한 친구를 얻음에 의해, 사견이 분출하는 자에게 해치려는 행동이 극에 달함에 의해, 일체 악한 행위들에 대해
YBh 15 해 움츠림 없고 후회 없음을 얻음에 의해서이다. * 그중에서 선근은 종자이기도 하다. 무탐 등도 선근이다. 선근의 현행과 모순됨에 의해 상속을 안립시키는 선근을 끊게 하는 종자를 제거함에 의해서이다.

5.1.13. 어떻게 선근들을 잇는가? 자성적으로 예리한 감각을 가졌기 때문에, 또 친구와 친척, 동료들에게 복덕행을 향해 노력함을 제시함에 의해, 또 진실한 사람들에게 접근한 후에 정법을 들음에 의해, 그리고 의심이 생겼을 때 확실성을 증득함에 의해서이다.

5.1.14A. 개체 차원에서의 죽음

왜 그는 죽는가?[14] 그의 수명이 한정되었기 때문이다. 그 죽음은 적절한 때와 적절하지 않은 때에 선심을 가진 자에게, 불선심을 가진 자에게도, 또 무기심을 가진 자에게 수명이 소진되었기에, 복덕이 소진되었기에, 불균형이 제거되지 않았기 때문이라고 알아야 한다.

왜 수명이 소진되었기에 [죽는가]? 어떤 사람이 여기에 던져진 대로 수명이 끝나고 다해지고 죽는 것과 같다. 또한 바로 그것은 때에 따른 죽음이라고 말해진다.

어떻게 복덕이 소진되었기에 [죽는가]? 어떤 사람이 여기서 생활필수품의 부족으로 죽는 것과 같다.

왜 그는 불균형이 제거되지 않았기 때문에 [죽는가]? 세존께서 다음과 같이 설하셨다.

"수명이 다하지 않고 죽는 것에는 9개의 원인들과 9개의 조건들이 있다. 9개는 무엇인가? 과도하게 먹는 것, 규칙적이지 않게 먹는 것, 소화시키지 않고 먹는 것, 날 것을 토하지 않는 것, 소화된 것을 [몸에] 보존하는 것, 약을 복용하지 않는 것, 자기에게 맞고 맞지 않는 것을 모르는 것, 때에 맞지 않게 행동하는 것, 범행이 아닌 것을 하는 것이다."[15]

그런데 바로 그것이 적절하지 않은 때의 죽음이라고 설해진다.

* 어떻게 그는 선심을 갖고 죽는가? 예를 들어 이 세상에서 어떤 사람이 죽어 YBh 16
갈 때, 이전에 행했었던 선법들을[16] 기억하거나, 타인에 의해 기억되게 된다. 그럼으로써 그에게 선한 信 등의 법들이 마음에 현행하며, 그런 한에서(yāvad) 거

---

14 여기서 죽음은 명시적으로 의식의 특별한 작용으로 설명되고 있다. 이는 『성유식론』(T31: 16c24ff)에서 죽음의 작용을 알라야식에게 귀속시키는 설명과 다른 것으로, Schmithausen(1987: 36)은 意地의 설명에 의거해 이것이 원래 유가행파의 견해였을 것이라고 추정한다.

15 Cf. T2: 880b20ff; 883a15ff.

16 YBh 16,1: pūrvān dharmān. YBh_ms 5a4: pūrvāsevitān kuśalān dharmān. 한역 281b14f: 先時所習善法.

친 관념(saṃjñā)이 일어난다. 반면에 미세한 관념이 작동할 때에는 선심은 물러나고 오직 무기심이 존속하게 된다. 왜냐하면 그는 그 때에 이전에 친숙했었던 선[법]으로 향할(ābhoga)[17] 수 있는 능력이 없고 타인들에 의해서도 기억시키게 할 수 없기 때문이다.

어떻게 그는 불선심을 갖고 죽는가? 예를 들어 이 세상에서 어떤 사람이 죽어갈 때, 바로 스스로 이전에 행했었던 불선법들을 기억하거나 타인들에 의해 기억되게 된다. 그때 그에게 탐 등과 함께 일어나는 불선법들이 마음에 현행하고 거친 관념의 작동이 있다. 앞에서처럼 모든 것은 선[심]과 같다.

그중에서 선심을 갖고 죽을 때는 편안히 죽음을 맞이하며, 죽음에 직면해서 그에게 격렬한 고통스런 감수가 신체에 일어나지 않는다. 불선한 마음을 갖고 죽을 때는 괴로운 죽음을 맞이하며, 죽음에 직면해서 그에게 격렬한 고통스런 감수가 신체에 일어난다. 또 선심을 갖고 죽는 자는 혼란스러운 모습을 보지 않지만, 불선한 마음을 가진 자는 혼란스러운 모습을 보게 된다. 어떻게 그는 무기심을 갖고 죽는가? 선이나 불선을 행하거나 또는 그것을 행하지 않거나 그는 스스로 기억하지 못하고 또는 타인들에 의해 기억되지도 못하면서, 선심을 갖고 죽지도 않고 염오된 마음을 갖고 죽지도 않으면서, 편안히 죽음을 맞이하지도 않고 괴로운 죽음을 맞이하지도 않는다.

또한 선과 불선을 행하는 사람은 죽을 때 스스로 이전에 친숙해진 선법과 불선법을 기억하거나 타인들에 의해 기억되게 된다. 그때 그가 반복된 습관으로부터 강력한 힘을 가진 자가 되었을 때, 그것에 의해 마음이 향하고 다른 것으로부터 벗어난다.

---

17 ābhoga는 BHSD에 따르면 일차적으로 "effort, earnest application"을 의미한다. 이는 수행도의 맥락에서 abhisaṃskāra와 교환될 수 있는 용어로서의 의미에 따른 것이다. 하지만 죽음의 맥락에서 ābhoga는 manaskāra와 교환될 수 있는 의미로서 '지향' '향함' 정도를 의미할 것이다. (manaskāraḥ katamaḥ/ cetasa ābhogaḥ: Pañcaskandhaka, ed. Li and Steinkellner 2008: 5,5). 한역은 於曾習善亦不能憶으로, 노력이 아니라 기억(smaraṇa)으로 번역하고 있다.

만일 [그가] 양자에 균등하게 친숙해졌다면, 처음부터 바로 그것을* 기억하거나 기억하게 될 것이며, 물러서지 않을 뿐 아니라 다른 것 때문에 마음을 바꾸지도 않을 것이다. 그때 그는 두 가지 원인, 즉 희론에 대한 즐거움이라는 원인과 정업과 부정업이라는 원인 때문에 죽으면서, 과거의 업에 의해 인기된 과보가 사용되었을 경우, 불선업을 행하는 자는 여기서 아직 과보가 다하지 않은, 이전에 행했던 불선업과 관련해 이전의 특징들을 경험하게 된다. 예를 들면, 꿈에서처럼 그에게 다양한 괴상한 형태들이 보이는 것이다. 이것을 의도하시고 세존께서는 "그가 이전에 행했고 적집했던 악하고 불선한 업 그것은 그때 저녁에 산이나 산봉우리들의 그림자처럼 그에게 매달려있고(avalambate), 짙게 매달려있고(adhyavalambate), 획득된다(abhilambate)"고 설하셨다. YBh 17

또한 이 사람은 광명에서 어둠으로 가는 자라고 알아야 한다. 그것과 반대로 이전의 선업의 과보 속에서 행하면서 여기서 선을 행하는 자는 어둠에서 광명으로 가는 자라고 알아야 한다. 거기에 다음과 같은 차이가 있다. 죽을 때에 그는 마치 꿈에서처럼 괴상하지 않은, 다양한 즐거운 형태를 보게 된다.

강력한 불선을 행한 자는 그것의 변형된 형태를 보기 때문에 큰 땀이 나며, 모공으로부터 머리카락이 떨리고, 손발이 떨리게 되는 등이 일어나며, 오줌과 똥이 배출되게 된다. 허공을 잡고, 눈이 돌아가고, 입에서 거품이 흘러나오는 것과 같은 부류의 현상들이 일어난다. 만일 중간 정도의 [불선을] 행하는 자라면, 그에게 어떤 변괴상이 나타나기도 하고 나타나지 않기도 하는데, 모든 것은 온전한 것은 아니다.

*또한 명확한 관념상의 상태를 획득하지 못하고 죽어가는 모든 자에게 오랫동안 친숙해진 자아에 대한 애착(ātmasneha)이 현행한다. 그 후에 그것의 힘 때문에 '나는 존재하지 않을 것이다'라는 [두려움의 영향으로] 심신복합체(ātmabhāva)[18]에 대한 희열(abhinandanā)이 생겨난다.[19] 그것이 중유를 산출하기 위한 토대가 된다. YBh 18

그중에서 예류과를 얻은 자와 일래과를 얻은 자에게 그 때[20] 자아에 대한 애착이 현행한다. 그렇지만 예류과를 얻거나 일래과를 얻은 자는 그 자아에 대한 애착을 지혜를 통해[21] 숙고한 후에 [我愛를] 제압하고, 집착하지 않는다. 예를 들어 힘을 가진 사람이 미약한 사람과 함께[22] 싸울 때에 미약한 자를 제압하는 것처럼, 여기서도 이치는 마찬가지라고 알아야 한다. 그렇지만 불환과를 얻은 자들에게 자아에 대한 애착은 그때 현행하지 않는다.

지절의 분리는 지옥의 존재영역이나 천계의 존재영역을 제외하고 다른 모든 재생처들에서[23] 일어난다. 그 [지절의 분리]는 거친 것과 미세한 것의 2종이다. 거친 것은 악행의 업을 지은 자에게, 미세한 것은 선행의 업을 지은 자들에게 [일어난다]. 그리고 북구로주에 [사는] 모든 유정들에게는 미세한 [지절의 분리]가 있다. 색계에서 죽을 때에는 감관이 온전하고, 반면 욕계에서 죽는 자들의 일부는 감관이 온전하고 일부는 감관이 온전하지 않다. 그리고 청정하게 해탈한 자들의 죽음은 잘 제어된 자로서의 죽음이라고 설해지며, 청정하지 않게 해탈하지 못한 자들의 [죽음은] 잘 제어되지 못한 자로서의 죽음이다.[24]

그 후에 임종할 때에 불선업을 행하는 자들의 식은 윗부분에서부터 신체(āśraya)를 벗어난다. 그의 윗부분이 차가워지며, 그는 심장 부분에 이르렀을 때

---

18 ātmabhāva는 한역에서는 自體, 티벳역에서는 lus로 번역되고 있지만, 이 번역용어만으로는 그 의미가 혼동되거나 분명하지 않다. Schmithausen (1987: Index 참조)은 이를 주로 "basis-of-personal-existence"라고 풀이하고 있다. 본 번역에서는 이를 '심신복합체' 또는 '자체존재'로 번역할 것이다. 왜냐하면 PSkV 199b4에서 오온, 즉 수·상·행·식이라는 네 개의 名蘊과 색온을 ātmabhāva라고 한다고 정의하기 때문이다. 또한 TrBh 19,16ff에서 āśraya = ātmabhāva = sādhiṣṭhānāṃ indriyarūpaṃ nāma ca(토대를 수반한 물질적 근과 名) = nāmarūpa로 설해진다.

19 Cf. ASBh 39,11f: ... veditavyam pratisandhiṃ bodhnataḥ ... ātmabhāvatṛṣṇāsaṃprayuktaṃ maraṇacittaṃ veditavyam. ("결생에 묶인 자에게 죽을 때의 식은 심신복합체에 대한 갈애와 연결되어 있다.")

20 즉, 죽어갈 때에

21 YBh 18,6에 ātmasnehaṃ 다음에 prajñayā가 누락되어 있다.

22 YBh 18,7에 puruṣeṇa 다음에 sārdhaṃ이 누락되어 있다.

23 YBh 18,10f: sarvajanmāyataneṣu. YBh_ms 6a1: sarvopapatyāyataneṣu에 의거해 sarvopapattyāyataneṣu로 교정해야 한다.

24 dāntamaraṇam 및 adāntamaraṇam은 思所成地(§ 3.2.3.16. 불방일)에서 5종 죽음 중의 앞의 2종으로 나열되고 있다. 또한 「섭사분」 776c14-28 참조.

벗어난다. 반면에 선행을 행하는 자들의 식은 아랫부분에서부터 신체를 벗어난다. 그의 아랫부분이 차가워지며, 심장 부분에 이르렀을 때 [벗어난다]. 심장 부분에서부터 식의 죽음이라고 알아야 한다. 그 후에 모든 신체가 차갑게 된다.

5.1.15A. 개체 차원에서의 재생

그의 심신복합체는 그 직후에 생겨나기 때문에, 또 이전의 희론에 대한 즐거움이라는 원인에 영향을 받기 때문에, 또 청정하고 비청정한 업이라는 원인에 의해[25] 영향을 받기 때문에 그 신체는 그것의 두 가지 원인을 주제로 하여* 자신의 종자로부터 그 장소 직후의 중유(antarābhava)[26]가 동일한 시간에 생멸하는 방식으로 현전하게 된다. 마치 평평한 [저울의] 두 끝이 내려가고 올라가는 것과 같다.[27] YBh 19

1) 중유의 설명

그런데 저 중유는 감관을 전부 갖추고 있다. 악행의 업을 행하는 자들의 중유는 예를 들면 검은 소의 현현이나 어두운 밤과 같고, 반면 선행을 행하는 자들의 [중유는] 예를 들면 깨끗한 옷의 현현이나 청명한 밤과 같다. 또한 그 [중유]는 극히 청정한 천안의 경계이다. 그때에 그에게[28] 이전의 심신복합체에 대한 갈망은 현행하지 않는다. 왜냐하면 식이 이미 현존하기 때문이다.[29] 그러나 경계

---

25 YBh 18,22: śubhāśubhakarmaparibhāvitatvāc ca. YBh_ms 6a3에 따라 karmahetuparibhāvitatvāc ca로 교정.

26 中有(antarābhava)는 AKBh 120,8f에서 다음과 같이 정의된다. "다른 장소에서의 재생을 얻기 위해 死有(maraṇabhava)와 生有(upapattibhava) 사이의 중간에서 산출된 자체존재(ātmabhāva)가 바로 중유라고 불린다. 존재형태의 중간에 있기 때문이다." 이하 중유의 동의어에 대한 설명에서도 비슷한 설명이 보인다. 중유의 존재에 대해 아비달마 학파 중에서 유부와 정량부는 이를 인정하고 상좌부와 分別論者, 대중부, 화지부는 인정하지 않았다.

27 동시성의 비유로서 저울의 두 끝이 올라가고 내려가는 것(tulāgraprāntanāmonnāmavat)은 「섭결택분」(Ch. 701c10f)에서도 나타난다.

28 YBh 19,6: tasmin samaye. 그러나 YBh_ms 6a5는 tasya ca tasmin samaye로 읽고 있다.

29 YBh 19,7: vijñānasya pratiṣiddhatvāt (= YBh_ms). 하지만 한역(識已住故) 및 티벳역(mi gnas pa'i phyir)은

에 대한 희론의 욕망은 현행한다. 어떤 곳에서 재생해야 할 때, 바로 그곳의 형태
가 중유에게 생긴다. 또한 그의 눈은 마치 천안처럼 재생처에 이르기까지 장애
가 없다. 마치 신통을 가진 자가 재생처에 이르기까지 그런 것처럼 [그의] 존재
YBh 20 형태도 장애가 없다. 그는 그 눈에 의해 * 자신과 비슷한, 중유에 속한 유정들을
보고 또 그들과 자신의 재생처를 본다. 악행을 행한 자들은 눈의 아래편이 깨끗
하고, 얼굴을 깔고 가며, 천계로 가는 자들은 [눈의] 위쪽이 [깨끗하고], 인간계
로 가는 자들은 평평하게 [간다].

또한 저 중유는 재생의 조건을 얻지 못했을 때에는 최대(paraṃ)[30] 칠일 동안 주하며, 내지 재생의 조건을 얻지 못한 자는 칠칠일 동안 주한 후에[31] 그 후에는 확실히 재생의 조건을 얻는다. 칠일 후에 죽은 자는 때로는 바로 그곳에서 생하거나, 때로는 다른 곳에서 다른 부류들 속에서 생겨난다. 만일 다른 업의 작용이 일어난다면 그에게 중유의 종자가 일어난다.

그리고 그것에 동의어들이 있다. 중유라고 불리는데, 死有와 生有 양자의 중간에 나타나기 때문이다. 간다르바(gandharva)라고도 하는데, 향에 의해(gandhena) 가기 때문이고 향에 의해 증대되기 때문이다. 마음으로 이루어진 것(manomaya, 意行)이라고도 불리는데, 그것에 의지해서 마음이 재생처로 가기 때문이다. 신체로 가는 것에 의해서이지, 인식대상으로 가는 것에 의해서는 아니다. 또는 산출(abhinirvṛtti)이라고도 불리는데, 재생을 향함에 의해 산출된다는 사실 때문이다.

그리고 저 중유는 무색계를 제외한 모든 재생처에 있다고 알아야 한다.[32]

---

vijñānasya pratiṣṭhitatvāt로 읽고 있어 이에 의거해 번역했다.

30 YBh 20,4에 paraṃ이 누락되어 있지만, 사본의 읽기는 한역 極七日住에 의해 지지된다. Cf. AS 43,1: paraṃ saptāhan tiṣṭhati.

31 유식학파는 죽은 후에 최대 49일 동안 중유상태로 있다고 하는 설명을 택하고 있다. 중유의 기간에 대한 여러 전거와 그 해석에 대해서 Kritzer 2000 참조.

32 YBh 20,14: sa punar antarābhava ārūpyopapattyāyatanaṃ sthāpayitvā draṣṭavyaḥ//; 하지만 한역(282b8: 當知中有除無色界一切生處)에 따라 번역했다.

2) 生有의 설명 (Ch. 282b8)

또한 만일 양도축자나 닭도축자 또는 돼지도축자와 같은 불선업을 행하는 자들이 이러저러한 율의가 없는 자의 부류 속에 처하면서 * 지옥으로 이끄는 악하고 불선한 업을 행하고 적집한다면, 그는 재생처에서 바로 그러한 유정들과 그러한 [살생의] 업들 그리고 양의 도살 등을 마치 꿈에서처럼 본다. 그는 이전의 반복훈련의 희열 때문에 바로 그곳으로 달려간다. 또 그 재생처의 물질 속에서 저항을 받은 그에게 中有는 사라지고(antardhīyate)[33] 生有가 산출된다.[34] 따라서 이전처럼 死有 속에서 혼란된 색을 보듯이, 죽은 자는 그와 같이 [혼란된 색을 보게] 된다. 또 생기와 소멸의 방식은 이전과 같다고[35] 보아야 한다. YBh 21

그는 그 [지옥]에서 화생으로서 6처를 갖추고 생겨난다. 그는 '나는 이것들과 함께 유희할 것이며, 즐길 것이며, 행할 것이며, 기술을 익힐 것이다'라고 마음으로 생각하면서 나아간다. 그는 그곳에서 전도 때문에 다양한 처벌(karmakāraṇa)[36]들을 받으며, 큰 슬픔을 접촉한다. 그렇지 않으면 그런 것을 봄이 없이는 그에게 그것으로 가고자 하는 욕망이 없을 것이다. 무엇 때문에 가겠는가? 따라서 그는 가려고 하지 않을 것이며, 따라서 재생하지 않을 것이다.

지옥에서처럼 그와 같이 지옥과 유사한 아귀들에서 태어난다고 보아야 한다. 혹은 귀신 등의 다른 [아귀들], 또는 축생과 아귀, 사람들 중에서, 또는 욕계와 색

---

33 YBh 21,3: pratihatasyābhāvīyate (?). YBh_ms 6b4: pratihatasyāṃtavī(/rdhī)yate.

34 세친은 AKBh 127,15-20에서 化生으로 지옥에서 태어난 중생에 대해 설명하면서 "어떤 경우에 그 [지옥]으로의 재생으로 이끌 수 있는 업을 행한 자는 자신과 중생들을 보고 달려간다"는 先軌範師들(pūrvācāryāḥ)의 말을 인용하고 있는데, Yamabe(1999)는 바로 이 단락이 『구사론』의 선궤범사 인용의 전거라고 지적하고 있다. AKVy(281,28)에서 pūrvācāryāḥ는 聖아상가를 위시한 유가행자들이라고 간주된다.

35 이는 YBh 19,2에서 "중유가 동일한 시간에 생멸하는 방식으로 현전하게 된다. 마치 평평한 [저울의] 두 끝이 내려가고 올라가는 것과 같다"는 구절을 가리킨다. Cf. AS 43,4f: upapattyāyatane tulāvanāmonnāmayogena cyavate pratisandhiṃ ca badhnāti. T31: 676a4-6: 又此中有於所生處, 如秤兩頭低昂道理, 終沒結生時分 亦爾. "[중유는] 재생처에서 저울이 내려가고 올라가는 방식으로 죽고 또 [재생과의] 연결을 잇는다."

36 karma-kāraṇa는 BHSD에 따르면 "punishment"로 해석된다.

계에 속한 천신들의 무리 중에서 재생하면서, 재생처에서 희열하는 자신과 유정들을 본다. 따라서 그것에 대해 앞에서처럼 기쁨과 욕망을 일으킨 후에 간다. 저 재생처에서 저항을 받은 자의 죽음과 재생은 앞에서와 같이 알아야 한다.

(1) 입태(garbhāvakrānti)에 대한 설명 (Ch. 282b25)

그중에서 세 가지 상태들이 현전하기에 어머니의 자궁에 입태하게 된다. 어머니가 배란기이고, 애착하는 부모가 [성적으로] 결합하고, 또 중유가 현전하는 것이다.[37] 만약 거기서 3종 장애, 즉 자궁의 결점과 종자의 결점과 업의 결점이 행해지지 않았을 때, [자궁에 입태한다].

자궁의 결점들은 무엇인가? 만약 자궁이 바람에 의해 자극되었거나 또는 담즙에 의해 자극되었거나 또는 가래에 의해 자극되었거나, 또는 중간에 곡식알갱이가 있거나[38] 중간에 참깨가 있거나, 혹은 입구가 수레나 소라와 같이 형태가 있고 굽어져 있고 결점이 있고 검붉은 이러한 부류의 자궁의 결점들이 있다고 알아야 한다.

종자의 결점들은 무엇인가? 만약 아버지로부터 부정한 것이 배출되지만 어머니로부터는 [배출되지] 않거나, 또는 어머니로부터는 배출되지만 아버지로부터는 [배출되지] 않거나, 혹은 그 양자로부터 배출되지 않거나, 혹은 어머니나 아버지 또는 양자의 [종자]가 부패하게 되는 등의 이러한 부류가 종자의 결점들이라고 알아야 한다.

업의 결점들은 무엇인가? 만약 어머니나 아버지에 의해 혹은 양자에 의해 아들이 생겨나게 되는 업이 행해지지 않고 적집되지 않는다면, 또한 그 유정이 부모를 산출하는 업을 행하고 적집하지 않았다면, 혹은 그 부모가 다른 아들을 생

---

37 MN II.156에 세 가지 조건들이 언급되어 있다. AKBh 121,23-25에도 비슷한 설명이 나온다.

38 YBh 22,3: pittopastabdhā vā <śleṣmopastabdhā vā yavamadhyā vā> tilamadhyā vā. < >의 문장은 YBh_ms 7a2에 따라 보충되어야 한다.

겨나게 하는 업을 행하고 적집했다면, 혹은 그 유정이 다른 부모를 생겨나게 하는, 위인을 생기게 하거나 위인이 아닌 자를 생기게 하는 업을 행하고 적집했다면, 그러한 부류들이 업의 결점들이라 알아야 한다. 이 결점들이 비존재하기에 또 세 가지 상태들이 현전하기에 입태가 이루어진다.

* 그는 바로 중유 상태에서 비슷한 유정을 보고 유희하는 등의 희구에 의해 재 YBh 23
생처에 가려는 욕망을 일으킨다. 그때에 그에게 부모에게서 나온 정혈에 대한 전도된 인식이 일어난다. 다음과 같은 전도이다. 그는 부모가 서로 교합하는 것을 보면서, 거기서 그때 부모가 성적 행위를 하지 않고, 그것은 내가 행한 것이라는 잘못된 인식을 일으킨다. 저 성행위를 본 후에 그에게 그것에 대한 탐욕이 생긴다. 만약 [저 유정이] 여성으로 되고자 하는 욕망을 갖고 있다면, 남성에 대해 결합하고자 하는 욕구를 가진 탐욕이 일어나며, 만약 남성으로 되고자하는 욕망을 갖고 있다면, 그에게 여성과 결합하고자 하는 욕구를 가진 탐욕이 일어난다. 따라서 그의 근처로 간다. 또 여성에게는 여성을 밀어내려는 욕구가 일어나며, 반면 남성에게는 남성을 밀어내려는 욕구가 [일어난다].[39] 또 그것이 일어나기 때문에 오직 남자만 보거나 여성만 본다. 또한 그가 그곳에 가까이 가면 갈수록 그 남자나 여자에게[40] 그것 이외의 다른 지체들의 봄이 사라지며, 오직 자궁을 보거나 남근을 보는 것만이 그 남자나 여자에게[41] 현전하게 된다. 또 그곳에서 장애를 받은 자의 죽음과 재생은 이전과 같다고 알아야 한다.

만약 그가 공덕이 적은 자라면 하열한 가문들 속에서 태어난다. 그가 죽을 때

---

39 Cf. AKBh 126,19ff: "[중유의 상태에 있는 유정은] 업의 힘에 의해 갖게 된 신적인 눈을 통해 그가 재생할 곳을 보고, 그의 부모가 결합하고 있음을 본다. 그의 부모에 대해서는 이에 반하여 그가 남성이라면 어머니에 대해, 여성이라면 아버지에 대해 탐욕이 일어난다. 그들은 대립자에 대해 적대감을 갖고 있다." 이와 비슷한 설명이 『대비바사론』(T1545.27: 363b20ff), 『순정리론』(T29: 477c10ff)에 나온다.

40 YBh 23,10: tathā tathāsya <puruṣasya vā striyā vā> tadanyeṣāṃ. <>의 문장은 YBh_ms 7b2에 따라 보충되어야 한다. 다만 사본에도 마지막 vā는 빠져있다.

41 YBh 23,11: pratyupasthitaṃ bhavati/ <puruṣasya vā striyā vā>. <>의 문장은 앞에서처럼 YBh_ms 7b2에 따라 보충되어야 한다.

와 [모태에] 들어갈 때 포효 소리와 갈대숲이나 동굴 등에 들어가는 이미지가 나타난다. 만약 그가 선업을 지었다면 높은 가문들 속에서 태어난다. 그에게 적정하고 감미로운 소리가 나타나고 또 궁전과 전각 등의 처소에 올라가는 이미지가 나타난다.

(2) 모태에서 태아의 성장 (Ch. 283a1)

YBh 24 * 거기서[42] 성적 정열에 찬 부모의 성적 욕망이 강한 상태에 이르렀을 때 마침내[43] 정액이 방출되며, 또 그 [과정의] 끝에서 필히 둘로부터 [아버지의] 정과 [어머니의] 혈의 방울이 나온다. 정과 혈의 방울들 모두가 어머니의 자궁에서 섞이며, 마치 끓인 우유가 식은 상태로 되어가면서 크림으로 굳는 것처럼, 한 덩어리로 주한다. 그 [정혈의 덩어리]에서 일체 종자를 가지고 있고, 이숙에 포섭되고, 또 신체를 집수하는 알라야식(ālayavijñāna)[44]이 화합, 의탁한다 (saṃmūrcchati[45]).[46]

---

42 중유의 형태로서의 유정이 결생(pratisandhi)할 때부터 칼랄라의 상태에 이르기까지의 재생과정에 대해 기술하고 있는 이하의 구절들은 Schmithausen(1987: § 6.3.1-6.3.3.)에서 편집되고 번역되고 해설되고 있다. 그는 이 맥락에서 알라야식을 시원적인 물질에 부착하거나 숨어있는 것으로 특징지어지는 마음으로 기술하는 것이 재생의 상황에 부합하고 또 그것이 알라야식이라는 명칭을 받을 수 있는 특정한 기능이나 성질을 충족시킬 수 있다고 해도 알라야식 개념의 도입을 위한 첫 번째 기준인 체계적 내지 교설적인 상황을 충족시켜 주지는 못한다고 평가한다.

43 YBh 24,1: [’vasāne] śukraṃ mucyate. YBh_ms 7b4: sarvapaścād ghanaṃ śukraṃ mucyate.

44 여기서는 결생시의 식으로서 알라야식이 언급되고 있다. 여기서 결생시의 알라야식은 「오식신상응지」와 「意地」에서처럼 “일체 종자를 가진(sarvabījakam)” 및 “이숙에 포함된(vipākasaṃgṛhītam)이란 두 개의 형용구에 의해 공통적으로 수식되고 있다. 다만 “의지체를 집수하는”이란 규정은 빠져있는데, 이는 중유의 상태임을 고려하면 당연할 것이다. 여하튼 “이숙에 포함된”이란 규정을 통해 유가행파가 결생식의 식을 無記로 간주했음을 보여준다. 이는 상좌부의 해석과 같지만, 결생시의 식을 염오된 것이라고 (AKBh 151,16ff: upapattibhavaḥ kliṣṭaḥ) 보는 유부의 해석과는 다르다. YBh에 나타나는 결생시의 식이 염오된 것이냐, 아니며 이숙인가에 대한 여러 설명에 대해서는 Schmithausen(1987, n. 259) 참조.

45 saṃmūrch-는 한역에서 “和合(依託)”으로 번역된다. 이 단어의 의미는 M-W 사전에 따르면 “to congeal into a fixed form, to congulate; to acquire consistency”, “to increase”, “to become senseless” 高崎直道(1985: 44,17)는 “附着하고 凝結한다”는 의미를 주고 있고, Yokoyama(1979: 162)는 “凝結해서 增大한다”고 번역한다. Schmithausen(1987: n.239)은 티벳역에서 이 단어가 구별되어 번역되었다고 지적

어떻게 그것은 화합, 의탁하는가? 크림과 같이 된 저 정혈 덩어리와 함께 그것에 대해 전도된 대상을 가진 중유는 존재하기를 그친다. 또 그것의 소멸과 동시에 바로 그 일체종자를 가진 식이[47] 작동하기 때문에, 그 [정혈을 구성하는 4대와] 다른 미세한 감각기관의 4대와 섞인, 그 [선행하는 것과] 비슷한 또 다른 정혈덩어리가 생겨난다. 그것은 [이미] 하나의 감각기관을 갖고 있으며, [따라서 하나의 유정이다]. 그 상태에 있는 식이 結生(pratisaṃdhi)이라고 설해진다. 이것이 칼랄라(kalala)의 상태이다.

또 그 칼랄라에 있어서 근의 4대들은 오직 身根(kāyendriya)과 함께 생겨난다.[48] 또한 근의 토대인 4대들도 바로 그 근의 4대들 및 身根과 함께 생겨난다. 그 후에 그 근의 4대들에 의지하여 안근 등이 점차적으로 형성된다. 그리고 근의 토대와 4대들에 의지하여 점차적으로 근의 토대들도 형성된다.[49] 근들과 그 토대들이 나타나기에 전체적으로 형성된 의지체가 획득되게 된다. 또한 그 칼랄라의 물질(色)은 서로의 운명을 같이 한다는 의미에서 그 심심소법들과 융합한다고 말해진다. 또 심의 힘에 의해 그 [칼랄라의 물질]은 부패되지 않으며, 또한 그 [칼랄

한다. 즉, 식이 주어일 경우 brgal ba("미세해지다")나 'jug pa("들어가다")로 번역되었고, 반면 정혈(śukraśoṇita)이 주어인 경우 'dres par 'gyur("섞이다")의 의미로 번역되었으며, 이 번역어는 현장의 번역과 일치한다.

46 YBh 24,4f: yatra tat sarvabījakaṃ vipākasaṃgṛhītam āśrayopādātṛ ālaya-vijñānaṃ saṃmūrcchati/. (see Schmithausen 1987: 127에 따라 교정) Schmithausen(1987: 131)은 밑줄친 부분이 후대 추가되었을 것이라고 추정한다.

47 YBh 24,8: sarvabīja[ka]sya <vijñānasya> sāmarthyāt. < >은 사본에 따라 보충되었다. 또 편집본에서 [ka]를 보충할 필요는 없을 것이다.

48 여기서 명시되듯이 결생시의 식이 생겨날 때 단지 身根, 즉 접촉하는 기능만이 있다. 상좌부도 결생시의 유정에게는 단지 신근만이 있다고 설한다. 이는 식이 선행하고 그 후에 신근을 포함한 명색의 형성이 뒤따른다고 말하는 것으로 보인다. 그렇지만 알라야식과 명색 내지 신근의 형성의 시간적 순서에 관해 유식문헌 상에 약간의 차이가 보인다. SNS와 같은 후대 텍스트에서 알라야식이 모태에서 정혈과 융해되는 것과 첫 번째 감각기관인 신근의 형성은 동시적이라는 사실이 sādhiṣṭhānaṃ vijñānam에 의해 함축되고 있다. (이에 대해서는 Schmithausen 1987: n. 248 참조.)

49 이 문장 전체가 YBh 24,13에서 krameṇa niṣpadyante/ 다음에서 누락되어 있다. YBh_ms 8a1: tāni cendriyādhiṣṭhānamahābhūtāny upādāya krameṇa indriyādhiṣṭhānāny api niṣpadyante/.

라의 물질]은 심·심소들을 돕고 방해하기 때문에 돕고 방해함이 있다. 따라서 그것이 상호 운명을 같이 함(anyonyayogakṣema)[50]이라고 설한다.

또 칼랄라의 부분에서 융합된 그 식은 그때에 심장의 부분에 있다. 왜냐하면
YBh 25 이와 같이 그 식이 바로 그 부분으로부터 죽을 때, 바로 그 부분에서 최초로* 융합되기 때문이다.

또한 그 일체종자를 가진 식에는 반열반의 성질을 가진 완성된 종자와 반열반의 성질이 없는, 3종 보리의 종자가 없는 것이 있다.

또 어떤 심신복합체(ātmabhāva)가 생기하더라도 그 모두는 일체 심신복합체의 종자를 수반한다고 알아야 한다. 욕계에 속한 심신복합체에도 색계와 무색계의 종자가 있으며, 마찬가지로 색계에 속한 [심신복합체]에도 욕계와 무색계에 속한 [종자가 있고,] 무색계에 속한 [심신복합체]에도 욕계와 색계에 속한 [종자가] 있다.

또 다시 그 칼랄라가 증대될 때 평등하게 名과 色 양자가 증대한다. 왜냐하면 그 양자가 더욱 증대된 상태에 이르렀기 때문이다. 또한 그 증대는 신체의 완성에 이르기까지라고 보아야 한다. 그곳에서 地界에 의거하여 의지체의 소조색(āśrayasyopādānarūpaṃ)[51]이 증대되고 더욱 커지게 된다. 다시 水界가 바로 그것을 포섭한다. 火界는 바로 그것을 성숙시키며, 새지 않는 방식으로 견고하게 만든다.[52] 風界는 지체들을 나누고 안주시킨다.

그런데 저 일체종자를 지닌 심신복합체의 생기에 있어서 비록 정업과 부정업

---

50 anyonyayogakṣema를 한역은 '安危共同'으로 번역하는데, 그 의미는 위의 설명이 보여주듯이 식과 신체 내부의 색들이 서로 밀접히 결합되어 있는 것을 나타낸다. MSgU 259b7: khu chu dang khrag dang lhan cig grub pa dang bde ba gcig pas 'dres par 'gyur te. ("[식은] 정혈과 함께 동일한 성취와 낙을 가질 정도로(*ekayogakṣematvena) 섞이게 된다.")

51 āśrayasyopādānarūpaṃ은 티벳역(lus kyi rgyur byas pa'i gzugs 및 한역(依止造色: 284b3)에 의거하여 Schmithausen이 교정한 것이다. YBh 25,10에서는 단지 rūpaṃ으로 읽고 있고, 이는 YBh_ms에서도 마찬가지다.

52 YBh_ms에 따라 보충한 것이다.

의 원인이 존재한다고 해도 주로(prādhānyena)[53] 바로 희론에 대한 기쁨(prapañcābhirati)[54]이 작인(kāraṇa)이라고 보아야 한다. 그러나 가문과 힘, 형태와 수명, 향수물 등의 과보의 작인은 주로 정업과 부정업이다.

그리고 저 심신복합체에 대해 어리석은 자들은 '나다' 또는 '나의 것이다', 또는 '나는 ~이다'라고 생각하지만, 그러나 성자들은 고통이라고 생각한다.

또 본성적으로 모태의 상태에서 식은 불고불락의 감수에 의지해서 증장된다. 거기서 바로 그 감수는 이숙에 포섭된다. 그러나 그것과 다른 일체 감수는 이숙에서 나온 것이거나 대상을 조건으로 한 것이다. 거기서 낙[수]와 고[수]는 어떤 때는 조건이 현전하면 일어나며, 어떤 때는 일어나지 않는다.

또 그 종자의 상속의 흐름은 무시이래의 것이다. 무시이래라고 해도 정업과
부정업의 차이에 의해 영향받음에 의해 반복해서 이숙과를 * 포섭함에 의해 새 YBh 26
롭게 된다. 또 결과가 나타났을 때 그 종자는 이미 그 결과가 소진된 것이다. 반열반하지 않는 한 이와 같이 윤회의 흐름은 생겨난다. 또한 거기서 결과를 부여받지 않은 종자들은 일부는 생기한 후에 감수를 일으킬 수 있는 것으로 되고, 일부는 미래에 감수를 일으킬 수 있는 것으로 된다. 백천겁 동안 자신의 종자로부터 다시 저 심신복합체들이 완성되게 된다.

다른 결과가 생겨나더라도 그것 또한 자신의 종자로부터 [생겨난다.] 또한 이 맥락에서 수명이 다한 자에게 저 종자는 그것의 과보를 모두 소진했다. 그렇지만 나머지 심신복합체들에게 다른 종자들에 의해 부여된 결과가 있기 때문에 그 결과들은 다 소진되지 않은 것이다. 심신복합체 속에서 저 종자의 결과는 설

---

53 YBh 25,12: 'pi sati <prādhānyena> prapañcābhiratir. < >은 사본에 따라 보충한 것이다.

54 prapañca-(abhi)rati 개념이 가진 다양한 의미에 대해서는 Schmithausen 1987: n.1405를 보라. 그는 또한 n.1408에서 바로 이 문장을 제시하면서, 여기서의 prapañcābhirati는 사소성지의 Paramārthagāthā 제28송에 나오는 sarvabījako vipākaḥ와 관련되며, 정업과 부정업은 iṣṭāniṣṭaṃ phalam(바라거나 바라지 않는 과보)과 관련되어야 한다고 해석한다. 이 게송에 대해서는 Schmithausen 1987: 228 및 본서의 번역부분 참조.

사 요지되어질 수 있다고 해도 조건의 결여 때문에 요지되지 않는다. 확정되지 않은 과보를 일으킬 수 있는 [심신복합체]의 저 종자는 바로 그것의 상태 속에 안주하는 것이다. 따라서 모든 심신복합체의 종자를 가진 것이기 때문에 각각의 모든 심신복합체들이 하나에 염착할 때 모든 것에 대해 염착한다고 말해야 한다. 하나로부터 이욕할 때 그는 모든 것으로부터 이욕했다고 말해야 한다.

또한 그 심신복합체들 속에 번뇌에 속한 종자들이 있는데 그것에 대해 麤重(dauṣṭhulya)[55]과 隨眠(anuśaya)의 명칭이 있다. 또한 이숙에 속하는 종자들과 그것과 다른 중립적 성질(無記)에 속하는 것들이 있는데, 그것에 대해 추중의 명칭만 있고 수면의 명칭은 없다. 또한 信 등의 선법에 속하는 종자들이 있는데 거기에는 수면의 명칭도 없을 뿐 아니라 추중의 명칭도 없다.[56] 왜냐하면 그것들이 생기하기 때문에 의지체는 활동적인 것으로 되지 비활동적인 것으로 되지 않기 때문이다. 따라서 추중에 부착된 것이고 추중으로 구성된 것이기 때문에(dauṣṭhulyamayatvāt)[57] 여래들은 전체의 의지체를 행고성의 의미에서 고라고 가설하신다.[58]

---

55 초기 유가행파 문헌에서 dauṣṭhulya의 다양한 의미와 관련된 맥락에 대해서는 Schmithausen(1987: 66ff 및 대응하는 각주 참조). dauṣṭhulya는 한역 麤重이 보여주듯이 거칠고 둔탁한 의미를 보여준다. 이 단락에서 추중은 번뇌에 속한 종자만을 가리키는 수면(anuśaya)과는 달리 포괄적으로 (i) '번뇌에 속한 종자', (ii) '이숙에 속한 종자', (iii) '다른 무기에 속한 종자', (iv) '비활동적인 상태', (v) '行苦性'의 5종으로 제시되고 있다. (i)~(iii)까지 추중은 현행과 대비된 종자의 의미로서, 추중을 심신복합체에 있는 잠재적인 형태의 악한 경향성(=anuśaya)으로 보든지, 아니면 의지체에 부착된 업의 과보로서의 잠재적인 형태의 불편함으로 보든지, 아니면 도덕적으로 중립적인 성질의 잠재성으로 보는 것이다. (iv)는 신체가 추중에 부착되어 있기 때문에 의지체가 활동적인 상태로 되지 못하는 것으로서, (ii)의 의미와 연관되어 있다. 마지막으로 (v)는 성자에게는 아니지만 적어도 범부에게 있어서 오온으로서의 의지체 전체(sakalo āśrayaḥ)가 추중에 의해 본질적으로 영향을 받고 있음을 보여준다.

56 YBh 26,15: <na> dauṣṭhulyasaṃjñā. <na>를 사본에 따라 보충해야 한다.

57 YBh 26,16f: dauṣṭhulyasvabhāvāt. YBh_8b4: dauṣṭhulyamayāt. 사본에 의거해 수정했다.

58 여래의 말씀은 SN V 421 등을 가리킬 것이다. 여기서 설해진 사성제의 교설에서는 8종의 고를 나열하면서 마지막으로 "오취온을 요약해서 고라고 한다"고 하는데, 그것이 이 맥락에서는 행고성을 가리키는 것으로 설명된 것이다.

또한 종자의 동의어들은[59] 界(dhātu), 종성(gotra), 본성(prakṛti), 因(hetu), 有身(satkāya),[60] 희론(prapañca), 알라야(ālaya),[61] 取(upādāna), 苦(duḥkha), 유신견의 대상(satkāyadṛṣṭyadhiṣṭhāna),[62] 아만의 대상(asmimānādhiṣṭhāna)으로서, 이런 부류가 동의어들이라고 알아야 한다.

* 또한 반열반의 때에 청정하고, 의지체가 변화된 요가행자들의 의지체는 일체 염오법의 종자가 없이 변화하며, 또한 일체 선법과 무기법의 종자들과 관련된 조건들을 결여시키며, 또한 내적인 조건들에 대한 자재함도 얻어진다. YBh 27

또한 모태 속에서 38주 동안 일체 지분과 부수적 지분(aṅgapratyaṅga)들을 갖춘 저 태아(garbha)[63]는 그 후에 4일이 지나 태어난다.[64] 세존께서 『입태경』

---

59 종자의 동의어에 대한 상세한 설명은 Schmithausen 1987: 157f. 그는 여기서 언급된 satkāya, prapañca, ālaya, upādāna가 경전에서 오취온의 동의어로 사용되고 있음을 지적하면서, 이것들은 "~에 대해 기뻐하는"(-abhirata; -ārāma; -rata; -saṃmudita)을 의미하는 표현들의 대상적 보완어로 사용되었다고 지적한다.

60 satkāya는 MN I 299에서 오취온, 즉 집착의 대상인 오온을 가리키지만, Schmithausen(1987: n.1008)은 이 맥락에서는 단지 이숙의 요소로 이루어진 '일체종자를 가진 심신복합체'(sarvabījako ātmabhāvaḥ)의 의미로 이해되는 것이 낫다고 본다.

61 여기서도 ālaya는 앞의 satkāya나 또는 뒤따르는 동의어 upādāna에서처럼 집착된 것으로서의 오온과 관련이 있다. MN I 191: yo imesu pañcasu upādānakkhandhesu chando ālayo ... ("이 집착된 오온들에 대한 갈구가 알라야이며...). Schmithausen 1987: n.1002 참조. ālaya 개념이 "that which is clung to", "that to which one clings"의 대상적이고 수동적인 의미를 갖고 있다는 점에 대해서는 Schmithausen 1987: 24, n.202-204 참조.

62 Schmithausen(1987: n.1019)은 BoBh 35,2ff와 그에 대한 BoBhVy를 인용해서 adhiṣṭhāna가 ālambana의 의미라고 해명하고 있다. 이는 이 구절에서 adhiṣṭhāna가 "토대"라는 의미에서 번역될 수 없음을 보여준다. 왜냐하면 ālaya의 동의어로서 adhiṣṭhāna는 자아 관념의 토대가 아니라 자아 관념의 대상을 말하고 있기 때문이다. 조금 위에 언급된 "심신복합체에 대해 어리석은 자들은 '나'나 '나의 것' 또는 '나는 ~이다'라고 생각하지만, 그러나 성자들은 고통이라고 생각한다."는 문장을 언급하면서 Schmithausen은 '나(aham)'나 '나의 것(mama)'이라는 관념이 유신견이고, '나는 ~이다(asmi)'라는 관념이 아만을 가리키고 있다는 점에서 동일한 취지라고 해석한다.

63 YBh 27,5: sa punar garbho 'ṣṭatriṃśatā saptāhnaiḥ sarvāṅgapratyaṅgopeto bhavati/. 편집자는 bhavati 뒤에 사본에 두 번째 garbhaḥ가 나오지만 이를 제외하고 읽는다. 하지만 한역은 又於胎中 經三十八七日, 此之胎藏一切支分 皆悉具足(284c17f)으로 sa punar garbhe 'ṣṭatriṃśatā saptāhnaiḥ sarvāṅgapratyaṅgopeto bhavati garbhaḥ/로 읽었다고 보인다.

64 일반적인 인도의 달력체계에서 1달은 30일이며, 따라서 9달은 270일이다. 38주는 266일이기에 여기서 4일이 지난 후에 태어난다면 태아는 9달을 채운 것이 된다.

(Garbhāvakrāntisūtra)에서 다음과 같이 설하신 것과 같다.

"그[태아]는 9달이나 또는 더 넘어 완전하게 된다. 그런데 그가 8달 후에 완전하게 되지만, 온전히 완전하게 된 것은 아니다. 여섯 달이나 일곱 달 후에는 완전하지 않거나 또는 온전치 않게 된다."[65]

또한 저 6처의 상태 속에서 어머니가 취한 것에서 생겨난 거친[66] 즙에 의해 그는 성장하는 것이다. 또 칼랄라 등의 매우 미세한 상태 속에서는 미세한 즙에 의해 성장한다고 알아야 한다.

YBh 28 * 또 그 태아는 여덟 상태를 갖고 있다. 여덟 상태란 무엇인가? ① 칼랄라(kalala)의 상태, ② 아르부다(arbuda)의 상태, ③ 페쉬(peśī)의 상태, ④ 가나(ghana)의 상태, ⑤ 프라샤카(praśākhā)의 상태, ⑥ 머리털과 몸털, 손톱의 상태, ⑦ 감관의 상태(indriyāvasthā), ⑧ 형체의 상태(vyañjanāvasthā)이다.

그중에서 칼랄라는 크림막(śara)같은 것이 엉겨 [태의] 내부에 묽게 있는 것이다. 아르부다는 내외를 갖춘 크림막같은 것이 요쿠르트처럼 된 것이고 아직 살의 상태를 얻지 않은 것이다. 페쉬는 살이 있고 느슨한 것이다. 가나는 단단하고 눌러도 견디는 것이다. 바로 그 후에 살이 뭉치는 방식으로 [사]지와 손발가락의 형상이 나타나는 것이 프라샤카이다.[67] 그 후 머리털과 몸털, 손톱이 나타나

---

65 Yamabe(2013)에 따르면 Garbhāvakrāntisūtra에 네 가지 한역이 있다. (i) 『胞胎經』(T317: 886a-890b), (ii) 『根本說一切有部毘奈耶雜事』(T1451: 253a-260a), (iii) 「佛爲阿難說處胎會」(T310.13: 322a-326b), (iv) 「入胎藏會」(T310(14): 326b-336c). Yamabe(2013: 600f)는 특히 『유가론』의 이 구절이 네 가지 한역 어디와도 정확히 일치하지 않지만, 『道地經』(T607.15: 234c4f: 三十八七日爲九月不滿四日, 骨節皆具足)의 표현과 거의 정확히 대응하고 있음을 지적한다.

66 YBh 27,10: matur abhyantarajātaudariko. YBh_ms 8b7: matur abhyavahāraja audāriko.

67 태내의 5위: 1. kalala의 상태: 태아가 모태 속에서 잉태된 후의 첫 7일간의 응혈의 단계로, 歌羅羅 또는 羯剌藍이라고도 하며 의역하여 凝滑, 雜穢도 한다. 2. arbuda의 상태: 칼랄라 상태의 응혈이 더 엉키기 시작하는 두 번째 7일간의 단계로, 阿部曇로 음사되거나 胞또는 皰結으로도 번역된다. 3. peśī의 상태: 피와 살이 응키는 세 번째 7일간의 단계로, 血肉, 凝結 또는 肉段으로 번역된다. 4. ghana의 상태: 살이 굳어지는 네 번째 7일간의 단계로, 羯南으로 음사되거나, 堅肉, 凝厚, 硬肉으로 번역된다. 5. praśākha의 상태: 이후 출생까지 손과 발의 四肢가 모두 형성되는 단계로, 그 기간은 5번째 7일의 시작부터 38번째 7일의 끝이며 支節 또는 枝枝라 하고 이 기간의 끝에서 태아는 출생한다.

는 것이 바로 저 [머리털과 몸털, 손톱의] 상태이다. 그 다음 안근 등이 생기는 것이 감관의 상태이다. 그 후에 그것의 토대가 드러나는 것이 형체의 상태이다.

그 후에 이전의 업의 힘 때문에, 또 어머니가 불균형을 버리지 않았기 때문에, 또한 버리지 않은 불균형들에 의해 생겨난, 모태에서 그것에 수순하는 바람들에 의해 머리털의 변이와 색깔의 변이와 피부의 변이와 사지의 변이가 생겨난다.

어떻게 머리털의 변이가 생겨나는가? 먼저 이전에 어떤 이가 그것을 일으키게 하는 악하고 불선한 업을 행했거나, 혹은 그의 어머니가 대부분 짠 맛으로 이루어진 음식을 자주 먹었다면, 그것에 의해 태아는 머리털과 털이 적게 된다. 어떻게 색깔이 변이하게 되는가? 앞에서처럼 업이 원인이며, 현재의 조건은 어머니가 매우 뜨거운 것과 열 등을 즐기는 것으로, 그것에 의해 그에게 검고 어두운 색깔이 생겨난다. 혹은 [그의 어머니가] 매우 추운 침실에 머물 때, 그럼으로써 그에게 흰 색깔이 생겨난다.[68] 혹은 [그의 어머니가] 매우 뜨거운 음식을 먹을 때, 그럼으로써 그에게 빨간 색깔이 생겨난다. * 어떻게 피부의 변이가 생기는 YBh 29
가? 앞에서처럼 업이 그것의 원인이다. 현행하는 조건은 어머니가 과도하게 성행위를 즐기는 것이다. 그것에 의해 그에게 옴이나 학질이나 문둥병 같은 피부의 결함들이 생긴다. 어떻게 사지의 변이가 생기는가? 앞에서처럼 업이 그것의 원인이다. 현행하는 조건은 어머니가 목욕, 수영, 뜀뛰기 등의 행동거지를 하는 것이다. 그럼으로써 그에게 불균형이 버려지지 않기에 사지의 변이가 생기거나 감관의 변이가 일어나게 될 것이다.

만약 [태아가] 여자라면, 그는 [엄마의] 등뼈에 기대거나 가슴을 향하여 어머니의 왼쪽에 주한다. 만약 남자라면, 그는 가슴에 기대고 등뼈를 향하여 어머니의 오른쪽에 주한다.

---

68 YBh 28,16: tenāsya śuklavarṇatā bhavati. YBh_ms 9a3-4: yenāsya śuklavarṇatā jāyate.

(3) 출태와 성장 과정 (Ch. 285a22)

또 다시 그 태아가 성숙했을 때 어머니가 너무 큰 태아를 견디지 못하기 때문에 내적으로 바람들이[69] 나타나는데, 그것들이 그 [태아]에게 고뇌를 일으키며, 또 업의 이숙에서 생겨난 재생의 부분에 속한 바람들이 그에게 생겨난다. 그 [바람]들이 태아의 발을 위로 향하고 머리를 아래로 향하게 만든다. 그 후에 바로 태반에 싸인[70] 그 태아는 [산문 밖으로] 나간다. 또 [태아가] 밖으로 나갔을 때 저 태반은 다시 모태로 수축된다.[71] 또 산문(産門)으로 나가는 동시에 출생의 상태(生位)라고 불린다. 그 태어난 자는 점차로 생의 부분에 속한 촉을 접촉한다. 예를 들면 眼觸부터 [意觸까지][72]이다. 또한 그는 세간의 방식과 언설을 배움에 의
YBh 30 해 가설에 떨어진다. * 또는 성장이 이어지고 근들이 성숙되기 때문에 가문에 탐착한다. 또 노동을 한다. 즉 세간적 기술영역들이다. 또 대상들을 향유하는데, 즉 원하고 원하지 않은 색 등이다. 또 고통을 경험하는데, 즉 이전의 업을 조건으로 하거나 현재[의 업을] 조건으로 하는 것이다. 그는 다섯 존재형태로 가는 조건들이나 열반으로 가는 조건들에 의해서 조건에 따라 이끌려지게 된다.

또 어떤 유정무리에서 어떤 유정들의 심신복합체가 나타날 때, 그 [무리]에서 유정들과의 유사성이 그 유정들에게 4종 조건에 의해 조건의 결과를 만든다. (i) 종자의 성질을 제공함에 의해, (ii) 음식으로 자양됨에 의해, (iii) 보호를 지님에 의해,[73] (iv) 신체행위와 언어행위의 작동을 수학함에 의해서이다. 예컨대 부모가 최초로 정혈을 제공하고, 그 후에 태어난 아기를 보고 그에 맞는 음식과 젖으

---

69 YBh 29,10f: adhyātmabhāvā vātāḥ. YBh_ms 9a6: adhyātmibhāvā yataḥ. 이를 adhyātmaṃ vāyavaḥ로 교정.

70 kośapariveṣṭita eva. 여기서 kośa는 Grosses Petersburger Wörterbuch에서 "q) Uterus" ('자궁')이다. 반면 한역 胎衣는 '태아를 덮는 막'으로 태반을 의미한다. 여기서 한역에 따랐다. 이에 대한 Göttingen 대학의 정진일 박사의 친절한 조언에 감사드린다.

71 YBh 29,13f: sa kośaḥ <saṃnivarttamānaḥ> kukṣau bhavati. < >의 단어는 사본에 따라 보충한 것이다.

72 YBh 29,15: tadyathā/ cakṣuḥsaṃsparśaṃ <yāvan manaḥsaṃsparśaṃ> /; < >의 문장은 사본에 따라 보충한 것으로, 티벳역(D 15a2)과 한역도 이를 지지한다.

73 YBh 30,8: rakṣāvidhānena. YBh_ms: ārakṣāsaṃvidhānena. Ch. 285b7: 隨逐守護故.

로 마시게 하고 기르고 성장하게 하며, 그 후에 여기저기 따라 돌아다니는 그를 때가 아니게 가는 것과 불균형하게 가는 것으로부터 보호하는 행위를 하고, 그 후에 성장이 이어지고 근들이 성숙하기에 대화와 언설을 따라 배운다. 그들도 다른 이들을 따라 배운다.

(4) 고락의 초월 (Ch. 285b12)

이와 같이 저 유정들은 무시이래 낙과 고 양자를 경험하지만, 붓다들의 보리에 관해서 타인의 말을 따르고 또 스스로 여리작의에 의해 漏의 소멸을 경험하지 못하는 한, 낙과 고를 초월함을 얻지 못한다. 다음은 매우 깨닫기 어려운 문장이다. 내게 어떤 곳도 누구도 어떤 것도 존재하지 않는다. 나 또한 어떤 곳에도 누구와 관련해서도 어떤 것으로도 [존재하지 않는다].

그처럼 우선 내적으로 존재들에게 죽음과 재생이 있다.

5.1.14B. 개체 외적 측면에서 세간의 파괴[74] (Ch. 285b19)

또한 어떻게 외적인 존재들의 파괴와 생성이 있는가? 파괴와 생성을 일으킬 수 있는* 업에 의해서이다. YBh 31

만약 파괴를 일으킬 수 있는 업이 현전하게 되면 그 때문에 외적인 파괴의 조건에 의해 그 [존재]들이 파괴된다. 그렇지만 수명이 다하기 때문에 내적인 [존재]들에 있어서와 같지는 않다. 그것은 무엇 때문인가? 왜냐하면 물질적이고 거칠고 사대에 속한 외부의 존재들은 비활력적(sthāvara) 흐름을 가진 것이기 때문으로, 내적인 [존재]들이 [활력적 흐름을 가진 것과는] 같지 않다. 또 그 기세간들의 생성을 일으킬 수 있는 업은 그것보다 더 길거나 짧지도 않은, 정해진 겁을 인기한다. 또한 유정에 속한 자들에게[75] 시간의 확정성은 없다. 왜냐하면 그

---

74 5.1.14B-5.1.15B까지(YBh 30,21-44,13) 기세간과 관련된 서술은 Kajiyama(2000)에서 번역되었다.

75 YBh 31,6: sattvasaṃkhyātaṃ tasya; 하지만 sattvasaṃkhyātānāṃ으로 교정해서 번역했다.

들은 다양한 업의 작동(abhisaṃskāra)을 갖고 있기 때문이다. 따라서 그들에게 [시간은] 겁을 넘기도 하며, 거기서 줄어들어 열 살[76]에 이르기까지이다.

또한 그 [기세간]의 파괴(saṃvartanī)는 3종이라고 알아야 한다. 불에 의한 파괴는 무간지옥에서부터 범천세간까지 파괴한다. 물에 의한 파괴는 제2정려[77] 전체에 이르기까지 파괴한다. 바람에 의한 파괴는 제3정려 전체에 이르기까지 파괴한다. 그렇지만 제4정려에서 저 제4정려의 단계에 속한 천신들은 궁전들과 함께 생하고 궁전들과 함께 죽는다. 따라서 그들에게 파괴는 없으며, 또 파괴의 원인도 없다. 3종 파괴의 정점들은 [불에 의한 파괴로부터 벗어난] 제2정려와 [물에 의한 파괴로부터 벗어난] 제3정려, 그리고 [바람에 의한 파괴로부터 벗어난] 제4정려이다.

또한 그때 이 세간은 20중겁(antarakalpa) 동안 파괴되며, 20중겁 동안 파괴된 채 남아있다. 20중겁 동안 생성되며, 20중겁 동안 생성이 지속된다. 그것들이 80
YBh 32 중겁이 되며, 바로 그것이 1대겁(mahākalpa)으로 * 숫자의 가설에 따른 것이다. 그중 범천세간에서의 수명은 1겁이다. 또 그것은 모든 것의 최후에 파괴되지만, 모든 것보다 앞서 생성된다.

또한 다른 방식으로 그 겁의 건립이 있다고 보아야 한다. 범중천(Brahmakāyika)들에게는 20중겁들이 1겁으로 간주된 후에 수명이 건립된다. 범전익천(Brahmapurohita)들에게는 40중겁들이 1겁으로 간주된 후에 수명이 건립된다. 대범천(Mahābrahma)들에게는 60중겁들이 1겁으로 간주된 후에 수명이 건립된다.

불에 의한 파괴란 무엇인가? 어떤 때에 무량한 수명을 가진 유정들은 8만년의 수명에 이르기까지 수명이 줄어들었다. 계속해서 그들은 불선한 법들을 행

---

76 한역(285b26) 一歲는 十歲의 오기일 것이다. 아래 285c14f에서 十歲로 번역했다.

77 이하 기세간에 관한 서술에서 정려(dhyāna)는 단지 명상의 의미에서가 아니라, 우주론과 심리학의 대응성의 의미에서 해당 정려와 관련된 색계의 천신이나 그들의 영역을 의미하고 있다.

했기 때문에 10년의 수명에 이르기까지 [수명이] 줄어들게 된다. 반대로 그들은 선법들을 행했기 때문에 다시 8만년에 이르기까지 수명이 증대되게 된다. 이와 같이 감소와 증대 양자를 합하여 숫자의 건립의 측면에서 1중겁이라고 설한다.

또한 그 중겁에는 기근과 질병, 전쟁에 의해 세 가지 재앙이 있다. 저 기근은 30년의 수명을 가진 인간들이 있을 때이다. 또 그러한 종류가 반복해서 시설된다. 오래된 뼈도 끓인 후에 음식으로 만든다. 또 거기서는 언제든 어떻게든 보리의 낱알이나 쌀 낱알, 조와 콩, 깨의 낱알이 얻어졌을 때, * 마치 마니보주처럼 함에 넣어 보호한다. 또 그 유정들은 주로 기력이 없이 땅에 누워 쓰러져 있으며 일어설 수조차 없다. 그러한 종류의 기근에 의해 대부분 유정들은 죽는다. 또한 그 기근은 최장(paraṃ) 7년 7달 7일 동안이며, 그 후에 지나간다고 말해야 한다. 또 그 유정들은 모이고 함께 한 후에 약한 염리(saṃvega)를 얻는다. 그들은 그 원인과 조건에 의해 수명이 감소하지 않고 또 기근의 종결이 있다. YBh 33

또한 바로 그 염리가 다시 사라졌기 때문에 [수명이] 줄어들어 인간들이 20년의 수명을 갖게 될 때, 그 때 많은 재앙들과 횡액들과 괴로움들이 있다. 그들은 많은 질병을 겪으면서 대부분 죽는다. 또한 그들의 그 질병은 최장 7달 7일 동안이다. 그 후에 지나간다고 말해야 한다. 그 후에 그 유정들은 중간 염리를 가진다. 그 원인과 조건에 의해 다시 수명이 감소하지 않으며, 또 그 질병들도 일어나지 않는다.

또한 바로 그 염리가 사라졌기 때문에 [수명이] 줄어들어 인간들이 10년의 수명을 갖게 될 때, 그 때 서로 유정을 보고서 그들에게 강력한 살의가 현전하게 된다. 그 후에 그들은 풀이나 돌이나 자갈을 잡는데, * 그것들은 날카롭고 잘 갈아놓은 칼들이 된다. 그것들로 그들은 서로 살생을 행한다. 또 그것은 길어도 7일 동안이다. 그 후에 지나간다고 말해야 한다. YBh 34

또한 그 때에 그 유정들에게 최악의 세 가지 쇠락이 있다. 즉, 수명의 쇠락, 신체의 쇠락, 생활필수품의 쇠락이다. 그중에서 수명의 쇠락이란 [그들의 수명이] 길어야 10년이다. 신체의 쇠락이란 신체의 크기가 길어야 21센티(vitasti)나 주먹

(muṣṭi) 길이이다. 생활필수품의 쇠락은 음식들 중 최고가 거친 죽이며, 의복들 중 최고가 머리털[로 만든] 담요이고, 장식들 중 최고가 칼이다. 버터의 맛, 꿀의 맛, 기름의 맛, 당밀의 맛, 소금의 맛이라는 5종의 맛들이 일체방식으로 소실된다.

그 후에 그 유정들은 강력한 염리를 갖고 다시 염리로부터 물러서지 않는다. 또 그 수명을 감소시키게 하는 불선한 법들을 포기하고자 하며, 정진을 일으키게 하는 선법들을 받아들이고 행한다. 서로서로 모이고 함께 한 후에 다시 수명이 증대된다. 8만년의 수명을 가질 때까지 형태와 힘, 낙과 자재함의 힘이 증대된다.

이와 같이 20의 [수명의] 감소와 20의 [수명의] 증대들이 있다. 40의 [수명의] 감소와 증대들이 끝났을 때, 그때 모든 것 중에서 최후의 증대의 때에 지옥으로부터 유정들이 죽고 [그곳에] 재생하지 않는다. 또한 그들이 전체적으로 죽었을 때, [그것이] 지옥의 파괴에 의한 파괴된 세간이라고 말해야 한다. 바로 지옥의 파괴에 의해서처럼 축생의 파괴와 아귀의 파괴에 의해서도 마찬가지이다.

또한 사람들 중에서 法爾를 획득한(dharmatāpratilabhika)[78] 유정은 제2정려까
YBh 35 지 * 성취하고 주한다. 그를 따라 배우는 다른 유정들도 법이를 획득하면서 제2정려까지 성취하고 주한다. 그들은 여기서 죽은 후에 극정광천의 천신들 속에서 재생한다. 그 때 이 세간도 인간[계]의 파괴에 의해 파괴된다고 말해야 한다. 또한 인간[계]의 파괴처럼 천[계]의 파괴도 마찬가지이다.

또한 다섯 존재형태로 이루어진 세간에서 어떤 하나의 유정도 발견되지 않을 때,[79] 그 때 생활필수품의 발생도 발견되지 않는다. 생활필수품의 발생이 발견

---

78 이 표현은 『보살지』(BoBh 3,1f)에서 종성과 관련해 나타난다. "본성적으로 존속하는 종성은 보살이 가진 6처의 특별한 양태(ṣaḍāyatanaviśeṣa)이며, 그와 같은 양상으로 연속적으로 내려온 것이고(paramparāgata), 무시이래로(anādikālika) [자연적] 성질에 따라 획득된 것(dharmatāpratilabdha)이다." (『보살지』 2015: 46f).

79 YBh 35,5: na prajñayate. 한역 無所得은 nopalabhyate의 전형적인 번역어이지만, 두 단어 모두 find out의 의미를 가지고 있다.

되지 않을 때 그 때 비도 발견되지 않는다. 하늘에서 비가 내리지 않아 이 대지에 있는 풀, 약초, 나무들이 말라버린다. 또 바로 이 태양이 적절한 비에 포섭되지 않을 때 더욱 뜨거워지게 된다. 6종의 태워질 사태 때문에, 즉 유정들을 파괴시키는 업의 힘 때문에, 다른 태양들이 나타나게 된다. 그것들은 다시 이 태양보다 위력에서 4배 더 뜨거운 태양들이며, 그것들은 다시 7[배]가 되고서 7배 더 뜨거워진다.

6종 사태들이란 무엇인가? 작은 호수들과 큰 호수들이 제2의 태양에 의해 마른다. 작은 강들과 큰 강들이 제3의 태양에 의해 마른다. 무열지(Anavatapta)라는 큰 호수가 제4의 태양에 의해 마른다. 큰 바다가 제5의 태양에 의해 마르며, 제6의 태양의 일부에 의해 마른다. 수메르[산]과 대지 양자는 더 큰 형태를 가지기에 제6과 제7의 태양에 의해 태워진다. 그 후 바로 불길은 범천 세간을 태우면서 진행할 때까지 바람에 의해 운반된다.

그것들은 다시 다음과 같이 세 가지 점으로 [요약된다]. 물에서 생겨나는 것은 풀 등인데,* 그것들은 첫 번째 [태양]에 의해 마른다. 바로 저 [호수 등의] 물이 YBh 36
라는 사태는 다른 5개의 [태양]에 의해 마른다. 고정된 단단한 형태를 가진 [수메루산과 대지 등의] 사물은 2개 [태양]에 의해 탄다. 실로 그와 같이 태워지고 불타고 있는 저 세간의 모습에 대해 바로 상세하게 경에서처럼[80] 재조차 없고 그림자조차 없다. 이 정도로 기세간의 파괴에 의해 세간은 파괴된다. 또 20중겁들이 지나가며, 그처럼 파괴된 세간은 20중겁 동안 [파괴된 채] 남아있다.

물에 의한 파괴란 무엇인가? 불에 의한 파괴가 일곱 차례 일어나고 지나간 후에, 그 후에 제2정려에서 내재적인 물의 요소(水界)가 산출된다. 그 [물의 요소]는 저 기세간을 마치 소금처럼 녹인다. 또한 그 물의 요소는 바로 그 기세간과 함께 사라지며, 또한 사라진 [기세간]은 바로 마찬가지로 20중겁 동안 [파괴된 채]

---

80 Kajiyama(2000: 189, fn.12)는 Śikṣasamuccaya (ed. Bendall) 246,9ff에서 인용된 Pitṛputrasamāgama를 제시하고 있다.

남아있다.

바람에 의한 파괴란 무엇인가? 물의 재앙에 의한 파괴가 일곱 차례 지나간 후에 다시 한 차례 불에 의한 파괴가 있다. 그 직후에 제3정려에서 내재적인 바람의 요소(風界)가 생겨나서. 그것이 저 기세간을 마치 바람이 사지를 [사라지게 하는] 것처럼 사라지게 한다. 또 그 바람은 바로 그 [기세간]과 함께 사라진다. 왜냐하면 그와 같이 보이기 때문이다. 일부가 풍계가 동요할 때 뼈조차 없어지게 된다. 파괴된 [세계]도 바로 마찬가지로 20중겁 동안 [파괴된 채] 남아있다.

실로 이와 같이 세간의 파괴가 있다.

5.1.15B. 개체 외적 측면에서 세간의 생성 (Ch. 286b27)

1) 기세간의 형성

[세간의] 생성(vivarta)이란 무엇인가? 저 20중겁들이 지나갔기 때문에 다시 생성으로 [이끄는] 중생들의 업의 지배력 때문에 생성의 겁이 시작되었다고 알아야 한다. 먼저 허공에서 제3정려가 기세간의 생성에 의해서 전개된다. 제3정려처럼 제2[정려]와 초정려도 마찬가지다. 세 번째 파괴의 정점에서부터 중생
YBh 37 들은 수명의* 소진 때문에, 또 복덕의 소진 때문에 죽은 후에 제3정려에서 재생한다. 일체처에서 [재생하는 것도] 마찬가지다. 이와 같이 두 번째로 파괴되어야 할 정점으로부터 제2정려에서 [재생하며], 일체처에서 [재생하는 것도] 마찬가지다. 또한 첫 번째 파괴되어야 할 정점으로부터 또 다른 중생이 생명의 소진 때문에 내지 복덕의 소진 때문에 죽은 후에 초정려에서, 즉 범천의 세계에서 재생한다.

그는 그곳 범천세계에서 대범천이 된다.[81] 홀로 있는 그에게 열망이 생겨났

---

81 YBh 37,4f: sa tatra bhavati brahmā mahābrahmā; 하지만 한역(286c6: 梵世界中爲最大梵)은 sa tatra bhavati brahmaloke mahābrahmā로 읽고 있다. 뒤따르는 문장에서 그가 홀로 그곳에 있다고 설명되기 때문에 맥락상 한역에 따라 읽어야 한다.

고, 기쁘지 않음이 일어났다. '아! 다른 중생들도 이곳에 재생하기를!'이라는 그의 심의 의욕작용(cittābhisaṃskāra)에 의해 다른 중생들은 수명의 소진 후에 또 복덕의 소진 후에 제2정려에서 죽은 후에 바로 초정려에서 재생한다. 이와 같이 이 세 개의 정려들이 중생과 기세간의 생성에 의해[82] 생성되게 된다. 그 후에 네 개의 욕계에 속한 천신의 부류들의 궁전들이 허공에 나타난다. 모든 저 허공의 궁전들의 출현은 마치 화현처럼(nirmāṇavat) 보아야 한다. 중생들은 극히 찬란히 빛나는(ābhāsvara) 천신의 부류로부터 죽은 후에 앞에서처럼 재생한다.

그 후에 이곳에서 삼천대천세계 크기의 풍륜이 삼천대천세계 및 궁전이 없는 중생들의 토대로서 산출된다. 또한 그 [풍륜]은 위쪽으로 휘감기는 것과 측면으로 휘감기는 것의 2종이며, 그럼으로써 물이 흩어지지 않도록 유지시키는 것이다.[83] 그 후에 그것의 위로 그 [중생들]의 업의 지배력에 의해 금[빛]으로 가득한 구름들이 생겨나며, 거기서 비가 내리며, 물이 풍륜에 머물러 있다. 그 후에 풍들은 생겨난 후에 물과 융해되며, 견고하게 * 만든다. 그것이 금으로 이루어진 YBh 38
땅이 된다. 상하로 마모를 견디기 때문이다.[84] 그리고 저 [땅]이 형성되었을 때, 그 위에 그것의 업의 지배력 때문에 다양한 요소(nānātvadhātu)를 지닌 구름이 생겨나며, 거기서 비가 내린다. 그 후에 물이 금[빛]으로 이루어진 땅에 머문다. 또한 그와 같이 바람들은 달라붙게 하고 [땅을] 견고하게 한다.

그중에서 청정하고 최고이며 우수하고 탁월한 요소(dhātu)는 그 후에 바람의 이끄는 힘에 의해 금과 은, 수정과 유리라는 네 가지 보석으로 이루어진 수메루산으로 생겨난다. 반면 중급의 요소는 일곱 개의 금산에서, 즉 유간다라산, 비나타카산, 아슈바카르나기리산, 수다르샤나산, 카디라카산, 이사다라산, 니민다

---

82 YBh 37,9: yaduta sattvavivartanyāpi/; 한역 器及有情世間成已는 bhājanasattvavivṛtyā로 읽었다고 보인다.

83 YBh 37,15: yena tāsāmaraṃ tiryagvimānaḥ adhaś cāyatanaṃ/. 이 문장은 판독하기 어렵다. 한역(286c17f: 由此持水令不散墜)에 따라 번역했다.

84 한역은 땅이 상하로 마모되는 것을 '위로는 물과 비에 의해 강하게 씻기고, 아래로는 바람에 의해 부딪쳐서 깎여진다'(286c19f:上堪水雨之所激注, 下爲風飇之所衝薄)로 의역하고 있다.

라산으로[85] 생겨난다. 그 산들은 연속적으로 수메루산을 둘러싸고 있다. 수메루산은 높이로 팔만 요자나이며 폭도 마찬가지다. 물에 잠긴 [부분도] 팔만 [요자나]이다. 유간다라산은 그것의 반의 크기이다. 비나타가산에서 니민다라산에 이르기까지 그것과 다른 금산들의 크기는 그것으로부터 계속해서 반의 크기라고 알아야 한다. 저 산들의 봉우리들의 이름도 그것의 종류의 차이와 비슷하다고 알아야 한다.[86]

그리고 하등한 요소로부터 수메루산의 네 측면에 또 금산들의 외부에 사대주와 여덟 개의 내주들, 그리고 니민다라산의 절반 크기의 바퀴형태의 산이 [생겨난다]. 사대주는 그것에 의해 둘러싸여 있다. 또 아수라의 궁전들은 수메루산의 아래에 물속에 세워져있다. 히말라야산은 無熱池(anavataptam saras)의 근처에
YBh 39 있다. * 그 [사대주의] 아래로 여덟 개의 지옥의 영역들이 있다. 즉 대지옥과 개별지옥, 추운 지옥, 근접지옥의 [영역]이다. 또 일부의 아귀들과 동물들의 [영역]이 있다.

저 사대주들이란 즉 남섬부주(Jambudvīpa), 동비데하주(Pūrvavideha), 서구다니주(Avaragodānīya), 북구로주(Uttarakuru)이다. 그중에서 남섬부주는 마차형태를 하고 있고, 동비데하주는 반달 형태를 하고 있으며, 서구다니주는 원의 형태를 하고 있고, 북구로주는 사각 형태를 갖고 있다. 남섬부주는 크기로 6,500 요자나이며, 동비데하주는 크기로 7,000 요자나이다. 서구다니주는 크기로 7,500 요자나이며, 북구로주는 크기로 8,000 요자나이다.

또한 일곱 개의 산들의 사이에 있는 물은 여덟 개의 좋은 성질을 갖고 있다. 그

---

85 이 일곱 개의 산들은 수메루산을 에워싸고 있다고 Dharmasaṃgraha XXV.에서 서술되고 있다. 그 명칭은 각기 Yuganandhara, Vinataka, Aśvakarṇagiri, Sudarśana, Khadiraka, Īṣādhara, Nimindhara이며, 한역에서는 각기 持雙山, 毘那矺迦山, 馬耳山, 善見山, 朅達洛迦山, 持軸山, 尼民達羅山으로 음사 내지 번역되고 있다.

86 이 문장은 한역에서는 "그 산들은 연속적으로 수메루산을 둘러싸고 있다"의 구문에 포함되어 번역되고 있다.

것은 內海이며, 그곳에 용들의 궁전들이 있다. 이 용들은 8종으로 한 겁 동안 살아간다. [그들은] 持地龍王(Dharanindhara), 歡喜近喜龍王(Nande upananda), 馬騾龍王(Aśvatara), 目支隣陀龍王(Mucilinda), 意猛龍王(Manasvin), 持國龍王(dhṛtarāṣṭra), 大黑龍王(Mahākāla), 그리고 醫羅葉龍王(Elapatra)이다. 그들은 신들과 아수라의 전쟁을 경험하기도 하고, 신들의 왕인 사크라(Śakra)의 힘을 경험하기도 한다.[87] 용들의 가문들은 넷이다. 난생의 용, 태생의 용, 습생의 용, 화생의 용이다. 날개를 가진 새들도 난생과 태생, 습생, 화생의 넷이다.

* 저 내해의 밖에 있는 물이기 때문에 그것은 외부 바다로서, 저 수메루산의 뿌리로부터 나온 네 개의 층위(pariṣaṇḍa)[88]로 [이루어져] 있다. 첫 번째 층위는 수메루산으로부터 16,000 요자나의 거리가 떨어져있다. 나머지 [각각의 층위]들의 거리는 순서대로 그것의 반반이다. 첫 번째 [층위]에 '손에 컵을 쥔'[이라는 이름의 야크샤]가, 두 번째 [층위]에 '손에 피를 잡고 있는'[이라는 이름의 야크샤]가, 세 번째 [층위]에 '항시 취해있는'[이라는 이름의 야크샤]가, 네 번째 [층위]에 '화환을 들고 있는'[이라는 이름의 야크샤]가 주한다. YBh 40

수메루산의 봉우리에 있는 네 모서리에 500 요자나 크기의 네 봉우리들이 있고, 그곳에 金剛手 야크샤(Yakṣa)들이 거주한다. 또한 유가난다라산의 네 측면에 대왕들의 도시들이 있다. 동남서북에 순서대로 持國 · 增長 · 廣目 · 多聞天王의 [도시이다]. 모든 금의 산들에 저 대왕들의 마을과 촌락, 국토들이 있다.

또한 히말라야산의 근처에 '아수라의 옆구리'(Asurapārśva)라는 금으로 이루

---

87 YBh 39,13: te devāsuraṃ saṃgrāmam anubhavanty api pratyanubhavanty api/ śakrasya devendrasya balaṃ. 여기서 api 때문에 pratyanubhavanti와 anubhavanti가 비슷한 의미를 보여준다고 보기 어렵다. BHSD pratyanubhavati 항목에서 prati를 "in turn, as recompense"의 의미로 해석할 것을 제안하고 있다. 그렇다면 용왕들은 신들과 아수라의 전쟁에 신의 편에서 참여하거나 또는 [보상을 받고] 참여하는 것으로 이해될 수 있다. 반면 현장은 "용왕들이 Indra의 힘 때문에 자주 아수라들과 함께 전쟁을 벌인다"(是諸龍王 由帝釋力 數與非天共相戰諍)로 번역하고 있어, pratyanubhavanti의 의미를 고려하지는 않는다.

88 BHSD에서 pariṣaṇḍa는 "terraced approach, flight of step"으로 풀이되고 있다.

어진 경사면이 있는데, 50 요자나의 길이와 넓이를 갖고 있다. 그곳은 善住[라는 이름의] 코끼리왕의 거처이다. 또한 그곳은 신들의 왕인 샤크라의 전쟁터이다. 또 그곳에 선주라고 불리는 나무의 왕이 7겹의 타라나무의 그룹들에 의해 둘러싸여 있다. 또 만다키니(Mandākinī)라는 연못이 500개의[89] [연못]에 의해 둘러싸여 있는데, 저 선주 [코끼리왕]이 유희하던 장소이다. 그곳에서 그는 원하는 대로 모습을 취한 후에[90] 저 연못의 연근을 따서 먹었으며, 또 500의 암코끼리들에 의해 둘러싸여 있었다.

그것의 근처에 커다란 무열지(無熱池)가 있는데, 그 깊이와 넓이가 50 요자나이며, 금으로 된 모래가 펼쳐져 있으며, 여덟 요소를 갖춘 물에 의해 채워져 있
YBh 41 고, 아름답고, * 보기 좋고, 깨끗하다. 거기서부터 네 개의 큰 강, 즉 갠지즈
(Gaṅgā)강과 신두(Sindhu)강, 시타(Sītā)강과 박수(Vakṣu)강이 갈라진다.[91]

수메루산의 평지에 길이와 넓이로 일만 요자나 크기의 [샤크라의] 신들의 궁전이 있다. 다른 곳에 저 신들의 마을과 도시, 나라들이 있다. 저 수메루산의 사면은 남섬부주 등의 대륙이다. 저 [수메루산]에 네 개의 경사면이 있는데, 남섬부주에 접하는 경사면은 유리로 이루어져 있고, 동비데하주에 접하는 경사면은 은으로 이루어져 있으며, 서구다니주에 접하는 경사면은 금으로 이루어져 있고, 북구로주에 접하는 경사면은 수정으로 이루어져 있다.

남섬부주의 근처에 금으로 구성된 전륜왕의 도로가 있는데, 그것은 4대왕천에 속하는 중생들의 무릎의 깊이만큼[92] 대해에 가라앉아 있다. 전륜왕이 출현했기 때문에 무릎만큼 대해로부터 물이 마른다.

무열지의 남쪽 구역에 커다란 잠부나무가 있는데, 그것의 이름을 따서 이것

---

89 한역과 티벳역에 따라 <pañca->śataparivārā로 교정해야 한다.

90 kāmarūpī bhūtvā. 한역 隨欲變現에 따라 번역했다.

91 Sītā와 Vakṣu는 각기 私多, 縛芻로 음역되어 있다. 이에 대해서는 Poussin, AKBh iii. 147-148 참조.

92 한역에 의거해 번역했다.

이 남섬부주(Jambudvīpa)이다. 그것의 북쪽 구역에 커다란 목화나무가 있는데, 그곳에 네 가루다(suparṇin)가 거주한다. 4대주들 중에서 각각의 대륙에 두 개의 중간대륙(antaradvīpa)이 있는데, 하나가 악귀(rākṣasa)의 대륙이다.

2) 중생세간의 형성 (Ch. 287b28)

이와 같이 기세간이 산출되었을 때, 極淨光(ābhāsvara)이라는 천신의 무리로부터 유정들이 죽은 후에 바로 앞에서처럼 첫 번째 겁으로 이끄는 업에 의해 이곳에 태어난다. 그것은 최고이며 첫 번째이며 탁월한, 욕계에 속하는 업이며, 바로 이 때에만 그 업의 과보의 산출이 있지, 다른 때에는 없다. 그때에 저 중생들은 첫 번째 겁에 속한 자들이라고 불린다. 그들은 아름다운 모습을 갖고 있고 마음으로 이루어져 있다. * 모든 것은 경에 따라 [이해되어야 한다]. YBh 42

그리고 그때에 집과 거처, 마을, 정착지는 없었다. 모든 대지는 고르고 평평했다. 그 후에 그 유정들에게 땅의 맛(bhūmirasa)이 출현했다. 이와 같이 점차로 덩굴약초(parpaṭaka)[93]와 숲의 덩굴, 파종과 경작됨이 없이도 자라는 쌀이 [출현했다]. 그 후에 피와 겨가 쌀알을 덮는다. 그 후에 벼가 덤불에서 자란다. 그 후에 그 유정들이 그것을 취하는 것이 보인다. 그 후에 그 유정들에게 [땅의] 맛 등을 먹음에 의해 추한 모습이 나타나며, 위력도 사라진다. 그가 더 많이 먹을수록 그는 더 추한 모습이 되고 더 무거운 몸을 갖게 된다. 그 후에 유정은 유정을 경멸한다. 저 불선한 요소들이 현행하기 때문에 최상의 맛 등이 사라지게 된다. 바로 경에서 상세히 설한 것과 같다.[94]

그 후에 그들은 서로 눈으로 눈을 관찰하고 살피며, 그 후에 매료된다. 그 후에 여성과 남성으로 이끄는 업에 의하여 어떤 이들에게는 여근이 나타나고 어떤

---

93 parpaṭaka는 아유르베다의 약용식물로서 Indian Fumitory로 불린다. 식물의 그림은 https://www.easyayurveda. com/2015/03/17/parpataka-uses-research-side-effects-medicines/ 참조.

94 이 단락과 아래 단락의 서술은 Agaññasutta(『起世因本經』 T25)를 요약한 것이다, 이 경에 대해서는 Collins 1993 및 Schmithausen 2005b 참조.

이들에게는 남근이 나타난다. 따라서 두 사람의 두 [근]의 결합 때문에 삿된 행동이 일어난다. 그 후에 타인들로부터 비난을 받고, 그 때문에 집들을 만든다. 그리고 쌀을 취하기 위하여 토지의 소유도 행한다. 그 후에 그것 때문에 주지 않은 것을 취함과 강탈이 알려진다. 그 후에 그것 때문에 그들은 조정자를 왕으로 세웠다. 그가 '대중에게 지명된 자'(mahāsammata)[95]이다. 이와 같이 경에서와 같이 저 크샤트리아의 그룹이 세간에 출현하고 바라문과 바이샤, 수드라의 그룹들도 출현했다.

또한 그들의 신체에 달라붙은 저 광명이 사라지기 때문에 어둠이 세간에 출
YBh 43 현한다. 그 후에 해와 달, 별들이 세상에 출현하게 된다. * 그중에서 해의 크기는 51 요자나(yojana)[96]이며, 달의 [크기는] 50 [요자나]이다. 그중에서 해는 열의 수정으로 이루어져 있고 반면 달은 물의 수정으로 이루어져 있다. 다시 두 가지 중에서 달은 빠르게 가고 정해지지 않게 간다고 알아야 한다. 반면 해는 두 대륙에 동시에 비추고 두 [대륙을] 동시에 어둡게 한다. 그런데 한 곳에서는 정오에, 어떤 곳에서는 한 밤중에, 다른 곳에서는 밤의 반(ardharatri)에 다른 곳에서는 사라진다. 모든 해와 달, 별들의 수메루의 반만큼 움직임을 행한다. 또한 그것은 유간다라산(Yugandhara)과 동등하다. 그것들이 다시 수메루(Sumeru)에 근접해서 운행할 때 그 때 여름이 인지된다. (수메루에서) 멀어져서 [운행할 때] 그 때 겨울이 인지된다. 바로 그 원인에 의해 빨리 사라진다고 알아야 한다. 그런데 달에서 위로 조금 기울면 반달이 보인다. 그것의 나머지 부분은 근접한 부분에 의해 은폐되어 보이지 않는다. 그와 같이 [달이] 기울게 되면 될수록 점차 완전한 보름달이 나타난다. 다시 흑분에서 그와 같이 달이 아래로 내려가게 되면 점차 이지러져 보인다. 대양에서 물고기와 거북이 등의 영상이 일어나기 때문에 중간에 달은 검은 상태로 보인다. 다시 별들의 크기는 최대 18크로샤(krośa)[97]이고, 중

95 이 용어에 대해서는 Collins 1993: 345f 참조.

96 Yojana의 길이는 문헌마다 다르지만, 대략 약 13km에 해당된다.

간의 것들은 10크로사이고 최소의 것들은 4[크로사]이다.

사성계급(caturvarṇa)이 생겨날 때, 원하고 원하지 않는 다섯 가지 존재형태로 경험될 수 있는 업이 시작된다. 그 후에 어떤 유정은 염오된 지배적 힘을 일으킬 수 있는 업에 의해 [지옥유정 중] 야마 왕으로 재생한다. 바로 직후에 지옥의 옥졸들이 변화된 존재로서(nirmitopama) 태어나며, 그리고 고문도구를 만드는 구리 등이 생겨나며, * 지옥의 불도 나타난다. 그 후에 그들 업에 따라 좌우되는 유 YBh 44
정들이 그곳에서 그리고 그것과 다른 존재형태들 속에서 재생한다.

그와 같은 방식으로 십억(koṭiśata)의 4대주들, 십억의 수메루들, 십억의 여섯 욕계에 속한 천신들, 십억의 범천세간들이 삼천[세간들에서] 동시에 생성되고 파괴된다. 또 그것들은 다음의 세 개의 세간계이다. 소천[세간계]는 즉 천개의 달들, 천개의 해들 내지 천개의 범천세간들을 한꺼번에 모은 후에 [성립된다]. 소천의 천개가 중천계이다. 중천의 천개가 삼천대천세계이다.

이와 같이 동쪽과 남쪽, 서쪽과 [북쪽], 상·하에서 파괴되고 생성되는 세간계들의 끝은 없고 한계도 없다. 마치 용왕(īṣādhāra)[98] 처럼 하늘이 비를 내릴 때 폭우가 떨어지고 있는 모든 방향에서 중단(vīci)도 없고 간격도 없는 것처럼, 바로 그와 같이 모든 방향에서 파괴되고 생성되는 세간계들의 끝은 없고 한계도 없다.

또한 그런 크기의 삼천대천 세간계가 하나의 불국토라고 설해진다. 그곳에서 한량없는 세간계들에서 여래들이 출현하신 후에 붓다의 작용들을 행하신다.

(1) 주제 항목의 제시 (Ch. 288a25)

또 그와 같이 다시 생성된 세간이 건립될 때 다섯 존재형태들이 지각된다. 즉,

---

97 Arthaśastra 제20장에 따르면 1 krośa는 약 3,000m에 해당된다고 한다. https://en.wikipedia.org/wiki/Kos_(unit)

98 YBh 44,10: varṣādhāre deve. īṣādhāra로 교정한 것은 Silk 2001: 161f 참조. īṣādhāra는 M-W에서 nāga의 명칭이기 때문에, 용왕의 번역은 그것에 따랐다.

지옥, 축생, 아귀, 천신, 인간들이다. 발생 방식(yoni)들은 넷이다. 즉, 난생과 태
YBh 45 생, 습생, * 화생들이다. 6종 依持(ādhāra)들이 있고, 10종의 시간단위, 즉 계절(ṛtu), 年(saṃvatsara), 月(māsa), 半月, 日(divasa), 夜(rātri), 찰나(kṣaṇa), 단찰나(tatkṣaṇa), 라바(lava), 무후르타(muhūrta)[99]가 있고, 7종 섭수의 사태들이 있으며, 10종 몸의 도구들과 10종 욕망의 대상들의 향수들이 [경의] 가운데에서와 같이 [지각된다]. 8종의 항상 따라 행하는 것들이 있다. 획득과 불획득, 명예와 불명예, 낙과 고, 비방과 칭찬이라는 8종의 세간법들이다. 친구의 쪽, 적의 쪽, 중립적인 쪽이라는 3종의 범주(pakṣa)가 있다. 3종의 세간사(yātrā)가 있다. 3종의 담화가 있다. 22종의 분노의 폭발이 있다. 64종의 유정무리들이 있다. 8종의 상태(avasthā)가 있다. 4종의 입태들이 있다. 4종의 행동거지(īryāpatha)가 있다. 6종의 생계수단들과 6종의 보호가 있다. 7종의 苦가 있으며, 7종의 慢(māna), 7종의 교만(mada)이 있다. 4종의 언설(vyavahāra)이 있으며, 또 매우 많은 언설의 문장들이 있다.

(2) 주제 항목의 상설 (Ch. 288b10)

① 5종 존재형태

지옥의 존재형태(gati)란 무엇인가? 종자와 결과에 포섭된 지옥유정의 온과 지옥을 경험하게 하는 업이다. 지옥의 존재형태처럼 축생의 존재형태, 아귀의 존재형태, 천신의 존재형태, 인간의 존재형태도 이치에 따라 보아야 한다.

② 4종 출생방식 (yoni)

난생은 무엇인가? 유정들이 알주머니를 깨고서 출생하는 것이다. 또한 그들

---

99 베다의 시간관념에 따르면 ṛtu는 두 달, kṣaṇa는 약 1.22초, lava는 0.14초, muhūrta는 48분에 해당한다. https://en.wikipedia.org/wiki/Hindu_units_of_time 여기에 tatkṣaṇa는 언급되지 않지만, Divyāvadāna 643,1f에서 120개의 tatkṣaṇa가 1 kṣaṇa를 이룬다고 설명된다. 『구사론』의 계산에 따르면 kṣaṇa는 1/75초, lava는 1분 36초, muhūrta는 48분에 해당되기도 한다.

은 누구인가? 거위, 마도요새, 공작, 앵무새, 샤리카새 등이다. 태생은 무엇인가? 태에 둘러싸인 유정들이 태를 찢고서 출생하는 것이다. 또한 그들은 누구인가? 코끼리, 말, 소, 당나귀 등이다. 습생은* 무엇인가? 유정들이 이런 저런 습기에 도달하고서 출생하는 것이다. 또한 그들은 누구인가? 개미, 벌레, 나방, 참깨충(?) 등이다. 화생은 무엇인가? 또한 그들은 누구인가? 유정들이 업의 증상력에 의해 완성된 6처나 일부의(anyatara) 6처를 가지고 태어나는 것이다. 즉, 지옥유정, 천신, 일부의 축생과 아귀, 인간들이다. YBh 46

③ 6종 依持

6종 依持(ādhāra)들은 무엇인가?

(i) 토대로서의 의지들은 즉 아래로부터 풍륜과 수륜과 지륜이다. 이것은 아래로 유정들이 떨어지지 않는 근거(yoni)인데 그 때문에 의지라고 말해진다. (ii) 두 번째는 거처로서의 의지이다. 또한 그것은 집, 건물 등이다. 이것은 곤란들로부터 해를 입지 않는 근거인데 그 때문에 의지라고 말해진다. 또한 그것들은 집, 건물 등인데, 요약하면 만들어진 것, 만들어지지 않은 것, 궁전으로서 화현한 것이다. (iii) 세 번째는 좋은 탁발의 의지이다. 이것은 段食의 근거인데, 따라서 의지라고 불린다. (iv) 네 번째는 안온의 의지이다. 이것은 유정들이 칼 등에 의해 파괴되지 않고 지내게 하기 위한 근거인데 그 때문에 의지라고 말해진다. (v) 5번째 의지는 해와 달, 별들이다. 이것은 색들이 나타나기 위한 근거인데 그 때문에 의지라고 말해진다. (vi) 6번째는 食이라는 의지이다. 그것들은 다시 4종의 식들로서, 단식(段食), 촉식(觸食), 의사식(意思食), 식식(識食)이다. 이것은 몸이 머물고 지탱하게 하기 위한 근거인데 따라서 의지라고 불린다.

④ 7종 섭수의 사태

*7종 섭수의 사태들은 무엇인가? (i) 자신과 부모, (ii) 처자 (iii) 여종과 남종, 일꾼과 노동자 (iv) 친구와 신하, 인척과 친척, (v) 국토의 사태, 집의 사태, 시장의 사 YBh 47

태, (vi) 복업의 사태, 업의 완수에 노력하는 사태, 그리고 (vii) 창고에 저장하는 것이 7번째 사태이다.

⑤ 10종 [몸의] 도구

10종 [몸의] 도구들은 무엇인가? 음식, 음료, 수레, 옷, 장신구, 웃음·노래·춤·연주, 향·화환·기름, 식기도구, 조명, 그리고 남녀의 성교(paricaryā)이다.

⑥ 8종의 빈번히 행하는 것

8종의 빈번히 행하는 것들은 무엇인가? 그것들은 세간에서 빈번히 행하는 것들이다. 즉, 음부를 가리는 것, 몸을 다듬는 것, 다른 행동거지에 따른 방식(? kalpa), 음식, 잠, 성교, 그것과 상응하는 노력, 그리고 그것과 상응하는 담화이다.

⑦ 3종의 세간사

3종의 세간사는 무엇인가? 즉, (i) 대화와 수다 및 인사하는 것, (ii) 초대와 결혼, 부름, 초청에서 먹고 잘 먹는 것, 그리고 (iii) 종종의 논쟁들이 일어날 때 상호 도움을 주는 행위이다.

⑧ 3종의 담화

3종의 담화(kathā)는 무엇인가? 법의 담화와 비법의 담화 및 그 외의 것들이다.

(i) 법의 담화는 무엇인가? 이것은 소욕지족(abhisaṃlekhika)하고 모든 덮개
YBh 48 (蓋)를 여의고 제거한 심을 가진 성자의 담화이다. 상세하게는* 바로 경에서와 같다. (ii) 여법하지 않은 [담화는] 무엇인가? 염오된 심을 가진 자의 걸식을 위한 담화이다. 또한 (iii) 무기의 심을 가진 자의 그것 이외의 담화이다.

⑨ 22종의 분노의 폭발

22종의 분노의 폭발(saṃrambha)은 무엇인가? 즉, 함량속이기, 무게속이기, 길이속이기, 삯된 사업에 노력, 싸움, 전쟁, 분쟁, 다툼, 언쟁, 질책, 성냄, 꾸짖음, 때

림, 살해(vadha), 결박, 억압, 쪼갬, 추방, 속임수, 기만, 사기, 그리고 거짓말이다.

⑩ 64종의 유정의 무리

64종의 유정의 무리는 무엇인가? 즉, 지옥중생, 축생, 아귀, 천신, 인간; 크샤트리아, 바라문, 바이샤, 수드라; 여자, 남자, 남자도 여자도 아닌 자; 열등한 자, 중간인 자, 우수한 자; 재가자, 출가자; 고행자, 비고행자; 율의를 지닌 자, 율의를 지니지 않은 자, 율의를 지니지도 않고 지니지 않지도 않은 자; 이욕한 자, 이욕하지 않은 자; 삿된 무리로 결정된 자(邪定聚), 올바른 무리로 결정된 자(正定聚), 확정되지 않은 자(不定聚); 비구, 비구니, 식차마나, 사미, 사미니, 재가자, 재가녀; [번뇌를] 끊은 자, 낭송자, 淨施人; 장로, 中年, 少年; 軌範師, 親教師; 함께 주하는 자, 근처에 주하는 자, 손님, 승원의 사무를 보는 자; 재물을 원하는 자, * 명예를 YBh 49
원하는 자, 厭捨者; 많이 청문한 자, 큰 복덕을 가진 자, 法隨法行者; 持經者, 持律者, 持論者; 異生, 見諦者; 有學, 無學; 聲聞, 獨覺, 菩薩, 如來, 轉輪王들이다.

또한 그 전륜왕들은 하나의 부주나 두 개의 부주, 또는 세 개의 부주나 네 개의 부주를 갖고 있다. 그중 1개의 부주를 가진 경우 철로 된 바퀴가 나타난다. 2개의 부주를 가진 경우 구리로 된 바퀴, 3개의 부주를 가진 경우 은으로 된 바퀴, 4개의 부주를 가진 경우 금으로 된 바퀴가 [나타난다].

⑪ 8종 중생의 상태

여덟 가지 상태(avasthā)란 무엇인가? 즉, (i) 태아의 상태, (ii) 태어난 상태, (iii) 아기 상태, (iv) 어린이의 상태, (v) 청년의 상태, (vi) 중년의 상태, (vii) 노년의 상태, (viii) 완전히 늙은 상태이다.

그중에서 태아의 상태는 칼랄라 등이다. 태어난 상태는 다시 그 이후이다. 완전히 늙은 상태와 아기 상태에서는 돌아다니고 놀 수가 없다. 어린이의 상태는 그것을 할 능력이 있다. 청년의 상태는 욕망을 향수할 수 있는 30[살까지]이다. 중년의 상태는 50세까지이다. 노년의 상태는 70세까지이다. 그 이후로는 완전히 늙은 상태이다.

⑫ 4종의 입태의 양상

4종의 입태(garbhāvakrānti)[100]는 무엇인가? (i) 바르게 알면서 들어가고, 바르게 알지 못하고 주하고 나간다. (ii) 바르게 알면서 들어가고 주하고, 바르게 알지 못하고 나간다. (iii) 바르게 알면서 들어가고 주하고 나간다. (iv) 바르게 알지 못하고 들어가고 주하고 나간다. 그중에서 첫째는 전륜성왕, 둘째는 독각, 셋째는 보살, 넷째는 그와 다른 유정들의 경우이다.

⑬ 6종의 생계수단

6종의 생계수단은 무엇인가?[101] 즉, (i) 농업, (ii) 상업, (iii) 목축, (iv) 왕의 관리, (v) 쓰기와 셈과 측량과 숫자와 그림, (vi) 그것과 다른 기술영역들이다.

⑭ 6종의 보호

YBh 50 * 6종의 보호는 무엇인가? 즉, 코끼리부대, 기마부대, 수레부대, 보병부대, 보급대, 그리고 지원군이다.

⑮ 7종 苦

7종의 苦는 무엇인가? 생 · 노 · 병 · 사와 원증회고, 애별리고, 구부득고이다.

---

100 『대비바사론』(T28: 863a11-15)은 동일한 취지로 4종을 구별하고 있는데, 다만 일반인의 입태 양태를 보여주는 (iv)를 첫 번째로 나열하고 있다. AK III 16a-d 및 그것에 대한 AKBh에서 입태의 네 양상은 여기서의 순서와 동일하다. 「섭결택분」(T30: 629c20)에서는 7종의 양태로 구분하는데, 그중에서 1-2번은 일반인과 4제를 본 자, 3-5번은 위의 (iii-v)와 일치하며, 6~7은 업이나 지혜에 의한 입태에 따른 구별이다. 반면에 Garbhāvakrāntisūtra의 설명은 iii-ii-i-iv의 순서에 따르고 있다. 이에 대해서는 Kritzer 2000: 28의 도표 참조.

101 6종 가운데 앞의 5종의 생계수단에 대해서는 BoBh 7,3f에도 제시되어 있다.

⑯ 7종 만

7종의 慢(māna)은 무엇인가? (i) 만(māna), (ii) 과만(atimāno), (iii) 만과만(mānātimāna), (iv) 아만(abhimāna), (v) 증상만(asmimāna), (vi) 卑慢(ūnamāna), (vii) 邪慢(mithyāmāna)이다.[102]

⑰ 7종 교만

7종의 교만(憍, mada)이란 무엇인가? (i) 무병에 대한 교만, (ii) 청년이라는 교만, (iii) 장수에 대한 교만, (iv) 가문에 대한 교만, (v) 아름다움에 대한 교만, (vi) 자재력에 대한 교만, (vii) 청문에 대한 교만이다.

⑱ 4종 언설

4종 언설(vyavahāra)이란 무엇인가? 보여진 것의 언설, 들은 것의 언설, 생각된 것의 언설, 인지된 것의 언설이다.[103]

(i) 보여진 것의 언설이란 무엇인가? 그가 눈으로 외부에서 지각한 것에 의거하여 타인들에게 그것을 언설하는 것이 보인 것에 대한 언설이라고 말해진다. (ii) 들은 것의 언설이란 무엇인가? 다른 이로부터 들은 것에 의거하여 그것을 다른 이들에게 언설하는 것이다. (iii) 생각된 것의 언설이란 무엇인가? 그가 보았던 것도 들은 것도 아니지만 바로 스스로 생각하고 사려하고 관찰한 것에 의거하여 그것을 다른 이들에게 언설하는 것이다. (iv) 인지된 것의 언설이란 무엇인가? 그가 내적으로 감수하고, 증득하고 접촉하고 촉증한 것에 의거하여 그것을 다른 이들에게 언설하는 것이 인지된 것에 대한 언설이라고 말해진다.

---

102 7종 慢에 대한 설명은 『대승오온론』(T31: 849a8-18) 및 AKBh 284,23ff 참조.

103 이것은 보통 見聞覺知로서 언급된 것으로 이 네 가지에 따른 언설이 4종의 언설이다.

⑲ 언설의 문장

언설을 위한 매우 많은 문장(vyavahārapada)이란 무엇인가? 그것들은 바로 어원에 대한 문장(niruktipada)들, 또는 희론의 문장(prapañcapada)들과 대상을 요약하는 문장(arthasaṃgrahapada)들이라고도 불리는데, 그와 같이 다양하다(paryāya). 이것들은 마치 논모처럼 음절들이 일체 의미를 포섭하기 위한 것이라고 알아야 한다. 또한 그 [문장]들은 예를 들어 地, 根, 경계, 법, 사람, 자성, 차별들
YBh 51 이고, 또 작용, 자와 타, 유와 비유, 질문과 답변, 주는 것과 취하는 것, 正性과* 邪性들에 대한 [문장]들이며, 또한 승인과 부정(anujñāpratiṣedha), 공덕과 과실, 획득과 불획득, 명예와 불명예, 樂과 苦, 모욕과 칭찬(nindapraśaṃsā), 핵심(sāra), 최고(vara), 智(jñāna), 물러섬, 가라앉음, 분량,[104] 조반(sahāya), 현시(saṃdarśana), 격려(samuttejana), 환희(saṃpraharṣaṇa)에 대한 [문장]들이다.

⑳ 서술문 등

7종의 서술문(vyapadeśapada)들이 있다. 또 그것들은 7종의 格(case)이다. 사람이(주격), 사람을(목적격), 사람에 의해(도구격) 라는 등이다.

施設, 비시설, 교시, 숙려, 요별, 안주, 안립, 축적, 집적, 확정, 실행, 놀람, 초, 중, 후의 [문장]들이 있고, 가문(kula)[105]에 대한 생각, 주장명제, 언설, 토대, 향수, 탐구, 보호, 수치심, 애민, 인내, 두려움, 간택의 [문장]들이 있다. 또 어머니, 아버지, 아들, 아내 등과 일체의 가정사를 위한 생활필수품들도 말해질 수 있다.

생, 노에서 求不得苦까지와 슬픔, 비탄, 젊음, 무병, 장수, 좋은 것과 결합, 불쾌
YBh 52 한 것과 떨어짐, 원하는 것의 성취와 실패, 순행과 역행, 관과 관조, 굴신, * 행 · 주 · 좌 · 와, 깨어남, 말함, 침묵, 잠, 피로의 제거의 [문장]들이 있다. 또 먹고 마심,

---

104 YBh 51,2: -[pra ?]mādālasyamātrā-. 티벳역(D 25b2) zhum pa dang/ sgyid lugs pa dang/ de tsam dang/. 한역: 退沈量. zhum pa와 沈은 laya, līna의 번역어이지만 반면 sgyid lugs pa와 退는 대응하지 않는다. 여기서는 한역에 따라 물러섬으로 번역했다.

105 YBh 51,6: kuśala-; 하지만 한역과 티벳역 모두 kula-를 지지한다.

씹고 맛보기, 반복훈련과 반복훈련하지 않음, 방일과 불방일, 요약과 확대, 감소와 증가, 尋과 伺, 번뇌와 수번뇌, 희론과 무희론, 力과 미력함, 증명되어야 할 것과 증명하는 것, 유전, 확정, 상응, 신속, 순서, 시간, 장소, 수, 화합과 비화합,[106] 유사성과 비유사성의 [문장]들이 있다. 또 섞임, 공통, 현량, 불현견, 감추어진 것, 드러난 것의 [문장]들이 있다. 또 작용, 원인, 율, 세간사, 봉사, 진리와 거짓, 이익과 무익, 토대,[107] 의혹, 호기심의 [문장]들이 있다. 겁약, 무소외, 현료, 불현료, 살해, 속박, 감금, 절단, 추방의 [문장]들이 있다. 그리고 질책, 성냄, 때림, 꾸짖음, 야단침, 불태움, 축축하게 함, 마르게 함, 정화, 가루냄, 오염, 성언량, 비량의 [문장]들이 있다.[108]

6. 색의 발생(samudaya)[109] (Ch. 289c28)

자성부터 작용까지 이 5종의 사태들은 세 가지 점들에 의해 포섭된다고 알아야 한다. 색의 발생, 심·심소의 그룹, 그리고 무위법에 의해서이다.[110] 그것들과 다른 가유의 법들을 제외한다.

그중에서 색의 발생과 관련해 우선 일체법은 자종자로부터 발생한다. 그것은 어떻게? [4]대들에 의거해서 색이 생겨난다고 말해진다. 또 어떻게 소조색(upādāyarūpa)은 그것들에 의지하는가? 즉 그것들 속에 안주하고 그것들에 의

---

106 유전(pravṛtti)에서 비화합(asamagrī)까지 10개의 법들은 심불상응법으로서, 12.1.12에 차례대로 제시되어 있다.

107 한 단어가 판독되지 않는다고 YBh 52,6에서 보고하고 있다. 티벳역 gnas, 한역 骨體는 āśraya, śarīra 등에 대응할 것이다.

108 여기까지가 意地의 앞부분에서 제시된 다섯 가지 측면에 의한 분류이다.

109 이하 6-12까지는 「意地」의 끝에 있는 uddāna에서 제시된 발생(samudaya), 무더기(kalāpa), 世(adhva), 相(lakṣaṇa), 조건(pratyaya). 선 등의 구분(prabheda), 그리고 선교 및 주제(kauśalyavastu)에 따른 항목의 분류와 설명이다.

110 하지만 이하에서 무위법은 언급되지 않는다.

해 지지되고 그것들에 의해 증장되는가? 왜냐하면 일체 내·외의 대종들과 소조색들의 종자들은 내적으로 심상속에 부착된 것이다. 거기서 4대종의 종자에 의해 4대종의 생겨나지 않게 되는 한 소조색의 종자도 소조색을 산출하지 못한다. YBh 53 반면 이미 생겨난* 대종들에 있어서 바로 자종자로부터 생겨나고 있는 그 소조색이 그 [대종]의 생함을 선행요소로 하기 때문에 '그것에 의지된 생함'이라고 말해진다. 그처럼 대종들이 그것을 생겨나게 한다.

어떻게 소조색은 그것에 의지하게 되는가? 왜냐하면 이미 생겨난 소조색은 대종의 부분과 분리되지 않은 것으로서(不相離) 생겨나기 때문이다. 어떻게 거기에 안주하는가? 대종과 안락과 손해를 함께하기 때문이다. 어떻게 그것들에 의해 지지되는가? 오직 그것에 의해 파괴되지 않기 때문이다. 어떻게 그것들에 의해 증장되는가? 음식에 의지한 후에 잠이나 범행에 주함이나 저 [식]에 토대를 둔 삼매가 점점 증장되고 광대하게 된다. 그것을 '그것에 의한 증장'이라고 한다. 또 이것이 소조색에 있어 대종들의 5종의 작용이라고 알아야 한다.

그리고 색의 발생에서 언제나 극미는 생겨나지 않는다. 그러나 자종자로부터 생겨나고 있는, 소·중·대의 생기는 일어난다. 그리고 또 극미들로부터 생기가 쌓이는 것이 아니다. 그러나 극미는 [색의] 크기의 한계에 대한 분석의 관점에서 인식에 의해 가립된다. 거기서 생기는 부분을 가지며, 극미 또한 부분을 가진다. 그러나 생기는 부분을 갖지만, 극미는 그렇지 않다. 그것은 무엇 때문인가? 왜냐하면 극미가 바로 부분이기 때문이다. 또 그 [부분]은 생기에만 있지 극미에는 없다. [부분을 갖는 것은] 다른 극미들로 [될 것이다]. 따라서 극미는 부분을 갖지 않는다.

또 차이없는(不相離) 것은 2종이다. (i) 동일한 부분을 갖고 분리되지 않음이란 예를 들면 대종의 극미는 근이 없을 경우 근을 제외하고, 근이 있는 곳에서는 근들을 수반하는 색·성·향·미·촉들과 동일한 부분을 갖고 분리되지 않는다. (ii) 혼합된 상태와 분리되지 않음이란 반면에 동일한 부분으로부터, 즉 바로 그 때문에 대종의 극미 및 그것과 다른 대종과 소조색에 속한 집합에 [해당된다]. 그런데 그 전체 색의 집합은 마치 다양한 물체가 맷돌에 갈리고 물과 만나는 것처럼 혼합된 것과 분리되지 않는다고 알아야 한다. 그렇지만 그것은 깨와 녹두, 강낭콩, 제비콩의 무더기와 같지는 않다.

또 일체 소조색은 대종의 쪽에 의해 의지되는 것이지 대종의 쪽을 넘어서 생겨나지 않는다.* 대종에 의해 부분이 지탱되는 한 그만큼이 소조색에 의해 지탱 YBh 54
된다. 따라서 또한 대종에 의해 의지된 소조색이라고 말한다. 또한 바로 이 때문에 대종들에 대해 대종이라고 이름한다. 크기 때문에 요소(bhūta, 種)이기 때문에 대종이다.

색의 발생에서 그것들은 요약하면 14개의 실체들이 있다. 즉 지·수·화·풍 및 색·성·향·미·촉, 그리고 안 등의 물질적인 5근들인데, 意의 영역에 속하는 색을 제외한다. 그중에서 물질적인 근에 포섭되는 일체 색의 집합은 설명된 대로의 실체로서의 계를 가지는 것이다. 물질적인 근에 포섭되는 것과 같이 물질적인 근의 소의인 대종에 포섭되는 것도 마찬가지이다. 그러나 그것과 다른 생기는 물질적인 근들을 제외하고 그것과 다른 계에 속한 것이다.

그중에서 특징을 포함하는 방식으로 14개의 실체들이 있다. 특징을 포함하는 것에 의거하여 실체로서의 극미의 가립이 있다. 또한 계를 포함하는 것으로 발생(samudaya)은 계에 속한 것인 한 실체들에 의해 포섭된다고 말해야 한다. 또한 서로 분리되지 않음을 포함하는 것은 법들이 특징의 측면에서 발생할 때 지각되는데, 그런 한에서의 실체들에 의해 내적이나 외적인 발생과 관련하여 발생이 포함된다고 알아야 한다.

왜냐하면 어떤 발생에서 바로 하나의 대종이 지각된다. 예를 들어 돌, [보석], 진주, 유리, 소라, 산호 등에서, 샘, 연못, 구덩이, 강, 폭포 등에서, 불꽃, 등불, 광염 등에서, 동서남북의 풍륜의 먼지가 있고 없는 바람 등에서이다. 어떤 [생기]에서는 2개의 [대종이] 지각된다. 예컨대 얼음이나 축축한 나무, 잎, 꽃, 과일 등이나 혹은 타는 보석 등에 있어서이다. 어떤 [발생]에서는 3개의 [대종이] 지각된다. 예컨대 타거나 바람에 흔들리는 그 나무 등에서이다.* 어떤 [생기]에서는 YBh 55

4개의 [대종이] 지각된다. 예컨대 내부의 색의 발생들에서이다.

세존께서 설하신 대로 내적으로 각각 머리털부터 똥에 이르기까지의 것들은 내적인 지계이다. 오줌 등은 수계이다.[111] 그것에 의해 몸에[112] 열이 나거나 덥혀지고 그것이 치성하기에 열이 있다고 간주될 때, 그것이 화계이다.[113] 위로 올라가는 등의 호흡들(vāyavaḥ)은 풍계이다.[114] 그처럼 만약 이것이 여기에서 지각된다면 그것은 그것을 특징으로 하는 것으로서 존재한다. 지각되지 않는 것은 존재하지 않는 것이다.

소리는 일체 색의 생기에 있어서 계의 측면에서 [존재한다]. 또한 특징의 측면에서 어디에서든 현재의 가행에 의해 발생(samudāya)했기 때문에 [존재한다]. 바람 또한 2종인데, 고정되어 흐름을 가진 것(sthāvarasantati)과 고정되지 않는 흐름을 가진 것(asthāvarasantati)이다. 그중에서 고정된 흐름을 가진 [풍]은 이런저런 발생들 속에 회전하며 진행하고, 고정되지 않은 흐름을 가진 [풍]은 둘레를 돌아다니고 빈 공간을 돌아다니는 것이다.

---

111 「성문지」(ŚrBh II. 58,18ff)의 부정소연(aśubhālambana) 항목에서 신체 내적으로 36종의 부정한 것들을 나열하고 있다. 그것들은 머리털, 털, 손톱, 이빨, 미세먼지, 때, 피부, 살, 뼈, 근육, 혈관, 신장, 심장, 간, 폐, 소장, 직장, 위, 대장, 비장, 대변, 눈물, 땀, 가래, 콧물, 골수, 黃水, 뼈의 골수, 비계, 담즙, 체액, 고름, 피, 뇌수, 뇌막, 오줌이다. 이와 비슷한 리스트가 Śikṣāsamuccaya 209,5-11 등에도 약간 다르지만 제시되고 있다. 유사한 개소의 설명에 대해서는 Hui-min 1994: 134-140 참조. 그중에서 여기서 머리털에서 대변까지의 19개가 地界로, 나머지 17개가 수계로 분류되고 있다. 이는 「성문지」(ŚrBh II. 72,13ff; Ch. 430a12ff)의 界差別所緣(dhātuprabhedālambana) 항목의 설명에서도 나타난다. 여기서 내적인 지계는 "이 신체에 내적, 개별적으로 부착되고(upagata) [식에 의해] 집수된 것(upādatta)으로, 견고한 것이고 견고함에 속한 것"으로서, 그리고 내적인 水界는 "내적, 개별적으로 [의지체에] 부착되고, [식에 의해] 집수된 습기이고, 습기에 속하고 물에 속한 것"(『성문지』 2021: 225)으로서 규정된다.

112 YBh 55,3: yenāyaṃ kalpa ātapyate santapyate. 여기서 kalpa는 티벳역과 한역에 따라 kāya로 교정해야 한다.

113 「성문지」(ŚrBh II. 74,12ff; Ch. 430b1ff)의 계차별소연 항목에서 내적인 화계는 "내적, 개별적으로 [의지체에] 부착되고, [식에 의해] 집수된 열이고 열에 부착되고, 따뜻함에 부착된 것이다. 즉, 이 신체에 있는 열이다. 그것에 의해 신체가 열나고 뜨거워지고 완전히 뜨거워지는 것이며, 또 그것에 의해 먹고 마시고 삼키고 맛본 것이 잘 소화되는 것"(『성문지』 2021: 226)으로 설명된다.

114 위의 계차별소연 항목에서 風界는 "내적, 개별적으로 [의지체에] 부착되고, [식에 의해] 집수된 풍이고 풍에 부착된 것이고, 경쾌함과 이동성"으로서 "신체 내에서 상승하는 풍이나 하강하는 풍"(『성문지』 2021: 226) 등으로 설명된다.

그중에서 어둠의 색과 광명의 색이 허공계라고 말해진다. 그런데 그 어둠의 색은 세상의 빈 공간들 속에서 고정되어 있다. 고정되지 않은 흐름을 가진 것은 다른 곳에 있다. 마찬가지로 고정된 광명의 색은 자연적인 광명천들 속에 [있다]. 고정되지 않은 [광명의 색]은 다른 곳에 있다. 또 광명과 어둠은 색깔의 강력함의 발생이라고 보아야 한다. 심에 부착된 색의 발생의 종자의 능력으로부터* YBh 56
그와 유사한 조건을 만날 때 언제든지 작은 발생의 직후에 큰 발생이 또한 언제든 큰 [발생의] 직후에 작은 [발생]이 나타나게 된다. 그럼으로써 발생들의 감소와 증가가 알려진다.

견고한 것은 무엇인가? 地이다. 단단하게 되는 것은 무엇인가? 그 [지]의 종자이다. 또한 견고한 것은 바로 그 계이다. 단단하게 되는 것은 머리털 등이나 진흙 등이다. 영향을 받은 것(upagata)은 무엇인가? 내적으로 [식에 의해] 집수된 것(upātta)이다. 영향을 받지 않은 것은 무엇인가? 외적인 집수되지 않은 것이다. 또한 심과 심소에 의해 종자가 영향을 받고, 특징이 집수된다. 그것과 상위하기에 영향을 받지 않은 것이고 집수되지 않은 것이다. 또한 영향을 받은 것은 집수된 것인데 자아로서 취하기 때문이다. 집수된 것은 앞에서와 같다.

수계 등도 마찬가지로 이치에 따라 보아야 한다.

그중에서 일체 색이 생겨날 때, 일체 대종들의 界가 일체 시에 존재한다. 예컨대 [다음이] 인정된다. 마른 나무가 비벼지는 것으로부터 불이 생겨나고, 마찬가지로 돌이 부딪치는 것에서 불이 생겨나며, 그처럼 구리와 은, 금 등이 센 불에 매우 달구어질 때 액체가 생겨나고, 그처럼 달의 보석(candrakānta)으로부터 물이, 마찬가지로 신통을 가진 심의 승해의 힘에 의해 땅 등과 금 등이 나타난다.

이제 다시 그 색의 발생에는 3종의 흐름에 의한 발생이 있는데, 적집에서 나온(aupacayika) [흐름]에 의해, 파생적인(naiṣyandika) [흐름]에 의해, 그리고 이숙에서 생겨난(vipākaja) [흐름]에 의해서이다.

(i) 그중에서 적집에서 나온 것은 2종으로, 장소에 변재한* 적집된 것과 특징 YBh 57
에 의해 증장되고 적집된 것이다.

(ii) 파생적인 것은 4종으로, 적집에서 파생된 것, 이숙에서 파생된 것, 변이에서 파생된 것, 본성에서 파생된 것이다.

(iii) 이숙에서 생겨난 [색]은 2종이다. 이숙인 것으로서 생겨난 것인 이숙에서 생겨난 [색] 및 이숙으로부터 생겨난 것인 이숙에서 생겨난 [색]이다.

또 그 색의 발생은 6개의 장소들에 의지하여 일어난다. 토대로서의 장소, 숨겨진 장소, 자구가 있는 장소, 근의 토대로서의 장소, 根이 있는 장소, 그리고 삼매의 영역으로서의 장소이다.

7. 심과 심소법의 무더기

7.1. 53종 심소법의 분류 (Ch. 291a1)

저 심·심소의 무더기(kalāpa)에서 심도 지각되고 53개 심소들도 지각된다. 즉, 설명된 대로[115] 작의부터 尋과 伺까지이다.

(i) 이 심소법들 중 몇 가지가 일체의 심에서(sarvatra citte)[116] 일체의 地에 속하고 일체 시에 모두 생겨나는가?[117] 답: 작의(manaskāra)부터 思(cetanā)까지 5개이다.

(ii) 몇 가지가 일체의 [심]에서 일체의 地에 속하지만 일체 시에 모두 생겨나는 것은 아닌가? 바로 欲(chanda)부터 慧(prajñā)까지 5개이다.[118]

---

115 이는 「意地」 앞부분에서 조반으로서 제시한 51종의 법을 가리킨다. 하지만 여기서 명시적으로 53종으로 언급한 반면 앞부분에서는 총 숫자는 명시하지 않지만 51종을 나열하고 있다. 반면 한역은 邪欲과 邪勝解를 더해 53종으로 제시하고 있다.

116 sarvatra citte(一切心)이란 선심과 불선심, 무기심에 있어서이다.

117 이것이 변행심소의 규정이다. 변행심소란 선·불선·무기의 심에서 일어나고, 모든 영역에 수반되며, 어느 때에도 다섯 개의 심소가 모두 함께 일어나는 것이다. 변행심소란 명칭은 「섭결택분」의 환멸분의 설명에서 등장하며, 그 산스크리트 형태는 Pañcaskandhaka에서 찾을 수 있다.

118 이것은 別境심소의 규정이며, 이 심소는 선·불선·무기의 심에서 일어나고, 모든 영역에 수반되

(iii) 몇 가지가 선[심]에서만 생겨나고 일체의 [심]에서는 아닌가? 또 일체의 地에 속하지만 일체 시도 아니고 모두 생겨나는 것도 아닌가? 信(śraddhā)부터 不害(ahiṃsā)까지이다.[119]

(iv) 몇 가지가 염오[심]에서만 생겨나지 일체의 [심]에서는 아니며, 일체의 地에 속하지도 않고 일체 시도 아니고 모두 생겨나는 것도 아닌가? 貪(rāga)부터 不正知(asaṃprajanya)[120]까지이다.[121]

(v) 몇 가지가 일체의 [심]에서 [생기지만] 일체의 地에 속하지도 않고 일체 시도 아니고 모두 생겨나는 것도 아닌가? 惡作(kaukṛtya)부터 伺(vicāra)까지이다.[122]

7.2. 식과 심소와 관련된 문제의 해명 (Ch. 291a12)

(1) 그중에서 근은 허물어지지 않을 때, 대상은 현현하게 된다. 그 후에 그것에서 생겨난 작의가 현전할 때 식이 생기하게 된다. 왜 근이 허물어지지 않는가? 두 개의 원인에 의해서이다. 멸하지 않기 때문이고 약하지 않기 때문이다.

(2) 왜 대상은 현현하게 되는가? 예를 들면 의지체 때문에 혹은 자성 때문에* YBh 58

지만, 항시 일어나는 것도 아니고 모두 일어나는 것도 아니다. 그리고 YBh 57,12: śraddhādayaḥ 는 chandādayaḥ로 수정되어야 한다.

119 여기에 모두 11종의 선심소가 나열되어 있다.

120 YBh 57,15: <'>saṃprajanya-로 수정.

121 여기에 모두 28종의 심소가 배정되어 있다.

122 이 항목은 『구사론』에서 不定心所(aniyatadharma)에 해당되는 것으로 여기서는 단지 kaukṛtya, middha, vitarka, vicāra라는 4종의 심소만이 배정되고 있다. Ikeda(1980a: 716f)는 『구사론』에서 처음으로 이 부정심소가 독립된 다섯 번째 범주로 도입되었다고 지적한다. 그렇지만 여기서의 분류는 네 법들에 특별한 성격이 분명히 인정되고 있음을 보여주며, 특히 독립된 다섯 번째 범주로 명시적으로 구분되고 있다. 『유가론』의 다른 부분에 있어서도 이들 네 법은 특별한 위치를 차지하고 있다. 예를 들어 「섭결택분」(Ch. 622b25ff)의 수번뇌의 4종 분류에서 네 번째 항목의 설명은 네 가지 법들이 비록 수번뇌의 항목에서이지만 이미 특별한 위치를 점하는 것으로 이해되고 있음을 보여준다.

혹은 장소 때문에 혹은 시간 때문에 혹은 현료와 불현료 때문에 혹은 전체인 것 혹은 일부분인 것 때문이다. 만약 그것이 4종의 장애에 의해 장애되지 않고 또 멀리 떨어져있지 않다면 [현현한다]. [4종의 장애에 의해서란] 은폐될 수 있는 장애, 사라질 수 있는 장애, 압도되어질 수 있는 장애, 그리고 미혹될 수 있는 장애에 의해서이다. 2종의 먼 것에 의해서란 장소가 먼 것과 줄어들어 먼 것에 의해서이다.

(3) 왜 그것에서 생겨난 작의가 나타나게 되는가? 4종 원인에 의해서이다. 욕구의 힘, 정념의 힘, 경계의 힘, 그리고 반복노력의 힘에 의해서이다.

어떻게 욕구의 힘에 의해서인가? 심의 애착이 있는 것에 대해 강한 의욕(ābhoga)이 더 많이 생겨난다. 어떻게 정념의 힘에 의해서인가? 어떤 것에 대해 관념상이 매우 잘 취해지고 매우 선명하게 취해졌을 때, 그것에 대해 더 많은 강한 의욕이 생겨난다. 어떻게 경계의 힘에 의해서인가? 더 거칠거나 더 마음에 드는 경계가 현전하는 곳에서 더 많은 강한 의욕이 생겨난다. 어떻게 반복노력의 힘에 의해서인가? 더 친숙하고 숙달된 것에 대해 더 많은 강한 의욕이 생겨난다. 그렇지 않다면 하나의 인식대상에 대해서 오직 한 종류의 작의만이 항상 생기하게 될 것이다.

(4) 또한 5식의 그룹들은 두 찰나에 함께 생기하지 않으며, 또한 상호 직후에 서로 생기하지 않는다. 한 찰나에 생기한 5식의 그룹들[123] 직후에 의식이 확정적으로 생겨난다. 그 직후에 어느 때든 산란하게 된다면 그 후에 耳識이나 이런 저런 다른 5식이 [생기한다]. 만약 산란하지 않다면 그 후에 바로 의식이 결정하면서(niścita) [생기한다]. 또 그 결정하고 심구하는 의식 양자에 의해 그 경계가 분별된다.

YBh 59 (5) * 그중에서 두 개의 원인에 의해 염오[법]이나 선법이 생기하게 된다. 분별

---

123 YBh 58,15: pañcānāṃ kāyavijñānanāṃ. 이는 ... vijñānakāyānāṃ으로 수정되어야 함.

의 측면과 이전의 관성의 측면에서이다. 그중에서 의식에 있어서는 두 개의 원인으로부터, 또한 5식의 그룹에 있어서는 오직 이전의 관성에서부터이다. 염오된 의식이나 선한 의식의 관성으로부터 직후의 안식 등에서 염오된 법이나 선한 법이 생기하지, 분별로부터는 아니다. 그것들은 무분별이기 때문이다. 이 때문에 안식 등은 의식을 따라 일어나는 것이라고 말한다.

(6) 하나의 심(ekacitta)과 그 이후의 식들이라고 설해진 것에서 어떻게 하나의 심이 건립되는가? 일상적인 의미에서 심의 찰나에 의해서이지, 생기의 찰나의 의미에서는 아니다. 일상적인 의미에서 하나의 심이란 무엇인가? 어떤 시간의 경과 속에서 하나의 문장에 의거해서 하나의 사태에 대한 이해가 생겨날 때, 그런 한에서 하나의 심이다. 또한 그 [첫 번째 찰나]와 유사한 흐름이 있을 때, 그것도 바로 하나의 [심]이라고 말해진다. 그러나 그것과 유사하지 않은 것은 두 번째 [심]이라고 [말해진다].

(7) 그중에서 의식이 의욕 없이 산란해졌을 때, 익숙하지 않은 인식대상에 대해 欲 등이 생기하지 않는다. 또 그 의식은 率爾心(aupanipātika)[124]이라고 말해져야 하는데 과거만을 인식대상으로 갖는다. 5식의 그룹들의 직후에 생겨난 심구하고(paryeṣaka), 또는 결정하는(niścita) 意(manas)는 오직 현재만을 인식영역으로 한다고 말해져야 한다. 만약 그 [意]가 오직 그것의 인식영역을 인식대상으로 한다면, 바로 그것이다.

(8) 그중에서 전체적인 사태의 특징은 식에 의해 요별된다. 바로 저 요별되지 않은 것이 요별되어야 할 것의 특징이라고 설하는데, 그것을 작의에 의해 요별한다. 바로 그것에 관한 청정과 부정 및 양자와 반대의 [즉, 중립적인] 특징이 촉에 의해 인지된다. 바로 그것에 관한 도움과 손해 및 양자의 전도된 특징이 受에

124 여기서 率爾心(aupanipātika), 尋求心(paryeṣika), 決定心(niścita)의 세 가지 심이 모두 의식의 작용으로 설명되고 있다. 세 가지 심은 YBh 10,1f에서 안식이 생겨날 때에도 나타나는데, 그중에서 전자는 안식에, 양자는 의식에 있다고 설명된다.

의해 인지된다. 바로 그것에 관한 언설과 이미지(nimitta)의 특징이 想에 의해 인지된다. 바로 그것에 관한 정행과 사행 및 양자의 전도된 특징이 思에 의해 인지된다. 따라서 작의부터 思까지의 이 심소들은 일체의 [심]에서 생겨나며, 일체의 地에 속하며, 일체 시에 모두 생겨난다.

7.3. 10종 심소법의 정의[125] (Ch. 291b27)

YBh 60 * 작의(manaskāra)란 무엇인가? 심의 작동(ābhoga)이다.[126] 촉(sparśa)이란 무엇인가? 삼자의 화합이다. 受(vedanā)란 무엇인가? 경험(anubhavanā)이다. 想(saṃjñā)이란 무엇인가? 알아차리게 하는 것(sañjānanā)이다. 思(cetanā)란 무엇인가? 심의 강한 의욕작용(cittābhisaṃskāra)이다. 欲(chanda)이란 무엇인가? 바라는 사태에 대해 각각의 경우 그것에 수순하는 행하려는 욕구이다. 勝解(adhimokṣa)란 무엇인가? 확정된 사태에 대해 각각의 경우 그것에 수순하는 확정하는 힘이다. 念(smṛti)이란 무엇인가? 익숙한 일에 대해 각각의 경우 그것에 수순하는 명언이다. 三昧(samādhi)란 무엇인가? 관찰되어야 할 사태에 대해 각각의 경우 그것에 수순하는 사유에 의지하는 심일경성이다. 慧(prajñā)란 무엇인가? 이런저런 관찰되는 일에 대해 그것을 따라 법들을 이치에 맞거나 이치에 맞지 않거나 이치에 맞는 것도 아니고 맞지 않는 것도 아니라는 관점에서 관찰하는 것이다.

---

125 유식문헌 및 아비달마문헌들에서 제시된 심소법의 정의와 그 작용에 대해서는 각각 Saito et.al (ed) 2014 및 Saito et.al (ed) 2011 참조.

126 ābhoga는 한역에서 發動, 發, 發悟 등으로 심이 대상을 향해 발동하는 측면을 가리키며, 티벳역 rtsol ba는 노력, 시도를 의미한다. ābhoga는 작의의 정의에서 보통 사용된다. 예를 들어 AS(G) 15,38: manaskāraḥ katamaḥ/ cetasa ābhogaḥ/ ālambane cittadhāraṇakarmakaḥ; PSk 5,5에서의 작의도 AS와 동일하다. 양자가 교환가능한 개념이라는 것은 사소성지의 意趣義伽陀에서 ābhoga 대신에 manaskāra가 사용되고 있는 데에서도 나타난다.

7.4. 10종 심소법의 작용

그중에서 작의는 어떤 작용을 하는가? 심을 인기하는 작용을 한다. 촉은 어떤 작용을 하는가? 受와 想, 思에 근거를 주는 작용을 한다. 受는 어떤 작용을 하는가? 갈애를 일으키고 또 평정하게 하는 작용을 한다. 想은 어떤 작용을 하는가? 인식대상에 대해 심이 이미지로 취하고 언설하는 작용을 가진다. 思는 어떤 작용을 하는가? 거친 사유나 신업과 구업 등을 일으키는 작용을 한다. 欲은 어떤 작용을 하는가? 정진의 착수를 일으키는 작용을 한다. 승해는 어떤 작용을 하는가? 공덕이나 과환이나 양자가 아닌 것의 측면에서 인식대상을 취하는 작용을 한다. 念은 어떤 작용을 하는가? 오래 전 생각되고 행해지고 말해진 것에 대해 기억하고 수념하는* 작용을 한다. 삼매는 어떤 작용을 하는가? 智에게 토대를 YBh 61
주는 작용을 한다. 혜는 어떤 작용을 하는가? 희론의 작동을 잡염과 청정에 수순하게 판단하는 작용을 한다.

8. 世 (Ch. 291c17)

왜 삼세가 건립되는가? 우선 종자들은 법과 구별되지 않기에 그 결과가 주어졌거나 주어지지 않았다는 사실을 통해 그것을 법으로서 안립하는 것처럼 그 [삼세]도 건립된다. 그런데 果들이 소멸된 것으로 특징지어질 때, 그것이 과거이다. 원인이 있을 때 不生의 특징을 가진 것이 미래이다. 생겨나서 아직 소멸되지 않은 특징을 가진 것이 현재이다.

9. 유위상 (Ch. 291c21)

왜 生과 老와 住와 無常이 건립되는가? 일체 경우 식의 상속에서 일체 종자의 상속이 함께 가며 건립된다. 조건이 있는 경우 조건의 힘에 의해 최초로 상속 속에서 아직 일어나지 않은 [요소]에 의거한 법이 생기하는데 그것이 생으로서, 유위상이라고 말해진다. 바로 그것의 변함이 늙어감이다. 또한 그것은 2종으로서, 다른 것(異性)이 변이하는 것과 변이된 것(變性)이 다르게 되는 것이다. 그중에서 유사한 것의 생기가 존재할 때, 다른 것이 변이하는 것이다. 유사하지 않은 것의 생기가 있을 때, 변이성이 다르게 되는 것이다. 단지 생겨난 것이 생기의 찰나에서만 작동하는 것이 住이다. 생기의 찰나가 후 찰나에 주하지 않는 것이 無常이다. 바로 이들 네 가지 상들은 바로 그 법의 상태의 구분에 의해서이다.

10. 緣 (Ch. 292a1)

네 가지 연은 인연(hetupratyaya), 등무간연(samanantarapratyaya), 所緣緣(ālambana-pratyaya), 증상연(adhipatipratyaya)이다.

그중에서 인연은 종자이다. 등무간연은 어떤 식의 직후에 다른 식들의 생기
YBh 62 가 확정될 때, [선행하는] 식이 [후행하는] 식들의 등무간연이다. * 소연연은 심과 심소법들의 인식대상이다. 증상연은 종자를 제외한 의지체이다. 예를 들면 안식에 있어서 눈 및 그것의 조반법들이다. 나머지 식들에서도 마찬가지이다. 또 바람직하고 바람직하지 않은 결과를 취하기에 선·불선인데, 그와 같은 부류들이 증상연들이다.

그중에서 종자로부터 인연이 건립된다. 자성으로부터 등무간연이, 인식대상으로부터 바로 그 [소연연]이 [건립된다]. 의지체와 조반 등으로부터 증상연이 [건립된다]. 이것이 식의 생기를 위한 因들과 緣들이라고 말해지는 것이다. 그중 바로 이 네 가지 중에서 인연 하나는 因이면서 緣이다. 나머지는 오직 연들이다.

11. 善 등의 구분

선(kuśala)과 불선(akuśala),[127] 무기(avyākṛta)라고 말해지는 것들에 어떤 차이가 있는가?

(1) 법수에 따른 선의 구분

선은 1종으로, 무죄의 의미에서(anavadyārthena)이다.[128]

2종으로, 생득적인 것과 가행적인 것이다.

3종으로, 자성적인 것, 상응인 것, 분기하는 것이다.

4종으로 복덕을 일으킬 수 있는 것, 해탈을 일으킬 수 있는 것, 결택을 일으킬 수 있는 것, 무루인 것이다.

5종으로, 보시로 된 것, 지계로 된 것, 수습으로 된 것, 원하는 결과를 가진 것, 계박으로부터 벗어난 결과를 가진 것(visaṃyogaphala)이다.

6종의 선은 색, 수, 상, 행, 식, 택멸이다.

7종은 [4]념주에 포섭된 것, [4]정단·[4]신족·[5]근·[5]력·[7]각지·[8]지의 성도에 포섭된 것이다.

*8종이란 인사(abhivādana)와 예경(vandana), 문안(pratisaṃmodana), 합장의 행 YBh 63

---

127 인도불교에서 선과 불선에 대한 고전적 연구로 Cousins 1996를 볼 것. 여기서 Cousins는 kuśala, akuśala를 형용사로서의 의미와 명사로서의 의미로 구분하면서, 법을 수식하는 형용사로서 사용될 때 그 의미는 "good"과 "bad", "right"와 "wrong" 내지 "wholesome"과 "unwholesome"이란 의미 대신에 "skillful"과 "unskillful"의 의미를 갖고 있으며, 명사로서의 의미는 "welfare, wel-being"이라고 주장한다. 이에 대해 Schmithausen(2013)의 주의깊은 텍스트의 분석을 참조. 그는 각각의 경우를 불전 속에서 검토하면서, 특히 형용사로서의 kuśala의 의미에서 윤리적이고 정신적인 뉘앙스가 원래 이차적이었다는 주장에 동의하지 않는다. 그는 kuśala가 사람에게 사용되었을 경우 "능숙한"의 의미가 두드러지지만, 내생에서의 좋은 결과를 가져오는 맥락에서 예컨대 puṇya의 동의어로 사용될 경우 "beneficial"의 의미로 해석하는 것이 타당하다고 지적한다.

128 kuśala(善)를 무죄의 의미로 해석하는 것에 대해서 Schmithausen 2013: 456f; 470f 참조. 그는 무죄의 의미에서 kuśala는 현생에서의 (세속적인) 행복과 내생에서의 (업의 과보로서의) 행복, 그리고 궁극적인 의미에서의 (열반의) 행복의 어느 범주에도 적용될 수 있다는 점에서 총괄적이고 일반적인 의미의 kuśala 개념으로 나타낸 것이다.

위들에 포섭된 것, 잘 말해진 것에 '좋다'라는 말을 하고 진실한 칭찬을 하는 것에 포섭된 것, 병자의 돌봄에 포섭된 것, 스승들을 공경으로서 시봉하는 것에 포섭된 것, 수희에 포섭된 것, 타인에게 권유하는 것에 포섭된 것, 회향에 포섭된 것, 그리고 [4]무량심의 수습에 포섭된 것이다.

9종이란 가행도, 무간도, 해탈도, 승진도에 포섭된 것과 약·중·강, 세간도와 출세간도에 포섭된 것이다.

10종은 [실존적] 근거를 수반한 것(sopadhi), 근거를 갖지 않은 것(anupadhi), 청문으로 이루어진 것, 사유로 이루어진 것, 율의에 포섭된 것, 비율의와 비율의가 아닌 것에 포섭된 것, 근본[정]과 근분[정]에 포섭된 것, 성문승에 포섭된 것, 독각승에 포섭된 것, 그리고 대승에 포섭된 것이다.

또 다른 10종이 있다. 욕계에 속한 것, 초선, 제2선, 제3선, 제4선에 속한 것, 공무변처와 식무변처, 무소유처, 비상비비상처에 속한 것, 그리고 무루에 속한 것이다.

또 다른 10종이 있다. 10종의 선한 업도이다. 또한 10종이 있는데, 무학에 속한 정견 내지 정해탈과 정지이다. 또 다른 10종으로, 8종 복덕에 따른 재생처와 관련해 전륜성왕으로 인도하는 선과 부동으로 이끄는 선이다. 이와 같은 부류가 선[법]의 구분이다.

그렇지만 요약하면 선의 목적은 2종인데, 바람직한 결과를 포섭하려는 목적을 가진 것 및 사태의 변지에 대한 선교와 그 결과를 목적으로 하는 것이다.

(2) [선과 불선, 무기]들 중에서 불선[법]은 선법과 서로 상위하고 장애가 되는 것이다. 왜냐하면 그것들은 바람직하지 않은 결과를 취하기 때문이고, 사태를 바르게 변지하지 못하기 때문이다.

(3) 또한 무기는 4종으로서, 이숙에서 생겨난 것, 행동거지에 속한 것, 기술영역에 속한 것 그리고 화작인 것이다. 기술영역에 속한 것을 행할 때, 유희를 목적으로 하고, 생활의 목적이 아니고, 행위의 관념이나 간택을 위한 것이 아닌, 그 기술영역은 염오된 것이다. [이 경우와] 다른 것은 무기이다. 기술영역인 것처럼 행동거지에 속한 것도 마찬가지이다. 화작인 것은 선과 무기이다.

12. 선교 및 주제와 관련한 설명

12.1. 처선교의 설명

12.1.1. 眼處의 설명 (Ch. 292b14)

*눈은 1종인데 색들을 보기 위한 것이다. 2종은 화생인 것과 이숙에서 생겨난 것이다. 3종은 육안, 천안, 혜안이다. 4종은 깜박이는 눈, 깜박이지 않는 눈, 정지된 눈, 정지되지 않은 눈이다. 그중에서 정지된 [눈]은 색계에 속한 것이다. 5종은 5취에 포섭된 것이다. 6종은 자신의 상속에 떨어진 것, 타인의 상속에 떨어진 것, 아름다운 것, 추한 것, 유구, 무구인 것이다. 7종은 식을 수반한 것, 식을 수반하지 않는 것, 힘을 가진 것, 힘이 없는 것, 선한 식에 의지하는 것, 불선한 식에 의지하는 것, 중립적인 식에 의지하는 것이다. 8종은 토대로서의 눈, [화작의] 눈 (nirmaṇacakṣuḥ),[129] 선업의 이숙에서 생겨난 것, 불선업의 이숙에서 생겨난 것, 음식에 의해 증장된 것, 꿈에 의해 증장된 것, 범행에 의해 증장된 것, 등지에 의해 증장된 것(samāpattyupacita)[130]이다. 9종은 획득된 것, 획득되지 않은 것, 이전에 획득된 것, 이전에 획득되지 않은 것, 획득된 것이 포기된 것, 끊어져야 할 것, 끊어져서는 안 되는 것, 끊어진 것, 끊어지지 않은 것이다. 10종은 없다. 11종은 과거·미래·현재의 것, 내적인 것, 외적인 것, 거친 것, 미세한 것, 하열한 것, 수승한 것, 먼 것에 대한 것, 가까운 것에 대한 것이다. YBh 64

12.1.2-5. 耳處 ~ 身處의 설명 (Ch. 292b29)

耳부터 身까지는 동일한 3종이다. 그렇지만 4종에 대해서는 차이가 있다. 耳는 3종인데, 살이 적집된 것, 신적인 것, 주의깊은 것(avahita)이다. 4종은 고정된 것, 고정되지 않은 것, 높은 소리를 듣는 것, 높은 소리를 듣지 않는 것이다. 舌과

---

129 YBh 64,7: [xxxcakṣuḥ]. 한역에 따라 수정.

130 YBh 64,8-9: samāpāyupacitaṃ을 samāpattyupacitaṃ으로 수정해야 함.

鼻는 3종으로, 빛나는 것, 빛나지 않는 것, 손상된 것이다. 舌과 鼻는 4종으로, 정지된 것, 정지되지 않은 것, 식을 수반한 것, 식을 수반하지 않은 것이다. 身은 3종으로, 분비물이 있는 장소를 가진 것, 분비물의 장소를 갖지 않은 것, 일체 근에 의해 수반되기에 변행인 것이다. 4종은 정지된 것, 정지되지 않은 것, 자연히 빛나는 것, 자연히 빛나지 않는 것이다.

12.1.6. 意處의 설명 (Ch. 292c9)

YBh 65 *意는 1종이다. 법을 인식한다는 의미에서이다. 2종은 시설에 떨어지는 것과 시설에 떨어지지 않는 것이다. 그중에서 전자는 요해된 언설을 가진 자들의 것이고 후자는 어린이들의 것이다. 또 다른 방식이 있는데, 세간적인 것과 출세간적인 것이다. 3종은 심, 의, 식이다. 4종은 선, 불선, 유부무기, 무부무기이다. 5종은 원인의 상태, 결과의 상태, 낙의 상태, 고의 상태, 불고불락의 상태라는 다섯 상태의 구분으로부터이다. 6종은 6식의 그룹들이다. 7종은 일곱 가지 식의 토대(vijñānasthiti)[131]와 관련해서이다. 8종은 명칭과의 접촉에 상응하는 것, 저항성과의 접촉에 상응하는 것, 탐욕에 의지하는 것, 출리에 의지하는 것, 애미(愛味)를 가진 것, 애미를 떠난 것, 세간적인 것, 출세간적인 것이다. 9종은 아홉 유정의 거처에 있어서이다. 10종은 없다. 11종은 전과 같다. 12종은 12종의 심들이다. 즉, 욕계에 속한 것은 선, 불선, 유부무기, 무부무기이며, 색계에 속한 것은 3종인데 불선을 제외한다. 무색계에 속한 것도 마찬가지이다. 출세간적인 것은 유학과 무학이다.

---

131 7식주에 대해서는 AK III.5-6에 상세히 논의되고 있다. 그것들은 (1) 신체와 관념이 다른 중생, (2) 신체는 다르지만 관념이 비슷한 중생, (3) 신체는 비슷하지만 관념이 다른 중생, (4) 신체와 관념이 비슷한 중생, (5)-(7)은 각기 무색계의 앞의 세 영역에 주하는 중생들이다. 이에 대한 설명은 Poussin 1989: 374-378 참조.

12.1.7. 색처의 설명 (Ch. 292c23)

색(rūpa)은 1종인데, 눈의 영역이라는 의미에서이다. 2종이란 내적인 것과 외적인 것이다. 3종은 색깔, 형태, 표상이다. 4종은 소의가 있는 현현, 소의가 없는 현현, 좋고 좋지 않은 현현, 적집이 주하는 것이다. 5종은 5취의 구분으로부터이다. 6종은 건립에 포섭되는 것, 복장에 포섭되는 것, 경계에 포섭되는 것, 유정에 들어가는 것, 유정에 포함되지 않는 것, 보이는 것과 저항성을 가진 것이다. 7종은 7종의 섭수[사]의 구분으로부터이다. 8종은 8종 세간의 다양성에 있어서인데, 다시 그것들은 땅의 부분의 다양함, 산의 다양함, 정원과 숲, 호수, 못 등의 다양함, 집과 거처의* 다양함, 직업 영역의 다양함, 그림의 다양함, 모자이크 업의 YBh 66 다양함, 도구의 다양함의 것이다. 9종은 과거, 미래, 현재의 색, 거칠고, 미세하고, 하열하고, 수승한 색, 먼 곳에 있거나, 가까운 곳에 있는 색이다. 10종은 10종의 생활필수품들이다.

12.1.8. 聲處의 설명 (Ch. 293a6)

소리(śabda)는 1종인데, 귀의 영역의 의미에서이다. 2종은 명료한 대상의 소리와 불명료한 대상의 소리이다. 3종은 섭수된 대종을 원인으로 하는 것, 섭수되지 않은 대종을 원인으로 하는 것, 그 양자의 대종을 원인으로 하는 것이다. 4종은 선, 불선, 유부무기, 무부무기이다. 5종은 5취의 차별로부터이다. 6종은 수지와 독송의 소리, 대화와 청문의 소리, 법의 교설의 소리, 담화와 확인의 소리, 상호 말의 비난을 통해 잘못을 제거하는 소리, 섞이고 혼란한 소리이다. 7종은 여자 소리, 남자 소리, 약·중·강의 소리, 죽은 새 등의 소리, 바람과 숲나무 소리이다. 8종은 4종 성자의 언설 소리와 4종 비성자의 언설 소리이다. 본 것에 대해 보지 않았다고 말하는 것들, 보지 않은 것에 대해 보았다고 말하는 것들이 비성자의 언설이다. 듣지 않고 생각하고 않고 알지 않은 것에 대해 안다고 말하는 것들과 아는 것에 대해 모른다고 말하는 것들이 비성자의 언설이다. 본 것에 대해 보았다고 말하는 것들과 보지 않은 것에 대해 보지 않았다고 말하는 것들이 성자의 언설이다. 또 다른 8종은 4종의 선한 구업의 길과 4종의 불선한 구업의 길이다. 9종은 과거 · 미래 · 현재부터 먼 곳, 가까운 곳에 있는 것까지이다. 10종은 5支의 악기에 포섭되는 것인데, 다시 그것은 춤을 수반한 것, 노래를 수반한 것, 악기연주를 수반한 것, 여자를 수반한 것, 남자를 수반한 것, 소라 소리, 파타하 북소리, 베리 북소리, 므리당가 북소리, 아담바라 북소리이다.

12.1.9. 香處의 설명 (Ch. 293a28)

냄새(gandha)는 1종인데, 코의 영역의 의미에서이다. 2종은 내적인 것과 외적
YBh 67 인 것이다. * 3종은 마음에 드는 것, 마음에 들지 않는 것, 捨를 일으키는 것이다. 4종은 4종의 大香인데, 침향, 유향, 장뇌향, 사향이다. 5종은 뿌리의 향, 액즙의 향, 잎의 향, 꽃의 향, 과일의 향이다. 6종은 음식 냄새, 음료 냄새, 의복 냄새, 장신구 냄새, 탈 것 냄새, 집 냄새이다. 7종은 皮香, 香葉, 소두구향, 전단향, 三辛香, 묵향, 가루향이다. 8종은 구생인 것, 구생이 아닌 것, 정지된 것, 정지되지 않은 것, 상응인 것, 단독인 것, 강렬한 것, 강렬하지 않은 것이다. 9종은 과거 · 미래 · 현재부터 먼 곳 가까운 곳에 있는 것까지이다. 10종은 여자 냄새, 남자 냄새, 똥 냄새, 오줌 냄새, 가래 냄새, 콧물 냄새, 지방과 골수, 고름, 피 냄새, 고기 냄새, 섞인 냄새, 젖은 진흙 냄새이다.

12.1.10. 味處의 설명 (Ch. 293b11)

맛(rasa)은 1종인데, 혀의 영역의 의미에서이다. 2종은 내적인 것과 외적인 것이다. 3종은 앞에서와 같이 마음에 들고 들지 않는 것 등이다. 4종은 보리맛, 쌀맛, 밀맛, 여하의 곡식의 맛이다. 5종은 취하는 음료 맛, 취하지 않는 음료 맛, 야채 맛, 숲의 과일 맛, 부드러운 음식 맛이다. 6종은 쓴 것 등이다. 7종은 버터, 참기름, 꿀, 사탕수수가 변한 맛, 우유 맛, 소금 맛, 고기 맛이다. 8종은 냄새와 같다. 9종도 냄새와 꼭 같다. 10종은 단단한 음식의 맛, 부드러운 음식의 맛, 간보는 맛,

마시는 것의 맛, 빨아먹는 것의 맛, 그리고 [병을] 호전시키고, 만족시키고, 진정시키고, 정화하고, 친숙한 약초의 맛이다.

12.1.11. 촉처의 설명 (Ch. 293b21)

* 접촉(sparśa)은 1종인데, 신체의 영역의 의미에서이다. 2종은 냄새와 같다. 3종은 마음에 드는 것 등이다. 4종은 닿은 감촉, 누르는 감촉, 때리는 감촉, 부수는 감촉이다. 5종은 5취의 구분으로부터이다. 또한 모기와 집모기, 바람, 해, 뱀이다. 6종은 낙, 고, 불고불락, 구생, 所治(vipakṣa)에 포섭되는 것, 對治(pratipakṣa)에 포섭되는 것이다. 7종은 단단한 접촉, 흐르는 것, 따뜻한 것, 뛰는 접촉, 떨어지는 접촉, 잡아당기는 접촉, 몸이 변하는 접촉의 것이다. 예컨대 매끄러운 것 등이다. 8종은 손과의 접촉, 흙덩이와의 접촉, 몽둥이와의 접촉, 칼과의 접촉, 차가움과의 접촉, 따뜻함과의 접촉, 허기와의 접촉, 갈증과의 접촉의 것이다. 9종은 냄새와 같다. 10종은 음식과의 접촉, 음료와의 접촉, 수레와의 접촉(yānasaṃsparśa),[132] 의복과의 접촉, 장신구와의 접촉, 단상 의자와의 접촉, 돗자리와 방석 베개와의 접촉, 여성과의 접촉, 남성과의 접촉, 양자가 성교를 향유하는 것과의 접촉이다. YBh 68

12.1.12. 법처의 설명 (Ch. 293c4)

(1) 법계는 요약하면 가설법들을 수반한 87법들이다. 또한 그것들은 무엇인가? 작의부터 尋과 伺까지의 53종의 심소법, 법처에 포함된, 율의와 비율의에 포섭되는 색과 삼매를 인식영역으로 하는 색, 그리고 [24종의 불상응법인] 득(prāpti), * 無想定(asaṃjñāsamāpatti), 멸진정(nirodhasamāpatti), 무상천(asaṃjñika), YBh 69
명근(jīvitendriya), 중동분(nikāyasabhāga), 범부상태(pṛthagjanatva), 생(jāti), 노(jarā), 주(sthiti), 무상성(anityatā), 명신(nāmakāya), 구신(padakāya), 문신(vyañjanakāya),

---

132 YBh 68,9에서 pānasaṃsparśo 다음에 티벳역과 한역에 따르면 yānasaṃsparśo가 누락되어 있다.

流轉(pravṛtti), 定異(pratiniyama), 相應(yoga), 속도(java), 순서(anukrama), 時(kāla), 방향(deśa), 數(saṃkhyā), 화합(sāmagrī), 불화합(asāmagrī)이다. 8종 무위인 사태들은 허공(ākāśa), 비택멸(apratisaṃkhyānirodha), 택멸(pratisaṃkhyānirodha), 선·불선·무기법들의 진여, 부동(aniñjya), 상수멸이다. 바로 이 8개는 6개로도 되는데,[133] 6개로부터도 8개가 된다.

(2) 그 법계는 다시 1종인데, 意의 영역이라는 의미에서이다. 2종은 가설에 포섭되는 법과 비가립에 포섭되는 법이다. 3종은 물질적인 유위, 비물질적인 유위, 그리고 무위이다. 4종은 물질적인 가설법에 포섭되는 것, 비물질적인 심소법에 포섭되는 것, 비물질적인 [심]불상응이라는 가설법에 포섭되는 것, 비물질적인 무위라는 가설법에 포섭되는 것이다. 5종은 색과 심소법들, 심불상응법들, 선한 무위와 무기의 무위이다.[134] 6종은 受, 想, 상응행, 불상응행, 색, 무위이다. 7종은 受, 想, 思, 염오, 불염오, 색, 무위이다. 8종은 선, 불선, 무기, 受, 想, 行, 색, 무위이다. 9종은 과거와 미래 등의 구분에 의해서이다. 10종은 10종 의미로서, 결합된 생기의 의미, 인식대상의 경험의 의미, 인식대상으로서의 관념상(ālambananimitta)을 취하는 의미, 인식대상에 대한 의욕작용의 의미, 바로 그 법들의 상태의 차이의 의미, 무장애의 의미,[135] 무상과 분리되어 있다는 의미, 상주와
YBh 70 분리되어 있다는 의미, 항시 전도되지 않은 것이라는 의미, 그리고 고·락과* 분리되었다는 의미에 의해서이다. 그러나 감수된 것과 분리되지 않았다는 의미와[136] 또 감수된 것과 분리되었다는 의미에 의해서는 아니다.

---

133 즉, 선·불선·무기법들의 진여를 하나로 헤아리면 6종이 된다.

134 YBh 69,12f: asaṃskṛtam akuśalam avyākṛtaṃ ca/. 하지만 akuśalam이 아니라 kuśalam으로 수정할 것. 여기서의 5종은 잘 알려진 색, 심, 심상응법, 심불상응법, 무위의 5법이 아니라, 이를 변형시킨 형태이다. 왜냐하면 법계가 意, 즉 심의 영역이라면, 여기에 심은 포괄되지 않기 때문이다.

135 YBh 69,18 teṣām eva dharmāṇām avasthābhedārthena 다음에 여섯 번째로 anāvaraṇārthena가 누락되어 있다.

136 YBh 70,1: no tu vedayitavisaṃyogārthena vedayitavisaṃyogārthena [ca]로 읽지만 이는 동어반복이기에, 티벳역(tshor ba dang bral ba ma yin pa'i don dang tshor ba dang bral ba'i don dang)에 따라 앞의 문장을 vedayitāvisaṃyogārthena로 수정해야 한다.

바로 이것이 내처와 외처들에 있어서 660종의 구별이다.

12.2. 12처에 대한 다른 설명 (Ch. 294a1)

소멸하지 않는 한 색들을 보기 위해 행하고, 소멸하지 않는 한 색들을 보기 위해 행하기 때문에[137] 눈이다. 여기서 소리들이 지각되기에 귀이다. 냄새들이 취해지기에 코이다. 허기에서 생겨난 무력함을 제거하기 때문에 또 다양한 발성에 익숙함에 의해 소리를 내기 때문에 혀이다. 이 신체는 전체 근의 작용과 대응하기 때문에 신체이다. 이것은 긴 밤 동안 어리석은 자들에 의해 원해지고 소중히 여겨지고, '이것은 나의 것이다', '이것이 나이다', '이것은 나의 자아이다'라고 [간주된다]. 또 이것에 대해 유정, 사람, 命者, 生者, 마누의 자손(manuja),[138] 아동(manava)이라는 세간의 명칭이 [사용된다].

이런저런 곳에서 관찰되어지고 증장하기에 따라서 색이라고 [한다]. 말하자마자 사라지고 말하자마자 사라지기에 소리이다. 또 이에 대해 다양한 설들이 증대되기에(anuśerate) 소리이다. * 바람을 따라 가고 흐르기에 냄새이다. 병들 YBh 71
의 집합이고 먹을 수 있는 것이기에 맛이다. 몸으로 접촉하기에 접촉되어지는 것이다. 오직 意의 경계인 것을 유지하고 오직 意의 경계인 것을 유지하기에 법이다.

이 법들의 구별은 이러한 부류라고 알아야 한다.

그것과 관련한 요약송이다.[139]

---

137 YBh 70,3: tatra caraty ākṣād rūpāṇāṃ darśanāya caraty ākṣād rūpāṇāṃ darśanāyeti cakṣuḥ/. 동일한 구문이 두 번 반복되는데, 이는 티벳역(D 36b1f)에서도 확인되기에 사본의 오류는 아니라고 보이지만, 그 이유는 잘 이해되지 않는다. 반면 한역(屢觀衆色 觀而復捨, 故名爲眼)은 달리 번역하고 있다.

138 manuja를 한역은 意生(manoja)이라고 읽고 있지만, 오류일 것이다.

139 「意地」의 구성은 크게 전반부(1-5)와 후반부(6-12)로 나누어진다. 이 요약송의 다섯 항목은 전반부에서 설했던 주제를 가리키고 있고, 후반부의 일곱 주제는 뒤의 요약송에서 제시되고 있다. 하지만 이 요약송이 등장하는 위치는 후반부의 주제를 설하는 도중에 나오기 때문에 적절하지 않다고 보인다.

자성과 소의의 측면에서, 인식대상과 조반의 측면에서,
작용의 측면이라는 다섯 방식에 의해 심이 생기할 것이다.

그중에서 6식의 그룹들에 속한 5종의 법들에 의해, 즉 자성과 소의, 인식대상, 조반 그리고 작용에 의해, 온선교가 포섭된다고 알아야 하며, 계선교와 처선교, 연기선교, 처비처[선교], 근선교도 포함된다고 알아야 한다.

12.3. 불설의 주제 (Ch. 294a20)

佛說은 9종의 주제(vastu)를 가진 것에 포함된다고 알아야 한다. 9종의 주제란 무엇인가? 유정이라는 주제, 향수라는 주제, 생기라는 주제, 지지라는 주제, 잡염과 청정이라는 주제, 다양성이라는 주제, 설하는 자라는 주제, 설해져야 할 것이라는 주제, 모임이라는 주제이다.

그중에서 (i) 유정이라는 주제는 5취온들이다. (ii) 그것들의 향수라는 주제는 12처들이다. (iii) 生起라는 주제는 12지연기이다. (iv) 이미 생겨난 것을 지지하는 주제는 4食들이다. (v) 잡염과 청정이라는 주제는 4성제들이다. (vi) 다양성이라는 주제는 무량한 계들이다. (vii) 교설자라는 주제는 붓다들과 그들의 성문들이
YBh 72 다. (viii) 설해져야 할 주제는 [4]념처 등의* 보리분법들이다. (ix) 모임이라는 주제는 8부중이다. 즉, 크샤트리아의 모임, 바라문의 모임, 재가자의 모임, 사문의 모임, 4천왕들의 모임, 33천의 모임, 마라의 모임, 범천의 모임이다.

요약송이다.

발생(samudaya), 무더기(kalāpa), 世(adhva), 相(lakṣaṇa), 조건(pratyaya).
또 선 등의 구분(prabheda), 마지막이 선교 및 주제(kauśalyavastu)이다.

유가사지[론]에서 제2장 意地를 마친다.

제3장-제5장
유심유사지 등 3지 Savitarkā savicārā bhūmiḥ etc.
(Ch. 294b13)

* 유심유사지(有尋有伺地)란 무엇인가? 무심유사지(無尋唯伺地)란 무엇인가? YBh 73
무심무사지(無尋無伺地)란 무엇인가?

요약송이다.

界, 특징, 여리와 비여리, 마지막으로 잡염[1]이다.

이 3종의 地들의 건립은 (1) 계(dhātu)에 따라 가설을 건립했기에, (2) 특징(lakṣaṇa)에 따라 가설을 건립했기에, (3) 여리작의(yoniśomanaskāra)에 따라 가설을 건립했기에, (4) 비여리작의(ayoniśomanaskāra)에 따라 가설을 건립했기에, (v) 잡염(saṃkleśa)에 따라 가설을 건립했기 때문이라고 알아야 한다.

---

1 운율 때문에 kleśa로 쓰여 있지만, 내용상 saṃkleśa(雜染)를 가리킨다.

1. 계에 따른 가설의 건립 (Ch. 294b19)

요약송이다.

숫자, 장소, 크기, 수명 그리고 향수,
생기, 심신복합체, 그리고 인연 등이다.

계에 따른 가설의 건립이란 무엇인가? 그것은 8종이라고 알아야 한다. 숫자의 건립에 의해, 또 다른 장소의 건립에 의해, 유정의 크기의 건립에 의해, 바로 그들 유정들의 수명의 건립에 의해, 바로 그들 유정들의 향수와 향락의 건립에 의해, 생기의 건립에 의해, 심신복합체의 건립에 의해, 인연의 건립에 의해서이다.

1.1. 숫자에 따른 가설의 건립

그중에서 숫자의 건립은 다음과 같다. 계는 셋으로서, 욕계와 색계, 무색계이다. 이것들이 [윤회에] 속한(paryāpanna) 계들이다. [윤회에] 속하지 않은 [계]는 방편을 수반한 것, 유신(有身)의 소멸(satkāyanirodha), 희론을 여읜 무루계이다.

YBh 74 * 그중에서 욕계 전체에 대해, 또 색계에서 초정려에 대해 유심유사지(有尋有伺地)라고 하는데, 여기서 중간정려에 속하고 등지와 재생에 속한 [계]는 제외한다. 등지와 재생에 속하고, 정려에 속한 [계]는 무심유사지(無尋唯伺地)이다. 그것을 수습한 후에 그는 대범천의 상태를 얻는다.[2] 제2정려로부터 나머지 색계와 전체 무색계가 무심무사지(無尋無伺地)이다. 尋과 伺들로부터의 이욕의 방식에 의해서 무심무사지라고 설해지는 것이지, 현행하지 않음에 의해서는 아니다. 왜냐하면 욕계로부터 이욕하지 않은 자에게도 교설에 대한 특별한 작의에 의해 어느 때 無尋無伺의 심작용이 일어나고, 또 이욕한 자에게도 尋과 伺

---

2 본서 「사마히타지」 X.4.4.2.에서 유심유사 등의 세 삼매의 설명 참조, 특히 무심유사를 수습한 후 대범천의 상태를 얻는다는 설명은 동일하다.

들에 의해 尋과 伺의 현행이 일어나기 때문이다. 출정한 자들과 그곳에 재생한 자들에게 어떤 경우에는 무루계는 등지에 속하고 무위인 것이며, 다른 경우에는 초정려는 有尋有伺地이다. 심과 사를 일으킬 수 있는 계들 속에서 진여를 대상으로 해서 그것에 입정하기 때문이지, 분별의 작용에 의해서는 아니다. 나머지는 앞에서와 같다.

1.2. 장소에 따른 가설의 건립 (Ch. 294c9)

그중에서 또 다른 장소의 건립은 다음과 같다.

(1) 욕계는 36개의 장소들이다. 여덟은 대지옥의 장소들이다. 즉, 等活(sañjīva), 黒繩(kālasūtra), 衆合(saṅghāta), 號叫(raurava), 大號叫(mahāraurava), 燒熱(tāpana), 極燒熱(mahātāpana), 그리고 無間(avīci) [대지옥]이다. 바로 그 대지옥들은 각기 일만 요자나(yojana)[3]의 넓이이며, 그 외부에 아르부다(arbuda) 지옥, 니라르부다(nirarbuda)지옥, 아타타(aṭaṭa)지옥, 하하다(Hahada)지옥,[4] 후후바(huhuva)지옥, 靑蓮(utpala)지옥, 홍련(padma)지옥, 대홍련(mahāpadma)지옥이라는 여덟 개의 추운 지옥들이 있다. 그 아래 * 3만2천 요자나의 거리에 등활지옥이 있고, 또 YBh 75
다른 4천 요자나의 거리에 다른 지옥들이 있다고 알아야 한다. 等活대지옥의 장소처럼 첫 번째 추운 지옥의 장소도 마찬가지다. 그 외부 2천 요자나의 거리에 또 다른 지옥들이 있다고 알아야 한다.

아귀의 장소와 아수라의 장소는 다르다. 그리고 동물은 신과 인간들과 바로 같은 장소에 있다. 따라서 그들의 장소는 독립적으로 건립되지 않는다. 앞에서 [설명한 것]처럼 네 개의 대지가 있고, 여덟 개의 內地가 있다. 욕계에 속한 신들, 즉 四大王衆天, 33天, 야마천, 도솔천, 樂化天, 他化自在天의 천신들은 여섯 [장소]

---

3 yojana는 고대 인도에서 거리를 나타내는 단위로서, 약 12-15km에 해당된다. 그렇지만 yojana의 정확한 길이에 대해서는 문헌마다 차이가 난다. 예를 들어 4-5세기에 편찬된 Sūryasiddhana에서 1 jojana는 8km에 해당하지만, Viṣṇupuraṇa에서는 12km에 해당된다.

4 YBh 74,17에 누락되어 있지만, 한역(四 郝郝凡那落迦)에 따라 보충되어야 한다.

에 있다. 반면에 마라의 궁전은 타화자재천들에 속하지만, 특별한 다른 장소는 없다. 개별적인 지옥(pratyekanaraka)들 및 근접한(sāmanantara) 지옥들은 바로 대지옥과 추운 지옥에 근접해 있고 특별한 다른 장소는 없다. 인간들 속에도 일부의 작은 지옥들이 지각된다. '나는 유정이 불타고 매우 불타고 함께 타오르고 하나로 타오르고 있음을 본다'고 대목건련이 말한 것과 같다. 이 36개의 장소들이 욕계라고 설해진다.

(2) 색계는 18개의 다른 장소이다. 梵衆天(brahmakāyika), 梵前益天(brahmapurohita), 大梵天(mahābrahmāṇa)의 셋은 초정려가 오직 下·中·上에 의해 영향받기 때문이다. 少光天(parīttābha), 無量光天(apramāṇabha), 極淨光天(ābhāsvara)의 셋은 제2 YBh 76 정려가 오직 下·中·上에 의해 영향받기 때문이다. 少淨天(parīttaśubha), * 無量淨天(apramāṇaśubha), 遍淨天(śubhakṛtsna)의 셋은 제3정려가 오직 下·中·上에 의해 영향받기 때문이다. 無雲天(anabhraka), 福生天(puṇyaprasava), 廣果天(bṛhatphala)의 셋은 제4정려가 오직 下·中·上에 의해 영향받기 때문이다. 無想天(asaṃjñika)은 광과천에 속하기 때문에 다른 장소가 아니며, 성자와 공유하지 않는다. 또 5종 청정한 궁전의 영역들이 있다. 즉, 無煩(abṛha), 無熱(atapa), 善現(sudarśa), 善見(sudarśana), 色究竟(akaṇiṣṭha)이다. 섞여 수습된 제4정려가 下·中·上·上上·最上에 의해 영향받았기 때문이다. 청정한 궁전을 초월한 후에 대자재천의 장소가 있는데, 그곳에서 십지에 주하는 보살들은 제10지에 의해 영향받기 때문에 생겨난다.

(3) 또한 무색계는 네 장소이거나 또는 어떠한 장소도 없다.

1.3. 유정의 크기에 따른 가설의 건립 (Ch. 295a15)

그중에서 유정의 크기의 건립은 다음과 같다. 먼저 남섬부주에 사는 인간들에게 몸의 크기는 정해지지 않았다. 어떤 때는 크고 어떤 때는 작게 된다. 그렇지만 그 [크기]는 스스로의 팔로 세 배 반이다. 그런데 동쪽 비데하(videha) 주의 [인간]들의 몸의 크기는 정해졌다. 그들도 스스로의 팔로 세 배 반의 팔의 크기이며, 더욱 큰 몸을 갖고 있다. 동쪽 비데하 주의 사람처럼 서쪽 고다니야에 사는 사람들과 북구로주에 사는 사람들의 몸도 마찬가지로 더욱 크다.

사천왕의 크기는 크로샤(krośa)[5]의 ¼이며, 33천의 신들의 크기는 다리 하나만큼 더한 것이다. 제석천은 크로샤의 반의 크기이며, 야마천도 크로샤의 반의 크기이다. 그 위의 그들과 다른 모든 천신들에 있어서 다리 하나를 더한 크기라고 알아야 한다. 범중천들의 [크기는] 요자나의 반이며, 梵前益天의 [크기는] 1 요자나이며, 大梵天의 [크기는] 1.5배 요자나이고, 少光天의 [크기는] 2 요자나이다. 그 위로 다른 나머지* 천신들과 관련해서 몸의 크기는 두 배라고 보아야 한다. [다 YBh 77 만] 無雲天은 제외하는데, 그 [천신들에] 대해서는 3 요자나로 정해야 한다.

대지옥들에서 [몸의] 크기는 정해지지 않았다.[6] 더욱 강하고 악하고 불선한 업을 행하고 적집했다면 그의 몸은 더욱 크게 생겨난다. 반면에 다른 것들에 있어서는 다르다. 대지옥들에 대해서처럼 추운 지옥들과 개별적인 지옥들, 근접 지옥들, 동물과 아귀들에 대해서도 마찬가지다. 아수라들의 [크기는] 33천의 건립처럼 몸을 건립했다고 알아야 한다.

반면에 무색계들 속에는 물질이 결여되어 있기 때문에 크기는 없다.

1.4. 유정들의 수명에 따른 가설의 건립 (Ch. 295b3)

그중에서 유정들의 수명의 건립은 다음과 같다. 먼저 남섬부주에 사는 인간들에게 1달은 30일로, 1년은 12개월로서 수명은 정해지지 않았다. 어떤 때는 무량한 수명을 갖고 있고, 어떤 때는 팔만년의 수명을 갖고 있으며, 어떤 때는 10년에 이르기까지 수명을 갖고 있다. 동쪽 비데하 사람들의 수명은 250년이다. 서

---

5 krośa는 M-W에 따르면 대략 ¼ yojana로서 약 3km에 해당한다.

6 YBh 77,3에서 pramāṇaniyama로 읽지만 한역에 따라 pramāṇāniyama로 교정해서 번역했다.

쪽 고다니야 사람들의 [수명은] 500년으로, 북구로주 사람들의 수명은 일천년으로 [정해졌다].

인간들의 50년이 四大王衆天에게는 하루이며, 30일이 1달이고 12월이 1년으로서, 수명은 500년이다. 인간들의 100년이 * 33천에게는 하루이며, 30일이 1달이며, 앞과 같다. 수명은 천년이다. 그들과 다른 신중들 내지 他化自在天에 이르기까지 그 신들의 수명은 두 배로 된다. 실로 四大王衆天들의 전체 수명은 等活대지옥에서 하루이며, 30일이 1달이며, 12월이 1년으로서 지옥유정들의 수명은 500년이다. 四大王衆天의 수명을 갖고 等活대지옥에서 재생한 자들의 수명이 [비교되는] 것처럼, 그와 같이 33천의 수명을 갖고 黑繩대지옥에서 재생한 자들의 수명이, 야마천의 수명을 갖고 衆合대지옥에서 재생한 자들의 수명이, 도솔천의 수명을 갖고 號叫 대지옥에서 재생한 자들의 수명이, 樂化天의 수명을 갖고 大號叫 대지옥에서 재생한 자들의 수명이,[7] 他化自在天의 수명을 갖고 燒熱대지옥에서 재생한 자들의 수명이 [비교해서] 알려져야 한다. 極燒熱대지옥에서 재생한 유정들의 수명은 中劫의 반이며, 무간지옥의 유정들의 수명은 하나의 중겁이다. 33천들의 [수명]처럼 아수라들의 [수명]도 마찬가지다. 동물과 아귀들의 수명은 정해지지 않았다.

YBh 78

추운 지옥에서 재생한 유정들의 수명은 대지옥에서 재생한 유정들보다 연이어서 반이라고 알아야 한다. 근접지옥과[8] 개별적인 지옥에서 재생한 자들의 수명은 정해지지 않았다. 梵衆天에 사는 유정들의 수명은 20중겁과 1겁이다. 梵前益天에 사는 유정들의 수명은 40중겁과 1겁이다. 大梵天에 사는 [유정]들의 수명은 60중겁과 1겁이다. 少光天이 사는 [유정]들의 수명은 80중겁과 2겁이다. 이것 이상의 그것과 다른 신중들에서 수명은 그의 두 배이고 그의 두 배이다. 그러나 無雲天은 제외하는데, 그곳에서 [수명은] 세 겁으로 확정되어야 한다.

---

7 이 문장은 YBh 78,9 이하에서 누락되었다.

8 YBh 78,15에 해당 단어가 없다.

공무변처에서 재생한 유정들의 수명은 2만겁이다. 식무변처에서 재생한 유정들의 수명은 4만겁이다. * 무소유처에서 재생한 유정들의 수명은 6만겁이다. YBh 79
비상비비상처에서 재생한 유정들의 수명은 8만겁이다. 북구로주를 제외하고 모든 곳에서 요절하기도 한다. 그곳에서 인간들과 동물, 아귀들 속에 부식된 신체를 가진 자(kiṭṭālakāya)[9]들이 있지만, 천신들과 지옥들에는 식과 동시에 부식되지 않은 신체를 가진 자들이 존재한다.

1.5. 유정들의 향수와 향락에 따른 가설의 건립 (Ch. 295c8)

그중에서 유정들의 향수와 향락의 건립이란 고락의 향수란 측면에서, 음식의 향수란 측면에서, 그리고 음욕의 향수란 측면에서이다.

1.5.1. 고락의 향수

1.5.1.1. 중생들의 고의 향수

지옥에서[10] 대부분의 유정들은 고문의 고통(kāraṇāduḥkha)을 경험하고, 동물들 속에서는 서로 잡아먹는 고통을, 아귀들 속에서는 극도의 갈증의 고통을, 인간들 속에서는 추구와 결핍의 고통을, 천신들 속에서는 사라지고 추락하는 고통을 경험한다.

(1) 그중에서 等活(sañjīva) 대지옥에서 다음과 같은 형태의 고문의 고통을 주로 경험한다. 그곳에서 저 중생들은 서로서로 모인 후에 업의 영향 때문에 일어난, 차례로 생겨난 다양한 도구들에 의해 서로서로 때리는 일을 하면서 정신을 잃고 땅에 떨어진다. 그곳에서 허공에서 '오! 중생들이여, 너는 다시 살아나라 (sañjīvatu)!'라는 소리가 나온다. 그 후에 다시 그 중생들은 일어난 후에 동일한

---

9 kiṭṭāla를 M-W는 "copper vessel, rust of iron"으로 풀이한다. 한역 有餘滓身는 kiṭṭālakāya를 형용사복합어로 이해한 것으로 보이며, kiṭṭāla를 滓로 풀이한다.

10 초기불전에서 지옥의 묘사에 대해서는 『장아함경』 『世記經』의 「地獄品」 (T1: 121b29ff) 참조.

방식으로 서로서로 때리는 일을 한다. 그 때문에 그의 악하고 불선한 업이 모든 방식으로 모두 소진되고 다할 때까지 오랫동안 고통을 받는다. 따라서 저 지옥이 等活(sañjīva)이라고 불린다.

黑繩(kālasūtra) 대지옥에서 다음과 같은 형태의 고문의 고통을 주로 경험한다.
그곳에서 저 중생들은 그곳에 속한 옥졸들에 의해 검은 줄로 측량된다
YBh 80 (māpyante). 4방이나 8방 또는 여러 다양하게 쪼개진 양태로* 측량된다. 그와 같
이 측량된 그들은 그와 같이 뚫리고 잘리고 베어지고 도려내진다.[11] 그 때문에
그들은 소진되지 않은 그의 악하고 불선한 업이 모든 방식으로 모두 다할 때까
지 오랫동안 고통을 받는다. 따라서 그 지옥은 '黑繩'(kālasūtra)이라고 불린다.

衆合(saṅghāta) 대지옥에서 다음과 같은 형태의 고문의 고통을 주로 경험한다.
그곳에서 저 중생들이 서로서로 하나로 뭉쳐져서 덩어리가 되었을 때, 그때 그
곳에 속한 옥졸들에 의해 염소머리 모양의 두 철산의 사이에 들어가게 된다. 들
어간 직후 두 산에 의해 쫓긴다. 쫓기는 그들은 모든 얼굴에 피의 강이 흐르고 흘
러내린다. 염소머리 모양의 두 산에서처럼 양머리 모양의 두 산과 말머리 모양
의 두 산, 코끼리머리 모양의 두 산과 사자머리 모양의 두 산, 호랑이머리 모양의
두 산에 있어서도 마찬가지다. 또한 뭉쳐진 그들은 철로 된 큰 족쇄 속에서 압축
된 후에 마치 사탕나무가 갈리는 것처럼 눌려진다. 그곳에서 눌려지고 있는 그
[유정]들에게 피의 강이 흐르고 흘러내린다. 또한 뭉쳐진 그들에게 위에서부터
큰 철산이 떨어져서 그 유정들을 철로 된 땅에 쪼개고 자르고 베고 조각낸다. 그
곳에서 쪼개지고 잘려지고 베어지고 조각난 그들에게 피의 강이 흐르고 흘러
YBh 81 내린다. 그 때문에* 소진되지 않은 그의 악하고 불선한 업이 모든 방식으로 모
두 다할 때까지 오랫동안 고통을 받는다. 따라서 저 지옥이 '衆合'이라고 불린다.

號叫(raurava) 대지옥에서 다음과 같은 형태의 고문의 고통을 주로 경험한다.

---

11 한역은 若鑿, 若斲, 若斫, 若剜의 네 개의 동사로 표현하고 있다.

그곳에서 집을 찾는 저 중생들은 철집에 들어간다. 그들이 그곳에 들어갔을 때 불이 일어난다. 그 때문에 태워지고 열나고 뜨겁게 달아오른 그들은 불타게 된다. 그들은 그곳에서 비명소리를 낸다. 그 때문에 소진되지 않은 그의 악하고 불선한 업이 모든 방식으로 모두 다할 때까지 오랫동안 고통을 받는다. 따라서 저 지옥은 '비명'(raurava)이라고 불린다.

大號叫(mahāraurava) 대지옥에는 다음과 같은 차이가 있다. 호규 대지옥에서는 집인 반면에 그곳에서는 바로 저택이라고 알아야 한다. 따라서 그 지옥은 '큰 비명'이라고 불린다.

燒熱(tapana) 대지옥에서 다음과 같은 형태의 고문의 고통을 자주 경험한다. 그곳에 속한 옥졸들은 저 중생들을 무수한 요자나 크기의 뜨겁고 매우 뜨겁고 극히 달아오른 철판(kaphalī)에 던진 후에, 마치 물고기처럼 되 굴리고, 두루 굴리고, 태우고, 완전히 태운다. 또한 그들은 철로 된 꼬챙이를 갖고 아래로부터 관통한다. 그 뜨겁고 달아오른 꼬챙이는 등으로 들어온 후에 머리로 나오며, 또 저 중생들의 입과 콧구멍들과 모든 모공으로부터 화염이 나온다. 또한 달구어지고 극히 달구어지고 불타는 철로 된 땅에서 [중생들을] 몸을 위로 하거나 아
래로 하여 눕힌 후에 뜨겁고 매우 뜨겁고 극히 달아오른 * 망치들을 갖고 마치 YBh 82
고기육편처럼 때리고 두드리고 쪼갠다. 그 때문에 [중생들은] 악업이 모든 방식으로 모두 소진되고 다할 때까지 오랜 고통을 경험한다. 따라서 저 지옥은 '燒熱'이라고 불린다.

極燒熱(pratāpana) 대지옥에는 다음과 같은 차이가 있다. 삼지창의 날이 등을 뚫고, 한 창은 그의 한 어깨를, 두 번째 창은 다른 어깨를, 그리고 세 번째는 머리 끝을 관통하고 있다. 그 때문에 그들의 입에서도 불길이 나온다. 또한 달구어지고 극히 달구어지고 불타는 동으로 된 판들을 갖고 모든 곳에서 몸을 굴리며, 또 끓는 잿물로 채워진, 뜨겁고 매우 뜨겁고 극히 달아오른 커다란 철로 된 솥으로 그 유정들은 거꾸로 매달린 채 던져진다. 던져진 그들은 상하 좌우로 굴려지면서 태워지고 완전히 태워지며, 그에 따라 피부와 살, 피가 흩뿌려지고 단지 뼈만

이 남아있게 된다. 그때 다시 그들은 건져져서 철로 된 땅에 세워진다. 그 후에 피부와 살, 피가 생겨나며 다시 [솥에] 던져진다. 나머지는 燒熱[대지옥]과 같다.
YBh 83 그 때문에 [중생들은] 그의 악업이 모든 방식으로 * 모두 소진되고 다할 때까지 오랜 고통을 경험한다. 따라서 저 지옥이 '極燒熱'이라고 불린다.

무간(avīci) 대지옥에서 다음과 같은 형태의 고문의 고통을 [항시] 경험한다. 그 유정들에게 동쪽에서 뜨겁고 매우 뜨겁고 극히 달아오른, 수백 요자나의 땅들이 다가온다. 거기서 그 유정들의 피부가 뚫리고, 살이 쪼개지고, 근육이 잘려지고, 뼈가 쪼개지고, 골수가 빠진 후에,[12] 마치 기름을 친 것처럼 그와 같이 모든 신체를 불길에 의해 가득 채운 후에 머문다. 동쪽에서처럼 남쪽과 서쪽, 북쪽에서도 마찬가지다. 그 때문에 그 유정들은 바로 불덩어리의 형태를 한 채로 지각한다. 섞인 불덩이가 사방에서 올 때, 그들은 그곳에서 고통스런 감수를 제외하고는 어떤 간격도 보지 못하고 절규하는 비명을 듣고 중생이라고 인지할 뿐이다. 또한 철로 된 부채들을 갖고 뜨겁고 불타는, 철로 된 숯들을 부치고 또 부친
YBh 84 다. 또 철로 된 땅에서 * 철로 된 큰 산들에 오르고 또 내려온다. 또한 입에서 혀가 나온 후에 백 개의 막대기로 늘리며, 그것은 마치 소가죽처럼 늘려지고 부드러워진다. 또한 철로 된 땅에 누운 후에 철 젓가락(viṣkambha)으로 입을 쑤신 후에, 그들은 뜨겁고 매우 뜨겁고 극히 달아오른다. 철로 된 볼을 입에 집어넣고, 그 [중생]들의 입도 태운다. 목구멍과 내장(antra)을 태운 후에 다시 아래 부분으로 나온다. 또한 끓는 동을 그 [입]에 들어붓는다. 그것은 그 입과 목구멍, 내장을 태운 후에 아래 부분으로 흘러나온다. 나머지는 極熱[대지옥]과 같다. 그 때문에 [중생들은] 그의 악업이 모든 방식으로 모두 소진되고 다할 때까지 오랜 고통을 경험한다. 따라서 그 지옥이 無間이라고 불린다. 주로 무간업을 지은 유정들이 재생하는 그곳에 관해 이 이유들이 대략 알려지고 있다. 그렇지만 이 대지옥들

12 YBh 83,6: asthimajjānaṃ. 의미가 명확치 않다. 한역은 復徹其髓로서 번역하고 있다.

에 대해 그것과 다른 여러 많은 이유들이 지각되지는 못한다.

반면에 근접지옥들에서 유정들은 다음과 같은 형태의[13] 고문의 고통을 경험한다. 이 모든 대지옥들은 사방에 네 개의 해안과 네 개의 문을 갖고 있으며, 철로 된 담장들에 의해 둘러싸여 있다. 그곳에서 사방의 네 문으로 나간 후에 각각의 문에 네 개의 연못(utsada)들이 있다. 즉, 무릎크기의 쿠쿨라(jānumātraṃ kukūlam)[14]이다. 휴식처를 원하는 유정들은* 그곳에 이른다, 그들은 그곳에 들어가서 머리와 발을 포함해 가라앉게 된다. 그곳에서 오물에 찬(gūthamṛttika) 시체에서 곤충들은 그 유정들의 피부를 찢고 살로 들어와서 근육과 뼈를 파괴하고, 그 후에 골수를 먹는다. YBh 85

그 오물에 찬 시체의 직후에 날카로운 가시가 쌓인(kṣuradhārācita) 길이 가까이 있는데, 그곳에 휴식처를 원하는 저 유정들은 나간다. 그들이 그곳에 두 발을 담글 때 피부와 살과 피가 함께 찢기고, 다시 두 발을 들어 올리면, 피부와 살과 피가 생겨난다.

또한 날카로운 가시가 쌓인 길의 직후에 칼과 같은 나뭇잎을 가진 숲이 가까이 있다. 그곳에 도착한 후에 휴식처를 원하는 저 유정들은 그 그늘에 앉는다. 그곳에서 나무 아래로 그들에게 화살이 떨어지며, 그것들에 저 중생들의 지절을 자르고 쪼갠다. 그곳에 떨어진 [유정]들에게 '검고 다채로운'이라는 이름의 벌레가 다가온 후에 그 유정들의 피부를 찢고 살로 들어와서 근육과 뼈를 파괴하고, 그 후에 골수를 먹는다.

칼과 같은 나뭇잎의 숲의 직후에 철로 된 면화나무가 있다. 휴식처를 원하는 저 유정들은 그곳에 도착한 후에 오른다. 그곳에 오르는 그들에게 가시들이 아래쪽으로 향하고 있다. 떨어지는 그들에게 가시가 위로 향하고 있다. 그 가시들

---

13 YBh 84,14: evaṃ lāraṇāduḥkhaṃ. 하지만 앞에서처럼 evamākāranaṃ 으로 교정.

14 jānumātraṃ kukūlam은 '무릎크기의 웅덩이'이다. kukūla는 AKBh 163,19에서 지옥의 아래와 위에 이 kukūla 등에 가라앉기 때문에 utsada라고 불린다고 설명할 때 언급되고 있다.

이 그들의 지절들을 쪼개도 자른다. 그곳에서 철의 입이라는 이름의 개들이 그 유정들의 살이나 머리에 떨어진 후에 [그것을] 문 후에 털을 뽑고 먹는다.

YBh 86 * 철로 된 면화나무의 직후에 바이타라니(Vaitaraṇī) 강이 있는데, 끓고 있는 많은 산성의 물로 채워져 있다. 그곳으로 휴식처를 원하는 그 중생들은 들어간다. 그들이 위로 오르려고 할 때, 붓고(svidyate) 끓인다. 그들이 아래로 가면 붓고 끓인다[15].[16] 마치 콩(mudgā)이나 검은 콩(māṣa), 대추(kola)나 노란 콩(kulattha)들이 커다란 불에 의해 달구어진 큰 솥에 던져진 것과 같다.

저 강의 두 연안에 손에 몽둥이와 꼬챙이, 포승을 든 [옥졸] 유정들이 서서 포승을 들고 있거나 또는 그물을 들음에 의해 그 유정들로 하여금 나가지 못하게 한다. [저 유정들을] 다시 잡은 후에 큰 불로 달구어진 땅에 눕힌 후에 '유정들이여! 너희들은 무엇을 바라는가'라고 묻는다. 그들은 '우리는 알지도 못하고 보지도 못하지만 그래도 매우 먹고 싶다'고 말한다. 그 후에 그 유정들은 철로 된 젓가락으로 그 유정들의 입을 쑤신 후에 철로 된 볼들을 앞에서처럼 [입에] 집어넣는다. 만일 그들이 '우리는 기갈에 쫓기고 있다'고 말한다면, 그 후에 그 [옥졸]들은 바로 설했던 대로 청동을 그 [입]에 들어붓는다. 그 때문에 [유정들은] 그들의 지옥을 경험하게 하는 악하고 불선한 업이 모든 방식으로 모두 소진되고 다할 때까지 오랜 고통을 경험한다.

그중에서 날카로운 가시가 쌓인 길과 칼과 같은 나뭇잎을 가진 숲, 그리고 바이타라니 강을 하나로 헤아린 후에, 네 개의 정원이 된다.

추운 지옥(śītaraka)들에서[17] 재생한 유정들은 다음과 같은 형태의 추운 고통

---

15 의미 불명. 그리고 한역과 비교하면 결락이 있는 듯하다. 便來趣之遂登其上。 當登之時 一切刺鋒悉迴向下。 欲下之時一切刺鋒復迴向上. 由此因緣貫刺其身遍諸支節.

16 한역(296c24-28)에서는 YBh에 없는 긴 문장이 이어 번역되어 있다: 爾時便有鐵觜大烏 上彼頭上 或上其髆, 探啄眼睛而噉食之. 從鐵設拉末梨林無間有廣大河 沸熱灰水彌滿其中. 彼諸有情尋求舍宅 從彼出已來墮此中.

17 이하에서 추운 지옥의 8종 유형이 설명되어 있다. 이에 대해서는 AKBh 154; SN I.152, Sn 36 참조.

을 경험한다. 아르부다(Arbuda)에서 재생한 유정들은 그 영역에 속한 광대한 추위와 접촉하고 마치 종양(arbuda)처럼 모든 신체가 응축되어 있다. 따라서 그 지옥은 아르부다라고 불린다. 니라르부다(Nirarbuda, 皰裂)지옥에는 다음과 같은 차이가 있다. 종양이 터진 것처럼 종양이 응축되어 있다.[18] 따라서 그 지옥은 '皰裂'이라고 불린다.

* 아타타(Aṭaṭa), 하하다(Hahada), 후후바(Huhuva) 지옥은 그 중생들의 말소리 YBh 87
에 따라 지어진 것으로 명칭을 건립한 것이다. 반면 청련(Utpala)이라는 추운 지옥에 [재생한 유정들은] 그 영역에 속한 광대한 추위와 접촉하고 시퍼렇게 되며 피부가 다섯 개나 여섯 개로 쪼개진다. 따라서 그 지옥은 청련이라고 불린다. 홍련(Padma) 지옥에는 다음과 같은 차이가 있다. [유정들은] 푸른 상태를 넘어선 후에 붉은 색으로 되고 피부가 열 개나 또는 그 이상으로 쪼개진다. 따라서 그 지옥은 홍련이라고 불린다. 대홍련(Mahāpadma) 지옥에는 다음과 같은 차이가 있다. [유정들은] 더욱 강한 붉은 색으로 되고 피부가 백 개나 또는 그 이상으로 쪼개진다. 따라서 그 지옥은 대홍련이라고 불린다.

개별지옥(Pratyekanaraka)에서 재생한 유정들은 각각의 심신복합체들 속에서 자기의 업에 의해 만들어진, 다음과 같은 형태의 고통을 경험한다. 예를 들어 락스마나(Lakṣmaṇa)에 의해 질문받은 목건련(Maudgalyāyana)이 경에 따라 상세히 예시했다. 따라서 그 지옥은 개별지옥이라고 불린다.

(2) 그중에서 동물들은 마치 약한 자를 먹는 것처럼 서로서로 해치는 일을 하며, 그 때문에 고통을 경험한다. 자재하지 못한 그들은 손상을 당하고 핍박당하고 쫓기며, 신과 인간들에 의해 도구가 된다. 그 때문에 다양한 고통을 경험한다.

---

18 YBh 86,20: arbudanirgatam ivārbudaṃ saṅkocam āpadyate. 이를 한역(297a17)은 猶如皰潰膿血流出 其瘡卷皺로 보충해서 번역하고 있다.

(3) 반면에 아귀들은 요약하면 3종이다. 외적으로 음식을 먹는데 장애가 있고, 내적으로 음식을 먹는데 장애가 있고, 음식을 먹는데 장애가 없는[19] 자들이다.

YBh 88 * 외적으로 음식을 먹는데 장애가 있는 자들이란 무엇인가? 강력한 인색을 행했기 때문에 아귀의 영역에 재생한 그 유정들은 기아와 갈증과 결합해 있기 때문에 불탄 기둥의 형태처럼 피부와 몸의 살, 피가 완전히 메말라 있으며, 머리카락과 비슷한 얼굴을 갖고[20] 기아와 갈증에 압도되어 말하는 메마른 입을 갖고 있으며, 혀로 항시 얼굴을 핥고 있으며, 혼란스럽게 말하면서, 샘과 호수, 연못들이 있는 곳으로 질주한다. 그러나 그곳에서 손에 칼과 올가미를 갖고, 철장갑을 낀 다른 유정들에 의해 저 샘과 호수와 연못들로부터 쫓겨나며, 또한 마실 것이 오물과 피라고 보고, 스스로 마시려는 욕구를 내지 않는다. 이런 형태의 아귀들이 외적으로 음식을 먹는데 장애가 있는 자들이다.

내적으로 음식을 먹는데 장애가 있는 자들이란 무엇인가? 즉, 그들은 바늘과 같은 입과 불과 같은 입을 갖고 있으며, 목구멍에 결함이 있고, 큰 배를 갖고 있다. 왜냐하면 그들은 바로 스스로, 타인에 의해 만들어지지 않은 장애를 갖고 있으며, 음식을 얻었을 때에도 먹거나 마실 수 없다. 이런 형태의 아귀들이 내적으로 음식에 의해 행해진 장애를 갖고 있다.

음식을 먹는데 장애가 없는 자들이란 무엇인가? 불길의 염주를 가진 자라는 이름의 아귀가 있다. 그들이 먹고 마시는 모든 것을 태우며, 따라서 이들에게 먹고 마시는 고통은 어느 때에도 그치지 않는다. 또는 오물을 먹는 자라는 이름의 아귀들이 있다. 그들의 일부는 똥과 오줌을 먹거나 또는 불순하고 나쁜 냄새가 나고, 날 냄새가 나고, 역겹고, 더러운 음식을 먹을 수 있지만, 깨끗하거나 좋은 것은 먹거나 마실 수 없다. 이런 유형의 아귀들이 먹을 것과 마실 것에 의해 만들

---

19 YBh 87,18: bhojanapānakṛtāvaraṇāś ca. 한역은 飮食無有障礙로 bhojanapānakṛtā<na>varaṇāś로 읽었고, 의미상 맞을 것이다. YBh 88,13에서도 마찬가지다.

20 YBh 88,3: keśānukārair mukhaiḥ. 그러나 한역(297b9)은 頭髮蓬亂其面黯黑로서 "어두운 그 얼굴이 산발한 머리카락을 갖고 있으며"로 번역할 수 있는데, anukāra를 달리 풀이하고 있다.

어진 것에 장애가 없는 자들이라고 한다.

(4) 인간들 속에 재생한 유정들은 다음과 같은 유형의 결핍의 고통을 경험한다. 먼저, 태어나면서 가진 음식의 결핍의 고통, 소망의 결핍의 고통, * 거친 [음식]의 결핍의 고통, 근접해 있는, 추구와 피곤 등의 결핍의 고통, 계절의 변화의 고통, 추위와 더위의 결핍의 고통, 집 등의 울타리가 없기에 생겨난, 유동적인 (pārisravika) 결핍의 고통, 어리석음 등의 장애에서 생겨난 사업의 중단이라는 결핍의 고통이 있고, 마찬가지로 변괴 및 노·병·사의 고통이 있다. 왜냐하면 지옥중생들에서 오직 죽음이 낙이라고 생각된다. 따라서 그곳에서 그것은 고통이라고 건립되지 않는다. YBh 89

(5) 또한 천신들에게 해체되는 지절은 없지만, 죽고 추락하는 고통은 있다. 경에서 다음과 같이 설했다. 죽어가는 천신에게 다섯 가지 과거의 관념상들이 출현한다. 더럽혀지지 않은 옷들이 염오되고, 이전에 깨끗했던 염주가 깨끗하지 않고, 두 겨드랑이에서 땀이 흐르고, 몸에서 악취가 나며, 스스로의 자리에 천신이나 天子는 기뻐하지 않는다.

어느 때 그가 정원으로 갔을 때, 천녀들이 다른 천자들과 함께 즐기고 있었다. 그는 그것을 본 후에 그 때문에 커다란 고통과 근심을 감수하며, 그와 같이 처벌과 피살에서 생겨난 고통[21]을 경험한다. 그 이유는 무엇인가? 왜냐하면 매우 광대한 복덕더미를 갖춘 그에게 다섯 가지 천상적인 광대한 욕망의 대상들이 출현하는데, 그와 다른, 작은 복덕의 덩어리를 갖춘 천자들은 그것에 대해 본 후에 두려운 상태에 빠지기 때문이다. 그 때문에 광대한 고통과 근심을 경험하고, 추

---

21 YBh 89,12: madnabhāva-kṛtam api duḥkhaṃ. 편찬자는 maṅkubhāva를 제안한다. 한역(298c9: 陵蔑悚慄之苦)은 '모욕과 두려움의 고통'이며, 티벳역(D 45b5: spyugs pa dang gsad pa'i sdug bsngal)은 '추방과 살해의 고통'이다. YBh 90,15: madgu-bhāva-duḥkhaṃ = 陵蔑苦 = spa gong ba'i sdug bsngal이고, 반면 - pravāsana의 번역어로 spyugs pa = 驅擯이 제시된다. 따라서 한역과 티벳역을 고려할 때, madnabhāva-kṛtam은 pravāsana-kṛtam으로 수정되어야 할 것이다.

방(pravāsana)에서 생겨난 고통을 경험한다.

그 이유는 무엇인가? 왜냐하면 천신과 아수라가 전쟁에 임했을 때, 서로 대립
YBh 90 하는 신들과 아수라들은* 금과 은, 수정과 유리로 만든 4종의 무기를 들고서 전쟁에 돌입한다. 거기서 신들이나 아수라들에게 지절과 작은 지적, 신체의 잘림이 일어난다. 잘려진 그들의 지절과 작은 지절들은 다시 생겨나며, 잘린 신체도 다시 커진다. 그렇지만 머리가 잘려질 때에는 죽는다. 때문에 한 때는 신들이, 다른 때에는 아수라들이 승리하지만, 대부분 신들이 강력한 힘 때문에 승리한다. 양자 중의 한 편이 승리하면, 그들은 자신의 [궁]에서 나와 상대방에게 들어간다. 그들은 서로서로 성행위를 하지 않는다. 그곳에서 신들은 아수라의 여인들 때문에 아수라들과 함께 다투며, 아수라들은 4종의 넥타르(sudhā) 때문에 신들과 함께 다툰다.

또한 아수라들은 오직 천신의 무리에 포함된다고 보아야 한다. 그렇지만 기만하려는 태도를 가진 그들은 속이려는 의도를 갖고 있으며 주로 속임과 사기를 행한다. 이 때문에 천신들처럼 白法들의 그릇이 아니다. 때문에 어느 때에 경에서 별도의 무리로서 교설되었다. 바로 아수라들은 [천신들과] 비슷하지만, 영웅적인 요소를 취해서 작동하지는 않기 때문에 따라서 아수라(a-sura)이다.

보다 큰 힘을 가진 천자가 분노하면서 보다 힘이 약한 천자를 자신의 궁전에서 쫓아낸다. 따라서 천신들도 죽어 추락하는 고통, 능멸당하는 고통, 그리고 쪼개짐과 절단, 손상과 추방의 고통이라는 3종의 고통을 경험한다.

색계와 무색계에 속하는 유정들에게 이러한 고통은 어디에도 없다. 왜냐하면 그 유정들은 고통스런 감수를 위한 그릇이 아니기 때문이다. 그렇지만 추중의 고통 때문에 그들도 고통받는다. 번뇌를 수반하고, 장애를 수반하고, 또 죽고 주할 때에 자재하지 못하기 때문이다.

무루계에서 모든 추중의 고통은 근절되었다. 따라서 승의의 관점에서 바로 그것이 낙이다. 다른 모든 것은 고통이라고 알아야 한다.

1.5.1.2. 중생들의 낙의 향수

(1) 존재형태에서의 낙의 향수 (Ch. 298a4)

* 4종의 지옥에 낙의 경험은 없다. 지옥에서처럼 3종의 아귀들에서도 마찬가지다. 큰 힘을 가진 아귀들과 동물들,[22] 인간들 속에서 외적인 방식으로 일어나는 생활자구의 낙은 고통과 섞여서 지각된다. YBh 91

그중에서 인간들 속에서 전륜성왕의 낙은 최고이고 뛰어나고 탁월하다. 왜냐하면 전륜성왕은 세간에 출현할 때, 7보를 갖추고 출현하기 때문에, 그에게 다음과 같은 7보가 일어난다. 즉, 바퀴의 보석, 코끼리의 보석, 말의 보석, 마니보석, 여자의 보석, 가장의 보석, 신하의 보석이라는 7종이다. 그때에 그의 바퀴의 보석은 어떤 형태로 생겨나는가? 경에서 말한 것처럼 7보의 출현은 말해져야 한다.

그중에서 4대주를 가진 [전륜왕]에게 성채를 가진 왕들은 스스로 복종한다. '이것들이 왕의 국토입니다. 그것들을 다스리십시오. 우리는 왕의 종복들이 되겠습니다.' 그에 대해 전륜왕은 다음과 같이 칙령을 내린다. '실로 너희들은 정복된 영토들을 법에 따라 다스리지, 비법으로 [다스리지] 말라. 또한 너희들은 국가와 집안에서 비법으로 행하지 말고 불균등하게 행하지 말라.' 3대주를 가진 [전륜왕]은 사자를 파견함에 의해 [소왕들은] 복종시키며, 2대주를 가진 [전륜왕]은 위력을 보인 연후에 복종시키고, [1대주를 가진 전륜왕은] 사로잡힌 왕들을 복종시킨다.

그런데 천신들은 광대한 천상의 영역을 경험하며, 아름다운 모습을 갖고 주로 환희하면서, 자신들의 궁전에서 오래 주한다. 그들은 신체 내외를 통해 청결하며 더러운 냄새가 나지 않으며, 그들에게 더러운 물건이 없다. 예를 들어 인간들의 먼지, 때, 뼈, 근육, 신장, 간(śirāvṛkkā, 脾腎心肝), 심장 등이 없다. 또 그들에

---

22 YBh 91,2에 tiryakṣu가 누락되어 있다.

YBh 92 게는 금과 은, 수정과 유리로 이루어진 4종의* 궁전들이 있다. 그 궁전들은 다양하고 다채롭게 분할되고, 즐길만한 누각을 갖고 있고, 즐길만한 궁전꼭대기를 갖고 있으며, 즐길만한 지붕을 갖고 있고, 즐길만한 제단을 갖고 있으며, 즐길만한 망을 갖고 있으며, 여러 마니보주가 붙어있고, 모든 면으로 광명을 발산하고 있다.

음식나무에서 나오는 먹을 것은 청·황·적·백의 4종의 넥타르이다. 마찬가지로 음료나무에서 감미로운 마실 것이 나온다. 수레나무에서 마차와 2인용 마차(yugma), 1인용 마차(śivikā) 등의 다양한 탈것이 나온다. 옷나무에서 다양한 옷들이 출현한다. 옷들은 미묘하고 흰색이며 다양한 색깔로 염색되어 출현한다. 이런 부류의 다양한 장식들이 다양한 마니보주에 의해 고착되어 나타난다. 장식나무로부터 마니보주와 소매장식, 귀고리, 머리핀, 반지, 팔찌, 발장식물 등의 다양한 장식들이 나온다. 이런 부류의 다양한 장식들이 다양한 마니보주에 의해 고착되어 나타난다. 향과 향수, 물감나무로부터 다양한 향과 다양한 향수, 다양한 물감들이 나온다. 그것들 중에서 집회용의 나무가 최고이고 뛰어나며 좋고 탁월하다. 그것은 50 요자나에 걸쳐 뿌리내리고 있으며, 길이는 100 요자나이며, 80 요자나에 걸쳐 가지와 잎을 펼친 채 서 있다. 순풍일 경우 100 요자나까지 만개한 꽃의 향이 퍼지고 역풍일 경우 50 요자나까지 퍼진다. 그 [나무]
YBh 93 의 아래로부터 33천이 비내리는 4월에 천상적인* 5종의 욕망의 대상들을 갖고 유희한다. 웃음과 춤, 노래, 음악의 나무로부터 웃음과 춤, 노래, 음악들의 다양한 기구들이 나온다. 그와 같이 도구와 생활용법의 나무로부터 다양한 도구와 생활용품들이 나온다. 예를 들어 마시는 도구의 생활용품, 눕고 앉는 도구의 생활용품이 이런 부류의 도구의 생활용품이다. 원하고 행하는 대로 그 도구들을 향수하고자 원하는 천신들의 손에 출현한다. 아수라들도 그것과 비슷하게 궁전에서 번성의 낙을 향수한다고 알아야 한다.

북구로주에도 바로 이런 형태의 나무들이 있어 如意樹라고 불린다. 그들은 저 나무로부터 [생활용품들을] 저절로 취하는 것이지, 생각한 것이 손에 떨어지는 것은 아니다. 그곳에서 쌀은 씨뿌린 것을 경작하는 것이 아니다. 저 유정들은 나의 것을 갖지 않으며, 또 소유하지 않으면서 확정적으로 탁월성으로 나아간다.

또 신들의 왕인 샤크라에게 바이자얀타(Vaijayanta) 궁전이 있다. 그곳에 21개의[23] 樓觀(niryūha)이 있다. 각각의 누관에 100개의 누각(kūṭāgāra)이 있고, 각각의 누각에 7개의 방이 있다. 각각의 방에 7명의 천녀들이 있다. 각각의 천녀에게 7명의 시녀들이 있다.

천신들의 땅의 부분은 모든 면에서 손바닥처럼 평평하며 오르내림이 없고, 접촉할 때 편안하다. 발을 구부릴 때 그것은 굽혀지고 발을 들어 올릴 때 위로 향한다. 항시 자연적으로[24] [땅의 부분은] 만다라형의 꽃들로 흩뿌려진 채 있다. 그곳에서 바람이 시든 꽃들을 날려버리고 신선한 꽃들을 불러온다.

* 그 천궁에 사면이 있는데, 광대하고(viiṭhya), 아름답고, 보기 좋고, 매우 광대하다(sumāpita). 사면에는 네 개의 대문이 있는데, 그것들은 크고(māpita) 멋있고 아름답고 깨끗하며, 다양하고 아름다운 야크샤들이 지지하고 있다.[25] 또 바로 네 면에는 찌트라 나무로 만든 수레(caitraratha), 거침(pāruṣaka), 다채로움(miśraka), 환희의 숲(nandanavana)이라는 네 정원이 있다. 그 너머로 네 개의 좋은 땅들이 있으며, 아름답고 보기 좋고 깨끗하다. 그 궁전의 북쪽과 동쪽에 '선법'이라는 신들의 집회처가 있는데, 그곳에 신들은 들어간 후에 의미를 사고하고 추정하고 관찰한다. 그 근처에 황백색의 좋은 재질의 如意石(śveta)들이 있는데, 아름답고 보기 좋고 깨끗하다. YBh 94

또한 그 천신들은 자연적으로 광채를 낸다. 그들에게 어두운 모습들이 나타나면, 그들은 낮이 지나가고 밤이 왔다고 생각한다. 5종의 욕망의 대상들에 의

---

23 한역은 누관의 수를 100개라고 세고 있다.

24 YBh 93,16f. jānumātraṃ ca nityakālaṃ. 의미가 통하지 않는다. 한역(298c1-2)은 於一切時 自然而有(*svayaṃ ca nityakālaṃ)로, 이에 따라 번역했다.

25 YBh 94,3: vicitrābhirūpaprabhūta-pakṣādhiṣṭhāni. 그렇지만 한역(298c6: 藥叉常所守護)에 따라 -pakṣa는 yakṣa로 교정되어야 한다.

해 유희하고자 하는 욕망을 갖고 게으르고 수면에 빠진다. 또 새들도 지저귀지 않는다고 하는 이런 부류의 특징들이 있다. 그들은 밤낮으로 낙과 심적 즐거움에 싸여있으며 천상적인 5종의 욕망의 대상들에 의해 기뻐하며 한결같이 방일의 힘으로 가며, 다양하고 유쾌하고 아름다운 모습의 음악소리와 노랫소리, 악기소리, 춤과 무용, 광대와 배우들의 소리들에 의해서, 또 다양한 한결같이 향내가 나는 향들에 의해서, 또 다양하고 달콤한 맛들에 의해서, 또 천녀를 위주로 한 한결같이 즐겁고 다양한 접촉들에 의해서 마음이 홀려 시간을 보낸다. 천신들은 그러한 형태의 낙을 경험한다.

그들에게 질병과 노쇠, 늙어감도 없다. 또 먹을 것과 마실 것의 결핍에서 생겨난 구생의 고통도 없으며, 또한 앞에서처럼 인간들에 있어서와 같은, 그것과는 다른 고통들도 없다.

색계에 속하는 천신들이 초정려지에 속하는 한, 원리에서 생겨난 희열과 낙을 경험한다. 제2정려에 속하는 천신들은 삼매에서 생겨난 희열과 낙을 경험한
YBh 95 다. * 제3정려에 속하는 천신들은 희열을 여읜, 신체적인 낙을 경험한다. 제4정려에 속하는 천신들은 평정심과 주의력에 의해 청정해진(捨念清淨) 적정한 낙을 경험한다.

무색계에 속하는 천신들은 적정과 해탈에 속한(śāntavimokṣika) 낙을 경험한다. 그러나 여섯 가지 특별함, 즉 크기의 특별함, 유연성(saukumārya)의 특별함, 조건의 특별함, 시기의 특별함, 심의 특별한, 의지체(āśraya)의 특별함에 의해 특별한 고와 낙을[26] 경험한다. 신체가 점차 증대될수록 점차 특별한 고가 일어나며, 의지체가 점차 증대될수록 점차 특별한 고가 일어난다. 조건들이 강력해지고 많아지고 다양해질수록 점차 특별한 고가 일어난다. 시간이 점점 오래되고 직후일수록 점차 특별한 고가 일어난다. 심이 보다 간택력이 약해질수록 점차 특별한

---

26 YBh 95,4: duḥkhaviśeṣeṇa. 그러나 한역은 苦樂殊勝 = duḥkhasukhaviśeṣena.

고가 일어난다. 의지체가 고통의 그릇이 되면 될수록 점차 특별한 고가 일어난다. 특별한 고가 [일어나듯이] 특별한 낙도 이치에 따라 상세히 알아야 한다.

(2) 낙의 종류 (Ch. 299a21)

그런데 낙은 2종이다. 고귀하지 않은 재물에서 생겨난 것과 고귀한 재물에서 생겨난 것이다. 그중에서 고귀하지 않은 재물에서 생겨난 낙은 4종 생활필수품과 관련해서 일어난다. [4종은] 기쁨을 위한 필수품, 증대를 위한 필수품, 청정한 필수품, 주함에 필요한 필수품이다.

* (i) 기쁨을 위한 필수품이란 수레와 의복, 장식품, 웃음, 춤, 노래, 음악, 향, 분 (mālya), 화장품, 다양하고 우수한 항아리라는 필수품과, 광명과 남녀의 행위, 창고의 보관물이다. YBh 96

(ii) 증대를 위한 필수품이란 축복의 바퀴를 돌리는 것(ānandacakravyāyāma)[27] 과 쇠몽둥이로 두드리고 건축하는 것(śilācakravyāyāma),[28] 안마하는 일(gadācakravyāyāma) 등의 이런 부류이다.

(iii) 청정한 필수품이란 단지를 가득 채운 길상초와 조개, 배 등의 이런 부류이다.

(iv) 주함에 필요한 필수품이란 먹을 것과 음식이다.

고귀한 재물에서 생겨난 낙은 일곱 개의 고귀한 재물에 의거해서 생겨난 것이다. 믿음의 재물, 계율의 재물, 자신에 대한 부끄러움이라는 재물, 타인에 대한 부끄러움이라는 재물, 청문의 재물, 보시의 재물, 지혜의 재물이다.

15종의 측면들에 의해 고귀한 재물에서 생겨난 낙이 고귀하지 않은 재물에서 생겨난 낙과 구별된다. 15종이란 무엇인가?

---

27 YBh 96,4: ānanda++vyāyāma[ḥ]. 한역 無尋思輪石도 의미가 불분명함.

28 śilācakra는 "diagram on a stone"이라고 풀이되며, 한역 椎打築이 의미하듯이 쇠몽둥이로 두드리고 건축하는 일로 보인다.

(i) 고귀하지 않은 재물에서 생겨난 낙은 악행을 유발하기 위해 생겨나지만, 반면 고귀한 재물에서 생겨난 낙은 그렇지 않다.

(ii) 또 고귀하지 않은 재물에서 생겨난 낙은 죄를 수반한 기쁨과 결합해 있지만, 반면 고귀한 재물에서 생겨난 낙은 죄를 수반하지 않은 기쁨과 결합해 있다.

(iii) 또 고귀하지 않은 재물에서 생겨난 낙은 전체적으로 의지체에 변재하지 않는다는 점에서 한정된 것이지만, 반면 고귀한 재물에서 생겨난 낙은 전체적으로 의지체에 변재한다는 점에서 광대한 것이다.

(iv) 또 고귀하지 않은 재물에서 생겨난 낙은 외적 조건들에 의존한다는 점에서 한시적인 것이지만, 반면 고귀한 재물에서 생겨난 낙은 내적 조건들에 의존한다는 점에서 항시적인 것이다.

(v) 또 고귀하지 않은 재물에서 생겨난 낙은 단지 욕계에 속하는 것이기 때문
YBh 97 에 모든 地에 속한 것이 아니지만, 반면 고귀한 재물에서 생겨난 낙은 삼계에*
속하는 것이기 때문에 모든 지에 속하는 것이다.

(vi) 또 고귀하지 않은 재물에서 생겨난 낙은 미래에 고귀하고 고귀하지 않은 낙을 인발하지 못하지만, 반면 고귀한 재물에서 생겨난 낙은 미래에 고귀하고 고귀하지 않은 낙을 인발한다.

(vii) 또 고귀하지 않은 재물에서 생겨난 낙은 향수되었을 때 소진되고 다함이 있지만, 반면 고귀한 재물에서 생겨난 낙은 사용되었을 때 오히려 증대되고 광대하게 된다.

(viii) 또 고귀하지 않은 재물에서 생겨난 낙은 타인들이나 왕들, 도둑들이나 불과 물에 의해 빼앗기지만, 고귀한 재물에서 생겨난 낙은 빼앗기지 않는다.

(ix) 또 고귀하지 않은 재물에서 생겨난 낙은 현세에서 취한 후에 [후세로] 전달될 수 없지만, 반면 고귀한 재물에서 생겨난 낙은 현세에서 취한 후에 [후세로] 전달될 수 있다.

(x) 또 고귀하지 않은 재물에서 생겨난 낙은 사용되었을 때 채워지지 않지만, 반면 고귀한 재물에서 생겨난 낙은 사용되었을 때 구경으로 가는 것이기 때문

에 채워지게 된다.

(xi-xv) 또 고귀하지 않은 재물에서 생겨난 낙은 공포를 수반하고, 적을 수반하고, 재앙을 수반하고, 번민을 수반하며, 미래에 고를 끊기 위해 일어나지 않는다. 그중에서 공포를 수반한 [낙]은 미래에[29] 고의 생기까지 두려움의 토대가 되기 때문이다. 적을 수반한 [낙]은 싸움과 분쟁, 다툼과 언쟁의 토대가 되기 때문이다. 재앙을 수반한 [낙]은 병 · 노 · 사의 토대가 되기 때문이다. 번민을 수반한 [낙]은 옴병과 나병처럼 완성되지 않은 낙이라는 점에서 전도의 토대가 되기 때문에, 또 우수와 비탄, 고통과 고뇌, 熱惱의 토대가 되기 때문이다. 미래에 고를 끊기 위해 [일어나지] 않는다는 것은 탐욕 등의 번뇌와 수번뇌의 토대가 되기 때문이다. 그렇지만 고귀한 재물에서 생겨난 낙은 공포가 없으며, 적이 없고, 재앙을 여의고 있고, 번민의 부재로 작동시키며, 미래에 고를 끊기 위해 일어난다. 이것과 반대라고 상세하게 이치에 따라 알아야 한다.

또한 5종의 측면들에 의해 욕망하는 자들의 외적인 욕망의 대상의 향수로부터 지혜로 살아가는 성자들의 법의 향수가 구별된다. 그것에 의해 지혜로 살아가는 성자는 위없는 지혜의 목숨을 영위한다고 설해진다. 법의 향수가 염오되지 않았기 때문에, * 법의 향수가 극한에 도달했기 때문에, 법의 향수가 한결같 YBh 98
이 확정되었기 때문에,[30] 법의 향수가 다른 지혜의 목숨을 가진 자들과 공통되지 않기 때문에, 또 악마라는 적을 복종시키기 때문에 법의 향수가 완성된 낙이다.

그중에서 욕망을 가진 자들의 욕망에서 생겨난 낙은 심적 즐거움을 불러일으킬 수 있고 탐애에 떨어진 것이며, 심적 우울함을 불러일으킬 수 있고 진에에 떨어진 것이며, 무관심을 불러일으킬 수 있고 간택의 부재에 의해 무관심에 떨어

---

29 한역은 미래가 아니라 현재라고 번역하고 있다.

30 YBh 98,1: ekāntikatvād 중복 필사. 한역 一向定故는 *ekāntikaniścitatvād로 읽었다.

진 것이다. 그렇지만 고귀한 지혜의 목숨을 가진 자들의 법의 수용은 그렇지 않다.

또한 욕망을 가진 자들에게 욕망의 대상의 향수의 끝은 무상성 때문에 알려지지 않았다. 다른 욕망의 대상들을 포기하고 또 다른 욕망의 대상들을 얻으며, 또 어느 때에는 얻지 못한다. 그렇지만 지혜로 살아가는 성자들의 법의 수용은 그렇지 않다.

또한 욕망을 가진 자들이 욕망의 대상의 향수들을 일으킬 때, 바로 그 사태는 일부는 심적 즐거움을 불러일으킬 수 있는 것이거나 또는 일부는 우울함을 불러일으킬 수 있는 것이다. 그런데 어느 때에는 심적 즐거움을 불러일으킬 수도 있고 어느 때에는 우울함을 불러일으킬 수도 있다. 그렇지만 귀한 지혜로 살아가는 성자들의 법의 수용은 그렇지 않다.

또한 욕망을 버린 지혜의 목숨을 가진 비불교도들은 각각의 견해들에 떨어지고, 자신의 분별에 의해 야기된 삿된 승해의 토대들에 대해 강하게 집착한 후에 그의 심이 집착하기 때문에 욕망을 수반한 잡염이 부착되게 된다. 비록 이욕했다고 해도 그들은 퇴환하게 된다. 그렇지만 지혜로 살아가는 성자들의 법의 수용은 그렇지 않다.

또한 법을 향수하는 자들과 세간적인 그 [낙]으로부터 이욕한 자들의 욕망의 대상에 대한 낙과 원리의 낙은 완성된 것이 아니다.[31] 그것은 악마와 적들에 의해 쫓기고 마야와 같고, 메아리와 같고, 영상과 같고, 환영과 같고, 꿈과 같고, 마
YBh 99 야에 의해 만들어진 장식품과 같다. 그 낙을* 욕망의 대상을 향수하고 또 세간적인 이욕을 행한 어리석은 자들은 미친 자들처럼 또 술취한 자들처럼 행하며, 악마의 군대에 의해 패배한 자들로서 향수한다. 따라서 그것은 완성된 것이 아니며 또 악마와 적을 제압하는 것이 아니다. 그렇지만 지혜로 살아가는 성자들의 법의 수용은 그렇지 않다.

---

31 YBh 98,17: pariniṣpannaṃ; 그러나 한역과 내용에 따라 apariniṣpannaṃ 으로 교정.

그렇다면 삼계에 속한 유정들의 의지체는 어떻게 보아야 하는가? 추중에 의해 뒤따르기 때문에 열이 나는 종기와 같다. 이 의지체에 즐거운 감수가 떨어짐은 어떻게 보아야 하는가? 차가운 것과의 접촉에 떨어진 열이 나는 종기와 같다. 이 의지체에 고통스러운 감수가 떨어짐은 어떻게 보아야 하는가? 열이 나는 종기에 [뜨거운] 재가 떨어진 것과 같다. 이 의지체에 고통스럽지도 않고 즐겁지도 않은 감수가 떨어짐은 어떻게 보아야 하는가? 바로 열이 나는 종기가 차갑고 [뜨거운] 재와 분리되었지만 본성적으로 열이 있는 것과 같다. 따라서 세존께서 즐거운 감수도 變易苦性(pariṇāmaduḥkhatā) 때문에 고통이며, 괴로운 감수는 苦苦性(duḥkhaduḥkhatā) 때문에, 불고불락의 감수는 行苦性(saṃskāraduḥkhatā) 때문에 고통이라고 설하셨다.

또한 육체적 애착을 지닌 희열(sāmiṣā prītiḥ)이 있고, 정신적 희열(nirāmiṣā prītiḥ)이 있으며, 보다 큰 정신적 희열과 가장 큰 정신적 희열이 있다고[32] 경에서 상세히 설하신 것도 두 개의 계에 속한다고 알아야 한다.

또한 세존께서 상수멸의 낙이 낙들 중에서 최고라고 건립하신 것도 주함의 낙을 의도하신 후에 [설하신] 것이지, 감수의 낙을 [의도하신 것은] 아니다.

탐·진·치로부터 이욕한 세 개의 낙이 있다고 설하셨는데, 그들 세 낙은 오직 무루계에서 얻어진다. 따라서 이들 세 가지 낙에 의해 항시적인 낙이 무루계이다.

1.5.2. 음식의 향수 (Ch. 300a13)

다음이 음식의 향수이다. 즉, 삼계에 속하는 이미 태어난 유정들은 4종의 음식들에 의해 목숨이 있는 한 존속한다. 그곳에서 3종의 음식들에 의해, 즉 觸食과* 意食, 思食에 의해, 모든 삼계에 속하는 유정들의 주함이 있지만,[33] 반면 거친 YBh 100

---

32 한역(300a7-9: 又説有有愛味喜, 有離愛味喜, 有勝離愛味喜)에서 마지막 항목인 "가장 큰 정신적 희열"이 빠져있다.

33 YBh 100,1에 na를 첨부하지만, 한역(300a14-15: 此中當知觸意思識三種食故, 一切三界有情壽命安住)에는 없고 내용상 없어야 한다.

음식에 의해서는 오직 욕계에 속하는 유정들의 주함이 있다. 그곳에서 지옥에서 재생한 유정들에게 미세한 거친 음식, [즉] 신체내부의 바람이 있고, 그것에 의해 그들은 주하게 된다. 동물들과 아귀들, 인간들에게 거친 음식이 있다. 그들은 그것을 쪼갠 후에 먹는다. 반면에 미세한 칼랄라 등의 [상태]에 들어간 유정들과 욕계에 속하는 천신들에게 먹힌 거친 음식은 신체에서 모든 부분들에 들어와서 소화된다.

1.5.3. 성적 욕망의 향수 (Ch. 300a23)

성적 욕망의 향수는 지옥유정들에게는 모든 방식으로 존재하지 않는다. 왜냐하면 그들은 강력하고 다양하며, 끊임없는 오랜 고통을 경험하고 있기 때문이다. 그 때문에 남자들은 여인들에 대해 여인이라는 욕구를 일으키지 않으며, 여인들도 남자들에 대해 남자라는 욕구를 일으키지 않는데, 하물며 서로서로 둘의 교섭을 행하겠는가!

동물들과 아귀들, 인간들에게는 고락이 섞여있기 때문에 신체들의 음욕과의 결합이 있다. 그 여인들과 남자들은 서로서로 둘의 교섭을 행하고, 정액이 방출된다.

욕계에 속하는 천신들에게는 음욕과의 결합이 있지만, 정액의 방출은 없으며, 근의 입구에서 風이 나온다. 거기에서 四大王衆天들에게 양자의 두 개의 교섭에 의해 열기가 나온다. 4대왕중천들에 있어서처럼 33천과 야마천들도 서로서로 단지 포옹함에 의해 열기가 나온다. 도솔천들은 서로서로 단지 악수함에 의해서 열기가 나온다. 낙화천들은 서로서로 미소만지어도 열기가 나온다. 타화자재천들은 서로서로 눈과 눈이 마주쳐서 주시하는 것만으로도 열기가 나온다.

그중에서 세 개의 대륙에 사는 사람들 속에서 남섬부주와 동비데하주, 서고다
YBh 101 니야주에서는 아내를 취함과 결혼과* 혼인이 알려져 있지만, 북구로주에서는
나의 것이 없기 때문에 또 포섭함이 없기 때문에 그들 유정들에게 아내를 취함이나 결혼과 혼인이 없다. 세 개의 대륙에서처럼 대력의 아귀들과 욕계에 속하는

천신들에게도 마찬가지다. 낙화천과 타화자재천들은 제외한다. 욕계에 속하는 천신의 무리들 중에서 천녀들에게는 갈라진 틈이 없다. 사대왕천중들에게는 부모의 어깨나 가슴으로부터 다섯 살의 아기가 화생한다. 33천들에게는 여섯 살의 아이가, 야마천들에게는 일곱 살의 아이가, 도솔천들에게는 여덟 살의 아이가, 낙화천들에게는 아홉 살의 아이가, 타화자재천들에게는 열 살의 아이가 어깨나 가슴에서 화생으로 생겨난다.

1.6. 재생에 대한 가설의 건립 (Ch. 300b15)

재생에 대한 가설의 건립은 다음과 같다. 세 개의 욕계에서의 재생이 있다. 현전하고자 원하는 유정들은 현전한 욕망들에 의해 욕망에 대한 자재함을 작동시킨다. 그들은 누구인가? 모든 인간들과 사대왕중천에서부터 도솔천까지이다. 이것이 첫 번째 욕계에서의 재생이다.

변화를 원하는 유정들이 있다. 그들은 갖가지 욕망의 대상들을 변화시킨 후에 자재함을 작동시킨다. 그들은 누구인가? 변화에 대해* 환희하는 신들이다. YBh 102
그 변화에 대해 환희하는 신들은 자신을 위해 욕망의 대상을 변화시키지만, 타인을 위해서는 아니다. 따라서 그들은 바로 스스로를 위해 변화된 욕망의 대상들에 의해 자재함을 작동시킨다. 이것이 두 번째 욕계에서의 재생이다.

타인을 위해 변화된 욕망의 대상들을 가진 유정들이 있다. 즉, 타화자재천의 유정들은 타인을 위해 변화된 욕망의 대상들에 의해 자재함을 일으킨다. 왜냐하면 그 신들은 스스로를 위해 또 타인을 위해 변화를 일으키기 때문이다. 따라서 스스로를 위한 변화와 관련해 작은 노력으로 주하는 그들은 타인을 위해 변화된 욕망의 대상들에 의해 자재함을 작동시킨다. 그 때문에 그들은 타화자재라고 설해진다. 그렇지만 그들은 단지 타인을 위해 변화된 욕망의 대상들을 즐길 뿐 아니라 스스로를 위해 변화된 [욕망의 대상들]도 즐긴다. 이것이 세 번째 욕계에서의 재생이다.

안락한 곳에서의 재생(sukhopapatti)도 다음 세 가지이다. 초정려의 단계에 있는 유정들이 원리에서 생겨난 희열과 낙에 의해 신체를 축축하게 적시는(kāyam abhiṣyandayanti)[34] 것이 첫 번째 낙에서의 재생이다. 제2정려의 단계에 있는 유정들이 삼매에서 생겨난 환희와 낙에 의해 신체를 적시는 것이 두 번째 낙에서의 재생이다. 제3정려의 단계에 있는 유정들이 환희를 여읜 낙에 의해 신체를 적시는 것이 세 번째 낙에서의 재생이다.

어떤 이유에 의해 욕계에서의 재생도 셋으로, 또 낙에서의 재생도 셋으로 건
YBh 103 립되어야 하는가?* 답: 이것들이 세 가지 탐구(eṣaṇa)이다. 욕망에 대한 탐구, 윤회존재(bhava, 有)에 대한 탐구, 그리고 梵行에 대한 탐구이다.

그중에서 어떤 사문이나 바라문들이 욕망에 대한 탐구를 할 때, 그들 모두는 세 개의 욕계의 재생들을 위해서이다. 이것보다 더 상위의 것도 없고 나은 것도 없다.

어떤 사문이나 바라문들이 안락을 위해 윤회존재에 대한 탐구를 할 때, 그들 모두는 더욱 더 안락을 원함에 의해 세 개의 윤회존재에서의 재생을 위해서이다. 불고불락의 적정한 재생을 위해 탐구를 행하는 그들은 미세한 것보다 더욱 미세한 자들이다. 따라서 그것을 넘어 상지에서의 재생은 건립되지 않는다.

어떤 사문이나 바라문들이 범행에 대한 탐구를 할 때, 그들 모두는 무루계를 위해서이다. 그렇지만 어떤 이들은 부동을 위해, 공무변처와 식무변처, 무소유처와 비상비비상처를 위해 삿된 범행을 행하는데, 그들 영역들은 삿된 해탈 때문에 변계된 것이다. 이것은 위가 있는 범행의 탐구라고 알아야 한다. 반면에 위 없는 [범행의 탐구는] 무루계를 위한 것이다.

---

34 YBh 102,10: kāmam abhiṣyandayanti. 하지만 티벳역과 한역에 따라 kāyam abhiṣyandayanti로 교정해야 한다. 이하 두 경우도 마찬가지다.

1.7. 심신복합체(ātmabhāva)에 따른 가설의 건립 (Ch. 300c17)

심신복합체(ātmabhāva)의 건립이란 네 유정들의 심신복합체의 획득들이 삼계에서 가설되는 것이다.

(1) 심신복합체의 획득이 있는데, 거기서 자신의 의향이 진행하는 것이지, 타인의 의향은 아니다. 예를 들어 유희로 인해 정념을 잃은 신들이 있다. 그들이 어떤 때에 유희의 희열로 꾸며진 장소에 탐닉하면서 주한다. 그와 같이 주하고 있는 자들에게 정념은 상실되며, 정념의 상실 때문에 그 유정들은 그곳에서 죽는다. 마음으로 분노하는 자(manaḥpradūṣika)라는 신들은 어느 때에 서로 눈을 흘기며 본다. 그들이 그와 같이 흘기며 보는 그들은 서로 마음에 화를 일으키며, 마음의 화 때문에 그들 유정들은 그곳에서 죽게 된다.

(2) 심신복합체의 획득이 있는데, 거기서 타인의 의향이 진행하는 것이지 자신의 의향은 아니다. 예를 들면 칼랄라(kalala)에 있거나 가나(ghana)에 있을 때, 페쉬(peśi)에 있거나 아르부다(arbuda)에 있는 등 모태에 있는 유정들에 있어서이다.

(3) 심신복합체의 획득이 있는데, 거기서 타인의 의향과 자신의 의향이 진행하고 있다. 예를 들면 바로 이미 태어난 그들에게 근들이 갖추어지고 근들이 성숙해 있을 경우이다.

(4) 심신복합체의 획득이 있는데, 거기서 타인의 의향이 진행하는 것도 아니고, 자신의 의향이 진행하는 것도 아니다. 예를 들면 색계와 무색계에 속한 신들과 지옥유정들, 지옥과 비슷한 아귀들, 여래의 사자, 최후의 신체를 가진 자, 자심을 갖고 입정한 자, 멸진정에 입정한 자, 중유의 상태에 있는 자 등 이런 부류의 유정들에 있어서이다.

1.8. 원인과 조건에 따른 가설의 건립 (Ch. 301a3)

YBh 105 * 원인과 조건의 건립은 4종으로 알아야 한다. 특징에 의해, 토대에 의해, 차이에 의해 그리고 건립에 의해서이다.

1.8.1. 원인과 조건의 특징

그중에서 원인의 특징이란 무엇인가? 어떤 것을 선행요소로 하거나 또는 어떤 것에 의거한 후에 또는 어떤 것에 이른 후에, 어떤 법이 획득되거나 증명되거나 완성되거나 작동되는 것이 그것의 원인이라고 설해진다.

어떤 것을 선행요소로 하고, 어떤 것에 토대를 두고, 어떤 것에 이른 후에 어떤 법이 생기는가? 욕계에 속하고 색계에 속하고 무색계에 속하고 어디에도 속하지 않은 [법]들의 생기는 이치에 따라 자체의 종자를 선행요소로 하고, 종자라는 의지체를 제외한, 그것과 다른 물질적이거나 비물질적인 의지체나 또는 업에 토대를 두고 있으며, 조반과 인식대상에 이른 후에 있다.

어떤 것을 선행요소로 하고, 무엇에 토대를 두고, 무엇에 이른 후에 어떤 법이 획득되는가? 번뇌와 결합하지 않은 열반의 획득은 성문과 연각, 붓다와 여래의 종성을 선행요소로 하고, 내적인 지절과 힘에 토대를 두고, 외적인 지절과 힘에 이른 후에 일어난다.

그중에서 내적인 지절과 힘이란 여리작의와 소욕이며, 내적인 선법들이다. 즉 인간으로 됨, 성자의 영역에서 태어남, 근이 결여되지 않음, 사업이 소진되지 않음, [선법의] 영역에 속한 맑은 믿음 등의 이런 부류의 법들이 내적인 지절과 힘이라고 설해진다. 그중에서 외적인 지절과 힘이란 제불의 출현과 정법의 교설, 설시된 정법들의 존속, 안주하는 [정법]들을 굴리는 것, 또 타인들로부터의 연민 등의 이런 부류의 법들이 외적인 지절과 힘이라고 설해진다.

어떤 것을 선행요소로 하고, 무엇에 토대를 두고, 무엇에 이른 후에 어떤 법이 성취되는가? 증명되어야 할 것의 의미는 인식되어야 할 것에 대한 승해의 기쁨을 선행요소로 하고, 宗·因·喩에 토대를 두고, 반론자들의 거슬리지 않는 모임에 이른 후에 성취된다.

어떤 것을 선행요소로 하고, 무엇에 토대를 두고, 무엇에 이른 후에 어떤 법이 완성되는가? 각각의 기술의 영역의 완성은 기술에 대한 앎을 선행요소로 하고, 그것에 뒤따르는 근면에 토대를 두고, 기술의 영역을 불러일으키는 도구와 보조품에 [이른 후에][35] 일어난다.[36]

* 반면에 갈애를 선행요소로 하고, 食住에 의해 업의 의지체에 토대를 두고, [4] YBh 106
식들에 이른 후에, 생겨난 유정들이 주함도 완성의 충족이다.[37]

어떤 것을 선행요소로 하고, 무엇에 토대를 두고, 무엇에 이른 후에 어떤 법이 작용하는가? 업을 수반한 법의 스스로의 작용이 스스로의 종자를 선행요소로 하고, 생기에 토대를 두고, 생기의 조건에 이른 후에 알려진다. 스스로의 업의 작용이란 눈의 봄이다. 나머지 근들의 각각의 업도 마찬가지라고 알아야 한다. 마치 地는 유지시키고, 水는 축축하게 하고, 火는 태우고, 風은 건조시킨다. 이런 부류의 것이 외부의 지분들의[38] 각각의 작용이라고 알아야 한다.

1.8.2. 원인과 조건, 결과의 토대 (Ch. 301b9)

원인과 조건, 결과의 토대란 무엇인가?

원인의 토대들은 15개이다. 즉, 말, 경험, 습기, 습기를 가진 종자, 직후의 소멸, 경계, 근, 작용, 사람의 행위, 진실을 보는 것, 적합함, 공능의 다양함, 화합, 장애, 무장애이다.

---

35 YBh 105,25에 saṃgamya 가 누락.

36 YBh 105.26에 siddhir 로 되어 있지만, niṣpattir로 교정해야 함.

37 YBh 106,1-3의 이 단락은 착종되어 있다. kiṃpūrvā 이하 문장은 한역에는 없지만, 편찬자가 티벳역에 의거해 보충한 것이다. 한역은 punar로 표기되고 있듯이 이 문장을 하나의 대안적 설명으로 간주하고 있다. 그리고 마지막 yāpana-puṣṭiś ca는 불명확하지만, 한역은 充辦(*yā niṣpatti-puṣṭiś ca)로 읽었다고 보인다.

38 YBh 106,8에서 bhāvānāṃ으로 읽지만, 한역 分에 따라 bhāgānāṃ으로 교정.

1.8.3. 원인과 조건, 결과의 차이에 대한 약설

원인과 조건, 결과의 차이란 무엇인가? 10因과 4緣, 5果이다.

10종 원인(hetu)이란 무엇인가? 隨說因(anuvyavahārahetu), 觀待因(apekṣahetu), 牽引因(ākṣepahetu), 生起因(abhinirvṛttihetu), 攝受因(parigrahahetu), 引發因(āvāhakahetu), 定異因(pratiniyamahetu), 同事因(sahakārihetu), 相違因(virodhahetu), 그리고 不相違因(avirodhahetu)이다.[39]

YBh 107 * 4종 조건(pratyaya)이란 무엇인가? 因緣(hetupratyaya), 等無間緣(samanantarapratyaya), 所緣緣(ālambanapratyaya), 增上緣(adhipatipratyaya)이다.

5종 결과(phala)란 무엇인가? 異熟果(vipākaphala), 等流果(niṣyandaphala), 離繫果(visaṃyogaphala), 士用果(puruṣakāraphala), 增上果(adhipatiphala)이다.

1.8.4. 원인과 조건, 결과의 건립 (Ch. 301b14)

원인과 조건, 결과[40]의 건립이란 무엇인가?

1.8.4.1. 10因(hetu)의 건립

(1) 말을 원인으로서의 토대로 삼은 후에 수설인(隨說因, anuvyavahārahetu)이 가설된다(prajñāpyate).[41, 42] 그 이유는 무엇인가? 왜냐하면 욕계에 속한 법들과 색계에 속한 법들, 무색계에 속한 법들 및 [무엇에도] 속하지 않는 법들과 관련하여 명칭(nāman)의 건립에 의거한 관념(saṃjñā)이 생겨나기 때문이다. 관념에 의거한 말이 생기며, 말에 의해 견문각지한대로 언설한다. 따라서 말에 토대를

---

39 10종의 hetu는 BoBh 97,10ff에서 나열되고 간략히 정의되고 있다. 다만 生起因과 攝受因의 순서가 바뀌어 있다.

40 YBh 107,6에 hetupratyaya-<phala>-vyavasthānaṃ으로 교정.

41 YBh 107,7: prajñāyate는 prajñāpyate로 교정.

42 Cf.『보살지』2015: 140. "일체법의 명칭(nāman)과 명칭을 선행요소로 하는 개념(saṃjñā), 그리고 개념을 선행요소로 하는 언설(abhilāpa)이 그들 제법의 언설인(anuvyavahārahetu)이라고 불린다."

두고 수설인이 가설된다.

(2) 경험(anubhava)을 원인으로서의 토대로 삼은 후에 관대인(觀待因, apekṣahetu)이 가설된다.[43] 그 이유는 무엇인가? 왜냐하면 욕계에 속한 낙을 갈구하는 자는 그것에 의존해서 욕망의 대상들의 획득을 추구하거나 또는 적집이나 향락을 추구하기 때문이다. 색계나 무색계에 속한 낙을 갈구하는 자는 그것에 의존해서 그것의 조건들의 획득이나 향락을 추구한다. [어떤 것에도] 속하지 않는 낙을 갈구하는 자는 그것에 의존해서 그것의 조건들의 획득이나 향락을 추구한다. 그런데 고통을 갈구하지 않는 자는 그것에 의존해서 그것의 조건들의 제거나 또는 그것을 끊는 조건들의 획득이나 향락을 추구한다. 따라서 경험에 토대를 두고 관대인이 가설된다.

(3) 습기를 원인으로서의 토대로 삼은 후에 견인인(牽引因, ākṣepahetu)이 가설된다.[44] 그 이유는 * 무엇인가? 왜냐하면 정업과 부정업에 의해 영향받은 제 YBh 108
행이 삼계에서 원하거나 원하지 않는 존재형태들 속에서 원하거나 원하지 않는 심신복합체들을 인기한다. 또 외부의 존재들은 바로 저 우세한 힘 때문에 흥성하거나 쇠퇴한다. 따라서 정업과 부정업의 습기에 토대를 둔 후에 제행에 대해 견인인이 가설된다.

(4) 축축함을 가진 종자를 원인으로서의 토대로 삼은 후에 생기인(生起因, abhinirvṛttihetu)이 가설된다.[45] 그 이유는 무엇인가? 왜냐하면 욕계에 속하고 색계, 무색계에 속한 법들이 각각의 종자로부터 출현하기 때문이다. 반면에 갈애

---

43 Cf. 『보살지』 2015: 140f. “어떤 것에 의존하고 어떤 것을 원인으로 갖고 어떤 사태에 대해 욕구하고 취착할 때, 이것이 그에게 있어 관대인(āpekṣa-hetu)이라고 불린다. 예를 들어 손에 의존하고 손을 원인으로 갖는 것이 집지의 업이고, 발에 의존하고 발을 원인으로 갖는 것이 왕래의 업이며, 관절에 의존하고 관절을 원인으로 갖는 것이 굴신의 업이고, 기아와 갈증에 의존하고 기아와 갈증을 원인으로 갖는 것이 음식의 취함과 구함이다. 이런 종류의 무량한 도리에 따르는 것이 관대인이라고 알아야 한다.”

44 Cf. 『보살지』 2015: 141. “종자가 후에 자체적 결과의 견인인(ākṣepahetu)이다.”

45 Cf. 『보살지』 2015: 141. “종자 바로 그것이 자체적 결과의 생기인(nirvṛttihetu)이다.”

는 종자의 축축함이라고 설해진다. 따라서 그 [갈애]에 의해 축축해진 종자는 인기된 심신복합체들을 산출하기 위해서이다. 경에서 설해지듯이 "업은 재생을 위한 원인이며, 갈애는 산출을 위한 원인이다." 따라서 축축함을 가진 종자를 토대로 한 후에 생기인이 가설된다.

(5) 직후의 소멸을 원인으로서의 토대로 삼은 후에, 마찬가지로 경계와 근, 작용과 사람의 행위, 및 진실을 보는 것을 원인으로서의 토대로 삼은 후에 섭수인(攝受因, parigrahahetu)이 가설된다.[46] 그 이유는 무엇인가? 왜냐하면 욕계에 속한 법들 속에 제행이 출현은 직후의 소멸에 포섭된 것이며, 또한 경계에 포섭되고 근에 포섭되고 작용에 포섭되고, 사람의 행위에 포섭된 것이기 때문이다. 욕계에 속한 것처럼 색계에 속하고 무색계에 속한 [법]들도 마찬가지다. 반면에 그것과 다른, [어떤 것에도] 속하지 않는 제법의 생기는 진실을 봄에 포섭된다. 따라서 직후의 소멸, 경계, 근, 작용, 사람의 행위, 및 진실을 봄에 토대를 둔 후에 섭수인이 가설된다.

YBh 109 (6) * 적합성을 원인으로서의 토대로 삼은 후에 인발인(引發因, āvāhakahetu)이 가설된다.[47] 그 이유는 무엇인가? 왜냐하면 욕계에 속한 선법들은 욕계에 속한 선하고 수승한 법들을 인발하기 때문이다. 욕계에 속한 선법들이 색계에 속하고 무색계에 속하고 [어떤 것에도] 속하지 않는 선법들을 그것과 적합함에 의해 마치 욕계에 속한 것처럼 인발하듯이, 마찬가지로 색계에 속한 [선법]들은 색계에 속한 선법들과 무색계에 속한 선법들, 그리고 [어느 것에도] 속하지 않는 수승한 선법들을 마치 색계에 속한 것처럼 [인발한다]. 그와 같이 무색계에 속한 것은 무색계에 속한 수승한 선법들과 [어느 것에도] 속하지 않는 선법들을 마치 무색계에 속한 [선법들]처럼 인발한다. 마치 무색계에 속한 것들이 그와 같이

---

46 Cf.『보살지』2015: 141. "종자를 제외하고 그것과 다른 조건이 섭수인(parigrahahetu)이다."

47 Cf.『보살지』2015: 141. "종자에 의해 산출된 결과가 종자에 의해 견인된 후의 결과의 인발인(āvāhakahetu)이다."

[어느 것에도] 속하지 않은 것으로서 [어디에도] 속하지 않는 선법들을 인발하고, 또 촉증의 형태로 무위[법]을 인발한다.

또한 불선한 법들은 강력한 불선한 법들을 인발한다. 예를 들면 욕망의 대상에 대한 탐욕은 疑, 신·구·의의 악행을 [인발한다]. 욕망의 대상에 대한 탐에 있어서처럼 瞋·癡·慢·見·疑 및 신체의 악행도 이치에 따라 알아야 한다. 마찬가지로 무기법도 선, 불선, 무기법들을 인발한다. 예를 들어 선, 불선, 무기의 종자를 가진 알라야식[48]과 같다. 마찬가지로 무기법들은 무기의 수승한 법들을 인발한다. 예를 들면 물질적 음식이 그것에 적합함에 의해 태어난 유정들을 존속시키고 유지시키고 [그들의] 힘과 성장을 인발하는 것과 같다.[49] 따라서 적합성의 원인에 토대를 둔 후에 인발인이 가설된다.

(7) 공능의 다양함을 원인으로서의 토대로 삼은 후에 정이인(定異因, pratiniyamahetu)이 가설된다.[50] 그 이유는 무엇인가? 왜냐하면 다양성을 자성으로 하는 욕계에 속한 법들은 다양한 자성의 차이로부터, 공능의 다양함으로부터 생겨나기 때문이다. 마치 욕계에 속한 [법]들처럼 * 색계에 속하고, 무색계에 속하고, [어디 YBh 110
에도] 속하지 않는 [법]들도 마찬가지다. 따라서 공능의 다양함에 토대를 둔 후에 정이인이 가설된다.[51]

---

48 여기서 알라야식의 명칭은 YBh에서 네 번째로 등장한다. 이 구절은 Schmithausen(1987: 132-134)에서 분석되고 있다. 알라야식이라는 용어의 선택의 정당화와 관련해서 이 구절은 YBh 4,5ff와 비슷한 상황을 보여주지만, 한 걸음 더 나아가 왜 새로운 형태의 식이 종자의 체계적 맥락에서 제시되어야만 했던 이유를 보여주는 것으로 간주되고 있다. 왜냐하면 무기법으로서의 중립적인 알라야식이 선, 불선, 무기의 종자를 포함하고 있다는 설명은 선과 불선과 같은 모순되는 법들이 상대방의 종자일 수 없으며, 따라서 추가적인 중립적인 마음이 불선심에 뒤따르는 선심의 종자로서 요청된다고 하는 주장을 전제하기 때문이다. 하지만 Schmithausen은 이런 주장이 여기서 명시적으로 표현되고 있지는 않고 단지 그런 주장으로 발전될 수 있는 출발점으로서의 역할만을 하고 있다고 해석한다.

49 T30: 301c28-302a1: 如段食能引受生有情令住令安勢力增長 由隨順彼故

50 Cf. 『보살지』 2015: 141. "관대인과 견인인, 섭수인과 생기인, 인발인과 정별인 등의 이들 모든 원인을 하나로 묶고 축약한 후에 同事因(sahakārihetu)라고 설한다."

51 Cf. 『보살지』 2015: 141. "다양한 이질적인 것에 있어 차별적인 원인이 되는 것이 정별인(pratiniyamahetu)이다."

(8) 화합(sāmagrī)을 원인으로서의 토대로 삼은 후에 동사인(同事因, sahakāri hetu)이 가설된다. 그 이유는 무엇인가? 왜냐하면 자체적인 생기의 화합과 관련하여 욕계에 속한 법들의 생기가 있기 때문이다. 욕계에 속한 법들에 있어서처럼 색계에 속한 법들과 무색계에 속한 법들 그리고 [어느 것에도] 속하지 않는 법들에 있어서도 마찬가지다. 생기의 화합처럼 획득의 화합과 성취의 화합, 완성의 화합, 작용의 화합도 마찬가지다. 따라서 화합을 토대로 삼은 후에 동사인이 가설된다.

(9) 장애를 원인으로서의 토대로 삼은 후에 상위인(相違因, virodhahetu)이 가설된다.[52] 그 이유는 무엇인가? 왜냐하면 욕계에 속한 법들의 생기를 위해 만일 장애가 현전하지만 생기지는 않았기 때문이다. 욕계에 속한 법들에 있어서처럼 색계에 속한 법들과 무색계에 속한 법들 그리고 [어느 것에도] 속하지 않는 법들에 있어서도 마찬가지다. 생기를 위해서처럼 획득과 성취, 완성, 작용을 위해서도 마찬가지다. 따라서 장애를 토대로 삼은 후에 상위인이 가설된다.

(10) 무장애를 원인으로서의 토대로 삼은 후에 불상위인(不相違因, avirodha-hetu)이 가설된다.[53] 그 이유는 무엇인가? 왜냐하면 욕계에 속한 법들의 생기를 위해 만일 무장애가 현전한다면, 이것들은 생기하지 않기 때문이다. 욕계에 속한 법들에 있어서처럼 색계에 속한 법들과 무색계에 속한 법들 그리고 [어느 것에도] 속하지 않는 법들에 있어서도 마찬가지다. 생기를 위해서처럼 획득과 성취, 완성, 작용을 위해서도 마찬가지다. 따라서 무장애를 토대로 삼은 후에 불상위인이 가설된다.

1.8.4.2. 4緣의 건립 (Ch. 302a19)

종자를 조건으로서 토대로 삼은 후에 인연(因緣, hetupratyaya)이 가설된다. 직

---

52 Cf. 『보살지』 2015: 141. "생겨난 것에 대해 장애가 되는 원인이 상위인(virodhahetu)이다."

53 Cf. 『보살지』 2015: 141. "장애가 없는 것이 불상위인(avirodhahetu)이다."

후의 소멸을 조건으로서 토대로 한 후에 등무간연(等無間緣, samanantarapratyaya)이 가설된다. 경계를 조건으로서 토대로 삼은 후에 소연연(所緣緣, ālambanapratyaya)이 가설된다. 그것 이외의 것들을 조건으로서 토대로 삼은 후에 증상연(增上緣, adhipatipratyaya)이 가설된다.[54]

1.8.4.3. 결과의 건립 (Ch. 302a23)

* 습기와 적합성을 원인으로서 토대로 삼고 또 조건으로서 토대로 삼은 후에 이숙과(異熟果, vipākaphala)와 등류과(等流果, niṣyandaphala)가 가설된다. 진실의 봄을 원인으로서 토대로 삼고 또 조건으로서 토대로 삼은 후에 이계과(離繫果, visaṃyogaphala)가 가설된다. 사람의 행위를 원인으로서 토대로 삼고 또 조건으로서 토대로 삼은 후에 사용과(士用果, puruṣakāraphala)가 가설된다. 나머지 것들을 원인으로서 토대로 삼고 또 조건으로서 토대로 삼은 후에 증상과(增上果, adhipatiphala)가 가설된다.[55] YBh 111

1.8.4.4. 원인과 조건, 결과의 요약 설명

이익의 의미(hitārtha)가 원인이다. 토대의 의미(pratiṣṭhārtha)가 조건이다. 완

---

54 4연에 대해 BoBh 99,16-99,1에서는 단지 4연의 이름만을 제시하고 있다. 4연에 대한 상세한 설명은 「섭결택분」(VinSg zi 154b4ff; T30: 583b21ff) 참조.

55 『보살지』(2015: 144f)에서 5종의 결과에 대해 다음과 같이 설한다. "(i) 불선한 법들의 이숙은 나쁜 존재형태(惡趣) 속에서 익어간다. 선하지만 유루의 법들의 [이숙은] 좋은 존재형태(善趣) 속에서이다. 그것이 이숙과이다. (ii) 또한 불선을 반복훈련하기에 불선한 상태에 주하고 자주 불선에 주한다. 선을 반복훈련하기에 선한 상태에 주하고 자주 선에 주한다. 또는 이전의 업과 유사함에 의해 후에 결과를 따라 생기게 한다. 이것이 등류과이다. (iii) 8지 성도에서의 번뇌의 소멸이 이계과이다. 그러나 세간도에 의해서 번뇌의 소멸은 범부들에게 있어서 궁극적으로 생겨나지는 않으며, 따라서 그것은 이계과가 아니다. (iv) 현세에서 어떤 사람이 어떠한 세공업 영역에 의지하는 사람의 행위에 의해, 즉 농업이나 상업에 의해서 또는 왕의 시종에 의해서나 쓰기와 계산하기 점복에 의해 곡물 등과 수확 등의 결과를 산출했을 때 이것이 사용과(士用果)라고 설해진다. (v) 안식은 안근의 증상과이다, 마찬가지로 意識(manovijñāna)은 의근의 [증상과이다]. 마치 호흡들과 분리되지 않은 것이 명근의 [증상과]인 것과 같다. 모든 22종의 근들이 각각의 지배력에 의해 어떤 결과를 산출할 때 그것이 증상과다."

성의 의미(niṣpattyartha)가 결과이다.

1.8.4.5. 원인에 대한 다른 설명 (Ch. 302b3)

(1) 그런데 또한 5종 측면들에 의해 원인이 건립된다. 즉, 생기시키는 원인(janako hetuḥ), 방편으로서의 원인(upāyahetu), 동시적인(sahabhūta) [원인], 직후에 소멸한 (anantaraniruddha) [원인] 그리고 오래전에 소멸한(ciraniruddha) [원인]이다.

그중에서 생기시키는 [원인]은 生起因이고, 나머지 [원인]들은 방편으로서의 원인이다.[56] 동시적인 [원인]은 섭수인(攝受因)의 일부로서, 마치 눈이 안식(眼識)에 있어서처럼, 귀 등이 이식(耳識) 등에 있어서도 마찬가지다. 직후에 소멸한 [원인]은 生起因이며, 오래전에 소멸한 [원인]은 견인인(牽引因)이다.

(2) 또한 다른 5종의 측면들에 의해 원인이 건립된다. 즉, 바라는 원인, 바라지 않는 원인, 증장의 원인(puṣṭihetu),[57] 유전의 원인(pravṛttihetu) 그리고 환멸의 원인(nivṛttihetu)이다.

(3) 또한 다른 7종의 측면들에 의해 원인이 건립된다. 즉, 무상한 것이 원인이다. 무상한 법은 어떤 것의 원인이 아니다. 또는 생기로서의 원인, 획득으로서의 원인, 성취로서의 원인, 완성으로서의 원인, [주함으로서의 원인],[58] 작용으로서의 원인이다. 비록 법은 무상하지만 무상한 것의 원인이 되며, 다른 존재의 원
YBh 112 인이 되며, 또한 뒤따르는 자성의 [원인이] 되지만, 그렇지만 * 此刹那의 것

---

56 이 설명은『보살지』(2015: 141)에서 10종 원인을 설명한 후에 마지막 부분에서 "모든 원인은 능생인(janakahetu)과 방편인(upāyahetu)이라는 두 가지 원인에 포함된다. 견인하고 생기하는 종자는 능생인이고, 나머지 원인들은 방편인이라고 알아야 한다."고 요약한 설명과 다르다. 이에 따르면 牽引因과 生起因이 능생인이고, 나머지 8종 원인은 방편인이다.

57 YBh 111,14: dṛṣṭihetuḥ. 이는 티벳역 lta ba'i rgyu에 따른 교정이지만, 사본에 따라 puṣṭihetu로 교정해야 함. 이는 한역 增長因에 의해서도 지지된다.

58 YBh는 티벳역에 의거해서 이를 보충하고 있지만, 사본과 한역에는 대응하는 단어가 없다. 그러나 한역에서는 7종 측면 중에서 단지 6종만이 나열되고 있기에 티벳역의 읽기가 맞다고 보인다.

(tatkṣaṇika)의 [원인은] 아니다. 다른 뒤따르는 자성의 원인이 된다. 이미 생겨났고 아직 소멸하지 않은 [법]이 되지만 아직 일어나지 않고 소멸한 것은 아니다. 이미 생겨났지만 아직 소멸하지 않은 것도[59] [원인이] 되지만, 다른 조건을 얻었을 때 [원인이] 되는 것이지, 얻지 못했을 때에는 [원인이] 아니다. 비록 다른 조건을 얻은 후에도 변화를 받은 것은 [원인이] 되지만, 변화를 받지 않지 않은 것은 [원인이] 아니다. 비록 변화를 받았지만 공능과 결합한 후에 [원인이] 되는 것이지, 공능이 약해서는 [원인이] 아니다. 비록 공능과 결합했다고 해도 적합하고 상응하기 때문에 [원인이] 되는 것이지, 적합하지도 않고 상응하지도 않은 것은 [원인이] 아니다. 이런 7종의 측면들에 의해 이치에 따라 원인에 의한 건립이 있다고 알아야 한다.

2. 특징에 따른 가설의 건립 (Ch. 302b19)

[심·사의] 특징에 대한 가설의 건립이란 무엇인가?

7종 측면들이 있다고 알아야 한다. 요점(śarīra)의 측면에서, 인식대상(ālambana)의 측면에서, 행상(ākāra)의 측면에서, 등기(samutthāna)의 측면에서, 차별(prabheda)의 측면에서, 결택(viniścaya)의 측면에서 그리고 작동(pravṛtti)의 측면에서이다.

요약송이다.

> 요점, 인식대상, 행상, 等起, 차별
> 결택, 작동이 특징을 요약한 것이다.

(1) 尋과 伺들의 요점(śarīra)은 무엇인가? 인식대상에 대해 깊이 사색하지 않

59 YBh 112,2: utpannaniruddho 'pi. 한역(302b12: 又雖已生未滅能爲因)에 따라 utpannāniruddho 'pi로 교정했다.

는 것으로서 사유를 요점으로 하는 거친 사유와 미세한 사유들이거나 또는 인식대상에 대해 깊이 사색하는 것으로서 지혜를 요점으로 하는 거친 사유와 미세한 사유들이라고 알아야 한다.

(2) 尋과 伺들의 인식대상이란 무엇인가? 名身과 句身, 文身에 의거한 의미(artha)가 인식대상이다.

(3) 尋과 伺들의 행상이란 무엇인가? 거친 사유는 바로 그 인식대상에 대해 심구하거나 심구하지 않는 행상을 가진 것이고,[60] 반면 미세한 사유는 바로 그것에 대한 반성적 관찰(pratyavakṣaṇa)을 행상으로 하는 것이다.

(4) 尋과 伺들은 무엇을 일으키는가? 말을 일으킨다.

(5) 尋과 伺들의 차별이란 무엇인가? 7종의 차별이 있다. 앞에서 설한 것처럼[61] 특징을 가진 것(naimittika)부터 염오되지 않은 것까지이다.

YBh 113 (6) * 尋과 伺들의 결택(viniścaya)이란 무엇인가? 尋과 伺가 바로 분별인 것도 있고, 분별이 尋과 伺인 것도 있다. 尋과 伺가 있는 한 분별인 것도 있다. 그러나 분별인 것이지만 尋과 伺가 아닌 것도 있다. 출세간지와 대비하여 그것과 다른 모든 삼계에 속한 심과 심소법들은 분별이지만, 尋과 伺는 아니다.

(7) 尋과 伺들의 작동(pravṛtti)이란 무엇인가? 지옥유정들의 尋과 伺들은 어떤 행상을 갖고 작동하며, 무엇과 접촉하고, 무엇에 의해 이끌려지며, 무엇과 상응하고, 무엇을 희구하고, 어떤 작용을 하면서 작동하는가? 지옥유정들에게처럼 동물들과 아귀들, 인간, 욕계에 속한 신들, 초정려지에 속한 신들의 尋과 伺들은 어떤 행상을 가지며, 무엇과 접촉하고, 무엇에 의해 이끌려지며, 무엇과 상응하고, 무엇을 희구하고, 어떤 작용을 하면서 작동하는가?

지옥유정들의 尋과 伺들은 한결같이 우울한 행상을 갖고 있으며, 바라지 않

---

60 tasminn evālambane arpaṇānarpaṇākāro vitarkaḥ로 정의하는 중에서 arpaṇānarpaṇa를 한역은 尋求로만 번역하고 있다.

61 YBh 12f. 참조. 여기서 분별(vikalpa)의 7종 차별이 나열되고 있다. naimittika, anaimittika, svarasavāhī, paryeṣaka, pratyavekṣaka, kliṣṭa, akliṣṭa이다.

는 경계와 접촉하며, 고통에 의해 이끌려지고, 심적 고통과 상응하며, 고통으로부터의 해탈을 희구하며, 그리고 심을 떨게 하는 작용을 한다. 지옥유정들의 [尋과 伺들] 처럼, 고통받는 아귀들과 동물들, 아귀들과 같은 영역에 있는 인간들의 尋과 伺들도 마찬가지다. 대부분 우울한 행상을 갖고 있으며, 기쁨의 행상이 작으며, 대부분 바라지 않는 경계와 접하며, 원하는 경계와 접촉하는 것이 적으며, 대부분 고통에 의해 이끌려지며, 낙에 의해 이끌려지는 것이 드물고, 대부분 심적 고통과 작은 심적 즐거움과 상응하며, 대부분 고통으로부터의 해탈을 희구하며, 낙과 만나기를 희구함이 드물며, 그리고 심을 떨게 하는 작용을 한다.

* 욕계에 속한 신들의 尋과 伺들은 대부분 즐거운 행상을 갖고 있고 드물게 우울한 행상을 가지며, 대부분 바라는 경계와 접촉하고 드물게 바라지 않는 경계와 접촉하며, 대부분 낙에 의해 이끌려지고 드물게 고통에 의해 이끌려지며, 대부분 심적 즐거움과 상응하고 드물게 심적 고통과 상응하며, 대부분 낙과 만나기를 희구하고 드물게 고통으로부터의 해탈을 희구하며, 그리고 심을 떨게 하는 작용을 한다. 초정려지에 속한 신들의 尋과 伺들은 한결같이 즐거운 행상을 갖고 있고, 한결같이 내적으로 바라는 경계와 접촉하며, 한결같이 낙에 의해 이끌려지며, 한결같이 심적 즐거움과 상응하고, 한결같이 낙과 떨어지지 않기를 희구하며, 그리고 심을 떨게 하지 않는 작용을 한다. YBh 114

3. 여리작의에 따른 가설의 건립 (Ch. 302c22)

여리작의에 따른 가설의 건립이란 무엇인가?

3.1. 8종 측면들에 의한 설명

그것은 여덟 가지 측면들을 갖고 있다고 알아야 한다. 토대의 측면에서, 사태의 측면에서, 추구의 측면에서, 향수의 측면에서, 정행의 측면에서, 성문승의 자량을 위한 노력의 측면에서, 독각승의 자량을 위한 노력의 측면에서 그리고 바라밀(pāramitā)[62]의 산출을 위한 노력의 측면에서이다.

그것과 관련한 요약송이다.

토대, 사태, 추구, 향수,
정행과 두 개의 보리, 그리고 바라밀에 의해서.

3.1.1. 尋과 伺들의 토대

여리작의와 상응하는 尋과 伺들의 토대는 무엇인가? 토대는 여섯 개이다. 즉, 결정의 시간, 환멸의 시간, 행위의 시간, 세간적인 이욕의 시간, 출세간적 이욕의 시간, 그리고 유정들에게 도움을 주는 시간이다.

3.1.2. 尋과 伺들의 사태

여리작의와 상응하는 尋과 伺들의 사태는 무엇인가? 사태들은 여덟 개이다. 즉, 보시로 이루어진 복덕의 작용이라는 사태, 지계로 이루어진 [사태], 수습으로 이루어진 [사태], 청문으로 이루어진 것, 사유로 이루어진 [사태], 그것과 별도의 수습으로 이루어진 [사태], 간택(pratisaṃkhyāna)으로 이루어진 [사태], 그리고 유정들에게 도움이 되는 것으로 이루어진 [사태]이다.

3.1.3. 尋과 伺들의 추구

YBh 115 * 여리작의와 상응하는 尋과 伺들의 추구는 무엇인가? 여기서 어떤 자가 여법하게 또 비폭력적으로 재물들을 추구하지만, 여법하지 않게 폭력적으로는 아니다.

---

62 여기서 pāramitā(한역: 波羅密多)는 맥락상 '菩薩乘'(bodhisattvayāna)을 대체하고 있다. 이 용어는 『보살지』를 제외하고 『유가론』의 다른 곳에서는 나오지 않는다. pāramitā는 어원해석에 따라 pāram+i+tā로 분석되어 '到彼岸'으로, 또는 pāramī+tā로 분석되어 '完成'으로 해석되기도 한다. 이 용어의 풀이에 대해서는 阿理生(2006) 참조.

3.1.4. 尋과 伺들의 향수

[여리작의와 상응하는 尋과 伺들의] 향수는 무엇인가? 바로 그가 그와 같이 재물들을 추구한 후에, 향수물에 염착하지 않고 탐착하지 않고 탐닉하지 않고 묶이지 않고 번민하지 않고 집착하지 않고 집착에 빠지지 않으면서 향수물에 대해 단점을 보고 출리를 아는 것이다.

3.1.5. 尋과 伺들의 정행

[여리작의와 상응하는 尋과 伺들의] 정행은 무엇인가? 여기서 어떤 이가 어머니를 알고 아버지를 알면서, 사문이나 바라문, 가장을 존중하고, 도움을 행하고, 행해야할 것을 행하며, 이 세상과 제 세상에서 죄를 보면서 보시를 하고, 복덕들을 행하고, 재계를 행하고, 계를 받는 것이다.

3.1.6-8. 삼승의 자량을 위한 노력

나는 성문승의 자량을 위한 노력을 『성문지』에서 상세히 말할 것이다.[63] 독각승의 자량을 위한 노력을 「독각지」에서 상세히 설할 것이다. 바라밀을 산출하기 위한 노력을 『보살지』에서 상세히 설할 것이다.[64]

3.2. 추가 설명 (Ch. 303a17)

그렇지만 보시자에게는 네 특징들이 있다. 원함, 편벽됨에 떨어지지 않음, 결

---

63 이는 특히 ŚrBh I.에서 설한 13종의 자량을 가리킬 것이다.

64 앞에서 pāramitā가 菩薩乘(bodhisattvayāna)을 대체하는 용어로 사용되었기 때문에, 『보살지』에서 바라밀을 산출하는 노력의 서술은 菩薩乘이란 용어가 출현하는 곳과 특히 관련이 깊을 것이다. 이 용어는 18장 <보리공덕품>(548c12ff)에서 사용된다. 이에 대해서는 『보살지』 2015: 323 참조. 특히 여기서는 보살들에 고유한 수행법들이 언급되고 있는데, 보살승과 7종의 위대함이 연결되었을 때 바로 大乘(mahāyāna)이라고 설명되고 있다. 7종의 위대함은 (i) 법의 위대함, (ii) 발심의 위대함, (iii) 신해의 위대함, (iv) 의향의 위대함, (v) 자량의 위대함, (vi) 때의 위대함 그리고 (vii) 증득의 위대함이다.

핍을 제거함, 그리고 正智이다. 계를 갖춘 자에게 네 특징들이 있다. 원함, 경계
YBh 116 를 잇는 것(setubandha), [훼범의] 현행하지 않음, 그리고 정지이다. * 수습과 관련된 네 특징들이 있다. 의향[65]의 청정, 산출의 청정, 승해에 들어감의 청정, 그리고 지혜의 청정이다.

탁발은 6종이다. [학처들을] 받아들이기 위한(受學) 탁발, 생활을 위한 탁발, 결핍에 의거한 탁발, 선물을 위한(nisarga)[66] 탁발, 장소 없이 머무는 자를 위한 탁발, 그리고 탐닉에 의거한 탁발이다.

손상(upaghāta)은 8종이다. 굶주림에 따른 손상, 목마름에 따른 손상, 거친 음식에 의한 손상, 피곤에 의한 손상, 추위에 의한 손상, 더위에 의한 손상, 덮개의 부재에 의한 손상, 그리고 덮개에 의한 손상이다. 또한 손상은 6종이다. 본래부터 갖고 생겨난 것, 바라는 것이 손상됨, 치료와 관련된 것(aupakramika), 계절의 변화에 따른 것, 흐르는 것, 그리고 사업의 중단에 따른 것이다.

도움은 6종이다. 지지처로서의 도움, 치료에 손상을 끼치지 않는 것으로서의 도움, 보호함에 따른 도움, 향과 화장품에 의한 도움, 의복에 의한 도움, 같이 생활함에 따른 도움이다.

YBh 117 * 친구가 아닌 자의 특징은 넷이다. 분노의 의향을 버리지 않음, 바라는 것과 분리시키는 상태, 바라지 않는 것을 초래하는 것, 그리고 마땅치 않은 것을 초래하는 것이다. 이것과 반대되는 네 가지 의미에 의해 친구의 특징이라고 알아야 한다.

초래함(upasaṃhāra)은 3종이다. 생활자구들을 초래함, 희열을 수반한 낙을 초래함, 그리고 희열을 여읜 낙을 초래함이다.

---

65 한역(303a20)은 欲解清淨.

66 nisarga의 의미를 M-W는 giving away, presenting, bestowing, granting, abandoning, the natural state, exchange 등으로 다양하게 제시한다. 한역은 棄捨로 번역함으로써 포기의 의미를 주며, 티벳역은 rang bzhin gyis phongs pa로서 '본성적으로 결핍된 것'으로 번역한다. 여기서는 다른 승려들에게 주기 위한 것 정도로 풀이했다.

또한 이것들이 네 가지 작동에 이르는 것(anuvṛtty-anugama)이다. 즉, 친구를 따라 작동에 이르는 것, 동료를 따라 작동에 이르는 것, 스승을 따라 작동에 이르는 것, 그리고 지혜를 가진 자(sabhyajana, 具福慧者)를 따라 작동에 이르는 것이다.

네 가지 작동에 이르는 것들 속에 네 가지 경우(sthāna)들에 의지한 후에 5종 결과가 있다고 알아야 한다. [네 가지 점이란] 섭수함,[67] 손상이 없는 것, 공양, 그리고 비슷한 자들에게 작동하는 것이다. 이것들에 의지한 후에 이들 5종의 결과가 산출된다. 즉, 대부호의 상태, 사방에 명성, 번뇌가 없음, 열반의 획득, 그리고 좋은 존재영역으로 감이다.

이것들이 현자에게 있어 현명함의 세 가지 특징이다. 즉, 선을 받아들임, 선을 향해 한결같음, 그리고 선에 대한 견고함이다.

또한 세 가지가 있다. 증상계를 받아들임, 증상심을 받아들임, 그리고 증상혜를 받아들임이다.

4. 비여리작의에 따른 가설의 건립 (Ch. 303b25)

* 비여리작의에 따른 가설의 건립이란 무엇인가? YBh 118

그것과 관련해 요약송이다.

원인 속에 결과, 현현, 과거와 미래의 존재성,
자아에 의해서, 상주함, 업, 자재천 등, 손상,
끝이 있고 끝이 없으며, 산란, 무원인, 단멸, 비존재성,
최고, 청정성, 길상이 16종의 다른 학설이다.

이것들은 16종의 타인들의 학설(paravāda)이다. (1) 원인 속에 결과가 존재한다

---

67 한역은 無攝受處로서 ananugrahaṃ으로 읽는다.

는 학설(hetuphalasadvāda), (2) 현현론(vyaktivāda), (3) 과거와 미래가 실체로서 존재한다는 학설(atītānāgatadravyasadvāda), (4) 자아론(ātmavāda), (5) 영원론(śāsvatavāda), (6) 과거에 행했던 것이 원인으로 실재한다는 학설(pūrvakṛtahetusadvāda), (7) 자재천 등의 행위자라는 학설(īśvarādikatṛkavāda), (8) 살생이 정법이라는 학설(vihiṃsādharmavāda), (9) 끝이 있거나 없다는 학설(antānantavāda), (10) 불사의 산란의 학설(amarāvikṣepavāda), (11) 無因論(ahetuvāda), (12) 단멸론(ucchedavāda), (13) 비존재론(nāstivāda), (14) 최상론(agravāda), (15) 청정론(śuddhivāda), (16) 길상론(kautukamaṅgalavāda)이다.[68]

4.1. 因中有果論 (Ch. 303c8)

원인 속에 결과가 존재한다는 학설(hetuphalasadvāda)[69]이란 무엇인가?

YBh 119 (1) 여기서 어떤 사문이나 바라문이 다음과 같은 견해를 갖고 있고* 다음과 같은 주장을 한다.[70] 예를 들어 바르사간야(Vārṣagaṇya)[71]는 영원히 항구적으로[72]

---

68 16종의 paravāda에서 (3)은 설일체유부의 삼세실유론을 가리키기 때문에 paravāda가 반드시 비불교도의 학설만을 가리키는 것이 아니라, 『유가론』이 편찬될 당시 문제가 된 학설들을 비판적으로 포함한 것이다. 예를 들어 (1)과 (2)는 상키야 학파의 주장과 관련된 것이고, (8)과 (14)는 바라문 계급의 희생제의와 사회적 신분의 우수성을 비판하며, (16)은 점성술과 같은 사회적 관습을 비판하는 것이다. 그런 점에서 이 6종의 paravāda는 Brahmajālasūta(DN I)에서 설해진 62종의 잘못된 견해의 분류와는 무관하지만, 다른 학설들의 경우는 『범망경』의 잘못된 견해를 고려하여 논의하고 있으며, 여기서의 포인트는 『범망경』과 반드시 일치하는 것이 아니라 당시 새로운 학설도 관련된 paravāda에 포함시켜 확장해서 논의하고 있다.

69 이는 Sāṃkhya 학파의 因中有果論(satkāryavāda)을 가리킨다.

70 paravāda 항목의 서술에서 나타나는 형식상의 특징은 (1) 먼저 반론자들의 주장을 그들의 경전이나 도리에 의거해서 제시한 후에, (2) "그 주장을 너에게 다음과 같이 물어져야 한다."(sa idaṃ syād vacanīyaḥ)는 말로 다시 논박하는 방식이다. 그리고 (3)에서 비판의 요점을 간략히 제시하고 있다.

71 Vārṣagaṇya는 Sāṃkhya학파에 속한 학자로서 Frauwallner(1958)에 따르면 그는 약 4세기의 인물이다. 그는 진제역 『婆藪槃豆法師傳』에서 毘梨沙迦那로 언급되며, 현장의 『구사론』 번역에서 雨衆外道로 인용되고 있다. 『유가론』 「문소성지」의 세 번째 항목인 因明(hetuvidyā)에서도(본서 X장 § 3.1.3 참조) 견해(dṛṣṭi)와 관련한 쟁론(vivāda)의 하나로 그의 이름이 언급된다. "예를 들어 유신견(satkāyadṛṣṭi)과 단견(ucchedadṛṣṭi), 무인견(無因見, ahetudṛṣṭi), 불평등견(viṣamahetudṛṣṭi), 상견(śāśvatadṛṣṭi), 바르사간야의 견해(vārṣagaṇyadṛṣṭi), 사견(邪見, mithyādṛṣṭi)이나 또는 이와 다른 악한 견해이다." 거기서 잘못된 견해와 여기서의 16종의 paravāda 사이의 관계는 부분적으로만 겹치고

원인 속에 결과가 존재한다고 주장한다.

그런데 그들은 어떤 이유로 원인 속에서 결과가 있다고 보고, 건립하고, 해설하는가? 답: 전승(āgama)과 도리(yukti)에 의해서이다.

전승이란 무엇인가? 원인 속에 결과가 존재한다고 그의 스승으로부터 들었던 것이 이어지는 敎藏(piṭaka)의 전달방식에 의해 이들에게 전승된 것이다.

도리란 무엇인가? 바로 저 사문이나 바라문은 논리주의자(tārkika)이고 사변론자(mīmāṃsaka)로서 논리에 속한 단계(bhūmi)에 머무른다.[73] 즉, 스스로 판단하고(prātibhānikī), 범부에 속하고, 사변을 따라 행하는 단계에 머문다. 그는 다음과 같이 생각한다. '어떤 존재들로부터 어떤 존재들이 생길 때 그것들은 그것들의 원인으로서 [세상에서] 인정된 것으로서 알려졌지, 그것과 다른 것은 아니다. 결과를 희구하는 자들에 의해서 저 결과[74]가 취해지는 것이지, 그것과 다른 것은 아니다. 바로 그것들이 각각의 행해져야 할 것들에 적용되어야 하지, 그것과 다른 것은 아니다. 또 그것들로부터 그 결과가 생겨나는 것이지 그것들과 다른 것들로부터는 아니다. 따라서 그 결과가 각각의 [원인]에 [존재하는 것이다]. 왜냐하면 그렇지 않다면 일체는 일체의 원인으로서 규정되어야만 할 것이고, 일체는 [특정한 결과를 원하는 자들에 의해] 취해져야만 할 것이고, 일체는 행해져야 할 것에 적용되어야만 할 것이며, 일체에서부터 일체가 생겨나야만 할 것이기 때문이다.'

반드시 대응하는 것은 아니다.

72 '영원히 항구적으로'는 nityaṃ nityakālaṃ dhruvaṃ dhruvakālam의 번역이다. 이 관용구는 SNS VI.9에서 원성실상을 "변계소집상 속에 영원히 항구적으로 완성된 것이 아니고 자성이 없는 것으로서 완성된 것"으로 규정할 때에도 등장한다.

73 도리에 따라 사유하는 자의 특징을 언급하는 이 구절은 BoBh 37,22ff에서 yuktiprasiddhatattva에 대한 기술과 유사하다. yuktiprasiddhatattvaṃ katamat. satāṃ yuktārthapaṇḍitānāṃ ... tārkikānāṃ mīmāṃsakānāṃ tarkaparyāpannāyāṃ bhūmau sthitānāṃ ...

74 YBh 119,10f: tasya ca phalasyārthe phalārthibhir upādīyante; 그렇지만 한역(求果者 唯取此因)은 phala 대신에 hetu로 읽고 있다.

그는 가설 때문에, 질료(upādāna) 때문에, 행해야 할 것에 적용(viniyoga)되었기 때문에, 생기 때문에, 그들은 항시 원인 속에서 결과를 본다.

(2) 그에게 다음과 같이 말해야 할 것이다. 네가 주장하는 것이 무엇인가? 원인 속에 원인의 특징과 결과의 특징이 있는가? 또는 결과의 특징은 구별된 특징을 갖고 있는가 아니면 구별되지 않는 특징을 갖고 있는가?

(2a) 만일 [결과가 원인과] 구별되지 않는 특징을 갖고 있다면, 그럼으로써(tena) 원인의 결정성과 결과의 결정성은 존재하지 않는다. 원인과 결과 양자는 차별이 없기 때문에, 원인 속에 결과가 존재한다는 것은 타당하지 않다. (2b) 만일 [결과가 원인과] 구별된 특징을 갖고 있다면, 그럼으로써 그대는 무엇을 주장하는가? [그것은] 생기하지 않았다는 특징을 갖거나 또는 생기했다는* 특징을 가질 것이다. (2c) 만일 그것이 생기하지 않은 특징을 가졌다면, 그럼으로써 원인 속에 이미 생겨난 결과가 존재한다는 것은 타당하지 않다. (2d) 만일 그것이 생기한 특징을 갖고 있다면 그럼으로써 원인 속에 결과가 생겨난다는 것은 타당하지 않다. 따라서 원인 속에 결과는 존재하지 않는다.

YBh 120

그렇지만 원인이 있을 때, 조건에 의지하여 [결과가] 생겨난다. 그중에서 존재로 특징지어지는 법은 존재로 특징지어지는 법에서 5종의 특징에 의해 알려져야 한다. (i) 마치 항아리 속의 물처럼 그것은 처소에서 지각된다. (ii) 마치 눈에서 안식처럼 그것은 의지체 속에서 지각된다. (iii) 마치 원인이 비량이 아니듯이 스스로의 특징에 의해 지각된다. (iv) 스스로의 작용을 행한다. (v) 또 변이하는 원인 속에 변이가 일어나거나 또는 변이의 조건들에 의해 [결과가 변이한다]. 따라서 영원히 항구적으로 원인 속에 결과가 존재한다는 것은 타당하지 않다. 이 때문에 이 학설은 이치에 따라 구성된 것이 아니다.

(3) 이와 같이 구별되지 않은 특징을 가졌다는 점에서, 구별된 특징을 가졌다는 점에서, 생기하지 않은 특징을 가졌다는 점에서, 그리고 이미 생기한 특징을 가졌다는 점에서 타당하지 않다.

4.2. 顯現論 (Ch. 304a12)

현현론(abhivyaktivāda)이란 무엇인가?

(1) 예를 들어 여기서 어떤 사문이나 바라문이 이런 견해를 갖고 있으며 이런 말을 한다. 바로 [항시] 존재하는 존재들이 현현하는 것이지, 생기하는 것은 아니다.[75] 예를 들어 그는 원인 중에 결과가 존재한다고 주장하는 자나 음성의 [영원한] 특징을 주장하는 자들[76]이다.

어떤 이유로 원인 중에 결과가 존재한다고 주장하는 자는 원인 속에 존재하는 결과가 현현한다고 보는가?[77] 답: 전승과 도리에 의해서이다. 전승이란 앞에서와 같이 보아야 한다. 도리란 무엇인가? 여기서 어떤 자가 스스로 논리주의자이고 사변론자이다. 이하 앞에서와 같다. 그는 다음과 같이 생각한다. 실로 원인 속에 존재하는 결과가 생기한다는 것은 타당하지 않다. 또 결과를 완성시키기 위해 노력이 행해지지 않는 것은 아니다. 그렇다면 그것은 어떤 이유에서 행해지는가? 바로 현현을 위해서이다. 그는 이와 같이 망분별한 후에 현현론자가 된다.

(2) 그것과 관련해서 현현론자에게 다음과 같이 말해야 할 것이다. 그대는 무엇을 주장하는가? 장애의 원인이 없을 때 장애가 있는가 아니면 [장애의 원인이] 있을 때인가?

---

75 YBh 120,14: vidyamānā eva bhāvā abhivyavyante notpadyante. 한역은 "일체 제법은 본성적으로 존재하는 것으로서 여러 조건으로부터 현현하는 것이지, 여러 조건으로부터 생겨나는 것은 아니다(一切諸法性本是有 從衆緣顯, 不從緣生)"로 보충해 번역한다.

76 śabdalakṣaṇavādin. 한역은 聲相論者. Wezler(1985)는 그들을 "grammarian or philosopher of language"와 동일시한다.

77 이 문장이 보여주듯이 (2) 顯現論은 (1)과 내용적으로 연관되어 있다. Wezler(1985: 11)에 따르면 인중유과설에 따르면 본래적인 원인이란 없고 단지 현현만이 있다는 주장으로 귀결될 수 있기 때문이다. 그럼에도 양자가 별개의 paravāda로 구분된 것은 두 비슷한 교설이 각기 다른 집단들에 의해 추중되었기 때문에, 즉 현현론은 문법학자들에 의해서 추종되었다고 명시되고 있기에 『유가론』의 편찬자는 이를 구별할 필요가 있었기 때문이다. 음성의 특징은 대상에 확정되어 있고, 그것이 어떻게 언설되는가는 내재적으로 확정되어 있다고 문법학자들은 주장하기 때문일 것이다.

YBh 121 만일 [장애의 원인이] 없다면, 장애의 원인이 없을 때, 장애가 있다는 것은* 타당하지 않다. 만일 [장애의 원인이] 있다면, 결과와 결합된 원인이 어떻게 장애하지 않을 수 있겠는가? 그것이 설사 존재한다고 해도 타당하지 않다. 마치 항아리 속의 마실 것을 장애하는 어둠이 항아리도 장애하는 것과 같다. 반면에 만일 장애의 이유에 의해 원인조차도 장애가 된다면, 그럼으로써 원인 속에 존재하는 결과가 현현되지만, 원인은 아니라고 하는 것은 타당하지 않다.

그에게 다음과 같이 말해야 한다. 장애의 이유가 존재성(vidyamānatā)인가 아니면 결과성(phalatā)인가? 만일 존재성이 장애의 이유라면 그럼으로써 존재하는 것은 항시 현현하지 않기에 타당하지 않다. 원인도 또한 존재하는데, [무엇이 장애가 되지 않겠는가?] 만일 결과성이 [장애의 이유라면], 그럼으로써 바로 동일한 것이 일부에게는 원인이고 결과가 된다. 마치 싹이 종자의 결과이면서 줄기 등의 원인인 것과 같다. 그럼으로써 바로 동일한 [원인]이 현현되고 바로 동일한 [원인]이 현현되지 않는다는 것은 타당하지 않다.

따라서 어떤 것이 네가 주장하는 것인지 물어야 한다. 현현은 그 법과 다른가 아니면 다르지 않은가? 만일 다르지 않다면, 항시 현현하는 법이 [다시] 현현되어진다는 것은 타당하지 않다. 만일 다르다면, 그럼으로써 그것은 원인을 갖든지 아니면 원인을 갖지 않을 것이다. 만일 그것이 원인을 갖지 않는다면, 그럼으로써 원인을 갖지 않은 것이 현현하는 것은 타당하지 않다. 만일 그것이 원인을 갖고 있다면, 그럼으로써 결과로서 현현되어져야 하는 것이 현현되지 않은 것으로서 현현하기 때문에 타당하지 않다.

(3) 따라서 장애의 이유가 없다는 점에서, 장애의 이유가 있다는 점에서, 존재하는 특징이라는 점에서, 결과의 특징이라는 점에서, 현현된 것과 다르지 않다
YBh 122 는 점에서, 현현된 것과 다르다는 점에서 타당하지 않다. * 따라서 어떤 법이 존재하지 않을 때, 그것은 그 [비존재]를 특징으로 하는 것으로서 비존재한다. 어떤 법이 존재할 때, 그것은 그 [존재]를 특징으로 하는 것으로서 존재한다. 비존재하는 것의 비존재성이 비현현이고, 존재하는 것의 존재성이 현현이다.[78]

그렇지만 나는 존재하는 것을 그와 같이 그것의 특징을 가진 것으로서 포착하지 못한다고 말한다. 매우 떨어져 있기 때문에, 존재하는 것의 포착은 일어나지 않는다. 네 가지 장애의 이유들에 의해 장애되기 때문에, 즉, 매우 미세하기 때문에, 심의 산란 때문에, 근의 손상(uparamarama) 때문에, 그리고 그것과 상응하는 지혜를 얻지 못했기 때문에 [존재하는 것의 포착은 일어나지 않는다].

원인 속에 결과의 현현이 있다는 학설처럼 마찬가지로 음성론(śabdavāda)[79] 도 타당하지 않다고 보아야 한다. 그중에서 차이는 다음과 같다. 음성론자는 음성의 특징이 언표된 대로(yathaiva prajñapta) 규정되었다고 보며, 그 규정된 것은 계속해서 발화(abhidhāna)의 방식으로 발설되기 때문에 현현한다고 본다. 때문에 그는 소리는 상주한다고 생각한다.[80] 따라서 현현론은 타당하지 않다.

4.3. 過未實有論 (Ch. 304b24)

과거와 미래가 실체로서 존재한다는 학설(atītānāgatadravyasadvāda)[81]이란 무엇인가? (1) 여기서 어떤 사문이나 바라문은, 만일 그가 불교도(ihadhārmika)라면 올바르지 않은 [작의 때문에] 이런 견해를 갖고 있고, 이런 말을 한다. '과거는 존재하며 미래도 존재한다. * [그것은] 마치 현재처럼 자상으로서 존재하며, 實有이지 假有가 아니다.' YBh 123

어떤 이유로 그는 이런 견해를 갖고 있고, 이런 말을 하는가? 답: 전승(āgama)

---

78 한역(304b14)은 不應道理를 보충함으로써 앞의 두 가지 주장을 타당하지 않은 현현론자의 것으로 간주한다.

79 So YBh_ms. YBh śabdābhivyaktivādo. 티벳역(sgra smra ba)은 YBh_ms를 지지한다. 반면 한역(聲相論者)은 sabdalakṣaṇavādin을 전제한다.

80 음성론은 현현론(abhivyaktivāda)에서의 두 번째 내용이지만, 여기에는 음성론에 대한 검토가 생략되어 있으며, 형식상으로 보아도 후에 가필된 것으로 보인다.

81 이는 설일체유부의 三世實有論을 가리킨다. 유부의 주장은 AK V.25에서 다음과 같이 요약되었다. sarvakālāstitoktatvād dvayād sadviṣayāt phalāt/ tadastivādāt sarvāstivādā istāḥ//. 세친의 해설은 AKBh 295,1-296,8를 볼 것. 이에 대한 Poussin 1989: 806ff 참조. 삼세실유론에 대한 간략한 소개는 윌리엄스 2022: 171-176 참조.

YBh 124 과 도리에 의해서이다. * 전승이란 무엇인가? 그것은 앞에서와 같다. 그런데 저 불교도는 예를 들면 '일체는 존재한다. 즉, 12처이다. 12처는 자상으로서 존재한
YBh 125 다.'고 [설하는] 경전들을 올바르지 않게 분별한다. * 세존께서 "과거의 업은 존재하며, 과거의 색 내지 과거의 식은 존재한다"고 설하신 것과 같다.

도리(yukti)란 무엇인가? 여기서 어떤 자가 논리주의자이고[82] 사변론자이다. 앞에서와 같다. 그는 다음과 같이 생각한다. 어떤 법이 어떤 자상으로서 규정되었을 때 그 법은 그것으로서 완성된 것(parinispanna)이다. 만일 그것이 미래에 존재하지 않았다면 그럼으로써 그것은 그 [미래에] 집수되지 않은 특징을 가질 것이다. 만일 그것이 과거에 존재하지 않았다면 그럼으로써 그때 자상을 잃어버리게 될 것이다. 그렇다면 그것은 완성되지 않은 자상을 갖게 될 것이다. 따라서 [그것이] 완성되지 않은 자상을 갖게 된다는 것은 타당하지 않다. 그러므로 그는 과거는 존재하며 미래도 존재한다고 하는 이런 견해를 갖고 있고, 이런 말을 한다.

(2) 그에게 다음과 같이 말해야 할 것이다. 네가 주장하는 것이 무엇인가? 과거와 미래의 자상은 현재의 자상과 구별되지 않은 특징을 갖는가 아니면 구별된 특징을 갖는가? 만일 [그것이] 구별되지 않은 특징을 갖는다면 자상을 삼세에 확립하는 것은 타당하지 않다. 만일 [그것이] 구별된 특징을 갖는다면 그 특징이 완성된 것이라는 것은 타당하지 않다.

그에게 다음과 같이 말해야 할 것이다. 그대는 삼세에 속한 법이 영원한 것으로 특징지어진다고 주장하는가? 아니면 무상한 것으로 특징지어진다고 주장
YBh 126 하는가? 만일 [그것이] 영원한 것으로 특징지어진다면, 삼세에 속한다는 것은* 타당하지 않다. 만일 [그것이] 무상한 것으로 특징지어진다면, 그럼으로써 삼세에 존재한다는 것은 타당하지 않다.

---

82 YBh 125,3에서 misprint. tārkiko로 교정.

그에게 다음과 같이 말해야 한다.

(i) 미래의 [법]이 현재세에 온다고 그대는 보는가?

(ii) 또는 죽은 후에 재생이 오는가?

(iii) 또는 미래에 주할 때 그것을 조건으로 해서 현재가 생기는가?

(iv) 또는 작용하지 않는 것이 작용성을 갖는 것인가?

(v) 또는 그 특징이 원만하지 않은 것이 원만한 특징을 가진 것인가?

(vi) 또는 다른 특징을 가진 것이 다른 특징을 가진 것인가?

(vii) 또는 미래에 속한 것이 현재의 부분[83]인가?

(i) 만일 [미래의 법이 현재세에 온다면, 그럼으로써 그것은 장소를 갖게 되며, 현재와 차이가 없게 되며, 영원한 것이라는 것은 타당하지 않다.

(ii) 만일 [미래에] 죽은 후에 [현재에] 재생한다면, 그럼으로써 미래는 생겨나지 않고, 이전에 없었던 것이 [현재에] 생겨나게 된다. 또 [미래에] 아직 생겨나지 않았던 것이 죽는다는 것은 타당하지 않다.

(iii)만일 그와 같이 주했던 것이 [그것을] 조건으로 해서 생겨난다면, 그럼으로써 그것은 상주하게 되며, 또 이전에 없던 것이 생겨나게 되고, 미래의 [법]은 생겨나지 않게 된다는 것은 타당하지 않다.

(iv) 만일 작용하지 않는 것이 변한 후에 작용성을 갖는 것이라면, 그럼으로써 본래 없던 후에 있음(abhūtvā bhāva, 本無今有)은 설했던 대로 오류가 되기에 타당하지 않다. 또한 그대는 어떻게 주장하는가? 저 작용(karma)은 그것과 구별된 특징을 가진 것인가 아니면 구별되지 않은 특징을 가진 것인가? 만일 구별된 특징을 가졌다면, 그 [작용]의 자상은 미래에 존재하지 않는다. 따라서 타당하지 않다. 만일 [저 작용이] 구별되지 않은 특징을 가졌다면, 그럼으로써 작용하지

83 YBh 126,6: vartamānabhāvaḥ. 한역은 現在分으로서 -bhāgaḥ로 읽었다.

않는 것이 변한 후에 작용성을 갖는 것이 된다. 따라서 타당하지 않다.

YBh 127 * 작용하지 않는 것처럼, (v) 특징이 원만하지 않은 것과 (vi) 다른 특징을 가진 것, (vii) 미래의 부분으로 특징지어지는 것도 마찬가지라고 알아야 한다. 그것과 관련해서 다음의 차이가 있다. 자성의 섞임의 오류가 있기에 타당하지 않다. 미래가 현재로 오는 것처럼 현재가 과거로 간다는 것도 이치에 따라 오류라고 알아야 한다.

이 이유들에 의해 이들 반론의 방식에 의해 自相의 측면에서, 共相의 측면에서, 옴의 측면에서, 죽음의 측면에서, 연생의 측면에서, 작용의 측면에서, 완성된 특징을 가졌다는 측면에서, 다른 특징을 가졌다는 측면에서, 그리고 미래의 부분의 측면에서 과거와 미래의 실유론은 타당하지 않다.

이와 같이 해명했을 때 다시 반론할 것이다. 만일 과거와 미래가 존재하지 않는다면, 어떻게 비존재하는 인식대상을 가진 인식(buddhi)이 일어나는가? 만일 그 [인식]이 생겨난다면, 어떻게 그것이 "일체 내지 12처들은 존재한다"[84] 고 설해진 교설과 위배되지 않겠는가?

그에게 다음과 같이 말해야 할 것이다. 네가 주장하는 것이 무엇인가? '존재하지 않는다'고 파악하는 인지는 세간에서 일어나는가 아니면 일어나지 않는가? 만일 [그런 인식이] 일어나지 않는다면, 그럼으로써 무아라고 파악하고, 또 토끼뿔과 석녀의 아들이라고 파악하는 인식은 존재하지 않을 것이기에 타당하지 않다.

[85]세존께서 '동요하지 않는 성문이 내가 설한 것을 올바로 수행한다면 존재하는 것을 존재한다고 알고 비존재하는 것을 비존재한다고 안다'고 설하신 것도 타당하지 않게 될 것이다. 만일 [그런 인식이] 일어난다면, 그럼으로써 그 인식은 존재한다고 생각하는 그러한 종류의 행상이나 또는 없다고 생각하는 그러

---

84 YBh 127,10: sarvam iti yāvad; sarvam asti yāvad로 교정.

85 YBh 127,13 이하에 한역(305a16-24)과 티벳역(P 75a4-8; D 64a3-6)에 해당되는 단락이 누락되어 있다. 한역과 티벳역에 의거해 번역했다.

한 종류의 행상을 가졌다고 인정된다. 만일 [그 인식이] 존재한다고 생각하는 그러한 종류의 행상을 가졌다면, 그럼으로써 없다고 파악하는 인식은 존재한다고 생각하는 그러한 종류의 행상을 가진 것으로 될 것이기에 타당하지 않다. 만일 [그 인식이] 없다고 생각하는 그러한 종류의 행상을 가졌다면, 그럼으로써 없다는 행상을 가진 그 인식은 존재하는 사물에 작용하든지 아니면 비존재하는 [사물]에 작용한다고 인정된다. 만일 존재하는 [사물]에 작용한다면, 그럼으로써 없다고 생각하는 그러한 종류의 행상을 가진 인식은 존재하는 사물 속에서 작용하기 때문에 타당하지 않다. 만일 비존재하는 사물에 작용한다면, 그럼으로써 지각할 수 없는 것에 인식은 작용함이 없기 때문에 타당하지 않다.

십이처에 이르기까지 일체는 존재한다고 설해졌다고 해도, 그것은 존재하는 것 속에 존재의 특징(sallakṣaṇa)이 있음을 의도하신 후에 설한 것이며, 또 존재하지 않는 것 속에 비존재의 특징(asallakṣaṇa)이 있음을 의도하신 후에 설한 것이다. 실로 존재의 특징을 가진 법들은 존재의 특징을 보존하고 있으며, 또한 비존재의 특징을 가진 법들은 비존재의 특징을 보존하고 있다. 따라서 법들이라고 설해진다.[86] 그렇지 않다면 유가행자는 존재에 대해서만 알고 비존재에 대해서는 알지 모르기 때문에, 직후의 알아야 할 법들을 관찰하지 못하게 될 것이기에 타당하지 않다.

과거의 업은 존재하며, 그것 때문에 유정들은 손상을 입으면서 손해를 행하
지 않음을* 경험한다고 설해지고 있지만, 그것과 관련해서도 그것의 종자가 그 YBh 128
것의 존재성에 대한 은유적 표현(upacāra)임을 의도한 후에 설한 것이다. 어떤

---

86 이것이 유가행파의 법의 이해로서, 존재의 특징을 가진 것뿐 아니라 비존재의 특징을 가진 것도 법에 포함시킨 것이다. 이는 법(dharma)을 '자상을 가진 것'으로 정의하는 유부의 정의를 확장한 것이다. 여기서 sallakṣaṇa 및 asallakṣaṇa라는 표현이 MAVBh 18,19의 동일한 표현을 연상시키기 때문에, Hakamaya(袴谷憲昭 1994: 77f)는 이를 삼성설의 관점에서 해석하면서 '비존재의 특징을 가진 법'은 변계소집성으로, '존재의 특징을 가진 법'은 원성실성으로, 그리고 양자의 특징을 보존하는 법을 의타기성이라고 해석한다. 이 설명은 의타기성이 '존재의 특징'과 '비존재의 특징'의 기체로서 작용한다는 소위 중추적 모델에 따른 삼성설의 설명과 부합된다고 보인다.

제행 중에서 어떤 淨業과 不淨業이 생겨나고 소멸할 때, 그 원인과 조건에 의해 특별한 제행의 상속이 일어나는데, 그것이 습기(vāsanā)라고 설해진다. 그 흐름에 떨어진 [습기]로부터 바라고 바라지 않는 결과가 산출된다. 따라서 [그대의 주장은] 타당하지 않고, [내게는] 오류가 없다.

과거의 색은 존재하며, 미래와 현재의 색은 존재하며, 내지 식도 [존재한다]고 설해졌지만, 그것에 대해서도 원인의 상(hetulakṣaṇa), 자상(svalakṣaṇa), 결과의 상(phalalakṣaṇa)이라는 3종의 제행의 相(saṃskāralakṣaṇa)을 의도한 후에 설한 것이다. 원인의 상을 의도한 후에 미래는 존재한다고 설했다. 자상의 존재성을 의도한 후에 현재는 존재한다고 설했다. 결과의 상을 의도한 후에 과거는 존재한다고 설했다. 때문에 오류는 없다.

또한 실체로서 과거와 미래의 상(lakṣaṇa)이 이와 같이 타당하지 않다고 해도 미래의 상은 12종이라고 알아야 한다. 원인에 의해 특징지어진 것, 그 당체가 아직 생겨나지 않은 것, 조건에 의존한 것, 이미 생한 것의 종류에 속하는 것, 생기의 성질을 가진 것, 생기의 성질을 갖지 않은 것,[87] 잡염이 아직 생기지 않은 것, 청정이 아직 생기지 않은 것, 희구되어져야 할 것(prārthanīya), 희구되어져야 하지 않을 것, 관찰되어지는 것, 그리고 관찰되어지지 않는 것이다.

현재의 相(lakṣaṇa)도 바로 12종이다. 결과에 의해 특징지어지는 것, 그 당체가 이미 생겨난 것, 조건과 만난 것, 이미 생한 것의 종류에 속하는 것, 찰나적인 것, 생기하지 않는 성질의 것, 잡염이 이미 설정된 것, 평정이 이미 설정된 것, 희·락을 일으킬 수 있는 것(apekṣāsthānīya),[88] 희·락을 일으킬 수 없는 것, 관찰되어지는 것, 그리고 관찰되어지지 않는 것이다.

과거의 상(lakṣaṇa)도 12종이라고 알아야 한다. 과거를 원인으로 하는 것, 과거

---

87 YBh 128,12에서 상응하는 문장 anutpattidharmakam이 누락되어 있다.

88 YBh 128,16: apekṣāsthānīyaṃ으로 읽지만, apekṣā가 과거와 관련된 기대어린 애착을 나타내기에 현재의 애착을 가리키는 단어가 사용되었을 것이다.

를 조건으로 하는 것, 과거를 결과로 하는 것, 당체가 소멸한 것, 이미 소멸한 것의 종류에 속하는 것,[89] 불생을 성질로 하는 것, 잡염이 적정해진 것, 청정이 적정해진 것, 회고적 애착을 일으킬 수 있는 것(顧戀, apekṣāsthānīya), 회고적 애착을 일으킬 수 없는 것, 관찰되어지는 것, 그리고 관찰되어지지 않는 것이다.

4.4. 計我論 (Ch. 305b26)

자아론(ātmavāda)이란 무엇인가?

(1) 예를 들어 여기서 어떤 사문이나 바라문이 다음과 같은 견해를 갖고 있으며 다음과 같은 말을 한다: '즉 비불교도는 진리의 관점에서(satyataḥ)나 또는 [심의] 주함의 관점에서(sthititaḥ) 아트만이나 유정(sattva), 지바(jīva)나 양육자(poṣa), 푸드갈라(pudgala)라는 이런 것들을 [말한다].'

그는 무엇 때문에 이런 견해를 갖고 있으며 이런 말을 하는가? 전승과 도리에 의해서이다. 그중에서 전승은 앞에서와 같다. 도리는 무엇인가? 여기서 어떤 자가 논리주의자이고 사변론자로서, 앞에서 [설한 바와] 같다. 두 가지 이유에 의해서이다. [즉,] 이전에 인식하지 못했던 것을 유정의 인식의 작동으로서 지각함에 의해, 또 이전에 인식했던 것을 행동으로 지각함에 의해서이다.

그는 다음과 같이 생각한다. 만일 아트만이 없다면 5종에 의해 다섯 사태에 대한 봄이 있을 때 아트만의 인식은 일어나지 않을 것이다. (i) 색의 형태를 본 후에 바로 색의 인식이 생겨나야 하지, 유정의 인식이 [생겨나서는] 안 된다. (ii) 고·락을 일으킬 수 있는[90] 제행(saṃskāra)을 본 후에 오직 감수의 인식(vedanābuddhi)이 생겨나야 하지, 유정의 우열에 대한 인식이 [생겨나서는] 안 된다.[91] (iii) 명칭과

---

89 YBh 129,2: niruddhasvabhāvaṃ. 하지만 niruddhajātīyaṃ으로 교정.

90 YBh 129,14: sukhaduḥkhāvadīṇaṃ. 그러나 한역(305c7-8: 順苦樂)에 따라 sukhaduḥkhasthānīyaṃ으로 교정해야 함.

91 YBh 129,14-17: saṃjñābuddhir eva pravarteta [na] sattvapatitocchritabuddhiḥ는 중복 필사.

YBh 130 결부된, 명칭붙여진 제행을 본 후에 오직 명칭의 인식(saṃjñābuddhi)이* 생겨나야 하지, 쿠샤트리야나 바라문, 바이샤나 수드라, 브라마닷다(brahmadatta) 또는 구나미트라(guṇamitra)라는 유정에 대한 인식이 [일어나서는] 안 된다. (iv) 淨과 不淨의 행동(ceṣṭā)과 결부된 행위(saṃskāra)를 본 후에 오직 행위의 인식이 생겨나야 하지, 어리석고 현명한 유정이라는 인식이 [생겨나서는] 안 된다. (v) 인식영역에 대한 식의 작동을 본 후에 오직 심의 인식이 생겨나야 하지, '나는 본다'는 등의 유정의 인식이 [생겨나서는] 안 된다.

이 다섯 사태들에 대해 오직 5종의 유정의 인식이 생겨나는 것이지, 제행의 인식이 [생겨나는] 것은 아니기 때문에, 따라서 그는 먼저 이전에 인식하지 못했던(abuddhipūrva) [색]을 본 후에 바로 유정이라는 인식을 획득하기 때문에 이와 같이 자아는 존재한다고 생각한다.

그는 다음과 같이 생각한다. 만일 아트만이 없다면, '나는 눈을 갖고 색들을 볼 것이며, 보고 있으며, 보았다.' 또는 '나는 보지 않을 것이다.'라고 이러한 제행을 선행요소로 한 후에 제행들에 대해 인식을 선행요소로 하는 행동(ceṣṭā)은 지각되지 않을 것이다. 봄에 있어서처럼 耳·鼻·舌·身·意들에 있어서도 마찬가지라고 알아야 한다. 이와 같이 선업에 대한 의욕작용에 있어서, 선업의 소멸에 있어서, 불선업에 대한 의욕작용에 있어서, 불선업의 소멸에 있어서라는 이러한 등의 인식을 선행요소로 하는 행동이 지각되지 않는다. 그렇지만 이 [행동]은 단지 제행뿐인 것에 있어서는 타당하지 않다. 따라서 그는 아트만은 존재한다고 생각한다.

(2a) 그에게 다음과 같이 말해야 할 것이다. 네가 주장하는 것이 무엇인가? 바로 본 것에 대해 그는 유정의 인식을 일으키는가? 아니면 보았던 것과 다른 것에 대해 유정의 인식을 일으키는가? 만일 바로 [본 것에] 대해서라면, 그럼으로써 색 등에 대해 유정이라고 하는 것은 '자아가 존재한다'고 하는 전도이기 때문에 타당하지 않을 것이다. 만일 [보았던 것과] 다른 것에 대해서라면, 그럼으로써 '자아는 형태를 가졌다'는 것이기에 타당하지 않다. 색 등에 대해 '그것은 우·열

하다’ [또는] ‘그것은 크샤트리야 등 우자와 현자이다’라고 대상(viṣaya)을 파악하는 것이 자아라는 것은 타당하지 않다.

그대는 무엇을 주장하는가? 바로 법의 자성(svabhāva)으로부터 그것과 같은 인식이 일어나는가 아니면 타성(parabhāva)으로부터도 [일어나는가]?* 만일 바로 자성으로부터 [일어난다면], 그럼으로써 바로 보는 것에 대해 인식은 전도되었기에 자아의 인식은 타당하지 않다. 만일 타성으로부터 [일어난다면], 그럼으로써 모든 경계들은 모든 경계의 인식에 있어서 이유가 되기에 타당하지 않다. YBh 131

그대는 무엇을 주장하는가? 無情(asattvasaṃkhyāta)에 대해 유정이라는 인식이, 또는 유정에 대해 무정이라는 인식이, 아니면 그것과 다른 것에 대해 그것과 다른 유정이라는 인식이 일어나는가 아니면 일어나지 않는가? 만일 일어난다면, 그럼으로써 무정도 유정이며, 유정도 무정이 되기에 타당하지 않다. 만일 일어나지 않는다면, 직접지각이라는 인식수단을 부정하는 것이기에 타당하지 않다.

그대는 무엇을 주장하는가? 만일 [유정이라는 인식이] 직접지각의 대상을 포착하는가 아니면 추리의 대상을 포착하는가? 만일 [유정이라는 인식이] 직접지각의 대상을 포착한다면, 그럼으로써 직접지각의 대상은 바로 색 등의 온들이지 유정이 아니기에 타당하지 않다. 만일 그것이 추리의 대상을 포착한다면 그럼으로써 아기와 소년들에게도 추론하지 않은 후에 자연적으로(sahasā) [유정이라는 인식이] 일어나기에 타당하지 않다.

그에게 다음과 같이 말해야 할 것이다. 그대는 어떻게 주장하는가? [세상 사람의 행위는][92] 인식을 원인으로 하는가 아니면 자아를[93] 원인으로 하는가? 만일 그것이 인식을 원인으로 한다면, 내가 행하기에 타당하지 않다. 만일 그것이 자아를 원인으로 한다면, 행위는 인식에 의거하는 것이기에 타당하지 않다.* YBh 132

92 한역(306a18f.)의 如世間所作에 따라 *lokaceṣṭā가 주어로서 보충되어야 한다.

93 YBh 131,13: sattva-hetukā. ātma-hetukā로 교정.

그대는 무엇을 주장하는가? 행위의 원인은 무상한가 아니면 영원한가? 만일 [행위의 원인이] 무상하다면, 변이하는 자아가 행하기에 타당하지 않다. 만일 영원하다면, 그것은 불변하는 것이며, 따라서 행위가 불변하기에 타당하지 않다.

그대는 무엇을 주장하는가? 행동을 자체로 하는 유정이 행하는가 아니면 행동을 자체로 하지 않는 [유정이] 행하는가? 만일 [유정이] 행동을 자체로 한다면, 그럼으로써 항시 행하며, 다시 행하지 않기에 타당하지 않다. 만일 [유정이] 행동을 자체로 하지 않는다면, 그럼으로써 행동을 자체로 하지 않는 것이 행하기에 타당하지 않다.

그대는 무엇을 주장하는가? 유정은 원인을 갖고 행하는가 아니면 원인없이 행하는가? 만일 원인을 갖고 있다면, [그것은] 유정을 다른 행위에 있어서도 격발시키기에 타당하지 않다. 만일 원인이 없다면, 언제나 어느 때나 모든 것을 행하기에 타당하지 않다.

그대는 무엇을 주장하는가? 유정은[94] 행위에 있어 스스로에 의존하는가 아니면 다른 것에 의존하는가? 만일 스스로에 의존한다면, 자아가 병과 노사, 고통과 잡염을 행하기에 타당하지 않다. 만일 다른 것에 의존한다면, 스스로에 의해 행하기에 타당하지 않다.

다음과 같이 말해야 할 것이다: 그대는 오직 온에 대해 자아[95]가 가설되었다고 주장하는가 아니면 온들과 다른 것에 대해 [자아가 가설되었다고 주장하는가]? 만일 [자아가] 단지 온에 대해서 [가설되었다고] 한다면, 그럼으로써 그것은 온들과 구별되지 않으면서 진실로 존속하고 있기에 타당하지 않다. 만일 [자아가] 온들에 대해 [가설되었다고] 한다면, 그것은 영원하거나 영원하지 않을 것이다. 만일 [자아가] 영원하다면, 영원한 [자아가] 고락들에 의해 도움과 손상

---

94 한역은 유정(sattva)으로 번역하고 있다.

95 한역은 sattva 대신에 我(ātmā)로 번역하고 있다. 아래 YBh 132,19에 ātmā가 명시되고 있기에 sattva는 ātmā로 교정되어야 할 것이다.

을 받는다는 것은 타당하지 않다. 또는 도움과 손상이 없는데도 법과 비법 양자가 작용하는 것은 타당하지 않다. 법과 비법 양자의 작동이 없다면, 필히 신체는 생기하지 않기 때문이다. 또 노력 없이도 항시 자아는 해탈해 있기에 타당하지 않다. 만일 [자아가] 무상하다면, 제행과 독립해 있으면서 생멸의 흐름 속에서 작동하고 있기 때문에 지각되지 않는다. 따라서 타당하지 않다. 또 여기서 파괴된 것이 다른 곳에서 행하지 않고도* 증득된다는 오류가 있기에 타당하지 않다. YBh 133
만일 [자아가] 온들과 다른 곳에 [있다면], 그럼으로써 자아는[96] 만들어지지 않은 것이 된다. 따라서 타당하지 않다. 만일 [자아가] 온에 속하지 않은 것이라면, 그럼으로써 자아는 [온과] 관련이 없기 때문에 항상 염오되지 않을 것이다. 따라서 타당하지 않다.

그대는 무엇을 주장하는가? [자아는] 보는 자 등의 특징을 갖고 있거나 또는 특징을 갖고 있지 않을 것이다. 만일 그것이 보는 자 등의 특징을 갖고 있다면, 그럼으로써 [그것은] 봄 등에 대해 보는 자 등의 비유적 표현을 사용한 후에 보는 자로서 특징지어지거나 또는 [봄 등에 대해] 독립된 것으로서 [특징지어진다]. 만일 봄 등에 대해 [보는 자 등의 특징]이 가설된다면, 그럼으로써 바로 봄 등에 대해 보는 자 등이라고 보는 것은 타당하지 않다. 만일 그것들과 다른 것이라면, 그럼으로써 그것은 봄 등의 작용을 자체로 하는 것의 작용(karma)이거나 또는 도구(karaṇa)일 것이다. 만일 그것이 작용이라면, 종자처럼 무상한 것이기 때문에 타당하지 않다. 만일 그것이 도공 등의 명칭을 가진 사람과 같다면 그것은 무상하고 또 가설된 것이기에 타당하지 않다. 또 원하는 대로 하는 그는 대상들 속에서 [사람을 만들기 때문에] 타당하지 않다.

만일 그것이 땅과 같다면, 이것은 무상하지만, 그 작용이 드러났기에 땅과 같지는 않다. 따라서 타당하지 않다. 왜냐하면 땅의 작용은 분명하게 지각되기 때

---

96 여기서도 YBh 133,1은 sattva로 제시하지만, 한역은 我로 번역한다.

문이다. 그것의 아래로 그 [땅]의 힘 때문에 떨어지지 않는다. 만일 그것이 허공과 같다면, 그것은 단지 색의 비존재에 대해 허공으로 가설되기에 타당하지 않다. 가유로서 존재한다고 해도 그것의 작용은 분명하게 지각되지만 자아로서는 아니다. 따라서 타당하지 않다. 왜냐하면 허공의 작용이 명료하게 지각되는 것은 그것의 힘 때문에 왕래와 굴신 등의 작용이 일어나기 때문이다. 따라서 [봄 등이 자아의] 작용이라는 것은 타당하지 않다.

만일 그것이 큰 칼과 같이 도구라면, 그럼으로써 마치 자름 등의 작용이 큰 칼과 독립해 있는 것처럼, 봄 등과 구별되는 또 다른 봄 등도 그와 같이 지각되지 않는다. 따라서 타당하지 않다. 만일 그것이 불과 같다면, 불에 대한 분별은 해
YBh 134 당되지 않기에 * 타당하지 않다. 왜냐하면 불은 태우는 작용(dāhaka)이 없이도 스스로 태우기 때문이다. 만일 그것이 보는 자 등과 독립해 있다면, 자아는 모든 인식수단을 배제한 것이기에 타당하지 않다.

(2b) 그에게 다음과 같이 말해야 할 것이다. 네가 주장하는 것이 무엇인가? 잡염상과 청정상과 상응하는 것은 염오되거나 청정하게 되었는가? 아니면 그 [잡염과 청정의 상]과 상응하지 않는 것이 [염오되거나 청정하게 되었는가]? 만일 [그것이] 잡염상이나 청정상과 상응해서 염오되거나 청정하게 되었다면, 그럼으로써 저 제행들 속에 질병과 재난, 횡액들 및 그것들을 적정하게 하는 이로움들이 지각될 때, 그 제행은 잡염상이나 청정상들과 상응한다. 따라서 자아가 존재하지 않더라도 그것들이 염오되거나 청정하게 되기에, 따라서 타당하지 않다. 예를 들면 외물과 내적 신체와 같다. 만일 저 [잡염과 청정의 상]과 상응하지 않는 [자아가 염오되거나 청정하게 되었다면], 그럼으로써 잡염상이나 청정상을 여읜 자아가 염오되거나 청정하게 되기에, 타당하지 않다.

(2c) 그에게 다음과 같이 말해야 할 것이다. 네가 주장하는 것이 무엇인가? 유전하는 특징과 상응하는 것이 유전하고 소멸하는가(nirvartate) 아니면 그것과 [상응하는] 특징을 갖지 않은 것이 [유전하고 소멸하는가]? 만일 유전하는 것의 특징과 상응하는 것이 유전한다면, 그럼으로써 제행 속에서 5종 유전하는 것의

특징이 지각된다. 즉, 그것을 원인으로 하는 것, 그것을 생기시키는 방식을 가진 것(yadutpādaśīla), 소멸시키는 방식을 가진 것, 상호 연이어서 생겨난 것, 그리고 변이된 것이 실로 유전하는 것의 특징이며, 또한 그것이 온들 속에서, 예를 들어 신체와 싹, 강, 등불, 수레의 흐름 속에서 지각된다. 그럼으로써 자아 없이 바로 제행이 유전하고 소멸하는 것이다. 따라서 타당하지 않다. 만일 그것과 [상응하는] 특징을 갖지 않은 것이 [유전하고 소멸한다면], 그럼으로써 유전하는 것의 특징이 없는데 유전하는 것과 정지하는 것이 있기에 타당하지 않다.

(2d) 그에게 다음과 같이 물어야 할 것이다. 네가 주장하는 바가 무엇인가? 경계에서 생겨난 고락에서 변화가 일어나며, 또 거기에서부터 思業(cetanā)에 의해 변화가 일어나고, 또 거기에서부터 번뇌와 수번뇌들에 의해 변화가 일어나는데, 그것이 향수자나 행위자, 해탈자인가? 아니면 변화가 일어나지 않는데, [그것이 향수자 등인가?] * 만일 [어떤 것에] 변화가 일어날 때, 바로 그것에 의해 YBh 135
제행들이 향수자, 행위자, 해탈자라고 한다면, 자아는 영원하다는 것은 타당하지 않다. 만일 변화가 일어나지 않는다면, 그럼으로써 향수자,[97] 행위자, 해탈자는 변화를 하지 않는 것이 될 터인데, 따라서 타당하지 않다.

그에게 다음과 같이 말해야 할 것이다. 네가 주장하는 것이 무엇인가? 자아는 행위자에 대한 비유적 표현인가 그렇지 않으면 또 다른 것에 대한 [비유적 표현]인가? 만일 자아에 대한 [비유적 표현]이라면, '불이 태운다' 또 '빛이 광명을 일으킨다'는 것은 타당하지 않다. 만일 다른 것에 대한 [비유적 표현]이라면, 그럼으로써 시각 등의 감각기관들에 대해 행위자로서의 비유적 표현은 무익한 자아에 대한 분별이기에 타당하지 않다.

행위자라는 비유적 표현은 바로 자아에 대해서인가 그렇지 않으면 자아와 다른 것에 대해서인가? 만일 다만 자아에 비유적 표현인가 그렇지 않으면 다른 것

---

97 YBh 135,2: moktā 는 bhoktā로 교정.

에 대한 [비유적 표현]인가? 만일 오직 자아에 대해서라면 그럼으로써 사람의 신체에 대해 구나미트라(Guṇamitra)와 붓다닷타(Buddhadatta)라는 등의 [이름]으로 호칭하는 것은 타당하지 않다. 만일 다른 것에 대해서라면, 그럼으로써 단지 제행뿐인 것에 대해 자아라는 비유적 표현은 무익한 자아에 대한 분별이기에 타당하지 않다. 왜냐하면 호칭된 사람은 이 맥락에서 유정이라고 생각해서 불리고 또 타인들에게도 지시되고 있기 때문이다.

(2e)[98] 그에게 다음과 같이 말해야 할 것이다. 네가 주장하는 것이 무엇인가? 이 아견은 선한가? 또는 불선한가? 만일 선하다면, 그럼으로써 [그것은] 매우 어리석은 자들에게 노력 없이도 일어나며, 해탈에 대해 두려움을 일으키고 오류를 증대시킨다. 따라서 타당하지 않다. 만일 불선하다면, 그럼으로써 그렇다면 [그것이] 전도되지 않은 것이라는 것은 타당하지 않다. 그것의 전도가 있을 때, 자아는 존재하기에 따라서 타당하지 않다.

그대는 무엇을 주장하는가? 무아견은 선한가 아니면 불선한가? 만일 선하다면, 그럼으로써 진실로 머무는 것으로서의 자아에 대해 무아견은 선하고 전도
YBh 136 된 것이 아니기에 따라서 타당하지 않다. * 만일 불선하다면, 그럼으로써 일체지자가 설한 것이고 노력에 의해 생겨난 것이고 해탈에 대한 두려움을 일으키지 않는 것이고 白法을 결과로 하는 것이고 오류들의 대치가 되는 것이기에 따라서 타당하지 않다.

그대는 무엇을 주장하는가? 바로 자아가 '자아는 있다'고 생각하는가 아니면 아견이 [그렇게 생각하는가]? 만일 바로 자아가 그렇게 [생각한다면], 그럼으로써 언제나 자아는 없다는 인식은 없을 것이다. 따라서 타당하지 않다. 만일 아견이 '자아는 있다'고 생각한다면, 그럼으로써 자아는 존재하지 않더라고 오직 제행에 대한 아견의 힘 때문에 자아는 존재한다고 생각한다. 따라서 [자아가 존재

98 이하 (2e)의 부분은 뒤따르는 (3)의 결론부분에서 언급되지 않는다.

한다는 것은] 타당하지 않다.

(3) 이와 같이 특징의 건립에 의해, 청정과 잡염의 건립에 의해, 유전과 환멸의 건립에 의해, 향수자와 행위자, 해탈자의 가설에 의해[99] 자아의 존재는 타당하지 않다.

그렇지만 나는 승의적인 자아의 특징을 설할 것이다. 그것은 법들에 대해 자아로 가설하는 것이며, 그 [법]들과 다르지도, 다르지 않은 것도 아닌, 말해질 수 없는 것(avaktavya)이다. 이것은 실유가 아니라거나 또는 저 법들에 자아의 특징이 있다고 해서는 안 된다. 반면에 그것은 무상으로 특징지어지며, 항구하지 않
는 것으로 특징지어지고, 안은하지 않은* 것으로 특징지어지며, 변괴되는 것으 YBh 137
로 특징지어지고, 생으로 특징지어지고, 노·병·사로 특징지어지며, 오직 법만으로(dharmamātra) 특징지어지며, 오직 고만으로(duḥkhamātra) 특징지어지는 것이다. 세존께서는 다음과 같이 설해셨다. '비구여! 이들 법에 자아가 존재한다고 가설되었다. 자아는 무상하고 비항구적이며, 안은하지 않고, 변괴하는 성질을 갖고 있다.'

네 가지 이유에 의해 제행들에 대해 중생의 가설이 있다고 알아야 한다. 쉽게 언설하기 위해서, 세간에 따르기 위해서, 모든 방식으로 중생이라는 사태는 비존재한다는 두려움을 끊기 위해서, 그리고 자신과 타인들에게 공덕의 존재와 오류의 존재에 대한 확신을 일으키기 위해서이다. 따라서 자아론은 타당하지 않게 정립된 것이다.

---

99 한역에서는 10개의 이유를 제시하고 있다. 307b13-17: 如是 不覺爲先而起彼覺故, 思覺爲先見有所作故, 於諸蘊中假施設故, 由於彼相安立爲有故, 建立雜染及清淨故, 建立流轉及止息故, 假立受者作者解脱者故, 施設有作者故, 施設言説故, 施設見故.

4.5. 常住論 (Ch. 307c3)

상주론(śāśvatavāda)[100]이란 무엇인가?

(1) 여기서 어떤 사문이나 바라문이 앞에서처럼 [이런 견해를 갖고 있으며 이런 말을 한다]. 자아와 세간은 영원하며, 만들어지지 않았고, 만들어진 것에 의해 만들어진 것이 아니다. 화작된 것이 아니며, 화작된 것에 의해 만들어진 것이 아니다. 손상되어지지 않으며, 불변하게 머무는 것이며, 이쉬카처럼 머무는 것
YBh 138 (iṣikāsthāyin)이다. [그들은] * 상주론자들과 일부 상주론자들, 과거에 대해 분별하는 자들이나 미래에 대해 분별하는 자들, [사후에도] 관념을 갖고 있다고 말하는 자들이나 [사후에는] 관념을 갖지 않는다고 설하는 자들, [사후에는] 비상비비상이라고 설하는 자들이다. 또는 극미는[101] 영원하다고 [설하는 자]들이다.

어떤 이유로 그는 자아와 세간은 영원하다고 하는 이런 견해를 갖고 있으며 그런 말을 하는가? 답: 바로 경전에서 설한 대로 이치에 따라 그 이유를 알아야 한다.

그중에서 과거에 대해 분별하는 자들은 하·중·상의 정려에 의거해서 과거세에 속한 前際를 분별하고, 이전의 머묾을 기억함에 의해 연기에 대해 능숙하면서, 과거의 제행에 대해 단지 기억하면서 여실하게 바르게 알지 못하고 그 [상주성]에 대한 견해를 일으킨다. 또는 天眼에 의거하여 前際를 현재에 속한 것으로 분별하는 자들과 제행이 찰나멸에 따라 일어나고 있음을 여실하게 바르게 알지 못하는 자들, 그리고 식의 흐름의 연속을 이 세간으로부터 다른 세간에 이

---

100 상주론은 세계와 자아의 영원성을 주장하는 학설로서, 이하에서 두 가지 방향에서 제시된다. 하나는 Brahmajālasūtta(DN I.)의 설명에 의거한 것이고, 다른 하나는 극미의 관점에서의 논의로서, 위의 DN의 설명에는 포함되지 않은 것이다. 하지만 여기서의 설명은 DN I.과 여러 면에서 차이가 난다. 과거에 대해 분별하는 자들에게 상주론자, 일부 상주론자, 변무변론(antānantika), 불사교란론(amarāvikṣepika), 그리고 無因論者가 포함된다. 그리고 DN I.30-32에서 미래에 대해 분별하는 상주론자들에 [사후에도] 관념을 갖고 있다고 말하는 자들이나 [사후에는] 관념을 갖지 않는다고 설하는 자들, [사후에는] 비상비비상이라고 설하는 자들이 포함되고 있다.

101 YBh 138,2: eke. 한역 諸極微는 aṇava로 읽었다.

르기까지 지각하는 자들은 그 [상주성]의 견해를 일으킨다. 또는 범천이 자신의 생각대로 성립함을 지각하기 때문에, 大種들의 변괴와 식의 변괴를 지각하는 자는 그 [상주성]에 대한 견해를 일으킨다. 반면에 後際에 대해서는 관념이 감수라는 점에서 차이가 있다고 보지만 자상으로서의 차이는 없다고 보기에 그 [상주성]에 대한 견해를 일으킨다. 따라서 그는 자아와 세간은 영원하다고 생각한다.

반면에 극미가 상주하다고 파악하는 자들은 세간적인 정려에 의거하여 다음과 같이 본다. 여실하게 연기를 올바로 알지 못했기 때문에, 존재들에게 존재를 선행요소로 하는 결과의 적집과 생기가 있고, 파괴를 선행요소로 하는 소멸이 있다고 분별하는 자는 따라서 다음과 같이 생각한다. '극미들에 의해 조대한 사물이 생겨나며, 또 조대한 사물은 파괴되어질 때 극미의 상태로 이전한다.' 따라서 조대한 사물은 무상하지만 극미들은 영원하다.

* 그중에서 전제를 분별하는 자들과 후제를 분별하는 자들은 상주론의 차별 YBh 139
상에 포섭되기 때문에 자아론에서 이미 논파되었고, 자아의 차별상에 대한 논의도 이미 논파되었다.

(2) 그에게 다음과 같이 말해야 할 것이다. 네가 주장하는 것이 무엇인가? 이전의 머묾을 기억하는 것은 온을 취하는 것인가 아니면 자아를 취하는 것인가? 만일 온을 취하는 것이라면, 자아와 세간은 영원하다는 것은 타당하지 않다. 만일 자아를 취하는 것이라면, 그럼으로써 이러저러한 이름을 가진 유정들이 있었고, 나는 거기서 이러한 이름을 갖고 이러한 부류였다고 하는 등은 타당하지 않다.

네가 주장하는 바가 무엇인가? 색을 대상으로 하는 안식이 현전할 때 그것과 다른 영역들이 장애되었을 때,[102] 그것과 다른 식들은 멸하는가 아니면 작동하

102 YBh 139,9-10에서 tadanyeṣu viṣayeṣu 앞에 rupa eva viṣaye samavahite를 더해 읽고 있지만 한역에 의해 지지되지 않는다.

는가? 만일 멸한다면, 이미 소멸한 식이 영원하다는 것은 타당하지 않다. 만일 작동한다면, 그럼으로써 하나의 경계에 의해 모든 때에 모든 식이 작동한다는 것은 타당하지 않다.

네가 주장하는 바가 무엇인가? 자아는 관념에 의해 지어진 것인가 아니면 감수에 의해 지어진 것인가 또는 변이하는가 아니면 변이하지 않은가? [만일 존재한다면,][103] 자아와 세간이 영원하다는 것은 타당하지 않다. 만일 존재하지 않는다면, 그럼으로써 [자아는] 단일한 관념을 가진 자로 된 후에 다양한 관념을 가진 자로 되며, 한정된 관념을 가진 자와 무한한 관념을 가진 자로 되기 때문에 타당하지 않다. 또 [자아는] 한결같이 즐기는 자이고, 한결같이 고통받는 자이고, 고·락을 가진 자이고, 고·락을 여읜 자가 되기에 타당하지 않다.

그중에서 신체는 영혼을 가졌다고 보는 자는 물질적인 것을 자아라고 보는 자이다. 그가 [자아는] 영혼과도 다르고 신체[와도 다르다고 [본다면], 그는 [자아를] 비물질적인 것으로 [보는 것이다]. 자아가 [영혼과 신체] 양자이고 전체적인 것이고 [영혼과 자아와] 다른 것이 아니고 [양자를] 결여하지 않은 것으로 [본다면], 그는 물질적이면서도 비물질적인 [자아]를 그것의 반대항에 대해 (tadvipakṣe) 바로 이 의미라고 이 문장과 음절을 갖고 집착하면서 자아를 물질적
YBh 140 인 것도 아니고[104] 비물질적인 것도 아니라고 보는 것이다. * 반면에 만일 그가 [자아를] 제한된 물질적인 것이거나 비물질적인 것이라고 본다면, 그는 [자아를] 끝이 있는 것이라고 보는 것이다. 만일 그가 [자아를] 무량하다고 본다면, 그는 [자아를] 끝이 없다고 보는 것이다. 만일 [자아는] 전체적인 것이지만, 색의 부분으로서는 한정되지만 색의 부분이 아닌 것으로서는 무량하며, 또는 색의 부분이 아닌 것으로서는 한정되지만 색의 부분으로서는 무량하다고 본다면, 그는 [자아를] 끝이 있으면서 끝이 없는 것이라고 보는 것이다. 그는 그것의 반

---

103 YBh 139,14에서 tena 앞에 *saced asti 가 누락되어 있다.

104 YBh 139,21: rūpiṇāṃ은 티벳역(gzugs can yang ma yin)과 한역(非色)에 따라 arūpiṇāṃ으로 교정.

대항에 대해 문자는 다양하지만 의미는 다양하지 않다고 집착하면서 [자아는] 끝이 있는 것도 아니고 끝이 없는 것도 아니라고 보는 것이다. 또는 해탈한 자는 [끝이 있고 끝이 없는] 양자를 여의었다고 보는 것이다.

또한 극미의 영원성을 주장하는 자에게 물어야 한다. 네가 주장하는 바는 무엇인가? 극미의 영원성은 관찰되지 않은 것인가 또는 관찰된 것인가? 만일 관찰되지 않은 것이라면 그럼으로써 관찰 없이 영원성의 확정이 있기에 타당하지 않다. 만일 관찰된 것이라면 그럼으로써 모든 인식수단과 모순되기에 타당하지 않다.

네가 주장하는 바는 무엇인가? 극미의 영원성은 미세하기 때문인가 그렇지 않으면 거친 결과의 사물과 구별되는 특징을 갖고 있기 때문인가? 만일 미세하기 때문이라면 그럼으로써 엷은 것(apacita)은 힘이 더욱 미약하기에 [극미가] 영원하다는 것은 타당하지 않다. 만일 구별되는 특징을 갖고 있기 때문이라면 그럼으로써 지·수·화·풍의 특징을 초월한 후에 그 [극미]의 작용은 비슷한 종류의 특징을 갖지 않기 때문에 타당하지 않다. 또한 [극미는] 구별된 특징도 일으키지 않기에[105] 타당하지 않다.

네가 주장하는 바는 무엇인가? 조대한 사물은 극미들과 구별되지 않은 특징을 갖고 있는가 아니면 구별된 특징을 갖고 있는가? 만일 구별되지 않은 특징을 갖고 있다면 [그것은] 바로 그와 같이 원인과 구별되지 않는 것으로서 영원한 것이다. 그렇다면(ca) 원인의 결정성과* 결과의 결정성은 존재하지 않기에 타 YBh 141
당하지 않다. 만일 구별된 특징을 갖고 있다면 그렇다면 네가 주장하는 바는 무엇인가? 그것은 분산된 극미들에 의해 성립되는가 아니면 결합된 [극미들에 의해] 성립하는가? 만일 분산된 [극미들에] 의해서라면 그럼으로써 언제나 모든 결과의 생기가 있으며, 원인의 결정성과 결과의 결정성은 존재하지 않기에 타당

105 YBh 140: lakṣaṇāntaram api nopapadyate. 한역은 更無異相可得으로서 nopalambhyate로 읽었다고 보인다.

하지 않다. 만일 결합된 [극미들에 의해서라면] 그렇다면 네가 주장하는 바는 무엇인가? [조대한 사물은] 저 [극미]를 넘어서지 않는 범위의 형태인가 아니면 넘어서는 범위의 형태인가(atiricyamānavigrahamūrti)? 만일 넘어서지 않는 범위의 형태라면 그것의 형태로부터 사물은 성립하지 않고 형태에 의해서도 아니다. 만일 넘어서는 범위의 형태라면 그럼으로써 극미의 부분은 없기 때문에 부분이 없을 때 조대한 사물도 영원하기에 타당하지 않다. 또 이전에 존재하지 않았던 극미가 출현할 때 극미가 영원하다는 것은 타당하지 않다.

네가 주장하는 바는 무엇인가? 종자 등과 같이 극미들은 조대한 사물을 만드는가 아니면 陶工 등과 같이 [만드는가]? 만일 종자 등처럼 만든다면 그럼으로써 종자처럼 무상하기에 타당하지 않다. 만일 도공 등처럼 만든다면 그럼으로써 극미는 심(cetana)이 되기에 타당하지 않다. 만일 종자 등처럼도 아니고 도공 등처럼도 아니라고 한다면 그럼으로써 비유가 얻어지지 않기에 타당하지 않다.

네가 주장하는 바는 무엇인가? 외부의 존재들의 생기는 유정 때문인가 아니면 [유정에 기인한 것이] 아닌가? 만일 유정 때문이라면 그럼으로써 조대한 사물은 유정에 기인할 것이다. 그것의 토대를 이루는 미세한 사물은 유정에 기인한 것이 아니기에 타당하지 않다. 무엇에 의해 그것의 공능이 제어되겠는가? 만일 유정에 기인한 것이 아니라면 그럼으로써 외부의 존재들의 출현은 노력 없이도 일어나기에 타당하지 않다.

YBh 142 (3) * 이와 같이 온과 유정을 기억하기 때문에, 하나의 경계에 의해 일체의 식의 흐름이 나타나기 때문에, 관념과 감수들에 의해 변화하고 불변하기에, 전제를 분별하는 자들과 후제를 분별하는 자들의 상주론은 타당하지 않다. 또한 관찰과 비관찰에 의해, 共相에 의해, 자상에 의해, 만듦에 의해, 근본적인 목적에 의해, 극미의 상주론은 타당하지 않다. 따라서 이 [극미상주]론도 올바르지 않은 것으로 규정된다.

그렇지만 나는 상주의 특징을 설명할 것이다. 모든 때에 불변으로 특징지어지고, 모든 방식으로 불변으로 특징지어지며, 저절로 불변으로 특징지어지고,

다른 것에 의해 불변으로 특징지어지며, 또 생하지 않는 것과 같은 것이 상주의 특징이라고 알아야 한다.

4.6. 宿作因論 (Ch. 308c16)

과거에 행했던 것이 원인이라는 학설[106]이란 무엇인가?

(1) 예를 들어 여기서 어떤 사문이나 바라문이 경에서 설한 것처럼 [다음과 같은 견해를 갖고 있고 다음과 같은 주장을 한다]. 어떤 사람이나 개아가 경험하는 것은 고통이라고 의도된 것이다. 과거에 행했던 것을 원인으로 한다는 것은 악행을 원인으로 하는 것이 의도된 것이다. 예전의 업들이 고행(tapas)에 의해 종식되기 때문에 라는 말은 현재의 난행(kaṣṭa)에 의해서라고 의도된 것이다. 새로운 업들을 짓지 않고 완전히 제거했기 때문에 라는 말은 불선한 [업들이] 의도된 것이다. 이와 같이 미래에 [영혼 속으로 업의] 유입이 없다(無漏)란* 한결같이 선한 상태이기에 미래에 [영혼 속으로 업의] 유입이 없다고 설한 것이다. 유입이 없기 때문에 업이 소진되었다는 말은 악업을 의도한 것이다. 업의 소진으로부터 고의 소진이 있다는 말은 과거에 행했던 것을 원인으로 하는 것 및 현재에서 착수한 것(upakramika)을 의도한 것이다. 고의 소진으로부터 고의 끝을 행한다는 말은 다른 생으로 이어지는 것의 [종식을] 의도한 것이다. 예를 들어 자이나교도들과 같다. YBh 143

어떤 이유로 이런 견해를 갖고 있고 이런 주장을 하는가? 답: 전승과 도리에 의해서이다. 전승은 앞과 같다. 도리란 무엇인가? 여기서 어떤 이가 사변론자이며, 앞에서와 같다. 현재에서 사람의 행위의 흔들림(vyabhicāra)을 보기 때문이다. 왜냐하면 그는 세간에서 올바른 노력을 하는 자들에게도 고통이 일어나며, 삿된 노력을 하는 자들에게도 낙이 생겨나는 것을 보기 때문이다. 그는 다음과

---

106 이 주장은 Nirgrantha, 즉 자이나교도를 겨냥하고 있다.

같이 생각한다. 만일 [현재의 고락이] 사람의 행위를 원인으로 한다면 그것은 이와 반대될 것이다. 왜냐하면 그것은 내게 그것과 반대라고 생각되기 때문이다. 따라서 이것은 과거의 [업을] 원인으로 한다. 그래서 그는 이런 견해를 갖고 있고 이런 주장을 하는 것이다.

(2) 그에게 다음과 같이 말해야 할 것이다. 네가 주장하는 것이 무엇인가? 현재에서 받는 고는 과거에 행했던 것을 원인으로 하든지 아니면 현재의 착수를 원인으로 하는 것이다. 만일 과거에 행했던 것을 원인으로 한다면, 그럼으로써 예전의 업들은 고행에 의해 종식되기 때문에, 또한 현재의 [새로운 업]들을 짓지 않고 완전히 제거했기 때문에 미래에 [업의] 유입이 없다고 [그대가 주장했기에] 타당하지 않다. 만일 현재의 착수를 원인으로 하는 것이라면, 어떤 사람이나 개아가 경험하는 것 모두는 과거에 행했던 것을 원인으로 하는 것이기에 타당하지 않다. 이와 같이 현재에서 착수한 고는 비록 과거에 행했던 것을 원인으로 하고 또 사람의 행위를 원인으로 한다는 것은 타당하지 않다. 따라서 이 주장은 이치에 맞지 않는다고 규정된다.

그렇지만 고통은 한결같이 과거에서 행했던 것을 원인으로 한다. 여기서 어떤 이가 자신의 업의 영향에 의해 악취에서나 또는 저열하고 가난한 집에서 재생하거나, 잡다한 [업]을 원인으로 하는 고를 받는다. 즉, 왕을 잘못 모신 자에게
YBh 144 결실이 없기에 생겨난 고통이 있다.* 왕을 모시는 자에게처럼 언설행위들과 상행위들, 도둑질을 하는 자에게, 또는 타인에 대한 해코지들을 하는 자에게도 마찬가지다. 매우 복덕을 가진 자의 행위는 번성하고 복덕이 없는 자의 행위는 무익하다.

[또한] 한결같이 [현재의] 사람의 행위를 원인으로 하는 [고통]도 있다. 즉, 정법을 듣는 자에게, 법들을 직접적으로 깨우치려고 하는 자에게, 행동거지를 분별하는 자에게, 그리고 기술의 습득을 배우는 자에게 다른 것을 인기하는 새로운 행위이다. 이와 같은 부류가 [현재에서] 사람의 행위를 원인으로 하는 것이다.

4.7. 自在等作者論 (Ch. 309a26)

자재천 등이 행위자라는 학설(Iśvarādikartṛvāda)이란 무엇인가?

(1) 예를 들어 여기서 어떤 사문이나 바라문이 경에서 상세히 설한 것처럼 [다음과 같은 견해를 갖고 있고 다음과 같은 주장을 한다]. 이 사람과 개아가 경험하는 모든 것은 자재천의 화작(nirmāṇa)을 원인으로 하거나 또는 다른 푸루샤의 화작을 원인으로 한다. 즉, 그들은 자재천 등의 적절하지 않은 원인을 주장하는 (viṣamahetuvāda) 자들이다.

어떤 이유로 이와 같은 견해를 갖고 있고 이와 같은 주장을 하는가? 답: 전승과 도리에 의해서이다. 전승은 앞에서와 같다.

도리는 무엇인가? 여기서 어떤 이가 사변론자이며, 앞에서와 같다. 원인과 결과와 관련해서 원하는 대로 일어나지 않는다고 보기 때문이다. 왜냐하면 유정들은 원인의 시기에 청정으로 나아가려고 하지만 원하는 대로 행하지 못하며, 악으로 나아간다. 그리고 결과의 시기에 선취에서 천계에서 천신들 속에서 재생하고자 하지만 악취들 속에서 재생한다. 낙을 향수하고자 하지만 단지 고를 향수한다. 따라서 그들은 다음과 같이 생각한다. 어떠한 행위자와 창조자, 화작자가 모든 존재들의 아버지이다. 그는 자재천이거나 또는 그와 다른 존재이다.

(2) 그에게 다음과 같이 질문해야 한다. 요약송이다.

> 공능과 무자성, 내재(antarbhāva)와 내재하지 않음, 상위의 측면에서
> 유목적성과 무목적성, 원인성에 대한 오류가 생겨나기 때문에.

네가 주장하는 것은 무엇인가? 자재천에 있어 변화의 공능은 업과 노력을 원인으로 하는가 아니면 원인으로 하지 않는가? * 만일 그 [공능]이 업과 노력을 YBh 145
원인으로 하지만, 세상사물은 업과 노력을 원인으로 하는 것이 아니라고 한다면,[107] [이는] 타당하지 않다. 만일 [공능이 업과 노력을] 원인으로 하지 않는다면, 그럼으로써 그 [공능]의 원인은 없을 것이지만, 세상사물은 아니다.[108] 따라

서 타당하지 않다.

네가 주장하는 바는 무엇인가? 자재천은 세상 속에 내재하는가 아니면 내재하지 않는가? 만일 내재한다면, [자재천은] 세상과 동일한 성질을 갖고 있으면서 세상을 산출하는 것이기에 타당하지 않다. 만일 내재하지 않는다면, 그럼으로써 [그것으로부터] 벗어난 자가 세상을 산출하는 것이기에 타당하지 않다.

네가 주장하는 바는 무엇인가? [자재천은] 목적을 가진 [세상]을 산출하는가 아니면 목적이 없는 [세상을 산출하는가]? 만일 목적을 가진 [세상을 산출한다면], 그럼으로써 그 목적 속에 자재천은 없을 것이며, 세상은 자재천 속에 있는 것이기에 타당하지 않다. 만일 목적이 없는 [세상을 산출한다면], 그럼으로써 목적도 없이 산출한다는 것은 타당하지 않다.

네가 주장하는 바는 무엇인가? 창조(sarga)는 자재천을 원인으로 하는가 아니면 그것과 다른 질료(upādāna)를 원인으로 하는가? 만일 오직 자재천만을 원인으로 한다면, 그럼으로써 자재천이 있을 때 그때에 창조가 있다. 창조가 있을 때 그때 자재천이 있다. 따라서 창조가 자재천을 원인으로 한다는 것은 타당하지 않다. 만일 그것과 다른 재료를 원인으로 한다면, 그럼으로써 그의 욕구를 원인으로 하거나 또는 욕구를 제외하고 그것과 다른 질료를 원인으로 할 것이다. 만일 그의 욕구를 원인으로 한다면, 그 욕구는 자재천을 원인으로 하는 것인가 아니면 그것과 다른 질료를 원인으로 하는 것인가? 만일 오직 자재천만을 원인으

---

107 YBh 145,1: sacet karmayogahetukaṃ tat karmayogahetukaṃ jagad iti na yujyate//. 그러나 각주에서 밝히고 있듯이 jagad 앞에 na를 넣어야 한다. 여기서 자재천 등이 세상만물의 변화의 원인이라는 주장을 부정하면서 제시하는 YBh의 논리는 『구사론』과 비교할 때 형식적으로나 내용상으로 다르다. 『구사론』(AKBh 101)은 "왜냐하면 만일 자재천īśvara)이나 다른 [Puruṣa 등]이 바로 유일한 원인이라고 한다면, 온 세상사물(jagat)은 동시에 생겨나야 할 것이다. 그러나 존재들은 순서에 따라 발생하는 것으로 보인다."고 설명하는데, 이를 고려할 때 업과 노력에 따라 세상사물이 동시적으로 생겨나는 것이 아니라 순차적으로 발생한다고 이해할 수 있을 것이다.

108 YBh 145,2: saced ahetukaṃ/ sahetukaṃ/ tena tad ahetukaṃ jagad iti na yujyate// 그러나 각주에서 밝히고 있듯이 사본에 jagad 앞에 na가 있고 이렇게 읽어야 한역에 부합한다. T31, 309b17-18: 若無因者, 唯此功能無因而有, 非世間物)

로 한다면, 자재천이 있을 때 그때 욕구가 있고, 욕구가 있을 때 그때 자재천이 있을 것이기에 항시 창조를 갖게 될 것이다. 만일 [욕구가] 다른 질료를 원인으로 한다면, 그 [원인]도 지각되지 않는다. 또한 [그의 욕구] 속에 자재천은 없지만, 세상이 자재천 속에 있다는 것은 타당하지 않다.

(3) 이와 같이 공능의 측면에서, 내재와 내재하지 않음의 측면에서, 유목적과 무목적의 측면에서, 원인의 측면에서 [자재천 등의 학설은] 타당하지 않다. 따라서 이 주장은 이치에 맞지 않는 것으로 규정된다.

4.8. 害爲正法論 (Ch. 309c12)

(1) 살생이 정법이라는 학설(hiṃsādharmavāda)[109]이란 무엇인가? 여기서 어떤 사문이나 바라문이 경에서 상세히 설한 것처럼 [다음과 같은 견해를 갖고 있고 다음과 같은 주장을 한다]. 주문의 규정(mantravidhi)에 의거하는 살생은 [의례적인] 희생제의 동안에 [일어나며], 제사를 지내는 자와 살해되는 자 그리고 그 [제사]를 보조하는 자들은 모두* 천계로 간다. YBh 146

어떤 이유로 [저 사문이나 바라문은] 이와 같은 견해를 갖고 있고 이와 같은 주장을 하는가? 이것은 이치에 맞지 않는 것이며,[110] 허위로 속인 것이지, 도리를 관찰한 후에 건립된 것이 아니다. 칼리유가(kaliyuga)가 도래했을 때 예전의 바라문의 법을 위배해서 고기를 먹고자 하는 바라문들에 의해 이 [희생제의]가 고려된 것이다.[111]

(2a) 그 [사문이나 바라문]에게 다음과 같이 말해야 할 것이다. 네가 주장하는

---

109 이 주장은 베다 전통에 따른 동물의 희생제의를 옹호하는 자들을 겨냥하고 있다.

110 utsaṃsthavāda, 違理論 tshig las 'dus par smra ba

111 Eltschinger(2017: 210)는 kaliyuga에 대한 설명이 MBh 3.186-188에 나오지만, 이 시기의 계급이 원래 계급이 없던 인간사회에서 시작된 종말적인 타락현상이라고는 기술되지 않았기 때문에 여기서의 kaliyuga의 언급은 바라문적인 종말론을 반영한 것이 아니라 오히려 진정한 바라문이란 무엇인가에 대한 불교의 관점에서의 해석이라고 주장한다.

것이 무엇인가? [희생제의에서 동물의 살생을 수반하는] 이 주문의 규정은 올바른 성질의 것인가 아니면 올바르지 않은 성질의 것인가? 만일 그것이 올바른 성질의 것이라면, 그럼으로써 생명을 손상이 없이 자신이 원하는 바를 산출하지 못하며, 또 올바르지 않은 것을 올바른 것으로 행하기 때문에 타당하지 않다. 만일 그것이 올바르지 않은 성질의 것이라면, 그럼으로써 원하지 않는 결과를 가진 요소(dharma)가 또 다른 원하지 않는 결과를 배제하기에 타당하지 않다.

(2b) 이와 같이 답변되었을 때, [반론자는] 다시 말할 것이다: '마치 주문의 규정에 의해 약화된 독이 해를 끼치지 않는 것처럼 여기서도 주문의 규정은 마찬가지라고 보아야 한다.'[112] 그에게 네가 주장하는 바가 무엇인지를 물어야 할 것이다. 마치 주문의 규정이 외적인 독을 적정하게 하는 것처럼 내적인 탐·진·치의 독도 적정하게 하는가 아니면 그렇지 않은가? 만일 그것이 바로 동일하게 적정하게 한다면, 그 [탐·진·치의] 적정은 어느 곳에서나 언제나 또 누구에게나 동일하게 [일어난다고] 지각되지 않기 때문에 타당하지 않다. 만일 그것이 적정하게 하지 않는다면, 그럼으로써 주문의 규정이 외적인 독을 적정하게 하는 것처럼 그와 같이 비법을 적정하게 한다는 말은 타당하지 않다.

(2c) 네가 주장하는 바는 무엇인가? 주문의 규정은 변재하는 것인가 아니면 변재하지 않는 것인가? 만일 그것이 변재하는 것이라면, 사랑하는 자신의 친척을 처음부터 희생시킨다고 지각되지 않기 때문에 타당하지 않다. 만일 그것이 변재하지 않는 것이라면, 그럼으로써 이 [주문의 규정]의 효용성은 결정된 것이 아니기 때문에 타당하지 않다.

(2d) 네가 주장하는 바는 무엇인가? 주문의 규정은 원인을 제거할 능력이 있는가? 그렇지 않으면 결과를* [제거할 능력이 있는가]? 만일 오직 원인을 [제거
YBh 147
할 능력이] 있다면, 그럼으로써 결과와 관련해 능력이 없기 때문에 타당하지 않

112 의례적 살생의 경우 살생의 업은 의례에서 수행된 주문에 의해 효력을 잃는다는 것이다.

다. 만일 결과를 [제거할 능력이] 있다면, 그럼으로써 모습을 마음대로 변화시키는 [존재]처럼 [희생제의의] 동물(paśu)도 동물의 몸을 버린 후에 신들의 몸을 취하기 때문에 타당하지 않다.

(2e) 네가 주장하는 바는 무엇인가? 주문을 외는 자는 [살생의] 능력과 연민심이 있는가 아니면 능력도 연민심도 없는가? 만일 그가 능력과 연민심을 갖고 있다면, 그때 살생 없이 모든 세간중생을 천계로 인도하지 못하기 때문에 타당하지 않다. 만일 그가 능력도 연민심도 없다면, 그럼으로써 그의 주문이 성공적이라는 것은 타당하지 않다.

(3) 이와 같이 원인의 측면에서, 원하는 것의 측면에서, 결정되지 않음의 측면에서, 결과에 대한 효력이 없다는 측면에서, 주문을 하는 자의 측면에서 타당하지 않다.[113] 따라서 이 주장은 이치에 맞지 않는 것이다.

(4) 나는 올바르지 않은 것의 특징을 설할 것이다. 타인을 손상시키지만 현재의 오류를 대치하지 않는 업이 우선 올바르지 않은 것(adharma)으로 간주된다. 또한 모든 비정통적 교설(pāṣaṇḍika) 속에서 원하지 않는 결과를 성취하는 것과 또 일체지자들에 의해 한결같이 불선한 것이라고 설해진 것, 또 스스로 바라지 않는 것, 또 염오된 심에 의해 일어난 것, 또 주술 등에 의해 행복이 갖추어진다는 것, 또 자성적으로 무기인 것[114]이 올바르지 않은 것이다.

4.9. 邊無邊論 (Ch. 310a22)

[세계는] 끝이 있거나 끝이 없다는 학설(antānantavāda)[115]이란 무엇인가?

(1) 예를 들어 여기서 어떤 사문이나 바라문은 세간적인 정려에 의거함에 의

---

113 다섯 가지 이유는 (2a)-(2e)의 질의 내용에 해당된다.

114 YBh에는 누락되어 있지만, 티벳역(rang bzhin gyis lung du ma bstan pa gangg yin pa)과 한역(又若業自性無記)은 *yac ca prakṛtyā avyākṛtam으로 읽었다.

115 이 주장은 Brahmajālasutta(DN I.22-24)에 의거하고 있다.

해 세간은 끝이 있다는 관념을 갖고 주하거나 끝이 없다는 관념을 갖거나 양자 모두라는 관념을 갖거나 또는 양자 모두가 아니라는 관념을 갖고 주한다. 경에서 상세히 설한 것과 같다. 그는 세간은 끝이 있으며 내지 끝이 있는 것도 아니고 끝이 없는 것도 아니라는 견해를 갖고 있고 그와 같은 주장을 한다. 이에 대한 이유는 그 특색이 이미 설해졌다고 알아야 한다.

그중에서 [세계의] 끝이라는 관점에서 세간의 끝을 추구하는 자가 파괴되는 겁을 기억할 때에 끝이 있다는 관념을 가지며, 생성되는 겁을 [기억할] 때에는 끝이 없다는 관념을 가진다. 공간의 광대함의 한계의 관점에서 [세간의 끝을] 추구하는 자는 아래로는 무간[지옥]을 넘어 지각하지 못하고 위로는 제4정려를 넘어 지각하지 못하고 횡으로 모든 곳에서 끝을 지각하지 못할 때에, 위와 아래에 끝이 있다는 관념을 가지며, 횡으로 끝이 없다는 관념을 가진다. 또는 그것의 반대항으로서 [세간은] 끝이 있는 것도 아니고 끝이 없는 것도 아니라는 특별한 문자에 대한 집착이 있지만, 그 의미에 대한 집착은 없다.

(2) 그에게 다음과 같이 말해야 할 것이다. 네가 주장하는 것이 무엇인가? 파괴되는 겁 이후에 세간의 생기는 있는가 아니면 없는가? 만일 있다면, 세간은 끝이 있다는 것은 타당하지 않다. 만일 없다면, 그럼으로써 세간에 주하는 자가 세간의 끝을 기억한다는 것은 타당하지 않다. 이와 같이 그 이후의 존재라는 점에서도 타당하지 않다.

따라서 이 주장은 이치에 맞지 않는 것으로 규정된다.

4.10. 不死矯亂論 (Ch. 310b10)

YBh 149 * 불사교란론(amarāvikṣepavāda)[116]이란 무엇인가?

---

116 amarāvikṣepavāda는 DN I.24-28에서 서술된 4종의 amarāvikṣepika와 관련된다. CPD의 amarāvikkhepa 항목은 Buddhaghosa에 따라 “name of a flsh hard to catch because of its quick movements”로 풀이하고 있다. 이에 의거해서 Rhys Davids는 “who wriggle like eels”로 번역하고 있다. 이 해석은 6사외도 중에서 불가지론자 Sañjaya의 논법을 연상시킨다. 그러나 현장은 이를 不死矯亂이라 번역하고 있고, 티벳

예를 들어 여기서 어떤 [사문이나 바라문이] 경에서 상세히 설한 것처럼 [다음과 같은 견해를 갖고 있고 다음과 같은 주장을 한다].[117] 4종의 불사교란자들이 있다. 저 비불교도들은 어떤 사람이 상승의 수행도에 관련해서 선과 불선을 묻고, 탁월한 수행도와 관련해서 고·집·멸·도를 묻는다면, 그는 '나는 불사의 천신이다'라고 주장한 후에, 불사의 청정한 신들에게 질문이 제기되지 않을 그런 점에 대해[118] 질문하는 자들에게 그들은 말로써 혼란스럽게 하거나, 또는 다른 사건에 기대어 회피하거나, 재비판과 상응하는 방식에 의해 혼란시킨다. 그중에서 첫 번째 불사교란자는 그의 인식이 각성되지 못한 자이며, 두 번째는 증득되어야 할 법에 대해 증상만을 일으킨 자이며, 세 번째는 그의 인식은 이미 각성되었지만 아직 결정하지 못한 자이며, 네 번째는 단순히 우둔하고 미혹된 자이다.

또한 첫 번째는 妄語(mṛṣāvāda)를 두려워하고 또 [자신의] 무지를 두려워하기 때문에 '나는 알지 못한다'고 분명히 대답하지 않는다. 두 번째는 자신의 증득에 대해 두려움 없음을 얻지 못하고 있고,[119] 비난조의 질문(paryanuyoga)을 두려워하고 망어를 두려워하고 邪見을 두려워하기 때문에 '나는 이해했다'고 분명히 대답하지 않는다. 세 번째는 사견을 두려워하고 비난조의 질문을 두려워하기 때문에 '나는 확실하지 않다'고[120] 분명히 대답하지 않는다. 이들 셋은 다

역은 lha mi spong ba로 제시하면서 amara를 不死 내지 불사의 천신으로 이해하는 점에서는 비슷하지만, 그럴 경우 avikṣepa를 어떻게 이해할 것인지 결정하기 어렵다. 뒤따르는 설명을 보면 스스로를 천신이라고 주장하는 자가 그에게 제기된 질문내용에 대해 그것은 천신들에게 제기될 수 없는 질문이기에 직접 답변하기를 피한다고 하는 뉘앙스로 설명되고 있다.

117 YBh_ms 41a-41b4는 판독하기 어렵다. 따라서 YBh 149,2에서도 amarāvikṣepavādaḥ katamaḥ/ yathāpīhaikatyaḥ ... mandamomuha eva/로서, "네 번째는"에 이르기까지의 문장은 판독하지 않은 채 두었다. 따라서 한역(310b10-18)과 티벳역(P 87a7f)에 의거해 번역했다. 하지만 한역에는 yathāpīhaikatyaḥ에 대응하는 문장이 없다.

118 이는 한역 便自稱言不死亂者, 隨於處所依不死淨天不亂詰問 即於彼所 및 티벳역(... bdag ni lha mi spong ba yin no snyam du/ dam bcas nas/ gang du 'chi ba med pa rnam par dag pa'i lha rnams kyi dri ba dris pa/ spang bar bya bama yin pa der de dag ...)에 의거한 번역이다.

119 YBh 149,4에 각주로 사본에 suviśāradaḥ sva adhikha (?)로 쓰여 있지만, svādhigatavān asmīti로 보인다고 말한다. 한역 第二 於自所證未得無畏, 懼他詰問

른 일에 의탁해서[121] 말에 의해 산란에 빠뜨리는 것이다. 네 번째는 그는 모든 방식으로 이것은 상승의 수행도이고 탁월한 수행도라는 문자조차도 친숙하지 못하고 오직 비난조의 질문을 두려워하기에 '나는 매우 어리석은 자이다'라고 분명히 대답하지 않는다. 그는 단지 타인에게 반문하며, 말을 갖고 그것을 반복함에 의해 산란에 빠진다.

YBh 150 * 그 주장들의 이유와 설한 사람, 그리고 반론은 바로 경에서처럼 그 특색을 이미 설했다.[122] 바로 그들은 두려워하기 때문에 그 [견해에] 머문다. 이와 같이 반론자가 오면 그것에 대해 허위로 행한다. 이는 이런 점에서 악한 견해에 떨어진다고 알아야 한다. 따라서 이 주장은 이치에 맞지 않는 것으로 규정된다.

4.11. 無因論 (Ch. 310c3)

無因論(ahetuvāda)이란 무엇인가?

(1) 그것은 정려에 의거하고 또 사변에 의거하는 것으로서 [범망]경에서 설한 대로 2종이라고 알아야 한다.[123]

어떤 이유로 [사문과 바라문은] 사변에 의거함에 의해 자아와 세간은 원인 없이 생겨났다고 보는가? 요약하면, 내외의 존재들의 무량한 다양성이 의도에 의존하지 않음을 지각한 후에, 또 어떤 때는 원인들의 다양성을 지각한 후에, 그는 어떤 때는 우연적으로 바람이 일어나고 어떤 때는 일어나지 않으며, 어떤 때는

---

120 YBh 149,6-7: aham adhigatavān asmīti/. 하지만 이 표현이 이미 두 번째 불사교란자의 경우로 제시되고 있기 때문에 잘못된 필사로 보이며, 한역(310b23)은 我不決定(anirṇīto 'smi)로 제시하고 있다.

121 anyenānyaṃ pratisaṃharanto. 직역하면 '다른 것을 다른 것에 의해 회피하면서'이다. 한역은 假託餘事이다.

122 不死矯亂論의 서술은 다른 학설의 서술에서 특징적으로 사용된 "그에게 다음과 같이 말해야 할 것이다. 네가 주장하는 것이 무엇인가?"라는 표현이 나오지 않는다는 점에서 형식적인 차이를 보여준다.

123 DN I.28-29에서 ahetuvāda의 설명은 자아와 세간은 우연적으로 생겨났다는 말로 시작한다. 이러한 無因論은 Makkhali Gosala에게 귀속되고 있지만, 동시에 그의 주장은 결정론(niyativāda)으로 기술되기도 한다.

우연적으로 강이 흐르고 어떤 때는 흐르지 않으며, 어떤 때는 우연히 나무들이 꽃을 피우고 과실을 맺고 어떤 때는 꽃을 피우지 않고 과실을 맺지 않음 등을 [지각한다].

(2) 그에게 다음과 같이 말해야 한다. 기억에 있어서 본체는 없는가 아니면 자아인가? 만일 [기억에] 본체가 없다면 관습을 벗어나고 적집되지 않은 본체의 비존재를 기억한다는 것은 타당하지 않다. 만일 [기억이] 자아라면, 그럼으로써 나는 이전에 비존재였고 후에 생겨났다고 하는 것은 타당하지 않다.[124]

(3) 이와 같이 본체의 비존재의 기억의 측면에서, 자아의 기억의 측면에서, 내외 존재들의 무원인성과 다양성의 측면에서, 원인을 수반함과 다양성의 측면에서, [무인론은] 타당하지 않다. 따라서 이 주장은 이치에 맞지 않는 것으로 규정된다.

4.12. 斷見論 (Ch. 310c24)

단견론(ucchedavāda)[125]이란 무엇인가?

(1) 예를 들어 여기서 어떤 사문이나 바라문이 [범망]경에서 설한 것처럼 다음과 같은 견해를 갖고 있고 다음과 같은 주장을 한다. 자아가 조대하고 물질적인 것이고 사대로 구성된 것으로서 존속하고 유지되고 있는 한, 그것은 병을 가진 것이고 종기를 가진 것이고 화살을 가진 것이다.[126] 죽은 후에 자아가 * 단절되 YBh 151
고 소멸하고 존재하지 않을 때 그런 한에서 자아는 단멸된다. 욕계에 속한 천신과 색계에 속하고, 무색계의 공무변처에 속하고 내지 비상비비상처에 속한 천신도 [범망]경에서 상세히 설한 것과 마찬가지다. 즉, [그들은] 7종 단견론자들

---

124 한역은 이어 310c16-20까지 又汝何所欲 ~ 若有因者 我及世間 無因而生, 不應道理라는 긴 문장을 첨가하고 있지만, 이는 중복된 것으로 보인다.

125 이 기술은 Brahmajālasutta(DN I.34-36)와 관련되어 있다.

126 YBh 150,22에서 티벳역에 의거해 사본에 없는 [sajvaraḥ saparitāpaḥ]를 보충하지만, 한역에 의해 지지되지 않는다.

이다.[127]

어떤 이유로 이와 같은 견해를 갖고 있고 이와 같은 주장을 하는가? 답: 전승과 도리에 의해서이다. 전승은 앞에서와 같다. 도리는 무엇인가? 여기서 어떤 이가 사변론자이며, 앞에서와 같다. 그는 다음과 같이 생각한다. 만일 자아가 죽은 후에 다른 것이 된다면, 업들을 행하지 않았는데도 얻어진다는 오류가 있다. 또 만일 자아가 모든 방식으로 모두 존재하지 않는다면, 그럼으로써 업의 결과를 향수할 수 없게 될 것이다. 두 가지 타당하지 않다고 본 후에 그는 다음과 같은 견해를 갖고 다음과 같은 주장을 한다. '자아는 단절되고 소멸하고 죽은 후에 다른 것으로 되지 않는다. 마치 쪼개진 단지가 다시 붙을 수 없고, 또는 쪼개진 돌조각이 붙지 않는 것과 같다.' 이 경우에도 바로 그와 같은 이치라고 알아야 한다.

(2) 그에게 다음과 같이 말해야 할 것이다. 네가 주장하는 것이 무엇인가? 온들이 단절되는가 아니면 자아가 [단절되는가]? 만일 온들이 [단절된다면], 그럼으로써 인과의 연쇄 속에서 작동하는 온들이 무상하고 단절되기에 타당하지 않다. 만일 자아가 [단절된다면], 조대하고 사대로 이루어진 색이 병을 가진 것이고 종기를 가진 것이고 화살을 가진 것이며, 욕계에 속한 천신과 색계에 속하고, 무색계의 공무변처에 속하고 내지 비상비비상처에 속한 천신이라고 [경에서 설한 것은] 타당하지 않다. 따라서 온들의 단절에 의해서도 [자아의 단절에 의해서도][128] 타당하지 않다.

따라서 이 주장은 이치에 맞지 않는 것으로 규정된다.

---

127 단견론자들은 죽은 후에 그들이 자아와 동일시했던 것들이 단절되고 소멸하고 존재하지 않는다고 본다. 여기서 7종은 욕계의 중생, 욕계의 천신, 색계의 천신, 그리고 무색계의 네 영역의 천신들이 그들의 자아라고 생각했던 것의 소멸을 보면서 죽은 후에 모든 것이 소멸한다고 본다는 것이다.

128 YBh 151,16f: skandhasamucchedato 'pi <ātmasamucchedato 'pi> na yujyate로 보충되어야 한다.

4.13. 空見論 (Ch. 311a17)

비존재론(nāstikavāda)이란 무엇인가?

(1) 예를 들어 여기서 어떤 사문이나 바라문이 경에서 설한 것처럼 [다음과 같은 견해를 갖고 있고 다음과 같은 주장을 한다]. '보시물도 없고 희생물도 없으며, 내지 세간에 아라한은 없다.'[129]

(2) 또한 그는 다음과 같은 견해를 갖고 있고 다음과 같은 주장을 한다. '모든 것은 모든 것의 특징으로서 비존재한다.'[130]

(1a) * 어떤 이유로 이와 같은 견해를 갖고 있고 이와 같은 주장을 하는가? 답: 전승과 도리에 의해서이다. 전승은 앞에서와 같다. 도리는 무엇인가? 여기서 어떤 이가 사변론자이며, 앞에서와 같다. 그는 세간적인 정려에 의지함에 의해 보시자의 전체적인 한 생애를 보고, 그가 죽은 후에 비천한 가문들 속에서 태어남을 본다. 그는 보시자도 없고 희생물도 없고 제사도 없으며, 내지 세간에 아라한도 없다고 생각한다. 또한 그는 선행을 하거나 또는 악행을 하는 자들의 한 생애를 보고, 그가 죽은 후에 악취에 떨어져 지옥에서 재생하거나 또는 선취와 천계에서 천신들 가운데 재생하고 있음을 본다. 그는 다음과 같이 생각한다. 선행도 YBh 152

---

129 이 설명은 Eltshinger(2015: 222)에 따르면 사문과경에서는 6사외도 중에서 Pūraṇa Kāśyapa의 견해와 비슷하며, 팔리 자료에서는 Ajita Kesakabali의 주장과 비슷하다. 그런데 「섭결택분」은 邪見(mithyādrsti)을 규정할 때, 증익하는(samāropika) 사견과 손감하는(apavādaka) 사견의 2종으로 구별하면서, '보시물도 없고 희생물도 없으며 내지 세간에 아라한도 없다'는 견해를 손감하는 사견이라고 설명한다. 이에 따르면 여기서 '내지'에서 생략된 말은 '(i) 공양물도 없고, (ii) 선행도 없고 악행도 없으며, (iii) 선행이나 악행에서 과보의 이숙도 없고, (iv) 부모도 없고, 재생에 떨어지는 중생도 없다.' 그중에서 (i)은 원인의 부정이고, (ii)는 행위의 부정, (iii)은 결과의 부정, (iv)는 작용의 부정으로 설명한다. 이에 대해서는 본서 2부, III. 1.2.1.1.의 邪見 항목 참조.

130 nāstikavāda의 두 번째 규정은 邪見으로서의 규정과는 달리 일체를 비존재로 간주하는 견해로서 일체개공을 주장하는 견해를 향하고 있다. 이는 BoBh 46,7ff에서 '악취공'과 관련된 설명에서 잘 나타난다. Schmithausen(2000: 254-259)은 nāstikavāda 부분을 다루면서, 모든 것은 모든 것의 특징으로서 비존재한다는 두 번째 항목은 대승에서 비존재를 설하는 견해라고 보고, 「본지분」이 완성되고 「섭결택분」의 편찬이 시작되기 이전에 삽입되었을 것이라고 추정한다. 그 이유는 이하에서 일체를 비존재를 간주하는 견해를 三相의 교설로 부정하지만 삼상의 설명이 매우 초보적이기 때문에 그럴 것이다.

없고 악행도 없다. 선업과 악업들의 과보의 이숙도 없다. 또한 그는 한 크샤트리야가 죽은 후에 바라문이나 바이샤, 수드라의 계급으로 재생하고 있거나, 또는 한 바라문이 크샤트리야나 바이샤, 수드라 계급으로 재생하고 있음을 본다. 바이샤나 수드라도 마찬가지다. 그는 다음과 같이 생각한다. 크샤트리야 등이 다른 세계로부터 크샤트리야 등으로 오는 이 세계는 없다. 크샤트리야 등이 이 세계로부터 크샤트리야 등으로 오는 다른 세계는 없다. 또한 그는 이욕자가 하지에서 재생하고 있는 것을 보고, 또는 어머니가 [죽은 후에] 딸의 상태로, 또는 딸이 어머니의 상태로, 그리고 아버지가 아들의 상태로, 또는 아들이 아버지의 상태로 재생하고 있음을 본다. 그는 부모의 결정성을 본 후에 어머니도 없고 아버지도 없다고 생각한다. 또는 그는 한 개아의 재생을 관찰하면서 저 [개아]가 무상천의 천신들 속에서나 무색계에서 재생하거나 또는 열반하였음을 보지 못한다. 그는 다음과 같이 생각한다. 화생하는(upapāduka)[131] 중생은 존재하지 않는
YBh 153 다. 왜냐하면 그의 [재생]처를 알지 못하기 때문이다.* 또는 그는 스스로 아라한이라는 증상만을 갖고 죽은 후에 자신의 재생을 본다. 그는 이 세상에 아라한은 없다고 생각한다.

(2a) 그는 어떤 이유로 일체는 일체의 특징으로서 존재하지 않는다는 견해를 갖고 있고 그와 같은 주장을 하는가? 여래께서 설하신 심오한 경들은 離言法性과 관련해 심오하게 현현한다. 그것들을 여실하게 알지 못하는 자에게 또 올바르지 않게 법상을 건립하는 자에게 비존재의 인식이 생겨난다. 그것에 의해 그는 일체는 일체의 특징으로서 존재하지 않는다고 생각한다.

(1b) 그에게 다음과 같이 말해야 할 것이다. 네가 주장하는 것이 무엇인가? 재생한 후에 감수되어져야 하는 업과 또 내생에서 감수되어져야 하는 업이 있는

---

131 upapāduka는 티벳역에서 rdzus te skys ba로, 한역에서 化生으로 번역된다. 여기서 이런 양태로 재생하는 중생은 특별한 방식으로 재생한 존재로서, 천신들이나 지옥중생으로 저절로 단박에 그곳으로 출현한 존재를 가리킨다.

가, 그렇지 않으면 모든 [업]은 미래에 감수되어져야 하는가? 만일 [재생한 후에 감수되어져야 하는 업과 또 내생에서 감수되어져야 하는 업이] 있다면, 그럼으로써 보시자도 없고 원하는 바도 없고 제사도 없으며, 선행과 악행도 없으며, 선업과 악업의 과보의 이숙도 없으며, 이 세계도 없고 저 세계도 없다는 것은 타당하지 않다. 만일 미래에 감수되어져야 하는 [업이] 없다면, 그럼으로써 정업과 부정업의 의욕작용도 그가 재생한 후에 단박에 정업과 부정업의 이숙을 경험하기에 타당하지 않다.

네가 주장하는 것이 무엇인가? 그를 낳는 것이 그의 어머니이고 그의 종자로부터 태어날 때 그의 아버지인가? 만일 그것이 부모라면, 어머니도 없고 아버지도 없다는 것은 타당하지 않다. 만일 [그것이] 부모가 * 아니라면, 그럼으로써 YBh 154
[그를] 낳고 또 그의 종자로부터 태어났는데, 그가 부모가 아니라는[132] 것은 타당하지 않다. 그가 부모일 때에는 그는 딸도 아니고 아들도 아니며, 그가 딸이나 아들일 때에는 그는 부모가 아니다.[133]

네가 주장하는 것이 무엇인가? 어느 곳에서 재생하는 유정이 있을 때, 그 장소는 천안에 의해 보이지 않는 것인가 아니면 존재하지 않는 것인가? 만일 존재한다면, 그럼으로써 화생하는 유정은 없다는 것은 타당하지 않다. 만일 존재하지 않는다면, 그럼으로써 想으로부터의 이욕과 색[계]로부터의 이욕, 삼계로부터의 이욕은 부정되기에 타당하지 않다.

네가 주장하는 것이 무엇인가? 아라한의 상태에 대한 아만을 가진 자는 존재하는가 아니면 존재하지 않는가? 만일 그가 존재한다면, 이 세상에서 아라한들은 없다고 하는 말은 타당하지 않다. 만일 그가 존재하지 않는다면, 그럼으로써 올바르지 않은 생각을 일으킨 어떤 자가 전도되게 생각하면서 그가 아라한이라고 하는 것은 타당하지 않다.

---

132 YBh 154,1에서 ca를 na로 교정.

133 한역은 이런 경우를 無不定過라고 부연 해설하고 있다.

(2b) 그에게 다음과 같이 말해야 할 것이다. 네가 주장하는 것이 무엇인가? 원성실로 특징지어지는 법은 존재하는가? 의타기로 특징지어지는 법과 변계소
YBh 155 집으로 특징지어지는 법은 존재하는가? 만일 존재한다면, 그럼으로써 일체는* 일체의 특징으로서 존재하지 않는다는 것은 타당하지 않다. 만일 존재하지 않는다면, 그럼으로써 전도도 없고 잡염도 없으며 청정도 없게 되기에 타당하지 않다.

(3) 이와 같이 재생한 후와 미래에 감수되어야 하는 [업]의 측면에서, 무동요의 측면에서, 재생의 장소의 존재의 측면에서, 아만의 존재의 측면에서 그리고 삼상의 측면에서 타당하지 않다. 따라서 이 주장은 이치에 맞지 않는 것으로 규정된다.

4.14. 妄計最勝論 (Ch. 311c23)

[바라문이] 최고라는 학설(agravāda)은 무엇인가?

(1) 예를 들어 여기서 어떤 사문이나 바라문이 다음과 같은 견해를 갖고 있고 다음과 같은 주장을 한다. '바라문은 최고의 계급(varṇa)이고 다른 계급은 하열하다. 바라문은 깨끗한(śukla) 계급이고 다른 계급은 검다(kṛṣṇa).[134] 바라문들은 청정해지지만 바라문이 아닌 자들은 그렇지 않다. 바라문들은 범천의 아들이며, 범천의 입에서 태어났고, 범천의 자식이며, 범천에 의해 만들어졌고(brahmanirmita),[135] 범천의 권속들이다.'[136] 즉, [이런 견해를 가진 자는] 칼리유가 시기의 바라문들(kaliyugikā brāhmaṇāḥ)이다.[137]

---

134 바라문은 희지만 다른 계급은 그렇지 않다는 설명은 DN I.114에서 발견된다. 이에 대한 논의는 Halbfass 1991: 355f; Eltschinger 2017: 207ff 참조.

135 YBh: brahmanirgatā; YBh_ms: -nirmitāḥ. 티벳역(sprul pa'o)과 한역(梵所變化)은 brahma-nirmitā를 지지한다.

136 비슷한 표현이 Agaññasutta(DN III.81)에 나타난다. 이 경의 내용과 번역은 Collins 1993 참조. 또한 MN II.84에도 비슷한 표현이 보인다.

137 kaliyuga란 표현은 § 4.8. 害爲正法論 (Hiṃsādharmavāda)에서도 등장한다.

어떤 이유로 [저 사문이나 바라문은] 이와 같은 견해를 갖고 있고 이와 같은 주장을 하는가? 답: 전승과 도리에 의해서이다. 전승은 앞에서와 같다. 도리는 무엇인가? 여기서 어떤 이가 사변론자이며, 앞에서와 같다. 출생에 따른 바라문들은 재물과 명예와 관련하여 본성적으로 계를 갖고 있다고 간주되기 때문이다.

(2) 그에게 다음과 같이 말해야 할 것이다. 네가 주장하는 것이 무엇인가? [바라문]과 다른 계급의 [바라문]만이 어머니로부터 태어나고 자궁에서 태어나는가, 그렇지 않으면 바라문의 계급도 [어머니로부터 태어나고 자궁에서 태어나는가]? 만일 그것이 바로 다른 [계급]들이라면, 그럼으로써 바라문이 어머니로부터 태어나고 자궁에서 태어난 것을 부정하기에 타당하지 않다. 만일 그것이 바라문의 계급이라면, 그럼으로써 바라문들이 최고의 계급이고 다른* 계급은 YBh 151
하열하다는 [주장]은 타당하지 않다.

마치 그가 자궁에서 태어나고 어머니에게서 태어난 것처럼, 그는 마찬가지로 불선과 선을 행하고, 身口意의 악행과 선행을 행하고, 현재에 속한 원하거나 원하지 않는 결과를 경험하고, 또는 미래에 속한 악취들 속에 재생하고 선취에서 천계의 천신들 속에서 재생한다. 또는 세 가지 상태들이 현전하기 때문에[138] 그는 모태에서 재생하며, 선하거나 불선한 세간적인 기술영역과 작업영역, 또는 왕이나 그의 신하이거나, 현명하고 열정적이며, 또는 왕에 의해 시종으로 지명되거나 지명되지 않으며, 또는 병·노·사의 성질을 갖고 있다. 또는 그는 [4] 梵住들을 수습한 후에 범천의 영역에 재생하거나, 보리분법을 수습한 후에나 수습하지 않은 후에 성문의 보리와 독각의 보리, 무상정등보리를 완전히 깨달거나 완전히 깨닫지 못한다.

네가 주장하는 것이 무엇인가? 탁월한 자는 출생에 의해 뛰어난 것인가 그렇지 않으면 청문이나 계율에 의해서인가? 만일 그것이 출생에 의해서라면, 그럼

---

138 YBh 21,17-22,1에서 세 가지 상태/조건은 어머니가 배란기이고, 애착하는 부모가 [성적으로] 결합하고, 또 중유가 현전하는 것이다.

으로써 청문과 계율이 지배적인 자를 제사와 관련해 인식수단으로 삼은 후에라는 것은 타당하지 않다. 만일 그것이 청문이나 계율에 의해서라면, 그럼으로써 바라문이 최고의 계급이고 다른 계급은 하열하다는 것은 타당하지 않다.

(3) 이와 같이 [바라문이 최고라는 학설은] 출생의 관점에서, 행위의 관점에서, 재생의 관점에서, 기술영역과 행위영역의 관점에서, 영향의 관점에서(ādhipatyataḥ), 저 [왕]의 관대함(saṃparigraha)의 관점에서, [4] 범주의 관점에서, 보리분의 수습의 관점에서, 보리의 증득의 관점에서, 그리고 청문과 계의 탁월함의 관점에서[139] 타당하지 않다. 따라서 이 주장은 이치에 맞지 않는 것으로 규정된다.

4.15. 妄計清淨論 (Ch. 312a28)

청정에 대한 학설(śuddhivāda)[140]은 무엇인가?

YBh 157 (1a) 예를 들어 여기서 어떤 사문이나 바라문이 * 다음과 같은 견해를 갖고 있고 다음과 같은 주장을 한다. 왜냐하면 자아가 해탈과 심의 자재함을 획득했고 요가의 자재함을 획득해서 다섯 가지 천상적인 욕망의 대상들에 의해 잘 제공되고 갖추었고, 유희하고 즐기고 돌아다니기 때문에, 그는 현세에서 열반의 획득 및 청정에 의해 청정하게 된다. 또한 [자아가] 악하고 불선한 욕망의 대상들과 분리된 초정려[141]를 갖춘 후에 주하며, 내지 제4정려에 이르기까지 갖춘 후에 주한다. 그는 최고의 현세에서 열반의 획득 및 청정에 의해 청정하게 된다.

(1b) 또는 예를 들어 그는 다음과 같은 견해를 갖고 있고 다음과 같은 주장을

---

139 YBh_ms: śrutaśīlaviśeṣato 'pi; YBh 156,17에 누락. 하지만 한역과 티벳역에서도 지지되고 있다.

140 여기서 śuddhivāda는 크게 2종으로 구분된다. 하나는 현세열반(dṛṣṭadharmanirvāṇa)의 경험에 따른 청정이고 다른 하나는 성스런 강에서 목욕함에 의해서나 개의 행동방식 등을 고행의 생활방식을 취함에 의해 청정하게 된다는 주장이다.

141 YBh 157,4f에서 티벳역에 의거해 prathamaṃ dhyānaṃ을 수식하는 savitarkaṃ savicāraṃ vivekajaṃ prītisukhaṃ("尋과 伺를 수반하고, 원리에서 생겨난, 희열과 낙을 지닌")을 보충하고 있지만, 한역(312b04f: 若有離欲惡不善法於初靜慮)에는 이에 대응하는 문장들이 없다.

한다. 순다리카(Sundarikā) 강에서 목욕하는 자는 모든 악을 제거한다. 순다리카 강에서처럼 바후다(Vahudā) 강과 가야(Gayā) 강, 사라스바티(sarasvatī) 강과 갠지즈(Gaṅgā) 강에서도 마찬가지다.[142] 그는 그곳에서 물로 목욕함에 의해 청정하게 된다고 생각한다.

[또는] 예를 들어 여기서 어떤 이는 개의 행동방식(kukkuravrata)이나 소의 행동방식(govrata)에 의해 청정하게 된다고 생각한다.[143] 또는 [사회에서] 싫어하는 행동방식에 의해* 나체의 행동방식에 의해, 몸에 재를 바르는 행동방식에 의해, [자신을] 괴롭히는 행동방식에 의해, 분뇨를 바르는 행동방식 등 이런 부류의 행동방식을 취함에 의해 청정하게 된다고 생각한다. YBh 158

즉, [그들은] 현세 열반론자들과 물 등에 의해 청정하게 된다고 주장하는 자들이다.

(2) 어떤 이유로 이와 같은 견해를 갖고 있고 이와 같은 주장을 하는가? 답: 전승과 도리에 의해서이다. 전승은 앞에서와 같다. 도리는 무엇인가? 여기서 어떤 이가 사변론자이며, 앞에서와 같다. 그는 모든 것에 대해 선인의 상태와 자재함을 얻었고 욕망에 대해 자재하게 되고 수행에 대해 자재하지만, 그 선인의 상태와 자재함에 대해 여실하게 알지 못한다. 여기서 어떤 이는 자신을 괴롭힘에 의해 스스로 악에서 벗어났다고 보거나, 또는 죄를 행한 자도 죄로부터 벗어났다고 본다.

(2a) 그에게 다음과 같이 말해야 할 것이다. 네가 주장하는 것이 무엇인가? 5종의 욕망의 대상들을 갖고 유희하는 자는 욕망의 대상으로부터 이욕했는가,

---

142 MN I.39에서 붓다는 Bahukā 강과 Adhikakkā, Gayā, Sundarikā, Payāga 그리고 Sarassatī 강에서 목욕을 하면 죄가 사라진다고 믿는 우자들이 있었다고 말하고 있다.

143 AKBh 282,20-23에서 『발지론』을 인용하여 청정의 원인이 아닌 것을 청정의 원인이라고 주장하는 견해의 예로서 소의 생활방식(gośīla)을 받아들이거나 개의 생활방식(kukkuraśīla)을 받아들이는 자를 언급하고 있다. 개의 생활방식을 받아들이는 자에 대해서 MN i,387 및 DN iii,6 참조. 인도사유에서 이런 동물적 생활방식을 따르는 원형에 대해서는 Diwakar Acharya 2013 참조.

아니면 이욕하지 않았는가? 만일 그가 이욕했다면, 놀고 즐기고 돌아다닌다는 것은 타당하지 않다. 만일 그가 이욕하지 않았다면, 해탈했다거나 청정하다는 것은 타당하지 않다.

네가 주장하는 바는 무엇인가? 제4정려를 갖춘 후에 주하는 그는 모든 [탐욕]으로부터 이욕했는가, 그렇지 않으면 이욕하지 않았는가? 만일 그가 모든 것에 대해 이욕했다면, 그는 제4정려에 이르기까지 갖춘 후에 주한다는 것은 타당하지 않다. 만일 그가 모든 것에 대해 이욕하지 않았다면, 해탈했고 청정하다는 것은 타당하지 않다.

(2b) 그에게 다음과 같이 말해야 한다. 청정은 내적인 것인가 아니면 외적인 것인가? 만일 내적인 것이라면, 그럼으로써 목욕장에서 목욕함에 의해 청정하게 된다는 것은 타당하지 않다. 만일 외적인 것이라면, 그럼으로써 탐·진·치를 갖추고 외적으로 때를 제거함에 의해 청정하게 된다는 것은 타당하지 않다.[144]

네가 주장하는 바는 무엇인가? 청정이란 청정한 사물을 취하기 때문인가 아니면 청정하지 않은 사물을 취하기 때문인가? 만일 청정한 사물을 취하기 때문
YBh 159 이라면, 그럼으로써 개 등이 부정하다는 것은 공인된 것이기에* 그것을 취함으로써 청정해진다는 것은 타당하지 않다. 만일 청정하지 않은 사물을 취하기 때문이라면, 그럼으로써 본성적으로 청정하지 않은 사물이 청정하게 하기 위해 작동한다는 것은 타당하지 않다.

네가 주장하는 바는 무엇인가? 개 등의 행동방식을 취할 때, 청정을 위해 작동하는 것은 신체의 악행 등의 삿된 행위인가 아니면 신체의 선행 등의 정행인가? 만일 삿된 행위라면 그럼으로써 삿되게 행하지만 청정하게 되기에 타당하지 않다. 만일 정행이라면, 그럼으로써 개 등으로서의 행동방식은 바른 길이 아닌데, 그것에 의해 청정하게 되기에 타당하지 않다.

---

144 YBh 158,18: śuddhyati. 하지만 맥락과 한역에 따라 śuddhir iti na yujyate로 교정.

(3) 이와 같이 이욕한 자와 이욕하지 않은 자의 측면에서, 내적, 외적인 측면에서, 부정과 청함을 취한다는 측면에서, 邪行과 正行의 측면에서 타당하지 않다. 따라서 이 주장은 이치에 맞지 않는 것으로 규정된다.

4.16. 妄計吉祥論 (Ch. 312c18)

길상론(kautukamaṅgalavāda)[145]이란 무엇인가?

(1) 여기서 어떤 사문이나 바라문이 다음과 같은 견해를 갖고 있고 다음과 같은 주장을 한다. 일식과 월식, 별의 어긋난 배열에 의해 원하는 바들이 성취되지 않으며, 오직 그것이 잘 배열됨에 의해 원하는 바가 성취된다. 그는 그 때문에 태양 등에 공양을 올리며, 호마(homa)제사에서 음송하고, 풀을 배열하고, [물로] 가득 찬 항아리, 그리고 나무열매와 조개 등을 배열한다.[146] 예를 들어 그들은 점술사(gāṇitika)들이다.

어떤 이유로 이와 같은 견해를 갖고 있고 이와 같은 주장을 하는가? 답: 전승과 도리에 의해서이다. 전승은 앞에서와 같다. 도리는 무엇인가? 여기서 어떤 이가 사변론자이며, 앞에서와 같다. 그는 세간적인 정려를 획득하고 대중에 의해 아라한으로서 인정받는다. 그는 스스로 부유함에 대한 욕망을 갖고 또 번영

---

145 kautukamaṅgala는 병렬복합어로서 '吉한 징조와 상서로움' 정도를 의미하는데, 현장의 번역어 妄計吉祥에서 吉祥은 '길함과 상서로움'을 의미하며, 妄計(*parikalpa)는 현장이 보충한 단어로서 길상이라는 분별을 의미할 것이다. kautukamaṅgala는 DBh 40,1-3에서 정견에 의해 대치되어야 하는 잘못된 견해로 언급되고 있다. samyagdṛṣṭiḥ khalu punar bhavati/ samyakpathānugataḥ kautukamaṅgalanānāprakārakuśīladṛṣṭivigataḥ/ ṛjudṛṣṭir aśatho 'māyāvī buddhadharmasaṃghaniyatāśayaḥ/. Jayānanda의 Madhyamakāvatāraṭīkā에서 "길조(kautuka)란 점술가 등의 것으로, 그것에 의해 미래를 아는 것이며, 길상(maṅgala)란 길을 나설 때에 길상함을 보는 것이다."로 설명되고 있다. 여러 불전에 나오는 kautukamaṅgala에 대한 설명은 Kusumoto(2014) 참조.

146 YBh 159,15: homajāpā-darśa-pūrṇakumbha-bilvaphalaśaṅkhādīn pratyupasthāpayati. 복합어의 앞부분에서 homajālā- 대신에 homajapa- 일 것이다. 그리고 이어지는 단어에 대해 티벳역(P 93a4)은 bzlas brjod dang rtsa da rbha dang/ bum pa gang ba로 읽고 있어 darśa가 아니라 darbha로 제시한다. darbha는 티벳역에서 '풀' 또는 한역(312c22)에서 茅草로 번역되어 모두 제단에 올리는 풀로 이해하고 있다. 그리고 pūrṇakumbha는 '[물로] 가득 채워진 항아리'로 티벳역과 한역에서 번역되고 있다.

에 대한 욕망을 가진 자들에 의해 질문을 받을 때, 조건지어 생겨난 업을 여실하게 알지 못하고, 다른 일식과 월식, 별과 윤달의 작동에 의해서 정업과 부정업들이 유정들의 과보를 이숙시킨다고 본다. 그것을 바라는 유정들에게 업은 오직 그것에 의해서만 행해졌다고 해설하고 건립한다.

YBh 160 (2) * 그에게 다음과 같이 말해야 할 것이다. 네가 주장하는 것이 무엇인가? 성공과 쇠퇴는 일식과 월식, 별과 윤달에 의해 지어졌는가 그렇지 않으면 정업과 부정업에 의해 지어졌는가? 만일 태양 등에 의해 지어졌다면, 그럼으로써 복업과 비복업들의 성공과 쇠퇴는 살아있는 한 일어나야만 하는 것으로 보이기에 타당하지 않다. 만일 정업과 부정업에 의해 지어졌다면, 그럼으로써 태양 등에 의해 지어졌다는 것은 타당하지 않다.

(3) 이와 같이 태양 등에 의해 배열되었기에, 정업과 부정업에 의해 배열되었다는 것은 타당하지 않다. 따라서 이 주장은 이치에 맞지 않는 것으로 규정된다.

이 16종의 다른 학설들은 실현에 의해(abhinirhārataḥ) 또 검토한 후의 도리에 의해 관찰될 때 모든 방식으로 타당하지 않다.

5. 잡염에 따른 가립의 건립 (YBh 160,10; Ch. 313a19)[147]

잡염(saṃkleśa)의 가설의 건립은 무엇인가?

이것은 3종 잡엽이라고 알아야 한다. 이것들은 무엇인가? 번뇌라는 잡염(kleśasaṃkleśa), 업이라는 잡염(karmasaṃkleśa), 생의 잡염(janmasaṃkleśa)이다.[148]

---

147 번뇌잡염 항목은 Ahn(2003: 56-87)에 의해 YBh_ms에 의거해 편집되었다. 이 부분의 번역은 그것을 이용했다.

148 雜染(saṃkleśa)은 번뇌(kleśa)와 업(karman), 生(janman)의 세 영역을 포괄하는 상위범주로서 곧 유루법의 전체이다. 『유가론』은 이곳 이외에도 「섭결택분」에서 이 개념을 특히 복합어로 사용하면서 유류법 전체의 체계 건립을 위해 사용했다. 이를 사성제에 배대한다면, 번뇌잡염과 업잡염은

번뇌라는 잡염은 무엇인가? 요약송이다.

자성, 차별, 원인, 상태, 방식,
중합, 전도, 동의어, 과실이다.

5.1. 번뇌잡염 (Ch. 313a24)

번뇌라는 잡염(kleśasaṃkleśa)[149]의 자성이 알려져야 한다. 또 [번뇌잡염의] 차별, 원인, 상태, 방식, 중합, 전도에 포섭됨, 동의어, 잘못도 알려져야 한다.

5.1.1. 번뇌의 자성

번뇌의 자성은 무엇인가? 생겨나면서 스스로 적정하지 않음을 특징으로 하는 것으로 생겨나는 법이 발생하기 때문에 적정하지 않은 유위의 상속이 나타난다. 이것이 요약하면 번뇌의 자성이라고 알려져야 한다.

5.1.2. 번뇌의 차별

번뇌의 차별이란 무엇인가?

집제, 생잡염은 그것의 결과로서 고제에 배대된다. 예를 들어 「섭결택분」(VinSg 191b6f.; Ch. 655c2ff)은 이 개소를 가리키면서 고제를 생잡염으로, 그리고 집제를 번뇌잡염과 업잡염이라고 규정하고 있다. 이는 AS 36,5에서도 마찬가지다. 그런데 3종 잡염은 뒤따르는 생잡염 항목과 MAVBh 21,22ff 그리고 AS 27,14-16에서 12지 연기에 배대되어 설명되고 있다. 그 설명은 유부의 삼세양중인과와 구조상 유사하지만, 識支를 어디에 귀속시키는가에 따라 독특한 유식학파의 해석이 나온다. 이에 대해서는 <생잡염> 항목의 설명 참조. 잡염 개념의 일반적 의미에 대해서는 Ahn 2003: Einleitung 참조.

149 복합어 kleśasaṃkleśa 등은 유식문헌에서 보통 持業釋(karmadhāraya)으로 풀이된다. MAVT 40,19-20: kleśa eva saṃkleśa iti kleśasaṃkleśaḥ / eva karmajanmasaṃkleśau /. 이에 비해 Asvabhāva의 MSgU(D 208a4; T31: 391a17 ff): kun nas nyon mongs pa rnam pa gsum ni nyon mongs pas byas pa dang / las kyis byas pa dang skye bas byas pa'o //. "3종의 잡염은 번뇌에 의해 만들어진 것과 업에 의해 만들어진 것, 그리고 생에 의해 만들어진 것이다."라는 해석은 이 복합어를 Tatpuruṣa로 해독한 것으로 보인다. Vasubandhu의 『攝大乘論釋』(T31: 331b14f; D 134b6)에서도 kleśasaṃkleśa는 명확히 karmadhāraya로 해석된다.

5.1.2.1. 10종의 구별

(i) 한 가지로서, 번뇌라는 잡염의 의미에 의해서이다.

(ii) 두 가지로서, 봄에 의해 끊어지는 것과 수습에 의해 끊어지는 것이다.[150]

(iii) 세 가지로서, 욕계에 결부된 것, 색계에 결부된 것, 무색계에 결부된 것이다.

(iv) 네 가지로서, [불선한 것으로] 욕계에 결부된 규정되지 않은 것, [불선한 것으로 욕계에] 결부된 규정되지 않은 것, 색계에 결부된 규정되지 않은 것, 무색계에 결부된 규정되지 않은 [번뇌]이다.

(v) 다섯 가지로서, 고[제]의 인식에 의해 끊어져야 하는 것, 집[제]의 인식에 의해 끊어져야 하는 것, 멸[제]의 인식에 의해 끊어져야 하는 것, 도[제]의 인식에 의해 끊어져야 하는 것, 수도에 의해 끊어져야 하는 것이다.[151]

(vi) 여섯 가지로서, 욕망, 분노, 자만, 무명, 견, 의심이다.[152]

(vii) 일곱 가지로서, 일곱 수면(anuśaya)[153]이다. 감각적 쾌락을 향한 탐욕의 수면, 분노의 수면, 존재에 대한 욕망의 수면, 자만의 수면, 무명의 수면, 견의 수면, 의심의 수면이다.

---

150 2종은 見所斷(darśanaheya)의 번뇌와 修所斷(bhāvanāheya)의 번뇌의 구별이다. 견소단이란 사성제의 인식에 의해 제거되어질 수 있는 번뇌이며, 수소단은 사성제의 반복적 관찰에 의해 제거되어질 수 있는 번뇌라는 의미이다. 양자의 2차적 구분은 이하에서 5종의 분류로서 다시 제시되고 있다.

151 이 다섯 가지는 4제에 따른 4종의 견소단과 1종의 수소단의 구별이다.

152 6종은 『구사론』 수면품의 앞부분에서 제시된 6종 수면을 가리킨다.

153 초기경전에 나오는 7종의 수면(anuśaya)은 『유가론』의 여러 개소에서 수면의 정의에 사용되었다. 이것은 AKBh 277,17f.에서 명시되듯이 직전에 언급된 6종의 수면 중에서 rāgānuśaya를 kāmarāgānuśaya와 bhava-rāgānuśaya로 3계에 의거해서 구분함에 의해 성립된다. 여기서 kāma는 욕계와 관련된 것이고, bhava는 두 개의 上界와 관련된 것이다. 그런데 복합어 kāmarāgānuśaya(貪隨眠)의 해석에 있어 유부와 경량부 사이에는 중요한 차이가 보인다. AKBh 277,19-279,4에서 세친은 유부가 kāmarāgānuśaya를 kāmarāga evānuśayaḥ(“바로 욕계에 대한 욕망이 수면이다”)로 karmadhāraya로 해석하는 반면, 경량부는 kāmarāgasyānuśaya(“욕망의 수면)로 Tatpuruṣa로 해석한다. (이에 대해서는 이하 § 5.1.5의 각주 참조) 유부에 따르면 바로 rāga가 수면으로서, 수면은 rāga와 다른 것이 아니라 단지 rāga의 미세한 상태를 가리키는 것에 지나지 않는다. 반면 경량부의 해석에 따르면 anuśaya는 rāga라는 번뇌와 다른 상태라는 것이다. 『유가론』에서 이 복합어의 번역에서 기본적으로 tatpuruṣa로 풀이했다. 『유가론』은 anuśaya를 paryavasthāna(纏)와 구별함에 의해 경량부의 해석에 근접한 입장을 보여준다. 양자의 구별은 『성문지』를 위시해서 『유가론』 도처에서 발견된다.

(viii) 여덟 가지로서, 욕망, 분노, 자만, 무명, 의심, 견해, 두 가지 집착이다.

(ix) 아홉 가지로서, 아홉 개의 結(saṃyojana)이다: 애정의 결, 분노의 결, 자만의 결, 무명의 결, 견해의 결, 집착의 결, 의심의 결, 질투의 결, 시기의 결이다.

(x) 열 가지로서, 유신견, 변집견, 사견, 견취, 계금취, 욕망, 분노, 자만, 무명, 의심이다.

5.1.2.2. 128종 번뇌 (Ch. 313b14)

번뇌는 128종이다.[154] 왜냐하면 이 10종 번뇌들은 12측면의[155] 진리에 대한 잘

---

154 번뇌가 불교에서 기본적으로 윤회의 원인인 집제이며, 부정적인 심리작용이고, 또 그것의 제거를 통해 성자나 붓다로 된다는 점에서 불교의 가장 핵심적인 관심영역이라고 말할 수 있지만, 이에 대한 해석의 차이는 각 학파의 심에 대한 이해의 차이에 따라 달라질 수밖에 없었다. 불교에서 번뇌설의 구성은 아비달마 학파의 초기에 형성되었는데, 그 구성 원리는 기본적으로 10종의 번뇌를 4제와 삼계의 구별에 의거해서 분류하는 것이다. 여기에 4제를 견소단의 번뇌와 수소단의 번뇌로 구별하는 2차적 분류를 행한 결과가 번뇌의 숫자로 나타나는 것이다. 따라서 10종 번뇌들은 욕계에서 고집멸도의 4제에 대한 미혹에서 성립된 4부의 견소단의 번뇌들과 수소단의 번뇌로 구별되며, 이 원리를 다시 색계와 무색계에 적용시키는 것이다. 그렇지만 번뇌의 숫자에 대해서는 각 학파에 따라 다른 설명이 제시되고 있다. 우리에게 가장 잘 알려진 108종의 번뇌설은 유부의 해석으로서, 98종의 수면(anuśaya)과 10종의 纏(paryavasthāna)으로 구성된 것이다. 그중에서 핵심이 되는 98종의 수면은 4제와 삼계의 구별에 의해 88종으로 분류되고, 여기에 10종의 수소단의 번뇌들이 더해진 데에서 성립하는 것이다. (이에 대해서는 櫻部健 1955 및 池田練成 1980 참조). 반면 유식학파에서 공인된 번뇌의 숫자는 유부와는 달리 128종으로서, 위의 개소에서 처음으로 제시된 이래 『집론』(T31: 676c16f.), 현양성교론(T31: 485b13-15), ḍĀ 98,23ff에서 설해지고 있다. 유식학파의 새로운 번뇌설의 형성도 알라야식의 도입에 의해 나타나듯이 我見의 범위와 그 영향력에 대한 전혀 다른 관점에서 나왔다는 것은 분명하다고 생각된다. 따라서 그 분류의 이유와 제거방식은 각 학파의 심에 대한 상이한 이해를 반영하는 것이다. 하지만 『유가론』에는 128종의 수면설 이외에도 「섭결택분」에서 104종의 번뇌설이 제시되고 있는데, 『유가론』기에 따르면 「섭결택분」의 분류는 경량부의 해석이다. 이와 같이 당시 상이한 번뇌의 구분이 학파들 사이에서 다양하게 제시되고 있는데, 예를 들어 『성실론』(T32: 323c11-25)에서는 번뇌가 122종으로 분류되고 있는데, 이에 따르면 번뇌는 견소단의 112종(= 유식의 분류)과 수소단의 10종(= 유부의 분류)으로 이루어진 것이다.

155 여기서 128종의 번뇌를 12부 사성제에 대한 잘못된 인식에서 나왔다고 설하지만, 이는 오류로 보인다. 유부의 108종의 번뇌설처럼 유식학파의 128종의 수면의 구성은 10종 수면을 고·집·멸·도의 사제에 따른 견소단의 번뇌에 배대한 후에 다시 수소단의 번뇌를 하나의 범주로 더하고, 다시 이를 3계에 적용시키는 방식으로 이루어진다. 하지만 여기서의 12부는 단지 견고단의 번뇌를 4제와 3계의 구분에 따라 제시한 것이지만, 3계에 속한 3부의 수소단의 번뇌의 구별은 포함되고 있지 않다. 하지만 수소단의 번뇌는 반복수습에 의해 제거되어야 하는 번뇌를 가리킨 것으로서, 이 범주

못된 인식을 설정하기 때문이다.

12종의 측면은 무엇인가? 욕계에 속한 고제와 집제, 색계에 속한 고제와 집제, 무색계에 속한 고제와 집제, 그리고 욕계에 속한 것과 관련되고(kāmāvacarādhipati) 그것의 변지의 결과이고(tatparijñāphala) 그것의 변지에 의해 구성된(tatparijñāpr-abhāvita)[156] 멸제와 도제, 색계에 속한 것과 관련되고 그것의 변지의 결과이고 그것의 변지에 의해 구성된 멸제와 도제, 무색계에 속한 것과 관련되고 그것의 변지의 결과이고 그것의 변지에 의해 구성된 멸제와 도제이다.

그중에서 욕계에 속한 고제와 집제, 욕계에 속한 것과 관련된 멸제와 도제에서 모든 10종 번뇌들은 잘못 인식된 것(vipratipanna)이다. 색계에 속한 고제와 집제, 그것과 관련된 멸제와 도제에 대해 분노를 제외한 10종 번뇌들은 잘못 인식된 것이다. 색계에서와 같이 무색계에서도 마찬가지다.

욕계에 속한 [불선법]의 대치로서 수도에서 사견, 견취, 계금취, 의심을 제외한 여섯 가지 번뇌가 잘못 인지된 것이다. 색계에 속한 [불선법]의 대치로서 수도에서 이 여섯 [번뇌들] 중에서 분노를 제외한 다섯 번뇌들이 잘못 인지된 것이다. 색계에 속한 [불선법]의 대치에서처럼 무색계에 속한 [불선법]의 대치에서도 마찬가지다.[157]

가 포함될 때에만 비로소 128종의 번뇌설이 성립되게 된다. 따라서 12부가 아니라 15부로 설해야 할 것이다. 수소단의 범주는 이 단락의 주제인 '번뇌의 차별'에서 두 번째와 다섯 번째로 명시된 것이며, 또한 뒤따르는 설명에서도 전제되고 있다. 실제 「섭결택분」(Ch. 623c10-12, 684a14-17)은 12부가 아니라 3부의 수소단의 수면을 더해 총 15부라고 명시함으로써 「본지분」의 설명을 교정하고 있다.

156 멸제와 도제를 수식하는 세 개의 수식어 중에서 "그것의 변지의 결과"는 멸제를, "그것의 변지에 의해 구성된"은 도제를 가리킨다. 그리고 첫 번째 수식어는 바로 멸제와 도제 양자를 수식할 것이다. 하지만 번역에서는 tat-parijñāphala의 tat가 kāmāvacara를 가리키기에 산스크리트 문장의 순서대로 번역했다.

157 여기서 유식학파의 128종 번뇌설의 구성 원리가 간략히 요약되고 있다. 그것은 10종 번뇌와 삼계 그리고 사제라는 세 개의 범주로 이루어져 있다. 이를 요약하면 욕계에서는 모든 10종 번뇌가 고·집·멸·도의 사제에 대해 잘못 인지한다. 따라서 40종의 번뇌가 있다. 색계와 무색계에서는 진에

[사성제의 12종의 측면과 수도와 관련하여 번뇌들이] 잘못 인식되는 것처럼 장애의 경우도 마찬가지다.

5.1.2.3. 10종 번뇌 (Ch. 313b29)

(i) 有身見(satkāyadṛṣṭi)[158]은 무엇인가? 진실하지 않은 사람과 친하고 정법이 아닌 것을 듣고 이치에 맞지 않는 작의에 의거하거나[159] 또는 저절로 정념을 잃음에 의거해서, 오취온(pañcopādānaskandha)을 자아나 자아에 속한 것으로 보는 자에게 있어서 확정되거나(nirdhārita) 확정되지 않은(anirdhārita)[160] 염오된 지

(pratigha)를 제외한 9종 번뇌들은 고·집·멸·도에 대해 잘못 인지하기에 생겨나는 것이다. 따라서 각각 36종으로 합쳐서 72종이 된다. 따라서 삼계에 속한 견소단의 모든 번뇌를 합하면 112종이 된다. 여기에 욕계에서 수소단의 번뇌 6종과 색계와 무색계에서의 각 5종을 더하면 16종이 된다. 따라서 삼계에 속한 견소단과 수소단의 번뇌들을 합치면 128종으로 구성된다. 유식학파에서 번뇌의 구성과 그 의미에 대해서는 안성두 2002 참조.

158 satkāyadṛṣṭi는 有身見으로 한역되거나 薩迦耶見으로 음사되며, 티벳역은 'jig tshogs la lta ba이다. MN I 299에서 satkāya는 오온으로 간주된다. 즉 영원하거나 안락한 것이 아니라 무상하고 고통스러운 것이다. 따라서 satkāya는 티벳역이 보여주듯이 잘못된 견해의 내용이 아니라 잘못된 인식의 대상을 가리킨다. YBh 26,18에서 종자의 동의어로서 satkāya, upādāna가 언급되는데, 이는 오취온이 satkāyadṛṣṭi의 토대가 된다는 것을 의미할 것이다. 이에 대해서는 Schmithausen 1987: 157-160 참조. 유식문헌에서 satkāyadṛṣṭi는 비슷하게 아견과 아소견을 포함하는 것으로 설명된다. TrBh 29,20f.: tatra satkāyadṛṣṭir yat pañcopādānaskandheṣu ātmātmīyadarśanam. ("유신견이란 오취온에 대해 자아나 자아에 속한 것이라고 보는 것이다.") satkāya의 어원과 관련하여 中村元(1976: 19)은 이 단어가 중세 인도어 svakāya("자신의 신체")로 환원될 수 있다고 말한다.

159 진실하지 않은 사람과 친함과 정법이 아닌 것의 청문, 이치에 맞지 않는 작의"의 셋은 5.1.3 <번뇌의 원인> 항목에서 세 개의 원인으로 나열되고 있다. 이들 세 요소는 전자가 후자의 원인이 되는 방식으로 이해되고 있다고 생각된다. 예를 들어 Johansson(1979: 136)은 AN V 113에 의거해서 번뇌의 생기가 이런 순서로 일어난다고 말한다. YBh 118 이하에서 설해지고 있는 16종의 잘못된 논의(paravāda)가 "이치에 맞지 않는 작의"로 기술되고 있다는 것도 잘못된 사유방식의 구체적 실례를 가리키는 것으로서 의미가 있을 것이다. 흥미로운 점은 집이문족론(T26: 393a11ff)에 따르면 이들 세 요소가 예류지를 구성하는 네 요소들 중에서 앞의 세 요소와 일치한다는 점이다.

160 "확정되거나(nirdhārita) 확정되지 않은(anirdhārita)"이란 수식어는 10종 수면의 정의에서 다만 6개의 수면, 즉 유신견, 변집견, 탐, 진, 아만, 무명의 경우에만 사용되고 있는 반면에, "바로 확정된"이란 수식어는 다른 네 개의 수면의 정의에만 나타난다. 6종 수면이 『유가론』의 번뇌설에서 수소단을 가리킨다는 점을 고려할 때, '확정되지 않은'이란 단어는 견도에 의해 아직 끊어지지 않은 수면의 측면을 가리키는 것으로 보인다. 나아가 이 두 개의 단어는 명시되지는 않지만 사실상 "parikalpita(kun brtags pa, 分別起)와 sahaja(lhan cig skyes pa, 俱生)를 가리키고 있다. 왜냐하면 「섭결택분」(VinSg(P) 113a5f.)은 여기서 brtags pa/ma brtags pa 대신에 kun brtags pa/kun brtags pa ma yin pa를 사

혜(kliṣṭā prajñā)이다.

(ii) 변집견(antagrāhadṛṣṭi)은 무엇인가? 진실하지 않은 사람과 친하고 정법이 아닌 것을 듣고 이치에 맞지 않는 작의에 의거하거나 또는 저절로 정념을 잃음에 의거해서, 자아라고 파악된 오취온을 영원의 관점에서나 단멸의 관점에서 보는 자에게 있어서 확정되거나 확정되지 않은 염오된 지혜이다.

(iii) 邪見(mithyādṛṣṭi)[161]은 무엇인가? 진실하지 않은 사람과 친하고 정법이 아닌 것을 듣고 이치에 맞지 않는 작의에 의거해서, 원인(hetu)[162]이나 과보(phala)[163]나 작용(kriyā)[164]을 부정하거나 실재하는 사태(sad vastu)[165]를 부인하는[166] 자에

용하기 때문이다. 만일 이런 이해가 바르다면, 6종 수면은 각기 분별에 의해 생겨난 것(=nirdhārita/parikalpita)과 俱生인 것(=anirdhārita/sahaja)이라는 두 종류로 나누어지게 된다. 주의할 것은 10종 번뇌들이 모두 견소단이라고 간주되었기 때문에, '分別起'와 '구생'의 구분과 무관하게 4제에 대한 잘못된 인지에서 나왔다는 점이다.

두 종류의 satkāyadṛṣṭi가 모두 염오된 것은 틀림없지만, 그것들의 도덕적 성질에 대해서는 학파마다 달리 설명하고 있다. 유부는 번뇌들이 불선한 것(akuśala)과 도덕적으로 중립적인 것(avyākṛta)으로 나누어지며, 욕계의 번뇌는 불선하지만, 상계의 번뇌와 욕계에서 satkāyadṛṣṭi는 중립적인 것이라고 보는 반면에 경량부는 모든 번뇌는 불선하다고 간주한다(『대비바사론』 196a17f.). 이에 대해 「섭결택분」은 sahajā satkāyadṛṣṭiḥ는 중립적인 것이지만, 유부의 그것은 parikalpita로 평가될 수 있고, [욕계에서] 불선한 것이라고 주장한다. 이와 관련해서 흥미로운 것은 『구사론』(AKBh 290,20f)에서 sahajā satkāyadṛṣṭiḥ가 중립적인 것이며, 반면 parikalpitā satkāyadṛṣṭiḥ는 불선한 것이라고 하는 설명을 先軌範師에 귀속시키고 있다는 점이다. 袴谷憲昭(1986: 861)는 AKBh의 선궤범사를 yogācāra와 동일시한다.

161 초기경전에서 邪見의 기술에 대해서는 DN I 55 참조. 사견은 다른 유식문헌에서도 비슷하게 분류되고 정의된다. AS 7,17f: mithyādṛṣṭiḥ katamā/ hetuṃ vāpavadataḥ phalaṃ vā kriyāṃ vā sad vastu nāśayataḥ mithyā ca vikalpayato yā kṣāntī rucir matiḥ prekṣā dṛṣṭiḥ/ ("사견이란 무엇인가? 원인을 부정하거나 결과나 작용, 실재하는 사태를 부인하고, 또 삿되게 분별하는 자의 용인, 동의, 생각, 봄, 견해이다.")

162 YBh 178,15-18(업잡염 5.2.2.10)에서 "재물의 의도, 청정의 의도, 천신을 공양하려는 의도라는 세 가지 의도(abhiprāya)를 가진 보시를 부정하기 때문에, "보시물도 없고, 원하는 바도 없고, 제사도 없다"고 말한다. ... 지계로 이루어지고 수습으로 이루어진 善이 치료대상에 대한 치료제를 수반하고(savipakṣapratipakṣa) 있음을 부정하고, 또 보시로 이루어진 善이 치료대상에 대한 치료제임을 부정하기 때문에, "선행도 없고 악행도 없다"고 말한다." ASBh 6.6f의 설명도 위의 설명과 일치한다. 하지만 「섭결택분」(VinSg(P) 113b2, Ch.621b24f)에서는 앞의 셋만을 사견에 배대하고, 선행과 악행은 작용의 부정에 배대한다.

163 YBh 179,1f이나 ASBh 6.8에서 과보의 부정이란 "나쁘게 행해지고 잘 행해진 업의 과보가 없다"는 견해를 가리킨다.

164 YBh 179,2-4에서 작용의 부정이란 이 세계와 저 세계의 부정, 부모도 없다는 견해, 화생의 유정도

게 있어서 바로 확정된 염오된 지혜이다.

(iv) 견취(dṛṣṭiparāmarśa)란 무엇인가? 진실하지 않은 사람과 친하고 정법이 아닌 것을 듣고 이치에 맞지 않는 작의에 의거해서, 토대를 수반하고(sāśraya),[167] 인식대상을 수반하고(sālambana), 원인을 수반하고(sanidāna), 구유와 상응을 수반한(sasahabhūsaṃprayoga) 유신견과 변집견, 사견을 타인의 견해와 비교하여 최선이나 최고, 가장 탁월하거나 최상이라고 보는 자에게 있어서 바로 확정된 염오된 지혜이다.

(v) 계금취(śīlavrataparāmarśa)란 무엇인가? 진실하지 않은 사람과 친하고 정법이 아닌 것을 듣고 이치에 맞지 않는 작의에 의거해서, 토대를 수반하고, 대상을 수반하고, 원인을 수반하고, 구유와 상응을 수반한 견해 및 견해에 수반하는 규칙과 맹세를 청정, 해탈, 해탈에 도움이 되는 것으로 보는 자에게 있어서 바로 확정된 염오된 지혜이다.

(vi) 貪(rāga)이란 무엇인가? 진실하지 않은 사람과 친하고 정법이 아닌 것을 듣고 이치에 맞지 않는 작의에 의거하거나 또는 저절로 정념을 잃음에 의거해서, 외적인 것이나 내적인 것에 있어서의 확정되거나 확정되지 않은 원하는 대상을 향한 집착이다.

(vii) 瞋(pratigha)이란 무엇인가? 진실하지 않은 사람과 친하고 정법이 아닌 것

없다는 견해를 가리킨다.

165 '실재하는 사태'란 세상에 아라한의 존재를 가리킨다. ASBh 6,11f: na santi loke 'rhanta ity evamādi sadvastunāśanam ("세상에 아라한들은 없다고 하는 이런 부류가 실재하는 사태의 부인이다.")

166 여기서 邪見은 원인과 결과, 작용, 실재하는 사태를 부정하고 부인하는 견해로 설명되고 있다. 이에 반해 「섭결택분」에서는 사견은 증익하는 것(sgro 'dogs par byed pa, samāropikā)과 손감하는 것(skur pa 'debs par byed pa, apavādikā)으로 구분되고 있어, 여기서는 손감하는 견해만을 사견에 배정하고 있다.

167 AS 7,12-14에서 견취의 정의: dṛṣṭiparāmarśaḥ katamaḥ/ dṛṣṭiṃ dṛṣṭyāśrayāṃś ca pañcopādānaskandhān agrataḥ śreṣṭhato viśiṣṭataḥ paramataś ca samanupaśyato yā kṣāntī rucir matiḥ prekṣā dṛṣṭiḥ/ ("견취란 무엇인가? 견해와 견해의 토대인 오취온을 최선이나 최고, 가장 탁월하거나 최상의 관점에서 보는 자에게 있어 용인, 동의, 생각, 봄, 견해이다.") 오취온이 견해의 토대라고 하는 설명을 통해 여기서 "토대를 수반하고"란 말은 오취온을 가리킬 것이다.

을 듣고 이치에 맞지 않는 작의에 의거하거나 또는 저절로 정념을 잃음에 의거해서, 외적인 것이나 내적인 것에 있어서의 확정되거나 확정되지 않은, 바라지 않는 대상에 대한 싫어함이다.

(viii) 慢(māna)[168]이란 무엇인가? 진실하지 않은 사람과 친하고 정법이 아닌 것을 듣고 이치에 맞지 않는 작의에 의거하거나 또는 저절로 정념을 잃음에 의거해서, 외부의 [타인]이나 내적으로 [자신에 대해] [누구는] 높거나 낮고, 또는 [누구는] 열등하거나 탁월하다는 점에서 확정되거나 확정되지 않은 거만함이다.

(ix) 無明(avidyā)이란 무엇인가? 진실하지 않은 사람과 친하고 정법이 아닌 것을 듣고 이치에 맞지 않는 작의에 의거하거나 또는 저절로 정념을 잃음에 의거해서, 알아야 할 것에 대한 확정되거나 확정되지 않은 염오된 무지(ajñāna)이다.[169]

(x) 疑(vicikitsā)란 무엇인가? 진실하지 않은 사람과 친하고 정법이 아닌 것을 듣거나 이치에 맞지 않는 작의에 의거해서, 알아야 할 사태[170]에 대한 바로 확정된 의혹이다.

5.1.3. 번뇌의 원인 (314a3)

번뇌의 원인이란 무엇인가? 원인은 여섯 가지이다: 토대, 인식대상, 교제, 가

---

168 māna란 어근 man이 의미하듯이 기본적으로 "(1) to think, believe, (2) to suppose, conceive, imagine, conjecture; to mind, consider, reflect upon, regard"란 의미를 갖고 있지만, 불교는 그 생각이 대상과의 비교를 통해 나오는 경우 이를 māna로서 번뇌의 하나로 간주하며, 7종으로 구분되고 있다.

169 여기서 "확정되거나 확정되지 않은"이란 용어가 순서대로 견소단과 수소단의 번뇌를 나타내는 표현임을 고려할 때, 어떤 것이든 무명은 염오된 무지로 간주되고 있고 아직 염오되지 않은 무지 개념을 포함하지는 않는다. 이평래(2004: 5-8)는 舟橋尙哉를 인용하면서 所知障이란 용어가 『阿毘達磨大毘婆沙論』에서 사용되지만, 대승의 소지장 개념과 동일한 의미를 가진 것이 아니라, 다만 不染汚無知와 관련하여 논해지고 있으며, 비로소 『유가사지론』에서 소지장과 법무아의 관계가 분명히 연관된 것으로 설해진다고 지적하고 있다. 하지만 그 연관성이 해명된 곳은 여기서가 아니라 『보살지』 진실의품일 것이다.

170 '바로 알아야 할 사태'란 「섭결택분」(VinSg 110a7; Ch. 622a18f)에 따르면 他世(paraloka), 작용(kriyā), 그 [작용]의 결과, 사성제, 삼보의 다섯이다.

르침, 반복, 작의 때문에 염오가 생긴다.

(i) 그중에서 토대로 인한 것은 잠재적 경향성(anuśaya) 때문에 생겨난다.

(ii) 인식대상으로 인한 것은 번뇌를 산출할 수 있는 대상이 나타날 때 [생겨난다].

(iii) 교제로 인한 것은 나쁜 사람에게 가르침을 받는 자에게 [생겨난다].

(iv) 가르침으로 인한 것은 정법이 아닌 것을 듣기 때문에 [생겨난다].

(v) 반복으로 인한 것은 이전에 익숙함의 힘 때문에 [생겨난다].

(vi) 작의로 인한 것은 부적절하게 마음을 먹은 자에게 생겨난다.

5.1.4. 번뇌의 상태 (314a12)

번뇌의 상태는 몇 가지가 있는가? 간략하게 일곱 가지가 있다.

(i) 잠재적 경향성(隨眠)의 상태, 분출(纏)의 상태, 분별된 상태, 동시에 생겨난 상태, 약한 상태, 중간 상태, 강력한 상태이다.

(ii) 번뇌의 잠재적 경향성은 두 가지 원인에 의해 증대된다(anuśete)[171]. 종자의 지속에 의해서, 또 그 [잠재적 경향성]에 지배적인 요소로서 작용하는 사태에 의해서이다.

---

171 여기서 anuśete(pl. anuśerate)는 현장역 隨增이 보여주듯이 '증대되다'의 의미로 사용된다. 이런 의미는 AKVy 13,3에서 "anuśerate란 증대를 얻는다는 의미이다"(anuśerata iti puṣṭiṃ labhanta ity arthaḥ)와 기본적으로 동일한 맥락이다. 그렇지만 유부문헌에서 이 단어는 '~에 달라붙다, 집착하다'의 의미로 사용되었다. 이런 의미는 『阿毘曇心論經』(T28: 846c29f: 著義名使, 猶如小兒著於乳母)에서 잘 나타난다. 이에 대해 Kato(1973: 636)는 anuśerate의 의미가 '달라붙어있다'에서 『구사론』 이후 점차 '증대되다'로 변화했다고 지적한다. 그의 지적은 『順正理論』(T29: 641c19f)에서 anuśerate가 隨增으로 번역되고, 또 아이가 유모의 젖으로 인해 큰다는 것으로 유모와 아이의 비유를 재해석하는 데에서도 잘 나타날 것이다. 이에 대해서는 Ahn 2003: 29f 참조.

5.1.5. 번뇌의 작용방식 (314a15)

몇 가지 방식에 의해 번뇌는 [심을] 염오시키는가?

1) 간략하게 분출(paryavasthāna, 纏)과 잠재적 경향성(anuśaya, 隨眠)의 두 방식에 의해서이다.[172]

(i) 어떻게 [번뇌는] 분출(paryavasthāna)[173]에 의해 [심을 염오시키는가]? 다섯

---

172 『유가론』은 여기서 번뇌가 심을 염오시키는 측면을 paryavasthāna와 anuśaya의 두 가지 양태로 구별함에 의해 양자의 차이를 명시적으로 보여주는데, 이런 구별은 사실상 『성문지』를 포함해서 『유가론』 전반에 걸쳐 나타나는 특징이기도 하다. 앞에서 rāgānuśaya의 복합어 해석과 관련하여 rāga(=번뇌)의 anuśaya인지, 아니면 rāga라는 anuśaya인지의 해석상의 차이가 『구사론』에서 명시되어 있다고 지적했다. 그 설명은 다음과 같다. "어떻게 이러한 것을 알아야만 하는가? [즉,] 'kāmarāgānuśaya'라는 복합어에서 kāmarāga가 곧 anuśaya인 동격한정복합어(karmadhāraya)인가? 아니면 kāmarāga의 anuśaya라는 6격 한정복합어(ṣaṣṭhī-tatpuruṣa)인가? … 비바사를 따르는 논사들은 [전자 즉,] 동격한정복합어로 본다. … 만약 그렇다면, 경량부의 견해와 같은 것이 적절하다는 것인가? 무엇이 경량부의 견해인가? 'kāmarāgānuśaya'라는 복합어가 kāmarāga의 anuśaya라는 6격 한정복합어라는 것이 [경량부의 견해이다.] 그리고 anuśaya(수면)는 심상응[행]도 아니고 심불상응[행]도 아니다. 왜냐하면 이 [수면]은 kāmarāga(감각적 욕망에 대한 탐욕 욕탐)과 별개의 실체가 아니기 때문이다. 실로 잠이 든 번뇌를 수면이라고 지칭하고 깨어난 [번뇌]를 분출(paryavasthāna 纏)이라고 부른다. 무엇이 그 [번뇌]가 잠이 든 것인가? 현전(현전)하지 않는 [번뇌]가 종자의 상태로 연속하는 것이다. 무엇이 [번뇌가] 깨어나는 것인가? [번뇌가] 현전하는 것이다. 이 '종자의 상태'(bījabhāva)라는 것은 무엇인가? 번뇌로부터 생겨난, 신체가 지닌 번뇌를 일으키는 능력이다. 예를 들면, 경험적 앎으로부터 생겨난, 기억을 일으키는 능력과 같다. 쌀알로부터 생겨난 씨앗 등의 쌀알이 생겨나게 하는 능력과 같다." (AKBh 277,19-278,1; 278,5; 278,17-27: katham idaṃ jñātavyaṃ kāmarāga evānuśayaḥ kāmarāgānuśayaḥ āhosvit kāmarāgasyānuśayaḥ kāmarāganuśayaḥ | … kāmarāga evānuśya iti vaibhāṣikāḥ | … evaṃ tu sādhu yathā sautrāntikānām | kathaṃ ca sautrāntikānām | kāmarāgasyānuśayaḥ kāmarāgānuśaya iti | na cānuśayaḥ saṃprayukto na viprayuktas tasyādravyāntaratvāt | prasupto hi kleśo 'nuśaya ucyate | prabuddhaḥ paryavasthānam | kā ca tasya prasuptiḥ | asaṃmukhībhūtasya bījabhāvānubandhaḥ | kaḥ prabodhaḥ | saṃmukhībhāvaḥ | ko 'yaṃ bījabhāvo nāma | ātmabhāvasya kleśajā kleśotpādanaśaktiḥ | yathānubhavajñānajā smṛtyutpādanaśaktir yathā cāṅkurādīnāṃ śāliphalajā śāliphalotpādanaśaktir iti |). 이 복합어 해석의 학파귀속성에 대해 AKVy 442,28f에서는 "아니면 kāmarāga의 anuśaya라는 6격 한정복합어(ṣaṣṭhī-tatpuruṣa)여부와 관련하여 비바사를 따르는 논사들의 체계에 따르자면 발현이 곧 수면이다. 독자부의 체계에 따르자면, 득(prāpti)가 수면이다. 경량부의 체계에 따르자면 종자가 [수면]이다."로 해석하고 있다. (āhosvit kāmarāga evānuśaya iti. vaibhāṣikanayena paryavasthānam evānuśayaḥ. vātsīputrīyanayena prāptir anuśayaḥ. sautrāṃtikanayena bījam).

173 paryavasthāna를 한역은 纏("얽다, 감다")으로, 티벳역은 kun nas dkris pa("완전히 둘러싸다, 묶다")로 풀이하고 있다. 이 번역은 모두 은유적 맥락에서 고통이나 윤회에 얽매여 있거나 묶여있음을 나타내고 있다. 하지만 『유가론』이나 유식문헌에서 paryavasthāna의 의미는 반드시 얽매여 있음을 나타내는 것이 아니라 오히려 많은 경우, 특히 anuśaya와 대비된 의미로 사용될 경우, 번뇌의 분

가지에 의해서이다. 적정하지 않은 상태에 머물기 때문에, 선을 방해하기 때문에, 악취로 이끄는 악행을 일으키기 때문에, 현생에서의 손상에 기여하기 때문에, 그리고 [죽은 후에] 생 등의 고통을 일으키기 때문이다.

(ii) 어떻게 [번뇌는] 잠재적 경향성(anuśaya)에 의해 [심을] 염오시키는가? [잠재적 경향성은] 분출의 토대를 제공하기 때문이며, 또 생 등의 고통을 일으키기 때문이다.

2) 또한 일곱 방식으로 모든 번뇌는 [사성제의] 인식과 수습을 방해하고, [그것의] 장애물이 된다고 알아야 한다.[174]

(i) [유신견과 변집견, 사견은 사성제의 인식과 수습을 장애한다.] 왜냐하면 [그것들은 인식되어야 할 것을] 잘못 이해하기 때문이다.

(ii) [무명은 사성제의 인식과 수습을 장애한다.] 왜냐하면 [무명은 인식되어야 할 것을] 이해하지 못하기 때문이다.

출이나 현실태로 일어나는 양태를 나타낸다. 이 개소를 해석하면서 「섭결택분」(VinSg(P) 113a6f)은 paryavasthāna를 kun tu 'byung ba(samudācāra), mngon du gyur pa(saṃmukhībhāva)의 의미로 해석하고 있다. 이에 반해 anuśaya는 바로 그 종자가 끊어지지 않고 완전히 제거되지 않은 것으로서, 추중(dauṣṭhulya)과 동의어로 설명되고 있다. 그리고 다시 부연하면서 anuśaya는 번뇌가 깨어나지 않은 상태(ma sad pa, aprabodha)로, paryavasthāna는 깨어난 상태(sad pa, prabodha)로 규정하고 있다. 「섭결택분」의 설명은 바로 이곳을 지시하면서 대비적으로 사용되는 두 개념의 의미를 처음으로 상세히 밝히고 있는데, 이를 통해 우리는 유식문헌에서 두 개념이 구별되어 사용되고 있음을 명백히 알 수 있다. 이런 구별은 수행자가 비록 현재 분출하고 있는 번뇌를 제거했지만 그 잠재적 경향성을 완전히 제거하지 못했을 경우, 후에 번뇌가 다시 분출하는 경우를 염두에 둔 설명이다. 「섭결택분」(VinSg(P) 119a8-b1, Ch. 623b19ff)에 따르면, "[수행자가] paryavasthāna를 끊었지만 아직 anuśaya를 끊지 못했다면, [번뇌는 후에] 다시 생겨난다. 반면에 anuśaya를 끊었다면, [그에게] 번뇌는 anuśaya나 paryavasthāna의 방식으로 다시 일어나지 않는다."

174 사성제와 관련한 이 7종의 설명은 왜 유식학파가 128종의 번뇌로 구별했는지의 이유를 실질적으로 보여준다는 점에서 중요하다. 왜냐하면 여기서 모든 10종 번뇌들이 사성제의 인식과 수습을 방해한다고 명시되기 때문에, 앞의 128종의 잘못된 인지의 이유가 제시되고 있기 때문이다. 특히 10종 번뇌의 개별적 양태의 차이를 설명하는 (i~iv)와 달리 (v~vi)은 왜 10종 번뇌들이 사제에 대해 미혹되어 있는지를 종합적으로 명시하고 있다는 점에서 왜 모든 번뇌가 남김없이 사제에 대한 미혹 때문에 일어나는지를 보여준다. 이와 유사한 설명이 「섭결택분」(VinSg 124b6ff)과 AS 50,23-51,5 및 ASBh 60,7ff에서 설해지는데, 여기서의 번역과 보충은 이들 문헌에 의거했다. 특히 「섭결택분」은 자신의 해설을 「본지분」의 설명에 대한 상세한 분석(rab tu dbye ba, *prabhāga)이라고 부른다.

(iii) [의심은 사성제의 인식과 수습을 장애한다.] 왜냐하면 [의심은 인식되어야 할 것을] 이해하고 또 이해하지 못하기 때문이다.

(iv) [견취와 계급취, 탐욕과 진에는] 사성제의 인식과 수습을 장애한다. 왜냐하면[그것들은 인식되어야 할 것을] 잘못된 이해와 관련하여 잘못 인식하기 때문이다.

(v) [모든 10종 번뇌는 고제와 집제의 인식을 장애한다.] 왜냐하면 [10종 번뇌는] 그 [고와 집]의 원인이고, [고와 집은] 그 [10종 번뇌의] 토대이기 때문이다 (tannidānapadasthānataḥ).[175]

(vi) [모든 10종 번뇌는 멸제와 도제의 인식을 장애한다.] 왜냐하면 [10종 번뇌는] 그 [멸과 도]에 대해 두려움을 일으키기 때문이다(taduttrāsasaṃjananataḥ).

(vii) 저절로 일어나는 번뇌들은 수도를 장애한다. 왜냐하면 그것들은 저절로 일어나기 때문이다.

---

175 이 번역은 『잡집론』의 해석에 따른 것이다. ASBh 60,15-17: te (사본은 tad-로 읽지만 한역과 티벳역에 의해 교정) duḥkhasamudayayor daśāpi kleśā nidānaṃ bhavanti / tau ca teṣāṃ padasthānam / atas te tannidānapadasthānato vipratipannā ity ucyante / nirodhe mārge cottrāsasaṃjananato vipratipannāḥ kleśavaśāt saṃsāre 'bhiratasya vyavadānataḥ prapātasaṃjñātrāsāt /. (" 저 모든 10종 번뇌들은 고와 집 양자의 원인이며, 또 양자는 그것들의 토대이다. 따라서 그 [번뇌]들이 tannidānapadasthānataḥ이기에 잘못 인지된 것이라고 설해진다. 또한 [그것들은] 멸과 도에 대해 공포를 일으키기 때문에 잘못 인지된 것이다. 왜냐하면 번뇌의 힘 때문에 윤회에 대해 즐거워하는 자는 청정으로부터 추락한다는 생각 때문에 두려워하기 때문이다.") 여기서 ASBh의 설명은 tannidānapadasthānataḥ 복합어가 Tatpuruṣa와 Bahuvrīhi의 복합구성으로 이루어져 있음을 보여준다. 그렇지만 이를 넘어 이 문장의 의미를 확실하게 이해하기는 어렵다.

그런데 「섭사분」 (Ch. 830a26ff; D 252b2ff)에는 이에 대한 상세한 설명이 보인다. 이를 간략히 요약하면 다음과 같다. (i) 내적으로 신체로서의 苦를 구성하는 upadhi(依)가 현재에 추위나 병 등과 같은 특별한 고를 현행시키는 토대(padasthāna)이며, 또 재산이나 부모 등의 외적인 upadhi가 추구와 같은 특정한 형태의 고의 토대이다. (ii) 두 형태의 upadhi를 취하는 원인은 갈애이다. 왜냐하면 [고의 토대로 작용하는] upadhi가 集(samudaya)의 위치를 차지한 갈애에 의해 산출되어진 한에서 그것은 고의 원인(nidāna)이기 때문이다. (iii) 이 갈애가 즐겁고 좋은 형태의 대상영역에 의거해서 생겨날 때, 그것은 고의 조건의 토대(*nidāna-padasthāna)이다. 위에서 병기한 산스크리트 단어가 확실하지는 않지만, 여기서 적어도 이 복합어가 고의 근거(gnas, padasthāna)와 원인(gzhi, nidāna), 토대(gzhi'i gnas, nidāna-padasthāna)로 구별해서 해석되고 있다는 점은 분명해 보인다.

5.1.6. 번뇌의 상중하 (314a23)

어째서 번뇌가 매우 강력하고 날카롭고 무겁다는 특성을 가진다고 알려져야 하는가? 간략하게 여섯 가지에 의해서이다. 즉, 훼범에 의해(āpattitaḥ), 재생에 의해(upapattitaḥ), 상속에 의해(saṃtānataḥ), 사태에 의해(vastutaḥ), 업의 분기에 의해(karmasamutthānataḥ), 끝에 의해서(paryantataḥ)이다.

(i) 훼범에 의해서란 번뇌의 분출을 통해 다시 회복할 수 없는 [계율상의] 잘못을 범하는 것이다.

(ii) 재생에 의해서란 욕계에 속하거나 또는 낮은 존재영역에 속하는 [번뇌]이다.

(iii) 상속에 의해서란 욕망 등에 따라 행동하는 자들, 감각기관이 완전히 성숙한 젊은이들,[176] 반열반의 성질이 없는 자들에게 [번뇌가 일어나는 것이다].

(iv) 사태에 의해서란 [번뇌가] 존경스러운 영역, 공덕의 영역, 접근해서는 안 될 영역을 대상으로 해서 일어나는 것이다.

(v) 업의 분기에 의해서란 번뇌의 분출에 의해 압도되고 억압된 자가 신업과 구업을 일으키는 것이다.

(vi) 끝에 의해서란 본성적으로 강력한 종류에 포섭된 [번뇌]가 저 [수행도의] 시작에서 미약한 대치에 의해 제거되는 것이다.

5.1.7. 전도 (314b6)

전도(viparyāsa)는 일곱 가지이다.

1) 즉, 想의 전도, 心의 전도, 見의 전도, 영원하지 않은 것을 영원하다고 하는 전도, 고통을 낙이라고 하는 전도, 부정한 것을 깨끗하다고 하는 전도, 자아가 아

---

176 "감각기관(indriya)"에 남근과 여근도 포함된다. 감관의 성숙과 함께 아직까지 잠재되었던 번뇌의 경향성이 발현되는 것이다. 이에 대해서 아기에게 유신견은 나타나지 않지만, 그럼에도 유신견을 향한 잠재적 경향성은 있다고 설하는 MN I 432f.을 볼 것.

닌 것을 자아라고 하는 전도이다.[177]

(i) 想(saṃjñā)[178]의 전도란 무엇인가? 영원하지 않은 것을 영원한 것, 고통을 안락한 것, 부정한 것을 깨끗한 것, 자아가 아닌 것을 자아라고 생각하는 것이다.

(ii) 견의 전도란 무엇인가? 그런 방식으로 생각한 이 [사태]에 대한 용인(kṣānti)이고, 동의(ruci)이고, 건립(vyavasthāna)이고, 집착(abhiniveśa)[179]이다.

---

177 7종의 전도는 두 가지 계열의 전도가 병렬적으로 제시된 것이다. 첫 번째 계열은 saṃjñāviparyāsa(想顚倒), cittaviparyāsa(心顚倒), dṛṣṭiviparyāsa(見顚倒)로서, 주관적 측면에서 전도를 나열한 것이다. 두 번째 계열은 객관적 측면에서 전도를 구분한 것으로서, 無常·苦·不淨·無我인 것을 각기 常·樂·淨·我라고 보는 것이다. 이와 같이 전도를 일곱 개로 구별한 것은 매우 특이한 설명방식이지만, 뒤따르는 설명에서는 사실상 12종으로 구별하고 있다. 12종의 전도는 『해심밀경』(SNS VIII 20.7)과 『현양성교론』(T31: 502b21f)에서 사용되고 있는데, 이는 주관적 측면의 세 가지 전도가 대상적 측면의 네 가지 전도를 함축하고 있다고 보는 것이다. 흥미로운 점은 『대비바사론』(536c8ff)에서 이를 分別說部의 주장으로 귀속시킨다는 점이다. 반면 두 번째 계열의 4종 전도는 AN II 52에서나 또는 AKBh 283,5ff, Prasannapadā 460,7ff, RGV 30,11ff에서 설해지고 있다.
이러한 다양한 전도설은 전도의 성격 및 그것과 결부된 대치의 성격에 대한 상이한 교의상의 이해를 반영하고 있다. 이는 『대비바사론』에서 분별설부의 12종의 전도설의 비판을 통해 엿볼 수 있다. 분별설부에 따르면 12종에서 常과 自我에 대한 상·심·견의 세 가지 전도 및 낙과 정에 대한 見顚倒라는 8종의 전도는 오로지 見所斷의 번뇌이지만, 나머지 4종의 전도는 修所斷의 번뇌이다. 따라서 8종은 고제에 대한 類智忍(duḥkhe anvayajñānakṣānti)에서 끊어지며, 4종은 금강유정에서 완전히 끊어지는 것이다. 이를 비판하면서 『대비바사론』(537a29ff)은 4종 전도에 미혹된 자를 범부로 간주한다. 즉, 그는 견도의 단계에 이르지 못한 자이다. 따라서 네 전도는 모두 고제의 인식에 의해 제거되는 것이다. 이들 전도는 유신견을 토대로 하고 있는데, 유부에 따르면 유신견은 예류에서 완전히 끊어지기 때문에 이에 의거한 전도들도 고제의 인식에 의해 끊어지는 것이다.

178 saṃjñā는 정확히 이해하기 어려운 단어이다. 아비달마에서 이 단어는 nimittodgrahaṇa로, 즉 '관념상(nimitta)을 취함'으로 정의되고 있다. 이 정의는 지각과정에서 saṃjñā의 기능을 말하는 것이지만, 그럼에도 그 의미는 분명치 않다. Johansson(1979: 92ff)은 초기경전에서 이 단어의 용례를 상세히 분석하면서, "ideation"으로 번역하고 있다. ideation은 보통 '통각'으로 번역되는 단어로서 지각대상에 대한 이차적 판단을 수반한 것을 가리킨다. 예를 들어 사과를 보고 '이것은 사과다'라고 알 때, 이것=사과를 연결시켜 주는 것은 사과에 대한 1차적 지각 외에 그 지각내용을 우리가 개념적으로 아는 사과와 연결시키는 것이 필요할 것이다. 이것이 1차적 지각에 대한 2차적 지각으로서 통각이라고 부른다. 이런 점에서 Johansson의 saṃjñā 이해는 언어와 결합된 saṃjñā의 측면을 보여주고 있다. 하지만 이것이 saṃjñā 개념이 보여주는 의미의 모든 스펙트럼을 포괄하지는 않는다. Schmithausen(1981: n.51)은 기본적으로 Johansson의 해석을 받아들이면서도, saṃjñā에는 다음과 같은 의미도 있다고 부연하고 있다. "saṃjñā/saññā는 명백하고 분명한 의식이나 대상의 통각의 측면, 또는 심적 표상의 파악이나 그것의 특징을 상상하는 것, 또는 개념의 형성이나 적용의 측면을 항시 포함하고 있다." 초기경전에서 saṃjñā의 전거와 그 용법에 대해서는 Vetter 2000: 24-27 참조.

179 견의 전도를 규정하는 네 개의 단어인 kṣānti, ruci, vyavasthāna, abhiniveśa는 AS 7,8f. 등에서 견의 성질을 가진 번뇌들을 특징짓는 kṣānti, ruci, mati, prekṣā, dṛṣṭi라는 다섯 개의 단어와 부분적으로 겹친다.

(iii) 심의 전도란 무엇인가? 그런 방식으로 집착하는 자에게 이 [사태]에 대한 탐욕 등의 잡염이 [일어나는] 것이다.

2) 이와 관련하여 번뇌는 세 가지 측면에서 알아야 한다. 전도의 뿌리인 번뇌가 있고, 전도 [자체]인 번뇌가 있고, 전도에서 파생된 것인 번뇌가 있다.

여기서 전도의 뿌리는 무명이다.[180] 전도 [자체]는 유신견, 변집견의 일부, 견취, 계금취, 욕망이다.[181] 전도에서 파생된 것은 사견, 변집견의 일부, 분노, 자만,

---

다만 견의 전도에서 뒤의 둘은 개념적 규정과 그것에 대한 집착이라는 점에서 보다 전도와 관련된 측면을 나타내고 있다고 보인다.

180 무명을 전도의 원인으로 보는 설명은 『중변분별론』에도 나온다. MAVBh 22,4f: tatra viparyāsahetur avidyā.

181 여기서 전도의 뿌리(viparyāsamūla)와 전도 자체(viparyāsa), 그리고 전도에서 파생된 것(viparyāsaniṣyanda)이 인과적 관계로 파악되고 있는 것은 분명할 것이다. 전도 자체에 포함되는 번뇌는 유신견, 변집견의 일부, 견취, 계금취, 탐욕의 5종이다. 이런 이해방식 자체가 함축하는 의미를 파악하기 위해서는 다른 문헌의 대비되는 설명과 비교하는 것이 좋을 것이다.
『구사론』은 "세 가지 견으로부터 네 가지 전도가 있다. 변집견에서 常見은 영원하다는 전도이며, 견취는 樂와 淨에 대한 전도이고, 유신견에서 아견이 자아에 대한 전도이다."(AKBh 283,8f.). 세친은 이 해석에 만족하지 않고 두 번째 해석을 제시하는데, 이에 따르면 자아에 대한 전도는 아견뿐 아니라 아소견으로 이루어진 것이다. 『구사론』에서 발견되는 두 해석은 『대비바사론』(537a7ff)에서 두 가지 견해로서 제시되고 있는데, 세친의 두 번째 해석은 『대비바사론』의 첫 번째 견해에 대응한다. 이에 따르면 네 가지 전도는 유신견, 견취 그리고 변집견의 반(=常見)에 해당되는 것으로서 모두 견소단의 번뇌이다. 견의 성질을 가진 남은 번뇌인 邪見, 계금취 그리고 변집견 중에서 斷見은 전도 자체는 아닌 것이다. 왜냐하면 어떤 번뇌가 전도이기 위해서는 viparīta, nitīraṇa, samāropa의 세 조건을 만족시켜야 하는데, 계금취와 견성이 아닌 번뇌들, 그리고 단견+邪見은 이 조건을 채우지 못하기 때문에 전도에 포함되지 않는 것이다.
『구사론』과 『대비바사론』의 설명과 비교하면, 여기서의 분류가 전도의 세 조건을 받아들이지 않는 것은 분명할 것이다. 나아가 전도 자체에 『구사론』 등에 나오지 않는 계금취와 탐욕(rāga)이 각기 낙의 전도 및 정과 낙의 전도로서 인정되고 있다는 점이 특색이기에 여기서의 분류는 전도에 대한 다른 관점을 전제하고 있다고 보인다. 왜냐하면 『대비바사론』에서 계금취가 전도에 포함되지 않은 이유는 그것이 전도된 것(viparīta)라는 기준을 채우지 못하기 때문에, 또 탐욕은 인지적 성격의 見性 번뇌가 아니기 때문에 배제된 것이다. 따라서 「본지분」의 설명은 전도를 위한 기준으로서 단지 samāropa만을 받아들이고 있다고 보인다. 그렇다면 탐욕을 낙과 정의 전도로서 간주하는 「본지분」의 설명은 탐욕이 심전도로서 전도된 심적 태도임을 함축하고 있다고 보기 때문일 것이다. 『유가론』기(623c8ff)는 『유가론』 약찬(T43: 189a8ff)을 인용하면서 상전도는 불교도와 비불교도들에게 일어나는 전도를 나타내는 요약적인 용어이며, 견전도는 비불교도 수행자에게 생겨나는, 그 상[전도]를 수반하는 3견과 한 견의 일부라고 설명한다. 이것이 바로 전도 자체에 해당된다. 심전도는 상전도와 함께 생겨나는 재가자의 [인식영역에 대한] 탐욕(viṣayarāga)일 것이다. 양자는 동시에 상전

의심이다.

[전도 자체와] 관련하여 유신견은 자아가 아닌 것을 자아라고 하는 전도이다. 변집견의 일부는 영원하지 않은 것을 영원하다고 하는 전도이다.[182] 견취는 더러운 것을 깨끗하다고 하는 전도이다. 계금취는 고통을 즐거움이라 하는 전도이다. 탐욕은 양자이다: 더러운 것을 깨끗하다고 하는 전도이고, 고통을 즐거움이라 하는 전도이다.

5.1.8. 번뇌의 동의어 (314b20)

번뇌의 동의어(paryāya)란 무엇인가? 동의어는 많다.[183] 즉, 결(結), 박(縛), 수면(隨眠), 수번뇌(隨煩惱), 전(纏), 폭류(暴流), 멍에(軛), 취(取), 묶인 것(繫), 덮개(蓋), 황무지(株杌), 때(垢), 손상(常害), 화살(箭), 연착(所有), 뿌리(根), 악행(惡行), 루(漏), 결핍(匱), 불태움(燒), 뇌란(惱), 투쟁(有諍), 불(火), 열(熾然), 숲(稠林), 방해(拘礙)이다.[184] 이에 속하는 것들이 번뇌의 동의어이다.

도를 포괄한다. 따라서 그 때문에 심전도와 견전도만이 번뇌 자체에 포함되는 것이다.

182 여기서 변집견의 '일부'는 영원하지 않은 것을 영원하다고 보는 견해로서 상주론(śāśvatadṛṣṭi)을 가리키며, 다른 일부는 '전도에서 나온 것'으로서 단멸론(ucchedadṛṣṭi)을 가리킬 것이다. 단멸론이 전도에서 파생된 것으로 간주된 이유는 그것이 비불교도의 사변으로서 단순하고 소박한 영원성의 투사보다 이차적이고 복합적인 사고과정을 전제하기 때문이다.

183 이 리스트는 (1)~(5)까지의 다섯 개의 그룹과 (6)~(10)까지의 다섯 개의 그룹, 그리고 초기경전에서 번뇌의 동의어로 설해진 여러 개별적인 번뇌의 항목들로 구성되어 있다. Frauwallner(1963: 28)에 따르면 첫 번째 그룹은 초기아비달마 문헌에 속하는 『집이문족론』과 『식신족론』에서 설해진 것이며, 유부에 있어 모든 염오된 법을 기술하는데 사용된 것이다. 반면 두 번째 그룹은 『발지론』(929b10-c3)에서 유래하는 16종의 개념의 구성요소로서 anuśaya 이론과 관련된 것이다. 두 개의 그룹이 혼합된 채 사용되기 시작한 것은 『입아비담론』(982a1f)에 이르러서라고 보이는데, 다만 그 차이는 두 개의 그룹 사이에 āsrava(漏)가 위치해 있다는 점이다.

184 번뇌의 동의어의 리스트는 모두 26종을 포괄하고 있다. 이와 가장 유사한 리스트는 24종의 동의어를 설하고 있는 AS(44,15ff)와 25종의 동의어를 설하는 『현양성교론』(485b16-18)이다. 전자의 리스트에는 단지 根과 火가 빠져있고, 후자의 리스트에는 根만이 빠져있다. 또한 『유가론』의 다른 부분에서도 번뇌의 동의어가 나열되고 있다. 먼저 「섭사분」(VastuSg(P) 221b1ff, Ch. 802a13-804a22)에서는 약간 변형된 형태로 17종이 언급되는데, 즉, 漏(āsrava)에서 시작해서 같은 순서로 진행되다가 惡行(duścarita)에서 끝난다. (다만 여기서 '根'은 독립된 항목이 아니라 수번뇌에서 설해진다.) 아마 악행에서 끝나는 이유는 이것이 업이라는 주제와 부분적으로 겹치기 때문일 것이다. 그렇

1) 여러 동의어의 정의

(1) [중생을] 고통에 묶기 때문에 結(saṃyojana)이다.

(2) 선행에 대해서 원하는 대로 행할 수 없기 때문에 縛(sambandha)이다.

(3) 종자의 형태로 모든 세간적인 상승에 수반되기 때문에 잠재적 경향성(anuśaya)[185]이다.

(4) 전도를 통해 심을 염오시키기 때문에 수번뇌(upakleśa)이다.[186]

(5) 반복해서 현행하기 때문에 분출(paryavasthāna)이다.

(6) 건너기 어렵기 때문에, 또 [심을] 물살의 방향으로 운반하기 때문에 폭류(ogha)[187]이다.

(7) 잘못된 행동으로 [이끄는] 수단이기 때문에 멍에(yoga)[188]이다.

지만 「섭이문분」에서는 매우 독특한 리스트가 제시되고 있다. 그것은 위의 리스트를 포함할 뿐 아니라 보통 수번뇌 항에 포함되는 다른 요소들도 포괄하고 있다. 「섭이문분」은 「섭사분」의 Kṣudravastuka(雜事)에서의 번뇌의 리스트에 의거하고 있다고 하지만, 그 리스트의 나열순서는 「섭사분」과 매우 다르다. 가장 중요한 차이는 (6)~(10)까지의 다섯 번뇌들이 (21) 惱=upayāsa 다음에 나열되고 있고, 그 후에 위의 리스트와 달리 5下分結과 5上분結이 첨가되어 있다는 점이다. 이런 나열의 순서는 아마 『발지론』(929b18ff)에 따른 것으로 보인다.

185 이 정의에 따르면 anuśaya는 종자의 형태를 취하고 있고, 또 모든 세간적인 존재에 수반된 것이다. 「섭결택분」(Ch. 627b13)에서 anuśaya가 "추중을 자체로 하는 것"으로서 추중과 동치되고 있음을 고려할 때. 모든 세간적 존재에 수반되는 것은 바로 麤重(dauṣṭhulya)이라고 말할 수 있다. "번뇌에 속한 추중의 토대로 되는 것이 anuśaya로서, 분출이 일어나는 종자와 같은 것이다."라는 「섭사분」(802b9f.)의 설명도 같은 맥락이다. "번뇌에 속한 추중이 종자에 수반되는 한에서, 그것을 anuśaya라 부른다."는 「섭이분분」의 설명은 추중+종자=수면이라고 보는 점에서 위의 정의와 내용상 부합될 것이다.

186 "전도를 통해 심을 염오시키기 때문에 수번뇌"라는 규정은 번뇌 전체를 포괄하는 의미에서의 수번뇌를 가리킨 것이며, 이는 번뇌의 동의어로서의 성격에 부합할 것이다. 그리고 이는 뒤에서 수번뇌의 종류를 탐·진·치의 3종으로 제시한 것과도 의미가 통할 것이다. 반면 수번뇌를 번뇌와 비교해 부수적이고 2차적인 것으로 취급하는 또 다른 방식의 설명은 「섭결택분」(D 111a7, Ch. 622b21 ff)에서 특징적으로 상세히 제시된다. 거기서 수번뇌는 "번뇌를 촉진하고 번뇌와 동시에 생겨나고 번뇌에 속한 것"으로 규정되고 있다.

187 폭류를 후자로 정의하는 것은 『집론』(Ch. 677b14f)이나 「섭이문분」(770a25f)과 동일하다. 반면 AKBh 308,17은 "운반하기 때문에 폭류이다(harantīty oghāḥ)"로 정의한다. AKVy 488,15는 "다른 존재형태로 이동시키거나 다른 영역으로 운반하기에 폭류이다(vahanti haranti gatyantaraṃ viṣayāntaraṃ veti oghāḥ)"로 확장해서 설명한다.

188 여기서 yoga는 멍에라는 의미 외에 방편이란 의미도 갖고 있다. 이는 ŚrBh 342,20에서 "요가를 아는

(8) 심신복합체(ātmabhāva)의 흐름을 취하기 때문에 취(upādāna)이다.

(9) [그것으로부터] 풀려나기 어렵기 때문에 묶는 것(grantha)이다.

(10) 진실인 대상(tattvārtha)을 덮기 때문에 덮개(nivaraṇa)[189]이다.

(11) 잘 경작할 수 없는 땅이기 때문에 황무지(khila)[190]이다.

(12) 본성적으로 염오되었기 때문에 때(mala)이다.

(13) 항상 [심을] 손상시키기 때문에 손상(nigha)이다.

(14) 본성적으로 적정하지 않기에 또 오랫동안 존속하기 때문에 화살(śalya)이다.

(15) 토대/소유를 포섭하도록 만들기 때문에(upadhiparigrahakārakatvāt)[191] 연착(kiṃcana)이다.

(16) 불선의 토대이기 때문에 뿌리(mūla)이다.

(17) 잘못된 행위를 본성으로 하기 때문에 악행(duścarita)이다.

자는 방편의 앎에 능숙한 자이다."는 말에서 잘 나타나 있다.

189 경전에서 선정이 준비과정, 덮개의 극복, 그리고 4정려의 성취는 해탈도를 구성하는 부분들이다. (Frauwallner 1953: 166). 따라서 덮개(蓋)는 초선의 획득을 장애하는 것으로서 간주되었고, 이는 『성문지』나 『집론』(Ch. 677c9)에서도 마찬가지다. 하지만 여기서 덮개의 역할은 tattvārtha(眞實義)를 은폐하는 것으로 설명되고 있다. 「섭이문분」(p. 51a4f.; Ch. 770a29)도 "인식되어야 할 사태에 대한 인식의 장애이기 때문에 덮개라 한다."고 정의함으로써, 덮개를 소지장과 관련시키고 있다.

190 khila는 株杌(주올)로 한역된다. CPD는 khila의 반대말로서 "a-khila"를 두 가지로 풀이한다. (a) with no barren spots, (b) free from the hardness or harshness of mind, produced bt the passions (rāga, dveṣa, moha) or by the five hindrances. 티벳역 tha ba("harshness, hard field")도 (a)와 비슷한 의미이다. 『집이문족론』(Saṅgītiparyāya V.8, ed. Stache-Rosen)에서 비슷한 비유가 나온다. "여래에 대해 많은 의심과 불확실함이 생겨나며, 따라서 [비구]는 그의 심을 거칠게 한다. 마치 농부가 좋은 밭을 갖고 있지만, 그가 경작하지 않는다면, 땅은 거칠게 되고, 따라서 곡식은 말할 것도 없이 나무와 풀조차 자라나지 못할 것이다." 「섭이문분」(T31: 770a12-15: 能令身心無堪能故 說爲株杌. 如舃鹵田不任耕植. 又處所別故 彼所生疑 有差別故。 說五心株. 貪等別故 說有三種.)

191 upadhi의 기본적 의미는 "that on which something is laid or rests, basis, foundation, substratum"(CPD cv. upadhi)이다. 티벳역은 이를 phung po(=skandha)로 번역하는데, 이는 유여의지가 prajñaptyupadhi로 부른 것에 대응한다. 반면 한역 依事는 어떤 것의 토대가 되는 사태란 의미로서 7종 소유의 대상(parigrahavastu)을 포괄한다는 의미에서 parigrahopadhi를 나타낸다. 이에 대해서는 Schmithausen 1991a: 698 참조.

(18) 마음을 산란시키기 때문에 漏(āsrava)[192]이다.

(19) 향수의 대상에 만족하게 못하게끔 하기 때문에 결핍(vighāta)[193]이다.

(20) 원하는 것의 결핍을 일으키는 것이기 때문에 불태움(paridāha)이다.

(21) 불행을 인발하기 때문에 뇌란(upāyāsa)이다.

(22) 다툼과 싸움, 쟁론과 논쟁의 원인이기 때문에 투쟁(raṇa)이다.

(23) 쌓이고 쌓인 선근의 장작을 태우기 때문에 불(agni)이다.

(24) 마치 커다란 병과 같기 때문에 열(jvara)이다.

(25) 다양한 심신복합체를 마치 나무처럼 산출하고, 또(ca) 욕망의 대상들에 대한 집착을 야기하기 때문에[194] 숲(vanas)이다.

(26) 출세간법을 획득하는 데 장애를 일으키기 때문에 방해(vinibandha)이다.

이것들이 모든 번뇌들의 동의어이다.

2) 각각의 번뇌의 종류 (314c11)

다른 면에서 [각각의 동의어를 통해 표현되는 측면이 이들 번뇌에] 두드러지기 때문에 세존께서는 각각의 동의어에 특정한 번뇌들을 귀속시켰다.

---

192 āsrava는 자이나에서 미세한 물질 입자가 업 때문에 유입되어 순수한 영혼에 달라붙는 것을 가리킨다. MN 36.47에서 āsava는 "중생을 염오시키고, 재생을 산출하고, 어려움을 일으키고, 고통의 결과를 낳고, 미래의 생노사로 이끄는 것이다." 그 상세한 의미에 대해서는 Enomoto 1978을 볼 것. 또 Schmithausen 1992b: 123ff 참조.

193 vighāta는 두 가지 의미를 나타낸다. 하나는 "결핍"으로서 티벳역에서 phongs pa로 해석된 것으로 한역 匱도 이 의미를 나타낼 것이다. 다른 하나는 "손상"으로서 티벳역 「섭이문분」에서 vighāta의 풀이로서 제시된 gnod pa이다. BHSD는 "frustration, distress"로 그 의미를 제시하는데, 이는 결핍이나 손상에 대한 주관적 경험을 보여준다. 「섭이문분」(ParSg(P) 51a1, Ch. 770a22f.)은 vighāta를 "생에 대해 노·병·사 등이 해치기 때문에 vighāta이다(skyes pa la rga ba dang na ba dang 'chi ba la sogs pa gnod pa byed pa'i phyir na gnod pa rnams so//)"로 정의한다.

194 산스크리트 문장: vicitrātmabhāvavṛkṣasaṃhārakatvād vanasāḥ kāmaguṇasaktika<ra>tvāc ca/. 여기서 vanas(pl. vanasāḥ)는 위의 번역처럼 두 개의 이유로 설명되지만, 한역과 티벳역은 "욕망의 대상들에 대한 집착을 야기하기 때문에"라는 두 번째 이유를 vinibandha의 설명에 붙이고 있다. 하지만 이는 산스크리트 구문상 ca의 위치 때문에 받아들이기 어려운 해석이며, 또한 내용적으로도 vanas에 부합된다. 왜냐하면 vanas의 원래 의미는 어근 van("to wish, to desire")과 관련된 것으로서 '원함'을 의미하기 때문에 두 번째 이유에 부합할 것이다.

(1) 결(結)은 아홉이다. 애정의 결 등 상세히는 앞에서와[195] 같다.

(2) 박(縛)은 셋이다. 탐·진·치이다.

(3) 수면(隨眠)은 일곱이다. 감각적 쾌락을 향한 탐욕의 수면 등 상세히는 앞에서와[196] 같다.

(4) 수번뇌(隨煩惱)는 셋이다. 탐·진·치이다.

(5) 분출(纏)은 여덟이다.[197] 자신에 대한 부끄러움이 없음(無慚), 타인에 대한 부끄러움이 없음(無愧), 혼침(惛沈), 수면(睡眠), 도거(掉擧), 후회(惡作), 질투(嫉妬), 인색(慳吝)이다.

(6) 폭류(暴流)는 넷이다. 감각적 욕망[에 대한 탐욕]의 폭류(kāmaugha), 존재[에 대한 탐욕]의 폭류(bhavaugha), 견해[에 대한 탐욕]의 폭류(dṛṣṭyogha), 무명의 폭류(avidyaugha)이다.[198]

(7) 폭류와 같이 멍에(軛)도 마찬가지다.[199]

---

195 앞의 <번뇌의 차별> 항목에서 9종으로 나열된 9結이다.

196 앞의 <번뇌의 차별> 항목에서 7종으로 나열된 7종 수면이다. 즉, 욕계에 대한 욕망의 수면, 분노의 수면, 존재에 대한 욕망의 수면, 자만의 수면, 무명의 수면, 견의 수면, 의심의 수면이다.

197 8종의 '분출'(纏 paryavasthāna)은 이 개소 외에도『유가론』의「섭사분」(Ch.803b5ff)과 집론(677b9f)에서 설하고 있다. 반면 10종의 纏은『잡아비담심론』(T28: 904a23)과『입아비담론』(T28: 984b6f)에서 설해진 것으로 8종에 忿(krodha)과 覆(mrakṣa)을 더한 것이다. 8종의 纏의 작용은「섭사분」에 따르면, "무참과 무괴의 빈번한 현행은 증상계의 수행에 장애가 되며, 혼침과 수면의 빈번한 현행은 증상심의 수행에 장애가 되고, 도거와 후회의 빈번한 현행은 증상혜의 수행에 장애가 되고, 질투와 인색의 빈번한 현행은 동료수행자들이 서로 재물과 법을 향수하는 것에 장애가 된다."

198 「섭사분」(803b12-19; P 224b2ff)에서 4종 폭류는 다음과 같이 풀이된다. "감각적 욕망과 진에 등 욕계에 속한 번뇌들에 의해 규정된 행동성향을 가진 자가 욕계에 속한 강한 번뇌를 변지하지 못하고 끊지 못했을 때, 이를 감각적 욕망[에 대한 탐욕]의 폭류(kāmaugha)라고 한다. 존재와 견해, 무명의 3종 폭류도 이치에 따라 마찬가지라고 알아야 한다. 그리고 비불교도를 제외하고 욕계에서 아직 이욕하지 못한 자에 대해 kāmaugha라고 하고, [그곳으로부터] 이미 이욕한 자에 대해 bhavogha라고 한다. 비불교도들의 폭류는 나머지 [양자]로서, 악한 견해와 악한 견해의 원인을 하나로 압축한 것이다." (復次欲貪瞋等欲界所繫煩惱行者 欲界所繫上品煩惱 未斷未知, 名欲暴流. 有·見·無明 三種暴流. 如其所應 當知亦爾. 謂於欲界未得離欲除諸外道, 名欲暴流. 已得離欲, 名有暴流. 若諸外道從多論門, 當知有餘二種暴流. 謂諸惡見略攝爲一, 名見暴流. 惡見因緣略攝爲一, 說名第四無明暴流.) 두 번째 존재(bhava)란 색계와 무색계의 두 개의 영역에서의 재생을 가리킨다.

199 「섭사분」은 yoga를 等分行者(samacarita)의 번뇌로 풀이한다. "등분행자에게 모든 번뇌, 즉 위에서

(8) 취(取)는 넷이다. 욕망의 취착, 견해의 취착, 계금의 취착, 我語取이다.[200]

(9) 묶인 것(繫)은 넷이다. 신체에 묶인 것으로서의 탐(貪身繫)과 진에, 계금취 그리고 신체에 묶인 것으로서 '이것이 진리'라고 집착하고 취하는 것이다.[201]

(10) 덮개(蓋)는 다섯이다. 감각적 욕망에 대한 탐이라는 덮개(貪欲蓋), 진에라는 덮개(瞋恚蓋), 혼침과 졸림이라는 덮개(惛眠蓋), 들뜸과 후회라는 덮개(掉悔蓋), 그리고 의심이라는 덮개(疑蓋)이다.

(11-16) 황무지(株杌)는 셋이다. 탐·진·치이다. 황무지처럼 때(垢), 손상(常害)·화살(箭)·연착(所有)·악행(惡行)도 마찬가지다.

(17) 뿌리(根)는 셋이다. 탐이라는 불선근(貪不善根), 진이라는 불선근(瞋不善根), 치라는 불선근(癡不善根)이다.

(18) 루(漏)는 셋이다. 욕루(kāmāsrava), 유루(bhavāsrava), 무명루(avidyāsrava)이다.[202]

(19-25) 결핍(匱)은 셋이다. 탐·진·치이다. 결핍과 마찬가지로 태움(燒), 혼란

설명한 일체번뇌가 증대되지도 감소하지도 않은 것을 yoga라고 한다." (803b20f: 復次若諸煩惱等分行者 非增非減 即上所說一切煩惱. 說名爲軛). samacarita란 『성문지』에서 개아의 분류에서 사용된 samaprāpta와 비슷한 표현이라고 보인다. "균등하게 획득한(samaprāpta) 개아란 누구인가? 저 개아가 이전에 다른 재생들 속에서 탐·진·치와 자만, 심사를 행하지 않고 수습하지 않고 반복해서 행하지 않았다면, 또 이 요소들을 단점으로서 보지 않고, 싫어하지 않고, 종식하지 않는다면, 그는 그 원인들에 의해 탐과 진에, 치, 자만, 심사를 일으킬 수 있는 사태에 대해 강한 탐심을 갖지 않고 오랜 탐심을 갖지 않으며, 그에게 탐심은 그 사태 때문에 일어나지 않는다. 탐심처럼 진에와 치, 자만, 심사도 마찬가지다." (『성문지』 2021: 190).

200 네 개의 취착은 YBh 208,14ff에서 다음과 같이 정의된다. "욕취(kāmopadāna)란 무엇인가? 욕망의 대상들에 대한 chandarāga이다. 견취(dṛṣṭyupadāna)란 무엇인가? 유신견을 제외한, 그것과 다른 견들에 대한 chandarāga이다. 계금취(śīlavratopadāna)란 무엇인가? 戒와 禁에 관한 잘못된 소원에 대한 chandarāga이다. 我語取(ātmavādopadāna)란 무엇인가? 유신견에 대한 chandarāga이다. 첫 번째에 의해 바로 욕계에서 고를 산출한다. 반면 다른 것들에 의해서는 삼계에 속하는 [고를 산출한다]."

201 4종 繫에 대해서는 Saṅgītisūtra IV.40a 및 『대비바사론』 248c8f. 참조.

202 Schmithausen(1981: 205, n.19)은 앞의 두 개의 복합어는 tatpuruṣa이고, avidyāsrava는 karmadhāraya로 풀이한다. 즉, 욕망의 대상에 대한 루, 有에 대한 루이며, 마지막은 무명이라는 루이다. 『집론』에서도 漏는 3종으로 제시되지만, dṛṣṭyāsrava(見漏)를 더해 4종으로 언급하는 경우도 있다. 이에 대해서는 Schmithausen 1992b: 123f.

(惱), 투쟁(有諍), 불(火), 열(熾然), 숲(稠林)도 그러하다.

(26) 방해(拘礙)는 다섯 가지이다. 신체를 고려하는 것, 욕망의 대상을 고려하는 것, [재가자와] 섞여서 거주하는 것, 타당한 가르침이 결여된 것, 작은 것만으로 만족하는 것이다.

5.1.9. 번뇌의 단점 (315a1)

YBh 170 * 번뇌의 단점이란 무엇인가? 단점은 여러 종류라고 알아야 한다.[203] 즉,

(1) 번뇌가 생겨날 때 바로 처음부터 심을 염오시킨다.

(2) 인식대상에 대한 전도를 일으킨다.

(3) 잠재적 경향성을 견고하게 한다.

(4) 파생적인 제행의 흐름을 작동시킨다.

(5) 자신을 해치기 위하여, 남을 해치기 위하여, 양자를 해치기 위하여 일어난다.

(6) 현생에 속하고, 내생에 속하고, 현생과 내생에 속하는 죄를 발생시킨다.

(7) 그것에서 생겨난 심리적인 고통과 우울을 감수한다.

(8) 생 등의 고통을 산출한다.

(9) 열반으로부터 의식의 흐름을 멀어지게 한다.

(10) 선한 법들로부터 멀어지게 한다.

(11) 누리는 것을 사라지게 한다.

(12) 동요하고, 상처받고, 과보 없이 집회로 간다.

(13) 사방에서 악하고, 불명예스러운, 좋지 않은 표현으로 이루어진 평판이 퍼져나간다.

(14) 현자들로부터 비난받는다.

---

203 이들 단점들은 「섭결택분」(VinSg 61b1ff; Ch. 602c19ff)에서 나열되는 선행의 이로움과 반대의 경우이다.

(15) 후회하면서 죽는다.

(16) 그리고 몸이 파괴된 후에 나쁜 길과 나쁜 존재형태에 떨어지고, 지옥들 속에서 태어난다.

(17) 그리고 自利를 얻지 못한다.

5.2. 業雜染 (YBh 170,11; Ch. 315a13)[204]

업잡염(karmasaṃkleśa)[205]은 무엇인가?

요약송이다.

> 자성, 구별, 원인, 상태, 문
> 강력함, 전도, 분류유형, 단점이다.

업들의 자성(svabhāva)과 구별(prabheda), 원인(hetu), 상태(avasthā), 문(mukha), 강함(adhimātratā), 전도(viparyāsa), 분류유형(paryāya), 단점(ādīnava)을 알아야 한다.

5.2.1. 업의 자성

업의 자성이란 무엇인가? 생겨나는 법이 강한 의욕작용(abhisaṃskāra)으로 특징지어져서 생겨나고, 또 그것이 일어나기 때문에 신체적인 강한 행위와 언어적인 강한 행위가 그 후에 일어나는 것이 업의 자성이라고 설해진다.

---

204 업잡염 항목 중에서 업의 자성(§ 5.2.1.)과 업의 구별(§ 5.2.2.)의 두 개의 절이 Aymore(1995: 36-73)에 의해 YBh_ms에서 편집되었다. 이 부분의 번역은 그것을 사용했다.

205 karmasaṃkleśa 복합어는 보통 karmadhāraya로 해석되지만, Vasubandhu의 MSgBh(T31: 331b27f; D 134b6ff: de la las nyid kun nas nyon mongs pa ni las kyi kun nas nyon mongs pa'am/ las las kun nas kun nas nyon mongs pa ni las kyi kun nas nyon mongs pa'o//)에서는 karmasaṃkleśa는 karmadhāraya와 tatpuruṣa 양자로 해석가능하다고 설명된다.

5.2.2. 업의 구별 (Ch. 315a20)

업의 구별이란 무엇인가? 두 측면에 의해 알아야 한다. 사람의 특징의 구별에 의해, 또 법의 특징의 구별에 의해서이다. 그런데 그 양자에 10종의 불선하고 선한 업의 길(karmapatha)이 있다.

YBh 171 * [그것들은] 살생(prāṇātipāta)과 살생의 중지(prāṇātipātavirati), 주지 않은 것을 취함(adattādāna)과 주지 않은 것을 취함의 중지, 음욕행(kāmamithyācāra)과 음욕행의 중지, 망어(mṛṣāvāda)와 망어의 중지, 이간질하는 말(paiśunya)과 이간질하는 말의 중지, 악구(pāruṣya)와 악구의 중지, 綺語(saṃbhinnapralāpa)[206]와 기어의 중지, 소유욕(abhidhyā)과 소유욕의 중지, 악의(vyāpāda)와 악의의 중지, 邪見(mithyādṛṣṭi)과 邪見의 중지이다.

5.2.2.1. 사람의 특징의 구별의 건립 (Ch. 315a26)

5.2.2.1.1. 흑품에 따른 불선한 업도의 구별

그중에서 사람의 특징의 구별의[207] 건립이란 "실로 살생자는"이라고 경에서 상세히 설한 바와 같다.

(1) "그는 실로 살생자이다"란 이것은 주제어(uddeśapada)이다. "포악한"이란 살해하고 해치려는 마음이 현전하기 때문이다. "손에 피가 묻어있는"이란 저 [중생들]의 살생을 행함에 의해 [그에게] 신체의 [모습의] 변화가 일어났기 때문이다. "해치고 완전히 손상에 들어갔고"란 그가 [중생들의] 생명을 빼앗은 후에, 부분들로 자른 후에, 생계를 목숨을 유지하기 때문이다. "[살생에 대해] 부끄러움 없이"란 자신의 죄(avadya)를 일으킨 것과 관련해서이다.[208] "연민 없이"

---

206 saṃbhinnapralāpa는 '관련이 없는 [말을] 재잘거림', 또는 '맥락없는 말을 지껄임'을 의미하지만, 여기서는 현장역에 따라 綺語로 번역했다.

207 YBh 171,6: pudgalalakṣaṇavyavasthānaṃ. 하지만 한역에서는 여기에 pudgalalakṣaṇa-<prabheda>-vyavasthānaṃ로 읽는데, 내용상 타당할 것이다.

208 YBh 'vadyoypādanāt. YBh_ms: 'vadyaprasavam upādāya.

란 타인들에게 원하지 않는 것을 초래한 것과 관련해서이다.

니르그란타(nirgrantha)[209]라는 이름의 출가자들이 있다. 그들은 "일백 요자
나(yojana)[210] 내에 있는 생명체들에 대해 [살생이] 제어되었거나 제어되지 않았
다."고 말한다. 그것의 대치로서 [경에서] "일체 중생들에 대해"라고 * 말한다. YBh 172
또한 그들은 "나무 등의 외적인 것들도 생명체다."라고 말한다. 그것의 대치로
서 [경에서] "[진정한] 생명체(prāṇibhūta)들에 대해서"[211]라고 말한다. 이와 같
이 진실한 복덕의 중지에 대한 대치가 해명되었으며, 또 진실하지 않은 복덕의
중지에 대한 대치도 [경에서] 해명되었다. 이와 같이 설명된 구절들에 의해 강
한 의욕작용에 의한 살생(abhisaṃskāravadha)이 설명되었다.

"작은 벌레와 개미에 이르기까지 생명체에 대해"란 이 구절에 의해 부주의함에 의한 살생(aparihāravadha)[212]이 해설되었다. "그는 살생으로부터 거리를 두지 않았다"란 조건이 주어진다면 [살생으로부터] 벗어남의 여지가 해명되었다. 그가 [살생으로부터] 거리를 두지 않는 한, 그는 살생자라는 것이 [경전의] 요약적 의미이다. 모든 이 구절들에 의해 살생자의 표징과 살생의 작용, 살생의 원인, 살생의 사태와 작용의 차이가 해명되었다.

또 다른 [경전의] 요약적 의미가 있다. 살생을 행하는 그는 어떻게 그렇게 되며, 또 어떻게 생명을 해치며, 또 어떤 생명을 해칠 때, 그에게 살생의 상태가 되는지가 해명되었다. 그럼으로써 살생자의 사람으로서의 특징이 해명되었고, [행위로서의] 살생의 특징이 [해명된 것은] 아니다.

(2) "실로 그는 주지 않은 것을 취하는 자이다"란 주제어이다. "그는 타인들

---

209 Nirgrantha는 일반적으로 자이나 승려나 출가자를 가리킨다. grantha는 위의 번뇌의 동의어에서 언급된 대로 繫("묶임")이며, 따라서 nirgrantha란 "묶임(grantha)이 없는 자"를 뜻한다.

210 yojana는 고대 인도에서의 거리 단위로서 대략 12~15km에 해당된다.

211 불교에서 식물이 중생의 범주에 포함되는가의 문제에 대해서는 Schmithausen 1991b: 79ff 참조.

212 부주의함에 의한 살생(aparihāravadha)이 강한 의욕작용에 의한 살생(abhisaṃskāravadha)과 대조되고 있다. parihāra는 M-W에서 "to avoid, beware of"로 풀이되고 있다.

의”란 [그는] 타인들이 소유한 재산이나 곡물 등의 물건을 [취한다]. “마을에 있는 것이거나 또는”이란 마을에 놓여있거나 돌아다니는[213] [물건]이다. “또는 외진 곳에 있는”이란 외진 곳에서 자라거나 모여 있거나 또는 돌아다니는 것이다. “훔칠 수 있는 것으로 간주된다”란 주지 않은 것, 보시되지 않은 것, 버리지 않은
YBh 173 것이다. “취한다”란 자기 것으로 한다. “주지 않은 것을 취하는 자”란* 언제라도 생활필수품이 결여되었을 때, 자기 것으로 만들기 때문이다. “주지 않은 것에 대해 즐거워하며”란 그 도둑질을 [습관적으로] 행한 후에 [즐거움이] 생겨나기 때문이다. “주지 않은 것, 보시되지 않은 것, 버리지 않은 것을 바라는 자”란 타인들이 소유한 것을 자기 것으로 하기를 바라기 때문이다. 그중에서 소유자가 보시의 방식으로 먼저 주지 않은 것을 주지 않은 것이라 부른다. 소유자가 버리지 않고 가지고 있는 것을 보시되지 않은 것이라 부른다. 소유자가 모든 중생과 관련하여 원하는 대로 향수하기 위해 주지 않은 것을 버리지 않은 것이라 부른다. “스스로를 도둑으로 초래한다”란 주지 않은 것을 취하기 때문에, 또 주지 않은 것에 대해 즐거워하기 때문이다. “더러운 것(lolupa)을 초래한다”란 주지 않은 것, 보시되지 않은 것, 버리지 않은 것을 바람에 의해서이다. “청정하지 않은 것을 초래한다”란 법정에서의 패배를 통해(adhikaraṇaparājaya) 염오되었기 때문이다, “부정한 것을 초래한다”란 비록 그가 또 다른 경우에 [법정에서] 패배하지 않았다고 해도 그것의 오류에 의해 더럽혀졌다는 사실에 의해서이다. “죄를 지닌 것을 초래한다”란 현재와 미래의 원하지 않는 결과를 위한 원인을 포섭함에 의해서이다.[214] “주지 않은 것으로부터 거리를 둔다”란 이것의 설명은 살생[에서]처럼 알아야 하며, 또 그것과 다른 업의 길들과 관련해

---

213 “놓여있거나(sthāpitam) 돌아다니는(saṃcāritam) 것”이란 수확물처럼 마을에 저장되어 있거나 또는 닭처럼 돌아다니는 것이다.

214 YBh 173,9: dṛṣṭadharmasāmparāyikāniṣṭaphalahetuparigrahatayā. 한역(315c5f: 能攝受現法後法非愛果故)에는 hetu에 대응하는 단어가 없지만, 티벳역(... mi sdug pa’i bras bu’i rgyu yongs su ‘dzin pa’i phyir)로 산스크리트와 동일하다.

서도 [마찬가지다].

그리고 [경전의] 요약적 의미(samāsārtha)[215]는 그는 주지 않은 것을 취하는 자로서 어떤 이로부터 빼앗으며, 그곳에 놓여있는 것을 그와 같은 방법으로 빼앗으며, 저 탈취로부터 잘못 얻는다는 것이 요약적 의미이다. 이것이 주지 않은 것을 취하는 자의 특징이지, 주지 않은 것을 취함의 특징은 아니라고 알아야 한다. 나머지에 대해서도 마찬가지다.

(3) "그는 실로 욕망의 대상에 대해 삿된 행위를 하는 자이다"라는 말은 주제어이다. 부모 등에 의해 보호된 [딸]이란* 예를 들어 부모가 자신의 딸을 배우자 YBh 174
와 결혼시키기 위해 그와 다른 자와 함께 음욕하는 것으로부터 보호하고 수호하고 적시에 살피는 것이다. 또한 그 [부모]가 죽었을 때는 친척에 의해, 형제나 자매에 의해 보호되거나 또는 그들이 없다면 "친족에 의해 보호되고", 그들도 없다면 스스로 가문에 비슷한 자가 없다고 안 후에 스스로 자신을 보호하는 것이다. 또는 자신의 아이 때문에 "시아버지와 시어머니에 의해 보호된다." "처벌을 수반한"이란 [그녀는] 왕이나 대신가문의 처벌정책에 의해 보호되기 때문이다.[216] "장애를 지닌"이란 [그녀는] 문지기에 의해 보호되기 때문이다. 결혼하지 않은 여인을 위한 이런 3종 보호가 해설되었다. 요약해서 존경받고 애정이 있는 사람의 관찰에 의한 보호와 왕이나 대신가문의 보호, 문지기에 의한 보호이다.

"타인의 처"란 바로 결혼한 여인이다. "타인에 속하는 [여인]"(paraparigṛhītā)[217]이란 바로 결혼하지 않은 여인도 세 가지 보호에 의해 보호되는 것이다. "갑

---

215 YBh 173,11에서 samāsārthaḥ는 앞 문장에 속한 것으로 편집되어 있지만, 한역(315c7)이나 티벳역(D 87b7)처럼 새로운 문장의 시작으로 읽어야 한다. 그리고 YBh 173,12에서 punar yataḥ ... yathābhūtopāyena로 교정해서 읽었다.

216 sadaṇḍā rājayuktakuladaṇḍanītirakṣitatvāat. daṇḍa는 원래 몽둥이니 막대기를 뜻하지만 여기서는 왕이나 대신가문(yuktakula)에 의해 주관되는 처벌이나 형벌을 의미한다.

217 Ayomore(1995: 91, fn. 77)에 따르면 paraparigṛhītā란 여기서 위에서 언급한 결혼하지 않은 여인을 가리키는 것이 아니라 bhikṣuṇī를 가리킬 수 있으며, 그 유사한 설명으로서 AKBh 244,19-21을 제시하

자기"란 혼란을 일으킨 후에 [사음을 하는 것이다]. "힘으로"란 부모 등 모든 사람들이 보고 있을 때, 원하지 않는 여인을 억누른 후에 [사음을 하는 것이다]. "은밀히(anuskandya)"란 [그 부모 등이] 보지 않을 때 동의하에 그 여인을 [범하는 것이다]. "욕망의 대상들에 대한 행위에 빠진다"란 양자의 두 [성기]가 들어가는 것이 이 맥락에서 성적 욕망(kāma)으로 의도되었다. "삿된 음욕을 한다"란 성기 없이 적절하지 않은 장소와 시기에서이며, 그것들에 의해 비록 자신의 처에 대해서도 죄를 범한다.

또한 [경전의] 요약적 의미란 그 여인을 범하는 자에게, 또 그와 같이 범하는 자에게 욕망의 대상에 대한 삿된 행위가 일어남이 해명되었다.

YBh 175 (4) * "그는 망어를 하는 자(mṛṣāvādika)이다"란 주제어이다. 왕가는 왕이며, 대신의 가문은 그에 의해 지명된 자이다.[218] 개별적인 것은 장자나 거사이며,[219] "집회"란 그들의 모임으로, 사방의 군중의 모임이라고 설해진다. 세 가지 언설들에 의해[220] 경험된 것이 인지된 것이며, 보았던 것에 의해 경험된 것이 바로 "보여진 것"이다. "자신 때문에"란 두려움 때문이나 물질적 관심(āmiṣakiñcit) 때문에 [거짓말을 한다]. 스스로 때문에서처럼 타인 때문에서도 마찬가지다. "두려움 때문에"란 살해와 결박, 고문과 욕 등에 대한 두려움 때문이다. "물질적 관심 때문에"란 재물과 곡물, 금 등 때문이다. "그는 알면서 망어를 한다"란 관념(saṃjñā)과 흥미(ruci), 견해(dṛṣṭi)를 외면하고(vinidhāya) 말하기 때문이다.

그리고 [경전의] 요약적 의미란 주제(adhikaraṇa)에 의해, [진실과] 다르게 말함에 의해, 원인에 의해, 관념과 일치하지 않음에 의해 망어가 [설명되었다고]

고 있다. 여기서 비구니를 범했을 때, 국토와 관련해서 삿된 행위는 영토의 지배자에게 죄를 범하는 것으로 설명된다. 왜냐하면 그 지배자는 그것을 용인하지 않을 것이기 때문이다. 그에게 있어 [비구니의] 서약을 한 여인은 마치 자신의 부인처럼 범해져서는 안 된다.

218 YBh 175,1에 누락. YBh_ms: rājakule vā yuktakule vā, rājā rājakulaṃ tadadhikṛto yuktakulaṃ.

219 YBh 175,1에서 단지 apṛthacchenyaḥ이지만 의미 불명. 한역(若別者 謂長者居士)에 따라 번역했다.

220 Ayomore(1995: 51, fn. 116)은 세 가지 언설과 관련하여 잡아함경(T2: 271b27f: 不見言見, 見言不見. 不聞言聞, 聞言不聞. 知言不知, 不知言知)을 제시한다.

알아야 한다.

(5) "실로 그는 이간질하는 말을 하는 자(paiśunika)이다"란 주제어이다. "분열시키는 자"란 분열시키려는 의도를 갖고 있기 때문이다. "이들에게 들은 후에 저들에게 전하고(ārocayati)[221] 또는 저들에게서 들은 후에 이들에게 전한다"란 들은 대로 분열을 촉진시키는 말이다. [화합에] 반감(viprīti)을 일으키기 때문에 "화합을 깨뜨리는 자"이다. 또 "분열된 자들을 격려하기(anupradāna)[222] 때문에" 거슬림에 의해(vilopanatayā) 희열이 발생한다.[223] 염오된 마음에 의해 [화합에] 반감이 일어나는 경우에 "분열에 희열한다." 염오된 마음에 의해 반감의 발
생과* 거슬림의 경우에 "분열에 대해 즐거워한다." 듣지 않은 후에 또는 다른 YBh 176
목적에 의해서 "이간시키는 말을 한다."

그리고 [경전의] 요약적 의미란 분열을 의도한 상태, 분열되지 않은 자에게 분열을 실행함, 분열된 자에게 분열을 실행함, 분열시키려는 염오된 심의 상태, 그리고 다른 이들에게 [분열을 촉진하려는] 목적(paraprayojanatā)이 해명되었다.

(6) "실로 그는 악한 말을 하는 자(pāruṣika)이다"란 주제어이다. 계율의 항목에 포섭되기 때문에 말은 "허물이 없다"고 설해진다. 문장과 음절이 달콤하고 부드럽기 때문에 "귀를 즐겁게 한다"고 설해지며, 강한 의향에 의해 실행된 것이고, 허위적인 것이 아니고, 또 속임이 없음에 의해 "마음에 드는 것"(hṛdayaṅgama)

---

221 ārocayati에 대해서는 CPD에 "to make visible, to explain, declare, announce, inform, communicate" 등의 의미가 있다. SWTF ā-rocita 항목에서도 "bericht, mitgeteilt" (보고하다, 알려주다) 등의 용례가 제시된다.

222 anupradāna는 기본적으로 "gift, donation"(M-W)이지만, CPD anu-ppadātar는 전의된 의미로 "who encourages, confirms"로 번역된다. 이는 SWTF anu-pra-dātṛ 항목에서 "der bekräftigt oder ermutigt" (확인하는 자 또는 격려는 자)로 번역하는 경우에 해당된다. 한역 隨印에서 隨는 anu의 번역이고, 印은 기쁘게 용인한다는 의미에서 SWTF의 bekräftigen의 의미로 번역되었다고 보이며, 뒤에 나오는 vyagra-rata의 한역 樂印이 보여주듯이 rata와 비슷한 의미로 사용되었다고 보인다. 티벳역 mi 'dum par byed은 '동의하지 않음'으로 여기서 잘 부합되지 않는다.

223 YBh 175,11: prītiḥ sambhavati/ gopanatayā. gopanatayā는 대응하는 한역(乖違)과 티벳역(gcod pas)에 따라 vilopanatayā로 교정되어야 하고, 여기서 문장이 끝나야 한다.

이라고 설해진다. 증익된 것이 아니기 때문에 또 때에 맞추어 이익이 초래되었기 때문에 "좋은 것"이다. 열반성(nirvāṇapura)을 주제로 했기 때문에 "세련된 것"(paurī)[224]이다. 문장과 음절이 달콤하기 때문에 "아름다운 것"(valgu)이다. 문장과 음절을 잘 해석한 것이기 때문에 "명료한 것"(vispaṣṭā)이다. 이해로 이끌기 때문에(gamakatvāt) "쉽게 인지되는 것"(vijñeyā)이다. 여법한 것이기 때문에 "들을만한 것"이다. 물질적 관심을 떠난 마음에서 생겨난 것이기 때문에 "토대를 여읜 것"(aniśritā)이다. 제한되었기 때문에 "거슬리지 않는 것"(apratikūlā)이다. 연관되고 또 분명하기 때문에 "다함이 없는 것"(aparyādattā)이다.

허물이 없는 [말]부터 다함이 없는 [말]까지는 3종이라고 알아야 한다. 계의 율의에 포섭된 말은 한 종류에 의해 [포섭되며], 환희하는 [말]은 세 종류에 의해, 그리고 법을 설하는 말은 나머지 종류들에 의해서이다.

또한 마지막 [말]은 나아가 [3종이라고] 알아야 한다.[즉,] 첫 번째 종류에 의해서 주제(adhikāra)를 갖춘 말이며, 두 가지 [종류]에 의해 문장과 음절을 갖춘 말이며, 그리고 나머지 [종류]들에 의해 실행을 갖춘 말이다.

미래세와 관련하여 좋아할만한 것이기 때문에(abhipretatvāt)[225] 기대되는 [말](iṣṭā)
YBh 177 이고, * 과거세와 관련하여 좋아할만한 것이기 때문에 즐거운 [말](kantā)이고, 현재세와 관련하여 사태와 경험의 측면에서 의도된 것이기 때문에 사랑스런 [말](priyā)이고 또 마음에 드는 [말](manāpā)이라고 알아야 한다. 환희하는 [말]은 "많은 사람들에게" 기대되는 것이고, 즐거운 것이고, 사랑스러운 것이고, 마음에 드는 것이다. 법에 대해 교설하는 [말]은 "집중된 상태에서 나오는 것"이다. 계율의 항목에 포섭된 [말]은 후회없음 등의 순서로[226] 삼매로 인

---

224 paurī를 세련된 [말]로 번역한 것은 도시적인 것과 촌락적인 것의 대비에 의거한 것으로, 티벳역은 pho brang 'khor ba'i skad("우아한 말")에 의거해서 번역했다. 반면 한역 先首는 pūrvikā/pūrvaṃgamā 정도로 읽었다고 보인다.

225 abhipratatvāt는 여기서 해석학적 의미에서 "의도된 것"이 아니라, 한역 可愛樂故가 보여주듯이 "agreeable" (PTSD adhippāya)를 뜻한다.

도하는 [말]이다.

그중에서 독살스런 [말](ādaśā)[227]은 진에라는 독을 발산함에 의해 타인을 해치는 말이다. 거친(karkaśā) 말은 고통과 접촉하게 하기 때문에 타인들을 질리게 하는 말이다. 나머지는 백품과 반대라고 알아야 한다.

(7) "실로 그는 기어(綺語)를 말하는 자(sambhinnapralāpika)이다"란 주제어이다. 잘못된 비난에 의거한 후에 비난(codanā)은 5종이다. 적당하지 않은 때에 말하는 자이기 때문에 때에 맞지 않게 말하는 자이다. 비진실을 말하는 자이기 때문에 허망한 것을 말하는 자이다. 무익함을 초래하는 말을 하는 자이기에 무익한 말을 하는 자이다. 거친 말을 하는 자이기에 여법하지 않게 말하는 자이다. 진에를 품고 말하는 자이기에 고요하지 않게 말하는 자이다.

또한 잘못된 법을 교설할 때에 생각하지 않은 후에 올바른 심려가 없는 교설에 의해 부주의한(aśāmya) 말을 한다.[228] 경멸하면서 듣는 자에게 교설하기 때문에 적시적인 것이 아니다.[229] 앞의 [의미]와 뒤의 의미가 연관되지 않기 때문에 맥락없는 [말](prakīrṇā)이다. 타당하지 않은 이유를 설하기 때문에 논증적인 [말](sāpadeśa)이 아니다. 연관되지 않는 비유를 인용하기 때문에 예시적인 [말](sāvadana)이 아니다. 더러움을 드러내기 때문에 여법하지 않은 말(adharmyā)

---

226 YBh 177,4: sā vipratisādhyānupūrvyā. 하지만 한역은 由無悔等漸次으로서 *sāvipratisārādyānupūrvyā로 읽었다고 보인다.

227 YBh 177,5: ādaśā-dīptā(?). YBh_ms: ādaśā. Aymore(1995: 58, fn. 162)는 Saṅghabhedavastu 및 DBh(ed. Kondō) 등의 여러 편집본의 읽기를 제시한 후에 그것들이 vāg ādaśā의 오기라고 지적한다. 그 의미는 한역 毒螫語가 보여주듯이 '독살스런 말'이다.

228 YBh 177,10f: mithyādharmadeśanākāle 'cintayitvā samyagupanidhyāya deśanayāniśāmyaṃ (ed. deśanayā niśamya) vācaṃ bhāṣitā bhavati. 한역(316b22-24: 又於邪說法時, 不正思審而宣說故 名不思量語)은 aniśāmyaṃ을 不思量("생각하지 않고")으로 번역하지만, 이 단어에는 다음 문장의 不靜이 보여주듯이 "적정하지 않은"이란 의미도 있다.

229 YBh 177,12: paribhūya śṛṇuvate deśanā. 이 문장에 대한 한역과 티벳역은 매우 상이하다. 한역(爲勝聽者而宣說故, 名不靜語)은 이 설명을 직전 문장의 不靜語(aniśāmyaṃ vācaṃ)과 관련시켜 번역하고 있다고 보인다. 반면 티벳역(brnyas shing nyan pa na ston pas na dus ma yin pa'o//)로 하여 paribhūya를 한역처럼 勝("뛰어난")의 의미가 아니라 '경멸한 후에'로 번역하고 있다. Aymore의 교정본 paribhūya śṛṇvate deśanayā na kālena<.>은 티벳역에 의거하고 있다.

YBh 178 이다. 웃음과 노래 등의 유희를 할 때, 또 춤과 무용수,* 재담꾼과 배우 등을 관람할 때, 의미없이 나오는 말(anarthopasaṃhitā)이다.

그리고 [경전의] 요약적 의미란 3세에 관해 해설한 대로 바로 기어에 대해 해명된 것이다.

(8) "실로 그는 탐욕스럽다"란 주제어이다. 타인의 것에 대해 탐욕을 지배적 요소로 삼은 후에 [타인의 것을] 자신의 것으로 하려는 결정이 생겨남을 용인하기 때문에 [일어난] 강한 탐심이다. 재물(vitta)이란 세간적인 재산에서 생겨난 것이다. 필수품(upakaraṇa)이란 향수하는 것이다. 그 양자가 요약해서 물건이다. "타인들의 것이 바로 자신의 것이 되어야 한다"는 [경전의 말로] 소유욕(abhidhyā)의 작동의 행상이 요약해서 소유욕의 자성의 관점에서, 인식대상의 관점에서, 그리고 행상의 관점에서 해명되었다고 알아야 한다.

(9) "실로 그는 악의를 갖고 있다"란 주제어이다. 다른 유정들에 대한 악의를 지배적 요소로 삼은 후에 [타인을] 손상시키려는 결정이 생겨남을 용인하기 때문에 [일어난] "악한 마음의 분별"이다. "그들은 살해되어야 한다"란 [타인들의] 신체를 살해를 통해 훼손하려는 욕망이다. "그들은 묶여져야 한다"란 [타인들의] 신체를 해치려는 욕망이다. "그들은 피해를 받아야 한다"란 타인에게서 재산을 손실시키려는 욕망이다. "그들은 그것에 의해 불운에 떨어져야 한다"란 바로 스스로 재산을 손실시키려는 욕망이다.

[경전의] 요약적 의미란 앞에서와 같다고 알아야 한다.

(10) "실로 그는 사견을 가진 자이다"란 주제어이다. "이와 같은 견해를 가진 자"란 스스로 [앞에서] 말했던 의미에 따라 인지적 수용과 즐거움을 해명한 것이다. "이와 같이 말하는 자"란 타인들에게 [앞에서] 말했던 의미에 따라 파악하는 방식을 해명한 것이다. 재물의 의도와 청정의 의도, 천신의 공양의 의도라는 세 가지 의도(abhiprāya)를 가진 보시를 부정하기 때문에, "보시물도 없고, 원하는 바도 없고, 제사도 없다"고 그는 말한다. 제사는 이 맥락에서 불의 신에 대한 공양을 의도한 것이라고 보아야 한다. 치료대상에 대한 치료제를 수반한

(savipakṣapratipakṣa), 계로 이루어지고 수습으로 이루어진 선을 부정하고, 또 보시로 이루어진 [선]이 치료대상에 대한 치료제임을[230] 부정하기 때문에, "선행도 없고 악행도 없다"고 말한다. * 저 치료대상에 대한 치료제를 수반하고 있는 3종의 선의 과보를 부정하기 때문에,[231] "잘 행해지고 잘못 행해진 업들의 과보의 이숙은 없다"고 말한다. YBh 179

유전의 토대로서 [작용하는] 조건을 부정하기 때문에(pravṛttyadhiṣṭhānapratyayāpavādāt)[232], "이 세계도 없고 다른 세계도 없다"고 말한다. 또 그 [유전]의 바탕으로서 [작용하는] 조건을 부정하고(tatpadapratyayāpavādāt)[233] 또 그 [유전]의 종자로서 [작용하는] 조건을 부정하기 때문에, "어머니도 없고 아버지도 없다"고 말한다. 유전에서 [주체로서의] 사람을 부정하기 때문에, "화생하는 유정은 없다"고 말한다.[234] 유전를 대치하는 환멸을 부정하기 때문에, "세상에 아라한들은 없다"는 등으로 말한다.

내적으로 잡염의 적정에 도달했기 때문에 "올바로 이른 자들"이다. 유정들에 대한 잘못된 인식(mithyāpratipatti)을 여읜 바른 인식(pratipatti)[235]이기 때문에

---

230 Aymore: dānamayavipakṣasya ca. 티벳역(sbyin pa las byung ba'i mi mthun pa'i phyogs)도 이런 읽기를 지지한다. 그러나 한역(316c19f: 及顯非撥施所生善能治所治故)은 dānamayavipakṣapratipakṣasya ca/ 로 읽고 있다. 한역에 따라 번역했다.

231 YBh 179,1f.: kuśalasyāpavādān. YBh_ms: kuśalasya phalāpavādā<n>.

232 Aymore(1995: 108, fn. 142)에 따르면 여기서 '유전'으로 번역한 pravṛtti는 이 맥락에서 항시 업적, 윤회적 행위로서 업과 그것의 이숙 및 재생의 의미를 포함하고 있다.

233 YBh 179,3: tat-phala-pratyayāpavādāt. Bhattacharya는 pada를 자의적으로 phala로 수정하지만, 사본은 티벳역(de'i 'bras bu'i rkyen la skur pa btab pa)이나 한역(彼所託緣)에 의해 지지된다. 따라서 tat-phala-pratyayāpavādāt로 읽어야 한다. 여기서 그[유전]의 바탕이란 어머니가 유전에서 바탕으로서의 역할을 한다는 의미로서, 이는 한역이 보여주듯이 식이 어머니의 자궁에 부착되었다는 의미를 함축하고 있다.

234 nāsti sattva upapaduka ity. upapāduka("화생하는")는 BHSD (s,v, aupapāduka)에서 "born by spontaneous generation, often the fourth of 4 kinds of beings classified as to manner of birth ..."로 설명되고 있다. 이러한 화생하는 유정의 부정은 사견 중에서 단견에 해당된다. 화생하는 유정이 없다는 견해를 개아를 손감하는 사견으로 간주하는 「攝決擇分」(T30: 621b20-29)의 설명 참조.

235 여기서 pratipatti는 한역에서 正行으로 번역되어 있지만 어떤 신체적이고 외적 행위를 가리키는 것이 아니라 내적인 인지적 행위를 가리킨다. pratipatti의 반대로서 vipratipatti에 대해

"올바로 인식하는 자들"이다. 원인의 시기에 대해서 "이 세계"이고,[236] 결과의 시기에 대해서 "다른 세계"이다. 스스로의 개인적 힘에 의해 행했기 때문에, "스스로"(svayam)이다. "신통력에 의해서"(abhijñayā)란 여섯 번째 [신통력][237]에 의해서이다. "촉증한 후에"(sākṣātkṛtya)란 견도에 의해서이다. "[해탈지를] 획득한 후에"(upasaṃpadya)란 수도에 의해서이다. 스스로 알기 때문에, 또 타인들에게 이해시키기 때문에, 스스로 증득을 "그들은 설명했다." "나에게 태어남은 끝났다"는 등의 [말]의 분석은 앞에서처럼 알아야 한다.

그중에서 [경전의] 요약적 의미는 다음과 같다. 원인의 부정과 결과의 부정, 작용의 부정, 실재하는 사태의 부정이 해명되었다. 작용이란 종자를 심는 작용이며, [결과를] 보존하는 작용이며, 왕래의 작용이며, 재생을 일으킬 수 있는 업의 작용이다.

YBh 180 * 또 다른 축약적 의미의 방식(piṇḍārthaparyāya)이 있다. 원인과 결과를 포함하고[238] 또 조건과[239] 유전의 [주체로서의] 사람을 포함한[240] 유전(pravṛtti)의 부정 및 그것을 대치하는 환멸(nivṛtti)의 부정이 해명되었다. 그중에서 유전의 부정

Śālistambasūtra는 "진실에 대해 올바른 인식의 결여가 잘못된 인식(vipratipatti)이고 무지이다." (tattve 'pratipattiḥ mithyāpratipattir ajñānam: 11,24, ed. Gokhale)라고 설명한다.

236 YBh 179,7f: hetukāla idaṃ kālaṃ/ phalakāla iti parakālaṃ. 하지만 한역과 티벳역에 따라 교정하면 hetukāla imaṃ lokaṃ/ phalakāle paraṃ lokaṃ.

237 여섯 번째 신통은 루의 소멸에 대한 智(āsravakṣayajñāna)이다. 앞의 다섯 신통은 神變의 경계(ṛddhiviṣaya), 신적인 귀(divyaṃ śrotram), 타인의 마음을 아는 것(cetasaḥparyāya), 전생의 머물음에 대한 기억(pūrvanivāsānusmṛti), 죽음과 재생의 직접적 봄(cyutyupapādadarśana)이다. 앞의 5신통은 일반인들에 의해서도 획득되지만, 마지막 신통은 오직 아라한에 의해서만 획득된다. BoBh 40,12ff (『보살지』 2015: 101ff) 참조.

238 원인과 결과를 포함한 유전의 부정은 앞에서 말한 "보시물도 없고, 원하는 바도 없고, 제사도 없다"는 주장과 "선행도 없고 악행도 없다"는 주장, 그리고 "잘 행해지고 잘못 행해진 업들의 과보의 이숙은 없다"는 주장이다.

239 조건이란 앞에서 설명한 세 가지 조건, 즉 유전의 토대로서 [작용하는] 조건과 그 [유전]의 바탕으로서 [작용하는] 조건 그리고 그 [유전]의 종자로서 [작용하는] 조건을 가리킨다.

240 유전의 [주체로서의] 사람을 포함한 유전(pravṛtti)의 부정이란 "화생하는 유정은 없다"는 주장을 가리킨다.

과 관련하여 원인의 부정이지, 자상의 부정은 아니라고 알아야 한다. 반면 환멸의 부정과 관련해서 속성들의 부정이지, 사람의 부정은[241] 아니라고 알아야 한다.

5.2.2.1.2. 백품에 따른 선한 업도의 구별

백품에서는 모든 것은 이것과 반대라고 알아야 한다. 그렇지만 나는 [백품에서] 특별한 점을 말하고자 한다.

욕망의 대상에 대한 삿된 행위와 관련하여[242] "범행자"란 주제어이다. 이것은 3종 청정에 의해 청정한 것이라고 알아야 한다. 즉, 시간의 청정에 의해, 타인의 신뢰의 청정에 의해, 그리고 정행의 청정에 의해서이다. 그는 살아있는 한 [범행을] 행하기 때문에, 오랫동안 행한 자이다. 이것이 시간의 청정이다. 논점에서의 청정이기 때문에(adhikaraṇaśuddhitaḥ)[243] 그는 청정하며, [논점을] 벗어나지 않기 때문에 깨끗하다(śuci). 이것이 타인으로부터의 신뢰의 청정이다.

그중에서 그는 청정한 자이지만 깨끗하지 않은가의 문제에 대해 4구가 있다. 첫 번째 구는 규칙을 어긴 자(adhyāpanna)가 논점에서 승리한 것이다. 두 번째 구는 규칙을 어기지 않은 자가 논점에서 패배한 것이다. 세 번째 구는 규칙을 어기지 않은 자가 논점에서 승리한 것이다. 네 번째 구는 규칙을 어긴 자가 논점에서 패배한 것이다.

그중에서 여인과 신체적 접촉을 취하지 않기 때문에 "유덕한 자"(nirāmagandha)[244]이다. 양자의 두 [성기]의 접촉이 없기 때문에,[245] "삿된 음욕으로부터 벗

---

241 YBh 180,4: pudgalavāda; pudgalāpavāda로 교정.

242 YBh 180,6: kāmamithyācāram upādāya. 한역(317a14: 翻欲邪行中)의 翻은 때로 viparyayeṇa의 의미로도 사용되지만, 여기서 upādāya는 ārabhya 정도의 의미로 사용되었다. YBh 181,2: mṛṣāvādam ārabhya; 한역: 翻妄語中.

243 adhikaraṇa는 CPD에서 "question, point in debate"로, BHSD에서 "matter of contention or dispute"로 풀이된다.

244 nirāmagandha는 형용사복합어로서 BHSD에서 "free from foul odors"로 직역되며, "free from vice,

어난 자"이다. 손과의 접촉 등 그것과 다른 방법에 의해 정액을 방출하지 않기 때문에,[246] 또 원한 후에[247] 범행을 받아들이기 때문에 "통속적인 관습으로부터 벗어난 자"이다.

이것이 정행의 청정의 구족[248]이라고 설해진다.

YBh 181 * [경전의] 요약적 의미란 바로 여기에 내포되어 있다고 보아야 한다.

망어와 관련해서: 그는 믿을만한 자이기 때문에 신뢰될 수 있다. 신뢰성에 의해서 그는 믿을만한 자이다. 각각의 논점에 대해 그는 인식수단으로서(prāmāṇikatvena) 확립되었다는 점에서 심판자(stheya)[249]이다. 또한 그는 그와 같이 신뢰하는 자들에 대해 거짓말을 하지 않고 그들을 기만하지 않기 때문에 속이지 않는 자이다. 요약해서 의향의 포섭(āśayopagraha)과 적용의 포섭(viniyogopagraha), 작용의 포섭(kriyopagraha)[250]이라는 3종의 포섭(upagraha)이 해명되었다.

5.2.2.2. 법의 특징의 건립 (Ch. 317b4)

법의 특징의 건립이다.

---

hence saintly, virtuous"로 풀이되고 있다.

245 YBh 180,15-16: dvayadvayasamāpadanād. 사본은 -dvayāsamāpadanāt로서, 이는 한역(不行兩兩交會鄙事故)에 의해 지지된다.

246 YBh 180,16-17: śukra-śoṇita-vimokṣaṇād. 하지만 사본에 śoṇita는 없으며, 또 한역과 비교하면 부정어 -a- (śukrāvimokṣaṇād)가 누락되었다.

247 YBh 180,17: apraṇidhāya. 티벳역(smon pa med par)은 이를 지지하지만, 한역(317a25: 願受持梵行故)는 부정어 a 없이 읽는다. 여기서는 의미상 한역에 따라 번역했다.

248 YBh 180,17-18: iyaṃ ca pratipattisampad ity ucyate// (= YBh_ms). 이 읽기는 티벳역에 의해서 지지되지만, 이것이 청정의 세 번째 항목인 pratipattiśuddhi에 대한 설명임을 고려할 때, 의미상 pratipatti-<śuddhi>-sampad로 교정되어야 하며, 실제로 한역(正行淸淨具足)은 이렇게 번역하고 있다.

249 stheya는 YBh 181,3에서 의도적으로 사본의 iti stheyaḥ를 빼고 편집되어 있지만, 이 문장은 티벳역(gzhag par bya'o)과 한역(317a28: 應可建立者)에 의해 지지된다.

250 세 가지 포섭은 각기 위의 설명에서 믿을만한 자, 심판자, 속이지 않는 자에 대응한다.

5.2.2.2.1. 흑품에 따른 법의 특징

(1) 살생(prāṇātipāta)이란 무엇인가? 다른 생명체를 죽이려는 의도를 가진 심이 염오된 자에 있어서 바로 그 [중생]에 대한 손상의 준비(prayoga) 및 바로 그에 대한 손상의 실행과 관련된 신체행위(kāyakarma)이다.

(2) 주지 않은 것을 취함(adattādāna)이란 무엇인가? 타인이 받은 물건에 대해 빼앗으려는 의도를 가진 심이 염오된 자에 있어서 바로 그 [중생]에 대한 빼앗음의 준비 및 바로 그에 대한 빼앗음의 실행과 관련된 신체행위이다.

(3) 성적 욕망의 삿된 행위(kāmamithyācāra)란 무엇인가? [성적 욕망을] 즐기려는 의도를 가진 심이 염오된 자에 있어서 접근해서는 안 되는 [여인]들과 신체부위 없이 적절하지 않은 장소와 때에 바로 그 [중생들]에 대한 성적 욕망의 삿된 행위의 준비[251] 및 성적 욕망의 삿된 행위의 실행과 관련된 신체행위이다.

(4) * 망어(mṛṣāvāda)란 무엇인가? 다른 중생들에 대해 [중생이라는] 관념을 배제한 후에 말하고자 하는 심이 염오된 자에 있어서 바로 그 [중생]들에 대한 속임수의 준비 및 속임수의 실행과 관련된 언어행위이다. YBh 182

(5) 이간질하는 말(paiśunya)이란 무엇인가? 다른 중생들에 대해 분열시키려는 의향을 가진 심이 염오된 자에 있어서 바로 그 [중생]들에 대한 분열의 준비 및 분열의 실행과 관련된 언어행위(vākkarma)이다.

(6) 악한 말(pāruṣya)이란 무엇인가? 다른 중생들에 대해 거친 말을 하고자 하는 심이 염오된 자에 있어서 바로 그 [중생]들에 대한 거친 말의 준비 및 거친 말의 실행과 관련된 언어행위이다.

(7) 綺語(saṃbhinnapralāpa)란 무엇인가? 재잘거리려는 욕망을 가진 심이 염오된 자에 있어서 관련 없는 것을 재잘거림의 준비 및 관련 없는 것을 재잘거림의 실행과 관련된 언어행위이다.

---

251 YBh 181,13: tatraive kāmamithyācāraprayogaḥ. →prayoge로 교정해서 번역.

(8) 소유욕(abhidhyā)이란 무엇인가? 타인의 것을 자기 것으로 취하려는 의도를 가진 심이 염오된 자에 있어서 타인의 것을 자기 것으로 취하려고 준비하고 또 [이를 위한] 결정의 준비 및 그것의 실행과 관련된 심적 행위(manaskarma)이다.

(9) 악의(vyāpāda)란 무엇인가? 타인에 대한 악의를 의도하고 있는 심이 염오된 자에 있어서 타인을 미워하려는 의도에 따른 결정의 준비 및 그것의 실행과 관련된 심적 행위이다.

(10) 사견(mithyādṛṣṭi)이란 무엇인가? 손감을 의도하고 있는 심이 염오된 자에 있어서 손감하려는 의도에 따른 결정의 준비 및 그것의 실행과 관련된 심적 행위이다.

5.2.2.2.2. 백품에 따른 법의 특징

살생의 중지란 무엇인가? 살생에 대해 단점이라는 의도를 가진, 선한 마음을 가진 자에 있어 그것을 제어하는 준비 및 그것의 실행과 관련된 신체행위이다.

살생의 중지처럼, 주지 않은 것을 취함과 욕망의 대상에 대한 삿된 행위, 망어, 이간질하는 말, 악한 말, 기어, 소유욕, 악의, 사견의 중지도 마찬가지라고 알아야 한다.

거기에 다음과 같은 차이가 있다. 주지 않은 것을 취함에 대해 단점이라는 의도를 갖고, 내지 邪見에 대해 단점이라는 의도를 가진 선한 심을 가진 자에게 그것의 제어의 준비 및 그것의 실행과 관련된 심적 행위이다.

그중에서 [업의 길은] 10가지이지만, 세 개로 된다. 즉, 신체행위와 언어행위, 심적 행위이다. 세 개는 [구별하면] 10가지로 된다.

5.2.3. 업의 원인 (Ch. 317c8)

YBh 183 * 업의 원인(hetu)이란 무엇인가? 그것은 12종이라고 알아야 한다. 탐, 진, 치, 자신, 타인, 타인을 따라 행함, 탐닉, 공포, 손상의 관념상, 유희의 즐거움, 법의 관념, 삿된 견해이다.

5.2.4. 업의 상태 (Ch. 317c11)

업의 상태(avasthā)란 무엇인가? 요약하면 5종이라고 알아야 한다. 미약한 상태, 중간 상태, 강한 상태, 생기의 상태, 습기의 상태이다.

그중에서 미약한 불선업에 의해 동물들 속에 태어난다. 중간의 [불선업]에 의해 아귀들 속에, 강한 [불선업]에 의해 지옥들 속에서 [태어난다]. 미약한 선업에 의해 인간들 속에 태어나며, 중간의 [선업]에 의해 욕계에 속한 천신들 속에, 강한 [선업]에 의해 색계와 무색계에 속한 [천신들] 속에서 태어난다.

미약한 상태에 있는 불선업이란 무엇인가? 미약한 탐·진·치를 원인으로 하는 것이다. 중간 상태[에 있는 불선업]은 중간의 탐·진·치를 원인으로 하는 것이다. 강한 상태[에 있는 불선업]은 강한 탐·진·치를 원인으로 하는 것이다. 그리고 선업은 무탐·무진·무치라고 이치에 따라 알아야 한다.

생기의 상태에 있는(utpattyavastha) 업은 일어났지만 아직 소멸되지 않은, 현전해 있는 [업]이다. 습기의 상태[에 있는 업]은 이미 생겨났고 이미 소멸했지만 아직 현전하지 않은 [업]이다.

5.2.5. 업의 문 (Ch. 318a8)

업의 門(mukha)이란 무엇인가? 그것은 요약하면 결과를 제공하는 문과 손상과 이로움의 문이라는 2종이다.

5.2.5.1. 결과를 제공하는 업의 문

결과를 제공하는 문이란 무엇인가? 그것은 5종이라고 알아야 한다. 이숙과를 [제공하기] 때문에, 등류과를 [제공하기] 때문에, 증상과를 [제공하기] 때문에, 현세에서 결과를 [제공하기] 때문에, 그리고 타인들의 증상과를 [제공하기] 때문이다.

1) 그중에서 이숙과를 [제공하기] 때문이란 살생이 스스로 고려되고 행해지고 자주 반복되었을 때, 지옥들에서 이숙이 익어간다. 살생에서처럼 나머지 불

선한 업의 길들에 대해서도 마찬가지다. 이것이 이것들의 이숙과이다.

YBh 184 2) * 등류과를 [제공하기] 때문이란 만일 비슷한 부분을 가진 인간들에게 수명이 짧고, 재물이 부족하고, 아내가 부정하고,[252] 많은 비난을 받고, 친구들과 쪼개지고, 마음에 거슬리는 소리를 듣고, 말이 받아들여지지 않고, 강한 탐·진·치가 있을 때, 이것이 그들의 등류과이다.

3) 증상과를 [제공하기] 때문이란 불선한 업들을 실행했기 때문에, 수습했기 때문에, 자주 행했기 때문에, 그 영향력에 의해 외적인 부분들이(bāhyā bhāgāḥ)[253] 희미하게 빛나는 과보를 갖고 있으며, 그 과보가 완성되지 않고, 그 과보가 존재하지 않고, 그 과보가 작고, 그 과보가 접합하지 않고, 그 과보가 없다. 선한 업은 이것과 반대라고 알아야 한다.

4) 현세에서 결과를 [제공하기] 때문이란 두 가지 이유에 의해 선하거나 불선한 업은 현세에서 결과를 가진다. 의향(āśaya)에 의해서 또 사태에 의해서이다.

(1) 그중에서 의향은 8종이라고 알아야 한다. 즉, 고려의 의향과 고려함이 없는 의향, 손상의 의향과 연민의 의향, 증오의 의향과 맑은 믿음의 의향, 배은의 의향과 보은의 의향이다.

(i) 고려의 의향에서란 현세에 감수를 일으킬 수 있는 불선업이다. 예를 들어 여기서 어떤 이가 신체에 대한 고려(kāyāpekṣatāṃ),[254] 재물(bhoga)에 대한 고려, [재생에서의] 존재(bhava)에 대한 고려를 의욕하는 것이다. (ii) 고려함이 없는 의향에서란 현세에 감수를 일으킬 수 있는 선업이다. 여기서 어떤 이가 신체에 대해 고려하지 않음, 재물에 대해 고려하지 않음, [재생의] 존재에 대해 고려하지 않음을 행하는 것이다.

---

252 YBh 184,2: aguptadvāro. 하지만 티벳역과 한역은 모두 -dvāro 대신에 -dāro로 읽는다.

253 YBh 184,7: bāhyā bhāvā.

254 YBh 184,15: kāyanirapekṣatāṃ bhoganirapekṣatāṃ bhavanirapekṣatāṃ abhisaṃskaroti//. 하지만 여기서의 테마가 nirapekṣatāṃ 이 아니라 apekṣatāṃ라고 한다면, 이는 혼동일 것이다.

* (iii) 손상의 의향에서란 현세에 감수를 일으킬 수 있는 불선업이다. 예를 들어 여기서 어떤 이가 다른 중생들과 다른 사람들에 대해 강한 손상의 의향을 행하는 것이다. YBh 185

(iv) 연민의 의향에서란 현세에 감수를 일으킬 수 있는 선업이다. 예를 들어 여기서 어떤 이가 다른 중생들과 다른 사람들에 대해 강한 연민의 의향을 행하는 것이다.

(v) 증오의 의향에서란 현세에 감수를 일으킬 수 있는 불선업이다. 예를 들어 여기서 어떤 이가 불법승이나 또는 다른 어떤 스승과 같은 사태에 대해 강한 증오의 의향, 진에의 의향을 행하는 것이다.

(vi) 맑은 믿음의 의향에서란 현세에 감수를 일으킬 수 있는 선업이다. 예를 들어 여기서 어떤 이가 불·법·승이나 또는 다른 어떤 스승과 같은 사태에 대해 강한 맑은 믿음의 의향, 신해의 의향을 행하는 것이다.

(vii) 배은의 의향에서란 현세에 감수를 일으킬 수 있는 불선업이다. 예를 들어 여기서 어떤 이가 어머니나 아버지에 대해 또는 다른 어떤 도움을 준 사태에 대해 강한 배은의 의향, 손상의 의향, 잔인함의 의향을 행하는 것이다.

(viii) 보은의 의향에서란 현세에 감수를 일으킬 수 있는 선업이다. 예를 들어 여기서 어떤 이가 어머니와 아버지에 대해, 또는 다른 어떤 도움을 준 사태에 대해 강한 보은의 의향, 보답의 의향을 행하는 것이다.

(2) 사태에 의해서란 바로 직후의 [업](ānantarya, 無間)이나 또는 무간[업]과 유사한 부분을 가진 것들 속에서(ānantaryasabhāgeṣu)[255] 현세에 감수를 일으킬 수 있는 불선한 업이다. 무간업은 5종이다. 즉, 어머니를 죽이고, 아버지를 죽이고, 아라한을 죽이고, 승단을 분열시키고, 여래에 대해 염오된 생각을 갖고 피를 나게 하는 것이다. 반면 무간[업]과 유사한 부분을 가진 [업]이란 예를 들어 여기서

255 YBh 185,17: karmānantaryeṣmānantaryabhāveṣu. 오탈자라고 보임. 아래 문장에 보이듯이 karmānantaryeṣvānantaryasabhāgeṣu 로 수정.

YBh 186 어떤 이가 아라한이나[256] 어머니를 범하거나* 또는 최후의 신체만을 가진 보살을 때리거나, 또는 천신들을 모신 장소나 사거리에서 양의 도살을 행하거나, 마음에 들건 동년배이건 간에 믿을만하거나 최고의 신뢰를 준 친구를 괴롭히고 속이거나, 또는 가난하고 보호자가 없고 의지체가 없는 고통받는 자를 무외시를 갖고 포섭한 후에[257] 다른 경우에 괴롭히고 핍박하거나, 또는 승가의 문을 빼앗거나, 탑을 파괴하는 것이다. 이런 부류의 업이 무간[업]과 유사한 부분을 가진 [업]이라고 불린다.

반면에 선업은 실제로 현세에서 감수를 일으킬 수 있다. 예를 들어 여기서 어떤 이가 믿음이 없는 어머니를 믿음의 성취로 나아가게 하고, 조복하고, 확립시키고, 안주시킨다. 믿음이 없는 이를 믿음의 성취로 [나아가게 하는] 것처럼 마찬가지로 계를 지키지 않는 [어머니]를 계의 성취로, 인색한 이를 보시의 성취로,[258] 나쁜 판단력을 가진 이를 지혜의 성취로 [나아가게 한다]. 어머니에 있어서처럼 아버지에 있어서도 마찬가지다. 자애관의 입정으로부터 출정한 자를 음식을 갖고 공양하고 섬긴다. 자애관의 입정으로부터와 같이[259] 마찬가지로 비심으로부터, 멸진정으로부터, 예류과와 아라한과로부터 출정한 자를 음식을 갖고 공양하고, 섬긴다. 그와 같이 붓다와 세존에 대해서도 섬긴다. 붓다와 세존에게처럼 유학과 무학의 승가에 대해서도 마찬가지다.

또는 이런 [존중해야 하는] 사태들에 관련하여 역으로 손해의 원인이 되는 불선업도 현세에서 감수를 불러일으킬 수 있다.

5) 타인들에게 증상과를 [제공하기] 때문이란 현세에서 감수를 일으킬 수 있

---

256 한역(318b21)은 阿羅漢尼로서 아라한 여승으로 번역하고 있다.

257 YBh 186,4: apradānenopagr̥hyo-; Ch. 爲作歸依施無畏已.

258 YBh 186,9: yogasampadi. 티벳역 gtong 'dar ldan pa, 한역 於具捨中은 모두 dāna의 의미로 번역하고 있다.

259 YBh 186,11-12에는 evaṃ karuṇāyā 로 읽고 있지만, 이 문장이 yathā ~ evaṃ의 관계문이라고 본다면, *yathā maitryā samāpatter evaṃ 등의 문장이 누락된 것으로 보인다. 실제 한역(318c3-4: 如於起慈定者如是於起無諍定)로 읽고 있다. 또한 한역은 karuṇāyā 대신에 無諍(*araṇāt)으로 읽고 있다.

는 업이다. 마치 여래께서 주하시는 어떤 마을과 국토에 재앙이나 횡액들이 일어나지 않고,* 사람들이 붓다의 위신력 때문에 재앙이나 횡액없이 낙과 접촉하면서 주하는 것과 같다. 붓다들처럼 전륜성왕들과 자심에 주하는 보살들도 마찬가지다. 비심의 의향을 가진 보살이 가난하고 고통받고 운명에 의해 손상받은(daivopahata) 중생들을 관찰한 후에 음식과 재물, 곡식과 창고를 갖고 만족시키고, 또 그들도 그 때문에 낙과 접촉하면서 주한다. 이런 부류의 것이 다른 것들의 영향에서 생겨난, 현세에서 감수를 일으킬 수 있는 업이라고 알아야 한다. YBh 187

5.2.5.2. 손상과 이로움의 업의 문 (Ch. 318c16)

손상과 이로움의 [門]이란 8종의 손해의 문에 의해 중생들에 대해 10종 불선한 업의 길들이 건립된다. 여덟 개의 손해의 문이란 무엇인가? 생명의 손상, 재물의 손상, 부인의 손상, 거짓 증언에 의한 손상, 보조자의 손상, 오류의 공표에 따른 손상, 방일의[260] 초래에 따른 손상, 두려움의 초래에 따른 손상이다. 이것과 반대로서 선한 업의 길들의 문이라고 알아야 한다.

5.2.6. 업의 강력함 (Ch. 318c22)

업의 강력함과 날카로움, 심중함이란 무엇인가? 그것은 6종 측면들에 의해 보아야 한다. 강한 의욕행위에 의해, 반복습관에 의해, 자성에 의해, 사태에 의해, 치료대상의 한결같음에 의해, 치료대상의 손상에 의해서이다.

(i) 강한 의욕행위에 의해서란 예를 들어 여기서 어떤 이가 날카로운 탐·진·치의 분출에 의해, 또 날카로운 무탐·무진·무치의 강한 의욕행위에 의해 업을 분출하는 것이다.

(ii) 반복습관에 의해서란 예를 들어 여기서 어떤 이가 선업이나 불선업을 오랫동안 친숙히 행하고 수습하고 반복해서 행한 것이다.

---

260 YBh 187,10: prasāda-; 하지만 한역은 방일(pramāda)로 읽는다.

(iii) 자성에 의해서란 예를 들어 綺語(saṃbhinnapralāpa)보다 악구(pāruṣya)가 더욱 큰 죄를 수반한 것이며, 악구보다 이간질하는 말(paiśunya)이 더 큰 죄를 수반한 것이고, 이간질하는 말보다 妄語(mṛṣāvāda)가 더 큰 죄를 수반한 것이다.[261] 욕망의 대상에 대한 삿된 행위보다 주지 않은 것을 취함이 더 큰 죄를 수반한 것이며, 주지 않은 것을 취함보다 살생이 더 큰 죄를 수반한 것이다. 탐욕보다 증오가 더 큰 죄를 수반한 것이고, 증오보다 사견이 더 큰 죄를 수반한 것이다.

YBh 188 * 보시로 이루어진 [업]보다 계로 이루어진 것이 더 큰 무죄이다. 계로 이루어진 것보다 수습으로 이루어진 것이 더 큰 무죄이다. 청문으로 이루어진 것보다 사유로 이루어진 것이 더 큰 무죄이다.

(iv) 사태에 의해서란 예를 들어 여기서 어떤 이가 불·법·승이나 또는 여러 가지 중에서 스승과 같은 사태에 대해 무겁고 실질적인 손해나 도움을 행하는 것이다.

(v) 치료대상의 한결같음에 의해서란 예를 들어 여기서 어떤 이가 한결같이 살아있는 동안 불선업을 취한 후에 행하지, 어떤 때에도 선업을 [행하지] 않는 것이다.

(vi) 치료대상의 손상에 의해서란 예를 들어 여기서 어떤 이가 치료대상으로서의 불선업을 끊은 후에 선업을 정화시키는 것이다.

5.2.7. 업의 전도 (Ch. 319a11)

업의 전도(viparyāsa)란 무엇인가? 그것은 작용의 전도, 취함의 전도, 희락의 전도의 3종이라고 보아야 한다.

(i) 작용의 전도(kriyāviparyāsa)란 무엇인가? 여기서 어떤 이가 다른 생명을 해

---

261 한역에서 어느 행위가 더 큰 죄를 수반한 것인가에 대해 달리 번역되어 있다. "綺語보다 惡口가 더 큰 죄를 수반한 것이고, 악구보다 兩舌이 더 큰 죄를 수반한 것이며, 양설보다 妄語가 더 큰 죄를 수반한 것이다." 그리고 YBh 187,19에서는 mṛṣāvādāt kāmamithyācāro mahāsāvadyataraḥ라는 문장을 첨가하지만, 이는 티벳역에 의해 보충된 것이고, 한역에 의해서는 지지되지 않는다.

치려고 의도하지만 또 다른 사람을 해친다. 여기에 살생은 있지만, 그러나 살생의 죄는 없다. 그렇지만 살생과 같은 종류에 속하고 살생과 비슷한, 유사한 죄가 일어난다. 만일 다른 생명을 해치지 않았지만 그래도 살아있지 않은 물건을 때린 후에 '나는 생명을 해쳤다'고 생각한다면, 그 경우에는 살생도 없고 살생의 죄도 없지만, 그래도 살생의 종류에 속하고 살생과 비슷한, 유사한 죄가 일어난
다. * 살생에서처럼 주지 않은 것을 취함 등의 업의 길(karmapatha)들에 있어서 YBh 189
도 작용의 전도는 마찬가지라고 이치에 따라 알아야 한다.

(ii) 취함의 전도(grāhaviparyāsa)란 예를 들어 여기서 어떤 이가 다음과 같은 견해를 갖고 다음과 같이 말한다. 보시물도 없고, 원하는 [과보]도 없다고 하는 등의 삿된 견해가 말해진다. 그는 다음과 같이 생각한다. '죽이는 자도 없고 죽임을 당하는 자도 없다. 주지 않은 것을 취하는 자나 욕망의 대상들에 대한 삿된 행위를 하는 자, 거짓말을 하는 자, 이간질하는 말을 하는 자, 악한 말을 하는 자, 綺語를 행하는 자, 또는 보시물들을 준 자, 단식을 행하는 자, 복덕들을 행하는 자, 계를 받은 후에 행하는 자에게는 이 때문에 악도 없고 복도 없다.' 예를 들어 여기서 어떤 이가 다음과 같은 견해를 갖고 다음과 같이 말한다. '바라문을 증오하고, 범천을 증오하고, 천신들을 증오하는 자들은 살해되어야 한다. 나아가 그들을 살해한 후에 그 때문에 바로 복덕이 되지 악업은 되지 않는다. 또 그들에 대해 주지 않은 것을 취함과 욕망의 대상들에 대한 삿된 행위, 망어, 악구, 기어, 양설도 바로 복이 되지 복이 되지 않는 것이 아니다.'

(iii) 희락의 전도(rativiparyāsa)란 예를 들어 여기서 어떤 이가 불선한 업의 길들을 받은 후에 행하면서 극히 즐거워하고 또 그것들에 의해 유희의 성질에 빠지는 것이다.

5.2.8. 업의 분류유형 (Ch. 319b1)

1) 업들의 분류유형(paryāya)[262]이란 무엇인가?

이미 행해진 업이 있고 행해지지 않은 업이 있다. 증대된 업이 있고 증대되지 않은 업이 있다. 사유되어야 할 업이 있고 사유되지 않아야 할 업이 있다. 마찬가지로 감수되어야 할 것이 정해진 업이 있고 감수되어야 할 것이 정해지지 않은 업[263]이 있다. 이미 이숙한 후에 이숙하는 업과 이숙하지 않은 후에 이숙하는 업이 있다. 선·불선·무기의 업이 있다. 율의에 포섭된 업과 율의에 포섭되지 않은 업, 율의에 포섭되지도 않고 포섭되지 않은 것도 아닌 업이 있다. 보시로 이루어진 업, 지계로 이루어진 업, 수습으로 이루어진 업이 있다. 복업과 비복업, 부동업이 있다. 낙의 감수를 일으킬 수 있는 업과 고의 감수를 일으킬 수 있는 업, 낙도 아니고 고도 아닌 감수를 일으킬 수 있는 업이 있다. 현세에서 감수를 일으
YBh 190 킬 수 있는 업, 재생한 후에 감수를 일으킬 수 있는 업, * 다른 방식으로 감수를 일으킬 수 있는 업이 있다. 과거와 미래, 현재의 업이 있다. 욕계에 속한 업, 색계에 속한 업, 무색계에 속한 업이 있다. 유학에 속한 업과 무학에 속한 업, 유학에 속하지도 않고 무학에 속하지도 않은 업이 있다. 견도에서 제거되어야 할 업과 수도에서 제거되어야 할 업, 제거되어지지 않는 업이 있다. 흑업과 흑에 의해 이숙된 업, 백업과 백에 의해 이숙된 업, 흑·백과 흑·백에 의해 이숙된 업, 그리고 흑도 아니고 백도 아니며, 이숙된 것도 아닌 업이[264] 업을 소멸시키기 위해 일어난다. 구부러진 업, 오류의 업, 탁한 업, 청정한 업, 존자의 업이 있다.

---

262 paryāya는 BHSD에서 (1) arrangement, disposition for doing anything, (2) way, means = upāya, (3) way, manner, (4) (alternative) kind, sort로 풀이되어 있다. 여기서는 (4)의 의미가 적합할 것이다.

263 YBh 189,15-16: niyatavipākam aniyatavipākaṃ/. 하지만 이를 설명하는 YBh 190,16-17에서는 niyatavedanīyaṃ 및 aniyatavedanīyaṃ으로 달리 표현되어 있으며, 한역은 모두 順定受業, 順不定受業이다.

264 YBh 190,4: akṛṣṇam akuśalavipākaṃ. YBh 193,4에 따라 akṛṣṇam akuśalam avipākaṃ으로 교정해야 한다. 이는 한역(319b12: 非黑非白無異熟業) "흑도 아니고 백도 아니고 이숙도 아닌 업"과 일치한다.

(i) 이미 행해진 업(kṛtaṃ karma)이란 무엇인가? 의도된 것(cetita)과 의도한 후에 신체와 말에 의해 일어나는 것이다. 행해지지 않은 업이란 의도된 것이 아닌 업과 의도하지 않은 후에 신체와 말에 의해 일어나는 것이다.

(ii) 증대된 업(upacitaṃ karma)이란 무엇인가? 10종 업을 제외한 후에 그것과 다른 업이다. [10종 업이란] 꿈에서 지은 것, 무지에서 지은 것, 의도하지 않은 후에 지은 것, 강하지 않고 자주 일어나지 않게 지은 것, 착란에서 지은 것, 기억의 상실에서 지은 것, 원하지 않았지만 지은 것, 본성적으로 무기인 것, 후회 때문에 손상된 것, 대치에 의해 손상된 것이다. 증대되지 않은 업이란 제외된 10종 업이다.

(iii) 의도적으로 행해져야 할 업(saṃcetanīyaṃ karma)이란 의도한 후에 이미 행해지고 증대된 것이다. 의도없이 행해져야 할 업이란 의도하지 않은 후에 이미 행해진 것이다.

(iv) 감수되어야 할 것으로서 정해진 업(niyatavedanīyaṃ karma)이란 의도하지 않은 후에 행해지고 증대된 것이다. 감수되어야 할 것으로서 정해지지 않은 업이란 의도한 후에 행해진 것이지만, 증대된 것은 아니다.

(v) * 이미 이숙한 후에 이숙하는 업(vipakvavipākaṃ karma)이란 그 결과가 주어 YBh 191
진 것이다. 이숙하지 않은 후에 이숙하는 업이란 그 결과가 주어지지 않은 것이다.

(vi) 선업이란 무탐과 무진, 무치를 원인으로 하는 것이다. 불선업이란 탐진치를 원인으로 하는 것이다. 중립적인 업이란 탐·진·치를 원인으로 하는 것도 아니고 무탐과 무진, 무치를 원인으로 하는 것도 아닌 것이다.

(vii) 율의에 포섭된 업(saṃvarasaṃgṛhītaṃ karma)이란 별해탈율의에 포섭된 것이거나 정려와 등지,[265] [번뇌의] 끊음의 율의에 포섭된 것, 또는 무루의 율의

---

265 한역(319c1: 靜慮等至果斷)에서 果의 의미가 불확실하다.

에 포섭된 것이다. 율의에 포섭되지 않은 업이란 12종의 율의에 속하지 않는 종류에 [포섭된 것이다]. 즉, 양 도살자(aurabhrika), 닭키우는 자(kaukkuṭika), 돼지키우는 자(saukarika), 새잡는 자(śvaśākuntika), 토끼 포획자(śaśavāgurika), 도둑(caura), 사형집행자(vadhyaghāta), 옥졸(bandhanapālaka), 스파이(sūcaka), 범죄자(kāraṇākārāpaka), 코끼리 포획자(nāgabandhaka), 뱀에게 주문을 외는 자(nāgamaṇḍalika)이다.[266] 율의에 포섭되지도 않고 포섭되지 않는 것도 아닌 업이란 3종의 율의를 제외하고 또 율의에 속하지 않는 종류의 업을 제외한 후에 그것과 다른 종류에 속한 선한 업과 불선한 업, 중립적인 업이다.

(viii) 보시로 이루어진 업이란 원인의 측면과 발생의 측면, 자성의 측면과 토대의 측면에서 알아야 한다. 그중에서 원인의 측면에서란 무탐과 무진, 무치를 원인으로 하는 것이다. 발생의 측면에서란 보시물을 포기하기 위해 신업과 구업에 의해 발생된, 탐 · 진 · 치가 없는 생각(cetanā)이다. 자성의 측면에서란 그 [생각에서] 일어난, 보시물의 포기와 관련된 신업과 구업이다. 토대의 측면에서란 보시물과 [그것을] 받는 자(pratigrāhaka)가 토대이다.

보시로 이루어진 업처럼 지계로 이루어진 업과 수습으로 이루어진 업도 이치에 따라 마찬가지라고 알아야 한다. 거기서 지계로 이루어진 업의 원인과 발생은 동일하다. [업의] 자성은 율의에 포섭된 신업과 구업이다. [업의] 토대는 유정에 속하고 유정이 아닌 자에 속한 물건이다. 수습으로 이루어진 [업]의 원인은 삼매를 원인으로 하며, 무탐 · 무진 · 무치로부터 발생하는 것이다. 즉, 삼매는
YBh 192 그것을 수반하며, * 의도(cetanā)는 [신업과 어업을] 일으키는 것이다. 자성은 삼매이며, 토대는 시방에서 고도 없고 낙도 없는 중생계이다. 보시자의 특성과 계를 지닌 자의 특성, 수습하는 자의 특성은 모두 앞에서와 같이 알아야 한다.

---

266 AS 58,3-7에서 위의 12종을 포함한 율의에 포함되지 않은 업이 나열되고 있다. ASBh 69,2ff에서 코끼리 포획자란 아란야에서 코끼리를 잡은 후에 길들이는 자이며, 뱀에게 주문을 외는 자란 뱀을 잡은 후에 그것의 유희에 의해 살아가는 자라고 해설된다.

(ix) 복업(puṇyaṃ karma)이란 좋은 존재형태(sugati)라는 결과를 갖는 것이며, 5종 존재형태에서 감수를 일으키는 선업이다. 비복업은 나쁜 존재형태라는 결과를 갖는 것이며, 5종 존재형태에서 감수를 일으키는 불선업이다. 부동업(āniñjyaṃ karma)은 색계와 무색계라는 결과를 가진 것이며, 색계와 무색계에서 감수를 일으킬 수 있는 선업이다.

(x) 낙의 감수를 일으킬 수 있는 업이란 복업 및 세 [낮은] 정려에서 감수를 일으킬 수 있는 부동업이다. 고의 감수를 일으킬 수 있는 업은 비복업이다. 낙도 아니고 고도 아닌 감수를 일으킬 수 있는 업은 모든 [유형의] 존재에서 [새로운] 알라야식으로 익어가는 업(ālayavij ñānavaipākyaṃ)이며, 또 제4정려 이상에서 [경험될 수 있는] 부동업이다.[267]

(xi) 현세에서 감수를 일으킬 수 있는 업(dṛṣṭadharmavedanīyaṃ karma)이란 현세에서 결과를 가진 업이다. 재생한 후에 감수를 일으킬 수 있는 업(upapadyavedanīyaṃ karma)은 직후의 생을 결과로 갖는 업이다. 다른 방식으로 감수를 일으킬 수 있는 업(aparaparyāyavedanīyaṃ karma)은 그 [직후의] 생 이후의 생을 결과로 갖는 업이다.[268]

(xii) 과거의 업이란 그 과보가 주어지거나 주어지지 않거나 간에, 습기의 상태에 있는 업이다. 미래의 업은 소멸되지 않은 업이다. 현재의 업은 이미 행해졌고 이미 사유되었지만, 아직 소멸되지 않은 업이다.

(xiii) 욕계에 속한 업(kāmapratisaṃyuktaṃ karma)이란 욕계에서 이숙을 하는 것이고, 욕계에 속한 업이다. 색계에 속한 업은 색계에서 이숙을 하는 것이고,

---

267 이 단락은 Schmithausen 1987: § 6.5.1-6.5.4에서 상세히 설명되고 있다. 알라야식이 불고불락의 감수와 관련된 것으로서 설해지는 이유는 그것이 그러한 감수로 이끄는 업의 과보이기 때문이다. Schmithausen은 여기서 알라야식이 신체에 부착된 것으로 설해지지 않고, 업을 이숙시키는 작용을 하는 것으로 설명되고 있지만, 이는 알라야식이 새롭게 도입된 것이 아니라 이미 알려져 있던 것을 다시 사용하고 있다고 간주한다.

268 AS 58,10ff에서 '업의 차이'(karmaprabheda)란 주제 하에 순서대로 (x)과 (xi), 그리고 (xvi)의 4종 업의 구별이 제시되고 있다. 이에 대한 주석은 ASBh 69,9ff 참조.

색계에 속한 업이다. 무색계에 속한 업은 무색계에서 이숙을 하는 것이고, 무색계에 속한 업이다.

(xiv) 유학에 속한 업(śaikṣaṃ karma)이란 유학의 범부와 유학이 아닌 범부의 [심의] 흐름에 속한 선업이다. 무학에 속한 업은 무학의 [심의] 흐름에 속한 선업이다. 유학에 속하지도 않고 무학에 속하지도 않은 업은 그 양자를 제외한 후에 그것과 다른 [심의] 흐름에 속한 선업과 불선업, 무기업이다.

(xv) 견도에서 제거되어야 할 업(darśanaprahātavyaṃ karma)이란 나쁜 존재형태에서 감수를 일으킬 수 있는 불선업이다. 수도에서 제거되어야 할 업은 좋은 존재형태에서 감수를 일으킬 수 있는 선업과 불선업, 무기업이다. 제거되어지
YBh 193 지 않는* 업은 세간과 출세간의 무루업이다.

(xvi) 黑業 및 흑업에 의해 이숙된 업이란 비복업이다. 白業 및 백업에 의해 이숙된 업은 부동업이다. 흑·백과 흑·백에 의해 이숙된 업은 [서로] 적대하지 않는다는 점에서 복업과 불선업이다. 왜냐하면 비복업이 끊어지지 않았을 때 복업의 건립이 행해지기 때문이다. 흑도 아니고 백도 아니며 이숙도 아닌 업이 업을 소멸시키기 위해 생겨난다는 것은 출세간의 무루업이 모든 [앞의] 세 가지 업들을 끊기 위한 대치이기 때문이다.[269]

(xvii) 구부러진 업(vaṅkakarma)이란 외부의 비불교도들의 선업과 불선업이다. 오류의 업(doṣakarma)은 구부러진 업이 있는 한 있는 것이다. 오류의 업이란 바로 그 [구부러진 업]이다. 또한 오류의 업은 불교도로서 교설에 전도된 견해를 갖고, 스스로 견취에 안주하고, 삿되게 결정된[270] 범부들의 불선업과 선업이다. 탁한 업(kaṣayakarma)은 구부러진 업과 오류의 업이 있는 한 있으며, 탁한 업이 바로 그것이다. 그러나 탁한 업은 불교도로서 교법에 대해 결정되지 않고, 그의 인식에 의심이 있는 범부들의 선업과 불선업이다. 정업(śucikarma)이란 불교

---

269 이 4종의 업에 대해서는 AS 59,5ff; ASBh 69,21ff 참조.

270 한역(320a20)은 이런 범부의 규정으로서 猶預覺者(sandigdhabuddhīnāṃ)을 덧붙이고 있다.

도로서 교법에 대해 올바로 의지하고 있고, 그의 인식에 의심이 없는 범부들의 선업이다. 존자의 업(munikarma)이란 불교도로서 범부가 아닌 성자들의 유학과 무학에 속한 선업이다.[271]

5.2.9. 업의 단점 (Ch. 320b1)

* 업의 단점(ādīnava)이란 무엇인가? 요약하면 단점은 7종이라고 알아야 한다. 즉, 살생자는 살생이라는 주제 때문에 자신을 해치려고 의도하고, 타인을 해치고, [자·타] 양자를 해치려고 의도하며, 현재의 죄, 미래의 죄, 현재와 미래의 죄를 일으키며, 그것에서 생겨난 심리적 고통과 우울을 경험한다. YBh 194

(1) 무엇이 자신을 해치려고 의도한 것인가? 생명을 해치기 위해 행할 때, 그는 그 때문에 [스스로] 다치거나 결박되거나 손실이나 비난을 받지만, 그렇지만 타인을 해칠 능력은 없는 것이다.

(2) 무엇이 타인을 해치려고 의도한 것인가? 바로 그와 같이 행하는 자는 타인을 해치지만, 그렇지만 그 때문에 [스스로] 다치거나 내지 비난을 받지는 않는 것이다.

(3) 무엇이 [자·타] 양자를 해치려고 [의도한 것인가]? 바로 그와 같이 행하는 자가 타인을 해치고, 또한 그 때문에 타인으로부터 다치거나 내지 비난을 받는 것이다.

(4) 어떻게 현재의 죄가 일어나는가? 스스로를 해치려고 의도한 것과 같다.

(5) 어떻게 미래의 죄가 일어나는가? 타인을 해치려고 의도한 것과 같다.

(6) 어떻게 현재와 미래의 죄가 일어나는가? 양자를 해치려고 의도한 것과 같다.[272]

---

271 YBh 193,15-18에 다음 문장이 잘못 덧붙여져 있다. aparaḥ paryāyaḥ bāhyakānām eva tīrthyānāṃ trīṇy api/ tatra mithyāpratipattyarthena vaṅkaṃ/ tadāśritaguṇābhinirhārapratibandhanārthena doṣaḥ/ tathaiva vipratibandhanārthena kaṣāyo veditavyaḥ/.

272 이 문장은 YBh에 나오지 않지만, 한역(320b12-13: 云何生現法後法罪 謂如能爲俱害)에 따라 kathaṃ dṛṣṭadharmakasāmparāyikam avadyaṃ prasavati/ yathobhayavyābādhāya cetayate/를 보충해서 읽어야 한다.

(7) 어떻게 그는 그것에서 생겨난 심리적인 고통과 우울을 경험하는가? 그가 생명을 해치려고 시도할 때, 만일 6종의 단점에 이르지 않고, 또 그에게 원하는 대로 살생이 이루어지지 않는다면, 그는 원하는 바를 성취하지 못했기 때문에 그것에서 생겨난 심리적인 고통과 우울을 경험하는 것이다.

또한 나쁜 생활방식(dauḥśīlya)과 관련해 열 가지 단점들이 있는데, 경에서와 같이 상세히 알아야 한다. 또 네 가지 불선한 업의 길들은 다섯 번째 음주라는 재가자의[273] 훈련항목과 결합함에 의해 세존께서 설하신 단점들이라고 상세하게 알아야 한다.

5.3. 生雜染 (YBh 195,1; Ch. 320b20)

YBh 195 * 생잡염(janmasaṃkleśa)이란 무엇인가? 그것은 4종에 의해서라고 알아야 한다. 차별의 측면에서, 간난의 측면에서, 불확정성의 측면에서, 유전의 측면에서이다.

5.3.1. 생의 차별의 측면

생의 차별이란 계차별과 존재형태의 차별, 다른 처의 차별, 출생의 차별, 심신의 양태의 차별의 측면에서라고 알아야 한다.

(1) 계의 차별의 측면에서란 욕계에 속하는 생과 색계에 속하는 생, 무색계에 속하는 생이다.

(2) 존재형태(gati)의 차별의 측면에서란 5종 존재형태에 대해 5종의 생이 있다.

(3) 다른 영역(sthāna)의 차별의 측면에서란 욕계에는 36개의 영역 속에, 색계에는 18개의 영역 속에, 무색계에는 네 개의 다른 영역 속에 생이 있다.

(4) 출생의 차별의 측면에서란

(i) 욕계에서 인간 속에서 흑품의 출생에 속한 생이다, 예를 들어 여기서 어떤

---

273 Skt. -upāsaka-; 하지만 한역(320b18)은 善男으로 번역하고 있다.

이가 찬달라 족성이나 풀카샤 족성, 마차제작자의 족성, 피리제작자의 족성에서나 또는 다른 하열하고 빈천하고 궁핍하고 작은 궁핍한 생활양식 또는 음식과 향수물이 적은 가문들이라고 하는 이런 형태를 가진 족성들 속에서 태어나게 된다. 바로 그들이 인간 중에서 행운이 없는 자들이라고 불린다.

(ii) * [욕계에서 인간 속에서] 백품의 출생에 속한 생이다. 어떤 사람이 크샤트리야의 대가의 족성에서, 바라문의 대가의 족성에서, 장자의 대가의 족성에서나 또는 다른 가문들, 즉 부유하고 풍요하고 큰 재산을 갖고 있고, 많은 소유물과 생필품들이 있고, 많은 농토의 재산을 갖고 있으며, 많은 돈과 곡식창고 및 보석들의 수집물들을 가진 족성이라고 하는 이런 형태의 족성들 속에서 출생하게 된다. 바로 그들이 인간들 중에서 좋은 행운을 가진 자들이라고 말해진다. YBh 196

(iii) [욕계에서 인간 속에서] 흑도 백도 아닌 출생에 속한 생이란 어떤 사람이 그 양자를 여읜 사람들 속에서 족성들 속에서 출생하는 것이다.

또는 욕계에 속한 것들에 3종의 생이 있다. 아수라에 속한 생, 땅의 부분에 의거한 생, 허공의 궁전에 의거한 생이다.

색계에 3종의 생이 있다. 범부들에게 있어 관념을 수반한(sasaṃjñaka) 생이거나, 관념을 여읜(asaṃjñaka) 생이거나 청정한 영역에서의 생이다.

무색계에 3종의 생이 있다. 무량한 관념을 가진 신들 속에, 무소유라는 관념을 가진 신들 속에, 비상비비상의 신들 속에서이다.

(5) 심신의 양태와 세간의 차별의 측면에서란 무량한 시방의 세간계에서 무량한 중생들의 무량한 생이라고 알아야 한다.

5.3.2. 艱難의 측면 (Ch. 320c16)

艱難(vyasana)의 측면에서란 세존께서 다음과 같이 설하신 것이다.[274]

---

274 이하의 내용은 Tiṃsamattasutta (SN ii 187) 참조.

4대양에 물이 있을 때, 그것보다 오랜 시간동안 달려오고 윤회했던 너에게
흐르고 흘러나왔던 피가 더 많다. 그 이유는 무엇인가? 긴 밤 동안 너는 코끼
리와 말, 낙타와 당나귀, 염소와 버팔로, 돼지와 개들의 무리에서 재생했다.
너는 거기에서 수많은 몸과 지분들의 끊어짐을 경험했고 따라서 너의 피가
많이 흐르고 흘러나왔다. 코끼리 등의 무리에서처럼 인간들의 [무리에서도]
YBh 197 마찬가지이다.* 네가 긴 밤 동안 그곳에서 어머니의 간난과 아버지의 간난,
형제, 자매의 간난, 친척의 상실 및 또한 재물의 상실, 향수물의 상실을 경험
했을 때, 너의 눈물이 많이 흐르고 흘러나왔다. 마치 이전의 피와 눈물처럼
어머니의 모유를 마신 것도 그것과 같다고 알아야 한다.

이러한 부류의 생들이 간난의 차별이라고 보아야 한다.

5.3.3. 불확정성의 측면 (Ch. 320c25)

불확정성의 측면에서란 세존께서 다음과 같이 설하신 것이다.

예를 들면 이 땅 위에 뿌리와 나무와 가지와 잎, 어린잎이 있을 때 그것들을
중생들은 단지 네 손가락만으로 조각낸다. 부모는 서로서로 이어지기 때문
에 세운다. '그가 나의 어머니다. 그가 나의 어머니의 어머니이다. 그가 나의
아버지다. 그는 나의 아버지의 아버지다.'라고 말한다. 따라서 실로 매우 신
속하게 네 손가락만으로 [잡을 수 있는] 분량의 나뭇조각들은(kāṣṭhikāḥ)[275]들
YBh 198 은 이런 방식에 따라 소멸할 것이며 소진될 것이다. 아버지들의* 아버지의 끝
과 어머니들의 어머니의 끝이 만나게 될 것이라고 나는 말하지 않는다.

또한 다음과 같이 설해졌다.

---

275 kaṭhikā. YBh 197, fn.6은 이 단어가 티벳역 dum bu에 의해 표현되듯이, kāṣṭhikā를 잘못 표기한 것으로서 작은 나뭇조각들을 의미한다고 설명한다. 한역 籌도 숫자를 셈할 때 사용하던 나무막대기라는 의미로 이 해석에 부합할 것이다.

그대가 고통받고, 또 최고의 고통과 우환에 의해 수반된 중생들을 본다면, 그와 관련하여 그대는 우리들도 이와 같은 형태의 고통들을 경험한다고 이해할 것이다. 고통들처럼 즐거움도 [경험한다].

또한 다음과 같이 설해졌다.

그대들이 그것에서 오래 전에 과거에 태어나지 않았고 간 적이 없었고 그렇게 쉽게 획득되는 형태의 땅의 부분을 나는 보지 못한다. 오랜 시간이 지난 후에 나의 부모나 형제, 자매, 스승과 친교사, 구루나 구루와 같은 이로 되지 않은 어떤 중생들도 나는 보지 못했다.

또한 다음과 같이 설해졌다.

한 사람에게 한 겁 동안에 뼈들의 뼈의 무더기들이 생겨났다고 하자. 예를 들어 거대한 갈비뼈가 만일 모여 있고, 모여진 것이 소멸되지 않고 또 부서지지 않는다면, 산이 될 것이다.

5.3.4. 유전의 측면 (Ch. 321a14)

생의 유전은 무엇인가? 심신복합체(ātmabhāva)들이 연기할 때, 바로 그것이 그것들의 유전이라고 설한다.

연기란 무엇인가? 요약송이다.

핵심, 문, 의미, 구별, 순서, 논점,
어원, 조건, 조건의 차이,
다양한 경의 포섭이 마지막이다.

5.3.4.1. 연기의 핵심 (Ch. 321a17)

[연기의] 핵심(śarīra)[276]이란 무엇인가?

요약하면 3종의 측면에 의해 연기의 확립은 이루어진다.[277] (1) 어떻게 [개체 존재가] 전제(前際, purvānta)로부터 중제(中際, madhyānta)로 생겨나는가? (2) 어떻게 중제로부터 후제(後際, aparānta)로 생겨나는가? (3) 어떻게 중제에서 생겨난 것이 소멸해서 청정하게 되는가?

(1) 전제로부터 중제로 유전하는 측면 (321a19)

그중에서 어떻게 전제로부터 중제로 일어나는가? 일어난 것이 중제에서 작동하는가?

예를 들어 여기서 어떤 사람이 현명하지 못하고 알지 못하기 때문에 무명을 조건으로 하는, 복과 비복, 부동의 신·구·의의 업을 행했고 적집했다. 따라
YBh 199 서 그 업에 의해 영향받은(upaga)[278] 그의 식은 * 죽음에 이를 때까지 결생식
(pratisandhivijñāna)의 원인으로서 작동하며, 또 갈애가 그 식의 과보를 산출할 때에 조반으로서 현전하게 된다. 과거세에서 죽은 후에, 그는 현재세에서 심신 복합체를 순차적으로 산출한다. [즉, 먼저] 어머니의 자궁 속에서 [전생의 업에

---

276 śarīra는 한역에서 體로 번역되어 있지만, 의미상 '요점'이나 '주제' 또는 '핵심'을 의미할 것이다. śarīra는 보성론 첫 게송(RGV I.1)에서 텍스트의 전체주제를 가리키는 말로 金剛句(vajrapada)와 같은 의미로 사용되고 있다.

277 이 <연기의 핵심> 항목은 전제와 중제, 후제라는 삼세의 관점에서 연기의 설명을 시작하고 있고, 「섭사분」(Ch. 321a17-322a18)에서도 같은 설명이 나타난다. 삼세를 언급하고 있지만, 이하의 설명에서 보듯이 연기과정에서 종자의 영향을 전제하고 있다는 점에서 유부의 三世兩重因果의 해석과 당연히 동일하지는 않을 것이다. Matsuda(1983: 30-32)는 이곳에서의 연기설이 집론의 二世一重의 해석과 완전히 같지는 않지만 비슷하다고 지적하고 있다. Schmithausen(1987: 178)은 ŚrBh 384,11ff를 지시하면서(『성문지』 2021: 363f 참조) 여기서의 연기의 설명은 오래된 종자의 형태(a somewhat archaic form of Seed)를 포함하고 있다고 지적한다. Schmithausen의 설명에 따르면 식은 여전히 일상적인 6식의 흐름으로서 이해되고 있지만 업에 의해 영향을 받음에 의해 업을 따르고 있으며, 따라서 그것이 이숙식의 종자나 원인이 된다. 동시에 그것은 미래의 명색의 종자를 포함하고 있고, 명색의 종자는 미래의 6처의 종자를 포함하는 것이다. 그렇게 하여 식은 모태 내에서 새로운 존재의 첫 요소인 이숙식을 산출하며, 차례로 명색으로 발전되는 것이다. Kritzer(1999: 82ff)는 <연기의 핵심> 항목의 설명이 牽引因(ākṣepahetu)과 生起因(abhinirvṛttihetu)의 도입에 의해 『집론』의 설명을 선구적으로 이끌었다고 평가하고 있다.

278 upaga로 교정한 것은 Schmithausen 1987: n.1153 참조. 이 단어는 사전적으로는 '접근하다' 정도를 나타내지만, '종속된' 또는 '영향 하에서'로 적극적으로 이해하고 있다.

의해 영향받은] 원인으로서의 식에 의해 조건지어진,[279] 결생시의 과보로서의 식(pratisandhiphalavijñāna)은 자궁에 들어간 명색이 마침내 노쇠할 때까지 칼랄라 등의 연속적인 특별한 상태들을 통해 [생겨난다].[280] 또한 그 이숙식(vipākavijñāna)[281]은 바로 저 명색에 의거한 후에 생겨나며, 또 그 [식]은 여섯 개의 의지체에 의거해서 생겨난다.[282] 그럼으로써 명색을 조건으로 하는 식이라고 설해진다. 동시에 생겨나는 근으로서의 색(indriyarūpa)과 직후에 소멸하는 名(nāman)이 이치에 따라 여섯 식들의 의지체이며, 그것에 의지한 후에 살아있는 한, 식이 생겨난다. 다섯 물질적 근들이 근의 대종이며, 근의 토대는 대종에서 생겨난 색이다. 名과 그것에 의해 집수된 근들이 상속에 떨어진 채로 지속적으로 생겨난다. 그 양자가 요약해서 의지체가 된다. 실로 식을 조건으로 하는 명색과 명색을 조건으로 하는 식도 그와 같이 갈대 묶음의 방식대로(naḍakalāpayogena)[283] 수명이 끝날 때까지 일어난다. 실로 이와 같이 전제로부터 중제로 제행에 있어 연기의 발생이 있다. 생겨난 것들은 중제에서 생기한다.

그중에서 태생들의 출생처와 관련해[284] 이것이 유전의 순서이다. 난생과 습

---

279 YBh 199,4: hetuvijñānaṃ. YBh_ms 54a1: hetuvijñānapratyayaṃ.

280 여기서는 식과 명색의 상호의존성에 대해 설하고 있다. 하지만 이 문장은 구문상이나 내용상으로 매우 이해하기 어렵다. 번역은 Schmithausen(1987: n.1130)의 제안에 따랐으며 가능한 한 직역했다.

281 vipāka-vijñāna은 Schmithausen(1987: n.255)에 따르면 karmadhāraya 복합어로서 "mind which is [the result of karmic] maturation"으로 풀이된다.

282 여섯 개의 의지체는 언뜻 식과 명색의 상호의존성을 설하는 맥락에서 보면 Kajiyama(1985: 338, 10-13)가 말하듯이 6종 식을 가리키고, 異熟識은 알라야식을 지시하는 것으로 보인다. 하지만 아래 문장에서 "여섯 식들의 의지체"라는 비슷한 표현 때문에 혼동될 위험은 있지만 그 의지체로서 "동시에 생겨난 근으로서의 색과 직후에 소멸하는 名"이라고 명시되고 있기 때문에 여기서 의지체는 6식이 아니라 명색을 가리킬 것이다. Schmithausen(1987: n.1102)도 「섭사분」(827c16)에 의거해서 여섯 의지체는 안근 등을 가리킨다고 보고 있다. 나아가 그는 이숙식을 알라야식으로 해석하는 것은 알라야식 개념의 역사적 발전의 맥락에서 지나치게 확장된 해석이라고 비판하면서, 결생시의 식이 적어도 유부에 의해서는 제6의식으로 해석되고 있음을 지적한다. 물론 이 설은 후대 유가행파에 의해 부정되고 있지만 말이다.

283 갈대단의 비유는 Naḍakālapikāsūtra에 의거한 것이다. 하지만 식과 명색의 상호의존성을 설하는 곳에서도 알라야식은 언급되지 않는다는 점에 주의하라.

284 YBh 199,17: yaunāv; YBh_ms: yonāv.

생들에 있어서는 모태를 제외하고 다른 것은 같다고 알아야 한다. 욕계에 속하 YBh 200 거나 색계에 속한 물질적인 [형태를 가진] 중생들 속에 * 화생들의 출생처에서 근이 성숙한 자가 나타나게 된다는 것이 차이이다. 반면에 무색계에서는 색은 名에 의거해서, 식은 명근에 의거해서, 그리고 명색의 종자는 식에 의거해서 생겨난다. 따라서 색은 비록 종자로부터 단절되었다고 해도 미래에 출현하게 된다. 이것이 여기서 차이이다. 복업에 의해 욕계에 속한 신들 속에서 재생하며, 비복업에 의해 악취 속에서, 부동업에 의해 색계와 무색계에서 [재생한다].

(2) 중제로부터 후제로 유전하는 측면 (321b20)

어떻게 중제로부터 후제로 제행의 연기가 생겨나는가? 또 어떻게 생겨나지 않으며, 생겨나지 않기 때문에 청정이 있는가?

그와 같이 중제에 생겨난 개아는 2종의 과거의 업의 과보를 경험한다: 내적으로 이숙과(vipākaphala) 및 경계에서 생겨나는 감수라는 증상과(adhipatiphala)이다. 그는 정법을 듣지 않거나 이전의 습관에 의거해 2종의 결과에 대해 우치하게 된다. 그는 내적으로 이숙과에 대해 우치하며, 재생의 산출을 고의 관점에서 여실히 알지 못한다. 그는 전제에 속하고 또 후제에 속한 무명을 주제로 해서 이전과 같이 제행들을 행하고 적집한다. 그가 새로운 업을 행할 때에 그의 식은 바로 현세에서 그의 업의 영향을 받는다.

이와 같이 무명을 조건으로 하는 제행(saṃskāra)[285]이 생겨나며, 또 제행을 조건으로 하는 식이 생겨난다. 그런데 그 식은 현세에서 원인이 된다. 왜냐하면 그것은 미래에 산출과정에서 식을 결과로서 포섭하기 때문이다. 총체적으로 식과 관련하여 [그것들은] 6식의 그룹이라고 설해진다. 또한 그 식은 미래의 재생에 속한 명색의 종자에 영향을 준다(upagata). 또한 그 명색의 종자는 미래의 재생에 속한 6처의 종자에 영향을 준다. 또한 저 6처의 종자는 미래의 재생에 속한

---

285 YBh 200,14: evam avidyāpratyayā <saṃskārā> utpadyante. < >은 사본에 따라 보충한 것이다.

촉의 종자에 영향을 준다. 또한 저 촉의 종자는 미래의 재생에 속한 감수의 종자에 영향을 준다. 이것이 먼저 중제에서 재생을 인기하는(ākṣepaka) 원인이라고 알아야 한다. 그것에 의해 식에서 시작해서 수를 끝으로 하는, 바로 전체적인 심신복합체가 인기되게 된다.

* 바로 첫 번째 이숙과에 대한 우치에 의해 재생을 인기한 후에, 그는 두 번째 YBh 201
경계에 의해 산출된 결과에 대한 우치에 의해 경계에 대한 감수를 대상으로 하는 갈애를 일으킨다. 그는 갈애에 의해 욕망의 대상에 대한 탐구에 떨어지거나 또는 有(bhava)에 대한 탐구에 떨어지거나, 또는 욕망의 대상에 대한 취착을 행하거나 아니면 견취나 계금취와 [我語取][286]에 대해 취착한다. 취착행위가 취착되었을 때, 갈애와 취착에 의해 수반되고 축적된, 첫 번째의 인기하는 원인이 有(bhava)라고 불린다.

재생을 산출하는 원인에 포섭된 有가 직후에 소멸했을 때, 그와 같이 인기된 인기하는 원인에 의해 식을 시초로 하고 수를 마지막으로 하는 제행이 순차적으로나 단박에 출현한다.

이와 같이 현세에서 갈애는 무명과의 접촉에 의해 생겨나며, 감수를 조건으로 한다. 取는 갈애를 조건으로 하고, 有는 취를 조건으로 하며, 生은 유를 조건으로 한다. 생을 조건으로 해서 노·병·사 등 고의 차별이 현전하게 된다. 어떠한 재생처에 있어서도 어떠한 곳에서도 종자와 강하게 결합해 있기 때문이라고(bījānuṣaṅgataḥ) 이해해야 한다.

이와 같이 중제에서 무명을 조건으로 하는 제행 및 受를 조건으로 하는 갈애에 의존해서 후제에 제행의 발생(samudaya)이 있다.

---

286 YBh 201,3f: kāmopādānaṃ vopādadāti dṛṣṭiśīlavrat[ātmavād]opādānam vā/. ātmavāda의 보충은 한역과 티벳역에 의거했다. 이것들이 4종 upādāna이다.

(3) 중제에서 제행의 소멸의 측면 (Ch. 321c19)

만일 그가 현세에 타인으로부터의 말이나 과거의 자량(sambhāra)[287]에 의거해서 결과로서의 2종의 제행에 대해 그것들의 원인과 그것들의 소멸, 그것들의 YBh 202 소멸로 이끄는 도를 올바르게 작의한다면, 그는 여리작의의* 수반에 의해 정견을 일으키며, 또 진리들에 대해 점차로 유학과 무학에 속한 청정한 지견을 획득한다. 그는 그 지견에 의해 남김없이 그 무명을 끊고 그 갈애를 끊는다. 또 그것을 끊었기 때문에 그것의 대상을 여실하게 알지 못한 자에게 무명과 접촉에서 생겨난 감수가 끊어졌다.[288] 그 [감수]를 끊었기 때문에 무명과 이욕했기 때문에 바로 현세에서 지혜에 의한 해탈이 촉증되게 된다. 또 심이 감수와 상응할 때, 무명과의 접촉에서 생겨난 상응하는 그의 갈애와 욕망이 그 심과 결합하지 않았기에 욕망과 떨어졌기 때문에 심의 해탈이 촉증되게 된다. 그에게 무명이 소멸되었기 때문에 후제와 관련하여 아직 끊어지지 않고 존재하고 있는 무명 속에서 식을 시초로 하고 수를 끝으로 하는 제행이 생겨나야 하겠지만,[289] 그것들은 생겨나지 않고, 불생의 성질을 가진 것(anutpattidharman)들로 된다. 따라서 무명이 소멸했기에 제행의 멸이 있고 순서대로 내지 이숙과 접촉의 소멸에서부터 이숙에서 생겨난 감수의 소멸이 있다고 설해진다.

현세에서 무명의 소멸로부터 무명과의 접촉의 소멸이 있고, 무명과의 접촉의 소멸로부터 무명과의 접촉에서 생겨난 감수의 소멸이 있고,[290] 무명과의 접

---

287 한역(資糧)과 티벳역(D 102b7: sngon gi tshogs)은 모두 sambhāra를 지지한다.

288 YBh 202,3-4: yat ... avidyāsparśaṃ veditavyaṃ/ tat prahīṇaṃ bhavati/. 하지만 한역(321c23f: 於彼所緣不如實知 無明觸所生受)에 따라 yat ... avidyāsparśajaṃ veditaṃ, tat ...로 교정되어야 한다.

289 YBh 202,7f: tasyāvidyānirodhāt ye te tasyām aprahīṇāyām avidyāyāṃ utpadyeran saṃskāravijñānādayo ...; YBh 54b6: tasyāvidyānirodhāt ye te / satyām aprahīṇāyām avidyāyāṃ utpadyera saṃskāravijñānādayo. 이에 의거해 Schmithausen은 tasyāvidyānirodhāt ye te satyām aprahīṇāyām avidyāyāṃ utpadyeran saṃskārā vijñānādayo ...로 교정한다. 이에 의거해 번역했다.

290 YBh 202,12: avidyāsaṃsparśanirodhād avidyāsaṃsparśaja[5]veditanirodhāt. 그러나 YBh_ms 55a1: avidyāsaṃsparśanirodhād avidyāsaṃsparśajaveditanirodhaḥ avidyāsaṃsparśajaveditanirodhāt. (다만 사본에는 -sparśajā-로 장음으로 표기).

촉에서 생겨난 감수의 소멸로부터 갈애의 소멸이 있다. 갈애의 소멸로부터 앞에서처럼 무생의 성질에 의해 취를 시초로 하고 비탄을 끝으로 하는 제행이 소멸된다고 설해진다.

이와 같이 현세에서 제행이 생기하지 않게 된다. 현세에서 생기하지 않기 때문에 유여의 열반계에서 현세의 열반의 획득[291]이 있다. 그때에 그에게 식을 조건으로 하는 명색과 명색을 조건으로 하는 식은 청정하고 명징한 것으로 남아 있게 된다. 그의 신체가 식을 수반한 채(savijñānaka) 존속하는 한에서, [번뇌와] 분리된(visaṃyukta) [신체]는 감수를 하지만 [번뇌와] 결합한(saṃyukta) [신체]는 [감수하지] 못한다. 또한 식을 수반한 그의 신체는 과거의 업에 의해 인기된 수명이 있는 한 존속한다. 또한 이 수명이 소멸한 후에 집수된 식이 신체를 버릴 때, 그의 명근은 이 명근의 이후에 남김없이 멸하지만 이어서(uttaratra) 이숙하지는 않는다. 또한 그 식은 모든 감수된 것들과 함께 여기서 저절로 소멸했기 때문에(svarasanirodhād), 또 다른 편에서 과거의 원인이 소멸했기 때문에, 결생하지 않는 측면에서 남김없이 * 소멸하게 된다.[292] 이 무여의 열반계는 극히 적정 YBh 203
한 영역이며, 그것을 위해 세존의 근처에서 그들은 열반의 영향아래 있고 열반을 종착점으로 하는 범행(梵行)을 행한다.

이러한 연기의 확립이 3종의 측면에 의해 상세히 답변되었다. [즉] 전제로부터 중제로 유전하기 때문에 중제로부터 후제로 유전하기 때문에, 그리고 중제에서 유전이 청정하기 때문이다.

이것이 연기의 핵심이다.

---

291 YBh 202,15: nirvāṇaprāptir. 사본은 dṛṣṭadharma-nirvāṇaprāptir.

292 Cf. ŚrBh 509,16ff (= Schmithausen 1982: 468에 따른 교정): pūrvvakarmakleśāviddhānāṃ ca skandhānāṃ svarasanirodhāc cānyeṣāṃ cānupādānād apratisandher nirupadhiśeṣe nirvāṇadhātau parinirvāti. “과거의 업과 번뇌에 의해 인도된 오온들이 자연적으로 소멸했기 때문에, 또한 다른 [오온]들에 대한 취착이 없기 때문에 결생하지 않는다는 점에서 무여의열반계로 반열반한다.”

5.3.4.2. 연기의 門 (Ch. 322a19)

[연기의] 문(mukha)이란 무엇인가?[293] 8종의 문에 의해 연기는 일어난다. 내적으로 식의 생기의 문에 의해, 외적으로 곡식이 성숙하는 문에 의해, 중생세간에서 사와 생의 문에 의해, 기세간에서 생성과 파괴의 문에 의해, 食을 지지하는 문에 의해, 스스로 행한 업과 관련하여 원하고 원하지 않는 업과 그것과 상응하는 결과를 향수하는 문에 의해, 위력의 문에 의해, 그리고 청정의 문에 의해서이다.

5.3.4.3. 연기의 의미 (Ch. 322a23)

연기의 의미(artha)는 무엇인가?[294] 연기의 의미는 개아를 여의고 있다는 의미이다. 개아를 여의고 있을 때 무상의 의미가 있다. 무상의 의미가 있을 때 잠시 주함의 의미가 있다. 잠시 주함의 의미가 있을 때 다른 것에 의존함의 의미가 있다. 다른 것에 의존함이 있을 때 수동성의 의미가 있다(nirīhārtha). 수동성의 의미가 있을 때 인과의 흐름이 단절되지 않는 의미가 있다. 인과의 흐름의 단절이 없을 때 유사한 인과의 일어남의 의미가 있다. 유사한 인과의 일어남이 있을 때 업을 스스로 지음의 의미가 있다. [이것이] 연기의 의미이다.

어떤 의미를 설명하기 위해 연기를 확립하는가? 스스로의 잡염과 청정의 의미가 원인과 조건에 포섭되어 있음을 설명하기 위해서이다.

5.3.4.4. 연기의 구별 (Ch. 322b2)

YBh 204 * [연기의] 구별(vibhaṅga)[295]이란 무엇인가?

---

293 연기의 문에 대해서는 AS 28,1-3; ASBh 35,1ff 참조.

294 연기의 의미에 대해서는 AS 27,16-19; ASBh 33,19ff 참조.

295 Ed.에는 vibhāga. 사본에 따라 교정.

5.3.4.4.1. 無明 avidyā

과거제에 대한 무지(ajñāna)라고 상세하게 경에서[296] [설한 것이다].

(1) 19종의 무지

(i) 그중에서 과거제에 대한 무지란 무엇인가? 그것은 '나는 실로 과거세에 존재했던가?' 또는 '나는 실로 과거세에 존재하지 않았던가?' '나는 누구였던가?' 또는 '나는 왜 존재했던가?'라고 지나간 제행을 여리하지 않게 사유하는 자의 무지이다.

(ii) 미래제에 대한 무지란 무엇인가? 그것은 '나는 실로 미래세에 존재할 것인가?' 또는 '나는 미래세에 존재하지 않을 것인가?' '무엇으로서 나는 존재할 것인가?' 또는 '왜 나는 존재할 것인가?'라고 미래의 제행을 여리하지 않게 사유하는 자의 무지이다.

(iii) 과거제와 미래제에 대한 무지란 무엇인가? 그것은 '누가 존재하며, 우리들은 존재할 것인가?' '이 중생은 어디서 왔고, 여기서 죽어 어디로 가는가?'라고 내적으로 여리하지 않게 판단내리지 못하는(猶豫) 자의 무지이다.

(iv) 내적인 무지란 무엇인가? 그것은 내적인 제행을 자아로서 여리하지 않게 작의하는 자의 무지이다.

(v) 외적인 무지란 무엇인가? 그것은 외적인, 유정에 포함되지 않는 제행을 자아에 속한 것으로서 여리하지 않게 작의하는 자의 무지이다.

(vi) 내외의 무지란 무엇인가? 그것은 타인의 상속에 속하는 제행을 친구나 적, 중립적인 자로서 작의하는 자의 무지이다.

(vii) 업에 대한 무지란 무엇인가? 그것은 업이 작자라고 여리하지 못하게 사유하는 자의 무지이다.

(viii) 이숙에 대한 무지란 무엇인가? 그것은 이숙과에 포섭된 제행을 경험의

---

296 Cf. Nidānasaṃyukta 16,3ff; Pratītyasamutpādavibhaṅganirdeśasūtra (ed. Vaidya, Mahāyānasūtrasaṃgraha) 117f.

주체(vedaka)라고 여리하지 못하게 사유하는 자의 무지이다.

(ix) 업의 이숙에 대한 무지란 무엇인가? 그것은 업과 그 과보를 잘못되게 여실하지 못하게 사유하는 자의 무지이다.

(x) 붓다에 대한 무지란 무엇인가? 그것은 제불의 보리를 작의하지 못하거나 또는 잘못되게 작의하는 자에게 있어 방일이나 의심 또는 손감의 측면에서의 무지이다.

(xi) 법에 대한 무지란 무엇인가? 그것은 잘 설해진 법을 작의하지 못하거나 잘못 작의하는 자에게 있어 방일이나 의심 또는 손감의 측면에서의 무지이다.

(xii) 승가에 대한 무지란 무엇인가? 그것은 승가의 정행을 작의하지 못하거나 잘못 작의하는 자에게 있어 방일이나 의심 또는 손감의 측면에서의 무지이다.

(xiii-xvi) 고에 대한 무지란 무엇인가? 그것은 고를 고라고 작의하지 못하거나
YBh 205 잘못 작의하는 자에게 있어 * 방일이나 의심 또는 손감의 측면에서의 무지이다. 고에 대해서처럼 집, 멸, 도에 대한 무지도 마찬가지라고 보아야 한다.

(xvii) 원인에 대한 무지란 무엇인가? 그것은 원인이 없다고 사유하거나 또는 자재천과 원질, 푸루샤 등의 다른 균등하지 않은 원인을 여리하지 않게 사유하는 자의 무지이다.[297]

(xviii) 원인에 대해서처럼 원인에서 일어난 제행에 대해서도 마찬가지이다. 그런데 그것들은 죄를 여의고 있기에 선하며, 죄를 수반하기에 불선이다. 유익하기에 수습해야 하며, 유익하지 않기에 수습하지 말아야 한다. 흑[품]의 것이기에 죄를 수반한 것이며, 백[품]이기에 죄를 여읜 것이다. 섞여있기에 [두 개의] 부분을 가진 것이다.

(xix) 여섯 개의 촉처에 대해 여실하게 통달하지 못하는 것에 대한 무지란 무엇

---

297 원인이 없다는 주장(ahetuvāda)과 자재천등을 원인으로 보는 주장(Īśvarādikartṛvāda)은 「유심유사지」에서 16종의 paravāda 중 11번째(YBh 144,6ff)와 7번째 견해(YBh 150,5ff)로 소개되어 있다.

인가? 그것은 증득과 관련해 전도된 마음을 가진 증상만을 품은 자의 무지이다.

이것이 요약해서 19종의[298] 무지이다.

(2) 7종 무지 (Ch. 322c11)

또한 다른 7종의 무지가 있다. [삼]세에 대한 우치(adhva-saṃmoha), 사태에 대한 우치(vastu-saṃmoha), 이전(移轉)에 대한 우치(saṅkrānti-saṃmoha),[299] 최고에 대한 우치(agra-saṃmoha), 진실에 대한 우치(tattva-saṃmoha), 잡염과 청정에 대한 우치(saṃkleśavyavadāna-saṃmoha), 증상만에 대한 우치(abhimāna-saṃmoha)이다.

19종의 무지와 또 7종의 무지가 있는데, 어떤 것에 의해 어떤 것이 포섭된다고 알아야 하는가?

첫 번째 하나의 [삼세에 대한 무지]는 앞의 세 개의 무지들에 의해 포섭된다. 또 두 번째 [사태에 대한 무지]는 세 개의 [무지]에 의해 [포섭된다]. 또 세 번째 [이전에 대한 무지]는 세 개의 [무지]에 의해 [포섭되며],[300] 또 네 번째 [최고에 대한 무지]는 세 개의 [무지]에 의해 [포섭되며], 또 다섯 번째 [진실에 대한 무지]는 네 개의 [무지]에 의해 [포섭된다]. 또 여섯 번째 [잡염과 청정에 대한 무지]는 두 개의 [무지][301]에 의해 [포섭된다]. 그리고 일곱 번째 [증상만에 대한 무지]는

---

298 YBh 205,10: tad etad abhisamayasya viṃśatyākāram. 하지만 각주 3에서 Bhattacharya는 사본에서 abhisamayasya 다음에 ekānta로 읽고 있지만 이에 대응하는 단어가 티벳역에 결여되었기에 이를 생략하고 편집하고 있다고 밝히고 있다. 하지만 이를 ekānna-로 교정해서, 즉, 19종의 무지로서 읽어야 한다. YBh 205,13에서도 마찬가지로 yac ca <ekānna->viṃśatividham으로 읽어야 하며, YBh 205,18: yac caikāntaviṃśatividham도 마찬가지로 yac caikānn̲aviṃśatividham로 교정되어야 함.

299 여기서 한역에 따라 saṅkrānti를 移轉으로 번역했다. saṅkrānti가 업과 이숙, 업의 이숙과 관련된 것으로 설명되기에, 그 의미는 업이나 과보에 따른 삼계의 구체적 존재로의 이동이나 옮아감을 가리킬 것이다.

300 YBh 205,15에 YBh_ms 55b7의 punas tribhir anu tṛtīyasya가 누락되어 있다. 그렇지만 이 문장은 내용상으로 또 한역과 티벳역에 의해 지지된다. 여기서 anu는 의미는 “accordingly” “after” 정도를 의미한다.

301 여기서 ṣaḍbhir(“여섯에 의해”)로 읽을 경우 19종의 무지의 숫자가 맞지 않는다. 이것이 내용적으로 (xvii-xviii)의 양자를 가리키고 있다면, dvibhir로 교정해야 할 것이다. 한역 二無知도 이를 지지한다.

마지막 하나의 [무지]에 의해 [포섭된다].

(3) 5종 무지 (Ch. 322c17)

또한 다른 5종의 무지가 있다. 대상에 대한 우치, 견해에 대한 우치, 방일에서 나온 우치, 진실인 대상에 대한 우치, 증상만에 대한 우치이다.

19종의 무지와 5종의 무지가 있는데, 어떤 것에 의해 어떤 것이 포섭된다고 알아야 하는가? 견에 대한 우치에 의해 앞의 여섯 [무지]가 원인에서 생겨난 법들에 대한 무지에 포섭된다고 보아야 한다. 방일에서 나온 우치에 의해 업, 이숙, 양자에 대한 무지가 포섭된다. 진실인 대상에 대한 우치에 의해 붓다에서부터
YBh 206 도에* 이르기까지에 대한 무지가 포섭된다. 증상만에 대한 우치에 의해 마지막 것이 포섭된다. 대상에 대한 우치에 의해 모든 것들이 포섭된다고 보아야 한다.

(4) 무명의 동의어 (Ch. 322c22)

무지(ajñāna), 불견(adarśana), 무현관(anabhisamaya), 어두움(tamas), 우치(saṃmoha), 무명암(avidyāndhakāra)[302]이라고 하는 이 여섯 개의 무명의 동의어들은[303] 7종의 우치라는 사태와 관련하여 순서대로 이해해야 한다. 후의 두 개의[304] 우치라는 사태를 하나의 사태로 한 것이 마지막의 무명암이라는 동의어에 포섭된다고 알아야 한다.

또 다른 설명방식이다: 청문과 사유, 수습으로 이루어진 지혜의 반대항(vipakṣa)으로서 앞의 세 동의어가 순서대로 관련된다. 반대항으로서의 바로 그것이 약·중·강이기 때문에 동의어도 다시 셋으로 된다. 따라서 반대항의 차별 때문에, 또 자성의 차별 때문에 여섯 개의 동의어가 있다.

---

302 Ms: avidyāndhakāram은 한역 無明闇과 티벳역 ma rig pa'i mun pa에 의해 지지된다.

303 무명의 동의어에 대해서는 「섭이문분」(771c25ff) 참조.

304 즉, 잡염과 청정에 대한 우치와 증상만에 대한 우치를 가리킨다.

5.3.4.4.2. 行 saṃskāra (Ch. 322c29)

신체행위란 무엇인가? 욕계에 속하고 색계에 속하는 신업이다. 아래로 복과 비복이라고 헤아리는 것과 위로 부동이라고 헤아리는 것이다. 언어행위란 무엇인가? 구업이다. 그리고 나머지는 앞에서처럼 알아야 한다. 심적 행위란 무엇인가? 의업이다. 그것은 욕계에서 복과 비복이지만 부동은 아니며, 두 개의 상지에서는 오직 부동이다.

5.3.4.4.3. 識 vijñāna (Ch. 323a4)

안식이란 무엇인가? 미래에 안근에 토대를 둔 색의 요별에 있어 복, 비복, 부동에 의해 영향받은 종자로서의 식이며, 또한 그것의 종자에서 생겨난, 결과로서의[305] 식이다. 안식처럼 이·비·설·신·의식도 마찬가지라고 알아야 한다. 그것들의 요별의 차이는 의지체와 경계에서 만들어졌다고 알아야 한다. 그런데 욕계에 속하는 그 [식]은 6종이다. 색계에 속하는 [식]은 4종이며, 무색계에 속하는 것은 오직 1종이다.

5.3.4.4.4. 명색 nāmarūpa (Ch. 323a9)

* 수온이란 무엇인가? 모든 경험의 유형이다. 그것은 삼계에 속하는 것이다. YBh 207
상온이란 무엇인가? 모든 인지의 유형(saṃjānanājāti)이다. 행온이란 무엇인가? 심을 의욕하게 하는 모든 의업의 유형이다. 식온이란 무엇인가? 모든 요별하게 하는 것의 유형(vijānanājāti)이다. 이 온들은 삼계에 속한다고 알아야 한다.

4대란 무엇인가? 지계와 수계, 화계와 풍계이다. 그것들은 [욕계와 색계의] 두 계에 [있다]. 4대종에 관한 색이란 무엇인가? 물질적 10處와 법처에 포함되는 색이다. 욕계에 속하는 물질적인 10처와 가유에 속하는 법처의 색, 색계에 속하는 8처와 법처에 속하는 것이다. 그것 모두는 2종이다. 식의 종자에 포섭된 종자로

---

305 YBh 206,15에 사본의 phalabhūtam이 누락되어 있다. 이는 티벳역 'bras bur gyur pa에 의해 지지된다.

서의 것과 그것에 의해 산출된 결과로서의 것이다.

5.3.4.4.5. 6처 ṣaḍāyatana (Ch. 323a18)

眼處란 무엇인가? 안식에 토대를 주는 깨끗한 色으로, 그것에 의해 색들을 보았거나 보거나 보게 되는 것이다. 안처처럼 마찬가지로 이비설신의처도 이치에 따라 알아야 한다.

모든 [6처]의 작용은 삼세의 교설에 의해 설해져야 한다. 그 [6처]도 2종이다. 명색에 의해 포섭된 종자로서의 [6처]과 그것에 의해 산출된 결과로서의 [6처]이다. 욕계에 속하는 것과 색계에 속하는 것들은 5종이며, 삼계에 속하는 것은 여섯이다.

5.3.4.4.6. 觸 sparśa (Ch. 323a23)

안촉이란 무엇인가? 세 개의 화합에서 생겨난, 대상영역을 사랑스러움 등의 의미에서 취함이다. 그와 같이 나머지 촉들에 대한 각각의 영역의 특징의 설명도 이해되어야 한다.[306] 그리고 그것들은 2종이다. 6처의 종자에 포섭된, 종자로서의 [촉]과 그것에 의해 산출된, 결과로서의 [촉]이다. 욕계에 속하는 것은 모두이며, 색계에 속하는 것은 4개이고, 무색계에 속하는 것은 하나이다.

5.3.4.4.7. 受 vedanā (Ch. 323a27)

YBh 208 * 즐거운 감수(樂受)란 무엇인가? 낙을 일으킬 수 있는 근과 대상을 조건으로 해서 감수에 속하고 감수된, 기쁨이 생겨나는 것이다. 괴로운 감수(苦受)란 무엇인가? 고를 일으킬 수 있는 양자를 조건으로 해서 감수된, 기쁨이 아닌 것이

---

306 YBh 207,16f: trikasamavāyajā viṣayaśubhaṃ prativiṣayalakṣaṇanirdeśo ’vagantavyaḥ. YBh_ms 56b2: trikasamavāyajā viṣayaśubhādyarthataḥ/ udgrahaṇatā evam avaśiṣṭānāṃ sparśanām prativiṣayaṃ lakṣaṇanirdeśo vagantavyaḥ/. 이에 의거해 Schmithausen은 다음과 같이 교정한다. trikasamavāyajā viṣayaṃ śubhādyarthata udgrahaṇatā/ evam avaśiṣṭānāṃ sparśānāṃ prativiṣayaṃ lakṣaṇanirdeśo ’vagantavyaḥ/.

생겨나는 것이다. 즐겁지도 않고 괴롭지도 않은 감수(不苦不樂受)란 무엇인가? 불고불락을 일으킬 수 있는 양자를 조건으로 해서 감수에 속하고 감수된, 기쁨도 아니고 기쁨이 아닌 것도 아닌 것이 생겨나는 것이다. 3종은 욕계에 속한 행위이다. 색계에 속하는 둘은 제3선정에 이르기까지이다. 불고불락은 제4선정 이후부터 비상비비상처에 이르기까지이다. 그들 감수는 두 종류이다. 촉의 종자에 의해 섭수된 종자인 것과 그것에 의해 산출된 결과인 것이다.

5.3.4.4.8. 갈애 tṛṣṇā (Ch. 323b15)

욕계에 대한 갈애란 무엇인가? 욕계에 속한 제행을 조건으로 해서 욕계에 속한 제행들에 대한[307] 염오된 희구이다. 그것에 의해 욕계에서 고를 산출한다. 색계에 대한 갈애란 무엇인가? 색계에 속한 제행을 조건으로 해서 색계에 속한 제행들에 대한 염오된 희구이다. 그것에 의해 색계에서 고를 산출한다. 무색계에 대한 갈애란 무엇인가? 무색계에 속한 제행을 조건으로 해서 무색계에 속한 재행들에 대한 염오된 희구이다. 그것에 의해 무색계에서 고를 산출한다.

5.3.4.4.9. 取 upādāna (Ch. 323b20)

욕취(kāmopādāna)[308]란 무엇인가? 욕망의 대상들에 대해 추구하는 탐욕(chandarāga)이다. 견취란 무엇인가? 유신견을 제외한, 그것과 다른 견들에 대해 추구하는 탐욕이다. 계금취란 무엇인가? 계와 금에 관한 잘못된 소원에 대해 추구하는 탐욕이다. 我語取(ātmavādopadāna)[309]란 무엇인가? 유신견에 대해 추구

---

307 YBh 208,8: kāmāvacareṣu <saṃskāreṣu>. < >은 YBh_ms 56b4에 따라 보충되어야 한다.

308 Schmithausen(1987: 23f.; n.197)은 전통적 의미에서 ālaya는 생물학적 집수의 의미에서가 아닌 정신적으로 부정적 집착(chandarāga)의 의미에서 upādāna에 대응한다고 말하면서 YBh 208,14ff를 제시한다. AS 2,5ff는 왜 upādāna가 chanda+rāga로 정의되는지를 설명하기 위해 n.195에서 제시된 문장("알라야란 무엇인가? 과거에 대한 연착, 미래에 속한 희구, 현재에 대한 욕구이다")을 이용하는 듯하다.

309 YBh 208,16: ātmopadānaṃ. 하지만 YBh_ms 56b6: ātmavādopadāna. 이 단어는 YBh 169,8에서 ātmavā-

하는 탐욕이다. 첫 번째에 의해 바로 욕계에서 고를 산출한다. 반면 다른 것들에 의해서는 삼계에 속하는 [고를 산출한다].

5.3.4.4.10. 有 bhava (Ch. 323b25)

欲有(kāmabhava)란 무엇인가? 욕계에 속하는, 과거세의 유와 業有(karmabhava), 死有(maraṇabhava), 中有(antarābhava), 생유와 지옥중생, 축생, 아귀, 신, 인간의 존재형태에 대해 욕유라고 한다. 그 [욕유]는 이전에 행해진 제행과 번뇌를 포섭한
YBh 209 것으로 특징지어진다.[310] 색유(rūpabhava)란 무엇인가? 지옥과* 축생, 아귀와 인간의 존재형태를 제외한, 그것과 다른 것이 색유라고 알아야 한다. 무색유란 무엇인가? 더 나아가(bhūyas)[311] 중유를 제외한 후에, 그것과 다른 존재형태에 포함된 것이 무색유라고 알아야 한다.

7종 존재형태, 즉 지옥, 축생, 아귀, 신, 인간, 업유와 중유들은 무엇을 주제로 해서 확립되었는가? 세 개의 필요성을 주제로 해서이다. 하나는 인기하는(ākṣepaka) 유이고, 하나는 유를 성숙시키는(bhavasaṃprāpaka) 유이며, 다섯은 결과를 향수하는 유들이다.[312]

5.3.4.4.11. 生 jāti (Ch. 323c5)

생(jāti)이란 무엇인가? 태생과 난생들을 재생처에서 먼저 산출하는 것이다. 임신(saṃjāti)이란 무엇인가? 아직 [모태 밖으로] 나오지 않은 것이 바로 그곳에

---

dopadānaṃ으로 이미 4종 取의 하나로 제시되어 있다. 그 의미에 대해서는 Ahn 2003: 82 참조.

310 YBh 208,21: -parigrahaprabhāvitaḥ. 티벳역(D 107b1: yongs su zin cing bskyed pa yin no)은 '포섭하고 일으킨 것이다.'로 번역한다. 반면 한역(323b27f: 此復由先所作諸行煩惱攝受之所熏發)은 '이것은 다시 먼저 행해진 제행과 번뇌의 포섭에 의해 영향받은 것이다'로 번역하고 있어 prabhāvita 대신에 paribhāvita로 읽고 있다.

311 YBh 209,2: antarābhavaṃ <bhūyaḥ> sthāpayitvā. < >의 단어는 사본에 따라 보충한 것이다.

312 인기하는(ākṣepaka) 유란 업유(karmabhava)를 가리키며, 유를 성숙시키는(bhavasaṃprāpaka) 유는 중유(antarābhava), 결과를 향수하는 유란 양자를 제외한 다섯 외적 존재들을 가리킨다.

서 심신복합체(ātmabhāva)로 성숙하는 것이다. 출산이란 무엇인가? 그곳으로부터 벗어남이다. 산출(abhinirvṛtti)[313]이란 무엇인가? 출산된 자가 성장하는 것이다. 출현이란 무엇인가? 습생과 화생들이 재생처에서 단박에 생겨남이다. 온의 획득이란 무엇인가? 바로 이 재생처의 상태에서 다섯 취착의 대상들이 생기(pravṛtti)[314]이다.

계(dhātu)의 획득이란 무엇인가? 바로 오온들이 원인과 조건에 포함된 것이다. 처의 획득이란 무엇인가? 바로 오온들이 그것과 다른 조건들에 포함된 것이다. 온들의 산출이란 무엇인가? 바로 그 온들이 식에 의해 행해져 증대되고 축적되는 것이다. 명근의 출현이란 무엇인가? 바로 그 온들이 남은 수명의 힘으로 존속하는 것이다.

그런데 이 생들의 요약적 의미는 무엇인가? 생의 자성 그것과 어디에서 태어남, 태어나는 자,[315] 어떤 인연들에 의해 포섭되며, 어떤 구생의 산출된 지지물에 의해 유지되는가 하는 이것이 요약적 의미이다.

5.3.4.4.12. 老死 jarāmaraṇa (Ch. 323c16)

* 쇠약함이란 무엇인가? 의지체의 미약함 때문에 그 [의지체]의 흔들림이다. YBh 210
희어짐이란 무엇인가? 머리털의 탈색이다. 주름살이 많아지는 상태란 무엇인가? 피부의 수축이다. 늙어감이란 무엇인가? 욕망을 향수할 힘이 없는 것이며, 열정의 쇠퇴이다. 구부러짐이란 무엇인가? 본성적으로 병든 상태 때문에 어려운 일을 할 수 있는 힘이 없는 상태이다. 검은 반점에 의해 덮여진 상태란 무엇인가? 아름다움의 장애로서 그 [신체]에 검은 반점이 많이 생기고, 신체가 구부러지는 것이다.

---

313 YBh 209,8: abhiniḥsṛtiḥ. 하지만 사본에 따라 교정했다.

314 YBh 209,11: [sambhavaḥ]. 사본에 따라 pravṛttiḥ로 교정.

315 YBh 209,18: <yaś ca jāyate> yaiś ca hetupratyayaiḥ parigṛhītaḥ. < >은 사본에 따라 보충되어야 한다.

마치 흰 서까래처럼 굽은 상태와 '쿠루쿠루'라는 날숨을 내는 신체의 상태란 무엇인가? 걸어감의 행동방식에 의해 나타나는 신체의 형태 및 그것 때문에 일어난 헐떡거림과 기침이다.[316] 몸이 앞으로 굽은 상태란 무엇인가? 주함의 행동방식에 머무는 자의 신체가 굽은 것이다. 지팡이에 의지함이란 무엇인가? 서 있는 행동거지에 머무는 자가 지팡이의 힘에 의존해서 주하는 것이다. 혼미하게 됨이란 무엇인가? 잠의 행동방식에 머무는 자의 강하고 빈번한 잠든 상태이다. 느림이란 무엇인가? 바로 거기에서 깨어날 수 없는 것이다. 손상이란 무엇인가? 주의력과 각성 양자의 [손상이다]. 쇠퇴란 무엇인가? 주의력과 각성, 양자의 느림 때문에 선법을 성취할 수 없는 것이다. 감각능력들의 노쇠란 무엇인가? 자성적으로 느려짐이다. 쪼개짐(paribheda)이란 무엇인가? 바로 그 [근]들이 경계에서 힘이 없게 됨(apracuratā)이다.

YBh 211 * 제행의 오래됨이란 무엇인가? 죽음과 관련해 바로 그것들이 후대의 기간에 떨어짐이다. 부패하게 됨이란 무엇인가? 일의 수행에 공능이 없는 것과 관련하여 수명이 다한 자에게(āyuḥparicchinnasya?) 신체의 쪼개짐이 현전하는 것이다.

그런데 늙어감의 요약적 의미는 무엇인가? 의지체의 변괴이며, 머리카락의 변괴이고, 풍요함의 변괴이고, 열의 힘의 변괴이고, 무병의 변괴이고, 피부색의 변괴이고, 행동방식의 변괴이고, 비물질적 근들의 변괴이고, 물질적 근들의 변괴이고, 시기의 빨리 지나감이고, 수명의 끝이 지나간 것이 요약적 의미라고 알아야 한다.

각각의 중생들이란 무엇인가? 지옥중생 등이다. 중생들의 종류란 무엇인가? 바로 그들 일체이다.

죽음이란 무엇인가? 그 중생들이 지절들과 분리됨에 의해 죽는 것이다. 죽는 것이란 무엇인가? 어떤 중생들이 지절들의 분리와 함께 죽는 것이다. 분리란 무

---

316 tatra kubjaagopānasīvaṅkatā khurukhurupraśvāsakāyatā katamā/ yā gamaneryāpathaprabhāvitā kāyasaṃsthānatā tadudbhavā ca gāḍhaśvasanakāsanatā/. 여기서 사용된 단어들과 그 해석에 대해서는 SWTF 참조.

엇인가? 식이 의지체로부터 떠남이다. 사라짐이란 무엇인가? 물질적 근들의 소멸이다. 수명의 손상이란 무엇인가? 호흡이 끊어진 상태이다. 체온(煖)의 손상이란 무엇인가? 움직임이 없는 상태이다. 온들의 포기와 명근들의 소멸이란 무엇인가? 맞는 때에 죽는 것이다. 죽음이란 무엇인가? 그것의 조건들에 의해 때에 맞지 않게 죽는 것이다. 때가 다한 죽음이란 무엇인가? 그 죽음이 멀지 않고 가까운 상태이다. 또 다른 설명이다. * 악마가 행한 죽음이 때가 다한 죽음이 YBh 212
다.[317]

그런데 죽음의 요약적 의미는 무엇인가? 사망(cyuti) 그것, 어떤 법의 사망, 어떻게 죽으며, 죽은 자의 그 이후의 때이다.

이와 같이 이것이 연기의 구별에 대한 구별[318]이라고 알아야 한다.

5.3.4.5. 연기의 순서 (Ch. 324a16)

(1) 어떤 이유에 의해 무명 등의 존재의 지분(有支)들에 대해 이런 형태의 순서의 설명이 행해지는가? 먼저 인식되어야 할 사태에 대한 우치가 있다. 우치한 자는 바로 그것에 대해 잘못된 욕구를 한다. 잘못된 욕구로부터 심에 대한 전도가 있다. 심의 전도로부터 결생이 있다. 결생으로부터 근의 형성(paripūri)이 있다. 근의 형성에서 2종 경계에 대한 향수가 있다. 경계에 대한 향수로부터 탐착과 그것에 대한 갈구가 있다. 갈구하기에 탐구하는 자에게 번뇌의 축적이 있다. 번뇌의 축적에 의해 재생으로 이끄는, 원하고 원하지 않는 업의 現起가 있다. 업의 축적의 현기에 의해 5취의 윤회에 산출의 고통이 있다. 산출의 고통에서 생겨난 노사 등의 고통이 있다. 심신복합체의 변화에 기인한 노사의 고통이 있다. 경계의 변화에 의해 기인한 우·비·고·뇌의 고통이 있다. 따라서 이들 12지들

---

317 죽음을 악마와 관련시키는 설명은 『성문지』(2021: 326f) 참조.

318 YBh 212,3f: ity ayaṃ pratītyasamutpādavibhaṅgasya vibhaṅgo … 이는 티벳역(D 109a1)에 의해서도 확인된다. 하지만 한역(324a14f: 如是名爲緣起差別)로서 앞의 vibhaṅgasya를 생략하고 읽었다.

이 순서대로 세존에 의해 설해졌다.

(2) 다른 순서의 법문이다. 연기와 관련해 심신복합체의 조건과 경계의 향수의 조건이라는 2종의 조건이 있다.

심신복합체의 조건은 여섯 지들에 의해 포섭되며, 경계의 향수의 조건도 바로 여섯 조건들에 의해 [포섭된다]. 앞의 것은 심신복합체에 대해 자아로서 파악하는 등이기 때문에 우치이다. 그 후에 업들이 고라는 결과의 이숙임을 알지 못하기 때문에 업을 짓는다. 그리고 바로 동일한 것을(tad eva) 행한 후에는 [빈번히][319] 심사한다. 그의 식을 수반하는 업에 의해 근의 성장(nirvṛtti)에 포함되
YBh 213 고, 그것의 충족에 포함되며, 경계의 향수에 포함되는 3종 고를* 미래에 산출한다. 바로 현세에서 촉을 조건으로 하는 수에 대해 갈애를 일으킨 후에 경계를 대상으로 탐구하고, 노력하며, 노력의 방식에 의해, 명예와 재물의 방식에 의해, 계금의 방식에 의해, 해탈의 방식에 의해, 욕망의 대상의 탐구와 심신복합체의 탐구, 해탈의 탐구, 경계의 향수의 조건에 대한 탐구 그리고 잘못된 탐구를 하면서 번뇌들과 그것에 의존하는 업들을 지은 후에 5취의 윤회 속에서 태어나며, 태어난 자는[320] 늙어가고 죽는다.

(3) 다른 순서의 법문이다. 중생들의 무리는 셋이다. 출세간의 청정을 원하는 자들과 [세간의 청정을 원하는 자들] 및 경계에 집착하는 자들이다.[321]

(i) 첫 번째의 [중생]들은 백품에 의해 연기를 소멸시키고 증대시키지 않는다.

(ii) 두 번째의 중생들은 진리들을 여실하게 알지 못하고, 염처를 수습하면서, 수습으로 이루어진 유루의 복업과 부동업을 지은 후에, 또는 염처를 확립하지 못했기 때문에 비복[업]에 대해 후회함에 의해 영향받거나 또는 후회하지 않음

---

319 YBh 212,19f: kṛtvā ca tad evam anivitarkayati/. YBh_ms: tad eva bahulam vitarkayati.

320 YBh 213,7에 jātaś ca가 누락되어 있다.

321 YBh 213,8f: trayaḥ sattvaraśayaḥ/ lokottarā viśuddhikāmā viṣayaparamāś ca/. YBh_ms 58a1: lokottaraviśuddhikāmā <lokottaraviśuddhikāmā> viṣayaparamāś ca/. 여기서 <>은 결락된 문장으로 티벳역 'jig rten pa'i dag pa 'dod pa rnams 및 한역 二樂世間清淨에 의해 확인된다.

에 대해 기뻐함에 의해 영향받은 마음(cetas)을 갖고 비복에 자주 주한다. 그들은 앞에서처럼 하·중·상의 재생처에 순차적으로 명색을 처음으로 하고 受를 마지막으로 하는[322] 3종의 고를 미래에 산출한다.

(iii) 현전하는 경계의 향수에서 생겨난 감수에 머무는 세 번째의 중생들에게 있어서는 앞에서처럼 갈애를 처음으로 하고 노사를 마지막으로 하는 다른 여섯 지들이 순서대로 이해되어야 한다.

5.3.4.6. 연기의 논점 (Ch. 324b20)

(1) 어떤 이유로 인해 역관의 순서에 따라 노사를 취한 후에 연기가 설해졌는가? 진리의 방식에 따른 교설 때문이다. 왜냐하면 생과 노사는 고제에 의해 특징지어지기 때문이다.[323] 세존께서 명색의 소멸을 선행요소로 하는 법은 아홉 개(nava)[324]라고 말씀하셨다.

(2) 어떤 이유로 [그 법들은] 무명의 소멸을 선행요소로 한다고 설하지 않으셨는가? 심해탈한 자들에게 그것이 가설되었기 때문이다. 왜냐하면 그들에게 현세에서는 종자로서 또 미래에서는 결과로서 * 명색에서부터 감수에 이르기까 YBh 214
지의 [고통]들이 생겨나지 않고 소멸함에 의해 소멸했기 때문이며,[325] 또 현세에서 감수를 경험하는 자에게 갈애의 수면이 현행하지 않음에 의해 근절되었

---

322 YBh 213,13에서는 ms의 sparśāvasānaṃ nāmarūpādyam이 누락되어 있지만, ms는 티벳역에 의해 확인된다.

323 YBh 213,19: pravibhaktam으로 제안하지만 사본 prabhāvite에 따르는 것이 나을 것이다. 이 경우 jātijarāmaraṇaṃ도 jātijarāmaraṇe로 교정되어야 할 것이다.

324 YBh 213,19: bhagavatā na ca nāmarūpanirodhapūrvaṅgamā dharmā iti. 한역은 na ca 대신에 nava로 읽지만 이를 '新'의 의미로 해석한다. 반면 티벳역(D 110a2)은 nava를 아홉(chos ni dgu'o⋯)으로 해석한다.

325 YBh 214,1: teṣāṃ hi dṛṣṭe dharme bījabhūtaṃ <sāṃpāraye tatphalabhūtam anutpattinirodhena nāmarūpādikaṃ> vedanāvasānaṃ niruddhaṃ bhavati. < >의 사본문장이 YBh에서 누락되었다. 티벳역(D 110a3): de dag gi tshe 'di la sa bon du gyur pa dang/ tshe phyi ma la 'bra bur gyur pa'i ming dang gzugs nas tshor ba la thug pa'i bar du/ mi skye ba'i 'gog pas 'gags par 'gyur zhing/. 반면 한역 324b25-27: 由彼於現法中, 種子苦及當來苦果, 不生而滅. 故說名色爲先 受爲最後, 得究竟滅.

기 때문에 소멸되게 된다. 그것의 소멸로부터 그것을 선행요소로 하는 지분들이[326] 소멸된다.

연기의 순서의 원인은 이러한 부류의 것이라고 알아야 한다.

5.3.4.7. 연기의 어원해석 (Ch. 324c1)

어떤 이유로 인해 연기가 연기라고 설해지는가?

[5]취를 향해 간 후에 번뇌들과 결합된 것들의 생기가 연기라는 것이 문자에 따른 어원해석이다.

또한 찰나적 의미와 관련하여 계속해서 조건들로부터 신속하게 소멸하자마자 모여 생겨나는 것이 연기이다.[327]

또한 지나간, 그러나 아직 제거되지 않은 조건으로부터 자신의 상속 속에 생기하는 것이 연기이다. '이것이 있을 때 저것이 있으며, 이것의 생기로부터 저것이 생겨난다.'이지 [다른 방식으로는 아니다]라는 이러한 의미와 관련하여 이것이 어원해석이라고 알아야 한다.

또한 계속해서 간 후에(pratigatya pratigatya) 상속으로서 생기하는 것이 연기이다. 계속해서 소멸한 후에(vinaśya vinaśya) 라는 의미이다.

또한 과거세에서 조건화된 상태로 떨어진 후에 상속으로서 생겨남이 연기이다. 세존께서는 증득하신 후에 바른 생기를 나는 가르칠 것이라고 설하셨다. '증득한다'란 깨닫는다는 의미이다. 따라서 연기라는 바로 그 명칭(saṃjñā)이 부여되었다.

---

326 YBh 214,3: tannirodhāt tatpūrvaṅgamāni; YBh_ms 58a5: tannirodhāt tatpūrvaṅgamāny aṅgāni. 사본은 티벳역(sngon du 'gro ba'i yan lag rnams) 및 한역(爲先餘支)dp 의해 지지된다.

327 YBh 214,7f: punaḥ pratyayata <itvarātyayasaṃgata> utpādaḥ pratītyasamutpādaḥ kṣaṇikārtham adhikṛtya/. <>의 문장이 누락되었음. 티벳역: myur du 'jig pa dang ldan par (skye ba ni); 한역 324c3f: 依託衆緣, 速謝滅已 續和合生 故名緣起.

5.3.4.8. 조건 (Ch. 324c11)

얼마나 많은 조건들에 의해 무명은 제행의 조건인가? 물질적인 [조건]들에 있어서는 증상연에 의해, 반면 비물질적인 [조건]들에 있어서는 3종의 등무간연과 소연연, 증상연에 의해서이다. 마찬가지로 남은 지분들의 조건도 이치에 따라 알아야 한다. 물질적인 것은 물질적인 것들에 있어서 증상연 하나에 의해서이며, 비물질적인 것들에 있어서는 소연연과 [증상연] 양자에 의해서이다. 비물질적인 것은 물질적인 것들에 있어서는 하나의 [연에] 의해, 그렇지만 비물질적인 것은 비물질적인 것들에 있어서는 등무간연과 소연연, 증상연의 세 가지에 의해서이다.

어떤 이유에서 인연에 의해 이 지분들은 조건들이 아닌가? 왜냐하면 인연은 자성적으로 종자라는 조건에 의해 특징지어지기 때문이다. 만일 인연에 의해 [지분들이] 조건이 아니라면 그러면 어떤 이유에서 원인과 결과로서 연기가 설해지는가? 증상연에 의해 포함되는 인발인(āvāhakahetu)과 견인인(ākṣepahetu), 생기인(abhinirvṛttihetu)과 관련해서이다. 몇 가지 지분들이 견인인에 포함되는가? 무명에서 수까지이다. 몇 가지 지분들이 생기인에 포함되는가? 갈애로부터 유까지이다. 몇 가지 지분들에 견인인과 생기인 양자의 결과에 포함되는가? 현세와 내생에서 식에서 수에 이르기까지 또 생과 노사의 상태들이다.

무명은 비여리작의를 원인으로 한다고 설해졌을 때, 어떤 이유로 그 [비여리작의]가 연기의 교설에서 처음으로 설해지지 않는가? [그것은] [번뇌의] 끊음의 원인이 아니기 때문이며, 또 잡염의 원인이 아니기 때문이다. 왜냐하면 미혹되지 않은 자에게 그 작의는 생겨나지 않기 때문이며, 또 연기는 잡염을 원인으로 하기 때문이다. 그런데 무명은* 자성적으로 염오된 것이지만, 비여리작의는 YBh 216
자성적으로 염오되지 않았다. 그것은 무명을 염오시키지 않지만, 그래도 무명의 힘 때문에 염오되는 것이다. 또한 생(janman)은 번뇌와 업에 의해 구성된다. 그중에서 업의 원인은 연기의 처음인 무명이다. 따라서 비여리작의는 [첫 번째 원인으로서] 설해지지 않았다.

어떤 이유로 자성이 자성의 조건이라고 설해지지 않는가? 왜냐하면 또 다른 조건을 얻지 못한 자성은 잡염의 측면에서 자성을 부양하거나(poṣaka)나 손실시키지[328] 않는다. 따라서 설하지 않았다.

복행과 부동행은 간택한 후에 노력해서 일어난 것이라면(yatnākṛta)[329], 어떤 이유로 그것은 무명을 조건으로 해서 일어난다고 설했는가? 언설적인(세속적인) 고의 원인을 알지 못하는 자에게 비복[행]들은 그것을 조건으로 한다. 승의적인 고의 원인을 알지 못하는 자에게 복[행]들과 부동[행]들은 그것을 조건으로 한다. 따라서 그것들도 무명을 조건으로 한다고 설해진다.

업이 탐·진·치를 원인으로 한다고 설했을 때 그 [업]은 어떤 이유에서 치를 원인으로 한다고 설해졌는가? [치는] 복업, 비복업, 부동업의 원인을 주제로 하기 때문이다. 그렇지만 비복업만은 탐·진·치[330]를 원인으로 한다. 思(cetanā)는 신업과 구업을 현기시키기 때문에 의욕작용(abhisaṃskāra)이 행을 조건으로 한다면, 무엇 때문에 무명을 조건으로 한다고 설해지는가? 전체적인 행의 현기의 조건을 주제로 하기 때문이고 또 염오되고 선한 思가 일어나는 조건을 주제로 하기 때문이다.

식이 비록 명색을 조건으로 한다고 하더라도 어떤 이유로 이 대상에 대해서
YBh 217 는 오직 행을 조건으로 한다고 설해지는가? 제행은 식을* 염오시키는 것이며, 후유를 인기하는 것이며, 생기시키는 것이다. 그렇지만 명색은 소의와 소연의 측면에서 단지 생기의 조건이기 때문에 그렇지 않다. 명색이 대종과 촉이라면, 어떤 이유로 오직 식을 조건으로 한다고 설하는가? 식은 그 [명색]이 새롭게 생기하는 원인이며, 대종과 촉은 생기할 때에 단독으로 생기한 것의 토대인이기

---

328 Ed. bhāvaka(?). 하지만 Tib. nyams par byed pa; 한역 損減은 ghātaka로 읽었다.

329 Ed. manu(?) kṛtā; Tib. bsgrims te byas pa ma yin na (yatnākṛta). 여기서 bsgrims te는 yatna의 번역어로 보이지만, 문제는 한역(315a7f)이 由正簡擇功力而起로 부정사없이 이해하고 있는 점이다.

330 YBh에서 dveṣa 누락.

때문이다.

6계에 의지한 후에 모태 속에 간다르바가 떨어진다고 설해졌다면, 어떤 이유로 이미 생기한 [명색]이 오직 식계라고 설해졌는가? 왜냐하면 식계가 있을 때, 모태 속에 정혈이라는 대종과 자궁이 불완전하지 않기 때문에 주로 식계라고 하는 것이 확실하며, 또 일체의 생처(yoni)와 유(bhava)의 생기와 관련하여 작용하기 때문이다.

6처가 食(āhāra)을 조건으로 한다면 어떤 이유로 여기서 단지 명색을 조건으로 한다고 설했는가? 명색은 그 [食]이 생겨나기 위한 원인이기 때문이다. 그리고 생겨난 것을 오직 주하게 유지시키는 원인이 食이다.

촉이 3사 화합을 조건으로 한다면, 어떤 이유로 6처를 조건으로 한다고 설해졌는가? 6처가 있을 때, 그것과 다른 두 개가 결핍되지 않았기 때문에 우세함과 관련해서[331] 6처의 우세함이며, 6처가 양자를 포섭하기 때문에 6처의 우세함이 있다.

受들이 스스로 괴롭히는 것이고 타인이 괴롭히는 것이고 계절에 따라 변화하는 것이며, 과거의 업이 초래하는 것으로서 지각된다면, 어떤 이유로 여기서 단지 촉을 조건으로 한다고 설명되었는가? 촉은 근접한(samāsanna) 원인이기 때문이며, 그것과 다른 조건들은 촉을 초래하는 것이기 때문에, 그들 감수들은 촉에서 생겨나는 것이지, 촉이 없다면 [생겨나지] 않는다고 생각한 것이다.

갈애가 무명을 조건으로 하며 또 그것을 일으킬 수 있는 경계를 조건으로 한다고 설해졌다면, 어떤 이유로 여기서 단지 수를 조건으로 한다고 설해졌는가? 수의 힘 때문에 경계와 결합하려는 갈망이 생겨나고 그것을 일으킬 수 있는 경계에 대해서는 단지 우치의 힘에 의해서이기 때문에, 그 受들의 생겨남과 사라짐 등을 여실하게 알지 못하기 때문에 따라서 심을 조절할 수 없다.

---

331 pradhānyam iti kṛtvā. 이에 대응하는 티벳역은 없다. Tib(D 111b6-7): skye mched drug gco bo yin pa dang/ skye mched drug gis gnyis bsdus pa'i phyir ro//

取는 끊어지지 않은 잠재적 경향성으로부터 또 그것을 일으킬 수 있는 법으로부터 일어난다면, 어떤 이유로 여기서 취는 단지 갈애를 조건으로 한다고 설해졌는가? 왜냐하면 갈망에서 생겨난, 탐구를* 하는 자는 잠재적 경향성을 일깨우고 또 그것을 일으킬 수 있는 법들도 인기하기 때문이다.

YBh 218

업으로서의 有(karmabhava)는 바로 이전의 무명을 조건으로 한다고 설해졌다면, 어떤 이유로 유는 취를 조건으로 한다고 설해졌는가? 취의 힘에 의해 바로 그 업이 각각의 재생처에서 식과 명색을 인기할 수 있기 때문이다.

生이 정혈 등을 조건으로 한다면, 어떤 이유로 유를 조건으로 한다고 설해졌는가? 유가 있을 때, 그것과 다른 조건들이 완비되는 것이 확실하게 된다. 바로 그것이 조건으로서의 우월함이기 때문이다.

老死가 세월과 불균형을 피하지 못함과 타인들의 손상 등의 조건들에 의해 얻어진다면 어떤 이유로 생을 조건으로 한다고 설해졌는가? 그들 조건들을 생의 근본이기 때문에 그것의 조건들이 결여되었을 때에도 노사는 생에 의해 만들어진 것이기 때문이다.

5.3.4.9. 연기의 차별 (Ch. 325b25)

이 12지 중에서 몇 가지 지분들이 번뇌의 길(vartman)이며, 몇 가지가 업의 길이며, 몇 가지가 고의 길인가? 셋이 번뇌의 길이며, 둘이 업의 길이고, 나머지가 고의 길이다.[332]

몇 가지가 오직 원인인가? 처음 하나이다. 몇 가지가 오직 결과인 것인가? 후의 하나이다. 몇 가지가 원인과 결과인가? 나머지들이다. 또한 이 질문에 대한 답(visarjana)과 관련된 다른 설명방식이 있다. 셋은 오직 원인인 것이며,[333] 둘은

---

332 『십지경』에서 길(vartman)에 따른 동일한 세 개의 구분이 나타난다. 여기서 무명(avidyā), 애(tṛṣṇā), 취(upādāna)는 '번뇌의 길'을, 행(saṃskārās) · 유(bhava)는 '[다시 태어나게 하는] 행위의 길'을, 나머지 일곱 지분들은 '괴로움의 길'(duḥkhavartma)로 구분된다.

333 YBh 218,15: trīṇi hetuphalabhūtāny eva (= YBh_ms 59b1). 하지만 Tib.(D 112b2: gsum ni rgyur gyur pa kho

결과인 것이며, 나머지는 원인과 결과인 것이라고 알아야 한다.

몇 가지가 개별적 특징을 가졌고 몇 가지가 혼합된 특징을 가졌는가? 셋이 개별적 특징을 가졌고, 행 등의 지분들은 혼합된 특징을 가진 것이다.

어떤 이유에서 행들과 유는 혼합된 특징을 가졌는가? 2종으로 설명되었다. 바라고 바라지 않는 결과를 부여한다는 점에서 또 존재형태를 산출할 수 있는 차별성에 의해서이다.

어떤 이유에서 식과 명색, 6처의 일부는 혼합된 특징을 가졌는가? 3종으로 설명되었다. * 잡염의 시기를 주제로 하기 때문이며, 수태의 시기를 주제로 하기 YBh 219
때문이며(niṣekakālādhikārāt), 그리고 작용의 시기를 주제로 하기 때문이다.

어떤 이유로 식에서 시작하고 수로 끝나는 [지]들 및 생과 노사를 혼합된 특징을 가진 것으로서[334] 2종으로 설명했는가? 개별적인 고의 사태의 특징을 설명하기 위해서이며, 또 인기(ākṣepa)와 산출(abhinirvṛtti)의 차이를 해명하기 위해서이다.

연기와 관련해서 사라짐(pratigama)[335]의 의미는 무엇인가? 생겨난 것들은 주하지 않는다는 의미가 사라짐의 의미이다. 화합(saṅgama)의 의미란 무엇인가? 조건들의 화합과 모임의 의미이다. 생기의 의미는 무엇인가? 조건들의 화합에 의해 포섭되는 것들이 계속해서 새롭게 생겨남의 의미이다.

연기란 무엇이며, 연기된 것들에 있어 생기의 법성이란 무엇인가? 제행이 생기의 성질을 가졌다는 것이 연기이다. 또한 바로 생겨난 것이 연생한 것이라고 설해진다.

몇 가지가 현세의 고로서 고제에 포섭되는가? 두 가지, 즉 생과 노사이다. 몇 가지가 미래의 고로서 오직 고제에 포섭되는가? 식에서 수까지 종자의 상태인 것이다. 몇 가지가 집제에 포섭되는가? 나머지이다.

---

na'o//) 및 한역(唯是因)에 따라 hetubhūtāny eva로 교정되어야 한다.

334 YBh 219,3: jātijarāmaraṇāni ca. YBh_ms 59b3-4에 따라 교정: jāti<r> jarāmaraṇa<ṃ> ca saṃsṛṣṭalakṣaṇā.

335 pratigama는 티벳역에서는 'jig pa("파괴, 소멸, 해체")로, 한역에서는 數往으로 달리 번역되고 있다.

무명은 제행의 동시적인 조건인가, 아니면 등무간연인가, 아니면 오래전에 소멸한 조건인가? 조건은 3종이라고 알아야 한다. 동시적 [조건]으로서 제행을 일으킬 수 있는 법들 속에 있는 장애의 조건이다. 그것을 알지 못하기 때문에 그것 때문에(yadartham) 제행을 분출시킨다. 직후에 소멸된 산출의 조건은(saṃjananapratyaya) 악견과 방일과 동시에 일어나는 무지에 의해서이다. 미래에 그것을 생기시키기에 적합한 것은 상속을 확립시키기 때문에 비록 오래 전에 소멸했다고 해도 인기의 조건(āvedhapratyaya)이라고 알아야 한다.

YBh 220 제행은 어떻게 3종으로 식의 조건이라고 알아야 하는가? 종자의 상태에* 영향을 줌에 의해 동시적 조건(sahabhāvapratyaya)이며, 그 후에 그것의 힘을 일으킴에 의해 직후에 소멸한 산출의 조건이며, 또 미래에 결과의 측면에서 산출을 인기함에 의해 인기의 조건이다.

제행이 식의 조건이듯이 그와 같이 식은 명색의 [조건]이며, 명색은 6처의 [조건]이며, 6처는 촉의 [조건]이고, 촉은 수의 [조건]이다.

왜 수는 갈애의 3종 [조건]이라고 보아야 하는가? 동시적 [조건]이란 집착의 조건이라는 사실에 의해서라고 알아야 한다. 그것 직후에 그것의 힘에 의해 심구 등의 작용이 일어난다는 사실에 의해 산출의 조건이다. 미래에 그것으로부터 벗어나기 어려운 상속을 확립시키기 때문에 비록 오래전에 소멸했다고 해도 인기의 조건이다.

갈애는 어떻게 3종의 조건에 의해 취착의 조건인가? 욕구와 탐욕에 수반되기 때문에 그것에 대한 취착을 일으킬 수 있는 법들에 대한 희락과 집착의 조건이기 때문에 동시적 조건이다. 그 직후에 그것에 대한 자재 때문에 산출의 조건이다. 그것으로부터 벗어나기 어려운 상속을 확립하기 때문에 비록 오래전에 소멸했다고 해도 인기의 조건이다.

취착은 어떻게 3종 조건으로서 유의 조건인가? 동시적으로 저 업이 그의 존재형태로 향한다는 사실에 의해(āvarjanatayā) 동시적인 조건이다. 그것의 힘에 의해 그 재생처에서 그의 식 등을 끌어들이는 조건이라는 사실에 의해 직후에 소멸한 산출의 조건이다. 계(dhātu)를 산출하는 능력을 조건으로 함에 의해 비록 오래전에 소멸했다고 해도 인기의 조건이다.

유는 어떻게 3종의 조건에 의해 생의 조건인가? 종자에 의해 영향받는다는 사실에 의해서 동시적 조건이다. 직후에 그것의 힘에 의해 작동한다는 사실에 의해 산출의 조건이다. 비록 오래전에 소멸했다고 해도* 그것의 결과를 산출함에 의해 인기의 조건이다. YBh 221

유가 생의 [조건]이듯이 마찬가지로 생도 노사의 조건이라고 알아야 한다. 유의 건립은 2종이다. 주요한 지분이란 예를 들어 앞에서 설명했듯이 취착에 의해 영향받은 업의 [조건]이며, 또 전체적인 지분의 측면에서 업은 식에서 수에 이르기까지 종자의 상태에 있고 또 취착에 포섭된 것들을 유의 관점에서 확립한다고 보아야 한다.

행에서 노사에 이르기까지 이 유의 지분들의 업은 순차적인 조건 바로 그것인가 아니면 그것이 무엇이든 다른 것인가? 자신의 영역 속에 이치에 따라 모든 것이 생겨남은 바로 그 두 번째 업이라고 알아야 한다.

무명은 오직 제행의 조건인가 아니면 다른 지분들의 [조건]인가? 무명은 노사에 이르기까지의 조건이기도 하며, 또한 근접한 조건의 의미에서 오직 제행의 [조건]이라고 알아야 한다.

이와 같이 나머지 지분들도 이치에 따라 알아야 한다.

그러나 앞의 지분들은 뒤 [지분]들에 대해 조건이 아니다. 어떤 이유에서? 앞의 [지분]들의 소멸을 위해 앞의 [지분]들을 끊을 때 노력이 행해지듯이 그것의 단멸에 있어 아래의 것의 단멸이 있다고 생각하면서 이와 같이 앞의 것을 단멸하기 위해 뒤의 것이 단멸되는 것은 아니다. 따라서 바로 그런 정도에서 그것의 조건이라고 알아야 한다.

왜 이것이 있을 때 저것이 있다고 설해지는가? 단멸되지 않은 조건으로부터 그것과 다른 것이 생기하는 의미에서이다. 왜 그것이 생겨난 후에 이것이 생겨난다고 설해지는가? 무상한 조건 때문에 그것과 다른 것이 생기하는 의미 때문이다.

YBh 222 * 어떤 이유에서 생이 있을 때 노사가 있고 다른 곳에는 없으며, 노사는 생을 조건으로 한다고 설해지는가? 무명과 제행도 마찬가지다. 바로 이 설명에 의해 자신의 상속에 속한 조건으로부터 바로 자신의 상속에 그것과 다른 것이 생기 하는 의미에서이다.

무명을 조건으로 하는 어떤 법들은 행이기도 하는가, 아니면 제행인 것은 무명을 조건으로 하는 것인가? ① 제행이지만 무명을 조건으로 하지 않는 것도 있다. 즉 무부무기의 무루의 신·구·의의 업이다. ② 무명을 조건으로 하지만 제행은 아닌 것도 있다. 제행에 포섭된 유지를 제외한 그것과 다른 유지들이다. ③ 무명을 조건으로 하고 제행이기도 하다.[336] 복과 비복, 부동의 신·구·의의 행이다. ④ 이들 측면들을 제외한 것이 네 번째 구이다. 이것이 네 개의 구를 가진 [무명]이다.

행을 조건으로 하는 것이 식인가, 아니면 식이 행을 조건으로 하기도 하는가? ① 제행을 조건으로 하지만 식은 아닌 것이 있다. 식을 제외한 그것과 다른 유지들이다. ② 식이지만 제행을 조건으로 하지 않는다. 이숙에서 생겨난 것을 제외한 무루이며 무부무기인 것이다. ③ 식이기도 하고 제행을 조건으로 하는 것이다. 원인과 결과로서 재생으로 이끄는 것이다. ④ 이들 측면을 제외하고 네 번째 구이다.

이런 방식에 따라 촉을 조건으로 하는 수에 이르기까지 이치에 따라 네 개의 구를 가졌다고 알아야 한다.

수를 조건으로 하는 모든 것이 갈애이거나 또는 모든 갈애는 수를 조건으로 하는 것이다. 이것과 관련해서도 4구가 있을 것이다. ① 갈애이지만 수를 조건으로 하지 않는 것이다. 뒤의 해탈과 관련한 갈구이며, 또한 선한 갈애에 의거해

---

336 YBh 222,7f: avidyāpratyayāś ca [bhavanti]. 그러나 티벳역은 'du byed rnams kyang yin pa yang yod de (D 114ab1)로 읽고 있어 saṃskārāḥ를 전제한다.

서 갈애를 단하는 것이다. ② 수를 조건으로[337] 하지만* 갈애가 아닌 것이다. 무명과의 접촉에서 생겨난 수를 조건으로 해서 그것과 다른 법들 및 그것과 다른 유지들이 생겨나는 것이다. ③ 수를 조건으로 하며 갈애인 것이다. 무명과의 접촉에서 생겨난 수를 조건으로 하는, 염오된 갈애이다. ④ 이들 측면들을 제외한 후에 네 번째 구가 있다. YBh 223

갈애를 조건으로 하는 그 모든 것은 취착인가, 아니면 취착인 것은 모두 갈애를 조건으로 하는가? 여기서도 뒤의 구와 관련된 것(paścāt pādakaṃ)[338]이라고 알아야 한다. 모든 취착은 먼저 갈애를 조건으로 할 것이다. 그러나 갈애를 조건으로 하지만 취착은 아닌 것이 있다. 취착을 제외한 그것과 다른 有支들 및 선에 대한 갈애에 의거하여 용맹정진 등의 선법이 일어나는 것이다.

취착을 조건으로 하는 모든 것은 유인가, 아니면 유인 것 모두는 취착을 조건으로 하는가? 유인 것 모두는 먼저 취를 조건으로 한다. 그렇지만 취착을 조건으로 하지만 유가 아닌 것도 있다. 유를 제외한 그것과 다른 유지들이다.

유를 조건으로 하는 모두는 생인가 아니면 생 모두는 유를 조건으로 하는가? 먼저 생 모두는 유를 조건으로 한다. 그러나 유를 조건으로 하지만 생이 아닌 것도 있다. 생을 제외하고 노사라는 마지막 유지이다.

생을 조건으로 하는 모든 것은 노사인가 아니면 노사 모두는 생을 조건으로 하는가? 노사 모두는 먼저 생을 조건으로 한다. 그러나 생을 조건으로 하지만 노사가 아닌 것도 있다. 병과 조건과 결합하지 않은 것, 좋아하는 것의 소멸의 상태, 원하는 것의 손상, 그것에서 일어난 비탄과 한탄, 괴로움, 우울, 고뇌이다.

이 有支들 중에서 몇 가지가 정견에 포섭되는 도에게 주로 장애가 되는 지분들인가? 무명과 그것에 의해 일어난 심의 작용과, 또 유의 일부가 장애가 되는 것이다. 정견에 있어서처럼 正思와 정근에 있어서도 그러하다. 정어와 정업, 정

337 Ed. vedanāpratyayā가 중복 필사됨.

338 한역은 順後句이다. Cf. AKVy 59,15f.

YBh 224 명들에 있어서는 신체행위와 언어행위 및 유의 일부가 장애가 되는 것이다.* 정념과 정삼매에 있어서는 나머지가 장애가 되는 것이라고 알아야 한다.

이 유지들 중에서 몇 가지 지들이 한결같이 잡염품에 속하고 몇 가지가 잡염품과 청정품에 속하는가? 넷이 한결같이 잡염품에 속하고, 그것과 다른 것들이 잡염품과 청정품에 속한다. 악취와 그것과 다른 즐겁지 않은 곳에 태어남은 잡염품에 속한다. 반면 즐겁지 않은 것이 아닌 신들과 인간으로 태어남은 잡염품과 청정품에 속한 것이라고 보아야 한다. 나머지 지분들은 이치에 따라 그들 양자에 속한다고 보아야 한다.

무명이 없을 때 왜 제행은 일어나지 않는가? 무명의 소멸로부터 왜 제행의 소멸이 있는가? 분출과 분기, 수면의 3종에 주하는 무명의 소멸에 의해 무명이 소멸하지만, 그것의 소멸했기에 그것의 소멸이 있을 때 거기서 제행의 소멸이 있다.

제행이 존재하지 않을 때 왜 식도 생기지 않는가? 제행의 소멸로부터 왜 식의 소멸이 있는가? 제행이 자신의 상속 속에서 소멸이 이루어졌고 또 대치가 일어나지 않았을 때 또한 존재하는 심적 행위 속에 신체행위와 언어행위가 생겨난다. 따라서 그것이 있을 때 [즉] 그것이 존재할 때 그것을 조건으로 하는 식이 [일어나며], 그것이 없을 때 [즉] 그것이 비존재할 때 그것의 전체가 소멸하기 때문에 식의 소멸이라고 보아야 한다.

식이 비존재할 때 왜 명색이 일어나지 않으며, 식의 소멸로부터 왜 다시 명색의 소멸이 있는가? 종자로서의 식이 비존재할 때 결과로서의 식은 일어나지 않
YBh 225 는다. 그 양자의 소멸로부터 다시 그 양자의 명색의 소멸이 있다.* 식과 명색의 방식처럼 수에 이르기까지 나머지 지들에 대해서도 이치에 따라 알아야 한다.

무명을 조건으로 하는 제행들처럼 갈애를 조건으로 하는 취착과 취착을 조건으로 하는 유도 마찬가지라고 알아야 한다. 제행을 조건으로 하는 식처럼 유를 조건으로 하는 생도 마찬가지라고 알아야 한다. 식을 조건으로 하는 명색 등에 있어서처럼 생을 조건으로 하는 노사에 있어서도 마찬가지다.

수가 없을 때 왜 갈애는 생기지 않으며, 왜 수의 소멸로부터 다시 갈애의 소멸이 있는가? 제행을 조건으로 하는 식에 있어서처럼 그것의 방식도 마찬가지라고 알아야 한다.

이 여덟 門(mukha)의 연기가 설해졌을 때 그것들 중에서 몇 가지 문이 12지 연기로 특징지어지며 몇 가지는 아닌가? 세 가지 문이 그것에 의해 특징지어지며, 둘은 부분적으로 특징지어지며, 하나는 전체 지분으로 특징지어진다. 나머지들은 [12지 연기로 특징지어지지] 않는다. 식이 일어나는 문과 업이 자신의 것이라는 문은 부분적으로 특징지어진다. 중생세간이 작동하는 문은 전체적 지분들에 의해 특징지어진다.

연기를 알지 못하는 자의 단점은 몇 가지라고 알아야 하는가? 다섯이다.

(i) 아견이 일어나며, (ii) 전제를 수반하는 견해들이 일어나며, 전제를 수반하듯이 (iii) 후제를 수반하는 [견해]들도 마찬가지이며, (iv) 전제와 후제를 수반한 [견해]들을 강하게 집착해서 주하며, 취착을 수반하고, 고통을 수반하는 것이며, (v) 현세에서 열반하지 못한다. 이것이 다섯 번째 단점이다.

[연기를] 아는 자의 장점은 몇 가지라고 알아야 하는가? 이것의 반대로서 다섯 가지 장점이라고 알아야 한다.

이들 12지 중에서 몇 가지 지들이 실유인가? 답: 아홉이다.

몇 가지가 실유로 존재하지 않는가? 나머지 것들이다.

몇 가지가 단일한 실체를 본질로 갖는가?* 다섯이다. YBh 226

몇 가지가 다양한 실체를 본질로 갖는가? 나머지들이다.

몇 가지가 소지장인가? 하나이다. 몇 가지가 고를 산출하는 것인가? 다섯이다.

몇 가지가 고의 핵심인가? 오직 다섯이다.

몇 가지가 오직 고인가? 둘이다. 몇 가지가 원인의 상태로 설해져야하며, 몇 가지가 과의 상태로 설해져야 하며, 몇 가지가 인·과가 섞인 상태로 설해져야 하는가? 첫 번째 것은 무명에서 촉까지 여섯이다. 원인의 상태로 설해진 것은 갈애와 취, 유이다. 마지막 양자가 결과의 상태로 설해진 것이다. 수는 섞여있다고 설해진다. 후세의 촉을 조건으로 하기 때문에 원인인 것이며, 현세의 갈애의 조건이기 때문에 결과인 것이다. 그 양자도 촉을 조건으로 한다는 점에서 섞였다고 설한다.

지분들 중의 몇 가지가 원하고 원하지 않는 결과를 산출하는 것이며, 지분들 중 몇 가지가 심신복합체라는 결과를 산출하는 것인가? 앞의 여섯은 전자의 결과를 산출한다. 뒤의 셋은 후자의 결과를 산출한다. 하나는 그 양자의 결과를 산출한다.

낙수와 함께 진행하는 것은 몇 개인가? 두 지를 제외하고 그것과 다른 것들이다. 苦受와 함께 진행하는 것은 몇 개인가? 바로 그것들 및 하나의 지를 제외한 것이다. 낙수와 고수와 함께 진행하는 것은 몇 개인가? 여기서도 낙과 같은 방식이라고 알아야 한다. 수를 여읜 것과 함께 진행하는 것은 몇 개인가? 그것을 제외한 하나의 지이다.

몇 개의 지들이 변역고성(變易苦性)에 의해 포섭되는가? 낙수와 함께 진행하는 것들이며, 또한 수를 여읜 것과 함께 진행하는 지가 그것의 일부이다. 몇 가지가 고고성(苦苦性)에 의해 포섭되는가? 고수와 함께 진행하는 [지]들 및 수를 여
YBh 227 읜 것과 함께 진행하는 지가 그것의 일부이다. 몇 가지가* 행고성(行苦性)에 의해 포섭되는가? 변역고성에 의해 포섭되는 것들이 또한 행고성에 의해 포섭되는 것이기도 하다. 그렇지만 행고성에 의해 포섭되는 것이지만 그것과 다른 고성들에 의해 [포섭되는 것은] 아니다. 불고불락과 함께 진행하는 것들 및 수를 여읜 것과 함께 진행하는 지가 그것의 일부이다.

모든 재생과 집중상태들 속에서 모든 지들은 현행의 관점에서 지각되는가? 답: 지각되지 않는다. 무상천 및 멸진정과 무심정, 양자에서 물질적인 것들은 지각되지만 비물질인 것들은 [지각되지] 않는다. 무색계에서 재생한 자에게는 반면 비물질적인 것들이 지각되지만 물질적인 것들은 [지각되지] 않는다.

支들에 의지한 후에 지로부터의 격리가 얻어질 것인가? 답: 그때에 한쪽에서부

터의 격리가 있게 되겠지만 전체적인 지로부터의 확정적인 격리는 없을 것이다.[339] 상지에 속하는 지들에 의지한 후에 하지에 속하는 것들로부터 [격리가 있다].

몇 가지가 염오된 지들이며, 몇 가지가 염오되지 않은 지들인가? 셋이 염오된 것들이고 나머지들이 두 종류이다. 그렇지만 염오되지 않은 것들은 선과 무부무기의 구별에 의해 2종이라고 알아야 한다.

몇 가지가 욕계에 속한 것인가? 모든 화합된 것들이다. 몇 가지가 색계에 속한 것인가? 모든 것들의 일부이다. 거기서 老는 어떻게 보아야 하는가? 제행들이 늙어가고 노쇠해지는 것이다.[340] 색계에 속한 것처럼 무색계에 속한 것들도 마찬가지다.

몇 가지가 유학인가? 어떤 것도 아니다. 몇 가지가 무학인가? 어떤 것도 아니다. 몇 가지가 유학도 아니고 무학도 아닌 것인가? 모든 것들이다.

선하고 유루인 지들이 왜 유학인 아닌가? 유전에 떨어지기 때문에 타당하지 않다. 그렇지만 유학의 선하고 유루의 법들은 유전과 모순되며 또 학문(明)의 조건이 된다.

예류행자에게 끊어진 것들은 몇 가지라고 말해야 하는가? 모든 것들의 일부이지만, 전적으로는 어떤 것도 아니다. 예류행자에 있어서처럼 일래과에 들어간 자에게 있어서도 마찬가지다.

몇 가지 지들이 * 불환과에 들어간 자에게 끊어졌다고 말해야 하는가? 모든 욕계에 속한 것들이다. 그렇지만 색계와 무색계에 속한 것들에 있어서는 확정되지 않았다. YBh 228

몇 가지 지들이 아라한에게 있어 끊어졌다고 말해야 하는가? 모든 삼계에 속한 것들이다.

---

339 Ed. na sakalāṅgapratyaṅgavivekaḥ/; D 117a2: yan lag thams cad las gtan dben par 'gyur ba ni ma yin te/

340 YBh 227,13f: yaḥ saṃskārāṇāṃ <u>śaikṣāṇi-nāśaikṣāṇi/ saṃvāṇi/</u> purāṇībhāvo jarjarībhāvaḥ//. 여기서 밑줄친 단어는 바로 아래 YBh 227,17의 문장을 사본에서 중복필사한 것이다.

5.3.4.10. 경의 포섭 (Ch. 327b28)

(1) 몇 가지 교설들에 의해 연기가 각각의 경들 속에서 설해지는가? 요약하면 여섯 가지 [교설]들에 의해서이다. 순관의 교설에 의해, 역관의 교설에 의해, 일부의 支들의 교설에 의해, 전체 支들의 교설에 의해, 흑품의 교설에 의해, 백품의 교설에 의해서이다.

(2) 연기는 세존에 의해 심원하다고 설해졌다. 왜 [연기가] 심원하다고 설해졌는가? 10가지 측면에 의해 연기의 심원한 의미가 알려져야 한다. 즉, 무상의 의미, 고의 의미, 공의 의미, 무아의 의미와 관련해서이다.

그중에서 무상의 의미와 관련하여 스스로의 종자로부터 생겨난다. 다른 조건에 의존하여 다른 조건으로부터 생겨난다. 스스로의 종자에 의존하여 스스로의 종자로부터 또 다른 조건으로부터 생겨난다. 그러나 종자와 조건 양자에 있어 그것을 산출하는 것과 대비하여 어떠한 노력(īhā)이나 행동(ceṣṭā), 움직임(vyāpāra)도 존재하지 않으며, 또한 그 양자에게 있어 원인으로서의 능력이 존재하지 않는 것은 아니다. 支들은 무시이래 알려진 특징을 갖고 있지만,[341] 매 찰나 새로운 특징을 갖고 생겨난다.

고의 의미와 관련해 [12]지들은 고와 일미라는 특징을 갖고 있으며, 세 가지 종류라는 상태에 의해 현현된다(설해진다).

공의 의미와 관련해 [12]지들은 중생과 행위자, 고를 여의고 있지만, 또한 바로 그것을 여읜 것이 아니라고 해명되며, 설해진다.

YBh 229 * 무아와 관련해 [12]지들이 자신에게 의존하지 않는 점에서 무아로 특징지어진다는 것을 자아의 특징의 측면에서 해명된다. 그것의 자성은 불가언설을 본질로 하는 측면에서, 또 승의의 측면에서 제시된다.

(3) 몇 가지 智들에 의해 연기는 인식되어야 하는가? 두 가지에 의해, 즉 법주

341 Ed. anādipratiṣiddhalakṣaṇi; Tib. thog ma med pa'i dus nas grags pa'i mtshan nyid kyang = *anādikāla-prasiddhalakṣaṇi. Cf. YBh 229,9f.

지(法住智)와 진실지(眞實智)에 의해서이다. 어떻게 법주지에 의해서인가? 세존께서 확립하시고(*vyavasthita) 설명하신 것처럼 그와 같이 인식되어야 한다. 어떻게 진실지에 의해서인가? 자취를 본 유학들이 심원한 대상으로서 보신 것처럼, 즉, "연기는 나에 의해 지어진 것이 아니며 또한 타인들에 의해서도 [지어진 것이] 아니다. 여래들이 태어나시든 태어나시지 않든 이 법성과 법주, 법계는 바로 존속한다"라고 [그렇게 인식되어야 한다].

법성이란 무엇이며, 법주란 무엇이며, 법계란 무엇인가? 무시이래 알려진 것(prasiddhatā)이 법성이다. 그와 같이 알려진 것을 도리에 의해 문장과 음절들로 확립시키는 것이 법주이다. 그 [법]주의 원인은 법성이다. 따라서 법계[342]라고 설해진다.

(4) 만일 생이 없다면[343] 어느 누구에 있어서도 또 어느 곳에 있어서도[344] 생은 없게 될 것이며, 또는 모든 방식으로 생이 없다고 해도 생을 조건으로 하는 노사는 가설될 수 있을 것이라고 설해졌다. 어떤 이유에서 이 체계에서(iha) 자성이 자성을 조건으로 한다고 설해졌는가? 종자를 수반한 결과의 생을 주제로 하기 때문에, 식에서부터 * 수에 이르기까지의 支들이 생의 종자(jātibīja)[345]이며, 그 YBh 230
것도 실질적으로 생이다. 어떤 것이 있을 때 후에 바로 저 결과로 되는 것들이 유를 조건으로 하는 생이라고 설해진다. 그와 같이 나머지 지들도 설명된 것처럼 이치에 따라 알아야 한다.

---

342 Ed. hetur; 하지만 Tib역(D 118b5: de'i phyir dbyings zhes bya'o//)과 한역(327c26f: 是故說彼名爲法界)는 모두 명확히 dhātu를 전제한다. 내용상으로 보더라도 여기서 법성과 법주, 법계가 무엇인지가 질문되었기 때문에 hetu가 아니라 法界(dharmadhātu)에 대한 정의가 맞을 것이다. 다만 유식문헌에서 일반적으로 dhātu가 원인의 의미로 해석되기에 여기서도 법계를 원인의 의미에서 hetu로 썼을 가능성도 완전히 배제할 수는 없을 것이다.

343 이 단락에서부터 이하 YBh 231,3까지의 문장들에 대한 알려지지 않은 주석이 Zhang Hanjing & Ye Shaoyong에 의해 최근 출판되었다. Ye(2020: 143-145) 참조.

344 Cf. Dharmaskandha (ed. Dietz): ... kasya cit kā cij jātiḥ syān. 그러나 Ch.(T1537.26: 27c27f: 生若無者, 無處無位生可是有)는 kasyacit kasmiṃścid eva jātiḥ syāt를 지지한다.

345 Ed.에서 생략되어 있지만, ms.에 jātibījan으로 읽고 있다. 이는 티벳역과 한역에 의해 지지된다.

(5) 모든 지(支)들은 상호적인 조건이 되지 않는다고 설해졌는데, 어떤 이유로 명색과 식의 양자는 상호 조건이 된다고 확립되는가?[346] 식은 현세에서 名色의 조건이기 때문이지만, 반면 명색은 미래에서 식의 조건이기 때문이다. 실로 모태에서 결생할 때에 상호 조건이 되기 때문에, 식을 조건으로 하는,[347] 정혈[로 이루어진] 色은 모태에서 [심과 심소라는] 名(nāman)에 포섭되어 칼랄라(kalala)의 상태로 융합되게 된다. 반면 그의 명색(名色)을 조건으로 해서[348] 저 식은 그곳에 안착하게 된다.[349]

(6) 어떤 이유로 흑품을 관찰하는 보살은 식으로부터 심을 되돌리지, 다른 支로부터 [되돌리는 것이] 아닌가? 왜냐하면 양자는 상호 조건이 되기 때문에, 명색이 식을 조건으로 하는 것처럼 식도 명색을 조건으로 하는 것도 바로 마찬가지라고[350] 보기 때문에 [보살의 심은] 저 [식]으로부터 되돌린다. 그렇지만 그것과 다른 지들에 대해서는 그와 같이 되돌리지는 않는다. 오직 이 경우에만 상호 조건성이 분명하다는 사실에 의해(saṃdarśanatayā)[351] [보살은] 저 [식]으로부터

---

346 주지하다시피 「섭결택분」의 알라야식의 존재논증에서는 식과 명색의 상호의존성은 언급되지 않는다. 반면 MSg I.36에서 그것은 알라야식의 존재논증으로서 사용되었고, 더욱 거기서 언급된 두 개의 갈대단의 비유는 Naḍakalāpikāsūtra에서 차용한 것임을 보여준다. 하지만 Enomoto(1982)는 식과 명색, 그리고 알라야식의 연관성이 『유가론』의 「섭사분」과 「유심유사지」에서 찾을 수 있는 지를 추적했다. 그렇지만 이 맥락에서 알라야식이 언급되고 있지 않음을 보여주었다. 따라서 Enomoto는 이런 상호의존성이 처음으로 MSg에서 알라야식의 존재증명을 위해 사용되었다고 결론내린다. Schmithausen(1987: n.1087)에 따르면 식과 명색의 상호의존을 설하는 이하의 내용은 Naḍakalāpikāsūtra를 가리키거나, 아니면 Mahānidānasūtra를 축자 인용한 것이다.

347 Ed. vijñānapratyayair; ms. -pratyayayaṃ.

348 Ms. tan-nāmarūpa-pratyayañ ca punas tad vijñānaṃ tatra pratiṣṭhāṃ labhate. Schmithausen 1987: 174, n.1121. Schmithausen(1987: n.1120)은 이 구절과 Mahānidānasūtra의 표현의 유사성을 지적하고 있다.

349 이 구절은 언뜻 식과 명색의 상호의존성을 설하는 것처럼 보이지만, Schmithausen(1987: 174)은 Mahānidānasūtra의 설명과 앞의 연기항의 설명을 고려하면 식이 명색에 의존하는 것은 그것이 결생 이후에 획득된 것이라는 표현에서도 확인되듯이 일상적 6식이 물질적인 감각기관(=색) 및 그 직전에 선행하는 식(=名)에 의거하여 일어난다는 것을 말한다고 지적한다.

350 YBh 230,11-12: tasya yathā vijñānapratyayaṃ nāmarūpapratyayaṃ vijñānaṃ vyavalokayato. YBh_ms: tasya yathā vijñānapratyayaṃ nāmarūpaṃ tathaiva nāmarūpapratyayaṃ … 이에 대해서 Schmithausen 1987: n.1359를 볼 것.

되돌린다고 [경에서] 설해진다. 그렇지만 다른 사람에 의해[352] 반성적으로 관찰된 명색은 환멸품에서는 후유로 이끄는 식을 위한 환멸의 원인이 아니다.[353]

(7) 어떤 이유로 이 지들은 스스로 지어진 것도 아니고,[354] 다른 것에 의해 지어진 것도 아니며, 양자에 의해 지어진 것도 아니고, 원인없이 일어난 것도 아니라고 설해지는가? 생기시키는 자가 실재하지 않기 때문에,[355] 조건이 비활동적이기 때문에, 또 조건의 공능이 실재하기 때문이다.

(8) 연기 중에서 무엇이 고통의 싹과 같은 것이고, 무엇이 고통의 싹의 보호와 같은 것이며 * 무엇이 고통의 나무와 같은 것인가? 무명과 행을 조건으로 하는, YBh 231
식에서부터 수에 이르기까지가 싹과 같은 것이다. 수를 조건으로 하는, 갈애로부터 유에 이르기까지가 보호와 같은 것으로 보아야 한다. 생과 노사는 고통의 나무와 같은 것이라고 보아야 한다.

(9) 몇 가지 지들이 등불의 심지와 같은 것인가?[356] 식에서부터 수까지이다. 몇 가지 지들이 기름과 같은 것(snehasthānīya)들인가? 무명, 식, 갈애, 취, 유이다. 몇 가지 지들이 불꽃과 같다고 보아야 하는가? 생과 노사이다.

(10) 어떤 이유로 흑품의 교설의 관점에서 연기에 대해 증대(ācaya)라고 설하는가? 단지 그 결과가 苦蘊인 것이기 때문에, 또 그것은 모든 지들의 조건이며, 그들 지들은 그것과 다른 지들과 함께 진행하기 때문이다.

---

351 saṃdarśana의 의미는 "show, suggest", "perceiving", "becoming manifest" 등이다. 이에 따른 이 문장의 다양한 번역 가능성에 대해서는 Schmithausen 1987: 214 = n.1362a 참조.

352 YBh 230,15: yena paraḥ. 사본은 yena pareṇa이다. Schmithausen 1987: n.1363 참조.

353 주석(Ye 2020: 144)에 따르면 이 구절은 Bodhiskandhasūtra의 의미에 따른 것이다. 환멸품에서 명색이 타인에 의해 반성적으로 관찰될 때 명색의 소멸로부터 6처도 소멸하기 때문에 이 경우에 명색은 미래의 식의 원인이 아니라는 것이다.

354 Ed.에 ms.에는 있는 na가 누락되어 있다.

355 Ed. utpattyuttarasattvāt; YBh-ms: utpattur asattvāt. 사본은 티벳역(skye pa po med pa)과 한역(生者非有故)에 의해 지지된다.

356 YBh 231,4: vartisthānīyāni. 하지만 티벳역(mar me'i snying po lta bur lta ba)은 pradīpa-vartisthānīyāni로 읽었다.

어떤 이유로 백품의 교설의 관점에서 연기에 대해 감소라고 설하는가? 뒤의 것들을 끊음에 의해 감소하기 때문이며, 또 모든 것은 단지 고온이 감소하는 원인이 되기 때문이다.

(11) 몇 가지 지들이 원인을 수반한 법들이라고 설해지는가? 앞의 일곱 [지]이다. 몇 가지 지들이 원인을 수반한 고라고 설해지는가? 그것과 다른 다섯 [지]이다. 몇 가지 지들의 소멸이 루의 단멸로 특징지어지는가? 셋이다. 몇 가지 지들의 소멸이 조건의 단멸로 특징지어지는가? 바로 이들 셋이 그것과 다른 조건이 되기 때문이다. 몇 가지 지들의 소멸이 수의 단멸로 특징지어지는가? 하나의 [지]에서이다. 번뇌들이 끊어진 후에 온들이 소멸할 때에 바로 거기서 일체 감수가 비존재하기 때문이다.

(12) 어떤 이유로 77개의 智(jñāna)[357]들이 연기에 토대를 둔 후에 확립되는가? 원인을 수반한 잡염에 대한 앎을 설명하기 위해, 또 자신의 상속 속에서 저절로
YBh 232 만들어진 번뇌를 설명하기 위해, * 또 전제의 지들의 無始性을 설명하기 위해, 또 전제의 지들의 잡염의 경우를 설명하기 위해,[358] 또 후제의 지들의 잡염을 환멸하는 경우를 설명하기 위해, 또 지에 포함되지 않는 유루의 반야의 변지를 설명하기 위해서이다.

각각 하나의 支에 대한 각각의 7개의 이유를 주제로 해서 77개의 智들이[359] 알려져야 한다.

(13) 어떤 이유로 44개의 智들이 확립되는가? 각각의 하나의 지에 대해 사성제의 관찰을 주제로 해서 44개의 [지]가 있다.

그중에서 욕계에서 태어난 자는 욕계에 속한 의지체(āśraya)에 의해 상지에

---

357 YBh 231,18: vijñānāni. 하지만 전후의 문장들에서는 모두 jñānāni로 되어 있어 이에 따라 수정되어야 한다.

358 YBh에 이에 대응하는 문장 전부가 누락되어 있다.

359 YBh 231,3f: vijñānni. 한역에 따라 智로 번역했다.

속한 眼이나 耳를 산출한다. 이로 인해 하지와 [自地에 속한][360] 색들을 보며 소리를 듣는다. 반면 삼계에 속한 意와 [어디에도] 속하지 않는 [의]를 바로 그 의지체에 의해 현전시킨다. 색계와 무색계에서 태어난 자들은 하지를 제외한 모든 것을 욕계에서처럼 현전시킨다.

(14) 실로 이 3종의 잡염, 즉 번뇌잡염과 업잡염, 생잡염을 끊기 위한 현관(abhisamaya)은 6종이라고 알아야 한다. 즉, 思現觀, 信현관, 戒현관, 현관하는 지에 의한 사제의 현관, 현관의 끝의 지에 의한 사제의 현관, 구경에 이른 현관이다.[361]

유가사지론에서 유심유사, 무심유사, 무심무사에 속한 地가 완결되었다.

---

360 Ed.에 *svabhūmikāni가 누락되어 있다. 하지만 Tib.과 한역 모두 "自地에 속한"이라고 읽고 있다.

361 現觀(abhisamaya)이 가진 불교사상사에서의 중요성은 미륵의 5법에 포함되는 『현관장엄론』에서 분명하지만, 이미 그 이전에 아비달마에서도 현관의 중요성은 특히 인지적 번뇌의 점증하는 역할과 함께 강조되었다. 이에 대해서는 Frauwallner 1973 참조. 여기서는 전문술어로서의 現觀이 문제되기에 현장의 번역어를 그대로 따랐다. 6종 현관은 「섭결택분」(690c23-692b26)에서 상세하게 설해지고 있다. 네 번째 현관에 의해 견소단의 번뇌들이 끊어진다.

제6장
사마히타지 Samāhitā bhūmiḥ
(Ch. 328c7)

사마히타지(samāhitā bhūmiḥ)[1]란 무엇인가?

요약송이다.

> 요약설명, 그것의 확립, 작의와 현상적 이미지(nimittatā),
> 마지막으로 다양한 경의 포섭이다.

사마히타지는 요약하면 (1) 요약설명, (2) 그 [사마히타지]의 건립(vyavasthāna), (3) 작의의 구별과 관념상의 구별, (4) 경의 포섭의 관점에서 알아야 한다.

---

1 VI. Samāhitā bhūmiḥ의 번역은 Delhey 2009의 비판편집본에 의거했고, 그의 부분번역과 각주도 참조했다. samāhitā bhūmiḥ는 직역하면 "집중된 [심적] 단계"를 의미하지만, 단순한 집중상태가 아니라 여러 명상법을 포괄하고 있는 술어로 사용되기 때문에 여기서는 현장역(三摩呬多地)의 방식에 따라 산스크리트어를 음사해서 사마히타지로 번역했다.

1. 4종의 사마히타지 (Ch. 328c13)

요약설명(uddeśa)[2]이란 무엇인가? 요약하면 사마히타지는 4종이다. 즉 [4]정려(dhyāna), [8]해탈(vimokṣa), 삼매(samādhi), 等至(samāpatti)이다.

1.1. 정려

정려(dhyāna)란 무엇인가? 정려는 4종이다. 즉, 원리에서 생겨난, 거친 사유를 수반하고 미세한 사유를 수반한 [정려], 삼매에서 생겨난, 거친 사유와 미세한 사유를 여읜 [정려], 희열을 여읜 [정려], 그리고 평정과 정념이 청정해진 [정려]이다.

1.2. 해탈

해탈(vimokṣa)이란 무엇인가? 8해탈이다.[3] 즉, 색을 가진 자가 색들을 본다고 하는 것이 첫 번째 해탈이다. 내적으로 어떤 형태도 지각하지 못하는 자가 외적으로 형태들을 본다는 것이 두 번째 해탈이다. 깨끗한(śubha)[4] 해탈을 몸으로 현증하고, [그 속으로] 들어간 후에 [거기에] 머문다는 것이 세 번째 해탈이다. 공무변처, 식무변처, 무소유처, 비상비비상처 및 想受滅(saṃjñāvedayitanirodha)[5]을 몸으로

---

2 여기서 '요약설명'으로 번역된 uddeśa는 설명하려는 항목의 리스트(mātṛkā)와 그 항목들의 분류를 가리키고 있으며, 이런 점에서 그 항목들에 대한 개념적 규정을 의미하는 vyavasthāna(建立, 安立)과 대비된다.

3 8해탈(aṣṭau vimokṣāḥ)은 초기불전에서 이미 전문술어로서 사용되고 있지만, Delhey(2009: 411)에 따르면 초기경전에서 정려와 비교될 수 있을 정도의 중심적 역할을 수행하지는 못했다. 이에 대한 상세한 연구로 Lamotte 1970: 1289ff를 보라. Schmithausen (1987a: 367)은 『성실론』에서 8해탈이 해탈도의 기술로서의 요가행자나 유부의 인식과 상반되게 이해되고 있다는 점을 지적하고 있다.

4 śubha란 사전적으로 "아름다운, 깨끗한, 좋은"을 의미한다. 티벳역은 sdug pa('아름다운")이지만, 한역은 淨/淸淨이다. 이 텍스트는 제4정려에서 捨念淸淨의 상태를 śubho vimokṣaḥ("깨끗한 해탈")이라고 설명하기 때문에 번역에서 '깨끗한'을 택했다. 淨/淸淨은 śuddhi와 혼동될 염려가 있기에 사용하지 않았다.

5 saṃjñāvedayitanirodha은 想과 受의 소멸을 가리키며, 9차제정의 최후 단계에서 얻어진 집중상태를

현증하고 [그 속으로] 들어간 후에 [거기에] 머문다는 것이 여덟 번째 해탈이다.

1.3. 삼매 (Ch. 328c21)

삼매(samādhi)란 무엇인가?

(i) 공성(śūnyatā)과 무원(apraṇidhi), 무상(animitta)이다.

(ii) 다시 세 가지 삼매가 있다: 거친 사유를 수반하고 미세한 사유를 수반한 [삼매], 거친 사유를 여의고 단지 미세한 사유를 가진 [삼매], 그리고 거친 사유와 미세한 사유를 여읜 [삼매]이다.

(iii) 또한 세 가지가 있다: 작고(parītta), 크고(mahadgata), 무량한(apramāṇa) [삼매]이다.[6]

(iv) 또한 세 가지가 있다: 희열을 수반한 [삼매], 즐거움을 수반한 [삼매], 그리고 평정(upekṣā)을 수반한 [삼매]이다.[7]

(v) 또한 부분적으로 수습된 삼매와 두 부분이 수습된 삼매이다.[8]

가리킨다.

6 이 3종 삼매는 § 4.2.3에서 상세히 설해지고 있다.

7 이하의 설명에서 첫 번째 삼매는 초정려와 제2정려에, 두 번째 삼매는 제3정려에, 그리고 세 번째 삼매는 제4정려 이상에 해당된다. 이는 정려와 무색정을 감수에 따라 구분한 것이다. Maithrimurthi 1999: 139ff 참조.

8 여기서 두 부분은 § 3.1.2.(22)-(23)이 보여주듯이 샤마타와 비파샤나를 가리킬 것이다. 여기서 '부분적으로 수습된 작의'는 "그것에 의해 부분적으로 샤마타 또는 비파샤나를 수습하는 것"으로, 그리고 '두 부분 모두 수습된 작의'는 "그것에 의해 [샤마타와 비파샤나] 양자를 평등하게 수습하는 것"으로 정의된다. 이와 약간 다른 설명이 § 4.2.4에 나타난다. 이에 따르면 수행자는 색의 관념상의 작의나 광명의 관념상의 작의에 의해, 또는 양자를 작의한 후에 이 명상에 들어간다. 따라서 여기서 "부분적으로 수습된 삼매"는 색의 관념상이나 또는 대안적으로 광명을 작의하는 것에 해당되고, "두 부분이 수습된 삼매"란 양자를 함께 수습한 삼매를 가리킨다. Delhey(2009: II. 413f.)는 이 삼매는 본래 승해적인 성격을 가졌다고 보면서, 비록 이 명상법은 후대에 중시된 것이지만, 성문승에게도 찾아볼 수 있다고 지적하면서, 하나의 예로서 Schlingloff(1963: 86)에서 인용된 Upakilesasutta (MN III 152ff)를 제시한다. 그렇지만 여기서 수행자가 승해한 것(vision)은 의심이나 두려움을 촉발시킬 수 있는 성질의 것이라고 지적한다.

(vi) 또한 네 가지 삼매의 수습을 수반하는 삼매이다.[9]

(vii) 또한 다섯 가지 지혜를 수반한 성스러운 삼매이다.[10]

(viii) 또한 다섯 지분으로 이루어진 성스러운 삼매이다.[11]

(ix) 또한 원인(upaniṣad)과 보조(pariṣkāra)를 동반한 성스러운 삼매 자체이다.[12]

(x) 또한 금강과 같은 삼매(金剛喩定)[13]이다.

(xi) 또한 훈련항목을 수반한 삼매, 훈련항목을 여읜 삼매, 훈련항목을 수반하지도 않고 훈련항목을 여의지도 않은 삼매이다.

1.4. 等至 (Ch. 329a1)

等至(samāpatti)란 무엇인가? 다섯 가지로 [사성제의] 봄에 대한 등지,[14] 8종 勝

---

9 §4.2.6에서 4종의 삼매의 수습은 (i) 현법낙주를 증득하기 위해, (ii) 지견의 획득을 위해, (iii) 慧의 분석을 위해, (iv) 漏盡을 위한 것이다.

10 다섯 가지 지혜를 수반한 성스러운 삼매는 §4.2.7에서 설해졌다. 여기서 다섯 가지 지혜란 자성의 측면에서, 개아의 측면에서, 청정의 측면에서, 결과의 측면에서, 그리고 삼매에서 출정하는 관념상들과 관련한 지혜이다. 여기서 이 삼매는 "성스럽고, 염착을 여의고, 취착의 대상이 없다"고 설명된다.

11 §4.2.8.2의 설명에 따르면 성스런 다섯 삼매란 성자들의 心一境性이 성취되는 다섯 가지 상태로서, 네 가지 정려들과 반성적 관찰(pratyavekṣaṇā)의 상태를 가리킨다.

12 여기서 "성스러운 삼매"는 8정도의 마지막 항목에서 언급된 정삼매(samyaksamādhi)를, 그리고 원인(upaniṣad)과 보조(pariṣkāra)란 다른 7종의 삼매를 가리킨다. Delhey는 이 두 개념이 유사 동의어로서 사용되고 있거나 또는 점증적인 순서를 가리킬 수도 있다고 하면서, 전자의 경우로 MN III 71,15-10에서 양자가 7지를 가리키고 있는 것과 또 DN II 216,29ff에서 정삼매를 제외한 다른 7지가 "보조"라고 명시되고 있음을 지적한다. 반면 후자의 경우로 차례적인 보조나 일련의 원인이 의미될 수도 있다고 보면서 DN II 217,4ff 및 AN V 4를 제시한다. 이에 따르면 정삼매는 8정도의 정점을 이루는 것이다. 그는 위의 구절의 해석에서는 후자의 해석에 따르는 것이 타당하다고 본다. 왜냐하면 §4.1.2.9의 설명에 따르면 "원인은 정견, 정사유, 정어, 정업 그리고 정명이라는 그 [삼매]의 다섯 도의 지분들이다. 세 가지 보조는 정견과 정정진, 정념이다. · · · 세존께서는 (앞의) 일곱 도의 지분들은 성스러운 정삼매의 원인이기도 하며 보조라고도 설하셨다. 그렇지만 그것들은 이치에 따라 알아야 한다. 그것에 대해 선행하는 것들의 순서라는 점에서 5종이 원인이고, 삼매의 보조라는 점에서 3종의 보조를 [설하셨다]."

13 金剛喩定(vajropamaḥ samādhiḥ)은 ŚrBh 506,10ff에서 "이 삼매는 모든 유학의 삼매들 중에서 최고이고 최상이며 가장 견고한 것으로 모든 번뇌들을 제압하지만, 생겨난 번뇌들에 의해 제압되지 않는다. 따라서 금강과 같은 [삼매]라고 불린다. 저 금강유정의 직후에 모든 번뇌에 속한 추중의 종자를 영단했기 때문에 궁극적으로 심은 해탈하고, 또 종성의 청정을 획득한다."고 설명된다.

處(abhibhvāyatanā)[15]에 대한 등지, 10종 遍處(kṛṣṇāyatana)[16]에 대한 등지, 네 가지 無色定(ārūpyasamāpatti), 無想定(asaṃjñāsamāpatti), 그리고 滅盡定(nirodhasamāpatti)이다.

2. 사마히타지의 건립 (Ch. 329a4)

그 [사마히타지]의 건립이란 무엇인가?

그런데 왜 오직 이 [나열된 항목]만이 사마히타지이고, 욕계에서의 심일경성(cittaikāgratā)[17]은 아닌가? 왜냐하면 이 [사마히타지에 속한] 삼매는 후회없음과 환희, 희열, 경안, 안락에 의해 초래되지만, 욕계에 속한 [삼매]는 [그렇지] 않기 때문이다. 그렇지만 욕계에서 법에 대한 깊은 사유(upanidhyāna)[18]가 없는 것

---

14 §4.3.1.(1)에서 다섯 가지란 4종으로 [사성제의] 봄에 들어가는 것과 1종으로 수소단의 [번뇌들을] 억압의 방식으로 대치하는 것에 들어가는 것으로 설명되고 있다. 따라서 이것들은 성자에게 타당한 것으로 설명되고 있지만, 다만 수소단의 경우에서 언급되듯이 종자를 완전히 끊은 것이 아니라 그것들의 분출을 잠시 억압하는 것으로 설명되고 있다.

15 8종 勝處(abhibhvāyatanā)에 대해서는 AS 96,1ff 및 ASBh 125,21ff 참조. ASBh의 설명을 요약하면 (i) "내적으로 색이라는 관념을 가진 자가 외적으로 작은 색들을 아름답거나 추하며, 열등하거나 탁월하다고 본다. 저 색들을 제압한 후에 알며, 제압한 후에 본다. 그가 그와 같은 관념을 갖고 있을 때 이것이 첫 번째 승처이다." 다른 승처들은 밑줄친 부분만 차이가 난다. (ii)는 커다란 색이며, (iii-iv)는 무색이라는 관념을 가진 자가 각기 작은 색이나 커다란 색들을 보고, 그것들을 제압하는 것이다. (v-viii)은 무색이라는 관념을 가진 자가 색을 청·황·적·백이나 그런 색깔로 현현했다고 보고 그런 색들을 제압한 후에 알고 보는 것으로 설명된다. 승처에 대한 상세한 설명은 Lamotte 1970: 1283ff 참조.

16 10종 변처(kṛṣṇāyatana)는 지·수·화·풍의 변처와 청·황·적·백의 변처, 그리고 공무변처변처와 식무변처변처이다. 이것에 대해서는 AS 96,9-14 및 ASBh 127,16ff 참조. AS에 따르면 "전체에 펴져있는 인식대상이기 때문에 변처라고 한다. 전체에 펴져있는 주함의 성취에 있어 삼매와 지혜 또 그것과 상응하는 심심소법들이 변처라고 불린다." 이에 대한 상세한 설명은 Lamotte 1970: 1286ff 참조.

17 삼매의 동의어로서 cittaikāgratā는 '심이 하나의 초점에 맞춘 상태'로서, TrBh 26,6에서 ekāgratā ekālambanatā로 풀이되듯이, '동일한 명상대상을 가진 것'을 의미하며, 한역 心一境性은 이 의미를 잘 보여준다.

18 upanidhyāna는 upa-ni-dhyāna로 분해되듯이, dhyāna("정려")의 측면이 포함되어 있다. 그렇지만 정려가 주로 樂, 喜, 捨 등의 정서적인 감수의 콘트롤과 관련된 반면, 이 단어는 티벳역 nye bar sems pa가 보여주듯이 정서의 안정 뒤에 나오는 안정된 관찰행위의 측면이 더 강하다고 생각된다. BoBh 8,22; 17,2f와 ŚrBh 450,15에서도 이 단어는 전문술어로서 정려명상의 반성적이고 관찰적인 측면을

은 아니다.

2.1. 초정려를 구성하는 요소

초정려는 [세간과의] 원리에서 [생겨난] 기쁨이라고 설해진다. 그 [기쁨]을 현증한 후에 머무는 자에게 다섯 요소들이 끊어진다. 즉 욕망의 대상들과 결합된 심적 즐거움, 욕망의 대상들과 결합된 심적 우울, 불선한 것들과 결합된 심적 즐거움, 불선한 것들과 결합된 심적 우울, 그리고 불선한 것들과 결합된 무관심(upekṣā)이다. [반면] 환희와 희열, 경안, 낙, 삼매라는 다섯 가지 요소들은 수습에 의해 완성된다.

2.1.1. 초정려에서 제거된 요소

(1) 욕망의 대상들과 결합된 심적 즐거움(saumanasya)이란 무엇인가? [그것은] 획득되거나 이미 획득된 또는 향수된 다섯 가지 욕망의 대상들에 의거한 [심적 즐거움]이며, 또는 보고 듣고 경험한 저 [욕망의 대상]들을 기억하는 자의 심적 즐거움이다.

(2) 욕망의 대상들과 결합된 심적 우울(daurmanasya)이란 무엇인가? 바로 저 다섯 가지 욕망의 대상들을 얻지 못한 자나 그것의 향수를 얻지 못한 자의 심적 우울이며 또는 획득된 것들의 손상이나 상실, 파괴와 관련된 심적 우울이다.

(3) 불선한 것들과 결합된 심적 즐거움이란 무엇인가? 여기서 어떤 사람이 즐거움과 심적 즐거움을 갖고 살생을 했거나 내지[19] 사견에 빠지는 것이다.

(4) 불선한 것들과 결합된 심적 우울이란 무엇인가? 여기서 어떤 사람이 고통과 심적 불만을 갖고 살생을 했거나 내지 사견에 빠지는 것이다.

보여주고 있다. āĀ 113,13에서 upanidhyāna의 동사형인 upanidhyāyati는 smaraṇa**pratyaye** 'vasthāpanād upanidhyāyati("기억의 인식 속에 확립시키기 때문에 깊이 고찰한다.")로 설명되고 있다.

19 '내지'에 의해 10종 불선업 중에서 두 번째에서 아홉 번째까지가 생략되었다.

(5) 불선한 것들과 결합된 무관심(upekṣā)이란 무엇인가? 여기서 어떤 사람이 왕이거나 왕의 대리인(rājamātra), 또는 어떤 사람의 지배자이거나 스승이거나 스승과 비슷한 자로서, 스스로 살생의 악한 행위를 하기를 원하지는 않지만, 그러나 [그의] 명령에 따르는 사람들에 의해 행해진 [악행]에 무관심하며, [그것을] 금지하지 않고, [그것을] 계율 속에 확정하지 않고, 그것에 대한 무관심을 통해 그 행위가 수행되며, 또 그는 저 행위를 인지했고, [즉] 보지 않은 것은 아니다. 그리고 무관심은 불선한 [행위]를 거칠거나 미세하게 추사유하는 자에게 그 [생각]을 끊지 않고 받아들임에 의해 초래된 것이다. 또한 [무관심은] 불선한 행위를 수행하는 자의 불고불락한 감수이다.

2.1.2. 초정려에서 완성되어야 할 요소 (Ch. 329a24)

(1) 환희(prāmodya)란 무엇인가? 자량의 단계(資糧地)를 극히 청정하다고 관찰하는, 본래부터 청정한 자(ādiśuddha)에 있어서 후회없음에 의거한 즐거운 마음의 상태, 환희, 심적 즐거움, 마음의 유연성(cittakalyatā)이다.

(2) 희열(prīti)이란 무엇인가? 올바른 노력에 의거한 흐뭇함, 희열, 심적 즐거움, 마음의 유연성이다.

(3) 경안(prasrabdhi)이란 무엇인가? 추중의 제거로부터 [나온] 심신의 활동성이다.

(4) 안락(sukha)이란 무엇인가? 그와 같은 마음의 활동성이 있는 자에게 있어 신체적이고 심리적인, 해를 끼치지 않음에서 [오는] 낙(avyāvadhyasukha)[20]이며 해탈의 낙이다. 실로 저 [수번뇌들로] 이루어진 추중이 사라졌을 때, 수번뇌로부터의 해탈이 있다.

---

20 avyāvadhya/avyābadhya는 BHSD에서 형용사로서 "that cannot be injured or disturbed, inviolable"을 의미하며, 명사형으로서는 "not doing harm"을 의미한다. 여기서는 명사의 의미로 "타인에게 해를 끼치지 않음에서 오는 낙"의 의미로 번역했다.

(5) 삼매란 무엇인가? 올바로 인식대상을 깊이 관찰하는 자에게 있어 마음이 하나로 집중된 상태이다.

[그런데 삼매와 해탈의 순서에 관해][21] (가) 세존께서는 무루의 가행도와 관련해서 삼매가 먼저이고 해탈이 나중이라고 말씀하셨다. 왜냐하면 완성된 삼매의 힘에 의해 전적으로 번뇌들로부터 심이 해탈하기 때문이다. (나) 그렇지만 유루의 가행도와 관련해서는 해탈이 먼저이고 삼매는 나중이라고 말씀하셨다. 왜냐하면 근본삼매의 획득과 관련하여 번뇌의 끊음은 가행의 구극에 이른 작의의 결과이기 때문이다.[22] (다) 또한 삼매와 해탈은 동시적이라고 말하셨다. 즉, 바로 가행의 구경에 이른 작의 속에서 또 그것과 다른, 무간도(ānantaryamārga)[23]와 해탈도(vimuktimārga)[24]의 삼매들 속에서 삼매는 해탈을 수반한다.

2.2. 5蓋 (Ch. 329b9)

그중에서 5蓋(nivaraṇa)는 정려에 들어감(samāpatti)을 방해하는 것으로 정려에 들어갈 때 장애를 일으킨다. [그것들은] 욕망의 대상에 대한 욕구라는 덮개, 악의라는 덮개, 혼침과 수면이라는 덮개, 도거와 후회라는 덮개, 의심이라는 덮개이다.

---

21 이 구절은 초정려에서 완성되어야 할 요소와 관련이 없다. Delhey(2009: 421, fn. 68)는 이 구절이 위의 (4)에서 해탈의 낙이 삼매에 선행하는 것으로 기술된 사실에 의해 촉발되어 양자의 관계를 해명할 필요 때문에 부연해서 설명되었다고 간주한다.

22 여기서 유루의 가행도는 "가행의 구극에 대한 작의의 결과"라는 말에서 나타나듯이, 『성문지』 제4유가처에서 설한 세간도에 의한 7종 작의를 가리킬 것이다.

23 『성문지』에서 無間道(ānantaryamārga)의 정의: ŚrBh 503,14ff: tasya parijñānānvayād ānantaryamārgo utpadyate/ kleśānāṃ prahāṇāya, yena prajahāti. "그것의 변지를 반복수행함에 의해 번뇌를 끊기 위한 무간도(ānantaryamārga)가 생겨나고, 그 [무간도]에 의해 끊어진다."

24 vimuktimārga는 ŚrBh 503,16f에서 prahīṇe ca punar vimuktiṃ sākṣātkaroti/ "그리고 [번뇌들이] 끊어졌을 때, 해탈을 촉증한다."로 설명된다.

2.2.1. 오개에 대한 요약설명

(1) 욕망의 대상에 대한 욕구(kāmacchanda)란 무엇인가? 아름다운 이미지(śubhanimitta)[25]를 추구하는 자에게 있어 다섯 가지 욕망의 대상들에 대해 보고자 하는 것 내지[26] 접촉하고자 하는 것이며, 또는 과거에 경험한 [욕망의 대상]들을 기억하는 자에게 있어 [이것들을] 생각하고자 원하는 것이다.

(2) 악의(vyāpāda)란 무엇인가? 범행을 같이 하는 자들로부터의 비난 때문에 진에를 원인으로 하는 이러저러한 손상을 기억하는 자의 심적 증오(āghāta)이거나, 또는 손상을 행하고자 하는 자가 바로 그 진에의 원인을 반복해서 생각하고 고찰할 때의 심적 증오이다.

(3) 혼침(styāna)이란 무엇인가? 감관들에 의해 문이 보호되지 않은 상태이거나, 분량 없이 먹는 것이거나, [밤에] 깨어있는 상태를 실행하지 않거나, 정지 없이 주하는 상태이거나 간에, 어떤 것이든 계율 등의 훼손과 관련해 [번뇌를] 끊기 위해 노력하는 자에게 있어 모든 번뇌의 생기를 촉진하는 심신의 무력함이며 심신의 활동성의 결여이다. 睡眠(middha)이란 무엇인가? 심의 위축(cittābhisaṃkṣepa)이다.

혼침은 번뇌의 생기에 의해 그리고 수면은 심의 위축에 의해 [번뇌를] 끊으려는 노력을 부정한다. 따라서 양자는 하나의 덮개라고 말한다. 혼침은 활동성의 부재에 의한 무력함이고, 수면은 위축에 의한 무력감이기 때문이다. 그런데 혼침은 다른 번뇌와 수번뇌들이 근접할 때 [그것들의] 발생의 조건이 아니지만, 수면에게 있어서는 [발생의 조건이다]. 다른 번뇌와 수번뇌는 [혼침에 빠진 자에게는] 생겨나거나 혹은 생겨나지 않을 수 있지만, 수면은 우선 무력함에 떨어

---

25 nimitta는 대상의 이미지일 수도 있고 그 대상이 심에 남긴 이미지일 수도 있다. 본서에서는 nimitta를 후자의 의미에서 관념상으로 일관되게 번역했지만, 맥락상 관념상이라는 번역이 맞지 않을 경우 이미지로 번역했다.

26 '내지'라는 말에 의해 '듣고, 냄새맡고, 맛보는 일'이 생략되었다.

진 자에게 확실히 생겨난다.

(4) 도거(auddhatya)란 무엇인가? 친족심사(jñātivitarka), 국토심사(janapadavitarka), 不死심사(amaraṇavitarka)[27]와 관련하여 예전의 웃음과 놀이, 유희와 행동을 기억하는 자나 기억나게 하는 자에게 있어 심의 부적정함과 흥분이다. 후회(kaukṛtya)[28]란 무엇인가? 바로 저 친족심사 등을 사유하는 자에게 '왜 나는 그들 친족들과 헤어졌는가?' 또 '왜 저 고향으로 가지 못하는가?' 또 '왜 나는 이런 형태의 음식을 먹고, 마실 것을 마시며, 이런 형태의 의복과 침구와 좌석, 병에 따른 약과 생활필수품들을 얻을 수 있는 저 고장을 떠난 후에 여기로 왔는가?' 또 '왜 나는 이렇게 어린 나이에 출가자가 되었는가?' '늙은 상태에 이르기까지 기다려야 하겠는가?' 또한 이전의 웃음과 놀이 등을 기억하는 자에게 '왜 나는 그때 놀이의 즐거움과 장식의 방식을 갖는 자로서 머물러야 할 그 때에 눈물에 목이 잠기고 비탄의 얼굴을 한, [나의 출가를] 원치 않는 친척들로부터 출가했는가?'라는 이런 형태의 조건에 의해 심의 손상(ālekha), 상처(vilekha), 후회와 회한이 일어난다. 따라서 도거와 후회 양자는 비슷한 토대를 갖기 때문에 도거와 후회의 덮개를 하나로 만든 후에 설한다.

또한 행해야 할 것과 행하지 말아야 할 것을 이치대로 행했거나 행하지 않은 자가 '나는 행해야 할 것을 행하지 않았다거나 또는 나는 행하지 말아야 할 것을 행했다.' 라는, 처음 일어난 후회를 제외하고 바로 저 후회의 분출을 제어할 수 없을 때, 이후에 지속하는 심적 손상과 상처, 후회, 회한이 일어난다. 이것이 후회의 덮개를 기술하는 또 다른 방식이다.

경우에 맞지 않게 생겨난, 마지막으로 [언급된] 후회는 [앞에서 언급된 후회

---

27 「섭결택분」(T30: 628c22f)에서 眷屬尋思와 國土尋思, 不死尋思 3종은 사마히타의 단계에 속하지 않은 자에게 삼매의 장애로 설명된다. 반면 또 다른 세 개의 심사인 欲尋思, 恚尋思, 害尋思는 출가의 장애로 설명된다.

28 kaukṛtya는 auddhayua와 함께 하나의 덮개를 나타낼 때 보통 惡作으로 직역되지만, 그럴 경우 우리말에서 후회의 뉘앙스를 전혀 주지 못하기 때문에 '후회'로 번역했다.

와 달리] 도거와 공통된 토대를 갖지 않는다. 그렇지만 저 [도거]가 흥분의 형태로 부적정을 일으키듯이, 마찬가지로 이 [후회]도 심적 우울의 형태로 [부적정을 일으킨다]. 따라서 [붓다는] 이 [후회]를 저 [도거]와 섞은 후에 [하나의 덮개로] 설하셨다.

(5) 의심(vicikitsā)이란 무엇인가? 스승에 대해 의혹하고, 법과 훈련항목(śikṣā), 교법(anuśāsanī)과 증득에 대해 의심한다. 그와 같이 의혹과 의심을 하는 그에게 열정을 갖고, 노력하고, [번뇌를] 끊고, [명상처로] 은거(pratisaṃlayana)하기 위한 마음은 떠오르지 않는다. 또는 과거세에 대해, 또 과거세처럼 미래와 현재에 대해서도 마찬가지로 의혹하고 의심하는 자에게, 또는 고제 등의 진리를 의혹하고 의심하는 자에게 심의 이중적인 상태, 불확실함(saṃdeha), 나뉜 생각(vimati), 의심, 의혹(kāṅkṣā)이다.

2.2.2. 오개의 자양분과 비자양분 (Ch. 329c23)

(1a) 욕망의 대상에 대한 욕구라는 덮개의 자양분은 무엇인가? 아름다운 것(śubha)이 있을 때, 그곳으로 [향한] 올바르지 않은 작의와 [그것을] 반복하는 것이다.

아름다운 것이란 무엇인가? 욕망의 대상들 중에서 정점이며 최선이며 최고인 것이다. 거기서부터 이욕했을 때 다른 하열한 것으로부터도 이욕하게 된다. 강한 사람을 제압했을 때, 그와 다른 [약한] 사람을 제압하는 것이 성취되는 것과 같다.

다시 저 [아름다운 것]은 무엇인가? 여덟 가지 점에 포섭된, 여인과 결부된 아름다움이다. 이런 여덟 가지 점들을 통해 여인은 남자를 묶는다.[29] 즉 춤, 노래,

---

29 여성이 남성을 묶는 여덟 가지 방식에 대해서는 AN IV 196f 참조. 그것들은 아래 나열된 항목과 조금 다르다. ruṇṇa(눈물), hasita(미소), bhaṇita(말), ākappa(몸짓), vanabhaṅga, gandha(향), rasa(맛), phassa(접촉)이다. 본문에서는 향과 맛 대신에 외모와 노래가 포함되어 있다.

미소, 흘겨봄, 외모, 접촉, 몸짓(ākalpa)[30] 그리고 성교(vraṇabhaṅga)[31]에 의해서이다. 이것은 탐욕의 대상에 대한 갈구가 일어나지 않았을 때는 일으키기 위한 자양분이고 일어난 경우에는 증대시키기 위한 자양분이다.

(1b) 비자양분(anāhāra)이란 무엇인가? 아름답지 않은 것이 있을 때, 그것에 대해서 여리작의가 반복해서 행해진다. 그것은 또한 무엇인가? 즉, 검푸르게 변화됨 등이다. 바로 이 신체가 다양한 종류의 부정한 것으로서 가득 차 있다고 관찰하는 것이다. 이와 같이 내적으로 신체를 부정의 측면에서 관찰하는 것이며, 또한 외적으로는 검푸름 등의 부정한 상태를 통하여 신체를 부정의 측면에서 관찰하는 것이다. 그와 같은 한에 있어서 이 양자는 바로 부정한 것이다.

이것은 욕망의 대상에 대한 갈구가 생겨나지 않았을 경우에는 생겨나게 하지 않기 위한 비자양분이고, 또 이미 생겨난 것은 끊기 위한 비자양분이다. 거기서 작의 때문에 생겨나지 않는 것이고 반복수습 때문에 끊어진다. 그러나 흑품에서는 작의 때문에 생겨나고, 반복수습 때문에 강력해지고 증장되고 확대된다.

(2a) 진에의 자양분이란 무엇인가? 미움이고, 미움의 원인이 있고 그것에 대한 비여리작의와 반복수습이다. 손상 때문에 일어난 심의 증오와 미움이다. 바로 그 비여리작의와 결합한 해로움이 미움의 원인인데, 즉 9가지 증오의 경우들과[32] 관련해서이다.

(2b) [진에의] 비자양분은 무엇인가? 慈心(maitrī)이며, 그것에 대한 반복수습

---

30 ākalpa에 대해서 BHSD는 행동거지로, CPD에서는 옷, 외모로 풀이하고 있다. Delhey 2009: II. fn.131 참조.

31 vraṇabhaṅga는 Delhey 2009: II, fn.132에 상세히 설명되어 있다. 이에 대응하는 Pāli 단어는 vanabhaṅga로서, PTSD는 그 의미를 "숲의 꽃으로 묶은 화환"으로서, 이를 "선물"이라고 번역하기도 한다. 하지만 산스크리트어는 직역하면 "상처를 쪼개는 것", "상처를 여는 것" 등을 의미한다. 하지만 vraṇa를 '상처'로 이해하는 것은 어떤 의미도 전해주지 못하기 때문에 전의적 의미에서 '신체를 여는 것'으로서 특히 성적 맥락에서 '여성의 성기'를 가리킨다. Delhey는 티벳어 번역인 rma 'byed pa도 이 의미로 사용되었다는 전거를 제시하고 있다.

32 Delhey(2009: 435, fn.138)는 9종 증오의 경우/대상(āghātavastu)에 대해 AN IV 408 및 AKVy 109,25-32를 제시한다.

과 여리작의이다. 그것은 수습의 힘에 포함되는 것으로, 타인에게 낙을 초래한다는 특징을 갖고 있다. 9종 증오의 조복에 포함된[33] 이 [진에]를 간택하는 힘도 비자양분이다. 그렇지만 그것에 의해 진에라는 덮개가 끊어지게 되는 바로 그것만이 경에서 [비자양분으로] 설해진 것이다.

(3a) 혼침과 수면이라는 덮개의 자양분이란 무엇인가? 어둠이 있을 때, 그것에 대한 비여리작의와 반복수습이다.

(3b) [혼침과 수면이라는 덮개의] 비자양분이란 무엇인가? 광명이 있을 때, 그것에 대한 반복수습과 여리작의이다. 그중에서 광명은 3종이다: 어둠을 대치하는 것, 법의 광명, 신체의 광명이다.

그중에서 밤에 어둠을 대치하는 것은 달빛과 별빛 등이고, 낮에는 태양 등이며, 그 양자에 속하는 것은 불과 보석 등의 광명이다. 그중에서 법의 광명이란 바로 여기서 어떤 자가 그와 같이 포착되고 그와 같이 사유되고 그와 같이 느낀 법들을 관찰하거나, 또는 불수념(buddhānusmṛti) 등을 수습하는 것이다. 그중에서 신체의 광명이란 스스로 빛나는 중생들의 [신체]이다.

그중에서 첫 번째 광명의 대치(pratipakṣeṇa)[34]로서 어둠은 3종이라고 알아야 한다. 즉 밤의 어둠, 구름의 어둠, 그리고 장막의 어둠 즉, 굴 등에서의 [어둠]이다.

법의 광명의 대치로서 3종의 어둠의 그룹이 있다. 왜냐하면 그 법들을 여실하게 알지 못하면서 과거세에 대해 또 미래세와 현재세에 대해서도 의혹하고 의심한다. 또한 붓다의 속성 등에 대해서도 [의혹하고 의심한다]. 그중에서 무명과 의심, 그 양자를 어둠의 그룹이라고 설해진다. 반면에 이미 획득된 관찰의 치료대상으로서 혼침과 수면이라는 어둠이 있다. 왜냐하면 그 [어둠]에 의해 그 [관찰]의 성질을 명료하게 하지 못하기 때문이다.[35]

---

33 DN III 262,32ff 참조.

34 여기서 "대치"로 번역한 단어는 pratipakṣeṇa로서, 원래 "치료제"의 의미에서 보통 對治로 번역되고 있다. 여기서 한역 能治는 pratipakṣa를 지지하고 있지만, 티벳역(mi mthun pa'i phyogs)은 vipakṣa의 의미로 이해하고 있다. 의미상 티벳역이 부합할 것이다. 아래 문장의 pratipakṣeṇa도 마찬가지다.

(4a) 도거와 악작의 덮개의 자양분이란 무엇인가? 친족심사(jñātivitarka) 등이다, 과거에 웃고 유희했었던 것 등을 기억하는 자가 있다. 그것에 대한 비여리작의이고 반복수습이다. 그중에서 친족들이 흥성이나 쇠퇴, 또는 만남이나 헤어짐과 관련해서 심에 기쁨의 행상을 갖거나 슬픔의 행상을 가진 움직임(arpaṇā)과 동작이 생겨난다. 고향의 흥성 등과 관련해서 자세하게 앞에서처럼 국토심사(janapadavitarka)가 있다. 불사심사(amaravitaka)란 무엇인가? 소년의 상태나 노인의 상태, 또는 저급한 의무(itarakaraṇīya)[36]나 타인의 이익을 위한 의무(parārthakaraṇīya)와 관련한 기쁨이나 슬픔의 형태로서의 심의 작동이다. 상세히 [앞에서처럼 이해되어야 한다].

웃음이란 어떤 사람이 설명하고 있는 말이나 모임에서의 말과 관련해서 이빨을 보이면서 웃고 함께 유희하고 낄낄 웃는 것이다. 그중에서 놀이란 주사위에 의해서나 윷에 의해서 또는 보석들에 의해서 [유희하는 것이며], 또는 이와 같은 종류의 다른 것이다. 즐김이란 서로 향수함에 의해서나 혹은 대상을 향수함에 의한 향수의 즐거움이며, 또는 함께 머물고 주하고 떠드는 등에 의한 거주의 즐거움이다.

그중에서 성적 행위란 손을 잡거나 팔을 잡거나 또는 머리카락을 잡거나 혹은 이러저러한 신체를 만지고, 애무하고, 포옹하고, 키스하는 것이거나, 또는 이러한 것이거나 혹은 다른 이런 부류의 다른 행위이다.

(4b) [도거와 악작이라는 덮개의] 비자양분이란 무엇인가? 샤마타가 있을 때, 그것에 대한 반복수습과 여리작의이다. 그중에서 샤마타는 9종 심주[37]와 샤마타

---

35 티벳역(des na chos de gsal bar mi 'gyur ba'i phyir ro)은 산스크리트문과 의미가 통한다. 반면 한역(以能顯了諸法性故)은 taddharmāprasaṃkhyānāt를 부정어 a 없이 taddharma-prasaṃkhyānāt로 읽었다고 보인다.

36 itarakaraṇīya는 타인의 이익을 위한 의무(parārthakaraṇīya)와 대조되어 itara, 즉 둘 중의 하나로 행해져야 할 것을 의미한다. 그렇다면 parārtha와 대조되는 svārtha만을 행하는 것으로 이해될 수 있다. 『보살지』에서 말하는 '단독적인 자리'가 이에 해당될 것이다. (『보살지』 2015: 63f 참조).

37 9종 심주는 ① 內住(adhyātmam sthāpayati), ② 等住(saṃsthāpayati), ③ 安住(avasthāpayati), ④ 近住

에 속한 법들이다.

그런데 어떤 동요를 일으킬 수 있는 것들이 있다. 즉 자신의 쇠퇴와 타인의 쇠퇴, 자신의 흥성과 타인의 흥성이다. 이것들에 의하여 심이 싫증을 내고, 공포를 느끼고, 염리에 빠지고 적정 속에 安住하게 된다.

(5a) 의심이라는 덮개의 자양분이란 무엇인가? 3世가 있고, 그것에 관한 반복된 생각과 비여리작이다. 자세히는 앞에서와 같은[38] '내가 과거세에 존재했었는가 아닌가?'라는 이러한 비여리작의는 사유해서는 안 되는 항목에 포함된다. 사유해서는 안 되는 항목들은 자아에 대한 사유와 중생에 대한 사유, 그리고 세간에 대한 사유이다.

그중에서 자아에 대한 사유는 삼세와 관련된 것으로 자신에 속한 것에 의거한 것이다. 중생에 대한 사유는 타인에 의거한 것이다. 세간에 대한 사유는 중생이라는 의미에서의 세간과 환경이라는 의미에서의 세간에 의거한 것으로, '세간은 영원하고, 영원하지 않고, 영원하기도 하고 영원하지 않기도 하고, 영원하지도 않고 영원하지 않는 것도 아니다.'라는 등이다.

(5b) [의심이라는 덮개의] 비자양분이란 무엇인가? 緣性으로서의 연기[39]가 있고, 그것에 대한 반복적 생각과 여리작의이다. 오직 법일 뿐이고, 법의 원인일 뿐이고, 고통일 뿐이고 고통의 원인일 뿐이라고 보는 그에게 있어서 비여리작의를 원인으로 하는 무명은 삼세에서 생겨나지 않고, 생겨난 것은 끊어지는 것이다.

그중에서 비여리작의와 여리하게 작의하지 않는 것 양자를 묶어 비여리작의 때문이라고 부른다. 어떤 것이 어떤 경우에 타당할 때, 그것이 [여리한] 것이라

(upasthāpayati), ⑤ 調順(damayati), ⑥ 寂靜(śamayati), ⑦ 最極寂靜(vyupaśamayati), ⑧ 專注一趣(ekotīkaroti), ⑨ 等持(samādhatte)이다. 9종 심주에 대한 설명은 ŚrBh III.3.3.1.1. (『성문지』 2021: 347ff) 참조. 그리고 이 개념의 일반적 의미에 대해서는 차상엽 2009 참조.

38 이는 YBh 204,2ff를 가리킨다.

39 緣性緣起(idaṃpratyayatā-pratītyasamutpāda)의 복합어 해석에 대해서는 Sakuma 1990: II. 94 참조. 이 복합어는 緣生이 緣起의 조건이 되는 것이 아니라 Karmadhārya라고 해석된다. 즉, 모든 유위법이 특정한(idam) 조건을 가진다는 것(緣生)이 바로 緣起라는 것이다.

고 알아야 한다. 예를 들어 어둠 속에서 광명상의 방식으로 [수행된] 작의가 여리한 것이지,[40] 여리하지 않은 것이 아니다. 마찬가지로 다른 경우에도 그것과 다른 [여리]작의가 있는 것이다.

2.3. 정려와 그 구성요소 (Ch. 330c14)

(1) 그중에서 초정려는 5지를 갖고 있다고 알아야한다. 거친 사유, 미세한 사유, 희열, 낙 그리고 심일경성이다. 제2정려는 4지를 갖고 있다. 내적인 명료함, 희열, 낙, 그리고 심일경성이다. 제3정려는 5지를 갖고 있다. 평정, 정념, 정지, 낙 그리고 심일경성이다. 제4정려는 4지를 갖고 있다. 평정심의 청정, 정념의 청정, 불고불낙의 감수 그리고 심일경성이다.

(2) 초정려에서 거친 사유와 미세한 사유는 인식대상의 파악이라는 의미에서이다. 그렇지만 삼매는 이 [거친 사유와 미세한 사유]의 토대라는 의미에서이다. 희열은 인식대상의 경험이라는 의미에서이다. 낙은 추중의 제거라는 의미에서이다. 제2정려에서 내적인 완전한 명료함은 인식대상의 파악이란 의미에서이다. 삼매는 내적인 명료함의 토대라는 의미에서이다. 나머지는 이전과 같다. 제3정려에서 평정과 정념, 정지는 인식대상의 파악이라는 의미에서이다. 삼매는 그것의 토대라는 의미에서이다. 나머지는 이전과 같다. 제4정려에서 평정에 의해 청정해짐과 정념에 의해 청정해짐(upekṣāsmṛtipariśuddha)[41]은 인식대상의 파악이라는 의미에서이다. 삼매는 그것의 토대라는 의미에서이다. 나머지는 이전과 같다.

---

40 이 설명의 맥락은 Delhey(2009: II. fn.192)가 제안하고 있듯이, 어둠 속에서 광명에 대한 생각은 졸음이나 혼침을 극복하는데 도움이 되기 때문에 이치에 맞는다는 의미라고 생각된다.

41 ŚrBh 454,14ff; 『성문지』(2021: 438) "그때에 초정려부터 [제4정려] 아래의 영역에 속한 결점들, 즉, 거친 사유와 미세한 사유, 희열과 입출식 등 모든 것들이 끊어진다. 그것들을 끊었기 때문에 그것들에 대한 평정과 정념이 청정하게 되고, 깨끗하게 된다. 그러므로 제4정려에 들어가는 그의 마음은 동요함이 없이, 모든 동요를 여의고 안주한다. 따라서 [경은] '평정과 정념의 청정'이라고 한다." 팔리경전에서 이 표현에 대해서는 Vetter 1988: XXVI. fn.9 참조.

그것과 다른 요소들이 존재하더라도, 바로 이것들이 [정려를 구성하는] 지분이라는 것은 [그것들이] 주된 것이기 때문이며, 또 정려에 들어간 자들을 보조하는 것이기 때문이다.

(3) 왜 초정려가 거친 사유와 미세한 사유를 수반하는가? 왜냐하면 이것들에 의하여 욕계를 싫어할 때 초정려에 들어가지만, 그러나 그러한 거친 사유와 미세한 사유들에 대해서 잘못을 보지 못하기 때문이다. 반면에 제2정려에서 그 [거친 사유와 미세한 사유]들에 대해 잘못을 본다. 그 후에 그것들이 적정해지기 때문에 제2정려이다. 왜냐하면 제2정려에서 거친 사유와 미세한 사유는 그것의 과실을 보기 때문에 적정해지는 것처럼 제3정려에서 그것의 잘못을 보기 때문에 희열의 적정이 있다. 그 후에 제3정려에 들어간다. 제4정려에서는 낙에 대하여 잘못이라고 보기 때문에 또 평정과 정념이 청정해지기 때문이다. [이와 같이] 차이가 있다고 알아야 한다.

2.4. 정려의 동의어 (Ch. 331a5)

그중에서 정려의 동의어들은 다음과 같다.

(1) 증상심(adhicitta)은 심의 청정을 주제로 해서 올바르게 고찰하기 때문이다.

(2) 낙에 주함(sukhavihāra)이라고도 한다. 바로 그곳에서 완전한 낙을 경험하기 때문이다. 실로 그곳에서 희열의 낙과 경안의 낙, 평정의 낙과 신체적이고 심리적인 낙을 경험하기 때문이다.

계속해서 입정하고 계속해서 출정한 후에 이것들은 정려자들에 의해 현법낙주의 방식으로 요지된다. 그곳으로 입정한 후에 現前하는 현법낙주를 요지한다. 그곳에서 출정한 후에 '나는 이러한 형태의 낙주의 방식을 통해 머물렀다.' 고 요지한다.

그러나 무색계들은 그와 같이 요지되지 않는다. 따라서 낙주라고 설하지 않는다. 그것들은 출정한 후에 해명되어져야 하는 것이다. 그 이유는? 아란야에 사는 비구에게 어떤 질문을 하는 자들이 있다. 만약 아란야에 사는 비구가 그

[무색계]에 관한 질문을 받았지만 대답하지 못한다면, 그에 대해 [다음과 같이] 말하는 자들이 있다. '지금 색들을 초월한 후에 적정한 해탈이 있다. 색을 떠난 것에 관해 질문을 받았을 때 대답하지 못한다면, 오! 아란야에 사는 자에게 아란야의 상태가 무슨 필요가 있겠는가!' 따라서 [무색계에] 입정하는 것은 설명을 위해서이지, 주하기 위해서는 아니다.

(3) 정려는 부분적인 열반이라고도 설해지고, 대안적 열반(paryāyanirvāṇa)[42] 이라고도 설해진다. 번뇌들의 일부를 끊었기 때문에 그 부분에 의해 열반이기 때문에 한결같은 것이 아니다. [번뇌들이] 남김없이 소멸하지 않았기 때문에, 따라서 대안적 열반이다.

2.5. 정려와 감수의 관계 (Ch. 331a19)

2.5.1. 감수로부터의 벗어남을 위한 토대

(1) 그중에서 4정려는 감수들로부터의 벗어남을 위한 토대(vedanānāṃ niḥsaraṇavastu)라고 불린다. 그중에서 우근(憂根, daurmanasyendriya)으로부터의 벗어남(niḥsaraṇa)이 초정려이고, 제2정려는 고근(苦根, duḥkhendriya)으로부터의 [벗어남]이고, 제3정려는 희근(喜根, saumanasyendriya)으로부터의 [벗어남이고], 제4정려는 낙근(樂根, sukhendriya)으로부터의 [벗어남이며], 무상정은 사근(捨根, upekṣendriya)으로부터의 [벗어남이다].

(2) 세존께서 전도를 떠남이라는 경(aviparītasūtra)[43]에서 설하신 것처럼, '비구여! 이미 생겨난 우근(daurmanasyendriya)이 바로 거기서 생겨났다'고 여실하

---

42 paryāyanirvāṇa는 差別涅槃으로 한역되어 이다. 아래 설명에서 보듯이 정려에 의해 번뇌가 완전히 끊어지지 않은 것이라면 그 의미는 '대안적 열반(alternate nirvāṇa)' 또는 '유사 열반' 정도일 것이다.

43 Aviparītasūtra는 『구사론』에서 인용되고 있지만, "제3정려에서 이미 생겨난 희근이 남김없이 소멸되었고, 제4정려에서 낙근이 소멸되었다"고 설명하고 있어 여기서의 경의 인용과 차이가 있다. Cf. AKBh 440,18ff: uktaṃ hi bhagavatā aviparītasūtre tṛtīyaṃ dhyānam uktvā atrāsyotpannaṃ saumanasyondriyam apariśṣaṃ nirudhyata iti/ caturthe ca dhyāne sukhendriyaṃ nirudhyata ity uktam/.

게 안다. 어떤 상태 속에서 아는가? [번뇌를] 끊기 위해 노력하는 그는 심상속이 우근에 의해 뒤섞여 있다고 안다. 실로 그 [우근]은 원인을 갖고, 조건을 갖고, 토대를 갖고, 행상을 갖고, 행을 갖고 있다고 그는 여실하게 안다. 어떻게 원인을 갖고 있다고 아는가? 그것의 종자의 상속을 알기 때문이다. 어떻게 그 [우근]은 조건을 갖고 있는가? 종자를 포함하지 않은 토대와 조반을 아는 것이다. 어떻게 그것이 원인을 갖고 있는가? 어떤 사태에 의거한 후에 우근이 일어나는 것이다. 바로 저 원인과 무지의 종자가 우근을 야기하는 것이다. 어떻게 그것이 행상을 갖고 있는가? '이것이 불쾌한 행상이다.'라고 아는 것이다. 어떻게 그것이 행을 갖고 있는가? '비여리작의와 상응한 심이 그 [우근]을 야기하는 행이다.'라고 아는 것이다.

반면에 이와 같이 안 후에 벗어남을 향해 심을 향하는 것이다. 어떻게 향하는가? 염오된 행동으로부터 심을 되돌린 후에 작의의 수습에 [심을] 묶는 것이다. 또한 그것이 거기서 남김없이 소멸되었고 내지 완성되었다는 말은 잠재적 경향성의 측면에서 또 분출의 측면에서이다.

그중에서 세간적인 정려에 의해서 그것에 속한 추중은 끊어지지만, 그것의 종자의 상태는 근절되지 않는다. 왜냐하면 그렇지 않을 경우 그것을 제거했기 때문에 미래에 이것은 바로 생겨나지 않을 것이기 때문이다. 반면에 무루의 [정려]에 의해서는 그 [잠재적 경향성과 분출] 양자는 끊어진다. 이와 같이 나머지에 대해서도 이치에 따라 알아야 한다.

(3a) 우근은 어떠한 형태라고 아는가? 답: 염오된 것이거나, 또는 벗어남에 대한 욕구를 수반한 선한 것이다.

(3b) 고근은 내적인 것 등에 압도되거나 또는 몸의 피곤함에 압도되거나 또는 불에 타는 것에 압도되거나 또는 타인으로 부터 공격받음에 압도되어 이욕한 자에게도 생겨난다.

(3c) 제2정려지에 속하는 낙근은 제2정려에서.

(3d) 제3정려지에 속하는 낙근은 제3정려에서.

(4) 또한 왜 초정려에서 고근은 끊어지지 않았다고 말하는가? 그곳에서 그것에 속한 추중이 끊어지지 않았기 때문이다.

만일 그것이 끊어지지 않았다면, 왜 [초정려천에서] 재생한 자에게 저 [고근]은 정려 속에서 현행하지 않는가? 그 [고근]을 수반하는 부분으로 갖는, 우근에 포함된 고가 끊어졌기 때문이다.

반면에 만일 초정려에서도 저 고근이 끊어졌다고 한다면, 그 때문에 여기서도 초정려와 제2정려에 들어간 두 요가행자에게 감수에 의해서 형성된 주함의 차이는 없어야 할 것이다. 정려들은 감수로부터의 벗어남이라고 말해진다. 왜냐하면 두 [정려]에는 희와 낙이 존재하기 때문이다.

또 이 [고근]에게도 거친 사유(尋)와 미세한 사유(伺)가 적정해졌기 때문에 어떠한 추중의 끊음의 차이도 생겨나지 않아야 할 것이다. 다른 근들에 있어서도 그것에 속한 추중이 끊어졌기 때문에 [초정려] 위의 것들의 끊어짐도 마찬가지라고 알아야 한다.

(5) 그런데 여기서 세존께서는 [앞에서 언급한] 경에서 無相(animitta)을 관념상을 여읜 심삼매(animittaś cetosamādhiḥ)라고 설하셨다. 거기서 사근(捨根)은 남김없이 소멸되었다. 잠재적 경향성(anuśaya)의 측면에서 그 [사근]에 속한 추중은 근절되었기 때문이지, 거기에 분출(paryavasthāna)의 측면에서 그것이 소멸된 것은 아니다. 왜냐하면 무상은 확실히 감수를 수반하고 있기 때문이다. 반면에 거기에서 모든 3종의 낙과 심적 즐거움과 평정들이 일어난다.

또한 이 受根들에게 잠재적 경향성(anuśaya)은 없다. 또한 어떤 번뇌가 끊어지기 때문에 이 [수근]들의 끊어짐도 있다. 그것에 속한 추중이 이 [수근]들의 잠재적 경향성이라고 불린다. 또한 사근은 어디서부터 어디까지라고 알아야 하는가? 제4정려에서부터 有頂(bhavāgra)에 이르기까지이다.

2.5.2. 벗어남과 연결된 영역들 (Ch. 331c1)

(1) 무상을 끝으로 하는, 5근들로부터의 벗어남(niḥsaraṇa, 出離)[44]은 벗어남으

로 이끄는(niḥsaranīya) 5종의 계(dhātu)들과 상호 포섭된다고 알아야한다. 그중에서 욕망과 증오와 손상들로부터의 벗어남에 의해 먼저 낙근으로부터의 벗어남이 설해졌다. 색으로부터의 벗어남에 의해 제4정려에서 사근[으로부터의 벗어남]이 [설해진다]. 살가야(satkāya)의 소멸에 의해서 총체적인 무색계에 속한 사근[으로부터의 벗어남이 설해진다].

(2) 벗어남으로 이끄는 것이란 어떤 의미인가? 이곳에 주하는 자가 벗어난 자라고 알아야 한다. 따라서 벗어남으로 이끄는 것이라고 한다. 그러나 그 [벗어남으로 이끄는 것]들에 의해서 그 [계]들의 출리는 아니다. 왜냐하면 [어떤 界에서] 이욕한 자들에게 그 [벗어남의] 계가 해설되기 때문이다.

(3) 욕망과 증오와 손상들을 바로 동시에 끊을 때, 무엇 때문에 개별적으로 그것이 이것들의 출리라고 확정되는가? 비록 이것들의 출리가 동시라고 하더라도 대치의 수습의 차이 때문에 3종의 출리를 설한 것이다. 그중에서 대치의 차이란 다음과 같다: 순서대로 부정관과 자애와 비심이다. 그중에서 부정을 수습하는 자는 [누구든] 일체로부터 출리하며, 자애를 수습하는 자, 비심을 수습하는 자는 [일체로부터 출리한다]. 바로 그 때문에 개별적으로 출리를 해설한 것이다. 반면에 그 이후로는 대치는 단일 종류이기 때문에, 이후의 차이는 없다.

(4.1) 왜 강한 견해를 가진 자는 욕망의 대상들을 기억하는가? 답: 반성적 관찰의 작의에 의해, 또 주요한 사태의 작의에 의해, 또 강력한 의욕작용의 작의에 의해서이다. 왜 욕망의 대상들로 심을 향하지 않는가? 그것에 대해 장점을 보지 않기 때문이다. 왜 [심이] 깨끗해지지 않는가? 그곳에서 쾌락과 심적 즐거움의 생겨남이 없기 때문이다.

왜 [심은] 머물지 않는가? 그것에 대한 향수의 기쁨을 즐거워하지 않기 때문

---

44 Delhey(2009: I. 151): eṣāṃ pañcen<u>driyāṇāṃ</u> niḥsaraṇānām ānimittaparyantānāṃ ... 으로 읽으면서 밑줄친 부분의 사본이 모호하다고 지적한다. 내용상 이 단어는 뒤따르는 단어와 하나의 복합어로, 즉 pañcendriya-niḥsaraṇānām 읽어야 한다고 보이며, 티벳역(dbang po lnga po'i nges par byung ba mtshan med pa la thug pa de rnams ni)도 이를 지지해 준다고 보인다. 따라서 복합어로 번역했다.

이다. 왜 승해하지 않는가? 그것에 대한 올바르지 않은 관념상의 포착을 승해하지 않기 때문이다. 왜 [심은] 사라지는가? 확장되어지는 것을 확장하지 않기 때문이다. 왜 [심은] 파괴되는가? 포착된 대상을 제거하기 때문이다. 왜 [심은] 증대되지 않는가? 저 [포착된 대상]에 대해 관찰한 후에 인식대상 속에서 유지되는 것을 즐거워하지 않기 때문이다.

왜 평정에 주하는가? 그가 평등한 상태에 있을 때, 그는 평등한 상태 속에서 심을 움직인다. 싫어함이란 무엇인가? 거기서 단점을 보기 때문에 [심의] 거역하는 상태이다. 또한 그것은 3종이다. 무상의 측면에서, 고통의 측면에서, 그리고 변괴하는 성질의 측면에서이다. 매우 싫어함이란 무엇인가? 처음으로 단점을 보기 때문에 거역한 상태이다. 거부감이란 무엇인가? 두 번째로 단점을 보기 때문에 거역한 상태이다. 거역함이란 무엇인가? 세 번째로 단점을 보기 때문에 바로 거역한 상태이다.

(4.2) 그런데 그것과 반대되기 때문에 그는 趣入(naiṣkramya)[45]을 작의한다. 왜냐하면 그것에 대해서 공덕이라고 보기 때문에 [그것으로] 향한다. [심은] 깨끗해진다. 왜냐하면 信과 맑은 믿음에 의해 강한 믿음을 일으키기 때문이다. [심은] 안주한다. 왜냐하면 그 인식대상에 대해 산동하지 않기 때문이다. [심은] 승해한다. 왜냐하면 그것에 대해 염오되지 않고 작동함에 의해 번뇌와 분리되어 있기 때문이다.

(4.3) 그중에서 염리 등의 거역하는 행상들 속에서 작동하는 그의 심은 방해되지 않고, 오히려 평정함 속에서 공용이 없다. 왜 그의 심이 잘 갔다고 하는가? 가행의 구극에 이른 작의 속에 [그의 심이] 안주하고 있다는 사실에 의해서이다. 왜 [그의 심은] 잘 수습되었는가? 그것과 다른 작의들이 잘 수습되었기 때문이다. 그것에 의해 [번뇌의] 끊음의 상태 및 끊기 위해 노력하는 가행도의 상태

---

45 ŚrBh I.3는 naiṣkramyabhūmi로서, 그것은 "세간도에 의해 이욕(vairāgya)으로 가는 것과 출세간도에 의해 이욕으로 가는 것, 그리고 그 양자를 위한 자량"으로 설명되어 있다.

가 설해졌다. 그중에서 해탈한 [심]은 분출로부터 해탈하기 때문이고, 잘 해탈한 [심]은 인식대상에 대한 관념상으로부터 해탈했기 때문이며, 매우 잘 해탈한 [심]은 잠재적 경향성으로부터 해탈했기 때문이다.

그에게 욕망의 대상을 조건으로 하는 漏가 생겨난다는 것은 욕망의 대상에 대한 탐을 제외한 후에 그것과 다른, 욕계의 속한 번뇌들이다. 결핍은 바로 그것을 원인으로 해서 생겨나며, 몽둥이를 맞는 등의 특별한 악행들이며, 이 [루와 결핍]들이 행해지고 적집되었기 때문에 나쁜 존재형태 속에서 재생하는 것이다.

태워짐이란 그 때문에 욕망의 대상에 대한 갈애에 의하여 삼켜지게 될 때 신체와 심에 의해 태워지는 것이다. 고뇌란 그 때문에 그것의 사태가 변괴되기 때문에 눈물과 비탄, 고통과 불쾌함과 고뇌가 생겨나는 것이다. 벗어남이란 그것들로부터 벗어나고 분리된 것이다. 따라서 이전처럼 순서대로 분출과 인식대상과 잠재적 경향성으로부터 잘 해탈했기 때문이다.

왜 그는 그것을 조건으로 하는 감수를 느끼지 못하는가? 지각영역들을 지각하기를 원하거나 또는 인식하고 있거나 기억하는 자에게 그 신체에 의하여 염오된 감수가 현행하지 않기 때문이다. 홍련의 잎에 있는 물방울처럼 그의 신체는 번뇌에 의해 스며들지 않고 안주하는 것이다.

(5a) 다음이 벗어남으로 인도하는 여섯 가지 界들이다.[46] 또한 그것들은 바로 경에서 다음과 같이 설해졌다. "'나에게 자심이 수습되었다' 내지 '나는 [이것]이다'라는 생각이 내게 사라졌다. 그렇지만 또한 의심과 의구심의 화살이 나의 심을 사로잡고 있다. 따라서 자심 등은 증오 등의 대치가 아니다." 이러한 올바르지 않은 이해를 제거하기 위해 이것들을 확립한다고 보아야 한다. 그중에서

---

46 여섯 가지 계(dhātu)는 네 개의 무량(apramāṇa)과 無相(animitta), 그리고 我慢(asmimāna)의 끊어짐이다. 이렇게 본다면 여기서 dhātu의 의미는 '영역'이라기보다는 어떤 심적 상태의 '원인'이라고 보인다.

네 가지가 증오 등에 대한 이욕과 대치의 구분에 의해 확립된다. 無相은 관념상의 대치에 의해서 또 성자의 주함의 획득을 탐구하는 방식에 의해서이다. 여섯 번째는 구경에 도달한 탐구의 방식에 의해서이다.

자심은 손상이 없는 것에서 일어나기 때문에 증오의 대치이다. 비심은 타인의 고통을 없애려는 의향에서 일어나기 때문에 살생의 대치이다. 희심(muditā)은 타인의 행복을 같이 기뻐하는 측면/행상에서 일어나기 때문에 불만의 대치이다. 사심(upekṣā)은 욕망의 대상에 대한 탐심과 증오의 대치인데 양자에 대해서 무관심하기 때문이다. 無相(ānimitta)은 相과 반대되기 때문에 일체 관념상의 대치이다. 아만을 여읜 자에게 자신의 해탈이나 증득에 관한 의구심이 일어나지 않는다. 따라서 아만을 여읜 것이 그 [의구심]의 대치이다. 이것이 일체 증오들로부터의 벗어남이라고 생각하면서 한결같이 행한다. '이것이 바로 벗어남이다. 그러나 [그것이] 수습되지 않았기 때문에 증오 등의 현행의 단점이 일어난다.'

(5b) 그중에서 앞의 다섯 계들은 벗어남으로 이끄는 것으로서, 그들 중에서 앞의 넷은 천상적 주함(天住, divyavihāra)[47]에 포섭되는 것이고, 다섯 번째는 성

---

47 ŚrBh IV.의 출세간도의 여섯 번째 加行究竟作意의 서술에서 āryavihāra, divyavihāra, brahmavihāra의 3종이 언급된다. 『성문지』(2021: 488): "또한 그는 주함과 작의와 관련하여 자신의 심에 자재하게 된다. 그가 각각의 성스러운 주함(聖住)이나 천상적인 주함(天住), 梵住를 통해 바랄 때, 그것에 주한다. 그것이 무엇이든 선하고 이익을 초래하는 법을 작의하고자 원하면, 그는 세간적인 것이든 출세간적인 것이든 그 [법]을 작의한다. 그중에서 성스런 주함은 공성에 주함이고, 무원에 주함이고, 무상에 주함이며, 멸진정에 주함이다. 천상적인 주함이란 정려와 무색계에 주함이다. 범주란 자·비·희·사에 주함이다." BoBh 90,7ff에도 3종 vihāra가 언급되고 있다. 『보살지』(2015: 133): "여래가 위없고 비견할 수 없는 3종의 주함, 즉 성스런 주함(聖住), 신적인 [주함](神住) 그리고 브라마의 [주함](梵住)에 의해 그곳에 자주 주하는 것이 이 [여래]에게 주함의 최고성(vihāraparamatā)이라고 설해진다. 그중에서 공성과 무상, 무원에 주함과 멸진정에 주함이 성스런 주함이라고 설해지며, 4종의 선정과 무색정이 신적인 주함이라고 설해지며, 4무량이 브라마의 주함이라고 설해진다. 따라서 3종의 주함으로부터 4종의 최고의 주함이 있으며, 이들 주함에 의해 여래들은 그곳에 자주 주하는 것이다. [즉] 성스런 주함으로부터 공성에 주함과 멸진정에 주함이 있고, 신적인 주함으로부터 부동의 제4선정에 주함이 있고, 범주로부터 비심의 주함이 있는 것이다. 이것에 의해 여래는 漏가 증대되고 루가 줄어들었는지, 나는 어떤 사람의 아직 계발되지 못한 선근들을 증대시켜야 하는지 내지 어느 누구를 최고의 결과인 아라한의 상태에 확립시켜야 하는지에 관해 낮에

스런 주함(聖住, āryavihāra)에 포섭되는 것이다. 반면에 벗어남으로 인도하는 여섯 [계들] 중에서 넷은 梵住(brāhmavihāra)에 포섭되는 것이고, 5번째와 6번째 양자는 성스런 주함에만 포섭된다.

2.5.3. 네 가지 귀의 (Ch. 332b7)

(1) 진에 등의 단점을 초월하는 것이 벗어남이다. 그 벗어남을 위해 의거되어야 하는 것들이기 때문에 귀의(pratisaraṇa)들이다. 그것들은 4종이라고 세존께서 설하셨다. (i) 법(dharma)이 귀의이지 사람(pudgala)은 아니다. (ii) 의미(artha)가 귀의이지 문자(vyañjana)는 아니다. (iii) 요의경(nītārthasūtra)이 귀의이지 미료의 [경](neyārthasūtra)은 아니다. (iv) 智(jñāna)가 귀의이지 식(vijñāna)은 아니다.[48]

(2) 이것들은 어떻게 확립되는가? 4종의 개아와 구별하기 때문이다. 첫 번째는 위선적인 사람과 구별하기에, 두 번째는 세간적인 사람과 구별하기에, 세 번째는 스스로의 견해에 집착해서 머무는 사람과 구별하기에, 네 번째는 청문하는 것들을 최고로 간주하는 사람과 구별하기 때문이다. 그중에서 위선적인 [사람]에게 법이 귀의이지 사람은 아니다. 왜냐하면 단지 행동거지에 의해서가 아니라, 말에 의한 확인에 의해서 지혜가 증득되기 때문이다.

(3a) 또 다른 법문은 바로 이것이다: 세존에 의해 개아도 교설되었고 법도 [교설되었다]. 그중에서 법만이 귀의이지 개아는 아니다. 왜냐하면 국토에 사는 사람들의 어의해석에 집착하지 않기 때문이다.

(3b) 또한 그 법은 문자와 의미의 2종이다: 그중에서 의미가 귀의이지 문자는

세 시간, 밤에 세 시간, [모두] 주야 여섯 번을 佛眼을 갖고 세상을 관조하신다."

48 四依(pratisaraṇa)는 다양한 상황에 맞게 설해진 佛說(buddhavacana)의 진리성을 어떻게 판별하는가의 문제와 관련된 일종의 진리판단을 위한 해석학적 기준이다. 그런 점에서 이 문제는 『대반열반경』에서 붓다께서 확정한 4대교법(mahāpadeśa)과 관련이 깊다. 4의와 4대교법의 관련성에 대해서는 권오민 2012: 596-617; 2015 참조. 대승경전에서 4의의 순서는 Hakamaya(1987: 285f)에 따르면 대략 4종류로 구분된다. 『보살지』(2015: 282ff)에서도 4종 귀의에 대한 설명이 나오지만, 그 설명은 여기와 많이 다르며, 나열순서도 (ii)-(i)-(iii)-(iv)의 순으로 되어 있어 Hakamaya의 4종 유형과도 다르다.

아니다. 왜냐하면 청문한 것이 최고로서 수습되어야 하는 것이 아니라, 그 의미가 사유되고 고려되고 관찰되어야 하기 때문이다.

(3c) 세존에 의해 요의경도 교설되고 미료의[경]도 교설되었다. 여기서 의미를 관찰하는 자에게 오직 요의경이 귀의이지 미료의[경]은 아니다.

(3d) 세존께서는 선취를 위해서 식은 복덕과 부동[업]에 달려있다고 교설하셨고, 열반을 위해서 4성제에 대한 지(智, jñāna)를 교설하셨다. 그중에서 법에 따라 법을 행하는 자에게 지가 귀의이지 식은 아니다.[49]

(4) 요약하면 4종 時에서 실괴하고 또 실괴하지 않았기 때문에 4종의 개아들이 확립되었다. 法을 획득할 때, [그 법을] 지니고 있을 때, [법의] 의미를 관찰할 때, 法에 따라 法을 행할 때에 4종 귀의들이 확립되었다.

[사마히타지에서] 건립[의 설명]을 끝냈다.

3. 작의(manaskāra)의 구별과 관념상(nimitta)의 구별 (Ch. 332c1)

또한 이들 정려 등과 관련한 작의와 인식대상도 알아야 한다.

3.1. 근본작의와 40종의 작의

그중에서 근본작의[50]는 7종이고, 나머지는 40종의 작의들이다.

---

49 앞에서 識과 智를 구별하는 이유는 청문을 최고로 간주하는 사람과 구별하기 위해서라고 말하지만, 뒤따르는 여기서의 설명은 識을 세간적인 목적의 성취나 재생과 관련시키고, 智를 출세간적인 인식과 관련시키고 있을 뿐이고, 문혜와 대비되는 사혜와 수혜는 언급하지 않고 있다. 반면 『보살지』에서의 설명은 식을 문혜와 사혜와 관련시키고, 지를 승의제를 증득할 수 있는 유일한 혜로서 수혜와 연결시킨다. 그러나 『보살지』에서 3혜의 역할은 그다지 분명히 설해지지 않고 있지만, 『해심밀경』(SNS VIII.24)에서 명시적으로 해명되고 있다. 여기서 청문은 문자적 이해와 동일시되며, 사유는 비록 언어적, 개념적 이해의 유형이지만 단어의 올바른 의미를 드러내는 것으로 간주된다. 마지막으로 이미지를 통해 대상 자체에 대한 바른 인식을 얻는 것은 수혜에 의해서만 가능하다고 설해진다.

50 여기서 作意(manaskāra) 개념은 근본적인 것과 부차적인 것으로 나누어진다. 7종 근본작의에 대해

3.1.1. 7종 작의와 40종 작의의 나열

7종 작의란 무엇인가? 즉, (i) 특징을 요지하는 작의(了相作意) (ii) 승해하는 작의 (iii) 원리하는 작의 (iv) 낙을 포섭하는 작의(攝樂作意) (v) 觀察作意 (vi) 가행의 구경에 이른 작의(加行究竟作意) 그리고 (vii) 가행의 구경을 결과로 하는 작의(加行究竟果作意)이다.[51]

40종의 작의란 무엇인가? (1) 법에 관한 작의, (2) 의미에 관한 작의, (3) 신체를 대상으로 하는 [작의], (4) 감수를 대상으로 하는 작의, (5) 심을 대상으로 하는 작의, (6) 법을 대상으로 하는 작의, (7) 승해작의, (8) 진실작의, (9) 유학의 [작의], (10) 무학의 [작의], (11) 유학에 속한 것도 아니고 무학에 속한 것도 아닌 [작의],

---

설명하기 전에 먼저 작의가 무엇을 의미하는지 구분해 이해하는 것이 필요할 것이다. 보통 manaskāra는 한역에서 작의로 번역되지만, 영어로 'attention' 'mental orientation' 등으로 번역된다. 아비달마의 심소법의 분류에서 작의는 모든 심작용에 나타나는 10종 대지법의 하나이다. AKBh 54,23에서 "작의란 심을 향하게 하는 것이다(manaskāraś cetasa ābhogaḥ)"로 정의된다. 심소법의 정의이기에 그 의미는 심을 인식대상으로 향하게 하는 것이 작의의 기능이라고 말하는 것이다. 비슷한 방식으로 TrBh 56,8ff에서 작의는 "향하게 함이란 지향이다. 그것에 의해 심이 인식대상에 직면하는 것이다. 또한 그것은 인식대상에 대해 심을 유지시키는 작용을 한다."고 설명한다.
그렇지만 7종 작의의 맥락에서 이 용어는 심소법의 하나로서 심적 지향성이라는 의미와는 전혀 다른 의미를 갖고 있다. 여기서 작의의 의미는 Sakuma(1990: 28,5-6)가 ŚrBh 443,16-17을 교정하면서 보여주듯이 "색계와 관련된 집중상태에 속한 작의(rūpāvacāro samāhitabhūmiko manaskāraḥ)"이다. 즉, 작의는 정려상태에서 행해지는 집중(attention, concentration)의 맥락에서 사용되고 있다. 이런 집중된 상태에서의 명상의 의미를 가진 작의 개념은 세간도와 출세간도를 포함한 수행도 전체를 포괄하면서 각각의 단계를 7종의 작의에 의해 특징짓고 있다. 따라서 이런 맥락에서 작의는 현대적 의미에서 '명상 수행'에 대응할 것이라 생각된다. Deleanu도 이런 점에서 이 단어를 'contemplation'으로 번역하면서, Griffiths(1983: 426-432)가 택한 번역어인 act of attention이 강력하고 반복적인 훈련을 나타내는 manaskāra 개념의 의미를 살리지 못하고 있다고 생각한다. 그는 작의 개념에서 변행심소 내지 대지법에 속한 심소로서의 의미가 기본적이라고 보고 있는데, 이는 심소법의 분류가 이미 아비달마 초기부터 행해지고 있다는 점에서 당연한 것이지만, 여하튼 유가행파의 문헌에서 집중상태에 속한 작의 개념이 매우 중요한 역할을 한다.

51 7종 작의에 대해서는 ŚrBh IV.에서 상세히 설명되어 있다. 그곳에서 세간도와 출세간도에 따른 수행도는 여기서 언급된 동일한 7종 작의의 단계에 의해 구성되어 있으며, 이 7종 작의 개념에 의거한 수행도의 구성은 『성문지』에 독특한 것이라고 보인다. 따라서 여기서 단지 7종 작의의 명칭만을 제시하는 것은 이 설명이 『성문지』의 설명에 의거하고 있음을 보여준다. 또한 『유가론』의 다른 개소에서도 7종 작의의 명칭은 나타나는데, 「思所成地」 意趣伽陀에 대한 주석에서 7종 작의가 언급되고 있고, 「섭결택분」(T30: 692b10-16)에도 나타난다. 그리고 AS 68,22ff 및 ASBh 80,4ff에서는 4정려와 관련하여 사용되고 있다.

(12) 변지에 대한 작의, (13) [번뇌의] 斷에 대한 작의, (14) 이미 끊어진 [번뇌]에 대한 작의, (15) 분별을 수반한 영상을 대상으로 하는 [작의], (16) 분별을 여읜 영상을 대상으로 하는 [작의], (17) 사태의 구극성을 대상으로 하는 [작의], (18) 행해야할 것의 완성을 대상으로 하는 [작의], (19) 승해를 사택하는 작의, (20) 적정한 [작의], (21) 부분적으로 수습된 [작의], (22) 양자가 수습된 [작의], (23) 항상적인 작의, (24) 존중하면서 행하는 [작의], (25) 적합한 [작의], (26) 대치하는 [작의], (27) 명료함을 일으킬 수 있는 [작의], (28) 반성적 관찰을 일으킬 수 있는 [작의], (29) 힘을 갖고 진행하는 [작의], (30) 방해를 갖고 진행하는 [작의], (31) 강력한 공용을 갖고 진행하는 [작의], (32) 저절로 진행되는 [작의], (33) 사택하는 작의, (34) 내적으로 압축된 [작의], (35) 장애를 청정하게 하는 [작의], (36) 의지처의 완성에 의해 인식영역이 청정해진 [작의], (37) 타인에 의해 인도된 [작의], (38) 내적으로 강력하게 포착하는 작의, (39) 광대한 [작의], 그리고 (40) 변행하는 작의이다.

3.1.2. 40종 작의의 정의 (Ch. 332c19)

(1) 법을 대상으로 하는 [작의]란 무엇인가? 청문으로 이루어진, 지혜와 상응하는 것이다.

(2) 의미를 대상으로 하는 [작의]는 사유와 수습으로 이루어진, 지혜와 상응하는 것이다.

(3-6) 신체를 대상으로 하는 [작의]부터 법을 대상으로 하는 [작의]는 [4]념주를 수행하는, 신체 등을 여리하게 작의하는 자의 작의이다.

(7) 승해작의(adhimuktimanaskāra)는 정려자들이 원하는 대로 관념상이라는 사태를 승해하는 것이다.[52]

---

52 승해작의에 대해서는 『성문지』 제4유가처의 세간도에 따른 설명에서 상세히 명상대상과 접목되어 설해지고 있다. 예를 들어 부정관을 비파샤나의 방식으로 수습할 때(ŚrBh 419,17; Ch. 461a29),

(8) 진실작의(bhūtamanaskāra)는 자상과 공상의 측면에서 여리하게 법들을 작의하는 자의 작의이다.

(9) 有學의 작의는 2종이다. 자성의 측면에서 또 상속의 측면에서이다. 그중에서 자성의 측면에서 유학의 작의는 무루이다. 상속의 측면에서 모든 유학의 작의는 바로 선하다.

(10) 유학에서처럼 무학에서도 마찬가지로 2종이라고 알아야 한다.

(11) 유학에 속한 것도 아니고 무학에 속한 것도 아닌 [작의]란 바로 일체의 세간적인 작의이다.

(12) 변지에 대한 작의는 그것에 의하여 인식대상을 아는 것이지 번뇌들을 끊는 것은 아니다.

(13) 끊음에 대한 작의는 그것에 의하여 [인식대상에 대한 변지와 끊음] 양자를 행하는 것이다.

(14) 이미 끊어진 것에 대한 작의란 이미 끊어진 번뇌들에 대한 연속적인 작의이다.

(15)[53] 분별을 수반한 영상을 대상으로 하는 작의란 그것에 의해 분별 자체를 인식대상들로 하는 비파사나를 수습하는 것이다.[54]

(16) 분별을 여읜 영상을 대상으로 하는 [작의]란 그것에 의해 분별 자체를 인

자애관의 수습(ŚrBh 427,12; Ch. 463a5), 연성연기에 대한 관찰(ŚrBh 429,10; Ch. 463b11), 계차별에 대한 관찰(ŚrBh 430,14; Ch. 463c2) 등에서 승해작의의 방식과 진실작의의 방식이 대조되어 설명되고 있다. 출세간도에 따른 승해작의의 정의는 ŚrBh 495,15ff(Ch. 475a6ff) 참조.

53 (15)-(18)까지의 네 작의는 ŚrBh II.3.1. <변만소연(vyāpy ālambanam)>의 4종에 해당된다. 『성문지』 2021: 206ff 참조. 여기서의 분류 자체는 『성문지』에 의거하고 있다고 보이지만, 각각의 작의에 대한 설명은 많은 차이를 보여준다.

54 ŚrBh II.3.1.1.에서 분별을 수반한 영상은 비파샤나의 대상으로 설명되고 있다. 요가행자는 "정법의 청문이나 교수와 교계에 의거하여 보고 듣고 분별된 것과 관련하여 인식되어야 할 사태와 유사한 영상(所知事同分影像)을 사마히타의 단계에 속한 비파샤나의 행상들에 의해 관한다. [즉] 사택하고 간택하고 상세히 심사하고 두루 사려한다." 그는 교수와 교계 등에 의거해서 인식되어야 할 사태들에 대해 사마히타지에 속한 작의를 현전시킨 후에 법과 인식되어야 할 사태들을 勝解하는 것으로 설명되고 있다.

식대상들로 하는 샤마타를 수습하는 것이다.[55]

(17) 사태의 구극성(事邊際性)[56]을 대상으로 하는 [작의]란 그것에 의해 身·受·心·法들에 관해 "이것을 넘어서 신체는 비존재하고 내지 법들도 비존재한다."고 신체의 구극성 등을 대상으로 하는 것이다.

(18) 행해야할 것의 완성(所作成辦)[57]을 대상으로 하는 작의란 '내가 이것을 작의하고, 이와 같이 내가 작의할 때, 이러저러하게 될 것이고, 이러저러하게 성취될 것이다'라고 생각하는 것이며, 또 청정한 대상을 인식대상으로 하는 [작의]이다.

(19) 승해를 사택하는 작의란 그것에 의해 최초로 혹은 샤마타를 선행요소로 한 후에 법들을 사택하는 것이다.

(20) 적정한 작의란 최초로 혹은 비파샤나를 선행요소로 한 후에 내적으로 심을 안주하는 자의 작의이다.

---

55 ŚrBh II.3.1.2.에서 분별을 여읜 영상은 샤마타의 대상으로 설명되면서, 그 과정이 상세히 기술되어 있다. 그 방식은 "요가수행자는 영상으로서의 관념상을 취한 후에 다시 관찰하지 않는다. [즉,] 사택하지(vicinoti) 않고, 간택하지(pravicinoti) 않고, 상세히 심사하지(parivitarkayati) 않고, 두루 사려하지(parimīmāṃsām āpadyate) 않는다. 그렇지만 동일한 인식대상을 버리지 않고 샤마타의 행상에 의해, 즉 9종의 心住(cittasthiti)에 의해 그 심을 적정하게 한다." 이에 비해 여기서의 설명은 분별을 여읜 인식대상이라고 하더라도 샤마타는 분별 자체를 인식대상으로 한다고 규정하는 점에 차이가 있다. 『성문지』의 설명은 분별이 더 이상 진행되고 있지 않다는 의미로 해석될 수 있는 반면에, 여기서는 그런 상태 속에서조차 분별이 진행되고 있음을 함축하고 있다.

56 ŚrBh II.3.1.3.에서 사태의 구극성(vastuparyantatā, 事邊際性)은 인식대상의 盡所有性(yāvadbhāvikatā)과 如所有性(yathāvadbhāvikatā)으로 정의되고 있다. 盡所有性과 如所有性은 현장의 번역용어로서 『보살지』(BoBh 37,1-4)에서 양자는 진실인 대상(tattvārtha)의 두 가지 양태로서 정의되고 있다. 그 중에서 여소유성은 제법을 여실하게 수행하는 것과 관련한 제법의 진실성이며, 그리고 진소유성은 [제법을] 그런 한까지 수행해야 하는 것과 관련한 제법의 일체성으로 정의된다. 예를 들어 오온은 다섯이고, 12처는 12개라는 방식으로 그 한도까지 모든 종류를 관찰하는 것이다. 이에 비해 위의 설명은 『성문지』의 이해와 매우 다르다.

57 ŚrBh II.3.1.4.에서 소작성판의 설명: "요가수행자는 샤마타와 비파샤나에 친숙했기 때문에 수습했기 때문에 자주 행했기 때문에, 영상을 인식대상으로 하는 작의가 완성되는 것이다. 그것이 완성되었기 때문에 의지체가 전환되고(= 轉依) 일체 추중이 소거된다. 의지체가 전환되었기 때문에 영상을 초월해서 바로 그 인식되어야 할 사태에 대한 분별을 여읜(nirvikalpa), 직접지각하는(pratyakṣa) 智見(jñānadarśana)이 생겨난다."

(21) 부분적으로 수습된 작의란 샤마타 또는 비파샤나를 수습하는 것이다.

(22) 두 부분 모두 수습된 작의는 그것에 의해 양자를 평등하게 수습하는 것이다.

(23) 항상적인 작의란 모든 때에 중단 없고 끊임없이 일어나는 것이다.

(24) 존중하면서 수행하는 작의란 태만 없이 가행하는 것이다.

그중에서 승해를 사택하는 작의에 의해서 지견을 정화하며, 적정한 [작의]에 의해서 경안을 일으킨다. 부분적으로 수습된 작의와 두 부분 모두 수습된 작의에 의해서 장애들로부터 심을 해탈시킨다. 항상적인 작의에 의해서는 헛되지 않게 죽는다. 존중하면서 수행하는 작의에 의해서 빠른 신통을 얻는다.

(25)[58] 적합한(ānulomika) 작의란 번뇌를 끊는데 적합한 것으로, 그것에 의해 인식대상을 염리하는 것이다.

(26) 대치하는(prātipakṣika) [작의]란 그것에 의해 번뇌를 끊고, 끊은 것을 유지하고, 번뇌들로부터 [심]상속을 멀리 하는 것이다.

(27) 명료함을 일으킬 수 있는(prasadanīya) 작의란 6종 수념(隨念)들을 수습하는 자나 또는 또 다른 청정을 일으키는 사태를 작의하는 자의 [작의]이다.

(28) 반성적 관찰을 일으킬 수 있는(pratyavekṣanīya) [작의]란 그것에 의해 끊어지고 끊어지지 않은 번뇌들을 관찰하거나 또는 스스로의 증득이나 이전에 살펴본 법들을 관찰하는 것이다.

(29)[59] 힘을 갖고 진행하는(balavāhana) [작의][60]란 작의를 얻지 못한 초행자들

---

58 (25)-(28)까지의 네 작의는 ŚrBh 279,13ff에서 위의 설명과 비슷하게 제시되어 있다. 『성문지』(2015: 273) 참조 (여기서 같은 용어를 조금 뉘앙스가 다르게 번역했다).

59 이 4종 작의는 약간의 용어상의 차이는 있지만 ŚrBh 278,1ff에서 첫 번째 작의의 그룹으로서 상세히 설해지고 있다. 거기서는 각기 (29) balavāhano manaskāraḥ, (30) sacchidravāhano manaskāraḥ, (31) niśchidravāhano manaskāraḥ, (32) anābhogavāhano manaskāraḥ로 명명되어 있다.

60 『성문지』(2015: 272): "그중에서 힘에 의해 진행되는 작의(balavāhano manaskāraḥ)란 무엇인가? 심을 오직 내적으로만 확립하고 안주하면서 법들을 관찰하는 초보수행자가 작의를 아직 획득하지 못했을 때에는 그에게 힘의 의해 진행되는 작의가 된다. 힘에 의해 진행됨으로써 저 심을 하나의 점에 안주시킨다. 따라서 힘에 의해 진행되는 [작의라] 불린다." 이 작의의 명칭은 한역에서는 運

의 것이다.

(30) 틈을 가진 채 진행하는(sacchidravāhana) [작의][61]란 이미 작의를 얻은 자들이나 또는 이후에 가행을 느슨하게 하는 자들의 것이다.

(31) 강력한 공용을 갖고 진행하는(sābhogavāhana) [작의]란 바로 용맹정진하는, 느슨하지 않게 가행하는 자들의 [작의]이다.[62]

(32) 저절로 진행되는(svarasavāhana)[63] [작의]란 네 가지 시기에 결정되는 것이다: 작의를 획득했을 때, 이미 입정한 자들이 근본정에 들어갔을 때, 현관의 때, 그리고 아라한의 상태를 획득하거나 이미 획득했을 때이다.

(33) 사택작의(vicayamanaskāra)란 비파샤나에 속한 것이다.

(34) 내적으로 압축된(ādhyātmasaṃpiṇḍita) 작의란 샤마타에 속한 것이다.

(35) 장애를 청정하게 하는(āvaraṇaviśodhana) [작의]는 그것에 의해 루들을 끊고 추중을 근절하는 것이다.

(36) 의지체의 완성에 의해 인식영역이 청정해진(āśrayaniṣpattigocaraviśuddha) [작의]란 그것에 의해 모든 추중이 사라진 의지체가 비록 인식대상 속에서 진행된다고 해도 번뇌가 현행하지 않는 것이다.

(37) 타인에 의해 인도된 [작의]란 즉, 성문들의 [작의]이다. 왜냐하면 타인으

轉作意로 번역된다.

61 『성문지』(2015: 271f): "틈을 지닌 채 진행되는 작의란 무엇인가? 작의를 획득한 자가 후에 세간도나 출세간도를 통해 나아갈 때, 특징을 요지하는 작의(lakṣaṇapratisaṃvedī manaskāraḥ)이다. 즉, 거기에서 삼매는 사유에 의해 혼재되어 있고 한결같은 수습의 측면에 의해 생겨나는 것은 아니다." sacchidra는 M-W에서 "having defects, faulty"로 제시된다. 티벳역 skabs su 'chad pa dang bcas pa는 "틈/사이를 가진"을 의미한다. 반면 한역 有間缺은 '틈과 결함을 가진' 정도의 의미로 두 가지 의미를 포괄하고 있다. 이 단어는 「『유가론』」의 다른 곳에서 有間運轉作意로도 번역되는데, 삼매가 사유에 의하여 방해받기 때문에 오로지 순수한 수행을 향해 작동하지 않기 때문이다.

62 『성문지』(2015: 272): "틈 없이 진행되는 작의(niśchidravāhano manaskāraḥ)란 무엇인가? 특징을 요지하는 작의 이후에 가행의 구극에 도달한 작의(prayoganiṣṭhamanaskāra)에 이르기까지이다."

63 『성문지』(2015: 272)에서 (32)는 저절로 진행되는 작의(anābhogavāhano manaskāraḥ)라는 이름으로 가행의 구극을 결과로 갖는 작의(prayoganiṣṭhāphalo manaskāraḥ)라고 정의되고 있다. 그렇다면 그것은 여기서 "아라한의 상태를 획득하거나 이미 획득했을 때"에 한정될 것이다.

로부터 소리를 들은 후에 내적으로 여리작의하기 때문이다.

(38) 내적으로 강하게 포착하는 [작의]란 즉, 독각과 보살들의 [작의]이다. 왜냐하면 스승 없이 깨닫기 때문이다.

(39) 광대한 작의란 즉, 윤회의 과환과 그것의 출리를 아는 보살들이 보리를 향한 서원을 갖는 것이다.

(40) 변행작의란 즉, 불세존들에 있어서는 일체처에서 현견하는 무장애한 智와 상응하는 [작의]이고, 또 보살들에 있어서는 3승이나 오명처에 대한 능숙함을 행하는 [작의]이다.

3.1.3. 40종 작의와 7종 작의의 포섭관계 (Ch. 333b20)

(1-2) 그 [7종 작의] 중에서 (i) 요상작의는 법을 대상으로 하기도 하고 의미를 대상으로 하기도 하지만, 다른 여섯은 오직 의미만을 인식대상으로 한다.

(3-6) 신체 등을 대상으로 하는 작의들은 모든 7종 [작의]들과 관련하여 알아야 한다.

(7-8) (i) 요상작의와 (ii) 승해작의와 (vii) 가행의 구경을 결과로 하는 작의는 승해작의와 진실작의에 포섭된다. (v) 관찰작의는 오직 승해작의에 의해 포섭된다. 나머지 [원리작의와 낙을 포섭하는 작의, 가행의 구경에 이른 작의의] 3종은 이전의 법문에 의지한 후에 오직 진실작의라고 알아야 한다. 그렇지만 다른 것들에 의해서는 이치대로 알아야 한다.

(9-11) 모든 7종 작의는 有學의 작의 및 유학에 속한 것도 아니고, 무학에 속한 것도 아닌 [작의]이다. 無學의 작의는 양자이다. 즉, 청정한 영역에 속한 특징을 요지하는 작의와 가행의 구경을 결과로 가진 [작의]이다.

(12-14) 요상작의와 승해작의, 그리고 관찰작의는 변지(parijñāna)에 대한 작의들이다. 나머지 3종은 斷(prahāṇa)에 대한 작의이다. 가행의 구경을 결과로 하는 작의는 이미 끊어진 [번뇌]와 관련된 [작의]이다.

(15-18) 관찰작의는 바로 분별을 수반한 영상을 대상으로 하는 작의이고, 나

머지는 [15와 16] 양자에 포섭된다. 바로 모든 [7종 작의]들은 사태의 구극성을 대상으로 하는 것이다. 첫 번째 방식으로는 모든 [7종]은 행해야할 것의 완성을 대상으로 하는 작의들이고, 두 번째 방식으로는 오직 가행의 구경을 결과로 하는 것뿐이다.

(19-24) 승해를 사택하는 작의란 처음으로 하는 경우에는 (7종 어디에도) 포함되지 않는다. 샤마타를 선행요소로 하는 경우에는 일체에 속한다. 최초로 적정한 [작의]와 비파샤나를 선행요소로 하는 [작의]도 마찬가지라고 알아야 한다. 여섯 작의는 부분적으로만 수습된 것과 두 부분 모두가 수습된 것이다. 두 부분 모두가 수습된 것이 바로 가행의 구경을 결과로 하는 작의이다. 항상적인 작의와 존중하면서 수행하는 작의는 일체에 속한다.

(25-28) 적합한 작의는 처음의 둘에 의해서 [포섭되며], 대치하는 작의는 원리작의와 가행의 구경에 이른 작의 양자와 낙을 포섭하는 작의의 일부에 포섭된다. 명료함을 일으킬 수 있는 작의는 바로 낙을 포섭하는 작의의 일부에 [포섭된다]. 끊거나 아직 끊지 못한 [번뇌]들을 관찰하는 작의에 의해서는 오직 관찰작의가 포섭된다. 斷으로서의 대치와 관련해서 이렇게 설해졌지만, 다른 것과 관련하여 이치대로 알아야 한다.

(29-32) 힘을 갖고 진행하는 작의는 어떤 [작의]에도 [포섭되지] 않는다. 틈을 가진 채 진행하는 작의와 강력한 공용을 갖고 진행하는 두 작의는 낙을 포섭하는 작의에 이르기까지 [포섭된다]. 저절로 진행되는 작의는 가행의 구경에 이른 작의와 그것을 결과로 하는 작의 양자에 의해 [포섭된다].[64]

(33-36) 사택작의는 요상작의에 [포섭된다]. 내적으로 압축된 작의는 승해작의에 [포섭된다]. 장애를 청정하게 하는 작의는 원리작의와 낙을 포섭하는 작의, 관찰작의 및 가행의 구경에 이른 작의들에 의해 [포섭된다]. 의지처의 완성

---

64 (31-32)의 포섭관계의 설명은 『성문지』와 다르다. 『성문지』에서는 가행의 구경에 이른 작의는 (31)에 포섭되며, 그것을 결과로 하는 작의만이 (32)에 포섭된다. 『성문지』(2015: 272) 참조.

에 의하여 인식영역이 청정해진 작의는 오직 가행의 구경을 결과로 하는 작의에 의해서만 포섭된다.

(37-40) 타인에 의하여 인도된 작의와 내적으로 강력하게 포착하는 작의는 일체에 속한다. 광대한 작의는 어떤 것에도 포섭되지 않는다. 변행작의 중에서 첫 번째는 가행의 구경을 결과로 하는 작의에 의해 포섭되며, 두 번째는 일체에 의해 포섭된다. 만일 요상작의가 타인에 의하여 인도된 작의라면, 그것에 의해 타인의 말과 또 내적으로 여리작의가 사마히타에 든 자의 원인이다. 또한 내적으로 강하게 포착하는 작의는 그것에 의해 이전의 자량만이 그 [사마히타에 든 자]의 원인이다. 나머지 [6종 작의]들은 앞에 것이 이후의 것에 원인이다.

3.2. 인식대상 (Ch. 333c25)

인식대상(ālambana)이란 무엇인가? 관념상(nimitta)이다.

3.2.1. 4종 관념상

관념상이란 무엇인가? 그것은 요약하면 4종으로 보아야 한다. 인식대상으로서의 관념상, 원인으로서의 관념상, 제거되어져야 하는 관념상, 그리고 수습되어져야 하는 관념상이다.[65]

(1) 인식대상으로서의 관념상(ālambananimitta)이란 무엇인가? 인식되어야 할 사태에 대한 분별 자체이다.[66]

(2) 원인으로서의 관념상(nidānanimitta)이란 무엇인가? 삼매의 자량이다.[67]

---

65 이하 4종 nimitta는 ŚrBh 280,4ff에서도 거의 동일하게 분류되고 있지만, 마지막 항목인 실행되어야 할 관념상(niṣevanīyaṃ nimittam)의 설명은 누락되어 있다. 분류에 치중하는 위의 설명에 비해 ŚrBh의 설명은 보다 상세하다. 『성문지』(2015: 273-275) 참조.

66 ŚrBh 280,7ff: tatrālambananimittam/ yaj jñeyavastusabhāgaṃ pratibimbaṃ pratibhāsaḥ/ 『성문지』(2015: 274): "그중에서 인식대상으로서의 관념상(ālambananimitta)이란 인식되어야 할 사태와 유사한 영상이며, 현현이다." 여기서 ŚrBh II.3.1.에서 사용된 영상(pratibimba)이나 미륵논서에 특징적인 顯現(pratibhāsa)이란 용어의 사용이 주목된다.

(3) 제거되어져야 하는 관념상이란 무엇인가? 그것은 4종이다. 침잠의 관념상, 도거의 관념상, 산란의 관념상, 그리고 집착의 관념상이다.[68]

(4) 수습되어져야 하는 관념상이란 무엇인가? 그것은 이 [제거되어야 하는 관념상]의 대치라고 알아야 한다.

(3a) 침잠의 관념상(layanimitta)이란 무엇인가? 감각기관들을 보호하지 않는 방식, 음식에 대해서 적절한 양을 알지 못하는 것, 이른 밤과 늦은 밤에 깨어서 수행에 노력하지 않는 것, 정지를 갖지 않고 주하는 것, 치심을 가지고 행동하는 것, 잠에 탐닉하는 것, 방편을 알지 못하는 것, 懈怠를 수반한 욕구와 정진과 심과 관찰이며, 샤마타를 반복수행하지 않은 것, 샤마타에 대해 완전히 능숙하지 못한 자가 한결같이 샤마타만을 작의하는 것, 마음이 우울해지는 것, 그리고 인식대상에 대해 희열을 갖고 올라타지 않는 것이다.

(3b) 도거의 관념상(auddhatyanimitta)이란 무엇인가? 감각기관들을 보호하지 않는 방식 등 앞에서처럼 4종이다. 탐행자의 상태, 적정하지 않음에 탐닉하는 것, 심이 염리되지 않은 상태에 있는 것, 방편을 알지 못하는 것, 과도한 노력을 수반한 욕구 등 앞에서와 같다. 흥분(pragraha)을 반복수습하지 않는 것, 흥분에 대해 능숙하지 못한 자가 그것의 일부만을 수습하는 것, 친족에 대한 생각 등 이러저러한 도거를 불러일으킬 수 있는 법들에 의한 심의 산란이다.

(3c) 산란의 관념상(vikṣepanimitta)이란 무엇인가? 앞에서처럼 감각기관을 보호하지 않는 방식 등 넷과 거친 사유를 행하는 자의 상태, 둔근의 상태, 많은

---

67 ŚrBh 280,10ff의 설명은 매우 상세하다. 『성문지』(2015: 274): "원인으로서의 관념상(nidānanimitta)이란 즉, 삼매의 자량의 축적이며, 수순하는 교설이며, 수습에 수반되는 강한 욕구이며, 염리를 불러일으킬 수 있는 법들에 대한 염리이며, 산란과 산란없음의 변지에 집중하는 것이며, 인간에 의해 행해졌거나, 인간이 아닌 자에 의해 행해졌거나, 말에 의해 행해졌거나, 노력에 의해 행해졌거나 간에, 타인으로부터 동요되지 않음이다. 마찬가지로 비파샤나에 의존하는, 내적인 심의 응축이며, 후에 보다 강력한 비파샤나에 있어서 이후에 원인으로서의 관념상이다. 마찬가지로 샤마타에 의존하는 비파샤나이며, 후에 보다 강력한 샤마타에 있어서 이후에 원인으로서의 관념상이다."

68 Cf. ŚrBh 280,19ff. 『성문지』에서는 4종 nimitta의 나열의 순서가 집착의 관념상과 산란의 관념상의 순서로 되어 있다.

목적과 많은 의무, 많은 행위들의 상태, 염리하지 않은 심의 상태, 방편을 알지 못하는 것, 원리를 반복수습하지 않는 것, 인식대상에 대해 환희를 갖고 올라타지 않은 것, [재가자와의] 공동생활에 의해 노력에 방해를 야기하는 것, 산란과 산란되지 않은 것에 대한 앎에 잘 집중하지 못하는 것이다.

(3d) 집착의 관념상(saṅghanimitta)이란 무엇인가? 앞에서처럼 감각기관을 보호하지 않는 방식 등 넷과 둔근의 상태, 애욕행자의 상태, 번뇌의 빈번성, 비여리작의, 과환을 보지 못하는 것, 그리고 상[계]에서 출리를 보지 못하는 것이다.[69]

(4) 저 제거되어져야 할 [관념상]들의 대치로서 이치에 따라 행해져야 할 것들이 있다고 알아야 한다.[70]

3.2.2. 32종의 관념상 (Ch. 334a20)

또 다른 32개의 관념상들이다:

(1) 자심의 관념상, (2) 외적인 것의 관념상, (3) 의지체의 관념상, (4) 영역의 관념상, (5) 작의의 관념상, (6) 심의 생기의 관념상, (7) 주함의 관념상, (8) 자상의 관념상, (9) 공상의 관념상, (10) 거침의 관념상, (11) 적정의 관념상, (12) 경험의 관념상, (13) 분별의 관념상, (14) 동시에 행함의 관념상, (15) 염오된 것의 관념상,

---

69 Cf. ŚrBh 280,19ff. 『성문지』(2015: 274f): "(i) 침잠의 관념상(layanimitta)이란 저 인식대상으로서의 관념상과 원인으로서의 관념상에 의해 심이 침잠의 상태로 가는 것이다. (ii) 홍분(= 도거)의 관념상(auddhatyanimitta)이란 저 인식대상으로서의 관념상과 원인으로서의 관념상에 의해 심이 홍분되는 것이다. (iii) 집착의 관념상(saṅghanimitta)이란 저 인식대상으로서의 관념상과 원인으로서의 관념상에 의해 심이 인식대상에 이끌리고 염착하고 염오되는 것이다. (iv) 산란의 관념상(vikṣepanimitta)이란 저 인식대상으로서의 관념상과 원인으로서의 관념상에 의해 심이 외적으로 산란되는 것이다." 여기서 나타나는 형식적인 차이는 (iii) saṅghanimitta와 (iv) vikṣepanimitta의 나열 순서가 바뀌어져 있다는 점이다. 나아가 내용적인 측면에서도 『성문지』의 경우 인식대상으로서의 관념상의 설명에서 ŚrBh II.3.1을 연상시키는 용어가 보이며, 또 원인으로서의 관념상의 설명에서도 삼매의 자량을 샤마타와 비파샤나로 확장하려는 의도적인 고려가 보인다. 그리고 4종의 제거되어야 할 관념상을 ālambananimitta와 nidānanimitta로 한정하여 설명하려고 한다. 이는 적어도 이 주제에 관한 『성문지』의 설명은 Samāhitabhūmi보다 발전된 것임을 보여준다고 생각된다.

70 이 설명은 네 번째 항목인 실행되어야 할 관념상(niṣevanīyaṃ nimittam)에 대한 설명일 것이다.

(16) 염오되지 않은 것의 관념상, (17) 정방편의 관념상, (18) 삿된 노력의 관념상, (19) 광명의 관념상, (20) 반성적 관찰의 관념상, (21) 매우 좋은 삼매라는 관념상, (22) 샤마타의 관념상, (23) 흥분의 관념상(pragrahanimitta), (24) 비파샤나의 관념상, (25) 평정(捨)의 관념상, (26) 삼매의 관념상, (27) 삼매에 주함의 관념상, (28) 삼매에서 출정함의 관념상, (29) 증장의 관념상, (30) 감소의 관념상, (31) 방편의 관념상, 그리고 (32) 인발의 관념상이다.

(1) 자신의 심의 관념상은 무엇인가? 여기서 비구는 바로 과거부터 심이 염오되었기 때문에 자신의 심에 관해서 적합하고 매우 좋은 관념상을 취한다. '이와 같이 또 저와 같이 심은 염오되며 또는 염오되지 않는다.' '이것은 심을 침몰시키는 등에 대한 방법이고, 이것은 네 가지 침몰시키지 않는 것 등에 대한 [방법]이다.' 내지 '다시 심이 염오되었을 때, 심에 집착하지 않기 위한 것이다.'

(2) 외적인 것의 관념상은 무엇인가? 심이 염오되었을 때 '나의 심은 염오되었다.'고 안 후에 외적으로 관념상을 취하는 것이며, 내지 바로 이 잡염을 제거하기 위해, 현행하지 않게 하기 위해서이다. 즉, 광명상이나 또는 맑음을 불러일으킬 수 있는 것이거나 또는 다른 것이라도 그것을 [취하는 것이다].

(3) 의지체의 관념상은 무엇인가? 모든 심신복합체에 속한, 종자를 수반한 5온에 대한 분별 자체이다.

(4) 영역의 관념상은 무엇인가? 색에서부터 법에 이르기까지 각각의 영역에 대한 분별 자체를 작의하는 것이다.

(5) 작의의 관념상은 무엇인가? 그것에서 생겨난 작의가 존재할 때, 각각의 영역에 그것에서 생겨난 식이 생겨나게 된다. '실로 나의 마음은 작의에 의해 인식영역에 대해서 생겨나는 것이지 비작의로부터는 아니다.'고 작의하는 자의 관념상이다.

(6) 심의 생기의 관념상이란 무엇인가? 첫 번째는 바로 직전에 설한 것이며,[71] 두 번째는 '심은 행을 조건으로 하고, 또 명-색을 조건으로 한다.'고 작의하는 자의 관념상이다.

(7) 안주의 관념상은 무엇인가? 네 가지 識住(cittasthiti)[72]이다. 식은 색과 근접해서 주한다고 상세하게 경에 따라 작의하는 자의 관념상이다.

(8) 자상의 관념상은 무엇인가? 자신과 유사한 종류의 특징이나 개별적인 특징을 작의하는 자의 관념상이다.

(9) 共相의 관념상은 무엇인가? 제행의 공상이나 또는 유루의 공상, 또는 일체법의 공상을 작의하는 자의 관념상이다.[73]

(10) 거침의 관념상은 무엇인가? 下地를 거침의 측면에서 보는 자의 관념상이다.

(11) 적정의 관념상은 무엇인가? 상지를 적정의 측면에서 [보는 자의] 관념상이다.

(12) 경험의 관념상은 무엇인가? 이전에 경험했었던 지나간 제행들을 기억하는 자의 관념상이다.

(13) 분별의 관념상은 무엇인가? 미래의 제행들을 분별하는 자의 관념상이다.

(14) 동시에 행하는 관념상이란 무엇인가? 현재의 제행들을 작의하는 자의 관념상이다.

(15) 염오된 것의 관념상은 무엇인가? 탐욕을 수반한 심을 탐욕을 수반한 심이라고 작의하는 자의 [관념상이거나] 내지 [잘 해탈하지 못한 심을] 잘 해탈하지 못한 심이라고 작의하는 자의 관념상이다.

(16) 염오되지 않은 것의 관념상은 무엇인가? 이것과 상위하기 때문에 염오되지 않은 자의 관념상이라고 알아야 한다.

그중에서 탐욕을 수반하는 등의 반성적 관찰은 이미 출리했지만 斷에 대해 노력하지 않는 자들에 있어서이다. 그렇지만 노력하는 자들에게는 [심이] 위축되었거나 침몰해 있다는 등의 반성적 관찰이 있다. 그중에서 탐욕을 수반한 것

---

71 위에서 심이 작의함에 의해 영역에 대해 생겨난다는 것을 가리킨다. 즉, 심은 인식영역과 만남에 의해 생겨나는 것을 가리킨다.

72 4종의 識住(cittasthiti)는 色識住, 受識住, 想識住, 行識住이다.

73 여기서 제행의 공상은 諸行無常, 유루의 공상은 一切皆苦, 일체법의 공상은 諸法無我를 가리킨다.

이란 탐욕과 결합해 있거나 또는 바로 그 [탐]에 속한 추중의 영향을 받는 것이다. 이와 같이 분출과 잠재적 경향성 양자에 의해 일체의 심들은 염오되었다고 이치대로 알아야 하거나 또는 분출과 잠재적 경향성의 대치에 의해 염오되지 않았다[고 알아야 한다].

(17) 정방편의 관념상은 무엇인가? 白品에 속한 원인으로서의 관념상을 작의하는 자의 관념상이다.

(18) 삿된 방편의 관념상은 무엇인가? 黑品에 속한 원인으로서 관념상을 작의하는 자의 관념상이다. "이와 같이 감각기관들을 보호하지 않은 방식에 주하는 자 내지 정지 없이 주하는 자에게 이러저러하게 심은 염오되었다."고 작의하는 자의 상이다.

(19) 광명의 관념상은 무엇인가? 여기에 어떤 자가 어둠을 대치하는 법의 광명으로부터 적합하고 매우 좋은 관념상을 취하고, 하지에서처럼 마찬가지로 상지에서도 그러한 것 등을 잘 작의했다. 어둠의 관념상의 대치로서 바로 이것이 확립된 것이다.

(20) 반성적 관찰의 관념상(pratyavekṣaṇā-nimitta)[74]은 무엇인가? 여기서 비구가 바로 반성적 관찰의 관념상을 적합하고 매우 잘 취한다, 예를 들면 서있는 자가 앉아있는 자를 반성적 관찰하듯이, 바로 현재의 능취에 의해 미래의 소취의 법을 반성적 관찰하는 것이다. 또는 앉아 있는 자가 누워있는 자를 [반성적으로 관찰하듯이], 바로 현재의 능취에 의해 과거의 소취의 법을 반성적 관찰하는 것이다.

뒤에 가는 자가 앞에 가는 자를 반성적 관찰하듯이, 점차 이후의 능취에 의해 과거의 소취의 법을 반성적 관찰하는 것이다. 요약하면 소취와 능취의 법의 반

---

74 『성문지』 번역에서 pratyavekṣaṇā를 '반성적 관찰'로 번역했다. 『보살지』에서는 이를 티벳역 so sor rtog pa에 의거해서 '개별관찰'로 번역했지만, 뒤따르는 비유에서 "서있는 자가 앉아있는 자를", "앉아 있는 자가 누워있는 자를" 또는 "뒤에 가는 자가 앞에 가는 자를" 관찰하는 것으로 표현하는 것은 낱낱이 관찰한다는 의미보다는 '반성적 관찰'이나 '반조적 관찰'의 의미가 더욱 타당할 것이다.

성적 관찰이 2종으로 해명되었다.

(21) 매우 좋은 삼매의 관념상은 무엇인가? 욕탐의 대치로서 푸르게 변함 등을 작의하는 자의 관념상이다. 무엇 때문에 이것을 좋다고 부르는가? 일체 번뇌들 중에서 가장 우세한 것이 탐이고, 일체 탐들 가운데 욕망의 대상에 대한 탐이 모든 고를 일으키기 때문이다.[75] 이것이 그 [욕탐]을 대치하는 인식대상이다. 따라서 좋다고 부른다.

(22) 샤마타(止)의 관념상은 무엇인가? 분별을 여읜 영상을 작의하는 자의 관념상이다.

(23) 흥분의 관념상(pragrahanimitta)은 무엇인가? 여러 가지 중에서 명료함을 일으킬 수 있는 광명의 관념상에 의하여 심을 취하는 자의 관념상이다.

(24) 비파사나(觀)의 관념상은 무엇인가? 청문으로 이루어진 것과 사유로 이루어진 것 그리고 수습으로 이루어진 지혜반야에 의하여 제법을 작의하는 자의 관념상이다.

(25) 평정(捨)의 관념상은 무엇인가? 매우 평등하게 획득된 심을 선품(善品)과 관련해 강력히 중립적으로 갖는 자의 관념상이다.

(26) 삼매의 관념상은 무엇인가? 원인과 인식대상에 대한 수습을 불러일으킬 수 있는 관념상들에 의하여 삼매에 들어가거나 또는 이미 획득한 [삼매]를 현전시키는 것이다.

(27) 삼매에 주함의 관념상은 무엇인가? 바로 이들 관념상들을 잘 포착한 것이다. 잘 포착한 후에 그가 갈구하는 한 그는 거기에 입정해서 주하는 것이다; 또한 저 삼매의 법들로부터 물러서지 않는 것이다.

(28) 出定의 관념상은 무엇인가? 집중되지 않은 상태에 속한 것이고 분별 자체를 포섭하지 않은 것이다.

---

75 현장역 참조. 산스크리트와 티벳역, 한역이 모두 차이가 난다.

(29) 증장의 관념상은 무엇인가? 이미 획득된 삼매가 더욱 더 생겨나고 확장되고 광대해지는 것을 작의하는 자의 관념상이다.

(30) 감소의 관념상은 무엇인가? 이미 획득된 삼매가 때 물러서고 줄어들고 작아지는 것을 작의하는 자의 관념상이다.

(31) 방편의 관념상은 무엇인가? 두 가지 길이 있다: 더욱 더 생겨나고 확장되고 광대한 상태로 나아가기 위해서 또는 퇴환으로 나아가기 위해서이다.

(32) 인발의 관념상은 무엇인가? 광대한 문장과 음절의 의미를 압축한 자에게 또는 신통을 인발하는 자에게 무쟁(無諍)과 무애(無礙)와 원지(願智)들이, 또는 삼매에 의거함에 의해 이것과 다른 특별한 공덕, 즉 [10]력과 [4]무외 등[을 인발하는 자], 또는 심원한 의미의 문장을 반야를 통해서 통달하는 자의 관념상이다.

3.2.3. 근본 관념상과 32종 관념상의 포섭관계 (Ch. 335a4)

그런데 모든 이들 [32종] 관념상들은 4종의 근본 관념상(mūlanimitta)[76]들에 의해 포섭된다. 모든 것은 인식대상으로서의 관념상(ālambananimitta)[77]에 의해 [포섭되고], 또한 원인으로서의 관념상(nidānanimitta)에 의해서도 [포섭된다]. 앞의 것이 뒤의 것의 원인이라고 생각한 후에 각각 뒤따르는 것들을 더욱 더 밝게 비추기 위해서이다. 그렇지만 올바른 방편은 일체 방식으로 오직 원인으로서의 관념상뿐이다. 올바른 방편처럼 삿된 방편도 마찬가지다. 첫 번째는 백품의 [관념상]이고 두 번째는 흑품의 [관념상]이다. 거기서 오직 모든 염오된 관념

---

76 4종의 근본 관념상은 인식대상으로서의 관념상(ālambananimitta)과 원인으로서의 관념상(nidānanimitta), 염오된 관념상(kliṣṭaṃ nimittam)과 염오되지 않은 관념상(akliṣṭaṃ nimittam)이다.

77 ālambananimitta의 복합어 해석에서 nimitta가 관념상 (또는 현상적 이미지)로 이해되는 한, 이 복합어는 Tatpuruṣa 복합어가 아니라 Karmadhāraya로서 이해되어야 할 것이다. 이는 nidānanimitta의 해석에서도 마찬가지다. 『성문지』(2021) 번역에서 번역상의 편이를 위해 이를 인식대상으로서의 관념상' 내지 '인연으로서의 관념상'으로 번역했지만, 원래의 의미는 '인식대상으로서의 관념상' 내지 '원인으로서의 관념상'으로 이해되어야 한다.

상이 제거되어져야 하며, 그것과 다른 [염오되지 않은 관념상]은 각각의 적절한 때에 수습되어져야 하는 것이라고 알아야 한다.

3.2.4. 소연상에 대한 작의의 수습 (Ch. 335a18)

그중에서 인식대상으로서의 관념상에 대한 작의는 어떻게 수습하는가? 그가 바로 각각의 관념상을 작의할 때, 그것을 작의하면서 네 가지 행위들을 행한다. 즉, 바로 그 작의를 수습하고, 그것의 반대항인 번뇌들을 멀리하고, 미래에 더욱 격렬하게 일으키기 위해 바로 그 작의 자체나 또는 그것과 다른 작의를 활발히 일으키고, 그리고 바로 저 작의를 수습하는 그는 인식대상을 염리하고, 번뇌를 끊고, 끊음을 유지하고, [심의] 흐름을 번뇌들로부터 멀리한다. 이와 같이 관념상을 인식대상으로 하는 작의를 수습한다.

3.3. 사마히타지에 들어가는 네 원인 (Ch. 335a25)

네 가지 원인들에 의해 초정려 내지 유정(有頂)에 들어간다. 즉, 원인의 힘에 의해, 가행의 힘에 의해, 요약적 설명의 힘에 의해, 그리고 상세한 설명의 힘에 의해서이다.

(1) 무엇이 원인의 힘에 의해서인가? [원인의 힘에 의해] 그는 가까이 있는 정려에 입정한다.

(2) 무엇이 가행의 힘에 의해서인가? 비록 그가 입정에 근접해 있지 않더라도 자주 입정하는 것은 상시 반복습관의 힘 때문이다.

(3) 무엇이 요약적 설명의 힘에 의해서인가? 이 [요약설명]에 의해 정려를 주제로 한 많은 법들이 청문되고 보존되었다고 상설되었다. 그는 바로 그 법들에 의지하여 홀로 [재가자와] 섞이지 않고, 방일하지 않고, 용맹정진하고, 스스로 노력하면서 머무르고, 법에 따라 법을 정행하면서 정려에 들어간다.

(4) 무엇이 상세한 설명의 힘에 의해서인가? 궤범사나 친교사, 또는 이러저러한 스승과 같은 사람들 곁에서 초정려에 적합하거나 또는 나머지 [정려들에 적

합한] 교수와 교계를 획득한다. 그는 바로 그것을 작의하면서 정려에 들어간다.

이 요가행자들은 넷이다. 즉, 원인의 힘을 갖고 있고, 가행의 힘을 갖고 있고, 이근을 갖고 있으며, 둔근을 갖고 있는 자이다.

3.4. 네 종류의 정려자 (Ch. 335b8)

이 정려자들은 넷이다. 갈애가 많은 정려자, 견해가 많은 정려자, 아만이 많은 정려자, 그리고 의심이 많은 정려자이다.

(1) 무엇이 갈애가 많은 정려자(tṛṣṇottaradhyāyin)인가? 그는 바로 처음에 정려에 들어가는 공덕을 들었지만, 출리는 듣지 못했다. 그것에 대해 그는 한결같이 공덕을 보면서, 용맹정진를 수반하기 때문에 초정려에 들어간다. 그와 같이 이미 [초정려에] 들어간 그는 또한 상위의 [정려]에 대해 애착한다.

(2) 무엇이 [삿된] 견해가 많은 정려자(dṛṣṭyuttaradhyāyin)인가? 여기에 어떤 사람이 자신의 스승에게서나 타인으로부터 '세상은 영원하다'는 등과 '이와 같이 청정해지고 해탈하게 된다. 이와 같이 초정려 내지 有頂에까지 들어간다.'고 청문한다. 그는 바로 그 견해에 의지한 후에 열정을 갖기 때문에 초정려에 들어간다.

그와 같이 입정한 그는 무수한 겁에 있어서 과거의 심신복합체를 기억한다. 그는 '자아와 세계는 영원하다'고 생각한다. 저 삼매로부터 출정한 그는 바로 그 견해를 고착화시키고, 이어서 '이것에 의해 나는 청정해질 것이고, 해탈할 것이고 출리할 것이다.'라고 숙고하고 심려하고 상세히 관찰한다.

(3) 무엇이 慢心이 많은 정려자(mānottaradhyāyin)인가? 바로 여기에서 어떤 자가 '아무개라는 장로가 초정려 내지 유정에까지 들어간다.'고 듣는다. 들은 후에 다시 그는 '그가 그곳까지 입정했는데, 왜 내가 입정하지 못할 것인가?'라고 생각한다. 그는 저 慢心에 의지한 후에 열정적으로 초정려에 들어간다. 그와 같이 입정한 그는 후에 그 때문에 우쭐하게 된다. 반면 이미 입정한 그는 '나는 초정려를 획득했지만, 다른 사람은 그렇지 않다.'고 생각한다. 그는 바로 그 만

심에 의지한 후에 숙고하고 심려하고 상세히 관찰한다.

(4) 무엇이 의심이 많은 정려자(vicikitsottaradhyāyin)인가? 바로 여기에서 어떤 자가 본성적으로 어리석고 둔한 자이다. 그는 과거에 삼매를 행했던 자였고, 따라서 정려에 들어간다. 그와 같이 입정한 그는 위의 [정려]를 향해 얻지 못했던 것을 얻기 위해, 또 4성제를 현관하기 위해 노력한다. 그는 어리석고 둔하기 때문에 [사성]제의 현관을 행할 수 없다. 그는 타인들의 증득에 대해서도 의혹이 일어나고 의심이 일어난다. 그 의혹에 의지한 후에 위의 [정려]에 대해 숙고하고 심려하고 상세히 관찰한다.

3.5.1. 정려와 상응하는 세 상태 (Ch. 335c6)

(1) 어떻게 그는 애착(āsvādanā)과 상응한 정려에 들어가는가? 그가 둔근자로서 탐을 행하거나 번뇌를 강하게 일으킨다면, 그는 초정려에 들어감의 장점을 듣고, 내지 갈애가 많은 정려자가 된다. 그는 위의 [정려]로부터의 벗어남을 알지 못하면서 애착하고, 나아가고, 집착하고, 집착함에 의해 주한다. 또한 그가 어떤 것을 애착한다면, 그는 그곳에서 나간다고 말해야 한다. 그가 그것에 의해 애착한다면, 바로 그것에 그는 들어간 것이다.

(2) 어떻게 청정한 정려에 들어가는가? 중근자이건 이근자이건, 또는 번뇌의 부분이 균등한 자이건 때가 적은 자가 있다. 그는 타인으로부터 초정려에 입정하는 것의 애착과 단점을 듣고 또한 출리에 대해 듣는다. 그는 열정적으로 초정려에 들어간다. 들어간 후에 바로 그 단점을 작의하면서 또한 위의 [정려]에 대해 출리를 알고 애착하지 않는다.

(3) 어떻게 무루의 정려에 들어가는가? 바로 여기에서 어떤 자가 믿음을 따르거나 법을 따르거나 또는 때가 적은 부류이다. 그는 이전에 사성제를 현관했거나, 또는 현관하기 위해 노력했다. 그는 이 행상들과 표식들, 관념상들에 의해 초정려에 들어간다. 바로 그는 그 행상들과 표식들, 관념상들을 사유하지 않지만, 그래도 거기에 색에 속한 것이거나 내지 식에 속한 것이 있을 때, 그 법들을

질병 등의 행상으로 작의하면서 저 제행으로부터 심을 염리하고 두려워하고 억제하고, 또 불사의 영역을 향해 [심을] 산출한다. 이와 같이 무루의 정려에 들어간다.

3.5.2. 네 가지 정려에 들어감 (Ch. 335c23)

(1) 어떻게 퇴환을 일으킬 수 있는(順退分, hānabhāgīya) [정려]에 들어가는가? 그가 둔근이고 저열한 신해를 가졌다면, 그는 열정적으로 초정려에 바로 들어가면서 그곳에서 희열과 낙, 장점을 감내하지 못하고 그 정려로부터 퇴환한다. 근들을 잘 훈련하지 않는 한, 그는 입정하면 할수록 그와 같이 바로 퇴환하게 된다.

(2) 어떻게 머묾을 일으킬 수 있는(順住分, sthitibhāgīya) [정려]에 들어가는가? 그가 중근자이거나 이근자일 때, 그는 그와 같이 애착과 상응하는, 저 [정려]의 장점을 상세히 들은 후에, 그는 그 [정려]에 애착하면서, 위로 출리하지도 않고 또한 아래로 물러서지도 않는다.

(3) 어떻게 수승함을 불러일으킬 수 있는(順勝進分, viśeṣabhāgīya) [정려]에 들어가는가? 그가 이것의 출리를 듣게 되었을 때, 그는 그 等至에 만족하지 못하기 때문에 그 [정려]에 애착하지 않고 위의 [정려]를 향해 노력한다. 따라서 수승함을 얻는다.

(4) 어떻게 확정적 인식을 불러일으킬 수 있는(順決擇分, nirvedhabhāgīya) [정려]에 들어가는가? 그가 모든 곳에서 살가야(satkāya)의 단점들을 볼 때, 그 후에 무루의 [정려]에 들어간다. 모든 무루의 정려는 극히 궁극에 이른 것이기 때문에 확정적 인식을 불러일으킬 수 있는 것(順決擇)이라고 불린다. 예를 들면 보석이 관통되고 항아리가 관통되고 담장이 관통된 것과 같다고 말해진다. 그것을 넘어선 다른 것에 의한 확정적 인식은 존재하지 않기에, 그것은 결택이라고 부른다. 바로 그와 같이 그것을 넘어선 다른 확정적 인식은 없기 때문에 그것은 순결택분이라고 설해진다.

3.5.3. 정려에 들어가는 방법 (Ch. 336a9)

(1) 어떻게 그는 이어서(nirantara) [정려]에 들어가는가? 바로 여기에 어떤 자가 완전히 청정하지 않고 또 완전히 순수하지 않은 초정려 내지 有頂을 획득했을 때, 그는 순차적으로나 또는 역순으로 有頂에 이르기까지 초정려에 들어간다.

(2) 어떻게 뛰어넘어(vyutkrānta) [정려]에 들어가는가?[78] 바로 그것들은 청정하기 때문에 초정려 직후에 세 번째 [정려]에 들어간다. 그 후에 공무변처에까지 [들어간다]. 그 후에 무소유처에 [들어간다]. 세 번째 [무소유처]를 뛰어넘는 등지는 없다. 왜냐하면 매우 초월적인 것이기 때문이다. 역순도 마찬가지다. 여래와 두 번째 아승기[겁]을 넘어선 보살은 제외한다, 왜냐하면 양자에게는 원하는 대로 등지가 일어나기 때문이다.

3.5.4. 등지의 자재함과 그에 대응하는 우주론적 영역 (Ch. 336a18)

어떻게 정려들이 섞이는가? 어떤 자가 유루와 무루의 네 정려들을 획득했다. 그는 등지에 대한 자재함을 획득하고자 원하거나 또는 등지에 대한 자재함의 결과를 경험하고자 원한다. 흐름과 결합된, 유루와 무루의 서로 섞인 정려에 들어간다. [즉] 유루의 직후에 무루, 무루의 직후에 유루가 섞인 [정려에 들어간다]. 다음과 같은 한에서 완성이라고 알아야만 한다. 그가 어느 곳에서 언제 어느 한까지 욕구할 때, 그곳에서 그때 그런 한까지 들어간다. 이것이 등지의 자재함(samāpattivaśitā)이다.

그런데 등지에 대한 자재함의 결과란 그에게 현법낙주(現法樂住)가 더욱 더 빛나는 것이며, 또한 그가 저 [결과에서] 퇴환하지 않은 수행도를 획득하는 것이고, 또한 해탈과 승처, 변처를 산출하기 위한 수행도가 정화되는 것이다. 만일 그가 잔존물이 남아 있는 자(sopadhiśeṣa)로서 죽는다면, 그 이후에 그는 淨居天

---

78 순차적으로 정려의 단계를 진행하지 않고 순서를 초월해서, 즉 순서를 뛰어넘어 다른 정려에 들어가는 것에 대해서는 Seyfort Ruegg 1989: 164ff 참조.

(śuddhavāsa)들에 들어간다.

약·중·강의 정려와 등지의 차이에 의해 앞의 유심유사지에서처럼 모든 곳에 세 영역들이 있다.[79] 무심무사(無尋唯伺)의 삼매를 수습한 후에 대범천의 상태를 획득한다. 약·중·강·강강·최강을 수습했기 때문에 혼합해서 수습하는 자들에게 다섯 淨居天의 영역들이 생겨난다.[80]

그중에서 청정한 정려에 들어감에 의해서 정려[에 대응하는] 영역에 재생하는 것이지, 애착과 상응함에 의해서는 아니라고 알아야 한다. 반면에 만일 재생한 자가 애착한다면, 그 [재생]에서 죽는다. 또는 청정한 [정려]를 수습한다면 바로 그곳에서나 또는 하지에서 재생한다. 상지에 입정한 후에는 상지에서 돌아다닌다. 이 세상에서 먼저 입정하고, 그 후에 저 곳에서 재생한다. 그 이유는 무엇인가? 이욕하지 않은 자는 그곳에서 재생하지 않는다. 또한 아직 입정하지 못한 범부에게 이욕은 없다. 여기에서나 저기에서 두 수행자에게 낙의 차별은 존재하지 않지만, 신체의 차이는 존재한다.

작의의 수습과 관념상의 수습을 끝냈다.

4. 경의 포섭의 관점 (Ch. 336b11)

경의 요지(sūtrāntasaṃgraha)란 무엇인가?

4.1. 8해탈과 8승처, 10변처

4.1.1. 8해탈

8해탈(vimokṣa)이란 색을 가진 자가 색들을 본다고 하는 등으로 앞에서와 같

---

79 심리상태와 존재론적 영역의 대응관계를 Gethin(1998: 119)은 '우주론과 심리학의 대응원리'(principle of the equivalence of cosmology and psychology)라고 불렀다.

80 『구사론』(T29: 126a5ff) 참조.

다.[81] 해탈한 자는 승해하기 때문에 따라서 해탈들은 일곱이다. 想과 受에 등을 돌림에 의해 8해탈이라고 부른다.[82]

(1) 어떻게 색을 가진 자가 색들을 보는가?[83]

욕계에서 태어난 자는 욕계로부터의 이욕을 획득하지만, 색계로부터의 이욕은 아직 얻지 못했다. 그와 같이 그가 해탈했다면, 어떤 것들로부터 해탈했을 때, 그는 바로 그 욕계에 속하는 색들을 광명의 현현을 수반한 관념상을 갖고 작의하고 승해한다. 그는 두 가지 이유들에 의해 색을 가진다. 그것은 욕계에서 태어난 자의 경우와 또 색계에 들어감을 얻은 자가 광명을 수반한 [색]을 승해하는 경우이다.

'색들을 본다'에서 어떠한 색들을 보는 것인가? 무엇 때문인가? 욕계의 색들

---

81 8해탈에 대한 앞의 설명은 VI.1.2.에서의 요약적 설명을 가리킨다. 이하의 8해탈에 대한 설명 중에서 처음 세 가지 해탈에 대해서는 상세하지만 나머지 무색처와 관련된 넷은 간략하게만 언급되고 있고, 여덟 번째 상수멸해탈은 언급되지 않는다. 8해탈에 대해서는 AS 95,4ff 및 이에 대한 ASBh 124,18ff 참조. 여기서는 처음 세 가지와 마지막 상수멸해탈이 상세히 설해져 있다.

82 이 표현은 매우 압축되어 있기에 그 의미를 잘 이해하기 어렵다. 8해탈에서 승해(adhimukti)의 작용이 핵심적이지만 마지막 상수멸해탈에서는 그 개념 자체가 想과 受의 소멸을 의미하기 때문에 여기에 어떠한 종류의 사고 작용이나 승해 작용도 들어올 여지가 없을 것이다. 따라서 승해작용의 측면에서는 해탈은 7종이라는 것이다. 「사마히타지」에서는 상수멸해탈에 대해 언급하지 않지만, AS(95,16-96,3)는 "상수멸의 해탈이란 무엇인가? 상과 수의 소멸에 대한 장애로부터 해탈하기 위해 비상비비상처의 해탈에 의지한 후에 초월한 자들에게 있어 남아있는 적정한 해탈과 관련해 해탈과 유사한 주함이며, 또 주함의 성취 속에서 심심소의 소멸이다."라고 설명한다. ASBh에 따르면 "그것은 해탈과 유사한 주함이다. 왜냐하면 출세간도에 의해 의지체를 전환한 성제자에게 심심소들은 현행하지 않는 상태로서 최고로 적정하기 때문이며, 또 염오의도 현행하지 않기 때문이다."

83 이에 대해 AS는 이어 다음과 같이 설명한다. "왜 색을 가진 자가 색들을 보는가? 변화에 대한 장애(nirmāṇāvaraṇa)로부터 해탈하기 위해 정려에 의지한 후에 내적으로 보는 자에 대해 색이라는 관념을 제견하지 못했기 때문이거나 또는 보는 자에 대해 색이라는 관념을 확립했기 때문에 보이는 색들을 본다고 주함을 성취한 삼매와 지혜이며, 또 그것과 상응하는 심심소법들이다." 각각의 단어에 대한 ASBh의 설명: "왜 색을 가진 자라고 설해지는가? 무색정에 의지한 후에 자신에 대해 색의 관념을 제견하지 못했기 때문이거나 또는 색의 관념을 확립했기 때문이란 보는 자에 대해 색이라는 관념을 현전시켰기 때문이라는 의미이다. 왜 색들을 보는가라고 말하는가? 색들을 좋고 좋지 않은 것으로 승해한 후에 보기 때문이다. 왜 해탈이라고 설해지는가? 이것에 의해 변화에 대한 장애로부터 해탈하기 위해서이다."

을 쪼개고 나서 승처들 속에서 이러한 소멸된 작은 색들과 좋고 나쁘며, 하열하고 수승한, 작은 [색]들을 제거하며, 또한 강력한 것들도 마찬가지로 [제거한다]. 무엇 때문인가? 특별한 공덕을 인발하기 위한 가행을 정화하기 위해서이다. [특별한 공덕이란] 승처들과 변처들, 고귀한 신통력 그리고 無諍과 願智, 無礙解들이다. 만일 그가 이전에 저 색들로부터 이욕했지만, 그러나 그가 그 [색]들에 대한 승해의 자재함을 얻지 못했다면 그것을 얻기 위하여 계속적으로 승해한다.

(2) 어떻게 그는 내적으로 무색이라는 관념상을 갖고, 외적으로 색들을 보는가?

욕계에서 태어난 자가 색[계]로부터의 이욕을 향해 무색계에로의 입정을 현전시키지는 않으면서, 바로 그 [색계]에 대한 관념상을 갖고, [내적으로] 광명의 관념상을 작의하지 않으면서, 외적으로 색들을 승해하는 것이다. 어떤 것으로부터 그가 이욕했을 때, 그는 바로 그것들을 외적으로 [승해한다].

그는 2종의 이유에 의해 내적으로 무색계에 대한 관념상을 가진다. 그것은 무색계에로의 입정을 획득한 자가 그 입정을 스스로 요지하는 것이며, 또 내적으로 광명상을 작의하지 않는 것이다.[84] 나머지는 이전과 같다.[85]

(3) 어떻게 그는 깨끗한(śubha) 해탈을 몸으로 촉증하고 구족한 후에 주하는가?

여기에서 어떤 자가 청정하고 정화된 평정과 정념을 얻었다. 또한 그는 그 청정한 평정과 정념에 의지한 후에 성스러운 측면들에 의하여 완성된 깨끗한 [평정과 정념]을 수습한다. 그것이 깨끗한 해탈이다. 어떤 이유 때문인가? 세 가지 이유 때문이다. 낙과 고를 초월했기 때문에, 일체 동요가 적정해졌기 때문에, 그

---

84 『집론』의 설명은 조금 다르다. AS 95,7-10: "어떻게 내적으로 비물질적인 것이라는 관념을 가진 자가 외적으로 색들을 보는가? 정려에 의지한 후에 보는 자에 대해 색이라는 관념을 제견하지 못했기 때문이거나 또는 보는 자에 대해 색이라는 관념을 확립했기 때문에 보이는 색들을 본다고 주함을 성취한 삼매와 지혜이다." 이에 대한 ASBh 124,23-24: "내적으로 비물질적인 것이라는 관념을 가진 자가 무색정에 의지함에 의해 보는 자에 대해, [즉] 자신에 대해, 색이라는 관념을 제견하기 때문이거나 또는 색이라는 관념을 확립했기 때문이다. 즉, 보는 자에 대해 명칭과 관념을 현전시켰기 때문이라는 의미이다."

85 즉, 외적으로 색들을 보는 경우는 첫 번째 해탈의 설명과 같다는 것이다.

리고 극도의 정화작용이 행해졌기 때문이다.[86] '몸으로 촉증하고'란 성자들은 자주 그런 주함에 의해 주하기 때문이다.[87]

(4-8) 공무변처로부터의 해탈이란 그것으로부터 이욕한 자가 바로 허공을 승해하는 것이다. 식무변처로부터의 해탈도 마찬가지다. 그것으로부터 이욕한 자는 바로 그 [식의 무한함]을 승해한다. 식무변처를 승해하는 자가 무소유처를 획득했을 때, 무소유처로부터의 해탈이 있다. 그러나 有頂(bhavāgra)[88]에서의 해탈에 있어서는 다른 것들을 승해하지 않는다.[89] 변처에 대한 관념상이 일

---

86 세 번째 해탈이 제4정려에 해당된다는 것은 '捨念淸淨'이란 말에 의해서 분명하다. 이 상태에 대한 AS 95,10-16의 설명: "어떻게 깨끗한 해탈을 몸으로 촉증한 후에 구족한 후에 주하는가? 정려에 의지한 후에 내적으로 깨끗하고 깨끗하지 않은 색들에 대해 (a) 상호 의존성의 관념, (b) 상호 연관성의 관념, (c) 상호 일미의 관념을 얻은 후에 거기서 주함의 완성을 얻었을 때 삼매와 혜가 깨끗하고 깨끗하지 않게 변화하는 것으로부터 또 잡염의 생기에 의한 장애로부터 해탈이다." 여기서 언급된 세 개의 관념은 차례대로 위의 세 가지 이유와 대응하는 것으로 보인다. 세 가지 관념에 대해 ASBh(124,25-125,6)는 다음과 같이 설명한다. "깨끗하고 깨끗하지 않은 색들에 대해 상호 의존성의 관념과 상호 연관성의 관념, 상호 일미의 관념을 얻었기 때문이다. 왜냐하면(tathā hi) 깨끗한 색들과 비교한 후에(apekṣya) 그것들과 다른 깨끗하지 않은 것들이 있고, 깨끗하지 않은 것들과 비교한 후에 깨끗한 것들이 있기 때문이다. 비교하지 않은 후에는 아니다. 바로 동일한 종류의 [색]들을 볼 때 깨끗한 것과 깨끗하지 않은 것의 인식은 없기 때문이다. 그와 같이 깨끗한 것들에 깨끗하지 않은 것이 따라 들어가고(-anugata), 깨끗하지 않은 것들에 깨끗한 것이 따라 들어간다. 왜냐하면 깨끗하다고 알려진 피부에 머리카락 등 36종의 깨끗하지 않은 것이 내재하기 때문이다. 따라서 이와 같이 상호 모든 색들을 섞은 후에 깨끗함을 일미의 행상을 가진 관념에 의해 승해한다. 이와 같이 원하는 대로 색 등의 승해에 대한 자재함을 얻은 그에게 깨끗하고 깨끗하지 않은 것으로 변화하는 것에 대한 장애는 제거되며, 또한 그 [변화]와 관련된 잡염의 생기의 장애도 제거된다."

87 ASBh 125,15-20에 이 문장에 대한 상세한 설명이 보인다. "이들 8해탈은 성자들의 주함이기 때문에 주함이라고 불린다. 거기서도 그들은 자주 해탈들에 의해 주한다. 제3과 제8에 의해 주로 주하기 때문이다. 따라서 그 양자가 몸으로 촉증한 후에 구족한 후에 주한다고 말하지, 다른 것들에 대해서는 아니다. 순서대로 유색과 무색의 해탈에 대한 장애를 남김없이 제거했기 때문이다. 다른 설명방식에 따르면 양자는 완성된 전의를 촉증시키기 때문이다." 이 설명에 따르면 모든 8해탈은 성자의 주함(聖住)이지만, 특히 세 번째와 여덟 번째 해탈은 주된 것인데, 왜냐하면 여기서 성자들은 몸으로 촉증하기 때문이다. 세 번째 해탈이 물질적인 것으로부터의 해탈이고, 상수멸의 해탈은 비물질적인 것으로부터의 해탈로 구별되고 있다.

88 有頂은 비상비비상처를 가리킨다.

89 AS 95,14-16: "공무변처로부터의 해탈이란 무엇인가? 해탈에 수순하는, 공무변처로부터의 해탈이다. 식무변처와 무소유처, 비상비비상처도 마찬가지라고 알아야 한다. 왜냐하면 해탈은 적정하고 해탈은 걸림의 장애가 없는 것이기 때문이다." ASBh 125,8-11: "공무변처 등의 넷이다. 성제자에 있어서 무루에 수순하는 청정한 것들이 있을 때 그것들이 해탈이라는 명칭을 얻는다. 그것에

어날 때까지, 그런 한까지 승해되어야 한다.

4.1.2. 8승처 (Ch. 336c17)

먼저 승해한 후에, [즉,] 정화를 행한 후에, 나중에 제압해서 본다. 따라서 승처(abhibhvāyatana)들이다.[90]

그런데 제압(abhibhava)은 5종이라고 알아야만 한다. 하열한 것의 제압은, 예를 들면 어떤 사람이 저 기술 등에 의해서 우세했기 때문에 타인을 저열한 상태 속에 위치시키는 것이다. 미약한 작동의 제압은, 예를 들면 더 큰 힘을 가진 자가 더 약한 힘을 가진 자를 누르는 것이다. 보이지 않게 하는 것의 제압은, 예를 들면 항아리 등에 의해서 가로막거나 또는 주술이나 신통에 의해 보이지 않게 하는 것이다. 염리에 의한 제압은, 예를 들면 번뇌를 싫어하여 끊는 것이다. 자재함의 작동에 의한 제압은, 예를 들면 왕이 신하를 원하는 대로 행하게 한다는 점에서 임명하는 것이다.

그러나 바로 이 맥락에서는 은폐의 제압과 자재함의 작동에 의해 제압이 의도된 것이다. 전자는 해탈들에 대한 승해의 자재함이 [의도되었고], 후자는 승처들에 대한 제압의 자재함이 [의도되었다].

그중에서 '작은 색들을 본다'란 중생과 생활필수품들이며, 큰 것들이란 집이나 쉴 곳 등이다. 좋은 것들이란 색깔의 측면에서 한결같이 매우 깨끗하기 때문에 마음에 드는 것들이며, 이것과 상위한 것이기에 나쁜 색깔들이다. 하열한 것들이란 성·향·미·촉의 측면에서 마음에 들지 않는 것이며, 이것과 상위한 것

대한 탐닉으로부터 해탈하기 때문이다. 적정한 해탈이란 색들로부터 초월한 후에 무색이 있는데, 그것들에 대해 걸림이 없는 것이며 청정한 것이다. 무색에 대한 탐닉이 그것에 대한 장애이다." 이 설명에서 나타나듯이 "공무변처의 해탈"(한역: 無邊虛空處解)은 공무변처로부터 해탈하는 것이 아니라, 공무변처에서 주함을 성취하는 경우로서, 그것에 대해 걸림이 없고 청정한 삼매나 지혜를 말한다.

90 AS 96,3-5: "해탈들에 의해서 인식대상이 승해된다. 승처들에서 [인식대상이] 자재하게 생겨나기 때문에 인식대상이 제압된다."

이기에 탁월한 것들이다.[91] 또한 그들 중생들과 생활필수품들, 궁전들의 색깔은 [청·황·적·백의] 4종이다. '[인식대상을] 제압한 후에 안다'란 계속해서 방해가 되는 인식대상을 승해하는 것이다. '그는 그와 같은 생각을 한다'란 제압하는 생각을 가진 자이다.

4.1.3. 10변처 (Ch. 337a6)

변처(kṛṣṇāyatana)들에 의해서 승해하는 사태의 모든 영역을 승해한다. 거기에서 '無二'란 성자에게 있어서이다. 왜냐하면 그것은 자아와 자아에 속하는 것의 차별이 없기 때문이다. 그렇지만 무량은 모든 사람에 있어서이다.

무슨 이유로 색처와 촉처 양자에 의해서 이 [10변처]가 확립되었는가? 자신과 타인의 두 상속은 모든 곳에서 또 물질적인 영역에서 일어나기 때문이다. 안 등은 바로 스스로의 상속에 속하는 것들이고, 향·미 양자 모두는 일체에 있는 것이 아니다. 그렇지만 저 물질적인 것들에게 색처의 등지는 색계를 끝으로 한다. 반면에 무색계에서 허공은 모든 곳에 변재해 있기 때문에 이에 대해서 변처가 확립되었다. 또한 식도 변처의 영역과 행동반경을 갖고 있기 때문이다.

4.1.4. 세 법의 순서와 차이 (Ch. 337a15)

우선 먼저 요가행자는 승해하고, 그 후에 제압한다. 그 후에 제압의 자재함을 획득한 후에 다음에 바로 그 변처를 원하는 대로 승해한다. 따라서 이것이 그것들의 순서이다.[92]

---

91 작은 것과 큰 것, 좋은 색깔과 나쁜 색깔, 하열한 것과 탁월한 것의 세 쌍은 AS 96,5-6에서 달리 설명되고 있다. "중생과 중생이 아닌 것들에 의거한 후에 색들을 작거나 크다고 말한다. 깨끗하고 깨끗하지 않은 것에 의거한 후에 색들을 아름답거나 추하다고 말한다. 사람이나 천신들에 의거한 후에 색들을 열등하거나 탁월하다고 말한다."

92 해탈(vimokṣa)과 승처, 변처의 세 수행법은 서로 밀접히 관련되어 있다. 해탈은 승해(adhimokṣa)에 의해 이루어지기 때문에 여기서 승해라는 단어로 표시한 것이다. 승해에 의해 방해가 되는 인식대상을 제압하고, 변처에 의해 인식대상에 대한 자재함을 획득했을 때, 신통력이 나온다는 설명

여덟 가지 청정한 색의 변처에 의해 성스럽고 승해에 속하며, 사태들을 변화시킬 수 있는 신통력을 인발한다. 그가 그와 같이 승해하고 변화시키는 만큼, 바로 그와 같이 그것은 된다. 금 등에 의해서도 작용이 행해질 수 있다. 청정한 식의 변처에 의해서 무쟁(無諍)[93]과 무애해(無礙解),[94] 원지(願智)[95] 등을 인발한다.[96] 청정한 허공의 변처에 의해서 어떤 것을 원할 때 그것을 허공으로 만든다.

예를 들면, 항아리와 철, 금을 만드는 자들이 진흙 등을 처음에 골고루 [항아리 등이] 바르지만 그것들을 완전히 정화시키지는 못한 것처럼, 해탈의 상태도 마찬가지다. 그와 같이 극히 정화작용이 이루어진 것처럼 승처의 상태도 마찬가지다. 그와 같이 극히 정화되어 만들어진 후에 원하던 대로 변화시키는 것처럼, 변처의 상태도 마찬가지라고 알아야만 한다.

이다. 뒤의 비유를 통해 볼 때, 해탈은 인식대상에 대해 승해 작용을 행하는 것이고, 승처는 인식대상에 대해 제압함에 의해 인식대상을 정화하는 것이며, 변처는 이런 정화작용을 완전히 마스터한 상태일 것이다. 세 개념의 관계를 ASBh(127,24-25)는 "해탈들에 의해 착수하고, 승처들에 의해 가행하고, 변처들에 의해 해탈들을 완성한다."고 규정한다.

93 AS 96,15-16: 무쟁(araṇa)이란 "정려에 의지한 후에 번뇌의 생기로부터 보호하기 위한 주함의 성취와 관련된 삼매이고, 지혜이며, 그것과 상응하는 심심소법들이다."

94 無礙解(pratisaṃvit)는 법(dhatma)과 의미(artha), 어원(nirukti)과 변설(pratibhāna)과 관련된 무애해의 4종이다. 『보살지』 <보리분품>에서 보살의 네 가지 무애해는 다음과 같이 설명된다. "일체법의 일체 방식들에 관하여 존재하는 한도에서의 전체성(盡所有性)과 존재하는 방식에 관한 진실성(如所有性)에 의해 수습으로 이루어진, 장애를 여의고 물러서지 않는 지혜가 이 [보살]들의 법(dharma)에 대한 무애해이다. 또한 바로 일체법의 일체 특징들에 관하여 존재하는 한도에서의 전체성(盡所有性)과 존재하는 방식에 관한 진실성(如所有性)에 의해 수습으로 이루어진, 장애를 여의고 물러서지 않는 지혜가 이 [보살]들의 의미(artha)에 대한 무애해이다. 또한 바로 일체법의 일체 언사들에 관하여 존재하는 한도에서의 전체성(盡所有性)과 존재하는 방식에 관한 진실성(如所有性)에 의해 수습으로 이루어진, 장애를 여의고 물러서지 않는 지혜가 이 [보살]들의 어원(nirukti)에 대한 무애해이다. 또한 바로 일체법의 일체 종류의 문장의 차이에 관하여 존재하는 한도에서의 전체성(盡所有性)과 존재하는 방식에 관한 진실성(如所有性)에 의해 수습으로 이루어진, 장애를 여의고 물러서지 않는 지혜가 이 [보살]들의 변설(pratibhāna)의 무애해이다." (『보살지』 p.142에서 인용). AS 96,19ff에도 4종 무애해가 설해져 있다.

95 AS 96,17-18에서 願智(praṇidhijñāna)는 "정려에 의지한 후에 인식되어야 할 대상에 대한 앎의 성취와 관련된 삼매와 지혜이다."

96 위의 각주에서 드러나듯이 이 문장은 직접적으로 『집론』(AS 96,15ff)과 서술의 순서상 관련이 있다. 『집론』에서는 無諍과 願智, 무애해를 언급하고, 이어 6종의 신통(abhijñā)을 설명하고 있다. 따라서 위의 문장에서 '等'은 신통을 가리킬 것이다.

4.2. 삼매 (samādhi)

4.2.1. 3종 삼매 (Ch. 337a27)

3종 삼매는 공과 무원과 무상이다.[97]

4.2.1.1. 3삼매의 정의

(1) 공성 삼매(śūnyatāsamādhi)

공삼매란 무엇인가? 중생과 영혼(jīva), 양육자와 개아(pudgala)의 비존재와 관련해 심이 하나의 대상에 주하는 것이다.

그중에서 공성은 4종이다. (가) 관찰에 의한 공성으로서, 일체법은 항상성 내지 자아의 공이라고 반성적 관찰하는 것이다. (나) 그것의 결과의 공성으로서, 부동한 심해탈은 탐 등의 일체 번뇌의 공이다. (다) 내공이란 심신복합체(ātmabhāva)가 아집과 아소집, 아만에 대한 집착들의 공이다. (라) 외공이란 다섯 가지 욕망의 대상들은 욕망의 대상들에 대한 탐착의 공이다. '모든 방면에서 색이라는 관념들을 초월했기 때문에 외공을 몸으로 촉증하고 도달한 후에 나는 주한다.'고 [경에서] 설한 바와 같다. 왜냐하면 여기서 색이라는 관념은 욕망의 대상에 대한 관념이기 때문이다. 그것의 관념을 불러일으키는 탐욕을 끊었기 때문에 그것이 바로 외공이다.

어떤 때는 요가행자는 외공을 작의하고, 어떤 때는 그것의 결과의 공성으로서 내공을 작의하고, 어떤 때는 관찰에 의한 공성에 의해 내외공 양자를 작의하고, 그것의 힘에 의해 양자 속에 심을 향한다. 만일 내공과 외공 속에 [심이] 향하지 않는다고 해도, 그 이후에 부동을 작의한다. 무상이라는 관념이나 고라는 관념이 부동이라고 설해진다. 그가 그와 같이 작의할 때, '나는 x이다'라는 동요가 생겨나지 않고, '이것이 나이다'라고 그의 마음은 동요하지 않는다. 따라서 그

---

97 3종 삼매에 대한 설명으로 BoBh 276,2 (『보살지』 2015: 304f) 및 2부 5장 <오사장> 1.10.2.(26)의 설명 참조.

의 마음은 양자 속에 향하는 것이다.

(2) 無願의 심삼매

無願의 심삼매란 무엇인가? 5취온들을 무상의 측면에서나 고의 측면에서 작의하는 자에 있어서 심의 안주이고 하나의 대상을 가지는 것이다.

(3) 무상삼매 (Ch. 337b16)

無相의 [심삼매]란 무엇인가? 바로 그 오취온들의 소멸을 적정의 측면에서 작의하는 자에 있어서 심의 안주이고 하나의 대상을 가지는 것이다.

(i) 무상의 심삼매는 아래로 향하지 않는다고 [경에서] 설해졌다. [심삼매는] 왜 아래로 향하지도 않고 기울어지지도 않는다고 하는가? 상위한 것과 수순하는 것 양자와 결합하지 않기 때문이다. 또한 2종 인연에 의해 무상에 들어간다. 즉, 일체 관념상을 작의하지 않기 때문에, 또 무상의 영역을 작의하기 때문이다. 그와 관련해서 관념상들을 작의하지 않은 자는 그것들에 대해서 염리하지 않고, 싫어하지 않고, 단지 무공용만을 행한다. 따라서 [심이] 아래로 향하지 않는다고 말해진다.

(ii) 관념상을 여읜 영역을 작의하는 자는 그것에 대해 집착하지 않는다. 따라서 강하게 집착하지 않는다고 불린다. 그 삼매는 2종이다: 가행에 속한 것과 가행의 결과를 가진 것이다. 그중에서 가행에 속한 것은 반복적으로 간택한 후에 안주하는 것이고, 관념상들로부터 아직 해탈하지 못한 것이다. 왜냐하면 관념상을 따르는 그의 식은 때때로 심을 취한 후에 주하기 때문이다. 그것은 또한 간택하고 간택한 후에 확정되어진 결과를 취하고, 관념상을 따르는 것으로부터 해탈하게 된다.

(iii) 또한 그 해탈된 [심]은 해탈되었기 때문에 간택에 의해 안주하지 않는다. 따라서 극히 잘 해탈된 것이다. 간택하고 간택한 후에 [그 결과가] 확정되어진 [심]이 다시 확립되기 때문에 해탈된 것이지만, 극히 잘 해탈된 것은 아니다.

해탈적 통찰(ājñā)의 장점은 해탈적 통찰을 결과로 가진다는 것으로, [해탈적 통찰이] 번뇌를 끊음과 현법낙주를 작동시키기 때문이다. 나아가 해탈적 통찰은 멸[제]과 도[제]이기도 하다. 그 양자에 의하여 순서대로 해탈적 통찰을 결과로 하는 것과 해탈적 통찰의 장점이 있다. 반면에 모든 사제의 현관도 해탈적 통찰이고, 아라한과(arhatphala)도 해탈적 통찰이다. 그것에 관련해 견도에 대해서는 해탈적 통찰을 결과로 하는 것이고, 아라한과에 대해서는 해탈적 통찰의 장점이다.

어떤 것(A)이 어디에(B)에 존재하지 않을 때 그것은(B)는 어떤 것(A)의 공이라고 보기 때문에 공성이다.[98] 어떤 것(A)을 이와 같이 볼 때 바로 그것에 대한 희구를 [일으키지] 않는 것이 무원의 [심삼매]이다. 모든 제행에 대한 관념상을 떠난 것으로 보기 때문에 무상이다.

4.2.1.2. 3삼매의 수습 순서 (Ch. 337c10)

그런데 왜 여기서 먼저 공성을 설하고, 다른 [경]에서는 무상한 것이 바로 고이고, 고가 바로 무아라고 나중에 공성을 설했는가?[99] 어떤 것에 의해 무원이 되고, 무아에 대한 관념에 머물지 않는 한에 있어서, 그와 같은 한에서 무상과 고의 통찰은 그와 같이 정화되지 않는다. 그 직후에 무원의 [삼매]가 있다. 바로 그 때

---

98 이것은 『소공경』에서의 공성의 정의로서, 『보살지』에서 '잘 파악된 공성'으로 설명된 것이다.

99 여기서 無我(anātman)와 공성(śūnyatā)은 동일시되고 있다. 실제로 많은 불교문헌에서 두 개념은 거의 외연이 같은 것으로 간주되고 있지만 양자의 차이는 반야경 주석서인 Yum gsum gnod 'jom(D3808, 206a5-7)에 따르면 다음과 같다. "공성과 무아 양자에 의미의 차이는 없지만 가설에 따라 차이가 있다. 공성은 다른 것을 여읜 것인데, 예컨대 물이 없기 때문에 병이 비었다라고 하는 것과 같다. 마찬가지로 자상 등의 상(lakṣaṇa)을 여의었기 때문에 그 법들에 대해 공하다고 분별한다. 무아라는 말은 제법이 비존재하는 것인데, 예컨대 환화의 코끼리 등과 같은 것이다. 그 법들은 자성 등을 여의었다고 말하고자 함에 대해 공하다고 했다. 존재하는 것이 아니라고 사태가 없다고 말하고자 하는 것에 대해 무아라고 했다." (안성두 2019: 각주 10 참조.) 그리고 여기서 다른 경의 설명은 예를 들면 無我相經의 그것을 가리킨다. 이 경은 전통적으로 무아를 처음으로 설한 것으로 유명하다. 이에 대해서는 윌리엄즈 2022: 83ff 참조.

문에 무상이라는 관념을 가진 자에게 무아라는 관념이 있다고 설해졌다. 그는 그것을 무상하고 무아라고 본 후에 희구하지 않는다. 그는 바로 무상을 희구하고 출리를 추구하는 자이다. 그래서 직후에 무상이 설해졌다.

4.2.2. 유심유사 등의 세 삼매 (Ch. 337a17)

(1) 거친 사유와 미세한 사유를 수반하는(有尋有伺) 삼매란 무엇인가? 거친 사유와 미세한 사유 양자와 상응하는 것이다.

(2) 거친 사유는 없고 단지 미세한 사유를 수반하는(無尋唯伺) 삼매란 무엇인가? 오직 미세한 사유와 상응하는 것이며, 그것을 수습한 후에 대범천의 상태를 획득하는 것이다.

(3) 거칠고 미세한 사유가 없는(無尋無伺) 삼매란 무엇인가? 거친 사유와 미세한 사유와 상응하지 않은 것이며, 그 [삼매]를 수습한 후에 그것보다 상지 내지 有頂에 이르기까지 재생하는 것이지만, 무루의 삼매들은 제외한다. 왜 무심무사의 삼매가 생겨나는가? 거친 사유와 미세한 사유로부터 심을 평정하게 한 후에, 만일 일미로서 내적으로 인식대상을 승해할 때 또한 일미로서 현현된다.

4.2.3. 작은 삼매 · 커다란 삼매 · 무량한 삼매

4.2.3.1. 세 가지 삼매의 정의[100] (Ch. 337c25)

(1) 작은 삼매는 무엇인가? [그 삼매는] 제한된 인식영역에서 색을 보기 때문에 인식대상의 측면에서 작은 것이다. 또는 작의의 측면에서 [그것은] 제한된 믿음과 욕구, 승해를 갖고 있기 때문이다.

(2) 커다란 삼매란 무엇인가? [그 삼매는] 인식대상의 측면에서 크다. 왜냐하면 많은 형태들을 보기 때문이지만, 무한하게 보기 때문은 아니다. 또는 [그 삼

---

100 인식대상과 관련해 작은 삼매, 큰 삼매, 무량한 삼매의 3종 구별에 대해서는 ŚrBh 397,19ff 참조(『성문지』 2021: 376).

매는] 작의의 측면에서 크다. 왜냐하면 강한 믿음과 욕구, 승해를 가졌기 때문이지, 무한하고 끝없는 믿음과 욕구, 승해를 가졌기 때문은 아니다.

(3) 무량한 삼매란 무엇인가? [그 삼매는] 인식대상의 측면에서 무한하고 끝없는 색을 보기 때문이거나, 또는 작의의 측면에서 무한하고 끝없는 믿음, 욕구, 승해를 가졌기 때문이다.

4.2.3.2. 뒤의 두 삼매와 관련된 내용 설명

그중에서 커다란 심삼매란 [요가행자가] 한 나무를 빛나는 신들, 빛나는 신들이라고 승해한다고 [경에서 설한 것이다]. 무량한 [심삼매]는 四無量이다.

(1) [그는] 어떻게 하나의 나무를 빛나는 신들, 빛나는 신들이라고 승해하는가? 욕계를 염리한 후에 초정려를 획득한 그는 그 [초정려]의 삼매를 정화하기 위하여 노력한다. 그는 '빛나는 신들'이라고 듣게 된다. 그는 바로 그들의 심신복합체의 광명의 관념(ātmabhāvālokasaṃjñā)을 작의하면서 하나의 나무로부터 대해의 끝에 있는 대지에 이르기까지 승해한다. 왜냐하면 삼매가 더욱 더 강하기 때문이다. 그 [삼매]의 차이에 의해 일어난 재생의 차이도 있다.

작의가 두 배가 된다는 것은 무엇인가? 어떤 사람이 어떤 한도까지 승해하는 것만큼 그에게 그런 만큼의 작의가 가설되는 것이다. 어떻게 작의가 두 배 만큼 된다는 것에 의거해서 수습도 두 배가 되는가? 바로 그 작의의 힘에 의해 그 삼매의 수습의 차이가 가설된다. 왜냐하면 [삼매가] 더욱 더 청정하기 때문이다. 어떻게 수습이 두 배가 됨에 의거하여 정행도 두 배 만큼 된다고 가설되는가? 삼매가 잘 수습되면 될수록, 그와 같이 재생의 원인의 차이도 가설된다. 어떻게 정행이 두 배 만큼 된다는 것에 의거하여 개아가 두 배 만큼 된다고 가설되는가? 그 원인에 의해서 그곳에서 재생하는 중생들에게 높고 낮은 상태와 하열하고 수승한 상태가 가설되기 때문이다.

초정려와 제2정려 양자에 있어 광명의 차이란 무엇인가? 예를 들면 보석의 밖에 광명이 있지만, 마니가 광명은 아닌 것처럼, 초정려에서 신체의 밖에 광명이 있지만, 바로 신체들이 [광명은] 아니다. 그렇지만 등불의 밖에 광명이 있고, 또 그 등불이 빛나는 것처럼 이와 같이 제2정려에서 신체는 빛난다고 알아야 한다. 바로 이 때문에 [신체들은] 그곳에서 동일한 형태를 갖고 있다고 설해진다.[101]

(2) 무엇이 4무량의 건립인가? 중생들은 3종이다. 고도 낙도 없는 자, 고통받는 자, 즐거워하는 자들이다. 그들은 순서대로 낙을 바라는 자들, 고와 분리되기를 바라는 자들, 그리고 낙과 분리되지 않기를 바라는 자들이다. 그 [무량]들은 4종의 인발에 의하여 4종으로 건립된다. 세 [무량]은 순서대로 낙을 인발하기 때문에, 고의 제거를 인발하기 때문에, 낙을 떠나지 않은 수희를 초래하기 때문이다. 반면에 평정(捨, upekṣā)은 바로 그들 낙 등을 바라는 저 3종 [중생]들에게 즐겁지 않음과 후회에 의해 염오되지 않은 상태를 인발하기 때문에, 진에에 의해 염오되지 않은 상태를 인발하기 때문에, 그리고 탐욕에 의해 염오되지 않은 상태를 인발하기 때문에 건립된다.

(가) '자심을 수반한 심에 의해서'라는 말이 있다. 그중에서 자심을 수반함이란 요익을 현전하기 때문이다. 왜냐하면 친구(mitra)는 요익으로 특징지어지기 때문이다. 요익은 2종이다. 이익(hita)을 인발하는 것과 낙(sukha)을 인발하는 것이다.[102] 또한 양자는 모든 무량들에 의하여 해설된다.

원한이 없음에 의해서(avaireṇa)란 의향의 결함이 없기 때문이다. 적이 없음에 의해서(asapatnena)란 다툼이 없는 방식으로 주하기 때문이다. 손상이 없음에 의해서(avyābādhena)란 적대의 의향이 없기 때문이다. 광대함에 의해서(vaipulena)란 인식대상의 위대함 때문이다. 커다람에 의해서(mahadgatena)란 이익과 안락의 인발의 우세함 때문이다. 무량에 의해서(apramāṇena)란 결과를

---

101 티벳역은 이 문장 다음에 snga ma la ni ma yin no//("앞의 [단계]에서는 그렇지 않다")를 덧붙이고 있다. 한역 338a23f(非於下地)도 마찬가지다.

102 hita(利益)과 sukha(樂)의 차이에 대해서는 『보살지』 자타리품 참조

측량할 수 없기 때문으로, 마치 네 개의 大河의 물이 섞이는 것과 같다. 잘 수습됨에 의해서(subhāvitena)란 잘 숙달했기 때문이다.

그런데 자애를 수반한 심은 어느 정도에서 자애를 수반한 것인가? 답: '신해한 후에, 변재한 후에, 구족한 후에'라는 말은 강력한 의향의 승해에 의하여 채운 후에 라는 의미이다. '구족한 후에'라는 것은 정화한 후에 청정하게 한 후에이다. 주한다는 것은 밤낮으로 (시간이) 지나가는 방식으로 시간이 지나가기 때문이다.

'수습된 자애는 최고로 깨끗한 것이다'라고 [경에서] 설해졌다. 무엇을 의도한 후에 설해졌는가? 제3정려에서 이것은 낙들 중에서 최고이다. 그것의 인발에 의해 영향받는 자애가 최고이다. 따라서 최고의 깨끗함이라고 설하셨다.

(나) 비심(悲心)도 공무변처의 인발에 의해 영향받는 한에 있어서 최고이다. 왜냐하면 그것은 고의 제거를 인발하고자 의도한 것이다. 따라서 무색계들 속에서 모든 경우에 이것은 존재하지 않기에 절단과 파괴 등의 고통은 존재하지 않는다. 그러므로 이들 고통을 받는 중생들에 대해서 비심을 갖춘 자는 공무변처를 산출한다. '그곳에 신체에 수반된 고통은 없는데, 그와 같이 그대들은 되기 바랍니다!'

(다) 반면에 수희를 갖춘 자는 환희를 획득한 즐거워하는 중생들에게 식무변처를 산출한다. '무량한 식무변처에 이르기까지 그와 같이 이들 중생들에게 무량한 즐거움이 생겨나십시오.' 마찬가지로 식무변처의 인발에 의해 영향받은 수희가 최고이다.

(라) 이것, 즉 무소유처는 무루의 심의 단계의 끝이다. 그것이 평정 중에서 최고이다. 따라서 '아라한인 비구가 모든 낙과 고와 불고불낙의 행위들 속에서 염오가 없는 것처럼, 이 중생들도 마찬가지로 되시기를!' 이렇게 평정을 갖춘 자는 저 무소유처를 산출한다. 따라서 무소유처의 인발에 의하여 영향받는 한에 있어서 평정은 최고이다.

이러한 보리분에 수반되는 이들 성스러운 측면들을 오직 성자만이 수습할 수 있는 것이다.

4.2.4. 두 종류의 삼매

4.2.4.1. 두 종류의 삼매의 설명 (Ch. 338c5)

(1) 일부만이 수습된 삼매란 무엇인가? 그가 어떤 것에 대해서 바로 광명의 관념상을 작의하거나 또는 바로 색의 관념상을 작의한 후에 입정할 때, 그 [광명이나 색] 양자에 의하여 순서대로 광명을 요지하거나 혹은 색들을 보는 것이다.

(2) 두 부분이 수습된 삼매란 무엇인가? 양자를 작의한 후에 입정하는 것이다. 그는 광명을 요지하고 또 색들을 본다.

4.2.4.2. 두 종류의 삼매의 장애

이와 같이 광명에 의해 영향받은 삼매는 의심 등의 11종의 장애를 갖고 있다고 바로 경에서처럼 알아야 한다. 또한 이것들은 누구의 장애인가? 삼매의 관념상은 모두 2종이다. 인식대상으로서의 관념상과 인연으로서의 관념상이다.[103] 그것에 의지해서 삼매가 주하는데, 바로 그 관념상으로부터 벗어난 자는 [삼매에] 주하지 못한다.

---

103 인식대상으로서의 관념상(ālambananimitta)과 인연으로서의 관념상(nidānanimitta)은 SamBh 213,1ff(= § 4.2.3.4.3.1; Ch. 342a4ff)에서 샤마타와 비파샤나의 관념상으로서 상세히 설해지고 있다. 『성문지』(ŚrBh 391,18-392,5; 392,11-16)는 두 관념상을 먼저 샤마타와 관련시켜 설명하고 이어 비파샤나와 관련하여 다음과 같이 설명한다: "샤마타의 관념상은 무엇인가? 인식대상으로서의 관념상과 인연으로서의 관념상 2종이다. 인식대상으로서의 관념상이란 샤마타에 속하고 인식되어야 할 사태와 유사한 영상이 인식대상에 대한 관념상이다. 바로 그 인식대상에 의하여 저 마음을 적정하게 하는 것이다. 인연으로서의 관념상이란 심이 샤마타에 영향 받았을 때 계속해서 샤마타를 청정하게 하기 위하여 비파샤나를 가행하는 것이 인연으로서의 관념상이다. ... 비파샤나의 관념상이란 무엇인가? 인식대상으로서의 관념상과 인연으로서의 관념상 2종이다. 그중에서 인식대상으로서의 관념상이란 비파샤타에 속하고 인식되어야 할 사태와 유사한 영상이 인식대상으로서의 관념상이라고 불리는데, 바로 그 인식대상을 통해 지혜를 관찰하는 것이다. 그중에서 인연으로서의 관념상이란 심이 비파샤나에 영향 받았을 때 계속해서 비파샤나를 청정하게 하기 위하여 심의 샤마타를 가행하는 것이다."

(i) 그중에서 먼저 요지되지 않은 색의 현현을 보기 때문에 의심이 있다.

(ii) 태만함과 결합하기 때문에 작의가 없다. 마치 색들을 보려고 하지 않은 자가 눈을 감거나 또는 다른 방향으로 얼굴을 돌리는 것처럼, 이와 같이 그 색들에 대해서 작의하지 않음이 일어나는 것이다.

(iii) 감각기관을 보호하지 않는 방식 등에 의하여 신체의 추중이 있다.

(iv) 지나치게 깨어있기 때문에, 또는 극히 졸음에 빠지기 때문에 혼침에 의하여 증대된 무감각함이 있다.

(v) 색들을 보지 않거나 또는 온전하지 않은 색을 보는 자는 그 양자 때문에 극도의 공용을 행하고, 극도의 굳은 작의를 행한다. 따라서 [그에게] 정진은 극히 심하게 된다.

(vi) 반면에 극도의 용맹함의 과실 때문에 [정진은] 마치 메추라기 새를 억누르는 것처럼 매우 침잠하게 된다.

(vii) 광명만을 추구하는 그에게 그 [삼매]는 색의 나타남과 동시에 생겨난다. 때문에 하나를 원하는 그는 두 가지를 획득하기 때문에 두 가지 보물을 획득하는 것처럼 큰 기쁨을 가진다.

(viii) 모든 곳에서 홀연히 좋지 않은 형태가 나타나기 때문에, 마치 동시에 두 측면에서 회전하는 것이 동시에 일어나는 것처럼 두려움이 있다.

(ix) 그는 가거나 머물거나 주하고 있을 때에 다양한 세간들에 대해 다양한 관념이 일어난다. 그 외부의 관념은 이 삼매에게 장애를 일으킨다. 그 삼매에 의하여 스스로를 탁월하다고 보고 또 타인들을 저열하다고 보면서 그는 스스로 우쭐해 한다. 이것도 다양성의 관념(nānātvasaṃjñā)이다.

(x) 지나치게 말을 하거나 또는 매우 오랫동안 심사하는 자들의 신체는 피로하게 되고 내지 심은 삼매에 들어가지 못한다. 따라서 극도의 의언도 장애를 일으킨다.

(xi) 광명의 관념상이나 색의 나타남이 그것에서 생겨났을 때, [요가행자는] 내적으로 요가에 주하는 작의를 포기한 후에, 외적으로 색들을 관찰하고자 착

수하기를 원한다. 따라서 이 극도의 심려함이 삼매의 장애가 되는 것이다.

이것들은 이치대로 삼매에게 인식대상의 측면에서 장애가 되고 또 원인의 측면에서 장애가 된다고 알아야 하는데, 순서대로 인식대상과 원인이라는 관념상에서 벗어나게 하기 때문이다. 어떤 것이든 그 [장애]들은 두 가지 관념상에서 벗어나게 한다.

4.2.5. 세 가지 삼매 (Ch. 339a7)

(1) 희열을 수반한 삼매란 무엇인가? 초정려와 제2정려 양자의 삼매이다.

(2) 낙을 수반한 삼매란 무엇인가? 제3정려에서이다.

(3) 평정을 수반한 삼매란 무엇인가? 제4정려부터이다.

4.2.6. 삼매의 수습의 작동

(1) 어떤 삼매의 수습이 현법낙주를 얻기 위하여 작동하는가?

네 가지 현법낙주들 중에서 가행도와 관련된 삼매의 수습이고, 청정하지 못하고 매우 정화되지 못한 근본적인 [정려]들과 관련된 삼매의 수습이다. 그렇지만 이전에 없었던 등지 때문에 세존께서는 초정려에 대해 가행도라고 설하셨다.

(2) 어떻게 삼매의 수습은 지・견(jñānadarśana)의 획득을 위해 작동하는가?

여기서 비구는 바로 광명상을 적합하고 매우 좋게 잘 포착했다고 경에서 설했다. 이 [삼매의 수습]은 천안(天眼)을 산출하기 위한 가행도에서라고 알아야 한다. 거기서 천안에 의하여 색들을 관조하고, 직접 지각하는 것이 바로 見(darśana)이다. 반면에 『有勝天經』(adhidevatāsūtra)[104]에서 설했듯이 '저 신들은 이러한 이름을 갖고 있고(evaṃnāman) 이와 같은 종류이다'라고 아는 것이 智

---

104 有勝天經은 中阿含(T1: 549b3ff)을 가리킨다. adhidevatā란 "a presiding, or tutelery deity"(MW)이다.

(jñāna)이다.

(3) 어떻게 삼매의 수습은 지혜의 구별을 위해 작동하는가? 가행도에서 사제의 현관과 예류과의 획득, 그리고 無礙解들을 위한 삼매의 수습이다.

(4) 어떻게 삼매의 수습은 漏盡을 위해 작동하는가? 가행도에서 아라한과를 위한 [삼매의 수습]이다.

4.2.7. 성스러운 삼매 (Ch. 339a24)

5종의 지혜를 가진 성스러운 삼매란 무엇인가? '실로 나의 이 삼매는 성스럽고, 염착을 여의고, 취착의 대상이 없다(niraupadhika)'고 상세히 경에서 [설해졌다]. 5종의 지혜가 이것에 의해 설하졌다. 즉, 자성과 관련해서, 개아와 관련해서, 청정과 관련해서, 결과와 관련해서, 그리고 삼매에서 출정하는 관념상들과 관련한 지혜이다.

(1) 그중에서 성스러운 [삼매]란 선함에서 나온 성스러운 것과, 또 무루에서 나온 성스러운 것에 의해서이다. 염착을 여읜 [삼매]는 선함에서 나온 성스러움을 알게 하는 것이며, 취착의 대상이 없는 [삼매]란 무루에서 나온 성스러움을 [알게 하는 것]이다.

(2) 경멸하지 않는 사람들에 의해 존중받는다는 말은 성스러운 붓다들과 그의 제자들에 의해서이다. 현자들에 의해 칭찬받는다는 말은 바로 그들에 의해서이다. 현자들에 의하여 비난받지 않는다는 말은 항시 칭찬받기 때문이다. 예를 들어 초정려가 상지로 나아가기 위한 노력이기 때문에 먼저는 적정의 측면에서 칭찬받고 후에는 거침의 측면에서 비난받는 것과는 같지 않다.

(3) 적정이란 그것의 반대항인 번뇌가 적정해졌기 때문이다. 탁월이란 자신의 영역에 속한 번뇌들에 대해 애착하지 않기 때문이다. 편안하게 획득된 수행도란 불퇴전의 수행도를 얻었기 때문이다. 심이 하나의 상태를 획득했다는 것은 거친 사유와 미세한 사유를 여읜 단계(無尋無伺地)를 얻었기 때문이다.

(4) 현재의 낙이란 현법낙주하기 때문이다. 미래의 낙의 이숙이란 무여의열

반(無餘依涅槃)의 낙으로 이끌기 때문이다.

(5) 정념하면서 입정하고자 하는 자에게 라는 말은 매우 잘 포착된 삼매의 관념상을 잃지 않았기 때문이다. 바로 정념하면서 출정하는 자에게 라는 말은 잘 포착한 출정의 관념상을 잃어버리지 않았기 때문이다.

4.2.8. 다섯 부분을 가진 성스러운 삼매

4.2.8.1. 삼매를 구성하는 다섯 부분 (Ch. 339b13)

(1) 다섯 부분을 가진 삼매란 무엇인가? 여기서 비구가 바로 이 신체를 '[욕망의 대상과의] 분리에서 생겨난 희열(prīti)과 낙(sukha)에 의해서'라는 말은 초정려의 단계에 속한 것에 의해서이다. 그것에 대해 [그는] 희열에 의해서는 강하게 적시고, 낙에 의해서는 두루 적신다. 가행의 궁극에 이른 작의에서는 두루 관통하고, 이전의 [다섯] 작의들에서는 두루 기뻐한다. 왜냐하면 그 작의들에서 희열과 낙은 때로 생겨나지만, 그러나 지속적이지는 않으며, 충족된 것도 아니기 때문이다. '그에게는 관통되어져야 할 어떤 불명료함도 없다.'는 것은 가행의 구경을 결과로 가진 작의와 관련해서이다.

그와 관련해 마치 능숙한 세탁업자나 그의 제자처럼, 요가수행자도 마찬가지라고 보아야 한다. '동그릇(kāṃsī)이나 와기(sthāla), 작은 용기(śuktī) 속에'라는 말은 욕망의 대상과 분리에서 생겨난 희열과 낙과 관련한 교수(教授)와 교계(教誡)라고 보아야 한다. 미세한 세탁가루란 그것과 일치하는, 출리 등에 대한 거친 사유라고 보아야 한다.

'축축하게 뿌린 후에'란 거친 사유(尋)를 청정하게 하는 수행도라고 보아야 한다. '세탁가루 덩어리'란 신체라고 보아야 한다. '축축해진 세탁가루 덩어리'란 희열과 결합했기 때문이다. '물기를 지닌 [세탁가루 덩어리]'란 낙과 결합했기 때문이다. '안팎으로 축축함'이란 직후의 희열과 낙과 결합한 것이라고 보아야 한다. '흩어지지도 않은 비누 덩어리가'란 산란되지 않았기 때문이다. '너무 흘러내리지 않은 [비누]'란 염오가 없고, 또 애착이 없기 때문이다.

(2) 두 번째 [지분]에 대해서 특별한 비유가 있다고 보아야 한다. 그중에서 단지 거친 사유만을 수반한(唯尋) 삼매는 산과 비슷하다. 그 [산]의 위에 조밀함은 거친 사유를 여읜(無尋) 제2정려이다. 인식대상을 일미로 승해하기 때문이다. 연못은 내적인 명정함에 의해서이다. 물의 눈(udakākṣa)은 물이 옆으로 솟구쳐 나오는 것이다. 물의 분수(udakaśulva)은 물이 위로 솟구쳐 오르는 것이다. 그 양자에 의해 순서대로 희열과 낙을 제시한 것이다. [물이] 스며듦 등의 동의어는 앞에서와 같다. '불명료함도 없다'란 틈새 없이 결합해 있기 때문이다.

(3) 세 번째 [지분]에 대해서도 특별한 비유가 있다. 그중에서 청련(utpala) 등과 같이 마찬가지로 희열이 없는 낙은 그 [낙]과 상응하는 법들 및 신체(āśraya)이다. 희열을 여읜 거친 사유와 미세한 사유를 여읜(無尋無伺)의 삼매는 물과 유사하다. 희열은 흥분을 일으키는 것이다. 그 [희열]이 비존재하기 때문에 덮개가 가라앉은 [꽃]이라고 말한다.

(4) 네 번째 [지분]에 대해서도 특별한 비유가 있다. 그중에서 청정한 심에 의해서란 평정과 정념의 청정(upekṣāsmrtipariśuddhi)과 상응하는 [심]에 의해 하지에 속한 오류들을 초월하기 때문이다. 매우 청정한 [심]에 의해서란 선한 [심]에 의해서 자신의 영역에 속한 잡염에 대한 애착이 없기 때문이다. 가장의 비유는 어떤 의미를 갖고 있는가? 그는 능숙하고, 방일하지 않은 종류에 속하며, 생각하는 자이고, 헤아리는 자이며, 관찰하는 자이며, 그에게 증대되거나 감소되거나 간에 어떠한 인지되지 않은 것은 없기 때문이다. 이와 같이 청정한 제4정려를 획득한 그는 능숙하고 방일이 없이 행하고, 일체의 대상의 인지에 대해 현명하다. 8겹이나 9겹이란 견고하기 때문에 파리와 모기 등이 접근하지 못함을 제시한 것이다. 머리와 발을 가진 것이란 두 가지 결점을 갖고 나아감이 있는 것인데, [즉] 의복이 얇기 때문에 또 몸의 일부가 드러나 있기 때문이다. 그 양자가 없음을 제시한 것이다. 바로 이와 같이 그는 저 청정한 심에 의해 채워지고 일체 동요들에 접근되지 않는다. 차갑고 뜨거운 것을 인내하며, 내지 '학(hak)'이라는 말이나 '픽(pik)'이라는 말과 같은 타인들의 거친 소리들과 또 신체적인 감수들

을 인내한다.

(5) 다섯 번째 [지분]에 대해서도 특별한 비유가 있다. 바로 반성적 관찰의 관념상(pratyavekṣaṇānimitta)을 매우 좋게란 바로 앞에서 말했던 것이라고 알아야 한다. 그는 삼세에 속한 제행들을 반성적으로 관찰하고, 또 그 [반성적 관찰]에 의해 반성적으로 관찰하는 것에 대해서도 다시 반성적 관찰하는 것이다.[105] 이 것이 그것과 관련된 요약의미이다.

4.2.8.2. 성스러운 삼매 (Ch. 339c23)

이 성스러운 삼매(āryasamādhi)란 무엇인가? 왜 [정려를] 5支를 가진 것으로 규정하는가? 네 가지 정려들 속에서 또 반성적 관찰의 상태 속에서 성스러운 심일경성이 바로 성스러운 삼매이다. 넷은 현법낙주와 관련되기 때문에 지분으로서 확립한 것이다. 연기에 대한 반성적 관찰과 관련되기 때문에 남아있는 결(結, saṃyojana)들을 끊기 위해 다섯 번째를 지분으로서 건립한 것이다. 따라서 두 가지 이유들에 의하여 그 [삼매]를 건립한 것이라고 보아야 한다.

4.2.9. 성스러운 삼매의 수반요소 (Ch. 339c29)

(1) 왜 성스러운 정삼매는 원인을 수반하고(sopaniṣat) 보조를 수반하는 것(sapariṣkāra)인가? 성스러움이란 선과 무루로서의 성스러운 상태에 의해서이다. 원인은 정견(正見), 정사(正思), 정어(正語), 정업(正業) 그리고 정명(正命)이

---

105 Delhey(2009: 414, fn.29)는 이 문장은 인식행위를 인식하는 식이나 심소에 다시 적용하고 있다는 의미를 함축한다고 해석한다. 이는 인식에 의해 파악된 심소법들이 바로 선행찰나에서 인식작용을 수행했었던 그 심소법들을 현찰나에 그러한 것으로서 다시 관찰하는 것이다. 여기서 관찰행위가 직전에 진행된 관찰행위를 다시 인식대상으로 취한다는 사실이 지적되고 있는데, Delhey는 '앞에 가는 자를 뒤에 오는 자가 관찰'하는 ŚrBh 287,10f + 288,12f(ŚrBh II. 172ff.)의 비유를 들어 설명하고 있다. 『성문지』는 이 비유에 의해 현재의 작의가 직전에 소멸한 작의를 관찰하고 있음을 보여주는데, "거기서 계속해서 생겨난 작의가 직후에 소멸한 것이 '앞에 가는 자'이다. 거기서 직후에 계속해서 생겨난 새로운 작의가 직전에 소멸한 [작의]를 포착하는 것이 '뒤에 오는 자'이다."(『성문지』 2021: 282; 번역상의 오류 수정).

라는 그 [삼매]의 다섯 도의 지분들이다. 그리고 세 가지 보조는 정견과 정정진(正精進), 정념(正念)이다. 이것들을 요약하여 세존께서는 [팔정]도의 일곱 지분들은 성자의 정삼매의 원인이기도 하며 보조라고도 설하셨다.[106] 그렇지만 그것들은 이치에 따라 알아야 한다. 그것에 대해 선행하는 것들의 순서라는 점에서 5종이 원인이고, 삼매의 보조라는 점에서 3종의 보조를 [설하셨다].

(2) 왜 정견이 선행하는 요소가 되는가? 세간에 정행하는 아라한이 있다고 안 후에 출리를 향한 욕구를 일으킨다. 정견을 획득한 후에 이후에 출리하기 위해 집에 주하는 것은 결박된 것이라고 결단한다. 그 후에 출가자는 계와 생활방식을 청정하게 한다. 그에게 저 정어와 정업, 정명들이 생겨난다.

(3) 그는 이들 정견 등의 치료대상인 사견(邪見) 등 5종을 끊지 못했다. 그는 바로 이 다섯 가지 선법들에 의지하고 주한 후에, 타인의 음성을 따르기 때문에 청문으로 이루어진 정견을 일으킨다. 그것과 반대되는 요소들을 끊기 위하여 수행도의 자량으로서의 [정견]을 반성적 관찰의 방식으로 [일으키는 것이다]. 문혜에 의지한 후에 사혜를, 사혜에 의지한 후에 수혜를 일으킨다.

그는 그 정견에 의하여 사견(邪見)을 사견이라고 여실하게 알고, 정견을 정견이라고 내지 정명을 [정명이라고] 요지한 후에, 사견 등을 끊기 위해 또 정견 등을 완성시키기 위해 노력을 일으킨다.

그것에 의해 그것의 치료대상들과 또 그 법들의 갖춤을 얻었을 때, 그것이 그의 정념이다. 그 정념은 또한 삼매의 부분이기에 삼매라고 하는 성질이 설해졌다. 그가 사견 등을 끊고 정견 등을 일으키자마자, 그는 바로 가행도에서 잘못된 정진과 잘못된 念들도 끊고 정정진과 정념을 완성시킨다.

(4) 그것을 끊는 것과 갖춤이 동시에 이루어질 때, 성자의 정삼매가 완성된다.

---

106 Delhey(2009: 415, fn.31)는 DN II 216,29ff에서 8정도 중의 일곱 개가 pariṣkāra로 설해지고 있고, MN III 71,15-20에서 두 개념이 각기 일곱 요소에 적용될 수 있기 때문에 원래 두 개념은 동의어로서 정삼매에 도잘하기 위한 보조수단이었을 것이라고 간주한다.

(5) 선행요소인 혜는 증상계와 결합된다. 다른 사람의 목소리를 수반한 여리작의 및 증상계학 양자에 의지하여 가행도에서 증상심학과 증상혜학이 일어난다. 그중에서 정념이 바로 증상심학이다. 정견과 정정진이 바로 증상혜학이다. 그 3종의 훈련항목(學)들의 완성은 성자의 정삼매의 때에서이다.

4.2.10. 金剛喩定 (Ch. 340b3)

금강유정(vajropamaḥ samādhiḥ)이란 무엇인가? 그것은 모든 것 중에서 최종적인 훈련과 관련된 삼매이다. 그것은 최고이고 최상이며 핵심이기 때문에, 수번뇌에 의해 제압되어지지 않는 것이기 때문에, 또 번뇌에 의하여 제압되지 않기 때문에 금강과 같다고 설해진다. 즉, 금강은 일체 보석들 중에서 핵심이고, 어떤 [보석]에 의해서 뚫어지지 않고, 모든 것을 뚫어버린다. 따라서 이 점에서 이것이 금강과의 유사성이다.[107]

4.3. 등지 (samāpatti)

4.3.1. 5종의 봄의 등지 (Ch. 340b9)

(1) 5종의 봄의 등지(darśanasamāpatti)란 무엇인가? '여기서 비구가 바로 이 신체를'이라고 경에서처럼 설한다. 이미 봄의 등지에 도달한 자에게 있어 이것들이란 봄의 등지이다. 수소단의 [번뇌들을] 억압의 방식으로 대치하는 것이 [번

---

107 ŚrBh 506,10ff(『성문지』 2021: 487ff)에서 金剛喩定은 출세간도에 속하는 7종 작의 중에서 제6 加行究竟作意에서 얻어진다고 설명된다. 위의 설명은 『성문지』의 금강유정의 내용을 요약한 것으로 보인다. "금강은 그것과 다른 ... 보석 중에서 가장 견고하고 가장 강하며, 그 밖의 것들을 관통하지만, 다른 보석들에 의해서 관통되지 않는다. 이와 같이 이 삼매는 모든 유학의 삼매들 중에서 최고이고 최상이며 가장 견고한 것으로 모든 번뇌들을 제압하지만, [다른] 수번뇌들에 의해 제압되지 않는다. 따라서 금강과 같은 [삼매]라고 불린다. 저 금강과 같은 삼매의 직후에 모든 번뇌에 속한 추중의 종자를 영단했기 때문에 궁극적으로 심은 해탈되고, 또 종성의 청정을 획득하며, 번뇌들이 끊어졌을 때 滅智(kṣayajñāna)가 생겨난다. 원인이 소멸했기 때문에 미래에 고통은 모든 방식으로 출현하지 않을 때, 無生智(anutpādajñāna)가 생겨난다." 그리고 이어 수행자는 금강유정 후에 가행의 구경을 과보로 가진 아라한이 된다고 설한다.

뇌의] 끊음이라는 대치이고, 또 [번뇌를] 끊기 위한 관찰이다. 이것이 그것들의 항목을 요약한 것이라고 알아야 한다.

(2) 그중에서 첫 번째에 의해 부정관의 수습에 속한 [사]념주에 의거한 후에 욕망의 대상에 대한 탐욕(欲貪)이 현행하지 않도록 내부 신체의 부정함을 반성적 관찰한다. 두 번째에 의해 바로 동일한 [부정관의 수습]에 의거한 후에 바로 그 [욕탐]이 현행하지 않도록 해골에 이르기까지 개아를 관찰함에 의해 외적인 신체의 부정함을 반성적 관찰한다. 그러한 한에서 모든 부정한 것들이 반성적 관찰되게 된다.

그중에서 '계속해서 통달한 후에'란 '푸르게 변함 등의 관찰의 종류들의 순서를 초월한 후에'라는 의미이다. 앞의 부정관에 의해서는 내적으로 존속하고 작동하는, 신체의 부정함을 반성적 관찰한다. 뒤의 [부정관]에 의해서는 바로 이 신체도 이런 성질을 가진 것이고 이런 부류의 것이라는 법성(dharmatā)을 통달한다.[108]

(3) 식의 흐름을 반성적 관찰한다(pratyavekṣate)는 것은 그 [식]의 생멸을 반성적 관찰하기 때문이다. 재생이 연이어 이어지고 있다는 점에서는 식이 제행을 조건으로 한다고 반성적 관찰한다. 또 찰나가 연이어 이어진다는 점에서는 [식은] 탐을 수반하거나 탐을 여의고 있다고 하는 이런 부류를 갖고 있음을 [반성적 관찰한다]. 각각의 밤낮들이 지나가고, 각각의 찰나와 라바, 무후르타(kṣaṇalavamuhūrta)[109]들이 지나간 후에, 무수하고 많고 다양한 종류를 가진 또

---

108 부정관을 6가지 측면에서 관찰하는 ŚrBh 418,17ff(『성문지』 2021: 394ff) 참조. 『성문지』에서 승해작의는 명상대상을 관찰하면서 의도적으로 "둘이나 셋, 넷, 다섯, 10, 20, 30, 40, 50, 100개의 시체, 천 개의 시체 내지 모든 방향과 간방에 최종적으로 막대기의 끝을 지탱할 수 없을 정도의 틈조차 없을 정도로 무량한 행상으로 가득차고 끊이지 않게 승해"하는 방식으로 nimitta를 산출하는 것이고, 반면 진실작의는 그렇게 산출된 nimitta들을 보면서 실제로 자신의 무수한 전생에서 생겨난 시체들은 더 많았을 것이라고 이치에 따라 사유하고 확인하는 것이다. 따라서 앞의 부정관에 의해 "내적으로 신체의 부정함을 반성적 관찰하는 것"은 승해작의에 해당되고, 뒤의 부정관에 의해 "바로 이 신체도 이런 성질을 가진 것이고 이런 부류의 것이라는 법성(dharmatā)을 통달한다"는 것은 진실작의에 해당될 것이다.

다른 [식]이 생겨나고 또 다른 식이 소멸한다고 반성적 관찰한다.

(4) 그중에서 이욕하지 못한 유학(有學)은 두 방식으로 세간에 의거하고 있다고 반성적 관찰하고, 이욕한 유학은 오직 타세간에, 아라한은 어떤 것에도 [의거하지 않는다고 반성적 관찰한다]. 이것이 이것들 중에서 [번뇌의] 끊음을 위한 반성적 관찰이다.

4.3.2. 승처와 변처의 등지

승처와 변처의 등지는 앞에서 설했다.[110]

4.3.3. 無想定 (Ch. 340c1)

무상정(asaṃjñāsamāpatti)은 정거천(淨居天)에서 이욕했지만, 상지로부터 아직 이욕하지 못한 자가 출리의 관념에 의거한 작의에 의해 심과 심소법들을 소멸시키는 것이다.[111]

그런데 어떻게 그 [무상정]에 들어가는가? '관념은 병이며, 관념은 종기이고, 관념은 화살이다'[112]라고 생각하면서 제4정려에 들어간 자는 관념을 외면하는 작의를 수습하고, 계속해서 생겨나는 관념들을 외면함으로서 안주한다. '관념을 여읜 것, 이것은 적정하고 이것은 매우 탁월하다.'고 관념을 여읜 상태에 심을 향한다. 이러한 순서에 의해 모든 인식대상으로부터 분리되기 때문에 심은

---

109 찰나(kṣaṇa), 라바(lava), 무후르따(muhūrta)는 시간의 단위로서, lava는 약 91ms에 해당되며, kṣaṇa는 그 9배로서 0.8초, muhurta는 약 30,7분에 해당된다. Concept of Time Division in Ancient India - Ancient Science (booksfact.com) 참조.

110 §4.1.2-3를 가리킨다.

111 ŚrBh 458,19ff에서 無想定(asaṃjñāsamāpatti)과 滅盡定(nirodhasamāpatti)은 無心定(accitikā samāpattiḥ)의 2종으로 설명되고 있다. 그중에서 오직 범부만이 관념(saṃjñā)을 외면하는 작의에 의해 무상정에 들어가며, 반면 오직 성자만이 멸진정에 들어간다. Deleanu 2006: § 3.28.4.1. 참조.

112 이 비유는 MN II 230,17-19에서 자아가 想을 갖고 있다는 비불교도의 주장을 비판하는 맥락에서 나온다. 그리고 거의 같은 구문이 無想定에 대한 『성문지』(ŚrBh 460,1f)에 보인다.

소멸한다.

여기에서 재생한 자는 입정하고 또 출정한다. 그 [무상천]에서 재생한 자는 바로 [무상정에] 올바로 입정한 자들이다. 관념이 일어났기 때문에 이들은 그 영역에서 죽게 된다.

4.3.4. 滅盡定 (Ch. 340c9)

(1) 멸진정(nirodhasamāpatti)이란 무엇인가? 무소유처에서 이욕한 자가 주한다고 하는 관념을 선행요소로 하는 작의에 의해 심과 심소법들을 소멸시키는 것이다.

(2) 그런데 어떻게 그 [멸진정]에 들어가는가? 무소유처에서 이욕한 성자는 비상비비상처에 의거해서 無相(animitta)에 들어가거나[113] 또는 멸진정에 의거해서 무상에 들어간다. 그중에서 비상비비상처에 의거해서 [무상에] 들어간 자에게[114] [즉,] 그 이후에도 심을 강한 중립상태로 유지하는 자에게 심은 비상비비상처로부터 나아간 후에 인식대상이 이미 소멸되었을 때에 소멸한다. 멸진정에 의거해서 무상에 들어간 자에게도 마찬가지다.

(3) 멸진정에 의거해서 들어간 자에게 빈번히 작동하는, 샤마타와 비파샤나라는 두 가지 법이 생겨난다. 그중에서 샤마타는 무엇인가? 비파샤나는 무엇인가? 어떻게 빈번히 작동하는 이 두 가지 법이 생겨나는가? 이 맥락에서 샤마타는 여덟 가지 차제정이고, 비파샤나는 성스러운 지혜이다. 거기서 다른 하나가

---

113 Delhey는 Hs.에 따라 naivasaṃjñānāsaṃjñāyatanānimittasamāpanno로 읽는다. 이에 대한 한역은 依非想非非想處相而入於定(-saṃjñāyatana-nimittasamāpanno)으로 "비상비비상처에 대한 관념상에 의거해서 입정하지만"으로 읽지만, 티벳역은 'du shes med 'du shes med min skye mched kyi mtshan ma med pa la snyoms par zhugs으로 사본처럼 번역하고 있다. 한역이 이처럼 사본이나 티벳역과 달리 번역하는 것은 이어지는 nirodhānimittasamāpanno에서도 마찬가지다.

114 Ms. naivasaṃjñānāsaṃjñāyatana-samāpannsya. 여기에는 ānimitta가 나오지 않지만, 이것이 위에서 설명한 첫 번째 입정한 자를 설명하는 것이기 때문에 보충해서 읽는 것이 나을 것이다. 相(nimitta)은 한역에는 있고 티벳역에는 없다.

결여되었기 때문에 입정하지 못한다. 양자가 생겨난 후에 빈번히 작동한다.

(4) 멸진정에 들어간 자에게 어떻게 세 가지 행위들이(saṃskāra) 순서대로 소멸하는가? 여기서 두 가지는 행함과 주함이다. 그중에서 행함 속에서 움직일 때 그는 말을 한다. 그중에서 초정려에는 언어의 작용이 존재하기 때문에 동요가 있다. 하지만 주함이 시작될 때, 그 때 그 [3종 작용]들은 제2정려 이후부터 차례로 입정하기 때문에 차례로 소멸한다. 출리할 때도 마찬가지로 역으로 생겨난다고 보아야 한다.

(5) 멸진정에 들어간 자에게는 심과 심소들은 소멸된다. 그런데 식은 어떻게 신체로부터 떠나지 않는가? 왜냐하면 그에게 변괴되지 않은 물질적인 근들 속에서 전식의 종자를 포섭하는 알라야식(ālayavijñāna)이 중단되지 않기 때문에 미래에 그것을 다시 생기시키는 성질을 갖고 있기 때문이다.[115]

(6) 왜 멸진정에 들어간 자는 '나는 멸에 입정한다.' 또는 '나는 출정한다.' 고 생각하지 않는가? 입정할 때 강력한 의욕작용의 부재에 의해 심이 소멸했기 때문이고, 출정할 때 심은 이미 이전에 소멸했기 때문이다.

어떻게 그는 이전에 그 심을 갖추었는가? 그가 저 행상과 표식과 관념상들에 의해서 바로 그곳에 입정하고 출정함이 행해지고 빈번히 행해졌을 때, 그 [행상과 표식, 관념상]들이 수습되었기 때문에 저절로 입정하고 출정한다.

(7) 어떻게 멸진정에서 출정한 자는 부동하고, 비존재하고, 관념상을 여읜 세 가지 접촉을 하는가? 대부분 저 입정으로부터 출정하는 자는 3종의 인식대상

115 Schmithausen(1987: 18, n.146)은 이 문장을 알라야식 개념의 존재이유가 처음으로 명시된 "도입문(Initial Passage)"이라고 부른다. ṇirodhaṃ samāpannasya cittacaitasikā niruddhā bhavanti / kathaṃ vijñānaṃ kāyād anapakrāntaṃ bhavati / tasya hi rūpiṣv indriye<ṣv a>pariṇateṣu pravṛttivijñānabījaparigṛhītaṃ ālayavijñānam anuparataṃ bhavati āyatyāṃ tadutpattidharmatāyai </>. 그에 따르면 이 문장 속에는 알라야식의 도입을 위한 두 가지 조건이 모두 제시되고 있다. 두 가지 조건이란 (가) 새로운 유형의 식의 도입이 불가피한 단계에 도달했다는 체계적이나 교리적 상황이 인식되어야 하거나 또는 직접적인 심리적 신비적 경험을 위한 명확한 증거가 있어야만 한다는 것, (나) 이런 새로운 유형의 식의 기능이나 특정 성질이 알라야식이라는 용어를 선택하는데 적합해야 한다는 것이다.

을 가지고 출정한다. 재생과 관련된 인식대상에 의해, 인식영역과 관련된 인식대상에 의해, 그리고 멸과 관련된 인식대상에 의해서이다. 이 [3종의 인식대상을 가지고] 출정한 그는 바로 순서대로 세 가지 접촉을 한다.

그중에서 재생과 관련된 인식대상을 갖고 출정한 그에게 '나는 누구이다' 또는 '이것이 바로 나이다' 또는 '나는 무엇이 될 것이다'라는 심의 요동은 생겨나지 않는다. 따라서 부동의 접촉을 한다고 설해진다. 존재영역과 관련된 인식대상을 가지고 출정한 그에게 탐이라는 번뇌도 생겨나지 않고, 진이라는 번뇌도 생겨나지 않고, 치라는 번뇌도 생겨나지 않는다. 따라서 비존재한다는 접촉을 한다고 설한다. 멸과 관련된 인식대상을 갖고 출정한 그는 일체 관념상들을 작의하지 않기 때문에 관념상이 없는 영역(無相界)을 지각한다. 따라서 모든 관념상을 여읜 것을 접촉한다고 설한다.

정려와 해탈, 삼매와 등지들을 설해 마쳤다.[116]

4.4. 경전의 인용과 해석

4.4.1. 은거와 내적인 심의 샤마타 (Ch. 341a27)

세존께서 '비구들이여! 그대들은 은거(pratisaṃlayana)하기 위해, 내적으로 심의 샤마타(cetaḥśamatha)를 위해 노력하야 한다'고 말씀하셨다. 그것에 대해서 그는 와구와 좌구들을 나누어 주하거나 또는 아란야에 가서 내지 정념을 면전에 확립하고서 앉는다. 이것이 은거라고 설한다.[117] 바로 이것이 신체의 遠離

---

116 이 넷은 「사마히타지」의 주제로서, 요약송에서 제시된 것이다. 정려는 § 4.1에서, 해탈(vimokṣa)은 § 4.2에서, 삼매(samādhi)는 § 4.3에서, 그리고 등지(samāpatti)는 § 4.3에서 다루어졌다. 네 가지 주제를 "설해 마쳤다"고 한다면, 원래 여기서 사마히타지의 서술이 끝났음을 보여준다. 따라서 이어지는 부분은 네 가지 주제의 이해를 위한 경전의 인용부분으로서 추가된 것으로 보인다.

117 여기서 pratisaṃlayana는 아란야에 가서 명상하기 위해 은거하는 것으로 설명하며, 그럼으로써 심의 샤마타를 인기하고, 그것은 다시금 비파샤나를 이끌어내는 것으로 설명하고 있다. 은거에 대한 다른 설명이 ŚrBh 147,2ff에서 은거의 장애를 설명하는 맥락에서 나온다. "은거(pratisaṃlayana)의 장애란 무엇인가? 즉, 은거란 샤마타와 비파샤나라고 설해진다. 거기에 샤마타의 장애도 있고,

(vyavakarṣa)이다. 내적인 심의 샤마타는 내적으로 9종 심주이다. 바로 이것이 심의 원리(遠離)이다. 그중에서 은거는 내적으로 심의 샤마타를 인기하고, 내적인 심의 샤마타는 반면 비파샤나를 [인기한다]. 비파샤나는 익숙하게 행해진 자로 하여금 법들에 대한 여실한 현현을 인기한다.

4.4.2. 정념과 무량, 열심히 함 (Ch. 341b7)

세존께서 '비구들이여! 그대들은 열심히 정념을 갖고 삼매를 수습해야 하며, 무량을 수습해야 한다'고 설하신 것과 관련하여 삼매를 수습하라고 약설하신 후에 그 [삼매]의 3종 수습을 제시하셨다. 거기에서 '무량'(apramāṇa)이란 4무량이다. '열심'(nipāka)이란 항시 행하는 것과 또 현명하게 행하는 것으로, 열심히 함이라고 부른다. '정념을 갖고'(pratismṛta)란 4염주에 의해 확립된 심의 상태를 제시한 것이다.

무엇 때문에 수습의 교설은 3종인가? (가) 원만은 세간적인 것과 출세간적인 것의 2종이다. 그중에서 무량의 수습은 세간적인 원만을 인기하며, 정념의 수습은 출세간인 원만을 인기하며, 반면 열심히 함은 이 양자를 신속히 아는 상태를 [인기한다]. 따라서 그것을 양자의 중간에서 설하셨다. 그런 한에서 셋이 설해져야 한다.

(나) 또한 무량이란 샤마타의 도를 설명하신 것이고, '정념을 갖고'란 비파사나의 도를, '열심히'란 양자를 신속하게 증득하는 수행도를 설명하신 것이다.

비파샤나의 장애도 있다. (i) 그중에서 샤마타의 장애란 무엇인가? 방일과 부적절한 곳에 머무는 것이다. 혼침과 수면이 이 방일한 자의 심을 덮거나 샤마타만을 탐닉하거나 또는 위축된 상태로 심을 향하거나 심을 어둡게 한다. 그런 형태의 부적절한 머묾에 의해 사람에 의해 행해진 것이나 사람이 아닌 것에 의해 행해진 타인으로부터의 괴롭힘이 있으며, 그럼으로써 그의 심은 외적으로 산란된다. 이것이 은거의 장애로서, 샤마타의 장애라고 알아야 한다. 비파샤나의 장애란 무엇인가? 자신에 대한 우쭐함(saṃpragraha)과 동요(capala)이다. ... 샤마타의 장애는 두 요소이다. 즉 방일과 적절하지 않은 곳에 머무는 것이다. 비파샤나의 장애도 두 요소이다. 즉 스스로에 대한 자긍심과 동요이다. 이것이 샤마타의 장애 및 비파샤나의 장애로서, 은거의 장애라 설해진다." (『성문지』 2021: 169-170).

(다) 또한 복덕으로 이끄는 길과 열반으로 이끄는 길이 있다. 양자를 신속히 완성으로 이끄는 길을 설하신 것이다. 먼저 샤마타에 대해 익숙해진 자가 후에 비파샤나를 수반하는 삼매를 수습할 때 여실하게 인식되어야 할 것을 보여준 것이다.

4.4.3. 삼매에 익숙한 정려자 (Ch. 341b24)

세존께서 삼매에 익숙하지만 [삼매의] 등지(samāpatti)에 익숙하지 않은 정려자가 있다고 상세히 경의 요약송(uddāna)에서 설하셨다.[118]

(1) 왜 [정려자는] 삼매에 익숙하게 되는가? 그는 공성 등의 3삼매에 대해 익숙하기 때문이다. 왜 [정려자는] 등지에 익숙하지 않는가? 승처와 변처와 멸진정에 대해 익숙하지 않기 때문이다. 왜 그는 등지에 익숙하지만 삼매에 익숙하지 않는가? 그는 10종의 변처들에 대해 또 무상정에 대해 입정하고 출정하는데 익숙하지만, 3종 삼매들에 대해서는 아니다. [등지와 삼매] 양자에 대한 익숙함이란 양자에 익숙하기 때문이다. 양자에 대해 익숙하지 않음이란 양자에 익숙하지 않기 때문이다. 설해진 대로 이와 같이 삼매와 등지들은 어떤 것에 대해서 어떤 것이 타당할 때, [바로 그것에 대해] 그와 같이 관련되어야 한다.

또한 [다음과 같이] 말한다.[119] 그는 삼매에 익숙하다. 그는 삼매를 명·구·문의 측면에서 알지만, 그러나 그 등지에 있어 그것들에 의해 입정하는 행상과 표식과 관념상들을 [알지] 못한다. 어떻게 그는 등지에 익숙하지만 삼매에 익숙하지 않는가? 여기에 어떤 자가 하나의 삼매의 행상과 표식과 관념상들을 알고,

---

118 Delhey(2009: 463)는 관련된 경전의 요약송으로 SN III 278,19ff를 제시하지만, 위 문장에 대응하는 내용이 없다. 아래 (1)은 삼매에 익숙하지만 등지에 익숙하지 않은 경우, 삼매에는 익숙하지 않지만 등지에는 익숙한 경우, 양자 모두에 익숙한 경우, 그리고 양자 모두에 익숙하지 않은 경우의 넷으로 구분하여 설명한 것이다.

119 이하의 설명은 (1)의 대안적 설명으로서, 정려자가 삼매에 익숙하지만 [삼매의] 등지(samāpatti)에 익숙하지 않은 경우, 그리고 등지에 익숙하지만 삼매에 익숙하지 않은 두 가지 경우를 설명한 것이다.

그것들에 의해 입정한다. 그와 같이 입정한 자는 그 삼매를 명·구·문의 측면에서 '나는 이러저러한 삼매에 들어갔다.'고 알지 못한다.

어떤 보살이 들어가는 백천의 삼매들이 있지만, '나는 이런저런 삼매에 들어갔다.'고 그것들의 명·구·문의 그룹들을 알지 못한다. 그런 한에서 그는 붓다로부터나 또는 최고의 완성을 획득한 보살들로부터 청문하지 못하거나 또는 스스로 완성을 얻지 못했다.

(2) [삼매에] 주함(sthiti)이란 무엇인가? 이 행상과 표시, 관념상들에 의해 입정할 때, 그것들을 잘 포착한 것이다. 그것들을 잘 포착했기 때문에 그가 갈구하는 한 그는 [그곳에] 들어가서 주하는 것이지, 그 삼매로부터 퇴환하는 것이 아니다. [그곳에] 입정한 자가 머물고, 또 퇴환하지 않는 것이 2종의 주함이다.

(3) [삼매로부터] 출정(vyutthāna)이란 무엇인가? 여기서 어떤 자가 행상과 표시, 관념상들에 의해 입정할 때, 그는 그것들을 작의하지 않은 후에 사마히타지에 속하지 않고, 분별 자체를 포섭하지 않는 법을 사마히타지와 공유하지 않은 것으로 작의한다.

그는 어떤 이유에 따라 행해져야만 하기 때문이거나 또는 반드시 행해져야만 하기 때문이거나 또는 약속에 따라 행해져야 하기 때문에 저 삼매로부터 출정한다. 그중에서 어떤 이유에 따라 행해져야만 하는 것은 의복과 발우와 자구 등의 행위이다. 반드시 행해져야만 하는 것은 대변과 소변과 걸식 등의 행동과 스승의 봉양이다. 약속에 따라 행해져야 하는 것은 어떤 이가 인정을 받을 때, 그는 타인으로부터 인정받음에 의해 어떤 곳에 종사하는 것이다. 또는 그가 또 다른 등지에 들어가고자 원할 때, 그곳에서 출정한다.

(4a) 그중에서 [삼매의] 행상(ākāra)들은 무엇인가? 그는 그와 같이 인식대상을 행상으로서 취하면서 입정한다. 거침(audarika)과 적정(śānta), 병(roga)과 종기(gaṇḍa), 화살(śalya),[120] 무상(anitya) 등의 행상들이 이러저러한 삼매 속에 있는 행상들이다.

(4b) [삼매의] 신호(liṅga)들은 무엇인가? 그가 삼매에 근접해서 들어갔을 때,

그때 그에게 등지의 신호들이 일어나는데, 그는 이러한 [신호]들을 통해서 다음과 같이 안다. '나는 오래지 않아서 이러 저런 형태의 등지에 들어갈 것이거나 또는 들어간다.' 또한 그에게 스승이 있다면, 그 [스승]도 그 [신호]들에 의해 '그는 오래지 않아서 이러 저러한 형태의 등지에 들어갈 것이다.'라고 안다.

(4c) 관념상(nimitta)들이란 무엇인가? 2종의 관념상이다. 인식대상으로서의 관념상(ālambananimitta)과 인연으로서의 관념상(nidānanimitta)이다.[121]

그중에서 인식대상으로서의 관념상은 분별 자체이고, 이러한 인식대상에 의해 입정한다. 인연으로서의 관념상이란 바로 이 삼매의 자량에 의해 입정하는 것이다. 즉, 적합한 교설, 삼매의 자량의 적집, 수습을 동반한 욕구, 심이 염리된 상태, 산란과 불산란에 대한 변지를 지니는 것, 사람 때문이건 사람 때문이 아니건, 또는 소리에 의해서 만들어진 것이건 산란한 행동(vyāpāra)에 의해서 만들어진 것이건 간에, 타인으로부터 손상받지 않는 것이다.

---

120 거침과 적정은 세간도의 방식에 따라 하지를 거침으로 보고 상지를 적정하다고 보는 방식이다. 그리고 병(roga)과 종기(gaṇḍa), 화살(śalya)의 세 비유는 MN II 230,17-19에서 자아가 想을 갖고 있다는 비불교도의 주장을 비판하는 맥락에서 나온다. 세 비유는 ŚrBh 460,1ff에서 무상정과 관련해 명시되고 있다. "'관념(想)은 질병(roga)이며, 관념(想)은 종기(gaṇḍa)이며, 관념(想)은 화살(śalya)이다. 관념을 여읜 상태, 이것은 적정하며, 이것은 매우 훌륭하다.'라고 생각하면서(iti) [수행자는] 관념을 외면하는 작의를 취한 후에 계속해서 일어난 관념들에 대해 무념과 무작의(asmṛtyamanaskāra)를 행한다. 그는 그것을 수습했기 때문에 가행도에서 심작용을 수반한 상태(sacittikāvasthā)가 진행된다. 그러나 그가 직후에 [무상정에] 입정했을 때에 그의 마음은 더 이상 작동하지 않는다." (『성문지』 2021: 442f).

121 『성문지』에서 인식대상으로서의 관념상(ālambananimitta)과 인연으로서의 관념상(nidānanimitta)은 샤마타와 비파샤나에 모두 적용된다. "샤마타의 관념상은 무엇인가? 인식대상으로서의 관념상(ālambananimitta)과 인연으로서의 관념상(nidānanimitta) 2종이다. 그중에서 인식대상으로서의 관념상이란 샤마타에 속하고 인식되어야 할 사태와 유사한 영상이 인식대상에 대한 관념상이다. 바로 그 인식대상에 의하여 저 마음을 적정하게 하는 것이다. 인연으로서의 관념상이란 심이 샤마타에 영향 받았을 때 계속해서 샤마타를 청정하게 하기 위하여 비파샤나를 가행하는 것이 인연으로서의 관념상이다. ... 비파샤나의 관념상이란 무엇인가? 인식대상으로서의 관념상과 인연으로서의 관념상 2종이다. 그중에서 인식대상으로서의 관념상이란 비파샤타에 속하고 인식되어야 할 사태와 유사한 영상이 인식대상으로서의 관념상이라고 불리는데, 바로 그 인식대상을 통해 지혜를 관찰하는 것이다. 인연으로서의 관념상이란 심이 비파샤나에 영향 받았을 때 계속해서 비파샤나를 청정하게 하기 위하여 심의 샤마타를 가행하는 것이다." (『성문지』 2021: 371).

(5a) 유연함(kalyatā)이란 무엇인가? 만약 그의 삼매가 제행에 의하여 제압되어 마치 물처럼 보존된 것이고, 법성에 따라서 제압된 것이 아니며, 적정하지 않고, 수승하지 않고, 그의 수행도가 지멸된 상태에서 획득된 것도 아니며(na pratiprasrabdhalabdhamārga), 심이 집중상태에 들어가지 않았다면, 그의 삼매는 쉽게 낙에 주하기에는 유연하지 않다. [그것과] 반대이기 때문에 유연하다.

(5b) 왜 그는 제행에 의해 억압되는가? 그는 서원을 동반한 의향을 가지고 외적으로 심을 제압한 후에 그 삼매 속에 [심을] 유지한다. 그와 같이 생겨난 그의 작의는 강력한 공용(abhisaṃskāra)을 갖고 진행된다. 마치 외적으로 확산되지 않는 것처럼 그와 같이 물처럼 머물러 있는 것이다. 어떻게 그는 법성에 따라 억압되는가? 하지에서 거친 성질들을 보고, 상지에서 적정한 성질들을 본다. 마치 성스러운 5지를 가진 삼매처럼 그는 적정하고, 수승하며, 그의 수행도는 지멸된 상태에서 획득되었고, 심은 집중상태에 들어갔다.

(6) 영역(gocara)이란 무엇인가? 삼매의 영역이다. 마치 초정려에 들어간 자는 제2정려를 보지 못하듯이 그 [영역]을 넘어서 정려자는 알지 못한다, 마찬가지로 근과 개아를 초월한 [영역]도 알지 못한다.

(7) 인발(abhinirhāra)이란 무엇인가? 확장하는 문장과 음절의 의미를 요약한 것과 또 특별한 공덕을 완전히 완성시키는 것이다.

(8) 삼매에 적절한 것(sāṃpreya)이란 무엇인가? 즉, 慚·愧, 사랑과 존경(premagaurava), 신(信, śraddhā), 작의, 정념과 정지, 근의 율의(indriyasaṃvara), 계의 율의(śīlasaṃvara), 후회없음(avipratisāra)에서부터 낙에 이르기까지이다. 이와 같이 즐거워하는 자의 심은 잘 입정한다. 그것과 반대되기 때문에 적절하지 않은 것이라고 알아야 한다. 적절한 것과 적절하지 않은 것이란 慚·愧 등이 어떤 것에 의해 수반되고, 어떤 것에 의해 수반되지 않은 것이다. 그는 [자신에 대한] 부끄러움(=慚)을 갖고 [타인에 대한] 부끄러움(=愧)도 갖고 있지만, 그러나 사랑이나 존경과 결합되지 않았다.

(9) 증장(āyaḥ)이란 무엇인가? 획득된 삼매가 증가된 것이다. 감소(apāyaḥ)란

무엇인가? (획득된) 삼매가 감소한 것이다. 방편(upāya)이란 무엇인가? 저 [증장과 감소] 양자에게로 이끄는 방법이다.

(10) 샤마타(śamatha)와 흥분(pragraha), 평정(upekṣā)이란 이와 같이 샤마타 등의 관념상들과 관련하여 이미 설했던 것과 같이 알아야 한다.[122]

4.4.4. 삼매에서의 전도 (Ch. 342b9)

"실제로 바로 성공(saṃpatti)이지만 실패(vipatti)라고 보는 정려자가 있다"고 『분별정려경』에서 설했다. 그중에서 두 시기에 전도(viparyāsa)가 있다고 변지되어야 한다. 즉, 약화되는 삼매에서 그리고 탁월로 가는 삼매에서이다. 그중에서 실패는 손상으로 이끄는 수행도이거나 손상이다. 성공은 탁월로 인도하는 수행도이거나 탁월로 가는 것이다.

(1) 왜 그는 '나에게 원리에서 생겨난 희열과 낙(vivekajaṃ prītisukham)은 줄어들고 나에게 삼매는 줄어드는가?'라고 생각하는가? 여기서 정려자의 심은 수습 때문에 적정으로 인도된다. 이와 같이 평정을 따르는 초정려로부터 제2정려의 전 단계(sāmantaka)[123]에 들어간다. 그렇지만 그는 그것에 능숙하지 못하게 된다. 그는 그 상태에서 초정려의 단계에 속한 희열과 낙을 초월하지만 제2정려의 단계에 속한 것을 아직 획득하지 못했다. 그는 '나에게 원리에서 생겨난 희열과 낙이 줄어든다.'고 생각한다. 그 심은 그 [희열과 낙]에서 수축된다. 저 정려자는 저것이 그것과 관련해 전도라고 알아야 한다.[124]

(2) 왜 삼매가 약화될 때 전도가 [있다고] 요지되어져야 하는가? 여기서 어떤

---

122 앞의 § 3.2.2.(22-25)에서의 설명을 가리킨다.

123 sāmantaka("전 단계")는 4선정과 4무색정 자체를 가리키는 maula("근본적인")와 대비되는 개념으로서 근본적인 것 이전의 단계를 가리킨다. 이 개념과 비슷한 것으로서 anāgamya("未至定")가 있는데, 이것은 주로 초정려 직전 단계를 가리킨다.

124 이것은 탁월로 가는 삼매의 시기에 일어나는 전도이다. 정려자가 초정려의 단계를 획득한 후 제2정려의 전 단계에 이르렀을 때 희열과 낙의 감소를 보면서 자신의 삼매가 약화되어 간다고 하는 전도된 생각을 일으키는 것이다.

자는 초정려에 들어감을 획득했고 열반과 관련해서 자량을 갖추고 있다. 그는 열반과 관련해 그 자량이 완성된 상태에 의거하여 그 원인과 그 조건에 의해 그것을 통달했기 때문에 또는 저절로[125] 그에게 그런 형태를 가진 관념의 작의(saṃjñāmanaskāra)들이 현행하게 된다. 그 관념의 작의들에 의하여 색에 속한 것 내지 식에 속한 것이 그곳에서 생겨날 때, 바로 그것이 그에게 병으로서 현현하거나 내지 무아로서 현현한다. 그 관념의 작의에 의거하여 그에게 그 직후에 세간적인 등지에서 생겨난 희열과 낙은 현행하지 않지만, 그것에 의해 그는 '나에게 등지에서 생겨난, 신체에 수반된(sāśraya) 장점이 줄어든다.'[126] 고 생각한다. 그리고 그것으로부터 마음이 퇴환한다. 왜냐하면 이와 같이 정려자에 의해 삼매가 약화될 때 전도가 [있다고] 알아야 한다.[127]

(3) 왜 삼매가 약화될 때 전도가 없다고 알아야 되는가? 여기서 어떤 자가 초정려에 들어감에 만족하고, 더 위의 영역에 대해 노력하지 않고, 그것에 애착한다. 그것이 그에게 욕망을 수반한 관념의 작의이고, 욕계로부터 근접해 들어간 자는 그 [욕망을 수반한 관념의 작의] 때문에 퇴환한다. 바로 그것이 그의 실패이다. 그것을 실패라고 이해한다. 그것에 대해 그는 전도가 없다고 알아야 한다.

또한 그 정려에 들어감에 의해 스스로 우쭐하고 타인들을 경멸한다. '나는 정려에 들어감을 획득했지만 타인은 그렇지 않다.' 이것이 그에게 욕망을 수반한 관념의 작의이다. 그가 그 때문에 그것의 분출을 증대시키고 강화시킬 때, 그는 저 삼매로부터 퇴환하는 것이다. 바로 이것이 그의 실패이며, 그 [실패]를 실패

---

125 YBh_ms: tena hetunā tena pratyayena tadāvedhāt svarasena ca; 한역(由此因緣或由功用, 或復任運)은 ca 대신에 vā로 읽는다.

126 YB_ms: parihīyate me samāpattijo 'nugrahaḥ sāśrayaḥ (Delhey 2009: 216). 여기서 '신체에 수반된 장점'(anugrahaḥ sāśrayaḥ)이란 '신체에 수반된, 세간적인 등지에서 생겨난 희열과 낙'을 의미할 것이다. 한역(T30: 342b23f: 我今退失定生利益及所依止)의 及所依止도 利益을 수식하는 후치수식어의 의미로 이해되어야 한다.

127 이 문장의 의미는 초정려를 획득한 정려자는 오온에 속한 것을 병이나 무아라고 작의하며, 그 때문에 그에게 삼매에서 생겨난 희열과 낙이 현행하지 않을 때, 그는 이런 현상을 잘못 해석하여 자신이 획득한 삼매로부터 물러서는 것이 바로 전도라는 것이다.

라고 이해한다.

또한 그는 정려의 등지를 얻는다. 그것에 의해 다른 왕들이나 왕의 대신들은 그를 존경하고, 그들은 그를 존중한다. 저 삼매로부터 출정한 그는 그것과 상응한 것을 고대한다(anuvitarkayati). 이것이 그에게 욕망을 수반한 관념의 작의이다. 그 때문에 그 [번뇌]의 분출이 이전처럼 증가하게 된다면, 바로 실로 이와 같이 정려자가 삼매에서 물러날 때 전도가 없다고 알아야 하다.[128]

(4) 반면에 두 번째 전도가 없는 것은 첫 번째 전도와 반대되는 것이라고 알아야 한다.[129]

이것들이 [정려에서의] 전도와 비전도의 근거와 관련한 네 가지 단계(parivarta)이다.

4.4.5. 네 가지로 관찰하는 정려자 (Ch. 342c12)

네 가지로 관찰하는(vyavacāra) 정려자는 4종 행상들에 의해 '이 삼매는 퇴환으로 이끌 수 있고 내지[130] 결택을 일으킬 수 있다.'[131]라고 삼매를 관찰한다. 그러면 어떻게 관찰하는가? '이것은 하열한 것이고 이것은 뛰어난 것이고 이것은 더욱 뛰어난 것이고 이것은 가장 뛰어난 것이다.'라고 순서대로 [관찰한다]. 그렇다면 어떻게?

(1) 여기서 이 정려자는 초정려로부터 출정해서 그 정려에 더 이상 들어가려

---

128 다시 말해 삼매가 약화될 때의 비전도란 초정려에서 더 이상 나아가기를 거부하고 또 그 상태에 안주하여 타인들과의 비교를 행하는 慢心(māna)을 일으킬 때, 그것이 바로 초정려의 실패라고 올바로 관찰하는 것이다.

129 다시 말해 그는 초정려에서 제2정려로의 이행과정을 성공이라고 올바로 이해하는 것이다.

130 '내지'(yāvat)에 의해 생략된 것은 중간의 두 가지 삼매의 측면으로서, 모두 삼매의 네 가지 측면으로 이하 (1)-(4)에 대응한다. 퇴환으로 이끌 수 것(hānibhāgīya), 주함으로 이끌 수 있는 것(sthitibhāgīya), 그것들은 탁월로 이끌 수 있는 것(viśeṣabhāgīya), 결택을 일으킬 수 있는 것(nirvedhabhāgīya)이다.

131 한역은 이 말을 分別四撿行定經이라고 보충한다.

고 원하지 않는다. 그가 그들 행상과 표시와 관념상을 작의하지 않을 때, 욕망을 수반한 관념의 작의들이 설명된 방식대로 현행한다. 비록 그가 출정했다고 해도 그에게 기억에 대한 애착(anusmaraṇāsvādanā)이 생긴다. 바로 그 때 정려자는 삼매의 열등성을 관찰하는 것이다.

(2) 또는 정려자가 출정했을 때 초정려에 적합한 법의 교설을 획득한다. 그는 또한 초정려의 행상들 중에서 적합하고 매우 좋게 관념상을 잘 포착하고, 그와 같이 그에게 이미 획득된 정려가 망실하지 않는 방식으로 주하게 된다. 이것이 그것과 비슷한 성질을 가진(tadanudharman), 주함으로 이끌 수 있는 기억(smṛti)이다. 바로 그 때 그는 '나의 이 삼매는 뛰어난 것이고, 나에게 삼매는 주하지, 물러나지 않으며, 탁월을 위해, 결택을 위해 나아가지 않는다'고 알아야 한다.

(3) 또는 정려자가 출정했을 때, 제2정려에 적합한 법의 교설을 획득한다. 그것을 들은 후에 그에게 제2정려에 입정하는 수행도를 수반한, 관념에 대한 작의들이 현행한다, 그는 바로 그 때 '나의 이 삼매는 보다 더 뛰어난 것이고, 퇴환하기 위한 것이 아니고, 주하기 위한 것도 아니지만, 탁월하기 위해 나아가며, 그렇지만 결택을 위해 나아가지는 않는다.'라고 관찰한다.

(4) 또는 그는 출정했을 때 고제 등과 상응하는 법의 교설을 듣는다. 그것을 들은 후에 그에게 고제 등을 수반하는 관념의 작의들이 결택으로 인도하는 것으로서 현행한다. 그는 바로 그 때에 '나의 이 삼매는 가장 뛰어나며, 퇴환하기 위한 것도 아니고, 주하기 위한 것도 아니고, 탁월하기 위한 것도 아니지만, 그렇지만 결택을 향해 나아가는 것이다.'라고 관찰한다.

4.4.6. 관념을 수반하거나 관념을 여읜 비구의 작의 (Ch. 343a7)

다음과 같이 설하셨다: "안(眼)과 색들이 있고, 내지 의(意)와 법들도 있다. 그렇지만 비구는 이 법들을 실재하고 존재한다고 요지하지 않는다. 관념을 가진 자는 [안과 색 등을 그런 것으로서] 요지하지 않는데, 하물며 [어떤] 관념도 갖지 않은 자에 있어서겠는가?" 그렇다면 어떻게?

이 맥락에서(iha) 비구는 초정려를 성취한 후에 주한다. 그에 의해 안 내지 법들은 염리의 제압(vidūṣaṇābhibhava)에 의해 압도되게 된다. 그는 안(眼)에 대해 안이라는 관념을 갖지 않지만 관념을 가진 자이며, 내지 법에 대해서 법이라는 관념을 갖지 않지만 관념을 가진 자이다. 왜 그는 관념을 가진 자인가? 그가 안 등을 고의 측면에서나 집(集)의 측면에서, 또는 질병 등의 측면에서 작의할 때, 그는 그 법들을 자상(svalakṣaṇa)으로서 요지하지 않는다. 무소유처에 이르기까지 마찬가지다. 이것이 무루의 작의이다.

왜 관념을 갖지 않은 그는 요지하지 않는가? 일체 관념상들을 작의하지 않기 때문에 그는 멸(nirodha)을 적정의 측면에서 작의한다. 관념이 일체 관념상을 여의고 있고, 또 멸진정에 들어간 자가 일체 방식으로 모두 관념들을 작동시키지 않는 것이 이 맥락에서 바로 관념을 여읜 것(asamjñā)이라고 의도되었다.

4.4.7. 수행도의 요약적 해석 (Ch. 343a20)

4종 수행도의 요약적인 해석이다.

(1) 어떻게 그와 같이 앉아있는 자가 제법을 사택하고(vicinoti) 간택하는가(pravicinoti)?[132] 이 맥락에서 비구는 초정려 등을 획득했지만 사성제는 아직 보지 못했다. 그는 정법에 대한 청문과 많은 청문을 행했다. 그는 바로 앉아 있으면서 그 삼매에 의지한 후에 고제 등의 현관을 행한다. 그는 증상심에 의지한 후에 증상혜를 향해 노력을 한다.[133]

(2) 또는 그는 고 내지 도를 여실하게 안다. 그렇지만 그는 아직 초정려 등을 획

---

132 여기서 "사택하고 간택하고"로 번역한 단어들은 vicinoti, pravicinoti이다. 두 단어는 parivitarkayati, parimīmāṃsām āpadyate와 함께 비파샤나의 네 측면 또는 네 단계의 관찰을 표현하기 위해 사용한 용어이다. 따라서 여기서도 전문술어의 차이를 보여주기 위해 술어로서 간주했다. 나아가 비파샤나의 4종 측면은 ŚrBh III.3.3.1.2.에서 진소유성과 여소유성, 그리고 관념상과 관련되어 설해지고 있다.

133 첫 번째 수행도의 요약적 설명은 先觀後止에 해당될 것이다.

득하지 못했다. 그는 바로 앉아 있으면서 제법을 사택한다. 그는 바로 저 증상혜에 의지한 후에 증상심을 향해 노력한다.[134]

(3) 세 번째 [비구]는 양자를 획득한 자이다. 그에게 샤마타와 비파샤나 양자는 섞여서 평등하게(samayuga) 작동한다.

(4) 네 번째는 바로 과거에 초정려 등을 획득했다. 그렇지만 그는 정법의 청문을 행하지 않았고 많이 듣지도 않았다. 그는 스승에게서나 또는 어떤 다른 구루에게서 [사]성제나 또는 잔존해 있는 결박의 끊음과 관련된 법을 듣는다. 그는 [사]성제를 현관하거나 아라한의 상태를 획득한다. 그는 출리에 의하여 산출된, 광대하고 선한 희열의 환희를 증득한다. 그는 법의 [청문]에 의해 야기된 도거를 완전히 제압한 심을 갖고 앉는다. 그와 같이 앉아있는 그는 정려에 입정하고 머묾에 의해 저 심을 안주케 한다.

그중에서 첫 번째 수행도의 요약적 설명은 견도의 산출과 관련된 것이고, 두 번째와 세 번째는 수도의 산출과 관련된 것이고, 네 번째는 양자의 산출과 관련된 것이다.

4.4.8. 청정을 위한 근면 (Ch. 343b7)

청정을 위한 주요요소(pradhāna)[135]들이기 때문에 청정을 위한 주요요소들은 넷이다. 청정(viśuddhi)이란 무엇인가? 주요요소란 무엇인가? 획득되고 증득되고 산출된 계(戒) 등의 완성[136] 및 [그것들에] 도움이 되는 것이 청정이다. 완성되지 않은 것을 저 용맹정진에 의해 완성시킬 때, 그것이 주요요소이다.

---

134 두 번째는 先止後觀에 해당될 것이다.

135 여기서 티벳역 gtso bo 및 한역 勝에 따라 '주된 요소'의 의미로 풀이했다. 그것은 다른 요소의 개입도 가능하지만, 청정을 위한 핵심요소라는 의미이다. 반면 Delhey는 4정단의 의미에서 pradhāna를 Anstrengung ("근면함, 노력")의 의미로 이해하고 있다.

136 Delhey(2009: 223)에서 yeṣāṃ śīlādīnāṃ pratilabdhādhigatābhinirhṛtānāṃ paripūriḥ로 읽지만, yeṣāṃ 대신에 yaiṣāṃ으로 수정되어야 한다.

(1) 계(śīla)의 완성이란 무엇이며, 도움이란 무엇인가? 여기서 어떤 자가 계를 수지하고 주하고, 별해탈율의에 의해 보호되지만, 그러나 [계의] 규정과 영역을 갖추고 있지 않고, 아주 미세한 죄들에 대해 두려움을 보지 못한다. 그에게 그 계는 완성되지 못한 것이다. 반면에 모든 것들이 이렇게 된다면, 그때 [계는] 완성되게 된다. 이것이 계의 완성이다. 오랫동안 반복수습했기 때문에 감관의 문들을 보호하는 방식을 갖고 주하는 자에게 그 계에 있어 그것으로 이루어진 것, 그것에 본성적으로 안주시키는 것이 [계의] 도움이다.

(2) 삼매(samādhi)의 완성이란 만일 가행의 구경의 결과를 획득했거나 또는 제4정려에 [있다면], 그것이 바로 완성이다. 아래에서는 [삼매는] 완성되지 못한 것이다. [삼매의] 도움이란 무엇인가? 삼매가 획득되었을 때 이후에 청정한 것이다. 그의 삼매가 제행에 의해 완전히 압도되지 않은 것이다.

(3) 정견(dṛṣṭi)의 완성이란 무엇이며, 도움이란 무엇인가? 타인의 목소리를 수반하기에, 또 여리작의에 의해 정견이 일어난다. 그 [정견]에 의해 고 내지 도를 알지만, 그러나 여실하게는 아니다. 그런 한에서 정견은 완성되지 않았다. 하지만 여실하게 알 때, 그 때 [정견은] 완성된다. 반면 [정견의] 도움은 다른 때에 루들을 소멸시키기 때문이다.

(4) 해탈(vimukti)의 완성이란 무엇이며, 섭수란 무엇인가? 유학에 속한 지견에 의한 탐욕 등으로부터의 해탈이 완성되지 않은 [해탈]이고, 무학에 속한 [지견에 의한 탐욕 등으로부터의 해탈]이 완성된 [해탈]이다. 또한 [해탈에 대한] 도움이란 그가 그와 같이 행하고 그와 같이 주할 때 그 현법낙주로부터 퇴환하지 않는 것이다.

4.4.9. 심청정을 행하는 3종의 개아 (Ch. 343c2)

"심청정을 행하는 비구에 의해 때때로 다섯 가지 관념상들은 작의되어야만 한다"고 경은 [설한다]. 증상심을 수행하는 자가 심청정을 행하는 자이다. 불선한 욕망 등에 대한 심사(kāmādivitarka)와 친척 등에 대한 심사(jñātivitarka)들이[137] 그에게 장애가 된다. 하·중·상의 심사를 행함을 구별하기 때문에 [차례대로] 개아는 3종이다.

(1) 첫 번째 [개아]는 다른 관념상을 작의하기 때문에 그 [욕망 등]에 대한 심사가 현행하지 않는다.

(2) 두 번째 [개아]는 심사의 단점을 보기 때문에, 또는 정념하지 않고 작의하지 않기 때문이다. 왜 정념하지 않고 작의하지 않는가? 내적으로 심을 안주하는 등에 의해서이다.

(3) 세 번째 개아에게 모든 것이 모든 방식으로 처음부터 [심사들이] 현행하지 않는 것은 아니다. 그는 부드럽게 그와 같이 거친 [심사]들을 적정하게 한 후에 차례로 억압하기 위해 심사라는 제행을 완만하게 행해야 한다. 설사 그 [억압]을 행할 수 없다고 해도, 그는 심사의 과정들 속에서, 심사의 인식대상들 속에서 심을 염리하게 하고 두렵게 해야 한다. 염리한 후에 그는 염리를 수반한 심을 가지고 그것을 빈번히 작의함에 의해 심사를 수반한 심을 열중케 하고 제압한다.

바로 이것들이 3종 개아들의 다섯 가지 측면들이다.

4.4.10. 금의 제련으로 비유된 심의 청정 (Ch. 343c17)

세존께서는 "금의 청정과의 유사성에 의해 심을 정화시킨다"고 『蕩盡經』(Pāṃsudhāvakasūtra)[138]에서 설하셨다. 이를 어떻게 보아야 하는가?

---

137 여기서 다섯 가지 nimitta는 다섯 가지 vitarka와 동일시되었다고 보인다. 5종의 vitarka가 무엇인지는 확실하지 않으며, 더구나 kāmādivitarka와 jñātivitarka라고 等(ādi)의 단어를 두 가지 vitarka 모두에 덧붙이기에 확정하기도 어렵다. Cf. 경전에서 언급되는 8종의 vitarka. 「섭결택분」에서 욕계에서 12개의 경우에 의거해서 일어나는 수번뇌들 중에서 11번째로 섞여서 주하지 않고, 외진 장소에서의 외구에 주할 때 일어나는 수번뇌로서 8종의 vitarka가 함축적으로 제시되고 있다. 그것들은 순서대로 kāma-vitarka, vyāpāda-vitarka, vihiṃsā-vitarka, jñāti-vitarka, janapada-vitarka, amara-vitarka, avamanyanā-pratisaṃyulto vitarkaḥ, kulodaya-pratisaṃyukto vitarkaḥ이다. (부록 III. 2.2.2. 참조). 앞의 세 가지 vitarka는 관용적으로 붙어 나오기 때문에, 우리 텍스트가 kāmavitarka에서 jñātivitarka까지를 심청정을 행하는 비구의 장애로 한정했다면, 다섯 번째 vitarka로 janapadavitarka를 가리킨다고 생각할 수도 있을 것이다.

138 pāṃsudhāvakasūtra는 한역(343c17)에서 『蕩盡經』으로 번역되어 있다. 이는 이 산스크리트 단어를

(1) 금의 청정은 실로 3종이다. 이물질의 청정(upakleśaviśuddhi)[139], 용해를 통한 청정(saṃgrahaviśuddhi), 그리고 유연성의 의미에서의 청정(karmaṇyatāviśuddhi)이다. 그중에서 (a) 이물질의 청정이란 광석의 상태에 있는 금이 추·중·세의 이물질을 제거한 후에 내지 바로 청정한 금가루로 남아있는 것이다. (b) 용해를 통한 청정이란 바로 그 [금가루]들을 녹이고 용해했기 때문이다. (c) 유연성의 의미에서 청정이란 용해된 [금]의 쪼개짐 등의 단점을 청정하게 했기 때문이다.

(2a) 거기서 금이 광석의 상태(gotrastha)에 있는 것처럼, 그와 같이 심청정을 행하는 자는 종성의 상태(gotrastha)에 있다고 보아야 한다. 그가 반열반을 위해 염리할 수 있다면, 대체 그는 무엇 때문에 심청정을 행하는가? 그는 저 [염리] 때문에 믿음을 획득하고, 저 [염리]에 의해서 출리한다.

재가의 상태에서 또 출리의 상태에서 거침 등의 세 가지 수번뇌가 있다. 그중에서 두 가지 [수번뇌가] 재가자에게 출리의 장애를 일으킨다. 즉, 불선한 업들로서 즐거움을 일으킬 수 있는 신체와 언어의 악행(duścarita)이며, 또 이 세상에는 올바로 도달한 아라한은 없다는 악한 견해이다. 바로 이것이 맑은 믿음(prasāda)을 획득하기 이전에 그것을 장애하는 것이다. 욕망 등에 대한 심사들은 출리한 자에게 즐거움을 장애한다. 친족 등에 대한 심사들은 [출리에 대해] 즐거워하는 자에게 선법의 수습을 항시 장애한다. 그 [심사]들을 끊었기 때문에, [즉,] 법의 수습을 항시 성취하기 때문에, 심은 청정하지만 거친 사유와 미세한 사유를 수반하게 된다.[140] 마치 용해되지 않은 금가루가 깨끗한 것과 같다. 이것이 금과의 유사성으로서 심에 있어서 수번뇌의 청정이다.

직역한 것이지만, 티벳역에서는 gser bdar ba'i mdo("금으로 정련하는 경")으로 달리 번역되고 있다.

139 upakleśa는 수번뇌이지만, 금의 청정의 맥락에서 금과는 다른 '이물질'이라고 번역했다.

140 Text: tesāṃ prahāṇāt kuśaladharmabhāvanāsātatyasaṃpādanāc chuddhaṃ cittaṃ bhavati savitarkaṃ savicāram. 티벳역은 이를 다르게 표현했다: de dag spangs na/ dge ba'i chos bsgom pa rgyun du chud par bsgrub pa'i phyir sems dag par 'gyur te/ de ni rtog pa dang bcas dpyod pa dang bcas pa'o// 한역(T30: 344a4f: 由斷彼故, 恒修善法 速得圓滿純淨之心, 有尋有伺)도 의미상 차이가 없다.

(2b) '그는 심사들을 적정하게 한 후에 내지 4정려를 갖춘 후에 주한다'는 것은 심에 있어서 용해를 통한 청정이다. 왜냐하면 [심이] 거친 사유와 미세한 사유를 여읜(無尋無伺)의 삼매를 포섭하기 때문에, 마치 금을 녹이고 용해했기 때문이다.

(2c) '만일 삼매가 제행에 의해 제압되지 않았다면'이란 이것이 심에 있어서 유연성의 의미에서의 청정이다. 왜냐하면 신통의 요소들과 관련하여 원하는 대로 변화시키기 때문에, 마치 금에서 쪼개짐 등의 단점을 제거했기 때문이다.

4.4.11. 3종 관념상 (Ch. 344a13)

또한 "세 가지 관념상(nimitta)들을[141] 작의해야 한다"고 설하셨다. 침잠 등을 대치하기 위해 적시에 샤마타 등의 [관념상]들을 [작의하지만], 한결같이 [작의하는 것은] 아니다. 그중에서 샤마타와 흥분 양자 때문에 준비과정을 행하지 않은 자에게 그것의 일부의 수습은 침잠과 도거의 관념상이다. 바로 이것이 가행도이다. 적시에 평정의 관념상(upekṣānimitta)이란 완성의 단계의 시기이다. 그 [평정의 관념상]에서 일부를 수습했기 때문에, 또 연기와 [사성]제에 대한 간택이 작동하지 않기 때문에 루들을 소멸시키기 위해 심은 올바로 등지하지 못한다. 또한 그는 현관되지 못한 [사]성제들을 현관하지 못하며, 이미 현관된 [4성제]들 속에서 루의 소멸을 획득하지 못한다. 두 번째에 의해 삼매를 완성시키는

---

141 세 가지 nimitta들은 śamathanimitta, pragrahanimitta, upekṣānimitta로서, 각기 止相, 擧相, 捨相으로 한역되고 있다. 『성문지』에서 nimitta를 명상대상으로 간주하면서, "적시에 세 가지 nimitta를 갖고 수습한다면, 일체 추중을 종식시키기 때문에 의지체의 청정(āśrayapariśuddhi)을 획득하고 접촉하고 촉증한다."고 설명한다. 『성문지』(2021: 370ff)에서 "śamathanimitta는 인식대상으로서의 관념상(ālambananimitta)과 인연으로서의 관념상(nidānanimitta) 2종으로서, ... 바로 그 인식대상에 의하여 마음을 적정하게 하는 것이며, 또한 심이 샤마타에 영향 받았을 때 계속해서 샤마타를 청정하게 하기 위하여 비파샤나를 가행하는 것으로, pragrahanimitta는 명료함을 일으킬 수 있는 인식대상에 의해 심을 활발하게 작동하는 것 및 그것에 적합한 용맹정진으로, 그리고 upekṣānimitta는 바로 저 인식대상에 의해 심을 무관심하게 두는 것이며, 또 바로 그 인식대상에 대한 과도한 정진에 반응하지 않는 것"으로설명되고 있다.

수행도가 있고, 세 번째에 의해 삼매에 의지한 후에 루의 소멸의 수행도가 있는데, 요약해서 적시에 일체를 작의하기 때문이라고 설명되었다.

4.4.12. 교법을 포괄하는 네 가지 법 (Ch. 344a25)

네 가지 법들이 교법을 포섭하기 위하여 생겨난다. 원리, 수습, 수습의 결과 그리고 교법과 어긋나지 않음이다.

(1) 그중에서 원리(prāvivekya)는 아란야와 나무뿌리와 빈 곳들이다.

(2) 수습(bhāvanā)이란 그곳에 간 자가 샤마타와 비파사나라는 두 가지 법을 수습하는 것이다. 어떻게 샤마타는 친숙하게 되는가?[142] [그는] 비파사나에 의존한 후에 해탈한다. 예를 들어 저 [샤마타]는 초정려 내지 제4정려에서 얻어진다. 그는 그 삼매에 의지한 후에 고 내지 도를 여실하게 안다. 저 비파사나에 의지한 후에 그의 마음은 견소단의 번뇌들로부터 해탈한다. 어떻게 비파사나는 친숙하게 되는가? [그는] 샤마타에 의존한 후에 해탈한다. 여기서 어떤 자는 고 내지 도를 여실하게 안다. 그는 증상혜에 의지하여 정려를 일으킨다. 저 샤마타에 의지한 후에 그의 마음은 수소단의 번뇌로부터 해탈한다.

(3) 이와 같이 샤마타와 비파사나에 영향 받은 [심]은 계(dhātu)로부터 벗어난다. 그중에서 단계(斷界, prahāṇadhātu)는 견소단의 제행의 끊음이다. 이욕계(離欲界, virāgadhātu)는 수소단[의 제행]의 끊음이다. 멸계(nirodhadhātu)는 모든 잔

---

142 Delhey(2009: 227)는 이 구절을 śamatha āsevito vipaśyanāṃ āgamya vimucyata iti.로 편집하고 있다. Delhey는 fn.646에서 원래 두 개의 주격 형태가 제시되고 있다는 점에 하등 의심할 여지가 없다고 간주하면서, 유사한 구절과 또 BHSG 7.13을 제시하고 있다. 그리고 뒤따르는 비파샤나의 대응구절 vipaśyanāsevitā도 마찬가지 방식으로 해석하고 있다. 하지만 이렇게 볼 때 어려움은 무엇보다 해탈의 주체가 수행자가 아니라 샤마타가 되기 때문에 이해하기 어렵게 된다. 여기서 먼저 한역(云何已習奢摩他)에서 이 구문은 의문문으로 제시되는 점에 주의할 필요가 있다. 나아가 뒤따르는 비파샤나의 대응구절도 질문형태인 점을 고려하면 이 문장은 katham śamatha āsevito 로 교정될 수 있다. 그렇게 본다면, 이 문장은 '어떻게 샤마타는 친숙하게 되는가?'를 묻는 것이고, 이어지는 대답은 '그는 비파샤나에 의존한 후에 해탈한다.'(yo vipaśyanāṃ āgamya vimucyata iti)는 것으로 이해될 수 있으며, 이 설명은 "예를 들면" 이하의 설명과 부합될 것이다.

존물의 소멸(upadhinirodha)이다.[143] 이것이 수습의 결과(bhāvanāphala)이다.

(4) 그중에서 교법과 어긋나지 않음이란 스승과 제자들에게 의미에 의해 의미가, 문장에 의해 문장이, 음절에 의해 음절이 일치하고 같은 것이다. 그렇지만 비불교들에게는 다양하고 무수한 차별적인 생각을 갖고 있는 상태가 가설되지 않는다. 즉, 제1구들에 의해서란 이전에 구들이다. 바로 그 [이전에 구들]에 의하여 어떤 사람에게 질문을 하고, 만일 바로 그 [이전의 질문]들에 의해 상대편에게 질문을 한다고 해도 일치하는 것이다. 또는 하나가 온들에 대한 질문을 받는다면, 상대편에게 다른 것과 관련하여 질문을 한다면, 이전의 문장들과 일치하지는 않는 것이다.

유가사지에서 사마히타지를 끝냈다.

---

143 세 개의 界는 이미 잡아함경(T99.2: 118b27ff)에서 解脫界를 가리키는 것으로 사용되었다. 거기서 斷界는 제행을 끊는 것으로, 이욕계는 愛欲을 끊는 것으로, 그리고 멸계는 일체행의 소멸로 정의되고 있다. 發智論(T1544.26: 922c24ff)에서도 동일한 세 개의 계가 한 세트로서 정의되는데, 斷界는 愛結을 제외한 나머지 결을 끊는 것으로, 이욕계는 愛結의 끊음을, 그리고 滅界는 결을 일으킬 수 있는 나머지 법들을 끊는 것으로 규정된다. 『성문지』(ŚrBh 235,15-236,3)에서 세 개의 계는 사마히타지와 동일하게 "견도에서 제거되어야 할 모든 제행을 끊었기 때문에 끊음의 계이다. 수도에서 제거되어야 할 모든 제행을 끊었기 때문에 이욕의 계이다. 토대로서의 모든 잔존물(upadhi)이 소멸되었기 때문에 소멸의 계"(『성문지』 2021: 240)라고 정의되고 있다. Cf. 「섭사분」(T30: 775a4ff)의 설명 참조.

제7장

비사마히타지 Asamāhitā Bhūmiḥ

(Ch. 344b19)[1]

비사마히타지[2]란 무엇인가? 그것은 요약해서 12종이라고 알아야 한다.

(1) 자성적으로 집중되지 않은 비사마히타지는 존재한다. 즉, 식들의 다섯 종류이다.

(2) 경안의 결여 때문에 비사마히타지는 존재한다. 즉, 욕계에 속한 심과 심소법들이다. 비록 [욕계에 속한 심과 심소에] 심일경성이 있다고 해도 그 심과 심소법들은 경안(prasrabdhi)[3]에 의해 덮여진 채로 작동하지 않는다. 따라서 이 [단계]를 집중되지 않았다고 부른다.

(3) [사마히타의 수습을] 시작되지 않았기 때문에 비사마히타지는 존재한다. 즉, 그들의 향수가 욕망의 대상을 향하고 있는 자들에게, 또 욕망의 대상들에 대

---

1 Asamāhitā Bhūmiḥ의 비판편집본이 Delhey(2006)에 의해 YBh_ms에 의거하고 또 티벳역과 한역과 비교하여 출판되었다. 여기서 Delhey는 「비사마히타지」에 대한 상세한 해설과 함께 영역도 제공하고 있고, 또한 「사마히타지」에 대한 「섭결택분」의 번역도 제시하고 있다. 따라서 이 부분의 번역은 Delhey(2006)에 의거했다. 또 다른 편집본이 ŚrBh II. 276-278에 Appendix 1로 출판되었다.

2 asamāhitā Bhūmiḥ란 '집중되지 않은 [심의] 단계' 정도를 의미한다. 여기서는 음사어를 그대로 사용했다.

3 輕安(prasrabdhi)은 사마히타지에서 추중의 사라짐에서 나오는 심리적이고 신체적인 심신의 작용 가능성(karmaṇyatā)으로 정의되고 있다.

해 탐착하고, 또 욕망의 대상들을 향수하는 자들에 있어서이다.

(4) 산란 때문에 비사마히타지는 존재한다. 즉, 삼매를 수행하는 초행자들에게 다섯 가지 욕망의 대상들에 대해 심이 산란되어 있고 분산되어 있을 때이다.[4]

(5) 위축 때문에 비사마히타지는 존재한다. 즉, 삼매를 수행하는 바로 초행자들이 혼침과 수면에 의하여 제압되었기 때문에 심이 [내적으로] 위축되어 있을 때이다.

(6) 획득하지 못했기 때문에 비사마히타지는 존재한다. 즉, 삼매를 수행하는 바로 그 초행자들의 심이 비록 산란과 위축에 의해 염오되지는 않았지만, 아직 작의을 얻지 못하고 혼침과 수면(styānamiddha)에 의해 압도되었기 때문이다.

(7) 완성되지 않았기 때문에 비사마히타지는 존재한다. 즉, 작의들을 획득했지만, [아직] 가행의 구경에 이른 작의들을 획득하지 못했고 또 그 [가행의 구경]을 결과로 가진 [작의]를 아직 획득하지 못한 자들에 있어서이다.[5]

(8) 염오되었기 때문에 비사마히타지는 존재한다. 즉, 가행의 구경을 결과로 가진 작의들을 획득한 자들에게 여러 가지 애착 등의 수번뇌에 의해 심이 염오되었을 때이다.[6]

(9) [사마히타의 단계에 대한] 자재력이 없기 때문에 비사마히타지는 존재한다. 즉, 바로 가행의 구경을 결과로 하는 작의들을 획득했고, [따라서] 비록 [그

---

4 AS 9,21f에서 이러한 측면은 '외적 산란'(bahirdhā vikṣepaḥ)로 명명되고 있다. "외적 산란이란 무엇인가? 선을 향해 노력하는 자에게 다섯 욕망의 대상들에 대해 심이 분산된 것이다."

5 여기서 "가행의 구경에 이른 작의들을 획득하지 못했고 또 그 [가행의 구경]을 결과로 가진 [작의]"는 ŚrBh IV.에서 설명한 7종 작의 중에서 마지막 두 단계에 해당된다. 이렇게 볼 때 '작의를 획득한 자'는 7종 작의 중에서 앞의 5종을 가리키는 것이 아닌가 생각된다. 그곳에서 7종 작의는 세간도와 출세간도에 따라 구별되며, 세간도에 따른 7종 작의는 각각의 4정려와 비상비비상처정을 제외한 세 무색정에 들어갈 때 적용된다. 세간도에 따른 작의 중에서 마지막 두 작의와 그것이 정려와 무색정에 작용되는 방식은 『성문지』 2021: 426ff 참조.

6 7종 작의의 획득은 각각의 근본삼매에 도달하는 것으로서, 이를 통해 하지에 속한 모든 번뇌로부터 적어도 일시적으로라도 벗어나는 것이다. 그리고 그런 작의를 획득한 자에게 생겨나는 애착 등의 번뇌는 탐과 見(dṛṣṭi), 慢(māna), 疑(vicikitsā)로서 AS 68,9ff에서 설명되었다.

들의] 심이 염오되지 않았다고 해도 입정과 머묾, 출정의 관념상들에 대해 자재력을 획득하지 못했을 때에 바라는 대로 곤란함이나 어려움 없이 [사마히타지를] 획득하지 못한 자들에게 있어서이다.

(10) 청정하지 않기 때문에 비사마히타지는 존재한다. 즉, 바라는 대로 곤란함이나 어려움 없이 획득했다고 해도 세간적인 등지를 행하는 자들에게 번뇌의 수면들을 근절하지 못한 심과 심소법들이 있다.

(11) 출정했기 때문에 비사마히타지는 존재한다. 즉, 이미 획득한 삼매로부터 출정했지만 아직 퇴환하지 않은 자에 있어서이다.

(12) 퇴환했기 때문에 비사마히타지는 존재한다. 즉, 이미 획득한 삼매로부터 퇴환한 자에 있어서이다.

유가사지에서 비사마히타지를 끝냈다.

제8장–제9장

有心地・無心地

(Ch. 344b19)

유심지(sacittikā bhūmiḥ)와 무심지(acittikā bhūmiḥ)[1]란 무엇인가?

저 양자 모두 5종이라고 알아야 한다. 단계(地, bhūmi)의 가설의 확립에 의해, 심의 착란과 미착란의 확립에 의해, 생기와 비생기의 확립에 의해, 상태의 확립에 의해, 그리고 승의의 확립에 의해서이다.

1. 단계(地)의 가설의 확립에 의해서:

5식과 결합된 단계, 의지(意地), 유심유사(有尋有伺)와 무심유사(無尋唯伺)의 단계는 한결같이 심작용을 수반한 단계(有心地)이다. 무심무사(無尋無伺)의 단계 중에서 등지에 의한 재생한 자를 포함해 관념이 없는 상태와 멸진정을 제외하고,[2] 그것과 다른 것이 오직 심작용을 수반한 토대이다. 반면 등지에 의한 재생한

---

1 Sacittikā bhūmiḥ와 Acittikā bhūmiḥ의 번역은 Schmithausen 1987: 221-222의 비판교정본에 의거해 수행했다.

2 Ed. sasamāpattyupapattikam āsaṃjñikaṃ nirodhasamāpattiṃ ca sthāpayitvā. 여기서 āsaṃjñika는 SWTF p.304에서 중성명사로 "Zuistand der Unbewusstheit"로서 내용상 無想定을 가리킬 것이다. 그리고 sasamāpattyupapattikam은 āsaṃjñikaṃ을 수식하는 형용사구로서, 여기서 sa-는 "together with" 정도의 의미를 지닌 접두사로 보고 번역했다. 이는 현장역 除無想定并無想生 及滅盡定(344c23)에 의해

자를 포함해 관념이 없는 것과 멸진정이 심작용이 없는 토대(無心地)이다.

2. 심의 착란과 미착란의 확립에 의해서:

네 가지 전도들에 의해 전도된 심이 미란된 것이라고 설해진다. 반면에 네 가지 전도들에 의해 전도되지 않은 [심]이 전도되지 않은 것이라고 설해진다. 거기서 미란된 심이 본성적으로 미란된 것이기 때문에 바로 무심이라고 설해진다. 왜냐하면 심이 산란된 미친 사람을 보고 "이 사람은 심이 없고, 미쳤고, 심이 산란되었다."고 세간에서 말하는 자들이 있기 때문이다. 이 방식에 의해 미란된 심 그것이 무심지이며, 반면에 미란되지 않은 [심] 그것이 심을 가진 것이다.

3. 생기와 비생기의 확립에 의해서:

여덟 가지 이유들에 의해 심작용은 생기하거나 생기하지 않는다. 근의 장애(paribheda)에 의해, 인식영역이 현현하지 않음에 의해, 작의의 결여에 의해, 획득하지 못함에 의해, 반대에 의해, 끊음에 의해, 멸에 의해, 그리고 생기에 의해서이다. 이것과 반대되기에 바로 동일한 이유들에 의해 생기한다고 알아야 한다. 그중에서 생기의 이유들에 의해 생기한 심이 유심지라고 한다. 반면에 불생의 이유들에 의해 생겨나지 않은 [심]이 무심지이다.

4. 상태의 확립에 의해서:

심작용을 수반한 토대는 여섯 상태들을 제외하고 [다른 상태를 가리킨다고] 알아야 한다. 여섯 상태들이란 무엇인가? 심이 없는 수면의 상태, 심이 없는 기절의 상태, 무상정, 무상천, 멸진정 그리고 무여의 열반이다. 반면에 이들 여섯 상태들은 무심지이다.

지지될 것이다.

5. 승의의 확립에 의해서:

무여의 열반계는 무심지이다. 그 이유는 무엇인가? 왜냐하면 그곳에서 알라야식이 소멸되었고, 그것과 다른 [다섯] 상태들 속에서는 전식(轉識)이 소멸되었기 때문이다. 따라서 무심지라고 설해진다. 그렇지만 알라야식은 소멸되지 않는다. 따라서 승의의 관점에서 무심지란 없다고 설해진다.

유가사지론에서 무심지와 유심지를 끝냈다.

제10장

聞所成地 Śrutamayī Bhūmiḥ

(Ch. 345a17)

문소성지(聞所成地)[1]란 무엇인가?[2]

요약하면 다섯 지식영역(vidyāsthāna, 五明處)을 명칭(nāman, 名)[3], 문장(pada,

---

1 「문소성지」에서 내명처 번역은 운산스님의 YBh_ms의 비판편집 작업과 그 번역에 의거해서 수행되었다. 다만 전체적 용어의 통일을 위해 몇 가지 용어가 변화되었으며, 각주작업도 한국어 독자들에게 불필요한 서지적 정보는 빼고 다른 『유가론』 부분과의 연계된 이해를 위해 필요한 사항을 각주에서 보충했다. 그리고 단락의 지나친 구획을 피하고, 요약송에서 제시된 주제항목 아래 하에서 가능한 한 압축해서 전체적 구조를 보여주고자 했다.

2 śruta는 수동의 의미 또는 행동형 명사(action noun)로 쓰일 수 있다. śruta가 후자의 맥락으로 쓰일 때는 티벳역 thos pa에 대응하는 hearing뿐만 아니라 listening이라는 뉘앙스도 포함할 수 있다 (Schmithausen 2014, 585 + n.2393). 따라서 śruta는 수동적으로 듣는다는 의미는 물론 능동적인 학습 과정을 포괄하는 것으로 이해할 수 있다.

3 산스크리트는 nāmaśaḥ padaśaḥ vyañjanaśaḥ이다. 여기서 名(nāman), 句(pada), 文(vyañjana)은 각각 명칭(name), 문장(sentence), 그리고 음소(音素, phoneme)로 번역했다. 이종철(1995: 26, fn.4)에 따르면 명·구·문의 용법은 불교 전통에서 확립되었으며 파니니 문법의 규정과는 차이가 있다. 한편 「문소성지」의 해당 문단에서는 명·구·문의 의미를 설명하지 않는다. 그러나 「섭결택분」에 나타나는 명·구·문의 정의(Bauddhakośa 2: 86-91)를 참고하여 동일 대상을 지칭한다고 판단한다. 구사론주 세친의 명·구·문 해석에 나타나는 언어철학적 사유와 존재론적 사유에 대해서는 박창환(2013) 참조. 명·구·문이 나타나는 문헌과 번역 등은 Bauddhakośa(1-6)에 정리되어 있다. 접미사 śaḥ는 전체를 작은 부분으로 나눈다는 의미다(Speijer 1980: 186). padaśas의 의미에 대해 BHSD(s.v.)는 'step by step,' 'gradually,' 'letter by letter,' 'piece by piece,' 'part by part' 등을 제시한다. 여기서 'letter by letter'가 「문소성지」의 문맥에 적합할 듯하다. pada는 문장(sentence)이므로 이를 작은 부분으로 나누었다는 의미를 내포한 듯하다.

句), 음절(vyañjana, 文)의 관점에서 분석하여 주의 깊게 청문하고 받아들여 독송하고 기억하며, 명칭·문장·음절의 그룹에 의지하는 의미를 면밀하게 이해[4]하는 것이다.[5] 이를 문소성지라고 한다.

다섯 지식영역이란[6] [불교] 내부의 학문(內明處)과 의학(醫方明處), 논리학(因明處), 음성학(聲明處) 그리고 기술영역(工業明處)이다.[7]

1. 내명처 (Ch. 345a24)

[불교] 내부의 학문이란 무엇인가?[8] 그것은 4종으로 보아야 한다. (i) 주제(vastu)에 따른 가설의 확립의 측면에서, (ii) 개념의 구분의 따른 가설의 확립의 측면에서, (iii) 교법의 내용을 포함하는 측면에서, (iv) 불설에 있어서 인식되어야 할 토대라는 측면에서이다.

1.1. 주제에 따른 가설의 확립 (234a27)

주제(vastu)에 따른 가설의 확립이란 무엇인가? 경이라는 주제, 율이라는 주제, 논모(論母, matṛkā)라는 주제의 세 가지로 불설을 포괄하는 것이다. 이 세 가

---

4 산스크리트 upalakṣaṇa는 빨리어 upalakkhaṇa에 대응한다. CPD에서는 이를 (1) special attention, distinction, discrimination, (2) selection, summary, survey로 풀이하며, 이는 SWTF에서도 받아들여졌다. 한역(解了)과 티벳역(rtogs pa)도 이에 대응한다.

5 또는 "의미를 명칭·문장·음소의 그룹에 따라 면밀하게 이해하는 것이다."

6 산스크리트에 따라 번역했다. 티벳역(rig pa'i gnas lnga gang zhe na)과 한역(何等名五明處)에 따르면 "다섯 지식영역이란 무엇인가?"로 번역된다.

7 다섯 지식영역에 대한 구체적인 설명은 『보살지』 <역종성품>에 나타난다. 특히 [불교] 내부의 학문(內明處)은 佛說(buddhavacana)이라고 설명한다. 『보살지』(2015: 139-40) 참조. Adhyātmavidyā의 문자적 의미는 '내적 지식'이다. 그러나 「문소성지」의 Adhyātmavidyā에서는 불설을 광범위한 영역으로 구분하여 논의하므로 "[불교] 내부의 학문"으로 번역했다. 내명처의 구성과 선행 연구에 대해서는 Kragh(2013, 89), Delhey((2013: 89) 참조.

8 이 문단의 산스크리트는 Choi(2001: 40) 참조.

지 주제의 상세한 분석적 설명은 「섭사분」[9]에 있다.[10]

1.2. 개념의 구분에 따른 가설의 확립

개념의 구분에 따른 가설의 확립이란 무엇인가?[11]

1.2.1. 첫 번째 분류

요약송이다.[12]

> 주제(句), 미혹, 희론, 주, 진실, 깨끗함, 뛰어남,
> 적정, 본성, 도리, 언어약정, 현관이다.

---

9 「攝事分」(Vastusaṃgrahaṇī)은 한역에 따르면 『유가론』을 구성하는 5부 중에서 마지막 부분이다. 여기서 경과 율, 논의 삼장의 주제가 설해져 있다. 云何攝事. 謂由三處應知攝事. 一者素呾纜事, 二者毘奈耶事, 三者摩呾理迦事(T30: 772b17ff). 素呾纜事는 sūtravastu로서 契經事로 번역되며, 毘奈耶事는 vinayavastu로서 調伏事로, 그리고 摩呾理迦事는 matṛkavastu로 論母事로 번역된다. matṛka는 아비달마가 편찬되기 이전에 논의의 주제를 암송하기 쉽게 요약어 중심으로 편찬해 놓은 텍스트를 가리킨다. 여기서 事(vastu)는 주제항목을 의미한다. Delhey(2013: 539-40), Kragh(2013: 230), 『보살지』(2015: 453) 참조.

10 早島와 毛利(1990: 72)는 이 기술에 의거해서 『현양성교론』의 <섭사품>이 <내명처>와 관련되어 있다고 제안한다.

11 '개념의 구분을 가설로 확립함'이란 항목은 『현양성교론』 <섭사품>(T31: 500a24-501c14)에 거의 동일하게 나타난다. 『현양성교론』에서 해당 부분은 불설(佛語言)을 관념(saṃjñā, 想)의 관점에서 포괄한 것이다. Hayashima와 Mori(1990: 71) 참조. 또한 거기서도 일체 불설을 vastu로 포섭할 수도 있다고 설명하는데 <내명처>의 문단 (1.4)에 유사한 설명이다.

12 Choi(2001: 40) 참조. 게송의 네 번째 Pāda에는 음절이 아홉 개 나타난다. 이는 miscellaneous hypermetricism으로 볼 수 있을 것이다(Tokunaga 1995: 21).

1.2.1.1. 주제항목(句, pada)[13]이란 무엇인가?[14]

A. 성문승에게 설한 주제

(A1) 무량한 경계(viṣaya)와 무량한 방향(deśa), 무량한 시간을 가진 6처이다.[15]

(A2) 3界, 즉 욕계, 색계, 무색계이다.

(A3) 다른 3계가 있다: 소천세계, 중천세계, 삼천대천세계이다.

(A4) 네 가지 무리(pakṣa)이다: 재가의 무리, 출가의 무리, 재가신자의 무리

---

13 Schmithausen(2000: 246)은 pada를 'key term'(Ch. 句) 또는 'basic concept'(Tib. gnas)으로 풀이한다. 이러한 용법은 RGV의 첫 번째 게송에서도 확인된다. 여기서 śāstrasya śarīra(논서의 구조)를 金剛句(vajrapada)로 풀이하는데, 여기서 pada는 핵심주제 정도로서 RGV는 이를 심보와 界(=본질), 菩提, 功德 그리고 붓다의 행위의 7종으로 제시한다. 대승불전에서 vajrapada에 대해서는 Ulrich Pagel 2007 참조, RGV의 용례에 대해서는 특히 pp. 90-96 참조.

14 주제(pada, 句) 항목의 서술은 크게 성문승을 위한 주제와 대승을 위한 주제로 나누어진다. 특히 마지막 부분에서는 이를 명시하고 있다. 하지만 성문승의 주제를 도입하는 부분(A)에서는 아무런 언급이 없는 반면, 方廣(vaipulya), 즉 대승의 주제를 논의하는 부분(B)에서는 이를 명시하고 있다. 이 주제에 대한 해석은 Schmithausen(2000: 249ff) 참조. Schmithausen은 이 서술이 『유가론』의 성립사를 해명하는데 중요하다고 생각한다. Schmithausen(1969: 818; 822f)에서 「본지분」이 「섭결택분」은 물론 『해심밀경』보다 이른 시기에 성립되었을 것이라는 가설을 제시했고, Schmithausen(1987: 109-143)에서도 비슷한 성립사의 형태를 제안하면서, 「본지분」에 포함된 문장에서 『해심밀경』이나 「섭결택분」의 사상적 특징이 나타날 경우, 해당 부분은 후대의 가필(interpolation)일 것이라고 간주했다. 하지만 Schmithausen(2000: 245-46, 263)에서는 기존의 『유가론』 성립의 가설을 수정하면서, 「문소성지」, 「유심유사등삼지」, 그리고 「사소성지」에 포함되면서도 『해심밀경』이나 「섭결택분」의 특색을 보여주는 문단들이 재검토되었다. 그 결과 해당 문장은 「본지분」 편찬의 최종 단계 또는 편찬이 완결된 직후에 가필된 것으로 결론내리면서, 그렇지만 가필되는 시점에서는 「섭결택분」이 아직 편찬되지는 않았을 것이라고 지적한다. 이 논문에서 그는 바로 이 「문소성지」의 주제항목, 특히 <내명처> 부분에서는 五事, 二無我性, 三種自性, 三無性性, 大菩提 등을 집중해서 논의하고 있다. 특히 <내명처>에 나타나는 문단이 「섭결택분」에서 다시 언급되기에 이는 『유가론』 성립에 관한 문제에서 더욱 중시되었다(2000: n.31). 그렇지만 Deleanu(2006: 168-69 + n.130)는 『유가론』 성립의 순서를 더욱 세분화하는 한편, Schmithausen의 2000년 모형보다 1987년의 시나리오가 더욱 타당해 보인다고 밝혔다.

15 pada를 설하는 각각의 항목들에서 법수가 증대되는 경향이 보이지만, 여기서 A1의 6처(ṣaḍāyatana), A4의 네 무리(pakṣa), 그리고 A12는 예외적인 것처럼 보인다. 그러나 Schmithausen(2000: n.28)은 A1에서 다루는 6처가 세 가지 항목으로 특정되고 있으며, 또한 A4도 본래 세 가지 항목만 있었는데 마지막 항목으로서 이질적인 非人衆(amanuṣyapakṣa)이 더해졌을 가능성을 제기한다. 나아가 A13에는 네 개의 법이 포함되어 있고, 더 이상 법수에 증가에 따른 나열이 아니다. Schmithausen(2000: 253)은 그 이유를 세간의 영역을 지시하는 개념에서 출발하여 정신적인 염오와 청정에 결정적인 법으로 이행하기 때문이라고 설명한다.

(upāsakapakṣa), 사람이 아닌 자들의 무리(amanuṣyapakṣa)이다.[16]

(A5) 세 가지 감수(vedanā)이다. 즉 괴로운 감수, 즐거운 감수, 괴롭지도 즐겁지도 않은 감수이다.

(A6) 3세(adhvan)이다: 과거세, 미래세, 현재세이다.

(A7) 3보이다: 불보, 법보, 승보이다.

(A8) 3법이다: 선법, 불선법, 무기법이다.

(A9) 3잡염이다: 번뇌잡염, 업잡염, 생잡염이다.

(A10) 4성제이다:[17] 고성제, 집성제, 멸성제, 도성제이다.

(A11) 9차제등지이다: 초정려등지로부터 상수멸등지까지이다.

(A12) 37보리분법이다: [4]념주(念住, smṛtyupasthāna), [4]정단, [4]신족, [5]근, [5]력, [7]각지, [8]도지(道, mārgāṅga)이다.[18]

(A13) 4사문과(沙門果)이다: 예류과, 일래과, 불환과, 아라한과이다.

(A14) 여러 뛰어난 공덕이다: 예를 들면 [4]무량, [8]해탈, [8]승처, [10]변처, 무쟁(無諍, araṇa),[19] 서원을 통한 지혜(praṇidhi-jñāna), [4]무애해(無礙解, pratisaṃvid),[20] 세세한 통찰, 6신통이다.

---

16 A4는 세 개의 법수의 나열에서 벗어나있다. Schmithausen(2000: 252, fn.28)은 구문형식과 내용상의 측면에서 네 번째 요소인 amanuṣyapakṣa가 『유가론』의 다른 개소(750c22ff)에서처럼 모든 법의 추종자를 포괄하기 위해 가필되었을 가능성을 제기한다.

17 Schmithausen(2009: 8ff; 2014: n.28)은 āryasatya를 the four Truths of the Noble Ones으로 번역한다. 그는 팔지성도(āryāṣṭāngo mārgaḥ)처럼 ārya가 형용사로서 단독으로 쓰이는 경우를 검토하여, ārya는 사람과 관계되어 있다고 지적한다. 이외에도 다양한 경우를 검토한 다음 인도에서 ārya란 언제나 사람을 지시하는 표현일 뿐, 聖과 俗과 같은 일반명사가 아니었다고 결론짓는다. 따라서 본문의 ārya를 '성스러운' 대신 '성인의,' '성인에 속한'으로 이해하고 풀이할 것이다.

18 산스크리트와 티벳역을 따랐다. 한역에는 숫자가 표기되어 있다.

19 raṇa와 araṇa에 대해서는 안성두(2015: fn.86) 참조.

20 pratisaṃvid에 대해서는 『보살지』 <보리분품> (BoBh 258,4ff; 『보살지』 2015: 289 + n.87) 참조.

B. 대승에게 설한 주제 (Ch. 345b19)

다시 방광(方廣, vaipulya)과 관련하여,[21]

(B1) 5종의 사태(vastu)이다: 관념상(相, nimitta), 명칭(nāman), 분별(vikalpa), 진여(tathatā), 정지(正智, samyagjñāna)이다.[22]

(B2) 2종의 공성이다: 개아의 공성(pudgalaśūnyatā)과 법의 공성(dharmaśūnyatā)이다.[23]

(B3) 2종의 무아성이다: 개아의 무아성(pudgalanairātmya)과 법의 무아성(dharmanairātmya)이다.[24]

(B4) 중도는 두 가지 극단적 견해를 여읜 것으로, 증익(增益, samāropa)이라는 극단적 견해가 없고 손감(損減, apavāda)이라는 극단적 견해도 없다.[25]

(B5) 4종 진실(tattva)이다: 세간에서 인정된 [진실], 도리에 의해 인정된 [진실],[26]

---

21 B1의 오사, B8의 삼자성(svabhāva), B9의 삼무자성성의 경우는 항목의 진행에 따라 법수가 증가하는 경향과 맞지 않는다. Schmithausen(2000: 253)은 B10의 5종 대보리의 배열 위치가 적절하지 않다고 지적한다. 방광(vaipulya)과 관련하여 Karashima(2014) 참조.

22 pañcavastu는 「섭결택분」의 <五事章>에서 상세히 다루어지고 있다. 이에 관한 상세한 연구로는 Kramer(2005) 참조. 그 대략적인 내용에 대해서는 안성두(2007) 및 본서의 <오사장> 번역 참조.

23 B2의 2종 공성은 「본지분」에서는 예외적인 기술이다. Schmithausen(2000: 253, n.29)은 2종 공성이 2종 무아에 선행해서 나열되고 있는 「섭결택분」의 설명을 제시하면서 거기서 차용되었을 것이라고 추정한다.

24 Schmithausen(2000: n.26)은 이와 관련하여 BoBh 280,18ff(『보살지』 2015: 308) 등에서의 인무아와 법무아의 2종 무아의 구별을 제시하고 있다. 그리고 앞의 항목에서 다룬 '공성'과 '무아'의 의미는 일반적으로 서로 교환되어 사용될 수 있다고 보인다. 그렇지만 두 개념의 의미상의 차이에 대해 반야경 주석서인 Yum gsum gnod 'jom(D3808, 206a5-7)은 다음과 같이 설명한다. "공성과 무아 양자에 의미의 차이는 없지만 가설에 따라 차이가 있다. 공성은 다른 것을 여읜 것인데, 예컨대 물이 없기 때문에 병이 비었다라고 하는 것과 같다. 마찬가지로 자상 등의 상(lakṣaṇa)을 여의었기 때문에 그 법들에 대해 공하다고 분별한다. 무아라는 말은 제법이 비존재하는 것인데, 예컨대 환화의 코끼리 등과 같은 것이다. 그 법들은 자성 등을 여의었다고 말하고자 함에 대해 공하다고 했다. 존재하는 것이 아니라고 사태가 없다고 말하고자 하는 것에 대해 무아라고 했다." 이에 대해서는 안성두 2019: 12f, fn.10 참조.

25 또는 "중도에는 두 가지 극단적 견해가 없으니, 增益(samāropa)의 극단적 견해가 없고 損減(apavāda)의 극단적 견해도 없다." Schmithausen(2000: n.26)은 BoBh 39,1ff; 『보살지』 2015: 80) 등을 제시했다. <진실의품>의 증익과 손감 개념에 대해서는 『보살지』(2015: 85 + n.28) 참조. BoBh 212,12ff(『보살지』 2015: 247)에서도 유사한 구절이 나온다.

번뇌장이 청정해진 지의 영역인 [진실], 소지장이 청정해진 지의 영역인 [진실]이다.[27]

(B6) 심사(尋思, paryeṣaṇā)는 4종이다: 명칭에 대한 심사, 사태에 대한 심사, 자성(svabhāva)으로 가설된 것에 대한 심사, 그리고 차별로 가설된 것에 대한 심사이다.[28]

(B7) 여실변지(如實遍智, yathābhūtaparijñāna)는 네 가지다: (i) 명칭에 대한 심사로서의 여실변지, (ii) 사태에 대한 심사로서의 여실변지, (iii) 고유한 성질로 가설된 것에 대한 심사로서의 여실변지, (iv) 차별로 가설된 것에 대한 심사로서의 여실변지이다.

(B8) 자성(svabhāva)은 3종이다: 원성실성, 의타기성, 변계소집성이다.[29]

(B9) 무자성성(niḥsvabhāvatā)도 3종이다: 특징으로서의 자성이 없는 것(相無性性), 생으로서의 자성이 없는 것(生無性性), 승의적으로 자성이 없는 것(勝義無性性)이다.[30]

(B10) 대보리(mahābodhi)는 5종이다: 즉, 자성의 관점에서(svabhāvataḥ), 능력의 관점에서(śaktitaḥ), 방편의 관점에서(upāyataḥ), 유전의 관점(pravṛttitaḥ)에서, 그리고 환멸의 관점에서(nivrttitaḥ)이다.[31]

---

26 Schmithausen(2000: n.12)은 티벳역과 한역에 의해 yuktiprasiddha라는 문장을 보충했다.

27 4종 진실은『보살지』<진실의품>의 앞부분에서 설명되고 있다. 그 내용은 <진실의품> 번역 참조.

28 4심사와 뒤따르는 4여실변지에 대해서 BoBh 53,6ff 및 본서의 번역 참조; Schmithausen 2000: n.26.

29 번역의 순서는 사본에 따랐다. 티벳역은 사본의 순서와 일치하지만, 한역은 변계소집성, 의타기성, 원성실성의 순서이다. Schmithausen(2000: n.21) 참조. 한편『해심밀경』에서는 svabhāva(自性)으로 VII.10, VII.13, IX.18, X.7에서 표기되어 있지만, 다른 곳에서는 대부분 lakṣaṇa(相)로 표기되어 있다(Schmithausen 2000: n.22). Schmithausen(2000: 262-63 + n.70)은 B8과 B9를 SNS,「有尋有伺等三地」, 그리고「사소성지」와 비교검토한 후, B8과 B9가「유심유사등삼지」나「사소성지」의 해당 개소 가운데 적어도 한 군데와 연관되었을 것이라고 제안하고 있다.

30 3종 무자성성은 SNS VII.에서 처음으로 설해졌다. 각각은 lakṣaṇa-niḥsvabhāvatā(相無自性性), utpatti-niḥsvabhāvatā(生無自性性), paramārtha-niḥsvabhāvatā(勝義無自性性).

31 Schmithausen(2000: n.23)은 5종의 대보리를 설명하는 곳으로서「섭결택분」T30: 707a1ff을 제시한다.

(B11) 대승(mahāyāna)은 5종이다: 종자(bīja), 이해(avatāra), 순서(krama), 정행(pratipatti), 정행의 결과(pratipattiphala)이다.[32]

(B12-a) 마찬가지로 초발심, 중생들에 대한 비심(karuṇā), 바라밀(pāramitā)과 [4]섭사(saṃgrahavastu)에 의한 자타의 상속의 성숙이다.[33]

(B12-b) 다섯 가지 무량한 상태에 대한 관념(想, saṃjñā)이다: 중생계의 무량한 상태에 대한 관념, 세간계의 무량한 상태에 대한 관념, 법계의 무량한 상태에 대한 관념, 조복되어야 할 계(vineyadhātu)의 무량한 상태에 대한 관념, 율의 방편계의 무량한 상태에 대한 관념이다.[34]

(B12-c) 진실인 대상(tattvārtha)에 뒤따르는 것, [즉,] 일체의 무량한 것에 수반된 진여(tathatā) 및 그것에 대한 정지(jñāna), 사량할 수 없는 위력(acintyaprabhāvatā),

---

32 Schmithausen(2000: n.26)은 B11에 대응하는 설명이 『보살지』에서 발견하기 힘들다고 말한다. 그렇지만 법수의 측면에서 바로 이어진 초발심, 중생들에 대한 비심 등을 다루는 B12-a와 간접적으로 연결해서 해석될 수 있다고 지적한다. 왜냐하면 B12-a에서 "바라밀(pāramitā)과 [4]섭사(saṃgrahavastu)에 의한 자타의 상속의 성숙"을 바라밀, 사섭사, 자타의 성숙의 셋으로 읽는다면 여기서의 법수도 다섯이 되기 때문이다.(2000: n.27). 양자를 관련시키는 해석은 강명희(1984: vol.1, 313a)에 나타난다. 그녀는 한글대장경 『유가사지론』의 체제에서 B11과 B12-a를 별도로 분리하고 전자와 후자를 각각 다섯 항목으로 구성했다. 이후 인터넷 번역판에서 새 번역을 다음과 같이 제시했다. "다시 5종(種)의 대승(大乘)이 있으니, 첫째는 종자(種子)이며, 둘째는 취입(趣入)이며, 셋째는 차제(次第)이며, 넷째는 정행(正行)이며, 다섯째는 정행과(正行果)이니, (차례대로) 최초(最初)의 발심(發心)과 유정(有情)을 불쌍히 여기는 것[悲愍]과 바라밀다(波羅蜜多)와 중생을 거두는 일[攝衆生事]과 자타상속성숙(自他相續成熟)이다."

33 Schmithausen(2000: n.26)에서 『보살지』에 나오는 관련된 여러 개소들을 제시한다. 몇 군데를 예시하면 Bobh 197,12: prathamaś cittotpādaḥ/ sattveṣv anukampā; BoBh 156,5f: pāramitābhir adhyātmaṃ buddhadharmaparipākaḥ/ saṃgrahavastubhiḥ sarvasattvaparipākaḥ/. 사섭사는 보시(dāna), 愛語(priyavāditā), 利行(arthacaryā), 同事(samārthatā)로서, 이 네 가지 포섭작용에 의해 중생의 성숙을 이끄는 것이다. 이에 대해서는 『보살지』 2015: 154 참조.

34 Schmithausen(2000: n.26)은 이와 관련하여 BoBh(D) 200,5-201,11을 제시한다. 『보살지』 <보살공덕품>에서 다섯 가지 무량은 4종 심사와 4중 여실변지 다음에 언급되며, 보살들에게 일체의 선법을 작동시키기 위해 생겨나는 것이라고 말한다. "중생의 영역은 … 상속의 구별에 의해 무량하다. 세간의 영역은 무량한 명칭에 의해 시방에서 무량하다. …선과 불선, 무기의 제법은 차별의 방식에 의해 무량하다. 일체 중생은 조복되어야 한다고 생각한 후에 조복되어야 할 영역은 … 무량하다, …조복되어야 할 중생을 위한 방편은 앞에서와 같이 설해진대로 … 종류의 차별의 관점에서 무량하다." (『보살지』 2015: 320-322의 축약 인용).

해탈(vimukti),[35] 장애가 없는 智(anāvaraṇaṃ jñānam)이다.[36]

(B12-d) 32개의 대장부상(mahāpuruṣalakṣaṇa), 80개의 부수적 특징(anuvyañjana)들, 4종의 일체 종류의 청정, 여래의 십력, 사무외, 세 가지 염주, 세 가지 보호하지 않음, 대비, 망실하지 않는 성질, 습기의 영단 그리고 일체종류의 뛰어난 지혜이다.[37]

이상의 [주제를][38] 요약하면 성문승에게 설한 주제와 대승에게 설한 주제인 두 가지 주제(pada)이다.

1.2.1.2. 미란(bhrānti)이란 무엇인가? 4종 전도이다: 무상에 관해 '항상하다'는 전도, 고통에 관해 '즐겁다'는 전도, 더러운 것에 관해 '깨끗하다'는 전도, 무아에 관해 '자아'라는 전도이다.[39]

1.2.1.3. 희론(prapañca)이란 무엇인가? 번뇌와 번뇌를 지닌 [5]온이다.

1.2.1.4. 근거(住, sthiti)란 무엇인가? 4식주(vijñānasthiti) 또는 7식주이다.[40]

---

35 「문소성지」의 산스크리트 adhimukti는 티벳역(mos pa)과 한역(勝解)에 의해 지지받는다. 그러나 Schmithausen(2000: n.16)은 이는 adhimukti가 견도 이전 단계의 수행자를 가리키는 반면, B12-c의 내용은 진실인 대상을 체득한 높은 단계 수행자에게 해당하기 때문에, adhimukti를 두 가지 끊음(prahāṇa)에 대응하는 vimukti로 수정할 것을 제안하고 있으며, 본 번역에서도 그의 제안에 따른다. adhimukti는 옛 사본의 오류(corruption)일 것이다.

36 Schmithausen(2000: n.26)은 다섯 가지 항목들이 언급된 곳으로서 BoBh 285 (『보살지』 2015: 312) 등을 제시하고 있다.

37 이 항목은 붓다의 고유한 붓다의 속성(āveṇiko buddhadharmaḥ)들로 언급되고 있는 법들이다. 이에 대해서는 BoBh 89 (『보살지』 2015: 131) 참조. 또한 32대장부상에 대해서는 『보살지』(2015: 399, n.286) 참조.

38 Schmithausen(2000: 249)은 tad evam을 제시했다. 이는 한역(如是諸句略)에 부합될 것이다. 그렇지만 이를 tad etam으로 읽고 tad etad로 교정할 여지도 있을 것이며, 이는 티벳역(de dag kyang bsdu na)에 보다 부합할 것이다. tad etad에서 etad는 '바로 이것'이라는 강조를 나타낼 것이다.

39 Cf. YBh 166,5ff. 여기서 위에서 언급한 4종 전도에 더해 想顚倒(saṃjñāviparyāsa), 心顚倒(cittaviparyāsa), 見顚倒(dṛṣṭiviparyāsa)의 셋을 더해 7종으로 제시한다.

40 4식주와 7식주에 대한 논의는 AKBh 115ff 참조. 설일체유부와 경량부는 식주의 본질을 다르게 설명한다. 이에 대해서는 AKVy 263 및 Sangpo(2012, vol. 2, chap. 3, n.103) 참조. 「섭사분」(T30: 878b21-22)

1.2.1.5. 진실(tattva)이란 무엇인가? 진여(tathatā)와 4성제이다.[41]

1.2.1.6. 깨끗함(śubhatā)이란 무엇인가? 세 가지 깨끗함이다: 자체존재(ātmabhāva)의 깨끗함, 경계의 깨끗함, 그리고 상태(avasthā)의 깨끗함이다.

1.2.1.7. 뛰어남(vara)이란 무엇인가? 삼보가[42] 뛰어나다고 설해진다. 최고의 가설에 속하기 때문이다.[43]

1.2.1.8. 적정이란 무엇인가? 선법에 대한 열의로부터 결과를 수반하는 일체의 보리분법이 적정이라고 설해진다.

1.2.1.9. 본성(prakṛti)이란 무엇인가? 법의 특징인 자상과 공상, 표식(saṃketa)의 특징, 원인의 특징, 결과의 특징이다.

1.2.1.10. 도리(yukti)란 무엇인가? 연기 또는 4종 도리이다.[44]

에서는 4식주와 7식주를 동시에 제시하는데, 이 부분은 한역으로만 확인된다(Delhey 2013: 540; Kragh 2013: 53). 문단 § 1.4.7.10에서는 7식주를 설명하고 있다.

41 티벳역 dang과 한역 及에 따라 번역했다. 산스크리트 사본에는 vā로 적혀 있다. 여기서 진여는 소지장이 청정해진 지의 영역(jñeyāvaraṇaviśuddhigocara)인 진실이고, 4성제는 번뇌장이 청정해진 지의 영역(kleśāvaraṇaviśuddhijñānagocara)인 진실이다. BoBh 38,18ff; 『보살지』 2015: 78-79) 참조. 사성제의 해석에 대해서는 문단 § 1.2.1.1.A.10의 각주 참조.

42 한역에서는 佛法僧寶로 풀어서 번역한다.

43 '최고의 가설에 속한다'는 표현은 『보살지』 <건립품>의 여래의 십력을 논하는 부분에서도 확인된다(BoBh(D) 266, BoBh 386; 『보살지』 2015: 410).

44 4종 yukti(道理)의 범주는 유식문헌 중에서 『성문지』에서 처음으로 사용되었고, 이어 『해심밀경』이나 『보살지』에서는 『성문지』에 의거해 이 개념을 사용하고 있다고 보인다. 이에 대해서는 Deleanu(2006: 166; 174) 참조. 4종 도리는 먼저 ŚrBh I.236ff(『성문지』 2021: 164f)에서 상세히 정의되고 있다. 그리고 다시 ŚrBh II.46ff(『성문지』 2021: 209)에서 사태의 구극성(vastuparyantatā)에 대한 명상의 맥락에서 사용되고 있다. 여기서 사태의 구극성은 진소유성과 여소유성으로 나누어지는데, 소지사 각각의 항목 전체를 인식대상으로 해서 명상하거나(= 진소유성), 또는 인식대상의 진실성인 진여로서(=여소유성) 명상하는 것이다. 그런데 여소유성에 인식대상들을 4종 도리(yukti)에 따라 관찰하고 이해하는 것도 포함된다. 예를 들어 ŚrBh III.(ŚrBh 210,3; Ch. 430a4; 『성문지』 2021: 233f)의 <연성연기소연> 항목에서 언급되며, 등의 각각의 선교소연 항목에서 4종 도리가 어떻게 명상대상의 관찰을 위해 작용하는지를 보여준다. 그중에서 주목되는 부분은 비파샤나에 속한 삼매로 정의되는 관찰수행에서 4종 도리에 따른 관찰이 적용되고 있는 점이다.(ŚrBh 370,11; Ch. 452a11; 『성문지』 2021: 353ff 참조). 여기서 ŚrBh II.의 <인식대상> 항목에서 여소유성으로 배대된 4종 도리(yukti)가 여섯 가지 사태의 고찰에서 다시 상세히 비파샤나의 수습으로서 5종 명상대상의 실천에 적용되고 있다. 특히 증성도리를 현량과 비량, 성언량의 인식수단과 관련해서 설명하는데, 여기서는 SNS X.7.4.7의 4종 도리(yukti)의 증성도리 중에서 언급된 비유의 역할이 전혀 언급되

1.2.1.11. 표식(saṃketa)이란 무엇인가? 다만 법인 것(dharmamātra)에 대해 개아라는 가설을 확립하는 것이나, 또는 다만 현상적 이미지뿐인 것(nimittamātra)에 대해 법이라는 가설을 확립하는 것이다.

1.2.1.12. 현관(現觀, abhisamaya)이란 무엇인가? 6종 현관으로서, 앞에서 「유심유사지」[45]에서 설한 것과 같다.

1.2.2. 두 번째 13개 항목의 요약송 (Ch. 346a6)

요약송이다.[46]

> 공간적인 것, 상태, 사고, 작용, 집지, 증가,[47]
> 어둠, 말, 깨달아야 할 것, 최고, 원리, 유전, 알라야이다.

(1) 공간적인 것(deśin)이란 무엇인가?[48] 색온이다.

(2) 상태(avasthā)란 무엇인가? 수온이다.

(3) 사고(kalpa)란 무엇인가? 상온이다.

(4) 작용(ceṣṭā)이란 무엇인가? 행온이다.

지 않는 점이 주목된다.

45 YBh 232,13ff(T30: 328b20–23)에서 언급된 6종 abhisamaya를 가리킨다. 그것들은 思現觀(cintā-), 信現觀(śraddha-), 戒現觀(śīla-), 現觀智諦現觀(abhisamayajñānasatya-), 現觀邊智諦現觀(abhisamayāntikajñānasatya-), 究竟現觀(niṣṭhā-abhisamaya)이다. 각각의 현관은 『유가론』 전체에서 계속 등장하며, 6종 현관에 대한 상세한 설명은 「섭결택분」(Ch. 690c23-692b26)에 나온다.

46 Choi 2001: 40 참조. 이 게송의 운율은 Anuṣṭubh ma-vipulā이나 불완전하다. 첫 번째 Pāda에서 deśī와 avasthā를 독립적으로 보면 위 운율이 성립하지만, 두 단어의 연성(sandhi)를 고려하면 catalecticism이 될 것이다(Tokunaga 1995: 21).

47 문단 (1.2.2)의 게송에는 감소에 해당하는 산스크리트(apacaya)와 티벳역('bri ba)이 나타나지 않는다. 이는 운율을 맞추기 위해서인 듯하다. 반면 한역 減은 게송 문단인 (1.2.2)와 해설 문단인 (1.2.2.7)에 모두 나타난다.

48 「섭사분」(T30: 879b19-24)에서는 方所의 차이점을 설명하면서 물질적인 법은 장소에 의거하는 반면 비물질적인 법은 장소에 의거하지 않는다고 말한다. 이는 물체가 연장(extension)을 가진다는 설명과 통할 것이다.

(5) 집지(執持, ādāna)[49]란 무엇인가? 식온이다.

(6) 증가(caya)란 무엇인가? 그것은 번뇌의 증가와 업의 증가의 2종이라고 보아야 한다. 증가와 마찬가지로 감소(apacaya)도 [번뇌의 감소와 업의 감소] 2종이다.[50]

(7) 어둠(tamas)이란 무엇인가? 무명과 의심이다.

(8) 말(vāk)이란 무엇인가? 12분교가 말이라고 설해진다.[51]

(9) 깨달아야 할 것(boddhavya)이란 무엇인가? 각각 설해진 것의 의미가 깨달아야 할 것이라고 불린다.

(10) 최고(samutkarṣa)란 무엇인가? 4종 사문과(沙門果)이다.

(11) 원리(viveka)란 무엇인가?[52] 원리는 다섯 가지로서 악행과 거리를 두고, 욕망의 대상과 거리를 두며, 생활필수품(upakaraṇa)과 거리를 두고, [나쁜 자들과] 함께 머무는 것과 거리를 두며, 번뇌와 거리를 둔다.[53]

(12) 유전(vṛtti)이란 무엇인가? 3계와 5종 존재형태(gati)이다.[54]

---

49 여기서 식의 정의로 사용된 ādāna라는 단어는 『해심밀경』의 유명한 ādānavijñāna를 연상시킨다. 거기서 ādāna-vijñāna는 알라야식과 심의 동의어로 새로운 유형의 식을 의미했다. 하지만 Schmithausen(1987: n.341)은 이 구절에서 앞의 色 = deśin, 受 = avasthā, 想 = kalpa, 行 = ceṣṭā의 정의를 고려할 때 ādāna는 식의 특정한 유형이 아니라 전형적인 기능을 보여주려는 것이라고 해석한다. 따라서 이 용어는 새로운 존재를 취하는 것을 표현할 뿐 아니라 동시에 생물학적 집수와 인지적 파악(grahaṇa, upalabdhi)을 취하는 것을 보여준다. 그는 SNS V.2의 두 번째 집수가 ādānavijñāna와 관련이 있고 그것이 정신적으로 부정적 집착의 뉘앙스처럼 보이지만 그 의미는 경 자체에서 확정되지 않았다고 지적한다.

50 감소에 해당하는 산스크리트 apacaya와 티벳역 'bri ba는 요약송에 나오지 않는다. 반면 한역 減은 게송에 나온다. 여기서는 요약송에 따라 단락을 나누었다.

51 『보살지』(BoBh 292,14ff; 『보살지』 2015: 318)에서는 12분교를 법에 대한 가설의 확립과 관련하여 설명한다.

52 초선의 특징의 하나는 원리에서 생겨난 낙(vivekajaṃ sukham)이다. 『보살지』 <자타리품>(BoBh 26; 『보살지』 2015: 67-68) 참조. 여기서 viveka와 praviveka는 동일한 의미로 사용되고 있다. 요약송에서는 운율 때문에 praviveka 대신 viveka를 택했다고 보인다.

53 다섯 가지 원리 가운데 첫째, 둘째, 넷째, 다섯째 항목은 『보살지』(BoBh 289; 『보살지』 2015: 316)에 보인다. 그리고 『보살지』 <종성품>(BoBh 11; 『보살지』 2015: 54)에서는 생활필수품이 보살의 수번뇌와 연계되는 양상을 확인할 수 있다.

(13) 알라야(ālaya)란 무엇인가? 과거에 연착(戀着)하고 미래를 기대하며 현재에 집착하는 것이다.[55]

1.2.3. 세 번째 9개 항목의 요약송 (346a24)

요약송이다.[56]

분석, 현행, 수면, 결합
포함, 상응, 설, 지지, 순서이다.

1.2.3.1. 제법의 분석

분석(vicaya)이란 무엇인가?

(1) 이를테면 하나씩 용법에 따르는 것(ekāvacāraka, 一行),[57] 앞의 주장에 따르는

---

54 vṛtti는 운률을 고려한 pravṛtti의 표기일 것이다. 유전과 3계, 5취의 내용은 YBh 195(T30: 320b20ff)의 janmasaṃkleśa(生雜染) 항목에서 다루어지고 있다.

55 알라야식(ālayavijñāna)의 티벳역이 kun gzhi rnam par shes pa임을 감안한다면, 본문의 gzhi는 kun gzhi를 게송(1.2.2)의 운율에 맞춰 축약한 형태라고 보인다. Schmithausen(1987: 23 + n. 195)은 알라야를 정의하는 이 문장이 알라야식 개념의 발달에서 생물학적 집수의 의미보다는 정신적으로 부정적인 집착의 의미에서 사용되었으며, 그런 점에서 MSg I.13B, 『대비바사론』 746c11-14의 해석과 비슷하다고 설명한다. 그런 의미에서 ālaya는 chandarāga의 의미에서 upādāna의 용법과 대응한다고 지적한다. 또한 "과거에 연착하고 미래를 기대하며 현재에 집착한다"는 표현은 Manobhūmi(YBh 12, T30; 280c11)에서 염오된 [분별]을 "과거에 대한 연착을 수반하고 미래에 대해 기대를 수반하고 현재에 대해 집착을 수반한 것"으로, 설하는 것과 동일할 것이다.

56 Choi(2001: 40) 참조. 이 게송의 운율은 Anuṣṭubh pathyā이다.

57 ekāvacāraka 등에 대한 자세한 설명은 Schmithausen(1969: 183-99)과 TPSI(Band III, 65-67) 참조. 『대승아비달마집론』에서는 논의의 기법 가운데 확정적으로 검토(vādaviniścayaḥ) 하는 맥락에서 (1) ekāvacārakaḥ, (2) pūrvapādakam, (3) paścātpādakam, (4) dvikoṭikam, (5) trikoṭikam, (6) catuṣkoṭikam, (7) oṃkārikam, (8) prātikṣepikam을 나누어 설명한다. <내명처>의 항목과 비교해 보면 (1), (2), (3), (6)이 일치한다. 또한 <내명처>의 無事句(nirvastuka)는 AS의 (8) prātikṣepikam과 동일하다(Schmithausen 1969: 185). <내명처>의 다섯 가지 용어 가운데 ekāvacāraka는 수량이 정해진 法들을 처음 시작하는 항목부터 (또는 하나씩 차례로) 탐구하는 과정으로 이해된다. 예를 들면 '眼cakṣuḥ이 누군가에게 속한다면 色rūpa도 그 사람에게 속하는가? 색이 누군가에게 속한다면 눈도 그 사람에게 속하는가?', '눈이 누군가에게 속한다면 耳śrotram도 그 사람에게 속하는가? 귀가 누군가에게 속한다면

것(pūrvapādaka, 順前句),[58] 뒤의 구문에 따르는 것(paścātpādaka, 順後句),[59] 4구를 가진 것(cātuṣkoṭika),[60] 논제를 벗어난 것(nirvastuka, 無事句)[61] 이다.

(2) 두 개의 법수 (Ch. 346a28)

물질적인 법(有色法, rūpiṇo dharmāḥ)과 비물질적인 법(arūpiṇo dharmāḥ); 보이는 것(有見, sanidarśaṇāḥ)과 보이지 않는 것(anidharśaṇāḥ)[62]; 저항을 가진 것(有對,

---

눈도 그 사람에게 속하는가?' 등으로 전개하여 최후에는 '法dharma이 누군가에게 속한다면 意 manaḥ도 그 사람에게 속하는가? 의가 누군가에게 속한다면 법도 그 사람에게 속하는가?'라는 질문으로 마치게 된다. Schmithausen의 풀이는 Edgerton이 ekāvacāraka를 "단일한 설명을 지닌 것"(BHSD s.v.)으로 이해한 것 차이가 있다.

58 pūrvapādaka는 질문이 두 가지로 구성되어 있을 때, 첫 번째 부분 또는 문장(padam)은 긍정적(affirmative)이지만 두 번째 부분은 그렇지 않은 경우이다. 예를 들어 "아는 것(jñānam)은 또한 알려지는 것jñeyam api tat)이기도 한가? 알려지는 것(jñeyam)은 또한 아는 것(jñānam)이기도 한가?"이라는 질문이 그러하다. 첫 번째 부분, 즉 "아는 것은 또한 알려지는 것이기도 한가?"는 긍정적으로 대답해야 한다. 앎이란 그 자체로 알려지는 것이기 때문이다. 반면 두 번째 부분인 "알려지는 것(jñeyam)은 또한 아는 것(jñānam)이기도 한가?"는 그렇지 않다. 알려지는 것 가운데 그 자체로 앎이 아닌 것들이 많이 존재하기 때문이다. 이렇게 구성된 경우 pūrvapādaka라고 한다.

59 paścātpādaka는 pūrvapādaka와는 상반되는 경우를 말한다. 질문이 두 가지로 구성되어 있을 때, 두 번째 부분 또는 문장은 긍정적이지만 첫 번째 부분은 그렇지 않을 경우이다. 예컨대 "파악되는 대상(grāhyam)인 것은 파악하는 주체(grāhakam)이기도 한가? 파악하는 주체는 파악되는 대상이기도 한가?"라는 질문이 있다. 여기서 두 번째 질문은 긍정적으로 대답해야 한다. 파악하는 주체 즉 주관적 조건들(다시 말해 심과 심에 결부된 조건들로 형성되는 감각)은 파악되기 때문이다. 그렇지만 첫 번째 질문은 긍정적으로 대답할 수 없다. 파악되는 대상이더라도 파악하는 주체가 아닌 경우가 있기 때문이다. 예를 들어 색 등의 다섯 가지 경계, 그리고 법처法處 가운데 心과 상응하지 않는 것들은 대상으로 파악이 되지만 파악하는 주체가 아니다.

60 catuṣkotikam이란 명사 또는 형용사를 의미한다. 명사일 경우에는 네 가지 경우로 구성된 그룹을 지칭하는 집합 명사를 지칭하고, 형용사일 때는 설명이나 대답에 해당하는 vyākaraṇam를 수식한다. 예컨대 "누군가 시각을 갖추고 있다면 그 사람은 청각도 지니고 있는가? 누군가 청각을 갖추고 있다면 그 사람은 시각도 지니고 있는가?"라는 질문이 있다. 이에 대한 대답은 a) 시각은 갖췄으나 청각이 손상된 경우 b) 청각은 있으나 시각이 손상된 경우 c) 청각과 시각이 모두 온전한 경우 d) 청각과 시각이 모두 손상된 경우로 나뉜다.

61 nirvastuka는 질문에 대하여 논제와 관련이 없다고 기각해야 할 경우를 말한다. 이는 질문에서 의미 없는 용어를 사용하는 것 등으로 야기된다. 예를 들어 "행(saṃskāra)을 온에서 벗어나게 하려면 무엇이 필요한가?"와 같은 질문에서 온에 속하지 않는 행이란 존재하지 않고, 행이라면 반드시 온에 속하기 때문에 이 질문에는 "그렇지 않다"고 대답해야 한다.

62 이하의 법수의 나열에서 각각의 단어는 모두 형용사복합어로서 rūpiṇo dharmāḥ처럼 dharmāḥ를 수식한다. 따라서 한역에서는 有見法, 無見法처럼 法을 보충해서 번역하고 있다.

sapratighāḥ)과 저항을 갖지 않은 것(apratighāḥ); 유루(sāsravāḥ)와 무루(anāsravāḥ); 유위(有爲, saṃskṛtāḥ)와 무위(無爲, asaṃskṛtāḥ); 유쟁(有諍, saraṇāḥ)과 무쟁(無諍, araṇāḥ); 탐착을 수반한 것(有味著, sāmiṣāḥ)과 탐착을 여읜 것(無味著, nirāmiṣāḥ); 탐닉의 근거가 되는 것(依耽嗜, gardhāśritāḥ)과 출리의 근거가 되는 것(依出離, naiṣkramyāśritāḥ); 세간적인 것(世間, laukikāḥ)과 출세간적인 것(出世間, lokottarāḥ); [삼계에] 속한 것(有繫屬, paryāpannāḥ)과 속하지 않은 것(無繫屬, aparyāpannāḥ); 내적인 것(ādhyātmikāḥ)과 외적인 것(bāhyāḥ); 거친 것(麤, audārikāḥ)과 미세한 것(細, sūkṣmāḥ); 열등한 것(hīnāḥ)과 뛰어난 것(praṇītāḥ); 먼 것(dūre)과 가까운 것(antike); 소연을 가진 것(有所緣, sālambanāḥ)과 소연이 없는 것([無所緣, anālambanāḥ]; 상응하는 것(相應, saṃprayuktāḥ)과 상응하지 않는 것(不相應, viprayuktāḥ); 행상을 가진 것(有行, ākārāḥ)과 행상이 없는 것(無行, anākārāḥ); 의지처를 가진 것(有依, sāśrayāḥ)과 의지처가 없는 것(無依, anāśrayāḥ); 원인(hetu)과 원인이 아닌 것(非因); 결과와 결과가 아닌 것; 이숙(異熟, vipāka)과 이숙이 아닌 것(na vipākaḥ); 원인을 수반한 것(有因, sahetukāḥ)과 원인을 수반하지 않은 것(非有因, na sahetukāḥ); 결과를 수반한 것(有果, saphalāḥ)과 결과를 수반하지 않은 것(非有果, na saphalāḥ); 이숙을 수반한 것(有異熟, savipākāḥ)과 이숙을 수반하지 않은 것(非有異熟, na savipākāḥ); 집수된 것(有執受, upāttāḥ)과 집수되지 않은 것(無執受, anupāttāḥ); 대종을 취한 것(大種造, mahābhūtāny upādāya)과 대종을 취하지 않은 것(非大種造, na mahābhūtāny upadāya); 유사한 것(同分, sabhāgāh)과 그것과 유사한 것(彼同分, tatsabhāgāḥ); 위가 있는 것(有上, sottarāḥ)과 최고의 것(無上, niruttarāḥ)이다.

(3) 세 개의 법수 (Ch. 346b9)

과거[법], 미래[법], 현재[법]; 선한 것(善, kuśalāḥ), 불선[법](不善, akuśalāḥ), 무기[법](無記, avyākṛtāḥ); 욕계에 속한 것(欲繫, kāmapratisaṃyuktāḥ), 색계에 속한 것(色繫, rūpapratisaṃyuktāḥ), 무색계에 속한 것(無色繫, ārūpyapratisaṃyuktāḥ); 학(學, śaikṣāḥ), 무학(無學, aśaikṣāḥ), 비학비무학(非學非無學, naivaśaikṣā nāśaikṣāḥ); 견소단(見所斷, darśanaprahātavyāḥ), 수소단(修所斷, bhāvanāprahātavyāḥ), 무단(無斷, aprahātavyāḥ)이다.

(4) 네 개의 법수 (Ch. 346b12)

네 가지 연(緣), 즉 인연(因緣, hetupratyaya), 등무간연(等無間緣, samanatarapratyaya), 소연연(所緣緣, ālambanapratyaya), 증상연(增上緣, adhipatipratyaya)이다.

네 가지 귀의(pratisaraṇa), 즉 법이 귀의[할 대상]이지 사람이 아니고, 의미(artha)가 귀의[할 대상]이지 문자(vyañjana)는 아니며, 요의경(nītārtham sūtram)이 귀의[할 대상]이지 불요의[경](neyārtha)은 아니고, 지(jñāna)가 귀의[할 대상]이지 식(vijñāna)은 아니다.[63]

4무량(apramāṇa),[64] 4념주(smṛtyupasthāna), 4정단(samyakprahāṇa), 4신족(ṛddhipāda), 5근(indriya) 및 5력(bala), 7각지(bodhyaṅga)와 8지성도(āryāṣṭāṅgo mārgaḥ)이다.[65] 4행적(行跡, pratipad),[66] 4법적(法跡, dharmapada), 샤마타, 비파샤나이다.

---

63 또는 "4依로서 i) 사람이 아니라 법이 의이고, ii) 글자가 아니라 의미가 의이며, iii) 불요의[경]이 아니라 요의경이 의이고, iv) 식이 아니라 지가 의이다." "4依로서 i) 사람이 아니라 법이 의이고, ii) 글자가 아니라 의미가 의이며, iii) 불요의[경]이 아니라 요의경이 의이고, iv) 식이 아니라 지가 의이다." 4依에 대해서는 『보살지』<보리분품>(BoBh 256,23-257,22; 『보살지』 2015: 288f) 및 「사마히타지」 § 2.5.3. 참조.

64 한역은 산스크리트와 티벳역에 없는 法이란 단어를 첨가하고 있다.

65 4념주부터 8지성도까지는 37보리분법에 속한 법들의 나열이다. 성문승과 보살승의 37보리분법에 대해서는 각기 ŚrBh II.174-237 (『성문지』 2021: 282-313) 및 BoBh 259,7-260,10; 『보살지』 2015: 290) 참조.

66 산스크리트(catasraḥ pratisaṃvidaḥ)와 티벳역(so so yang dag par rig pa bzhi) 대신 현장의 한역(四行跡法)

(5) 증상계(adhiśīlaṃ)와 증상심(adhicittaṃ), 증상혜라는 훈련(adhiprajñaṃ śikṣā)이다.[67]

(6) [8]해탈(vimokṣa), [8]승처(abhibhvāyatana), [10]변처(kṛtsnāyatana)이다.[68]

1.2.3.2. 현행(現行, samudācāra)이란 무엇인가? 번뇌의 분출(paryavasthāna, 纏)이다.[69]

1.2.3.3. 수면(睡眠, supti)이란 무엇인가? 번뇌의 잠재적 경향성(anuśaya)이다.

1.2.3.4. 결합(sambandha, 相屬)이란 무엇인가? [내]육처가 하나의 의지체(āśraya)에서 [서로] 결합한다고 알아야 한다.[70] 또한 법과 그 법이 인기하는 것(āvāhaka)은 서로 결합한다고 알아야 한다. 그리고 근과 경이 능취(grāhaka)와 소취(grāhya)의 관계로서 [서로] 결합한다고 알아야 한다.[71]

을 선택했다. 산스크리트 pratisaṃvidaḥ와 티벳역 so so yang dag par rig pa는 현장역에서 보통 無礙解로 나타난다. 이는 <내명처>의 문단(§ 1.2.1.1.A.14)에서도 확인 가능하다. 반면 문단(§ 1.2.3.1.4)에는 사행적법(四行跡法)이 등장하고 이는 산스크리트 catasraḥ pratipadaḥ와 티벳역 lam bzhi에 해당한다. 그런데 「섭결택분」의 <오사장五事章>(Kramer 2005: 74)과 『대승아비달마집론』(AS_G: 34: Hayashima 2003: vol. 2: 546) 등에서는 공통적으로 4념처에서 8지 성도에 이르는 37보리분품 이후에 [4]行跡(pratipad, lam)과 [4]法跡(dharmapada, chos kyi gzhi), 그리고 샤마타와 비파샤나를 열거하기에 위의 경우도 이에 따라 수정했다. pratisaṃvid의 내용에 대해서는 BoBh 258,4ff (『보살지』 2015: 289) 참조.

67 형식적인 면에서 다시 증상계학 등의 세 항목이 나오고 있어 나열순서에 혼란이 보인다. 그리고 내용상으로도 산스크리트는 adhiśīlam adhicittam adhiprajñāṃ śikṣā이며, 티벳역도 이에 대응하여 lhag pa'i tshul khrims dang | lhag pa'i sems dang | lhag pa'i shes rab dang | bslab pa rnams dang | 으로 번역되고 있다. 반면 한역은 增上戒法 增上心法 增上慧法으로서 산스크리트의 śikṣā = Tib. bslab pa rnams이 아니라 法을 보충해 번역하고 있다.

68 세 가지 법들은 「사마히타지」에서 보듯이 보통 함께 나열되기에 같이 묶었다고 보이지만, 법수의 나열의 원칙에서 볼 때 특이한 분류일 것이다. 그리고 한역에는 산스크리트나 티벳역에는 없는 "이러한 법들은 무량하고 끝이 없다고 생각해야 한다"(如是等法, 無量無邊, 應當思擇)는 구절이 나온다.

69 문단 § 1.2.3.2의 번뇌의 분출(paryavasthāna)과 문단 § 1.2.3.3의 번뇌의 잠재적 경향성의 상태(anuśayāvasthā)는 「유심유사등삼지」에서 설명하는 7종의 번뇌의 상태 중에 포함된다(Ahn 2003: 70).

70 티벳역은 "6처가 하나의 의지체/의지체 하나에서 서로서로 결합한다고 알아야 한다"(skye mched drug po rnams lus gcig la phan tshun 'brel ba yin par rig par bya'o)로 되어 있고, 한역은 "내육처가 하나의 의지체/의지체 하나에서 서로서로 결합한다고 알아야 한다"(謂內六處 於一身中 當知 展轉互相繫屬)이다. 하지만 산스크리트 원문은 "6처 서로가 하나의 의치제/의지체 하나에서 결합한다고 알아야 한다"(anyonyaṣaḍāyatanasyaikasminn āśraye saṃbandho veditavyaḥ)로 되어 있다.

1.2.3.5. 포섭(saṃgraha)이란 무엇인가? 포섭은 16종이다.[72] 계(界, dhātu)의 포섭, 특징(相, lakṣaṇa)의 포섭, 종류(jāti)를 포섭하는 것, 상태(avasthā)를 포섭하는 것, 서로 분리되지 않음(avinirbhāga)을 포섭하는 것, 시간의 포섭, 방향(deśa)의 포섭, 일부의 포섭, 전체의 포섭, 승의(paramārtha)의 포섭, 온(skandha)의 포섭, 계의 포섭,[73] 처(āyatana)의 포섭, 연기(pratītyasamutpāda)의 포섭, 경우에 맞고 맞지 않음(處非處, sthānāsthāna)의 포섭, 근(indriya)의 포섭이다.

1.2.3.6. 상응(saṃprayoga)이란 무엇인가? 그것은 5종이라고 알아야 한다.[74] (i) 자성(svabhāva)이 아니라 타성(parabhāva)과 상응하고, (ii) 타성과 상응하더라도 상위한 것(viruddha)이 아니라 상위하지 않은 것(aviruddha)과 상응하며, (iii) 상위하지 않은 것과 상응하더라도 하·중·상 [각각]이 다른 것이 아니라 오직 하·중·상과 상응하고, (iv) 하·중·상이 [각각 오직 하·중·상과] 상응하더라도 다른 때에 속한 것이 아니라 오직 그때에 속한 것과 상응하고, (v) 오직 그 시기의 것과 [상응하더라도] 다른 地에 속한 것이 아니라 오직 그 때에 그 地에 속한 것[75]과 상응한다.

---

71 또는 "감각능력(indriya)과 대상영역(viṣaya)이 파악하는 것과 파악되는 것으로서(grāhakagrāhyabhāvena) 결합한다고 알아야 한다."

72 <내명처>와 「섭결택분」에 16섭이 나타나고, 『현양성교론』, 『아비달마집론』(AS)에서도 유사한 항목이 보인다. 이에 대해서는 岡田(2017)의 연구 참조.

73 계의 포섭(dhātusaṃgraha)이 16종의 포섭 중에서 첫 번째와 12번째에 동일하게 나타난다. 그중에서 후자의 '계'는 티벳역 khams bsdu ba가 보여주듯이 온처계에서 계에 해당하는 반면, 전자의 '계'는 티벳역에서 rgyu bsdu ba로 번역되어 있듯이, '원인'의 의미에서의 dhātu를 가리키는 것으로 보인다.

74 다섯 가지 항목 가운데 첫째, 둘째, 넷째, 다섯째 항목은 『집론』에서 상응을 논의하는 부분과 유사하다. 『집론』의 사본으로는 Li(2013: 246) 참조. 해당 부분을 포함하여 여러 문헌에서 saṃprayoga을 논의한 연구로는 Lin(2015: 156-59) 참조.

75 산스크리트 사본에는 tatkāli-tadbhūmikānām eva로 적혀 있고 티벳역은 de'i dus su de'i sa pa rnams nyid이다. 해당 한역에는 時라는 단어는 없지만 티벳역을 근거로 산스크리트를 tatkālika-tadbhūmikanāṃ으로 이해하고 번역했다.

1.2.3.7. 해설(ākhyā)이란 무엇인가? 4종 언설(vyavahāra)이다: 보여진 것(dṛṣṭa)에 대한 언설, 들려진 것(śruta)[에 대한 언설], 생각된 것(mata)[에 대한 언설], 인지된 것(vijñāta)[에 대한 언설]이다.[76]

1.2.3.8. 지지(stambha)[77]란 무엇인가? 네 가지 식(食, āhāra)이다: 거친 [음식](段食, kavaḍaṃkāra), 촉(觸, sparśa), 의사(意思, manaḥsaṃcetanā), 그리고 식(vijñāna)이다.[78]

1.2.3.9. 순서(krama)란 무엇인가?[79] 순서는 6종이다: 流轉의 순서(pravṛttikrama), 임무를 행하는 순서(kṛtyānuṣṭhānakrama), 교설의 순서(deśanākrama),[80] 생기의 순서(utpattikrama), 현관의 순서(abhisamayakrama), 그리고 등지(等至)의 순서(samāpatti-krama)이다.

1.2.4. 네 번째 10개 항목의 요약송 (Ch. 346c16)

요약송이다.

> 임무, 인식대상, 노력, 샤마타, 비파샤나,
> 작의, 교수, 공덕, 깨달음, 가르침이다.

(1) 임무(kṛtya)란 무엇인가? 임무는 여덟 가지이다.[81] 의지체의 소멸(āśrayaniro-

---

76 4종 언설의 내용에 대해서는 YBh 50,9ff (D4035, 25a3-6; P5536, 27b3-8; T30: 289b13-20) 참조.

77 stambha는 게송의 운률에 의한 것으로 upastambha의 압축형일 것이다. stambha는 티벳역 khengs pa, 한역 憍, 傲에 대응하지만(YBh-Term 315b), upastambha는 『유가론』 색인 80b에 따르면 1) nye bar rton pa, 任持 2) nye bar bsten pa, 任持 3) rton pa 助 4) ston pa 持 등에 해당된다.

78 4食, 특히 거친 음식에 대해서는 ŚrBh 84,3ff (T30: 409b16ff; 『성문지』 2021: 121ff) 참조. 또한 AKBh 142 (T29: 55a9-26; Pruden 1988-1990, vol.2:439-441; Sangpo 2012, vol.2:1033-1035) 참조.

79 Bauddhakośa(5, 112-13) 참고. 문단 (1.2.3.9)의 krama를 「의지」와 「섭결택분」 <오식신상응지-의지>에서 언급하는 anukrama로 보고 해석했다.

80 산스크리트 deśanā는 티벳역에서 bstan pa, 한역에서 宣說로 나타난다.

81 § 1.2.4.1-1.2.4.1.8의 내용에 대해서는 Sakuma(1990: 140) 참조.

dha), 의지체의 전환(āśrayaparivarta), 인식대상의 변지(ālambanaparijñāna), 인식대상에 대한 환희(ālambanābhirati), 과보의 획득(phalaprāpti), 이욕(vairāgya), 근의 전환(indriyasaṃcāra),[82] 신통의 산출(abhijñānirhāra)이다.

(2) 인식대상(ālambana)이란 무엇인가? 인식대상은 네 가지다:[83] 변만소연(遍滿所緣)[84], 정행소연(淨行所緣)[85], 선교소연(善巧所緣)[86] 그리고 번뇌를 정화하는 소연(淨惑所緣)[87]이다.

(3) 노력(yoga)이란 무엇인가? 네 가지 측면 또는 아홉 가지 측면이 있다: 네 가지 측면은 信(śraddhā), 욕(chanda), 정진(vīrya), 방편(upāya)이고, 아홉 가지 측면은 세간도, 출세간도, 방편도, 무간도, 해탈도, 승진도, 하위에 속한 도, 중급에 속

---

82 AK V. 63cd에 대한 주석에서 indriyavivṛddhi(練根)을 indriyasaṃcāra(轉根)과 동일시한다. Poussin은 indriyavivṛddhi를 "perfectionnement des facultés"로 번역하고, 주석에서 "수행자가 5근을 확장(vivṛddhi)하고 계발 또는 전환하며(saṃcāra) 예리하게(tīkṣṇa) 만드는 것"이라고 풀이했다. 따라서 indriyasaṃcāra를 근의 완성(perfectionnement des facultés) 또는 근의 계발 또는 전환(fait évoluer ou trauspose)으로 해석할 수 있을 것 같다. 여기서는 현장 역 "轉根"을 감안하여 "근의 전환"으로 옮겼다. 『구사론』의 해당 부분과 주석으로는 Poussin의 프랑스어 번역(1980, vol. 4, p.108, n.5)과 영역본 2종(Pruden 1988-1990, p.859+n.208; Sangpo 2012, vol. 2, p.1749+n.532) 참조.

83 이하 네 가지 인식대상은 ŚrBh II.의 명상대상(ālambana) 항목의 분류를 계승한 것이다. 이 항목은 『성문지』 전체를 통해 매우 중요한 위치를 차지한다. 『성문지』(2021: 206-252) 참조.

84 遍滿所緣(vyāpy ālambanam)은 직역하면 '변재하는 명상대상'을 의미하며, 유분별영상, 무분별영상, 事邊際性, 所作成辦의 네 부분으로 구성되어 있다. 그중에서 유분별영상은 비파사나의 인식대상이며, 무분별영상은 샤마타의 인식대상이다. 사변제성은 다시 제법의 전체성으로서의 盡所有性과 제법의 진실성으로서의 如所有性으로 나뉜다. 그리고 소작성판은 행해져야 할 것의 완성이란 의미로서, 샤마타와 비파샤나의 대상인 영상의 수습의 완성을 가리킨다. 그럼으로써 요가행자의 신체는 변화되고 일체 추중이 제거된다.

85 ŚrBh 202,3ff에서 淨行所緣(caritaviśodhanam ālambanam)이란 '수행자의 행동성향을 정화하는 인식대상'으로서, 그 행동성향에 따라 (1) 不淨(aśubhā), (2) 慈愍(maitrī), (3) 緣性緣起(idaṃpratyayatā-pratītyasamutpāda), (4) 界의 差別(dhātuprabheda), 그리고 (5) 數息觀(ānāpānasmṛti)이 설해지고 있다, 정행소연은 『보살지』 <건립품>에서도 언급된다 (BoBh 389; 『보살지』 2015: fn.295).

86 ŚrBh 237,6ff에서 善巧所緣(kauśalyālambana)은 蘊에 대한 선교, 界에 대한 선교, 處에 대한 선교, 연기에 대한 선교, 處와 非處에 대한 선교로 5종으로 분류되어 설명되고 있다.

87 ŚrBh 249,12ff에서 淨惑所緣(kleśaviśodhanam ālambanam)은 세간도에 따른 번뇌의 정화와 출세간도에 따른 번뇌의 정화의 2종으로 설해지고 있다. 세간도는 4정려와 4무색정을 통해 하계의 거침과 상계의 적정함을 보면서 상승하는 방식이고, 출세간도는 사성제의 행상의 관찰에 의해 일체번뇌를 끊는 것으로 설명된다.

한 도, 상위에 속한 도이다.

(4) 샤마타(śamatha, 止)란 무엇인가? 9종의 심의 안주(cittasthiti)이다.[88]

(5) 비파샤나란 무엇인가? 그것은 세 가지 사태에 속한(trivastuka) [비파샤나], 4종의 [비파샤나], 사태의 차이를 인식대상으로 하는 6종의 [비파샤나](vastuprabhedālambanā vipaśyanāḥ)라고 보아야 한다.[89]

(가) 세 가지 사태에 속한 [비파샤나]란 단지 관념상만을 따르는 [비파샤나], 탐구하는 [비파샤나], 그리고 반성적으로 관찰하는 [비파샤나]이다.[90]

(나) 4종의 [비파샤나]란 법을 간택(簡擇, vicinana)하는 [비파샤나], 극도로 간택하는(極簡擇, pravicinana) [비파샤나], 두루 사유하는(遍尋思, parivitarkaṇa) [비파샤나], 두루 관찰하는(parimīmānsāpadyanatā) [비파샤나]이다.[91]

(다) 사태의 차이를 인식대상으로 하는 6종의 [비파샤나]란 대상(artha)을 인

---

88 이하 샤마타와 비파샤나의 나열은 특히 비파샤나 항목의 나열을 고려할 때 ŚrBh III.의 심일경성(心一境性, cittaikāgratā)에서의 기술에 의거하고 있다고 보인다. 『성문지』에서 샤마타에 속하는 심일경성은 9단계로 마음을 안주시키는 것이고, 비파샤나에 속하는 심일경성은 네 가지 비파샤나의 작용에 의한 심일경성이다(ŚrBh III: 24). Delhey(2009: 68, n.177)는 『성문지』 III.의 9종 심주가 근본설일체유부의 문헌은 물론 상좌부의 『맛지마니까야』(MN)와 설일체유부의 『중아함경』(MĀ)까지 소급될 수 있다고 설명한다.

89 보살의 샤마타와 비파샤나에 대한 요약적 설명은 BoBh(260,11ff; 『보살지』 2015: 291) 참조.

90 ŚrBh III: 30ff 참조. 여기서 각각은 "단지 관념상만을 따르는(nimittamātrānucaritā) 비파샤나, 尋究를 따르는(paryeṣaṇānucaritā) 비파샤나, 그리고 반성적 관찰을 따르는(pratyavekṣaṇānucaritā) 비파샤나"로 명시되어 있다. 그것들은 각기 "그중에서 단지 관념상만을 따르는 비파샤나란 그것에 의해 청문되거나 취해진 법이나 교수를 사마히타의 단계에 속한 작의를 갖고 작의하는 것이지만, 사유하지는 않고, 측량하지도 않고, 탐구하지 않고, 자세히 관찰하지 않는 것이다. 이것이 단지 관념상만을 따르는 것이다. 반면에 그가 사유하고, 측량하고, 탐구하고, 자세히 관찰할 때, 그 때 심구를 따르는 것이다. 나아가 그가 탐구하고 자세히 관찰한 후에 바로 안립된 대로 반성적 관찰할 때, 그 때 반성적 관찰을 따르는 것이다. 이것이 세 방식의 비파샤나이다."(『성문지』 2021: 351).

91 ŚrBh III: 30에서 4종 비파샤나는 동사형태로 vicinoti, pravicinoti, parivitarkayati, parimīmāṃsām āpadyate로 제시되어 있다. 그 작용은 차례대로 "어떻게 사택하는가? 그는 행위를 정화하는 인식대상과 선교와 관련된 인식대상과 번뇌를 정화시키는 인식대상을 진소유성(yāvadbhāvikatā)에 의해 사택하고, 여소유성(yathāvadbhāvikatā)에 의해 간택하고, 지혜를 수반한, 분별을 수반한 작의에 의해 바로 관념상을 지으면서 상세히 심사한다. 그리고 그는 [관념상을] 탐구하면서 두루 사려한다."(『성문지』 2021: 350)고 설명되고 있다.

식대상으로 하는 [비파샤나], 사태(vastu)를 인식대상으로 하는 [비파샤나], 특징(lakṣaṇa)을 인식대상으로 하는 [비파샤나], 범주(pakṣa)를 인식대상으로 하는 [비파샤나], 시간(kāla)을 인식대상으로 하는 [비파샤나], 그리고 도리(yukti)를 인식대상으로 하는 [비파샤나]이다.[92]

(6) 작의(manaskāra)란 무엇인가? 작의는 7종으로서, 특징을 요지하는(了相, lakṣaṇapratisaṃvedī) [작의] 등이다.[93]

(7) 교수(avavāda)란 무엇인가? 교수는 5종으로서, 성언(āgama)의 교수, 증득(adhigama)의 교수, 점차적 교수, 전도되지 않은 교수, 신통력(prātihārya)의 교수이다.[94]

(8) 공덕(guṇa)이란 무엇인가? [4]무량, [8]해탈 등으로서 주제항목(pada)에서 설해진 것과 같다.[95]

---

92 이 항목은 ŚrBh III: 32ff에서 비파샤나의 6종 대상을 구분한 것에 의거하고 있다. 『성문지』(2021: 351ff): "의미(artha), 사태(vastu), 특징(lakṣaṇa), 범주(pakṣa), 시간(kāla), 도리(yukti)의 여섯 사태들을 심구한다. 그리고 심구한 후에 바로 이것들을 반성적 관찰한다." 이렇게 6종 대상을 구별해서 관찰하는 목적은 "설해진 [법]의 의미의 인지와 [사태의] 전체성(yāvadbhāvikatā, 盡所有性)의 인지, 그리고 [사태의] 여실성(yathāvadbhāvikatā, 如所有性)의 인지를 위해서이다. 그중에서 설해진 [법]의 의미의 인지는 의미의 심구에 의해서이다. 사태의 전체성의 인지는 사태의 심사와 또 자상의 심구에 의해서이다. 여실성의 인지는 共相의 심구에 의해서, 범주의 심구에 의해서, 시간의 심구에 의해서, 그리고 도리의 심구에 의해서이다. 요가행자가 알아야 하는 것은 다음과 같은 한에서이다. 즉, 설해진 [법]의 의미와 인식되어야 할 [사태의] 전체성과 여실성이다."

93 7종 작의는 『성문지』 제4유가처(ŚrBh 439,3; Ch. 465b27)에서 설해진 세간도와 출세간도에 의한 수행도의 구성에서 사용된 범주이다. 그것들은 각기 [대상의] 특징을 요지하는(lakṣaṇapratisaṃvedin) [작의], 승해를 일으키는(ādhimokṣika) [작의], 원리로 이끄는(prāvivekya) [작의], 즐거움을 포섭하는 (ratisaṃgrāhaka) [작의], 관찰하는 작의(mīmāṃsāmanaskāra), 가행의 구극에 도달한(prayoganiṣṭha) [작의], 그리고 가행의 구극을 결과로 가진(prayoganiṣṭhāphala) [작의]로서, 세간도에 의거할 때는 선정의 차례에 따라, 그리고 출세간도에 의거할 때에는 4제의 관찰에 따라 단계가 부여되어 있다. (『성문지』 2021: 418ff; 454ff 참조). 『성문지』의 세간도와 출세간도에서의 7종 작의에 대해서는 Kragh(2013: 138-45) 참조.

94 ŚrBh III.4.1.에서 avavāda의 종류는 4종으로서, 위의 '신통력의 교수'가 빠져있다. 반면에 직후의 '일체의 측면을 완성한 교수'에서는 신변의 신통력ṛddhiprātihārya)과 [타인의 마음을] 읽는 신통력(ādeśanāprātihārya), 教誡의 신통력(anuśāstiprātihārya)이라는 세 가지 신통력에 의해 교수하는 것이라고 해서 신통력의 교수가 언급되어 있어, 위의 구절은 이를 모두 포괄하고 있는 것이라 보인다.

95 문소성지 § 1.2.1.1.1.에서 성문승과 관련해 [4]무량, [8]해탈, [8]승처, [10]변처, 無諍(araṇa), 서원을

(9) 보리(bodhi)란 무엇인가? 깨달음은 3종이다: 성문의 보리(śrāvakabodhi), 독각의 보리(pratyekabodhi), 그리고 위없는 완전한 보리(anuttarā saṃyaksambodhiḥ)이다.

(10) 교법(śāsana, 聖教)이란 무엇인가? 즉 귀의(śaraṇagamana),[96] 훈련항목(學處, śikṣāpada)의 가설(prajñapti), [법을] 설하는 자와 듣는 자에 대한 가설,[97] 스승과 제자의 가설, 보시에 대한 담론(dānakathā), 계(śīla)에 대한 담론, 천계(svarga)에 대한 담론, 욕망의 대상에 탐착하는 것의 단점(ādīnava),[98] 잡염과 청정, 출리와 원리의 이로움(naiṣkramyaprāvivekyānuśaṃsa),[99] 내지 청정품(vyavadanapakṣya)에 속한 법이다.

통한 지혜(praṇdhi-jñāna), [4]無礙解(pratisaṃvid), 세세한 통찰, 6신통 등의 여러 뛰어난 공덕이 나열되고 있다.

96 三依를 의미한다. BHSD에서 śaraṇa(524a)는 trīṇi śaraṇagamanāni (Pali saraṇagamana)이다. 참고로 śaraṇa는 pratisaraṇa와 일부 의미가 겹치지만(BHSD) gamana라는 표현이 있으므로 문단 (§ 1.2.3.1.4)의 네 귀의(pratisaraṇa)와는 구분해야 할 것 같다. 한편 한역에서는 授以歸依라고 했지만 산스크리트와 티벳역에는 대응하는 부분이 보이지 않는다. 『현양성교론』에서도 <내명처>와 유사하게 授歸依(T31: 501c11)라고 하였다. 이와 관련하여 AKBh 216에서 vinā śaraṇagamanaiḥ가 不受三歸로 옮겨진 예가 있다(Hirakawa 1973: 349, s.v. śaraṇa; T29: 76b19). 현장은 <분별업품>과 유사한 방식으로 <내명처>의 해당 문단을 번역한 듯하다. 또한 AKBh에서는 계를 받은 이[受戒者]가 주제이므로 受로 표현한 반면, <내명처>와 『현양성교론』에서는 가르침을 주는 이, 계를 주는 이(授戒者)를 중심으로 보고 授以歸依(<내명처>), 授歸依(『현양성교론』) 이라고 옮겼을 가능성도 있을 것이다.

97 산스크리트 deśika와 śrāvaṇika, 그에 해당하는 티벳역 ston pa po와 nyan pa po는 설하는 사람과 듣는 사람이라는 점을 분명히 보이고 있다. 다만 이 경우 다음 문단의 guruśiṣya와 어느 정도 중복되는 측면이 있는 듯하다. 이에 비해 한역에서는 說聽으로 하여 설법과 청문이라는 행동 그 자체로도 이해할 수 있는 여지를 남겼다.

98 한역에서는 "욕망에 맛들이는 것을 꾸짖고 욕망의 위험을 보인다"(訶欲愛味, 示欲過失)고 옮겼다. 그런데 'dod pa rnams kyi ro myang ba와 諸欲愛味가 대응한다 (YBh-Term 584). 이에 따르면 <내명처>의 "訶欲愛味"는 "諸欲愛味"가 된다. 이 경우에도 諸 자체는 산스크리트 및 티벳역에 대응하지 않지만 訶가 들어가는 번역보다는 산스크리트, 티벳역과 잘 대응한다. 따라서 현장이 번역 과정에서 한역의 4음보 체계를 따라 諸를 더했고 전승 과정에서 訶로 잘못 표기되었을 것이라 보인다.

99 『보살지』(BoBh 8,26f; 『보살지』 2015: 52)에 유사한 구절이 보인다. 한역은 "출리와 원리로 가르쳐 인도하고 공덕을 칭찬한다"(教導出離 及與遠離 稱讚功德)로 번역했다.

1.3. 교법의 내용의 포괄 (Ch. 347a19)

교법의 내용의 포괄(śāsanārthasaṃgraha)이란 무엇인가?

(1) 반복훈련(abhyāsa)이다.[100] 즉 선법에 전념하고(āsthitakāritā), 끊임없이 지속하며(sātatyakāritā), 수습한다.[101]

(2) 친숙해진(abhyasta) 법이다. 즉, 선법은 무엇이든지 간에 [친숙해져야 한다].

(3) 과실을 수반한(sādīnava) 법은 변지되어야 한다.

(4) 염오된 법은 받아들이지 않고 억압(viṣkambhaṇa)함에 의해 그 [염오된 법]을 처음부터 끊어야 한다.

(5) 장애가 되는 법은 현관의 구경으로 나아가는 데 적합하지 않다.

(6) 적합한 법은 현관의 구경으로 나아가는 데 적합하다.

(7) 진여에 포함되고 관념상(nimitta)을 명상대상으로 하는 법은 통달되어야 한다.[102]

(8) 수승한 성질(vaiśeṣikaguṇa)에 포함되는 법은 산출되어야 한다.

(9) 세간에 순응하는 법은 친숙해져야 하고(pratiniṣevaṇa), 끊어져야하고(pratihātavya), [끊은 후에] 탁월한 것(praṇīṭa)[103]이 현행한다.

(10) 구경을 얻은 이의 법(niṣṭhāprāptidharma)은 자신의 목적을 이룬 자들에 의해 촉증되어야 한다(sākṣātkartavya).

---

100 한역에서는 익숙하게 하는 법(有能修習法)으로 옮겼으나 法은 산스크리트 ahbyāsaḥ로도 티벳역 goms par bya ba로도 지지받지 못한다.

101 산스크리트 bhāvanāniyogaḥ와 티벳역 bsgom pa dang ldan pa를 택했다. 한역의 方便勤修 가운데 修는 bhāvanā 및 bsgom pa와 대응하지만 方便은 niyoga는 물론 ldan pa와 연관짓기 어렵다.

102 한역에는 "관념상(nimitta)을 명상대상(ālambana)으로 한다"는 부분이 없다.

103 티벳역 spangs nas와 한역 斷己는 잘 대응하지만 산스크리트 praṇīta는 주로 "superior", "excellent", "distinguished" 등을 뜻하므로 티벳역 및 한역과 연계하기 어렵다. 여기서는 티벳역과 한역을 "끊고 나서"로 옮기고 praṇīta는 주요 의미에 따라 번역했다. 또 다른 가능성으로서 praṇīta가 "delivered", "performed", "finished", "established", "kept alive"등을 의미할 수 있다. 이 경우 "확립되어 현행한다" 정도로 번역할 수 있을 것이다.

1.4.[104] 불설에서 인식되어야 할 것의 토대 (Ch. 347a28)

불설에서 인식되어야 할 것의 토대(buddhavacanajñeyādhiṣṭhāna)란 무엇인가?

1.4.1. 중생들이 머무는 곳[105]

중생들은 세 곳에 머문다. 매일 머무는 곳, 수명이 다할 때까지 머무는 곳, 그리고 선법을 원하여 생이 이어지는 곳이다.[106] 첫 번째 것은 음식(āhāra)에 의해 지배되고, 두 번째 것은 생명(jīvita)과[107] 제행(saṃskāra)에 의해 지배되며, 세 번째 것은 선법에 대한 불방일에 의해 지배된다. 불선법과 무기법에도 불방일하는 이가 있다.[108] 예컨대 어떤 이가 살생(prāṇivadha), 행동거지(airyāpathika), 기술(śilpasthāna) 등의 일에 대하여 전념하는[것과 같다].[109] 선법에 대한 불방일은 현세에서와 내생에서도 열반을 이끌어내고 좋은 재생형태로 가기 때문에 유용하다.[110]

---

104 § 1.4.에서는 法數에 따라 주제를 정리하여 제시한다. Kragh(2013: 90)는 이 부분의 구성이 Daśottarasūtra, Saṃgītisūtra, Puggalapaññati, Saṃgītiparyāya, Prakaraṇapāda의 6장과 8장 등과 유사하다고 지적하여 후속 연구의 필요성을 시사하고 있다. Kragh가 제시한 문헌에 대한 설명은 Eltschinger and Honjo(2015) 참조. 특히 § 1.4와 관련하여 Saṅgītiparyāya (Eltschinger and Honjo 2015, 95-96). 여기서 언급되지 않은 자료 가운데 Watanabe (1936), Mittal (1957), Schlingoff (1962)이 유용하다. 최근 Nehrdich (2023)는 한역 아비달마 문헌을 전산 처리하여 문헌간 관계와 역사적 발전 순서를 시각화한 논문을 발표했다. 『현양성교론』 <섭사품>(T31: 500a24-501c14)에서는 불설을 관념(saṃjñā)이나 또는 주제(vastu, 事)에 따라 구분할 수 있다고 해설하는데, <내명처>의 § 1.2.는 전자에 해당하고, § 1.4.는 후자에 대응할 것이다.

105 이 항목은 세 개의 법수로 구성되어 있고, 그런 한에서 법수의 증가에 따른 이하의 설명과 일치하지는 않는다. 그럼에도 여기서 중생들이 머무는 세 곳을 앞에서 설한 이유는 그곳이 불설이 진행되어야 할 토대이자 근거이기 때문일 것이다.

106 사본은 kuśaladharmeṣṭam ātmaparamparāsthitiś로 보이지만 티벳역 tshe rabs rgyud du dge ba'i chos rnams la gnas pa ste과 善法可愛, 生展轉住을 참고하여 kuśaladharmeṣṭajanmaparamparāsthitiś로 이해하고 번역했다.

107 티벳역에서는 srog gi dbang po'i 'du byed라고 하여 命根의 작용력으로 옮겼다.

108 한역에서는 "相似不放逸法"이라고 옮겼다. 그러나 "相似"에 해당하는 산스크리트와 티벳역은 보이지 않는다.

109 티벳역 lta bu dag과 한역 如를 근거로 보충했다.

1.4.2. 두 개의 법수 (Ch. 347b7)

(1) 중생세간과 기세간에 관하여 두 가지 법이 일체 희론(prapañca)을[111] 포섭한다. [즉] 능취법(grāhakadharma)과 그것에 근거하는 소취법(grāhyadharma)이다.

(2) 두 가지 세간적인 잡염의 근본(saṃkleśamūla)이 무익하고 이익이 되지 않는 잡염을 야기한다. 즉, 진실에 대해 정행하지 않음과 그것을 선행요소로 하여 무익한 것을 추구함이다.

(3) 비불교도 사문이나 바라문에게는 두 가지 잡염의 근본이 있다. 유신견(satkāyadṛṣṭi)과 관련하여 자아의 영원성에 대한 판단(śāśvatatvasaṃtīraṇā),[112] 및 [자아의] 단멸성에 대한 판단(ucchedasaṃtīraṇā)이다.

(4) 중생에게는 두 가지 고의 근본이 있다. [즉] 유루법에 대한 즐거움(nandī)을 수반하는 희구(prārthanā) 및 이치에 맞지 않은(ayogavihita), 염리(nirvit)를 수반한 희구이다.

(5) 스승과 제자들에게 교수(avavāda)와 교계(anuśasanā)에 상반되는[113] 두 가지 법이 있다. 제자가 [스승의] 말을[114] 참지 못하고, 또 스승이 전도된 견해로 삿되게 행하는 것이다. 白品은 이것과 반대라고 알아야 한다.

(6) 2종 법은 세간과 출세간의 正行(sadvṛttasamācāra)[115]의 영역(sīmā)을 훼손한다. 스스로에 대해서는 [비]법과[116] 관련하여 원하지 않는 결과를 고려하지 않

---

110 산스크리트 bahukara와 티벳역 gces spras byed pa는 잘 대응한다. BHSD에서는 bahukara를 "very useful", "very helpful", "a great factor" 등으로 해설한다. 한역은 多有所作이다.

111 산스크리트 prapañca와 티벳역 spros pa, 그리고 한역은 戲論事에서 戲論만이 대응한다.

112 BHSD에서 saṃtīraṇa는 "judgement", "function of juding"으로 풀이되고 있다. 여기서는 '판단'으로 번역했다.

113 여기서 "상반되는"으로 번역한 vipratyanīka는 BHSD에서 "antipathetic", "opposed", "hostile", "unwelcome" 등으로 풀이된다. 여기서는 한역 相違에 의거했다.

114 한역 教誨語言는 산스크리트 vacana와 티벳역 tshig에 의해 지지되지 않는다.

115 산스크리트 sadvṛttasamācāra는 티벳역 legs pa'i tshul yang dag par spyad pa에서는 '올바른 행실을 바르게 행함'으로 번역한다. 한역에서는 正行이다.

116 산스크리트와 티벳역은 각각 dharma와 chos를 제시하지만 한역은 非法을 제시했다. 맥락을 고려

고 죄(avadyena)를 부끄러워하지 않음이고,[117] 또한 타인에 대해서 살해와 결박, 손실,[118] 모욕을 고려하지 않고 현세에서 죄를 부끄러워하지 않음이다. 白品은 이것과 반대라고 알아야 한다.

(7) 2종 가설은[119] [수행자로 하여금] 어려움 없이(akṛcchrena) 헛되지 않은 범행에 머무르게 한다. [하나는] 바른 학처의 가설로서, 그것을 범하기 때문에 큰 죄가 생겨난다.[120] [다른 하나는] 반복해서 범했을 때 올바른 출리하게 하는 가설이다.(samyagniḥsaraṇaprajñaptiḥ)[121]

(8) 해야 할 일을 마친 이들에게 자리행과 타리행을 위하여 두 가지 법이 작동한다. [세상의 번잡함과] 분리되고, 마음이 집중된 자는 현세에 안락에 머무른다. 그리고 세상의 번잡함(saṃsarga)에 머무는 이는 [법을] 구하는 이들을 위하여 때때로 정법을 설하고 정법을 말한다.

(9) 내적으로 올바른 사유에 의해 또한 타인의 말에 의해 현세에서는 [사성]제에 대한 현관을 위해(satyābhisamāya) 그리고 미래에서는 근의 성숙을 위해(indriyaparipāka) 두 가지 법이 작동한다. 원인에서 발생한 법들에 대해 올바른

하여 한역으로 번역했다.

117 PTSD(s.v.)에서는 산스크리트 lajjā와 연관된 lajjana를 "being ashamed"로 풀이한다.

118 산스크리트 jyāni와 한역 衰退는 잘 대응한다. 티벳역 sma dbab pa는 산스크리트 "saṃsadana", "avasādana", "avasādanā", "avasādanikā", "avasādanī" 등에 대응한다(YBh-Term s.v.). M-W와 APTE에서는 "avasāda"를 "sinking", "ruin", "end" 등을 소개하므로 산스크리트 jyāni는 물론 한역 衰退와도 대응할 수 있다. 다만 BHSD에서는 "abuse"를 제시하면서 티벳역 smad pa 또는 spyo ba에 대응한다고 설명했다. BHSD의 해설을 따르자면 바로 이어지는 욕(garhaṇa, smad pa)과 사실상 동의어가 되기 어렵다.

119 한역에서는 "전도됨이 없이 건립하여 수행자로 하여금"(無倒建立 能令行者)으로 옮겼다. 여기서 無倒와 能令行者는 산스크리트와 티벳역으로 뒷받침되지 않는다.

120 한역에는 '만약 범하지 않으면 곧 큰 복이 생긴다'(若不違越。便生大福)는 구절이 있지만, 산스크리트와 티벳역에는 대응하는 문장이 없다. 『보살지』<계품>에서도 유사한 정형구가 보인다(BoBh 167; BoBh(D) 114; 『보살지』 2015: 204; T30: 517c4).

121 티벳역에서는 "범한 다음에는"('gal ba byas nas, D) 또는 "범한 때에는"('ga' byas na, P)으로 나온다. 한역은 正立出離, 令違越者, 速復出離로서 어순이 다르고, "범한 이를 속히 출리하도록 회복시킨다"(令違越者, 速復出離)고 표현되었다.

원인의 통달(samyaghetuprativedha) 및 심오하고, 심오하게 현현하며, 공성과 상응하고, 또 연성연기(idaṃpratyayatāpratītyasamutpāda)에 상합하는, 여래께서 설하신 경들에 대한 반복사유이다.

(10) 2종 법은 성숙한 근을 가진 자로 하여금(paripakvendriyasya) 신속히 인식하도록 작동한다. 교수(avavāda)와 교계(anuśasanā)에 대해 誑와 諂를 여읨(vigatamāyāśāṭhyatā)이고, 또한 염환(厭患, saṃvega)에 의거하고 도거가 없는(anuddhatā)[122] 신·구·의의 행위이다.

(11) 2종 법이 동일한 곳에 머무르는[123] 범행을 같이 하는 사람들이 서로서로 편안하게 같이 생활하도록 타인으로부터 [야기된] 괴롭힘(upatāpa)을 견디고, 또한 스스로 타인을 괴롭히지 않는 것이다.

(12) 2종 법이 동일한 곳에 머무르며, 범행을 같이 하는 사람들에게 일어나지 않은 논점들을 일어나지 않게 하도록, 또 이미 일어난 [논점들을] 적정하게 하기 위해, 다툼과 싸움, 쟁론, 논쟁이 없게 하기 위해 작동한다. 즉, 상호간의 자심(maitricittatā), 그리고 법과 재물을 공동으로 향유하며 생활하는 것(saṃvāsanatā)[124] 이다.

(13) 2종 법이 신속하게 마음을 안주시키기 위해 삼매를 획득하기 위해, 청정한 범행에 머무르게 하도록 작동한다. 예전에 행했던 것과 예전에 설해진 것을 언설하는 것과 관련하여 훼범의 여법한 대치 및 훼범이 없기 때문에 바로 그 기쁨과 환희를 갖고 밤낮으로 학습하고 [시간을] 보내는 것(ahorātrānu-

---

122 사본은 anubanvata로 읽히지만 티벳역 rgod pa med pa에 따라 anuddhata로 교정했다. 한역은 離諸調戲인데, rgod pa는 調戲, 掉擧 등에 대응한다 (YBh-Term).

123 Śrīmad Bhāgavatam(Bhāgavata Pūrāṇa)의 10.80.35의 게송에서 "우리가 스승과 함께 할 때"(nivasatāṁ gurau)라는 구절이 보인다. 이외에도 산스크리트 문헌에서 7격과 nivasatām이 같이 등장하는 경우가 보인다. 티벳역 tshangs pa mtshungs par spyod pa rnams dang lhan cig tu 'khod pa na에서는 'khod pa가 산스크리트의 nivasatāṃ에 대응하고 있다. 한역은 令居一處同梵行者에서 居에 대응하며 주어인 同梵行者를 수식하고 있다.

124 한역에는 saṃvāsanatā에 해당하는 부분이 보이지 않는다.

śikṣaṇatātināmanatā)[125]이며, 또한 일체의 신·구·의의 업의 통달과 관련해서[126] 훼범을 하지 않기에 그것을 원인으로 하는 후회 없음, 환희와 기쁨 내지 해탈지견[을 얻는 것이다].

(14) 일체 고를 뛰어넘기 위해 2종 법이 작동한다. 즉 나쁜 존재 형태의 고를 뛰어넘기 위해, 그리고 생사의 고를 뛰어넘기 위해서 현세와 미래의 단점(ādīnava)을 본 자가 악행을 중지하고, 또한 마음이 집중된 자가 [37]보리분법을 반복훈련하는 것이다.

(15) [번뇌를] 끊고 [세상의 번잡함과] 떨어져 있는 자가 안락에 접하고[127] 머무르기 위해 2종 법이 작동한다. 경계에 대하여 잡염이 부재에서 생겨난 것으로서 진실하지 않은 거친 생각에 의한 마음의 동요 없음(cittāsaṃkṣobha)이다. 그리고 소화하기에 적당한 분량을 먹고(hitamitajīrṇāśina), [번뇌를] 끊기에 적합하도록 몸을 작용가능하게 하는 것이다.

(16) 2종 법이 비구로서 선품을 향해 수행하는 자가 시간을 헛되게 보내지 않도록(avandhyakālātinataye)[128] 작동한다. 근과 경에 속한 것에 대해 올바르게 법을 관찰하는 데 노력하고, 또한 [적절한] 시간과 [적절한] 양으로 수면에 들어가는 것이다.[129]

---

125 YBh_ms: anuśīrthāti로 판독된다. 티벳역 rjes su slob과 한역 隨學을 고려하여 anuśikṣaṇatā로 교정했다. 반면 티벳역은 "훈련하며 낮과 밤을 보낸다"(rjes su slob cing nyin mtshan 'da' bar byed pa dang)이다. 한역 晝夜隨學 曾無懈廢은 산스크리트 어순과 대응한다. 曾無懈廢는 atināmanatā를 한문의 4음절에 맞추어 번역한 것으로 보인다.

126 pratisaṃveditasarvakāyavāgmanaḥkarmānta. 직역하면 "통달된 일체 신·구·의업"이지만 우리말의 어순에 따라 번역했다.

127 산스크리트, 티벳역과 달리 한역에는 sparśa에 대응하는 觸 등의 표현이 보이지 않는다.

128 사본은 anandhyakālātinataye로 읽힌다. 여기서 anandhya와 atinataye를 교정했다. 우선 anandhya는 티벳역 'bras bu yod pa를 참조하여 avandhya로 바꿨다. 다음으로 사본의 atinataye에 대응하는 티벳역 'da' bar byed pa를 참고했다. 문단(§ 1.4.2.16)에서 'da' bar byed pa는 atināmanatā에 대응한다. 이에 본 문단의 4격을 반영하여 atināmanatāyai로 변경했다. 한역은 時無虛度로서 無虛는 사본의 anandhya, 度는 atinataye에 각각 대응하는 듯하다.

129 한역은 知時知量, 少習睡眠으로서 의미 전달에 중점을 두었던 듯하다.

(17) 2종 법은 증상계와 증상혜의 훈련을 파괴한다.[130] 삿된 훈련의 가설로 올바른 훈련을 훼손하며, 또한 의심을 지니고(savaimatikā) 또 증익과 손감과 관련된 사견이 확정된 것이다(samāropāpavādikā mithyādṛṣṭir niścitā).[131] 白品은 이것과 반대라고 알아야 한다.

(18) 2종 법이 자량을[132] 적집했으나 아직 현관에 들어가지 못한 자로 하여금 [사성]제를 현관(satyābhisamāya)하도록 작동한다. 현재와 과거에 있어서 자신과 타인의 흥함과 쇠퇴의 작의와 또한 [16종의] 행상에 속한[133] [사성]제의 올바른 작의이다.

(19) 2종 법은 요가행자가 궁극적인 離垢의 梵行에 도달하게끔 작동한다.[134] [사성]제에 대한 현관과, 또한 이어서 離欲과 상응하는 자의 일체 等至(samāpatti)에 대한 애착 없음의 토대이다.[135]

(20) 2종 법은 요가행자가 일체 세간과 출세간의 공덕을 산출하도록 작동한다. 9단계의 심의 안주(cittasthiti)와 또한 마음이 집중된 이에게 6종 사태에 따른 법의 관찰(dharmapravicaya)이다. 『성문지』[에서와 같다].[136]

---

130 사본은 -vipādā이고 티벳역은 nyams par 'gyur ba, 한역은 能壞이다. 여기서 뒤 문단의 vipādanā(ma rung bar byed pa, 壞)를 고려하여 본문을 adhicittādhiprajñāśikṣāvipādane로 교정했다.

131 2종 법으로서 산스크리트는 (i) 삿된 훈련의 가설로서 바른 훈련을 훼손, (ii) 유보를 지닌 자 그리고 손감견과 증익견이라는 사견을 지닌 자로 확정된 사람을 제시한다. 티벳역의 (i)은 산스크리트와 잘 대응하지만, (ii)에는 차이가 있다. 즉 티벳역의 (ii)는 유보를 지닌 이 가운데 증익견을 지닌 자와 손감견을 지닌 자로 확정된 이를 말한다(yid gnyis dang yang bcas la| sgro btags pa dang| skur pa'i log par lta ba la yang nges pa'o). 한역에서는 유보를 지닌 이의 위치가 다르다. 즉 한역의 2종 법은 (i) 삿된 훈련의 가설로서 바른 훈련을 훼손하는 것과 유보, (ii) 증익과 손감(增益損減)으로 확정된 자이다.

132 한역에서는 菩提資糧으로 번역했다.

133 산스크리트 ākārapatitaś와 한역의 行所攝은 잘 대응한다. 반면 티벳역은 rnam par rtog pas (*vikalpena)로 ākārapatitaś와는 차이가 있다.

134 한역에는 이후에 速得圓滿이라는 구절이 보인다.

135 한역에는 이후에는 離諸障難이라는 구절이 보인다.

136 ŚrBh 363,14ff (『성문지』 2021: 347ff)를 가리킨다. 여기서 심일경성으로 정의된 삼매는 샤마타에 속한 것과 비파샤나에 속한 것의 2종으로 구분된다. 그중에서 샤마타에 속한 [심일경성]은 바로 9종 심주이며, 그리고 비파샤나에 속한 삼매는 의미(artha), 사태(vastu), 특징(lakṣaṇa), 품(pakṣa), 시간

(21) 요가행자에게는 2종 청정이 있다. 작의의 청정과 의지처의 청정이다. 삼세에 속하는 우치를 제거하여 지(智)가 청정해졌다는 측면에서 작의의 청정이며,[137] 또한 삼계에 속하는 번뇌품의 추중을 제거했기 때문에 의지체의 청정이다.

(22) 마음이 매우 잘 해탈한[138] 아라한에게는 내적으로 감수되어야 하는 두 가지 법이 있다. 현세에서 고통의 원인의 소진이며, 또한 그것에 의거하는 미래에 고가 필경 나타나지 않는 것이다.

두 가지 [법수]에 의해 불설에 있어서 인식되어야 할 토대를 마쳤다.

1.4.3. 세 개의 법수 (Ch. 348b7)

(1)[139] 10종, 3문, 3종, 3근은 중생들에 있어서 잘못된 행위로서 중생들이 나쁜 재생형태로 가도록 작동한다. (i) 10종이란 생명(prāṇa)과 재물, 아내의 파괴(vipādanā); 진실한 대상(bhūtārtha)과 친구(mitra), 명예, 의무의 파괴; [그리고] 3종 마음의 혼탁(manaḥkālusya)으로서 타인의 재물을 자기 것으로 취하려는 욕구, 타인이 원하지 않는 것과 만나기를 바라는 욕구, 비방하는, 진실하지 않은 견해(apavādikā asaddṛṣṭiḥ)[140]이다. (ii) 3문은 작용(kriyā), 의향(āśaya), 가행(prayoga)의 손상(vipatti)이다.[141] 10종이란 바로 다음과 같다. 작용의 손상은 7종, 의향의 손상은 2종,[142] 가행의 손상이 1종으로서 마지막이며 진실하지 않은 견해이다.

(kāla), 도리(yukti)의 여섯 측면에서 인식대상을 관찰하는 것이다. 『성문지』(2021: 353ff)에서 이런 2종의 삼매에 따른 인식대상의 관찰은 오정심관에 적용되고 있다.

137 traiyadhvikamohāpagamāj jñānaviśuddhito manasikāraviśuddhiḥ. Cf. Sakuma(1990: vol.2, 148): traiyadhvikamohāpagamāj jñānaśuddhito manasikāraviśuddhiḥ.

138 YBh_ms: suviyuktaḥcittasya; 하지만 티벳역 sems shin tu rnam par grol ba와 한역 心善解脫을 반영하여 suvimuktacittasya로 교정했다.

139 한역은 次說三種이라는 문장을 더해 법수를 나누고 있음을 보여준다. 이하에서 새로운 법수가 시작하는 곳에서 같은 설명이 나타난다.

140 티벳역은 skur pa 'debs pa'i lta ba ngan pa 한역은 誹謗眞實, 所有惡見이다.

141 이와 유사하게 § 1.4.7.6.에서는 향수의 손상(upabhogavipatti), 강한 의향의 손상(adhyāśayavipatti), 가행의 손상(prayogavipatti)으로 7종 법을 분류한다.

왜냐하면 진실하지 않은 견해로 말미암아 악을 행하지 않게 하는 수치심(lajjā)과 연민(dayā)이 발생하지 않는다. 그는 수치심이 없고 연민도 없으며 악[행]에 애쓴다. (iii) 3종이란[143] 신체적, 언어적, 심리적인 것이다. (iv) 세 개의 문이란 자신에게 이익이 되는 특징, 타인에게 방해가 되는 특징, 또는 [이익이나 방해와는] 다른 점에서(paratra) 전도(viparyāsa)가 되는 것으로, 말하자면 非法에 대하여 법이라는 개념, 작용이 아닌 것에 대하여 작용이라는 개념이 작동한다.

(2) 3종 법은 근의 非律儀를 일으키도록 작동한다. (i) 의지체에 있는 삿된 종자, (ii) 경계에 있는, 진실하지 않은 특징을 취함, (iii) 외진 곳에 대해 진실하지 않은 생각이다.

(3) 이 세 가지는 [각각] 욕망의 대상에 대한 탐욕의 범주, 분노의 범주, 손상의 범주에 속한다고 알아야 한다. 네 가지 점에 토대를 둔 후에 세 가지 진실하지 않은 생각이 나타난다. (i) 자신에게 속하는(ātmanaḥ) 재물 등 네 가지 白品에 속하는 세속법을[144] 획득하거나 또는 소멸하지 않게 하는 데 토대를 둔 후에 욕망의 대상에 대한 생각이 일어난다. (ii) '실로 이 사람은 장애하는 자로구나'라고[145] 적의 쪽 또는 중립적인 쪽(amitrodāsīnapakṣa)에 토대를 둔 후에 분노하는 생각이 [일어난다]. (iii) 친구의 쪽에 토대를 둔 후에 손상의 생각이 [일어난다]. 왜냐하면 친구의 쪽에는 어떤 때는 위반하더라도 오직 경미한 비난을 하는 것을 제외하고는 모든 방식으로 그와 단절하려는 욕구가 생겨나지 않는다.

---

142 사본에는 이 구절이 누락되어 있다. 티벳역 gnyis ni bsam pa ma rung bar byed pa'o와 한역 其次二種意樂毀壞에 의거해 번역했다.

143 이는 도입부의 3종(trividhā)에 해당된다.

144 한역에서는 法處로 옮겼다. 산스크리트 및 티벳역과 비교하면 loka와 'jig rten에 해당하는 世間이 보이지 않고, 반대로 處는 산스크리트 및 티벳역으로 뒷받침되지 않는다.

145 YBh-ms: param etad vipratibandhakam ity amitro ... Cf. 티벳역 mi mdza' ba dang/ tha mal pa'i phyogs la brten nas/ 'di ni mchog tu bgegs byed pa yin no// snyam ste/ gnod sems kyi rtog pa 'byung ngo ("적의 쪽과 중립적인 쪽에 토대를 둔 후에 '이 사람은 실로 장애가 된다'고 생각하며 분노하는 생각이 일어난다.") 티벳역의 snyam ste에 대응하는 산스크리트 단어가 없다. Schmithausen의 사적인 소통에 따르면 이는 티벳역이 param을 '최고로'(mchog tu)라는 부사로 파악하고 있기 때문이다.

白品은 이것과 반대라고 이치에 따라 알아야 한다.

(4) 요약하면 4종의 종자에 의해[146] 일체 종자가 포섭된다. 세간의 종자, 출세간의 종자, 청정하지 않은 종자, 청정한 종자이다. (i) 세간적인 [종자는] 욕계, 색계, 무색계에 상응하는 제행의 종자이다. (ii) 출세간적인 [종자는] 3승에 의해 과보를 수반하는 8지성도의 증득을 위한 종자이다. (iii) 청정하지 않은 [종자는] 욕계에 상응하는 제행[의 종자라고] 알아야 한다. (iv) 청정한 [종자는] 다시 2종으로서 세간적 [청정]과 출세간적 [청정]이다. 그중 색계와 무색계에 속하는 것이 세간적인 [종자]이고, 과보를 수반하는 8지성도의 증득을 위한 것이 출세간적인 [종자]이다.

(5) 원인으로부터 발생하는 유루법의 원인은 이 3종으로서, 이치에 맞지 않게 노력하는 자들에게는 고를 산출하도록 작동하고, 이치에 맞게 노력하는 자들에게는 고를 변지하고 [고의] 원인을 끊도록(duḥkhahetuparijñāprahāṇāya)[147] 작동한다. (i) 욕계에 상응하는 법에 대한 염오된 희구, (ii) 색계와 (iii) 무색계에 상응하는 법에 대한 염오된 희구이다.

(6) 이 세 가지 번뇌의 형태(kleśagati)들은 중생들로 하여금 생사에 유전하도록 작동한다. (i) 첫 번째 번뇌의 형태는 욕망의 특정상태를 희구하는 자들에게 [작동한다]. (ii) 두 번째 [번뇌의 형태]는 욕계와 색계에서 심신복합체의 뛰어남을 희구하는 자들에게 [작동한다]. (iii) 세 번째 [번뇌의 형태]는 삿된 해탈을 희구하는 자들에게는 [작동한다].

(7) 중생들에게는 욕구를 근본으로 하는 세 가지 행동의 실행이 있다. (i) 특별한 욕망의 대상들을 얻기 위해서, (ii) 심신복합체의 뛰어남을 얻기 위해서, (iii)

---

146 여기서 4개의 종자를 언급하는 것은 세 개의 법수에 속하는 항목의 나열 순서와 맞지 않는다고 보인다. 그럼에도 편찬자가 이를 세 개의 법수에 포함시킨 이유는 아마도 세간적인 종자와 출세간적 종자가 각기 삼계와 삼승과 관련되어 있기 때문이며, 또한 청정하지 않은 종자와 청정한 종자는 합쳐서 3종으로 구분되기 때문으로 보인다.

147 이 문장을 고의 변지와 집의 영단, 멸의 촉증과 도의 수습이라는 방식으로 풀이했다.

해탈도를 증득하기 위해서이다.

(8) 세 가지 유위행의 위력(saṃskāraprabhava)은 (i) 引起하는 것(ākṣepaka), (ii) 성숙시키는 것(saṃprāpaka), (iii) 완성된 것이다. (i) 인기하는 것이란 업이고, (ii) 성숙시키는 것이란 간다르바의 현전이며, (iii) 완성된 것이란 [간다르바가] 현전하는 곳에서 정업과 부정업의 이숙이 경험되는 것이다.

(9) 중생의 무명온(avidyāskandha)들은 세 가지인데, 그것들에 의하여 무명에 속한 삼세의[148] 심신복합체(ātmabhāva)로 생겨난다.

(i) 과거세에 대하여 과거 등에 대한 무지(ajñāna)는 현재의 심신복합체로 생겨나기 위해서이고, (ii) 현세에 대하여 과거 등에 대한 무지는 미래의 [심신복합체로 생겨나기 위해서이며], (iii) 미래세에 대하여 과거 등에 대한 무지는 더욱 더 미래의 심신복합체를 산출하기 위해서이다.

(10) 궁극에 이르지 못한 성인들에게 범부들과 공통된 세 가지 윤회의 재앙이 있다. 그것들을 아는 이들은 신속하게 세 가지 교만(mada)을[149] 끊은 후에 현세의 반열반을 위하여 해야만 할 것을 수행한다. [즉,] (i) 무병의 손상(ārogyavipatti), (ii) 젊음의 손상(yauvanavipatti), (iii) 장수의 손상(jīvitavipatti)이다. 지혜로운 이들은 그 [세 가지가] 미래에 뒤따른다고 [안다].

(11) 이 세 가지는 중생들에게 있어서 의지체의 상태들로서 탐진치와의 결합에 의거하고 있다. 그것은 생사에 헤매며 갇혀 있는 중생들을 심한 결박에 묶는다. [즉,] (i) 도움이 되는 것, (ii) 해치는 것, (iii) 평등으로서 그 양자를 여의었지만 [여전히 치에 속한] 것이다.

(12) 세 가지 점에 의해 중생들의 고통을 포섭한다.

[즉,] (i) 만남에서 생겨난 [고통], (ii) 이별에서 생겨난 [고통], (iii) 항상하는

---

148 traiyadhviyasyā를 티벳역 dus gsum과 한역 三世에 따라 traiyadhvikasyā로 교정했다.

149 YBh_ms: trīmadastambhatrividhamadān. 티벳역 rgyags pa gsum은 trīn madān으로 읽었다. 한역 三種憍逸에서 '種'은 부가된 것으로 보인다.

(sātatam)[150] [고통]이다. 첫 번째 것은 해치는 상태를 만나기 때문이고, 두 번째 것은 도움이 되는 [상태로부터] 변괴하기 때문이며, 세 번째 것은 일체의 상태에 [있고] 현재의 추중에 포함된다. 제행이 그와 같이 발생하기 때문이다. 그것에 대해서 오직 성인들만 苦라고 인식할 뿐이고 범부는 [그렇지 못하다].

(13) 이 셋은 사문[과]를 증득하려는 수행자들에게 속하고, 예류의 지분에 상반되는 마음의 거만으로서 사문[과]를 장애하도록 작동하지, 증득하도록 [작동하지는] 않는다. (i) 타인과 자신을 비교하는 자에 있어서 '내가 낫다'는 거만,[151] (ii) '나와 비슷하다'는 [거만], (iii) '내가 못하다'는 거만이다.

(14) 3종의 종자는 일체 제행이 유전하도록 [작동한다고] 알아야 한다. (i) 그 결과가 주어진 [종자], (ii) 그 결과가 주어지지 않은 [종자], (iii) 그 결과가 현전하는 [종자]이다.

(15) 이 세 가지는 行에 있어서 세간언설의 근거이다. [즉,] (i) 과거, (ii) 미래, (iii) 현재이다.

(16) 세 가지 특징으로써 모든 색의 자상을 포괄한다.[152] [즉,] (i) 색깔과 형태, 작용으로 확립된(varṇasaṃsthānakriyāniviṣṭa) 것으로 안식에 의해 포착되는 것이다. (ii) 그 [안근의] 위치에 이를 때 [그곳에] 머무는 것을 장애하도록 확립된, 그것과 다른 색이다. 일체 경계의 색은, 모두 하나로 축약해서 11가지[153] 색이라고 알아야 한다. (iii) 집중된 [심]의 단계에 속한 색이란 삼매를 획득한 자가 변화를

---

150 YBh_ms: sātata. 이에 대응하는 티벳역과 한역은 각각 rtag tu yod pa, 平等相續苦이다. 그런데 rtag tu에는 satata, sātatyam 등이 대응하지만 sātata는 확인되지 않는다(TSD vol.5, 1758b; TSD(C) 939b; YBh-Term 505b, 506a). SWTF에서는 sātatavihāra는 연속적 상태(beständige zustände), sātatya는 수행에서 끊임없는 지속(beständigkeit ausdauer (in spiritueller Praxis))이라고 구분한다. 이를 참고하면 본문의 맥락에서는 sātata를 유지하는 쪽이 타당할 것이다. 참고로 BoBh 203,1에서 캠브리지 사본의 sātatavīryam을 sātatyavīryam으로 교정했는데 이는 지속적 수행을 맥락으로 이해할 수 있다.

151 YBh_ms: sahātmanaṃ paritulyayataḥ śreyo 'smīty

152 여기서 3종의 색은 각기 (i)은 有見有對, (ii)는 無見有對, (iii)은 無見無對에 해당된다.

153 YBh_ms: ekādaśa. 한역(十色及定地色)과 일치하지만, 티벳역 rnam pa bcu는 10종으로 읽는다. 내용을 고려할 때, 일반적인 색의 10종과 수행으로 확립한 색의 1종을 가리킨다.

산출하려고 노력할 때, 각각 변화된 심을 대상으로 하지만 그 변화된 심의 과보가 아직 완성되지 않은 색이다.

(17) 이 3종 심은 번뇌에 결박된다. (i) 범부의 심, (ii) 완성되지 않은 유학의 심, (iii) 완성된 유학의 심이다.

(18) 법을 청문하는 자들은 3종이다. (i) 법과 의미 양자를 파악할 수도 지닐 수도 없는 자, (ii) 파악할 수 있으나 지닐 수 없는 자, (iii) 파악할 수 있고 지닐 능력이 있는 자이다.

(19) 이 3법은 요가수행자에게 신·구·의의 무상성을 관찰하는 데 들어가기 위한 선행요소라고 알아야 한다. [즉,] (i) 날숨과 들숨, (ii) 거친 생각과 미세한 사유(vitarkavicāraḥ), (iii) 想과 思(saṃjñācetanā)이다.

(20) 이 3종은 특히 존경을 받을 만하다. [즉,] (i), 나이의 뛰어남, (ii) 가문의 뛰어남, (iii) 공덕의 뛰어남이다.

(21) 이 세 가지 원인은 확정성과 불확정성으로 확립되는데, 두 가지는 결정된 것(niyata)이고 한 가지는 미결정된 것(aniyata)이다. (i) 무간업은 나쁜 재생형태로 결정된(durgatiniyata) [원인이고], (ii) 무루의 유위법들은 좋은 재생형태와 열반으로 결정된(sugatinirvāṇaniyata) [원인이며], (iii) 그 이외는 미결정된 것이다.

(22) 이 3종 법은 교설이 머물게 하기 위해, 서로서로 위반을 말하게 하도록 작동한다.[154] (i) 훈련을 훼손하는 신[업] 및 구[업]의 실행을 직접지각하는 것 śikṣāvyatikrāntakāyavākpracārapratyakṣatā, (ii) 타인으로부터 듣는 것, (iii) 다른 특징을 이해하는 것이다.

154 "교설이 머물게 하기 위하여"라는 부분은 티벳역 bstan pa gnas par bya ba'i phyir와 한역 爲令聖教得久住故에 따라 사본의 śāsanasthityarthaḥ를 śāsanasthityartham으로 교정했다. 한역의 久등은 네 글자를 맞추기 위해 부가된 듯하다. 한편 사본에서는 anyonyavyatikramaḥ pratyāhāraya를 제시한다. 이를 티벳역 'gal bar byas pa gcig la gcig brjod par 'gyur ba'i chos과 한역 法…展轉擧罪을 참고하고 사본의 맥락에 따라 anyonyavyatikramapratyāhārāya로 교정하여 번역했다.

(23) 세 가지 보호되지 않는 것에 대한 설명(arakṣyāpadeśa)들에 의해 여래께서는 스스로[155] 내면이 사악하고 일체지자가 아니면서 일체지자라고 주장하는 비불교도 스승들을 진실하게 훈계하셨다고 알아야 한다. 바로 그 [훈계]는 그들에게 진실한 일체지는 오직 자신에게만[156] [존재함을] 일깨우기 위해서이다.

(24) 중생들에게 세 가지 작열(paridāha)이 있는데, 그것은 삿된 집착에서 발생한 커다란 불에서 생겨난다. [즉,] 갈애의 작열(tṛṣṇāparidāha)과 비탄의 작열(śokaparidāha), 그리고 전도의 작열(viparyāsaparidāha)이다.

(25) 복덕을 향한 욕망에 이끌려 올바르지 않게 비불교도의 불을 숭배하는 중생들을 위해 이 세 가지가 즉시 행해져야 한다. [이것은] 불이 아니지만 불이라는 단어로써 지칭했다. [즉,] (i) 부모, (ii) 처자, (iii) 존중을 받을 만한 사람들이다.

(26) 재생하고자 하는 바람을 가진 자들에게 3종의 측면들에 의해 재생을 위한 수행도를 설명한다[157]고 알아야 한다. [즉,] (i) 큰 재물을 위한 보시, (ii) 좋은 재생형태로 가기 위한 계, (iii) 고통의 감수에서 벗어나기 위한, 오직 즐거움만 [존재하여] 손상되지 않는 세상에 태어나기 위한 수습이다.

(27) 일체의 욕망을 가진 자들을 하·중·상의 3종의 욕망으로 파악해야 한다. 욕망으로부터 생겨난 즐거움을 비교한 후에, (i) 어렵게 조건에 의존함에 의하여 현전하고자 원하는 자들[의 하급의 욕망],[158] (ii) 작은 공력으로 심에 의존함에 의하여, 즉, 화자재천을 원하는 자들[의 중급의 욕망],[159] (iii) 더욱 작은 공력

---

155 티벳역은 de bzhin gshegs pa nyid로서 svayam eva에 해당하는 듯하다(TSD(C) s.v.). 한역에서는 自로 옮겼다.

156 한역(於如來所)은 '바로 자신을' 여래 자신을 가리킨다고 부연해서 번역한다.

157 abhyudayamārgāpadeśo. 그중 abhyudayamārga를 티벳역은 mngon par mthong ba'i lam로 옮겼지만 mngon par mtho ba'i lam의 오기일 것이다.

158 YBh 101,10ff에서 욕계에서의 세 가지 재생의 첫 번째로서 인간들과 四大王中天에서부터 도솔천까지를 가리킨다. 이에 대해서는 본서 III.1.6에서 <재생에 따른 가설의 건립>이란 항목에서 설명되어 있다.

159 이는 YBh 101,14ff에서 욕계에서 화작에 대해 기뻐하는 중생들을 가리킨다.

으로 바로 심에 의존함에 의해서[160], 즉, 타화자재천을 원하는 자들(para-nirmitakāmānām)[의 상급의 욕망]이다.[161]

(28) 3종의 측면들에 의해 욕망을 뛰어넘는 즐거움에 하·중·상이 있다고 알아야 한다. [즉,] (i) 거친 사유와 미세한 사유를 수반한[162] 희열(prīti)에 의해, (ii) 거친 사유와 미세한 사유가 없는 희열에 의해, (iii) 희열이 없는 즐거움에 의해서이다.

(29) 3종의 인식대상에 대한 이해(avabodha)는 3승에 의해 일체 고를 벗어나게 하기 위해 작동한다. [즉,] (i) 타인으로부터 들음에 의해(ghoṣānvaya), (ii) 내적으로 숙고함에 의해,[163] (iii) 샤마타와 비파샤나의 반복훈련에 의해서(śamathavipaśyanābhyāsānvaya)이다.

(30) 또 다른 인식대상에 대한 이해는 세 가지다. [즉,] (i) 전면적으로 결박을 지닌 것, (ii) 부분적인 결박을 지닌 것, (iii) 모든 방식으로 결박을 지니지 않은 것이다.[164]

(31) 세 가지 해야만 하는 일을 행하기 위하여, 요가수행자들은 세 가지 해야 할 일과 관련하여 信 등의 선법을 수습한다고 알아야 한다. (i) 견도에서 끊어져야 하는 번뇌들을 끊어 예류과에 가기 위해, (ii) 수도에서 끊어져야 하는 번뇌들을 끊어 일래과, 불환과, 아라한과의 증득하기 위해, (iii) 아라한을 얻은 이가 현세에 편안히 머무르기 위해서이다.

(32) 일체 인식대상을 관조하는 세 가지 부분과 관련하여, 眼을 3종으로 확립

---

160 사본의 cittādhānair를 티벳역 rag las와 한역 依心으로 교정했다.

161 이는 YBh 102,3ff에서 욕계6천의 최고인 타화자재천의 유정들을 가리킨다.

162 사본의 savicārāyā를 savitarkasavicārayā로 교정했다.

163 YBh_ms: pratyātmamohānvayaḥ. 하지만 이 문장에서 moha는 맥락에 맞지 않고 또 티벳역 dpyad pa 및 한역 正思惟와 정확히 대응하지는 않는다. Schmithausen은 이 문장을 pratyātmam ūhānvayaḥ로 교정해 읽는다.

164 YBh_ms: sarveṇa sarvam avabandhanaś ca. 하지만 티벳역 'ching ba thams cad kyi thams cad du med pa는 abandhanaś ca로 읽었다.

한다고 알아야 한다. (i) 드러나고 감춰지지 않고, 보이는 색은 육안에 의하여 [보고], (ii) 드러나거나 드러나지 않고(prakāśāprakāśasya) 감춰지거나 감춰지지 않은[165] 색은 천안(天眼)에 의하여 [보며], (iii) 일체의 드러난 물질적이거나 비물질적인 일체법은 혜안(慧眼, prajñācakṣus)에 의하여 [본다].

(33) 이 세 가지 법은 번뇌라는 적이 현행하는데 장애가 되도록 작동한다. (i) 타인에 대한 확신, (ii) 재가자와 출가자가 섞여서 거주하지 않는 것, (iii) 내적으로 인식대상에 대한 진실을 깨우침이다.

(34) 3종의 올바른 가르침에 대한 노력은 점차적인 증득과 [최종적으로] 열반을 획득하도록 [작동한다]. [즉,] (i) 戒와 관련해 [올바른 가르침에 대한 노력], (ii) 심의 안주와 관련해 [올바른 가르침에 대한 노력], (iii) 인식되어야 할 진실의 각성과 관련해 [올바른 가르침에 대한 노력]이다.

올바른 가르침에 대한 노력이 3종인 것처럼 올바른 가르침에 대한 노력의 반복훈련도 마찬가지라고 알아야 한다.

(35) 올바른 가르침에 대해 노력하는 이가 편안하게 지내도록 세 가지 법이 작동한다. [즉,] (i) 空(śūnyatā), 無願(apraṇihitā), 無相(animittā), 멸진정, (ii) 4정려(dhyāna), (iii) 4무량이다.

(36)[166] 3종의 마음이 집중된 상태는 여실한 지견을 위하여 작동한다. [즉,] (i) 의언(意言, manojalpa)에 속하고 다양한 인식대상에서 활동하는 형태를 갖는(vicitrabhinnālambanacārākāram) 마음이 집중된 상태, (ii) 의언 직후에 발생하고 [(i)과 마찬가지로] 다양한 인식대상에서 활동하는 형태를 갖는 [마음이 집중된 상태], (iii) 의언이 지나고 나서 다양하지 않은 인식대상에서 활동하는 형태를 갖는 마음이 집중된 상태이다.[167]

---

165 한역에는 有見(*sanidarśana)이 덧붙여져 있지만, 사본이나 티벳역은 이를 지지하지 않는다.

166 이 문장 앞에서 사본은 다음과 같은 문장을 덧붙이지만 Schmithausen에 따르면 이 문장에 대응하는 한역과 티벳역이 없으며, 따라서 필사자의 중복필사의 결과이다. YBh_ms: trividhaṃ cittaikāgryaṃ yathābhūtajñānadarśanāya saṃvartate. śūnyatāpraṇihitānimittanirodhasamāpattayaḥ.

(37) 세 가지 점은 나쁜 영역(kadāyatana)[168]에 대하여 위대하다고 삿된 믿음을 일으킨 사람들에게, 그리고 조복되어야 할 중간에 머무는 사람들에게 [그것들을] 버리게 하기 위하여, [그리고] 교설로 끌어들이기 위하여 작동한다.[169] [즉,] (i) 자신의 위력을 보임, (ii) 타인들의 잡염과 청정의 행위를 부정하고 승인하는 것, (iii) 정법의 교설로서의 교수와 교계이다.[170]

(38) 청정함을 [유지하기를] 원하는 사람들로서[171] 계단에서 물로 [행하는] 의례에 의해(tīrthodakena),[172] 외적인 때를 잠정적으로 제거함에 의해(bāhyamalāpakarṣaṇamātrakena), 임시적으로(tāvatkālikena) 스스로 청정해졌다(śucitātmano)[173]고 생각하는 자들이 있다. 그들의 올바르지 않은 慢을 끊기 위하여 세 가지 승의의 청정을 확립한다고 알아야 한다. [승의의 청정 세 가지는] 청정하지 않은 곳에 태어나는 것을 초월하는 원인이기 때문이다.

(39) 묵언의 생활방식을 가진 자들은(maunavratikānāṃ)[174] 단지 언어를 조절함으로써 '나는 성자의 상태를 얻었다'고[175] 한다. [이렇듯] 잘못 이해하는 이들

---

167 Deleanu(2006: 523, n.144) 참조.

168 Schmithausen의 사적 통신에 따르면 tadāyatana보다는 kadāyatana가 티벳역(skye mched ngan pa)과 한역(於惡邪處)에 대응한다.

169 티벳역도 산스크리트와 마찬가지로 중생의 종류 두 가지를 먼저 제시하고 교화의 방향 두 가지를 제시한다. 이와 달리 한역에서는 能善攝受 於惡邪處 妄計尊勝 及 處中庸所化有情 引入聖教으로 옮겼다. 이에 따르면 惡邪處에 대하여 위대하다고 그릇되게 생각하는 이들은 섭수하고, 또 그 영역에서 중간단계의 교화되어야 할 이들은 聖教로 이끌어 들이는 것이므로 중생의 종류에 따라 교화의 방향이 각각 다르게 적용된다.

170 avavāda와 anuśāsana에 대해서는 BoBh 110-12; BoBh(D) 78-79; 『보살지』 2015: 152-154 참조. (ii)에서 잡염행을 부정하고 청정행을 인정하는 것과 유사한 항목이 5종의 교계 가운데 설해진다.

171 Schmithausen(2020: Teil 1, p.243)은 śucikāmānāṃ을 "der [sich] rein [zu halten] wünscht"("순수하게 [유지하고자] 원하는 자")로 번역했다. 참고로 Jones는 "love of purity"로 옮겼다(2021, p.182, n.5). PW에서는 "Reinheit liebend"로 번역했고 MW에서는 "loving purity"로 옮겼다.

172 BHSD에서는 samatīrthika를 해설하면서 "tīrtha"가 강변으로 이어지는 계단이라고 풀이한다. 북경판 티벳역에서는 'bab stegs kyi chu으로 옮겼다. 데르게 판본의 'phab은 'bab의 오타인 듯하다. 한역에서는 外事水가 이에 대응한다.

173 śucitāmātmano를 티벳역 bdag gtsang mar 'dzin pa와 한역 自謂已得第一清淨을 참고하여 교정했다.

174 티벳역은 brtul zhugs can이고, 한역은 이들을 持牟尼戒外道等이라고 부른다.

에게 성자의 전도되지 않은 상태를 가르치기 위하여 세 가지 성자의 특징을 확립했다고 알아야 한다. 그것은 성자에 부합하는 계에 포함된 신업과 구업, 그리고 무루심이다.

(40) 이 세 가지 법은 세상의 [번잡함과] 떨어져 있는 이가 그의 나쁘고(kad) 거친 생각이 현행하는 것을 끊기 위하여 작동한다. 타인에게 비방 받고, 자신을 비방하며, 큰 이익을 손상함과 관련해 (i) 타인에 대한 부끄러움(愧, vyapatrāpya), (ii) [자신에 대한] 부끄러움(慚, hrī), (iii) 사랑과 존경(premagaurava)이다.

(41) 수행도 및 수행도의 결과와 관련하여 세 가지가 가장 뛰어나고 위없는 것이라고 알아야 한다. [즉,] (i) 무상에 대한 智와 苦에 대한 智와 관련한 무아에 대한 智[176], (ii) 네 가지 행적(行跡, pratipad)에 있어서 즐겁고 신속한 신통,[177] (iii) 일체 세간과 출세간[의] 유학에 속하고(śaikṣyāḥ) 무학에 속하고(aśaikṣyāḥ), 時解脫(sāmayikyā vimukteḥ) 중에서 부동의 심해탈(akopyā cetovimuktiḥ)이 위없이 가장 뛰어나다. 요가행자는 가장 먼저 智를 획득한다. 智에 의해 번뇌의 끊음이 [성취된다]. 성취되었을 때 心이 해탈된다.

(42) 전·후·중에 대하여 상주와 단멸의 극단을 올바르지 않게 취하고, 현세에서의 열반에 대해 미혹한 사문과 바라문들이 무명에 빠져있음을 해명하기 위하여 세 가지 지식(vidyā)을 확립한다고 알아야 한다.

세 가지 [법수]에 의해 불설에 있어서 인식되어야 할 토대를 마쳤다.

1.4.4. 네 개의 법수 (Ch. 350a19)

(1) 이 네 법은 인식대상과 지(智)를 포괄하기 위해 작동한다. [네 가지 법이란]

---

175 한역은 眞實寂靜所起邪執故이다.

176 anityaduḥkhajñānayor nairātmyajñānaṃ를 티벳역(mi rtag pa dang sdug bsngal shes pa pas bdag med pa shes pa)은 "無常智와 苦智에 의한 無我智"로 번역했고, 한역은 無常智, 苦智, 無我智로 옮겼다.

177 사본과 유사하게 티벳역은 lam bzhi las sla la mngon par shes pa myur ba dang이다. 한역은 樂速通等四種行跡이라 하였다.

신체 및 문, 사, 수를 주제로(kāyaśrutacintābhāvanādhipateyāṃ) 확립된 염처에 의지한 후에, (i) 신체를 인식대상으로 하는 지혜, 신체와 신체를 인식대상으로 하는 지혜와 마찬가지로 (ii-iv) 감수, 심, 법과 그 [각각]을 인식대상으로 하는 지혜라고 알아야 한다.

(2) 다른 설명에 따르면, 네 가지 결박이 있다. [즉,] (i) 취착이라는 결박(upādānabandha), (ii) 경험이라는 결박(anubhavabandha), (iii) 가설이라는 결박(prajñaptibandha), (iv) 그것에 집착함이라는 결박(tadabhiniveśabandha)이다. 그 중에서 심은 신체에 대한 취착이라는 결박에 의해 묶이고, 내적인 경험이라는 결박에 의해 묶이며(adhyātmānubhavabandhena baddham), 색 등의 대상의 현상적 이미지들에 대한(viṣayanimitteṣu) 요별이라는 결박에 의해 묶이고(vijñaptibandhena baddham), 탐욕 등의 번뇌와 수번뇌들에 의해 바로 그와 같이 설명되었던 신체 등에 대한 집착이라는 결박에 의해 묶인다.[178] 이 네 가지 결박의 치료책으로서 사념주가 [설해졌다고] 알아야 한다.

(3) 이 네 가지는 열의와 정진을 선행요소로 하는, 위험을 관찰하고 치료하는 의지처이다. [즉,] (i) 불선법의 현행을 끊기 위한, (ii) 그 [불선법]과의 결합을 끊기 위한, (iii) 선법을 획득하기 위한, (iv) 그 [선법]을 증장하기 위한 [의지처]이다.

(4) 이 네 가지는 마음을 안주하고 삼매를 획득하기 위해 수행하는 이가 마음의 안주를 성취하기 위한 문이다. [즉,] (i) 출리를 향한 열의(naiṣkramyacchandha), (ii) 요약과 암송, 참회를 향한 정진(uddeśasvādhyāyapratideśanāvīrya),[179] (iii) 어진 자들의 삼매의 특징을 포함하는 심, (iv) 외진 곳에 간 사람이 법을 관찰하는 것이다.

---

178 이 구문에 대해서는 Schmithausen(1987: n.1294) 참조.

179 사본의 uddeśa는 가르침을 뜻하지만 티벳역 lung mnod pa와 한역 受持는 가르침을 받아들이는 쪽에 가깝다. 문맥으로는 티벳역과 한역쪽이 더욱 적절해 보이나 잠정적으로 사본에 따라 번역했다. 또한 사본의 pratideśanā와 한역 悔過는 잘 대응하지만 티벳역 slob pa는 *śikṣā에 대응하므로 맥락이 다르다.

(5) 이 4종 심삼매는 마음의 안주이다. [즉,] (i) 거친 생각과 사유를 지니고 희열도 지닌 마음의 안주, (ii) 거친 생각과 사유가 없지만 희열을 지닌 [마음의 안주], (iii) 희열이 없는 [마음의 안주], (iv) 평정과 정념이 청정하고 즐거움과 고통을 뛰어넘는 [마음의 안주]이다.[180]

(6) 이 네 가지 염오와 청정에 속한 진실은 인식되어야 한다. 그것을 알고 극히 잘 알면,[181] [그것은] 견도와 수도에서 끊어져야 하는 번뇌들을 끊기 위해 작동한다. [즉,] (i) 염오에 속한 결과라는 진실, (ii) [염오에 속한] 원인이라는 진실, (iii) 청정에 속한 결과라는 진실, (iv) [청정에 속한] 원인이라는 진실이다.

(7) 이 네 가지 희론의 결박은 개념을 선행요소로 한다. [즉,] (i) 적은 욕망의 대상에 대한, 개념을 선행요소로 하는 희론의 결박, (ii) 커다란 색들에 대한, 개념을 선행요소로 하는 희론의 결박, (iii) 공무변처와 식무변처에 대한, 개념을 선행요소로 하는 희론의 결박, (iv) 무소유처에 대한, 개념을 선행요소로 하는 희론의 결박이다.

(8) 이 네 가지 법은 중생들에 대해 분노와 손상, 기뻐하지 않음, 탐욕을 갈구함의 치유책이 되고, 큰 복덕을 쌓고 또 탐욕으로부터 벗어나도록 작동한다. [즉,] (i) 慈(maitrī), (ii) 悲(karuṇā), (iii) 喜(muditā), (iv) 捨(upekṣā, 평정)이다.

(9) 이 네 가지 법은 색계를 뛰어넘어 멀리 나아가도록[182] 작동한다. [즉,] (i) 공무변처, (ii) 식무변처, (iii) 무소유처, (iv) 비상비비상처이다.

(10) 이 네 가지 법은 해탈을 성취하기 위해 노력하는 요가행자에게 있어서 성자의 해탈의 장애를 제거한다. 4종 갈애를 끊는 것과 관련하여 욕구가 적은 [수행]자는 (i) 法衣의 특징[에 대하여] 움직이지 않고 산란되지 않고, (ii) 걸식의

---

180 여기서 4종 심삼매는 4정려로 풀이되고 있다.

181 YBh_ms: ajñānāni. 티벳역(de dag shes na)과 한역(若能了知 善了知者)에 따라 sujñātā-로 교정하여 yāni jñātāni sujñātāni로 읽었다.

182 dūrībhāvāya. MW(s.v.)는 dūrī-√bhū를 "to withdraw", "retire", "stand back"으로 풀이되며, SWTF(s.v.)에서는 "sich entfernen", "weichen"로 풀이하며 이는 영어의 "move away", "give way" 등에 해당한다.

특징, (iii-iv) 침구와 좌구의 특징[에 대해서도 그러하다]. 시간을 헛되지 않게 노력하는 [수행]자로서 심이 산란되지 않은 자는 번뇌를 끊는 수행도를 수습하며 기뻐한다.

(11) 이 네 가지 번뇌의 끊음은 수행도의 수습에 의한 결과이다. 즉, (i) 견도에서 끊어져야 하는 번뇌들의 끊음, (ii) 수도에서 끊어져야 하는, 하지에 속한 (avarabhāgīyānām) 강력하거나 중간인 [번뇌의 끊음], (iii) 바로 그 [수도에서 끊어져야 하는 하지에 속한 번뇌]의 남김없는 끊음, (iv) 상지에 속한(ūrdhvabhāgīyānāṃ) [번뇌들의] 남김없는 끊음이다.

(12) 이 네 가지는 예류의 지분(預流支)으로서 이 교법으로부터 또는 좋은 재생형태로부터 궁극적으로 동요하지 않도록 작동한다. (i) 진실의 깨달음에서 생겨난(tattvāvabodhaja),[183] 스승에 대한 흔들림 없는 심의 맑음(avicalacittaprasāda), 그리고 스승에 대해서처럼 (ii) 법과 (iii) 그 [법들]에 의한 정법의 증득이고, (iv) 그 [법]을 증득하기 위해 정행하는 자들에 대한 [흔들림 없는 마음의 맑음]이다. 이 [네 가지 중에서] 세 가지는 심의 맑음(cittaprasāda)이고, 색의 맑음(rūpaprasāda)은 네 번째로서 성자에 부합하는 계에 포함된다. 세 가지는 교법으로부터 동요하지 않기 위해서이고, 마지막 하나는 좋은 재생형태로부터 동요하지 않기 위해서이다.

(13) 이 네 가지는 예류과를 증득하기 위한 지분(支)이다. (i) 가르치는 자와 교수하는 자를 기쁘게 하는 것(daiśikāvavādakārāgaṇatā), (ii) 전도됨이 없는, 법의 교설과 교수의 청문,[184] (iii) 그것을 올바른 사유에 의해 통달함,[185] (iv) 수습하여 성

---

183 YBh_ms: tattvāvabodhajo. 이는 티벳역 ston pa de kho na rtog pa las byung ba 및 한역 於大師所眞覺所生에 의해 지지된다.

184 사본은 aviparītaś ca dharmadeśanāvavādaśravaḥ로 판독된다. 티벳역 nyan pa와 한역 聽聞에 의거해 śravaṇam으로 교정하고, aviparītaś를 격에 맞춰 aviparītaṃ ca dharmadeśanāvavādaśravaṇam으로 수정했다.

185 YBh_ms: samyakcintayā na prativedhaḥ. 여기서 na는 티벳역과 한역에 의거해 ca로 교정되어야 한다.

취함이다.

(14) 이 네 가지 지혜(jñāna)는 일체지를 포괄하기 위해 작동한다. 오직 무루로서 법에 대해 (i) 직접지각에 따른 지혜(pratyakṣajñāna), (ii) 현전하지 않는 것에 대한 지혜(viparokṣajñāna), (iii) 오직 유루로서 이치에 맞거나(yogavihita), 이치에 맞지 않거나, 또는 이치에 맞는 것도 아니고 맞지 않는 것도 아닌 세간적인 지혜(naivayoganāyogavihitalaukikaṃ jñānam), (iv) 루를 수반하거나 여읜 타심지(paracetaḥparyāyajñāna)이다.

(15) 이 네 가지는 유전품과 환멸품의 진실을 파악하는 지혜로서 일체 유루를 끊기 위해 작동한다. [즉,] 유전품에 대하여 (i) 결과의 진실을 [파악하는] 지, (ii) 원인의 진실을 [파악하는] 지, 환멸품에 대하여 (iii) 결과의 진실을 [파악하는] 지, (iv) 원인의 진실을 [파악하는] 지이다.

(16) 이 네 법은 믿음을 지닌 자로 하여금 번뇌를 끊는 것과 관련하여 바르게 수행하도록 작동한다. [즉,] (i) 항상 신중하게 작용하기 위한 정진, (ii) 정지(saṃprajanya)에 근거를 둔 정념(smṛti), (iii) 샤마타, (iv) 비파샤나이다.

(17) 이 네 가지는 법을 통달하기 위한, 또 상위의 루(漏)를 소진하기 위한 근거이다. [즉,] (i) 성도를 획득하기 위한 유루의 慧(sāsravaprajñā), [그것을] 획득한 후에 (ii) 번뇌의 약화, (iii) 사태의 약화, (iv) 번뇌와 사태의 남김 없는 단절을 위해 획득한 수행도의 반복훈련이다.

(18) 이 네 가지 법은 상응하고, 인식대상을 수반하며, 섞여서 일어나고,[186] 동일한 인식대상에서 일어난다.[187] [즉,] (i) 수, (ii) 상, (iii) 행, (iv) 식이다.

---

186 saṃsṛṣṭavṛttayaḥ. 즉, 단독으로 일어나지 않는다는 의미이다.

187 Cf. YBh 5, 12ff: sahāyaḥ katamaḥ/ tatsahabhūsamprayuktāś caitasā dharmāḥ/ tadyathā manaskāraḥ sparśo vedanā saṃjñā cetaneti/ ye 'py cakṣurvijñena sahabhūsamprayuktāś caitasā dharmās te punar ekālambanā anekākārāḥ sahabhuvas caikaikavṛttataś ca/ ("조반이란 무엇인가? 그 [식]과 동시적이고 상응하는 심소법으로, 즉 作意, 觸, 受, 想, 思이다. 또한 안식과 동시적이고 상응하는 심소법들이 같은 인식대상을 갖고 다양한 행상을 갖고, 동시적이고 상응하면서(俱有相應) 하나하나씩 생겨나는 것이다.")

(19) 네 가지는 보호(ārakṣa)에 포함된 것으로, [교법을] 이해하는 이들이 교법에 환희하도록(śāsanābhirataye) 작동한다. [즉,] (i) 목숨의 보호, (i) 힘의 보호, (iii) 심을 잡염으로부터 보호,[188] (iv) 바른 수행의 보호이다.

(20) 정견을 획득하기 위하여[189] 이치와 의미에 따른 행위(nyāyārthacaryā)[190]의 근거는 이 네 가지다. 세 가지 측면은 [행위의] 청정이고, 한 가지 [측면은] 안주의 청정이다. 감각기관의 문을 보호하는 자는 대상들에 대하여 (i) 순응하지 않고, (ii) 거역하지 않으며, (iii) 감각기관의 문을 보호하기 위하여 정념에 주도되어 정지를 행하고, (iv) [세상의 번잡함과] 떨어져 있는 자는 염오되지 않은 심을 하나로 집중한다.[191]

(21) 4종 측면에 의해 지식과 해탈을 촉증한다고 알아야 한다. [즉,] (i-iii) 정념과 눈, 그리고 慧에 의해서는 지식의 [촉증], 그리고 (iv) 부동[의 성질]이나 또는 時解脫(sāmayikyā vimukteḥ)에 의해서는 신체의 [촉증]이다.[192]

(22) 이 네 가지 법들이 크고 다양한 종류의 소조색(upādāyarūpa)을 위한 작용

---

188 YBh_ms: cetaḥsaṃkleśā{cā}rakṣā.

189 YBh_ms: dṛṣṭi{ḥ}pratilambhāya.

190 티벳역은 rig pa'i don la dpyod pa이지만 rig pa는 nyāya와 연계하기 어렵고, dpyod pa 또한 caryā와 관계 짓기 어렵다. 오히려 rigs pa'i don la spyod pa라면 *nyāyārthacaryā로 볼 여지가 있을 것이다. 더욱이 rigs pa'i don은 yuktārtha와 대응하므로(YBh-Term) 티벳역 rig pa'i don la dpyod pa가 사본의 nyāyārthacaryā와 대응할 가능성은 높지 않아 보인다. 한편 한역(無倒義行)은 無倒가 주로 samyak이나 aviparīta와 대응하므로 nyāya와 연결시키기는 쉽지 않다.

191 『유가사지론약찬』(T43: 90b6-9)에서는 (i)을 不貪으로, (ii)를 不瞋으로, (iii)은 不癡으로, (iv)는 正念으로 풀이한다.

192 여기서 지식의 촉증과 해탈의 촉증의 두 가지가 제시되고 있다. 그중에서 몸으로 촉증하는 경우를 부동[의 성질을 가진 자]나 또는 時解脫者들에 의해서라고 제시하는데, 양자에 관해서는 『성문지』(2021: 194f)에 설명이 나온다. "[한정된] 시간에만 해탈한(samayavimukta) 개아란 누구인가? 둔한 능력의 종성을 가진 개아가 세간적인 현법낙주들로부터 퇴환하거나, 또는 죽음을 생각하거나, 해탈을 보호하는 것이다. 또는 그는 바로 동일한 불퇴환을 주제로 해서 매우 불방일의 행위를 닦는다. 또는 그에게 그만큼의 선품은 있지만, 각각 밤낮으로 찰나(kṣaṇa), 라바(lava), 무후르따(muhūrta)가 지날 때까지 극히 수승하기 위해 노력하는 것은 아니며, 내지 강력한 가행을 하는 것도 아니다. 그는 [한정된] 시간에만 해탈한 개아라고 불린다. 이것과 반대되기 때문에 부동의 성질을 가진(akopyadharman) 개아라고 말해진다."

의 근거로서 생겨난다. [즉,] (i) 견고성(kharatva), (ii) 흐르는 성질(dravatva), (iii) 따뜻함(uṣṇtva), (iv) 경쾌한 운동성(laghusamudīraṇatva)이다.

(23) 살아있는 중생들의 근거가 되고 또 존재하기를 추구하는 자들에 도움이 되도록 근거가 되는 법은 4종이다.[193] 이를테면, 「섭사분」[의 설명과 같다].[194]

(24) 윤회에서 식의 흐름이 유전하는 근거는 이 4종이다. (i) 색을 보고 나서 다가가고, (ii) 갈애에 의하여 인식대상으로 되며(ālambanībhāvaḥ), (iii) 의지체와 대상, 수반에 의하여 머무른다. (iv) 거기에 확립된 식이 염오된 심적 즐거움(vijñānakliṣṭena saumanasyena)과 함께 발생한다. 다시 그 때문에 재생으로 성립된다. 색에 있어서처럼 수, 상, 행에 있어서도 마찬가지라고 알아야 한다.

(25) 현세에 속한 신체와 목숨에 대한 고려에 의지하여 비구에게 법의(法衣)와 걸식, 침구와 좌구들에 대한 갈애가 일어난다. 미래에 속한 신체와 목숨에 대한 고려에 의지하여 재생에 대한 갈애가 있다. 열반에 대한 우치에 의지하여 비존재에 대한 갈애가 일어난다. 이는 요약하면 4종 갈애이다. [즉,] (i) 법의에 대한 [갈애], (ii) 걸식에 대한 [갈애], (iii) 침구와 좌구에 대한 [갈애], (iv) 존재에 대한[195] [갈애]이다.

(26) 중생들로 하여금 하지 말아야 할 것을 현행하도록 하는 법은 이 네 가지다. [즉,] (i) 원하는 대상에 순응함, (ii) 원하지 않는 대상에 거역함, (iii) 위력을 지닌 적에 대한 두려움, (iv) 심이 전도되어 현세와 미래의 결과에 대한 우치이다.

(27) 질문에 대한 대답 네 가지는 의심을 제거하게끔, 깨우치지 못한 것을 깨

---

193 Cf. Sopadhikā Bhūmiḥ (Schmithausen 1990: § 3.1.3): sthityupadhiḥ katamā<?> catvāra āhāraḥ<:> kavaḍaṃkāra<ḥ> sparśaḥ mana<ḥ> saṃcetanā vijñānam āhāraś ca <,> yāny upādāya bhūtānāṃ sattvānāṃ sthitir bhavati yāpanā<,> saṃbhavaisiṇāṃ cānugrahaḥ<.>

194 Schmithausen의 개인적 설명에 따르면 「섭사분」은 T30: 838c6ff를 가리킨다. 여기서 4종 법은 氣力, 喜樂, 於可愛事專注, 希望이다. (여기서 한역의 착종에 주의). 또한 다른 4종의 항목으로서 4식(āhāra)를 제시하고 있다. 그는 4식과 관련해 무여의지의 '근거의 토대'(sthityupadhi) 항목(T30: 577a9-11)을 제시하고 있는데, 위의 설명과 거의 유사한 표현방식이 주목된다. 본서 XVII.3.1.3. 참조.

195 YBh_ms: bhave. 하지만 티벳역(srid pa dang 'byor ba la'o)과 한역(有無有愛) 모두 상이하게 이해하고 있다.

닫게 하게끔, 그리고 결정하는 힘을 유지하게끔 작동한다. [즉,] (i) 법의 특징에 대해 전적으로 [대답함], (ii) 중생들에게 속하는 업의 이숙을 구분하여 [대답함], (iii) 의도하여 설해진 다양한 [법]문에 질문함으로써 [대답함], (iv) 이치에 맞지 않는 [질문을] 배제함(sthāpanā)[으로써 대답함]이다. 이것에 대해서 왜 대답이라고 하는가? 세존께서는 "이것은 무기이다"라고 하셨으니, 이것이 이 맥락에서 [질문에] 대한 답이다.

(28) 청정과 불청정은 4종의 포기라고 알아야 한다. 청정은 3종으로서 (i) 자신의 계와 견해의 탁월함에 의해서, (ii) 타인의 계와 견해의 탁월함에 의해서, (iii) 양자의 계와 견해의 탁월함에 의해서이다. 불청정은 1종 측면으로서 (iv) 자신과 타인의 계와 견해의 손상에 의해서이다. 여기서 청정한 자는 좋은 재생형태로 재생하여 생활필수품을 구족하고, 불청정한 자는 나쁜 재생형태로 재생하여 생활필수품이 부족하지 않다.[196]

(29) 대중을 섭수하는 자들이 올바르게 대중을 섭수하게 하는 것은 이 4종 방편이다. [즉,] (i) 도움이 되는 [방편], (ii) 섭수하는 [방편], (iii) 안주시키는 [방편], (iv) 정화시키는 [방편]이다.

(30) 업에 따라 재생하는 중생들이 각각의 존재형태 속에서 재생하는 방식은 4종이다.[197] [즉,] (i) 업에 따른 난생(卵, karmāṇḍa), (ii) 업에 따른 태생(karmajarāyuś), (iii) 업에 따른 습생(karmasaṃsveda), (iv) 업 그 자체이다.

(31) 각각의 장소에서 태어난 중생들에게 네 가지 죽음(kālakriyā)이 있다. [즉,] (i) 자신에게 의존하는 것(ātmādhīnā), 예를 들어 유희로 인해 정념을 잃고, 마음이 분노에 빠진 천신들 속에서 재생하는 자, (ii) 타인에게 의존하는 자, 예를 들어 칼랄라(kalala), 아르부다(arbuda), 페쉬(peśi), 가나(ghana)의 [상태에서][198] 모

---

196 YBh_ms: avighātaḥ. 티벳역(phongs pa med pa) 및 한역(無匱) 모두 이를 지지하지만, 의미상 vighātaḥ로 읽어야 한다고 보인다.

197 4생에 대해서는 YBh 45,16ff 참조.

태에 있는 자, (iii) 양자에 의존하는 것, 예를 들어 그들 [즉, (i), (ii)] 이외의 욕계에 속한 중생, (iv) 자신에게도 의존하지 않고 타인에게도 의존하지 않는 자, 예를 들어 색계에 속한 중생과 무색계에 속한 중생부터 존재의 정점(bhavāgra)에 속한 중생까지이다.

(32) 청정도는 4종이다. [즉,] (i) 노력의 능력이 충족되지 않고, 즐거움도 충족되지 않은 [청정도], (ii) 노력의 능력은 충족되었으나 즐거움이 충족되지 않은 [청정도],[199] (iii) 즐거움은 충족되었으나 노력의 능력이 충족되지 않은 [청정도], (iv) 즐거움이 충족되고 노력의 능력도 충족된 [청정도]이다.

(33) 또 다른 네 가지 청정도가 있다. [즉,] (i) 잘못 설해진 법과 율을 등지게 하는 [청정도], (ii) 잘 설해진 법과 율로 향하게 하는 [청정도], (iii) 자량도, (iv) 청정도이다. 첫 번째는 예를 들면 어떤 이가 이 [교설체계]에서 견해에 떨어진 비불교도들 및 무익을 초래하는 극심한 고행을 즐기지 않고 감내하지 않는 것이다. 두 번째는 예를 들면 이 [교설체계]에서 어떤 이가 온, 계, 처, 연기, 처비처에 대한 선교를 즐기고 인정하는 것이다. 또한 그는 더위와 추위 등을 참는 부류이다. 세 번째는 자량에 포함되는 선법으로서 계와 감각기관의 문을 보호하는 것 등이다. 네 번째는 샤마타와 비파샤나로서 번뇌를 단절하기 위하여 그리고 현세에 편안히 머무르기 위해서이다.

(34) 유학에게 증상심의 노력은 4종이다. [즉,] (i) 욕망의 대상으로부터 이욕하지 못한 이가 불환과를 얻기 위한 [노력], (ii) 미지정(未至定)에 의지하여 불환과를 얻은 자가 현세에 편안히 머무르도록 [하는 노력], (iii) 타인의 악을 단절하

---

198 태아의 여덟 상태는 YBh 28,1ff에서 ① 칼랄라(kalala)의 상태, ② 아르부다(arbuda)의 상태, ③ 페쉬(peśī)의 상태, ④ 가나(ghana)의 상태, ⑤ 프라샤카(praśākhā)의 상태, ⑥ 머리털과 몸털, 손톱의 상태, ⑦ 감관의 상태(indriyāvasthā), ⑧ 형체의 상태(vyañjanāvasthā)로 성장단계에 따라 구분되었다. 특히 칼랄라의 상태에 대해서는 YBh 23-25 참조. 이 구절은 Schmithausen(1987: 127f)에서 번역되었다. Cf. AKBh III 15a-b.

199 이 문장은 사본에 누락되었지만, 티벳역('bad pa'i dbang po ni rdzogs la mngon par dga' ba ni ma rdzogs pa dang)과 한역(二 功用根圓滿 非喜樂圓滿)에 의거해 번역했다.

여 좋은 재생형태로 가도록 [하는 노력], (iv) 모든 번뇌를 끊고 또 결택(決擇)하도록[200] [하는 노력이다].

(35) 2종 업에는 4종 측면이 있다고 알아야 한다. 3종은 유전에 속한 업이고 [하나는] 환멸에 속한 업이다.[201] (i) 오로지 원하지 않는 과보인 나쁜 존재형태라는 결과를 가진 [업], (ii) 오로지 원하는 과보인 색계와 무색계라는 결과를 가진 [업], (iii) 원하는 과보 또는 원하지 않는 과보인 욕계에 속하는 신과 인간이라는 결과를 가진 [업], (iv) 네 번째로서 3종의 모든 업을 끊는 [업이다].

(36) 중생들은 이 4종에 집착한다. [즉,] (i) 즐겁지만 이익이 되지 않는 것, (ii) 이익이 되지만 즐겁지 않은 것, (iii) 이익이 되고 즐거운 것, (iv) 이익이 아니고 즐겁지도 않은 것이다.

(37) 중생들의 번뇌는 네 가지 방식에 의하여 생 등의 고와 결합하도록[202] 작동한다. [즉,] (i) 욕[계]에 집착하는 방식에 의하여, (ii) 색계와 무색계의 등지(等至)에 집착하는 방식에 의하여, (iii) 비불교도들의(itobāhyakānāṃ) 견해라는 방식으로, (iv) 불교도로서 법안을 획득하지 못한 자들의 경우에는 무지의 방식에 의해서이다.

(38) 바로 이 네 방식을 수반하는 (i) 고와 분리되기 위하여 성도를 수습한다. 고와 결합하게 하는 것과 마찬가지로[203] (ii) 흐름에 가게 하도록, (iii) 재생을 위한 업을 취착하게 하도록, (iv) 벗어나기 어렵게 하도록 [(ii)-(iv)와 분리되기 위

---

200 사본은 °abhinirvede로 읽는다. 티벳역에는 이에 해당하는 구절이 보이지 않으며 한역 得勝決擇만 비교 가능하다. 그런데 nirveda는 주로 '염리'(disgust, complete indifference to worldly objects)를 의미하므로 決擇과는 거리가 있다. 따라서 順決擇分(nirvedhabhāgīya)을 감안하여 abhinirvedhāya로 교정했다.

201 산스크리트와 티벳역에는 보이지 않고 한역에만 總立一種이 나타난다.

202 다음 문단 § 1.4.4.38에는 '고와 결합하도록'(duḥkhasaṃyogāya)으로 표현되어 있다. 두 문단의 내용을 감안해 보면 duḥkhasaṃyogāya가 타당해 보인다.

203 위 문단(§ 1.4.4.37)과 비교해 볼 때, "왜냐하면 중생들의 번뇌는 네 가지 방식에 의하여 고와 결합하게 하는 것과 마찬가지로"로 이해할 수 있을 듯하다. 사본의 yadā를 한역 如와 티벳역 ji lta ba bzhin du에 의거하여 yathā로 교정했다.

하여 성도를 수습한다].

(39) 모든 사람은 이 네 [종류의] 사람에 포함된다고 알아야 한다. [즉,] (i) 범부, (ii) 감각적 욕망으로부터 離欲하지 못한 유학, (iii) 감각적 욕망으로부터 離欲한 유학, (iv) 有身(satkāya)을 뛰어넘는 무학이다.

(40) 또 다른 네 사람이 있다. [즉,] (i) 스스로 율의에 머무르지만 타인에게 진실한 법을 가르치지 않는 자(parāsaddharmadeśaka), (ii) 스스로 율의에 머무르지 않고(asaṃvarasthāpakaḥ) 타인에게 진실한 법을 가르치는 자, (iii) 양자를 행하는 자, (iv) 양자 모두를 행하지 않는 자이다.

(41) 네 사람이 존재한다. [즉,] (i) 저열한 가문에 속하고 백법(白法)을 행하는 자, (ii) 뛰어난 가문에 속하고 악법을 행하는 자, (iii) 저열한 가문에 속하고 (nihīnakulikaḥ) 악법을 행하는 자, (iv) 뛰어난 가문에 속하고 백법을 행하는 자이다. 첫 번째는 현세에 괴로움을 겪는 자이지만 내생에는 그렇지 않다. 두 번째는 내생에 괴로움을 겪는 자이지만 현세에는 그렇지 않다. 세 번째는 [현세와 내생] 양쪽에서 괴로움을 겪는 자이다. 네 번째는 양쪽에서 즐거움을 겪는 자이다.

(42) 네 사람이 존재한다. [즉,] (i) 자신을 고통과 결합시키지만 [타인을 고통과 결합시키지는 않고] 非福을 산출하는 자로,[204] 예를 들어 고행의 생활방식을 지닌 자(kaṣṭavratika)이다. (ii) 타인을 고통과 결합시키지만 자신을 [고통과 결합시키지는] 않고 비복을 산출하는 자로, [예를 들어] 율의를 지키지 않는 사람들 중의 어떤 자이다. (iii) [자신과 타인] 양자를 고통과 결합시키고 비복을 산출하는 자로, 예를 들어 국왕과 말의 희생제의를 행하는 제주(yājñāsvāmin) 등이다. (iv) 자신도 타인도 고통과 결합시키지 않고 복을 산출하는 자로, 예를 들어 정려에 머무는 자로서 모든 악을 끝낸 사람이다.

---

204 YBh_ms: na parapuṇyasya ca prasitā. 하지만 이는 티벳역(pha rol ni ma yin te| bsod nams bskyed pa ma yin pa ni)과 한역(不任於他 而生非福)과 온전히 대응하지 않는다. 이에 (ii)와 비교하여 na *param *apuṇyasya ca *prasotā로 이해하고 번역했다.

(43) 구[업]의 과실은 요약하면 4종이다. (i) 허위(vitatha), (ii) 산란(visṛta), (iii) 공덕이 없음(viguṇa), (iv) 무익(vyartha)이다. [이것과] 반대는 공덕이라고 알아야 한다.

(44) 고귀하지 않고 사실이 아닌 말(vitathavacana)은 요약하면 4종이다. (i) 보이지 않은 것이나 본 것에 대한 전도된 말(viparītavāditā), 마찬가지로 (ii) 들려진 것이나 들려지지 않은 것에 대한, (iii) 생각된 것이나 생각되지 않는 것에 대한, (iv) 인지된 것이나 인지되지 않은 것에 대한 [전도된 말]이라고 알아야 한다. [이것과] 반대는 고귀한 진리의 말이라고 알아야 한다.

네 가지 [법수]에 의해 불설에 있어서 인식되어야 할 토대를 마쳤다.

1.4.5. 다섯 개의 법수 (Ch. 351c28)

(1) 다섯 가지 제행의 더미(saṃskārarāśi)들은 욕망의 대상에 대한 탐욕에 속한 추중과 결박되어 있고, 유전의 잡염에 속한다. [즉,] (i) 의지체와 대상을 자성으로 하는 제행의 더미, (ii) 감수를 자성으로 하는 [제행의 더미], (iii) 언설의 상태를 분석하기 위해 현상적 이미지의 포착을 자성으로 하는(nimittodgrahaṇa-svabhāva) [제행의 더미], (iv) 작용을 자성으로 하고, (v) 지각을 자성으로 하는 제행의 더미이다.

이 다섯과 반대는 욕망의 대상들에 대한 탐욕에 속한 추중을 여의고, 환멸과 청정에 속한(nivṛttivyavadānapatita) 제행의 더미들이라고 알아야 한다.

(2) 욕망을 가진 자들이 추구하고 향유하기 위해, 또 욕망의 대상을 등진 자들이 바르게 관찰하기 위해 바라는 대상들은 다섯이다. [즉,] 색 · 성 · 향 · 미 · 촉이다. 그중에서 추구될 수 있고(eṣanīya), 거칠게 사유될 수 있고(vitarkaṇīya), 집착될 수 있는 사태(vastu)와 관련하여 바라는 것이 4종이라고 알아야 한다. 과거를 바라는 것이 추구될 수 있는 것이며, 미래를 [바라는 것은] 거칠게 사유될 수 있는 것(vitarkaṇīya)이며, 현재를 [바라는 것은] 집착될 수 있는 것이다. 그것은 다시 2종으로 사태에 대한 바람 및 거기에서 생겨난, 감수된 것에 대한 바람이다.

(3) 중생들이 원하고 원하지 않는 업의 결과인 이숙의 향수를 위한 심신복합체의 획득은 이 다섯이다. [즉,] (i) 천신, (ii) 인간, (iii) 지옥의 중생, (iv) 동물로서 태어난 자, (v) 아귀의 영역에 속하는 자(paitṛviṣayika)이다.[205]

(4) 손실의 원인이 되고, 열반을 등지는 행위는 5종이라고 알아야 한다.[206] (i) 어떤 것에 대하여(yatra) 향수할 때, (ii) 어떤 것 때문에(yataḥ) 획득하고, (iii) 어떤 것(yat)을 획득하고, (iv) 어떤 것을 위해(yadartham) 획득하고, (v) 그와 같이(yathā) 획득한다. 이와 같은 경우 그의 심은 집착한다.

(5) 요가수행자에게 계의 청문에 대한 손상을 선행요소로 샤마타와 비파샤나에 적합하지 않은 다섯 법이 있다.[207] [즉,] (i) 욕망의 대상들에 대한 애착(spṛhā), (ii) 받지 못한 계를 받지 않게 하고, 이미 받은 [계를] 포기하도록 또는 파괴하도록 훈계하고, 기억하고, 교수하고, 교계하는 자들에 대해 증오와 미움의 마음, (iii) 수면(nidrā) 및 잠(svapna), (iv) 적정하지 않고(anupaśama)[208] 염오된 후회(vipratisāra), (v) 받아들이지 않은 청문은 받아들이지 않게 하고, 받아들인 [청

---

205 티벳역은 yi dags kyi yul pa이다. 또한 yi dvags kyi yul pa는 *paitṛviṣayika에 대응한다(YBh-Term). 한역은 鬼趣이다.

206 사본에서는 pañcākārālābhopaniṣatpratipad veditavyā nirvāṇavimukhī ca를 제시한다. 이를 pañcākārā alābhopaniṣatpratipad veditavyā. nirvāṇavimukhī ca로 교정하고 해석했다. 티벳역 rnyed pa'i rgyu sgrub pa dang/ mya ngan las 'das pa la mi phyogs pa ni rnams pa lngar rig par bya ste/에서는 앞부분과 뒷부분을 모두 rig par bya(*veditavyā)에 연계시켰다. 한역 又有五種失利養因行 亦是背涅槃因行에는 *veditavya에 해당하는 표현이 없고, 背涅槃(*nirvāṇavimukhī)에도 因行(*upaniṣatpratipad)을 부가했다.

207 또는 "이 다섯 법은 요가수행자가 계를 듣는 것을 손상하므로 샤마타와 비파샤나에 적합하지 않다." 본문의 다섯 항목은 각각 (i) 탐욕개(貪欲蓋, rāgāvaraṇa), (ii) 진에개(瞋恚蓋, pratighāvaraṇa), (iii) 혼침수면개(惛沈睡眠蓋, styānamiddhāvaraṇa), (iv) 도거악작개(掉舉惡作蓋, auddhatyakaukṛtyāvaraṇa), (v) 의개(疑蓋, 산스크리트어: vicikitsāvaraṇa)에 대응한다.

208 사본에는 upaśamaḥ로 쓰여 있지만 맥락과 어긋난다. 티벳역 mngon par ma zhi ba과 한역 恒不寂靜에 따라 *anupaśama로 번역했다. 다만 mngon par ma zhi ba는 *anabhiśama를 전제하고 있다. 반면 nye bar ma zhi ba는 anupaśama(ASBh 155; Hayashima 2003, 937); avyupaśama 또는 avyupaśānta(YBh-Term); aupaśāntiḥ 또는 aupaśāntam(TSD) 가 확인된다. 또한 산스크리트, 티벳역, 한역 모두 *anupaśamaḥ가 (iv)에 속하는지 아니면 (iii)에 속하는지 명확하지 않다. 여기서는 *anupaśamaḥ를 auddhatya(들뜸, 掉舉)와 연관된 것으로 보아 (iv)로 구분했다. 참고로 『보살지』<계품>에서는 auddhatya를 설명하면서 avyupaśānta 등을 제시하고 있다.

문]은 잊어버리게 하고, [정념을] 잃지 않은 자는 확정적인 증득을 하지 못하게[209] 하는, 법에 대한 의심(kāṃkṣāyitatva)이다.

(6) 두 가지 하위부분(arvāgbhāga)이 있다. 견도는 수도의 하위부분이고 욕계는 색계와 무색계의 하위부분이다. 이 두 하위부분을 확립하여 5하분결(arvāgbhāgīyāni saṃyojanāni)이 설해진다. 첫 번째 하위부분과 관련하여 (i) 유신에 대한 見(satkāye dṛṣṭiḥ),[210] (ii) 계금취(śīlavrataparāmarśa), (iii) 疑(vicikitsā)가 있다. 두 번째 [하위부분과] 관련하여 (iv) 탐욕의 욕구(kāmadchanda), (v) 증오(vyāpāda)가 있다.

(7) 두 가지 상위부분(上分, ūrdhvabhāga)이 있다. 색계와 무색계라는 두 상위부분에 의지한 후에 5상분결(ūrdhvabhāgīyāni saṃyojanānī)이 설해진다. 특출하지 않은(aviśiṣṭa)[211] 결박(saṃyojana)은 (i) 색[계]에 대한 탐욕(rūparāga), (ii) 무색[계]에 대한 탐욕(ārūpyarāga)이다. 특출한 결박은 (iii) 갈애를 갖고 계속 정려하는 자들의 들뜸(auddhatya), (iv) 慢을 갖고 계속 정려하는 자들의 慢, (v) 무명을 갖고 계속 정려하는 자들의 무명이다.

(8) 5종의 공경(gurava)에 의해 포착된 심의 활동성(karmaṇyatā)은 선근이 성장하도록 작동한다.[212] [즉,] (i) 가르치는 자에 대해 [공경하고], (ii) 교설에 대해 [공경하고], (iii) 증상계(adhiśīla)라는 훈련에 대해, 증상심(adhicitta)과 증상혜(adhiprajñā)라는 훈련에 대해 [공경하고], (v) 바른 훈계, 교수, 교계에 대해 [공경

---

209 YBh_ms: niścayādhigamāya. 하지만 티벳역 nges par rtogs par mi 'gyur ba 및 한역 不證決定에 따라 부정어 a-를 넣어 이해해야 한다.

210 satkāye dṛṣṭiḥ라는 표현은 AKBh 291,23f에서 satkāyadṛṣṭiḥ의 해설 중에 나타난다. satkāye dṛṣṭiḥ satkāyadṛṣṭiḥ/ sarvaiva sāsravālambanā dṛṣṭiḥ satkāye/. ("실재하는 신체에 대한 견해가 유신견이다. 실재하는 신체에 대한 모든 견해는 유루를 대상으로 한다.")

211 YBh_ms: avaśiṣṭaṃ. 티벳역 bye brag med pa, 한역 無差別, 그리고 다음 항목의 viśiṣṭam을 감안하여 aviśiṣṭaṃ으로 교정하고 번역.

212 YBh_ms: pañcākāreṇa gauraveṇa parigṛhītā cittasya karmaṇyatā kuśalamūlaprarohāya saṃvartate. 사본의 읽기와 비교하여 티벳역과 한역은 '5종의 공경하지 않음에 의해 포착된 심의 비활동성은 선근이 성장하도록 작동하지 않는다.'로, 의미는 같지만 부정적 방식으로 번역하고 있다.

하고], (v) 범행(梵行)을 같이 하는 사람들에 대해 [공경하는 것이다].

(9) 이 다섯은 번뇌를 끊기 위해 바른 정진을 시작하는 것을 장애한다. [즉,] (i) 등지와 생에 대한 집착(samāpattyupapattyadhyavasāna), (ii) 재물과 공경에 대한 집착(lābhasatkārādhyavasāna), (iii) 방일, (iv) 惡慧(dauṣprajña),[213] (v) 심의 위축과 강한 자만(līnatvābhimānatā)이다.

(10) 인욕하지 않는 사람이나 개아에게는 다른 경우에 적에 대하여 5종의 잘못된 행동이 있다고 알아야 한다. 이 세상에서(iha) 인욕하지 않는 자는 다른 곳에서 (i) 적에게 대하여 바로 처음부터 증오심이 있고 악한 의향을 품는다. (ii) 친구의 파멸을 바라고 행한다. (iii) 마찬가지로 그 [친구]에게 고통과 불만족을 초래하고 손해를 일으키려고 전념한다(prasṛta).[214] (iv) 받은 계를 스스로 파괴한다. (v) 신·구·의로 악행을 범한다. 현존재에로 오는 5종의 잘못된 행동에게[215] 다른 곳에서(amutra) 흘러나온(naiṣyandika) 세 가지 단점들이 있다고 알아야 한다. 하나는 현세에 속한 것이고, 다른 것은 직후의 생에서 이숙에서 생겨난 것이다.[216] [즉,] 적이 많아지며, 친구와 이간되며, 타인에 의하여 고통과 불만족을 초래하도록 갖가지 원하지 않는 [사태가] 벌어지고, 죽어갈 때 후회하고, 죽어서 나쁜 존재형태 속에서 태어난다.[217]

---

213 dauṣprajñyām을 dauṣprajñam으로 교정했다. 티벳역은 'chal ba'i shes rab이고 한역은 惡慧이다.

214 prasṛta는 SWTF(s.v.)에서 1. "aufgebrochen", 2. "hingegeben", "ergeben"으로 풀이된다. 여기서는 2의 의미를 택했다.

215 YBh_ms: asyāḥ khalu pañcākārāyā vipratipatter itvatvam āgatasyāmutra. 티벳역: log par bsgrub pa rnam pa lnga po de dag ni 'dir skyes na yang | 'di rgyu mthun pa'i nyes dmigs gsum yod par rig par bya ste. 한역: 由此五種惡邪行故 能感後世還來此中 三種等流過患.

216 YBh_ms: vipākajonantarajanyani. 이에 대응하는 티벳역은 gcig ni rnam par smin pa las skyes pa'i tshe phyi ma'i ste이고 한역은 一種後法異熟過患이다. 여기서 vipāka 부분은 rnam par smin pa와 異熟에 대응한다. 過患은 티벳역과 산스크리트에 보이지 않고 이전 항목에도 나타나지 않기에 한역에서 보충한 것으로 보인다. 그리고 後法과 tshe phyi ma는 *anāgata, *samparāya, * sāmparāyika, *āyati 등에 대응하지만 사본의 anantarajanyani와는 관련이 없다. 여기서는 잠정적으로 vipākaja-anantarajanyāni로 교정하고 번역했다.

217 이숙에 속한 단점은 마지막의 "죽어서 나쁜 존재형태 속에서 태어난다"는 것이고, 그 외의 것은

이것과 반대로서 인욕하는 사람에게는 내세에 적에게 대하여 5종의 올바른 행동이 있다. 그리고 그것을 행한 자에게 이로움(anuśaṃsa)[218]이 있다. 그것은 이치에 따라 알아야 한다.

(11) 이 다섯 법은 현세와 미래에 고통과 불만족이 현전하도록 작동한다. [즉,] (i) 친가의 사람들에게 단절되어 죽고, (ii) 재산이 올바르지 않게 소멸한다, (iii) 자신의 몸에 병이 생긴다, 이 셋은 현세의 고통을 현전하게 한다.[219] (iv) 계를 훼손하고, (v) 모든 것을 비방하는 사견(mithyādṛṣṭi)으로서 [이 양자는] 미래의 [고통을 현전하게 한다].

이것과 반대인 다섯 법은 현세와 미래에[220] 즐거움과 심적 즐거움(sukhasaumanasyasya) 이 현전하게 한다고 알아야 한다.

(12) 타인에게 이익을 주려는 사람의 훈계(codanā)는 5종 측면에 의해 완전히 청정해지고 깨끗해진다. [즉,] (i) 진실하게 훼범을 말함에 의해, (ii) 마음을 일으키도록 말함에 의해서, (iii) 의무의 수행을 말함에 의해, (iv) 말의 오류를 여읜 말에 의해서, (v) 마음의 오류를 여읜 말에 의해서[221]이다.

(13) 재물을 추구하고 향수하는 경우라도 아라한은 3종의 잘못된 추구를 뛰어넘고 2종의 잘못된 향수도 뛰어넘는다고 알아야 한다. [즉,] (i-iii) 살아있는 한 생명을 빼앗는 것, 주어지지 않은 것을 취함, 망언을 초래하는 추구를 뛰어 넘고, (iv-v) 아내와 축적의 향수를 뛰어넘는다.

(14) 다섯 가지 법을 갖추고 [번뇌를] 끊은 자는 원하는 대로 선품(善品)을 수행하고 신속하게 신통을 얻는다. (i) [즉,] 훈련한 대로 정행한다는 강력한 열의

현생에 속한 단점이다.

218 YBh_ms: anuśayaṃ; 하지만 티벳역(phan yon) 및 한역(勝利差別)은 anuśaṃsa이다.

219 티벳역은 sdug bsngal ba dang/ yid mi bde ba 'byung bar 'gyur ba'o//로서 산스크리트 및 한역과 달리 *daurmanasyāya에 해당하는 부분이 있다.

220 사본의 °dharmāsāṃ°을 °dharmasāṃ°으로 교정했다.

221 이 문단은 한문에 나타나지 않는다.

에 의하여 [욕망을] 끊을 때이며, (ii) 마찬가지로 자신의 [소유를][222] 명확하게 [말함]에 의해서(yathātmāvistareṇa),[223] (iii) 신체적인 힘에 의해서, (iv) 항시 공경하면서 노력함에 의해, 마음의 강건함에 의해서, (v) 샤마타와 흥분과 무관심의 관념상을 적시에 통달하는 智에[224] 의해서이다.

(15) 다섯 가지 법은 해탈을 성취한 자에게 염환(厭患)의 치료대상(vipakṣabhūtā)이라고 알아야 한다. 법들에 대하여 3종 우치에 의존하여 3종 전도(viparyāsa)가 있다. [3종 우치란] 시간에 대한 우치(kālasaṃmoha), 상태에 대한 우치(avasthāsaṃmoha), 자성에 대한 우치(svabhāvasaṃmoha)이다. (i-iii) [3종 전도란] 무상에 관하여 '항상하다'는 전도, 고통에 관하여 '즐겁다'는 전도, 무아에 관하여 '자아'라는 전도이다. [이외에도] (iv) 공양물에 대한 기대(lābhāśā), (v) 장수에 대한 기대(jīvitāśā)이다. 이 다섯 치료대상의 치료책은 5종의 관념상을 취하는 것이라고 알아야 한다. [즉,] 모든 제행들에 대하여 (i) 무상의 관점에서, (ii) 고통의 관점에서 관념상을 취하고, (iii) 모든 법들에 대하여 무아의 관점에서, (iv) 음식(āhāra)에 대해 [그것과] 반대의 관점에서 [관념상을 취하고], (v) 명근을 장애하는 관점에서(uparodhataḥ) 관념상을 취한다.

(16) 이 다섯은 삼매와 智로 특징지어진 요가수행자에게 심해탈을 위한 문이다. [즉,] (i) 삼매에서 최고인 요가수행자는 [4]성제를 토대로 한 담론을 들으면서 법의 의미를 올바르게 경험한다. (ii) 청문에 의한 경우와 마찬가지로, 상세하게 독송을 행하면서 그는 [법의 의미를 올바르게 경험한다] (iii) 타인을 위하여 설하면서 그는 [법의 의미를 올바르게 경험한다], (iv) 외진 곳에 간 사람이 숙고하며 법의 의미를 올바르게 경험한다. (v) 智에서 최고인 요가수행자는 강력하

---

222 산스크리트는 °ātmā°이고 티벳역 bdag gi이다. 한역에는 於自所有로 표현되어 있다.

223 사본의 yathātmāviṣṭaraṇena를 °vistareṇa로 교정했다. avistara는 "not diffuse", "compact", "full" (BHSD s.v.) 등으로 해석된다. 티벳역에는 brjod pa가 있고 한역 發露도 이에 대응한다.

224 ŚrBh II. 54,12f; 56,9f; 210,16 참조.

게 산란시키는 욕망의 대상에 대하여 탐욕의 치료책을 올바르게 작의한다.

(17) 요가수행자에게 있어서 의향과 노력의 구족은 5종이라고 알아야 한다. [즉,] (i) 열반과 (ii) 보리에 대한 강력한 믿음이 의향의 구족이다. (iii) 항상 신중하게 작용하는 정지의 실행(saṃprajñānacaryā), (iv) 샤마타, (v) 비파샤나가 노력의 구족이다.

(18) 중생들이 원하고 원하지 않는 업의 과보를 향유하도록, 신체와 심을 염오시키기 위해, 모든 고통을 포괄하도록 다섯 가지 법들이 작동한다. [즉,] (i) 안락, (ii) 고통, (iii) 심적 즐거움(saumanasya), (iv) 심적 우울(daurmanasya), (v) 평정이다. 앞에서처럼 마찬가지로 5종의 물러서지 않는 의향의 구족을 갖춘 요가수행자는 신속하게 수습하고 [사성]제에 대한 현관을 수행하기 위해 선품에 확고하게 머문다.

(19) 이욕한 유학으로서 결(結)이 남아있는 자에게 재생의 차별은 이 다섯 [가지]이다. [즉,] (i) 중유상태 바로 그 [상태]에서 구경에 이르기 때문에 열반한다,[225] (ii) 또는 초정려에서 일어난 직후 [열반한다], (iii) 또는 작은 공력으로 재생한 자가 [수행]도를 현전한 후에 [열반한다], (iv) 또는 어렵게[226] [수행]도를 현전한 후에 [열반한다], (v) 또는 색[계]의 끝 나아가 색구경천(aghaniṣṭhā)[227]에 간 후에 무색[계]의 궁극 또는 나아가 존재의 정점(bhavāgra)에 간 다음에 구경에 이르기 때문에 열반한다.

---

225 VyY의 Parihāra(13)에서 상속이 성숙하고 신통이 있는 불환에게 생유(utpattibhava)로 결생시키는 번뇌는 끊어졌지만 중유로 결생시키는 번뇌는 생겨난다고 하면서, 이는 모순된 진술이 아니라 그 의미는 불환이 불생의 법성에 머물기 때문에 '생유는 끊어졌다'고 말하지만, 산출(abhinirvṛtti)의 속박은 [끊어진 것이] 아니기 때문이라고 해석한다.

226 사본 kṛcchreṇa는 한역(多用功力)과 대응하지만 티벳역(tshegs med pa)은 『유가론』 색인에 따르면 *akṛcchra, *anāyāsaḥ 또는 *nirāyāsaḥ (TSD s.v.)에 대응하기에 달리 읽었다고 보인다.

227 aghaniṣṭha와 akaniṣṭha의 관계에 대해서는 SWTF (s.v.) 및 BHSD (s.v.) 참고.

(20) 이 다섯 가지 재생의 영역들은 불환과를 얻은 자들에게 섞여 수습된[228] 제4정려의 과보이다.[229] [즉,] (i) 下[級]의 정려의 과보를 지닌 재생의 영역,[230] (ii-v) 中·上·上上·最上[級]의 정려의 과보를 지닌 재생의 영역이다.[231]

(21) 다섯 측면은 요가수행자들의 관찰작의에 속하고 삼계에 속한 번뇌의 끊음의 구경으로 확정하도록 작동한다. [즉,] (i) 강렬하게 좋아하는 기억에 대한 분별(smaravikalpa)[232]에 의해 욕망의 관념상(nimitta)을 작의하는 자에게는 욕망의 대상들에 대하여 심이 저절로 평정하여 [대상으로] 향하지 않음(anavanati)이다. 출리의 관념상을 작의하는 자에게는 저절로 심이 [출리로] 향함이다.[233] 욕망과 출리의 관념상처럼 (ii) 분노와 분노없음의 관념상, (iii) 손상과 손상없음의 관념상, (iv) 색[계]와 무색계의 등지에 의한 재생의 관념상, (v) 열반의 관념상도 마찬가지다.

다섯 가지 [법수]에 의해 불설과 관련해 인식되어야 할 토대를 마쳤다.

---

228 사본의 vyavakīrṇabhāvita caturthadhyānaphalam를 vyavakīrṇabhāvitaṃ caturthadhyānaphalam으로 교정했다. 티벳역은 bsam gtan bzhi ba spel mar bsgoms pa'i bras bu이고 한역은 雜修第四靜慮果이다.

229 사본에는 caturthadhyānaphalam anāgāminām으로 되어 있으나 티벳역(bsam gtan bzhi ba spel mar bsgoms pa'i bras bu phyir mi 'ong ba rnams)에 따르면 °phalam 부분과 anāgāminām의 격이 같아야 할 것이다. 잠정적으로 사본의 읽기를 유지하되 티벳역을 따라 번역했다. 한역은 四靜慮果得不還者이다.

230 YBh_ms: mṛdudhyānaphalam upapattibhūmiḥ. 티벳역(bsam gtan chung ngu sgoms pa'i 'bras bu'i skye ba'i sa)에 의거해 번역했다.

231 YBh_ms: madhyādhimātrādhimātratarādhimātratamadhyānaphalaṃ copapattibhūmiḥ. 티벳역(bsam gtan 'bring dang/ chen po dang/ ches che ba dang/ shin tu che ba'i 'bras bu'i skye ba'i sa'o)에 따라 번역했다.

232 smaravikalpena는 한역의 憶念分別에 해당한다. 티벳역은 'dod pa'i rnam par rtog pa로서, smara는 M-W('loving recollection, love')에 따라 'dod pa(바라는 것)로 번역하고 있다. 그렇지만 현장역 憶念分別은 smaravikalpena를 AKBh의 anusmaraṇavikalpena와 동일시한 것으로 보인다.

233 사본의 natiś cetasaḥ와 한역 其心趣入은 대응하지만 티벳역 sems gzhol bar mi 'gyur ba는 "心이 구부러지지 않는다", "心이 향하지 않는다"의 의미로 차이를 보여준다. 이에 잠정적으로 "출리로"를 보충하고 산스크리트와 한역에 의거하여 번역했다. 만약 "욕망의 대상으로"를 보충한다면 티벳역도 타당할 수 있을 것이다.

1.4.6. 여섯 개의 법수 (Ch. 353a14)

(1) '자아'와 '중생', '영혼'(jīva)이라는 견해에 떨어진 중생들에게 8종의 사태의 구분은 여섯 측면들에 의해[234] 무아를 이해하기 위해 작동한다. [즉,] 자아에 대하여 의지체인 사태의 구분, 대상인 사태의 구분, 자성인 사태의 구분, 향수의 특징이라는 사태의 구분, 향수라는 사태의 구분, 언설이란 사태의 구분, 움직임이라는 사태의 구분, 그리고 욕구라는 사태의 구분이다. 이 사태들의 구분들에 대해 친숙해지지 않은(akṛtaparijayasya)[235] 요가수행자에게 '자아가 眼 등에 의지한 후에 색 등의 대상을 접촉의 감수에 의하여 향유한다.' 마찬가지로 그는 이러한 명칭을 가진 자, 이러한 부류의 자, 이러한 종성을 가진 자, 이러한 음식을 먹는 자 등으로 자신과 타인에 대해 언설하고,[236] 법과 비법을 행한다. 그는 좋아하는 사태와 마주치고, 머무르며, 증대하기를 갈구하며, 좋아하지 않는 사태와 마주치지 않고, 머무르지 않으며, 감소하기를 갈구한다고 생각한다. [그러나 사태의 구분에 이미 친숙해진 요가수행자에게는][237] 그 경우가 발생하지 않는다.

(2) [3]보와 [3]학과 관련된 6종의 열등감(avamanyanā, 卑慢)[238]이 선법을 아직 얻지 못한 자를 잃도록 작동하며, 이미 얻은 자를 잃도록 작동하며, 교법(śāsana)

---

234 본문에서는 여섯 측면들이 무엇인지 언급되지 않는다. 그러나『성문지』(ŚrBh (III), p.32)에서 사태의 구분으로서 여섯 측면이 언급된 부분이 여기에 대응할 것이다.『성문지』(2021: 351): "여섯 사태의 차이를 인식대상으로 하는 것은 무엇인가? 심구하는 그는 의미(artha), 사태(vastu), 특징(lakṣaṇa), 품(pakṣa), 시간(kāla), 도리(yukti)의 여섯 사태들을 심구한다. 그리고 심구한 후에 바로 이것들을 반성적 관찰한다."

235 YBh_ms: kṛtaparijayasya. 이는 티벳역 yongs su byang bar byas pa와 대응하지만, 한역(未善純熟者)은 부정어를 넣어 akṛtaparijayasya로 이해하고 있다. 여기서 한역에 의거해 번역했다. 수행자가 8종 사태와 6종 측면에 숙달(parijaya, kṛtaparijaya)하는 것이 수행의 진전이고, 그렇지 못한 상태는 미숙(akṛtaparijaya)한 것이다.

236 티벳역과 한역은 음식을 먹는 것 등을 자신에게 그리고 타인에게(bdag dang pha rol la, 於自於他)로 해석된다.

237 한역에만 已善純熟修觀行者라는 구절이 있다. 이를 참고하여 맥락에 따라 보충했다.

238 6종 卑慢(avamanyanā)은 3보와 3학에 대한 것으로 이해하여 항목을 설정했다.『보살지』<역종성품>에서는 卑慢의 잡염을 여의는 4종을 설명한다(BoBh 104-5; BoBh(D) 73-74;『보살지』2015: 146-47).

을 포기하도록 하고, 오직 믿음(śraddhā)만으로 물러서게 한다. [즉,] (i) 불, (ii) 법, (iii) 승에 대해서 그리고 (iv) 증상계, (v) 증상심, (vi) [증상]혜에 대해서이다. 악한 친구를 가진 그는 증상심과 증상혜에 관하여 교수와 교계(avavādānuśāsanī)를 삿되게 손상한다. 또한 악언을 하는(durvaca) 그는 [이익을] 얻지 못하거나,[239] 또는 그렇지 않더라도 삿되게 [이익을] 얻지 못한 자로서 선법들로부터 물러선다.

白品은 이것과 반대라고 이치에 따라 알아야 한다.

(3) 이 여섯 가지가 있다. 중생들의 심에게 탐(貪)의 토대(rāgādhiṣṭhāna)는 이치에 맞지 않는 작의를 수반한, 색 등[240] [여섯] 대상들에 대한 만족함의 상태(sātāvasthā[241])들이다. 탐의 토대가 [색 등 여섯 대상들에 대한] 만족함의 상태들인 것처럼, 진(瞋)의 토대는 [색 등 여섯 대상들에 대한] 불만족의 상태(asātāvasthā)들이라고 알아야 한다. 그리고 치(癡)의 토대는 [색 등 여섯 대상들에 대한] 만족함도 아니고 불만족함도 아닌 상태들이다.

(4) 6종의 극히 청정함은 자신의 의지체가 전환된 자에게 속하고, 궁극적인 것이며,[242] 결함이 없고, 중단되지 않으며, 염오가 없으며,[243] 평등하게 머무른다고 알아야 한다. 또는(vā) 가는 자나 또는 머무르는 자가 눈으로 인식되는 색 내지(yāvat) 意로 인식되는 법들에 대해서이다.[244]

(5) 이 여섯 가지 법들은 토대를 갖춘 [5종의] 근들이 이치에 따라 토대의 상태

---

239 맥락에 따라 보충했다. 사본은 durvacaḥ punaḥ naiva labhate로 판독된다. 티벳역은 bka' blo mi bde bas ni rnyed par yang mi 'gyur ro 이고 한역은 由惡語故 全無所得이다.

240 여기서 '색 등'이라는 말로 여섯 가지가 색~법까지 6종 외처임을 보여준다.

241 티벳역은 bde bar 'gyur ba'i gnas skabs이고 한역은 平等分位이다. BHSD(s.v.)에 따르면 sāta 또는 śāta가 phya le ba에 해당할 때는 'fine', 'smooth', 'refined', 'pleasant' 등을 뜻하고 'mnyam pa'로 번역되면 'level'을 의미한다. 전자는 본 문단의 티벳역 bde bar 'gyur ba와 관련되고, 후자는 한역 平等과 대응할 것이다. 번역에서는 전자를 택했다.

242 한역은 第一究竟이다. 티벳역에는 나타나지 않는다.

243 YBh_ms: saṃkliṣṭa°. 하지만 티벳역과 한역에 따라 부정어 a-를 보충했다.

244 여기서 6종은 (i) cakṣurvijñeyeṣu rūpeṣu, (vi) manovijñeyeṣu dharmeṣu로서 외6처를 가리킨다. (ii-v)는 yāvat에 의해 생략되었다.

로, 장애없이 이끌고 잘 기르며,[245] 반복하여 생하고, 자재하게 행하도록 작동한다. [즉,] (i-iv) 4大種, (v) 허공계, (vi) 식이다. 그중에서 식은 이 맥락에서 공덕과 공덕 아닌 것이 적집되어 타세에 청정한 과보와 청정하지 않은 과보의 상태로 인도한다. 또한 식에 의해 유지된, 토대를 수반한 5종의 근들이 파괴되지 않고(na vinaśyati) 부패되지 않으며(na klidyate),[246] 바로 현세에서 발생한 식의 힘에 의해 선, 불선, 무기로 행해진 작용들 속에서 생겨난다.

(6) 요가수행자들에게는 초월하기 어려운 세 가지 점이 있다. [즉,] 욕망의 대상에 대한 탐욕과 분노, 손상, 기뻐하지 않음에 포함되는 하열한 계를 뛰어넘음, 제행의 특징의 현행을 뛰어 넘음, 존재의 정점을 뛰어 넘음이다. 초월하기 어려운 이 세 가지 점을 극복하기 위한 치료책이 6종 無上이라고 알아야 한다. [즉,] (i-iv) 4무량은 첫 번째 [어려운 점을 뛰어넘기 위한 치료책]이고, (v) 이미지를 여읜 심삼매(ānimittacetosamādhi)는 두 번째 [어려운 점을 뛰어넘기 위한 치료책]이며, (vi) 아만의 소진이 세 번째 [어려운 점을 뛰어넘기 위한 치료책]이다.

그리고 이 삼매들에서 치료대상을 확정적으로 제거하는 것이 완성이라고 알아야 한다. 또한 치료대상을 확정적으로 제거하는 것이란 치료책을 매우 잘 수습한 자에게(subhāvitapratipakṣasya)[247] 그 [치료대상]은 현행하지 않기 때문이다. 왜냐하면 아만이 끊어진 자에게는 언제나 '나는 구경에 갔는가, 또는 구경에 가지 않았는가'라는 것이 없이, 의심을 다한 후에 주할 것이기 때문이다. 어떤 사람에게 의심이 있다면 그 사람에게는 아만이 소멸하지 않았으며, 어떤 사

---

245 YBh_ms: -parikarṣaṇāyo. 이 단어는 BHSD와 SWTF (s.v)에 따르면 '이끌다', '인도하다'를 뜻한다. 하지만 이 읽기는 티벳역 yongs su bsrung ba("보호하다" → -parirakṣaṇāyo) 및 한역 安養("잘 기르다" → pariposaṇāyo)과 차이를 보여주며, 이어지는 "파괴되지 않고(na vinaśyati) 부패되지 않으며(na klidyate)"라는 설명과도 맞지 않는다. 한역에 따라 번역했다.

246 이 설명은 YBh 24,7ff에서 어떻게 식이 신체에 융합되며, 또 그런 식의 힘에 의해 kalala의 물질이 부패되지 않는다고 말하는 맥락과 비슷할 것이다.

247 YBh_ms: subhāṣitapratipakṣasya. 하지만 티벳역 legs par bsgomgs pa 및 한역 善修에 의거해 subhāvitapratipakṣasya로 교정.

람에게 아만이 소멸되었다면 그 사람에게 의심은 존재하지 않는다고 알아야 한다.

(7) 쟁론의 근본 토대는 이 여섯이다. [즉,] (i) 서로서로에게 방해가 되는 일을 좋아하지 않는 방식으로 행함, (ii) 악을 숨기며, (iii) 평등한 사람들 가운데서 재물과 공경을 더욱 많이 자기 것으로 취하고, (iv) 法衣등 재물로 서로서로를 기만하며, (v) 학처(學處)를 훼손하고, (vi) 법의 의미를 전도되게 파악하는 것이다.

이 쟁론들의 근본 토대를 끊도록 여섯 법이 작동한다. [즉,] (i-ii) 자심을 지닌 신·구·의업을 행하는 것이[248] 첫 번째와 두 번째 [쟁론의 근본 토대를 끊는 법]이고, (iii-iv) 재물을 공동으로 향유하는 것이 세 번째와 네 번째 [쟁론의 근본 토대를 끊는 법]이며, (vi) 공통의 계를 지니는 것이 다섯 번째 [쟁론의 근본 토대를 끊는 법]이고,[249] (vi) 공통의 見을 지니는 것이 여섯 번째 [쟁론의 근본 토대를 끊는 법]이다.

(8) 이 여섯 법은 요가수행자들이 모든 위력의 궁극을 포함하도록 작동한다. [즉,] (i-v) 신변의 경계, 신적인 귀, 전생의 머무름에 대한 기억, [타인의] 마음을 아는 것, 죽음과 재생[의 직접적 봄]은 위력을 포함하도록, (vi) 루의 소멸[에 대한 인식]은 궁극을 포함하도록 [작동한다].[250]

(9) [사]성제를 아직 현관하지 못한 사람에게[251] [사]성제의 현관을 장애하는 법은 이들 여섯이다. [즉,] 앞에서와 마찬가지로[252] 3종(trividham) 우치와 관련

---

248 maitrakāyavāṅmanaskarmāntaḥ에 대해서는 ŚrBh III 112-13 참조.

249 ŚrBh I.290f에서 śīlasāmānyagataś ca bhavati, dṛṣṭisāmānyagataś ca로 양자를 구분했다.

250 ŚrBh IV의 세간도(laukikamārga)에서 5종 신통을 설명하지만 여기에 루의 소멸에 대한 인식은 포함되지 않는다. (ŚrBh 460f; Deleanu 2006: 344). 반면 『보살지』 <위력품>에서는 6종의 신통력을 설명하면서, 보살은 루의 소멸을 인식하지만 현증하지 않고, 루를 수반한 사태 속에서 행하지만 염오되지는 않으며, 이것이 보살의 위력 중에서 가장 큰 위력이라고 말하고 있다(BoBh 71,11-16; 『보살지』 2015: 113).

251 YBh_ms: abhisamitasatyasya. 그러나 티벳역과 한역에 의거하여 부정어를 넣어 anabhisamitasatyasya로 이해하고 번역했다.

252 § 1.4.5.15를 볼 것.

한 (i-iii) 세 가지 전도들,[253] (iv) 공양물에 대한 기대, (v) 장수에 대한 기대가 있다. 그것과 관련해 다음과 같은 차이가 있다. 보여지고, 들려지고, 말해지고, 분별된 것에 속하는 법들에 대하여 잘못 보여지고, 잘못 들려지고, 잘못 말해지고, 잘못 분별된 것에 대한 (vi) 희열(abhirati)이 있다. 또한 그것은 [4] 성제를 아직 현관하지 못한 범부의 마음을 극도로 탈취하고, 가장 주요한 장애로 작동하지만, 성인에게는 그렇지 않다.[254] 따라서 [그것은] 인식을 일으킬 수 있는 것들(vidyābhāgīyeṣu)에 대해 설해지지, 해탈을 성숙시킴과 관련해(vimuktiparipācane) [설해지지] 않는다.[255]

그 장애하는 법들의 치료책이 올바른 6종 관념상의 파악이라고 알아야 한다. 앞서와 마찬가지로[256] (i-v) 5종 [관념상의 파악]과 (vi) 모든 세간에 대해 즐거워하지 않음이라는 관념상의 파악이다.

(10) 구족의 기억 두 가지는 6종에 대하여 심이 위축된 요가수행자들이 올바르게 [대상을] 잡고 기뻐하도록 작동한다. 귀의의 구족을 기억함이 3종이고 증득의 구족을 기억함이 3종이다. (i-iii) [3]종이란[257] 불·법·승을 기억하는 것으로서 귀의의 기억이라고 불린다. (iv) 열반으로 나아가는 길(pratipat), (v) 재물로

---

253 YBh_ms: prayogaviparyāsā. 그러나 § 1.4.5.15에서는 3종 우치에 따라 3종 전도가 생긴다고 설명한다(trividhaṃ saṃmohaṃ niśritya trividho viparyāsaḥ). 더욱이 본 문단에서도 티벳역 phyin ci log gsum과 한역 三顚倒는 공통적으로 세 가지 전도(tisro viparyāsāḥ)를 가리킨다.

254 티벳역과 한역에 따랐다. 티벳역에서는 그것(de), 즉 6법이 범부의 심에 대하여 최고의 장애(bar du gcod pa'i gtso bor 'dug pa)라고 한다. 한역은 더욱 구체적으로 喜樂이 범부의 심에게 가장 강력한 장애라고 밝힌다(極爲障礙). 이에 비해 사본에서는 다음 문장을 제시한다. sā cānabhisamitasatyasya pṛthagjanasyātyarthaṃ cittam apaharaty antarāyāya ca pradhānye na vartate na tv āryasya이다. antarāyāya가 4격인데 비해 pradhānye는 7격이므로 티벳역이나 한역에서 최고의 장애, 가장 강력한 장애라고 보는 것과는 거리가 있다. 이에 pradhānye na vartate를 pradhānyāya vartate로 교정하고 번역했다.

255 사본의 vidyābhāgīyeṣu는 한역 在明分과 잘 대응한다. 『유가사지론약찬』(T43: 92a17-21)에서는 명분과 성숙분에 대하여 두 가지 해석을 제시한다. 그에 따르면 명분은 자량도이고, 성숙분은 가행도에 속한다. 또는 명분은 견도 이후에 해당하고, 성숙분은 가행도에 속한다.

256 § 1.4.5.18. 참조. 한역에만 取相이라는 표현이 보인다.

257 티벳역 rnam pa gsum las를 참고하여 보충했다. 사본은 ākārato이고 한역에는 대응하는 부분이 보이지 않는다.

나아가는 [길], (vi) 천신으로의 재생으로 나아가는 [길이라는 3]종의 기억이 증득의 기억이라고[258] 불린다.

(11) 이 6법은 잘 설해진 법과 율 속에서 無上으로서, 비불교도들과 공통된 것이 아니다. [즉,] (i) 스승을 뵙고, (ii) 정법을 청문하며, (iii) 信을 획득하고, (iv) 학처들에 대해서 따라 배우며, (v) 스승에 대해 다양한 측면을 기억함이니 [즉,] '아! 정등각자이신 그는 세존이시고 붓다이시다. 이 분에 의하여 모든 법이 [설해졌다.]'고 하는 것 등이며, (vi) 그리고 바로 그 스승의 신체적 언어적 행위를 성취한다.[259]

(12) 이 여섯 법은 갈애를 소진하려고 수행하는 자들이 '내게 여전히 갈애가 수반되니 갈애를 여읜 것이 아니다'라는 확정을 증득하도록 작동한다. [즉,] (i) 색으로부터 (vi) 법에 이르는 [6]경에 마음이 결박된 것이다.

(13) 업의 진리가 귀의처(pratisaraṇatā)이지 계급이나 가문, 종성이 귀의처가 아니라고 여섯 가지 이유에 의해 알아야 한다. 저열한 계급에 속하는 사람도 어떠한 까닭으로 (i) 나쁜 재생형태로 가도록 불선[업]을 산출하기 때문이며, (ii) 좋은 재생형태로 가도록 선[업]을 산출하기 때문이며, (iii) 현세에도 열반하기 때문이다. (iv-vi) 뛰어난 계급에 속하는 사람도 바로 마찬가지다.

여섯 가지 [법수]에 의해 불설에 있어서 인식되어야 할 토대를 마쳤다.

1.4.7. 일곱 개의 법수 (Ch. 354a6)

(1) 이 일곱 법들은 진리를 여실하게 증득하고 해탈을 성취하는 것이다. 셋은 비파샤나에 속한 것으로, (i) 법의 분석(dharmavicaya), (ii) 정진(vīrya), (iii) 희열(prīti)이다. 셋은 샤마타에 속한 것으로 (iv) 경안(prasrabdhi), (v) 삼매(samādhi),

---

258 YBh_ms: adhigamānyāsmṛtir. 그렇지만 티벳역 thob pa rjes su dran pa과 한역 證隨念에 따르면 *adhigamānusmṛtir가 적절할 것이다.

259 티벳역 ston pa de nyid la와 한역 於大師는 스승을 향하여 정행(pratipatti)을 성취한다는 의미로 읽힌다. 반면 사본의 tasyaiva ca śāstuḥ는 문맥에 따라 다양한 해석이 가능하다. 번역자는 제자가 스승의 정행을 배우고 익혀 성취한다고 이해했다.

(vi) 평정(upekṣā, 捨)이다. 하나는 (vii) 정념(smṛti)으로, 샤마타와 비파샤나에 속한 것이다.[260]

(2) 根과 결과, 해탈의 측면에서 개아를 7종으로 건립한다고 알아야 한다.[261] [결과로] 향하는 길과 관련해 둔근을 가진 자와 이근을 가진 자가 (i) 수신행자(śraddhānusārin)와[262] (ii) 수법행자(dharmānusārin)[263] 양자로 [건립되고], 결과를 [성취한] 길과 관련해 바로 그 양자를 (iii) 믿음을 갖고 신해한 자(śraddhādhimukta)[264]와 (iv) 정견을 갖고 도달한 자(dṛṣṭiprāpta)[265]로 [건립한다]. 등지

---

260 이는 7覺支의 설명이다. 『성문지』에도 비슷한 설명이 발견되는데. 거기서 7각지는 세제일법 직후에 화염이 일어날 때와 같이, 세제일법에 포함된 5근의 직후에 생겨나는 출세간의 무루법들로서, 이를 증득한 자는 [사성제의] 흔적을 본 자(dṛṣṭapada)로서 有學(śaikṣa)으로 설명된다. "7覺支이다. 定性離生에 들어간 개아에게 여실한 깨달음(avabodha)은 이 [무루법의] 지분들이다. 왜냐하면 여실한 깨달음은 일곱 개의 지분을 포함하기 때문으로, 세 개는 샤마타에 속하고 세 개는 비파샤나에 속하고 하나는 양자에 모두 속한다. 따라서 깨달음의 지분(覺支)이라고 설해진다. 그중에서 법의 관찰, 정진(vīrya), 희열(prīti)의 셋은 비파샤나에 속하며, 경안(prasrabdhi), 삼매(samādhi), 평정(upekṣā)의 셋은 샤마타에 속하고, 念(smṛti)은 양자에 속하며, [따라서] 모든 곳에 변재한 것(sarvatraga)이라고 불린다."(ŚrBh 325,17ff: Ch. 444c29ff).

261 7종 개아의 용어에 대해서는 ŚrBh II의 앞부분에서 나열된 개아(pudgala)의 구분과 설명을 볼 것. 개아를 능력과 과보 그리고 획득한 결과와 관련하여 7종으로 구분한 이하의 설명은 『성문지』 등에서 28종으로 다양하게 분류된 개아를 주제에 따라 정리한 것이다. 『성문지』에서는 (i-ii)는 가행에 따른 구분이고, (v)는 등지의 차이에 따른 구분으로, 그리고 (vi-vii)은 장애를 극복해서 해탈에 도달한 방식의 차이에 따른 구분이다. 이하는 『성문지』(2021: 190ff)에 따른 각각의 개아의 정의이다.

262 『성문지』(2021: 190): "隨信行者(śraddhānusārin)란 누구인가? 어떤 개아가 타인으로부터 教授(avavāda)와 教誡(anuśāsanī)를 추구하고, 그 [교수와 교계]의 힘에 의해 과보를 증득하기 위해 정행한다. 그러나 그에게는 파악되고 수지되고 사유되고 사량되고 관찰된 법들에 대해 그 법들을 수습의 행상에 의해 스스로 따를 수 있는 능력과 힘이 없다. 개아를 따르는 믿음을 갖고 정행하는 것은 제외한다."

263 『성문지』(2021: 190): "隨法行者(dharmānusārin)란 누구인가? 어떤 개아가 청문한 대로 수지되고 사유되고 사량되고 관찰된 법들에 대해 그 법들을 수습의 행상에 의해 스스로 따를 수 있는 능력과 힘이 있지만, 그러나 과보를 증득하기 위해 타인으로부터 교수와 교계를 추구하지 않는다. 따라서 수법행자라고 말해진다."

264 『성문지』(2021: 190): "믿음으로 신해하는 개아란 누구인가? 바로 그 수신행자가 타인으로부터의 교수와 교계와 관련해 사문과를 증득하고 접촉하고 촉증했을 때, 그때 그는 믿음으로 신해하는 개아라고 말해진다."

265 『성문지』(2021: 190): "정견을 얻은 개아란 누구인가? 바로 그 수법행자가 타인으로부터의 교수와 교계와 관련하지 않고 사문과를 증득하고 접촉하고 촉증했을 때, 그때 그는 정견을 얻었다고 말해진다."

(samāpatti)의 장애로부터 해탈했지만 번뇌장으로부터 해탈하지 못했기 때문에 (v) 신체로 촉증한 자(kāyasākṣin)라고 [건립]하며,[266] 번뇌장으로부터 해탈했지만 등지의 장애로부터 해탈하지 못했기 때문에 (vi) 혜에 의해 해탈한 자(prajñāvimukta)[267]이고, 등지와 번뇌라는 두 장애로부터 해탈했기에 (vii) 두 부분으로부터 해탈한 자[268]로 [건립]한다.

(3) 세 개의 원인 및 일곱 개의 행상이 내적으로 심을 안주시키고 심을 올바르게 하나의 대상에 집중하게 한다. [즉,] 안주시키는 [원인], 안주와 상응하는 [원인], 섭수하는 [원인]이다. '보시는 있다'라는 정견(正見) 등의 행상 및 그것들에 의지한 후에 재가자에게는 손상이 있고 재가에는 결점이 있다[269]고 하는 등의 행상을 가진, 출리를 수반한 (ii) 바른 결단(正思)이 안주시키는 [원인]이다. 취입한 후에 (iii) 정어(正語)와 (iv) 정업(正業), (v) 정명(正命)을 받는 것이 안주와 상응하는 [원인]이다. 안주시키는 원인과 안주와 상응하는 원인, 그리고 그 후에 여리작의를 수반하는 (vi) 정근(正勤)과 (vii) 정념(正念)이 섭수하는 원인이라고 알아야 한다.

(4) 욕망을 행하는 자들은 바로 이것 때문에 재산을 모으려고 하지만, 7종 안락은 성자의 칠보로부터 생겨나며, 그것들은 평범한 재산을 모음에 의해 얻어지지 않는 것이다. (i) 믿음을 수반한 안락, (ii) 좋은 존재영역에서 태어남에서 생

---

266 『성문지』(2021: 190f): "몸으로 촉증하는 개아란 누구인가? 어떤 개아가 8해탈을 순·역의 방식으로 들어가고 나오며, 또 몸으로 촉증한 후에 자주 주하지만, 모든 방식으로 루의 소멸을 획득하지 못한다. 그는 신체로 촉증하는 개아라고 말해진다."

267 『성문지』(2021: 194): "혜에 의해 해탈한(prajñāvimukta) 개아란 누구인가? 어떤 개아가 모든 방식으로 모든 漏의 소멸을 획득했지만, 8해탈을 몸으로 촉증한 후에, 도달한 후에 주하는 것은 아니다. 그는 혜에 의해 해탈한 개아라고 말해진다."

268 『성문지』(2021: 194): "두 부분으로 해탈한(ubhayatobhāgavimukta) 개아란 누구인가? 어떤 개아가 모든 방식으로 모든 漏의 소멸을 획득했고, 8해탈을 몸으로 촉증한 후에, 도달한 후에, 주하고 있고, 또 번뇌장으로부터 또 해탈장(vimokṣāvaraṇa)으로부터 심을 해탈했다. 그는 두 방식으로 해탈한 개아라고 말해진다."

269 "재가자에게는 손상이 있고 재가에는 결점이 있다"는 구절에 대해서는 ŚrBh I: 16 참조.

긴 안락, (iii) 그것이 자신에게 적절하지 않다는 점에 의거하여 죄를 일으키지 않기 때문에[270] 후회가 없음에서 생겨난 안락,[271] (iv) 마찬가지로 타인들의 비난에 의거해서 [죄를 범하지 않기 때문에 후회가 없음에서 생겨난 안락], (v) 법과 의미의 올바른 증득에 수반한 안락, (vi) 후에 생필품이 부족하지 않음에서 생겨난 안락, 그리고 (vii) 勝義[272]를 증득함에서 생겨난 안락이다.

이렇듯 다양하고 죄를 여읜 안락은 세간적 재산을 쌓아서는 어떠한 방식으로도 얻어지지 않는다. 그렇지 않다면 단지 현세에서 생필품이 부족하지 않음에서 생겨난 [안락]일 뿐이며, 그것조차 죄를 수반한다.

(5) 악마와 번뇌에 속하는 힘은 이들 7종이다.[273] (i) 교설에 대한 손상, (ii) 나쁜 존재형태로 가는 악행을 행하는 것, (iii) 자신의 부분이 아닌 것을 고려하지 않고 장애하는 법을 익히는 것, (iv) 타인의 비난을 고려하지 않고 장애하는 법을 익히는 것, (v) 선과 불선, 죄를 수반한 것과 죄를 여읜 것, 하열한 것과 뛰어난 것, 검은 것과 흰 것의 구별을 가진 연기법들을 이해하지 못하는 것, (vi) 인색함의 때에 의해 압도된 마음을 가진 자가 여러 가구와 생필품을 모으는 것, 그리고 (vii) 둔하고 미혹된 상태이다.

이러한 악마와 번뇌에 속한 힘을 제압하고 제거하기 위해 고귀한 법과 율에 대한 信 등의 오직 일곱 개의 힘이 있다고 알아야 한다.

(6) 승의적인 열반에 의해 대치되어야 하는 이 7종의 법들은 승의법을 잃게 하고 은폐하기 위해 작동한다. 그것들은 향수의 손상과 강한 의향(增上意樂)의 손상, 가행의 손상이라는 세 가지 손상(vipatti)에 포함된다. (i) 법의(法衣) 등의 좋

---

270 자신과 상응하지 않는 것(ātmano 'pratirūpatām, bdag gi cha ma yin pa)을 한역에서는 自妙好라고 하였다.

271 YBh_ms: ātmanaḥ pratirūpatā sapyekṣyāvadyā samudācārād. 이는 ātmano 'pratirūpatām apekṣyāvadyāsamudācārād로 교정해서 번역했다. pratirūpa에 관해 SWTF에 다음의 용례가 보인다. na mama pratirūpaṃ syād yat … ("내게 적합하지 않은 것").

272 한역은 勝義諦(= don dam pa'i bden pa)로 읽고 있다.

273 ŚrBh II. 14장과 15장에서 각기 악마(māra)와 악마의 행위에 대해 다른 방식의 기술이 나온다.

은 것을 바라고 많은 것을 바라고, 그것으로 말미암아 발생하는 향유가 향수의 손상이다. (ii) 수행도와 (iii) 수행도의 결과인 열반에 대해 믿지 않는 것이 강한 의향의 손상이다. (iv) 게으름(kausīdya)과 (v) 정념이 상실된 상태(muṣitasmṛtitā), (vi) 산란된 심의 상태(vikṣiptacittatā), (vii) 惡慧(dauṣprajña)는 가행의 손상이다. 그중에서 향수의 손상은 탐(貪)이라는 불선근에 속하고, 강한 의향과 가행의 손상은 치(癡)라는 불선근에 속한다. 白品은 이것과 반대라고 알아야 한다.

(7) 승의로서의 열반에 속하는 이 7종의 법들은 정법으로부터 퇴환하지 않기 위해, 또 정법을 오래 머물게 하기 위해 작동한다. (i) 청문으로 이루어진 혜, (ii) 사유로 이루어진 혜, (iii) 수습으로 이루어진 혜, (iv) 의지체의 부적절함의 제거, (v) 올바른 재물과 법의 추구, (vi) 증상만(abhimāna)이 없음, 그리고 (vii) 존경을 받을만한 자와 그렇지 않은 자들에 대해 존경하고 존경하지 않기 위한 개아의 관찰이다.

그중에서 청문은 이해하지 못했던 의미를 이해하기 위해서이며, 사유는 잘 확정되지 않은 의미에 대해[274] 추론하기 위해서이며, 수습은 번뇌를 끊기 위해서이며, 의지체의 불균형을 제거하는 것은 [번뇌의] 끊음을 감당하게[275] 하기 위해서이며, 올바른 재물과 법의 추구는 신속한 인식을 위해서이며, 증상만이 없음은 단지 하열한 것에 만족하지 않기 위해서이고, 개아의 관찰은 친척이나 큰 복덕을 가진 자들과 접하지 않고 소욕 등과 접촉하기 위해서이다.

(8) 중생들의 식들이 운반됨에 의해 그곳에 현전하게 되는 중생들의 재생처는 7개이다. [10처에서] 악취와 무상천의 중생들, 비상비비상처를 제외한다. 염리의 토대이기 때문에 악취는 식의 근거(識住, vijñānasthiti)가 아니다. 또 그곳에서 식은 한결같이 현행하지 않기 때문에 무상천의 중생들은 [식의 근거가] 아니다. 현형과 비현행의 방식으로 확정되지 않았기 때문에 비상비비상처는 [식의

---

274 티벳역(nges par byas pa'i don la)은 "확정된 의미에 대해"로 번역하지만, 의미상 한역이 타당할 것이다.

275 '감당'(kṣama, bzod pa)에 대응하는 한역은 없다.

근거가] 아니다. 그곳에서 신체가 유사하지 않은 상태는 신체의 다양성이고, 관념이 유사하지 않은 상태는 관념의 다양성이다. 이것과 반대로 단일성으로서의 신체의 상태와 단일성으로서의 관념의 상태가 있다고 알아야 한다.

그중에서 범천의 세계 이하에는 유사하지 않은 신체를 가진 [중생]들이 다양한 물질적 신체를 심신복합체(ātmabhāva)로 해서 생겨나며,[276] 반면 범천의 세계에서는 그 처음에 산출된 자들은 '우리들은 범천에 의해 창조되었다.'고 생각하고 범천도 '이들은 나에 의해 창조되었다.'고 생각한다.[277] 이와 같이 그들에게 관념의 동일성이 있다.

제2정려 이상에서 모든 [유정]은 광명과 같은 신체를 갖기 때문에 신체가 동일하다. 반면 광음천(光音天)의 천신들 가운데 이전과 이후에 재생한 이들에게는 범천의 세계가 불타는 [광경을] 목격함으로써 '두렵다' 또는 '두렵지 않다'는 관념이 생긴다. 이와 같이 그들에게는 동일하지 않는 관념이 있다고 알아야 한다.[278]

(9) 7종 추중에 의해 중생들은 모든 번뇌에 속한 추중에 포섭된다고 알아야 한다. (i-ii) 하열한 영역(界)에 속한 탐(貪, rāga)과 진(瞋, pratigha)에 속한 것, (iii) 중간과 우수한 영역에 속한 탐에 속한 것, (iv-vii) 하중상의 영역에 속한 만(慢, māna), 무명(無明, avidyā), 견(見, dṛṣṭi), 의(疑, vicikitsā)에 속한 추중이다.

(10) 7종에 의해 비불교도들의 잘못 설해진 법과 율은 오류를 수반하고 있다고 알아야 한다. (i) 이해의 오류에 의해, (ii) 행(cāritra)의 오류에 의해, (iii) 의지물(sanniśraya)의 오류에 의해, (iv) 생각의 오류에 의해, (v) 공용의 오류에 의해, (vi) 증상심(adhicitta)의 오류에 의해, 그리고 (vii) 증상혜(adhiprajñā)의 오류에 의해

---

276 범천 세계 아래의 중생들은 각자 다른 형태나 색깔을 가진 개별적인 신체를 갖고 태어난다. 이에 대해서는 AKBh 115,20 참조.

277 意地 § 5.1.15B에서 기세간의 창출에서 범천의 역할을 보라.

278 최근 광음천에 태어난 천신은 괴겁(壞劫)의 시대에 범천이 불타는 것을 보며 자신이 머무는 곳까지 화염이 미칠까 두려워한다. 반면 오래 전에 태어난 천신은 범천의 불길이 자신들의 영역까지 도달하지 않는 것을 경험했기에 두려워하지 않는다. 그래서 신체는 동일하지만 관념은 동일하지 않다. AKBh 116,17-19, ŚrBh II. 293, n.2 참조.

서이다.

그런데 비불교도도 청문을 하지만, 그 [청문]을 네 가지 전도에 따름에 의해 비난한다. (i) 비록 비불교도 또한 청문한 것을 유지하지만 네 가지 전도에 따라 그 [청문]을 비난한다. 또한 [자신의] 논의와 해탈을 찬탄하는 말에만 머물기 때문에[279] 그 [비불교도]들이 확립한 이해는 오류를 갖고 있다. (ii) 규범과 생계의 잘못에 떨어지기 때문에 또는 스스로 출리적인 것이 아니기 때문에 계는 오류를 갖고 있다. (iii) 친구를 전도된 길로 지시하기 때문에 오류를 갖고 있다. (iv) 그의 심이 삿된 생각에 의해 손상받기 때문에 출리는 오류를 갖고 있다. (v) 방편을 여의고 있기 때문에 공용은 오류를 갖고 있다. (vi) 정념을 상실했기 때문에 갈애와 아만, 무명, 疑를 바탕으로 정려를 하기 때문에 증상심은 오류를 갖고 있다. (vii) 62견에 의해 손상받기 때문에 증상혜는 오류를 갖고 있다.

이것과 반대로서, 잘 설해진 법과 율에서 바로 이들 7종 사태는 오류를 여의고 있다고 알아야 한다.

(11) 비구들에게 일어난 논점을 적정하게 하기 위해 일곱 개가 작동한다. 나머지는 예를 들어 「섭사분」에서와 같다.[280] 그중에서 다음이 일곱 개의 논점(adhikaraṇa)들이다. (i) [비구들의] 면전에서 훼범(āpatti)을 고지하는 논점, (ii) 과거의 잊어버린 훼범을 고지하는 논점, (iii) 자신에게 달려있지 않은 훼범을 고지하는 논점, (iv) 훼범의 과정에 대한 논점, (v) 죄를 결정하는 논점, (vi) 스스로 훼범한 것을 참회하는 논점, 그리고 (vii) 찬성과 반대에 서 있는 양자가 서로서로 훼범을 비판하고 제거하는 논점이다.

일곱 가지 [법수]에 의해 불설에 대해 인식되어야 할 것의 토대를 [마쳤다].

---

279 티벳역에는 "가르침에만 머문다"(gtan tsam du nye bar gnas)는 표현이 있고, 한역에는 "오직 남을 헐뜯고 비난을 회피하려고"(專爲毁他 免脫徵難)라고 한다. 日譯에서는 이를 감안하여 '논의와 해탈의 칭찬을 말하는 것에만 머무른다'고 옮겼다(ŚrBh II. 293, n.3).

280 「섭사분」(Ch. 874a15-20)에 七滅諍法이 언급되어 있지만, 오히려 문소성지의 설명에 비해 간략하다. Cf. Ch. 875a-b.

1.4.8. 여덟 개의 법수 (Ch. 355a18)

(1) 남김없이 [9]결을 끊기 위한 비구의 세 가지 수습은 여덟 지분들에 의해 포섭된다고 알아야 한다. [세 가지 수습이란] 계의 수습, 삼매의 수습, 반야의 수습이다. (i-iii) 정어와 정업, 정명에 의해 계의 수습이 있고, (iv-v)정념과 정삼매에 의해 삼매의 수습이 있으며, (vi-viii) 정견과 정사, 정정진에 의한 반야의 수습이 있다.[281]

(2) 과보를 수반한 바른 요가를 주제로 해서 청정품에 속한 여덟 개아들이 건립된다고 알아야 한다. (i-iv) [4종 성자로 향해] 수행하는 네 [개아]들과 (v-viii) 결과에 안주하는 네 [개아]들이다.

(3) 2종의 보시는 8종이라고 알아야 한다. [2종은] 오류를 지닌 보시와 오류가 없는 보시이다. 그중에서 오류를 지닌 [보시]는 7종이고, 반면 한 종류가 오류가 없는 것이다.

(i) 게으름에 의해 손상되기 때문에 보시는 오류를 가진다. (ii) 가난에 대한 두려움에 빠져 자재함을 구하는, 물질적 관심을 가진 자는[282] [보시를] 원해서 하는 것이 아니기 때문에 [보시는] 오류를 지닌다. (iii) 과거에 대한 연착(戀着) 때문에 하는 [보시는] 오류를 지닌다. (iv) 미래에 대한 기대 때문에 하는 [보시는] 오류를 지닌다. (v) 경멸의 오류 때문에 [보시는] 오류를 지닌다. (vi)[283] [좋은] 평판을 바라는 오류 때문에 [보시는] 오류를 지닌다. (vii) 향수를 바라기 때문에

---

281 『중아함』 210경의 「법락비구니경」(T1: 788a14-790b7)과 MN 44 Cūḷavedalla-sutta에서도 팔지성도와 삼학의 포섭관계를 논하고 있다. 또한 Śamathadeva의 Abhidharmakośa-upāyikā-nāma-ṭīkā의 티벳역에서도 전해진다. Anālayo(2011: 276-86; 2012: 39-66) 참조.

282 ŚrBh_ms에는 sāmiṣadoṣasya로 표기되어 있고 日譯은 이에 따라 '속물적 과실을 지닌 자'로 옮기면서, 다만 티벳역 zang zing gi sems과 한역 染心者(=sāmiṣacetasaḥ)는 ŚrBh 사본과 대응하지 않는다는 점을 각주로 밝혔다(ŚrBh (II) 296-97). YBh_ms에는 sāmiṣacittasya로 표기되어 있어 티벳역 및 한역과 잘 대응한다.

283 산스크리트와 티벳역에서는 (vi)에 이어 (vii)을 제시한다. 하지만 한역에서는 (vii)에 해당하는 내용을 먼저 제시하고 이어서 (vi)을 말한다.

[보시는] 오류를 지닌다. 반면에 (viii) 보시가 열반을 향하고 있고 그것의 자량을 쌓는 한 오류가 없다. [그 보시는] 설사 그가 물질에 대한 관심이 없다고 해도 그를 선취로 인도하고 커다란 재물을 낳는다. 오류가 없는 보시란 말하자면 열반에 회향(迴向)하기 위해서, 그것의 자량을 위해서, 마음이 염오함이 없고 선취(善趣)로 나아가도록 하기 위해서, 큰 재물을 얻게 하기 위해서 보시를 행하는 것이다.

(4) 네 가지 상태를 바탕으로 여덟 시기에 게으름이 드러나고 정진에 착수하지 않는다고 알아야 한다. 그 사람은 게으른 종류이고 정진하는 종류가 아니다. [네 가지 점은] 걸식이라는 [수행자의] 의지처, 의무(itikaraṇīya), 유행, 계가 고르지 않은 것이다. 이들 네 가지 상태를 바탕으로 (i) 좋고 많은 음식 때문에 몸이 무거울 때, (ii) 적고 나쁜 음식 때문에 몸이 허약할 때, (iii) 행해야 할 것에 대해 노력하고자 하는 자가 힘을 아낄 때, (iv) 행해야 할 것을 행했던 자가 피곤할 때, (v) 유행을 떠나려고 하는 자가 힘을 아낄 때, (vi) 유행을 시작한 자에게 행로가 피곤할 때, (vii) 병든 자에게 병의 고통이 다가왔을 때, (viii) 병에서 회복한 자가 유행에 나서는 것을 두려워할 때이다. 그와 같이 이 사람은 게으른 종류이다.

그가 게으름의 토대(upadhi)[284]를 얻지 않는 한, 그에게 정진만이 인정된다. 게으름의 토대를 얻을 때, 그는 신속하게 게으름을 보여주기에 따라서 게으른 종류라고 불린다.

이것과 반대로서 바로 이 네 가지 상태를 바탕으로 여덟 시기에 정진에 착수하는 그는 게으름을 제압한 후에 용맹정진하는 부류의 사람이 된다고 알아야 한다. 그가 비록 게으름의 토대를 얻었다고 해도 정진에 착수하는데, 하물며 [그것을] 얻지 않은 경우에는 말할 나위도 없다. 따라서 그는 용맹정진하는 종류라고 불린다.

---

284 upadhi는 팔리 전통에서(CPD s.v. upadhi) pariggaha("taking possession of")와 동의어로서 사용되며, BHSD에서는 "substratum", "material thing"을 의미한다. 따라서 여기서 '토대'로 번역했다.

(5) 이 여덟 가지는 바른 발원에 포함되고 바라는 곳에 재생하는 원인이다. 욕계에서 더 나은 곳에 다시 태어나기를 바라지만 욕망의 대상에서 이욕하려고 모든 방식으로 추구하지 않는 이들에게[285] [이 여덟 가지는] 8종의 원하는 재생처에 다시 태어나도록 작용한다. [즉,] (i) 보시와 지계로 이루어진 작은 [원인]은 인간 중에서 나쁜 부류로 정해지고, (ii-viii) 마찬가지로 보시와 지계로 이루어진 작은 [원인]은 인간 중에서 좋은 부류와 4천왕중, 33천중, 야마천, 도솔천, 화락천, 타화자재천으로 정해진다.

(6) 네 가지 이유로 여래께서 인간의 무리 4종을 확립하셨다고 알아야 한다. 세 가지 이유로 천신의 무리 4종을 확립하셨다고 알아야 한다. 최상의 지배력이기 때문에, 공양받을만 하다고 인정되기에, 타인들에 의존하지 않고 향수하기 때문에, 재물을 버리고 지내기 때문이다. 이 네 가지 이유로 (i-iv) 인간의 무리 4종을 확립한다고 알아야 한다. 의지할 장소의 끝이기 때문에, 욕계의 끝이기 때문에,[286] 언어행위의 끝이기 때문이다. [이 세 가지 이유로] (v-viii) 천신의 무리 4종을 확립한다고 알아야 한다.

(7) 세 개의 세간적 경우에 놓인 세상 사람은 항시 8종의 법들과 접촉한다. 욕구 속에서, 활동 속에서(vyavasāye), 조건 속에서이다. (i-ii) 욕구 속에서 있는 자는 이득과도 접하고 이득 없음과도 접한다. (iii-vi) 활동 속에 있는 자는 타인이 의도한 것이나 의도하지 않은 것에 대해 간접적으로나(parokṣāgatena) 직접적으로 칭찬의 말이나 비난의 말과 접한다. (vii-viii) 조건 속에서 있는 자는 전세나 현

---

285 ŚrBh II. 298,16: kāmavivekam anabhilaṣatām으로 제시하고 있지만, 구문상 문제가 있다. 따라서 anabhilāṣinām으로 정정하는 것이 타당할 것이다.

286 원문 manuṣyeṣu catasṛṇāṃ tathāgatasya parṣadām은 티벳역과 한역에 잘 대응한다. 인간의 무리 4종과 천신의 무리 4종을 열거하시는 설법은 AN IV 307 및 DN II 109 참조. ŚrBh_ms에는 kāmadhātuparyantatvāt이 보이지 않으며, 다만 일본 편집자들에 의해 티벳역('dod pa'i khams kyi mthar gyur pa dang)과 한역(欲界邊際)을 근거로 재구성(reconstruct)된 것이다 (ŚrBh (II) p.300, n.7). 반면 YBh_ms에는 이 구절이 나타난다. 인간의 무리 4종과 천신의 무리 4종을 각기 네 가지와 세 가지 이유와 연결시키는 것은 『유가사지론약찬』(T43: 92c23), 『유가론기』(T42: 410b22) 참조.

세의 낙의 조건이나 고의 조건에 대해 낙과 고와 접한다.

(8) 이 8해탈(vimokṣa)[287]은 불환이나 아라한들에게 성자의 위력과 위대한 주함을 일으키기 위해 생겨난다. (i) 내적으로 색의 관념을 제압하지 못하고 외적으로 염오된 색이 없는 해탈이 [첫 번째]이다. (ii) 내적으로 색의 관념을 제거하기 위함이 두 번째 [해탈]이다. (iii) 淨과 不淨, 양자가 아닌 색에 대한 최고의 평정이 [세 번째] 해탈이다. 이 세 가지 해탈(trayo 'dhimokṣāḥ)[288]은 모든 색에 자재하기 때문에[289] 성자들의 신통을 산출하기 위해 작동하는데, 이 신통은 모든 범부들과 공통된 것이 아니다. (iv) 공무변처로부터의 해탈, (v) 식무변처로부터의 해탈, (vi) 무소유처로부터의 해탈, (vii) 비상비비상처로부터의 해탈, (viii) 매우

---

287 8해탈은 이미 MN II 12 등의 초기경전에서부터 8勝處(abhibhvāyatana)와 10遍處(kṛtsnāyatana)와 함께 언급되고 있지만, Delhey(2009: II. p.411)에 따르면 초기경전에서 정려와 비교될 수 있는 그런 중심적 역할을 수행하지는 못했다. 8해탈의 내용에 대해서는 앞의 「사마히타지」(VI.1.3)의 정의 참조. “해탈(vimokṣa)이란 무엇인가? 8해탈이다. 즉, 색을 가진 자가 색들을 본다고 하는 것이 첫 번째 해탈이다. 내적으로 어떤 형태도 지각하지 못하는 자가 외적으로 형태들을 본다는 것이 두 번째 해탈이다. 깨끗한(śubha) 해탈을 몸으로 현증하고, [그 속으로] 들어간 후에 [거기에] 머문다는 것이 세 번째 해탈이다. 공무변처, 식무변처, 비소유처, 비상비비상처 및 想受滅(saṃjñāvedayitanirodha)을 몸으로 현증하고 [그 속으로] 들어간 후에 [거기에] 머문다는 것이 여덟 번째 해탈이다.” 또한 뒤따르는 사마히타지(VI.4)에 상세한 설명이 추가되어 있다. 『성문지』(2021: 449)는 「사마히타지」의 8해탈과 8승처, 10변처의 설명을 지시하면서, 그것들을 수습하는 목적은 “그 수습에 의해 사태를 변화시키고(vastupariṇāminī), 화작과 관련되고(nairmāṇikī), 승해와 관련된(ādhimokṣikī) 성스러운 신변(ṛddhi)을 산출”하기 위함이라고 말한다. 또한 AS 95,4ff 및 이에 대한 ASBh 124,18ff에서도 특히 처음 세 가지와 마지막 상수멸해탈이 상세히 설해져 있다.

288 여기서와 이어지는 설명문에서 vimokṣa가 adhimokṣa로 치환되고 있다. 이런 의미의 교환이 다른 경우에도 허용되는지 불분명하다.

289 일역에서는 ŚrBh_ms을 sarvarūpavaśitvāryāryardhinirhāraya로 판독하고, 티벳역 'phags pa'i rdzu 'phrul과 한역 諸聖神通을 감안하여 sarvarūpavaśitvāyāryardhinirhāraya로 교정했다. 이 교정본에 따라 “이상 세 가지 勝解는 일체의 색에 있어서 자재성이라는 성자의 신통을 引發하기 위해 도움이 된다.”고 해석했다. 하지만 YBh_ms에서는 해당 문단이 sarvarūpavaśitvād āryarddhinirhārāya로 표기되고 티벳역(gzugs thams cad la dbang byed pa'i phyir)과 한역(於一切色得自在故)과도 잘 대응한다. 여기서는 YBh_ms을 중심으로 해석했다. 그러면 승해 (i-iii)은 성자들의 神通(ṛddhi, rdzu 'phrul)을 산출하게 되고 이 신통이 문단 초반에 언급한 성자들의 위력(prabhāva, mthu)이 된다. 현장역에서 prabhāva는 주로 威神, 威勢, 威力, 神力에 대응하지(YBh-Term 197a) 여기서는 내용의 일관성을 위해 神通으로 번역한 듯하다. 동일한 방식으로 승해 (iv-viii)은 상수멸정이라는 최고의 주함(paramavihāra, mchog gi gnas)을 산출한다. 이것은 문단 초반의 위대한 주함(mahāvihāra, gnas pa chen po)에 해당할 것이다. 여기서도 현장은 mahāvihāra를 廣大住(YBh-Term 224a)가 아니라 最勝住로 번역하고 있다.

미세하게 저절로 인도하는 심으로부터의 해탈이다. 이와 같이 순차적으로 극히 뛰어난 작용을 하는 5종 해탈은 상수멸정이라는 최고의 주함을 산출하기 위해 작동한다.

(9) 그가 어떤 색들을 보고 또 어떤 방식으로 볼 때, 그는 앞의 세 가지 해탈을 수행한다. 즉, 8승처는 세 가지 해탈의 가행도에 포함된다고 알아야 한다.[290] 그중에서 (i-iv) [앞의 네 승처는] 색들을 작거나 큰 것으로, 좋은 모습이나 나쁜 모습으로, 열등하거나 뛰어난 것으로, 외적으로 등지의 영역이 아닌 현현에 의해 얻어진 것으로서 보는 것이다. (v-viii) [뒤의 네 승처는] 삼매의 영역을 인식대상으로 하는 작의에 의해 현현하지 않는 것에 대해 제압한 후에, 샤마타의 행상에 의해 저 삼매의 영역들을 알고, 비파샤나의 행상에 의해 보고, 삼매의 영역을 그와 같이 알고 본다.[291] 그가 그것들을 사색하고 관찰하는 대로 그와 같이 외적인 삼매의 영역들이 생각되어진 대로 생겨난다. 이와 같이 그는 그 색들을 본다.

여덟 가지 [법수]에 의해 불설에 관해 인식되어야 할 토대를 마쳤다.

---

290 YBh_ms: yāni ca rūpāṇi paśyati yathā ca paśyati. triṣu vimokṣeṣu prathameṣu prayukta iti vimokṣāyaprayogamārgagṛhītāny aṣṭāv abhibhvāyatanāni veditavyāni. 여기서 kṣāya를 kṣatraya로 교정하여 번역했다. 이는 티벳역 "앞의 세 해탈을 수행할 때, 어떤 색을 보고, 보는 것과 마찬가지로 세 해탈의 가행도에 포섭되는 8승처도 관찰해야 한다"(rnam par thar pa dang po gsum po dag la brtson pa na gzugs gang dag mthong ba dang/ ji ltar mthong ba de bzhin du rnam par thar ba gsum gyi sbyor ba'i lam du 'dus pa'i zil gyis gnon pa'i skye mched brgyad kyang rig par bya'o//)와 비교적 잘 대응한다. ŚrBh_ms에는 gṛhītāni 대신 saṃjānāti가 나오지만 티벳역과 한역 모두 지지하지 않는다. 또한 한역은 "색을 본다면, 관찰되는 앞의 세 해탈 가운데 수행해야 한다. 말하자면 세 해탈이라는 방편도에 포함되는 8승처이다" 한역(又若觀諸色。若如所觀於初三解脫中而修習者。謂三解脫方便道所攝三勝處也)에서 三勝處는 八勝處의 오기일 것이다. 8승처에 대해서는 「사마히타지」(§ 4.1.2.) 참조.

291 ŚrBh_ms에는 "알고, 비파샤나의 행상에 의해"라는 부분이 누락되어 있다. YBh-ms에는 "jānāti, vipaśyanākareṇa paśyati yathā ca tāni samādhigocarāṇi"가 나타날 뿐 아니라 티벳역(shes so/ lhag mthong gi rnam pas ni mthong ste/ ting nge 'dzin gyi spyod yul de dag ji ltar), 한역(毘鉢舍那行名見。如於三摩地所行)과 잘 대응한다.

1.4.9. 아홉 개의 법수 (Ch. 355c26)

(1) 九結의 건립은 예를 들면 「섭사분」에서처럼 알아야 한다.[292]

(2) 재생의 영역은 아홉이다. 거기서 재생하는 유정들은 각각의 [영역]에서 공동으로 주한다고 알려진다. [여기서] 악취들을 제외하는데, 왜냐하면 앞에서 [설했듯이,][293] 싫어하는[294] 장소이기 때문이다.

아홉 가지 [법수]에 의해 불설에 있어서 인식되어야 할 토대를 마쳤다.

1.4.10. 열 개의 법수 (Ch. 356a1)

(1) 10종의 변처에 의해 해탈한 이들에게 결과의 완성이 있다고 알아야 한다. 나머지 해탈과 승처, 변처들에 대해서는 「섭사분」에서처럼 [알아야 한다].[295]

(2) 10종 무학의 지분들에 의해 5종 무학의 온들이 포섭된다고 알아야 한다. 계·정·혜·해탈·해탈지견의 온들이다.

열 가지 [법수]에 의해 불설에 있어서 인식되어야 할 토대를 마쳤다.

또한 불설에 있어서 인식되어야 할 토대를 마쳤다.[296]

---

292 「섭사분」(T30: 802a20-b3)에서 9결이 비교적 상세히 설명되어 있다.

293 Schmithausen은 앞의 개소를 § 1.4.7.8로 간주한다.

294 티벳역에는 skye ba'i gnas로 되어 있으나 skyo ba'i gnas가 정확할 것이다. 산스크리트 nirvit과 한역 厭은 티벳역 skyo ba에 대응한다.

295 앞에서 7종 滅諍法에서 「섭사분」을 제시했지만 해당되는 설명이 발견되지 않은 것처럼, 해탈과 승처, 변처의 경우에도 「섭사분」에 헤당되는 설명은 거의 나오지 않고, 다만 T30: 847c14-18에 간략한 언급이 발견될 뿐이다. 더구나 그 설명은 직전에 여덟 개의 법수 항목에서 설했던 8해탈과 8승처의 설명에 비해서도 매우 압축적이다. 그런 점에서 왜 편찬자가 사마히타지의 방대한 설명을 가리키지 않는지는 유가론의 편찬과정과 관련해 의문이다.

296 한역에 "[여기까지] 모든 내용이 <내명처>에 속한다고 알아야 한다"(當知皆是內明處攝)는 문장이 더해져 있다.

2. 醫方明處 (cikitsāvidyā)

의학이란 무엇인가? 그것은 4종이라고 알아야 한다. 즉, 병에 대한 능숙함, 병의 일어남에 능숙함, 생겨난 병을 제거하는데 능숙함, 그리고 제거된 병이 미래에 일어나지 않는데 능숙함이다. 이들 능숙함의 상세한 구별은 경에서처럼 알아야 한다.

3. 논리학(hetuvidyā)[297] (Ch. 356a11)

因明(hetuvidyā)이란 무엇인가? 관찰의 대상으로서 존재하는 사태(vastu)이다. 그 [사태][298]란 무엇인가?[299] 예를 들어 논설(vāda), 논설의 장소(vādādhikaraṇa), 논설의 근거(vādādhiṣthāna), 논설의 장엄(vādālaṃkāra), 논설의 패배(vādanigraha), 논설에서 벗어남(vādanihsaraṇa), 논설에서 많이 행하는 요소들이다.

3.1. 논설 (Ch. 356a19)

논설(vāda)이란 무엇인가? 그것은 6종이라고 알아야 한다.[300] 논설(vāda), 통설(pravāda, 尚論), 쟁론(vivāda), 비방(apavāda), 순응하는 논설(anuvāda), 교계(avavāda)이다.

---

297 Hetuvidyā 부분의 번역은 Yaita(2005: 96-124)가 비판편집한 Hetuvidyā Section in the Yogācārabhūmi에 의거했으며, 그의 번역(2005: 22-41)도 참조했다.

298 Cf. 아비달마집론(AS 104,88ff) 이하에서 인명의 설명에 대응하는 부분이 있다. 먼저 앞부분에 vastu 대신에 vādaviniścaya라는 용어로 동일한 7종이 언급되고 있다.

299 한역은 여기에 uddāna를 덧붙이지만, 사본과 티벳역에서는 마지막 부분에 나온다.

300 이하 6종의 논설은 아비달마집론(AS 104,11ff)에도 동일한 용어로 6종으로 구분된다. 여기서 vāda란 주제 하에 다시 첫 번째 항목으로 vāda가 언급되고 있기에 한역에서는 앞의 것을 論體性으로, 뒤의 것을 言論으로 구별하고 있다. 이는 아비달마집론에서도 마찬가지다. 하지만 여기서는 동일하게 '논설'로 번역했다.

(1) 논설(vāda)이란 무엇인가? 모든 말의 언설(vāgvyāhāra), 말의 소리(vāg-ghoṣa), 말의 어원(vāgnirukti)이 논설이라고 설해진다.[301]

(2) 통설(pravāda)이란 무엇인가? 세상 사람들에 응해서 듣는 논설이다.[302]

(3) 쟁론(vivāda)이란 무엇인가?[303] 욕망의 대상들과 관련한 것: 스스로 취했던 욕망의 대상들이 타인들에 의해 차단될 때, 또 타인들이 취했던 욕망의 대상들에 대해 타인들을 차단하고자 바랄 때, 좋아하는 중생들이 취했던 욕망의 대상들이 [타인들에 의해] 차단될 때, 또는 취해지지 않은 욕망의 대상들에 대해 [타인들을] 차단하고자 바라는 자에게 예를 들어 춤꾼, 무용수, 배우, 예능인 등에 의해 초래되거나 또는 창기들에 의해 초래된 [욕망의 대상]들을 관람하거나 향수하기 위해 이런 부류의 욕망의 대상들에 대해서 이욕하지 못하고 욕망의 대상들에 대한 탐욕에 물든 자들에게, 또 집착 때문에, 장애 때문에, 애착 때문에, 탐욕 때문에, 분노하고 싸우고 쟁론에 떨어진 자들에게 다양한 논설과 쟁론, 적대적 논설이 있다.

또는 악행(duścarita)과 관련한 것: 스스로 행한 신체적 악행과 언어적 악행에 대해 그가 타인들에 의해 조롱받거나(anu-yuj)[304], 또는 타인들이 행한 신체적 악행과 언어적 악행에 대해 그가 타인들을 조롱하거나, 또는 좋아하는 중생이 행한 신체적 악행과 언어적 악행에 대해 그가 타인들에 의해 조롱받거나, 또는 타인들을 조롱하는 자는 신체적 악행과 언어적 악행이 행해지지 않았을 때 그것을 행하고자 원한다. 이러한 부류의 악행이 행해질 때, 탐 · 진 · 치로부터 벗어

---

301 Cf. AS 104,11: vādaḥ sarvalokavacanam. "논설이란 모든 세간사람들의 말이다."

302 Cf. AS 104,11f: pravādaḥ lokānuśruto vādaḥ lokajñānapravādataḥ. "통설이란 세상사람들의 인식에 통하는 논설이기 때문에 세간에서 전해진 논설이다."

303 Cf. AS 104,12: vivādaḥ parasparaṃ viruddhyor vāde 'vasthānam. "쟁론이란 서로 대립하는 양자가 논설에서 머무는 것이다."

304 anu-yuj는 M-W에서 "to examine, question, put upon trial; to order; enjoin"으로, 그리고 BHSD에서 명사형 anuyoga는 "(1) devotion, addiction, application to, (2) questioning, examination"으로 풀이된다. 한역 譏毀는 '조롱박고 훼방받는' 의미이다. 한역의 뉘앙스에 따라 번역했다.

나지 못한 자들과 탐·진·치에 압도당한 자들, 또 집착 때문에, 장애 때문에, 애착 때문에, 탐욕 때문에, 서로서로 분노하고 염오된 마음을 갖고 있고 싸우며 또 쟁론에 떨어진 자들에게 다양한 논설, 쟁론, 적대적 논설이 있다.

또는 견해와 관련한 것: 예를 들어 유신견(satkāyadṛṣṭi)과 단견(ucchedadṛṣṭi), 무인견(無因見, ahetudṛṣṭi), 불평등견(viṣamahetudṛṣṭi), 상견(śāśvatadṛṣṭi), 바르사간야의 견해(vārṣagaṇyadṛṣṭi)[305], 사견(邪見, mithyādṛṣṭi)이나 또는 이와 다른 악한 견해이다. 스스로 취했던 이런 부류의 견해들에 대해 타인들에 의해 저지될 때, 또는 타인들이 취해했던 [견해]들에 대해 타인들에 의해 저지될 때, 또는 좋아하는 중생이 취했던 견해들에 대해 타인들에 의해 저지되거나 또는 취해지지 않은 [견해]들에 대해 저지할 때 다시 취하고자 원하기 때문에, 이욕하지 못한 중생들에게 앞에서 [설명한 것]처럼 다양한 논설과 쟁론, 적대적인 논설이 있다.

이것이 쟁론이라 불린다.

(4) 비방론(apavāda)이란 무엇인가? 분노하고, 염오된 마음을 가진 자들이 서로서로 해치는 담론을 던진 후에, 거친 말에 의해 초래되고, 불손함에 의해 초래되고, 綺語와 욕설에 의해 초래된 논설 내지 잘못 설해진 법과 율에 대한 법의 교설과 담론의 결택 그리고 교수와 교계가 비방론이라 불린다.[306]

(5) 순응하는 논설(anuvāda)이란 무엇인가? 잘 설해진 법과 율에 대한 법의 교

---

305 Vārṣagaṇya는 Sāṃkhya학파에 속한 학자로서 Frauwallner(1958)는 그를 4세기의 인물로 비정한다. 그는 진제역 『婆藪槃豆法師傳』에서 毘梨沙迦那로 언급되며, 현장의 『구사론』 번역에서 雨衆外道로 인용되고 있다. 그의 주장으로서 AKBh 301,1ff에 다음과 같은 문장이 인용된다. vārṣagaṇyavādaś caivaṃ dyotito bhavati "yad asty asty eva tat/ yan nāsti nāsty eva tat/ asato nāsti saṃbhavaḥ/ sato nāsti vināśa iti/. ("바르사간야의 주장은 다음과 같이 천명된다. 존재하는 것은 바로 존재하며, 비존재하는 것은 바로 비존재한다. 비존재하는 것에게 생기는 없으며, 존재하는 것에게 소멸은 없다.") "그런데 모든 것이 존재한다면, 지금 어떤 것이 어느 곳에서 작용할 수 있겠는가?"(atha sarvam eva cāsti/ kasyedānīṃ kva sāmarthyam)라는 세친의 비판에서처럼 Vārṣagaṇya는 상키야학파의 전변설에 의거하여 '결과는 원인 속에 존재한다'는 因中有果說을 제창했다고 보인다. Vārṣagaṇya와 『유가론』과 관련해서 Wezler 1985 참조.

306 Cf. AS 104,12f: apavādaḥ parasparaṃ kopasaṃrambhapāruṣyavacanam. "비방론이란 서로 분노와 저주, 욕설의 말이다."

설이며, 이미 일어난 의심을 제거하기 위해, 또 심원한 의미와 문장을 통달하기 위해, 또 지견을 청정하게 하기 위한 담론의 결택(sāṃkathyaviniścaya)이며, 교계(敎誡)이며, 해탈에 적합하고(anukūla) 수순하는(anulomika) 논설이다. 따라서 순응하는 논설이라 불린다. 이것이 순응하는 논설이라 불린다.[307]

(6) 교수(avavāda)란 무엇인가?[308] 증상심과 증상혜에 대해 수행하고자 하는 사람에게 집중되지 않은 심을 집중하게 하기 위한, 또는 집중된 심을 해탈시키기 위한 논설이며, 진실에 대한 인식의 각성(avabodha)을 위한, 또 진실에 대한 인식의 증득(avagama)을 위한 논설이기에 교수라고 불린다. 이것이 교수라고 불린다.

이 여섯 논설들 중에서 몇 가지 논설들이 사실이고 진실이며 이익을 초래하는 것으로서 행해져야 하며, 몇 가지 논설들이 사실이 아니고 진실이 아니며 무익을 초래하는 것으로서 제거되어야 하는가? 최후의 두 논설이 사실이고 진실이며 이익을 초래하는 것으로서 행해져야 하고, 중간의 두 논설이 사실이 아니고 진실이 아니며 무익을 초래하는 것으로서 제거되어야 하며, 처음의 두 논설에 있어서는 [어떤 것은 사실이고 어떤 것은 사실이 아니라는] 차이가 있다.

3.2. 논설의 장소/청중 (Ch. 356c5)

논설의 장소/청중(vādādhikaraṇa)[309]이란 무엇인가? 그것도 6종이라고 알아

---

307 Cf. AS 104,13f: anuvādaḥ viśuddhajñānadarśanānukūlaḥ sāṃkathyaviniścayaḥ. "순응하는 논설이란 청정한 지견에 수순하는 올바른 담론의 결택이다."

308 Cf. AS 104,14f: avavādaḥ sattvānām asamāhitacittānāṃ cittasamādhānāya samāhitavittānāṃ vimokṣalābhāya deśanāvādaḥ. "교수는 집중되지 않은 심을 가진 중생들이 심을 집중하기 위해 또 집중된 심을 가진 [중생]들은 해탈을 얻게 하기 위한 교설의 형태로서의 논설이다."

309 여기서 adhikaraṇa의 의미는 다의적이다. 회중과 사문·바라문, 중생의 세 항목은 논설을 듣는 청중을 가리키지만, 왕가의 집과 관리의 집, 공회당은 논설이 행해지는 장소를 가리킨다. 강성용(2004)은 이 단어가 '청중'의 의미로 이해되어야 한다고 보지만, 위의 경우는 분명 두 가지 경우를 모두 가리키고 있다. 또 ASBh 151,1에서 vādādhikaraṇa는 "거기서 논설이 행해지는 곳"(atra vādaḥ kriyate)으로 주석되고 있다. 따라서 적어도 YBh에 의거하는 한, adhikaraṇa는 일차적으로는 논설이

야 한다. 즉, 왕가(rājakula), 관리의 집(yuktakula), 회중(parṣad), 공회당(sabhā), 법과 의미에 정통한 사문과 바라문, 법과 의미를 바라는 중생들이다.

3.3. 논설의 근거 (Ch. 356c356c9)

논설의 근거(vādādhiṣṭhāna)[310]란 무엇인가? 그것은 10종이라고 알아야 한다. 증명되어야 할 점(sādhyo arthaḥ)은 2종이며, 증명되어야 할 것의 증명수단(sādhana)은 8종이다.

3.3.1. 2종의 증명되어야 할 점 (Ch. 356c11)

2종의 증명되어야 할 점이란 무엇인가? 자성(svabhāva)과 차별(viśeṣa)이다.[311] 그중에서 자성으로서 증명되어야 할 것은 존재하는 것이 존재하는 것으로서, 비존재하는 것이 비존재하는 것으로서 [증명되는 것이다]. 차별로서 증명되어야 할 것은 위가 있는 것(sottara)은 위가 있는 것으로서, 위가 없는 것(anuttara)은 위가 없는 것으로서, 영원한 것(nitya)은 영원한 것으로서, 무상한 것(anitya)은 무상한 것으로서, 물질적인 것(rūpin)은 물질적인 것으로서, 비물질적인 것(arūpin)은 비물질적인 것으로서, 보이는 것(sanidarśana)과 보이지 않는 것(anidarśana), 저항을 가진 것(sapratigha)과 저항을 갖지 않은 것, 유루(sāsrava)와 무루(anāsrava), 유위(saṃskṛta)와 무위도 마찬가지다. 그러한 부류의 구별방식에 의해 차별이 증명되어야 할 점이라고 알아야 한다.

행해지는 장소를 의미하며, 이차적으로 그 장소에 모인 사람들도 포함하는 것으로 보인다.

310 AS 105,1ff에서 "논설의 근거는 그것에 의거해서 논설이 행해지는 것"으로 설명된다. 거기서도 증명되어야 할 점(sādhya)은 2종으로 자성과 차별이고, 증명수단(sādhana)은 8종으로 비슷한 순서로 서술되고 있지만 두 개의 경우 용어의 차이가 보인다.

311 자성과 차별은 법상의 구별과 같은 맥락에서 사용되고 있다.

3.3.2. 8종의 증명수단 (Ch. 356c17)

8종의 증명수단(sādhana)이란 무엇인가? 주장명제(pratijñā, 宗), 이유(hetu, 因), 비유(udāharaṇa, 喩), 유사성(sārūpya), 이질성(vairūpya),[312] 현량(pratyakṣa), 비량(anumāṇa), 성언량(āptāgama)이다.

3.3.2.1. 주장명제

주장명제(pratijñā)란 무엇인가? 2종의 증명되어야 할 점과 관련하여 서로서로 자신의 입장의 제시(svapakṣaparigraha)이다.[313] 그것은 논서의 제시에 의해서나 자신의 변재에 의해서, 타인을 경멸함에 의해서나 타인으로부터 들음에 의해서, 진실을 의도함에 의해서나(tattvābhisandhānataḥ)[314] 자신의 입장에 안주함에 의해서(svapakṣāvasthānataḥ), 타인의 주장을 반박함에 의해서나 타인을 압도하는 것에 의해서, 타인을 모욕함에 의해서나 타인을 연민함에 의해서이다.

---

312 AS 105,3에 세 번째로 dṛṣṭānta로 달리 표현된다. 반면 네 번째와 다섯 번째는 인도 5지논리에 따라 각기 upanaya, nigamana의 용어가 사용되고 있다. AS 105,7f: upanayaḥ śiṣṭatajjātīyataddharmāpagamāya nayatvasamākhyānam. "적용이란 남아있는 그것과 같은 종류의 것을 그것과 같은 성질로 이끌기 위해 이치를 설명하는 것이다." ASBh 151,26ff에서는 AS를 인용한 후에 그 의미를 다음과 같이 풀이한다. "증명되어야 할 점이 세 개의 支에 의해 입증된 것처럼, 그와 같이 증명되어야 할 남아있는 그것과 같은 종류들을 입증된 점으로서의 법으로 이끌기 위해 이치에 의해 설명한 것이다. 적용(upanaya)이란 도리에 의해 대체하는 설명(atideśa)이다."

313 Cf. AS 105,5: pratijñā sādhyasya svarucitārthasya parasaṃprāpaṇavijñāpanā. "주장명제란 증명되어야 할, 스스로 인정한 점을 타인들에게 이해시키기 위해 공지하는 것이다."

314 tattvābhisandhānataḥ에서 abhisandhāna가 무엇을 의미하는지 분명하지 않다. M-W에서 이 단어는 "speech, deliberate declaration; attachment or interest in any object; special agreement; cheating, deceiving, making peace or alliance"의 의미를 갖고 있다. 만일 위에서 번역한 대로 주장명제를 해설하는 구문 전체가 자신의 입장의 개진이 서로 상반된 의미를 가진 5쌍으로 이루어진 10개의 이유에 의해서 구성되었다면, tattvābhisandhānataḥ는 뒤따르는 svapakṣāvasthānataḥ와 대조되는 의미로 사용되었을 것이다. 그렇다면 '자신의 입장에 안주함에 의해서"가 자신의 입장을 고집하는 것이라면, tattvābhisandhāna는 진실을 의도하거나 진실에 향하는 측면을 나타낼 것이다. 한역 覺眞實은 이런 의미로 번역된 것이라 보인다.

3.3.2.2. 이유 (Ch. 356c25)

이유(hetu)란 무엇인가? 바로 저 주장된 의미를 증명하기 위하여 비유에 의거한 것이며, 유사성과 다름에 의해(sārūpyavairūpyataḥ), 또는 현량이나 비량, 성언량에 의해 지지되는 도리에 맞는 논설(yuktivāda)이다.[315]

3.3.2.3. 비유 (Ch. 356c28)

비유(udāharaṇa)란 무엇인가? 바로 저 주장된 의미를 증명하기 위해 이유에 의거하고, 세간에서 관습화되고 인정된 사태를 비유로서 사용하는 언설이다.[316]

3.3.2.4. 유사성 (Ch. 357a1)

유사성(sārūpya, 同類)이란 무엇인가? 어떤 성질(dharma)이 비슷함(sādṛśya)에 의해 어떤 것과의 비슷함이다. 그것은 5종이라고 알아야 한다. 즉, 표징의 비슷함, 자성의 비슷함, 행위의 비슷함, 성질의 비슷함, 인과의 비슷함이다.

(i) 표징(liṅga)의 비슷함이란 무엇인가? 현재나 이전에 보았던 표식이나 원인, 상관성에 의한 상호적인 비슷함이다.

(ii) 자성(svabhāva)의 비슷함이란 무엇인가? 상호적으로 특징의 비슷함이다.

(iii) 행위(karma)의 비슷함이란 무엇인가? 상호적으로 작용의 비슷함이다.

(iv) 성질(dharma)의 비슷함이란 무엇인가? 상호적으로 법성(dharmatā)[317]의

---

315 Cf. AS 105,5f: hetuḥ tasminn eva sādhye apratītasyārthasya saṃpratyayanimittaṃ pratyakṣopalambhān-upalambhasamākhyānam. "이유란 바로 저 증명되어야 할 것에 대해 입증되지 않은 점을 믿게 하는 원인이며, 현량에 의해 지각되거나 지각되지 않은 것을 설명하는 것이다."

316 Cf. AS 105,6f: dṛṣṭāntaḥ dṛṣṭenāntenādṛṣṭasyāntasya samīkaraṇasamākhyānam. "예시란 보이지 않는 측면을 보이는 측면과 합침에 의해 설명하는 것이다." ASBh 151,24f는 이를 "입증된 부분에 의해 입증되지 않은 부분을 믿도록 하기 위해 설명한다는 의미이다."라고 해석한다.

317 이 단락에서 dharmatā를 한역은 모두 法門으로 번역하면서 일반적으로 기대되는 法爾 또는 法性이란 용어를 피하고 있다. 여기서는 유사성의 관점에서 논하기 때문에 법과 법성의 不相離의 측면을 다루기 때문에 의도적으로 법성이란 용어를 피한 것으로 보인다. 이런 점에서 이 항목의 주제인

비슷함이다. 예를 들면 무상에 대한 고의 법성에 의해, 고에 대한 무아의 법성에 의해, 무아인 것들은 生의 법성에 의해, 生의 성질을 가진 것들은 老의 법성에 의해, 노의 성질을 가진 것들은 死의 법성에 의해, 死의 성질을 가진 것들은 물질적인 것과 비물질적인 것, 보이는 것과 보이지 않는 것, 저항을 가진 것과 저항을 갖지 않은 것, 유루와 무루, 유위와 무위의 법성이라는 이런 부류의 법성과의 [비슷함]이다.

(v) 인과(hetuphala)의 비슷함이란 무엇인가? 상호적으로 원인과 결과의 측면에서 성립시키는 것과 성립의 비슷함이다.

이것이 유사성이라고 불린다.

3.3.2.5. 이질성 (Ch. 357a13)

이질성(vairūpya, 異類)이란 무엇인가? 어떤 것이 바로 어떤 다름에 의해 바로 어떤 것과의 다름이다. 이 [유사성]과 반대이기 때문에 그것도 5종이라고 알아야 한다.

3.3.2.6. 직접지각 (Ch. 357a15)

현량(pratyakṣa)이란 무엇인가? 현견하지 않은 것이 아닌 것(aviparokṣa)이며, 추정된 것도 아니고(anabhyūhita) 추정되어야 할 것도 아닌 것(anabhyūhya)이며, 착란되지 않은 것(avibhrānta)이다.[318]

---

dharmasādṛśya를 法相似 대신에 法門相似로 번역하고 있다고 보인다. 따라서 여기서 법성이란 용어 대신에 '성질' 정도로 번역해도 무난할 것이다.

318 『유가론』의 現量의 정의에서 현량은 직접지각뿐 아니라 직접지각의 대상으로서 설명되고 있다. 여기서 현량을 정의하는 세 가지 중에서 첫 번째 것이 전자에, 나머지 둘이 후자에 해당된다고 보인다. 유식문헌에서 현량 및 비량이 대상을 가리킨다는 사실은 Schmithausen(1972: fn. 14)에 의해 이미 지적되었다. 이하 설명에서도 비량은 추리작용과 함께 추리의 대상영역을 가리키는 것으로 사용된다.

3.3.2.6.1. 3종 직접지각의 정의와 설명 (Ch. 357a17)

(1) 현견하지 않은 것이 아닌 [현량]이란 무엇인가? 그것은 네 가지 측면들에 의해서 이해되어야 한다. 근이 무너지지 않았고 또 작의가 현전했을 때, 상합하는 것의 생기에 의해, 넘어선 것의 생기에 의해, 장애를 여읨에 의해, 멀리 떨어져 있지 않음에 의해서이다.

(i) 상합하는 것의 생기(anurūpotpatti)란 무엇인가? 욕계에 속한 근에게 욕계에 속한 영역이, 또 상지에 속한 근에게 상지에 속한 영역이 생겨났고 함께 생겨났고 일어났고 발생했을 때, 이것이 상합하는 것의 생기라 불린다.

(ii) 넘어선 것의 생기(samatikramotpatti)란 무엇인가? 상지에 속한 근에게 하지에 속한 영역이 생겨난 것이다. 이러한 것 등이 넘어선 것의 생기라 불린다.

(iii) 장애를 여읜 것(anāvaraṇa)이란 무엇인가? 그것도 4종으로 알아야 한다. 덮을 수 있는(avacchādanīya) 장애, 숨길 수 있는(antardhāpanīya) [장애], 제압될 수 있는(abhibhavanīya) [장애], 우치를 일으킬 수 있는(saṃmohanīyena) 장애에 의해 장애되지 않은 것이 장애를 여읜 것이라 불린다.

덮을 수 있는 장애란 무엇인가? 예를 들면 검은 어두움과 무명의 어두움이며, 다른 물체에 의해 [가려진] 불명료한 [것]이다.

숨길 수 있는 장애란 무엇인가? 예를 들면 약초의 힘이나 주문의 힘, 신통력으로서의 위신력이다.

제압될 수 있는 장애란 무엇인가? 예를 들면 작은 것이 많은 것에 의해 제압될 때 지각되지 않는다. 또는 음식 속의 독이나 머리털의 끝이거나 또는 이것과 다른, 이런 부류의 것이다. 예를 들면, 적은 빛은 큰 빛에 의해 제압될 때 지각되지 않고, 또는 태양에 의해 [제압된] 달과 별, 위성은 [지각되지 않는다]. 예를 들어, 치료대상에 의해 제압된 치료약은 지각되지 않고, 부정한 것의 작의에 의해 [제압된] 청정한 것은 [지각되지 않으며], 무상·고·무아의 작의에 의해 상·낙·아는 [지각되지 않으며], 무상의 작의에 의해 일체 관념상은 [지각되지 않는다].

우치의 장애(saṃmohāvaraṇa)란 무엇인가? 즉, 幻化(māyā)에서 나온 행위, 특별한 색의 관념상, 또는 내적으로 비슷한 것, 비문증(taimirika), 꿈, 기절, 취함, 방일, 광란, 또는 비록 이것과 다르지만, 이러한 부류의 장애이다. 이것이 우치의 장애라고 불린다.[319]

(iv) 멀리 떨어져 있지 않은 것이란 무엇인가? 장소의 멀리 떨어짐, 시간의 멀리 떨어짐, 손해의 멀리 떨어짐이라는 3종의 멀리 떨어져 있는 것으로부터 멀리 떨어져 있지 않은 것이다.

요약해서 이 모든 것은 현견하지 않은 것이 아닌 것이다. 현견하지 않은 것이 아니기 때문에 현량은 인식수단(pramāṇa)이라고 보아야 한다.

(2) 추정된 것도 아니고 추정되어야 할 것도 아닌 현량이란 무엇인가? 단지 포착함에 의해 알려진 지각을 위한 근거인 영역 및 영역에 의거한 지각을 위한 근거인 영역이다.

(i) 단지 포착함에 의해 알려진 지각을 위한 근거인 영역(grahaṇamātra-prasiddhopalabdhyāśrayo viṣayah)이란 무엇인가? 어떤 영역이 단지 포착함에 의해 알려진 지각을 위한 근거로서의 작용을 하는 것이다. 예를 들어, 의사가 병자에게 모양과 향, 맛과 접촉이 원만하고 또 대정진에서 나온 과보의 위력을 가진 약을 준다면, 그 [병자]에게 모양과 향, 맛과 접촉들은 단지 포착함에 의해 알려진 지각을 위한 토대가 된다고 알아야 한다. 그렇지만 병이 낫지 않을 경우에는 대정진에서 나온 과보의 위력은 추정되어져야 하는 것이다. 그렇지만 만일 [병이] 낫는다면, 그것은 추정된 것이다. 이러한 부류의 영역은 단지 포착함에 의해 알려진 지각을 근거로 한다고 알아야 한다.

(ii) 영역에 의거한 지각의 근거인 영역(viṣayapratiṣṭhitopalabdhyāśrayo viṣayaḥ)이란 무엇인가? 영역이 영역에 근거한 지각을 위한 근거로서의 작용을 하는 것이다. 예를 들어, 지(地)에 대해 수계·화계·풍계들이라고 추정한 후에

---

319 한역(357b7f)은 若不爲此四障所礙, 名無障礙이란 문장을 보충하고 있다.

(abhyūhya), 지를 수라고 승해하는 요가행자에게 바로 지의 관념이 존속하지만 수의 관념이 바뀌어 작동한다(vyāvartate)[320]. 지에 대해[321] 화·풍이라고 승해하는 그에게 바로 지의 관념이 존속하지만 화·풍의 관념이 바뀌어 작동한다. 그에게 지의 관념은 영역에 의거한 지각이다. 지는 영역에 의거한 지각을 위한 근거이다. 지처럼 수·화·풍도 이치에 따라 마찬가지라고 보아야 한다. 이것이 영역에 의거한 지각을 위한 근거인 영역이다. 그중에서 영역에 의거한 지각을 위한 근거인 영역은 추정된 것도 아니고 추정되어야 할 것도 아니다. 그렇지만 여러 계(界)들은, 승해가 완성되지 않았을 때에는 추정되어야 할 것으로 존재하며, 반면 완성되었다면 이미 추정된 것이다.

이러한 추정된 것도 아니고 추정되어야 할 것도 아닌 현량이 인식수단이라고 불린다.

(3) 현량(pratyakṣa)이 착란되지 않은 영역(avibhrānto viṣayaḥ)[322]이라는 것은 무엇인가? 그것은 5종이나 7종이라고 알아야 한다. 5종이란 무엇인가? 5종 착란에 의한 [영역]이다. 5종 착란이란 무엇인가? 관념(saṃjñā, 想)의 착란, 수의 착란, 형태의 착란, 색깔의 착란, 행위의 착란이다. 7종 착란이란 무엇인가? 바로 이 5

---

320 여기서 사용된 동사 vyāvartate는 다양한 의미를 갖고 있다. (M-W s.v. vyā-vṛt). 수행론적 맥락에서는 '어떤 정신적 상태로부터 물러남'의 의미에서 退還으로 번역되지만, 여기서는 "to exchange, substitute one for another" 정도의 의미로 이해하는 것이 나을 것이다. 한역 轉作(357b22)도 이를 지지하고 있다. Cf. Yaita(2005: 28)는 이를 排除로 번역하고 있다.

321 Yaita(2005: 104,14): pṛthivīṃ; 하지만 바로 앞의 읽기처럼 pṛthivyāṃ으로 읽어야 할 것이다.

322 Dignāga는 "현량이란 분별이 배제된 것(pratyakṣaṃ kalpanāpoḍham)"으로 정의한다. Dharmakīrti는 PVin I, 40,2과 NB Iṣ.4에서 다시 "현량이란 분별이 배제된 것이며, 또 착란을 여읜 것(pratyakṣaṃ kalpanāpoḍha,m abhrāntam)"으로 확장해서 정의한다. 마지막 요소인 '착란을 여읜 것'은 『유가론』에서 세 번째로 언급되는 '착란되지 않은 인식영역'과 동일한 단어이다. 그렇지만 Dharmakīrti가 첫 번째로 언급하는 '분별의 배제'가 『유가론』 현량의 정의에서의 나머지 항목과 일치하지는 않을 것이다. 문제는 현량이 분별의 배제로 정의되든, 아니면 직접 지각되는 것(=『유가론』 현량의 정의 1)과 추론의 영역을 배제한 것(『유가론』 현량의 정의 2)이든 간에, 그것이 감관 및 의지각에 의한 현량을 포함하는 한 궁극적으로는 성자의 현량인지 아니면 일반인의 현량인지가 문제된다고 보인다. 이에 대해 『유가론』은 현량의 누구의 것인가를 다루는 현량에 대한 마지막 부분에서 물질적 근에 의한 현량, 의에 의한 현량, 일반인의 현량, 청정한 현량으로 분류하고 있지만, 이에 대해서는 보다 상세한 연구가 필요할 것이다.

종의 착란에 2종의 변행하는 착란을 섞은 후에 7종의 착란이 된다. 2종의 착란이란 무엇인가? 심의 착란(cittabhrānti)과 견해의 착란(dṛṣṭibhrānti)이다.

(i) 관념의 착란(saṃjñābhrānti)이란 무엇인가? 그것을 특징으로 하지 않는 것에 대해[323] 그것의 특징이라는 관념(saṃjñā)이다. 예를 들어 신기루와 같이 원인이 없는 아지랑이에 대해 물이라는 관념이다.

(ii) 수의 착란(saṃkhyā-)이란 무엇인가? 적은 것에 대해 많다고 하는 생각(bahvabhimāna)이다. 예를 들어, 비문증에 걸린 자가 하나의 달에서 여러 개의 달을 보는 것이다.

(iii) 형태의 착란(saṃsthāna-)이란 무엇인가? 다른 형태에 대해 그것과 다른 형태라는 생각(abhimāna)이다. 예를 들어 [회전하는] 불통에 대해 바퀴의 형태라고 보는 것이다.

(iv) 색깔의 착란(varṇa-)이란 무엇인가? 다른 색깔에 대해 그것과 다른 색깔이라는 생각이다. 예를 들어 까말라(kāmala) 병에 의해 손상된 감각기관을 가진 자는 황색이 아닌 물체에 대해 황색의 물체라고 보는 것이다.

(v) 행위의 착란(karma-)이란 무엇인가? 행하지 않은 것에 대해 행위를 했다는 생각이다. 예를 들어 주먹을 꽉 쥐고 달리는 자에게 나무가 [자신을] 쫓는다고 보는 것이다.

(vi) 심의 착란이란 무엇인가? 동일한 이 5종의 착란에 의해 착란된 대상에 대한 심의 희열(abhirati)이다.

(vii) 견해의 착란이란 무엇인가? 도일한 이 5종의 착란에 의해 착란된 대상에 대한 수용(rocanā), 설명(dīpanā), 확립(vyavasthāpanā), 행복이라는 관념, 집착이다.[324] [만일 이와 같은 착란의 영역이 아니라면 현량이라 부른다.][325]

---

323 Yaita(2005: 106,15) yātalllalṣaṇe; 편집 오류로 yā tallakṣaṇe로 수정되어야 함.

324 한역(357c17: 忍受, 顯說, 生吉祥想, 堅執不捨)에는 vyavasthāpanā에 대응하는 번역이 없다.

325 한역(357c17-18: 若非如是錯亂境界, 名爲現量)에 따라 이 문장을 보충했다. 이 단락에서 묻는 것이 착

3.3.2.6.2. 현량의 담지자 (Ch. 357c19)

이 현량은 누구의 현량이라고 말해야 하는가? 요약하면 네 개의 [현량이다]. 즉, 물질적 근에 의한 현량, 의(意)의 경험에 의한 현량, 세간인들의 현량, 청정한 자의 현량이다.

(i) 물질적 근에 의한 현량이란 무엇인가? 앞에서 설했던 대로 현량의 특징에 의한 다섯 가지 물질적 근들의 경계이며 영역(gocaraviṣaya)이다.

(ii) 의(意)의 경험에 의한 현량이란 무엇인가? 앞에서 설했던 대로 현량의 특징에 의한 의의 경계이며 영역이다.

(iii) 세간인들의 현량이란 무엇인가? 저 양자를 하나로 축약한 후에 세간인들의 현량이라고 부른다.

(iv) 청정한 자의 현량이란 무엇인가? 세간인들의 현량까지도 청정한 자의 현량일 수 있다. 그렇지만 청정한 자의 현량이지만, 세간인들의 현량은 아닌 것도 있다. 즉, 출세간적인 지혜의 경계이며 영역이다. 존재하는 것은 존재하는 것으로서, 비존재하는 것은 비존재하는 것으로서, 위가 있는 것은 위가 있는 것으로서, 위가 없는 것은 위가 없는 것으로서 [현량하며], 세간인들과 공통되지 않는다.

이것이 현량이라고 설해진다.

3.3.2.7. 추론 (Ch. 358a1)

비량(anumāṇa)이란 무엇인가?[326] 추정(abhyūhā)과 함께 추론된 영역이며 또 추정되어야 할 영역이다. 그것은 5종이라고 알아야 한다. 표징(liṅga)에 따른 [비량], 자성(svabhāva)에 따른 [비량], 행위(karma)에 따른 [비량], 법(dharma)에 따

란의 대상이 아니라 착란을 벗어난 직접지각의 대상으로서의 현량이기 때문에 이 문장은 포함되어야 할 것이다.

326 AS 105,9: anumānaṃ pratyakṣaśiṣṭasaṃpratyayaḥ. 이에 대한 ASBh 153,1ff: pratyakṣād yad anyac chiṣṭam apratyakṣaṃ niyamena tatsahavarti prasiddhaṃ draṣṭuḥ pūrvaṃ tasya tatpratyakṣam īkṣamānasya tadanyasmin śiṣṭasaṃpratyaya utpadyate tenāpi atra bhavitavyam etat sahavartineti tatpratyakṣapūrvakam anumānam.

른 [비량], 인과(hetuphala)에 따른 [비량]이다.

(1) 표징에 따른 비량이란 무엇인가? 현재나 과거에 보았던, 어떤 표식과 관념상과의 결합에 의한(cihnanimittasambandhena) 영역의 추정이다. 예를 들어 깃발에 의해 마차를 추리하고, 연기에 의해 불을, 왕에 의해 왕국을, 남편에 의해 부인을, 머리와 뿔에 의해 소를, 어린 아이의 머리와 신선한 젊음에 의해 소년을, 쭈글쭈글한 피부와 은발 등에 의해 노인을, 스스로 옷을 걸침에 의해 재가자나 출가자를, 성자들의 모습을 보기를 원하고 정법을 청문하고 인색함을 떠남에 의해 믿음을, 잘 사유된 것을 잘 사유함에 의해, 잘 설해진 것을 설함에 의해, 잘 행해진 행위를 행함에 의해 현자를, 연민과 애어(愛語), 용감함, 포기함(muktahastatā), 심원한 의미의 의도를 풀이함에 의해 보살을, 흥분과 경박함에서 나온 이빨을 보이면서 웃고 함께 유희하고 낄낄 웃는 것[327]에 의해 이욕하지 않은 자를, 항시 적정한 행동거지에 의해 이욕한 자를, 여래에 속한 주된 특징들과 부수적 특징들에 의해 또 여래에 속한 지혜와 적정, 정행, 위력에 의해 여래, 아라한, 일체를 아는 정등각자를, 젊은이로 보이는 징표에 의해 '그는 이렇다'고 나이를 추리한다. 이런 부류가 표징에 따른 비량이라고 알아야 한다.

(2) 자성에 따른 비량이란 무엇인가? 현량이라는 자성에 의해서 현견되지 않은 자성에 대해 추론하는 것이며, 또는 한 부분에 의해 자성의 다른 부분을 추론하는 것이다. 예를 들어 현재에 의해 과거를 추론하고, 과거에 의해 미래를, 현존하는 가까운 것에 의해 멀리 떨어진 것을, 현재에 의해 미래를 추론하는 것이다. 음식·수레·옷·장엄구들 중에서 일부에 의해, [즉, 그것이] 극소수이건 약간이건, 또는 한정된 것이건 두루 관찰된 것이건 간에, 장점과 단점의 관찰을 통해 전체적인 음식·수레·옷·장엄구들의 더미를 추리하고, 일부의 성숙에 의해 나머지 것들의 성숙을 [추리하는] 것이다. 이런 부류가 자성에 따른 비량이

327 동일한 표현이 사마히타지 III.2,2,2,(4a)에 나온다.

라고 알아야 한다.

(3) 행위에 따른 비량이란 무엇인가? 작용에 의해 행위의 토대를 추론하는 것이다. 예를 들어 움직이지 않는 새의 머묾 등에 의해 둥지를, 활동하는 사지의 작동 등에 의해 사람을, 발자국과 머묾에 의해 코끼리를, 가는 방식과 감, 머묾에 의해 뱀을, 울음소리에 의해 말을, 포효에 의해 사자를, 울부짖음에 의해 숫소를, 봄에 의해 눈을, 들음에 의해 귀를, 냄새에 의해 코를, 맛에 의해 혀를, 접촉됨에 의해 신체를, 인지됨에 의해 의(意)를, 물 속에서 봄에 저항이 있기에 지(地)를, 축축하고 푸른 곳을 봄에 의해 물을, 불타오름과 재를 봄에 의해 불을, 커다란 나무의 흔들림에 의해 바람을, 항시 눈을 감고, 지팡이[를 짚고], 타인에게 묻고, 잘못된 길을 가는 등에 의해 맹인을, 큰 소리에 의해 귀머거리를 추론하는 것이다. 믿음과 현자, 이욕자와 미이욕자, 보살과 여래들에 대한 행위에 따른 비량은 앞에서처럼 보아야 한다.

(4) 법에 따른 비량이란 무엇인가? 근접한 법과의 결합(sambandha)에 의해 그[법]과 결합된 법성(dharmatā)을 추리하는 것이다. 예를 들어 무상과의 결합에 의해 고성(苦性)을 추리하고, 고와의 결합에 의해 공성과 무아를, 생과의 결합에 의해 늙어감의 성질을, 늙어감과의 결합에 의해 죽음의 법성을, 물질적인 것과 보이는 것, 저항을 가진 것과의 결합에 의해 연장성을 갖고 있음(sapradeśatā)과 물질성(mūrtatā)을 추리하며, 유루와의 결합에 의해 고통을 수반하고 있음을, 무루와의 결합에 의해 고를 여의고 있음을, 유위와의 결합에 의해 생·주·이·멸의 법성을, 무위와의 결합에 의해 不生·不住·不異·不滅의 법성을 [추리한다]. 이런 부류의 것이 법에 따른 비량이라고 알아야 한다.

(5) 인과에 따른 비량이란 무엇인가? 원인에 의해 결과를, 결과에 의해 원인을 추리하는 것이다. 예를 들어 감(gati)에 의해 다른 지역에 도달함을 추리하고, 다른 지역에 도달함에 의해 감을, 왕을 만족시킴에 의해 큰 봉급을 얻음을, 큰 봉급을 얻음에 의해 왕을 만족시킴을, 행위가 잘 행해지고 성취됨에 의해 큰 재물과 부를, 큰 재물과 부에 의해 행위가 잘 행해지고 성취됨을, 이전의 선행과 악행에

의해 흥성과 쇠퇴를, 흥성과 쇠퇴에 의해 이전의 선행과 악행을, 많은 음식에 의해 포만함을, 포만함에 의해 많은 음식을, 고르지 않은 음식에 의해 병을, 병에 의해 고르지 않은 음식을, 정려에 의해 이욕을, 이욕에 의해 정려를, 수행도에 의해 사문과를, 사문과에 의해 수행도를 [추리한다]. 이런 부류의 것이 인과에 따른 비량이라고 알아야 한다.

3.3.2.8. 성언량 (Ch. 358c3)

성언량(āptāgama)이란 무엇인가? 일체지자가 말하신 것 또는 그로부터 들은 후에 그에 따른 가르침(tadanudharma)이다. 그 [성언량]은 3종이라고 보아야 한다. 말씀과 모순되지 않기에, 잡염을 대치하기에, 그리고 법상과 모순되지 않기 때문이다.

(1) 말씀과 모순되지 않음이란 무엇인가? 성문이 말하신 것이든 붓다께서 말하신 것이든 그것이 전승된 것으로서 경(sūtrānta)이다. 그것과 관련해 법의 모순도 없고, 의미의 모순도 없다.

(2) 잡염의 대치란 무엇인가? 법이 수습될 때 탐·진·치를 조복하기 위해, 또 모든 번뇌와 수번뇌를 조복하기 위해 생겨난다.

(3) 법상(dharmalakṣaṇa)과 모순되지 않음이란 무엇인가? 법상과 모순됨의 반대로서 법상과 모순이 없는 것이라고 알아야 한다. [법]상과의 모순이란 무엇인가?

(i) 즉, 비존재하는 특징에 대해 그 특징은 존재한다고, 예를 들어 자아(ātman)나 중생(sattva), 영혼(jīva), 양육자(jantu)라는 이러한 부류를 상주의 관점에서 증익한다. 또는 물질적인 것이나 비물질적인 것이라는 이러한 부류를 부정하는 것이다.

(ii) 한결같이 존재하는 특징에 대해 불확정한 것이라고 규정한다. 예를 들어 제행은 무상하며, 일체 유루[법]은 고통스러우며, 일체법은 무아[328]이다. 그는

---

328 한역(358c15)은 一切諸法 皆空無我로서 空을 덧붙이고 있다.

일부는 영원하고 일부는 무상하다고 규정하며, 일부는 고통스럽지만 일부는 고통스럽지 않으며, 일부는 자아이지만, 일부는 무아라고 규정한다. 마찬가지로 세존에 의해 설명되지 않은(avyākṛta) 사태들이 규정되었을 때, 한결같이 그것들의 설명을 추구하며, 또 설명의 관점에서(vyākaraṇatah) 규정이 행해진다.[329]

(iii) 확정되지 않은 것조차도 확정적인 것으로서 규정한다. 예를 들어 모든 즐거운 감수 속에서 탐욕이 증대되며(anuśete)[330], 괴로운 감수 속에서 진에가, 모든 불고불락의 감수 속에서 우치가 증대된다고 [규정한다].[331] 모든 즐거운 감수는 유루이며, 한결같이 즐거운 것이며, 의도를 일으킬 수 있는(sāṃcetanīya) 업은 한결같이 고통스러운 이숙을 경험하게 한다고 하는 그러한 부류이다.

(iv) 존재하는 특징 속에 차별되지 않은 특징이 있을 때 그것을 차별의 측면에서 규정하거나, 또는 차별된 특징이 있을 때, 그것을 무차별의 측면에서 규정하는 것이다. 예를 들어 유위 속에 차별된 상이 있을 때, 그것을 무위에 대해서도 규정한다. 무위 속에 차별되지 않은 상이 있을 때 그것을 유위에 대해서도 규정한다. 유위와 무위에 대해서처럼, 물질적인 것과 비물질적인 것들에 대해서도, 보이는 것과 보이지 않는 것들에 대해서도, 저항을 가진 것과 저항이 없는 것들에 대해서도, 유루와 무루들에 대해서도 마찬가지다. 이러한 부류는 이치에 따라 이해되어야 한다,

(v) 특징이 존재할 때, 이치에 맞지 않는 특징을 인과의 측면에서 건립하는 것이다. 예를 들어 선행(sucarita)의 결과는 바라지 않는 것이며, 악행(duścarita)의 결과는 바라는 것이다. 잘못 설해진 법과 율에 대해 삿된 이해의 측면에서

329 이는 한역(358c18)에서 或安立記로 명명되고 있다.

330 anuśete는 여기서 所隨眠(T30: 358c20)으로 한역되고 있지만, YBh 164,12f(tatra dvābhyāṃ kāraṇabhyāṃ kleśānuśayo 'nuśete)에서는 隨增으로 번뇌의 잠재적 경향성이 '증대되다'의 의미로 번역되며 이는 티벳역(phra rgyas su 'gyur te)에 의해서도 확인된다.

331 한역(358c20)은 一切不苦不樂受 癡所隨眠(*sarvasyām aduhkhāsukhāyāṃ moho 'nuśete)을 덧붙인다. 한역에 따라 번역했다.

(mithyāpratipattitaḥ) 청정을 건립하고, 잘 설해진 법과 율에 대해 정행의 측면에서 잡염(saṃkleśa)을 건립한다.

(vi) 완성되지 않은 특징에 대해서는 가설의 논설(prajñaptivāda)에 의해 완성된 특징을 건립하고, 그리고 완성된 특징에 대해서는 가설의 논설에 의해 [다양하게] 건립한다.[332] 예를 들어 불가언설의 일체법에 대해 언설의 측면에서 勝義(paramārtha)로 규정하는 것이다.

특징과의 모순은 이러한 부류의 것이라고 알아야 한다. 이것과 반대되기 때문에 특징과의 모순이 없다. 이것이 특징과 모순이 없는 것이라고 설해진다.

이것이 성언량이라고 설해진다.

3.3.3. 논설의 토대에 대한 추가적인 문답 (Ch. 359a7)

(1) 자상으로서 성립된 일체법이 스스로의 법성 속에 건립되었을 때, 어떤 이유로 대상은 2종으로 증명되어야 한다고 하는가? 답: 타인들에게 믿음을 일으키기 위해서이지, [제법의] 특징을 일으키기 위해서는 아니다.

(2) 어떤 이유로 증명되어야 할 대상을 입증하기 위해 처음부터 주장명제가 제시되었는가? 답: 어느 정도(yāvat) 관심을 끄는(abhirucita) 논점(artha)을 해설하기 위해서이다.

(3) 어떤 이유로 이유(hetu)가 이끌어지는가? 보이는 사태에 의거한 도리에 따르는 한에서 바로 주장된 의미에 대해 타인을 이해시키기 위해서다.

(4) 어떤 이유로 비유가 이끌어지는가? 답: 바로 저 도리를 따르는 한에서 보이는 사태에 근거를 두고 있음을 보여주기 위해서이다.[333]

---

332 Yaita(2005: 15f): aparinişpanne lakṣaṇe prajñaptivādena parinişpannaṃ lakṣaṇaṃ prajñaptivādena vyavasthāpayati. Yaita의 번역: "가설의 언설에 의해서는 원만하지 않은 相에 대해, 가설의 언설에 의해 원만한 相을 확정한다." 하지만 그의 편집본에 결락이 있다고 보인다. 한역(359a2ff: 於不實相以假言說立眞實相, 於眞實相以假言說種種安立)은 aparinişpanne lakṣaṇe prajñaptivādena parinişpannaṃ lakṣaṇaṃ, <parinişpanne lakṣaṇe> prajñaptivādena vyavasthāpayati로 읽었다고 보인다. 한역에 따라 번역했다.

(5) 어떤 이유로 유사성과 다름, 현량과 비량, 성언량이 이끌어지는가? 답: 이유와 비유 양자를 따르는 한에서 모순과 모순이 없음의 인식을 해명하기 위해서이다.

그런데 모순은 2종 이유에 의해, 즉 확정되지 않은 것에 의해 또 증명되어야 할 것과 동일함에 의해 알려져야 한다. 모순이 없음도 2종 이유에 의해, 즉 확정적인 것에 의해 또 증명되어야 할 것과의 차이에 의해서이다. 어떤 [이유나 비유]에 모순이 있다면 그것은 주장명제의 성립에 있어서 인식수단으로 사용되지 않는다는 점에서 인식수단(pramāṇa)이 아니다. 반면 어떤 [이유나 비유]에 모순이 없다면, 그것은 주장명제의 성립에 있어서 인식수단으로 사용된다는 점에서 인식수단이라고 설해진다.

이것이 논설의 토대라고 불린다.

3.4. 논설의 장엄 (Ch. 359a22)

3.4.1. 5종 논설의 장엄

논설의 장엄(vādālaṃkāra)이란 무엇인가?[334] 그것은 5종이라고 보아야 한다. 즉, 자신과 타인의 종지를 아는 것, 말의 작동이 갖추어진 것, 두려움 없음, 견고함, 공손함이다.

---

333 Yaita(2005: 5)는 비유가 주장명제의 성립에 중요한 역할을 하는 것이 『유가론』 인명설에 분명히 서술되어 있다고 지적하고 있다. 그는 『유가론』 인명에는 삼지작법의 논식이 나타나 있지 않고 또 어떤 삼지작법이 사용되고 있는지도 분명하지 않다고 지적한다. 그는 『유가론』의 인명설에는 新因明에서와 같은 변충관계(vyāpti) 개념은 나타나지 않지만, 진나와 법칭의 外遍充論에는 올바른 추론식이 있기 때문에 가장 중요한 변충관계는 비유에서 제시되고 있다고 말한다. 또한 그는 여기서 제시된 비유가 이유(hetu)의 근거라는 주장에 있어서도 근거가 무엇을 의미하는지 분명치 않다고 말하는데, 이는 다만 『유가론』의 기본적인 경험주의적 관점을 보여준다고 해석해도 무방할 것이다.

334 Cf. AS 105,11f: caturtho vādālaṃkāraḥ vādādhiṣṭhāne samyagyuktibhiḥ vādasabhāyāṃ gambhīro nipuṇaś ca bhavatīty ucyate/. 이어서 6종의 논설의 장엄을 제시하는데, 위의 5종에 네 번째로 pratibhānam(“변재”)을 더한 것이다.

(1) 자신과 타인의 종지를 아는 것(svaparasamayajñatā)이란 무엇인가? 여기서 어떤 이가 법과 율에 대해 기뻐하고 수긍하며(abhipreta), 그 논서에서 종지와 종의(siddhānta)에 대해 독송하고 수지하고 청문하고 사유하고 친숙하고 정행하기 때문에, 능숙하게 행했고 주석을 행했고 이미 알고 있다. 또는 그는 법과 율에 대해 수긍하지 않고 기뻐하지 않으며, 타인의 담론과 타인의 주장 그리고 타인의 종지에 대해 정행의 관점에서는 아니지만, 독송과 수지, 청문과 사유, 성숙의 관점에서 능숙하게 행했고 주석을 행했다. 이것이 자신과 타인의 종지를 아는 것이라 부른다.

(2) 말의 작동이 갖추어진 것(vākkaraṇasampannatā)이란 무엇인가? 여기서 어떤 이가 정확한 발음(śabda)으로 말하지 부정확한 발음(apaśabda)으로 [말하지 않는다]. 정확한 발음이란 무엇인가? 그것은 5종 특성들과 결합해 있다고 알아야 한다. 즉, 사투리가 아니고, 경쾌하고, 힘이 있고, [맥락과] 연관되고, 좋은 의미를 가진 것이다.

왜 [소리는] 사투리가 아닌가? 변두리 지방과 변두리 국가, 변두리 지역의 말을 배제하기 때문이다. 왜 경쾌한 것인가? 세상에서 승인된 보다 타당한 말을 사용하기 때문이다. 왜 힘이 있는가? 어떤 이가 주제에 대해 담론을 손상시킬 때, 그 의미를 증명하기 위해 매우 적절한 힘을 갖고 있기 때문이다. 왜 연관되어 있는가? 전후로 법과 의미가 모호하지 않기(aśliṣṭa) 때문이다. 왜 좋은 의미를 갖고 있는가? 행복과 축복과 관련하여 전도를 떠난 것이기 때문이다.

그리고 음성학자(śabdavādin)에게 말의 작동은 다음과 같이 아홉 가지 측면들로 갖추어졌다고 알아야 한다. [말의 작동은] 혼란스럽지 않고, 흥분되지 않고, 이해될 수 있고, 제한되고, 의미와 통하고, 때에 맞고, 견고하고, 명료하고, 연관되어 있다.

이 모든 것을 요약해서 말의 작동의 갖춤이라고 부른다. 이것이 말의 작동의 갖춤이라 불린다.

(3) 두려움 없음(vaiśāradya)이란 무엇인가? 여기서 어떤 이가 많은 부류들의

모임 속에서도, 다양한 부류들의 모임 속에서도, 상층 부류들의 모임 속에서도, 친숙한 부류들의 모임 속에서도, 진실한 부류들의 모임 속에서도, 선한 부류들의 속에서도 심이 위축되지 않고, 겁먹지 않고, 두려워하지 않고, 몸에서 땀이 흐르지 않고, 얼굴도 창백하지 않고, 목소리도 떨리지 않고, 겁내지 않은 목소리로 말을 한다. 이것이 두려움 없음이라고 불린다.

(4) 견고함(sthairya)이란 무엇인가? 여기서 어떤 이가 시간이 되었을 때 성급하지 않은 마음으로 말하고 성급한 마음으로 말하지 않는다. 이것이 견고함이라 불린다.

(5) 공손함(dākṣiṇya)이란 무엇인가? 여기서 어떤 이가 부드럽고 타인들을 괴롭히는 유형이 아니다. 그는 부드러운 자들의 부드러운 단계를 넘어서지 않은 후에 타인들의 마음에 따르면서 때에 맞고 진실하고 이익을 초래하는 유연함을 갖고 마치 친구에게 하듯이 말을 한다. 이것이 공손함이라 불린다.

3.4.2. 논설의 장엄이 가진 이로움 (Ch. 359b22)

이 5종의 논설의 장엄을 이와 같이 수행하는 자에게 27개의 이로움이 있다고 알아야 한다. 27개란 무엇인가? 그는 더욱 인정받으며, 그의 말은 더욱 신뢰받고, 집회에서 두려움이 없으며, 타인들의 종지의 오류를 알고, 자신의 종지의 뛰어남을 알며, 논서의 파악에서 집착하지 않고 파당적으로 흐르지 않으며, 스스로의 법과 율로부터 잘못 인도되지 않는다. 타인으로부터 말을 들었을 때 매우 신속히 이해하고, 타인으로부터 들은 말을 매우 신속히 파악하며, 타인으로부터 말을 들었을 때 매우 신속히 답한다. 말의 장점에 의해 집회를 즐겁게 하며, 그 [음성]학을 믿는 자들을 기쁘게 하고, 의미와 문장, 문자를 어원에 맞게 사용하며, 신체적으로 동요하지 않으며(avyathita), 마음으로 동요하지 않으며, 말이 말하는 자에게 부착되지 않으며, 변설이 다함이 없으며, 몸이 피곤하지 않으며, 정념이 손실되지 않으며, 심이 손상되지 않고, 목이 쉬지 않는다. 그가 말했던 것을 분명하게 이해하며, 자신을 보호하면서 스스로 분노하지 않고, 타인의 심에 따르면서 타인을 화나게 하지 않으며, 반론자의 마음을 믿도록 하며, 적대감 없이 적을 파괴하는 정행을 행하며, 시방에 광대한 명칭과 영예, 명성과 칭찬이 퍼지고 '그는 위대한 궤범사이며, 위대한 궤범사이다'라고 헤아려지며 세상에서 그의 명성은 반향을 받는다.

예를 들어 욕망의 대상을 향수하는 자가 마니와 진주, 유리 등이 삽입된, 머리, 보석반지, 팔찌 등의 장식품들에 의해 극도로 빛나고 열중하고 즐거워하는 것처럼, 바로 그와 같이 논설자는 이 27개의 이로움들에 의해 삽입된 5종의 언설의 장엄에 의해 극도로 빛나고 열중하고 즐거워하기 때문에 논설의 장엄이라고 불린다.

이것이 논설의 장엄이라고 설해진다.

3.5. 논설의 패배 (Ch. 359c16)

논설의 패배(vādanigraha)란 무엇인가? 그것은 담론의 포기와 담론의 굴복, 담론의 오류의 3종이라고 알아야 한다.[335]

3.5.1. 담론의 포기

담론의 포기(kathātyāga)란 무엇인가?[336] 여기서 논자는 13종의 말의 공지(vāgvijñapti)에 의해 반론자에게 공지하면서 담론을 포기한다. 13종의 말의 공지란 무엇인가?

(i) 나에게 좋지 않다. (ii) 너에게 좋다. (iii) 나에게 잘 관찰된 것이 아니다. (iv) 너에게 잘 관찰된 것이다. (v) 나에게 타당하지 않다. (vi) 너에게 타당하다. (vii) 나에게 연관된 것이 아니다. (viii) 너에게 연관된 것이다. (ix) 나의 논의는 패배

335 AS 105,14ff에 동일한 3종의 분류가 나타난다.

336 AS 105,15: kathātyāgaḥ svavādadoṣābhyupagamaḥ paravādaguṇābhyupagamaś ca. "담론의 포기란 자신의 논설의 단점을 인정하고 또 타인의 논설의 장점을 인정하는 것이다."

했다. (x) 너의 논의는 성립되었다. (xi) 여기까지가 이와 관련된 나의 변재이다. (xii) 반면 그 이상에 대해서 생각한 후에 나는 말하겠다. (xiii) 이것으로 충분하다. 나는 다시 담론하지 않겠다.

이 13종의 말의 공지에 의해 반론자에게 공지하면서 반대되는 담론을 포기한다. 그 [담론]을 포기했기 때문에 패배자가 되고, 꺾인 자가 되고, 타인에게 패배한 자가 되고, 타인에게 등을 돌린 자가 되고, 굴복한 자가 된다. 따라서 담론의 포기는 패배의 경우라고 불린다.

3.5.2. 담론의 굴복 (Ch. 359c27)

담론의 굴복(kathāsāda)이란 무엇인가?[337] 예를 들어 반론자에 의해 제압당한 논자가 다른 것을 갖고 다른 것에 의거하거나, 담론 외적인 것을 끌어 들이고, 분노와 진에, 교만, 숨김, 증오, 참지 못함, 불신을 드러내거나, 또는 침묵하거나, 우울해하거나, 어깨가 떨어지고 얼굴이 아래로 향하거나, 최고로 숙고하지만 변재하지 못하는 것이다.

(i) 무엇이 다른 것을 갖고 다른 것에 의거한다는 것인가? 이전의 주장명제(pratijñā)를 포기한 후에 또 다른 주장명제에 의거하며, 이전의 이유(hetu)와 비유, 유사성(sārūpya)과 다름(vairūpya), 현량(pratyakṣa)과 비량(anumāna), 성언량(āptāgama)을 포기한 후에 또 다른 이유 내지 성언량에 의거하는 것이다.

(ii) 무엇이 담론 외적인 것을 끌어 들이는 것인가? 반대되는 담론을 포기한 후에 음식의 담론과 왕의 담론, 도둑의 담론, 거리의 담론, 창기의 담론과 같은 이런 부류의 담론이, 담론이 좌절되었을 때, 담론 외적인 것이라고 설해진다. 이후의 반론을 넘어선 후에 그 [담론]을 이끌어 들이는 것이다.

---

337 AS 105,15f: kathāsādaḥ anyavastupratisaraṇena vyāvṛttiḥ bāhyavastuvacanena mūlapratijñāparityāgaḥ krodhamadamānamrakṣādipradarśanaṃ ca. “담론의 굴복이란 다른 점에 의거함에 의해 [논설에서] 물러서고, 외적인 일을 말함에 의해 근본 주장명제를 포기하고, 분노와 교만, 만심, 숨김 등을 보이는 것이다.”

(iii) 무엇이 분노를 드러내는 것인가? 욕과 공손하지 않은 말로 반론자를 굴복시키는 것이다.

(iv) 무엇이 진에를 드러내는 것인가? 복수하겠다는 말로 반론자를 공격하는 것이다.

(v) 무엇이 교만을 드러내는 것인가? 열등한 카스트와 종성, 가문이라는 말로 반론자를 모욕하는 것이다.

(vi) 무엇이 숨김을 드러내는 것인가? 감추어진 악행을 드러내는 말로 반론자를 강요하는 것이다.

(vii) 무엇이 증오를 드러내는 것인가? 해치고 반대적이고 비우호적인 말로 반론자를 물러서게 하는 것이다.

(viii) 무엇이 참지 못함을 드러내는 것인가? 적대적이고 보복하는 말로 반론자를 두렵게 하는 것이다.

(ix) 무엇이 불신을 드러내는 것인가? 분열된 행동방식과 말에 의해 반론자를 부정하는 것이다.

(x) 왜 침묵하는 것인가? 언어 행위(語業)에서 위축되기 때문이다.

(xi) 왜 우울해 하는 것인가? 심적 행위(意業)에서 위축되기 때문이다.

(xii) 왜 어깨가 떨어지고 얼굴이 아래로 향하는 것인가? 신체 행위(身業)의 견고함에서 위축되기 때문이다.

(xiii) 왜 최고로 숙고하지만 변재가 없는가? 변재에서 위축되기 때문이다.

이러한 13종에 의해서 담론의 굴복이 있다고 알아야 한다. 앞의 2종에 의한 [담론의 굴복은] 산란에서 나온 행위이기 때문이며, 중간의 7종에 의한 [담론의 굴복은] 삿된 행위이기 때문이며, 마지막 4종에 의한 [담론의 굴복은] 정행이 없기 때문이다. 이 담론의 굴복이 패배의 경우라고 불린다.

3.5.3. 담론의 오류 (Ch. 360a19)

담론의 오류(kathādoṣa)란 무엇인가? 아홉 가지 오류들에 의해 담론이 더럽혀졌을 때 담론의 오류라고 불린다. 아홉 가지 오류란 무엇인가? 즉, 혼란스러운 말, 흥분된 말, 이해하지 못하는 말, 무제한적인 말, 무익함과 결합된 말, 때에 맞지 않는 말, 견고하지 않은 말, 불명료한 말, 연관되지 않은 말이다.

(i) 혼란스러운 말(ākulaṃ vacanam)이란 무엇인가? 주제를 버리고 다양한 담론을 하는 것이다.

(ii) 흥분된 말이란 무엇인가? 분노에 의해 야기되고 흥분에 의해 야기된 것이다.

(iii) 이해하지 못하는 말이란 무엇인가? 법의 측면에서나 의미의 측면에서 집회와 논자들에 의해 파악되지 않는 것이다.

(iv) 제한되지 않은 말이란 무엇인가? 지나치게 그 의미가 반복해서 설해지고 또 그 의미가 결여된 [말]이다.

(v) 무익함과 결합된 말이란 무엇인가? 그것은 10종이라고 보아야 한다. 무의미한 말, 의미를 해치는 말, 도리에 어긋난 말, 증명되어야 할 것과 비슷한 말, 잘못된 비난과 속임(jāticchala)에 의해 초래된 말, 의미가 인정되지 않기 때문에, 그 의미가 연관된 것이 아니기 때문에, 확정된 것이 아니기 때문에, 증명하는 것이 증명되어야 할 것이기 때문에, 올바르지 않게 타당하지 않은 모든 논설을 이해하기 때문이다.

(vi) 때에 맞지 않는 말이란 무엇인가? 먼저 말해져야 할 것이 후에 제시되고, 후에 말해져야 할 것이 먼저 제시된 것이다.

(vii) 견고하지 않은 말이란 무엇인가? 주장명제를 세운 후에 부정하고, 부정한 후에 주장명제를 세우는 것이며,[338] 또한 극히 빨리 행해지기 때문에 극히 신속하고 포착하기 어려운 것이다.

(viii) 불명료한 말이란 무엇인가? 언어의 특징을 넘어선 [말]이며,[339] 대응하는 경험 없이[340] 답하는 [말]이며, 산스크리트어에 의해 시작하고 속어에 의해

338 한역: 立已復毀, 毀而復立 "[주장명제를] 세운 후에 훼손하고, 훼손한 후에 다시 [주장명제를] 세움."

339 Yaita(2005: 122): yac chabdalakṣaṇasamatikrāntam. 한역: 言招譏弄

끝나며, 속어로 시작하고 산스크리트어로 끝나는 말이다.

(ix) 연관되지 않은 말이란 무엇인가? 중간에 설정된 것이 결여된 말의 언사이다.

이 아홉 가지 오류들에 의해 더럽혀진 말이 담론의 오류라고 불린다.

이 담론의 오류가 패배의 경우라고 설해진다.

3.6. 논설에서 벗어남 (Ch. 360b7)

논설에서 벗어남(vādaniḥsaraṇa)이란 무엇인가?[341] 3종의 관찰(parīkṣā)에 의해 관찰되어야 하는 논설[342]을 작동시키지 않는 것이 논설에서 벗어남이라고 불린다. 3종의 관찰이란 무엇인가? 장점과 단점의 관찰, 회중(parṣat)의 관찰, 선교(kauśalya)의 관찰이다.

(1) [논설의] 장점과 단점의 관찰이란 무엇인가? 예를 들어 논설자가 논설을 시작할 때 다음과 같이 훈련해야 한다,[343] '내게 이 논설의 작용은 나를 해치기 위해 생겨나는가? 타인을 해치기 위해 일어나는가? 아니면 양자를 해치기 위해 일어나는가? 현재의 죄나 미래의 죄, 현재와 미래의 죄를 일으키기 위해서, 또한 그것에서 생겨난 심리적 요소인 고와 우울함을 일으키기 위해서인가? 무기를 잡고, 몽둥이를 잡고, 싸움, 소송, 쟁론, 논쟁들과 사기, 속임수, 부정직함, 거짓말들, 그리고 무수한 악하고 불선한 법들을 일으키기 위해서인가? 자신과 타인들의 이익을 위해서 [일어나는 것이] 아니며, 많은 중생들의 이익과 안락,

---

340 Yaita(2005: 122): yac chabdalakṣaṇasamatikrāntam apratyanubhāṣyottaravihitaṃ. 한역 不領而答은 *apratyanubhavottaravihitaṃ으로 읽었다고 보인다.

341 Cf. AS 105,20ff: ṣaṣṭhaṃ vādaniḥsaraṇaṃ guṇadoṣau vicārya vādān niḥsaraty akaraṇena vā prativādini abhājanatāṃ parṣado vaiguṇyam ātmano 'kauśalyaṃ ca jñātvā vādaṃ karoti/. "여섯 번째 논설에서 벗어남이란 장점과 단점을 검토한 후에 논설로부터 또는 행하지 않음에 의해 벗어나는 것이다. 대론자의 그릇아님과 집회의 장점이 없음, 스스로의 선교없음을 안 후에 논설을 행하지 않는다. 또 대론자의 그릇됨과 집회의 장점이 있음, 스스로의 선교를 안 후에 논설을 행한다."

342 Yaita(2005: 122,9f): parīkṣayoparīkṣya vādasya; 하지만 복합어 -parīkṣyavādasya로 읽어야 할 것이다.

343 Yaita(2005: 122,13): pratisaṃśikṣate. 하지만 한역은 當觀察로서 *parīkṣayati로 읽었다.

세간에 대한 연민과 이로움을 위해서도 아니며, 인간과 천신들의 이로움과 이익, 안락을 위해서 [일어나는 것이] 아닌가?'

만일 그와 같이 반성적 관찰하는 그가 '내게 이 논설의 작용은 나를 해치기 위해 생겨났으며 내지 인간과 천신들의 이로움과 이익, 안락을 위한 것은 아니다.' 고 생각한다면, 그 논자는 간택한 후에 논설을 행하지 않을 것이다. 반면 만일 그와 같이 관찰하는 그가 '내게 이 논설의 작용은 나를 해치기 위해서 [생겨나지] 않았으며 내지 인간과 천신들의 이로움과 이익, 안락을 위한 것이다.' 고 생각한다면, 그 논자는 간택한 후에 논설을 행할 것이다. 이것이 [논설에서의] 작동이나 비작동의 측면에서 첫 번째 논설에서 벗어남이다.

(2) 회중의 관찰이란 무엇인가? 예를 들어 논자는 다음과 같이 반성적 관찰한다. '실로 이 회중은 집착된 자인가, 아니면 집착되지 않은 자인가? 또는 바른가 아니면 바르지 않은가? 또는 선한가 아니면 불선한가?' 만일 이와 같이 관찰하는 그가 '이 회중은 집착하고 있지, 집착하고 있지 않은 것은 아니며, 바르지 않고, 바른 자가 아니며, 불선하지 선한 자가 아니다'라고 생각한다면, 그 논자는 간택한 후에 그 회중 속에서 담론을 행하지 않을 것이다. 반면 만일 이와 같이 관찰하는 그가 '이 회중은 집착하지 않지, 집착하는 것이 아니며, 바른 자이지 바르지 않은 자가 아니며, 선한 자이지 불선한 자가 아니다'라고 생각한다면, 그 논자는 간택한 후에 그 회중 속에서 담론을 행할 것이다. 이것이 [논설에서의] 작동이나 비작동의 측면에서 두 번째 논설에서 벗어남이다.

(3) 선교의 관찰이란 무엇인가? 예를 들어 논자가 자신과 관련해 선교를 다음과 같이 관찰한다. '나는 논설이나 논설을 [듣는] 청중, 논설의 근거나 논설의 장엄, 논설의 패배에 대해 능숙한가? 그렇지 않으면 능숙하지 않은가? 나는 스스로의 논설을 확립할 수 있고, 또 패배의 경우로부터 벗어날 수 있는 힘이 있고 또 타인의 논설을 굴복시킬 힘이 있는가?' 만일 이와 같이 관찰하는 그가 '나는 불선하지 선하지 않으며, 나는 무력하며 힘이 있지 않다'고 생각한다면, 그 논자는 간택한 후에 반론자와 함께 담론을 행하지 않아야 한다. 반면 만일 이와 같이 관

찰하는 그가 '나는 선하지 불선하지 않으며, 나는 힘이 있지 무력하지 않다'고 생각한다면, 그 논자는 간택한 후에 반론자와 함께 담론을 행해야 한다. 이것이 [논설에서의] 작동이나 비작동의 측면에서 세 번째 논설에서 벗어남이다.

이것이 논설에서 벗어남이라고 불린다.

3.7. 논설에서 작동하는 요소 (Ch. 360c14)

논설에서 많이 작동하는 요소들이란 무엇인가? 세 가지 요소들이 논설에서 많이 작동한다고 알아야 한다. 자신과 타인의 종지를 아는 상태, 두려움이 없음, 그리고 변설이다. 왜 세 가지 요소들이 논설에서 많이 작동한다고 설하는가? 왜냐하면 논자는 자신과 타인의 종지를 알기 때문에 모든 점에 대해 담론을 행하며, 두려움 없음에 의해 모든 회중 속에서 담론을 행하고, 변설에 의해 언급된 모든 점에 대해 답변을 준다. 따라서 이 세 가지 요소들이 논설에서 많이 작동한다.[344]

요약송이다.[345]

논설, 그 [논설의] 장소와 근거,
장엄, 패배, 그 [논설에서] 벗어남, 많이 행하는 것들이다.

4. 음성학 분야(聲明處) (Ch. 360c21)

음성학(聲明)이란 무엇인가?

---

344 『집론』에서도 동일한 세 가지 요소가 언급된다. AS 106,1ff: vāde bahukarā dharmāḥ samāstas trayaḥ/ svaparasamayajñatā yayā sarvatra nipuṇo vādaṃ karoti/ vaiśaradyaṃ yena nipuṇaḥ samagraparṣadi vādaṃ karoti/ pratibhāṇaṃ (Text: pratimānam) yena nipuṇaḥ sarvān kaṭhinān praśnān vyākaroti//. "논설에서 많이 행하는 요소들은 요약하면 셋이다. 자신과 타인의 종지를 아는 것으로, 그것에 의해 그는 현명하게 모든 점에서 논설을 행한다. 두려움없음으로 그것에 의해 그는 현명하게 모든 회중 속에서 논설을 행한다. 변재로서 그것에 의해 그는 현명하게 모든 어려운 질문에 답한다."

345 한역에서 이 요약송은 인명처의 마지막 부분에 있지 않고 첫 부분(T30: 356a13-15)에 나온다.

그것은 6종이라고 보아야 한다. 법의 가설의 건립에 의해, 의미의 가설의 건립에 의해, 개아의 가설의 건립에 의해, 시간의 가설의 건립에 의해, 숫자의 가설의 건립에 의해, 그리고 부록을 포함해 주제의 건립에 의해서이다.

요약송이다.

> 법, 의미, 개아, 시간, 숫자, 그리고 부록을 수반한 주제
> 그것이 여기서 요약하면 소리의 토대이다.

4.1. 법의 가설의 건립이란 명·구·문의 그룹이다. 또 소리는 다섯 가지 특성과 결합되어 있다. [즉,] 촌스럽지 않고, 경쾌하고, 강하고, 연관되어 있고, 좋은 의미를 갖고 있다.

4.2. 의미의 가설의 건립이란 10종이라고 알아야 한다. 근의 건립에 의해, 대종의 건립에 의해, 행위의 건립에 의해, 탐구의 건립에 의해, 비법의 건립에 의해, 법의 건립에 의해, 흥성의 건립에 의해, 쇠퇴의 건립에 의해, 향수의 건립에 의해 그리고 보호의 건립에 의해서이다.

요약송이다.

> 눈 등과 地 등, 신체의 작용 등, 탐구,
> 비법과 법, 흥성과 쇠퇴, 향수와 보호이다.

(i) 근의 건립에 의해서란 봄의 의미, 들음의 의미, 냄새의 의미, 맛의 의미, 접촉의 의미 그리고 인식의 의미에서이다.

(ii) 대종의 건립에 의해서란 토대 등의 의미, 축축함 등의 의미, 등불 등의 의미, 그리고 움직임 등의 의미에서이다.

(iii) 행위의 건립에 의해서란 왕래 등의 의미, 말함 등의 의미, 그리고 의향과 기억, 인지(cetanāsmṛtibuddhi) 등의 의미에서이다.

(iv) 탐구의 건립에 의해서란 조사 등의 의미에서이다.

(v) 비법의 건립에 의해서란 살생과 도둑질 등의 의미이다.

(vi) 법의 건립에 의해서란 보시와 제어(saṃyama) 등의 의미에서이다.

(vii) 흥성의 건립에 의해서란 획득과 희열, 환희 등의 의미에서이다.

(viii) 쇠퇴의 건립에 의해서란 파괴와 공포, 우울함 등의 의미에서이다.

(ix) 향수의 건립에 의해서란 음식과 옷, 덮개, 포옹, 치장물 등의 의미에서이다.

(x) 보호의 건립에 의해서란 보호와 양육, 유지 등의 의미에서이다.

실로 요약해서 6종 측면에 의해 의미를 이해해야 한다. 자성의 의미, 원인의 의미, 결과의 의미, 작용의 의미, 차이와 결합의 의미, 그리고 발생의 의미이다.

요약송이다.

> 자성, 원인, 그것의 결과, 그것의 작용, 결합, 그리고 발생에 의해서. 과 생겨남에 의해서.

4.3. 개아에 따른 가설의 건립이란 [성에 따른] 여성과 남성, 중성의 건립에 의해서 또 [동사에서] 3인칭과 2인칭, 1인칭의 건립에 의해서이다.

4.4. 시간에 따른 가설의 건립이란 3종의 시간은 과거와 특수한 과거, 미래와 특수한 미래, 현재와 특수한 현재이다.

4.5. 숫자에 따른 가설의 건립이란 숫자는 셋이다. 단수와 양수, 그리고 복수이다.

4.6. 주제에 따른 가설의 건립과 부록의 건립이 있다. 주제는 다섯이다. 연성과 명사, 복합어, 파생어, 동사이다. 반면 부록이란 동사어근표(dhātupaṭha) 등이다. 양자를 합쳐서 부록을 수반한 주제라고 부른다.

5. 기술영역(工業明處) (Ch. 361b4)

기술영역(śilpakarmasthānavidyā)이란 무엇인가? 기술은 요약하면 12종이다. 그것에 대한 지식이 기술영역에 대한 앎이라 불린다.

무엇이 12종의 기술인가? 농업기술, 상업기술, 왕권에 대한 기술, 문자·산수·숫자·인장의 기술, 점성술(naimittikaśilpa), 주술(mantriśilpa), 제조기술(ghaṭānaśilpa), 축산기술(saṃjananaśilpa), 직물기술(vānaśilpa), 연결기술(? saṃyojanaśilpa), 요리기술, 음악기술이다.

유가사지론에서 문소성지가 끝났다.[346]

---

346 한역에서는 이 문장을 사소성지의 시작으로 하고 있다. 반면 산스크리트(yogācārabhūmau śrutamayī bhūmiḥ samāptā)와 티벳역(rnal 'byor spyod pa'i sa las thos pa las byung ba'i sa rdzogs so)은 이를 <문소성지>의 섹션 콜로폰(section colophon)으로 취급하고 있다.

제11장

思所成地 Cintāmayī Bhūmiḥ

(Ch. 361b18)

사유로 이루어진 단계(思所成地)[1]란 무엇인가? 그 [단계]는 요약하자면 본래적인 청정[自性清淨]과 인식되어야 할 것에 대한 분석(思擇所知)과 다르마에 대한 분석(思擇諸法)이라는 세 측면이 있다고 알아야 한다.

1. 자성적인 청정 (Ch. 361b21)

그중에서 '자성적인 청정'이란 무엇인가? 그 [자성적인 청정]은 아홉 측면이 있다고 알아야 한다. 왜냐하면[2] 그것은 다음의 아홉 측면을 지닌 청정에 의해 사유가 매우 청정해진다고 가르치기 때문이다. [즉] (1) 어떤 사람이 홀로 떨어져 있으며 다르마(Dharma 가르침)들을[3] 배운 대로 숙달한 대로 사유할 때, (2) [아

---

1 「사소성지」의 번역은 YBh_ms 및 ŚrBh_ms에 의거해 진행했다. 현존사본들의 Critical edition 작업은 이영진 교수와 원과스님에 의해 수행되었고, 이를 공동강독을 통해 확인했다. 강독에 참고한 여러 일차자료들과 이차자료들은 여기서는 간단히 전거만 제시하겠다.

2 yathāpi tat. 이 구문은 yathāpīdaṃ이나 yathāpi nāma와 비슷한 의미를 보여주는 것으로, BHSD의 yathāpi 항목(p.442, (1))에 따라 "왜냐하면"으로 번역했다.

트만 등의][4] 사유할 수 없는 것을 제외한 후 사유 가능한 것을 숙고한다. (3) 그리고 검은 가르침(黑說 kālāpadeśa)과 위대한 가르침(大說 mahāpadeśa)을 완전히 알고,[5] (4) 의미(artha)에 의거하여 사유하고, 문자(vyañjana)에 의지하지 않는다. 그리고 (5) 어떤 [다르마]는 믿음(信)으로써 확신하고, 어떤 것은 지혜로써 숙고하며, (6) 견고하게 사유하고, (7) 확고하게 사유하며, (8) 지속적으로(pratatam) 사유한다. 그리고 (9) 중간에 [결코] 포기하지 않고, 그 끝에 다다를 때까지 사유를 행한다는 [것이 청정의 아홉 측면이다].

2. 인식대상에 대한 분석 (Ch. 361c1)

그 [사소성지의 세 가지 측면] 가운데 [두 번째인] '인식대상에 대한 분석'이란 무엇인가? 관찰되어야 할 대상에 대한 사택이 [인식대상에 대한 분석이다.][6] [그렇다면] 무엇이 '관찰되어야 하는 대상'인가? 실재를 실재의 관점으로, 비실재를 비실재의 관점으로 관찰되어야 할 대상이다[7]라고 말해진다.

---

3 한역은 '諸法道理'(*dharmayukti)로 번역하고 있다.

4 사유할 수 없는 것(acintya)의 자세한 항목에 관해서는 Eltschinger 2014b: 206, n41 참조.

5 kālāpadeśa와 mahāpadeśa의 상세한 해설에 관해서는 Fujita(藤田祥道) 2019: 209-267 (특히 257-264) 참조. 또한 Eltschinger 2014b: 203-207 및 이영진 2018: 186-223.

6 jñeyapravicaya를 6격 한정복합어로 보고, jñeya(所知)를 parīkṣyo 'rthaḥ(관찰되어야 하는 대상)으로 주석하고 있다.

7 티벳역 yod pa la yang yod par | med pa la yang med par brtag pa ni | brtag par bya ba'i don ces bya'o || "있는 것을 있다고 없는 것을 없다고 관찰하는 것이 관찰되어야 하는 대상이다"라고 한다.); MSA XI.42d "sadasattārthapaśyanā"(실재와 비실재의 대상을 관찰함)는 다음과 같이 주석된다. ālokaḥ sadasatvenārthadarśanaṃ lokottarā prajñā tathā sac ca sato yathābhūtaṃ paśyaty asac cāsataḥ | ('광명'이란 대상(사물)을 실재하는 것과 실재하지 않는 것으로 [구분하여] 보는 출세간의 지혜인데, 이는 실재하는 [대상]을 실재한다고 여실하게 보고, 실재하지 않는 [대상]을 실재하지 않는다고 여실하게 보는 방식이다.)

2.1. 관찰되어야 할 존재하는 사물 (Ch. 361c4)

[그렇다면] 무엇이 관찰되어야 할 존재하는 사물인가? 그것은 (1) 자상(自相)으로서 존재하는 것, (2) 공상(共相)으로서 존재하는 것, (3) 관습적 언어로 나타나는 존재, (4) 원인으로 나타나는 존재, (5) 결과로 나타나는 존재라는 5종으로 보아야한다.[8]

2.1.1. 자상(自相)으로서 존재하는 것

[그렇다면] 무엇이 자상으로서 존재하는 것인가? 그것은 (1) 궁극적 대상으로 나타나는 존재(勝義相有), (2) [대상의] 특징으로 나타나는 존재(相狀相有), (3) 현재에서 나타나는 존재(現在相有)라는 세 종류로 보아야 한다.

(1) 무엇이 궁극적 대상으로 나타나는 [존재]인가? 모든 다르마 중에서 출세간 지혜의 활동영역이고 개념적으로 확정할 수 없는 모습을 지닌, 불가언설(不可言說)의 대상이다.

(2) 무엇이 [대상의] 특징으로서 존재하는 것인가? 그 [상(想)에 의해 잡히는 대상의[9] 특징으로서 존재하는 것은] 네 가지 경우로 보아야 한다. [즉] ① 이름이 지각되는 경우, ② 사물이 지각되는 경우, ③ 그 [지각된] 이름이 미란(迷亂)에 의한 혼동[不決定] 때문에 혹은 무상(無常)에 의한 혼동 때문에 그 [지각된] 사물에서 벗어나는 것이 아닌 경우, ④ 그 [지각된] 이름이 그 [지각된] 사물에 대해 방해받지 않고—어떤 때는 [이름이 사물을] 따르고 다른 때는 [이름과 사물이] 따로 노는 양자 모두가 아니게— 일어나는 경우이다.

(3) 무엇이 현재로서 존재하는 것인가? 그것은 이미 생겨난 것이지만, [현재] 원인과 결과로 나타난 것이다.

---

8 한역은 自相有法~果相有法이라고 하여 法(vastu 사물)을 추가하여 읽고 있다.

9 이는 AKBh 54,19f: saṃjñā saṃjñānaṃ viṣayanimittodgrahaḥ/ (想이란 인식하는 활동으로 境의 특징을 잡는 것이다.)을 고려한 것이다.

바로 이 모든 [세 가지 존재를] 하나로 모아서 '자상으로서 존재하는 것'이라고 설한다.

2.1.2. 공상으로 존재하는 것 (Ch. 361c16)

무엇이 공상(共相)으로 존재하는 것인가? 그것 또한 (1) 종류[라는 측면]에서 공상, (2) 해야만 하는 일을 행한다는 공상, (3) 제행의 공상, (4) 모든 유루(有漏)의 공상, (5) 모든 다르마의 공상으로 이루어진 5종이 있다고 보아야 한다.

(1) 무엇이 종류[라는 측면]에서 공상인가? 색·수·상·행·식에는 [색·수·상·행·식에 속한] 각각의 종류가 있는데, 그 [각각의 종류들]을 하나의 [오온의 범주로] 모아서, '종류[라는 측면]에서 공상'이라고 부른다.

(2) 무엇이 해야만 하는 일을 행한다는 공상인가? 선[이지만] 유루(有漏)의 다르마는 원하는 결과를 일으킬 때, '해야만 하는 일을 행한다'는 공상으로서 공상을 지니고 있다. 선[이지만 유루의][10] 다르마가 원하는 결과를 일으킬 때처럼, 불선의 다르마는 원하지 않는 결과를 일으킬 때에 ['해야만 하는 일을 행한다'는 공상으로서 공상을 지니고 있다]. [그리고 4]념처(念處)·[4]정단(正斷)[11]·[4]신족(神足)·[5]근(根)·[5]력(力)·[7]각지(覺支)·[8]도지(道支)라는 [37가지] 보리분법은 깨달음을 획득할 때에 '해야만 하는 일을 행한다'는 공상으로서 공상을 지니고 있다.

(3) 무엇이 제행(諸行 saṃskārā) 의 공상인가? 제행의 무상성(無常性)이다.

(4) 무엇이 모든 유루(有漏, sāsrāva)[법]의 공상인가? 모든 유루[법]의[12] 고성

---

10 산스크리트(kuśalā dharmāḥ)와 티벳역(dge ba'i chos)에서는 '선한 다르마'로 보고 있지만, 한역에서 '善有漏法'으로 번역한 점을 참조하여 첨가하였다.

11 이는 YBh_ms의 samyakpradhānāni에 대한 번역이다. ŚrBh-ms는 samyakprahāṇāni로 읽고 있지만 그 뜻은 동일한 '바른 노력'에 해당한다. 불교혼성범어에서 prahāṇa(斷)가 pradhāna(勤)의 의미를 가지고 있는 것에 관해서는 BHSD의 prahāṇa 항목 참조.

12 YBh_ms와 ŚrBh_ms는 각각 'sarvasaṃskārāṇāṃ'과 'saṃskārāṇāṃ'으로 읽고 있다. 그렇지만 한역(有漏行者皆)과 티벳역(zag pa dang bcas pa thams cad kyi)는 교정된 읽기인 'sarvasāsrāvāṇām'을 지지하고 있

(苦性)이다.

(5) 무엇이 모든 법의 공상인가? 모든 법의 공성과 무아성(無我性)이다. 이 [다섯 종류가][13] 공상[으로 존재하는 것]이라고 설해진다.

2.1.3. 관습적 언어로 나타나는 존재 (Ch. 362a1)

무엇이 관습적 언어로 나타나는 [존재]인가? 여섯 종류의 말이 어떤 것에 대해 사용될 때, 그 어떠한 것을 '관습적 언어로 나타나는 [존재]'라고 알아야 한다.[14]

무엇이 여섯 종류의 말인가? (1) 소속 주체와의 관계를 지닌 말,[15] (2) 어떤 것에 의해서 그 어떤 것이 배제되고, 또 다른 어떤 것에 의해서 그와 다른 어떤 것이 배제되는 말, (3) 관습적 언어로부터 생겨난 말, (4) 집합된 것에 대한 말, (5) 모든 곳에 통용되지 않는 말, (6) 항상하지 않은 말이다.

(1) 屬主相應言論 (Ch. 362a5)

'소속주체와의 관계를 지니고 있는 말'이란 무엇인가? 그 말은 소속주체와의

다. 또한 『구사론』과 『현관장엄론』에서도 다음과 같이 후자의 읽기를 지지하고 있다. "그렇지만 공통된 특질은 유위[법]에게는 무상성이고, 유루[법]에게는 고성이고, 모든 법에게는 공성과 무아성의 둘이다."(sāmānyalakṣaṇaṃ tu anityatā saṃskṛtānāṃ duḥkhatā sāsravāṇāṃ śūnyatā'nātmate sarvadharmāṇām | AKBh 314.12-13); 그렇지 않다면 유위법의 공통된 특질인 '무상성'과 유루법의 공통된 특질인 '고성'이라는 이 둘은 일체법이 공통된 특질로 하고 있는 '공성'과 상호간에 내재적이고 상호 분리할 수 없다는 사실과 모순될 것이기 때문이다. (anyathā hi saṃskṛtadharmasāmānyalakṣaṇam anityatā sāsravadharmasāmānyalakṣaṇaṃ duḥkhateti tayoḥ sarvadharmasāmānyalakṣaṇāyāḥ śūnyatāyāś ca parasparavyāptir virudhyeta |AAŚ 66,18-67,2).

13 이는 YBh_ms의 "idam ucyate sāmānyalakṣaṇam"을 번역한 것이다. 한역에서는 "如是一切總說為一共相有法"(바로 이러한 모든 것을 집약하여 하나로 말하자면 '공통된 특질로 존재하는 법'이다)으로 번역하고 있다.

14 한역은 "略有六種言論生起, 當知此處名假相有"라 하여, 이 6종이 간략히 추려 말해진 것이라는 의미를 더하고 있다.

15 ŚrBh_ms: svāmisambandhayukto vādaḥ; YBh_ms: svāmisambandhaḥ yukto vādaḥ (소속주체와의 관계를 지닌 이치에 맞는 말)로 읽는다. 그렇지만 티벳역 bdag po dang 'brel par ldan pa'i brjod pa 및 한역 屬主相應言論 모두 yukta를 복합어의 구성요소로 이해하고 있다.

관계를 수반하여 [그] 특성을 완전히 알리는 것인데, 소속주체와의 관계가 없다면 [그 특성을 완전히 알릴 수 있는 것]이 아니다. 예를 들면 '생(生, jāti)'이라고 말할 때, 그 말은 '이것은 어떤 것의 생인가?'라는 소속주체와의 관계를 필요로 한다. [즉] 색(色)의 생(生), 수(受)의 [생], 상(想)의 [생], 행(行)의 [생], 식(識)의 생이다. 그렇지만 [색(色)의 생(生)과 같이 소속주체와의 관계를 수반하는 말에서] '색(色 rūpa)'이라고 말할 때는 그 말은 '이것은 누구의 색인가?'라는 소속주체와의 관계를 [또 다시] 필요로 하지 않는다. 생과 마찬가지로, 노(老 jarā)·주(住 sthiti)·무상성(無常性 anityatā)과 같은 심불상응행(心不相應行 cittaviprayuktāḥ saṃskārāḥ)을 이치에 따라 적절하게 알아야 한다. 이것이 '소속 주체와의 관계를 지니고 있는 말'이라고 가르쳐진다. 그리고 이 [소속 주체와의 관계를 지니고 있는 말]이 어떠한 것에 대해 사용될 때, 그 어떠한 것을 '관습적 언어로 나타나는 [존재]'라고 알아야 한다.

(2) 遠離此彼言論 (Ch. 362a12)

'어떤 것에 의해서 어떤 것이 배제되고, 또 다른 어떤 것에 의해서 그와 다른 것이 배제되는 말'은 무엇인가? 어떤 것에 의해서 그 어떤 것을 설명할 수 없을 뿐 아니라 [즉 속성 관계를 표시하지도 못하고], 다른 것에 의해서도 또 다른 어떤 것을 설명할 수 없는 [즉 소유관계도 표시하지 못하는] 그 말을 '어떤 것에 의해서 어떤 것이 배제되고, 또 다른 어떤 것에 의해서 그와 다른 것이 배제되는 말'이라고 가르쳐진다.

다름 아닌 그것으로 그것을 지칭하는 말은 실물(實物 dravya)로 특징지어지는 [존재]에 대해 사용되기도 하고, 관습적 언어로 나타나는 [존재]에 대해 사용되기도 한다.[16] 그리고 어떤 것으로 그와 다른 어떤 것을 지칭하는 말 또한 실물로

---

16 dravyalakṣaṇe와 saṃketalakṣaṇe는 이후에 dravye sati와 prajñaptisati로 바꾸어 사용된다. 이러한 점에서 lakṣaṇa는 소유복합어의 마지막 구성요소로 보고 '존재'(sat)를 보충하여 번역하였다.

특징지어지는 [존재]에 대해 사용되기도 하고, 관습적 언어로 나타나는 [존재]에 대해 사용되기도 한다. 그렇지만 '어떤 것으로 그 어떤 것을 지칭할 수 없을 뿐 아니라, 다른 것에 의해서도 그와 다른 어떤 것을 지칭할 수 없는 말'은 오로지(ekāṃśena)[17] 관습적 언어로 나타나는 [존재]에 대해서만 사용된다.

그렇다면 무엇이 '그것에 의해 다름 아닌 그것을 지칭하는 말'로서 실물로 특징지어지는 [존재]에 대해 사용되는가? 예를 들면 '지(地)[요소]의 딱딱함'이라는 말이 그러하다. [그 말은] 어떻게 관습적 언어로 나타나는 [존재]에 대해 [사용되는가]? '[지의 요소가 지배적인] 돌의 둥긂'이라는 말이 [관습적 언어로 나타나는 존재에 대해 사용되는 것과 같다.] '지[요소]의 딱딱함'과 '돌의 둥긂'과 마찬가지로, '수(水)[요소]의 유동성(流動性)'과 '기름 한 방울(bindu)', '화(火)[요소]의 따뜻함'과 '불의 화염', '풍(風)[요소]의 이동성(移動性)'과 바람의 격렬함은 [각각 실물로 특징지어지는 존재와 관습적 언어로 나타나는 존재에 대해 사용된다.]

'어떤 것으로 그와 다른 것을 지칭하는 말'은 어떻게 실물의 존재에 대해 사용되는가? 예를 들면 '안(眼)의 식(識), 신(身)의 촉(觸)'이라는 등 [처럼 실물의 존재에 대해 사용된다.] 어떻게 [그 말은] 가설(假設 prajñapti)의 존재에 대해 [사용되는가]? 예를 들면 '붓다닷타(Buddhadatta) 혹은 구나미뜨라(Guṇamitra)[라는 사람]의 음식·음료·마차·의복·장신구'라는 등 [처럼 가설의 존재에 대해 사용된다.]

'어떤 것으로 그 어떤 것을 지칭할 수 없을 뿐 아니라, 다른 것에 의해서도 그와 다른 것을 지칭할 수 없는 말'은 어떻게 오직(ekāntena) 관습적 언어로 나타나는 [존재]에 대해서만 사용되는가? 예를 들면 '집의 문·집의 벽·항아리의 주둥이·항아리의 면(面)·군대의 전차·숲의 나무·백의 열 묶음(100×10)·열의 세

17 이 문맥에서 ekāṃśena는 이후에 ekāntena로 치환되어 사용된다. 티벳역과 한역은 양자 모두를 gcig tu nges par와 '一向'으로 동일하게 번역하고 있다.

묶음(10×3)'라는 등 [처럼 오직 관습적 언어로 나타나는 존재에 대해서만 사용된다.][18]

이것이 ②'어떤 것에 의해서 어떤 것이 배제되고, 또 다른 어떤 것에 의해서 그와 다른 것이 배제되는 말'이라고 가르쳐진다.

(3) 衆共施設言論 (Ch. 362a29)

'관습적 언어로부터 생겨난 말'이란 무엇인가? 그것은 여섯 종류의 '관념상의 특징으로서 [존재하는 것]'(nimittalakṣaṇa[sat])에 대해 자성을 가설(prajñapti)하는, 일상적인 말이다. 무엇이 여섯 종류의 '[관념상의] 특징으로서 [존재하는 것]'인가? 그것은 ① 사물(vastu 事)로 나타나는 것, ② 요별의 대상으로 나타나는 것, ③ 깨끗함 등으로 나타나는 것, ④ 도움(anugraha) 등으로 나타나는 것, ⑤ 언설의 특징으로 나타나는 것, ⑥ 잘못된 인식(mithyāpratipatti)의 특징으로 나타나는 것이다.[19]

①'사물로 나타나는 것'이란 무엇인가? 그것은 식(vijñāna)에 의해 파악되는 것이다.

②'요별의 대상으로 나타나는 것'이란 무엇인가? 그것은 작의(manaskāra)와 더불어 식이 생겨나도록 하는 것이다.

③'깨끗함 등으로 나타나는 것'이란 무엇인가? 그것은 [식이 생겨날 때,] 촉(觸 sparśa)에 의해 파악되는 것이다.

④'[즐겁게] 받아들임'[饒益] 등으로 나타나는 것'이란 무엇인가? 그것은 [식이 생겨날 때,] 감수(vedanā)에 의해 파악되는 것이다.

---

18 첫 번째 6격의 예가 속성, 두 번째가 소유의 관계라면, 세 번째는 속성도 소유의 관계도 아닌, 상호 밀접하지 않은 것을 다만 연결시켜 주는(sambandha ṣaṣṭhī) 관계로 보이며, 이는 관습적 언어의 존재에 대해서만 사용된다는 의미이다.

19 이하에서 식과 作意·觸·受·想·思의 5종 변행심소가 다루어지고 있다. 이와 관련하여 YBh 59.16-22 참조.

⑤ '언설의 특징으로 나타나는 것'이란 무엇인가? 그것은 [식이 생겨날 때,] 관념(saṃjñā)에 의해 파악되는 것이다.

⑥ '잘못된 앎 등의 특징으로 나타나는 것'이란 무엇인가? 그것은 [식이 생겨날 때,] 의도(cetanā)에 의해 파악되는 것이다.

(4) 여러 법들의 집합에 대한 말 (Ch. 362b7)

'집합된 것에 대한 말'이란 무엇인가? 그것은 거친 요소(prabhūta)들이 결합, 즉 모였을 때 그것들에 대해[20] 자성을 개념적으로 설정하는 말이다. 예를 들면 내적으로는 색·수·상·행·식[의 오온]에 대해 '나'라고 부르는 말이다. 혹은 외적으로는 색·향·미·촉들이 이러 저러한 방식으로 집적(集積)될 때, 그들 각각에 대해 집·항아리·군대·숲 등이라고 부르는 말이다.

(5) 모든 곳에 통용되지 않는 말 (Ch. 362b11)

'모든 곳에 통용되지 않는 말'이란 무엇인가? 그것은 어떤 때는 [지시하는 대상에] 일치하지만 다른 때는 [그 대상과] 구별되는 말이다. 예를 들면 집[이라는 지시 대상]에 대해 '집'이라고 [지시하는] 말은 [이러 저러한 집이라는 지시대상에 대해서는 일치하지만,[21] '거주 장소'라는 동일한 범주에 해당하는] 마을·도시·왕국 등[의 지시대상]과는 구별된다. 물단지(kumbha)에 대해 '물단지'라는

---

20 티벳역 phal po che 'dus shing tshogs pa rnams la (모이고 집합된 커다란 것들에 대해?)와 한역 "於衆多和合"(많은 화합된 모임에 대하여)로 해석하고 있다. 번역은 다음과 같은 고려아래 이루어졌다. 먼저 '집성된'(samudita)을 '결합된'(samagra)를 부연해주는 것으로 본 것은 야소미트라의 주석을 참조하였다. (AKVy 46.03-04: *na. ekaśaḥ samagrāṇāṃ kāraṇabhāvād* iti. *na*itad evaṃ. kasmāt. *ekaśaḥ* pratyekaṃ ***samagrāṇāṃ*** **samuditānāṃ** kāraṇatvāt.) 다음으로 과거분사를 사용한 절대처격과 유사한 문형(bahirdhā vā punā rūpagandharasaspraṣṭavyeṣu tathā tathā saṃniviṣṭeṣu …)을 사용하는 이후 문장에 근거하여 이 문장의 prabhūteṣu를 명사형으로 보았다. prabhūta가 거친 요소라고 할 수 있는 mahābhūta의 동의어로 사용된다는 점에 관해서는 A Sanskrit-English Dictionary (Page 684, col 3)의 prabhūta 항목 참조.

21 한역은 산스크리트와 티벳역에는 없는 "於諸舍宅處處隨轉"를 보충하고 있다. 번역은 이에 의거해 보충했다.

말은 [이러저러한 '물단지'라는 지시대상에 대해서는 일치하지만 물을 담는 용기라는 점에서 동일한 범주에 속하는] 가따(ghaṭa 커다란 물단지)·가띠(ghaṭī 작은 물단지)·샤라바(śarāva 접시) 등[의 지시대상]과는 구별된다. '군대'라는 말은 [군대라는 지시대상에 대해서는 일치하지만 그 군대를 구성하는] 각각의 여자·남자·어린 소년·어린 소녀 등[의 지시대상]과는 일치하지 않는다. '숲'이라는 말은 [숲이라는 지시대상에 대해서는 일치하지만 그 숲을 구성하는] 각각의 나무 [그리고 그 나무를 구성하는] 뿌리·줄기·잎·꽃·열매 등[의 지시대상]과는 일치하지 않는다.

(6) 항상하지 않는 말 (Ch. 362b18)

'항상하지 않은 말'이란 무엇인가? 그것은 네 가지 측면에 기인한 것으로 보아야 하는데, [그 네 가지란] (1) 파괴(bheda), (2) 구분할 수 없음(abheda), (3) 가공(abhisaṃskāra), (4) 변화(pariṇāma)의 측면이다.

(1) 어떻게 파괴에 의해 [말이 항상하지 않는가]? 예를 들면 물단지가 깨어졌을 때, '물단지'라는 말은 버려지고, '깨진 조각[破片]'이란 말이 나타나는 [방식으로 말은 항상하지 않다.]

(2) 어떻게 구분할 수 없음(abheda 不破壞)에 의해 [말이 항상하지 않는가]? 예를 들면 다양한 재료(dravya)들이 혼합하여 만들어진 화장분(粉化粧) 혹은 향료(香料)의 경우, '다양한 재료'라는 말은 버려지고, '화장분' 혹은 '향료'라는 말이 나타나는 [방식으로 말이 항상하지 않는다.]

(3) 어떻게 가공에 의해 [말이 항상하지 않는가]? 예를 들면 가공되지 않은(anabhisaṃskṛte) 금덩어리가 목걸이·팔찌·팔뚝찌와 같은 [장신구]로 가공되었을 때[22], '금덩어리'라는 말은 버려지고 '목걸이·팔찌·팔뚝찌'라는 말이 나

---

22 YBh_ms: harṣakaṭakakeyūrādyabhisaṃskāpariṇate. 이를 교정한 harṣakaṭakakeyūrādyabhisaṃskārapariṇate에 의거한 번역이다. 그렇지만 이 복합어에서 abhisaṃskārapariṇāte(가공되었을 때)는 불만족스러

타나는 [방식으로 말이 항상하지 않는다.]

(4) 어떻게 변화에 의해 [말이 항상하지 않는가]? 예를 들면 음식과 음료가 소화되었을 때(pariṇata), '음식'과 '음료'라는 말은 버려지고, '똥'과 '오줌'이라는 말이 나타나는 [방식으로 말이 항상하지 않는다.]

이상 이러한 [네] 종류가 '항상하지 않은 말'이라고 알아야 한다.

이와 같이 이러한 6종의[23] 말이 어떤 것에 대해 사용될 때, 그 어떠한 것을 '관습적 언어로 나타나는 [존재]'라고 알아야 한다. 이것을 '관습적 언어로 나타나는 [존재]'라고 설한다.

2.1.4. 원인으로 나타나는 존재 (Ch. 362b28)

무엇이 '원인으로 나타나는 것'인가? 그것은 간략하게 (1) 원하는 원인(可愛因), (2) 원하지 않는 원인(不可愛因), (3) 장양(長養)의 원인, (4) 유전(流轉)의 원인, (5) 환멸(還滅)의 원인이라는 5종이 있다고 보아야 한다.

(1) 무엇이 '원하는 원인'인가? 선한 유루(有漏)의 법이다.

(2) 무엇이 '원하지 않는 원인'인가? 불선한 법이다.

(3) 무엇이 '장양(長養)의 원인'인가? 이전에 생기했던 선·불선·무기(無記)의 법이 반복되고(āsevita) 수습되고(bhāvita) 빈번히 행해질(bahulīkṛta) 때, 이들을 이후에 발생하여 점점 보다 증장하고 최고로 증장하는 선·불선·무기의 법들을 장양하는 원인이라고 말한다.

(4) 무엇이 '유전(流轉)의 원인'인가? 어떤 종자(種子)나 습기 혹은 조반

운 읽기이다. 만약 장신구를 의미하는 abhyalaṃkāra가 abhisaṃskāra로 전와(轉訛)되었다고 가정한다면 "[가공을 통해] 목걸이·팔찌·암릿과 같은 장신구로 변화했을 때"의 좀 더 자연스러운 읽기가 가능해진다. 이전 문장에서 bheda(파괴)를 사용하지 않고 bhagna(깨어진)으로 바꾸어 사용했다는 점도 이러한 추정을 가능하게 하는 요소라고 보인다.

23 즉 ① 소속 주체와의 관계를 지닌 말, ② 어떤 것에 의해서 그 어떤 것이 결여되고, 또 다른 어떤 것에 의해서 그와 다른 어떤 것이 결여되는 말, ③ 관습적 언어로부터 생겨난 말, ④ 모임된 것에 대한 말, ⑤ 모든 곳에 통용되지 않는 말, ⑥ 항상하지 않은 말.

(sahāya)에 의해 어떠한 법들이 작동(pravṛtti)하게 될 때, 이 [종자, 습기, 조력자]를 그 [법]들의 '유전의 원인'이라고 말한다.

(5) 무엇이 '환멸의 원인'인가? 반열반을 일으킬 수 있고, 깨달음(sambodhi)으로 나아가고, [수행도에 필요한] 자량(sambhāra)과 [그 자량을 얻기 위한] 노력(prayoga)을 갖추고, 시작과 완성이 있으며, 제행의 소멸 및 잡염(saṃkleśa)의 소멸과 관련된, 적정을 일으키는 모든 수행도(mārga)를 '환멸의 원인'이라고 말한다.

이것이 간략한 '원인으로 나타나는 것'인데, 그렇지만 [이에 대한] 자세한 분류는 「원인과 결과에 대한 견해」 [의 장에서][24] 살펴보아야 한다.

2.1.5. 결과로 나타나는 존재 (Ch. 362c11)

무엇이 '결과로 나타나는 것'인가? 이러한 다섯 종류의 원인으로부터 생한 것, 획득한 것, 성립한 것, 발생한 것, 일어난 것을 '결과로 나타나는 것'이라고 알아야 한다.

2.2. 관찰되어야 할 존재하지 않는 사물 (Ch. 362c14)

무엇이 '관찰되어야 할 존재하지 않는 사물'인가? 그것도 (1) 아직 일어나지 않았기 때문에 존재하지 않는 것, (2) 이미 중지(소멸)되었기 때문에 존재하지 않는 것, (3) 상호간에 존재하지 않는 것, (4) 승의로서 존재하지 않는 것 그리고 (5) 완전하게 존재하지 않는 것이라는 5종으로 나타난다고 보아야 한다.

(1) '아직 일어나지 않았기 때문에 존재하지 않는 것'이란 무엇인가? [아직 오지 않은] 미래의 행(行 saṃskāra)이다.

(2) '이미 중지(소멸)되었기 때문에 존재하지 않는 것'이란 무엇인가? [이미

---

24 이에 관해서 YBh 105,1-112,6의 hetuphalavyavasthāna 참조.

지나가버린] 과거의 행(行)이다.

(3) '상호간에 존재하지 않는 것'(互相無)이란 무엇인가? 그것은 어떤 다르마들이 어떤 다른 특징(相, lakṣaṇa)과 분리되어 있는 상태, 즉 [특징이] 없는 상태이거나, 혹은 이러저러한 다르마들이 그와 다른 그러저러한 다르마들과 만나지 못하는 상태이다[25].

(4) '궁극적으로 존재하지 않는 것'(勝義無)이란 무엇인가? 그것은 자성을 가설하는 일상적인 말에 의해 개념적으로 확립된 자성이다.[26]

(5) '완전히 존재하지 않는 것'(畢竟無)이란 무엇인가? 그것이 무엇이든 간에 '불임녀의 자식' 등과 같은 부류에 속하는 것이다.

2.3. 다섯 종류의 존재와 다섯 종류의 비존재[27] (Ch. 362c21)

또한 이 이외에도 5종의 존재성(astitā)과 5종의 비존재성(nāstitā)이 있다.[28]

2.3.1. 5종의 존재성

무엇이 5종의 존재성인가? (1) 원성실상(parinișpannalakṣaṇa)으로서의 존재성, (2) 의타기상(paratantralakṣaṇa)으로서의 존재성, (3) 변계소집상(parikalpitalakṣaṇa)으로서의 존재성, (4) 특별한 상(viśeṣalakṣaṇa)으로서의 존재성 그리고 (5) 말해질 수 없는 특징(avaktavyalakṣaṇa)[을 지닌] 것으로서의 존재

---

25 이는 itaretaradharmāsamavadhānatā vā punar itaretareṣāṃ dharmāṇām의 번역으로 티벳역 chos gzhan dang gzhan rnams chos gzhan dang gzhan rnams dang mi 'phrad pa gang yin pa'o이 이러한 이해를 뒷받침한다.

26 "2.1.1. 자상(自相)으로서 존재하는 것" 중에서 ① 궁극적 대상으로 나타나는 존재[勝義相有]의 정의와 비교: "무엇이 ① '궁극적 대상으로 나타나는 [존재]'인가? 모든 다르마 중에서 출세간 지혜의 활동영역이고 개념적으로 확정할 수 없는 모습을 지닌, 불가언설(不可言說)의 대상이다.

27 Schmithausen(2000: 259-263)은 이 단락이 앞의 두 단락 이후에 대승적 관점을 보여주기 위한 편찬단계에서 추가된 것이라고 설명한다.

28 티벳역은 다음과 같이 다르마를 삽입하여 해석한다. gzhan yang chos rnam pa lnga ni yod pa nyid do || rnam pa lnga ni med pa nyid do || (또한 5종의 법은 존재하는 것이다. 5종은 존재하지 않는 것이다.)

성이다.

(1) 그중에서 첫 번째는 승의적인(pāramārthika) 특징이다.

(2) 두 번째는 [원인과 조건에] 의지하여 발생된(pratītyasamutpanna) 특징이다.

(3) 세 번째는 관습적 언어의 특징(saṃketalakṣaṇam, 假施設相)이다.

(4) 네 번째는 '시간의 상(adhvalakṣaṇa)[29], 생상(生相) · 노상(老相) · 주상(住相) · 무상상(無常相), 고상(苦相), 공성상(空性相) · 무아상(無我相), 사물의 상(相) · 요별(了別)해야 하는 상(相) · 소취상(所取相) · 깨끗함 등의 상(相) · 받아들임[饒益] 등의 상 · 언설의 특징으로서의 상 · 잘못된 앎 등의 특징으로서의 상'[30]이라는 이와 같은 부류에 속하는 상을 '특별한 상(相)'이라고 알아야 한다.

(5) 다음으로 다섯 번째는 [다음의] 네 측면을 지닌 말할 필요가 없는 것이기 때문에 '말해질 수 없는 특징'이다. ① '존재하지 않는 것이기 때문에' [말해질 수 없는 것은][31] 예를 들면, '개아는 [오온]과 다른가 또는 다르지 않는가'이다. ② '심오하기 때문에' [말해질 수 없는 것은] 불가언설의 법성, 여래들이 지닌 불가사의한 법신, 붓다[들]의 불가사의한 경계 그리고 '여래는 사후에 그와 같이 존재한다'[32]는 등이다. ③ '이익을 수반하지 않는 것이기 때문에'[33] [말해질 수 없는 것은] 예를 들면, 도덕(dharma)과 이익(artha), 범행(梵行 brahmacaryā)을 수반

---

29 adhvalakṣaṇa는 티벳역 dus kyi mtshan nyid에 의해 지지된다. 하지만 한역 不二相은 advayalakṣaṇa로 읽고 있다.

30 15종의 相(lakṣaṇa) 가운데 '시간의 상'(adhvalakṣaṇa)과 '소취상'(grāhyalakṣaṇa)의 2종은 § 2.1.에서 언급되지 않았다. "생(生) · 노(老) · 주(住) · 무상(無常)"의 넷은 § 2.1.3. 중에서 ① '소속 주체와의 관계를 지니고 있는 말'[屬主相應言論]에서 心不相應行으로 언급되었다. 또한 § 2.1.2.에서 무상성(anityatā)은 ③ 제행의 공상으로, 苦性(duḥkhatā)은 ④ 모든 유루법의 공상으로, 공성과 무아성은 ⑤ 일체법의 공상으로 정의되었다. 소취상을 제외한 나머지 여섯은 § 2.1.3. 중에서 ③ 관습적 언어로부터 생겨난 말에서 6종의 '[대상의] 특징으로서 [존재하는 것](nimittalakṣaṇa)에서 언급되었다.

31 한역 不可說에 의거해 삽입했다.

32 한역에 따르면, '여래는 멸도 후에 존재하는가 아니면 존재하지 않는가?'(如來滅後若有若無)이다

33 anarthopasaṃhitatvāt의 번역어로서 티벳역 don dang ldan pa ma yin pa'i phyir에 의해 지지된다. 한역 能引無義故는 anarthopasaṃhitatvāt가 아닌 anarthopasaṃhṛtatvāt(이익을 이끌어내지 못하는 것)의 번역어로 보인다.

하지 않기에 세존께서 증득하셨음에도 불구하고 설하시지 않은 이러저러한 가르침(Dharma)들이다. ④ 그와 같이 법상(法相)으로서 확립하기 때문에[34] [말해질 수 없는 것은] 예를 들면, 제행과 다른 것인가 다르지 않는가라고 말할 필요가 없는 진여(tathatā)이다.

2.3.2. 5종의 비존재 (Ch. 363a8)

무엇이 5종의 비존재성인가? 승의의 특징을 [여의고 있다는 의미에서의] 비존재성, 독립적인 특징을 [여의고 있다는 의미에서의 비존재성(svatantralakṣaṇāstitā),[35] 모든 방식으로 모두 자상을 [여의고 있다는 의미에서의] 비존재성(sarveṇa sarvaṃ svalakṣaṇanāstitā), 특별한 특징을 여이고 있다는 [의미에서의] 비존재성(aviśeṣalakṣaṇanāstitā)[36] 그리고 말해질 수 있는 특징을 여의고 있다는 [의미에서의] 비존재성(avaktavyalakṣaṇanāstitā)[37]이다.

3. 다르마에 대한 분석 (Ch. 363a11)

다르마에 대한 분석(dharmapravicaya)이란 무엇인가? 그것은 경전의 의미(sūtrārtha)에 대한 분석의 측면과 게송의 의미(gāthārtha)에 대한 분석의 측면이

---

34 tathādharmalakṣaṇavyavasthānataḥ의 번역으로, 티벳역은 de bzhin du chos kyi mtshan nyid rnam par gzhag pa'i phyir로 산스크리트와 동일하지만, 한역 法相法爾之所安立故은 "법상은 자연적으로 건립되었기에"로 달리 번역하고 있다.

35 이는 svatantralakṣaṇanāstitā의 번역어로서, 한역 '自依相無性'이 이를 지지한다. 티벳역 gzhan gyi dbang gi mtshan nyid med pa nyid는 svatantralakṣaṇanāstitā가 아니라 paratantralakṣaṇanāstitā를 번역한 것으로 보인다.

36 Schmithausen의 "being non-existent [in the sense of] lacking a specific character"을 참조한 번역이다.

37 티벳역(brjod par bya ba'i mtshan nyid med pa nyid)과 한역(可說相無性)은 모두 vaktavyalakṣaṇanāstitā (말해질 수 있는 특징의 비존재성)를 지지하고 있다. 그렇지만 Schmithausen(2000: 259)은 산스크리트에 따라 이 문장을 avaktavyalakṣaṇāstitā로서 "being non-existent [in the sense of] lacking a communicable character"로 풀이하고 있다.

라는 2종이라고 알아야 한다.

3.1. 경전의 의미에 대한 분석

나는 이런 두 가지 측면에서 「섭사분」(攝事分)[38]과 보살장의 교수(avavāda)[39]에서 경전의 의미에 대한 분석을 상세하게 설명할 것이다.

3.2. 게송의 의미에 대한 분석 (Ch. 363a13)

또한 게송의 의미(gāthārtha)에 대한 분석은 승의를 게송으로 건립하는 측면, 의도를 함축한 의미를 게송으로 건립하는 측면 그리고 핵심주제의 의미를 게송으로 건립하는 측면에 의해서이다.

3.2.1. 勝義伽他와 그 주석 (Ch. 363a15)

3.2.1.1. 승의가타 (Paramārtha-gāthā)

그 세 가지 [게송] 중에서 승의를 게송으로 건립함은 다음과 같다.[40]

---

38 「攝事分」은 『유가론』을 구성하는 다섯 부분의 하나이다. (해제 참조) 관련된 설명은 「섭사분」(T30: 772b20-773a6; D 4039 sems tsam 127a5-128a7)의 첫 머리에 나오는 契經事行擇攝을 가리킨다. 여기서 모든 契經(sūtra)은 24處에 포함된다고 하는 설명이 나온다. 24처는 一者 別解脱契經, 二者 事契經, 三者 聲聞相應契經, 四者 大乘相應契經, 五者 未顯了義令顯了契經, 六者已顯了義更令明淨契經, 七者先時所作契經, 八者 稱讃契經, 九者 顯示黒品契經, 十者 顯示白品契經, 十一者 不了義契經, 十二者 了義契經, 十三者 義略文句廣契經, 十四者 義廣文句略契經, 十五者 義略文句略契經, 十六者 義廣文句廣契經, 十七者 義深文句淺契經, 十八者 義淺文句深契經, 十九者 義深文句深契經, 二十者 義淺文句淺契經, 二十一者 遠離當來過失契經, 二十二者 遠離現前過失契經, 二十三者 除遣所生疑惑契經, 二十四者 爲令正法久住契經이다.

39 여기서 菩薩藏(bodhisattvapiṭaka)은 성문장과 대비되는 의미에서의 보살장을 의미한다고 보인다. 그런 의미에서 『보살지』가 도처에서 자신의 교법을 보살장으로 부르며, 각각의 설명항목을 보살장의 논모라고 부르고 있음을 고려할 때 보살장은 『보살지』를 가리킨다고 보인다. 그리고 '보살장의 교수'는 구체적으로 『보살지』 역종성품에서 교수(avavāda)라는 주제 아래 설해지는 내용을 가리킬 것이다. 역종성품의 내용에 대해서는 『보살지』(2015: 139-154) 참조.

40 승의가타는 44개의 게송으로 이루어져 있지만, Shukla본에는 41게송이다. Schmithausen은 PG 28-41송과 그 주석의 편집과 번역에서 "승의가타의 약간은 경전자료로부터 유래하지만 다른 것은 paracanonical한 것으로 간주되었던 것처럼 보이는 증거가 있다. 주석이 게송을 잘못 해석하고 있

① 어떤 주재자도 없고 행위자도 없으며 감수자도 없다.

그 모든 법들이 작용하지 않더라도 지금 행위는 일어난다.

② 12유지(有支)와 [오]온, [12]처, [18]계 모두를 살펴보아도 개아(pudgala)는 발견되지 않는다.[41]

③ 내적인 모든 것도 공하며, 외적인 모든 것도 공하다. 공성을 수습한 어떤 자도 존재하지 않는다.

④ 실로 자아에게 자아는 존재하지 않고 전도된 자에게 [있다고] 분별된다. 여기에 중생이나 자아는 없지만 이 법들은 원인을 가진 것이다.

⑤ 제행은 찰나적이다. 견고하지 않은 [제행]에게 어떻게 작용이 있겠는가? 이것들의 발생이 바로 작용이고 또한 그것이 행위자라고 말해진다.

⑥ 눈은 색을 보지 못하고, 귀는 소리를 듣지 못하고, 코는 냄새를 맡지 못하며, 혀는 맛을 맛보지 못하며,

⑦ 몸은 접촉대상에 접촉하지 못하고, 마음은 법들을 인지하지 못하네. 이것들을 지니는 자(adhiṣṭhātā)도 없고 촉진시키는 자(preraka)도 없다.

⑧ 이것을 다른 것이 일어나게 한 것도 아니고, 스스로 일어난 것도 아니다. 저 [조건]들에 의거하여 이전에 없던 새롭고 새로운 존재들이 일어난다.

⑨ 이것을 다른 것이 사라지게 한 것도 아니고 스스로 사라진 것도 아니다. 조

는 경우들이 있기 때문에 주석의 저자는 분명 (전체) 게송의 저자는 아니었을 것이다. 오히려 게송은 주석의 저자나 또는 그 이전에 다양한 경전자료나 또는 구전전승에서부터 궁극적 진리의 차원에서 권위있는 것으로서 편찬된 것으로 보인다."(1987: 223f)고 평가하고 있다.

41 PG 2-4의 세 게송은 AKBh에서 Kṣudrakāgama에서의 인용으로 설해지고 있지만, PG 4-2-3의 순서로 배열되고 있다. AKBh 466,8-13: ātmaiva hy ātmano nāsti viparītena kalpyate/ nāstīha sattva ātmā vā dharmās tv ete sahetukāḥ// dvādaśaiva bhavāṅgāni skandhāyatanadhātavaḥ/ vicintya sarvāṇy etāni pudgalo nopalabhyate// śūnyam adhyātmakaṃ śūnyaṃ paśya bahirgatam/ na labhyate so 'pi kaścid yo bhāvayati śūnyatām iti. "바로 자아는 자아로서 비존재하지만 전도된 자에 의해 [자아라고] 분별된다. 여기에 중생이나 자아는 존재하지 않지만, 이 법들은 원인을 가진 것이다. 바로 12유지가 온·처·계이며, 이 모든 것들을 고찰한 후에 개아는 지각되지 않는다." 따라서 AKBh의 배열에서는 12유지가 sahetikāḥ를 지시하게 되어 문맥에 더 가깝다고 보인다. 여기서는 의도적으로 배열 순서를 바꾸어 의미에 변화를 주려고 한 것으로 보인다.

건이 있을 때 일어나고, 일어난 것들은 자연적으로 사라진다.

⑩ 두 측면에 의지한 자에게 인식되더라도 바로 그 인식대상에 부주의하게 되며 또 다시 잘못 나아간다.

⑪ 잘못 나아가는 자들은 실로 미혹에 의해 사로잡혀 있으며, 인식대상에 부주의한 자들은 갈애에 의해 사로잡혀 있다.

⑫ 제법이 원인을 지니고 있기 때문이며, 고통에 있어서도 그것과 마찬가지다. 두 가지 근본번뇌를 만들고서 12유지에서는 두 가지로 작동된다.

⑬ 이 작용은 스스로에 의해 지어진 것도 아니고, 타인들에 의해 지어진 것도 아니다. 또 다른 것이 작용을 짓는 것도 아니지만 작용이 없는 것도 아니다.

⑭ 실로 안에서도 아니고, 밖에서도 아니고, 양자의 중간도 아닌, 생겨나지 않은 행이 어느 때에 지각되겠는가?

⑮ 행이 생겼더라도 그 때문에 그것이 인식되고 있는 것은 아니며, 미래는 토대가 없고 과거는 분별된 것이다.[42]

⑯ 경험된 것만이 분별되고, 경험되지 않는 것도 분별된다.[43] 제행은 시초를 갖지 않지만 바로 그 시초는 인식된다.

⑰-⑱ "색(rūpa)은 거품 덩어리와 같고, 수(vedanā)는 물거품과 같으며, 상(saṃjñā)은 아지랑이와 같고, 제행(saṃskārā)은 파초와 같으며, 식(vijñāna)은 환영과 같다"[44] 고 태양의 후예[45]는 설한다. 또한 제행은 한 [찰나]에 일어나고 한

---

42 해당 원문을 '토대가 없는 미래와 과거는 분별된 것이다(anāgataṃ nirnimittam atītaṃ ca vikalpyate)' 라고 해석할 수 있다. 그럼에도 '미래는 토대가 없고 과거는 분별된 것이다' 라고 해석한 것은 대응되는 한역이 "未來無有相過去可分別"이고, 티벳역이 "ma 'ongs pa la mtshan ma med || 'das pa la ni rnam par rtog ||"이기 때문이다.

43 YBh_ms: kalpyate anubhūtaṃ ca nānubhūtaṃ ca kalpyate. 이는 '경험된 것이 분별되고 경험된 것이 분별되지 않는다'로 번역하는 것이 자연스럽다. 그렇지만 주석에 na kevalam anubhūtam eva kalpyate; ananubhātaṃ cānāgatam api kalpyate로 되어 있고, 또 한역과 티벳역도 주석의 이해방식을 따르기 때문에 그렇게 번역했다.

44 SN III, 142,29-31: pheṇapiṇḍūpamam rūpaṃ || vedanā bubbuḷupamā || marīcikūpamā saññā || saṅkhārā kadalūpamā || māyūpamañ ca viññāṇaṃ || dīpitādiccabandhunā ||; T99.2: 69a19f: 觀色如聚沫受如水上泡想如

[찰나]에 머물고 소멸한다.[46]

⑲ 미혹(moha)은 미혹 [자체]를 미혹하지 않고, 또 다른 [미혹]을 미혹하지도 않을 것이며, 다른 것도 이 [미혹]을 미혹하지 않는다. 그렇지만 미혹이 존재하지 않는 것은 아니다.

⑳ 비여리작의(非如理作意)로부터 그 미혹이 일어나고, 미혹되지 않는 자에게 비여리작의는 일어나지 않는다.

㉑ 제행은 복덕(福德), 비복덕(非福德), 부동(不動)이라는 3종으로 인정된다. 또한 3종의 업이 있더라도 이 모두는 [서로] 결합되지 않는다.

㉒ 지금 일어나고 있는 [제행]은 [찰나에] 무너지고, 이미 지나간 [제행]은 결코 머물지 않으며, 아직 일어나지 않는 [제행]은 조건에 의거하고 있다.

단지 마음이 [그 제행에] 뒤따라 작용할 뿐이다.

㉓ 상응하는 [요소]는 확정되어 있고 불상응하는 [요소]도 그렇다. 실로 [상응하는 요소와 불상응하는 요소는] 모든 때에 있어서도 아니고 모든 것들에 의해서도 아니다. 그럼에도 마음은 [제행을] 취한다고 말해진다.

㉔ 흐름의 유사함과 유사하지 않음이 끊어졌을 때, 이 언어적 관습(saṃvṛti)은 아견과 상합하게 행해진다.

㉕ 색신(rūpakāya)도 무너지고 명신(名身, nāmakāya)[47] 도 사라진다. 그러나 현세와 내세에 스스로 짓는 자와 향수하는 자가 있다[48]고 말한다.

春時談諸行如芭蕉 諸識法如幻 日種姓尊説 이 게송은 Madhyamakāvatāra 1.8과 Prasannapadā(ed. Poussin) 41, 549에서도 인용되어 있다.

45 ādityabhandhu는 석가모니의 다른 호칭으로서 이것에 대한 최초의 언급은 Sn 423, Ādiccā nāma gottena, sākiyā nāma jātiyā라는 구절에서 보듯이 석가의 종족을 '태양(āditya)'으로 부르는 것과 관련이 있다. 후대 문헌인 Mahāvastu(I. 282.15), Mahāvaṃsa, Sumaṅgalavilāsinī, Saundarānanda 등에서도 이 호칭이 나타난다.

46 대응하는 티벳역('du byed rnams ni skye ba 'dra || gnas pa dang ni 'gag pa 'dra)은 "제행은 같이 일어나고, 같이 머문다"이고, 한역(諸行一時生 亦一時住滅)은 "제행은 일시에 생기고 또한 일시에 소멸한다"이다.

47 nāmakāya는 '심리적 요소들의 집합'으로 오온 중에서 수·상·행·식의 그룹을 의미할 것이다.

㉖ 전후로 다른 것이기 때문이며 스스로의 원인과 결과를 포섭하기 때문에 바로 그 행위자와 감수자가 동일하거나 다르다고 말할 수 없다.[49]

㉗ 원인의 길이 단절되지 않음으로부터 화합에 의해 작용이 일어난다. 그 [제행]은 자신의 원인으로부터 생겨나고, 그것을 붙잡는 것[50]이다.

㉘ 희론에 대한 희열[51] 및 깨끗하고 깨끗하지 않는 업[52]이 원인이며, 일체종자를 지닌 이숙 및 원하고 원하지 않는 것이 결과이다.[53]

㉙ 실로 일체종자를 지닌 이숙에 대해 아견이 일어난다. 이것은 자내증되어야 하고, 사변될 수 없고, 보이지 않는다.[54]

---

48 paratreha를 "현세와 내세에"로 번역한 것으로서 대응되는 한역 今後世, 티벳역 tshe 'di dang ni phyi ma la를 참조한 것이다. 그리고 svayaṃkṛtopabhogaḥ에 대응되는 티벳역은 스스로 행위하는 것에 대해 향수한다고 한다(bdag gis byas la spyod)이지만 한역은 경우 스스로 짓는 자와 스스로 결과를 향수하는 자(自作自受果)로 나타난다.

49 이 게송은 바로 앞의 게송 25에서 설한 내용의 근거를 밝힌 것으로 보인다. 이 게송의 cd 내용의 경우, 티벳역과 한역이 다르다. 전자는 그 행위자와 감수자가 있는데 다르다고 말할 수 없다(de nyid byed dang tshor ba yin || tha dad par ni brjod mi bya ||)이고 후자는 작자와 수자의 동일함과 다름을 설할 수 없다(作者與受者 一異不可說)이기 때문이다.

50 ŚrBh 1973: 384 참조.

51 prapañcābhirati. 티벳역 spros la mngon dga', 한역 樂戲論. 슈미트하우젠은 Ñāṇananda(1971)의 여기저기에서는 희론이라는 의미가 맞지만, AN IV(68f)이나 Johansson(1979: 191)에서 prapañca는 견해(diṭṭhi) 및 취(upādāna)를 수반한 papañcita나 갈애(taṇhā)의 뜻으로 나타난다. 이 경우 불완전한 세간적 업과 그로 인한 존재를 함축하는 것으로 볼 수 있다. 또한 그는 prapañcābhirati에 대해 YBh 25,12-14에 견주어 하나의 새로운 인격적 존재에 대한 토대에 대한 발생의 주된 원인으로, 그것은 재생으로 이끄는 갈애(tṛṣṇā)의 측면을 명백하게 취하고 있다고 설명한다. 자세한 설명은 Schimithausen 1987: 507-514, n.1405 참조.

52 티벳역은 선·악업 legs nyes las으로 제시되어 있다.

53 YBh 25,11-13에 따르면 "그 일체 종자에서 신체가 일어나는 청정하고 더러운 업의 원인이 있을 때 세간적 존재에 대해 즐거워하는 것은 작동인이라고 보아야 할 것이다. 그러나 종족, 색력, 수명, 자구 등에 있어서 결과의 특별함에 의해 청정과 더러운 작동하는 업이다(tasyāṃ punaḥ sarvabījakāyām ātmabhāvābhinirvṛttau śubhāśubhakarmahetutve 'pi sati prapañcābhiratir eva kāraṇaṃ draṣṭavyaṃ | kulabalarūpāyurbhogādikasya tu phalasya prādhānyena śubhāśubhaṃ karma kāraṇaṃ ||)" 그리고 YBh 4,11f 에서는 "이전의 세간적 존재에 대한 즐거움을 원인으로 하는 취에 의해 일체 종자를 지닌 이숙이 일어난다(pūrvakaṃ prapañcaratihetum upādāya yaḥ sarvabījako vipāko nirvṛttaḥ ||)"는 등으로 설명하고 있다.

54 보이지 않는 것(anidarśanaḥ)에 대한 『성문지』의 대응구는 보이는 것에 대한 것(abhidarśanaḥ)이다. 그러나 anidarśanaḥ의 티벳역은 bstan du med이고 한역은 不可見이다. 따라서 보이지 않는 것이라

㉚ 무지한 우자들은 그 [이숙]을 내적인 자아라고 상정할 뿐 아니라, 또한 아견에 의지하여 많은 (잘못된) 견해들이 생겨난다.

㉛ 아견은 단일체(piṇḍa)에 대한 집착[55]에서, 스스로의 종자에서, 이전의 습관(abhyāsa)에서, 친구(sahāya)로부터, 적합한 청문(śravaṇa)에서 생겨난다.

㉜ 바로 그 [아견]을 조건으로 한 애착은 내적으로 자아에 대해 일어나고, 또한 선호하는 것에 대한 갈구 때문에 애착은 외적으로 [있는 것을] 나의 것으로 받아들인다.

㉝ 이 세간인은 두려워하는 것을 미혹하기 때문에 이것이 이끌어 내며, 처음으로 집착하고서 그 때문에 희론을 취한다.

㉞ 이러저러하게 달라붙은 그것을 성자는 고통으로 인식한다. 범부들은 한 찰나조차 적정을 지니지 못하며 그 때문에 언제나 고통스럽다.

㉟ 불균형성에 의해 에워싸인 마음이 그와 같이 고통을 축적한다. 범부들에게 축적된 그 [마음]은 아만, 즐거움, 고통의 조건이 된다.

㊱ 마치 코끼리가 큰 늪에 [빠진] 것처럼, 모든 범부들이 염착하는 바로 그것에 대해 미혹이 모든 행위 속에서 강성하게 되고 변재하게 된다.

㊲ 세간에 있는 어떠한 불균등한 흐름들은 모든 흐름들의 부서짐으로 호수가 된 것이다. 이 [호수]를 법행(法行)을 제외한 불도 [마르게 할 수 없고] 바람도 [마르게 할 수 없고] 햇빛도 마르게 할 수 없다.

㊳ 고통으로부터 '고통스러운 내가 있다'거나 또는 즐거움으로부터 ['즐거운 내가 있다'라고] 스스로를 고통으로 생각한다.

[이러한] 분별은 잘못된 견해를 불러일으키며, 바로 그 [분별]은 저 [고통]으로부터 생기지만 또 다시 그 [고통]을 산출한다.

㊴ 항상 염오된 마나스(manas)가 번뇌들과 함께 일어나고 소멸한다. 그 [마나

번역한다. 한편 저축이라는 의미에 대해서는 AKBh 196,9-11 참조.

55 BoBh(D) 35,20-23; AKVy 47,19-32. 더 자세한 내용은 Schmithausen(1987: 515, n.1414) 참조.

스]가 번뇌들로부터 해탈됨은 이전에도 없었고 이후에도 없을 것이다.

㊵ 그 [마나스]는 나중에 청정한 것으로서 일어난 것은 아니다. 한편 [청정한 마나스와] 또 다른 것이 생긴 것이다. 그리고 그것은 이전에 염오된 것이 아니며, 번뇌들로부터 해탈된 것이라고 설해진다.

㊶ 염오된 그 [마음]은 바로 이 [체계]에서 완전히 [염오된 것이고], 청정은 본질적으로 밝은 것이다. 하지만 여기서 누구도 청정하게 되지 않고 무엇으로부터 청정하게 되는 것도 아니다.

㊷ 일체 종자가 근절되었기 때문에, 또 일체 번뇌가 소멸되었기 때문이다. 바로 이와 관련하여 염오되지 않았기 때문에[56] [해탈은] 두 가지 분류로 설해진다.

㊸ [그 해탈은] 자내증되어야 할 것이기에, 오직 고통만을 철저하게 파괴하기에, 바로 그와 같이 희론이 없기에, 모든 방식으로 희론을 취하지 않을 것이다.

㊹ 흐름(pravāha)에 대해 개아라고 명명하고, 특징(lakṣaṇa)에 대해 법이라 명명하더라도 여기에 어떤 윤회하는 자도 없고 또한 열반하는 어떤 자도 없다.[57]

3.2.1.2. 승의가타의 주석 (Ch. 364a18)

승의는 인무아이다. 그 [인무아]를 주제로 하여 승의에 대한 게송이 있다. [그것은] 증익과 손감의 두 극단을 제거하기 때문이다.

(PG 1의 주석:) 거기서 "**주재자**"는 소유물에 대해서이고, "**행위자**"는 행위들에 대해서이며, "**감수자**"는 저 [행위]의 결과들에 대해서이다. 게송 전반부에 의해 다른 대상으로 변계된 자아를 부정한다. "**모든 법들이 작용하지 않더라**

---

56 asaṃkleśā을 제5격으로 해석한 이유는 티벳역 kun nas nyon mongs med | de phyir을 참조한 것이다. 한편 -ā 형태가 Sg. Ablative로 사용된 사례는 흔히 나오는 것은 아니지만 게송과 산문에서 나타나고 있다.(BHS I, 8.46 참조)

57 『유가론』 사본, 한역, 티벳역은 모두 Paramārthagāthā 다음에 바로 그 주석의 내용이 나타난다. 반면 ŚrBh_ms에서만 곧바로 Ābhiprāyikārthagāthā로 이어지며, Paramārthagāthā에 대한 게송의 주석은 이후의 폴리오(15A-15B [=130 recto])에서 그 내용이 확인된다.

도"란 바로 그 법들이 자아임을 부정한 것이다. 이로 인해 증익의 극단을 제거한다. "**지금 행위는 일어난다**"란 법들은 존재하는 것이기에 손감의 극단을 제거한다. 여기서 행위는 주재자의 행위, 행위자의 행위, 감수자의 행위라는 셋이 있다. 이 행위에 의해 주재자나 행위자, 감수자가 가설된다.

(PG 2의 주석:) 그 법들은 무엇들인가라고 설해지지 않았다. 그러므로 바로 그 12[유지]라 설한 것이다. 절반의 게송(2ab), 즉 [세존께서] [12]유지의 순서에서처럼, [5]온 등이 일어난다는 것을 설명하신 것이다. 온·처·계라는 말은 주재자, 행위자, 감수자에 대한 취착을 대치하기 때문이다. 눈과 색들을 조건으로 하여 안식이라는 결과가 발생한다. 하지만 어떤 감수자도 존재하지 않는다고 18계에 의해 감수자의 비존재성을 설명한다. "**주재자도 없다**"(1a)고 설한 것에서 다시 그러한 [주재자]가 존재하지 않는 것처럼 그것을 설명하신다. "**이 모두를 살펴보아도 개아는 발견되지 않는다**"에서 "**살펴보아도**"란 [현량, 비량, 성언량의] 세 가지 인식수단으로 "**살펴보아도**"라는 것이다.

(PG 3의 주석:) 그 [개아]가 존재하지 않을 때, [세존께서] 내적인 [공]과 외적인 [공]에 대한 개념적 규정(vyavasthāna)을 어떻게 증명하는가와 관련하여 "**내적인 모든 것도 공하며, 외적인 모든 것도 공하다**"고 설하셨다. 하지만 이것은 단지 개념적 규정일 뿐임을 가르치신 것이다. 관찰하는 것(parīkṣaka)과 관찰대상(parīkṣya)에 대한 개념적 규정을 어떻게 증명하는가와 관련하여 "**공성을 수습한 어떤 자도 존재하지 않는다**"고 설하셨다.

(PG 4의 주석:) [세존께서] 범부와 성자에 대한 개념적 규정을 어떻게 증명하는가와 관련하여 "**실로 자아에게 자아는 존재하지 않고, 전도된 자에게 [있다고] 분별된다**"고 설하셨다. [즉] 범부와 성자라는 자아[=개아]에게 그 자아(ātman)가 온전히 존재하는 것은 아니다. 그럼에도 전도된 자에게 [자아로서] 분별된다고 가르치신 것이다. 자신과 타자에 대한 개념적 규정을 어떻게 증명하는가와 관련하여 "**여기에 중생이나 자아도 없지만**"이라고 설하셨다. 청정과 잡염에 대한 개념적 규정을 어떻게 증명하는가와 관련하여 "**[그렇지만] 이**

법들은 원인을 가진 것이다"라고 설하셨다. [즉] 어떤 잡염의 주체도 없고, 또한 어떤 청정한 주체도 없다고 [가르치신 것이다].

(PG 5의 주석:) "**모든 법들이 작용하지 않는다**"(1c)고 설하셨다. 하지만 어떻게 작용하지 않는지를 설하지 않았기 때문에 "**제행은 찰나적이다. 견고하지 않는 [제행]에게 어떻게 작용이 있겠는가?**"라고 설하신 것이다. "**지금 행위는 일어난다**"(1d)고 설하신 것에서, 그렇다면 행위들이 없을 때 어떻게 행위가 일어난다는 것인가? [그래서 이와 관련하여] "**이것들의 발생이 바로 작용이고, 또한 그것이 행위자라고 말해진다**"고 설하셨다. [즉] 결과라는 측면에서는 작용이고 원인이라는 측면에서 행위자인 것이다. 또한 그 발생(bhūti)이란 처(āyatana)들로부터 식들의 발생임을 암시한 것이고, 그 [식]의 발생은 눈 등이 없다면 결코 성립하지 않을 것이기 때문이다.

(PG 6–9의 주석:) [세존께서] "**모든 법이 작용하지 않는다**"(1d)고 설하신 것에서, 그 작용 없음(niśceṣṭatā)을 7종으로 밝힌다. "**눈은 색을 보지 못하고**"(6a)라는 등의 구절(6b-7ab)에 의해 작용의 작용 없음을 [밝히고], "**이것들을 지니는 자도 없고 촉진시키는 자도 없다**"(7cd)에 의해 뒤따르는 작용 없음을 [밝힌다]. [그 법들이] 순서대로 따라야만 하는 그러한 주재자와 행위자가 없기 때문이다. "**이것을 다른 것이 일어나게 한 것도 아니고**"(8a)에 의해 일으키게 하는 작용 없음을 [밝히고], "**스스로 일어난 것도 아니다**"(8b)에 의해 일어남의 작용 없음을 [밝힌다]. "**저 [조건]들에 의거하여 이전에 없던 새롭고 새로운 존재들이 일어난다**"(8cd)에 의해 옮겨가는 작용 없음을 [밝힌다]. "**이것을 다른 것이 사라지게 한 것도 아니다**"(9a)에 의해 사라지게 하는 작용 없음을 [밝히고], "**스스로 사라진 것도 아니다**"(9b)에 의해 사라지는 작용 없음을 [밝힌다]. 의존하여 일어나는 어떤 [법]들처럼, 그와 같이 의존해서 사라진다는 것은 무엇인가와 관련하여 "**조건이 있을 때 [법들이] 일어나고, 일어난 것들은 자연적으로 사라진다**"(9cd)고 설하신 것이다.

(PG 10–11의 주석:) "**그렇지만 이 법들은 원인을 가진 것이다**"(4d)라고 설해

졌다. 지금부터는 그 [법]들이 잡염(saṃkleśa)을 자성으로 하고, 재가와 출가를 속성으로 하는 원인을 가진 것임을 밝힌다. [이것은] "**두 측면에 의지한 자에게**"(10ab)에서 시작하는 두 게송(10-11]에 의해 무명과 갈애라는 원인을 밝히기 때문이다.

(PG 12–16의 주석:) 그 다음 [PG 12-16의] 다섯 게송들에 의해 바로 그 잡염에 대해 구분·토대·원인·시간의 측면이 있다고 보여주었다.

그중에서 "**원인을 지닌 법들**"(12a)이란 무명에서부터 수까지이고, 원인을 지닌 "**고통**"(12b]은 갈애에서부터 노사까지이다. 이 [게송 12ab]에 의해 3종의 번뇌잡염, 업잡염, 생잡염[58]을 보여주었다. "**두 가지 근본 번뇌를 만들고서**"(12c)란 번뇌잡염으로부터 주요한 번뇌잡염만을 취했음을 보여주었다.

"**이 작용은 스스로에 의해 지어진 것도 아니고**"(13a]란 또한 다시 업잡염을 별도로 언급한 것이다. [세계의] 다양성은 그 [업]에 의해 만들어졌기 때문에[59], 또 그 [업]의 이숙은 불가사의하기 때문이다. 저 [PG 13]에서 "**스스로에 의해 지어진 것도 아니고**"(13a]란 나쁜 친구이든 좋은 친구이든 타자에 의해 초래된 것에 의존하기 때문이다. "**[마찬가지로] 타인들에 의해 지어진 것도 아니다**"(13b)란 사람의 행위에 의존하기 때문이다.[60] "**또 다른 것이 작용을 짓는 것도 아니지만**"(13c)이란 이전 생의 원인에 의존하기 때문이다.

"**실로 안에서도 아니고 밖에서도 아니고**"(14a)로 [시작되는] 이 게송에 의해[61] [세존께서는] 미래에 의지한 잡염은 존재하지 않고, 현재와 과거의 제행에

---

58 세 잡염(saṃkleśa)은 각기 kleśa-saṃkleśa, karma-saṃkleśa, janma-saṃkleśa이다. 복합어의 해석에 대해서는 MAVT 40,19f: kleśa eva saṃkleśa iti kleśasaṃkleśaḥ / eva karmajanmasaṃkleśau /. Cf. Asvabhāva의 MSgU(D 208a4; T31: 391a17 ff)와 비교.

59 tatkṛtatvād vaicitryasya. Cf. AKBh 278,3: karmajam lokavaicitraṃ ity uktam. 이는 위의 설명이 경전의 인용임을 보여준다.

60 puruṣakārāpekṣaṇān에 대응하는 티벳역은 skyes bu'i byed pa la ltos pa'i phyir ro, 한역은 待自功用所成辦故.

61 ity anayā gāthayā에 대응하는 티벳역의 zhes bya ba la sogs pa'i tshigs su bcad pa 'dis 및 한역 等頌中을 참조하여 게송 14a만이 아니라 전체를 가리킨다고 파악했다.

의지한 잡염은 [존재한다고][62] 보여준 것이다.

"**행이 생겨났더라도**"(15a) 바로 그것으로 분별되지 않고, "**미래는 토대가 없기 때문에**"(15c) 분별되지 않는다. 또한 이것이나 유사한 것이 [미래에] 일어날 것이라고 결정할 수 없기 때문이다.[63] 왜냐하면 [이것은] 다른 방식으로 변계된 것은 바로 다른 방식으로 언젠가 분별되기 때문이다. 그렇지만 "**과거는 분별된다**"(15d) 왜냐하면 이것이 이와 같은 존재했었다고 하는 토대로서 작동하기 때문이다.

"**경험된 것만이 분별될 뿐 아니라, 경험되지 않는 미래도** 관념상을 취함이 없더라도 **분별된다**" 이 [게송]에 의해 분별을 원인으로 하는 현재의 잡염이 제행에 의거하고 있음을 보여주었다. "**제행은 시초를 갖지 않지만 바로 그 시초는 인식된다**"(16cd)란 잡염의 시간을 보여주었다. 무시(無始)와 밀접하게 결합되었기 때문이고 또 새롭게 분출시키기 때문이다.

(PG 17–18의 주석:) 다음으로 청정품을 보여주었다. 색(rūpa) 등을 "**거품 덩어리**" 등의 비유에 의해 자상의 측면에서, 또 "**한 [찰나]에 일어나고 한 [찰나]에 머물고 소멸**"(18cd)함에 의해 유위상과 공통되기 때문에 공상의 측면에서 그와 같이 [법이] 관찰될 때 청정해진다. 그리고 세속제와 승의제의 측면에서 [관찰될 때] 청정해진다.

(PG 19–20의 주석:) 실로 어떤 미혹자도 없지만 의존하여 일어난 미혹이 없는 것은 아니다. 또한 언어적 관습에 의해 미혹이 미혹시킨다고 말한다. "**미혹되지 않는 자에게 비여리작의**"(20cd)란, 그것은 따라서 "**미혹을 미혹시키지 않는다**"고 밝힌 것이다.

(PG 21의 주석:) 실로 언어적 관습에 의해 식이 "**복덕 등의 제행**"(21a)을 취한

---

62 대응하는 티벳역 da ltar byung ba dang | 'das pa'i 'du byed la brten nas kun nas nyon mongs pa 및 한역 依止現在過去諸行能生雜染을 참고하여 "존재한다"는 동사가 생략되었다고 보았다.

63 두 사본에는 avadhāraṇād로 되어 있지만 대응하는 티벳역 nges par byar med pa'i phyir ro 및 한역 決定不可知故을 참조하여 anavadhāraṇād로 교정했다.

다고 말한 것이다. 그러나 승의의 측면에서 취하지 않는다. "**3종으로 인정된다**"(21b)란 현재·미래·과거[로 인정되는 것]이고, "**또한 3종의 업이 있더라도**"(21c)라는 것은 신업 등이 [있다는 것이다.] "**이 모두는 [서로] 결합되지 않은 것**"(21d)은 상호간에 만나지 않기 때문이다.

(PG 22-23의 주석:) 실로 "**지금 일어나고 있는 [제행]은 [찰나에] 무너지고, 이미 지나간 [제행]은 결코 머물지 않으며, 아직 일어나지 않는 [제행]은 조건에 의거하고 있다**" 그 [제행]과 상응하는 저 [마음]은 또한 "**[그 제행에] 뒤따라 작동할 뿐이다**" 그로부터 복덕 등의 제행과 만남이 없는 것처럼, [그 제행]과 상응하더라도 마음이 [만나지 않는 점을 고려한다면] 어떻게 그 [마음]이 [제행을] 취할 수 있겠는가?[64] 왜냐하면 제행과 상응하거나 불상응하는 바로 그 [마음]은 어떤 때에도 그 [행]과 상응하지 않거나 불상응하지 않음이 없기 때문이다. 그리고 모든 마음에게 상응이나 불상응은 없다. 이와 같이 승의의 측면에서 마음이 [제행을] 취한다는 것은 성립되지 않는다. 그러나 그 이유 때문에 언어적 관습으로 "**그럼에도 마음은 [제행을] 취한다**"(23d)는 것을 보여주었다.

(PG 24-26의 주석:) "**그 흐름이 끊어졌을 때**"라는 등의[65] [PG 24] 게송에서 "**하지만 이 언어적 관습은 행해진다**"(24cd)란 "**이 [언어적 관습이] 취한다**"(23d)는 것이다.[66] 이를테면 승의의 측면에서 작자와 감수자가 없을 때에도 언어적 관습에 의해 "**스스로 짓는 자와 향수하는 자**"(25cd)가 설명된 것이다. 또한 다시 어떤 방식으로 짓는 자와 감수자가 동일한지, "**혹은 다른지**"(26d)가

---

64 Schmithausen 1987: n. 816에 따라 upagata, upagatatva, upaga를 '뒤따라 일어남'이나 '접근' 등으로 해석하지 않고, '붙잡음'이나 '취함'의 뜻으로 번역했다.

65 YBh_ms 및 ŚrBh_ms, 그리고 한역에는 해당하는 단어가 나오지 않지만 대응하는 티벳역에는 "… 라는 등"(zhes bya ba la sogs pa)의 단어가 나타난다.

66 upagam이 게송 23d의 단어를 지시하는 것이 아니라 형용사라면, 이 구절은 <"그 흐름이 끊어졌을 때"라는 등의 PG 24에서 "하지만 이 언어적 관습은 [아견을 따라] 작용한다"라는 것이 뒤따른다.>는 방식으로 번역할 수 있다. 이와 대응하는 티벳역은 rgyun ni 'dra dang mi 'dra ba || zhes bya ba la sogs pa'i tshigs su bcad pas ston to || kun rdzob 'di ni bya ba yin || zhes bya ba ni de nye bar 'gro ba'o || 이고, 한역은 於此流無斷者, 今此頌中, 顯世俗諦非無作用及與隨轉.

설명되지 않았으므로, "**전후로 다른 것이기 때문에**"라는 등의[67] [PG 26] 게송에 의해 그것을 보여주었다.

(PG 27의 주석:) 이와 같은 방식으로 승의의 측면에서 주재자이든 행위자이든 감수자이든 없으며, 오직 원인과 결과가 있을 때, [PG 27-31의] 다섯 게송들에 의해 힐난과 그 반박, 원인과 결과의 특징 그리고 저 [오직 원인과 결과인 것]과 관련해 자아라는 전도를 밝힌다.

저 [오직 원인과 결과인 것]에서 자아가 없을 때 후유(punarbhava)가 있지만 단절되는 것은 아니며, 원인으로부터 결과가 동시에 있는 것은 아니며, 모든 측면에서 모두 있는 것은 아니며, 그 원인의 길의 단절이 있는 것은 아니다. 그러한 방식으로 첫 번째 게송에 의해 5종의 힐난을 제시하면서 순서대로 4구로써 반박한다.

(PG 28의 주석:) 두 번째 게송에 의해 원인과 결과의 특징을 [밝힌다.]

(PG 29-31의 주석:) [나머지] 세 [게송]에 의해 어떻게 무아이지만 원인과 결과[라는 법의 화합]에서 아견이라는 전도가 있는지를 [밝혔다]. 나아가 이를 대상과 토대, 결과, 원인의 관점에서 해명했다.

하나의 게송에 의해 그 [아견이라는 전도]의 대상을 [일체 종자를 지닌 이숙과라고 제시한다]. 그리고 그는 저 "**자내증되어야 할 것**"을 [모든 종자를 가진 이숙은] "**사변될 수 없음(arūpin)과 전달될 수 없음(anidarśana)**"을 [지적함에] 의해 증명한다. 왜냐하면 경전에서 "**변괴(rūpaṇā)는 사변(tarkaṇā)이다**"[68] 라고 설해졌기 때문에 [그것은] 사변될 수 없는 것이며, 또 다른 사람들에게 교

---

67 YBh_ms와 ŚrBh_ms 모두에 해당 단어가 기술되지 않지만, 대응하는 티벳역 la sogs pa, 한역 等에 의해 보완했다.

68 Cf. SN 22,79 (III, 86): rūppatīti kho bhikkhave tasmā rūpan ti vuccati. Kena rūppati. sītena pi ruppati uṇhena pi ruppati jighacchāya pi ruppati pipāsāya pi ruppati ḍaṃsa-makasa-vātātapa-siriṃsapa-samphassena pi ruppati; 잡아함 (T46.2: 11.b27-c1): 若可閡可分, 是名色受陰指所閡. 若手若石若杖若刀若冷若暖若渴若飢若蚊虻諸毒虫風雨觸, 是名觸閡. 是故閡是色受陰.

설하지 못하기 때문에 전달될 수 없는 것이다.

두 번째 [게송, PG 30]에 의해 [아견이라는 전도의] 토대와 결과를 [밝힌다.] 어리석은 자들이 [그 이숙을 내적인 자아로서 분별하기 위한] 토대이고, [또한 아견에 의지하여 일어난] 다른 [잘못된] 견해들은 결과이다.

세 번째 [게송 PG 31]에 의해 [아견이라는 전도의] 원인을 [밝힌다]. 구생의 아견은 "**단일체에 대한 집착에서, 스스로의 종자에서**", [즉] 그 [아견의] 잠재적 경향성으로부터 생겨난다. 변계된 비불교들의 아견은 "**이전의 습관에서**" [즉] 저 비불교도들의 견해는 습관화된 것이고, 이 맥락에서 이치에 맞지 않게 사변하며, 또 다른 사람으로부터 그 [아견]에 "**부합되는**" 정법이 아닌 것을 "**듣는다.**" 이와 같이 토대와 작의, 대상의 허물들에 의해 "**변계된 아견**"이 일어난다는 것을 보여주었다.

(PG 32–36의 주석:) 그 다음으로 다섯 가지 게송에 의해 그 아견이 어떻게 [고통의] 발생(duḥkhasamudaya)[69]의 순서에 따라 고통을 불러일으키며, 어떻게 이 고통이 다시 자아의식(ahaṃkāra)과 더불어 [괴고성과 고고성이라는] 2종의 고통의 원인이 되며[70], 또 [그 아견이] 어떻게 해탈을 장애하는지가 해명되었다.

그중에서 첫 번째 [PG 32] 게송에 의해 [고통의] 발생을 보여주었다.

두 번째와 세 번째 [게송, PG 33-34]에 의해 행고성에 포함되고, 알라야식으로 이루어진 고통을 [보여주었다].[71] 왜냐하면 그것에 집착한 후에 "**나는 존재할**

---

69 고통의 발생을 위한 직접적이고 주요한 원인은 ātmabhāva 또는 sarvabījo vipākaḥ(게송 28)라는 설명을 참조하라.

70 여기에서 고통(duḥkham)은 행고성(saṃskāraduḥkhatā)이고, 다른 두 종류의 고통은 괴고성(viparṇāmaduḥkhatā)과 고고성(duḥkhaduḥkhatā)이다. PG 35에서 이것은 "즐거움(sukha)과 고통(duḥkha)"으로 언급된다.

71 Schmithausen(1987: 138ff)에 따르면 행고성을 알라야식으로 이루어진 것으로 간주하는 이 문구는 알라야식의 문자적 의미에 부합되지는 않는다. 그러나 뒤따르는 문장에서 함축되어 있듯이, 알라야식이 아견의 대상이라는 것을 받아들일 때 "자아에 집착하는 마음"이라는 알라야식의 의미에 부합되게 될 것이다. 그는 알라야식을 행고성과 동일시하는 이 구절이 알라야식의 원 의미에 대한 고찰을 반영하는 것으로서 가장 최후의 발전단계에 속할 것이라고 이해한다. 또한

것이다" [혹은] "나는 존재하지 않을 것이다"라고 [생각하는] "**희론에 그럼으로써 떨어지기**" 때문이다. [여기에서] "**달라붙음**"(niveśana)[72] 이란 [새로운] 심신복합체를 소유물로 취함(ātmabhāvaparigraha)[73] 이다. 나아가 그 고통이 [그에게] 언제나 들러붙어 있기 때문에 "**한 찰나도 적정하지 못한다**"

네 번째 [게송, PG 35]에 의해 그는 어떻게 "**[행고성인] 고통**"이 나머지 다른 [괴고성과 고고성이라는] 두 고통의 조건이 되는지, 그리고 "**자아의식의 조건**"이 되는지를 [보여준다.]

그리고 다섯 번째 [게송, PG 36]에 의해 어떻게 [그 행고성이] 나아가 해탈의 방해가 되는지를 [보여준다.] "**그것에 대해 미혹이 강성하게 된다**"는 것은 [괴고성과 고고성이라는] 다른 두 고성을 [그 대상으로 갖는 미혹]과 비교해서이다. "**변재하게 된다**"는 것은 모든 감수들을 수반하기 때문이다. "**모든 행위 속에**"란 선·불선·무기의 [행위] 속에서이다.

(PG 37의 주석:) 이제 그는 알라야식에 포함된 [행고성으로서의] 저 고통이 "**호수**"와 비슷함을 보여주고서 [그 고통의] 고갈을 보여준다. [이 고갈은 불에 의해 이루어지지 않는다.] 왜냐하면 오직 가르침의 실천에 의해서만 마르기 때문이다. 그중에서 "**불균등한 흐름들**"은 안근 등 여섯, 5종 존재형태, 삼계 등으로 [설명되어야 한다]. 또한 그는 그 가르침의 실천이 속박과 해탈에 대한 철저한 이해임을 보여주었다.

(PG 38의 주석:) 속박에 대한 철저한 이해는 다음과 같이 분명하게 아는 것이다. "'**나는 고통받고 있다, [또는] 즐거워한다' 고 스스로 생각하는 자는 단지 고통뿐인 것에 대해 그렇게 생각하는 것이다**" 또한 "**그 분별은 [잘못된] 견해**

Schmithausen(1987: 160-166; 236-239)에서의 승의가타 참조.

72 niveśana는 주석의 맥락에서 새로운 심신복합체에 들어감이나 그것에 달라붙음의 실존적 맥락에서 한정되어 있다. 이 단어의 해석에 대해서 Schmithausen 1987: n.1475 참조.

73 복합어 ātmabhāvaparigraha의 해석과 각각의 단어의 의미에 대해서는 Schmithausen 1987: n.1477의 상세한 설명 참조.

를 불러일으키며", 바로 그러한 [잘못된] 견해로부터 "**생겨난 것이 [다시] 그 [분별]을 산출한다**"

(PG 39-44의 주석:) 그는 해탈에 대한 철저한 이해를 나머지 다른 여섯 게송들로 밝힌다.

"**항시 염오된 마나스가 번뇌들과 함께 일어나고 소멸한다. 그 [마나스]가 번뇌들로부터의 해탈됨은 [이전에도] 없었다**"(39abc)란 그것이 번뇌들과 함께 일어났을 때이며, "**이후에도 없을 것이다**"(39d)란 그것이 그 [번뇌]들과 함께 소멸할 때이다.

그렇다면 "**언제 [염오의가 번뇌들로부터] 해탈되었다고 설해지는가?**"(40d) 그것을 [다음 게송에서] 제시한다. "**바로 저 동일한 [염오의]가 후에 청정한 것으로 생겨나는 것이 아니라**"(40a) "**또 다른 [마나스]가 나중에 청정한 것으로 생겨난다. 그리고 바로 이 [또 다른 마나스]가 바로 이전에도 염오된 것이 아니기**"(40bc) 때문에 '해탈되었다'고 설해진다. 바로 이 의미를 다시 "**염오된 그것은 바로 이 [체계]에서 완전히 [염오되었다]**"(41a)는 등의 이 게송으로 증명한다.

또한 그 해탈을 번뇌로부터 해탈, 사태로부터 해탈이라는 두 종류가 있다고 밝힌다. "**일체 종자가 근절되어 일체번뇌가 소멸하였기 때문에**"(42ab) 번뇌로부터 해탈이 있고, "**그럼에도 바로 이와 관련하여 염오되지 않았기 때문에**"(42c) 사태로부터 해탈이 있다. [그것은 왜냐하면] '비구들이여, 그대들은 눈에 대한 탐욕, 그것을 버려라. 그와 같은 방식으로 그 [탐욕의 대상인] 눈이 끊어질 것이다'[74] 라는 경전 문구의 도리에 입각하기 때문이다. 이와 같이 [집착의 대상이] 남아있는 해탈을 제시하고서 [집착의 대상이] 남아있지 않는 [해탈을] 제시한 것이다.

---

74 Cf. SN 35,13 (IV, 7): yo cakkhusmiṃ chandarāgavinayo chandarāgapahānaṃ idaṃ cakkhussa nissaraṇaṃ, ...

"**자내증되어야 할 것이기에**"(43a) 그것의 부사의성을 밝힌 것이다. 단지 비존재일 뿐이라는 집착을 배제하기 위해 "**오직 고통만 파괴하는 것이기에**"(43b) 남아 있는 집착의 대상이 끊어진 것을 [밝힌 것이다.][75] 그러므로 "**모든 방식으로 희론을 취하지 않는 것**"[43cd]이란 '**그 [여래]는 [영혼과 육체가] 다른 것이든 다르지 않는 것이든 존재한다거나 또는 죽음 이후에 존재하지 않는다**'[76]는 등이다. 또한 "**흐름에 대해 개아라고 명명할지라도**"(44a) 라는 등의 이 게송으로써 속박과 해탈이 있는 동안 어떤 개아와 법이 윤회하는 것도 아니고 열반하는 것도 아님을 밝힌 것이다.

그리고 승의가타들의 전해 내려오는 가르침에 대한 주석이 끝났다.

3.2.2. 意趣義伽他(Ābhiprāyikārthagāthā)와 그 주석 (Ch. 365c16)

3.2.2.1. 意趣義伽陀

의도를 함축한 의미(ābhiprāyikārtha, 意趣義)를 게송으로 건립함에 의해서이다.

그 때에 사함파티 범천은 세존께 다가갔다. 다가간 후에 세존의 발에 머리로 예배하고서 한쪽에 앉았다. 한쪽에 앉은 사함파티 범천은 세존께 게송으로 질문했다.

① '훈련(śaikṣā)들에 대해 궁극을 획득하시고 일체의 의심을 제거하신 분이시여, 저에게 훈련을 설해주십시오.' 이렇게 [세존께서] 훈련항목들에 대한 훈련방식을 질문 받았을 때,

② [세존]: 친애하는 벗이여, 증상계와 증상심 그리고 증상혜이다. 요약하면

---

75 대응하는 티벳역에서는 "자내증되어야 할 것으로서"(43a] 단지 비존재일 뿐이라는 집착을 배제하기 위해 그 [해탈]의 부사의성을 밝힌 것이다. "오직 고통만 파괴하는 것으로서"(43b] 남아있는 집착의 대상이 끊어진 것을 [밝힌 것이다.]"라고 번역하고 있다.

76 Cf. MN 63 (I, 426,14-18): taṃ jīvaṃ taṃ sarīraṃ iti pi, aññaṃ jīvaṃ aññaṃ sarīraṃ iti pi, hoti tathāgato paraṃmaraṇā iti pi, na hoti tathāgato paraṃmaraṇā iti pi, hoti ca na ca hoti tathāgato paraṃmaraṇā iti pi, n' eva hoti na na ho tathāgato paraṃmaraṇā iti pi, …

삼학이니, 그대는 그것들에 대한 훈련방식을 들으시오.

③ [그는] 여섯 가지 요소를 갖추고 네 가지 머무름의 즐거움을 갖추고 있고, 항시 사[성제]에 대해 네 가지 행상에 대한 지혜가 청정해질 것이다.[77]

④ [그가] 근본에 잘 안주해 있다면 심의 적정에 대해 즐거워할 것이다. 그리하여 그는 성스러운 견해와 결합하고 나쁜 견해와 결합하지 않을 것이다.

⑤ [그는] 처음부터 청정하고 선정을 즐기고, 진리에 대해 능숙하게 될 것이다. 바로 그 진리를 일으키고 끊어지게 하고 증대시킬 것이다.

⑥ 세 가지 훈련항목들에 대해 네 가지 존재형태(gati)[78]가 있다. 두 가지 존재형태를 버린 후에 두 가지 존재형태를 성취시킬 것이다.[79]

⑦ [증상계학, 증상심학의] 양자는 두 가지로 확립한 것이고, [증상혜학] 하나는 열반으로 이끄는 것이다. 순서대로 원인으로서 따로따로 섞어서 수습된다.[80]

⑧ 이 [증상계학]을 통해 처음에는 후회가 없어지고, 나중에 안락하게 된다. [따라서] 모든 훈련항목들의 처음인 그것에 대해 현자는 훈련해야 한다.

⑨ 이 [증상심학]을 통해 청정의 생기에 의해 안락을 수반한 자는 지혜를 청정하게 할 수 있다. [따라서] 모든 훈련항목들의 중간인 그것에 대해 현자는 훈련해야 한다.

---

77 두 사본에서는 게송의 cd를 "caturākārajñānaśuddhaḥ ... bhavet"라는 복합어로 서술한다.

78 주석에 따르면, 증상계를 갖춘 결과로 욕계에서 천상계와 인간계의 존재형태가 되고, 증상계를 성취하지 못한 결과로 욕계에서 악취의 존재형태가 되고, 증상심을 갖춘 결과로 색계와 무색계의 존재형태가 되고, 증상혜를 갖춘 결과로 삼계에 속하지 않는 열반계의 증득이 있다.

79 두 사본 가운데 ŚrBh_ms에만 이 게송에 대한 다음과 같은 주석이 있다(26v.2-3 참조). mithyālaukika-śrāvakaḥ pratyekabuddhagatayaś catasraḥ punar mithyālaukikaśaikṣāgatayaḥ | catasraḥ pūrvve varjayed uttare | samudānayet |. ("삿되고 세간적인 성문과 연각의 존재형태들, 또한 네 가지 삿되고 세간적인 유학들은 이전의 네 가지들을 버릴 것이고, 위의 것에 대해 일으킬 것이다."). ŚrBh I. 29에서는 이 구절을 일곱 번째 게송으로 소개하고 있다.

80 bhinnasambhinnabhāvintā. 여기서 bhinna를 '따로따로', sambhinn를 '섞어서'라고 번역한 것은 BHSD의 "mixed in sense of confused"를 참조한 것이다. 이 구절에 대응하는 티벳역은 so so dang ni 'dren mar bsgom이고 한역은 而修習純雜이다.

⑩ 이 [증상혜학]을 통해 심을 해탈시키고, 희론을 소멸시킬 수 있을 것이다. [따라서] 모든 훈련항목들의 최상인 그것에 대해 현자는 훈련해야 한다.

⑪ 부정한 존재형태로 이끄는 길이기도 하고, 좋은 존재형태로 이끄는 길이기도 하다. 첫 번째의 길이라고 설해진 그 [길]은 독자적인 것이라고 인정된다.

⑫ 청정으로 이끄는 길이지만 모든 것의 궁극으로 이끄는 길이 아니다. 중간의 길이라고 설해진 그것도 독자적인 것이라고 인정된다.[81]

⑬ 청정으로 이끄는 길이고 모든 것의 궁극으로 이끄는 길이다. 최상의 길이라고 설해진 이것은 [다른] 두 가지로부터 벗어난 독자적인 것이 아니다.

⑭ 훈련해야 하고 훈련하지 않아도 되는 그 양자는 현자라고 간주될 수도 있고, 훈련해야 하고 훈련하지 않아야 되는 그 양자는 어리석은 자로 간주될 수도 있다.

⑮ 소유물을 포기하고, 추중을 버리고, 또한 인식되어야 할 것이 현전하기 때문에 훈련의 수지는 3종이 될 것이다.

⑯ [훈련항목은] 인식대상을 수반하기도 하고, 인식대상을 여읜 것이기도 하며, 미세함과 거칠이 섞여 있으며, 수지와 멀리함, [남의] 말과 [자신의] 노력에 의해 성취된다.

⑰ 첫 번째 훈련은 홀로 있을 것이고, 다음의 [훈련]은 짝이 있을 것이고, 또 다른 [훈련]은 바로 그 세 부분을 가질 것이다. 지자(budha)는 그것들을 뛰어넘을 것이다.

⑱ 훈련 항목들에 대한 계를 훼손시키지 않는 자는 동의할 것이고, 흠결 없이 실천하는 자는 다섯 거처를 피할 것이다.

---

81 이에 대응하는 티벳역은 "그것은 길의 중간을 밝힌 것이고 청정으로 이끄는 길이지만 모든 것의 궁극으로 이끄는 것은 아니다. 그 [길]이 유일한 것은 아니라고 간주된다.(lam gyi bar mar bstan pa de || rnam par dag par 'gro ba'i lam || thams cad gtan du 'gro ba min || de ni gcig pu ma yin 'dod ||)이고, 한역은 "만약 청정으로 나아가는 행이라면 모든 취의 구경을 아닐 것이다. 이 행은 중간이 된다고 설해지며, 또한 공통이 아니라고 알아야 할 것이다(苦行趣淸淨 非諸趣究竟 是行說爲中 當知亦非共).

⑲ 훼범하지 않는 자는 후회가 없을 것이고, 후회한 자는 범하지 않을 것이다. [그는] 훈련에 도달해야 할 것이고, 그것에 대해 열심히 정행(pratipatti)해야 할 것이다.

⑳ [지계자는] 거부하지 않아야 하고, 목숨 때문에 버리지 않아야만 한다. 항상 정행에 대해 확립된 자는 율에 따라 행할 것이다.

㉑ [지계자는] 우선 맹서를 청정하게 하고 그리고 생계수단을 청정하게 해야 한다. 두 극단을 버리고서 [세속적] 원을 버려야 한다.

㉒ [지계자가] 장애하는 요소들은 어떤 것이든 탐착하지 않아야 하고, 이미 일어난 마음을 동요케 하는 요소들을 받아들이지 않아야 한다.

㉓ 항시 정념에 머무는 자는 지나치게 침잠하지 않고, 지나치게 들뜨지 않으며, 또한 근본정과 근분정에 의해 청정한 범행을 행해야 한다.

㉔ 그는 용맹정진하고, 항상 굳건히 정진해야만 한다. 그리고 잘 확립된 다섯 가지 지분을 가진 불방일(不放逸)에 친숙해야 한다.

㉕ 미덕을 숨기는 자가 되어야 하고, 악행을 고백하는 자가 되어야 하며, 거친 것이든 뛰어난 것이든 가사 등에 만족해야만 한다.

㉖ 소소한 것으로 생계를 유지해야 하고, 또한 거친 것으로도 [생계를] 유지해야 한다. 번뇌를 여읜 자는 조복을 위해 두타의 공덕들을 받아 지녀야만 한다.

㉗ 행동거지(īryāpatha, 威儀)를 갖추어야 하고, 공양물에 대해 정적량을 받아야 하고, 그 [공양물] 때문에 어떠한 가장된 행동거지(kalpitā īryā)[82]를 행해서는 안 된다.

㉘ 나에게 진실한 공덕들이 있다고 말해서도 안 되고, 또한 [다른 사람들에게] 말하게 해서도 안 된다. 그리고 그 선물들을 원하고 있다고 암시로써 나타내서도 안 된다.

---

82 kalpitā īryā는 ㉘과 ㉙에서 언급된 5종의 삿된 생활방식(mithyājīva)이다.

㉙ 타인들에게 강요에 의해 [보시물을] 요구하지 않아야 하고, 여법하게 얻은 공양물을 [다른] 공양물과 [비교해] 여기서 경시해서도 안 된다.[83]

㉚ 어떤 것이든 그 공양물뿐 아니라 공경도 탐착하지 말아야 하고, 증익하고 비방하는 견해에 집착하지 않아야 할 것이다.

㉛ 또한 세간에 관한 무익한 이야기들에 너무 집착하지 않아야 하고, 지나치게 많은 과도한 발우와 가사를 보존하지 않아야 한다.

㉜ 번뇌를 증가시키는, 재가자들과의 만남을 행하지 않아야 하지만, 지혜를 청정하게 하는, 성자들과의 만남을 행해야 할 것이다.

㉝ 근심과 산란을 일으키는 친구 집단을 만들지 않아야 하고, 고통을 발생시키는 번뇌들이 일어났다면 취하지 않아야 할 것이다.

㉞ 준수사항을 무너뜨린 자는 어떠한 믿음의 보시물도 향수하지 않아야 하고, 어떠한 정법에 대한 거부도 행하지 않아야 한다.

㉟ 이미 저지른 타인들의 잘못에 대해 [밝히려고] 노력하지 않고 가볍게 여겨야 하고, 반면 자신이 범한 잘못을 알아차린 후에 고백해야 할 것이다.

㊱ 마찬가지로 잘못을 범한 자는 여법하게 [참회를] 해야 한다. 그와 같이 의무들에 대해 용감하게 스스로 행하는 자가 되어야 한다.

㊲ 그는 붓다들과 성문들의 위신력과 교설들을 믿고, [그] 결점을 보더라도 어떤 방식으로도 말해서는 안 된다.

㊳ 사변의 영역이 아닌 매우 심원한 법들에 대해 이전의 전승을 버린 후에 스스로의 견해에 집착하지 않아야 한다.[84]

㊴ 실로 외딴 곳에 눕고 앉을 때에 홀로 머물러야 할 것이고, 확고하게 용맹정진한 자로서 선법들을 수습해야 할 것이다.

㊵-㊶ [어떤 자는] 욕망이 없기도 하고 욕망이 일어나기도 하며, 악의가 없기

---

83 YBh_ms: na paṃsayet. 이는 티벳역 smad mi bya 및 한역 不輕毀에 의해 지지된다.

84 게송 22-38까지는 증상계학에 대한 구체적인 훈련이다.

도 하고 악의를 지니기도 하며, 수면을 여의기도 하고 위축되기도 하며, 적시에 적정하기도 하고 안주하지 않기도 한다.[85]

후회가 없기도 하고 후회를 지니기도 하며, 의심이 없기도 하고 의심하기도 한다.[86]

그는 언제나 모든 측면에서 올바른 노력을 갖고 힘써야 한다.

㊷-㊸ [욕망의 대상에] 끌리고, 알아차리고, 그 다음은 결박하고, 특징을 취하고, 애착하고, 그 다음은 쾌락적이고 그리고 교합하고, 최고로 애착하는 것을 분별(kalpa)이라 한다.

[그것들은] 욕망의 대상들에 대한 탐욕을 일으킨다. 지자는 그것들을 제거해야 할 것이다.[87]

㊹-㊺ 욕망의 대상들은 만족하지 못하게 하며, 또한 다수가 공통적으로 추구하는 것이고, 비법을 원인으로 하며, 마찬가지로 갈애를 증장시키는 것이다.

욕망의 대상들은 성자들에게 제거되어야 할 것이고 신속하게 파괴로 이끄는 것이며, 조건들에 의거한 것이고 방일의 토대이다.[88]

㊻-㊼ 욕망의 대상들은 뼈다귀와 같고, [물에 비친] 고기 조각과 같으며, 건초 횃불과 같고, 불구덩이와 같다.

---

85 5蓋(nivaraṇa) 가운데 middha는 수면이지만, 5가지 덮개를 제거한 이후 마음을 적정하게 하는 자에게 있어서 middha는 마음의 위축, 집약이라 할 수 있다. AKBh, 312,24: kāyasaṃdhāraṇāsamarthaś cittābhisaṃkṣepo middham 참조.

86 게송 40-41은 5蓋를 멀리 여읜 후에 세 가지 상을 떠올린 자가 그것을 제거할 때 증상심학의 청정을 성취하는 올바른 노력과 관련된 것으로 보인다. 5개는 욕망(kāmacchanda), 악의(pratigha 혹은 vyāpāda), 해태와 혼침(styānamiddha), 도거와 후회(auddhatya-kaukṛtya), 의심(vicikitsā)으로서 지관 수습에 방해가 되는 요소들이다. 여기에서는 욕망(chanda), 자책(vidūṣaṇa), 졸음(middha), 후회(kaukṛtya), 의심(kāṅkṣa)으로 서술된다. 한편 BHSD에 따르면 vidūṣaṇa의 경우, [자신이 지은 과거 죄에 대해] 스스로 비난하고 자책한다는 의미이다.

87 T1579.30: 625c14-626a3; D 4038 Sems tsam, zhi 120b1-121a1 참조.

88 Deleanu(2006: 320,19-321,2): itīme kāmā atṛptikārakāḥ, bahusādhāraṇāḥ, adharmaviṣamacaryāhetavaḥ, kāmatṛṣṇāvivardhakāḥ, satāṃ vivarjanīyāḥ, kṣipraṃ vilayagāminaḥ, pratyayādhīnāḥ, pramādabhūmayaḥ, riktāḥ, anityāḥ, tucchāḥ, mṛṣāmoṣadharmāṇaḥ, māyopamāḥ, bālalāpanāḥ. 참조.

또한 독사와 같고, 꿈과 같으며, 빌린 장신구와 같고, 나무[가지 끝에 달린 농익은] 열매와 같다.[89]

㊽ 이와 같은 욕망의 대상들을 변지한 후에 결코 탐착하지 않아야 할 것이다.[90] 항상 정법을 듣고, 사유하고, 수습해야 할 것이다.[91]

㊾ 우선 적정과 거침을 보면서 한결같이 수습해야 하며, 또한 번뇌의 추중을 제거해야 하고, [번뇌의] 끊음에 대해 기뻐해야 할 것이다.

㊿ 현상적 이미지에 대해 고찰해야 하고, 최고로 가행해야 하며, 또한 욕[계]에 대한 이욕뿐 아니라 색[계]에 대한 이욕도 행해야 할 것이다.

(51) [사성]제에 대한 현관뿐 아니라 일체에 대한 이욕도 행해야 할 것이며 그리고 현세에서 열반해야 하고 마찬가지로 취착을 소진해야 할 것이다.[92]

3.2.2.2. 의도를 함축한 의미에 대한 게송(Ābhiprāyikārthagāthā)의 주석 (Ch. 367a6)

[ĀG 1에 대한 주석:] "'훈련(學)들에 대해 궁극을 획득하시고 일체의 의심을 제거하신 분이시여, 저에게 훈련을 설해주십시오', 훈련항목들에 대한 훈련

---

89 [감각적] 욕망의 대상들에 대한 비유는 MN 22(I, 130,25-31): Appassādā kāmā vuttā Bhagavatā bahudukkhā bahupāyāsā, ādīnavo ettha bhiyyo; aṭṭhikaṅkalūpamā kāmā vuttā Bhagavatā --- maṃsapesūpamā kāmā vuttā Bhagavatā --- tiṇukkūpamā … aṅgārakāsūpamā … supinakūpamā … yācitakūpamā … rukkhaphalūpamā … asisūnūpamā … sattisūlūpamā … sappasirūpamā kāmā vuttā Bhagavatā bahudukkhā bahupāyāsā, ādīnavo ettha bhiyyo ti.; MN 54(I, 364.12-367,8); AN 5, 76 (III 97,1-17)과 Deleanu(2006: 320,8-10): asthikaṃkālopamāḥ, māṃsapeśyupamāḥ, tṛṇolkopamāḥ, aṃgārakarṣūpamāḥ, aśīviṣopamāḥ, svapnopamāḥ, yācitakālaṃkāropamāḥ, vṛkṣaphalopamāś ca. 참조.

90 게송 39-48ab는 증상심학에 대한 훈련이다.

91 Deleanu(2006: I. 323,14-324,1): sa evaṃ kāmān parijñāya prathamaṃ <ca> dhyānaṃ yathāvat paryeṣtaudārikaśāntalakṣaṇena, śrutaṃ ca cintāṃ ca vyatikrāmyaikāntena bhāvanākāreṇaivādhimucyate. "그는 이와 같이 욕망의 대상들 및 초선을 [각기] 여실하게 검토된 거침과 적정의 특징에 의해 변지한 후에, 청문과 사유를 초월하고, 한결같은 수습의 측면에 의해 [두 특징들을] 勝解한다."(『성문지』 2021: 424의 번역 부분수정).

92 게송 48cd-51은 증상혜학에 대한 내용이다. 그 가운데 게송 49-51의 경우는 욕망의 대상들에 대해 탐착하지 않기 위해 가행하는 요가수행자가 실천하는 7가지 작의를 포괄하는 내용으로 보인다. 자세한 내용은 Deleanu(I, 2006, 319-326)를 참조하라.

방식을 질문 받았을 때,"라는 게송에 의해, 고유한 자리의 구족과 관련해 일체 훈련항목의 구경을 성취하신 세존께서 고유한 이타의 정행과 관련해 일체 중생에게 반복하여 일어난 의심을 끊으신 분으로서 범천에게 먼저 찬탄 받으신 후, [다음으로] 어떤 훈련대상이 얼마 만큼인지, 또 어떻게 그 [훈련항목]들에 대해 훈련해야 하는지를 질문 받으신 것이다.

[ĀG 2에 대한 주석:] 그 후에 세존께서는 많은 해야 할 [훈련]에 대해 두려워하고 게으른 부류들을 책려하려는 의도를 갖고, 일체의 훈련항목들을 요약해서 간략하게 "**친애하는 벗이여, 증상계와 증상심, 그리고 증상혜이다. 요약하면 삼학이니, 그대는 그것들에 대한 훈련 항목을 들어라**"라고 삼학에 의해 밝히신 것이다. 그중에서 계(戒)·심(心)·혜(慧)와 관련하여 마음이 산란된 자에게 증상계학(adhiśīlaṃśikṣā)에 의해 불산란의 수행을 설명했기 때문이며, 마음이 집중되지 않는 자에게 증상심학(adhicittaṃśikṣā)에 의해 [집중상태를] 균등하게 유지하는 수행을 설명했기 때문이며, 마음이 집중되었지만 해탈하지 못한 자에게 증상혜학(adhiprajñaṃśikṣā)에 의해 해탈을 위한 수행을 설명했기 때문에, 요가행자들에게 모든 해야 할 일이 성취되었기 때문에 세존께서는 바로 이 [훈련항목]들 속에 내포되어야만 하는 의도의 관점에서 설하신 것이다.

[ĀG 3에 대한 주석:] 또한 "**그것들에 대한 훈련방식**"[2d]이란 그 방법에 의해 저 훈련들을 완성시킨다는 것이다. 그와 관련하여 "**그는 6가지 요소를 갖추고, 네 가지 머묾의 즐거움을 갖추고 있고, 항상 사[성제]에 대해 네 가지 행상에 대한 지혜가 청정해질 것이다**"라는 이 게송에 의해 순서대로 그 삼학의 가행을 보여주신 것이다. "**6가지 요소의 갖춤**"이란 증상계학을 주제로 한 훈련들의 [가행을 보여주신 것이다]. "**6가지 요소**"란 [첫째는] 계를 갖추고 머물고, [둘째는] 별해탈율의에 의해 보호되고, [셋째는] 규칙을 갖추고, [넷째는] 행동영역을 갖추고, [다섯째는] 매우 소소한 죄들에 대해 두렵다고 여기고, [여섯째는] [계를] 바르게 수지하고 훈련항목들에 대해 훈련하는 것이다.

또한 이 6가지 요소들에 의해 네 가지 계의 청정이 설해졌다. 그중에서 '계를 갖추고 머문다'는 것을 중심 주제로 한 후에, '별해탈율의에 의해 보호된다'란 이것에 의해 출리한 계의 상태가 청정하다고 [보여주신 것이다.] 왜냐하면 출리는 해탈을 주제로 하는 것이기 때문이다. '규칙과 행동영역을 갖춤'이라는 두 가지에 의해 비방할 것이 없는 계의 상태가 청정하다고 [보여주신 것이고], '매우 소소한 죄들에 대해 두렵다고 여기는 것'이란 결함이 없는 계의 상태가 청정하다고 [보여주신 것이고], '[계를] 바르게 수지하고 훈련항목들에 대해 훈련한다'는 것은 전도가 없는 계의 상태가 청정하다고 [보여주신 것이다.][93]

이와 같이 6가지 요소를 갖춤에 의해 증상계학에 대한 가행에 의거한 후에, '네 가지 머무름의 즐거움을 갖추었다'라고 하여 증상심학에 대한 가행을 보여주신 것이다. 왜냐하면 '네 가지 마음의 머무름'이란 4정려이며, 또한 그 [마음의 머무름]이 현재의 즐거움에 머무름(現法樂住)이기 때문에 '즐거움'이라 설해진 것이다. '항상 사[제]에 대해 네 가지 행상에 대한 지혜가 청정해질 것이다'라는 것은 증상혜학을 주제로 하여 설하신 것이다. 증상혜학은 고·집·멸·도라는 사제 각각에 있어서 무상 등의 네 가지 행상에 대한 지혜의 성취로 특징지어지기 때문이다.

[ĀG 4에 대한 주석:] "**[그가] 근본에 잘 안주해 있다면 심의 적정에 대해 즐거워할 것이다. 그리하여 그는 성스러운 견해와 결합하고 나쁜 견해와 결합하지 않을 것이다**"라는 이 게송에 의해 삼학의 순차적인 생기를 보여주신 것이다. 왜냐하면 "**근본**"이란 증상계라는 첫 번째 훈련이며, 그 뒤의 양자는 그 [증상계]를 뒤따르기 때문이다. 그 후에 지계자에게 후회가 없음 등에 의거한, 심의 등지에 대한 즐거움에 의해 두 번째 훈련이 있다. 그 후에 심이 집중된 자는 여실하게 보기 때문에 성스러운 견해와 결합하고 나쁜 견해와 분리되기 때문에 세 번째 훈련이 있다.

---

93 이에 대한 자세한 내용을 ŚrBh I, 70-74 참조.

[ĀG 5에 대한 주석:] "**[그는] 처음부터 청정하고 선정을 즐기고, 진리에 대해 능숙하게 될 것이다. 바로 그 진리를 일으키고 끊어지게 하고 증대시킬 것이다**"라는 이 게송에 의해 바로 이 삼학들의 청정의 차이를 순서대로 보여주셨다. 그중에서 "**처음부터 청정하다**"란 첫 번째 [훈련]의 [청정의 차이이며], "**선정을 즐기고**"란 두 번째 [훈련]의 [청정의 차이이며], "**진리에 대해 능숙함**"이란 세 번째 [훈련]의 [청정의 차이이다.] 또한 "**그 진리에 대해 능숙하게 될 것이다**"란 도제를 일으키기 때문이고, "**끊어지게 한다**"란 고제와 집제라는 양자를 제거하기 때문이며, "**증대시킬 것이다**"란 반복해서 하·중·상의 번뇌를 끊고 소멸함에 의해 멸제를 증대시키기 때문이다.

[ĀG 6에 대한 주석:] "**세 가지 훈련항목들에 대해 네 가지 존재형태(gati)가 있다. 두 가지 존재형태를 버린 후에 두 가지 존재형태를 성취시킬 것이다**"라는 이 게송에 의해, 증상계·증상심·증상혜라고 하는 훈련의 토대들 속에 훈련들의 성취와 실패가 있기 때문에 적절하게 그것의 결과로서 네 가지 존재형태들이 있다. [즉] 욕계에서 천신과 인간을 포함한, 증상계의 성취를 결과로 갖는 선취가 있고, 바로 그 욕계에서 그 [천신과 인간] 이외의 존재형태를 포함한, 증상계의 실패를 결과로 갖는 악취가 있으며, 색계와 무색계에서 천신의 존재형태를 포함한, 증상심을 결과로 가진 상계의 존재형태가 있고, 또한 삼계에 속하지 않는, 증상혜를 결과로 가진 열반계가 있다. 그 [훈련]들 중에서 이 존재형태들 중에서 처음 선취와 악취라는 양자를 제외하고 그 다음 두 개의 상계의 존재형태 및 열반이라는 존재형태를 [각각] 세간도와 출세간도에 의해 성취해야 함을 보여주셨다.

[ĀG 7에 대한 주석:] "**[증상계학, 증상심학의] 양자는 두 가지로 확립한 것이고, [증상혜학] 하나는 열반으로 이끄는 것이다. 순서대로 원인으로서 따로따로 섞어서 수습된다**"라는 이 게송에 의해 처음의 증상계학과 증상심학 양자는 그 다음의 증상심학과 증상혜학 양자의 원인으로서 확립되었고, 중간의 [증상심학]은 증상혜학 및 정려와 율의에 포섭된 증상계학 양자의 원인으로서 확

립되었으며, 마지막 [증상혜학] 하나는 열반의 원인으로서 확립되었다. 그리고 따로따로 혹은 결합하여 적절하게 수습이 있음을 보여주셨다.

[ĀG 8에 대한 주석:] "**이 [증상계학]을 통해 처음에는 후회가 없어지고, 나중에 안락하게 된다. [따라서] 모든 훈련항목들의 처음인 그것에 대해 현자는 훈련해야 한다**"는 이 게송에 의해 어떻게 증상계학이 후회 없음의 등의 순서에 따라 뒤의 [증상심학]의 원인으로 작용하는가를 보여주신 것이다.

[ĀG 9에 대한 주석:] "**이 [증상심학]을 통해 청정의 생기에 의해 안락을 수반한 자는 지혜를 청정하게 할 수 있다. [따라서] 모든 학처들의 중간인 그것에 대해 현자는 훈련해야 한다**"는 것은 증상심학이 수습으로 이루어진 수승한 것으로서 선근의 생기 등의 순서에 따라 마지막 훈련의 원인임을 보여주셨다.

[ĀG 10에 대한 주석;] "**이 [증상혜학]을 통해 심을 해탈시키고, 희론을 소멸시킬 수 있을 것이다. [따라서] 모든 훈련항목들의 최상인 그것에 대해 현자는 훈련해야 한다**"라는 것은 증상혜학이 열반의 원인이기 때문에 최상의 것임을 보여주신 것이다.

[ĀG 11에 대한 주석:] "**부정한 존재형태로 이끄는 길이기도 하고, 좋은 존재형태로 이끄는 길이기도 하다. 첫 번째의 길이라고 설해진 그 [길]은 독자적인 것이라고 인정된다**"는 것은 어떻게 손상된 증상계학이 나쁜 존재형태의 원인이고, 성취된 [증상계학이] 좋은 존재형태의 원인이며, 또한 [그것이] 홀로라도 뒤의 두 훈련들 없이 성취될 수 있는가를 보여주신 것이다.

[ĀG 12에 대한 주석:] "**청정으로 이끄는 길이지만 모든 것의 궁극으로 이끄는 길이 아니다. 중간의 길이라고 설해진 그것도 독자적인 것이라고 인정된다**"는 것은 어떻게 중간의 길이 욕계로부터의 이욕을 통한 청정에 의해 '청정으로 이끄는 길'이지만, 상계로부터의 이욕하지 못했기 때문에 또 욕탐의 잠재적 경향성을 완전하게 근절하지 못했기 때문에 일체의 궁극적 청정으로 이끌지 못하는지를 [보여주신 것이다.] 또한 어떻게 [그것이] 최초의 [증상계학] 없이는 가능하지 않지만, 마지막 [증상혜학] 없이도 단독적으로 성취되는지를 보여

주신 것이다.

[ĀG 13에 대한 주석:] "**청정으로 이끄는 길이고 모든 것의 궁극으로 이끄는 길이다. 최상의 길이라고 설해진 이것은 [다른] 두 가지를 벗어난 독자적인 것이 아니다**"는 것은 삼계로부터 이욕하기 때문에 또 잠재적 경향성을 완전하게 근절하기 때문에, 어떻게 마지막의 [훈련]이 일체의 궁극으로 이끄는 길이지만 앞의 두 개의 단독적인 [증상계학과 증상심학] 없이는 성취하지 못하는지를 보여주셨다.

[ĀG 14에 대한 주석:] "**훈련해야 하고 훈련하지 않아도 되는 그 양자는 현자라고 간주될 수도 있다**"는 전반의 게송에 의해 어떻게 이 삼학에 대해 훈련하기 때문에, 또 잘못 훈련하지 않기 때문에 현자의 특징을 보여주신 것이다.[94] "**훈련해야 하고 훈련하지 않아야 되는 그 양자는 어리석은 자로 간주될 수도 있다**"는 후반의 게송에 의해 그릇되게 훈련하기 때문에, 또 전혀 훈련하지 않기 때문에 우자의 특징을 보여주신 것이다.

[ĀG 15에 대한 주석:] "**소유물을 포기하고, 추중을 버리고, 또한 인식되어야 할 것이 현전하기 때문에 훈련의 숫자는 3종이 될 것이다**"는 것은 집과 아내 등의 소유물을 포기하기 때문에, 삼매의 반대항인 추중을 끊기 때문에 그리고 사성제로 특징지어지는 인식되어야 할 것인 진실을 직접지각하게 하기 때문에, 순서대로 삼학을 성취한다는 것을 보여주신 것이다.

[ĀG 16에 대한 주석:] "**[훈련항목은] 인식대상을 수반하기도 하고 인식대상을 여읜 것이기도 하며, 미세함과 거침이 섞여 있으며**"라는 이 전반의 게송에 의해 뒤의 두 가지 [증상심학·증상혜학]와 처음의 [증상계학]은 순서대로 [증

---

94 대응하는 티벳역에서는 "이 삼학들에 대해 훈련들을 올바르게 훈련하고 그릇되게 훈련하지 않기 때문에 현자의 특성으로 밝힌 것이다[bslab pa gsum po 'di dag la bslab pa rnams yang dag par slob kyi | log par mi slob pa'i phyir | mkhas pa'i mtshan nyid du ston to ||]라고 하고, 한역은 "삼학에 대해 올바르게 학습하기 때문에 그릇되게 학습하지 않기 때문에 총예자의 모습으로 현시한 것이다[顯示於三學中。聰叡者相。有正學故。無邪學故]"라고 번역하고 있다.

상심학·증상혜학은] 인식대상을 지니고 미세한 것으로서, [증상계학은] 지지물을 여의고 거친 것으로서 그 차이를 보여주신 것이다. "**수지와 멀리함, [남의] 말과 [자신의] 노력에 의해 성취된다**"는 후반부에 의해 처음과 중간, 마지막의 [훈련]들이 순서대로 ['수지'는] 맹서에 의해 산출된 것이고, ['멀리함'은] 심신의 원리(遠離)[95]에 의해 산출된 것이고, ['말과 노력에 의한 것'은] 타인들의 말과 내적인 여리작의[96]에 의해 산출된 것임을 보여주신 것이다.

[ĀG 17에 대한 주석:] "**첫 번째 훈련은 홀로 있을 것이고, 다음의 [훈련]은 짝이 있을 것이고, 또 다른 [훈련]은 바로 그 세 부분을 가질 것이다. 붓다는 그것들을 뛰어넘을 것이다**"란 처음의 [훈련]은 단지 독자적인 것임을 제시하신 것이다. 그러나 중간의 [훈련]은 그 [증상계학]을 결여하는 것이 아니고, 마지막 [증상혜학]은 이 두 가지 [증상심학과 증상혜학]을 결여한 것이 아니다. 그렇지만 무학의 아라한은 그 [삼학]을 뛰어넘는다고 알아야 한다.

[ĀG 18에 대한 주석:] "**훈련 항목들에 대한 계를 훼손시키지 않는 자는 동의할 것이고, 흠결 없이 실천하는 자는 다섯 장소를 피할 것이다**"는 것에서 "훈련항목들에 대해 계를 훼손하지 않는 자"는 [게송3 주석의 갖추어야할 6가지 요소 중의 첫째인][97] '계를 지니고 머문다'는 것을 보여주신 것이고, '맹서를 따라야만 한다'는 것은 [6가지 요소 중의 둘째인] '별해탈 율의에 의해 보호된다.'는 것을 [보여주신 것이고,] '흠결 없이 실천해야 한다'는 것은 [6가지 요소 중의 셋

---

95 외적으로 번뇌가 빈번하게 일어날 수 있는 거처를 떠나 홀로 외딴 곳에 머무는 것이고, 내적으로는 감각적 욕망의 대상들과 5가지 덮개라는 불선법들을 원리하는 것이다. 이에 대해 Akṣ I. 63과 II.217-218 참조.

96 Ekottaragama (fragments) (ed. by Chandra Bhal Tripathi)의 Ekottarāgama-Fragmente der Gilgit-Handschrift, (EĀ. Trip 29,3)에서는 "[아직] 훈련해야 하는 자[有學]에게 바른 견해[正見]를 일으키기 위한 두 가지 원인, 두 가지 조건이 있다. 다른 사람들로부터 받는 가르침과 [그 가르침을] 내적으로 여실하게 작의하는 것이다." (dvau hetū dvau pratyayau śaikṣasya samyagdṛṣṭer utpādāya | parataś ca ghoṣa adhyātmaṃ ca yoniśo manasikāraḥ ||). 또한 이 구절은 AKVy 1188,14-16에도 인용되어 있다.

97 게송 18-19에 대한 주석은 게송 3에 대한 주석에서 증상계학을 주제로 한 훈련들의 가행으로서 제시된 6가지 요소를 재해석하고 있다.

째인] '행동규범을 범하지 않는다'는 것을 [보여주신 것이고], "**다섯 장소를 피해야만 한다**"는 것은 [6가지 요소 중의 넷째인] '행동영역을 범하지 않는다'는 것을 [보여주신 것이다.] [한편] '다섯 장소'란 비구가 가서는 안 되는 곳으로 왕가, 도축가, 술집, 사창가, 그리고 천민들의 움막이다. 그 [다섯 장소]에서 '도축가'란 도살장으로 보아야 하는데, 그곳에서 크게 소리치는 도살자들에 의해 습관적인 죄로서의 악행과 양 등의 살생이 행해진다.[98]

[ĀG 19에 대한 주석:] "**훼범하지 않는 자는 후회가 없을 것이고, 후회한 자는 범하지 않을 것이다**"란 [6가지 요소 중의 다섯 번째인] '매우 작은 죄들에 대해 두려움을 보는 자임'을 보여주신 것이다. 그와 관련하여 그는 [매우 작은 죄에서] 벗어날수록 후회가 없을 것이고, 후회할수록 훼범이 없을 것이다. "**[그는] 훈련에 도달해야 할 것이고, 그것에 대해 열심히 정행(pratipatti)해야 할 것이다.**"란 [6가지 요소 중의 여섯째인] '[계를] 바르게 받고서 훈련항목들에 대해 훈련한다'는 것을 보여주신 것이다.

[ĀG 20에 대한 주석:] "**[지계자는] 거부하지 않아야 하고, 목숨 때문에 버리지 않아야만 한다. 항상 정행에 대해 확립된 자는 율에 따라 행할 것이다**"라는 이 게송으로 네 문장에 의해 순서대로 지계를 지속함, 계를 견고하게 지님, 항상 행함, 항상 작동함을 보여주신 것이다.

[ĀG 21에 대한 주석:] "**[지계자는] 우선 맹서를 청정하게 하고 그리고 생계수단을 청정하게 해야 한다**"는 이 전반 게송에 의해 행위규범(ācāra)과 생계수단(ājīva)의 청정을 보여주셨다. 왜냐하면 행위규범은 맹서에 의거한 행동수단이기 때문에 맹서라고 한다. "**두 극단을 버리고서 [세속적] 원을 버려야 한다**"는 것은 감각적 욕망의 대상들에 대한 즐거움의 실행과 자신을 괴롭히는 것의 실

---

98 비구들이 가서는 안 되는 다섯 장소에 대해서는 ŚrBh I,66f + 180f 참조. 『성문지』(2021: 92)에서 도살장, 사창가, 술집, 왕가, 그리고 다섯 번째로 짠달라의 축제(caṇḍālakaṭhina)가 나열되어 있다. 여기서 도살장이란 ghoṣa로서 '소리' 또는 '울부짖는 소리'를 의미하며, 위의 ŚrBh I. 67에서 도살장(sūnā)으로 설명된다. 다만 위의 주석에 따르면 울부짖는 자는 살해되는 동물이 아니라 도살자들이다.

행이라는 두 가지 극단[99] 및 천계 등의 원을 포기하기 때문에 오직 계의 청정임을 보여주신 것이다.

[ĀG 22에 대한 주석:] "**[지계자가] 장애하는 요소들은 어떤 것이든 탐착하지 않아야 하고, 이미 일어난 마음을 동요케 하는 요소들을 받아들이지 않아야 한다**"는 이 게송에 의해 감각기관을 보호하지 않는 것 등 훈련의 청정을 방해하는 것들에서 공덕을 보지 않음에 의해 탐착하지 않기 때문이다. 그리고 탐욕, 악의, 거친 사유 등 마음을 동요하게 만드는 이미 일어난 불선한 [법]들은 받아들이지 않음에 의해 훈련항목의 청정을 보여주신 것이다.

[ĀG 23에 대한 주석:] "**항시 정념에 머무는 자는 지나치게 침잠하지 않고, 지나치게 들뜨지 않으며, 또한 근본정과 근분정에 의해[100] 청정한 범행을 행해야 한다**"는 것은 미약한 후회와 적절하지 않는 경우의 후회를 여의었기 때문에, 또 정념의 상실을 여의었기 때문에 구경의 시기와 가행의 시기 모두에서 범행의 청정을 해명하신 것이다.

[ĀG 24에 대한 주석:] "**그는 용맹정진하고, 항상 굳건히 정진해야만 한다. 그리고 잘 확립된 다섯 가지 지분을 가진 불방일(不放逸)에 친숙해야 한다**"는 것은 갑옷처럼 굳건한 노력으로 그가 물러서지 않고 정진하기 때문에[101] 그리고 5가지 불방일을 수습하기 때문에 바로 그 훈련에 대한 특별한 청정을 보여주

---

99 두 극단에 대해서 Saṅghabhedavastu I (ed. Raniero Gnoli 1977: 134)은 다음과 같이 설명한다. "비구들이여, 이 두 극단은 유행자에 의해 수습되어져서도 안 되고 설명되어져도 안 되고 친근해져서도 안 되는 것이다. 무엇이 두 가지인가? 하나는 감각적 욕망의 대상들에 대해 감각적 욕망의 대상들에 의한 즐거움에 머무는 것에 몰두하는 것으로서 하열하고 통속적이고 일반적이고 범부에게 속한 것이다. 다른 하나는 자신을 괴롭히는 것에 몰두하는 것으로서 고통스럽고 성스럽지 않고 이롭지 않고 행복으로 다가가지 못하게 하는 것이다. 이와 같이 이 두 극단 양자에 접근하지 않고 눈을 일으키고 지혜를 일으키고 적정으로 이끄는 중도는 바로 초월적 지혜, 정각, 열반으로 이끄는 것이다."

100 '근본정과 근분정에 의해(maulasāmantakaiḥ)'의 경우, 주석에 따르면 '근본(maula)'은 완성될 때(niṣṭhākāla)인 구경도이고, '근분정(sāmantaka)'은 노력할 때(prayogakāla)인 가행도라고 파악될 수 있다.

101 BoBh 42,2f. "견고한 갑옷을 [입은 것처럼] 수행하는 그는 윤회에 유전하면서 크나큰 고통을 받으면 받을수록 [언제나] 위없는 완전한 깨달음을 향한 인내심을 증장시킨다." (『보살지』 2015: 82).

신 것이다. 그중에서 "다섯 가지 지분을 가진 불방일'은 과거 · 미래 · 현재[의 불방일], 이전 시기에 행했어야 할 [불방일], 동시에 실행하는 [불방일]이다.[102]

[ĀG 25-26에 대한 주석:] "**미덕을 숨기는 자가 되어야 하고, 악행을 고백하는 자가 되어야 하며, 거친 것이든 뛰어난 것이든 가사 등에 만족해야만 한다. 소소한 것으로 생계를 유지해야 하고, 또한 거친 것으로도 [생계를] 유지해야 한다. 번뇌를 여읜 자는 조복을 위해 두타의 공덕들을 받아 지녀야만 한다**"는 이 두 게송에 의해 명예를 얻으려는 욕망은 큰 욕구와 불만족의 원인이 되며, 훈련항목의 청정을 장애하는 원인인 큰 욕구와 불만족 양자를 멀리 여읨에 의해 훈련의 청정을 보여주신 것이다.

[ĀG 27에 대한 주석:] "**행동거지(īryāpatha, 威儀)를 갖추어야 하고, 공양물에 대해 적정량을 받아야 하고, 그 [공양물] 때문에 어떠한 가장된 행동거지(kalpitā īryā)를 행해서는 안 된다**"란 행동거지의 완성에 의해, [즉] 다른 사람들에게 위선적이지 않음에 의해 또 공양물의 적절한 양을 아는 것에 의해, 내지 범행에 머물기 위해 [단지] 목숨을 유지할 만큼의 필수품을 취하기 때문에 바로 그 훈련항목의 청정을 밝히신 것이다.

[ĀG 28-29에 대한 주석:] "**나에게 진실한 공덕들이 있다고 말해서도 안 되고, 또한 [다른 사람들에게] 말하게 해서도 안 된다. 그리고 그 선물들을 원하고 있다고 암시로 나타내서도 안 된다. 타인들에게 강요에 의해 [보시물을] 요구하지 않아야 하고, 여법하게 얻은 공양물을 [다른] 공양물과 [비교해] 여기서 경시해서도 안 된다**"는 이 두 게송에 의해, 나에게 진실한 공덕들이 있다고 말하고 다른 사람들에게 말하게 하는 자랑(lapanā, 綺言說), 그 선물들을 원한다는 암시(naimittikatā, 詭現相), 타인들로 하여금 보시물을 가져오도록 강요함(naiṣpeṣikatā), 공양물을 [다른] 공양물과 비교하여 경시함(lābhenalābhaniścik-

---

102 이에 대한 자세한 내용은 BoBh 143,1ff; 『보살지』 2015: 183 참조.

īrṣutā)을 멀리 여읨에 의해[103] 훈련항목의 특별한 청정을 보여주신 것이다.

[ĀG 30에 대한 주석:] **"어떤 것이든 그 공양물뿐 아니라 공경도 탐착하지 말아야 하고, 증익하고 비방하는 견해에 집착하지 않아야 할 것이다"**란 재물과 공경에 대해서 탐착하지 않고 5가지 사견[104]에 대해 집착하지 않기 때문에 특별한 청청을 밝히신 것이다.

[ĀG 31에 대한 주석:] **"또한 세간에 관한 무익한 이야기들에 너무 집착하지 않아야 하고, 지나치게 많은 과도한 발우와 가사를 보존하지 않아야 한다"**는 것은 오취온으로부터의 해탈을 장애하기 위해 세상에 관심을 가진 자들에 의해 만들어졌고, 악견을 원인으로 하는 비불교도들의 나쁜 논서들에 대해 집착하지 않기 때문에,[105] 또 재물과 공경에 대한 탐착 때문에 과도한 가사와 발우의 보존을 멀리 여의었기 때문에 원인의 청정에 의해 훈련항목의 청정을 보여주신 것이다.

[ĀG 32에 대한 주석:] **"번뇌를 증가시키는, 재가자들과의 만남을 행하지 않아야 하지만, 지혜를 청정하게 하는, 성자들과의 만남을 행해야 할 것이다"**는 것은 반대항의 원인의 제거에 의해, 또 대치의 원인의 친숙함에 의해 [훈련항

---

103 DN 2 (I, 67,7-11): yathā va pan' eke bhonto samaṇa-brāhmaṇā saddhā-deyyāni bhojānāni bhuñjitvā te kuhakā ca honti lapakā ca nemittikā ca nippesikā ca lābhena ca lābhaṃ nijigiṃsitāro---iti evarūpā kuhana-lapanā paṭivirato hoti. Idam pi 'ssa hoti sīlasmiṃ. 위의 설명에서처럼 kuhanā 등의 다섯 가지 행동방식은 삿된 생활방식(mithyājīva)이라고 비판되고 있다. ŚrBh I. 76,26ff (『성문지』 2021: 97f)의 상세한 설명을 보라. 또한 Lee, Youngjin Lee 2017, 69,10-71,22 참조.

104 다섯 가지 邪見은 YBh 179,11f에서 원인의 비방, 결과의 비방, 작용의 비방, 실재하는 사태의 비방의 4종으로 모두 손감하는 견해에 속하며, 증익하는 사견은 설해지지 않는다. 이에 대한 보충설명이 「攝決擇分」(T30: 621b20-29)에 나온다. 여기서 邪見은 전도된 견해로서, 증익하는 사견과 손감하는 사견의 2종으로 구분되고, 증익하는 사견은 薩迦耶見, 邊執見, 見取, 戒禁取 등으로 명시되어 있다. 그리고 손감하는 사견은 YBh 179,11f에서 나열된 4종으로 이를 상세히 설명하고 있다. 원인의 비방은 '보시자도 없고'에서부터 '선행도 없고 악행도 없다'까지의 견해이며, 작용의 비방은 좋은 행위나 악한 행위도 없다는 견해이고, 결과의 비방은 좋고 악한 작용의 과보와 이숙은 없다는 견해이며, 실재하는 사태의 비방은 부모와 화생의 유정은 없으며, 세간에 진정한 아라한은 없다는 견해이다.

105 일반적으로 '外道'이라 한역된 'itobāhya°'는 'ito bāhya°' 혹은 'itobāhya°'로 분석할 수 있다. 'lokāyata'에 대한 자세한 설명은 Franco, Eli, Brill's Encyclopedia of Hinduism, 629-642 참고.

목의] 청정을 보여주셨다.

[ĀG 33에 대한 주석:] "**근심과 산란을 일으키는 친구 집단을 만들지 않아야 하고, 고통을 발생시키는 번뇌들이 일어났다면 취하지 않아야 할 것이다**"는 것은 어떻게 재가 사람들과의 만남이 근심과 산란을 일으킨 후에 번뇌를 증장시키는 원인이 되는지, 또 어떻게 성자와의 만남이 고통을 낳는, 이미 일어난 번뇌에 대해 집착하지 않음에 의해 대치의 원인이 되는지를 보여주신 것이다.

[ĀG 34에 대한 주석:] "**준수사항을 무너뜨린 자는 어떠한 믿음의 보시물도 향수하지 않아야 하고, 어떠한 정법에 대한 거부도 행하지 않아야 한다**"는 것은 재물과 공경에 대해 탐착이 없는 자는 믿음의 보시물을 낭비하지 않기 때문에, 또한 사견들에 대해 집착하지 않는 자는 정법을 거부하지 않기 때문에, 미래에도 감각적 욕망의 대상들에 대한 집착 및 사견을 일으키는 원인을 멀리 여읨에 의해 특별한 청정이 있다고 보여주신 것이다.

[ĀG 35에 대한 주석:] "**이미 저지른 타인들의 잘못에 대해 [밝히려고] 노력하지 않고 가볍게 여겨야 하고, 반면 자신이 범한 잘못을 알아차린 후에 고백해야 할 것이다**"는 것은 타인들의 잘못을 보려고 하는 의향을 여읨에 의해, 또 자신의 선한 측면(善品)과 불산란, 심적인 기쁨을 일으킴에 의해 그리고 자신의 잘못의 변지와 고백에 의해 증상만이 없기 때문에 훈련항목의 청정을 보여주신 것이다.

[ĀG 36에 대한 주석:] "**마찬가지로 잘못을 범한 자는 여법하게 [참회를] 해야 한다. 그와 같이 의무들에 대해 용감하게 스스로 행하는 자가 되어야 한다**"는 것은 잘못으로부터 벗어남에 의해, 또 타인들로부터 시중과 공경을 받으려는 욕망을 버림에 의해[106] [훈련항목의] 청정을 보여주신 것이다.

---

106 parebhyaś copasthānaparicaryāsvīkaraṇakāmatāparivarjanato 'pi. 이 구절은 "다른 사람들을 위한 시중과 공경을 자신의 것으로 하려는 욕망을 멀리 여읨을 통해서도"라는 번역도 가능하다. 대응하는 티벳역은 gzhan dag la rim gro dang | bsnyen bkur bya ba bdag gir bya bar 'dod pa yongs su spangs pas kyang이고, 한역은 及能遠離貪受他人恭奉侍衛이다.

[ĀG 37에 대한 주석:][107] **"그는 붓다들과 성문들의 위신력과 교설들을 믿고, [그] 결점을 보더라도 어떤 방식으로도 말해서는 안 된다"**는 것은 믿음의 구족에 의해 또 근거없는 비난에 대해 죄라고 보는 것으로 [훈련항목의] 청정을 보여주신 것이다.

[ĀG 38에 대한 주석:] **"사변의 영역이 아닌 매우 심원한 법들에 대해 이전의 전승을 버린 후에 스스로의 견해에 집착하지 않아야 한다"**는 것은 자신의 견해에 대한 집착과 고집을 여읨도 특별한 [훈련항목의] 청정임을 보여주신 것이다.

[ĀG 39에 대한 주석:] **"실로 외딴 곳에 눕고 앉을 때에 홀로 머물러야 할 것이고, 확고하게 용맹정진한 자로서 선법들을 수습해야 할 것이다"**는 것은 몸과 마음이 [세속과] 멀리 떨어졌기 때문에 또 삼매에 적합한 앉고 누움에 친숙하기 때문에, 불선한 거친사유(vitarka)를 여의고 한결같이 백법(śukladharma)을 수습하기 때문에, 또 혼침과 도거 등의 수번뇌에 의해 정복되지 않아야하는 것으로서 가행을 잘 구족했기 때문에 증상심학의 탁월한 방편을 보여주신 것이다.

[ĀG 40-41에 대한 주석:] **"[어떤 자는] 욕망이 없기도 하고 욕망이 일어나기도 하며, 악의가 없기도 하고 악의를 지니기도 하며, 수면을 여의기도 하고 위축되기도 하며, 적시에 적정하기도 하고 안주하지 않기도 한다"**는 이 두 게송으로 선법을 욕구함에 의해 또 욕망의 대상들을 비난함에 의해, 욕망·악의·혼침과 수면·도거와 후회·의심이라는 [5가지] 덮개를 멀리 여의었기 때문에, 선품(善品)에 대한 가행의 능숙함에서 나온 관념상(nimitta)을 적시에 수면의 친숙함으로써, 심을 적정하게 하는 자에게 심이 가라앉거나 가라앉을 위험이 있을 때, 적정에 안주하지 않음에 의해 명료한 관념상을 작의하기 때문에, 또한 이전에 훼범을 행한 자(cāragata)는 후회함에 의해 그 [훼범]을 다시 저지르지 않기

---

107 게송 30-37의 주석에 대한 더 자세한 내용은 ŚrBh I. 290,13-294,6 참조.

때문에,[108] 또 점층적인 수승을 희구함에 의해, 또 항상 공경하고 신중함에 의해 올바르게 노력하는 자(samyakprayukta)에게 증상심학의 청정이 있음을 보여주신 것이다.

[ĀG 42–43에 대한 주석:] "**[욕망의 대상에] 끌리고, 알아차리고, 그 다음은 결박하고, 특징을 취하고, 애착하고, 그 다음은 쾌락적이고, 교합하고, 최고로 애착하는 것이 분별이라 한다. [그것들은] 욕망의 대상들에 대한 탐욕을 일으킨다. 지자는 그것들을 제거해야 할 것이다**"란 여기서 음욕을 일으키는 8종 분별이 처음부터 점차적으로 일어나고 내지 궁극에 이르기까지 [일어나는] 것을 제거함에 의해 훈련항목의 특별한 청정을 보여주신 것이다. 그중에서 "**[욕망의 대상에] 끌리는**" 분별은 염착할만한 사물에 대해 비여리작의와 결합된 심의 충동(preraka)이다. "**알아차리는**" [분별은] 바로 그 [끌리는] 사물에 대해 [정서적으로] 일깨워진 탐욕의 분출과 결합된 것이다. "**결박하는**" [분별은] 바로 그 [알아차린] 사물을 두루 살펴보는 것이다. "특징을 취하는" [분별은] 바로 그 [결박하는] 사물에 대해 갖가지로 아름다운 현상적 이미지를 취하는 것이다. "**애착하는**" [분별은] 이미 얻은 그 [특징의 취해진] 사물에 대해 애착과 결합된 것이다. "**쾌락적인**" [분별은] 바로 그 [애착하는] 사물에 대해 다양한 향락의 욕망들이 갖가지 방식으로 생겨난 것이다. "**교합하는**" [분별은] 두 사람의 두 근이 만날 때에 [있다]. "**최고로 애착하는**" [분별은] 사정할 때에 [있다].[109]

[ĀG 44–45에 대한 주석:] "**욕망의 대상들은 만족하지 못하게 하며, 또한 다수가 공통적으로 추구하는 것이고, 비법을 원인으로 하며, 마찬가지로 갈애를 증장시키는 것이다. 욕망의 대상들은 성자들에게 제거되어야 할 것이고 신속하게 파괴로 이끄는 것이며, 조건들에 의거한 것이고 방일의 토대이다**"

---

108 이 구절에 대한 티벳역과 한역이 다르다. 전자는 nyes pa ma byung ba'i snga rol nas de mi byed pas 'gyed pa med pa이고, 후자는 於先所犯 便生憂悔 於所不犯 無憂悔故이다.

109 음욕을 발생시키는 동일한 8종 분별이 「섭결택분」에서도 등장한다. 이에 대해서는 Ahn 2003: 315, fn 546 참조.

란 8종의 측면으로 현세와 내세에서 이치에 따라 욕망의 대상들의 단점들을 봄에 의해 탐욕을 끊는 방법을 보여주신 것이다.

[ĀG 46-48ab에 대한 주석:] "**욕망의 대상들은 뼈다귀와 같고, [물에 비친] 고기조각과 같고, 건초횃불과 같고, 불구덩이와 같다. 또한 독사와 같고, 꿈과 같으며, 빌린 장신구와 같고, 나뭇가지 [끝에 달린 농익은] 열매와 같다. [수행자는] 이와 같은 욕망의 대상들을 알고 나서 결코 탐내지 않아야 할 것이다**"란 이 맥락에서 앞에서 언급된 '만족할 줄 모르는 것'에서 시작하는 8종의 감각적 욕망의 대상들에 대한 단점들의 위험성을 세상 사람들에게 잘 알려진 비유를 인용하여 보여주셨다. 실로 이와 같이 많은 [비유]들 속에서 그 단점들이 이미 알려져 있다면, 어떻게 그 [단점]들에 대해 현자가 갈망할 수 있겠는가를 보여주기 위한 것이다. 저 [게송 46-47]에서 '만족할 줄 모르는 것들'은 '뼈다귀와 같기' 때문이다. '다수와의 공통성들'은 '[물에 비친] 고기조각과 같기' 때문이다. '비법의 원인들'이란 포기하지 않고 불타는 것에 직면함에 의해 '건초횃불과 같기' 때문이다. '갈애를 증장시키는 것들'은 갈애를 발생시키는 것과 유사함에 의해 '불구덩이와 같기' 때문이다. '성자들에게 제거되어야 할 것들'이란 '독사와 같기' 때문이다. '빨리 파괴해야 할 것들'이란 '꿈과 같기' 때문이다. '조건에 의존한 것들'이란 '빌린 장신구와 같기' 때문이다. '방일의 토대들'이란 '나무 가지 끝에 달린 [농익은] 열매와 같기' 때문이다.

[ĀG 48cd-51에 대한 주석:] "**항상 정법을 듣고, 사유하고, 수습해야 할 것이다. 우선 적정과 거침을 보면서 한결같이 수습해야 한다. 또한 번뇌의 추중을 제거해야 하고, [번뇌의] 끊음에 대해 기뻐해야 할 것이다. 현상적 이미지에 대해 고찰해야 하고, 최고로 가행해야 한다. 또한 욕[계]에 대한 이욕뿐 아니라 색[계]에 대한 이욕도 행해야 할 것이며, [사성]제에 대한 현관뿐 아니라 일체에 대한 이욕도 행해야 할 것이다. 그리고 현세에서 열반해야 하고 마찬가지로 취착을 소진해야 할 것이다**"란 이 맥락에서 특징을 요지하는 [了相] 등 7종 작의들에 의해 세간도와 출세간도의 청정으로서[110] 유여의 열반과 무여의

열반을 결과로 하는 증상혜학의 청정이 해명되었다.

그 [7종 작의] 중에서 요상[작의]는 "**정법에 대한 청문과 사유**"라는 말에 의해 해명되었고, 승해[작의]는 그 [정법]이 승해에 의해 생겨나게 하기 때문에 "**수습**"이라는 말에 의해 [해명되었다.] "**우선 적정과 거침을 보면서**"란 원리[작의]이며, "**한결같이 수습해야 한다**" 란 낙을 포섭하는 [작의]이며, "**현상적 이미지라고 고찰해야 하고**"란 관찰작의이며, "**최고로 가행해야 한다**"란 가행의 궁극에 이른 [작의]이며, "**또한 욕[계]에 대한 이욕뿐 아니라 색[계]에 대한 이욕도 행해야 하며, [사성]제에 대한 현관뿐 아니라 일체로부터의 이욕도 행해야 한다**"란 세간[도]와 출세간[도]에 따른 가행의 궁극을 결과로 하는 [작의]를 [해명하신 것이다].

의도를 함축한 의미를 게송으로 설명한 것을 끝냈다.

3.2.3. 體義伽他(Śarīrārthagāthā)와 그 주석 (Ch. 370a9)

3.2.3.1. 악(惡)

그 [게송의 의미에 대한 세 종류의 분석] 중에서 [세 번째] 핵심주제의 의미(Śarīrārthagāthā, 體義伽他)[111]를 게송으로 건립하기 때문에 [다음과 같은] 게송이

---

110 ŚrBh IV에서 7종 작의에 의한 세간도와 출세간도의 구성이 설해져 있다.

111 Śarīrārthagāthā는 Enomoto(1989)에 의한 편집본이 있지만 다만 게송 부분만으로 한정되어 있다. Lee(2017)의 연구도 Enomoto의 연구에 의거해 게송 자체를 여러 대응판본에서 추적한 것으로 산문부분은 포함되어 있지 않다. Śarīrārthagāthā는 모두 41개의 게송군으로 구성되어 있지만, 마지막 부분에 나오는 요약송에 따르면(산스크리트 구문은 이영진(2021: 528, fn. 14 참조) 전체의 주제는 모두 14개로 요약된다. (1) 악(pāpa), (2) 말해야 하는 것(ākhyeya), (3) 탐욕(rāga), (4) 폭류(ogha), (5) 공포(uttrasta), (6) 뛰어난 부류(abhivarṇatā), (7) 찬탄받는 자(yaśasvin), (8) 샘(saras), (9) 두 폭류(oghau), (10) 탐욕과 진에(rāgadveṣa), (11) 해야 하는 것(kāryatā), (12) 힘든 노력(āyūhana), (13) 목표의 달성(arthaprāpti), (14) 논의(upadeśa)이다. 티벳역에서는 마지막 upadeśa 부분을 다시 27개의 소주제로 구분하고 있다. 그중에서 (9)의 oghau를 두 개의 주제로 나누면 모두 41개의 게송군이 된다. 이에 따라 전체 41개의 게송군은 (1)에서 (14)까지의 그룹A와 마지막 27개의 소주제로 이루어진 그룹B의 두 부분으로 구분될 수 있는데, 그룹 A가 주로 『잡아함경』에 근거하고 있다면, 그룹B는 Udānavarga, Pārāyaṇa, Arthavargīya, 『중아함경』 등의 다른 초기자료에 근거하고 있다. 이에 대해서는 Hwu-Feng Lee(2017) 및 이영진(2021: 528f) 참조.

있다.

마음이나 말, 몸으로 모든 세간에서 어떠한 악도 행하지 말아야 한다.
감각적 욕망들과 멀어져, 정념을 지니고 바르게 알면서, 무익을 초래하는
고통에 종사하지 않아야 한다.[112] || 1 ||

이 [게송]에서 '악'은 악행(duścarita)이라고 설해진다. 모든 방식을 지니고, 모든 근거를 지니고, 모든 토대를 가진[113] 저 악행을 행하지 않는다. 어떻게 모든 방식으로 [악행을] 행하지 않는가? 즉 몸과 말, 마음으로 [악행을 행하지 않는 것이다]. 어떻게 모든 근거를 지닌 [악행을] 행하지 않는가? 즉 탐·진·치에서 생겨난 [악행을 행하지 않는 것이다]. 어떻게 모든 토대를 가진 [악행을] 행하지 않는가? 즉 유정물(sattvavastu)[114]에 토대를 둔 [악행]과 무정물(無情物)에 토대를 둔 [악행을 행하지 않는 것이다].

어떻게 감각적 욕망들로부터 멀어지는가? 사물이라는 욕망의 대상(vastukāma)들을 끊기 때문에 또 번뇌라는 욕망(kleśakāma)을 끊기 때문에, [감각적 욕망들로부터 멀어지게 된다].

어떤 것이 '사물이라는 욕망의 대상을 끊는 것'인가? 예를 들면 이 [체계]에서 어떤 이가 여래께서 알려주신 법과 율에 대해 믿음을 얻은 후에 '집에 머무는 것은 묶여있는 것[115]이다'라고 [생각하면서] 출가하려고 의도한다. 그는 올바른

---

112 Enomoto(1989: 24)에 따르면 이 게송은 『雜阿含經』(T99) 348c29-349a2 등 SN I 12,19-22 등에 나타나지만, 「사소성지」의 인용게송과는 조금 다르다.

113 순서대로 sarvaprakāra, sarvanidāna, sarvādhiṣṭhāna의 번역인데, 이들을 '악행'(duścarita)을 수식하는 소유복합어로 본 것은 이후 '요약 설명'의 tatra yat sarvaprakārasya sarvanidānasya sarvādhiṣṭhānasya duścaritasyākaraṇam…(그중에서 모든 방식을 지니고 모든 근거를 지니고 모든 기반을 지닌 악행을 하지 않는 것…")에 의거했다.

114 sattvavastu는 『유가론』「意地」에서 9종 vastu 중에서 첫 번째로 五取蘊을 가리킨다. (tatra sattvavastu pañcopādānaskandhāḥ: YBh I71,15). 이에 대비하여 asattvavastu는 '무정물'(無情物)로 번역했다.

믿음을 통해 집으로부터 집이 없는 상태로 출가하지만, 감각적 욕망의 대상들로부터 이욕한 자는 아니다. 이것이 '사물이라는 욕망의 대상들을 끊음'이라고 설해진다.

어떤 것이 '번뇌라는 욕망을 끊는 것'인가? 이와 같이 출가한 그는 감각적 욕망의 대상들에 대한 탐욕을 완전히 끊기 위해 외진 황무지(araṇya)와 숲(vana)에 위치한, 앉고 눕는 곳들[116]에 머문다. 그 황무지나 내지[117] 빈집에 있는 그는 바로 저 '사물이라는 욕망의 대상들'에 대해 번뇌라는 욕망에 포함된 잘못된 분별의 탐욕(saṃkalparāga)의 대치(pratipakṣa)로서 사념처를 수습한다. 또는 [황무지 내지 빈집으로] 떠난 그는 마을이나 도시의 근처에서(upaniśritya)[118] 주한다. 그는 잘 보호된 몸과 잘 보호된 감각기관들, 잘 확립된 정념을 갖고 마을이나 도시로 들어가고 돌아다니며 떠난다. 그는 그곳으로 왕래할 때 바르게 알면서 머물며,[119] 내지[120] 졸음과 피로를 쫓아낼 때 바르게 알면서 머무른다. 그는 사념처에

---

115 sambādha를 한역은 迫迮猶如牢獄("감옥이 [있는] 것처럼 좇기는")으로 보충하고 있다.

116 티벳역 bas mthar gnas 'cha' bar byed de에 따르면, '변두리에 거처를 준비한다'이다.

117 '내지'에 의해 생략된 말은 ŚrBh I. 20,15(so 'raṇyagato vā vṛkṣamūlagato vā śūnyāgāragato vā)에 의하면 '나무 밑에 있는'이다.

118 이러한 upaniśritya의 의미에 대해서는 BHSD upaniśritya 참조.

119 『성문지』(ŚrBh I. 172,8-174,2; ŚrBh 112,1ff)는 '가고 돌아올 때 바르게 알면서 머무른다'를 다음과 같이 설명한다. "가는 것과 돌아오는 것이란 무엇인가? 가고 돌아옴에 있어 정지를 갖고 주함이란 무엇인가? 가는 것이란 여기서 어떤 이가 마을이나 마을 사이, 집이나 집 사이, 승원(vihāra)이나 승원 사이에서 가는 것이다. 돌아오는 것이란 여기서 어떤 이가 마을이나 마을 사이에서, 집이나 집 사이에서, 승원(vihāra)이나 승원 사이에서 돌아오는 것이다. 정지를 갖고 주함이란 그가 오고 있을 때 온다고 올바로 알고, 돌아가고 있을 때 돌아온다고 올바로 아는 것이다. '여기로 나는 가야만 하고, 여기로 나는 다시 돌아와야만 한다'고 올바로 알며, '이것이 내가 가야할 때이고, 이것이 가지 않을 때이다'라고 올바로 안다. 이것이 정지(saṃprajanya)라고 설해진다. 만일 저 정지를 갖춘 자가 가면서 '나는 간다'고 알고, 그가 가야만 하는 것으로 가며, 바른 때에 가지 바르지 않은 때에 가지 않으며, 그에 적합한 형태의 행위(caryā)와 행동준칙(ācāra), 장식구(ākalpa), 행동거지(īryāpatha)를 갖고 그와 같이 가야만 한다면 그와 같이 간다. 이것이 그가 가고 돌아오는 것에 있어 정지를 갖고 주함이라 불린다." (『성문지』 2021: 141f).

120 『성문지』(ŚrBh I. 172,2-6; ŚrBh 111,11ff)에 의거하면 생략된 부분은 다음과 같다. "정지를 갖고 주함이란 무엇인가? 여기서 어떤 이가 가고 돌아올 때 정지를 갖고 주하며, 보고 살필 때, 굽히고 펼 때, 승가리(saṃghāṭī, 僧伽胝)와 의발을 지닐 때, 먹고, 마시고, 삼키고, 음미하고, 가고, 머물고, 앉고, 눕

대해 잘 확립된 정념에 의거한 후에 감각적 욕망의 대상들에 대한 탐욕의 잠재적 성향(kāmarāgānuśaya)[121]을 [완전히] 끊기 위해 대치를 수습한다. 그리고 바로 그 '바르게 알면서 머무름'에 의거하여 [다섯 가지] 덮개를 벗어버리고, 열의(ātapta)와 실행(anuyoga), 끊음(prahāṇa)과 은거(pratisaṃlayana)에 적합한 몸과 마음을 지니게 된다. 이와 같이 그는 정념과 정지(正知)에 의거한 후에 번뇌라는 욕망의 끊음을 현증하고, 감각적 욕망의 대상과 떨어지고 내지[122] 초정려에 들어가 머무른다. 이와 같이 이 사람은 저열하고 촌스럽고 통속적이고 비천한 감각적 욕망의 대상들에 대한 즐거움과 실행의 극단(kāmasukhallikānuyogānta)을 끊고 변지하게 된다.

무엇이 "**무익을 초래하는 고통**"인가? 예를 들면 이 [세상]에서 어떤 사문이나 바라문이 극심한 고행을 스스로 행하면서, '그럼으로써 나는 현재에 고통을 당함에 의해 고통으로부터 해탈하게 될 것이다'라고 생각하면서, 무수한 방식으로 현재에 고통을 당함에 의해 스스로를 괴롭히고 혹사하고 핍박한다. 그는 그것 때문에 고행하지만, 그 목표를 얻지 못하고 [오히려] 커다란 손상을 입게 된다. 이것이 "무익을 초래하는 고통"이라고 설해진다.

따라서 성스러운 제자는 그와 같이 스스로 피곤함을 실행하는 극단인 고통이 고귀하지 않고 이익을 주지 못한다는 것을 안 후에 즉시 제거한다. [즉 고통에] 종사하지 않고, [고통을] 받아들이지 않고, [그것에] 접근하지 않는다.

실로 이미 설해진 이 [악]을 요약적으로 설명한다.

무엇이 요약적인 설명인가? 중생들에게는 좋은 상태로 태어남(abhyudaya, 增上生)의 성취와 지고의 행복(niḥśreyasa)의 성취라는 두 가지 성취(sampatti)가 있

고, 깨어있고, 말하고, 침묵하고, 졸림의 피곤함을 풀 때, 정지를 갖고 주한다." (『성문지』 2022: 141).

121 이 술어는 한역에서 欲貪隨眠으로 번역되어 있다.

122 Cf. YBh 179,4-6: yataś ca viviktaṃ kāmair viviktaṃ pāpakair akuśalair dharmaiḥ savitarkaṃ savicāraṃ vivekajaṃ prītisukhaṃ prathamaṃ dhyānam upasampadya viharati |. 이와 비교하면 생략된 부분은 "악하고 불선한 다르마들과 분리되고, 심(尋)과 사(伺)를 갖춘, 분리에서 생겨난 희와 낙을 갖춘"이다.

다. 그중에서 '좋은 상태로 태어남의 성취'는 선취(sugati)로 가는 것이고, '지고의 행복의 성취'는 갈애의 소멸(tṛṣṇākṣaya)과 이욕(virāga), 소멸(nirodha), 열반(nirvāṇa)이다. 이 두 가지 성취를 증득하기 위해서 [두 성취의] 장애를 끊는 것이 필요하다. 그중에서 '좋은 상태로 태어남의 성취'를 가로막는 장애를 끊는 것은 모든 방식을 지니고 모든 근거를 지니고 모든 기반을 지닌 악행을 행하지 않는 것이며, 이는 '좋은 상태로 태어남의 성취'를 증득하기 위해 작동한다. '지고의 행복의 성취'를 가로막는 장애를 끊는 것은 '감각적 욕망의 대상들에 대한 즐거움과 실행의 극단'과 '스스로 피곤함을 실행하는 극단'의 양자를 멀리 여의는 것이며, 이는 '지고의 행복의 성취'를 증득하기 위해 작동한다. 이것이 이 [악]에 대한 요약설명이라고 알아야 한다.

3.2.3.2. 말해야 하는 대상 (Ch. 370b29)

말해야 하는 대상[123]에 대한 관념을 가지고 그것에 안주하는 중생들은,
말해야 하는 대상을 변지하지 못하고 죽음과의 결합에 떨어진다. || 1 ||

그렇지만 말해야 하는 대상을 변지한다면 말하는 자를 생각하지 않는다.
다른 사람들이 그에게 무엇이라 말할 수 있는 점이 실로 그에게는 없다. || 2 ||

'비슷하거나 뛰어나거나 열등하다'고 생각하는 그는 그로 인해 논쟁한다.
이러한 세 종류로 흔들리지 않는 자에게 '뛰어나다'와
'동일하다'는 [생각]이 없다. || 3 ||

이 세상에서 명색(名色)에 대한 갈애를 끊은 후에,
자만(自慢)을 끊은 후에, 집착을 행하지 않는다.
연기(煙氣)가 가라앉고, 해함이 없으며, 바람이 없는 그를 그들은 이 세상의 천신과 인간의 세계에서 그리고 밖의 [천신과 인간의 세계에서] 보지 못한다. || 4 ||[124]

---

123 주석에 따르면, '말해야 하는 대상/주제'(ākhyeya)는 '감각을 즐겁게 하는 다섯 속성들'(pañca kāmaguṇāḥ)이다.

라는 네 게송들이 있다.

[첫 번째 게송에 대한 주석:] "말해야 하는 대상"(ākhyeya)은 일체 유위[법]이라고 설해진다. 왜냐하면, 일체 유위[법]은 세 가지 '이야기의 의지처'(kathāvastu)[125]에 의해 포섭되기 때문이다.

그렇지만 이 [게송들의] 맥락에서 '말해야 하는 대상'들은 '감각을 즐겁게 하는 다섯 속성들'[妙五欲]이다. 또한 이 '감각을 즐겁게 하는 다섯 속성들'은 [불교] 이외의 사문과 바라문들에게 보시하는 자와 보시물의 주인들에게서 추구될 수 있고, 주인들이 남녀 하인·일꾼·일용직 일꾼들에게 명령을 내림에 의해 향유될 수 있다. 이 이유에서도 또한 그 [감각을 즐겁게 하는 다섯 속성들]은 말해져야 한다고 설해진다.

또한 그 [감각을 즐겁게 하는 다섯 속성들]을 위험이라고 말해야 한다고 받아들인다면, 붓다들과 붓다의 제자들이 말해야 하는 대상(즉 감각을 즐겁게 하는 다섯 속성들)을 제외한다면, 감각적 욕망을 지닌 사람들은 감각적 욕망의 대상들이 지닌 위험을 그들 스스로는 잘 알 수 없게 된다.[126] 이러한 이유에서도 또한

---

124 관련된 경전: (a) 『雜阿含經』(T99: 282a3f, 8f, 12f, 16-18. (b) 『別譯雜阿含經』(T100: 379b15-18, 21-23, 27-29. (c) SN I 11,22-25 ; 12,1-4; 12,10ff.

125 이종철 2015: "바로 그 유위(의 현상)들은 이미 가 버린 곳이거나 지금 가고 있는 곳이거나 앞으로 나아갈 곳이기 때문에 '나그네길'이다. 혹은 무상성(無常性)에 잡아먹히기 때문에 나그네 길이다. '이야기(kathā)'란 말[言]이다. 그 [이야기, 즉 말]의 '의지처(vastu)'는 이름(nāman)이다. [그렇다면 유위의 현상과 비심리적 현상 가운데 하나인 명[신](名身)이 동일하다는 말로 오해받을지도 모른다]. 하지만 [여기서 말하는] '의지처'라는 표현은 의미 대상을 동반하는(sārthaka)[이름]을 의미하기 때문에, 유위[의 현상]이 '이야기의 의지처'라고 불린다. (ta eva saṃskṛtā gatagacchadgamiṣyadbhāvād adhvānaḥ adyante 'nityatayeti vā | kathā vākyam | tasyā vastu nāma | sārthakavastugrahaṇāt tu saṃskṛtaṃ kathāvastūcyate | AKBh 5,3f). "이야기의 의지처: 바로 그 유위[의 현상]들은 소리(śabda)에 의해서도 지시된다. 비구들이여! 이러한 세 이야기의 의지처들은 네 번째와 다섯 번째가 없는데, 성자들은 이러한 [세 이야기의 의지처]들에 근거하여 이야기를 하고 이야기를 할 것이다. 무엇이 셋인가? 과거·미래·현재의 '이야기의 의지처'이다." "kathāvastu śabdenāpi ta eva saṃskṛtā deśitāḥ. trīṇimāni bhikṣavaḥ kathāvastūni acaturthāny apañcamāni yāny 'āśrity' āryāḥ kathāṃ kathayantaḥ kathayanti. katamāni trīṇi. atītaṃ kathāvastu anāgataṃ kathāvastu pratyutpannam iti." (AKVy 21,2-06).

126 YBh_ms: api ca na kāmibhiḥ svayaṃ kāmānām ādīnavaḥ sujñeyo bhavati nānyatra buddhair buddhaśrāvakaiś cākhyeyāḥ, ta ādīnavata ākhyeyā iti kṛtvā |. 번역에서 한역을 따랐다. "又諸受欲者, 於妙五欲不能自然善知

[감각을 즐겁게 하는 다섯 속성들은] 말해져야 한다고 설해진다.

감각적 욕망을 지닌 이들이 그 감각적 욕망의 대상들에 대해 주요 특징과 소소한 특징을 이치에 맞지 않게 파악하면서, 그 감각적 욕망의 대상들에 이끌려 그들을 향수한다. 탐닉하고 내지 견고한 집착에 떨어진다.

이와 같이 견고한 집착에 떨어진 자들은 감각적 욕망의 대상들 속에 존재하는 단점을 다음과 같이 알지 못한다. '실로 이러한 감각적 욕망의 대상들은 무상하고, 허무하고, 속이 텅 비어 있고, 거짓되고, 기만적인 성질을 갖춘 것이고, 마야와 같고, 어린 아이들의 옹알이[처럼 의미가 없고], 이익은 적고, 단점들은 많으며, [감각적 욕망의 대상]들에게 이익은 적고 더 많은 위험이 있다.' 따라서 감각적 욕망의 대상들로부터 출리의 수단(niḥsaraṇa)[127]이 있더라도, '이 [감각적 욕망의 대상]들에 대한 감각적 욕망을 향한 탐심의 제어 내지 [그것을] 뛰어넘는 것이 이 [감각적 욕망의 대상들로부터의] 출리이다'라고 여실하게 알지 못한다.

그들이 이와 같이 [감각적 욕망의 대상들에 대해] 단점들을 보지 못하고 [그들로부터] 출리를 알지 못할 때 감각적 욕망의 대상들을 향수한다. 그들은 그 때문에 욕계에서 재생을 뿌리로 하는 제행을 매우 기뻐하고, 재생을 뿌리로 하는 업들을 지은 후에 욕계에 태어난다. 태어난 자에게는 죽음이 있고, 그에게는 죽음의 시간이 있다.

이와 같이 "**말해야 하는 대상에 대한 관념을 가지고 그것에 안주하는 중생들은, 말해야 하는 대상을 변지하지 못하고 죽음과의 결합에 떨어진다**"

[두 번째 게송에 대한 주석:] 그러나 진실한 사람과의 만남과 정법의 청문, 여리작의(如理作意)에 의거한 후에 '실로 이러한 감각적 욕망의 대상들은 무상하며, 내지 [감각적 욕망의 대상들에 대한] 욕망을 향한 탐욕(chandarāga)을 뛰어

過患. 唯除諸佛及佛弟子為其宣說. 彼過患已 乃能了知." (한역 唯는 惟로 오기).

127 niḥsaraṇa를 "출리의 수단"이라고 번역한 것은 nges par 'byung ba'i thabs의 티벳역을 참조하였다.

넘는 것이 있다'고 바로 저 감각적 욕망의 대상들을 단점의 관점으로, 또 출리의 관점에서 여실하게 아는 자들은 여래께서 알려주신 법과 율에 대해 믿음을 얻고, 감각적 욕망의 대상들에 대해 단점이라는 인식을 증대시킨다.

그는 적거나 혹은 많거나 간에 재산과 친족들의 거처를 버린 후에, 올바른 믿음을 지니고 집으로부터 집이 없는 상태로 출가한다. 즉 모든 방식으로 모두 노·사를 소멸하기 위해 [출가한다]. 이와 같이 출가한 그들은 '이 계와 고행, 범행(梵行)에 주함에 의해 우리들은 천신이나 또 다른 천신이 되기를!'이라는 원 때문에 범행을 행하지 않는다. 심하게 말하는 타인들이 다음과 같이 그들에게 심하게 말하고, 비난하는 자들은 비난하고, 경고하고, 회상하도록 한다. '훌륭한 이여![128] 무엇 때문에 그대는 눈앞에 보이는 욕망의 대상들을 버린 후에 젊은 청춘에 친척들이 바라지도 않으며 [오랜] 시간이 걸리는(kālika[129]) 욕망들을 위하여 범행을 감내하는가?' 그들이 이런 잘못된 원이 없을 때, 자신에 대한 타인들의 비난을 겪지 않으며, [비난받았다라고 할지라도] 중하게 생각하지 않으며, [그 비난으로 인해 출가를] 후회하지 않는다.

이와 같이 "**그렇지만 말해야 하는 대상을 변지한다면 말하는 자를 생각하지 않는다. 다른 사람들이 그에게 무엇이라 말할 수 있는 점이 실로 그에게는 없다.**" 여기까지가 그에게 계의 청정이다.[130]

[세 번째 게송에 대한 주석:] 그는 견해의 청정도 갖추게 된다. 무엇 때문인가? 왜냐하면 전도된 견해는 자만(māna)을 야기하기 때문이다. 자만에 사로잡힌 자는 다른 사문이나 바라문들과 격렬한 논쟁을 한다. 따라서 이 방식으로 [전도

---

128 bhadramukha에 대한 번역이다. 직역하자면, '번영을 [주는] 얼굴/모습을 지닌 자'이다. 한역은 賢首.

129 PTSD kālika 항 참조. 여기서 첫 번째 의미(with time, i. e. gradual, slowly, delayed S I.117=Nd2 645; usually neg. akālika 1. not delayed, immediate, in this world, comb. with sandiṭṭhika S II.58; S I.117= IV.41=339=V.343)로 번역했다.

130 이 마지막 문장을 티벳역(brjod pa por ni sems pa med || ces bya ste | 'di ni de'i tshul khrims rnam par dag pa'o ||)에서는 두 번째 주석의 마지막에, 한역 此卽成就淸淨尸羅及淸淨見은 세 번째 주석의 처음에 연결하고 있다.

된] 견해는 논쟁의 뿌리가 된다.

그중에서 어떤 사문이나 바라문은 논쟁의 뿌리인 [전도된] 견해에 의지하여, '동등하다' 혹은 '뛰어나다' 혹은 '열등하다'라고 마음의 거만함을 드러내는데, 그는 그 원인과 그 조건에 의해 —즉 나는 [남보다] 뛰어나거나 비슷하거나 못하다는 것을 증명하기 위하여— '나는 뛰어나다'는 자만의 종류 때문에, '나는 비슷하다, 열등하다'는 자만의 종류 때문에, 다른 사문이나 바라문들과 격렬한 논쟁을 할 것이다.

그렇지만 '나는 ~이다'는 [생각으로] 흔들리지 않으며, '이것은 나이다' 내지 '나는 관념(想)이 있는 것도 아니고 관념이 없는 것도 아니게 될 것이다'는 [생각으로] 흔들리지 않는 이러한 성스러운 제자는 제행을 '조건에 의해 생겨난 것'이라고 안 후에, 제행들은 단지 법일뿐이라고 보며, '나는 뛰어나다' 또는 '나는 [타인들과] 비슷하다'고 [생각하면서] 스스로를 타인들과 비교하지 않는다. 하물며 무엇 때문에 [스스로] 자만하고, [다른 사문이나 바라문들과] 격렬한 논쟁을 하겠는가?

비록 그 성스러운 제자가 타인들에게 자신의 주장을 해설하고, 타인들의 주장을 굴복시킨다고 해도, 그것도 법의 최고의 법성(dharmasudharmatā)[131]에 입각하여, 타인들이 잘 설해진 한 구절[132]의 의미를 어떻게라도 이해한 후에 점점 더 [그것을] 이해할 수 있기를! [또] 그것이 오랫동안 그들에게 이익과 안녕과 행복이 되기를!'이라는 연민심과 비심을 가진 그가 정법이 오래 머물도록 하기 위해서이지, 자만에 의지하여 재물과 공경 때문에 논쟁하고자 한 것은 아니다.

이와 같이 그는 현전하고 있는 욕망의 대상들 때문에 범행에 주함을 용인하지 않는다. 그에게 이 범행에 주함은 이와 같이 잘못된 원을 여읜 것이고, 잘못된

---

131 티벳역은 chos kyi chos nyid bzang po로서 이를 지지하지만, 한역은 於諸法惟為法性으로 조금 달리 번역하고 있다.

132 padasubhāṣitasya의 번역이다. 수식어가 피수식어의 뒤에 올 수 있는 혼성범어의 용법에 관해서는 BHSG §23.10 참조.

견해를 여읜 것이고, 재물과 공경에 대한 집착을 여읜 것이고, 모든 측면에서 청정하며, 빛나고, 불타오르며 찬란히 빛난다. 천신과 인간들에게 칭송의 대상이지, 비난의 대상은 아니다. [그 범행에 주함은] 노·사의 초월로 작동한다.

이와 같이 "'**비슷하거나 뛰어나거나 열등하다'고 생각하는 그는 그로 인해 논쟁한다. 이러한 세 종류로 흔들리지 않는 자에게 '뛰어나다'와 '동일하다'는 [생각]이 없다.**"

[네 번째 게송에 대한 주석:][133] [첫 번째 구절 "이 세상에서 명색(名色)에 대한 갈애를 끊은 후에"에서] "명색"은 오취온을 말한다. 그 [오취온]들을 고통이라고 보고 현관한 자에게 '오취온은 남김없이 괴로운 것이다'라고 [고]제에 대한 현관(現觀)을 하자마자[134], 의향의 측면에서는(āśayatas) 오취온에 대한 갈애가 끊어지지만, 잠재적 경향성의 측면에서는 아니다.

[두 번째와 세 번째 구절 "자만(自慢)을 끊은 후에, 집착을 행하지 않는다. 연기(煙氣)가 가라앉고, 해함이 없으며, 바람이 없는 그를"에 대해] 이미 획득한 바로 저 수행도를 수습하면서 그는 아만(我慢, asmimāna)을 남김없이 끊은 후에 루(漏)가 완전히 소진된 아라한(arhat)이 된다. 이와 같이 아라한의 상태에 도달하고, 심이 잘 해탈한 그는 심신복합체(ātmabhāva)와 심신복합체를 위한 필수품들에 대해 분출의 측면에서 뿐 아니라 잠재적 경향성의 측면에서도 애착을 여의고 있고, 오만과 방일이 없다. 이와 같이 애착을 여의고 오만이 없고 방일이 없는 그는 "**연기(煙氣)가 가라앉고, 해함이 없으며, 바람이 없는 자**"가 된다.

어떻게 그는 "연기가 가라앉은 자"로 되는가? 연기란 갈애라고 설해진다. 그 이유는? 예를 들면 연기는 불의 요소의 선행현상이며, 안근을 손상시키고, 한 자리에 머물지 않기 때문에(aprasvasthavihāritayā)[135] [사람을] 불안하게 만든다.

---

133 네 번째 게송은 한역을 제외하고는 앞선 세 게송과 달리 주석의 마지막에 반복되지 않는다. 따라서 게송과 정확히 일치하는 단어와 구문을 **볼딕체**로 표시했다.

134 YBh_ms: saha satyābhisamayāt. saha가 5격의 앞에서 혹은 복합어로서 '~하자마자(immediately after, as soon as)'를 의미한다는 것은 BHSD saha의 (1)항목 참조.

마찬가지로 '갈애'는 탐·진·치라는 불의 선행현상이며, 혜안을 손상시키고, 무익한 거친 생각들(vitarka)들에 의해 심상속(cittasaṃtati)을 교란시킨다.

그에게 이 갈애는 끊어지고, 변지되며, 내지 미래에 [다시] 일어나지 않는 성질로 된다. 이와 같이 그는 연기가 가라앉은 자가 된다. 이와 같이 연기가 가라앉고 집착을 떠난 그는 생명을 유지하기 위한 필수품들을 구하며, 구하지 않는 것이 아니다. 그렇지만 저 갈애로부터, 즉 [필수품들을] 구함의 잡염으로부터 해탈한 자로서 구하는 것이다.[136]

어떻게 그는 해함이 없는가? 그가 이와 같이 [필수품들을] 구할 때, 만약 타인들이 그에게 공손하게 [즉] 불손하지 않게, 나쁘지 않은 것 [즉] 좋은 것을, 적지 않게 [즉] 많이, 느리지 않게 [즉] 빠르게 보시하거나 보시하게 하더라도, 그것을 탐미하지 않는다. 더욱 그 공양물에 끌려서, 탐닉하면서, 사로잡혀서, 내지[137] [그것에 대한] 강한 집착에 떨어져서 [그것을] 향수하지 않는다. 이와 같이 그는 생명을 유지하기 위한 필수품들을 향수할 때 탐욕을 물리침으로써(rāganighena) 해함이 없는 자(anigha)가 된다.

또는 만약 타인들이 보시하지 않거나, 보시를 방해하거나, 또는 공손하지 않게 불손하게 보시하거나[138] 내지 빠르지 않고 느리게 보시한다고 할지라도, 그는 그로 인해 무너지지 않으며, 그 때문에 실망하고 상처받지 않는다. 그리고 공

---

135 aprasvasthavihāritayā의 의미는 확실하지 않다. 티벳역 tha mal par 'dug tu mi ster ba도 분명치 않다. 한역 "令不安住"(*asparśavihāratā)에 의거해서 번역했다. sparśavihāratā의 의미는 "state of comfort, agreeable condition"(BHSD 612)이다.

136 YBh_ms: nanu paryeṣate | tayā tu tṛṣṇayā paryeṣṭisaṃkleśena vinirmuktaḥ paryeṣate |; ŚrBh_ms: na paryeṣate | tayā tṛṣṇayā paryeṣṭisaṃkleśair na vinrmuktaḥ paryeṣate |. 티벳역(mi tshol ba ma yin mod kyi | sred pa des yongs su tshol ba'i kun nas nyon mongs pa las rnam par grol bzhin du yongs su tshol lo ||)과 한역(非不追求, 然能解脫貪愛追求所求無染)에 의거하여 na na paryeṣate | tayā tu tṛṣṇayā paryeṣṭisaṃkleśena vinirmuktaḥ paryeṣate |"으로 교정하고 번역했다.

137 ŚrBh I.136.7f와 비교하면 생략된 부분은 "얼이 빠져서 집착하고"(mūrchito 'dhyavasitaḥ)이다.

138 asatkṛtya vā dadati na satkṛtya에 대한 번역으로 부정의 na를 satkṛtya에 걸어서 번역하였다. 티벳역 ma gus pas byin gyi gus pas ma yin pa와 한역 現不殷重不現殷重 참조.

양물의 향수 때문에 그는 지치지 않고 성가셔하지도 않으며, 증오심을 품지 않고 진에심도 갖지 않는다. 이와 같이 그는 진에(瞋恚)를 물리침으로써 해함이 없는 자가 된다.

그는 뛰어나건 나쁘건 저 공양물을 단점이라고 보면서 향수하고, 출리를 알면서, 확립된 정념을 갖고, 미혹이 없다. 그는 우치를 물리침으로써 해함이 없는 자가 된다.

어떻게 그는 바람이 없는 자(nirāśa)가 되는가? '바람'(āśā)이란 기대에 붙잡힌 심의 상태(apekṣāpratibaddhacittatā)라고 설해진다. 그는 '나는 씹고 삼킬 수 있는 훌륭한 음식 및 의복 · 발우 · 눕고 앉을 때 사용하는 도구 · 병을 치료하는 의약품이라는 [승려에게 허락된 4종의] 필수품들을 필요한 만큼 여기서 얻을 것이다'라고 [생각하면서] 크샤트리야의 대가문이나 바라문의 대가문, 또는 장자의 대가문들과 같은 가문들로 의기양양하게[139] 가지 않는다. 이와 같이 그는 구하고 향수한 공양물에 대해 바람이 없다.

그리고 밤이 가고 낮이 머무를 때에도 낮이 끝나고 밤이 머무를 때에도 항상 그에게 죽음에 관한 생각이 경전에서처럼 '내게 죽음의 조건들은 많다.' 또는 '내게 바람(風)이 요동칠 것이다' 내지 '내게는 비인간 때문에 두려움도 있다'라고[140] 잘 확립되게 된다. 실로 그 공양물을 위해 구하고 그 공양물 때문에 향수하지만, 그는 생계에 대해서조차 마찬가지로 바람이 없다.

[세 번째부터 다섯 번째 구절까지의 "연기(煙氣)가 가라앉고, 해함이 없으며, 바람이 없는 그를 그들은 이 세상의 천신과 인간의 세계에서 그리고 밖의 [천신

---

139 uccaiḥ śuṇḍāṃ praṇidhāya의 번역이다. 직역하면 '위로(uccais) [코끼리처럼] 코를(śuṇḍā) 들고서'이다. 한역 擎鼻內懷貪願이며, 티벳역 mgo 'phang bstod de이다.

140 관련한 구문은 ŚrBh III. 74,6ff 참조. 『성문지』 2021: 369. "나에게 죽음의 조건들은 많다. 나에게 풍질이나 황달이나 담이 일어날 수 있고, 먹은 것이 잘못될 수도 있고 이것에 의하여 나의 몸에 질병이 자리잡을 수 있을 것이다. 뱀이나 전갈이나 지네가 나를 물 수도 있다. 인간이나 비인간 때문에 나에게 두려움이 [생겨날 수] 있다."

과 인간의 세계에서] 보지 못할 것이다[141]"에 대한 주석은 다음과 같다.] 이와 같이 집착을 떠나고, 연기(煙氣)가 가라앉고, 해함이 없으며, 바람이 없는 그를 인드라(Indra)와 이샤나(Īśāna)와 프라자파티(Prajāpati)를 포함한 천신들은 여기서(iha)[142] [즉] 천신과 인간으로 태어나는 원인 속에서도 보지 못할 것이고, 다른 경우에(paratra) [즉] 천신과 인간으로 태어나는 원인의 결과에서도 보지 못할 것이다. 또는 여기서나 다른 곳에서 [즉] 사대주(cāturdvīpaka)에서 천신과 인간의 세간은 [그를] 보지 못할 것이며, 또는 여기서나 다른 곳에서 [즉] 세간계(lokadhātu)에서 천신과 인간의 세간은 그곳에서도 [그를] 보지 못할 것이다.

[요약 설명:] 그 [네 게송] 중에서 첫 번째 게송에 의해서는 ① 감각적 욕망의 대상들이 [오래] 지속함이 해명되었고, ② 감각적 욕망의 대상들에 대한 잘못된 이해와 ③ 잘못된 이해의 결과도 [해명되었다]. 두 번째 게송에 의해서는 ④감각적 욕망의 대상들의 포기가 타당한 형태임이, ⑤ 청정한 범행에 머무름에 대한 비난이 부적절한 형태임이, 또 ⑥ 바로 그 감각적 욕망의 대상들이 [오래] 지속함(kālika)이 [해명되었다]. 두 번째 게송에 의해 [해명된 것]처럼 세 번째 게송에 의해서도 마찬가지다. 그렇지만 네 번째 게송에 의해서는 ⑦ 세존의 가르침이 현생에 속하며, ⑧ 열병이 없고 내지[143] 현자들에 의해 자내증되어야 할 것이라는 것이 해명되었다.

그중에서 ① 감각적 욕망의 대상들이 말해야 하는 것(ākhyeya)으로 특징지어짐에 의해 첫 번째 게송에서 감각적 욕망의 대상들이 [오래] 지속된다고 설해졌다. 왜냐하면 [불교 이외의 사문과 바라문들이 보시자에게 부탁을, 혹은 주인들이 남녀 하인 등에게 명령을] 말함(samākhyāna)에 의존한 추구와 향수를 제외하

---

141 taṃ śāntadhūmaṃ anighaṃ nirāśaṃ nādrākṣu te devamanuṣyaloke | iha bāhirataś ca ||

142 이하에서는 iha와 paratra를 각기 세 가지 경우로 나누어 설명한 것이다.

143 생략된 부분은 "오래 지속되지 않는 것이고, 추구할 가치가 있는 것이고, [모든 사람이] 와서 보도록 하는 것"(ākālikaḥ aupanāyikaḥ ehipaśyikaḥ)이다. 이 정형구가 나타난 문헌과 문헌학적인 분석에 관해서는 Horiuchi 2018: 99-116.

고, 단지 원하는 것만으로 그 [감각적 욕망의 대상]들은 성공하지 못하기 때문이다. ② [말해야 하는 대상에 대한] 생각과 [그것에] 안주하기 때문에, 또 [그것을] 변지하지 못했기 때문에 '그 [감각적 욕망의 대상]들에 대한 잘못된 이해'가 해명되었다. 그리고 ③ 죽음과 결합하기 때문에 '잘못된 이해의 결과'가 [해명되었다].

④[144] '감각적 욕망의 대상들을 버리는 것이 적절하다'는 것은 감각적 욕망의 대상들에 대한 완전한 앎 · 잘못된 바람의 결여 · 범행에 머무름 · [전도된] 견해의 결여 · [전도된] 견해라는 뿌리로부터 나온 자만(自慢)의 결여 · 재물과 공경에 대한 집착의 결여를 통하여 밝혀졌다. 그리고 그로 인해 ⑤ 다른 사람들로부터의 비난이 부적절하다'는 것이 [밝혀졌다.] 또한 ⑥ '감각적 욕망의 대상들이 [오랜] 시간이 걸리는 것'이 [밝혀졌는데, 이는] 예를 들면 전생에 복을 짓지 못한 자라면 바로 이생에 비록 노력을 할지라도 원하는 바를 성취하지 못한다. 혹은 바로 이생에서 복을 지었다고 할지라도 지금 이생에서는 원하는 바를 성취하지 못하며 [다만] 그 [이 생에 지은 복]을 원인으로 하여 미래[생]에 [원하는 바를 성취할 수] 있게 된다. 고로 이러한 방식으로 감각적 욕망의 대상들이 [오랜] 시간이 걸리는' 것이 밝혀졌다.

네 번째 게송에 의해서 갈애를 자르기 때문에 또 아만(我慢)을 끊었기 때문에 ⑦ '[세존의] 가르침이 현생에 속한다'고 해명되었다. 즉 [사제를] 봄에 의해 끊어져야 하는 번뇌들을 끊었기 때문에 바로 여기서 첫 번째 사문의 상태와 사문과[가 성취되고], [사제의] 수습에 의해 끊어져야 하는 [번뇌]들을 끊었기 때문에 바로 여기서 마지막 사문의 상태와 사문과[145]가 [성취되었다].

⑧ 집착을 떠나고 연기가 가라앉았다는 것에 의해 '[세존의 가르침은] 열병이

---

144 한역에서만 "第二頌中"이라 하여 이하의 주석이 두 번째 게송 그리고 그에 대한 주석과 관련 있음을 명확히 하고 있다.

145 아라한과를 가리킨다.

없고 내지 현자들에 의해 자내증되어야 한다'고 해명되었다. "이와 같이 자내증되어야할 법을 획득한 그가 타인들에 의해 어떻게 요지될 수 있겠는가?" 따라서 "[그에게] 해함이 없고, 바람이 없기 때문에, 이 표징에 의해 [요지되어야 한다]."

그중에서 세 게송에 의해 '비구는 교법의 의미(śāsanārtha)를 현시할 능력이 없지만, 나는 [세존께서] 설하시는 [교법의 의미]를 깨달을 수 있다'는 천신에게 일어난, 비구에 대한 경멸심과 스스로에 대한 자만심을 세존께서 제거하셨다.[146] 또한 [마지막] 네 번째 게송에 의해 [세존의] 교법의 의미가 상세히 해설되었다.[147]

3.2.3.3. 탐욕(rāga) (Ch. 372a24)

[Vāgīśa:] 욕망의 대상에 대한 탐욕에 압도되었기에
나의 마음은 [탐욕으로] 불타오르고 있습니다.
오, 가우타마족의 사람이여! 그대는 연민을 가지고
나에게 적정을 설해주십시오! || 1 ||

[Ānanda:] 관념(saṃjñā)의 전도로 인하여 그대의 마음은 불타오르고 있습니다.
따라서 탐욕을 초래하는 '예쁘다'(śubha)는 관념상(nimitta)을 멀리 하시오! || 2 ||
그대는 [심을] 하나로 모아 집중하여 항시 부정한 [관념](不淨想)을 닦으시오!
탐욕의 불을 빨리 끄시오! 반복해서 불타오르게 하지 마시오(mā dhakṣyase)! || 3 ||

---

146 이런 설명은 이 게송들을 인용하는 다른 버전들에는 나타나지 않는다.

147 SN I 17-22에 따르면, 처음 세 게송을 들을 때 천신은 세존에 의해 간략하게 설해진 가르침의 의미를 이해하지 못하여서 다시 가르침을 청한다. 네 번째 게송을 들은 후에야 세존에 의해 간략하게 설해진 가르침의 의미를 자세하게 알게 되었다고 하며, 다음과 같은 "3.2.3.1 악(惡)"에 해당하는 게송을 읊고 있다: pāpaṃ na kayirā vacasā manasā || kāyena vā kiñcana sabbaloke || kāme pahāya satimā sampajāno dukkhaṃ na sevetha anatthasaṃhitan-ti || SN I 12,23-26.) 그렇지만 빨리 전통과는 달리, 한역에서 이야기는 천신이 네 번째 게송을 이해하는 것으로 끝을 맺는다.

고통의 관점에서 또 무아의 관점에서 제행의 무상함을 보시오!
몸으로 향한 정념을 행한 후에 [몸에 대한] 염리(厭離)를 자주 행하시오! || 4 ||
자만의 잠재적 경향성[148]을 파괴하는 무상(無相, ānimitta)을 닦으시오!
그런 자만의 현관으로부터 그대는 고통을 끝낼 것입니다. || 5 ||[149]

라는 게송들이 있다.

무엇이 "**관념의 전도**"(2a)인가? 부정(不淨)한 것에 대하여 '부정하다'는 관념상을 버린 후에 아름답다는 관점에서 주요특징 및 부차적 특징을 이치에 맞지 않게 취하는 것이다.

관념상을 멀리함이란 무엇인가? 예를 들어 이 맥락에서 어떤 이가 젊고 훌륭한 용모를 갖춘 매력적인 여성(mātṛgrāma)을 보고서, [안 등의] 근들을 [그 여성으로부터] 돌리고(utkṣipati)[150] [눈길 등을] 주지 않는 것이다.

어떻게 "**[심을] 하나로 모아 집중하여 부정하다[는 관념](不淨想)을 닦는**"(3ab)가? 예를 들어 이 맥락에서 어떤 이가 [시체가] 검푸르게 된 것 내지[151]

---

148 mānānuśaya는 YBh 161,10-12에서 7종 수면의 하나로 나열되어 있다. 하지만 산문주석에서는 māna를 asmimāna(我慢)으로 해석하고 있다. māna가 타인과의 비교를 통해 형성된 자기정체성이라면, asmimāna는 '나는 ~이다'라는 유형의 보다 근본적인 자기정체성의 확인으로 간주되고 있다.

149 관련된 초기문헌은 『雜阿含經』(T99) 331a25-27, 331a29-b7, SN I 188.15-22. 여기서 이 게송들은 탁발을 하러 사위성에 들어간 Vāgīśa가 어떤 아름다운 여인을 본 후에 성적 탐욕에 사로잡혀 번민하다가 Ānanda에게 도움을 구하러 질문하고 이에 아난다가 답하는 내용으로 구성되어 있다. Cf. AKBh 284.17f: viparyāse ca saṃjñānāṃ cittaṃ te paridahyate. nimittaṃ varjyatāṃ tasmāc chubhaṃ rāgopasaṃhitam; AKVy 455,25-29: kāmarāgābhibhūtatvāc cittaṃ me paridahyate. aṃga me gautama brūhi śāṃtitvam anukampayeti … viparyāsena saṃjñānāṃ cittaṃ te paridahyate. nimittaṃ varjyatāṃ tasmāc chubhaṃ rāgopasaṃhitam.

150 utkṣipati에 대해 한역은 "攝", 티벳역은 g-yeng bar mi byed로 번역하고 있다. '돌리다'는 번역은 utkṣipati를 본래 avakṣipati로부터 나온 팔리어 okkhipati와 유사한 프라크리트의 잘못 산스크리트화한 것으로 보는 BHSD (*apparently BHS utkṣ° is false Skt. for MIndic okkh°)의 이해 "(3) averts (the senses, particularly the eyes, from forbidden objects)"를 따랐다.

151 부정관의 단계들에서 생략된 서술은 ŚrBh I. 154,18-22 참조. sa utpanne vā kāmacchandaparyavasthāne prativinodanāyānutpanne vā … vinīlakaṃ vā vipūyakaṃ vā vipaḍumakaṃ vā vyādhmātakaṃ vikhāditakaṃ vā

뼈나 [뼈의] 연쇄와 같은, 좋은 삼매의 관념상(samādhinimitta)을 바로 이전에 잘 포착했었다. 그는 저 매력적인 사물이 모습을 드러냈을 때, 바로 그 [삼매의] 관념상을 작의한다. 앞에서처럼 이후에도 마찬가지다. 또는 그는 자신이나 타인의 몸 안이 '이 몸에 머리카락, 털 내지 오줌이 있다'라고 다양한 부류의 부정한 것(aśuci)으로 채워져 있다고 반성적 관찰한다.[152]

어떻게 "**고통의 관점에서 제행의 무상함을 보는**"(4ab)가? 예를 들어 이 맥락에서 어떤 이가 다음과 같이 생각한다. 젊고 훌륭한 용모를 갖추고 매력적인 여성을 본 후에 갈애, [여성의] 향유에 대한 욕망이 생겨난다. 이 집제가 괴로움의 원인이다. [즉] 이로 인해 [사람이] 태어나고, 태어난 자에게는 늙음·죽음·근심·비탄·괴로움·불만족·번민들이 발생한다.

어떻게 "**무아의 관점에서 제행의 무상함을 보는**"(4ab)가? 예를 들어 이 맥락에서 어떤 이가 다음과 같이 생각한다. 나의 몸에, 나의 육체에, 또 여성들의 몸에, 여성들의 육체에 향수자나 향유의 대상이 될 수 있는 아트만(ātman)이나 사트바(sattva)는 존재하지 않는다. 이것은 단지 제행(saṃskāramātra)일 뿐이며, 이것은 단지 법(dharmamātra)일 뿐이며, 이것은 조건지어져 생겨난 것이다.

어떻게 "**몸으로 향한 정념을 행한 후에 [몸에 대한] 염리(厭離)를 자주 행하는**(4cd)"가? 예를 들면 이 맥락에서 어떤 이가 본성적으로 강한 탐욕의 부류에 속한다. 그 강한 탐욕의 부류에 속함에 의해 비록 그가 [안 등의] 감각기관들을 [그

---

vilohitakaṃ vāsthiṃ vā śaṃkalikāṃ vānyatamānyatamaṃ bhadrakaṃ samādhinimittaṃ manasikaroti |. 생략된 표현: "또는 고름이 흘러내리는 것(vipūyaka), 부풀어 오르는 것(vyādhmātaka), [구더기와 같은] 벌레들이 들끓는 것(vipaḍumaka), [이곳저곳이 개나 재칼 등에 의해] 뜯어 먹힌 것(vikhāditaka), 여기저기 피로 범벅된 것(vilohitaka)." ŚrBh II. 60의 부정관의 설명에서는 10 단계의 시체의 관찰이 설해져 있다. 그 차이는 vilohitaka 다음에 vikṣiptaka(흩어진 것)가 더해지고, asthi, śaṃkalika, asthisaṃkalika로 구분되어 있는 점이다. 반면『성문지』의 이어지는 설명에서는 vikṣiptaka가 마지막 열 번째 요소로 설명되어 있다. 여기서 연쇄(saṃkalika)는 뼈들이 힘줄에 의해 붙어있는 모습을 가리킨다.

152 내적인 36종의 부정한 것에 대해서는 ŚrBh II. 58-60 (『성문지』 2021: 218) 참조. 이와 비슷한 리스트가 Śikṣ 209,5-11 등에도 약간 다르게 제시되어 있다. 이에 대한 설명은 Hui-min 1994: 134-140 참조.

여성으로부터] 돌릴 지라도 탐욕은 심을 지속적으로 더럽힌다(anudhvaṃsayati).[153] 설사 부정한 것으로, 고통으로서, 또는 무아라고 작의하더라도, 탐욕이 심을 지속적으로 더럽힌다.

그럼으로써(anena) 그는 부정한 것에 대한 작의, 고통과 무아에 대한 작의에 의거한 후에 획득된 잠시 동안의 염리(厭離), [즉] 혐오·반감(反感)·적대감 바로 그것을 신념처와 관련한 정념으로 확립한 후에, 닦고 수습하고 반복해서 행한다.

그가 그와 같이 실천하고 그 [염리]에 반복해서 머무를 때, 저 [본성적인] 강한 탐욕은 끊어진다.[154] 비록 그가 [안근 등의] 감각기관들을 [그 여성으로부터] 돌리더라도, 탐욕은 심을 지속적으로 더럽히지 않으며, 또한 부정한 것이나 고통 또는 무아라고 작의할 때에도, 탐욕은 심을 지속적으로 더럽히지 않는다.

이와 같이 그 [심]이 이러한 행상들에 의해 현행할 때[155], 감각적 욕망의 대상들에 대한 탐욕의 분출은 끊어지지만, 잠재적 성향(anuśaya)의 측면에서는 [끊어지지] 않았다.[156] 실로 감각적 욕망의 대상들에 대한 탐욕의 작동은 두 개아의 상속, 즉 범부의 상속 및 유학의 상속 속에서 잠재적 성향과 분출의 측면에서 지각된다. 비록 일부의 유학에게서 [감각적 욕망의 대상들에 대한 탐욕의 작용이] 지각되지 않더라도, 그는 하[계]의 탐욕을 끊었기 때문에 안은(安隱, yogakṣema)을 얻었지 상[계]의 탐욕을 끊었기 때문에 안은을 얻은 것은 아니다.

---

153 anudhvaṃsayati에 대해서 한역은 被... 損壞, 티벳역은 ma rung bar byed로 번역한다. 이 단어의 용법에 대해서는 CPD anuddhaṃseti 참조. "[caus. of anu + √dhvaṁs], litt. to let the dust fall upon, to stain, i.e. (a) to corrupt, degrade (acc)."

154 티벳역('bri bar 'gyur)은 '약해지게 된다'로서 prahīyate 대신에 hīyate로 읽었다고 보인다.

155 혹은 '이 사람이 이러한 측면(=부정·괴로움·무아)들을 가지고 수행할 때,'

156 번뇌(=탐욕)를 잠재적 성향(anuśaya)과 분출의 두 양태로 이해하는 것에 대해서는 본서 유심유사지 § 5.1.5.의 각주 및 『성문지』(2021: 30ff) 참조. AKBh 277,19ff에 대한 AKVy 442,28f에 따르면 유부는 분출이 곧 수면이고, 독자부는 득(prāpti)이 수면이며, 경량부는 종자가 수면이라고 해석했다. 이런 구별에 따르면 게송 2-4에서 권했던 부정관과 염리의 수행은 물론 고통과 무아의 관찰에 의한 제법의 무상의 인식도 탐욕의 분출을 억압시킬 뿐 그것의 잠재적 성향은 완전히 끊지 못하는 것으로 해석되고 있다. 탐욕과 아만을 포함해 번뇌의 잠재적 성향의 제거는 무상(ānimitta)의 인식에 의해서 가능한 것이다.

그렇지만 무학의 상속에서 중급과 상급의 탐욕은 지각되지 않는데, 하물며 하급의 [탐욕]은 말할 나위조차 없다.[157] '실로 무학은 하[계]와 상[계]의 탐욕을 끊었기 때문에 모든 곳에서 안은을 획득한 자이다'라고 알고서, 그로 인해(yena) 욕[계]에 대한 탐욕을 떠난(kāmavītarāga)[158] 어떤 유학은 미래에 바로 무학의 상태를 향해 마음을 세운 후에, 열반에서 적정을 보고, 모든 관념상(nimitta)들을 작의하지 않기 때문에 또 관념상을 여읜 영역(ānimittadhātu)을 작의하기 때문에, 관념상을 여읜 삼매에서 훈련하고, 또 바로 그 [무상삼매]를 반복하여 행하면서, 수습에 의해 끊어져야 하는, 삼계에 속한 아만(asmimāna, 我慢)을 끊는다.

그 [아만]을 끊었기 때문에 그는 삼계에 대해 이욕한 무학이 되고, 상[계]와 하[계]의 탐욕을 끊었기 때문에 [모든 곳에서] 안은을 획득한다.[159] 그는 모든 고통의 원인들을 버렸기 때문에 모든 고통의 끝을 증득한다. 이와 같이 "그는 자만의 잠재적 경향성을 파괴하는 '무상'(無相)을 수습하고, 또 자만의 현관(現觀)으로부터 고통을 끝낸다."(5).

[요약 설명:] 실로 이 설해진 것을 요약한 설명이 있다. ① 어떻게 감각적 욕망의 대상들에 대한 탐욕이 일어나는지, ② 어떻게 [이미 일어난 감각적 욕망의 대상들에 대한 탐욕이] 적정하게 되는지, ③ 무엇이 '적정'인지가 해명되었다. 이것이 [게송들]을 요약한 설명이라고 알아야 한다.

① 어떻게 감각적 욕망의 대상들에 대한 탐욕이 일어나는가? 다섯 가지 원인

---

157 ŚrBh I. 292,11-14: saptabhiḥ sattvānāṃ dauṣṭhulyaiḥ sarvakleśapakṣyadauṣṭhulyasaṃgraho veditavyaḥ, hīnadhātukarāgadveṣapakṣyam, madhyapraṇītadhāturāgapakṣyam | hīnamadhyapraṇītadhātukamānāvidyādṛṣṭivicikitsā-pakṣyaṃ ca dauṣṭhulyam || 중생들이 지닌 일곱 종류의 추중(麁重)으로 번뇌에 속하는 모든 추중을 포섭한다고 알아야 한다. [7종의 추중이란] 하급의 탐과 진에 속하는 추중(①②)과 중·상급의 탐에 속하는 추중(③)과 하·중·상급의 자만(④), 무명(⑤), [그릇된] 견해([邪]見⑥) 그리고 의심[疑]에 속하는 추중이다.

158 티벳역 'dod pa'i 'dod chags dang bral ba은 산스크리트와 일치하지만, 한역 未離欲貪은 '감각적 욕망의 대상에 대한 탐욕을 떠나지 못한'으로 번역한다.

159 YBh_ms: ūrdhvam adhaś ca rāgaprahāṇataḥ prāptayogakṣemaḥ. 이 번역은 한역(上下貪斷已得安隱)에 의해 지지된다.

(kāraṇa)에 의해서이다. [즉] 아름답다는 관념에 의해, 즐거움에 대한 환희함에 의해, 중생(sattva)이라는 관념에 의해, 강한 탐욕에 의해, 그리고 잔존한 잠재적 경향성에 의해서이다.

그중에서 ② 어떻게 이미 일어난 감각적 욕망의 대상들에 대한 탐욕이 적정하게 되는가? 마찬가지로 다섯 원인에 의해서이다. [즉] 부정한 것이라고 작의하기 때문에, 고통이라고, 무아라고 [작의하기 때문에], 염환(厭患, saṃvega)의 반복 때문에 그리고 잠재적 경향성의 근절 때문이다.

그중에서 ③ 무엇이 '적정'인가? 적정이란 두 가지이다. 적정이란 [감각적 욕망의 대상들에 대한 탐욕이] 현행하지 않기 때문이며, 또 [그것의] 잠재적 경향성이 끊어질 때 미래에 [다시] 일어나지 않기 때문이다. 그중에서 첫 번째 적정은 [앞의] 네 가지 '감각적 욕망의 대상들에 대한 탐욕을 적정하게 하는 원인들'에 의해 달성되지만, 두 번째 [적정]은 다섯 번째 [잠재적 경향성의 근절] 때문에 [달성된다].

3.2.3.4. 폭류(ogha) (Ch. 372c29)

[천녀[160]:] 여기서 이미 다섯 폭류를 건넌 비구는 어떻게 자주 머물러야
이 [생]에서 여섯 번째 [폭류]를 건넙니까?
[쟁기와 소를 연결하는] 멍에의 줄을 획득하지 못한 [비구]는 어떻게 정려를
해야 방대한[161] 감각적 욕망의 대상에 대한 갈애를 건너가게 됩니까? || 1 ||

[세존:] 실로 신체가 경안하고 심이 잘 해탈된 [비구가] 의욕작용을 하지 않고,
정념을 갖고 동요하지 않을 때, [여섯 번째 폭류를 건넌다].
법을 완전히 알고 거친 사유를 떠난 정려자는

---

160 『잡아함경』, 『별역잡아함경』, SN, Mahāvastu 등의 자료에 따르면, 이 게송은 마라의 세 딸 중 둘째(愛念天女 『잡아함경』; 魔女適意 『별역잡아함경』, Aratī: SN) 혹은 첫째(Tantrī: Mahavastu)가 정각을 이룬지 얼마 되지 않은 세존에게 한 질문이다.

161 주석에서는 vipula를 prasṛta(넓게 퍼져나간)라고 풀이하고 있다.

분노·열망·혼침의 허물들과 분리되어 있다. || 2 ||
여기서 이미 다섯 폭류를 건넌 비구가 이와 같이 자주 머무를 때,
이 [생]에서 여섯 번째 [폭류]를 건넌다.
이와 같이 정려하는 자는 멍에의 줄을 획득하지 않고
방대한 감각적 욕망에 대한 갈애를 건너간다. || 3 ||[162]

이와 같은 젊은 여성의 질문이라는 게송들이 있다.

이 폭류(ogha)는 여섯이다.[163] 색들을 보기 위한 눈이라는 폭류 내지 법들을 요별하기 위한[164] 마음이라는 폭류이다. 그것들에 대해 성스러운 제자로서 [진리의] 발자국을 이미 본 유학(有學)은 눈에 의해 요별되고, 또 심적 즐거움을 일으킬 수 있는 색들에 대해 즐거워하지 않고 머무르며, 불만족(憂)을 일으킬 수 있는 [색들에 대해] 미움 없이 [머무르며], 평정을 일으킬 수 있는 [색들에 대해] 거듭 사유하여 평정하게 머무른다. 그는 심적 즐거움의 그룹이나 불만족의 그룹, 무관심의 그룹이라는 세 그룹(kāya)들에 의거해서 이미 일어난 탐의 분출이나 진의 분출, 또는 치의 분출을 용납하지 않고 내지 완전히 끝낸다.[165] 이와 같이 이 [성문]의 세 그룹은 그 [그룹들]과 연관된 번뇌의 분출이 현행하지 않기 때문에 그친다. 이와 같이 그의 [심적 즐거움과 불만족, 무관심의] 그룹들은 그치지만, 잠재적 경향성을 끊지 못했기 때문에 그의 심은 잘 해탈되지 않았다.

---

162 Cf. (a) 『雜阿含經』 (T99) 287a29-b12, (b) 『別譯雜阿含經』 (T100) 383c26-384a06, (c) SN I 188,5-22: 126,1-32.

163 이하에서 6종 폭류는 眼에서 意까지의 6종의 근을 가리킨다. 이는 YBh 169,5에서 설하는 감각적 욕망[에 대한 탐욕]의 폭류(kāmaugha), 존재[에 대한 탐욕]의 폭류(bhavaugha), 견[에 대한 탐욕]의 폭류(dṛṣṭyogha), 무명[에 대한 탐욕]의 폭류(avidyaugha)라는 4종 ogha(暴流) 중에서 첫 번째 종류에 해당될 것이다.

164 YBh_ms: dharmāṇāṃ vijñānāya. 이에 의거한 번역이다.

165 adhivāsayati yāvad vyantīkaroti. 『성문지』에서 nādhivāsayati, prajahāti, vinodayati, vyantīkaroti (용납하지 않고, 버리고, 제거하고, 완전히 끝낸다)라는 네 동사가 서로 연관되어 사용되기에 여기서 생략된 동사는 중간의 두 개일 것이다.

그는 다른 때에 그 [세 그룹]과 연관된 잠재적 경향성마저 끊은 후에, 그 [세 그룹]과 연관된 번뇌의 속박에서 풀려난다. 이와 같이 세 그룹에 대한 탐·진·치로부터 그의 마음은 잘 해탈하게 된다. 눈에 의해 요별되는 색들에서처럼 내지 몸에 의해 요별되는 접촉대상(觸)들에서도 마찬가지다.

이와 같이 오하분결(五下分結)을 끊은 후에 그는 다섯 폭류를 건넌다. [즉] 색들을 보기위한 눈이라는 폭류를 건너고 내지 접촉대상을 접촉하기 위한 몸이라는 폭류를 건넌다. 이와 같이 다섯 폭류를 이미 건넌 그는 남아있는 여섯 번째 의(manas)라는 폭류를 건너기 위해 의욕하지 않고(nābhisaṃskaroti), 동요하지 않고(na kupyati), 정념을 갖춘다.

어떻게 의욕하지 않는가? 열반에 마음을 원한 후에 '나는~이다'라고 흔들리지 않고, 생각하지 않고, 의욕하지 않는다. '이것이 나이다'라고, '나는~이 될 것이다' 내지 '나는 관념(想)이 있는 자도 아니고 관념이 없는 자도 아니게 될 것이다'라고 흔들리지 않고, 생각하지 않고, 의욕하지 않는다.

어떻게 동요하지 않는가? [오]상분결(五上分結)이 이 [유학]의 마음을 차지하여 머무르지 않고, 동요하게 하지 않으며, 변이시키지 않으며, 다른 상태로 이끌지 않는다. 그리고 그는 이러 저러한 적정한 등지(等至, samāpatti)에 탐닉하지 않고, 들어가지 않고, 집착하지 않고, 집착하여 머물지 않는다.

어떻게 정념을 갖추는가? [오]상분결을 끊기 위하여 내적으로 몸에 대해 몸이라고 따라 관찰하면서 머물며 내지 [사]념처들이 [관찰되어야 한다]. 그는 이와 같이 의욕하지 않고 재생에 대한 갈애를 끊은 후에, 동요하지 않으면서 등지(等至)에 대한 갈애를 끊은 후에, 정념을 갖추고 현행의 관점에서 모든 [오]상분결을 남김없이 끊기 위해 대치를 수습한다.

이와 같이 의욕하지 않고 정념을 갖추고 동요하지 않는 그는 [오]상분결을 남김없이 끊은 후에 여섯 번째 폭류, [즉] 법들을 요별하는 의(manas)라는 폭류를 건넌다.

다른 방식의 [설명]이 있다. 어떻게 그는 동요하지(kupyati) 않는가? '화가 없다는 것'(akopa)은 자애라는 선근으로 설해진다. 왜냐하면 [자애는] 악의(vyāpāda 恚)가 없음을 본질로 하고 있기 때문이다. 그러므로 그 고귀한 성문은 이러한 방식으로 살가야(satkāya)에 대해 잘못된 원을 버린 후에 샤마타와 비파샤나를 수습한다. [즉] 자애에 의해 샤마타를, [사]념처에 의해 비파샤나를 [수습한다].

이와 같이 바르게 노력하는 그에게 [오]상분결을 끊는데 적절한 세 가지 심들이 수습의 완성으로 진행된다. [세 가지 심이란] 위로는 살가야에 대해 집착하지 않는 마음, 아래로는 중생들에 대해 악의 없는 마음 그리고 불방일하는 자의 상·하의 모든 인식경계에 대한 염오되지 않는 마음이다. 나머지는 이전[의 설명]과 같다.

이와 같이 그는 다섯 폭류를 건넜을 때 여섯 번째 폭류를 건넌다.

어떻게 그는 법을 완전히 알게 되는가? 그는 '고(苦)'라는 법을 변지하고 현관(現觀)하게 된다. 그는 집·멸·도(集滅道)라는 법을 변지하고 현관하게 된다.

어떻게 그는 무심(無尋)의 정려를 닦는가? 이와 같이 다르마를 완전히 안 후에, 재가의 감각적 욕망과 소유물에 대한 집착(upadhi)을 끊고 출리하려는 결심을 한 그는 황무지나 나무 밑동, 또는 빈집에 머물면서 눈에 의해 요별되고, 심적 즐거움을 일으킬 수 있는 색들에 대해 만족의 그룹과, 불만족(憂)을 일으킬 수 있는 [색들에] 대해 불만족의 그룹 그리고 무관심을 일으킬 수 있는 [색들에] 대해 무관심의 그룹 그것을 계속해서 대상으로 해서 감각적 욕망의 대상에 대한 거친 사유에 의해 분출된 마음을 가지고 자주 머물지 않으며, 내지 가문의 번창에 대한 거친 사유에 의해 분출된 마음을 가지고 자주 머물지 않는다. 그리고 이미 일어난 감각적 욕망의 대상에 대한 거친 사유 내지 가문의 번창과 관련된 거친 사유의 출리를 여실하게 안다.

그는 감각적 욕망의 대상에 대한 거친 사유 내지 가문의 번창과 관련된 거친 사유를 내적으로 취하지 않은 후에,[166] 숙고하고 계속 숙고하고 깊이 숙고한다. 그가 이 방법에 의해, 이 수행도의 수습에 의해 만족의 그룹으로부터 열망의 허물을 끊으며, 불만족의 그룹으로부터 분노의 허물을, 무관심의 그룹으로부터 혼침의 허물을 분출의 측면에서 끊을 때, 그의 그룹들이 그치게 된다. [그리고] 잠재적 성향의 측면에서 [그것들을] 끊을 때 저 감각적 욕망과 연관된 염오된 세 그룹으로부터 그의 심은 잘 해탈된다.

그때 그는 방대한 감각적 욕망의 대상에 대한 갈애를 건너게 된다. 색들 내지 접촉대상들로 널리 퍼져나간(prasṛta) 이 갈애는 화합에 대한 갈애나 증장에 대한 갈애, 불리(不離)에 대한 갈애, 불화합에 대한 갈애, 쇠퇴에 대한 갈애, 별리(別離)에 대한 갈애 또는 욕계에서 재생에 대한 갈애이다.

다른 방식[의 설명]이 있다. 어떻게 그는 무심(無尋)의 정려를 닦는가? 무심무사(無尋無伺)의 정려를 획득하는 것이다. 나머지는 앞과 같다.

실로 이[처럼] 설해진 것에 대한 간략한 설명이 있다. 그 천녀는 불세존께 간략히 세 가지 점을 질문했다. [그것은] [오]하분결의 끊음과 [오]상분결을 끊는 방법 그리고 바로 그 [오]하분결을 끊는 방법과 어떻게 그 [오하분결]이 잘 끊어지는가이다.

이와 같이 질문을 받은 세존께서는 그 [질문들]에 맞추어 대답하셨다. 그중에서 그룹들이 그치는 상태와 심이 잘 해탈한 상태에 의해서는 바로 [오]하분결의 끊음이 대답되었지만 [그것들을] 끊는 방법은 [대답되지] 않았다. 의욕작용의 없음과 정념, 동요하지 않음에 의해서는 [오]상분결을 끊는 방법이 대답되었지만, [그것들의] 끊음은 [대답되지] 않았다. 그렇지만 그것들의 끊음에 대해 그 천녀는 바로 앞의 [오상분결]의 추론을 통해 완전히 이해했다.

[오]하분결을 끊는 방법과 어떻게 그 [오하분결]이 잘 끊어지는지가 남았다. 그중에서 [오하분결을] 끊는 수단에 관해서는 무심정려의 첫 번째 방식에 의하

---

166 antarā kṛtvā. Cf. MN III 14: Uppannassa ca kāmarāgassa nissaraṇaṃ yathābhūtaṃ na ppajānāti. So kāmarāgaṃ yeva antaraṃ karitvā jhāyati pajjhāyati nijjhāyati apajjhāyati. 그리고 antaraṃ karitvā의 이해는 CPD antaraṃ karoti (b) “to keep in mind, to be mainly concerned with”를 보라. 티벳역 de ’dod pa’i rtog pa kho na la dmigs te은 유사한 번역을 하고 있지만, 한역 不為欲尋之所障礙은 antarā 대신 antarāya로 읽었다고 보인다.

여 누가 어떻게 무엇을 끊는지에 관해 상세하게 답하셨다. 그중에서 다르마를 완전히 아는 자가 끊는다[가 끊음의 주체이다.] 무심정려로써 끊는다[가 끊는 방식이다.] 집착에 속하는(gardhapakṣya)[167] 분노라는 허물을, 탐에 속하는 열망이라는 허물을, 치에 속하는 혼침이라는 허물을 [끊는다가 끊는 대상이다.] 이와 같이 [세존께서는] 누가 어떻게 무엇을 끊는가를 답하셨다. 이러한 방식으로 [세존께서는 오하분결을] 끊는 수단에 관해서 상세하게 답하셨다.

어떻게 그 [오하분결]이 잘 끊어지는지가 남았다. [세존께서는] 두 번째의 무심(無尋)의 정려자의 방식에 의해 잘 끊어진다고 답하셨다. 잘 끊어짐이란 완전히 끊음(atyantaprahāṇa)과 멀리 있음이라는 끊음(dūrībhāvaprahāṇa), 그리고 모든 잡염의 끊음(sarvasaṃkleśaprahāṇa)이다. 그중에서 법을 완전히 아는 것에 의해 완전히 끊음이 답해졌다. 무심(無尋)의 정려자의 상태에 의해 멀리 있음이라는 끊음이, 그리고 [번뇌의] 분출을 포함해 잠재적 경향성의 측면에서 탐·진·치의 끊음에 의해 모든 잡염의 끊음이 [답해졌다].

[요약설명:] 이것이 이 [게송]에 대한 요약설명이라고 알아야 한다. 실로 그 천녀는 감각적 욕망의 대상들로부터 이욕했지만[168] 상계로부터 이욕하지 못한, 그의 마음을 아직 획득하지 못한 유학(有學)에 관하여 질문한 것이다. 마음(manas)은 [쟁기와 소를 연결하는] 멍에 줄(yoktra)이라고 설해진다. "**부끄러움(hrī 慚)은 쟁기의 [포크형태의] 막대이고, 마음은 [쟁기와 소를 연결하는] 멍에 줄이다**"[169]라고 설해진 것과 같다. [게송에서] [쟁기와 소를 연결하는] 멍에 줄을 획득하지 못한 자(apratilabdhayoktra)란 그에 의해 저 멍에줄이 획득되지 못한 것이다.[170] 그렇다면 그 [멍에 줄]은 무엇인가? 그것은 모든 잡염으로부터

---

167 티벳역 zhen pa'i phyogs는 산스크리트와 일치하지만, 한역 瞋恚品은 *dveṣapakṣya로 읽고 있다.

168 kāmebhyo vītarāgam. 한역 已離欲貪은 사본과 일치하지만 티벳역('dod pa rnams la 'dod chags dang ma bral ba)은 kāmebhyo [']vītarāgam으로 읽고 있다.

169 Sn 77: Saddhā bījaṃ tapo vuṭṭhi paññā me yuganaṅgalaṃ || Hiri īsā mano yottaṃ sati me phālapācanaṃ ||

170 tad yoktraṃ yena na pratilabdhaṃ bhavati so 'pratilabdhayoktraḥ. 이는 산스크리트 구문에서

잘 해탈한 심이다.

3.2.3.5. 공포(怖) (Ch. 374a1)

[천녀:] 이미 일어났거나 아직 일어나지 않은 고통들에 대해
실로 이 세간은 항상 두려워하고, 이 태어난 자는 항상 걱정합니다.
질문을 받으신 분이시여! 만약 두려움이 없는 어떠한 것이 있다면
그것을 저에게 말씀해주십시오! || 1 ||

[세존:] 지혜를 갖춘 고행[171]을 제외하고, 감각능력들의 제어를 제외하고,
모든 것의 포기를 제외하고, 천녀여! 나는 해탈을 보지 못합니다. || 2 ||

[천녀:] 오! [번뇌의 불을] 완전히 끄신, 모든 원망과 두려움을 넘어선, 세상에
대한 탐착을 건너신 바라문을 오랜 시간이 흐른 후에 저는 뵙습니다. || 3 ||[172]

라는 게송들이 있다.

[첫 번째 게송의] [본래] 욕계를 시작으로 유정(有頂)까지의 모든 살가야(satkāya)[173]가 "**세간**"(loka)이라고 불리지만, 이 [게송]의 맥락에서는 욕계에서 행복하거나 불행한 중생세간을 의도한 것이다.

"행복한 중생세간"이란 [먹을 것과 마실 것 등의] 신체를 위한 10종의 필수품(kāyapariṣkāra)[174]을 [충분히] 갖추어 부족함이 없고, 병이 없이 건강하며, 정력이 아직 쇠퇴하지 않은 중생들이다. "**불행한 중생세간**"은 이 [행복한 중생세간]

'pratilabdhayoktraḥ가 소유복합어(bahuvrīhi)임을 풀이하는 방식이다.

171 티벳역은 jñānatapasaḥ를 shes dang dka' thub ma gtogs(지혜와 고행을 제외하고)라 번역하여 dvandva(병렬복합어)로 풀이하고 있지만, 이후 주석에 따라서 sahā jñānena tapasaḥ로 풀이하여 이해하였다.

172 (a) 『雜阿含經』(T99) 159c24-160a03, (b) 『別譯雜阿含經』 (T100: 439a07-21), (c) SN I 53.32-54.04.

173 satkāya는 집착의 대상인 오온이나 이숙의 요소로 이루어진 '일체종자를 가진 심신복합체'(sarvabījako ātmabhāvaḥ)이다. Schmithausen(1987: n.1008)을 보라.

174 BoBh 244,14-20; 『보살지』 2015: 275 참조.

과 반대라고 알아야 한다.

소수의 중생세간이 행복하며, 대부분의 태어난 자는 불행하다. 그리고 또한 행복한 중생세간조차도 '내 재산을 왕이 빼앗으면 안 되는데! 내지 내가 불행과 고난(anayena vyasanam)에[175] 떨어지면 안 되는데!' 또는 '[몸에 있는] 바람[風]이나 담열(痰熱)이 요동치지 말아야 하는데! 내지 인간이나 비인간이 나를 해치면 안 되는데!'라고 미래에 재산의 변이에 따른 고통이나, 신체의 변이에 따른 고통을 걱정하면서(śaṇkamānaḥ), 상상하면서(sambhāvayan), 공포에 질린 마음으로 두려워한다. 반면 불행한 중생세간은 바로 현재의 괴로움에 의해 몸과 마음이 핍박되어, 괴롭고 우울하고 비탄하며(saśoka) 극심한 통증을 지니고(saśalya) 번민을 갖고(sopāyāsaḥ)[176] 주한다. 이와 같이 "이미 일어났거나 아직 일어나지 않은 고통들에 대해 실로 이 세간은 항상 두려워하고, 이 태어난 자는 항상 걱정합니다." 이 때문에 그 천녀는 행복한 중생세간에게 행복의 가변성을 인식한 후에 행복과 공포가 없는 그 영역을 [세존께] 여쭤본 것이다.

그러자 세존은 그 천녀에게 '그러한 장소는 바로 이 교법에 있지, 이 [교법]의 외부에는 없다'는 것을 에둘러서(paryāyeṇa) 보여주신다. 즉 비불교도인 어떤 사문이나 바라문은 현재와 미래에 속한 감각적 욕망의 대상들의 단점을 여실하게 알지 못한다. 이와 같이 알지 못하는 그는 미래의 특정한 욕망의 대상들을 추구하면서, 현재의 감각적 욕망의 대상들을 포기한 후에, 미래의 감각적 욕망의 대상들을 위하여 고행과 맹서의 준수를 받아들인다. 그는 [감각적 욕망의 대상들의 단점을] 인식함이 없이 고행과 맹서의 준수에 머물면서 감각기관들로 감관의 문을 보호하지 못한 채 머무르고, 정념을 보호하지 못하고, 열렬한 정념을 갖추지 못하고 있다.

---

175 anayena vyasanam을 번역한 것으로 한역은 "由此緣遭諸苦難", 티벳역은 mi rigs par sdug bsngal ba로 anaya를 부사적으로 처리하고 있다. 그렇지만 anayavyasanam ā-√pad"(고난과 불행에 빠지다)는 관용적으로 쓰인다. 이러한 점에 대해서는 BHSG § 42.9의 다수의 용례를 참조.

176 티벳역은 한역 "有諸擾惱"과 달리 '번민을 지닌 채'에 해당하는 sopāyāsaḥ의 번역어가 없다.

그는 이와 같이 제어되지 않은 감각기관들에 의해서 비록 작지만 재물과 공경을 타인들로부터 누리고, 그 [재물과 공경]에 이끌려 들어가는데, 하물며 큰 [재물과 공경]은 말할 나위조차 없다. 이와 같이 그에게 [감각적 욕망의 대상들의 단점에 대한] 앎과 감각기관들의 제어를 여의고 있는 고행과 맹서의 준수는 현재의 감각적 욕망들의 끊음을 위해 작동하지 않는다. 하물며 미래의 [감각적 욕망의 끊음]에 대해서는 말해서 무엇 하겠는가!

반면 바로 저 일부의 사문과 바라문들은 감각적 욕망의 대상들의 단점을 알고서, 현재와 미래의 감각적 욕망의 대상들을 초월했기 때문에 상위의 이욕의 단계를 추구하면서, 해탈이 아닌 것에 대해 해탈이라는 관념을 갖고 감각적 욕망의 대상들을 끊은 후에 출가하여 遠離(praviveka)를 [기꺼이] 받아들이기도 한다. 만일 그들이 고행과 반복된 수행, 올바른 작의 때문에 욕계로부터의 이욕 내지 무소유처에 대한 이욕을 획득하더라도 그들은 그 때문에 낮은 [단계의] 심신복합체를 버린 후에 높은 [단계의] 심신복합체에 집착하게(ālīna) 된다. 그들은 그것에 집착하면서 미래에 낮은 [단계의] 심신복합체로부터 결코 해탈할 수 없게 되는데, 하물며 높은 [단계의 심신복합체로부터는] 말할 나위조차 없다.

이와 같이 재산과 심신복합체를 끊기 위하여 용맹정진하더라도, 수행도를 파괴한 그들에게 완전히 행복하고 공포가 없는 영역의 획득은 없다. 그 이유는 무엇 때문인가? 왜냐하면 그들의 스승이 우선 그 영역을 보지 못했고 알지 못했는데, 어떻게 [그의] 제자들에게 자세하게 [그 영역에 대해] 설명해줄 수 있겠는가? 이와 같이 그들의 가르침 및 스승과 제자들에게 괴로움의 종식은 결코 없다. 그렇지만 이와 반대로 잘 설해진 법과 율에는 괴로움의 종식에 이르기까지 모든 것이 반드시 존재한다고 알아야 한다.

이를 의도하고서 세존께서는 "**지혜를 갖춘 고행을 제외하고, 감각능력들의 제어를 제외하고, 모든 것의 포기를 제외하고, 천녀여! 나는 해탈을 보지 못합니다**"라고 천녀에게 대답하셨다.

[요약설명:] 이와 같이 설해진 것에 대한 [다음과 같은] 요약적인 설명이 있다. [즉] 잘못 설해진 법과 율에는 스승으로서의 실패와 제자로서의 실패가 있고, 잘 설해진 법과 율에는 스승과 제자의 성공과 또 모든 고통을 종식시키는 작용이 있음을 밝혔다. 이것이 이 [답변에] 대한 요약적인 설명이다.

그 후에 질의에 대한 세존의 대답에 의해 마음이 환희에 찬 그 천녀는 ① 출현하기 어렵고, ② 출현하면 타인의 이익을 행하며, ③ 자신의 이익을 행하고, ④ 자신과 타인의 이익의 실천에서 물질적인 [보상을 바라지] 않는(nirāmiṣa) 마음이라는 네 가지 위없는 특성으로 불세존을 찬탄한다. ① [불세존이] 출현하기 어려움은 [세 번째 게송의] "오! … 바라문을 오랜 시간이 흐른 후에야 저는 뵙습니다"라는 이 [구문]에 의해, ② 타인의 이익을 행함은 "모든 원망을 넘어선"에 의해, ③ 자신의 이익을 행함은 "모든 두려움을 넘어선"에 의해, ④ 자신과 타인의 이익의 실천에서서 물질적 [보상을 바라지] 않음은 "탐착(貪著)을 건너신"에 의해 [나타낸 것이다].

이 4종의 법문에 의해 또 다른 세 가지 법문이 이해되어야 한다.[177] '[불세존이] 출현하기 어렵다'에 의해 [불세존을] 친견하기 어려움이, '자리와 이타를 실천하신다'에 의해 친견한다면 커다란 이익이 있음이, 그리고 커다란 이익이 있음에 의해 또 물질적 보상을 바라지 않음'에 의해 모든 자들에게 이익을 주지만(sārvajanyatā) 죄가 없음이 [이해되어야 한다.] 불세존들에 대한 이 찬탄이 이 측면들에 의해 최고인 것이다.

3.2.3.6. 뛰어난 부류(勝類) (Ch. 374c16)

[천녀:] 누가 뛰어난 부류의(abhivarṇa) 사람들을 인도하고,

---

177 ebhiś caturbhiḥ paryāyair apare trayaḥ paryāyā veditavyāḥ에 대한 번역으로 티벳역의 번역과 일맥상통하다. 한역은 "如是四種功德差別 當知復有三種差別"(이처럼 네 종류의 공덕의 다름이 있다. 또한 [이와는 다른] 세 종류의 [공덕의] 차별이 있다는 것을 알아야 한다)라고 번역하지만, 이후 설명과는 완전히 들어맞지는 않는다.

출리로 이끄는 수행도를 행합니까?[178]

어디에 머물고 무엇에 대해 훈련을 해야만

이 죽어야 하는 자는 다른 세상에 대해 두려워하지 않겠습니까? || 1 ||

[세존:] 계와 지혜를 갖추고, 스스로를 닦고, 집중되고 정념을 갖추고 곧바른 자,

그에게 모든 비탄과 번민(jvaratha)[179]은 끊어집니다.

정념하는 자의 심은 해탈되었습니다. || 2 ||

그는 뛰어난 부류의 사람들을 인도하고, 출리로 이끄는 수행도를 행합니다.

이 [불교의 가르침]에 머물고 훈련을 할 때,

이 죽어야 하는 자는 다른 세상에 대해 두려워하지 않을 수 있습니다. || 3 ||[180]

라는 게송들이 있다.

[첫 번째 게송에서] 계속 모여드는(abhigatābhigata) 바라문·크샤트리야·비트(=바이샤)·수드라의 네 "계급"(varṇa)들을[181] 여법하고 공평하게 훈련시키고 인도하고 바르게 가르치는 것이 "**뛰어난 부류의 사람들을 인도함**"(abhivarṇāyā janatāyāḥ praṇītiḥ)이라고 설해진다. 그런데 그 사람은 불세존에 의해 여법하고 공평하게 훈련되었고 인도되었고 바르게 가르침을 받았다. 이 때문에 세존께서는 바로 자신을 에둘러서 "**인도자**"(pranetṛ)라고 그 천녀에게 지칭하면서 다음과 같이 "**계(戒)와 지혜를 갖추고, 스스로를 닦아**"라고 말씀하신다.

---

178 수행론적 관점에서 '수습한' 혹은 '실천한'으로 이해되는 prayukta를 주석에서는 deśita(보여준)으로 설명하고 있다. 한역의 "開"의 번역은 이를 반영한 것으로 보인다.

179 SWTF jvaratha 항목은 Udānavarga의 팔리 버전에서 이 용어가 pariḷāha(열병)으로 주석되는 daratha로 쓰이고 있다고 보고한다. 이 daratha에 기반하여 jvaratha를 '번민'으로 번역했다. 주석에서는 이를 jvara로 바꾸며 이와 유사한 것을 kāmacchanda(욕망: 감각적 욕망의 대상에 대한 의욕)라고 주석한다.

180 Cf. (a)『雜阿含經』(T99: 160a10-20, (b)『別譯雜阿含經』(T100: 439a27-b7, (c) SN I 53,1-12.

181 주석자는 뛰어난 부류 혹은 계급을 의미하는 'abhivarṇa'를 'abhigataḥ varṇaḥ'(모여들고 모여든/따르고 뒤따르는 부류)로 풀이하고 있다.

그리고 바로 세존께서는 모든 고통으로부터의 출리를 위한(niryāṇāya) 여덟 지분으로 구성된 성스러운 길(聖八支道)을 저 네 계급들에게 보여주셨는데, 이 [1b]에서도 [세존]은 스스로를 ["출리로 이끄는 수행도를 행하는 자"]라고 에둘러서 지칭하셨다.

그중에서 [세존은] 어떻게 "계를 갖추고" 있는가? 보살이었을 때, 세존은 최고의 강한 '감각적 욕망의 대상(kāma)들'을 끊기 위해 출가한 후에 행동과 말의 율의(律儀)를 준수하셨다. [이렇게 세존은 "계를 갖추고" 있었다].

[세존은] 어떻게 "**지혜를 갖추고**" 있는가? 행동과 말의 율의 준수에 머물고 있는 그에게 내적으로 다음과 같은 형태의 이치에 맞는 사유가 생겨났다. '아! 이 세간은 간난(艱難)에 빠져있구나! 즉 태어나고, 늙어가고 …'라고 경전에서처럼. [이렇게 세존은 "지혜를 갖추고" 있다].[182]

[세존은] 어떻게 "**스스로를 닦는**"가? 이전의 삼아승지겁의 다른 생들에서 이분은 육바라밀들을 수습하시고 잘 수습하셨다. 그 원인과 그 조건에 의해 지금 이 생에서 스승이 없이 벗어남(naiṣkramya 出家)을 향해 마음을 움직였고, 또 지혜에 의해 제행이 조건지어서 일어났음을 이해했다(anupraviśati). [이렇게 세존은 "스스로를 닦았다"].

[세존은] 어떻게 "**집중된 자**"인가? 그는 무소유처에 대해 이욕하자마자 비상비비상처를 획득하시고서 ["마음이 집중된 자"가 되셨다].

[세존은] 어떻게 "**정념을 갖춘 자**"인가? 이와 같이 집중된[183] 그는 [사제를] 봄에 의해 끊어지는(見所斷) 번뇌들을 끊기 위하여 사념처(四念處)를 수습했다. 그리고 바로 이 [사]념처에 의거한 후에 37보리분법을 수습하셨다. [이렇게 세

---

182 NagSú I.3: kṛcchraṃ batāyaṃ loka āpanno yad uta jāyate 'pi jīryate 'pi mriyate 'pi cyavate 'py upapadyate 'pi atha ca punar ime satvā jarāmaraṇasyottare niḥsaraṇaṃ yathābhūtaṃ na prajānanti · '아하, 이 세간은 간난(艱難)에 빠져있구나! 즉 태어나고, 늙고, 죽고, [지옥 등의 악처로] 떨어지고, 다시 태어난다. 게다가 이 중생들은 늙음과 죽음 너머로 출리하는 방법을 여실하게 알지 못하는구나!'

183 한역은 "依如是所得勝定"(이와 같이 획득된 뛰어난 등지에 근거하여)로 풀이하고 있다.

존께서는 "정념을 갖춘 자"가 되셨다].

[세존은] 어떻게 "**곧바른 자**"인가? 그에게 흐름을 거슬러 올라가는(pratisrotogāmin),[184] 곧바른(ṛjuka), 여덟 지분으로 구성된 성스러운 수행도가 생겨나고, [사제를] 봄에 의해 끊어지는 번뇌들이 끊어졌다. 그리고 그는 흐름을 거슬러 올라가는 수행도를 행하고 [그 수행도를] 따라간다.[185] [이렇게 세존은 "곧바른 자"가 되셨다].

어떻게 [세존은] "**모든 비탄과 번민들을 끊었는**"가? 그는 사성제를 현관하자마자 불환자(不還者)가 되었다. 그리고 그는 오하분결을 끊었는데, [게송의] 비탄을 일으킬 수 있는(śokasthānīya)[186] 악의(vyāpāda) 및 열병을 일으킬 수 있는(jvarasthānīya) 감각적 욕망의 대상에 대한 욕구(kāmacchanda)가 끊어졌다. [이렇게 세존은 "모든 비탄과 번민을 끊었다"].

어떻게 [세존은] "**올바로 정념하는 자**"인가? [오]상분결을 끊기 위해 그는 다시 사념처를 수습하고, 내지 37보리분법을 수습한다. [이렇게 세존은 "올바로 정념하는 자"가 되셨다].

어떻게 그의 "**심은 해탈되었**"는가? 저 [오]상분결을 끊었기 때문에 번뇌장(煩惱障)과 소지장(所知障)의 두 장애로부터 심이 해탈되었다. 이와 같이 심이 잘 해탈한 그는 여래가 되셨고, 아라한·정등각자가 되셨고 내지 경전에서처럼 [여래의 10호로 불렸다]. 그리고 "그는 뛰어난 계급의 사람들을 인도하고, 출리로 이끄는 수행도를 행했다."

네 계급 중에서 어떤 자가 그 [세존]의 교법을 좋아하며, 8지성도를 증득하기 위해 정행하고, [계·정·혜] 삼학에 대해 훈련할 때 그는 8지성도 및 그 결과인

---

184 한역은 '逆流'로 티벳역은 rgyun las bzlog pa'i phyogs su 'gro ba(흐름으로부터 반대쪽으로 가는)으로 번역한다.

185 예류(預流, srotaāpanna)를 "[윤회로 향하는] 흐름을 거슬러 올라가는 길에 들어간 즉, 그 길을 따라가는"으로 설명하고 있다.

186 ~sthānīya의 용법은 (1) 일으킬 수 있는, (2) 대신에 (3) "과 같은"이다. 여기서는 (1)의 의미로 번역했다.

열반을 증득한다. 그것을 증득하기 때문에 미래에 병·노·사를 두려워하지 않는다.

[요약설명:] 이와 같이 설해진 것에 대한 [다음과 같은] 요약적인 설명이 있다. 간략히 세존께서는 네 계급의 청정을 해명하심에 의해 또 이 [교법]에서 정행하는 자들을 실망시키지 않음에 의해 스스로의 교법이 잘 설해진 법과 율이라는 점과 [그 법과 율의] 스승이 무상(無上)이라는 점[187]을 밝히셨다. 이것이 이 [답변에 대한] 요약적인 설명이라고 알아야 한다.

3.2.3.7. 찬탄 받는 자 (Ch. 375b5)

[천녀:] 어떻게 찬탄을 받는 자가 됩니까? 어떻게 부자가 됩니까?
어떻게 명예를 획득합니까? 어떻게 친구들을 얻습니까? || 1 ||

[세존:] 계를 통해서 찬탄을 받으며, 보시를 통해 부자가 됩니다.
진실한 말로써 명예를 획득하며, 베풀면서 친구들을 얻습니다.[188] || 2 ||

라는 두 게송이 있다.

어떻게 그는 "**계를 통해서 찬탄을 받**"는가? 예를 들어 여기서 어떤 여자나 남자가 계를 지니고 덕성(德性)을 갖추면, 즉 살아있는 한 생명을 빼앗는 것(prāṇātipāta)을 끊은 후에 생명을 빼앗는 것에서 벗어나게 된다. 상세히는 경전과 같다.[189] 내지 사방과 간방(間方)의 사문과 바라문들이 그를 칭송한다. 그 때

---

187 한역(又復示現 佛是天人無上大師)은 śāstṛ(스승)을 '천신과 인간을 가르치는 위대한 스승'으로 부가 번역하고 있다.

188 Cf. (a) 『雜阿含經』(T99) 353a11-15, (b) 『別譯雜阿含經』(T100) 471b19-23, (c) SHT V 197(=1250a R1-3). 이 셋은 모두 "3.2.3.5 공포(怖)"에서 천녀가 세존을 찬탄하는 세 번째 게송에 상응하는 게송이 두 번째 게송 이후에 이어진다.

189 불교에 속한 '어떤 여자나 남자'는 재가 신도를 가리키고, 5계 중 나머지 넷, 즉 투도(adattādāna)·사음(kāmamithyācāra)·망어(mṛṣāvāda)·음주(혹은 정신을 혼란케 하는 종류 surāmaireyamadyapramādasthāna)를 포기하고 벗어난다는 기술이 보통 뒤따른다.

문에 그는 왕들과 대신들의 존경 내지 도시와 시골에 사는 사람들의 존경을 받는다. [이렇게 그녀나 그는 계를 통해 찬탄을 받는다].

어떻게 "**보시를 통해 부자가 되**"는가? 예를 들어 여기서 어떤 이가 전생의 다른 생들에서 보시로 이루어진 복을 짓는 일(puṇyakriyāvastu)을 행하고 [복을] 쌓았다면, 그는 그로 인해 현생에서 부유한 가문들에서 태어나고, 거부들 내지 커다란 보물창고와 곳간으로 가득 찬 집에서 태어난다. [이렇게 그는 보시를 통해 부자가 된다].

어떻게 "**진실한 말로써 명예를 획득하**"는가? 예를 들어 여기서 어떤 이가 놋쇠를 가지고 [금이라고] 사기치거나(kaṃsakūṭa), 중량을 속이거나(tulākūṭa), 부피를 속이거나(mānakūṭa) 또는 허위, 사기, 기만 혹은 거짓말로 재물을 모으지 않고(na saṃharati), 여법한 행위의 공덕들로 바르고 평화로운 방법으로 재물을 모은다(saṃharati). 타인들은 그를 보고 '아! 이 청년은 훌륭하다. 정당한 행위의 공덕으로 재산을 모았다'고 말한다. [이렇게 그는 진실한 말로써 명예를 획득한다].

어떻게 "**베풀면서 친구들을 얻**"는가? 예를 들어 여기서 어떤 이가 소유하고 있고(sat) 보유하고 있는(saṃvidyamāna) 재산들을 가지고 오점과 인색함이 없이, 필수품을 [주었다가] 다시 되돌려 받지 않는다면, 스스로 내지 친구·동거인·친가와 외가의 친족들을 매우 쉽게 기쁘게 한다. 그리고 그들은 재산을 형성하고 보호하고 증식하는데 있어 그의 동료가 될 것이다. [이렇게 그는 베풀면서 친구들을 얻는다].

[요약설명:] 이와 같이 설해진 것에 대한 [다음과 같은] 요약적인 설명이 있다. [두 번째 게송에서 세존은] 간략하게 공경의 원인과 획득의 원인을 밝히셨다. [세존은] 공경의 원인을 [2a에서] "계를 통해서 찬탄을 받는다."고 밝히셨다. 획득의 원인은 나머지 [2bcd의] 구들에 의해 [차례대로 보시라는] 원인에 의해, 인간의 행위에 의해, 그리고 동료에 의해서라고 밝히셨다. 이것이 이 [답변 게송]에 대한 요약적인 설명이라고 알아야 한다.

3.2.3.8. 샘 (Ch. 375b29)

[천녀:] 어디에서 샘들[190]이 멈추고, 어디에서 길이 연결되지 않습니까?
어디에서 세간의 고·락이 남김없이 멈춥니까? || 1 ||
[세존:] 안·이·비·설·신·의,
그리고 명·색이 남김없이 사라지는 곳에서 || 2 ||
샘들이 멈추고 그곳에서 길이 [더 이상] 연결되지 않습니다.
그곳에서 세간에서의 고·락은 남김없이 사라집니다. || 3 ||[191]

무엇이 "**샘들**"인가? [샘들은] 접촉의 여섯 기반들(六觸處)이다. 그 이유는 무엇인가? 예를 들어 물을 지니고 있는 샘(saras)은 완전하게 마르지 않고 고갈되지 않는 한, 성인 남녀와 어린아이들 아래로는 금수들에게도 접촉되어져야 하는 것(sparśanīya)이며, 영위되어야 하는 것(upajīvya)이다. 마찬가지로 우자들에게 접촉의 여섯 기반들[192]은 그것들에 대한 갈애의 애착(tṛṣṇāsneha)이라는 물(udaka)이 완전하게 마르지 않고 고갈되지 않는 한, [색·성·향·미·촉·법이라는] 여섯 경계와의 접촉을 통해 접촉해야하는 것(sparśanīya)이며, 의지되어야 하는 것(upajīvya)이다. [이 때문에 접촉의 여섯 기반을 샘들이라고 한다.]

무엇이 "**길**"(vartman)인가? 길은 번뇌의 길(kleśavartman)과 [후유로 이끄는][193] 행위의 길(karmavartman)이라는 두 [종류]이다.[194] 이 맥락에서 길은 원인

---

190 sarāṃsi. 이 단어는 saras n. pl. Nominative이지만, 여기서는 운율상 사용될 수 없다. 상응하는 팔리어 SN에서는 sarā nivattanti의 형태이다. 혼성범어에서 중성명사 -as가 -a 곡용을 취하여, 복수 1격이 팔리어 등의 프라크리티와 같이 -ā가 되는 현상에 관해서는 BHSG § 16.10과 Geiger § 99 참조.

191 Cf. (a) 『雜阿含經』(T99) 160c20-26, 366c17-23, (b) SN I 15.14-18, (c) SHT IV 236: Pārāyaṇasūtra a Blatt 5 V5-R4.

192 한역: 內觸處.

193 "[후유로 이끄는]"은 <수소성지> 참조. YBh_ms 152v5-153r1: kleśavartma paunarbhavikakarmavartma cāsya dṛṣṭe dharme cchinnaṃ bhavati | tasya ca cchedā<<d>> duḥkhavartmāpy āyatyā<ṃ> na <<pra>>varttate | hetunirodhāt* phalanirodhāc ca eṣa evānto duḥkhasya vāto(→nāto) [']nyo nāta uttari nāto bhūyaḥ |. "이 사람에게는 번뇌의 길과 후유로 이끄는 행위의 길이 현생에서 끊어지게 된다. 그 [둘]이 끊어짐을 통

[즉 무명·애·취로 구성된 번뇌의 길]을[195] 의도한 것이다.

무엇이 "**고·락**"인가? 접촉의 여섯 기반들을 조건으로 하여 현재 일어난, 감수에 속한 즐거운(sāta) 경험이나 감수에 속한 즐겁지 않은(asāta) 경험이며, 또는 번뇌에 사로잡힌 선행이나 악행을 조건으로 하여 미래에 일어나는, 감수에 속한 즐거운 경험이나 즐겁지 않은 경험이다.

어디에서 "**명·색과 동시에 [안·이·비·설·신·의라는] 육처가 남김없이 사라지**"는가? 무여의열반계에서이다. 그중에서 범부에게 모든 샘들·길·낙과 고[196]는 결손이 없고(avikala) [아직] 끊어지지 않았다(avihīna). 반면 유학(有學)에게는 결손이 있지만 [아직] 끊어지지 않았다. 무학에게 길과 미래의 즐거움과 괴로움[197]은 결손이 있으며 완전히 끊어졌으며, 더 이상 현행하지 않는다. [또한 무학에게] 샘들과 현재의 낙과 고는[198] 결손이 있으며 완전히 끊어졌지만, 다만 존재의 토대(upadhi)가 남아있는 한 [그것들은] 현행한다. 따라서 이 모든 것은 무여의열반계에서 소멸한다고 설해진다.[199]

[요약설명:] 이와 같이 설해진 것에 대한 [다음과 같은] 요약적인 설명이 있다.

해 괴로움의 길 또한 미래에 생겨나지 않는다. 원인이 소멸하기 때문에 그리고 결과가 소멸하기 때문에 이것이 다름 아닌 고통의 종식이다. 이 이후에 다른, 이 시간 이후에, 이로부터 더 이상의 [생]은 없다."

194 여기서 12지를 길(vartman)에 따라 셋으로 구분한 것은 『십지경』에 의거한 것이다. 또 YBh 218,10ff 에서도 세 가지 길의 구분이 나타난다.

195 여기서 원인은 YBh 218,10-16에 따르면, 12지분 중의 첫 번째인 '무명'만을 가리키거나 또는 원인으로만 작용하는, '무명·애·취'로 구성된 '번뇌의 길'을 가리킨다. 문맥상, 두 번째 방식이라 보인다. 이 부분의 번역은 본서의 해당부분 참조.

196 sarāvartmasukhaduḥkha. 혼성범어에서 복합어의 첫 번째 구성요소는 복수 1격의 형태를 지닐 수 있다. 이에 관해서는 BHSG § 23.5 참조.

197 vartma sāmparāyikaṃ ca sukhaduḥkham에 대한 번역으로 한역 "學逕及當來所有苦樂"과 일치한다. 티벳역의 경우 '미래의'(sāmparāyika)를 '길'(vartman)과 '즐거움과 괴로움'(sukhaduḥkham) 양자 모두에 걸고 있다. (tshe phyi ma'i lam dang | bde ba dang | sdug bsngal ba ni …)

198 앞선 경우와 동일하게 티벳역은 '현재의'를 '샘들'(sarā)과 '즐거움과 괴로움'(sukhaduḥkham) 양자 모두에 걸고 있다. (tshe 'di'i mtsho dang bde ba dang | sdug bsngal ba yang ...)

199 유여의열반 및 무여의열반에 대해서는 본서 XVi + XVII를 보라.

[세존께서는] 현세에서 고·락 및 그 원인[인 육처라는 샘들]과, 미래에서 고·락 및 그 원인['무명·애·취'라는 길 모두]는 무여의열반계에서 소멸한다고 밝히셨다. 이것이 이 [답변 게송들]에 대한 요약적인 설명이라고 알아야 한다.

3.2.3.9. 두 가지 폭류 (1) (Ch. 375c27)

[천녀:] 실로 무엇으로 폭류를 건넙니까? 그리고 무엇으로 바다를 건넙니까?
실로 무엇에 의해 괴로움을 제거합니까? 실로 무엇을 통해 청정해집니까? || 1 ||

[세존:] 믿음으로 폭류를 건너고, 불방일로 바다를 [건넙니다].
정진[200]에 의해 괴로움을 없애고, 지혜를 통해 청정해집니다. || 2 ||

라는 [두] 게송이 있다.

어떻게 그는 "**믿음으로 폭류를 건너는**"가? 예를 들어 여기서 어떤 이가 감각적 욕망의 대상들이 지닌 위험에 관해 성문들이 설하거나 붓다(들)이 설하신 법을 듣는다. 그는 저 법을 들은 후에 믿음을 얻고, 사물이라는 감각적 욕망의 대상(vastukāma)들을 끊기 위하여 그리고 번뇌라는 감각적 욕망(kleśakāma)들을 끊기 위하여[201] 욕구(chanda)를 일으킨다. 그는 재가에 속한 감각적 욕망의 대상들을 사물의 측면에서 끊은 후에 올바른 믿음을 지니고 집으로부터 집이 없는 상태로 출가한다. 그리고 그와 같이 유행하는 그는 [심리적 측면에서] 번뇌라는 감각적 욕망들을 끊기 위하여 [세속적인 것과] 떨어진 자로서 거주한다.

그는 열정적 노력에 의해 내지 바른 작의에 의해[202] 번뇌라는 감각적 욕망들

---

200 혹은 '영웅과 같이 [곤란에도 불구하고 물러서지 않는] 노력'

201 『성문지』(ŚrBhD 3.28.3.1.1)의 제일정려에 대한 주석에는 다음과 같은 설명이 있다: "kāma들로부터 분리된": 'kāma'는 [주체적 입장에서] 번뇌[로 특징지어지는](kleśa[lakṣaṇa]) 'kāma'들과 [객체적 입장에서] 사물[로 특징지어지는](vastu[lakṣaṇa])'kāma'들이라는 두 종류이다. "kāma들로부터 분리" 또한 [kleśakāma의 경우] [번뇌와] 결합으로부터 분리와 [vastukāma의 경우 색·성·향·미·촉이라는] 감각의 대상으로부터 분리라는 두 종류이다.(tatra "viviktaṃ kāmair" iti. dvividhaḥ kāmaḥ, kleśakāmā vastukāmāś ca. kāmaviveko 'pi dvividhaḥ, saṃprayogaviveka ālambanavivekaś ca.)

을 끊은 후에, 집중된(samāhita),[203] 이욕(離欲)의 단계(vairāgyabhūmi)를 획득한다. 실로 그는 이와 같이 믿음에 의지하고, 믿음을 선행요소로 하여, [사물과 번뇌를 포함한] 감각적 욕망이라는 폭류를 건넌다.

어떻게 그는 "**불방일로 바다를 건너가는**"가? 만일 그가 '루의 소멸에 대한 지혜(āsravakṣayajñāna)를 작증하기 위해 심을 향한 후에 그와 같이 집중되고 청정하고 완전히 깨끗하고 곧바르며 작용력있는 마음으로 사성제를 현관하고 루의 소멸을 획득하는 것을 제외하고 [이미 획득한] 등지(等至, samāpatti)에 탐닉하지 않고 내지[204] 집착하여 머물지 않는다면, 그와 같이 그는 믿음에 의거한 후에 믿음을 선행요소로 하여 색계에 속한 유의 폭류(bhavaugha) 및 무색계에 속한 유의 폭류, 견해의 폭류(dṛṣṭyogha)와 무명의 폭류(avidyaugha)를 남김없이 끊은 후에 바다를 건넌다.

어떻게 그는 "**정진에 의해 괴로움을 없애는**"가? 예를 들면 여기에 [진리의] 발자국을 이미 보았지만 아직 삼계로부터 이욕하지 못한 유학이 있다. 그는 '나는 모든 결박[結]의 완전한 소멸을 작증하겠다'고 생각하면서 원리(praviveka)를 감내한다.

그가 그곳에서 용맹정진하며 머무를 때, 감각적 욕망의 대상들에 대한 욕구에 의해 분출된 마음을 가지고 빈번하게 머무르지 않으며, 이미 분출된 감각적

---

202 설혹 그들이 열정적 노력과 반복된 수행과 바른 작의의 결과로 감각적 욕망의 대상에 대한 이욕을 시작으로 무소유처에 대한 이욕까지 달성할 지라도,… (te yady ātaptānvayād bahulīkārānvayāt samyaṅmanasikārānvayāt kāmavairāgyam anuprāpnuvanti yāvad ākiṃcanyāyatanavairāgyam … ŚrBh-ms 33v5-6; YBh-ms 118r2)

203 이는 첫 번째 정려 이상을 가르치며, 이후 "지혜를 통해 청정해지"는 것에 대한 주석에서 有學이 사성제를 관찰하는 기반이 되는, 제1정려에 가까이 다가간(prathamadhyānasāmantaka) 未至[定]과 대비된다. 이어지는 요약설명에 따르면 2번째 게송의 첫 두 구는 범부의 이욕→사제현관의 방식을, 후반 두 구는 유학의 사제현관→이욕을 설명하고 있다. 따라서 samāhita는 범부가 먼저 성취해야 하는 이욕의 기반인 첫 번째 정려이상을 의미할 것이다.

204 '내지'에 의해 생략된 말은 '들어가지 않고 집착하지 않고'이다. YBh_ms 116v3: sa ca nānyatamānyatamāṃ śāntāṃ samāpattim āsvādayati nigamayaty adhyavasyaty adhyavasāya tiṣṭhati |.

욕망의 분출의 출리를 여실하게 안다. 그는 욕망의 대상들에 대한 욕구라는 덮개로부터 심을 깨끗하게 한 후에, 욕망의 대상의 분출을 조건으로 하고, 또 그것에서 생겨난 심소법인 고통과 심리적 불만족을 욕망의 대상에 대한 욕구의 분출과 함께 끊는다. 욕망의 대상에 대한 욕구처럼 [악의·혼침과 수면·도거와 후회] 내지 의심이라는 덮개도 마찬가지라고 알아야한다. 이와 같이 그는 정진에 의지하고 정진을 선행요소로 하여 고통을 없앤다.

어떻게 그는 "**지혜를 통해 청정해지는**"가? 그는 마음의 수번뇌들을 작동시고 내지[205] [지혜를 약하게 만들고, 손상에 속하게 하며,] 열반[의 증득을 위해] 작동하지 않는 다섯 덮개들을 끊은 후에, 바로 [초정려에 근접한] 미지[정](未至定)에 의지하고 미지[정]에 근거한 후에[206] 이전에 획득한 고·집·멸·도에 대한 지혜에 의해 고[제]를 고통으로 [집제를 함께 일어남으로, 멸제를 소멸로,] 도[제]를 도라고 작의하면서,[207] 루의 남김 없는 소멸과 삼계로부터의 이욕을 획득한다. 실로 이와 같이 그는 이전에 획득된 바로 저 지혜에 의지한 후에 지혜를 선행요소로 하여 청정해진다.

[요약설명:] 이와 같이 설해진 것에 대한 [다음과 같은] 요약적인 설명이 있다. 간략히 세존께서 범부에게는 [사성제의] 현관에 따른 청정은 이욕에 의존하며,

---

205 cetasa upakleśakarāṇi yāvad anirvāṇasaṃvartanīyāṇi. Cf. ŚrBh I. 158,25-160,1: cetasa upakleśakareṇa prajñādaurbalyakareṇa vighātapakṣyena/ ("지혜를 약하게 함에 의해, 손상에 속함에 의해"). 이에 의거하여 뒤의 두 문장이 '내지'로 생략되었다고 보았다. Cf. AKVy 129,10f.

206 『성문지』에 관찰이나 vipaśyanā가 未至定을 전제로 한다는 서술이 있다. "그런데 만약 그가 첫 번째·두 번째·세 번째 근본정들을 획득한다면, 그는 틀림없이 첫 번째 정려에 근접한 미지[정]을 획득하게 된다. 그는 그 [미지정]에 의지하여 일어난 자신의 마음을 하나하나 관찰하여, 탐을 가지고 있는지 없는지 … 마음이 해탈되었는지 아닌지를 여실하게 알고 요지한다. (sacet punar lābhī bhavati maulānāṃ prathamadvitīyatṛtīyānāṃ dhyānānāṃ sa cāvaśyam anāgamyasya prathamadhyāna-sāmantakasya lābhī bhavati | sa taṃ niśrityotpannaṃ svaṃ cittaṃ pratyavekṣate | sarāgaṃ vā vigatarāgaṃ vā … vimuktaṃ cittam avimuktaṃ cittam iti yathābhūtaṃ prajānāti pratisaṃvedayati | ŚrBh II. 102,7-14).

207 '내지'란 말에 의해 보충할 내용은 ŚrBh I. 60,18f: duḥkhaṃ vā duḥkhato yathābhūtaṃ prajānāti, samudayaṃ vā samudayataḥ, nirodhaṃ vā nirodhataḥ, mārgaṃ vā mārgataḥ)에 따라 '[고통의] 발생을 발생으로서, 소멸을 소멸로서'이다.

반면 고통을 고통으로서 내지 도를 도라고 작의하는 유학에게는 이욕에 따른 청정은 [사성제의] 현관에 의존한다고 밝히셨다. 이것이 이 [답변 게송]에 대한 요약적인 설명이라고 알아야 한다.

3.2.3.10. 두 폭류 (2) (Ch. 376b5)

[천녀:] 누가 밤낮으로 지치지 않고 이 폭류를 건넙니까?
누가 지지물이 없고 토대가 없는 심오한 곳에 빠지지 않습니까? || 1 ||

[세존:] 완전하게 계를 갖추고, 지혜를 갖추고, 잘 집중하고,
내적으로 사유하며, 정념을 갖춘 자가 매우 건너기 힘든 이 [폭류]를 건넙니다. || 2 ||

감각적 욕망의 대상들에 대한 관념에 물들지 않고, 색의 결박을 넘어서는
그는 지지물이 없고 토대가 없는 심오한 곳에 빠지지 않습니다. || 3 ||

라는 [세] 게송이 있다.[208]

무엇이 "**폭류**"인가? 폭류는 감각적 욕망이라는 폭류(kāmaugha) 내지[209] 무명이라는 폭류(avidyaugha)이다.

무엇이 "**지지물이 없고 토대가 없는 것**"인가? 갈애의 다함·이욕·적멸·열반 그리고 멸진정이다. 그 이유는 무엇인가? '지지물'은 번뇌의 분출이라고 설해지고, '토대'는 번뇌의 잠재적 경향성이라고 설해진다. 어떤 곳에 저 [번뇌의 분출과 잠재적 경향성이라는] 양자가 없을 때, 그 [장소]는 "지지물이 없고 토대가 없다." 이 방식으로 열반은 '지지물이 없고 토대가 없다.'

또한 '지지물'은 관념(saṃjñā)이라고 설해지고, '토대'는 감수라고 설해진다. 어떤 곳에 저 [관념과 감수라는] 양자가 없을 때, 그것이 '지지물이 없고 토대가

---

208 Cf. (a) 『雜阿含經』 (T99: 348c13-19; 365a1-7. (b) SN I 53,16-21; Sn 173-175; 『雜阿含經』 (T99: 361b27-c4. (c) 『別譯雜阿含經』 (T100: 438b12-20; 479c20-28; 484c24-485a3.

209 '내지'에 의해 보충할 것은 한역 "欲流·有流·見流·無明流"처럼 유류(bhavaugha)와 견류(dṛṣṭyogha)이다. YBh 169,5: oghā iti catvāra oghāḥ kāmaugho bhavaugho dṛṣṭyogho 'vidyaughaḥ// 참조.

없는 곳'이다. 따라서 이 방식으로 '지지물이 없고 토대가 없는 것'은 상수멸정이다. 그렇지만 이 [게송의] 맥락에서 [지지물이 없고 토대가 없는 것은] 상수멸정을 의도한 것이다.

어떻게 "**완전하게 계를 갖추는**"가? 몸과 말을 제어하고 생계방식을 청정하게 하는 것이다. 어떻게 "**지혜를 갖추는**"가? '이것이 고통이라는, 성자들의 진리이다'[라고] 여실하게 알며, 내지 도제를 [여실하게 아는 것이다]. 어떻게 "**잘 집중하는**"가? 감각적 욕망의 대상들로부터 분리된 [초정려] 내지[210] 네 번째 정려에 들어가서 머물거나 혹은 유정(有頂)의 등지(bhavāgrasamāpatti)에 [들어가] 머무는 것이다. 어떻게 "**내적으로 사유하는**"가? '가장의 모습이 제거된 나는 비루하다'라고 경전에서처럼[211] 그는 22종의 상태를 반복하여 반성적으로 관찰하는 것이다. 어떻게 "**정념을 갖추는**"가? 22종의 상태를 반성적으로 관찰하는 자에게 '사문'이라는 관념(saṃjñā)에 의거하여 지속적으로 행하고 지속적으로 작동하는 상태가 나타나게 된다. 그러한 [상태]를 유지한 채 남아 있는 결박들을 끊기 위하여 사념처를 반복하여 닦는 것이다. 어떻게 "**매우 건너기 힘든 [폭류]를 건너는**"가? 남김없이 결박들을 끊음에 의해 '존재의 정점(有頂, bhavāgra))'이라는 매우 건너기 힘든 [폭류]를 건넌다. 그 [존재의 정점]은 모든 어리석은 범부들에 의해 쉽게 건널 수 있는 것이 아니다.

어떻게 "**감각적 욕망의 대상들에 대한 관념에 물들지 않는**"가? 이 [사람]에게 [오]하분결이 끊어지고 변지되었을[212] [때이다]. 어떻게 "**색의 결박을 넘어서는**"가? 이 [사람]에게 색과 결합된 [오]상분결이 끊어지고 변지되었을 [때이다]. 어떻게 "**지지물이 없고 토대가 없는 심오한 곳에 빠지지 않는**(gambhīre

---

210 제1정려로부터 제4정려까지 생략된 『유가론』 내의 기술에 관해서는 ŚrBh I. 20,23f, 22,1-9를 참조.

211 22종의 상태에 관해서는 『廣義法門經』(T97: 920c25-921a27) 참조.

212 티벳역은 이 구문과 다음 구문의 prahīṇāni bhavanti parijñātāni를 yongs su shes nas spangs par gyur pa'i phyir ro로 '완전하게 앎' 이후에 '끊음'이 있다는 순서로 이해하고 있다. 한역은 산스크리트와 같이 "已斷已知"로 번역하고 있다.

na sīdati)"가? 비상비비상처를 획득한 자는 무색계로부터 이욕하든 이욕하지 않든 간에, 멸진정에 들어갈 수 있고[213] 그러한 능력도 있다. 유학에게도 또 무학에게도 이것에 대한 여지가 있다. 그렇기에 [세존께서는 3ab에서 욕계의 결박과 색계의 결박의 초월을 명시하신 반면,] 무색[계]의 결박의 초월을 확정적으로 설하지 않으셨다.

[요약설명:] 이와 같이 설해진 것에 대한 [다음과 같은] 요약적인 설명이 있다. 간략히 세존께서는 [두 번째 게송에서] 최고의 구경(究竟)에 도달하기 위한 수행도를 밝히셨고 [세 번째 게송에서] 최고의 머무름(=멸진정)을 증득하기 위한 수행도를 밝히셨다. 이것이 이 [답변 게송]에 대한 요약적인 설명이라고 알아야 한다.

3.2.3.11. 탐욕과 진에 (Ch. 376c11)

[야차:] 세존이시여! 탐욕과 진에 그리고 우울함과 즐거움은 무엇을 연유로
합니까? 어디에서 이 '[온 몸의] 털이 곤두서는 전율'이 일어납니까?
그리고 마음의 거친 사유들은 어디에서 일어납니까?
마치 갓난아이가 어머니[214]에 의거하듯이. || 1 ||

[세존:] 마치 습기에서 생겨난(snehaja) 반얀나무의 줄기들이[215]
자신으로부터 일어난 것처럼,[216]

---

213 주석은 na sīdati(빠지지 않는다)로 읽지 않고 sīdati로 읽었기 때문에, 이를 √sad (to sit down, settle)를 sam-ā-√pad (to fall into any state or condition)로 풀이한 것이라 보인다. 이후 요약에서도 세 번째 게송에 관해서 bhagavatā … paramavihāradhigamāya mārgaḥ paridīpitaḥ(세존께서 최고의 머무름(=멸진정)을 증득하기 위한 길을 밝히셨다)는 설명 또한 이를 뒷받침한다. 따라서 이것은 주석의 설명과 본래 게송의 의미가 일치하지 않는 경우일 것이다.

214 dhātrī(어머니)에 대한 번역어로서 티벳역 ma ma와 달리 한역에서는 '乳母'로 번역하고 있다. 동일한 버전에 대한 번역에서 『별역잡아함경』은 "母乳"로 이를 번역하고 있다.

215 반얀나무는 높이는 30m 정도이며, 한 그루에서 끊임없이 가지가 퍼질 뿐만 아니라 한 가지에서 여러 개의 받침뿌리가 나와 금방 숲처럼 된다. 즉 가지가 뻗어나가다 휘어져 땅에 닿으면 거기서 뿌리가 나서 다시 가지가 자란다. 그래서 나무 한 그루가 아니라 여러 그루가 뭉쳐있는 것처럼 보인다.

또는 숲에서의 말루따(Māluṭā) 덩굴처럼
별도의 욕망의 대상들에[217] 매달려 퍼져나간다. || 2 ||

탐욕과 진에 그리고 우울함과 즐거움이라는 양자도 이것을 연유로 하고,
이 '[온 몸의] 털이 곤두서는 전율'도 이것으로부터 나온다.
그리고 마음의 거친 사유들은 이로부터 일어난다.
마치 갓난아이가 어머니에 의거하듯이. || 3 ||

그 [탐욕과 진에]들이 무엇을 연유로 하는지를 아는 자들은
야차여! 그 [탐욕과 진에]들을 떨쳐낸다.
그렇지만 그들은 재생하지 않기 위해 이 생에서(iha)[218]
이전에 건너지 못했던 바다와 폭류를 완전히 건너갈 것이다. || 4 ||[219]

라는 게송들이 있다.

무엇이 "**탐욕과 진에**"인가? 예를 들면 여기서 어떤 재가자가 있을 때, 그에게는 마음을 드는 감각영역들에 대해 또 마음에 드는 중생들과의 만남에 대해 견고한 집착(adhyavasāna)이 일어나거나 또는 마음에 들지 않는 감각영역들에 대해 또 마음에 들지 않는 사람들과의 만남에 대해 진에가 일어나는 것이다.

무엇이 "**우울함과 즐거움**"인가? 예를 들면 여기서 어떤 이가 여래께서 설하신 법과 율에 대하여 즉각적으로 일어난 일시적인 믿음을 얻은 후에, 전후의 장점과 단점(guṇadoṣa)을 고려하지 않은 채 재산들을 버리고 곧바로(sahasā), 무작

---

216 반얀나무 줄기의 예를 '자기 자신으로부터 생한다'(ātmaja)에만 걸로 '습기로부터 생한다'를 배제한 것은 이후 주석의 읽기를 따랐다.

217 주석을 통해서 보자면 여기에서 '욕망'은 객체적 의미(욕망의 대상)과 주체적 의미(대상에 대한 욕망) 양자의 측면 모두를 가지고 있다.

218 혹은 '이 [불교라는 시스템]안에서'

219 Cf. (a) 『雜阿含經』(T99: 361a28-b06; 363c19-27. (b) SN I 207,25-208,4; Sn 270-273. (c) 『別譯雜阿含經』(T100: 479b21-c1; 482a3-13).

정(haṭhena) 출가한다. 그처럼 출가한 그는 재가자와 출가자들과 함께 섞여 주한다. 그가 과거의 재산들과 과거나 미래의 중생들과의 만남을 상기할 때, 그는 그리움의 심적 우울(utkaṇṭhādaurmanasya)과 낙심(paritasanācitta)에 사로잡혀 주하는 것이다. 또는 어떤 이는 믿음을 가지고 출가한 것도 아니고 [법과 율에 대한 믿음을 얻자마자] 무작정 출가한 것도 아니라, 왕에 의해 쫓기거나 내지[220] 생계에 대한 두려움에 쫓겨(ājīvikābhayabhīta)[221] 출가한다. 그와 같이 출가한 그는 신심이 있는 바라문과 장자들의 곁에서 적시에 생겨난 재물과 공경에 탐닉한다. '땅을 갈 필요도 없고 물건을 팔 필요도 없이, 아주 적은 수고로도 생계를 유지할 수 있다니, 오호라, 이것 참 좋네! 이것 참 훌륭하네!'라고 생각한다. 그는 바로 저 재물과 공경을 조건으로 하여 매우 즐거워하며 주하는 것이다.

무엇이 "**[온몸의] 털이 곤두서는 전율**"과 "**거친 사유**"인가? 예를 들면 여기서 어떤 이가 결코 [법과 율에 대한 믿음을 얻자마자] 무작정 출가하지도 않았고, 생계 때문에 출가하지도 않았으며, 오히려(tu) 올바른 믿음을 지니고 집으로부터 집이 없는 상태로 출가했다. 그처럼 출가한 그는 재가자와 출가자들과 함께 섞여 주하지 않고 [세상과] 떨어진 상태에서 주한다. 그가 [세상과] 떨어진 상태에서 주하고 있을 때, 한밤중에 밤과 같이 시커먼 [존재]를 보거나 혹은 커다란 구름의 천둥소리를 듣거나 혹은 번개가 사방으로 칠 때 그 소리를 듣거나, 또는 사자나 호랑이, 기분 나쁘게 울부짖는 [동물],[222] 또는 부랑자나 도둑, 귀신

---

220 '내지'에 의해 생략된 부분은 『성문지』와 비교하면 "도적들에 의해 쫓기고 혹은 빚에 쪼들리고, 두려움에 쫓겨서"이다. (sacet kadācit karhicit svākhyāte dharmavinaye pravrajati, sa rājābhinirṇīto vā, corābhinirṇīto vā, ṛṇārto vā bhayārto vājīvikābhayabhīto vā: ŚrBh I. 26,15-17).

221 ŚrBh_ms: ājīvikā "생계방식 혹은 생계수단", YBh_ms: ajīvikā "생계수단이 없음". 한역 "不活邪"와 티벳역 'tsho ba med pa는 ajīvikā를 지지하고 있다. Cf. BHSD와 CPD -bhaya 혹은 -bhayabhīta. 여기서는 각각 ājīvika 항목("danger due to profession or means of livelihood")과 ājīva 항목에서 이를 논의하고 있다.

222 ŚrBh_ms: vāparaṭakasya, YBh_ms: vāparaṭakasya vāparaṭānasya. aparaṭaka는 √raṭ (to howl, roar)에 apa라는 접두사와 ka라는 행위주체를 나타내는 접미사로 구성된 것이다. 티벳역은 이를 gzig(표범 *dvīpin)으로 gzig gi sgra thos sam(표범의 소리를 듣거나)로 번역하지만 한역은 생략하고 있다. 한역은 或逢雹雨師子虎豹로 산스크리트나 티벳역에 없는 '우박과 비'(雹雨)로 번역한다.

이 바로 근접해 있음을 지각한 후에 두려움이나 대경실색, 또는 '[온 몸의] 털이 곤두서는 전율'이 생겨난다. 또한 낮에는 과거의[223] 감각적 욕망의 대상들과 과거와 미래의 중생들과의 만남과 관련해서 갈망(gardha)에 근거한 거친 사유(vitarka)들, 즉 감각적 욕망의 대상에 대한 심사(kāmavitarka) 내지 가문의 번창과 관련된 심사(kulodayatāpratisaṃyukto vitarkaḥ)가 일어나는 것이다.

이와 같이 설했던 대로 탐욕과 진에 등이 어떻게 "**습기에서 생겨나는**"가? 어떻게 "**마치 반얀나무의 줄기들처럼 자신으로부터 일어나는**"가? "습기"(sneha)는 물과 유사한 갈애라고 설해지며, [12지 연기에서] 이 [갈애]를 조건으로 하는 모든 [종류의] 취착(取)이 [발생한다]. 또한 저 [갈애]는 탐욕과 진에로 시작하는[224] 모든 것들의 공통된 원인이다. "자신"이란 바로 이러한 탐욕과 진에를 시작으로 하고 거친 사유를 마지막으로 하는 것들의 개개의 종자(種子, bīja)·계(界, dhātu)·본성(prakṛti)[225]이다.[226]

탐욕과 진에를 시작으로 하고 거친 사유를 마지막으로 하는, 바로 이러한 것들이 어떻게 "**숲에서의** [다른 나무에 매달려 자라나 퍼지는] **말루타 덩굴처럼 별도의 욕망들에 매달려 퍼져나가는**"가? 간략히 보자면 별도의 욕망들은 6종이다.

① 스스로의 많은 힘에 의해 얻어진 현재의 사물이라는 욕망의 대상들이다. 예를 들면 재가자들에게 저 [욕망의 대상]들을 연유로 하고 저것들을 인식대상

---

223 ŚrBh_ms: atītān kāmān. 이에 따른 번역이다. YBh_ms: atītānāgatān kāmān, 티벳역 'das pa dang ma 'ongs pa'i 'dod pa rnams과 한역 去來妙欲은 모두 과거와 미래의 감각적 욕망의 대상들로 파악하고 있다.

224 산스크리트와 한역과 달리, 티벳역은 '사유를 마지막으로 하는'이라는 문장을 첨가한다.

225 초기유가행파 문헌에서 bīja, dhātu, prakṛti는 gotra(種姓)의 동의어로 사용된다. (BoBh 3,7f: tat punar gotraṃ bījam ity apy ucyate dhātuḥ prakṛtir ity api; YBh 26,18f: bījaparyāyāḥ punar dhātur gotraṃ prakṛtir hetuḥ satkāyaḥ prapañca ālaya upādānaṃ duḥkhaṃ satkāyadṛṣṭy adhiṣṭhānam asmimānādhiṣṭhānaṃ cety evambhāgīyāḥ paryāyā veditavyāḥ ||.

226 다시 말해, 마치 동일한 한 가지에서 여러 가지가 나오는 반얀나무의 줄기들처럼, 탐욕과 진에 등은 공통원인인 갈애로부터 생겨나며, 그 각각은 자기자체인 종자·계·본성으로부터 생겨나는 것이다.

으로 하는 탐욕과 진에라는 양자가 생겨나는 것이다.

② 타인들로부터 얻어진 현재의 사물이라는 욕망의 대상들이다. 예를 들면 저 [욕망의 대상]들을 연유로 하고 저것들을 인식대상으로 하는 즐거움이 생계로 인해 출가한 자들에게 생겨나는 것이다.

③ 과거와 미래의 사물이라는 욕망의 대상들이다. 예를 들면 저 [욕망의 대상]들을 연유로 하고 이들을 인식대상으로 하는 우울함이 [법과 율에 대한 믿음을 얻자마자] 무작정 출가한 자들에게 생겨나는 것이다.

나머지 [셋]은 번뇌라는 욕망들이다. 그것들은 간략히 2종이다. 즉 욕[계]에 속한 심신복합체인 ④ 신체에 대한 또 ⑤ 목숨에 대한, '아직 끊어지지 않은 잘못된 분별의 탐욕'(saṃkalparāga 妄分別貪)이다.[227] 예를 들면 믿음을 갖고 출가하고, [세상과] 떨어진 상태에서 주하는 자에게 밤에 그것을 연유로 하고, 그것을 인식대상으로 하는 두려움이나 대경실색 혹은 [온 몸의] 털이 곤두서는 전율이 생겨나는 것이다.

⑥ 또는 저 같은 사람에게 외부의 '색 · 성 · 향 · 미 · 촉'에 대해 잘못된 분별의 탐욕이 아직 끊어지지 않은 것이다. 예를 들면 이 사람에게는 낮에 그것을 연유로 하고 그것을 인식대상으로 하는 거친 사유가 생겨나는 것이다.

또한 탐욕과 진에로 시작하는 이것들이 그 [갈애와 자신]을 연유로 [생겨]난다고 설해진 대로 여실하게 아는 사문이나 바라문들은 [탐욕과 진에 등이] 조건지어 생겨났다는 것[緣生性]과 무상성을 안 후에, 이미 생겨난 [탐욕과 진에 등]

---

227 이에 대한 티벳역과 한역의 이해가 다르다. 한역은 ④或有所餘諸煩惱欲, 略有二種. 謂於欲界自體及資身命. ⑤或有未斷妄分別貪. 이에 따르면 네 번째 번뇌라는 욕망은 "욕계에 속한 ātmabhāva 및 신체와 목숨을 [연명하기 위한] 필수품에 대한 것이고, 다섯 번째는 아직 끊어지지 않은 '잘못된 분별의 탐욕'이다. 하지만 이는 <3.2.3.1 악(惡)>에서 "그 황무지나 나무 밑동, 빈집에 있는 그는 바로 그 '사물이라는 욕망의 대상들'에 대해, 또 **'번뇌라는 욕망'에 포함되는 '잘못된 분별의 탐욕'**을 치료[對治]하기 위하여 사념처(四念處)를 수습한다"는 문장의 취지와 어긋난다. 반면 티벳역('dod pa na spyod pa bdag nyid kyi lus dang srog la kun tu rtog pa'i 'dod chags ma spangs pa)은 "욕계에 속하는 ātmabhāva라는 신체와 목숨에 대한 잘못된 분별의 탐욕"으로 번역하고 있다. 즉 잘못된 분별로부터의 탐욕의 대상을 ④몸과 ⑤목숨으로 보고 있다.

을 견고하게 집착하지 않고, 끊고, 떨쳐내고, 완전히 끝낸다. 끊은 후에 색[계]와 무색[계]에 대해 이욕했기 이전에 건너지 못했던 존재의 폭류와 바다를 건너며, 또 욕[계]에 대해 이욕했기 때문에 이전에 건너지 못했던 욕망이라는 폭류를 건넌다. 그리고 그 건너간 곳으로부터 다시는 물러서지 않는다.

[요약설명:] 이와 같이 설해진 것에 대한 [다음과 같은] 요약적인 설명이 있다. 간략하게 세존께서는 재가의 상태와 출가의 상태, [출가 후] 홀로 떨어져 주하는 상태라는 세 상태에서 공통된 원인과 공통되지 않은 원인에서[228] 발생하고, 또 별도의 욕망들에 매달려 퍼져나가는 애착(anunaya)과 진에(pratigha)라는 양자를 끊는 수단과 끊음의 이로움을 밝히셨다. 이것이 이 [답변 게송]에 대한 요약적인 설명이라고 알아야 한다.

그중에서 탐욕과 즐거움, 갈망에 근거한 거친 사유가 애착의 범주(anunayapakṣa)라고 알아야 한다. 진에와 우울함과 두려움이 진에의 범주(pratighapakṣa)라고 알아야 한다.

3.2.3.12. 해야 하는 것 (Ch. 377b16)

[천녀:] 감각적 욕망들을 완전히 끊기 위해 바라문은 이 끊음을 지치지 않고 행해야 합니다. 왜냐하면 그는 존재를 희구하지 않기 때문입니다. || 1 ||

[세존:] 바라문에게는 해야만 할 일이 없습니다.
[왜냐하면] 바라문은 '목적을 달성한 자'라고 인정되기 [때문입니다.][229] || 2 ||

바닥에 [발이] 닿거나 기슭에 도달하지 못하는 동안
그는 온 사지를 가지고 분투합니다.

---

228 공통된 원인은 갈애이고, 공통되지 않은 원인은 각자에게 고유한 개개의 種子(bīja) · 界(dhātu) · 본성(prakṛti)이다.

229 '인정되다'는 smṛta의 번역어로서 티벳역('dod pa)을 감안했을 때 iṣṭa와 유사한 용법을 가진 것으로 사용된 듯하다. 한역은 해당하는 단어의 번역을 생략했다.

그렇지만 기슭에 도달한 후 그는 이 육지에 머물러 분투하지 않습니다.

그는 궁극에 이른 자(pāragata)[230]라고 불립니다. ‖ 3 ‖

천녀여! 루를 소멸한 자, 열렬한 자(nipaka), 정려를 획득한 자,

모든 근심과 번민이 끊어진 자, 정념을 지니고 심이

해탈된 자, 이것이 바라문의 비유입니다.[231] ‖ 4 ‖

라는 게송들이 있다.

그 천녀는 세속의 바라문(saṃvṛtibrāhmaṇa)[232]을 의도한 후에 세존께 말했다. 계급(jāti)과 종성(gotra)의 주장에 의해 '우리는 바라문이다'라고 스스로를 인정하는 바라문들은 범천의 세계를 구경으로 삼고 범천의 세계를 갈구하는 형태로 주합니다. 용맹정진하고, 지칠 줄 모르는 마음을 갖고, [세속의 관심과] 떨어진 채 주하는 그들은 사물이라는 욕망의 대상들을 끊기 위해, 또 번뇌라는 욕망을 끊기 위해 끊음을 명심해야 합니다. 왜냐하면 범천의 세계를 구경으로 삼는 그들은 범천의 세계를 갈구하는 것이지, 욕[계]의 존재를 [갈구하는 것은] 아니기 때문입니다.

그렇지만 세존께서는 궁극적인 바라문(paramārthabrāhmaṇa)을 의도하시고, "어떤 자에게 다시 반복해서 해야만 하는 것이 있고, 그 이후에도 [또 다시] 해야

---

230 혹은 '저쪽 기슭에 도달한 자'로 해석할 수도 있을 것이다. 다만 주석에서는 tīragata([건너 편] 기슭에 도달한 자)= 'arhat'(아라한) = pāragata로 보기 때문에, 주석에 따르자면 '완성 혹은 궁극에 이른 자'가 문맥에 들어맞는다.

231 Cf. (a) 『雜阿含經』(T99: 360c08-16). (b) SN I 47,29–48,7; (c) 『別譯雜阿含經』(T100: 479a3-13). 또한 ŚrBh II. 254,2f: yathoktaṃ na kāryaṃ brāhmaṇasyāsti kṛtārtho brāhmaṇaḥ smṛta iti 참조.

232 『성문지』(ŚrBh II. 254,2f)에서의 3종의 바라문 참조. 여기서 ① 태어난 계급으로서의 바라문(jātibrāhmaṇa) ② 명칭으로서의 바라문(saṃjñābrāhmaṇa) ③ 정행으로서의 바라문(pratipatti-brāhmaṇa)이다. 그중에서 '세속의 바라문'은 ① 태어난 계급으로서의 바라문과 세간에서 이름, 명칭, 호칭, 가설, 언설로 바라문이라고 불리는 ② 명칭으로서의 바라문을 합쳐서 지칭할 것이다. 이후 언급할 '궁극적인 바라문은 2번째 게송을 인용하고 있는 ③ 정행으로서의 바라문에 해당한다. 특히 이 게송에서는 바라문에 대한 니룩따(bāhitapāpa)와 동일한, "악하고 불선한 요소들을 제거한 자"를 언급하고 있다.

하는 임무가 있다면 그는 실로 바라문이 아닙니다. 그렇지만 바라문의 상태와 바라문의 상태라는 목표를 증득했기 때문에[233] 모든 살가야의(sarvasya satkāyasya)[234] 피안으로 건너가서, 육지에 머무르는 그가 바라문입니다"라고 그 천녀에게 대답하셨다. 이 방식에 의해 '유학'이나 무학은 바라문이 된다.

그중에서 '유학'도 감각적 욕망의 대상으로부터 이욕하지 못한 자와 이욕한 자의 2종이다. 감각적 욕망의 대상으로부터 이욕하지 못한 자는 바닥에 [발이] 닿지도, 기슭에 도달하지도 못한 자이며, 또한 두 가지 점에서 결함이 있다. [첫째 그는] 내적으로 심의 샤마타를 얻지 못했으며, [둘째] 증상혜의 관점에서(adhiprajñam) 법에 대한 비파샤나는 획득했지만, 내적으로 심의 샤마타가 결여되어 있기 때문에 매우 청정한 [비파샤나는 획득하지] 못했다. 그는 이전에 획득했던 수행도라는 뗏목에 올라탄 후에, 두 발에 비교된, 내적인 심의 샤마타'를 얻기 위한 정진을 통해 힘껏 노력한다. 그리고 두 손에 비교된, 증상혜의 관점에서 법에 대한 비파샤나의 청정을 위한 정진을 통해 힘껏 노력한다. 그가 힘껏 노력할 때 바닥에 비교된, 감각적 욕망의 대상으로부터의 이욕을 획득하고, 기슭에 비교된 아라한의 상태(arhattva)를 얻는다.

반면에 이욕한 유학은 내적인 샤마타를 이미 획득했고 또 청정한 비파샤나를 이미 획득했다. 그는 바로 [오]상분결을 단지 끊기 위하여 힘껏 노력하지, "**온 사지(四肢)를 가지고서**"는 아니다.

또는 [건너 편] 기슭에 도달한(tīragata) 아라한은 해야만 하는 일을 이미 행했고, 노력이 더 이상 필요 없으며, "**궁극에 도달해서**" 주한다.

이 방식으로 2종의 유학과 무학, 셋은 모두 '궁극적인 바라문'이다.

그중에서 [건너 편] 기슭에 도달한 바라문이 "**루를 소멸한 자**"이다. 감각적

---

233 brāhmaṇyasya ca brāhmaṇyārthasya cādhigamāt의 번역이다. 티벳역 bram zer byed pa dang | bram zer byed pa'i don rtogs pas에 의거해 사본 수정. 한역: 證婆羅門所應作事.

234 YBh_ms 및 ŚrBh_ms: sarvasya. 하지만 티벳역 'jig tshogs thams cad kyi pha rol du rgal nas 및 한역 "超登一切薩迦耶岸"은 모두 satkāyasya로 읽고 있다.

욕망의 대상으로부터 이욕(離欲)하지 못한 유학은 "온 사지를 갖고" 힘껏 노력할 때, 그가 "**열렬한 자**"(nipaka)이다. 이욕하고, 바닥에 [발이] 닿은 유학이 "**정려를 획득한 자**"이다. 이 정려를 획득한 자는 [오]하분결을 끊었기 때문에 모든 감각적 욕망의 대상들에 대한 욕구와 악의에 속한 "**모든 근심과 번민이 끊어진다**" 수소단의 번뇌들을 끊고자 사념처를 수습한 후에, "**루를 소멸한**" 자에게, "**정념을 지닌 자에게 마음은 해탈된다**." 그리고 그에게는 다시 반복해서 해야만 하는 것이 없고, 그 이후에도 해야 하는 것이 없다. 따라서 그가 "궁극적인 바라문"이다.

3.2.3.13. 힘든 노력 (Ch. 378a3)

[천녀:] "비구여, 비구여, 그대는 폭류를 건넜습니까?"

[세존:] "그렇습니다, 여신이여,"

[천녀:] "그대는 지지물이 없고 토대가 없는 곳에서 폭류를 건넜습니까?"

[세존:] "그렇습니다, 여신이여"

[천녀:] "비구여, 어떻게 그대는 지지물이 없고 토대가 없는 곳에서 폭류를 건넜습니까?"

[세존:] "여신이여, 내가 허우적거리면 허우적거릴수록 더욱 빠지고, 빠지면 빠질수록 더욱 머물고, 머물면 머물수록 더욱 표류하게 됩니다.
여신이여, 내가 허우적거리지 않으면 허우적거리지 않을수록 더욱 빠지지 않습니다."[235] 상세하게는 백품으로[236] 알아야 한다.[237]

---

235 Cf. (a) 『雜阿含經』(T99: 348b19f). (b) 『別譯雜阿含經』(T100: 438c15-28). (c) SN I 1.21f = SN^{N} I 2,12f.

236 백품의 내용은 "여신이여, 내가 허우적거리지 않으면 허우적거리지 않을수록 더욱 빠지지 않는다. 내가 빠지지 않으면 빠지지 않을수록 더욱 머물지 않고, 내가 머물지 않으면 머물지 않수록 더욱 표류하지 않는다."

237 Cf. (a) 『雜阿含經』(T99: 348b10-20). (b) 『別譯雜阿含經』(T100: 438c15-28). (c) SN I 1,14-22 .

라는 응송(geya)이 있다.

“**지지물이 없고 토대도 없는**” **곳**이란 앞에서 [언급한 것]처럼 열반과 멸진정이라고 설해졌다.[238] 예전에 행하기 어려운 보살행을 할 때에 무방편에 떨어진 정진을 [염두에 두고서] 그리고 보리좌에서 앉아서 무방편에 떨어진 정진을 착수한 그에게 끊음과 변지를 의도한 후에 세존께서 “**여신이여, 내가 [허우적거리면] 허우적거릴수록 더욱 빠지고, [빠지면] 빠질수록 더욱 머물고, [머물면] 머물수록 표류하게 된다**”고 말씀하신 것이다. 이것과 반대이기에 백품이라고 알아야 한다.

그중에서 난행에서 무방편에 떨어진 정진이 “허우적거림”이고, 잘못 가행하는 자가 선법에서 물러남이 “빠진다”이고, 선법에서 물러남을 경험한 자가 잘못된 가행으로 되돌아오지 않음이 “머문다”이고, 난행을 버린 후에 스승의 탐색에 의해 우드라카(Udraka Rāmaputra)와 아라다(Ārāḍa Kālāma) 등의 비불교도들의 영역에서 돌아다니는 것[239]이 “표류함”이다.

또는 보리좌에 앉은 자가 무방편에 떨어진 정진을 버린 후에 선법들을 통해 증대된 것이고, 증대되면 증대될수록 더욱 만족하지 않고 선법들을 갖고 머물렀고,[240] 그는 끊음에서 거부하지 않고 더욱 더 미세하고 최고로 미세하게 [끊음을] 추구하며, 그와 같이 만족하지 않는 자가 다른 스승을 찾지 않으면서 스승 없이 37보리분법들을 수습한 후에 무상정등보리를 정등각한 것이다.[241] “허우적거리지 않음” 등의 네 단어들은 순서대로 이 네 가지 점들에 대해서라고 알아

---

238 앞의 3.2.3.10 Dvāv Oghau (2)에 대한 주석 참조.

239 Udraka Rāmaputra와 Ārāḍa Kālāma의 처소에 돌아다니는 내용에 대해서는 MN I 163.31-166.34; 『中阿含經』 (T26: 776b8-777a4) 참조.

240 티벳역: ji lta ji ltar 'bogs pa de lta de ltar dge ba'i chos la chog mi shes par gnas te | spong ba las phyir mi nur zhing ches gong nas gong dang | ches bzang ba bas kyang bzang ba 'dod la |; 한역: 如如善法既增長已 如是如是於諸善法 不生知足 不違止住 於所修斷 展轉尋求 勝上微妙.

241 티벳역: bla na med pa yang dag par rdzogs pa'i byang chub mngon par rdzogs par sangs rgyas te; 한역: 證得無上正等菩提 名大覺者.

야 한다.

열반이 "**지지물도 없고 토대가 없다**"는 것과 관련하여 또 다른 [설명]방식이 있다. 어떻게 그는 폭류로서의 잠재적 경향성 및 번뇌의 분출을 건너지 못하는가? 요약하면 네 가지 원인들에 의해서이다. 무엇이 네 가지 원인인가? 처음부터 탐욕(gredha)에 의지한 것이 거친 사유(vitarka)이고, 탐욕에 의지한 거친 사유에 의거한 후에 나태(kausīdya)가 있고, 나태에 의지한 후에 범부상태에서 머무름이 있고, 그리고 범부상태에 머무름에 의지한 후에 윤회의 거센 흐름으로 이끄는 갈애에 의해 다섯 존재형태로 이루어진 윤회에 흘러 들어가는 것이다. 이것과 반대되는 것으로 네 가지 원인들에 의해 폭류를 뛰어넘는다고 알아야 한다.

상수멸정과 관련하여 또 다른 [설명]방식이 있다. 예를 들면 여기서 어떤 이가 멸진정을 먼저 획득했다. 그리고 그가 방일하여 머물 때, 상과 수 그것에서는[242] 자주 주하는 반면, 상과 수의 소멸 그것에서는 자주 주하지 않는다. 그 이유 때문에 [그는] 멸진정으로부터 물러서며, [거기서] 물러난 자는 낮은 단계에서 재생하는 원인 속에 [확고히] 머문다. [그러한] 원인에 머무는 자에게 마음은 그 [낮은 단계에서의 재생]의 결과로 기울어지게 된다. 이것과 반대되기 때문에 선품이라고 알아야 한다.

3.2.3.14. 목표의 획득 (Ch. 378b16)

[마녀(Tantrī):] 그대는 홀로 외진 곳에 들어가 선정을 닦느냐? 재물을 잃었느냐? 혹은 [그것을] 추구하느냐? 아니면 마을에서 어떤 죄를 저질렀느냐?
왜 사람과 사귐을 만들지 않느냐? 그대에게 사귈만한 자가 아무도 없느냐?
[세존:] 목표의 획득에 의해 여기서 마음이 적정하다.

여기서 사랑스럽고 쾌락적인 형태를 가진 군대를 물리친 후에 나는 홀로 정려

---

242 saṃjñāveditatadbahulavihārī. 이 복합어는 티벳역('du shes dang tshor ba de la shas cher gnas la)에서 "상과 수 그것에 자주 머물지만"으로 번역되어 있다. 한역에는 -tad-가 부각되지 않는다.

자로서 낙을 경험하고 있다. 따라서 나는 사람과의 사귐을 행하지 않는다. 내게 사귈만한 어떤 자도 없다.[243]

라는 젊은 여성[244]의 질문에 대한 게송들이 있다.

"목표(artha)의 획득"은 2종이다. [하나는] 사문의 상태(śrāmaṇya)라는 목표의 획득이고, [다른 하나는] 성스러운 신통(ṛddhi)이라는 목표의 획득이다. 첫 번째 목표의 획득은 모든 고통을 초월하기 위해서이고, 두 번째 [목표의 획득]은 8해탈을 정려함을 통해[245] 현세의 즐거움에 주하기(現法樂住) 위해서이다. [또한] 첫 번째는 "**사랑스럽고 쾌락적인 형태**"의 마라의 "**군대**"를 물리치기 위함이고, 두 번째는 홀로 정려하는 자가 최고의 즐거움을 향수하기 위해서이다.

그렇지만 이 맥락에서는 성스러운 신통이 의도되었다. 그 이유는 무엇인가? 예를 들어 여기서 어떤 이가 성스러운 신통이라는 목표를 성취하기 위해 십변처(kṛtsnāyatana)[246]에 의지하여 해탈의 청정을 위해 노력한다. 그에게 [십]변처의 등지[定, samāpatti]는 청정하게 완성되었고, 해탈도 맑고 청정해졌으며, 성스러운 신통이라는 목표도 성취되었다.

이렇게 그것의 완성을 알고 나서, '나의 목표가 완성되었다'고 철저히 알고 난 후에, 사문의 상태라는 목표를 갖춘 저 사문은 재산에 대한 추구의 [처음을 알고], 잘못(āgas)들의 [처음을 알고], 그 사람과 사귐의 처음(ādi)을 알며, 단점

---

243 Cf. (a)『雜阿含經』(T99: 143a11-15); 143b3-7; 286b28-c2: 286c5-8; 287a20-23; 287a25–27). (b)『別譯雜阿含經』(T100: 383a24-29; 383b2-6; 383c15-19; 383c21-24). (c) SN I 123,1-9 = SN^{N} I 269,14-270,6; 126.9-18.

244 질문자에 대해『잡아함경』에서는'僧耆多童女',『별역잡아함경』에서는 성불한지 얼마 지나지 않았을 때의 붓다에게 魔王,『상윳따니까야』에서는 Taṇhā, Arati, Ragā라는 마라의 세 딸 중에서 'Taṇhā',『마하바스투』에서는'Arati',『대지도론』에는'魔王의 三女'로 설하고 있다.

245 aṣṭavimokṣadhyāyitayā. 8해탈에 대해서는 본서 VI. 1.2. + 4.1.1. 참조.

246 십변처(daśa kṛtsnāyatanāni)는 지 · 수 · 화 · 풍의 변처와 청 · 황 · 적 · 백의 변처, 그리고 공무변처 변처와 식무변처 변처이다. 각각의 산스크리트 명칭은 AKBh 457,13-15 참조. AS 96,9-14에서 "전체에 펴져있는 인식대상이기 때문에 변처라고 한다. 전체에 펴져있는 주함의 성취에 있어 삼매와 지혜 또 그것과 상응하는 심 · 심소법들이 변처라고 불린다."

(ādīnava)과 출리(niḥsaraṇa), 출리로 이끄는 길(niḥsaraṇagāminīpratipada)을 안다.

그중에서 '처음'이란 이것들이 일어나기 위한 조건이다. '단점'이란 무상한 것, 고통스러운 것, 변이를 속성으로 하는 것이다. '출리'란 탐욕을 조복하고 끊고 뛰어넘는 것이다.[247] '출리로 이끄는 길'이란 8지성도이다.

그러므로 처음을 보지 못하기 때문에 내지[248] 출리로 이끄는 길을 보지 못하기 때문에 재산을 소유하고 잘못이 없고 사람과 사귐에 따르는 중생들은 마음의 적정을 그것이라고 생각하고, 재가를 벗어나서 8해탈을 정려하는 자들의 마음의 적정을 비방한다. 그 [중생들]에게 마음의 적정은 잘 보이지도 [않고], 잘 인식되지도 [않고], 잘 실천되지도 [않고], 잘 통달되지도 않으며, 나아가 승의의 관점에서도 아니다.[249]

이것과 반대로서 마음의 적정이란 잘 보이고 내지 잘 통달되는 것이다.

[요약설명:] 실로 이렇게 설해진 것에 대해 [다음과 같은] 요약적인 설명이 있다. 세존께서는 간략히 감각적 욕망의 대상들을 향수하고 섞여서 주하는 자들에게는 승의의 관점에서 마음의 적정이 없지만, 감각적 욕망이 없이(nirāmiṣa) 8해탈을 정려하는 자들에게는 승의의 관점에서 마음의 적정이 있다고 밝히신 것이다. 이것이 이 [게송]에 대한 요약적인 설명이라고 알아야 한다.

---

247 ASBh 145,14f: tadyathā hy anyatra sūtre-niḥsaraṇaṃ katamad bhayaḥ | chandarāgavinayaḥ chandarāgaprahāṇaṃ chandarāgasamatikrama ity uktam |. 여기서 인용된 경전은 MN I 87,29-31: kiñca bhikkhave kāmānaṃ nissaraṇaṃ | yo kho bhikkhave kāmesu chandarāgavinayo chandarāgappahānaṃ | idaṃ kāmānaṃ nissaraṇaṃ.

248 중략된 내용은 "위험을 보지 못하기 때문에"이다.

249 티벳역: de dag gi snying zhi ba gang yin pa de legs par ma mthong ste | legs par ma rig legs par ma brten | legs par ma rtogs so || des ni yang dag par; 한역: 由是彼於內心寂靜, 則不堪能善見善知善鑒善達若第一義.

3.2.3.15. 무상 (Ch. 378c20)

> 아! 제행은 무상하고, 생기와 소멸의 성질을 지니고 있고
> 생한 후에 소멸한다. 그 [제행]의 적정이 낙이라네.[250]

라는 게송이 있다.

"**제행**"이란 온(skandha)들과 취온(取蘊, upādānaskandha)[251]들이다. 하지만 이 맥락에서는 취온들만이 의도되었다. 또한 그것들은 오취온으로서, 요약하면 과거·현재·미래의 3종 [오취온]이다.

그 [게송]에서 '**제행의 무상성**'이란 바로 이 **제행이** 먼저 비존재였다가 생기고, 먼저 생겼다가 사라진다는 것이다. 그 [게송]에서 과거의 생들에서, 심신복합체의 획득에서 이미 사라지고 소멸된 온들이 다시 생겼다가 사라지기 때문에 "**무상하다.**" 또한 미래의 생들에서, 심신복합체의 획득에서 아직 생기지 않고 아직 일어나지 않은 온들이 "**생기의 성질을 지닌 것**"이다. 현재의 생들에서, 현재의 심신복합체의 획득에서 주하고 있고 유지되고 있고 움직이고 있는 중생들의 온들이 죽음의 성질을 가지면서 죽음과 소멸에 의해 소멸되어지는 것이 "**소멸의 성질을 지닌 것**"이다.

그중에서 미래의 심신복합체의 획득에서 생기의 성질을 지닌 온들 속에서 "**계속 생한 후에 소멸하는**" [**온들**]을 제외하면, 영원하고 불변하며 내지 바로 동일하게 머무는 어떤 심신복합체의 획득도 결코 없다.

그중에서 현세에 미래의 온들의 원인이 이미 소멸한 중생들에게 모든 방식으로 모두 미래의 심신복합체의 온들의 비산출이 "**[제행]의 적정**"(vyupaśama)이다. 그런데 그 적정이란 두 가지 원인 때문에 즐겁다. 모든 추중의 그침에 의해

---

250 Cf. (a) Uv^{B} I 96.1f. (b) 『雜阿含經』 (T99: 153c13f; 244a6f; 325b17f). (c) 『別譯雜阿含經』 (T100: 413c29-414a1; 435a16f; 489b2f). (d) SN I 6,4f; 193,13-16.

251 upādānaskandha란 '취착의 대상인 온'을 의미한다.

일체 고통의 원인이 소멸했기 때문에 혹은 현세의 즐거움에 주하기 때문에 즐겁다. 또한 미래에 생·노·병 등의 고통으로부터 해탈하기 때문에 [즐겁다].

[요약설명:] 실로 이렇게 설해진 것에 대해 [다음과 같은] 요약적인 설명이 있다. 간략히 세존께서는 바른 견해(samyagdṛṣṭi)의 근거와 바른 견해의 결과를 밝히셨다.

또 다른 [설명]방식이 있다. 변지(parijñā)의 토대와 끊음(prahāṇa)이다. 또 변지되어야 하는 법과 변지이다. 또 삼세에 속한 제행의 잡염과 그것의 적정에 의한 청정이다. 또 연기와 연기의 소멸이다.[252] 또 고제와 멸제이다. 또 공성과 무원의 해탈문이라는 토대(śūnyatāpraṇihitavimokṣādhiṣṭhāna)와 무상의 해탈문이라는 토대(ānimittavimokṣādhiṣṭhāna)이다. 또 [사]제에 대한 현관과 반대되는 두 가지 법에 대한 끊음의 토대는 희론(prapañca)을 따라감과 희론없음에 대한 두려움이다. 또 비불교도와 반대되고 비불교도와 공통되지 않는 두 가지 법, 즉 인식되어야 할 것에 대한 비전도성과 증득의 비전도성이다.

3.2.3.16. 불방일 (Ch. 379a23)

> 불방일은 불사(不死)의 토대이고, 방일은 죽음의 토대이다.
> 불방일한 자들은 죽지 않지만 방일한 자들은 언제나 죽는다.[253]

라는 게송이 있다.

어떻게 '**불방일이 불사의 토대**'가 되는가? 예를 들면 여기서 어떤 이가 네 가

---

252 이에 대응하는 티벳역은 yang rten cing 'brel par 'byung ba'i 'gag pa yang bstan to이고, 한역은 又略顯示諸緣起法及緣起滅이다. 티벳역에서 *pratītyasamutpādaḥ*에 대한 번역이 빠지고 한역에서는 '법'으로 되어 있다.

253 관련된 문헌에 대한 정보는 Enomoto(1989: 29); Hsu-Feng Lee(2017: 158-159) 참조. (a) Uv I 126,3f; (b) Dhp 21.

지 필수품들에 의지한 후[254], 네 가지 보호, 즉 수명의 보호, 힘의 보호, 심을 잡염으로부터 보호,[255] 올바른 가행의 보호를 세운다. 이것이 그의 불방일(apramāda)이라고 설해진다. 그가 그 불방일에 의지하고 안주한 후에, 완전이 채우지 못한 열반의 자량을 완전히 충족시킨다. 그리고 열반의 자량이 완전히 충족되었을 때 현세에서 반열반한다.

어떻게 '**방일이 죽음의 토대**'가 되는가? 예를 들면 여기서 어떤 이가 재가자로서 백의를 입고 감각적 욕망의 대상들에 집착하고 향수하며, 불선한 업들을 짓는다. 또는 그는 출가자로서 올바른 가행들의 보호없음에 이르기까지 네 가지 보호없음을 나타낸다. 이것이 그에게 출가품과 재가품 양자에 속한 방일이다. 그는 저 방일에 의지하고 안주한 후에, 생을 근본으로 하는 제행에 대해 환희하고, 생을 근본으로 하는 업들을 짓는다. 이 때문에 그는 태어나며, 태어난 그에게 죽음(maraṇa)이 있고, 태어난 그에게 임종(kālakriyā)이 있다.

"**불방일한 자들은 죽지 않지만 방일한 자들은 언제나 죽는다**"란 무엇인가? 다섯 가지 죽음이 있다.[256] 즉 제어된 자(dānta, 調善)로서 죽음, 제어되지 않는 자로서 죽음, 과거의 죽음, 현재의 죽음 그리고 미래의 죽음이다.

이와 같이 불방일을 잘 수습한 사람은 현재 시간에서 그의 죽음이 제어된 자로서(dāntamaraṇena)[257] 또는 그의 죽음이 제어되지 않는 자로서 죽을 때, 과거의 시간과 관련해 그의 죽음이 지나간 자로서 죽는다.[258] 반면에 현재 시간에서

---

254 BoBh(D) 133,1-3: catvāraḥ sanniśrayāḥ | yānāśritya svākhyāte dharmavinaye pravrajyā-upasampadbhikṣubhāvaḥ | tadyathā cīvaraṃ piṇḍapātaḥ śayanāsanaṃ glānapratyayabhaiṣajyapariṣkārāś ca |

255 네 가지 필수품을 수용함으로써 번뇌, 즉 잡염으로부터 마음을 보호하는 방법에 대해서는 MN I 10 참조.

256 Cf.『瑜伽師地論』「攝事分」(T1579: 776c14f)에서의 6종의 죽음과 비교하라. 復次 有六種死. 謂過去死, 現在死, 不調伏死, 調伏死, 同分死, 不同分死.

257 dāntamaraṇena를 사람(pudgala)를 수식하는 소유복합어로 풀이하고, 3격을 자격으로서 이해한 것이다. 이하 구문의 용법도 마찬가지다.

258 「섭사분」에 따르면 과거의 죽음이란 과거의 제행이 사라지고 내지 명근의 소멸로 인한 죽음이다. 현재의 죽음이란 현재의 제행이 사라지고 내지 명근의 소멸로 인한 죽음이다. (776c15ff: 過去死者,

그의 죽음이 제어되지 않는 자로서 죽지 않으며, 또 미래 시간에서 그의 죽음이 제어된 자로서 또는 그의 죽음이 제어되지 않은 자로서 죽지 않는다. 따라서 "**죽지 않는다**"고 설해진다.

그렇지만 방일한 사람은 현재 시간에서 그의 죽음이 제어되지 않는 자로서 죽을 때, 과거 시간에서도 그의 죽음이 제어되지 않는 자로서 죽었고, 현재 시간에서도 바로 그의 죽음이 제어되지 않는 자로서 죽으며, 미래 시간에서도 바로 그의 죽음이 제어되지 않는 자로서 죽을 것이다. 따라서 "**언제나 죽는다**"고 설해진다.

[요약설명:] 실로 이렇게 설해진 것에 대해 [다음과 같은] 간략한 설명이 있다. 간략히 세존께서 불방일한 사람에게 도제와 멸제를 [밝히셨고], 방일한 자에게 집제와 고제를 밝히신 것이다. 또한 [세존께서는] 적절한 경우와 적절하지 않는 경우 그리고 업을 스스로 짓는 것을 밝히셨다. [게송]의 전반부에 의해 적절한 경우와 적절하지 않는 경우를 [밝히셨고], [게송]의 후반부에 의해 업을 스스로 짓는 것임을 [밝히셨다]. 또한 [게송]의 전반부에 의해 제자들에 대한 스승의 의무를, [게송]의 후반부에 의해 제자들에게 자리의 의무를 밝히셨다.

3.2.3.17. 강한 탐욕 (Ch. 379b24)

> 중생이 거친 사유에 휩쓸릴 때, 강한 탐욕을 지닌 자는 '예쁘다'고 보기 때문에 더욱 더 갈애가 증대되고, 그의 속박을 강하게 만든다.[259]

라는 게송이 있다.

謂過去諸行沒, 乃至命根滅故死. 現在死者, 謂現在諸行沒 乃至命根滅故死).

259 Cf. (a) Uv I^{B} 119,3-6; (b) Dhp 349,18; (c) 法句經(T210: 571a23-25).

어떻게 "**거친 사유에 휩쓸리는 자**"가 되는가? 예를 들면 여기서 어떤 이가 이전에 획득했고 이전에 즐겼던 감각적 욕망의 대상들을 이치에 맞지 않게 작의하면서, 탐착에 의거한 불선하고 악한 거친 사유들을 심사(尋思)한다.

어떻게 "**강한 탐욕을 지닌 자**"가 되는가? 예를 들면 여기서 어떤 이가 이전의 다른 생들에서 감각적 욕망에 대한 탐욕을 실행했고 수습했고 자주 행했다. 그 때문에 그가 현생에서 이전에 획득하고 이전에 즐겼던 감각적 욕망의 대상들을 비록 이치에 맞게 작의했다고 해도 감각적 욕망의 대상들에 대한 탐욕이 심을 지속적으로 더럽힌다.

어떻게 "**예쁘다고 보는 자**"가 되는가? 예를 들면 여기서 어떤 이가 보호되지 않는 몸으로, 제어되지 않은 감관들로 확립되지 않은 정념을 갖고, 마을에서 돌아다닐 때 젊고 뛰어난 용모를 지닌 매혹적인 여성을 본 후에, '예쁘다'는 관념상을 이치에 맞지 않게 취한다. 그 이유 때문에 몸이 불타오르고, 마음이 불타오른다.

어떻게 "**갈애가 증대된다**"고 알아야 하는가? 다섯 가지 표식들에 의해, 현상적 이미지(nimitta)들에 의해 갈애가 증대된다고 알아야 한다. 어떤 다섯 가지들에 의해서인가? 예를 들면 여기서 어떤 이가 ① 감각적 욕망의 대상들에 대한 강한 탐욕의 분출에 의해 하열한 감각적 욕망의 대상에 대해서조차 집착하는데, 하물며 뛰어난 [감각적 욕망의 대상]에 대해서는 말할 나위조차 없다. ② 그는 여법하지 않게 대부분 폭력적으로 재산들을 축적하지, 여법하게는 아니다. 또 필수품을 극도로 챙기며, 쉽게 얻을 수 있고 쓸모없는 물건조차도 버리고자 하지 않는데, 하물며 귀중한 것은 말할 나위조차 없다. ③ 소량의 저급한 재산들 때문에 많은 신·구·의의 악행(duścarita)을 행하는데, 하물며 많고 뛰어난 [재산들을 위해서는] 말할 나위도 없다. ④ 작은 선행을 수지할 때에도 그의 심은 내키지 않고 즐거워하지 않는데, 하물며 커다란 [선행의 수지]에 있어서는 말할 나위도 없다.[260] ⑤ 열반을 청문의 측면에서도 바라지 않는데, 하물며 증득의 측면에서는 말할 나위도 없다.

"**강한 속박**"이란 무엇인가? 세 가지 측면들에 의해, 즉 단단함에 의해, 고통과의 접촉에 의해, 오랜 시간 달라붙어 있다는 사실에 의해 속박의 견고성은 알려져야 한다. 그중에서 '속박의 단단함'은 현세에서 악행의 근본인 탐·진·치 때문이라고 알아야 하며, '고통과의 접촉'과 '오랜 시간동안 달라붙어 있음'[261]은 지옥·아귀·축생으로서의 재생 때문이라고 알아야 한다.

[요약설명:] 실로 이렇게 설해진 것에 대해 [다음과 같은] 요약적인 설명이 있다. 두 가지 변괴(vipraṇāśa)의 원인을 의거하여 두 종류의 변괴가 있다고 알아야 한다. 두 가지 변괴의 원인은 무엇인가? 이치에 맞지 않는 작의의 힘과 원인의 힘이다. 2종의 변괴는 무엇인가? 추구의 변괴와 향수의 변괴이다.

이치에 맞지 않는 작의의 힘이란 무엇인가? 향수했던 인식경계에 대한 기억을 원인으로 하는 잘못된[asat][262] 분별 및 현전하는 인식경계를 원인으로 하는 실재하지 않는 관념상의 포착이다. 그리고 저 [이치에 맞지 않는 작의의 힘]은 [잘못된 분별]에 머무르고 또 [관념상의 포착을] 행하는 자에 있어서이다. 원인의 힘이란 무엇인가? 매력적인 인식경계들에 대한 이전부터의 탐욕의 반복훈련이다. 추구의 변괴란 무엇인가? 예를 들면 여기서 어떤 이가 이 두 가지 변괴의 원인을 갖추고, 여법하지 않게 폭력적으로 잘못된 재산들을 축적하기 위해 추구하는 것이다. 향수의 변괴란 무엇인가? 예를 들면 여기서 어떤 이가 이미 획득된 낙과 고, 불고불락을 일으킬 수 있는 인식경계들에 대해, 그 일부에 대해 이끌리고, 집착하고 내지 출리를 알지 못할 때, [그 대상들을] 향수하며, 그것들

---

260 이 구문은 작은 계의 수지(samādāna)도 내켜하지 않고 기꺼워하지 않는데 하물며 큰 계의 수지는 말할 나위조차 없다는 의미이다. 대응하는 티벳역은 "legs par spyad pa yang dag par blangs pa chung ngu la yang de'i sems mi 'jug cing mi dga' na | mang po lta ci smos te"이고 한역은 又於受持少小妙行 其心尙無趣向愛樂이다.

261 대응하는 티벳역은 sems can dmyal ba dang | dud 'gro dang yi dags su skye bas ni이지만 한역의 경우는 "於當來世 由生那落迦傍生鬼趣"로서 한역에만 '於當來世'라는 구절이 있다.

262 asat에 대응하는 티벳역은 ngan pa이고 한역은 '邪'이다. 하지만 'asat'를 '비존재'라고 해석할 경우, '비존재에 대한 분별', '비존재에 대한 상'이라는 해석도 가능하다.

중의 일부에 대해 미워하고 미움에 의해 압도되며, 그것들 중의 일부에 대해 미혹하게 되고 미혹에 의해 압도된다. 이와 같이 이끌리는 자는 탐욕에 의해 압도되고, [미워하는 자는 미움에 의해 압도되고, 미혹한 자는] 미혹에 의해 압도되어, 신·구·의로 악행을 행한다. 그는 탐욕과의 속박을 강하게 만들고, 미움과의 속박을 [강하게 만들고, 우치와의 속박을 [강하게 만들며], 지옥·축생·아귀와의 속박도 [강하게 만든다].

또 다른 [설명]방식이 있다. 갈애의 결박(saṃyojana)에 묶인 사람에게 있는 것으로서, 요약하면 7종의 잡염은 갈애에 의해 만들어졌다고 알아야 한다. [즉] 기억의 잡염, 자재함을 떠난 잡염, 지각영역에 대한 잡염, 번민의 잡염, 좋은 존재형태와 결합된 잡염, 나쁜 존재형태와 결합된 잡염 그리고 견해의 잡염이다.

기억의 잡염이란 무엇인가? 예를 들면 여기서 어떤 이가 이전에 향수했던 매력적인 지각영역들을 이치에 맞지 않게 기억할 때, 욕구와 바람, 희구가 심을 더럽힌다.

자재함을 떠난 잡염이란 무엇인가? 예를 들면 여기서 어떤 이가 이전에 탐욕의 요소를 즐겼기 때문에 현생에서 본성적으로 강한 탐욕을 가진다. 비록 그가 매력적인 지각영역을 이치에 맞게 기억하고 작의하더라도 욕구와 [갈증, 희구] 가 심을 더럽힌다. 말하자면 그것은 강한 탐욕의 상태로 인해 심이 자재하지 못하기 때문이다.

지각영역에 대한 잡염이란 무엇인가? 예를 들면 여기서 어떤 이가 마을이나 도시에서 돌아다닐 때 빼어난 용모를 갖춘 매력적인 지각영역이 현전하게 된다. 그 [지각영역]이 빼어나기 때문에 예쁘다는 관념상을 따르는 식이 심을 사로잡아 머문다. 그 때문에 그에게 욕구와 바람, 희구가 일어난다.

번민(paridāha)의 잡염이란 무엇인가? 예를 들면 여기서 어떤 이가 이와 같이 갈애를 증장시키는 이 세 잡염들에 의해 자신의 갈애를 증장시킨 후에, 또 [과거에] 이미 향수했던 지각영역들을 그리워하고, 미래의 [지각영역들을] 추구하고, 현재의 [지각영역들을] 향수하기 위해 몸과 마음으로 번민한다.

좋은 존재형태와 결합된 잡염이란 무엇인가? 집제라는 바로 저 갈애를 지배요소로 해서(adhipatiṃ kṛtvā) 만일 그가 신·구·의로 선행을 행한 후에 좋은 존재형태 속에서 천신들이나 인간들로 재생한다면, 그는 즐거운 감수에 탐착해서 방일하게 주하며 극단적 방일에 떨어진다.

나쁜 존재형태와 결합된 잡염이란 무엇인가? [집제라는] 바로 그 갈애를 [지배요소로 하여]그는 신·구·의로 악행을 행한 후에, 죽고 나서 악도와 나쁜 존재형태, 불행과 지옥들에서 재생한다. 그곳에서 태어난 그는 극도의 고통을 겪으며, 우울한 상태로 악한 마음을 갖고 적대적인 마음을 갖게 된다.

견해의 잡염이란 무엇인가? 집제라는 바로 그 갈애를 지배요소로 해서 만일 그가 잡염으로부터 해탈하기 위해 잡염으로부터 해탈을 추구하고 있을 때 그에게 전도된 법을 가르치는 나쁜 친구를 만난다면 그는 그 전도된 법의 교설 때문에 해탈을 이루지 못한다. 그리고 62가지 [잘못된] 견해들 중의 어느 하나의 견해를 증대시킨다.

[또한] 연기에 대한 우치를 지배력으로 하여 저 견해의 결박과 결합된 그는 다섯 존재형태로 이루어진 윤회들로부터 해탈하지 못한다.

3.2.3.18. 법에 머무는 자(dharmastha) (Ch. 380b10)

> 법에 머물고 계를 갖추고 부끄러움을 지니고 진실을 말하고,
> 스스로를 사랑하는 자를 사람은 좋아한다.[263]

라는 게송이 있다.

어떻게 "**법에 머무는 자**"가 되는가? 그는 여래께서 가르치신, 잘 설명한 법과 율에서 출가한 후에 기꺼이 범행을 행한다.

---

263 Cf. (a) Uv I[B] 146.1f; (b) Dhp 217; 『法句經』(T210: 567.c22f).

어떻게 "**계를 갖춘 자**"가 되는가? 그와 같이 출가하고 그와 같이 기꺼이 [범행을 행하는] 그는 계들을 훼손하지 않고 [파괴하지 않고 오점을 남기지 않고] 얼룩지게 하지 않고, 지속적으로 행하고, 지속적으로 작동시키며,[264] 훈련항목들을 수지한 후에 훈련한다.[265]

어떻게 "**부끄러움을 지닌 자**"가 되는가? 그는 부끄러워야 할 것에 대해 부끄러워한다. 나쁜 계와 상합하는 악하고 불선한 법의 발생에 대해 그리고 진실하지 않은 관념상들과 실재하지 않는 거친 사유들, 번뇌와 수번뇌들이라는 계를 파괴하는 원인들의 발생에 대해 [부끄러워한다].

어떻게 "**진실을 말하는 자**"가 되는가? 그는 악을 드러내고 악을 덮지 않는다. 잘못(āpatti)을 범했을 때, 범행(梵行)을 지닌 현자들에게 스스로를 여실하게 고백하고, 여법하게 [잘못을] 회복한다.[266]

[요약설명:] 실로 이렇게 설해진 것에 대해 [다음과 같은] 요약적인 설명이 있다. 간략히 세존께서 네 가지 측면에 의해 포섭된 계의 청정을 밝히셨다. 올바로 수지함에 의해, 수지한 자가 훼손을 행하지 않음에 의해, 훼손의 원인들을 제거함에 의해 그리고 무지와 방일 때문에 훼손에 빠진 자를 여법하게 [잘못으로부터] 회복시키게 함에 의해서이다. 이것이 이 [게송]에 대한 요약설명이라고 알아야 한다.

3.2.3.19. 숙려(upanidhyāna) (Ch. 380b26)

> 이 세상에서 타인들의 악업을 본 후에, 숙려해야 한다.
> 그것을 스스로 짓지 않아야 한다. 왜냐하면 업의 결박은 나쁘기 때문이다.[267]

---

264 AN II 187,30-188,2 참조.

265 YBh_ms 125v5: samādāya śikṣate śikṣāpadeṣu. 이는 ŚrBh 42,18f 등에 나오는 evaṃ samādāya śikṣate śikṣāpadeṣu를 참조한 것이다.

266 ŚrBh I. 90,5-7 참조.

라는 게송이 있다.

어떻게 "**타인들의 악업을 본 후에 숙려해야하는**"가? 예를 들면 여기서 지혜를 지닌 부류의 어떤 선남자나 선여인이 이치에 맞게 법을 숙려하고 받아들이며, 타인을 [다음과 같이] 본다. '악행을 행하기 때문에 왕의 사자들은 부패하고 잘못된 행동을 하는 자를 잡은 후에 왕에게 끌고 간다. 상세히는 경과 같이 목숨을 빼앗는다'는 것이다. 보고난 후에 그는 다음과 같이 생각한다. '실로 바로 현생에 속한 악하고 불선한 업은 현세에 속한 쓰라린 이숙과를 받고 있으며, 내지 사악하고 불선한 업은 행하지 않고, 짓지 않고, 저지르지 않고, 범하지 않아야만 한다.'

또한 바로 그는 [다음과 같이] 본다. 양 · 닭 · 돼지의 도살자는 보호가 없는 부류들[268]이라고 알아야만 한다. 그는 그러한 직업, 그러한 기술, 그러한 생계방식에 의해 코끼리에 올라타거나 말을 타거나 사람이 끄는 수레를 타지 못하고, 더욱 그 때문에 큰 재물더미를 쌓아놓고서 거주하지 못한다. 그리고 그는 세간에서 경멸당하고 비난받으며, 또한 사람들이 잠시 접촉하고 경험하는 것조차 피하게 되는 자들인데, 하물며 성자들에게는 말할 나위가 있겠는가? [이와 같이] 본 후에 다시 그는 다음과 같이 생각한다. 이하는 앞에서 [설명한 것과] 같다.

또한 바로 그는 타인이 처음에는 커나란 재물과 큰 재산을 갖고 있음을 본다. 그러나 그는 게으르고 방일하게 머문다. 그가 그와 같이 [게으르고 방일하게] 머물 때 이러저러한 밤낮들이 지나가기 때문에 재산들도 사라지며, 친척들과 사업들, 선법들도 사라진다. [이와 같이] 본 후에 [이하는] 앞에서 [설명한 것과] 같다.

또한 바로 그는 중생들의 갖가지 신체의 차이를 본다. 어떤 중생들은 선천성

---

267 Cf. Uv I^B 171.1f 등

268 이와 유사한 표현에 대해서는 YBh 20,15f: sacet punas tenākuśalakarmakāriṇair abhrikabhūtena vā kokkuṭikabhūtena vā saukarikabhūtena vā ity anyatamānyatamasminn asaṃvarikanikāye vyavasthitena …

맹인이고, 선천성 귀머거리이며, 선천성 벙어리이고, 애꾸눈이며, 절름발이고, 나병에 걸렸고, 창병에 걸렸으며, 단명하고, 못생겼으며, 많은 병에 걸렸고, 빈천한 가문에 속하며, 난장이고, 지능이 모자라며, 선천성 성불구자이고, 후천성 성불구자이고, 성전환을 한 자들이다.[269] 반면 어떤 자들은 그와 같지 않다. [이와 같이] 본 후에 그는 다음과 같이 생각한다. '실로 이전의 사악하고 불선한 업이 현세에서 악하고 쓰라린 과보의 이숙을 받고 있다. 내지 악하고 [불선한 업은 행하지 않아야만 하고 짓지 않아야만 하고 저지르지 않아야만 하고 범하지 않아야만 한다']고 앞에서 [설명한 것과] 같다.

또한 그는 타인이 농업이나 상업, 조선업, 바르게 영위하는 사업들을 통해 능력 있고 게으르지 않는 노력을 갖추었음을 본다. 또 비록 그가 그와 같은 노력을 갖추었다고 해도 행했던 사업들이 망하고 성공하지 못했음을 본다. [그와 같이] 본 후에 [이하는] 앞에서 [설명한 것과] 같다.

또한 바로 그는 집에서의 거주를 벗어나, 평등한 생활방식을 준수하고 있는 일부의 출가자에게는 예를 들면 옷과 발우의 음식 등의 공양물의 결핍이 부족하지만, 다른 일부에게는 그렇지 않음을 [본다]. [그와 같이] 본 후에 [이하는] 앞에서 [설명한 것과] 같다.

또한 바로 그는 왕이나 대신이 큰 땅과 영토를 정복한 후에 거주하면서, 자신의 한 몸만을 위해 또 현생의 작은 안락만을 위해 많은 재생 동안의 신체를 파괴하고 또 많은 재생 동안의 많은 고통을 경험하게 하는 많은 신·구·의의 악행을 행하고 있음을 본다. [그와 같이] 본 후에 그는 다음과 같이 생각한다. '아! 이 왕이나 대신은 어리석구나. 그에게 한 생의 심신복합체는 사랑스럽지만 다생 동

---

269 AKBh 38,17f: tathā hi tadviprayuktavikalpānāṃ ṣaṇḍhapaṇḍakobhaya- vyañjanānām asaṃvarānantāryakuāś-alamulasamucchedā na bhavanti saṃvaraphalaprāptivairāgyāṇi ceti |; 'paṇḍaka(黃門)'에 대해서 이자랑(2018)은 율장과 그 주석서의 용례를 참조하여 항시 또는 일시적으로 비정상적인 방법을 통해 성적 자극을 얻는 자나 또는 태어날 때부터 성기가 없어서 사정도 불가능하고 생식능력도 없는 성불구자를 의미하기에 '성적으로 문제가 있는 자'라고 풀고 있다.

안의 [심신복합체]는 사랑스럽지 않으며, 현생의 작은 즐거움은 사랑스럽지만 다생 동안의 쓰라린 고통은 사랑스럽지 않은 것이 아니구나, 내지 악하고 불선한 업은 행하지 않아야만 하고 내지 범하지 않아야만 한다.'

또한 다시 지혜를 지닌 부류에 속하는 선남자나 선여인은 천안을 얻는다. 그는 그 천안을 갖고 죽어가고 재생하며, 상세히는 경전과 같이 지옥들 속에서 재생하는 중생들을 본다.'[270] [그와 같이] 본 후에 그는 다음과 같이 생각한다. '실로 현생의 악하고 불선한 업이 미래에 악하고 쓰라린 이숙을 받는구나' 내지 악업까지는 앞에서의 [설명과] 같다.

이와 같이 그 선남자나 선여인은 타인들의 악업을 보고난 후에 네 가지 측면으로 숙려하고 잘 숙려한다.

어떤 네 가지 [측면]에 의해서인가? ① 훼범이나 삿된 생계방식 혹은 방일과 게으름 때문에 현세의 악하고 불선한 업이 현세에서 원치 않는 과보의 이숙으로 나타남에 의해서, ② 중생들의 신체의 차이나 시도의 무용함, 또는 [네 가지 필수품의] 추구의 무용함과 관련해 전생에 지었던 악업이 현세에서 원치 않는 과보의 이숙으로 나타남에 의해, ③ 왕과 대신들의 잘못된 행동과 관련하여 현세의 악업이 미래에 원치 않는 과보의 이숙으로 추리된다는 점에 의해, ④ 중생들의 죽음과 재생과 관련하여 현세의 악업이 미래에 원치 않는 과보를 가진 이숙을 직접지각한다는 점에 의해서이다. 그는 이와 같이 여실하게 알고 나서 "**스스로 [악업을] 짓지 않는다.**"

"**업의 결박**"(karmabandha)이란 무엇인가? 업을 즐기는 것, 업의 무거움, 업의 이숙에 대해 자재하지 못함이다. 그중에서 '업을 즐기는 것'이란, 예를 들면 여기서 어떤 이가 악을 반복함에 의해 악을 좋아하는 것이다. 그것에 의해 그의 심이 선법들로 들어가게 못하는 것이 첫 번째 업의 결박이다. '업의 무거움'이란

---

270 Cf. SBV I 158,15-23; DN I, 83,13-21.

예를 들면 여기서 어떤 이가 전체적이든 부분적이든 무간업들을 행한 것이다. 그 때문에 그는 잘 설해진 법과 율에서 출가하기를 원할지라도 결코 이를 얻지 못하는데, 하물며 어떻게 사문과를 성취하겠는가? 이것이 두 번째 업의 결박이다. '업의 이숙에 대해 자재하지 못함'이란 예를 들면 여기서 어떤 이가 신·구·의의의 악행 때문에 악취들에서 태어난다. 그는 그곳에서 자재하지 못하고 자재함 없이 오랫동안 고통을 경험한다. 또는 비구 내지 재가자라는 4부 대중들이 오지 못하는 곳인 변두리 지역들에서 재생한다. 이것이 세 번째 업의 결박이다.

[요약설명:] 실로 이렇게 설해진 것에 대해 [다음과 같은] 요약적인 설명이 있다. 간략히 세존께서 중생들의 업과 업의 이숙을 시작으로 하여 이치에 맞은 작의 및 이치에 맞은 작의를 선행요소로 하는 법에 따라 올바로 법을 행함[271]을 밝히셨다. 이것이 이 [게송]에 대한 요약적인 설명이라고 알아야 한다.

3.2.3.20. 선설(善說, subhāṣita) (Ch. 381b24)

> 실로 성인들은 최고의 선설(善說)을 말씀하셨다. 사랑스러운 것을 말해야 하고
> 사랑스럽지 않는 것을 말해서는 안 된다는 것이 두 번째이다.
> 진실을 말해야 하고, 거짓을 말해서는 안 된다는 것이 세 번째이고,
> 법을 말해야 하고 비법을 말해서는 안 된다는 것이 네 번째이다.[272]

라는 게송이 있다.

"**선설**"(subhāṣita)은 잘 설해지고 잘 말해지고 잘 소통된 것이라고 설해진다. 그것은 상냥하고, 염오가 없고, 선하다는 세 가지 특징을 갖고 있다고 알아야 한

---

271 『보살지』(2015: 150; 233 각주 179)에 따라 '法隨法行'은 법에 따라 올바른 법을 행하는 것으로 번역했다. 자세하게 말하면 이것은 "그와 같이 심구되고 그와 같이 파악된 가르침들을 신·구·의를 통해 작동시키는 것이며, 올바로 사유하는 것이며, 수습하는 것이다"는 뜻이다.

272 Cf. (a) Uv I^{B} 166.1-4 (b) SN I 189.7-10 (c) 『雜阿含經』(T99: 322a11-14) 등.

다. 그중에서 첫 번째 [특징]에 의해 타인을 기쁘게 하고, 두 번째 [특징]에 의해 자신의 계를 훼손하지 않으며, 세 번째 [특징]에 의해 타인에게 불선한 상황으로부터 벗어나게 한 후에 선한 상황에 안주하게 하면서 이익과 행복을 이끌어낸다.

그중에서 사랑스럽지만, 진실하지 않고 올바르지 않는 말이 있다. 예를 들면 여기서 어떤 이가 [타인에게] 공덕들이 없음에도 매끄러운 말로 타인을 부추기는 것이다. [반면] 진실하지만, 사랑스럽지 않고 올바르지 않는 말이 있다. 예를 들면 여기서 마음이 염오된 어떤 이가 [타인에게] 존재하는 단점들에 근거하여 험악한 말로 그를 비난하는 것이다.

[또] 올바르고 "**사랑스럽고 진실한 말**"도 있다. 예를 들면 여기서 어떤 이가 부추김과 비난을 안다. 부추김과 비난을 안 후에 그는 부추기지도 않고 비난하지도 않으며, 불선한 상황으로부터 벗어나게 한 후에 선한 상황에 안주시키기 위해 오직 [올바른] 법을 가르친다.[273]

[요약설명:] 실로 이렇게 설해진 것에 대해 [다음과 같은] 요약적인 설명이 있다. 간략히 세존께서는 선설을 요약설명의 관점에서(uddeśataḥ) 또 상세한 설명의 관점에서(nirdeśataḥ) 밝히셨다. 이것이 이 [게송]에 대한 요약적인 설명이라고 알아야 한다.

3.2.3.21 믿음(śraddhā) (Ch. 381c12)

> 믿음, 부끄러움, 계, 보시가 있다. 이 법들은 진실한 사람들이 칭찬한 것이다.
> 그들은 이 천상으로 가는 길을 설하고, 이 [길]에 의해 그는 천계로 간다.[274]

---

273 이에 대응하는 티벳역은 산스크리트와 동일하다. 하지만 한역(381c7f: 唯善方便爲說正法。能令彼人出不善處安住善處) "그들로 하여금 불선처로부터 나와 선처에 안주하게 하도록 오직 선한 방편으로 정법을 설한다."

274 Cf. (a) Uv I^B 216.1-4 (b) AN IV 236.11-14 (c) 『法句經』(T210: 560b22-24) 등.

라는 게송이 있다.

예를 들면 여기서 어떤 사람이 여래께서 가르치신 법과 율에 대해 "**믿음**"을 얻은 후에, 재가생활을 수치스러워하면서 "**계**"를 수지한다. [계를] 수지한 후에 이러저러한 옷과 발우, 침구, 좌구에 대해 만족하고, 작은 걸망과 작은 필수품을 지닌다. 또 여법한 공양물들을 가지고 범행을 지닌 현명한 자들과 함께 공동으로 향수하며, 숨기지 않고 향수한다. 예를 들면 계경과 응송 내지 미증유법, 논의들[275]과 같은 교법들은 시작과 중간, 끝이 이로운 범행을 찬탄하면서 칭찬하신 것이다. 그는 그 [교법]들을 암송하고(udgṛhya) 연구한 후에(paryavāpya) 타인들에게 [간략히] 설명하고 자세히 해명한다.

이 선법들을 갖춘 그에게 세 가지 이익이 있다고 알아야 한다. [즉] ① 붓다들과 붓다의 제자들이라는 "**진실한 사람들**"에 의해 "**칭찬받**으며", ② 만일 그가 계와 재물의 "**보시**"[276]에 의해 포섭된 복덕의 자량에 의해, 그리고 법의 "**보시**"에 포섭된 지혜의 자량에 의해 [그] 자량을 잘 갖추었다면, 그는 바로 해탈의 영역[277]에 의거하여 청정한 신들의 부류 속에 들어갈 것이다. ③ 만일 그가 [두 가지] 자량을 잘 갖추지 못했다면 그 후에 복덕의 자량과 지혜의 자량을 완성시킬 것이고, 몸이 파괴된 후에 선취인 "**천계**"에서 천신들 중에서 재생할 것이다.

또 다른 [설명]방식이다. 예를 들어 여기서 어떤 이가 여래께서 가르치신 법과 율에서 "**믿음**"을 획득한 후, 나쁜 행동을 하는 자는 미래에 악취로 가며, 또 인색한 자는 가난함이라는 결과가 있다고 믿는다. [그렇게] 믿는 그는 현세에서 나쁜 행동과 인색, 양자를 피한다. [그렇게] 피할 때 그는 나쁜 행동을 끊은 후에

---

275 Cf. ŚrBh I. 54,3f: tadyathā sūtraṃ geyaṃ vyākaraṇaṃ gāthodānanidānāvadānetivṛttakajātakavaipulyādbhutadharmopaseśāḥ |.

276 계에 따른 보시와 재물보시라고 번역한 것은 MSA 115: dānaṃ ṣaḍvidhaṃ dānadānaṃ śīladānaṃ yāvat prajñādānaṃ를 참조한 것이다. 대응하는 티벳역은 tshul khrims dang zang zing gi sbyin pas("계와 재물 보시")이고 한역은 尸羅財施이다.

277 5가지 해탈의 영역에 대해서는 AKVy 53,34-55.5 참조.

"**계**"를 수지한다. [그리고] 인색함을 끊은 후에 인색이라는 때를 여읜 마음을 갖고 집에 거주한다.[278] 내지 "**보시**"에 의해 베푸는 것을 즐거워하면서 현세에 성인들에게 칭찬받으며, 그 때문에 몸이 파괴된 후에 내지 천신들 중에 재생한다.[279]

[요약설명:] 실로 이렇게 설해진 것에 대해 [다음과 같은] 요약적인 설명이 있다. 간략히 세존께서 재가와 출가 양자에서 올바른 정행(samyakpratipatti)과 올바른 정행의 결과로서 이익을 밝히셨다. 이것이 이 [게송]에 대한 요약적인 설명이라고 알아야 한다.

3.2.3.22. 다문 (śrutvā) (Ch. 382a9)

> 들은 후에 그는 법을 알고, 들은 후에 악들을 그친다.
> 들은 후에 그는 무익함[280]을 끊고, 들은 후에 열반을 획득한다.[281]

라는 게송이 있다.

예를 들면 여기서 어떤 이가 이전의 시간에서 행해져야 할 보시의 이야기와 지계의 이야기, 천상의 이야기[282]와 관련해 전도되지 않는 법의 교설을 듣는다.

---

278 AN I, 150,25: vigatamalamaccherena cetasā agāraṃ ajjhāvasati.

279 앞에 언급된 "몸의 파괴로부터 선취인 천상의 세계에서 신들 가운데 태어나게 될 것이다(kāyasya bhedāt sugatau svargaloke deveṣūpapadyante)"라는 구절에서 '선취인 천상의 세계에서(sugatau svargaloke)'가 생략된 것이다.

280 anartha에 대응하는 티벳역은 gnod pa이고 한역은 '無義'이며, 뒤따르는 주석에서 따르면 '고통(duḥkha)'와 '번뇌(kleśa)'라는 단어와 동의어로 간주되고 있다. 따라서 '무익함' 또는 '불행'이라 번역할 수 있다.

281 Cf. (a) Uv I^{B} 286.3f (c) 『法句經』(T210: 560a16f); 『法句譬喩經』(T211: 578c13f) 등.

282 두 사본 모두 'śīlakathām'이 빠진 "dānakathāṃ svargakathām"으로 쓰여져 있는데, 대응하는 티벳역은 "sbyin pa'i gtam dang | mtho ris kyi gtam"이고, 한역은 "施論戒論生天之論"이다. Cf. ŚrBh I. 222,10f: kathaṃ ca dharmadeśako bhavati/ kālena kālaṃ pūrvakālakaraṇīyāṃ kathāṃ karoti, tadyathā dānakathāṃ śīlakathāṃ svargakathām/.

“**들은 후에**” 현세에서 악한 악행이 미래의 악취에서의 무익한 고통의 원인이 되고, 악한 악행들로부터 떠남은 좋은 존재형태로 가서 재생하는 것이기 때문에, 악취로 이끄는 무익한 고통을 버리기 위한 원인이 된다고 실질적으로 안다.

그는 이와 같이 실질적으로 “**법을 안 후에**” 법에 따라 올바른 법을 정행할 때 고통의 원인으로부터 벗어나고, 즐거움의 원인을 받아들여 행한다. 그로 인해 그는 낙을 얻기 때문에 “**무익한**” 고통을 **버린다**.

반면에 만일 그가 사성제와 관련된 최고의 여법한 이야기를 듣는다면, 그는 “**들은 후에**” ‘일체 존재(bhava)의 산출은 고통이며, 열반은 적정하다’[283] 고 실질적으로 안다. 이와 같이 “**법을** 실질적으로 **안 후에**” 만일 그의 근이 성숙했고 그의 자량이 충족되었다면, 의향의 청정성 때문에 그는 어떻게 법에 대해 듣자마자 현관하지 못한 [사]제를 증득하며, 또는 이미 [사]제를 현관한 자는 루들의 소멸을 획득하는가라는 형태의(tadrūpa) 이익에 대한 인식(arthavijñāna)을 획득한다.[284]

또한 만일 그의 근이 성숙했지만, 그의 자량이 충족되지 못했다면, 그는 그 때문에 **악들을 그치면서** 증상계에 의지한 후에 증상심을 일으키고, 증상심에 의지한 후에 증상혜를 일으킨다.[285] 그럼으로써 그는 일체 고통의 근원인 번뇌라

---

283 이 번역은 다음의 자료를 참조한 것이다. AP 1,17f: tatra duḥkhasatyam ekavidham abhinirvṛttisvābhāvyāt | tathā coktam -- duḥkhā hi bhikṣavo bhavābhinirvṛttiḥ iti |; SN II 115,17f: bhavanirodho nibbānanti kho me āvuso yathābhūtaṃ sammapaññāya sudiṭṭhaṃ na camhi arahaṃ khīṇāsavo//; 『雜阿含經』(T99) 98c22f: 我說有滅則寂滅涅槃 而非漏盡阿羅漢也.

284 tadrūpam arthavijñānaṃ pratilabhate … yathā śrutamātraiva dharme … 여기서 tadrūpam은 형용사복합어이지만, tad가 무엇을 받는지 불명확하다. 번역에서는 tad-rūpam … yathā로 구성된 유사관계문으로 파악했다. 그리고 arthavijñānam에서 artha는 yathā 이하에서 서술된 “법에 대해 듣자마자 현관하지 못한 [사]제를 증득하며, 또는 이미 [사]제를 현관한 자는 루들의 소멸을 획득하는” 것으로 보았다.

285 또는 증상계(adhiśīlam)와 증상심(adhicittam), 증상혜(adhiprajñām)를 BoBh 358,5-8에 따라 증상계학, 증상심학, 증상혜학으로 번역하는 것도 가능하다. yathā tasyādhiśīlaṃ niśrityādhicittaśikṣānirhāra-vihāraḥ. tathāsya paṃcamo vihāraḥ. yathā tasya yathā pratilabdhasatyajñānādhiprajñaśikṣāvihāraḥ. tathāsya ṣaṣṭha saptamāṣṭamā vihārā veditavyā. “그 [성문]이 증상계에 의지한 후에 증상심에 대한 훈련에 주하는 것처럼 이 [보살]에게 다섯 번째 주도 마찬가지이다. 그 [성문]이 그와 같이 획득한 사성제의 지혜를 통해 증상혜에 대한 훈련에 주하는 것처럼 …” (『보살지』 2015: 378f).

는[286] **무익함을 버리고 열반을 증득한다.**

[요약설명:] 실로 이렇게 설해진 것에 대해 [다음과 같은] 요약적인 설명이 있다. 간략히 세존께서 정법을 들은 이후에 이치에 맞게 작의하고, 이치에 맞게 작의한 후에 법에 따라 올바른 법을 행하고 그리고 법에 따라 올바른 법을 행한 후에 그 결과로서 이익을 밝히신 것이다. 이것이 이 [게송]에 대한 요약적인 설명이라고 알아야 한다.

3.2.3.23 허공과 같음(ākāśasama) (Ch. 382b1)

> 허공처럼 얼룩지지 않고, '인드라킬라'(indrakila)처럼 흔들리지 않으며,
> 마치 호수가 진흙으로 채워진 것을 즐기지 않듯이, 현자도 윤회를 [즐기지 않는다].[287]

라는 게송이 있다.

마음이 잘 해탈되고 일체 희론을 초월한 아라한인 비구는 '**허공과 같다**'고 설해진다. 예를 들어 희론을 떠난(niṣprapañca) 허공이 깨끗함에 의해서도 물들지 않고, 더러움에 의해서도 물들지 않는 것처럼, 그와 같이 아라한은 허공처럼 일체 세간법들에 대한 순응과 거역, 양자에 의해, 다시 말해 재산에 의해서나 재산이 없음에 의해서 내지[288] 안락에 의해서이든 고통에 의해서이든 물들지 않는다.

또한 감각적 욕망의 대상들로부터 이욕하고, 아라한의 상태를 향해 정행하고, 사념주들에 마음이 잘 확립된 유학이 무상의 심삼매(ānimittaṃ cetaḥsamā-

---

286 Cf. TrBh 118,21-23: tathākṣiptapunarbhavo 'pi karma kleśādhipatyād eva punarbhavo bhavati nānyathā | evañ ca kleśā eva saṃsārapravṛtteḥ pradhānatvān mūlam |.

287 Cf. (a) Uv I^{B} 237.3-6 (b) Dhp 95, (c) 『法句經』(T210: 564b9-10; 573c8-10); 『出曜經』(T212: 708b8-9) 등.

288 '내지'에 의해 생략된 말은 AKBh 199,3f(tadyāthā 'ṣṭau lokadharmāḥ lābho 'lābhaḥ yaśo 'yaśaḥ nindā praśaṃsā sukhaṃ duḥkham iti)에 따르면 "명예에 의해서든 불명예에 의해서든, 칭찬에 의해서든 비난에 의해서든"이다.

dhim)를 실행할 때, 일체의 ['나는 … 이다'에 의해] 동요되고(iñjita) 비교되고(manyita) 다양화되고(prapañcita) 추동된(abhisaṃskṛtā), 갈애에 속하고, 재생의 원을 수반한 것들에 의해[289] "'인드라킬라'라는 산/문지방처럼" 흔들리지 않는다.

바로 그 감각적 욕망의 대상들로부터 이욕했고, 더 뛰어난 해탈에 대한 욕구가 생겨난 유학은 "**호수**"와 같이 청량한 저 불환과에 들어간 후 진흙과 같은, 등지(等至)에 대한 탐닉 및 상분(上分)에 속한 결박을 즐기지 않는다. 그것을 즐기지 않는 그는 윤회도 즐기지 않는다.

또 다른 [설명]방식이 있다. 음식과 언설(vyavahāra)을 따라 돌아다니고, 무상(ānimitta)에 주하고, 남아있는 토대(upadhi)의 고통에 의해 부착된 아라한에게[290] [위에서 언급된] 세 가지 경우들은 순서대로 이해되어야 한다.

또 다른 [설명]방식이 있다. 혜의 의해 해탈된 아라한, 몸으로 촉증된 유학, 그리고 두 가지 해탈에 모두 속한 아라한에게 세 가지 경우들이 순서대로 이해되어야 한다.

[요약설명:] 실로 이렇게 설해진 것에 대해 [다음과 같은] 요약적인 설명이 있다. 간략히 세존께서 삼계에 속한 것으로부터의 이욕에 의해 남아있는 토대를

---

289 ŚrBh II. 100,17-102,3: tasyaivaṃ prītipratisaṃvedino vā sukhapratisaṃvedino vā sacet kadācit karhacit smṛtisaṃpramoṣād utpadyate/ "asmī"ti vā, "ayam aham asmī"ti vā, "bhaviṣyāmī"ti vā, "na bhaviṣyāmī"ti vā, "rūpī bhaviṣyāmy arūpī bhaviṣyāmi"/ "saṃjñī, asaṃjñī, naivasaṃjñīnāsaṃjñī bhaviṣyāmī"ti, evam saṃmohasaṃjñācetanāsahagatam iñjitaṃ manyitaprapañcitābhisaṃskṛtaṃ tṛṣṇāgatam utpadyate/. ("⑦-⑧ 이와 같이 희열을 요지하거나 낙을 요지하는 자가 만일 하시라도 정념의 상실 때문에 "나는 무엇이다", "이것이 나이다", "나는 존재할 것이다", "나는 존재하지 않을 것이다", "나는 물질적인 자가 될 것이며, 비물질적인 자가 될 것이다", "나는 관념을 가진 자, 관념을 갖지 않은 자, 상을 가진 것도 아니고 상을 갖지 않은 것도 아닌 자가 될 것이다."라는 생각이 일어나면, 이와 같이 우치의 관념과 사고를 수반하는, 동요하고, 나와 관련되고(manyita) 다양화되고 강하게 의욕된 갈애가 일어난다." (『성문지』 2021: 238f).

290 위에서 나열한 세 가지 경우에서 첫 번째는 아라한에게, 두 번째는 유학에게, 세 번째는 불환과를 얻은 자에게 적용시킨 것이지만, 또 다른 설명방식은 모두 아라한에게 적용시킨 것이다. 따라서 arhatas를 중간에 두고 수식하는 세 개의 형용구는 모두 아라한을 수식하는 것으로 해석되어야 한다. 한역은 이를 명확히 보여준다고 보인다. T30: 382b14-16: 謂阿羅漢 所有飲食言說遊行, 處無相住, 有餘依苦之所隨逐.

수반한 해탈적 통찰(ājñā), 욕계로부터의 이욕에 의해 승진도에 의해 포섭된 [해탈적 통찰] 그리고 [욕계로부터의 이욕에 의해] 불환의 상태가 해명되었다.[291] 또한 해탈의 이로움, 삼매의 이로움 그리고 지혜의 이로움이 해명되었다. 또한 증상심과 증상혜의 결과, 증상심 그리고 증상혜가 해명되었다.

3.2.3.24. 색(rūpa) (Ch. 382b24)

> 색으로 나를 헤아리고, 음성으로 [나를] 따르고,
> 탐욕에 사로잡힌 저 사람들은 나를 알지 못한다.
> 내적으로 알지만 외적으로 보지 못하며,
> 내적인 결과[만]을 보는 그는 실로 음성에 의해 이끌린다.
> 내적으로 알지 못하지만 외적으로 관찰하며,
> 외적인 결과[만]을 보는 그도 음성에 의해 이끌린다.
> 내적으로 분명하게 알지 못하고 외적으로도 보지 못하며,
> 전적인 장애를 지닌 우자도 음성에 의해 이끌린다.
> 내적으로 알고 외적으로 세세하게 관찰하며,
> 출리에 대한 지혜를 지닌 현자는 음성에 의해 이끌리지 않는다.[292]

라는 게송이 있다.

예를 들면 여기서 총체적으로 "**탐욕**"을 끊지 못한 어떤 범부가 32가지 대인(大人)의 특징들을 갖춘 여래를 본 후에, '오! 진실로 세존께서는 정등각자이시다. 그의 가르침은 잘 설해졌고, 그의 제자들의 승가는 잘 정행한다'고 헤아린다.

---

291 samāsato bhagavatā traidhātukavairāgyāc cāajñā sopadhiśeṣā kāmavairāgyāc ca saviśeṣamārgasaṃgṛhītānāgāmitāparidīpitā. 이 번역은 ājñā와 sopadhiśeṣā의 관계를 소유복합어로 분석하여 번역한 것이다. 한역(謂薄伽梵, 此中略示 離三界欲於佛聖旨猶有餘依. 離欲界貪 勝進道攝 及不還果)도 이를 지지한다고 보인다.

292 Cf. (a) Uv I^{B} 288.1–289.4 (b) AN II 71.19-26, (c) 『出曜經』(T212: 721c3-4); c21-25 등.

그는 다른 때에 진실하지 않는 사람을 만나고 바르지 않는 법을 배움에 의거하여, 타인의 학설, 타인의 "**음성에 의해**" 타인에게 의존하고 다른 사람에게 인도된다. 다른 사람에게 인도된 그는 불·법·승을 비방한다. 그는 여래를 법신으로서(taddharmakāyena)[293] 여실하게 알지 못하기 때문에 그렇게 된다.

그중에서 또한 어떤 범부가 "**내적으로**" 선정의 결과인 천안으로 멀리서 보면서, '오! 실로 저 세존은 정등각자이시며 내지 앞에서처럼 **안다.** 또한 어떤 자가 "**외적으로**" 욕계에 속한 업의 이숙인 육안으로 보면서, 헤아릴 때, 그도 타인의 **음성**, 타인의 학설에 의해 다른 사람에게 의존하며 다른 사람에게 인도된다. 또 [어떤] 범부에게는 그러한 정도의 봄(darśana)도 없기 때문에, 그는 "**전적인 장애를 지니고**" [다른 사람의] **음성**에 의해 오랫동안 인도된다.

그렇지만 **탐욕**을 끊고 제어하고 뛰어넘기 위해[294] 성스러운 혜안을 획득한 성자는 그 성스러운 혜안에 의해 바로 "**내적으로**" 여래를 법신으로서 "**알고**" 인식한다. 그리고 그는 "**외적으로**" 색신으로서(rūpakāyena) 탑 속에 있거나(caityagata)[295] 또는 그림 속에 있는(citragata) 저 [여래]를 '그는 승의의 관점에서 정등각자가 아니다'라고 본다. 그는 이와 같이 "**내적으로도 알고 외적으로도 관찰하면서**, 타인의 음성들에 의해, 타인의 학설들에 의해 다른 사람에게 의존하지 않고, 다른 사람에게 인도되지 않으며, 불·법·승에 대해 확고하다. 바로 이와 같이 그러한 법을 신체로 지닌 자로서 여래를 있는 그대로 분명하게 알기 때문이다.

[요약설명:] 실로 이렇게 설해진 것에 대해 [다음과 같은] 요약적인 설명이 있

---

293 dharmakāyena. 여기서 dharmakāya가 3신(trikāya)의 체계에서의 법신(dharmakāya)을 가리키는지, 아니면 물질적 신체로서의 색신(rūpakāya)에 대응하는 '법을 신체로 하는'이라는 형용사 복합어로서 이해되어야 하는지는 명확하지 않다. dharmakāya가 형용사복합어로 이해될 수 있다는 점에 대한 최근의 논의는 Harrison 1992: 67-73 참조.

294 앞의 3.2.3.14, 각주 8번을 참조하라.

295 대승불교에서 caitya(탑)에 대한 다양한 논의는 Schopen 1975 (이 논문의 한글 번역은 쇼펜 2015) 참조.

다. 간략히 세존께서 관습적인 여래의 인식은 정확하지 못하며, 승의적인 여래의 인식은 정확하다는 것을 밝히셨다. 이것이 이 [게송]에 대한 요약적인 설명이라고 알아야 한다.

3.2.3.25. 왕(rājan) (Ch. 383a1)

> 여섯 번째 지배자인 왕이 물들 때 [그 왕은] 먼지로 뒤덮이고,
> 물들음이 없을 때 [그는] 물들지 않으며, 물든 자는 우자라고 설해진다.[296]

라는 게송이 있다.

"**여섯 번째 지배자**"는 심·의·식이라고 설해진다. 그중에서 "**[심이] 물든다**"란 다섯 폭류를 건넜지만 여섯 번째 의(意)의 폭류를 건너지 못했을 때, 그의 그 심은 등지(等至)의 맛을 쫓고 물들어 있다고 설해진다. 또 오랫동안 달라붙은 것을 자신의 것으로 했고, 매혹할만한 현상들에 대해 달라붙었던 그 사람은 "**먼지로 뒤덮였다**"고 말해진다. 거기서 "**먼지**"는 탐욕이고, 또 "**먼지**"는 탐욕을 원인으로 하는 미래의 고통이다. 만일 그 "**먼지로 뒤덮인 자**"가 심을 그 [탐욕]에 의해 물들도록 제공하지 않는다면, [즉] 대치작의에 의거한 후에 마음을 거두어들이고 돌이킨다면, 그와 같이 그에게 그 심은 현세에서 "물들어지지 않는다." 심이 "**물들음이 없을 때**" 미래에 "**먼지로 뒤덮이더라도**" 그 [탐욕]을 원인으로 하는 고통에 의해서 "**물들지 않는다.**"[297]

반면에 만일 그가 [심을 탐욕에 의해 물들도록] 제공한다면, [즉] 대치작의에 의거한 후에도 마음을 거두어들이지 않고 되돌이키지 않는다면, 고통의 원인에 의해 오랫동안 고통을 경험하고, 이 고통의 원인을 제거하지 못한 그는 "**우**

---

296 Cf. (a) Uv I^{B} 231,1f (b) 『佛本行集經』(T190: 827c3f, 828c20f); 등.

297 YBh_ms: 'duḥkhena sarajo bhavati'; ŚrBh-ms: 'duḥkhena arajo bhavati'. 이를 'duḥkhenārajā bhavati' 로 교정한 다음 번역한 것이다.

자"라고 불린다.

[요약설명:] 실로 이렇게 설해진 것에 대해 [다음과 같은] 요약적인 설명이 있다. 간략히 세존께서 고통의 원인을 제거했을 때의 이로움 및 고통의 원인에 의해 자신의 고통을 초래한 자에 대해 우자라고 해명하신 것이다. 이것이 이 [게송]에 대한 요약적인 설명이라고 알아야 한다.

3.2.3.26. 뼈의 도시(asthiprākāra) (Ch. 383a18)

> 뼈를 성벽으로 하고, 힘줄과 살을 매흙으로 하는 도시가 있다.
> 그곳에 탐욕, 증오, 자만, 은폐가 숨겨져 있다.[298]

라는 게송이 있다.

"**도시**"란 심·의·식이라고 설해진다. 또 그 도시는 "돌"로 은유된 "**뼈**"**들**에 의해, [그 돌을 잇는] 거친 풀로 은유된(-sthānīya) "**힘줄**"들에 의해, [그 돌과 힘줄들을 메꾸는] 진흙으로 은유된 살을 매흙으로 하는, 신체라는 성벽으로 둘러싸였다.

또한 그 [도시]는 잘 설해진 법·율과 관련해서 네 가지 선법과 반대되는, 방해하는 법들에 의해 점거되었다. [즉] 감각적 욕망을 가진 재가자들에게는 두 가지 **탐욕과 진에**라는 양자에 의해 [점거되었고], 둘은 잘못 설해진 법과 율을 지닌 출가자들에게는 **자만과 [타인의 뛰어남 혹은 자신의 허물의] 은폐**(mrakṣa)라는 양자에 의해 [점거되었다].

그중에서 감각적 욕망의 대상들에 대해 집착하고 또 걸식행과 거친 [의복](lūha)으로 행함에 반대하는 감각적 욕망을 가진 자는 잘 설해진 법과 율을 행하지 못하는데, 하물며 어떻게 선을 수습하겠는가! 또한 자만이 굳건하고 잘못 설해진 법을 지닌 자는 스스로 붓다나 붓다의 제자에게 접근하지 않는다. 설

---

298 Cf. (a) Uv I^{B} 231,3f (b) Dhp 150, (c) 法句經(T210: 564c3f) 등.

사 붓다나 붓다의 제자가 연민심에 의해 스스로 접근하더라도 은폐라는 수번뇌에 의해 마음이 염오된 자는 여실하게 스스로를 드러내지 않는데,[299] 하물며 어떻게 선을 수습하거나 정행할 수 있겠는가!

이와 같이 잘 설해진 법·율과 관련된 선법들이 2종의 [출가자와 재가자] 심이라는 도시에 들어가지 못하는데, 하물며 어떻게 [그것들을] 자기 것으로 만들 수 있겠는가!

[요약설명:] 실로 이렇게 설해진 것에 대해 [다음과 같은] 요약적인 설명이 있다. 간략히 세존께서 재가자와 출가자들은 네 가지 잡염 때문에 잘 설해진 법과 율을 잃는다고 밝히셨다. 이것이 이 [게송]에 대한 요약적인 설명이라고 알아야 한다.

3.2.3.27. 거북이(kūrma) (Ch. 383b8)

> 마치 거북이가 [머리·4발·꼬리의] 수족들을 자신의 등껍질 안에 모으는 것
> 처럼, 비구는 마음의 거친 사유들을 모을 것이다.
> 그는 다른 사람들을 의지하지 않고, 해치지 않으면서
> 반열반했고, 어떤 것도 비난하지 않을 것이다.[300]

라는 게송이 있다.

예를 들면 여기서 어떤 이가 초정려에 의지하여 감각적 욕망과 악의, 손상(kāmavyāpādavihiṃsā)라는 세 가지 악한 "**거친 사유**"(vitarka)들을 끊는다. 또 초정려의 단계에 속한 선한 거친 **사유들**조차 끊은 후에, 바로 그 **거북이의 등껍질**과 같은 무심무사(無尋無伺)의 삼매에 **수족 등**과 같은 저 "**거친 사유들**"을 압축

---

299 '드러낸다(āviṣkaroti)'에 대응하는 티벳역은 'rjod pa'이고, 한역은 '發露己過'이다.

300 Cf. (a) Uv I^{B} 317,1–4, (b) SN I 7.17–20 (c) 『雜阿含經』(T99: 160c7-10; 311c23-25).

하고 **모은다.** 그 무심무사(無尋無伺) 삼매는 그 [제2선] 이상에서부터 유정(有頂)까지라고 알아야만 한다. 그는 그 삼매에 입정하고 출정하면서 탐닉하지 않는다.

그는 기뻐할만한 법들[301]에 의해 유연해지고 범행을 지닌 현자들을 **해치지 않는** 부류로서, 편안히 함께 거주한다. 그리고 범행을 지닌 현자들도 그에 대해 기뻐한다. 한 곳에 거주하는 그는 다투지 않는 법들을 갖추게 된다.[302]

이와 같이 바른 가행에 의거한 후에, 그는 [사]성제를 현관하고 루들의 소진을 얻는다. 그는 법들에 대해 타인들에게 의존하지 않고, 매우 청정한 지견(智見)을 얻어서 법을 법이라고 또 율을 율이라고 여실하게 안다.

그는 이와 같이 알면서, 견해의 전도에 의거해서 법을 법이라고 **비방하지 않고,** 법이 아닌 것을 법이 아닌 것이라고 [**비방하지 않는다**]. 법이 아닌 것을 법이라고 밝히거나 법을 법이 아닌 것이라고 [밝히거나] 율이 아닌 것을 율이라고 [밝히거나] 율을 율이 아닌 것이라고 [밝히지 않는다].

[요약설명:] 실로 이렇게 설해진 것에 대해 [다음과 같은] 요약적인 설명이 있다. 간략히 세존께서 잘 설해진 법을 지닌 자들에게 4종의 동요를 끊는 수행도를 밝히셨다. [즉] 염오되고 염오되지 않은 거친 사유라는 동요, [선정의] 탐닉

301 saṃrañjanīyair dharmaiḥ. MPS에서 '기뻐할만한 법(saṃrañjanīyadharma)'은 내용적으로 대응하는 팔리어 전승의 Mahāparinibbānasuttanta(DN II, 80,5-81,4)에서 aparihāniyadhamma로 제시된다. 특히 이 구절은 밧지족이 멸망하지 않는 7가지 법칙을 설하고 난 다음, 그 법들과 견주어 비구 승가가 쇠퇴[退轉]하지 않는 법으로 제시한 것들 가운데 하나로서 6가지 쇠퇴하지 않는 법은 ① 공적이든 사적이든 범행을 지닌 자들에 대해 신업으로 자애를 지니는 한, ② 공적이든 사적이든 범행을 지닌 자들에 대해 구업으로 자애를 지니는 한, ③ 공적이든 사적이든 범행을 지닌 자들에 대해 의업으로 자애를 지니는 한, ④ 법답게 얻은 법다운 것들은 비록 발우 안에 담겨있는 것일지라도 혼자 두고 쓰지 않고 계를 갖춘 범행을 지닌 자들과 함께 나누는 한, ⑤ 훼손되지 않고 틈이 생기지 않고 오염이 없고 더러움이 없고 벗어나게 하고 지자들이 찬탄하고 집착이 없고 삼매에 도움이 되는 계들을 공적이든 사적이든 범행을 지닌 자들과 함께 갖추어 머무는 한, ⑥ 고통의 소멸로 이끄는 성스럽고 출리로 이끄는 견해에 대해 공적이든 사적이든 범행을 지닌 자들과 함께 그러한 견해를 갖추어 머무는 한, 비구들에게 쇠퇴는 없고 오직 향상만 기대할 것이다.

302 ŚrBh I. 288,18-290,5; MPS 128-132; DN II, 80.5-81.4 참조.

이라는 동요, 청중(adhikaraṇa)[303]과의 논쟁이라는 동요, 그리고 수행도의 비방이라는 동요이다. 이것이 이 [게송]에 대한 요약적인 설명이라고 알아야 한다.

3.2.3.28. 동일함(tulya) (Ch. 383c1)

> 동일하고 동일하지 않는 태어남의 [구분이] 있다.
> 내적으로 즐겁고 집중된 존자께서는
> [삼]유(bhava)로의 추동력(saṃskāra)을 버렸다.
> 마치 알에서 태어난 것이 껍질을 [버린] 것처럼.[304]

라는 게송이 있다.[305]

마지막 윤회존재에서 보살로서의 여래는 32대인상(大人相)들과 80종의 부차적 특징들로 잘 장엄된 색신의 "**태어남**"을 얻었다. 그는 다른 때에 위없는 정등각을 완전히 깨달았다. 여래로서의 그에게 저 색신으로서의 "**태어남**"은 [보살이었을 당시와] "**동일**" 하지만 심리적 요소(nāmakāya)로서의 "**태어남**"은 무루로서 [당시와] 다르기 때문에 "**동일하지 않다**"고 구분한 것이다.

여래께서는 "**내적인 즐거움**", 사문의 상태에 대한 기쁨에 의거한 후에, 저 삼매에 대한 자재함을 얻었으며, 그와 같이 "**집중된**" 마음에서 수명의 추동력들인 "**[삼]유로의 추동력들**"을 버렸다. 또 그 [추동력]들을 내려놓았기 때문에 [삼매상태의 여래에게] 그 색신으로서의 태어남은 [보살과] 동일하지만, 심리

---

303 adhikaraṇa가 고대 인도의 논쟁과 논리 전통에서 청중을 의미한다는 점에 대해서는 강성용(2004: 55-79) 참조.

304 이 번역은 티벳역을 참조했다. 대응하는 한역은 "동등함과 동등하지 않게 태어남이 있다. 모니는 존재의 추동력을 버렸고, 내적으로 즐겁고 집중상태에서 [동등하고 동등하지 않는 태어남이] 차별된 것이니, 마치 난생이 껍질을 [버린] 것처럼."(等不等而生 牟尼捨有行 內樂定差別 如俱舍卵生 T1579. 383c01-2).

305 Cf. (a) Uv I^B 331,3-6, (b) DN II 107,3-5, (c) AN IV 312,1-4, (d) Ud 64,29f, (e) 『長阿含經』(T1: 15c24f; 17a25f); 『出曜經』(T212: 753c2f); 『法集要頌經』(T213: 791a27-29).

적 요소로서의 태어남은 차이를 가진 것으로서 동일한 것이 아니다. 예를 들어 암탉의 병아리는 "**알에서 태어난다**" 즉 알에 의지한 후에 태어나고 생겨난다. 바로 그 [알]이 증대되기 때문에 [그것을] 뚫고서 나오듯이, 그와 같이 여래에게 색신과 심리적 요소의 구분이 있다고 알아야 한다.

그와 관련하여 다음과 같은 차이가 있다. 여래가 수명의 추동력들을 내려놓지 않을 때 수명을 다한 후에 반열반할 것이고, 돌아가실 것이다. 그것은 [수명의 추동력들을] 내려놓았을 때 수명을 채우지 않고 반열반하신 것이다. 삼매의 힘을 지녔기 때문이다.

[요약설명:] 실로 이렇게 설해진 것에 대해 [다음과 같은] 요약적인 설명이 있다. 간략히 세존께서 스스로 수명의 추동력을 내려놓았기 때문에 원인을 포함해 포기의 작인(作因)에 의거한 후에 색신과 심리적 요소의 차이를 밝히셨다. 이것이 이 [게송]에 대한 요약적인 설명이라고 알아야 한다.

3.2.3.29. 진흙(paṅka) (Ch. 383c20)

> 감각적 욕망의 대상과 같은 진흙은 있지 않고, 분노와 같은 악령은 있지 않고,
> 미혹과 같은 그물은 있지 않고, 갈애와 같은 강은 있지 않다.[306]

라는 게송이 있다.

세간에서 자재하지 못하게 하는, 관습적으로 존재하는 네 가지 법들이 중생들을 자재하지 못하도록 작동한다. [감각적 욕망이라는] **진흙**에 빠지는 것, [분노라는] **악령**에 빙의하여 들어온 것, [미혹이라는] **그물**에 걸려드는 것 그리고 [갈애라는] 흐름이 빠른 "**강**"을 따라 떠돌면서 표류하는 것이다.

바로 이와 동일하게, 진실로 부자재하게 만드는 이 네 가지 법들이 있는데,

---

306 Cf. (a) Uv I^{B} 382,7f, (b) Dhp 251, (c) 『法句經』(T210: 568c12f).

이것들은 중생들을 자유자재하지 못하도록 만든다고 알아야 한다. 무엇이 네 가지인가?

(1) 예를 들어 여기서 어떤 이가 욕계에 태어나서 깨끗하지 못하고 악취가 나고 썩은 냄새가 풍기는 진흙과 같은 "**감각적 욕망의 대상**"들에 달라붙어서 선법들을 획득하고 보호하고 증장시키는데 자재하지 못하다.

(2) 또한 여기서 어떤 이가 감각적 욕망들을 끊은 후에 잘 설해진 법과 율에서 출가한다. 그러나 그는 분노하고, 분노의 성향을 지니고 있고, 나쁜 말을 하는 부류이다. 그 때문에 그는 분노에 의해 자재하지 못하며, 훈련항목을 위반하는 것을 꺼리지 않고, 범행(梵行)을 지닌 지혜로운 자들을 꼬챙이 같은 말들로 찌르고 가르고 상처내고 모함한다.

(3) 또한 여기서 어떤 이는 감각적 욕망들을 끊은 후에 잘못 설해진 법과 율에서 출가한다. 그는 마라 빠삐만의 큰 "**미혹**"을 불러일으킬 수 있는 견해의 그물에 걸려든다. 거기에 걸려든 그는 윤회로부터 출리할 수 있는 자재함이 없다.

(4) 또한 여기서 어떤 이는 상위의 이욕의 영역에서 태어나고 생겨난다. 그러나 그는 "**갈애**"의 결박을 끊지 못했고 변지하지 못했다. 그는 다시 낮은 영역에 떨어지기 때문에 그 [높은 단계]에서 끝까지 머무는데 자재하지 못한다.

[요약설명:] 실로 이렇게 설해진 것에 대해 [다음과 같은] 요약적인 설명이 있다. 간략히 세존께서 모든 계[界]와 모든 범주에 있는 우자들의 결박을 밝히셨다.

또 다른 [설명]방식이 있다.

(1) 예를 들어 여기서 어떤 이는 "**감각적 욕망이라는 진흙**"에 빠져서 잘 설해진 법과 율에서 출가할 수 없다.

(2) 또한 어떤 이는 분노하고, 분노에 의해 압도되고, [분노로] 사로잡힌 마음을 갖고 바로 자신을 먼저 해치고 손상시키는데, 하물며 타인들은 말해 무엇하겠는가!

(3) 또한 어떤 이는 "**미혹**"의 범주에 속한 삿된 견해를 갖고, '어머니도 없고 아

버지도 없다'[307]라고 아버지와 어머니의 존재를 부정한다. 그리고 그 [부모]로부터 공양과 존경을 희망하는데, 어떻게 [그들에게 공양과 존경을] 행하겠는가!

(4) 또한 어떤 이가 감각적 욕망의 대상들의 축적에 대한 "**갈애**"에 의해 압도될 때 바로 자신도 향수하기를 원하지 않는데, 하물며 다른 사람들에게 베풀 수 있겠는가!

실로 이 네 가지 법들은 현자들에 의해 인지된 네 가지 법들을 장애하는 것이라고 알아야 한다. 즉 잘 설해진 법과 율에서 출가하는 것, 불살생, 부모를 공양하는 것 그리고 보시를 [장애한다는 것이다.]

3.2.3.30. 두 가지 안주(dvyavasthāna) (Ch. 384a22)

> 허공에 자취가 없고 비불교도인 사문이란 없다.
> 우자들은 희론을 즐기지만, 여래들은 희론을 여의었다.[308]

라는 게송이 있다.

뛰어난 감각적 욕망의 대상들을 희구하면서 감각적 욕망의 대상들의 추구에 빠진 중생들이 있다. 뛰어난 심신복합체를 희구하면서 [윤회]존재(bhava)의 추구에 빠진 자들이 있다. 사문적이고 바라문적인 해탈을 희구하면서 범행의 추구에 들어간 자들도 있다.

그중에서 감각적 욕망의 대상들의 추구에 빠진 자들과 [윤회]존재의 추구에 빠진 자들은 작은 보시로 이루어진 것과 작은 계로 이루어진 것에 의해 '우리들은 미래에 좋은 존재형태 중에 천계의 천신들 속에 재생하여 다섯 감각적 욕망의 대상들을 충족하고 즐기고 유희하고 싶다'[309] 는 이러한 원을 품은 후에, 뛰어

---

307 자세한 내용은 BoBh^{D} 173,3-6; DN II 55,15-21 참조.

308 Cf. (a) Uv I^{B} 382,9f, (b) Dhp 254, (c) 『法句經』(T210: 568c14-17) 등.

309 이 인용문의 후반부에 대응하는 구문은 다음과 같다. SBV II 220,23-25: paṃcabhiś ca kāmaguṇaiḥ

난 감각적 욕망의 대상들과 뛰어난 심신복합체를 획득한다. 예를 들면 허공에 날아다니는 새들이 "**허공에**" 멈추지 않는 것처럼, 바로 그와 같이 그들은 일체의 감각적 욕망의 대상들과 심신복합체들의 획득이 무상한 것임에도 바로 [새들과] 마찬가지로 멈추지 않는다.

그중에서 사문을 바라며, 범행의 추구에 들어간 자들은 잘 설해진 법들을 지니기도 하고, 잘못 설해진 법을 지니기도 한다. 잘못 설해진 법을 지닌 "**비불교들에게 사문은**" 확실히 "**없다**" 나아가 잘 설해진 법을 지닌 자들이지만 잘못된 범행의 추구에 빠진 자들에게도 [사문은] "**없다**" 올바로 [범행의 추구에] 들어간 자들에게만 [사문은] 있다.[310]

또한 이 모든 자들은 세 방식들에 의해, 즉 감각적 욕망의 대상들을 추구하는 방식, 윤회존재를 추구하는 방식 그리고 범행을 잘못 추구하는 방식에 의해 "**희론을 즐긴다**"(prapañcābhirata).[311] 그러나 추구를 완전히 버린[312] "**여래들은 희론을 여의었다**"고 알아야 한다. 그렇지만 올바른 범행의 추구에 들어간 여래의 제자들도 "**희론을 여의었다**"고 실질적으로 인정된다.

[요약설명:] 실로 이렇게 설해진 것에 대해 [다음과 같은] 요약적인 설명이 있다. 간략히 세존께서 잘 설해진 법과 율로부터 벗어난 모든 시도들은 이익이 없다고 밝히셨다. 이것이 이 [게송]에 대한 요약적인 설명이라고 알아야 한다.

---

samarpitāḥ samanvaṅgībhūtāḥ krīḍanti ramante paricārayanti.

310 사문에 대해서는 ŚrBh II. 250,6-12 참조.

311 복합어 prapañcābhirata 및 prapañca에 대한 자세한 설명은 Schimithausen 1987: 507-514, n.1405 참조.

312 sarvasamutsṛṣṭaiṣaṇa. 이에 대한 티벳역은 yang dag par spangs pa이고, 한역은 棄捨이다.

3.2.3.31. 두 가지 점 (Ch. 384b16)

머무름도 없고 희론도 없고 밧줄과 해자를 뛰어넘고,
갈애 없이 행하는 존자를 천신들을 포함해 세상 사람들은 알지 못한다네.

라는 게송이 있다.

"**갈애가 없는**" 아라한인 비구는 네 가지 측면에 의해 모든 우자들의 주인인 마라라는 적으로부터 벗어나 자재함을 얻었다. 일부의 우자들은 저 [아라한인 비구]가 마을이나 아란야에서 돌아다니는 것을 보고, 그 아라한이 완전한 궁극의 상태와 또 자재함을 얻었음을 여실하게 알지 못하고, '왜 이 선남자는 자신의 노력으로 영위하는 생계방식을 버리고 타인들의 노력으로 영위하는 생계방식을 받아들였으며, 또 왜 천계를 위한 노력을 버린 후에 [윤회]존재를 끊으려고 노력하는가?'라는 두 가지 점 때문에 그를 조롱한다. 천계나 가정생활에서 공덕을 보는 우자들은 저 존자를 조롱하며, 또한 저 [천신]들 중에서도 선망하는 모습으로 주하는[313] 천신들도 저 존자의 위대성을 알지 못하는데, 하물며 어떻게 저 [우자]들이 알 수 있겠는가!

어떻게 "**갈애가 없는**" 아라한은 네 가지 측면에 의해 모든 우자들의 주인인 마라라는 적으로부터 벗어나서 자재하게 되는가?

(1) 4식주(vijñānasthiti)[314]들 때문에 마라라는 적에 의해 사역된 자로서(preṣyabhūta) 우자들은 다섯 존재형태로 이루어진 윤회에서 오고 감을 행하지

---

313 spṛhayamānarūpā viharanti. 티벳역은 'dod pa'i tshul gyis gnas pa (욕구의 방식으로 머무르는)이고 한역은 彼所事天("그들에 의해 섬겨지는 천신")이다.

314 vijñānasthiti(識住)는 보통 식의 네 가지 토대 내지 근거를 가리킨다. 그것은 오온에서 식을 제외한 4종의 온에 속한(upaga) 것으로, 그것들이 식의 토대가 된다는 것이다. 이에 대해서 『구사론』(AKBh 117,19-21) 참조. AKVy 50,15-17에 따르면 색을 따르는 식의 토대는[識住]는 욕계이고, 수를 따르는 식의 토대는 4정려이며, 상을 따르는 식의 토대는 [공무변처 · 식무변처 · 무소유처의] 세 무색계들이고, 행을 따르는 식의 토대는 [비상비비상처인] 有頂이다.

만, 아라한은 그렇지 않다.

(2) 주인과 같은, 마라라는 적에 의해 사역된 우자들은 증익하거나 손감하는 나쁜 견해 때문에 "**희론(prapañca)**"에 떨어지고, 또 몽둥이를 휘두르고 칼을 휘두르는 등의 나쁘고 불선한 법들 때문에 나쁜 존재형태에서 재생하면서,[315] 마치 심각한 죄를 지은 [죄인]처럼 다양한 처벌을[316] 받지만, 아라한은 그렇게 않다.

(3) 주인과 같은, 마라라는 적에 의해 사역된 우자들은 감각적 욕망에 대한 갈애라는 "**밧줄**"에 의해 포박되어, 마치 중간정도의 죄를 지은 [죄인]처럼 욕계에서 생겨난 고통들로부터 벗어날 수 없지만, 아라한은 그렇지 않다.

(4) 주인과 같은, 마라라는 적에 의해 사역된 우자들은 색계와 무색계에서 재생했을 때, 무명이라는 "**해자(垓字)**"로 던져져 윤회에 갇혀서 마치 작은 죄를 지은 [죄인]처럼 생 등의 고통[317] 으로부터 벗어날 수 없지만, 아라한은 그렇게 않다.

[요약설명:] 이와 같이 설해진 것에 대한 [다음과 같은] 요약적인 설명이 있다. 간략히 세존께서는 우자들이 부끄럽지 않은 것에 대해서는 부끄러워하고 부끄러워야 할 것에 대해서는 부끄러워하지 않음과, 두렵지 않은 것에 대해 두려움을 보고 두려워해야 하는 것에 대해 두려움을 보지 않음을 밝히셨다. 이것이 이 [게송]에 대한 요약적인 설명이라고 알아야 한다.

---

315 바르지 않은 견해(asaddṛṣṭi)를 희론에 떨어지게 된(prapañcapatita) 원인으로, 그리고 몽둥이를 휘두르고 칼을 휘두르는 등의 나쁘고 불선한 법들을 악취에서 재생과 연관시킨 것은 BoBh 253,2ff 참조. "칼과 몽둥이를 잡고 싸움과 소송, 쟁론과 논쟁, 기만과 속임, 협잡과 거짓말, 삿된 가르침에 포섭된, 무수한 악하고 불선한 요소들이 인식되고 있다."『보살지』 2015: 285.

316 처벌(karmakāraṇa)은 티벳역(las kyi gnod pa)에 의해 지지를 받는다. 한역의 경우 業緣이라 하여 '고문'을 의미하는 kāraṇa(혹은 kāraṇā)를 원인으로 파악하였다.

317 『성문지』(ŚrBh II. 118,4-6)에서 생 등의 고통은 생·로·병·사의 4苦에 怨憎會苦, 愛別離苦, 求不得苦, 五蘊盛苦의 4고가 더해진 8고이다.

3.2.3.32. 흩뜨림 (Ch. 384c16)

> 거친 사유들을 흩뜨리고 내적으로 남김없이 분별을 떠나고,
> 장애[318][와] 색의 관념을 넘어선 후에
> 네 가지 멍에로부터 풀려난 그는 태어나지 않는다.[319]

라는 게송이 있다.

예를 들면 여기서 감각적 욕망의 대상들에 대해 이욕하지 못한 어떤 유학(有學)이 첫 번째 정려에 의거함에 의해 욕계에 속한 악한 "**거친 사유**"들을 끊은 후에, 흩뜨린 후에, 두 번째 정려에 의거함에 의해 "**내적으로**" 맑아졌기 때문에, 또 마음이 하나로 모였기 때문에, 첫 번째 정려의 단계에 속한 분별들을[320] "**남김없이**" 분별하지 않는다.

또한 세 번째 정려에 의거함에 의해 두 번째 정려의 단계에 속한 희열이라는 장애[321]를 초월하고, 네 번째 정려에 의거함에 의해 세 번째 정려의 단계에 속한 안락이라는 장애도 초월한다. 무색정들에 의거함에 의해 "**색의 관념**"을 초월한다.

이와 같이 점진적인 등지(anupūrvasamāpatti)에 의거하여 유정(有頂)까지 들어가거나 재생한 자는[322] 네 가지 멍에로부터, 즉 염오된 거친 사유라는 멍에로

---

318 한역은 saṅga를 '礙著'라 하여 대상으로서의 '장애'[礙]와 행위로서의 '집착'[著]을 모두 채용하였다. 주석에서 saṅga는 prītisaṅga와 sukhasaṅga로 쓰이며, 이 경우 '희열과 안락에 대한 집착'으로도 '희열과 안락이라는 장애' 양자로 해석가능하다. 다만 주석에서 4종 멍에(yoga)의 하나가 prītisukhayoga(희열과 안락이라는 멍에)이기에 주석에 근거하여 '장애'라는 의미로 풀이했다.

319 Cf. (a) Uv 390, 5-8; (b) Ud 71,10-12.

320 게송의 주석에서 vitarka(거친 사유)는 vikalpa(분별)과 교환가능한 것으로 사용되고 있다.

321 prītisaṅga에 대한 번역으로 티벳역(dga' ba la chags pa)은 '희열에 대한 집착'으로 보고 있다. 이는 이어지는 'sukhasaṅga'의 번역 'bde ba la chags pa'(안락에 대한 집착)도 마찬가지이다. 한역은 양 용어(喜, 樂) 모두에 대해 장애와 집착의 의미를 병렬한 礙著을 사용한다.

322 samāpannopapanna. 위의 번역은 티벳역 snyoms par zhugs pa'am skyes pa 및 한역 若定若生에 의거했다.

부터, 염오되지 않은 거친 사유라는 멍에로부터, 희열과 안락이라는 멍에로부터 그리고 색의 관념이라는 멍에로부터 벗어나서 [윤회존재의] 아래 단계들에서 다시 태어나지 않는다. 그렇지만 유정에 들어가거나 [그곳에서] 재생한 범부들은 "**네 가지 멍에들에 의해**" 결박되어 [윤회존재의] 아래 단계들에서 "**태어난다**"고 알아야 한다.

[요약설명:] 이와 같이 설해진 것에 대한 [다음과 같은] 요약된 설명이 있다. 간략히 세존께서는 존재의 끝에 이른 유학과 범부라는 양자의 다양한 차이를 밝히셨다. 이것이 이 [게송]에 대한 요약적인 설명이라고 알아야 한다.

3.2.3.33. 보시자 (Ch. 385a5)

> 보시하는 자에게 복(福)은 증대되고,
> 절제하는 자에게 원망(怨望)은 쌓이지 않는다.
> 슬기로운 자는 악한 것을 끊고,
> 번뇌들이 다했기 때문에[323] 열반한다.[324]

라는 게송이 있다.

예를 들면 여기서 어떤 이가 여래께서 말씀하신 법과 율에 대한 믿음을 얻은 후에, 인색함이라는 때의 분출을 떠난 마음으로 재가[의 상태]에 머문다.[325] 그는 7종의 물질적으로 복을 짓는 일을 받아들인 후에, [마하쭌다]경처럼 "이 [물

---

323 여러 버전들 중에서 근본설일체유부의 문헌들이 '번뇌들의 소멸'에 상응하는 '惑盡'이라는 읽기를 보여준다. 나머지 버전들은 모두 '탐 · 진 · 치의 소멸'에 상당하는 용어를 보여준다.

324 Cf. (a) Uv 354,1-4; (b) Ud 85,21-22, DN II 136.22-24; 26,32-34; MPS 26, 32-34;『根本說一切有部苾芻尼戒經』(T1455: 517a24-25),『根本薩婆多部律攝』(T.1458) 609b26f.

325 agāram adhyāvasati. 직역하면 "집에 머무른다." '인색함이라는 때의 분출을 떠난 마음으로'(mātsaryamal-aparyavasthānāpagatena cetasā)를 이어지는 구문이 아니라 'adhyāvasati'에 연관시킨 것은 티벳역(ser sna'i dri ma'i kun nas dkris pa dang bral ba'i sems kyis khyim na gnas shing)에 의거한 것이다.

질적으로 복을 짓는 일곱 가지의 일]을 갖춘 이는 움직이거나 주하거나 [잠을 자거나 깨어있거나] 간에 "**복**"이 [항상 늘어나고] 생장(生長)한다."[326]

또한 만일 그가 잘 설해진 법과 율에서 출가한다면, 그는 '출가자들은 인욕의 힘이 있다'고 [생각하면서] 계를 지키기 때문에, 타인들에 의해 욕을 먹거나 괴롭힘을 받거나 모욕당하거나[327] 손과 흙덩어리, 몽둥이, 칼과의 접촉에 의해 매를 맞더라도 '[이러한 일이] 나에게 장애가 되지 않아야 한다'고 [생각하면서] 화내지 않으며, 악한 말을 하지도 않는다.[328] [오히려] 그는 자애를 수반한 심을

---

326 이 경전의 인용은 『중아함』의 『世間福經』(T26: 428a2-24) 서두에 해당하는 부분이다. 이 경전은 AKVy 353,5-30에서도 인용되고 있다. "(쭌다여! 물질적으로 복을 짓는 일곱 가지의 이러한 일은 큰 결과와 [큰 이익과 큰 영광과] 큰 복을 지니고 있다. 이 [일곱 가지 일]들을 지닌 [붓다의 가르침에 대한] 믿음이 있는 좋은 가문의 남자 혹은 여자는 움직이거나 멈추어 있거나, 잠을 자거나 깨어있거나 간에 항상 복이 늘어나고 반드시 생장(生長)한다. 일곱 가지 [일]은 무엇인가? 이 [불교라는 시스템]에 대해 믿음을 지니고 있는 좋은 가문의 남자 혹은 여자는 네 방향에 속한 [전(全)] 비구승가에게 동산[園]을 제공한다. 쭌다여! 이것이 물질적으로 복을 짓는 첫 번째 일로서, 큰 결과와… 큰 복을 지니고 있다. 이 [첫 번째 일]을 지닌 좋은 가문의 남자는… 복이 반드시 생장한다. 쭌다여! 한 발 나아가 [붓다의 가르침에 대한] 믿음이 있는 좋은 가문의 남자 혹은 여자는 바로 그 동산[園]에 사원(寺院)를 세운다. 이것이 물질적으로 복을 짓는 두 번째 일로서, 큰 결과를 지니고 있고… 복이 반드시 생장한다. 쭌다여! 한 발 나아가 [붓다의 가르침에 대한] 믿음이 있는 좋은 가문의 남자 혹은 여자는 바로 그 사원에 눕고 앉는데 필요한 도구[坐臥具]를 갖추어 놓는다. 좀 더 상세히 말하자면 침대, 걸상, 방석, 담요, 베개, 사각방석을 제공한다. 쭌다여! 이것이 물질적으로 복을 짓는 세 번째 일로서 나머지 부분은 이전과 동일하다. 쭌다여! 한 발 나아가 [붓다의 가르침에 대한] 믿음이 있는 좋은 가문의 남자 혹은 여자는 바로 그 사원에 지속적인 음식공양과 [승려들에게] 적절한 공양을 제공한다. 쭌다여! 이것이 물질적으로 복을 짓는 네 번째 일로서 커다란 과보를 지니며 나머지 부분은 이전과 동일하다. 쭌다여! 한 발 나아가 [붓다의 가르침에 대한] 믿음이 있는 좋은 가문의 남자 혹은 여자는 갑자기 들어 닥친 손님 혹은 여행자에게 보시를 한다. 쭌다여! 이것이 물질적으로 복을 짓는 다섯 번째 일로서 나머지 부분은 이전과 동일하다. 쭌다여! 한 발 나아가 [붓다의 가르침에 대한] 믿음이 있는 좋은 가문의 남자 혹은 여자는 병자 혹은 병자를 돌보는 자에게 보시를 한다. 쭌다여! 이것이 물질적으로 복을 짓는 여섯 번째 일로서 나머지 부분은 이전과 동일하다. 쭌다여! 한 발 나아가 [붓다의 가르침에 대한] 믿음이 있는 좋은 가문의 남자 혹은 여자는 추운 날, 비오는 날, 바람이 부는 날, 우기들에 부드러운 음식 혹은 얇은 짬빠 혹은 미음을 만들고서, "성자들이시여! 몸을 말리시고 마른 옷으로 [갈아] 입으시고 저희들의 이러한 [음식공양]을 잡수셔서 편안하고 안락해 지십시오!'라고 말하면서 승가에 제공한다. 쭌다여! 이것이 물질적으로 복을 짓는 일곱 번째 일로서 큰 결과와… 복이 반드시 생장한다."

327 parair ākruśyamāno 'pi roṣyamāṇo 'pi paribhāṣyamāṇo 'pi. 이는 한역 雖遭他罵, 侵惱, 訶責의 이해와 일치한다. 티벳역(gzhan dag gis smad kyang rung/ spyos kyang rung/)에는 roṣyamāṇo 'pi에 대응하는 번역이 없다.

가지고 그 [타인들]을 인식대상으로 하는 [마음]을 모든 방향으로 확산한 후에[329] 머무른다. 그 때문에 그에게 현생에서 자신과 타인들의 [심]상속(相續)에 있는 "**원망(vaira)**"이 적정해지고, 또 미래에는 손상이 없는 세상에서 많은 원망을 갖지 않고, 많은 적을 갖지 않은 자로서 태어나서, 사람들이 좋아하고, 또 사랑하는 모습을 가진 자가 된다.

이와 같이 바르게 노력하는 그는 증상계에 의거하여 증상심을 일으키고, 증상심에 의거하여 증상혜를 일으킨다. 그리고 [사]제를 현관하자마자 악취로 이끄는 "**악한**" 업과 나쁜 존재형태를 "**끊는다**" 그리고 바로 그와 같이 획득된 수행도를 수습하면서, 모든 결(結)을 소진했기 때문에 유여의열반계에서 그리고 [후에] 무여의[열반계에서] 반열반한다.

[요약설명:] 이와 같이 설해진 것에 대한 [다음과 같은] 요약적인 설명이 있다. 간략히 세존께서는 믿음을 지닌 자의 4종 정행(pratipatti)을 밝히셨다. 4종이란 재산으로 이끄는 [정행], 선취로 이끄는 [정행], 악취에서 태어나는 고통의 그침으로 특징지어지는 [정행], 그리고 모든 고통의 그침으로 특징지어지는 [정행]이다. 이것이 이 [게송]에 대한 요약적인 설명이라고 알아야 한다.

3.2.3.34. 모든 악 (Ch. 385a28)

> 모든 악을 행하지 말며, 선을 취하고,
> 자신의 마음을 완전히 길들이는 것,[330] 이것이 붓다의 가르침이다.[331]

---

328 Cf. 『보살지』의 유사한 구문. BoBh 142.22-25: saṃvaraśīlavyavasthitaś ca bodhisattvaḥ pāṇiloṣṭadaṇḍa-śastrasaṃsparśair api pareṣām aṃtike cittam api na pradūṣayati. kutaḥ punaḥ pāpikāṃ vācam niścārayiṣyati pratihaniṣyati vā.

329 tadālambanam eva (혹은 tadālambanenaiva?) maitrīsahagatena cittena.

330 svacittaparyavadamanam. 이는 티벳역 yongs su gdul [ba] 및 한역 自調伏其心, 그리고 주석의 'damayati'에 의해 지지받는다.

331 Cf. (a) Uv 353,1f; (b) Dhp 183 = DN II 49.25-26; 『增一阿含經』(T125) 551a13f = 『大般涅槃經』(T.374)

라는 게송이 있다.

예를 들면 여기서 어떤 이가 여래께서 말씀하신 법과 율에 대한 믿음을 획득한 후에, 모든 측면을 갖추고 있고, 모든 원인을 갖고 있고, 모든 토대를 가진 악행을 끊은 후에,[332] 잘 설해진 법과 율에 대해 계의 율의를 수지한다.

그는 세 가지 측면에 의해 "**선**"을 수지한다. [즉] 계를 갖추고 머무르고, 별해탈율의에 의해 보호되고, 내지 [계를] 수지한 후에 훈련항목들에 대해 훈련하며,[333] 또 증상계학에 근거하여 증상심학을 일으키며 그리고 증상심학에 근거하여 증상혜학을 일으킨다. 그럼으로써 그는 여실하게 인식되어야 할 것을 알고, 보아야할 것을 본다.[334]

이와 같이 [선을] 갖추는 데 능숙한 그는 또 다른 세 가지 측면들에 의해 "**자신의 마음**"을 길들인다. [즉] [인식대상을] 여실하게 알면서 염리(厭離)하고, 염리하고서 이욕하며, 그리고 이욕한 그는 해탈한다.

[요약설명:] 이와 같이 설해진 것에 대한 [다음과 같은] 요약적인 설명이 있다. 간략히 세존께서는 [증상계학과 증상심학, 증상혜학이라는] 세 훈련들에 의한 훈련의 결과를 [밝히셨고], 또 자신의 교법이 다른 것들과 공통되지 않음을 밝히셨다. 이것이 이 [게송]에 대한 요약적인 설명이라고 알아야 한다.

451c11f = 『大智度論』(T1509) 192b9f; 『阿毘曇八犍度論』(T1543) 774b9f = 『阿毘曇毘婆沙論』(T1546) 58a1f = 『成實論』(T1646) 243c10; 『阿毘達磨發智論』(T1544) 920b19f) = 『阿毘達磨大毘婆沙論』(T1545) 71a26f.

332 sarvākāraṃ sarvanidānaṃ sarvādhiṣṭhānaṃ duścaritaṃ prahāya. 이 문장의 번역에 BoBh(D) 266,24-267.12 (『보살지』 2015: 411) 참조.

333 사소성지 § 3.2.2. Ābhiprāyikārthagāthā의 세 번째 게송에 대한 주석 참조. 여기서 여섯 가지 요소의 갖춤에 의해 증상계학을 주제로 한 훈련들을 밝히고 있다. 6종은 지계에 머묾, 별해탈율의에 의해 보호됨, 규칙을 갖춤, 행동 범위를 갖춤, 매우 소소한 죄들에 대해 두렵다고 보는 것, 그리고 [계를] 수지한 후에 훈련항목들에 대해 훈련하는 것이다.

334 YBh_ms: naṣṭañ ca paśyati (사라진 것을 본다). 그렇지만 티벳역(mthong bar bya ba mthong ngo)과 『보살지』의 유사한 구문(BoBh^{D} 257,13f: sa tathā samāhitacitto yathābhūtaṃ jñeyaṃ jānāti dṛśyaṃ paśyati)에 의거해 dṛśyaṃ ca paśyati로 교정했다. 한역 於所知境 如實知見 = *yathābhūtaṃ jñeyaṃ jānāti paśyati.

3.2.3.35. 떨어지는 [마음] (Ch. 385b14)

> 제압하기 어렵고, 신속하게, 그곳에 원하는 대로 떨어지는,
> 심을 조복함은 훌륭하며, 조복된 마음은 안락으로 인도한다.[335]

라는 게송이 있다.

심(心)이라고도, 의(意)라고도, 식(識)이라고도 불리는 것은 오랫동안 화합에 대해 환희했고, "**제압하기 어렵고,**" 화합과 분리하기 어려운 것이다. 나아가 선법들의 부단한 수습을 향해 [심을] 실행하더라도 한결같이 [마음에] 탐·진·치가 없는 것이 아니며, 한결같이 [마음이] 고양되거나, 들뜨지 않거나, 적정한 것이 아니다. 오히려 [그런 상태로부터] 매우 "**신속하게**" 되돌아온 후에 [심은] 탐·진·치를 수반하고, 가라앉거나, 들뜨거나, 적정하지 않게 생겨난다.[336] 또한 내적으로 하나의 대상을 가진 은거(pratisaṃlayana)에 [마음이] 향하더라도, 오랫동안 색·성·향·미·촉에 대해 환희했기 때문에, [마음이] 색·성·향·미·촉에 떨어지고, [그것들을 향해] 퍼져가고, 떨어진다.

성스러운 제자가 이와 같이 잡염(saṃkleśa)에 대해 환희하고, 고통을 일으키는 심의 힘에 의해 작동하지 않고, 종속되지 않고, 오히려 반복해서 간택한 후에 [세간으로부터의] 원리와 선법들의 항시적 수습 그리고 심일경성을 성취한다. 그는 이와 같이 그의 심이 집중되었을 때, 그는 여실하게 알면서 염리(厭離)하

---

335 Cf. (a) Uv^{B} 408,1f-02; Dhp 35; 『法句經』(T.210) 563a5f; 『出曜經』(T.212) 758c12f.

336 『성문지』의 20종의 심의 양태에 대한 설명 참조. ŚrBh II. 180,22-26: tatra cittaṃ katamat | tadyathā sarāgaṃ cittaṃ vigatarāgaṃ; sadveṣaṃ vigatadveṣaṃ; samohaṃ vigatamohaṃ; saṃkṣiptaṃ vikṣiptaṃ; līnaṃ pragṛhītam; uddhatam anuddhataṃ; vyupaśāntam avyupaśāntaṃ; samāhitam asamāhitaṃ; subhāvitam asubhāvitaṃ; suvimuktaṃ cittam asuvimuktaṃ cittam | tad etad abhisamasya viṃśatividhaṃ cittaṃ bhavati ||. "심이란 무엇인가? 탐을 가진 심과 탐을 여읜 심, 瞋을 가진 심과 진을 여읜 심, 치를 가진 심과 치를 여읜 심, 응축된 심과 산란된 심, 침잠된 심과 고무된 심. 흥분된 심과 흥분되지 않은 심, 적정한 심과 적정하지 않은 심, 삼매에 든 심과 삼매에 들지 않은 심, 잘 수습된 심과 잘 수습되지 않은 심, 잘 해탈한 심과 잘 해탈하지 못한 심이다." 『성문지』 2021: 287 참조.

고, 염리한 후에 이욕하고, 이욕한 그는 해탈한다. "**심을 조복한**" 그는 고통의 원인이 다했기 때문에 현생에서 "**안락**"하게 머무르고, 미래에는 모든 고통의 소진을 증득할 것이다.

[요약설명:] 이와 같이 설해진 것에 대한 [다음과 같은] 요약적인 설명이 있다. 간략히 세존께서는 오랫동안 잘못된 길로 이끄는 심을 따라가지 않음과 또 [그 심을] 따라가지 않는자에게 있는 이로움을 밝히셨다. 이것이 이 [게송]에 대한 요약적인 설명이라고 알아야 한다.

3.2.3.36. 잘 아는 자(kovida) (Ch. 385c4)

> 심의 관념상을 잘 아는 자는 원리의 맛을 안다.
> 정려하고, 열의가 있고, 정념하는 자는 정신적인 희열과 안락을 향수한다.[337]

라는 게송이 있다.

예를 들면 여기서 어떤 유학이 [진리의] 발자국을 보고, 샤마타의 "**관념상**"[338] 과 고무와[339] 평정의 "**관념상**"에[340] 능숙하다. 그 때문에 그에게 네 가지 이로움(anuśaṃsa)들이 있다.

① 심이 하나로 집중되고, 추중들이 사라지고, 신체적 경안(輕安)과 심리적인

---

337 Cf. Uv 426,4-7; 등.

338 ŚrBh III. 76,17-78,1: "그중에서 샤마타의 관념상은 무엇인가? 인식대상으로서의 관념상(ālambananimitta)과 인연으로서의 관념상(nidānanimitta) 2종이다. 그중에서 인식대상으로서의 관념상이란 샤마타에 속하고 인식되어야 할 사태와 유사한 영상이 인식대상에 대한 관념상이다. 바로 그 인식대상에 의하여 저 마음을 적정하게 하는 것이다. 인연으로서의 관념상이란 심이 샤마타에 영향 받았을 때 계속해서 샤마타를 청정하게 하기 위하여 비파샤나를 가행하는 것이 인연의 관념상이다." (『성문지』 2021: 371).

339 ŚrBh III. 78,16f: "고무의 관념상이란 무엇인가? 그것과 명료함을 일으킬 수 있는 인식대상에 의해 심을 활발하게 작동하는 것이다. 또한 그것에 적합한 용맹정진이다." (『성문지』 2021: 372).

340 ŚrBh III. 80,5f: "평정의 관념상이란 무엇인가? 바로 저 인식대상에 의해 심을 무관심하게 두는 것이며, 또 바로 그 인식대상에 대한 과도한 정진에 반응하지 않는 것이다." (『성문지』 2021: 372).

경안의 낙을 경험하는 것이 첫 번째 이로움이다.

② 심이 집중된 자가 법들을 진소유성(盡所有性)과 여소유성(如所有性)에 의해[341] 심려할 때, 내적으로 법에 대한 비파샤나를 얻는 것이 두 번째 이로움이다.

③ 이와 같이 샤마타와 비파샤나의 청정성에 의거한 후에, 그는 보리분법들에 대해 [열의가 있게, 즉] 열정적이고, 지속적으로, 항시 행하기 때문에, 현명하게 행하기 때문에 지치지 않고 피곤하지 않는 것이 세 번째 이로움이다.

④ 이와 같이 마음이 피곤하지 않은 그는 최고의 정념과 정지를 얻게 되며, 마음이 잘 해탈된 자로서 해탈의 "**희열과 안락**"을 요지하며, "**정신적인**" 안락에 의해 현세에서 안낙과 접촉하여 머무르는 것이 네 번째 이로움이다.

[요약설명:] 이와 같이 설해진 것에 대한 [다음과 같은] 요약적인 설명이 있다. 간략히 세존께서는 네 가지 관념상에 대한 능숙함의 이로움을 밝히셨다. [그것들은] ① 샤마타를 행하는 자에게 있는 [이로움], ② 비파샤나를 행하는 자에게 있는 [이로움], ③ 피곤함의 없음을 행하는 자에게 있는 [이로움], ④ 궁극에 도달함을 행하는 자에게 있는 [이로움]이다. 이것이 이 [게송]에 대한 요약적인 설명이라고 알아야 한다.

---

341 盡所有性(yāvadbhāvikatā)과 如所有性(yathāvadbhāvikatā)은 『보살지』(BoBh 37,1-4)에서 진실인 대상(tattvārtha)의 두 가지 양태로서 정의되고 있다. 그중에서 여소유성은 제법을 여실하게 수행하는 것과 관련한 제법의 진실성이며, 그리고 진소유성은 [제법을] 그런 한까지 수행해야 하는 것과 관련한 제법의 일체성으로 정의된다. 예를 들어 오온은 다섯이고, 12처는 12개라는 방식으로 그 한도까지 모든 종류를 관찰하는 것이다. 양자는 진제에 의해 각기 邊修行과 如實修行으로 번역되고 있다. 『성문지』(ŚrBh II. 46,10-48,1)는 인식대상(ālambana)의 설명에서 양자를 사태의 구극성(vastuparyantatā)으로 묶으면서 진소유성이란 "그것을 넘어선 다른 것은 존재하지 않는 것으로서, 색온·수온·상온·행온·식온이라고 5종 법들에 의해 모든 유위의 사태를 포섭하는 것이며, [18]계와 [12]처에 의해 일체법을 포섭하는 것이다. 또 사성제에 의해 일체 인식되어야 할 사태를 포섭하는 것"이며, 여소유성이란 "인식대상의 진실성인 진여이며, 觀待道理와 作用道理, 證成道理와 法爾道理라는 4종 도리(yukti)에 의해 도리를 갖춘 상태"로 규정한다. 이에 대해서는 『성문지』 2021: 209 참조.

3.2.3.37. 기술 (śilpa) (Ch. 385c21)

기술(技術)로 생계를 유지하지 않으며, 가벼우며, 자신이 잘 되기를 바라며,
감각기관들을 정복했고, 모든 것으로부터 벗어났으며,
집없이 떠돌아다니며, 소유물이 없으며, 기대가 없이
감각적 욕망의 대상들을 끊은 후에 홀로 가는 그가 비구이다.[342]

라는 게송이 있다.

승의의 비구는 다섯 지분들을 갖추고 다섯 지분들을 끊은 자라고 알아야 한다. 다섯 지분들이란 무엇인가?

(i) 속임 등의 잘못된 생계방식을 가진 요소들에[343] 의거하지도 않고, 나아가 유력한 가문들과 관련한 거슬리는 건방짐이나 이름과 종성의 들먹임이 없고, 혹은 제자들이 설하거나 붓다가 설하신 것을 마치 기교처럼(śilpasthānīya) 의거한 후에 여법하지 않게 의복과 음식 등을 추구하지 않는 것이[344] [승의의 비구의] 첫 번째 지분이다.

(ii) 그는 작은 걸망을 가지고, 필수품을 적게 지니며, 행동방식이 잘 절제되어 있으며,[345] 몸을 보호하는 의복과 위장을 만족시키는 음식[만으로] 충분하고 만

---

342 Cf. (a) Uv 432,9-12; (b) Ud 32,15-17.

343 이 요소들은 ŚrBh I. 78,26-80,3에서 5종의 삿된 생계방식(邪命)으로 설해지고 있다. 그것들은 "이와 같이 그가 이 이유들에 의해 ① 속임(kuhanā) ② 자랑(lapanā) ③ 암시(naimittikatā) ④ 강요(naiṣpeṣikatā) ⑤ 이익에 의해 이익을 구함(lābhena lābhaniścikīrṣatā)에 의거한 후에, 음식과 좌구 및 와구, 병에 따른 약과 생활도구들을 타인들로부터 구할 때, 그는 비법으로 [구하는 것이다]. 반면 그가 비법으로 [구할 때], 그에게 삿된 생활방식이 있게 된다. 이와 같이 그는 생활방식의 훼손에 의해 사로잡혀 있다." (『성문지』 2021: 98f).

344 Cf. ŚrBh I. 78,7-11: dhvāṅkṣaś ca bhavati mukharaḥ pragalbhaḥ kelāyitā nāmagotrodgṛhītā bahuśruto bhavati dharmadharaḥ | lābhakāraṇād eva ca pareṣāṃ dharmaṃ saṃlapati buddhabhāṣitaṃ vā śrāvakabhāṣitaṃ vā, ātmano vā guṇān bhūtān vā kiṃcid vā punaḥ samāropya svayam eva vaktā bhavati, lāpayati vā paraiḥ |. "그는 까마귀처럼 [떠들고], 재잘거리며, 교만하고, 놀이하고, 명칭과 종성을 취하고 있고, 또 많이 청문하고, 법을 지닌 자이다. 오직 재물과 공경 때문에 붓다께서 말하셨거나 성문들이 말하신 법을 타인들에게 말하거나, 또는 그것이 무엇이든 자신의 진실한 공덕들을 보탠 후에 스스로 자랑하거나 타인들로 하여금 자랑하게 한다." (『성문지』 2021: 97f).

족하며, 어디를 가더라도 발우와 의복[만을] 지니는 것이 두 번째 지분이다.

(iii) 그는 사문을 바라고[346] 사문에 환희하며, 훈련항목을 바라고 훈련항목에 환희하면서, 목숨 때문에 훈련항목을 범하지 않는데, 하물며 아주 소소한 세속적인 사물 때문에는 말할 필요가 없다. 이것이 세 번째 지분이다.

(iv) 그는 이와 같이 올바로 노력하고, 청정한 생계방식을 갖고 있고, [적은 필수품에] 만족하고,[347] 훈련항목을 바라고 훈련항목에 환희하면서, 아직 현관하지 못했던 [사]제를 현관하고, 견해의 청정성을 획득한다. 만일 그에게 언젠가 정념의 상실 때문에 욕망과 진에와 미혹을 수반한, 악하고 불선한 거친 사유들이 일어난다면, 그에게 정념의 상실은 더딜 것이며, 매우 빠르게 사라진다.[348] 이것이 네 번째 지분이다.

(v) 그가 그와 같이 획득된 수행도를 수습할 때, 모든 결박과 속박 그리고 잠재적 성향과 수번뇌와 [잠재적 성향의] 발현으로부터 마음이 완전히 해탈하게 된다. 이것이 다섯 번째 지분이다.

이와 같이 [승의의 비구는] 다섯 지분들을 갖춘다.

어떻게 다섯 지분들을 끊은 자가 되는가? 아라한인 "**비구**"는 다섯 가지 경우들을 범할 수 없다. (i) 훈련을 거부하고 손상하는 데로 퇴전할 수 없다. (ii) 나의 것으로 소유되었기 때문에 감각적 욕망의 대상들을 축적하고 향수함에 의해 향유할 수 없다. (iii) 공양물 때문이나 또는 목숨 때문에 알면서도 거짓말을 할 수 없다. (iv) "**감각적 욕망의 대상들을 끊은 후에**" 다시 주어지지 않은 것을 취할 수 없다. (v) 홀로 주하고 홀로 떠도는 [아라한 비구]는 갈애가 없기 때문에 범

---

345 susaṃlikhitavṛttiḥ. 하지만 한역 善棄珍財(385c28)은 전혀 달리 읽고 있다.

346 즉 '수다원과 등의 사문과(沙門果)의 획득'을 가리킨다.

347 pariśuddhājīvaḥ saṃtuṣṭaḥ. 티벳역은 'tsho ba yongs su dag la chog shes shing으로서 '청정한 생계방식에 만족하고'이다. 그렇지만 문맥에 따라서 이 두 용어를 차례대로 최고의 비구가 갖추어야 할 첫 번째와 두 번째 요소로 보고 해석했다.

348 이 구문은 AKBh 376,23-25와 AKBh 378,8f에 나타난 경전의 인용문을 합친 것이다.

행이 아닌, 짝을 지어 정사를 하는 음욕의 요소를 실행할 수 없다. 또는 고·락에 대해 [사구(四句)로] ① 스스로 지었다, ② 타인에 의해 지어졌다, ③ 스스로와 타인들에 의해 지어졌다. ④ 스스로가 만든 것도 아니고 타인이 만든 것도 아닌, 원인 없이 발생했다고 이해할 수 없다.

이와 같이 [승의의 비구는] 다섯 지분들을 결여하고 있다.

3.2.3.38. 가기에 먼 심(dūraṅgama) (Ch. 386a20)

> 가기에 멀고, 홀로 행하고, 몸이 없으며, 동굴에서 잠을 자고 있는,[349]
> 조복하기 어려운 심을 조복시키는 그를 나는 바라문이라고 말한다.[350]

라는 게송이 있다.

심(心)이라고도 의(意)라고도 식(識)이라고도 불리는 이것은 과거세에서부터 다양한 심신복합체의 연속에 의해, 원인들의 연속에 의해 행위자가 없는 것이다. 윤회하는 그것의 과거의 시점(前際)이 알려지지 않는 [심·의·식을] 우자들은 [이해하기에] 멀리 있는 것(dūrānugata)이라고 부른다.

또한 현재세와 관련하여 그 [심·의·식]은 개별적으로 진행된다. 이는 두 번째의 심의 동반자를 여의고 있기 때문에[351] 또 단박에 [서로 다른 종류의] 모든 심들이 작동하지 않기 때문이다(sakṛtsarvacittāpravartanāc ca).

그런데 오직 현재세와 관련하여 [심은] 탐욕을 자체로 하는 것으로서 또는 진에나 우치를 자체로 하는 것으로서 또는 번뇌와 수번뇌들 중 어느 하나를 자체로 하는 것으로서 어떤 자성에 의해 현전하는데, 그 [심]의 자성은 끝까지 진행

---

349 guhāśaya를 guhā (cave) + śaya (lying, sleeping)로 분석한 번역으로 한역 寐於窟에 의해 지지된다. 티벳역(phug gnas pa)은 '잠을 자고 있는' 보다 '거주하고 있는'으로 번역한다.

350 Cf. (a) Uv 489,1-4; (b) 『出曜經』(T212) 774a24f; 『阿毘曇毘婆沙論』(T1546) 15c24f; (c) Dhp 37.

351 dvitīyacittasahāyavirahitatvāt. 이에 대한 티벳역은 sems kyi zla gnyis pa med pa(심의 두 번째 동반자가 없기 [때문에])이고, 한역은 第二伴心所遠離故(두 번째 동반자인 마음을 결여하기 때문에)이다.

되지 않는다. 예를 들면 물질적인 5근에게 비슷하거나 비슷하지 않은 것으로서 또는 하열하거나 뛰어난 것으로서 자성이 현전할 때 바로 그렇게 [자성은] 끝까지 진행된다. 그러나 심에게는 그렇지 않다. 왜냐하면 심은 [길게는] 며칠 밤낮이 지나고, [짧게는] 몇 찰나, 몇 분, 몇 시간이[352] 지나면, 여러 종류의, 많고 다양한 부류의, 또 다른 일어나는 [심]이 일어나고, 또 다른 사라지는 [심]이 사라지기 때문이다. 이와 같이 심의 자성으로서의 자체는 염오된 것을 자체로 하기 때문에 완성되지 않은 것(apariniṣpanna)이다.[353]

또한 미래세와 관련하여 그 [심]은 [동굴에서, 즉 색·수·상·행이라는] 네 식주(識住)에서 재생으로 가고 돌아오기에 적절한(bhavya), 잠재적 경향성을 가지고(sānuśaya) 있는 것이다.

만약 현자가 이 네 가지 특징을 통해 과거·현재·미래세와 관련하여 "**심**"을 여실하게 변지한 후에, 염리와 이욕과 소멸을 위하여 정행하고 심을 해탈시켰다면, 그는 모든 살가야(satkāya)를 완전히 건너 피안에 도달하여 육지에 안주하는 "**바라문**"이다.

[요약설명:] 이와 같이 설해진 것에 대한 [다음과 같은] 요약적인 설명이 있다. 간략히 세존께서는 과거세의 마음에 관해서 그 마음이 염오되었으며 행위주체가 없음을 밝히셨고, 현재세에서는 마음이 찰나적이라는 것과 본질적으로 빛난다[自性淸淨]는 것을 밝히셨고, 미래세에서는 방일이 잡염을 만들고 불방일이 청정을 만든다는 것을 밝히셨다. 이것이 이 [게송]에 대한 요약적인 설명이라고 알아야 한다.

---

352 찰나, 분, 시간은 각각 kṣaṇa, lava, muhūrta의 번역에 해당한다. 『구사론』의 계산에 따르면 kṣaṇa는 1/75초, lava는 1분 36초, muhūrta는 48분에 해당한다.

353 마음의 자성=자체가 완성되지 않았다는 의미에서 게송에서 마음은 몸이 없다(aśarīra)고 한 것이다.

3.2.3.39. 덮임(nivṛta) (Ch. 386b15)

[아지타:] 누구에 의해 이 세간은 덮였으며, 누구에 의해 이것은 빛나지 않습니까?
그대는 무엇을 염료라고 말합니까? 또 무엇이 그에게 큰 공포입니까? (1)
[세존:] 세간은 무명에 의해 덮였고, 방일 때문에 빛나지 않는다네.
나는 말이라는 염료를 말하고, 고통이 그에게 큰 공포라네. (2)
[아지타:] 흐름들은 모든 곳에서 흐르며, 무엇이 흐름들의 중지입니까?
흐름들의 제어가 무엇인지, 무엇에 의해 흐름은 중지되는지 말해주십시오 (3)
[세존:] 어떤 세간의 흐름이든, 정념이 그것들의 중지라네,
내가 흐름의 제어에 대해 말하겠네. 지혜에 의해 [흐름은] 중지한다네. (4)
[아지타:]지혜와 정념, 명색에 대해 모든 면에서
어디에서 그것이 중지하는지를 제게 말해주십시오. (5)
[세존:] 지혜와 정념, 명색이 모든 면에서
실로 식의 소멸 때문에 이것은 여기서 장애된다네. (6)
[아지타:] 왜 정념을 갖고 행할 때 식이 장애되는가?
제게 질문받은 분은 확실하게 그것이 어떻게 그러한지를 말해주세요. (7)
[세존:] 내적으로 또 외적으로 감수를 즐기지 않는 자가
이와 같이 정념을 갖고 행할 때에 식은 장애된다네. (8)
[아지타:] 개별적인 유형의 유학들인 법을 잘 헤아린 그들,
현자의 행동방식을 제게 말해주십시오. (9)
[세존:] 욕망의 대상들에 대해 탐닉해서는 안 되며, 마음으로 혼탁하지 말라.
일체법에 대해 능숙한 비구는 정념하면서 유행해야 한다네. (10)

이는 파라야나(pārāyaṇa)에서 아지타(Ajita)의 질문이다.[354]

(1-2송:) "**세간**"은 욕계의 세간과 색계의 세간, 무색계의 세간 셋이다. 그러나

---

354 Pārāyaṇa에서 Ajita의 질문은 Sn V.1의 여덟 게송(Sn 1032-1039)에 대응하지만, 사소성지의 인용은 열 개의 게송이다.

이 맥락에서는 재가자의 세간과 출가자의 세간이 의도되었다. 그중에서 출가자의 세간은 2종이다. 잘못 설해진 법을 가진 자들과 잘 설해진 법을 가진 자들이다. 잘못 설해진 법을 가진 자들은 "**무명에 의해 덮였고**", 반면 잘 설해진 법을 지닌 자들은 지식에 의해 밝게 빛날 기회(avakāśa)가 있음에도, 방일하기 때문에 빛나지 않는다.

또는 재가자들은 개별적인 종류로서 흰 옷을 입고 있고, "**말(jalpa)이라는 염료를 지닌다.**" 그 말은 3종이라고 알아야 한다. 세 가지 담론의 일이 말이라고 불린다. 또 네 언설(vyavahāra)[355]들과 관련한 언명(abhilāpa)도 말이라고 불린다. 발화한 후에 거친 심사도 말이라고 불린다.

그중에서 과거와 미래, 현재의 담화의 사건들과 관련한, 네 가지 언설들에 의거하여 별개의 분별들을 일으키는 자들은 상합하거나 거역한다. 이것이 이들의 염색(lepa)이라고 불린다. 앞의 말이나 뒤의 염색은 재가자들에게 대부분 지각된다. 따라서 그[재가자]들은 "말이라는 염료를 지닌다"(jalpābhilepana)라고 불린다.

그중에서 무명에 의해 덮여있는 잘못 설해진 법을 지닌 자들과 잘 설해진 법을 지녔지만 방일한 자들 그리고 "**말이라는 염료를 지닌**" 재가자들은 그것이 무엇이든, 현세에서 고통의 원인을 **작동시**킬 때 고통의 원인을 고통의 원인으로서 여실하게 알지 못하면서, 고통의 원인에 대해 희열의 모습을 갖고 주한다. 그 때문에 이들에게 미래에 "**고통**"이 일어나는 것이 강한 "**큰 공포**"이다.

(3-4송:) 그중에서 잘못 설해진 법을 지닌 중생들은 무명 덮개의 방식에 의해[356] 6처를 따라 흐르는 고통을 향해 떠내려가고, 재가자들은 말의 방식에 의해, 잘 설해진 법을 가진 [중생]들은 방일의 방식에 의해 6처를 따라 흐르는 고통

355 네 가지 언설은 YBh 50,9ff에서 "보여진 것의 언설, 들은 것의 언설, 생각된 것의 언설, 인지된 것의 언설"로서 구분되며, 이어 4종의 언설은 상세히 설명되고 있다.

356 YBh_ms: avidyānīvaraṇamukhena. 한역 由無明門에는 nīvaraṇa에 대응하는 번역어가 없다.

을 향해 떠내려간다. 무명이라는 덮개와 방일, 말을 앞세운 "**흐름들**"은, 타인의 소리 때문에 또 내적으로 여리작의 때문에 모든 행들에 대한 단점의 파악과 결합된 "**정념**"이 역류해서 생겨나기에 억압의 대치의 방식으로 "**장애**"가 된다.

반면 정지에 포섭된 출세간의 "**지혜에 의해**" 저 3종의 흐름은 모든 방식으로 모두 현행이 끊어지는 방식으로 중지된다(pithīyate). 저 흐름을 억압의 방식으로 끊는 것도 제어(saṃvara)이고, 궁극적인 끊음도 제어라고 알아야 한다.

(5–6송:) 그중에서 잘못 설해진 법을 가진 자와 재가자들은 한결같이 잡염의 범주에 떨어진다. 잘 설해진 법과 율에서 두 가지가 인식된다. 방일한 자들의 잡염과 불방일한 자들의 청정함과 명료함이다.

그중에서 [이미] 명료한 자들과 명료하는 자들은 불방일한 자들이라고 알아야 한다. 그중에서 명료한 자들이 아라한이다. [아라한]들은 불방일에 대해 불방일을 행해야하는 것이 없을 때, 사념처에서 정념과 지혜가 극히 잘 계발되었고 극히 청정한 식을 획득했기 때문이다. 그렇지 않다면(nānyatra) 무여의열반계에서 극히 청정한 "**식의 소멸 때문에**" 그의 "**정념**"과 "**지혜**"도 소멸한다. 과거의 업에 의해 인기되고 오직 잔존한 토대(upadhi)에 의해 포섭된, 그것과 다른 "**명색**"도 모두 소멸한다.

(7–8송:) 그 [명색]이 소멸되지 않는 한, 그는 6종의 지속적인 주함에 의해 주하면서 "**내적으로도**" 이욕의 단계에 속한 "**감수**"를 즐거워하지 않고, "**외적으로도**" 욕망의 대상과 결합된 [감수를 즐거워하지] "**않는다.**" "**이와 같이 정념을 갖고**" 수명이 다할 때까지 행하는 아라한에게 "**그 식은 소멸한다.**"

(9–10송:) 그중에서 불방일에 대해 불방일을 일으킬 수 있는 것이 존재하는 유학들은 명료하다. 또 그들에게는 불방일에 대해 2종의 불방일을 일으킬 수 있는 것이 있다고 알아야 한다. 최대한 일곱 번 존재하는(saptakṛdbhavaparama)[357] 유

---

357 ŚrBh II. 12에서 saptakṛdbhavaparama(極七反有)의 설명: "저 개아는 유신견과 계금취, 의심의 세 결박들을 끊었기 때문에 예류자가 된다. 그는 확정적으로 [악취에] 떨어지지 않는 성질을 가졌으며,

학이나 또는 집집으로 [돌아다니는](kulaṃkula)[358] 유학, 또는 일래과를 얻은 (sakṛdāgāmin) 유학이라는 그러한 부류의 각각의 유학들 중에서 그는 항시 행하고 열렬히 행하는 유학이며, 또 그는 [오]하분결과 [오]상분결들에 의해 염오되지 않고 현세에서 반열반할 능력이 있다. 바로 그 [결]들을 끊기 위해 대치의 수습이 있는 것이다.

그중에서 "**욕망의 대상들에 대해**" 탐닉하지 않는 그는 [오]하분결들에 의해 염오되지 않으며, "**심에 혼탁함이 없기 때문에**" [오]상분결들에 의해 염오되지 않는다. 그는 모든 고통의 요소들의 일어남 내지 출리를 여실하게 알면서 사념처에 대해 그의 심은 잘 집중되어 머물며, 구경에 도달하기 위해 그와 같이 획득된 수행도를 준수한다. 이와 같이 대치를 수습한다. 그러한 한, 그는 불방일에 대해 불방일을 일으킬 수 있는 모든 것을 성취했다.

[요약설명:] 이와 같이 설해진 것에 대한 [다음과 같은] 요약적인 설명이 있다. 간략히 세존께서는 재가자들과 비불교도들에게 반드시 잡염이 있고, 그러나 불교도 중에서 방일한 자들에게는 잡염이 있고, 방일하지 않은 자들에게는 청정이 있다고 설하셨다. 이것이 여기서 요약적인 설명이라고 알아야 한다.

보리를 목적으로 하며, 최대한 일곱 차례 존재하며, 일곱 번 천신들과 인간들에 윤회한 후에 고통을 끝낸다. 그는 최대한 일곱 번 존재하는 개아라고 말해진다." (『성문지』 2021: 192).

358 ŚrBh II. 14에서 kulaṃkula(家家)의 설명: "이 집에서 저 집으로 태어나는 자는 2종이다. 천신의 집에서 집으로 태어나는 자와 인간의 집에서 집으로 태어나는 자이다. 그 중에서 천신의 집에서 집으로 이어지고 윤회한 후에 고통을 끝내는 자이다. 인간의 집에서 집으로 태어나는 자는 인간의 집에서 집으로 이어지고 윤회한 후에 고통을 끝내는 자이다. 양자 모두 예류자라고 알아야 한다." (『성문지』 2021: 192).

3.2.3.40. 욕망의 대상(kāma) (Ch. 387b4)

욕망의 대상들을 구하는 자가 만일 그것을 달성했다면
획득한 후에 그는 환희의 마음을 갖고, 죽음까지 그것을 보존한다네. (1)
만일 욕구에서 생겨난, 욕망의 대상들을 구하는 사람에게
그 욕망의 대상들이 쇠퇴한다면, 그는 독화살에 관통된 것처럼 보인다네. (2)
마치 독사의 머리가 발에서 [멀어지듯이] 그가 욕망의 대상들을 포기한다면
그는 세간에 대한 집착을 정념을 갖고 초월한다네. (3)
밭이라는 사물과 금, 소와 말, 보석과 귀걸이,
여인과 노비, 각각의 욕망의 대상들을 사람은 탐닉한다네. (4)
힘이 약한 이것을 힘이 센 유입들이 약화시킨다네.
그로부터 고통이 따라온다네, 마치 부서진 배에 [흘러들어오는] 물과 같이 (5)
그렇지만 마치 탈라나무의 꼭대기가 잘린 것처럼 그가 이것을 제거했다면
마치 연꽃에서 [떨어지는] 물방울처럼 그의 비탄도 제거된다네. (6)

이와 같이 義品(arthavargīya)들에서 욕망의 대상들과 관련한 게송들이 있다.[359]

예를 들면 여기서 어떤 이가 미래의 "**욕망의 대상들**"을 얻기 위해 추구하고, 또 이미 획득된 현재의 [욕망의 대상]들을 즐긴다(pratiniṣevete).[360] 그가 이와 같이 추구하고 또 즐길 때, 저 공양물과 향수가 "**달성된다.**" 그 때문에 그에게 희열과 안락이 생겨난다. 이것이 욕망의 대상들에 대한 탐닉(āsvāda)이라고 설해진다.

만일 추구하고 또 즐기는 자에게 "**그 욕망의 대상들이**" 공양물과 향수의 측면에서 "**끊어진다면**", 그는 욕망의 대상에 대한 탐닉에 부착되고, 또 마음을 차지한 갈애의 화살에 의해 "**마치 화살에 맞은 것처럼 죽음**"에 이르거나 또는 강

---

359 이는 Sn IV. Aṭṭhakavagga의 첫 번째 경인 Kāmasutta의 여섯 게송에 대응한다.

360 YBh_ms: prativiṣevete. 티벳역(so sor rten par byed)와 한역(耽著受用)에 의거해서, 또 뒤따르는 단어 pratiniṣevamāṇasya에 의거해 교정했다.

한 고통과 심적 우울에 빠진다. 이것이 욕망의 대상들에 대한 단점이라고 설해진다.

그중에서 욕망은 마치 독사와 같다. 욕망의 대상에 대한 탐닉은 마치 "**독사의 머리**"와 같다. 욕망이라는 독사는 욕망의 대상에 대한 탐닉, 탐착, 집착이라는 독을 갖고 우자들을 문다. 또한 청문하는 성스러운 제자들은 욕망의 대상들에 대한 탐닉과 탐착을 마치 독사의 머리처럼 제거하고, 염착없이 향수하며, 내지[361] 집착하지 않음에 떨어진다. 그는 욕구의 탐욕을 조복하고 끊고 초월했기 때문에 색들에 대해 내지 접촉대상들에 대한 "집착"(viṣaktikā), [즉] 감각적 욕망의 대상들에 대한 갈애를 건넌다. 이것이 욕망의 대상들로부터의 출리이다.

그렇지만 자성의 관점에서 욕망들은 요약하면, 사물로서의 욕망의 대상(vastukāma)들과 번뇌라는 욕망(kleśakāma)의 2종이다.[362] 그중에서 사물로서의 욕망의 대상들은 곡물이며, 그 [곡물]의 토대인 "**밭이라는 사물**"이고, 또 재물이며 그 [재물]의 토대인 "**금**"이라는 사물이다. 왜냐하면 곡물은 밭에서 구해져야 하고, 반면 금은 양자로부터 [즉] 왕의 세력과 상거래에서 구해져야 하기 때문이다. "**소**"는 밭으로부터 곡물을 구하는 수단이고, "**말**"은 왕의 세력으로부터 재물을 구하는 수단이다. 금으로 장식되지 않은 "**보석**"들과 또 금으로 장식된 귀걸이 등은 거래로부터 재물은 구하는 수단이다. 이와 같이 이것을 최고의 수단으로 삼은 후에 또 다른 수단은 매매를 위한 세간적인 것이라고 알아야 한다. 곡물과 재물이 모였을 때, 유희와 환희, 향수를 동반하는 것이 "**여인**"들이다. 그렇지만 모이지 않았을 때, 초래하고 보호하고 증대시키는 것들과 관련해 동반하는 것이 "**노비**"들이다. 이와 같이 모은 광대한 곡물과 재물을 저장하는 곳이 저장소(saṃnidhāna)이다. 이런 종류의 것들이 사물로서의 욕망의 대상들이라고

---

361 '내지'에 의해 생략된 문장은 ŚrBh I. 136,15f를 보라. arakto vā paribhuṃkte 'sakto 'gṛdhro 'mūrchito 'nadhyavasito 'nadhyavasāyam āpannāḥ/.

362 2종의 kāma에 대한 설명은 사소성지(Ch. 387b29ff) 참조. 또한 ŚrBh 449,15에도 2종의 kāma가 언급된다.

불린다.

번뇌라는 욕망(kleśakāma)들은 무엇인가? 사물이라는 욕망의 대상에 대한 탐닉에 붙어있는 식 속에서 탐착이 망분별에서 나온 탐욕(saṃkalparāga)[363]이다. 저 물건이라는 욕망의 대상들에 대해 번뇌라는 욕망에 의해 심이 약화될 때 그 사물이라는 탐욕의 대상이 변화하기 때문에, [즉] 다른 상태로 되기 때문에, 그에게 "유입"(parisrava)[364]이라는 비탄과 우수, 고통과 심적 우울, 번민들이 일어난다. 생겨난 그 [유입]들은 심을 장악하고서 머문다. 그가 이와 같이 현세에서 유입에 의해 압도되고 대치가 없을 때, 마치 "**마치 파괴된 배에 흘러들어오는 물처럼**" 미래에 생·노·병 등의 특별한 고통들이 그를 뒤따르게 된다.

그가 욕망의 대상들로부터 출리했다면, 그에게 탐착에 수반되고 욕망의 대상들에 대한 탐닉에 달라붙는 식은, 마치 "**꼭대기**" 로부터 뿌리까지 "**짤린 탈라나무**"처럼, 모든 방식으로 완전히 단절되고, [다시] 싹을 틔우는 성질이 없다. 그에게 원하고 내지 좋아하는 사물이라는 욕망의 대상들은 변화되기 때문에, 다른 상태로 되기 때문에 마치 "**연꽃**"의 잎과 같은 저 깨끗한 식에 "**비탄**" 등의 "**물방울**"들은 머물지 않는다.

[요약설명:] 실로 이렇게 설해진 것에 대해 [다음과 같은] 요약적인 설명이 있다. 간략히 세존께서 욕망의 대상들에 대한 탐닉이라는 단점과 [그것으로부터의] 출리라는 자성,[365] 그리고 탐닉하는 자가 지닌 단점 및 출리하는 자가 지닌 이로움이 해명되었다. 이것이 여기서 요약적인 설명이라고 알아야 한다.

---

363 saṃkalparāga에 대해서는 사소성지 意趣伽陀(Ābhiprāyikārthagāthā) 42-43 및 제2부 III.2.1.1. 이하의 saṃkalpa에 대한 설명 참조.

364 한역(漏)는 이 단어를 āsrava와 동일시한 것처럼 보인다.

365 한역(出離三種自性)은 "3종"을 덧붙인다.

3.2.3.41. 어진 자(bhadra) (Ch. 387c28)

지나간 것을 연착하지 말아야 하고, 오지 않은 것을 기대하지 말아야 한다.
각각의 현재의 법들에 대해서 관찰하는 저 지자는
빼앗길 수 없고, 동요될 수 없는 것을 증대시킨다.

라는 어진 자의 게송이 있다.

여기서 어떤 이가 여래께서 말씀하신 법과 율에 대해 믿음을 얻은 후에 바로 올바른 믿음에 의해 집에서 집이 없는 상태로 출가했다. 그는 5종의 측면을 지닌 극히 청정한 범행을 행한다. 이 [범행에] 의해 재가와 관련된 제행이 포기되었을 때, 그는 그것들에 관해 기대가 없으며(nirapekṣa), 그것들을 취착하려고 생각하지도 않고, 취착하지도 않는다. 이것이 첫 번째 측면이다.

또 그는 현세에서 이득과 공경을 수반하는 "**오지 않은**" 제행을 희구하지도 않고, 또 천신과 사람이라는, 미래의 제행을 위한 원 때문에 범행을 행하지도 않는다. 이것이 두 번째 측면이다.

또 [오]취온에 포섭된 "**현재의**" 색 등의 "**법들**" 및 안립된 것에 대해 그는 다음과 같이 바르게 관찰한다. '신체에 의해 악행을 저지른 자에게 현세와 미래에 악한 이숙이 있다. 만일 내가 신체를 갖고 악행을 한다면, …중략… 신체에 의한 악행을 끊은 후에 신체를 갖고 선행을 수습한다.' [중략된 부분은] 경[의 내용]과 동일하며,[366] 말과 의에 의한 악행도 마찬가지라고 알아야 한다. 그리고 과거와 미래, 현재의 색 등의 온들을 무상의 측면에서 관찰한다. 무상한 것은 고통스럽고, 고통스러운 것은 무아이다. 무아인 것 모두는 나의 것도 아니고 내지 그것은 나의 자아가 아니다. 이와 같이 여실하게 올바른 지혜에 의해 본다. 이것이 세 번째 측면이다.

---

366 Cf. AN I 48,25-49,4.

또 첫 번째 법의 관찰에 의거하여 근이 성숙한 자는 복덕의 자량과 지혜의 자량을 미래에 통달하고 왕 등에 의해 "**빼앗길 수 없는 것**"으로서 "**증대시킨다**" 이것이 네 번째 측면이다.

또 두 번째 법의 관찰에 의거하여 현세에서 열반을 일체 번뇌들에 의해 "**동요될 수 없는 것**"으로서 "**증대시킨다**" 이것이 다섯 번째 측면이다.

이 다섯 측면들에 의해 극히 청정한 범행에 주하는 자가 그것에 비록 한 밤 동안 의지했더라도 어진 자가 되고 최고의 어진 자가 되며 모든 범행에 주함을 초월한다고 알아야 한다.

[요약설명:] 이와 같이 설해진 것에 대한 [다음과 같은] 요약적인 설명이 있다. 간략히 세존께서는 잘 설해진 법과 율에서 공통되지 않고 모든 측면에서 청정한 범행에 주함을 설하셨다. 이것이 여기서 요약적인 설명이라고 알아야 한다.

요약송이다.[367]

> 악, 말해야 하는 대상, 탐욕, 폭류, 공포, 뛰어난 부류,
> 찬탄받는 자, 샘, 두 폭류, 탐욕과 진에, 해야 하는 것,
> 힘든 노력, 목표의 획득, 그리고 논의의 14종이다.

유가사지론에서 사소성지를 끝냈다.

---

367 이 요약송은 Śarīrārthagāthā(體義伽他) 전체를 포괄하고 있다. 이는 적어도 '악'(pāpa)에서 '목표의 획득'(arthaprāpti)까지의 13개 항목들이 체의가타의 (1)-(14)까지 순서대로 대응하는 데에서 알 수 있다. (다만 두 폭류(ubhyaughau)의 두 항목은 각기 두 개의 게송으로 구성되어 있다.) 그렇다면 마지막 항목 '論議'(upadeśa)는 § 3.2.15-3.2.41까지 나머지 부분 전체를 포괄할 것이다.

제12장

修所成地 Bhāvanāmayī bhūmiḥ

(YBh_ms 139a1-153a3; 티벳역: 261b3ff / Ch. 388b10ff)

수소성지(bhāvanāmayī bhūmiḥ)란 무엇인가?

간략히 네 가지 점(sthāna)으로 수소성지가 포섭된다고 알아야 한다. 네 가지 점들은 무엇인가? (i) 수습의 토대(bhāvanāpada), (ii) 수습의 원인(bhāvanopaniṣad), (iii) 요가의 수습(yogabhāvanā), (iv) 수습의 결과(bhāvanāphala)이다.

이 네 가지 점들은 7가지 지분들에 의해 포섭된다고 알아야 한다. 7가지 지분들은 무엇인가? (1) 산출의 구족(abhinirvṛttisaṃpad), (2) 정법 청문의 구족(saddharmaśravaṇasaṃpad), (3) 열반의 우선성(nirvāṇapramukhatā), (4) 해탈을 성숙시키는 지혜의 성숙(vimuktiparipācanāyāḥ prajñāyāḥ paripākaḥ), (5) 대치의 수습(pratipakṣabhāvanā), (6) 모든 형태의 세간적인 청정(sarvākārā laukikī viśuddhiḥ), (7) 모든 형태의 출세간적인 청정(sarvākārā ca lokottarā viśuddhiḥ)이다.

7가지 지분들에 의해 포섭되는 이 네 가지 점들에[1] 의해 잘 해명된 이 교법과 계율에 있어 모든 배움의 토대를 충족시키는 것과 관련하여 가르침의 의미를

---

1 4종과 7종의 포섭관계는 4종에서 수습의 토대가 7종의 (1) 산출의 구족에 대응하고, 4종에서 수습의 원인이 7종에서 (2-4)의 세 항목에 대응하고, 4종에서 요가의 수습이 7종에서 (5) 대치의 수습에 대응하며, 4종에서 수습의 결과가 7종에서 (6-7)의 두 항목에 대응한다.

더 잘 이해한다고 알아야 한다.

1. 산출의 구족 (Ch. 388b19)

그중에서 산출의 구족(abhinirvṛttisampad)은 무엇인가? 그것은 간략히 10종이라고 알아야 한다. 내적인 것과 관련해서 5종이고 외적인 것과 관련해서 5종으로, 내외와 관련하여 10종이 되는 것이다.

1.1. 내적인 것과 관련한 산출의 구족

내적인 것과 관련한 5종의 산출의 구족은 무엇인가? (1) 부류와 부분을 같이 하는 것의 구족, (2) 장소의 구족, (3) 의지체의 구족, (4) 업의 장애가 없음의 구족, (5) 신해의 장애가 없음의 구족이다.[2]

(1) 부류와 부분을 같이 하는 것의 구족(nikāyasabhāgasampad, 衆同分)은 무엇인가? 여기서 어떤 이가 인간들 가운데 태어나고, 또 남근을 갖춘 남자가 되는 것이다.

(2) 장소의 구족(deśasampad)은 무엇인가? 여기서 바로 인간들 가운데서 태어나는 어떤 이가 중심부들에 태어나는 것이지, 비구와 비구니, 재가남자, 재가여인의 4부 대중들은 가지 않는 주변부들에서 태어나는 것이 아니다. 4부 대중들이 가는 곳에서, 또 도둑이 아닌 자들과 야만인이 아닌 자들 속에서 [태어나고], 성스럽고 바르게 도달하고 정행을 한 진실한 사람들이 가는 곳에서 태어난다.

(3) 의지체의 구족(āśrayasampad)은 무엇인가? 여기서 어떤 이가 중심부들에

---

2 이하 5종은 『성문지』(ŚrBh I. 10ff)에서 '자신의 원만'에 나타난 항목과 비슷하다. (1) 부류와 부분을 같이 하는 것의 구족 = (i) 사람의 몸으로 됨, (2) 장소의 구족 = (ii) 성스러운 장소에서 태어남, (3) 의지체의 구족 = (iii) 감각기관이 결여되지 않은 상태, (4) 업의 장애가 없음의 구족 = (v) 업이 전환되지 않은 상태, (5) 신해의 장애가 없음의 구족 = (iv) [뛰어난] 영역에 대한 맑은 믿음. 『성문지』(2021: 64f) 참조.

태어나더라도 눈의 결함이 없는 것이고, 귀의 결함이 없는 것이며, 사지 및 신체 일부 중에 어디도 결함이 없는 것이다. 무감각한 자가 아니며, 귀머거리나 벙어리가 아니고, 잘 설해지고 잘못 설해진 교법의 의미를 제대로 이해할 능력이 있는 것이다.

(4) 업의 장애가 없음의 구족(karmānāvaraṇasaṃpad)은 무엇인가? 여기서 어떤 이가 비록 신체를 갖고 있다고 해도 5종 무간죄 중에서 어떤 것도 전혀 범하지 않고 또 범하게 하지도 않는 것이다. 그것을 범한다면 그는 바로 이들 5온들에 의해서는 성자의 요소를 획득하기에 부적절한 그릇이 될 것이다.

(5) 신해의 장애가 없음의 구족(adhimuktyanāvaraṇasaṃpad)은 무엇인가? 여기서 어떤 이가 비록 5종 무간업들을 갖고 있지 않더라도 나쁜 사원에 대한 신해하지 않고 나쁜 사원에 대한 맑은 믿음이 없다. 즉, 다양한 성소들 내지 다양한 비불교도의 사원들에 대해 [신해하지 않는 것이다]. 여래의 가르침 및 불교 사원을 향한 맑은 믿음에 의해 그의 전생의 상속은 영향을 받는다. 그 원인과 조건에 의해 이제 바로 저 성소에 대한 맑은 믿음을 수반하는 신해가 그에게 확립되는 것이다.

1.2. 외적인 것과 관련한 산출의 구족 (Ch. 388c10)

외적인 것과 관련한 5종의 산출의 구족은 무엇인가? 스승의 구족, 세속적인 교법 시설의 구족, 승의적인 교법 작동의 구족, 정행이 사라지지 않음의 구족, 그리고 적절한 물품들의 구족이다.[3]

(1) 그중에서 스승의 구족(śāstṛsaṃpad)은 무엇인가? 예를 들면 이 사람이 이

---

3 이하 5종은 『성문지』(ŚrBh I. 12,13ff)에서 '타인의 원만' 항목에서 설해진 5종과 비슷하다. 지만, (2) 세속적인 교법 시설의 구족 및 (3) 승의적인 교법 작동의 구족 = 정법의 교설로 묶여지고, 다. (1) 스승의 구족 = (i) 제불의 출현, (2) 세속적인 교법 시설의 구족 = (ii) 정법의 교설, (3) 승의적인 교법 작동의 구족 = (iv) 존속하는 법들의 일어남, (4) 정행이 사라지지 않음의 구족 = (iii) 교설된 법들의 존속, (5) 적절한 물품들의 구족 = (v) 타인으로부터의 연민. 『성문지』(2021: 65-67) 참조.

와 같이 내적인 것과 관련하여 5종의 탄생의 구족에 있고, 또 스승이 [이] 세간에 출현하시는 것이다. [그 스승이란] 여래, 아라한, 정등각자, 일체지자, 일체를 보는 자, 일체 인식대상에 대한 장애 없는 인식을 성취한 자이다.

(2) 세속적인 교법 시설의 구족(sāṃketikadharmaprajñaptisaṃpad)은 무엇인가? 예를 들면 바로 이 여래께서 세간에 출현하신 후에 선법과 불선법을 자세히 해명하고, 유죄와 무죄의 법들 내지 세부사항을 갖춘 연생[법]들을 자세히 [설하시는 것이다]. 즉, 계경(契經), 응송(應頌), 기별(記別), 풍송(諷誦), 자설(自說), 연기(緣起), 비유(譬喩), 본사(本事), 본생(本生), 방광(方廣), 희법(希法), 논의(論議)들을 설하시는 것이다].[4]

(3) 승의적인 교법 작동의 구족(pāramārthikadharmānupravṛttisaṃpad)이란 무엇인가? 예를 들면 이와 같이 잘 설해진 세속적인 정법과 관련하여 성문은 바로 그 세속적인 정법에 의지한 후에, 또 타인으로부터의 적절한 교수와 교계에 의거해서 37보리분법들을 수습한 후에, 사문과 및 사문과의 완성을 증득한다. 그 이후에 점점 더 높은 증득의 폭과 강력함, 광대함을 알게 된다.

(4) 정행이 사라지지 않음의 구족(pratipattyanantardhānasaṃpad)이란 무엇인가? 여래께서 반열반에 드시더라도 세속적인 정법 속에 승의적인 정법이 사라지지 않고 단절되지 않는 것이다.

(5) 적절한 물품들의 구족(ānulomikopakaraṇasaṃpad)이란 무엇인가? 예를 들면 근접한 네 가지 법의 향수의 원인들에 의해 법의 향수가 작동됨을 안 후에, 에,

---

4 이 12分教는 契經(sūtra), 應頌(geya), 記別(vyākaraṇa), 諷頌(gatā), 自說(udāna), 因緣(nidāna), 譬喩(avadāna), 本事(vṛttaka), 本生(jātaka), 方廣(vaipulya), 希法(adbhūta), 論議(upadeśa)이다. 12분교는 『성문지』(2021: 160ff)에서 '정법'의 범주 아래 상세히 설명되고 있으며, 또한 인연은 율에, 논의는 아비달마에, 그리고 다른 10종은 경에 포함된다고 설명되고 있다. 또한 12분교는 『유가론』 섭석분(Ch. 753a9-b21; P yi 64a1-65a2)에서도 정의되고 있지만, 그 내용은 『성문지』와 상당히 다르다. 12분교는 상좌부 전통의 9분교에 인연, 비유, 논의의 셋을 더한 것이다. 12분교는 대승은 물론 초기불전과 유부의 논서에서도 설해지고 있다. 이에 대해서는 라모뜨 2006: 286-290 참조. 12분교에 대한 불전의 전거에 대해서는 Lamotte (Vol. 5) 1980: 2283-2303 참조.

신자들과 바라문들, 가장들은 법의 수용을 위해 노력하는 그가 향유물을 향수할 수 없기 때문에 법의 향수로부터 물러남이 있으면 안 된다고 생각하면서, 그에게 의복과 식품, 의자 및 쿠션, 병에 대비한 약, 필수품들을 갖고 연민하는 것이다.

이것이 내적인 것과 외적인 것과 관련한 10가지 형태의 산출의 구족이라고 설해진다. 실로 바로 이 10종의 산출의 구족이 요가의 수습의 토대이고, 근거이며, 의지처라고 설해진다.

1.3. 성자들의 요소 (Ch. 389a4)

이 [산출의 구족]에 의지해 여래의 성문이 성자들의 요소들을 획득한다.

여기서 성자들의 요소는 요약하면 유학의 요소와 무학의 요소들이다. 그런데 이 맥락에서는 성자들의 요소들은 무학의 정견(正見) 내지 정지(正智)라는 요소들을 의도한 것이다. 그 이유는 무엇인가? 유학의 요소들은 비록 존재하는 성자들의 요소라고 해도 성스럽지 못한 번뇌에 의해 부착되어 있다고 보이기 때문이다.

우선 이 첫 번째 지분, 즉 가르침의 의미에 해당하는 탄생의 구족의 상세함이 이것, 즉 [내적이고 외적인] 10종의 형태임을 알아야 한다. 이것보다 뛰어나거나 이것보다 더한 산출의 구족은 없다.

2. 정법의 청문의 구족 (Ch. 389a12)

정법의 청문의 구족(saddharmaśravaṇasaṃpad)이란 무엇인가? 올바른 교설과 올바른 청문이며, 그 양자를 하나로 묶은 후에 정법의 청문이라 설한다.

그런데 올바른 교설은 요약하면 수순하는 것과 염오되지 않은 것의 2종이다. 또한 [그것은] 상세히는 예를 들어 『보살지』에서처럼[5] 20종의 행상을 가졌다고 알아야 한다.

반면에 청문은 4종이다. 즉, 교만을 여읜 것, 비굴을 여읜 것, 비겁함을 여읜 것, 그리고 산란을 여읜 것이다. 이들 네 가지 단점들과 분리된 청문 그것이 올바른 청문이라고 설해진다. 그것은 또한 상세히 16종의 행상을 가졌다고 알아야 한다. 예를 들어 바로 그 『보살지』에서[6] [설한 것]과 같다.

3. 열반의 우선성 (Ch, 389a20)

열반의 우선성(nirvāṇapramukhatā)이란 무엇인가?

그 탄생의 구족 속에서 활동하는 여래의 성문이 그와 같이 설해진 측면들에 의해 법을 듣는다면 바로 열반을 중요한 것으로 생각한 후에 오직 열반을 추구하면서 오직 열반을 대상으로 한 후에 듣는 것이지, 타인들의 인도나 즐겁게 되거나 이해나 존중, 칭송이나 찬탄 때문은 아니다.

그가 열반을 대상으로 한 후에 법을 들을 때, 유여의 및 무여의 열반과 관련하여 열반을 우선으로 하는 10법이 작동한다. 유여의 열반과 관련하여 9법이 열반을 우선으로 한다고 알아야 하며, 무여의 열반과 관련하여 하나의 법이 열반을 우선으로 한다고 알아야 한다.

오직 청문으로 이루어진 지혜에 의지해서 수행도와 수행도의 결과인 열반에 대한 3종의 믿음이 있다. 즉, 존재성에 대한 믿음과 공덕을 갖추고 있다는 믿음, 그리고 스스로 획득할 수 있음, 그리고 쉬운 방편에 대한 믿음이다. 또한 수습으

---

5 『보살지』에서 정법의 20종의 행상이 명시된 곳은 없다. BoBh VIII. <역종성품>에서 설한 8종의 교수(avavāda)와 5종의 教誡(anuśāsana)가 정법에 포함된다고 해도 나머지 7종이 무엇인지는 분명치 않다.

6 이는 <역종성품>(『보살지』 2015: 146f)의 설명을 가리킨다. 여기서 6종의 자만(stambha)의 잡염을 여의고 듣는 것, 4종의 卑慢(avamanyanā)의 잡염을 여의고 듣는 것, 1종의 침잠(laya)의 잡염을 여의고 듣는 것, 그리고 5종의 산란됨이 없이 가르침을 듣는 것으로 모두 16종이 된다. 다만 『보살지』에서는 침잠을 여읜 것이지 비겁함을 여읜 것은 아니라는데 차이가 있다.

로 이루어진 지혜를 완성시키기 위해 그와 같이 믿음에서 생겨난 그는 심신이 [욕망의 대상으로부터] 떨어진 채 주하면서, 장애와 심사로부터 벗어난다. 또 그것에 의지함에 의해 의미가 잘 확정된 사유로 이루어진 지혜로 들어가며, 또 그것에 의지함에 의해 수습을 지속하고 존중하는 노력에 들어간다. 이 순서에 의해 수습으로 이루어진 지혜에 이르기까지를 획득한 후에 또한 그것에 의지해서 윤회에 대해 단점을 보는 승해를 시작하고 또 열반에 대해 공덕을 보는 승해를 시작한다.

그는[7] 반복수습에 의해 [사]제의 현관에 들어가며, 먼저 견도를 획득하고 유학의 해탈로서 [사제의] 흔적을 본 자가 된다. 그 위로 수도에서 반복 수습함에 의해 다시 무학의 해탈을 얻는다. 이를 증득했기 때문에 해탈이 완성되게 된다. 바로 이 해탈의 완성을 유여의열반계(sopadhiśeṣanirvāṇadhātu)라 한다. 바로 이 열반계를 비롯하여 이전의 9법을 차례로 수습하여 완성을 얻는 것이 바로 해탈의 완성이라고 알아야 한다.

무여의열반계(sopadhiśeṣanirvāṇadhātu)를 비롯하여 이러한 열반을 위시한 정법을 듣는 것이 5종의 이로움을 획득하는 것이라고 알아야 한다. 다섯 가지란 무엇인가?

법을 청문할 때 자신과 타인에게 도움이 되고, 정행을 할 때 자신과 타인에게 도움이 되며, 또 모든 고통의 끝을 증득한다. 만일 법사로서 이러한 점을 위해 정법을 설한다고 하면 그를 청문하는 자는 이 의도를 갖고 정법을 듣는다. 그러므로 이때에 타인에게 도움이 된다고 한다.

또한 그가 선한 마음으로 정법을 청문한다면, 설해진 법과 의미의 심오한 최상의 맛을 이해할 수 있으며, 이 때문에 커다란 환희를 증득하게 된다.

또한 그는 윤회로부터의 탈출로 이끄는 선근을 발생시킬 수 있으며, 따라서

---

7 여기서부터 한역(T30: 389b7-29)과 티벳역(D 264a6-265a1)에 해당되는 단락 전체가 사본에 누락되어 있다. 티벳역과 한역에 의거해 번역했다.

이때에 스스로에게 도움이 된다. 만일 법에 따라 법을 행함을 수습한다면 스승은 정법을 건립하고자 하기 때문에 방편으로서 정등각을 이루는 것을 보여준다.

어떻게 그에게 바른 수행을 일으키게 하는가? 그가 정법의 행위들을 수습할 때 자연적으로 스승에게 공양한다. 그러므로 이를 타인에게 도움이 된다고 설한다. 이로 인해 오직 유여의열반계에서만 정행을 증득할 수 있고 적정하고 청량할 수 있다. 그러므로 이를 스스로에게 도움이 된다고 설한다. 만일 무여의열반계에서 열반할 때에는 모든 고통의 끝을 증득했다고 설한다. 이를 열반을 중심요소로 하는 정법의 청문에 의해 얻어지는 이로움이라 부른다. 이와 같은 것이 열반을 중심요소로 하는 것의 광대한 의미이다. 이를 제외하면 [이것보다] 뛰어나고 이것보다 증대된 것은 없다.

4. 해탈을 성숙시키는 반야의 성숙 (Ch. 389c1)

해탈을 성숙시키게 하는 반야의 성숙이란 무엇인가?

비파샤나의 지분의 성숙이기 때문에 반야의 성숙이며, 또 샤마타의 지분의 성숙이기 때문에 반야의 성숙이다. 왜냐하면 집중된 심적 상태에 들어간 자에게 알아야할 사태에 대한 청정이 일어나기 때문이다. 또한[8] 비파샤나의 지분은 처음에 반드시 善友를 근거로 사용하며, 샤마타의 지분은 계의 완성에 의해 포섭된다.

(i) 선우에 의해 포섭됨에 의거하여 인식되어야 할 진실에 대해 인식하려는 욕구가 있다. (ii) 계의 완성에 의해 포섭됨에 의거하여 증상계의 깨끗한 계율의 훼손과 비법의 규칙 파괴에서 지혜를 가진 梵行者가 보고 들음에 의해 의심하거나 또는 기억하게 하거나 훈련하게끔 함에 의해 그의 죄를 거론할 때에 잘못된

---

8 여기서부터 한역(T30: 389c4-29)과 티벳역(D 265a2-b5)에 해당되는 단락 전체가 사본에 누락되어 있다. 티벳역과 한역에 의거해 번역했다.

논의를 감내한다. (iii) 또한 인식되어야 할 진실에 의거하여 인식하고자 욕구하기 때문에 즐겨 청문한다. (iv) 즐겨 청문하기 때문에 다시 질문을 제기하고, 질문을 제기하기 때문에 이전에 듣지 못했던 심오한 법과 의미를 듣는다. (v) 반복해서 청문함이 끊어지지 않기에 저 법과 의미에 대한 명료함을 얻고, 따라서 이전에 생겨난 의혹을 제거한다. (vi) 이러한 인식이 더욱 명료하게 되기 때문에 세간의 사업들에 대해 그 잘못을 볼 수 있고 깊이 싫어하게 된다. (vii) 이와 같이 염리의 마음을 잘 수습하기 때문에 그는 일체 시간의 사업에 대해 원함을 일으키지 않는다. (viii) 그는 이와 같이 시간에서 재생하는 수행도에 대한 바람이 없기 때문에 악취로 이끄는 법들을 끊고 마음에 바른 원을 일으킨다. (ix) 또한 그것을 대치하는 선법들을 모으기 위해 일체 번뇌를 대치하는 선법을 모으고, 그것을 대치하는 과보를 증득하기를 바란다. (x) 자신의 심의 청정을 얻기 위해 바른 원을 일으킨다.

해탈을 성숙시키는 혜를 성숙하게 하는 이 10종의 법은 앞에서 설했던 순서대로 해탈을 완성시키는 것이다.

또한 순서대로 정법의 청문의 구족과 열반의 우선성, 그리고 해탈을 성숙시키는 慧의 성숙이라는 세 개의 지분을 설했다. 이러한 세 개의 지분은 광대한 교법의 의미로서 10종이다. 이를 제외하면 [이것보다] 뛰어나고 이것보다 증대된 것은 없다.

또한 이 세 개의 지분은 바로 요가를 수습하는 인연이라고 알아야 한다. 그 이유는? 왜냐하면 이 순서에 의거하여 이 원인과 이 조건에 의해 요가를 수습하는 것이 바야흐로 완성되기 때문이다. 즉, 정법 청문의 구족과 열반의 우선성, 그리고 해탈을 성숙시키는 慧의 성숙에 의해서이다.

5. 대치의 수습 (Ch. 390a1)

대치의 수습(pratipakṣabhāvanā)이란 무엇인가?

5.1. 수습에 의해 대치되어야 할 10가지 법

요약하면 세 개의 단계에 요가의 수습에 의해 대치되어야 할 10가지 법이 있다. 세 개의 단계란 무엇인가? 재가의 단계와 출가의 단계, 그리고 아란야에서 요가를 수습하는 단계이다.

10종의 요가의 수습에 의해 대치되어야 할 법이란 무엇인가?

(1) 재가의 단계에서 부인에 대한 성적 탐욕과 상응하는 탐심과 다른 친척과 재물에 대한 향수와 상응하는 탐심이 재가의 단계에서 대치되어야 할 법이라 불린다. 이 장애는 모든 방식으로 출리하지 못하게 하기 때문이며, 또 설사 출가했다고 해도 이러한 심사에 의해 산란되어 장애가 되기 때문에 [출가에 대해] 희열을 일으키지 못한다. 이와 같은 2종의 법들은 순서대로 부정의 관념의 수습과 무상의 관념의 수습에 의해 대치되어야 한다. 이것이 그것을 대치하는 수습이라고 알아야 한다.

(2) 또한 출가자는 출가의 단계에서 각각 행해야 할 네 가지 일들이 있다. (i) 항시 선법의 수습을 위해 노력해야 하는 일이다. [즉] 나는 법들에 대한 수습의 노력을 의지하기 때문에 애착에 대한 즐거움을 따르는 모든 심을 제어해야 하며, 苦性을 여실하게 인지해야 한다. (ii) 희론을 여읜 열반에 대한 믿음과 희열의 일이다. [즉,] 나는 미래에 희론을 여읜 열반에 대해 심이 물러서지 않고 '나는 지금 누구인가'라고 생각하면서 두려움을 일으키지 않을 것이다. (iii) 적절한 때에 마을에 돌아다니며 탁발을 하는 일이다. [즉,] 나는 음식을 탁발하기 때문에 신체가 오래 머물고 힘이 있고 작용력이 있어(調適) 항시 선법들의 수습을 향해 노력할 수 있다. (iv) 외진 곳에 안주하는 일이다. 재가자와 출가자의 무리들과 섞여 주하기를 좋아하는 자에게 세간과 상응하는 견해와 청문이 있으며, 산란시

키는 일의 수용이 있다. [즉,] 나는 저들에 대해 바로 관찰해서 삼매의 상태에 장애를 일으키지 말아야 한다.

이런 네 가지 일들에 대해 네 개의 대치되어야 할 법들이 있다고 알아야 한다. 첫 번째 일에 대해서는 게으름이 있다. 두 번째 일에 대해서는 유신견이 있다. 세 번째 일에 대해서는 애착의 대상에 대한 탐심이 있다. 네 번째 일에 대해서는 세간의 여러 욕망의 대상에 대한 탐심이 있다. 순서대로 네 가지 대치를 수습하는 법이 있다. 무상한 것에 대해 고통스럽다는 관념의 수습이며, 여러 고통에 대해 무아라는 관념의 수습이며, 음식들에 대해 싫어하는 관념의 수습이며, 그리고 모든 세간에 대해 즐거워하지 않는 관념의 수습이다.

(3) 아란야에서 작의를 위해 노력하는 단계에서 네 가지 대치되어야 하는 것이 있다. 네 가지란 무엇인가? 샤마타와 비파샤나에 속한 것들에 대한 어두운 마음이다. 여러 정려들에 대해 애착하는 것이다. 재생에 대해 동요로 특징지어지는 심이 있는 것이다. 다음날로 미루면서 다른 때를 기다리며 죽음의 날이 멀었다고 생각하면서 열심히 노력을 행하지 않는 것이다. 이러한 네 가지 대치되어야 할 법들에 네 가지 대치의 수습이 있다. 광명의 관념의 수습과 이욕의 관념의 수습, 소멸의 관념의 수습과 죽음의 관념의 수습이다.

5.2. 부정의 관념의 수습 (Ch. 390b7)

또한 부정의 관념에도 두 가지가 있다. 사유의 힘에 포함된 것과 수습의 힘에 포함된 것이다.

(1) 사유의 힘에 포함된 부정의 관념에서 다섯 가지 법들이 대치되어야 한다. 다섯 가지란 무엇인가? 여인에 대한 접근, 정념의 상실이 나타남, 머물 때 방일을 숨김, 습관의 힘 때문에 드러냄과 숨김, 비록 부정[관]의 수습을 향해 노력하더라도 작의가 산란한 것이다. 즉 부정을 관찰하지 못하고 청정한 것이라고 생각하는 것을 작의의 산란이라 부른다.

(2) 수습의 힘에 포함된 부정의 관념에서 일곱 가지 법들이 대치되어야 한다.

일곱 가지란 무엇인가?

(i) 원래 행해야 하는 일에 대해 심이 산란한 것이며, (ii) 본래 행해야 하는 일에 대해 결과를 예견하는 것이며, (iii) 작의에 대해 노력함에 능숙하지 않은 것이다. 왜냐하면 공경하지 않고 질문하기 때문이다. (iv) 감관의 문을 지키지 않기 때문에 아란야에 머물더라도 여러 가지 염오된 생각을 하고 그의 심을 산란시키는 것이다. (v) 음식에 대해 분량을 알지 못하기 때문에 몸이 경쾌하지 않은 것이다. (vi) 생각 때문에 산란되었기 때문에 세속과 벗어난 상태(遠離)에서 내적으로 심의 적정을 위한 샤마타의 정려를 좋아하지 않는 것이다. (vii) 그의 몸이 경쾌하지 않기 때문에 비파샤나를 잘 수습하지 못하고 제법을 여실하게 관찰하지 못하는 것이다.

이 모든 대치되어야 할 법들은 요약하면 12개로도 되며, 14개로도 된다. 대치되어야 할 법들이 존재하는 한, 대치로서 白品의 法도 바로 존재한다. 2종의 부정의 관념의 수습에 있어서 행해져야 할 것들이 많다고 알아야 한다.

5.3. 고통의 관념의 수습에서 대치되어야 할 여섯 가지 법 (Ch. 390b24)

무상한 것에 대해 고통의 관념의 수습에 있어 6종의 대치되어야 할 법들이 있다. 여섯 개란 무엇인가?

(i) 처음으로 생겨나야 할, 아직 생겨나지 않은 법들에 대해 나태함이다. (ii) 주해야 하고 수습해야 하고 더욱 증대시키고 확장시켜야 하는 이미 생겨난 선법에 대해 게으름이 있다. (iii) 스승에게 청문함이 항시 이어지지 않는 것이다. (iv) 항시 스승을 따라 일어나야 하는 항상적인 선법의 수습과 관련해 맑은 믿음으로부터 멀어지는 것이다. (v) 맑은 믿음을 여의고 항상 수습하지 않는 것이다. (vi) 내적으로 방일한 자에게 방일함에 의해 항시 선법에 대한 수습이 지속적으로 작동하지 않는 것이다.

이러한 6종의 대치되어야 할 법에 대해 다시 6법이 대치로서 이것과 다른 많은 일을 한다고 그 특징을 알아야 한다.

5.4. 광명의 관념의 수습 (Ch. 390c5)

또한 광명의 관념(光明想)이 많은 광명을 인식영역으로 한다는 것을 사마히타지[9]에서 이미 설했다. 지금 이 맥락에서는 광명을 인식영역으로 해서 광명의 관념을 수습하는 것을 의도한 것이다. 들었던 대로 주의력을 산실하지 않는 성질을 온전히 획득하는 것을 법의 광명이라 부른다. 그것과 함께 일어나고 그것과 상응하는 관념을 광명의 관념이라고 부른다고 알아야 한다. 그 이유는 무엇인가? 진실의 측면에서 심을 어둡게 하는 것은 지관의 수습을 향해 노력할 때 법들에 대한 정념의 상실이다. 이 [어둠]과 반대이기 때문에 이것이 광명이라고 알아야 한다.

또한 승의적인, 사유에서 나온 지혜와 수습에서 나온 지혜는 모두 광명의 관념으로서, [이것들에 의해] 대치되어야 할 11종의 법들이 있다. 11종이란 무엇인가? 광명의 관념을 갖춘 사유에서 나온 지혜에 의해 [대치되어야 할] 4법이 있고, 광명의 관념을 갖춘 수습에서 나온 지혜에 의해 [대치되어야 할] 7법이 있다. 이렇게 대치되어야 할 법은 합쳐서 11종이다.

광명의 관념을 갖춘 사유에서 나온 지혜에 의해 [대치되어야 할] 네 개의 법이란 (i) 잘 관찰하지 못하고 잘 확정하지 못했기 때문에 사유된 것들에 대해 의혹이 뒤따르는 것이다. (ii) 밤의 전반부에 나태하고 게으르게 주하기 때문에 또 자주 졸음에 빠지기 때문에 시간을 낭비하는 것이다. (iii) 낮에 악한 탐심에 주하기 때문에 몸에 유연함이 없고 법들을 [사]제에 따라 관찰하지 못하는 것이다. (iv) 재가자와 출가자가 함께 섞여 머물 때에 청문했던 궁극적인 가르침에 대해 이치에 따라 작의하고 사유할 수 없다. 이와 같이 의혹이 뒤따르기에 의혹을 제거할 수 있는 인연을 장애하는 것이다. 이 네 가지 법들은 광명의 관념을 갖춘 사

---

9 Samāhitā Bhūmiḥ의 어느 개소를 정확히 가리키는지 분명치 않지만, 사마히타지 §4.1.(= Delhey 2009: 189)의 설명과 관련이 있을 것이다. "그는 바로 그들의 심신의 구성요소의 광명상을 작의하면서 하나의 나무로부터 대해의 끝에 있는 대지에 이르기까지 승해한다."

유에서 나온 혜에 의해 대치되어야 하는 것으로, 사유에서 나온 智나 見으로 하여금 청정을 얻지 못하게 하는 것이다.

광명의 관념을 갖춘 수습에서 나온 지혜에 의해 [대치되어야 할] 일곱 개의 법이란 무엇인가? (i) 들뜸의 관념상의 수습에 의거하여 극도로 정진하기 때문에 대치되어야 할 법이다. (ii) 가라앉음의 관념상의 수습에 의거하여 매우 하열하게 정진하기 때문에 대치되어야 할 법이다. (iii) 무관심의 관념상의 수습에 의거하여 탐착을 수반한 정려의 맛에 탐닉함에 의해 생겨난 희열이 [대치되어야 할 법]이다. (iv) 반열반하는 자의 심에게 생겨난 공포 및 진에를 갖춘 그의 심의 두려움 양자가 대치되어야 할 법이다. (v) 이러한 작의의 노력에 의거하여 법에 대한 정진과 논의에 대한 확정과 관련해 긍정과 부정에 대해 많은 담론이 이어져 끊어지지 않는 것이 적정과 올바른 사유의 때에 장애가 되는 것이 [대치되어야 할 법]이다. (vi) 색・성・향・미・촉에 대해 올바른 이치에 따라 주된 특징과 부수적 특징을 취하지 않고, 바른 심사를 하지 않아 심으로 하여금 산란하게 하는 것이 [대치되어야 할 법]이다. (vii) 사변하지 않아야 할 것에 대해 억지로 그의 마음을 쏟아 법들을 생각하는 것이 [대치되어야 할 법]이다. 이 7종이 광명의 관념을 갖춘 수습에서 나온 지혜에 의해 대치되어야 할 법으로서, 광명의 관념을 갖춘 수습에서 나온 지혜를 극히 장애하여, 수습에서 나온 智나 見이 청정하지 않게 생겨나는 것이다.

5.5. 관념의 수습을 위한 바른 노력 (Ch. 391a9)

또한 여러 관념의 수습을 위한 바른 노력이란 제거되어야 할 법에 대한 욕구를 단멸시키는 것이다. 또 대치되어야 할 현행하는 법에 대해 심이 집착하지 않고 신속하게 단멸시키는 것이다. 또 대치하는 법에 빈번히 주하는 것은 모든 대치되어야 할 법들을 단멸시키는 것이다. 이와 같이 세 개의 법은 모든 대치의 수습에 따르는 것이기 때문에 자주 일삼는 것이라고 한다. 이와 같은 것을 대치의 수습이라고 부른다. 이 대치의 수습이 바로 요가의 수습으로서, 이것이 다섯 번째 지분인 대치의 수습에 대한 상세한 교설의 의미이다. 오직 이러한 10종의 특징이 있다고 알아야 한다. 이를 제외하면 [이것보다] 뛰어나고 이것보다 증대된 것은 없다.

6. 세간적인 청정 (Ch. 391a17)

모든 종류의 세간적인 청정(sarvākārā laukikī viśuddhiḥ)이란 무엇인가?[10] 요약하면 3종이라고 보아야 한다. 즉, 삼매의 획득과 삼매의 완성, 삼매에 대한 자재이다.

6.1. 삼매의 획득

그중에서 처음부터 삼매의 획득에 의해 치료되는 20종의 법들이 삼매를 획득하지 못하게 작동한다. 무엇이 20종 [대치의 대상]인가?

(1) [번뇌의] 끊음을 원하지 않는 자가 범행을 하는 자와 동반하는 과실이다.

(2) 비록 동반의 공덕이 있다고 해도 삼매의 방편을 설하는 스승의 단점 그것이 그에게 전도된 삼매의 방편을 잘못 설하는 것이다.

(3) 비록 스승의 공덕이 있다고 해도 삼매의 방편을 듣기를 원함과 관련하여 희구가 지지부진한 자는 심이 산란하기 때문에 파악하지 못하는 단점이다.

(4) 비록 귀의 주의력이 있다고 해도, 어리석고 이해력이 늦기 때문에 파악하지 못하는 단점이다.

(5) 지혜의 공덕이 있다고 해도 갈애를 행하는 자에게 획득과 이해의 욕구가 많다는 단점이다.

(6) 근심이 많은 자를 부양하기 어렵고 유지하기 어려워 만족하지 못한다는

---

10 『성문지』 제4유가처에서 세간도의 분류가 7종 작의를 중심으로 4정려와 4무색정, 두 무심정, 그리고 신통 등을 설하는 데 비해 여기서는 삼매에 초점을 맞추어 설명하고 있다.

단점이다.

(7) 바로 그것을 주제로 해서 다양한 활동을 하는 단점이다.

(8) 비록 그 단점이 없더라도 게으름과 해태 때문에 노력을 등한시하는 단점이다.

(9) 비록 그 단점이 없더라도 타인으로부터 다양한 장애를 받는다는 단점이다.

(10) 비록 그 단점이 없더라도 추위와 열 등의 고통을 감내하지 못하는 단점이다.

(11) 비록 그 단점이 없더라도 마음이 타격받는 단점 때문에 가르침을 파악하지 못하는 단점이다.

(12) 비록 그 단점이 없더라도 가르침을 전도되게 파악하는 단점이다.

(13) 비록 그 단점이 없더라도 파악된 가르침조차 잊는 단점이다.

(14) 비록 그 단점이 없더라도 재가자와 출가자가 섞여 주하는 단점이다.

(15) 비록 그 단점이 없더라도 다섯 단점과 결합된 눕고 앉는 주하는 단점이다. 다섯 가지 눕고 앉고 주하는 단점들은 예를 들면 『성문지』에서 설한 바와 같다.

(16) 비록 그 단점이 없더라도 원리에 들어간 자일지라도 감각기관이 제어되지 않은 상태와 관련하여 비실재하는 심사의 단점이다.

(17) 비록 그 단점이 없더라도 음식물의 불평등에서 유래하는, 신체의 둔탁함과 활동부자유성의 단점이다.

(18) 비록 그 단점이 없더라도 본성적으로 잘 조는 자가 아무 때나 졸림이라는 수번뇌의 현행이 많다는 단점이다.

(19) 비록 그 단점이 없더라도 이전에 샤마타품이 아닌 방식으로 행하는 자가 내적으로 심의 샤마타를 통한 遠離에 대해 즐거워하지 않는 단점이다.

(20) 비록 그 단점이 없더라도 이전에 비파샤나에 속하지 않는 방식으로 행하는 자가 증상혜에 속한 법의 관찰과 관련해 법에 대한 여실한 관찰에 대해 즐거워하지 않는 단점이다.

이 20종의 법들이 샤마타품과 비파샤나품에 속한 심일경성의 획득을 위해 대치되어야 할 것이다.

또한 대치되어야 할 것으로서의 이 20종의 법들은 요약하면 네 가지 측면들에 의해 삼매의 생기를 장애하는 것으로 기능한다. 어떤 네 가지 [측면]들에 의해서인가?

(1) 삼매의 방편에 대한 능숙하지 못함에 의해

(2) 모든 방식으로 모든 것을 노력하지 않음에 의해

(3) 노력이 전도되었다는 점에 의해

(4) 노력의 지지부진(śaithilya)이라는 점에 의해서이다.

그런데 이 삼매들에 의해 대치되어야 할 것의 대치로서 바로 20종의 법들이 대치로 된다. 이것의 반대로서 백품에 속하는 [법]이라고 알아야 한다. 이것의 대치대상(vipakṣa)의 끊음을 반복해서 작동함에 의해 신속하게 올바른 심주와 삼매를 획득하기 위해 그것들은 일어나는 것이다. 그리고 삼매의 획득은 초선과 근분정(近分定)의 획득으로서 미지정(未至定)의 상태에 포함된다고 알아야 한다.

실로 삼매를 획득하는데 장애가 되고 삼매를 획득하는데 수순하는 이 의미의 상세함이 이것으로서, 즉 20종의 측면이라고 알아야 한다. 이것보다 상위의 것은 없고 이것보다 뛰어난 것은 없다.

이것에 의해 처음부터 세간적인 모든 측면의 청정과 관련하여 현세의 개아에게 삼매의 획득이 설명되고 잘 해명되었다.

6.2. 삼매의 완성 (Ch. 391c4)

삼매를 획득한 후에 바로 그는 (1) 작고 낮은 수승함에 만족하지 않고, 상위의 삼매의 완성을 강력히 구한다. (2) 바로 거기서 공덕을 본다. (3) 어떤 것을 강하게 구하고 그것에 대해 공덕을 보는 그는 그것을 위해 용맹정진하면서 주한다. (4) 색계와 결합되고, 애착을 수반하는 그 번뇌들을 모든 방식으로 모두 끊지 못했기 때문에 생기시키며 또 그 [번뇌]들에 의해 선을 향해 노력함에 의해 정복당하지는 않는다. (5) 광대하고 청정한 신들의 재생처들 속에 침몰하지[11] 않는다. (6) 하열한 승해 때문에 [그에게는] 스스로 할 수 없다고 생각하면서 파악하는 가라앉음이 없다. (7) 그는 그와 같이 삼매에 의해 대상화된 법들에 대해 가라앉은 생각을 하지 않고 바로 예전에 획득한 샤마타의 관념상(śamathanimitta)과 흥분의 관념상(pragrahanimitta)과 평정의 관념상(upekṣānimitta)[12]을 항상 공경하면서 노력함에 의해서 따라 행한다(anusarati). (8) 그는 그와 같이 법의 관념상(nimitta)과 수순하면서 입정하고 출정한 후 신속하게 완벽한 지의 상태를 위해 삼매의 완성과 관련해서 정법의 청문을 원하고 때때로 질문하고 두루 질문한다. (9) 또한 그와 같이 삼매의 완성과 관련해 올바로 노력하는 그는 근본삼매에 속하는 내적인 심의 샤마타의 원리에 대해 즐거움에 이른다. (10) 또 비파샤나에 의해 여실하게 관찰함에 의해 빛나고 더욱 빛나는 상태에 이른다. 이런 한에서 이것이 근본정에 들어간 것이라고 알아야 한다. 이것이 삼매의 완성이라고 설해진다. (11) 이 삼매는 [성스런 교법의] 의미를 완성시키고 확대시킨다.[13]

이와 같이 다만 11종[14]이 있다고 알아야 한다. 이것보다 상위이고 이것보다 뛰어난 것은 없다.

---

11 티벳역 kun tu sbyor ba mi byed pa(“결박되지 않고”)은 한역(無有沈沒)과 다르게 번역하고 있다.

12 3종의 nimitta의 정의는 본서 「사마히타지」 VI. § 3.2.2.에서 분류된 32종의 nimitta 중에 각기 no. 22-23, 25번째로 제시되고 있다. No.24로 비파샤나의 관념상이 같이 나열되고 있는데, 그것이 제외된 이유는 여기서는 세간도, 즉 샤마타에 의한 번뇌의 제거를 다루기 때문이다. 4종의 nimitta가 하나의 범주로 설해지는 것은 ŚrBh III. <삼매> 항목의 서술에서도 나타난다. 이에 대해서는 『성문지』 2021: 370-372 참조.

13 한역(T30: 391c20f: 又此三摩地圓滿廣聖教義)에 따라 번역했다.

14 한역(T30: 391c21: 當知唯有如是十相)은 10종으로 읽지만, 391c4 이하에서 11종으로 제시되어 있어 편찬시의 오류라고 보인다.

6.3. 삼매에 대한 자재 (Ch. 391c23)

6.3.1. 네 가지 점에 대한 관찰

더욱 그는 근본삼매를 획득한 후에 삼매가 완성된 자가 되지만, 그럼에도 그의 심은 삼매의 생기의 맛에 대한 갈애를 통해 또 만· 견· 의· 무명이라는 수번뇌들에 의해 염오되고 청정하지 못하고 깨끗하기 못하게 된다. 그는 그 수번뇌들의 불현행을 위해 '나는 심을 연마하고 심을 조절하기 위해 심에 대한 자재, 삼매에 대한 자재를 획득할 것이다'라고 생각하고 [다음의] 네 가지 점을 22종의 측면들에 의해 반성적 관찰한다. (1) 하열한 모습과 행동거지에 따른 생활방식의 인정(nihīnaveṣeryāpathavṛttābhyupagama)[15], (2) 일관된 계에 따른 생활방식의 인정(atandritaśīlavṛttābhyupagama), (3) 선법의 수습을 위한 항시적 노력의 인정, 그리고 (4) 고통을 끊기 위해 이 세 가지 점을 인정할 때, 바로 그 고통에 묶인다고 반성적 관찰한다.

(1) 하열한 모습과 행동거지에 따른 생활방식의 인정[16]

(i-ii) 머리와 뺨을 면도했기 때문에, 머리카락 등 재가자의 특징을 제거했기 때문에, 그리고 색 바랜 옷을 입었기 때문에 스스로의 추한 모습의 반성적 관찰이 하열한 모습의 인정에 대한 반성적 관찰이다. (iii-iv) 행주좌와와 말함에 있어서 원하는 대로 행하지 못함과 또 慢心을 억누른 후에(nihatya) 다른 집들에서 탁발을 하는 것에 대한 반성적 관찰이 하열한 행동거지의 인정에 대한 반성적 관

---

15 복합어 nihīnaveṣeryāpathavṛttābhyupagama를 nihīna-veṣa와 nihīna-īryāpatha에 따른 vṛtta의 인정으로 풀이했다. vṛtta의 의미에 대해서 Sugawara(2013: 809f)는 BHSD를 인용하여 (1) [불교승려의] 생활양태(mendicant's mode of life)로, BoBh를 인용하여 (2) 계와 상응하는 '준수'(observance)나 '유덕한 삶(virtuous life), 그리고 (3) 일반적으로 'precise deed' 또는 activity를 뜻한다고 설명하고 있다. 여기서는 (1)에 따라 번역했지만, 뒤따르는 단락에서는 nihīnaveṣa와 nihīna-īryāpatha, nihīnavṛtta로 병렬복합어로 풀이되고 있다.

16 탁발하는 자의 생활방식(bhikṣākavṛtta)에 관해 BoBh 195,4-19 및 ŚrBh I. 64에 상응하는 구절이 보인다. 이에 대해서는 Sugawara 2013: 812-816 참조.

찰이다. (v) 타인들로부터 얻은 것에 의해, 또 [스스로] 받지 않음에 의해 생계가 유지되고 있다는 것에 대한 반성적 관찰이 하열한 행동방식의 인정에 대한 반성적 관찰이다.

이 5종 측면들에 의해 첫 번째 점을 반성적 관찰한다고 알아야 한다.

(2) 일관된 계를 준수하는 것의 인정 (Ch. 392a10)

(i-ii) 잘 설해진 법과 율에서 출가자의 계를 받는 것은 2종의 사태의 포기로 특징지어진다. 부모, 자식, 처, 남녀 노비, 일꾼과 심부름꾼, 친구와 가신, 친척과 혈족, 돈과 곡식, 금 등의 욕망의 대상들의 포기에 의해 특징지어지며, 또한 춤과 노래, 기악과 유희, 놀이, 배회, 들뜬 동작, 낄낄거림(saṃcagghita), 같이 유희함, 같이 노는 것이라는 다양한 유희와 즐거움의 포기에 의해 특징지어진다.

(iii-iv) 이와 같이 계율을 확립한 그는 계의 훼범과 관련하여 그와 같이 '그는 계를 어긴 자이다'라고 스스로 은밀히 부정하지도 않고 범행을 함께 하는 자들도 당연하게 욕하지 않으며, 그같이 생각하지 않는다.

(v) [만일 그가 계를 범했다면][17] 그 때문에 그는 스스로를 비난하며 범행을 함께 하는 자들도 [그를] 당연히 비난한다. 그 후에 그는 그 훼범에 대해 여법하게 대처함에 의해 범행을 함께 하는 자들이 비난할 때에도 증오하는 마음을 갖지 않기 때문에 상처받지도 않고 손상받지도 않는다.

이 5종 측면들에 의해 두 번째 점이 반성적 관찰된다.

(3) 선법의 수습을 위한 항시적 노력의 인정 (Ch. 392a21)

이와 같이 계를 구족한 그는 바로 5종의 선품에 대한 노력을 수행한다고 알아야 한다. (i) 때때로 선품에 대해 노력하는 자가 타인으로부터의 믿음과 보시물을 향수하는 것이다. (ii) 원리에 대해 즐거워하는 자의 노력과 작의의 반복수행

---

17 티벳역(D 271a1: gal te des tshul khrims nyams par byas na yang)에 따라 보충했다.

이다. (iii-iv) 주야로 퇴환을 일으킬 수 있고 수승함을 일으킬 수 있는 두 개의 법들에 대해 변지와 끊음을 수습하는 것이다. (v) 윤회에 대해서는 단점을 보고 열반에 대해서는 공덕을 보는 것이다.

이 5종의 측면들에 의해 세 번째 점을 반성적 관찰한다.

(4) 4종의 고통에 묶임 (Ch. 392a27)

이와 같이 노력하는 그는 요약하면 4종의 고통에 묶이게 된다. (i) 네 가지 사문과 중에서 어느 하나도 증득하지 못했기 때문에 악취의 고에 묶이게 된다. (ii) 생노병사의 성질 때문에 내적으로 변역고성에 묶이게 된다. (iii) 모든 좋아하는 것과 분리되는 성질 때문에 좋아하는 것의 변역고성에 묶이게 된다. (iv) 업은 자신의 것이기 때문에 모든 고의 원인들에 묶이게 된다.

그는 이와 같이 4종의 고통에 묶임을 7종의 측면들에[18] 의해 관찰한다. 이 7종의 측면을 통해 네 번째 점을 반성적 관찰한다.

6.3.2. 삼매의 자재성의 획득 (Ch. 392b5)

네 가지 점을 22종의 측면들에 의해 관찰하는 그에게 다음의 여리작의가 일어난다. '나는 이것을 위해 하열한 모습과 행동거지에 따른 생활방식을 인정했으며, 또 매우 놀라운 계의 작용의 인정했으며, 또 선법의 수습을 위한 항시적 노력을 인정했다. 따라서 나는 네 가지 종류의 고통으로부터 벗어나고자 한다. 내가 비록 올바른 사유를 통해 이 세 가지 점들을 인정한다고 해도, 이런 4종의 고통에 의해 오로지 수축되어 벗어나지 못했다. 나는 이와 같이 삼매에 대한 자재를 얻지 못했기 때문에 바로 고통과 수축하게 되며, 도중에 좌절을 겪게 되는 것 이것은 내게 좋은 것이 아닐 것이다.'

---

18 7종의 측면들이 무엇인지 텍스트에는 명시되고 있지 않지만, 생노병사의 네 가지 성질들을 네 가지 측면으로 구별했기 때문에 모두 7종의 측면으로 되었을 것이다.

그가 이와 같은 작의를 향해 노력했을 때 출가자라는 명칭과 사문이라는 명칭으로 불린다. 그는 저 [명칭]을 많은 수습에 의해 완성시킨다. 그는 그 [수습]에 의거해서 이 세간도에 의해 삼매의 완성을 얻었기 때문에 번뇌의 끊음을 촉증한 것은 아니다. 거기서 [번뇌의] 끊음을 즐거워함과 관련해 그는 항시 행하는 자이다. 그는 세간도를 획득한 후에 삼매의 자재성을 획득하기 위해 수습에 대한 즐거움과 관련하여 항시 행하는 자가 된다. 믿음을 가진 바라문과 재가자들에 의해 존중을 받으면서 또한 광대한 재산에 의해 욕망을 일으키면서 그는 그 이익과 존중과 관련해 욕망을 일으킨다, 하지만 타인들의 이익과 존중에 대해서는 아니다. 믿음을 갖지 않은 타인들과 직면하거나 또는 현견하지 않더라도 원하지 않는 신업이나 원하지 않는 구업에 의해 현행되는 그는 심을 오염시키지 않고, 그의 마음은 불행에 빠지지 않는다.

갈애와 만심, 견과 무명, 의라는 여러 가지 집중상태의 수번뇌가 현행하지 않도록 그는 주의력이 확립된 자가 된다. 또 그는 비록 광대한 샤마타를 획득했지만 단지 그 샤마타만으로 스스로 행해야 할 것을 이미 행했다고 생각하지 않으며, 타인들에게 [그가 획득한] 해탈적 통찰(ājñā)을 공지하지도 않는다.

그는 그와 같이 [번뇌의] 끊음을 즐거워하고 수습을 즐거워하고 욕망이 없고 심에 불행이 없으며, 올바른 주의력을 갖고 아만이 없다. 두 벌의 옷에 만족한다. 옷에 만족하는 것처럼 음식과 방석과 와구에도 마찬가지다. 그는 그와 같이 만족한다. 만족하면서 다음과 같이 정지하면서 향유한다. 이 생활필수품들은 다음과 같은 것을 위한 것이다. 예를 들어 음식에 대한 양을 아는 것은 이 몸이 존속하고 기갈과 굶주림이 그치고, 범행에 도움이 되기 위해서이다.

그는 이와 같이 올바로 정행하면서 삼매에 대한 자재력을 획득한다. 거기에 주하면서 그와 같이 심이 청정했을 때, 수번뇌로부터 벗어났을 때, 내지 부동의 상태를 획득했을 때, 그는 청정해진다. 또한 모든 신통의 산출 직후에 그는 루의 소멸을 초래하는 힘을 갖게 된다.

이것이 삼매에 대한 자재함(samādhivaśitā)이다. 이것이 이와 같이 설해진 측면들에 의해 삼매의 자재함의 의미라고 알아야 한다. 이것보다 상위의 것은 없고 이것보다 뛰어난 것은 없다.

앞의 것은 삼매의 획득이고, 중간의 것은 삼매의 완성이며, 이것이 삼매에 대한 자재이다. 이것이 세간적인 모든 측면의 위없는 청정이다. 이것은 현세에서 정법을 행하는 자에 있어서이지, 비불교도에 있어서는 아니다.

7. 출세간의 청정 (Ch. 392c11)

일체 종류의 출세간적인 청정(viśuddhi)이란 무엇인가?[19]

요약하면 [출세간의 청정은] 5종이라고 알아야 한다. 5종이란 무엇인가? (1) [사]제의 현관, (2) [사]제를 현관한 자의 장애[20]의 제거, (3) 신속히 뛰어난 인식(abhijñā)의 상태를 위해 매우 즐거운 사태를 작의함. (4) 수습의 도를 닦음, (5) 결과와 이익을 수반한 극히 청정한 도의 획득이다.

7.1. 사제의 현관 (Ch. 392c16)

[사]제의 현관(satyābhisamaya)이란 무엇인가?

세간적인 청정을 향해 노력했던 여래의 성문의 마음은 오랫동안 5종의 욕망의 대상들에 의해 축적되었고, 자양분(āhāra, 食)에 의해 지지되는 방식으로 길러진다. 그는 바로 그[욕망의 대상]들에 대해 즐거워하는 방식에 의해 욕망의 대상들에 대해 단점을 보고, 또 상[계]에 대해 적정함을 보면서, 희론을 수반한 영역에, 즉 모든 방식의 세간적 청정에 [그의 마음을] 쉽게 확립하지만, 출세간의 [영역]에 대해서는 [즉] 희론을 여읜 영역에 대해서는 [그의 마음을] 확립하

19 『성문지』 제4유가처의 후반부에서 출세간도가 오직 7종 작의에 의해 구성되고 있는데 비해 여기서는 전통적인 사성제의 관찰에 의한 출세간의 청정에 대해 설명하고 있다.

20 티벳역은 antarāya-를 spyod pa로 읽는다.

기 어렵다. 그 [마음]은 [그것에 대해] 흔들린 채 머물지, 흔들리지 않은 채 [머무는 것이] 아니다.

7.1.1. 5종의 심의 흔들림 (Ch. 392c23)

희론을 여읜 열반계에 심을 확립시키고자 원하는 저 불교도(ihadhārmika)는 사문과의 증득을 결여했기 때문에, 잡염과 결합되어 있기 때문에 자신의 심이 흔들리고, 또 청정과의 분리되었기 때문에 마음이 흔들린다. 잡염과의 결합이라는 단점 때문에, 청정과의 분리라는 단점 때문에, 또 청정이 힘들게 증득될 수 있다고 보기 때문에 심이 흔들린다.

(1) 요약하면 잡염과의 결합은 3종이다. 제어되지 않고 조복되지 않은 자가 죽음의 잡염과 결합하는 것이다. 그와 같이 이미 죽은 자가 미래에 다시 번뇌의 커다란 구덩이에 빠지는 잡염이며, 또한 그와 같이 번뇌의 힘에 의해 진행하는 자가 불선법의 현행에 의해 두려움을 수반한 곳으로 가는 잡염이다. 스스로 사문과의 증득의 결핍을 보면서 또 그것의 결핍 때문에 스스로 3종의 잡염과 결합되었음을 보면서 심이 흔들린다.

(2) 청정과의 분리는 오직 3종이라고 알아야 한다. 번뇌의 끊음으로서의 열반이 두려움이 없는 장소라고 설해진다. 그것을 증득하기 위해 증상심이라는 훈련과 관련한 선한 심의 삼매이며, 증상혜라는 훈련과 관련해서 정견에 포함된 뛰어난 수행도이다. 이러한 3종의 청정과 분리된 자신을 보면서 그의 심은 흔들린다.

(3) 잡염과의 결합의 단점도 3종이라고 알아야 한다. 늙어감이라는 고통과 병이라는 고통의 뿌리이기 때문에 태어남은 본성적으로 苦性이며, 찰나 없이 재생하는 것이며, 그리고 모든 태어나는 자들이 무상성과 결부된 상태이다. 이들 3종의 잡염과의 결합의 단점들에 의해 스스로의 심이 흔들린다.

(4) 청정과의 분리의 단점들은 5종이라고 보아야 한다.

(i) 변경의 국토에서의 재생에 방해됨이 없는 상태이며, (ii) 악취에서의 재생

에 방해됨이 없는 상태이며, (iii) 재가품에서 무간업들의 장애물을 행하지 않는 것이며, (iv) 출가품에서 무량한 견해들과 분리되지 않은 상태이며, (v) 세간도에 의해 존재의 정점(bhavāgra, 有頂)에 이르기까지 명상에 들고 [그곳에서] 재생한 자가 처음과 끝이 없는 생사의 윤회의 종식을 행하지 않는 것이다. 이 5종에 의해 청정과의 분리의 단점을 보면서 그의 심은 흔들린다.

(5) 5종에 의해 청정은 힘들게 성취되어진다고 알아야 한다.

(i) 무관심하고 행하지 않으려고 하는 자는 행할 능력이 없기 때문이며, (ii) 타인의 이익에 대해 타인들은 다른 것들을 추구하기 때문에 성취할 수 없기 때문이며, (iii) 왜냐하면 자심의 청정이 행해지지 않았을 때, 고로부터의 해탈을 성취하는 길상(svastibhāva)은 없기 때문에 그 [자심의 청정]은 확실히 행해져야 하기 때문이며, (iv) 현세에서 악한 법들의 작용이 없을 때, 바로 그것이 청정의 작용은 아니다. 왜냐하면 현생에서 타오르지 않고 그것을 대치하는 수행도가 아직 획득되지 않았을 때, 과거에 행해진 불선법들은 소멸되지 않기 때문이다. (v) 그리고 유학과 무학의 도의 획득으로 특징지어지기 때문이다. 그는 이 5종에 의해 청정이 힘들게 성취되어짐을 보면서 심은 흔들리고, 그는 증득하기 위해 정진에 착수한다.

그는 잡염과의 결합과 청정과의 분리를 보기 때문에 저 심은 흔들리고, 잡염과의 결합과 청정과의 분리의 단점을 보기 때문에 두려워한다. 그리고 청정의 증득과 잡염의 끊음에 있어서 나태하고 게으르기 때문에 [심을] 중지시킨다. 이들 종류를 반복해서 행하기 때문에 [그의 심은] 흔들리게 된다. 그와 같이 [그의 심이] 흔들리고 극히 흔들리듯이, [그의 심은] 두려워하고 극히 두려워하며, 중지되고 극히 중지되게 된다.

7.1.2. 열반에 심을 안주시키는 다섯 가지 이유 (Ch. 393b8)

그의 저 마음이 이와 같이 염리를 수반하는 20종의 관념상의 작의들에 의해 잘 닦여져 있고, 또 20종에 의해 포섭된, 또 다른 다섯 가지 이유들에 의해 갈애의 소진과 소멸, 열반 속에 신속하게 주하지, '그 경우에 나와 나에 속하는 것은 어떻게 되지?'라는 두려움 때문에[21] 마음이 퇴환하지 않는다.

7.1.2.1. 다섯 가지 이유에 대한 약설 (Ch. 383b10)

다섯 가지 이유들이란 무엇인가?

(1) 작의의 통달 때문에: 작의의 통달 직후에 반드시 정성이생(定性離生)에 들어가고, [사]제를 증득하고, 성스런 지견을 접한다.

(2) 근거 때문에: 저 근거에 의거한 후에 직후에 반드시 앞에서와 같이 [정성이생에 들어가고, [사]제를 증득하고, 성스런 지견을 접한다].

(3) 인식대상을 이해하는 문이기 때문에: 저 인식대상을 이해하는 문을 대상으로 한 후에 정성이생에 들어가며, [나머지는] 앞에서와 같다.

(4) 자량을 포섭하기 때문에: 저 자량의 포섭을 한 후에 정성이생에 들어가며, [나머지는] 앞에서와 같다.

(5) 방편의 포섭 때문에: 저 방편의 포섭을 한 후에 정성이생에 들어가며, [이

---

21 이것은 열반의 증득을 향해 수행하는 자가 막상 열반, 즉 소멸을 직시했을 때 아직 我慢(asmimāna)을 끊지 못했기 때문에 생겨나는 공포로서, 『성문지』에 잘 묘사되어 있다. 『성문지』(2021: 476f): "그는 이와 같이 모든 존재와 모든 재생으로부터 심을 염리한 후에 두려워한다. 두려워한 후에 그는 강한 의향을 갖고 열반에 대해 더욱 커다란 행상을 갖고 원한다. 오랫동안 그의 심은 색에 대해 즐거워했고 성·향·미·촉에 대해 즐거워했고, 색·성·향·미·촉들에 의해 증대되고 적집되었다. 저 강한 의향에 의해서 열반을 바라고 있지만 그는 들어가지 못하고 깨끗해지지 못하며, 안주하지 못하고, 승해하지 못하고, 마음은 적정한 영역을 알아차리지 못하기 때문에 물러서게 된다. [열반에 대한] 공포 때문에 그는 반복해서 그 마음을 염리하고 두려워한다. 고제와 집제에 대해 염리와 두려움을 반복해서 의향하는 그는 열반에 대해 원하지만, 그와 같이 그는 들어가지 못한다. 그 이유는 무엇인가? 왜냐하면 현관을 장애하는 저 거친 아만(asmimāna)이 간격이 있거나 없거나 간에 작의를 따라 들어와서 [다음과 같이] 작동하기 때문이다. "나는 생사윤회하고 있으며, 나는 생사윤회하게 될 것이다. 나는 열반에 들어갈 것이며, 열반하기 위해 선법들을 수습한다. 나는 고통을 고통이라고 보는 자이며, [고통의] 일어남을 일어남이라고 보는 자이며, [고통의] 소멸을 소멸이라고 보는 자이고, 도를 도라고 보는 자이다. 나는 공한 것을 공하다고 보고, 無願(apraṇihita)을 무원이라고 보고, 無相(ānimitta)을 무상이라고 보는 자이다. 이 법들은 나의 것이다." 그 때문에 그 심은 열반을 강하게 의향하고 있더라도 그 [열반]에 들어가지 못한다." 이와 관련된 전후맥락은 특히 슈미트하우젠 2006: 149-152 참조.

하] 상세하게 [설했다].

이 다섯 가지 이유들은 [사]제의 현관과 역순의 원인에 관해서라고 알아야 하지, 순차적인 원인과 관련해서라고 [알아서는] 안 된다. 그렇지만 주요한 이유에 따라 앞의 것을 교설한 것이기 때문에 역순의 원인의 교설이라고 보아야 한다.

7.1.2.2. 다섯 가지 이유의 상설 (393b21)

(1)[22] 그가 공성과 무원, 무상에 대한 가행의 작의에 들어갔을 때, 미세하게 현행하고, 틈이 있고 틈이 없이 작동하며, 아만을 수반하고, 현관을 방해하는 심의 관념상을 올바로 통달하는 작의를 행했기 때문에, 또 통달한 후에 그 작의를 수반하는 심을 저절로 진행하는 상태 속에 놓아둔 후에, 계속해서 새롭게 생겨나는 [심]에 의해 직전에 소멸한 심을 여실하게 무상 등의 행상들에 의해 작의한다.[23] 저 작의를 닦고 수습하고 반복해서 행하기 때문에 인식대상과 인식이 평

---

22 Sugawara(2013: 830ff)는 이 문단 (1)이 ŚrBh IV.의 출세간도에 따른 승해작의의 설명과 일반적으로 비슷하며, 내용도 거의 유사하다고 지적하면서, 이 문단은 ŚrBh IV.의 설명에 의거하고 있다고 여러 증거를 들어 주장하고 있다.

23 여기서 서술된 작의의 작동양상은 용어상 ŚrBh 278,1ff(Ch. 438b19ff)에서 설해진 4종 작의와 관련이 깊다고 보인다. 4종 작의는 (1) balavāhano manaskāraḥ(力勵運轉作意), (2) sacchidravāhano manaskāraḥ(有間運轉作意), (3) niśchidravāhano manaskāraḥ(無間運轉作意), 그리고 (4) anābhogavāhano manaskāraḥ(無功用運轉作意)이다, 거기서 (1)은 "심을 오직 내적으로만 확립하고 안주하면서 법들을 관찰하는 초보수행자가 작의를 아직 획득하지 못했을 때에는 그에게 힘의 의해 진행되는 작의가 된다. 힘에 의해 진행됨으로써 저 심을 하나의 점에 안주시킨다. 따라서 힘에 의해 진행되는 [작의라] 불린다." 반면 (2)는 "작의를 획득한 자가 후에 세간도나 출세간도를 통해 나아갈 때, 특징을 요지하는 작의(lakṣaṇapratisaṃvedī manaskāraḥ)"이고, (3)은 "특징을 요지하는 작의 이후에 가행의 구극에 도달한 작의(prayoganiṣṭhamanaskāra)에 이르기까지." 그리고 (4)는 "가행의 구극을 결과로 갖는 작의(prayoganiṣṭhāphalo manaskāraḥ)"로서, ŚrBh IV.의 7종 가행에 따라 적용되고 있다. 여기서 (1)은 초보자의 작의로서, 「수소성지」의 기술과 직접 관련이 없는 반면에, "틈이 있고 틈이 없이 작동하는 가행의 작의", "그 작의를 수반하는 심을 저절로 진행하는 상태 속에 놓아둔 후에"라는 표현은 각각 뒤의 세 작의에 대응할 것이다. 여기서 (2)의 sacchidra는 "having defects, faulty"(M-W)를 의미한다. 티벳역 skabs su 'chad pa dang bcas pa는 "틈/사이를 가진"을 의미하지만, 한역 有間缺은 '틈과 결함을 가진' 정도의 의미로 두 가지 의미를 포괄하고 있다. 이 의미는 『성문지』(Ch. 438b21)에서 보충적으로 설명되어 있듯이 "삼매가 사유에 의하여 방해받기 때문에 오로지 순수한 수행을 향해 작동

등한 智[24]가 생겨난다. 그리고 현관을 방해하고 심을 산란시키는 아만을 끊었기 때문에 심일경성(cittaikāgrya)에 접촉하며, '나에게 심일경성이 접촉되었다'고 여실하게 알고 작의한다. 이것이 [사]제의 현관을 위한 작의의 통달이라고 알아야 한다.

(2) 만일 그가 세간도에 의해 삼매를 얻었다면, 그는 삼매를 완성시키고 삼매의 자재함을 획득하게 된다. 그것에 의해 그는 삼매의 관념상에 들어가고나 또는 그것에 의해 삼매에 주함의 관념상에 들어가서 주하거나 또는 삼매로부터 나옴의 관념상을 그것에 의해 심삼매로부터 나온다. 이와 같이 그가 관념상들을 작의할 때 그의 심은 안주하며, 진리들을 현관한다.

반면에 만일 그가 삼매를 얻었지만 그러나 삼매를 완성하지는 못했고 또한 삼매의 자재함을 획득하지 못했다면, 샤마타의 관념상을 작의하거나 또는 들뜸의 관념상이나 평정의 관념상을 작의하는 그의 심은 안주하며, 진리들을 현관한다. 이와 같은 것이 의지함의 측면에서 심의 안주라고 알아야 한다.

(3) 인식대상에 들어가는 방식의 측면에서 이 두 개의 법은 [사]제의 현관을 위해 수행하는 자를 극히 장애하고 동요시키는 것이다. 두 개란 무엇인가? (i) 비

하지 않기 때문"이다. 그렇다면 (3)의 niśchidra는 삼매가 사유에 의하여 방해받음이 없이 작동하는 것을 나타내며, (4)의 anābhoga는 이전의 수행의 힘에 의해 작의가 인위적 노력없이 진행되는 것을 보여줄 것이다. 수소성지의 설명은 4종 작의를 사성제의 인식과 관련시키지만, 이에 비해 4종 작의를 전적으로 9종 心住(cittasthiti)에 배대하는 『성문지』(2021: 349f)의 해석도 보인다.

24 samasamālambyālambakaṃ jñānam. 한역 能緣所緣平等平等智. 이 용어는 『성문지』(ŚrBh 495,15-500,10; Ch. 475a6-c26)에서 출세간도에 따른 勝解作意의 설명에서 나타난다. 『성문지』는 승해작의를 순결택분에 대응시킨다. 그중에서 특히 忍의 단계에서 요가행자는 현관을 장애하는 거친 형태의 我慢(asmimāna)을 제거하기 위해 심상속을 4제 16행상의 방식으로 관찰하며, 그때 그에게 能緣所緣平等平等智가 생겨난다. 이런 인식에 의해 열반에 대해 기뻐하는데 장애가 되는 거친 형태의 我慢의 현행이 제거된다. 『성문지』는 下忍에 속하는 능연소연평등평등한 智를 煖으로, 中忍에 속하는 능연소연평등평등한 智를 頂으로, 上忍에 속하는 능연소연평등평등한 智를 順諦忍(satyānulomaḥ kṣāntiḥ)이라 부른다. 수소성지의 기술은 『성문지』의 설명방식과 비슷하게 능연소연평등평등한 智를 견도 이전에 배정하고 있다고 보인다. 반면 AS 66,4 (= ASBh 76,20)에서 samasamālambyālambakaṃ jñānam은 견도의 두 번째 특징으로서 제시되며, MSg III.9에서는 무분별지의 이해에 적용되고 있다. 이에 대해서는 Schmithausen 1983: 261f 참조.

실재하는 분별에 의해 만들어진 동요와 심의 부적정함이다. (ii) 인식되어야 할 사태에 대한 전도이다. 그 [양자]의 장애의 대치에 의해 바로 2종으로 심의 인식대상과의 관련성이 있다고 알아야 한다. (i) 첫 번째 것의 대치로서 수식관이 있다. (ii) 두 번째 것의 대치로서 [사]념처가 있다.

이와 같은 것이 인식대상의 측면에서 심의 안주라고 알아야 한다.

(4) 다섯 욕망의 대상들은 성스러운 법과 율에 대해 그와 같이 수행하는 자의 인식영역이 아니다. 만일 이러저러한 음식 및 또 좌구와 와구에 대해 만족하는 자는 계속해서 생겨나는 이득과 명예를 제압한다. 즉, 다섯 욕망의 대상들을 조건으로 해서 그에게 이득과 명예는 일어나지 않으며, 그의 심을 제거한 후에(paryādāya) 주한다. 이런 한에서 그는 어떤 인식영역도 갖지 않으며, 제거했다. 그와 같이 인식영역의 비존재를 제외한 후에 바로 저 [사]념처들과 관련해서 밤낮으로 끊음에 대해 기뻐하고 수습에 대해 기뻐한다. 또 적시에 심을 염리하기 위해 자신의 실패와 성공 양자를 작의한다. 붓다에 대한 수념 등은 심을 환희하게 하기 위해서이다. 그와 같이 심은 성스러운 가문에 주하는 것이다.

이처럼 이것이 심의 안주를 위한 자량이라고 알아야 한다. 주로 正斷을 위한 수행도를 주제로 하기 때문이다.

(5) 그가 그와 같이 자량에 안주할 때 요가의 작의의 가행을 위해 두 개의 가행의 방편이 있다. 두 개란 무엇인가? (i) 스스로 경 등의 법의 요약에 관해서 작의를 행하기 때문에 온 등의 사태에 대한 능숙함이 있는 것이다. (ii) 타인인 스승의 설명에 관해서 적시에 교수와 교계를 취하기 위해 스승에 의거한다. 즉, 대사나 궤범사, 또는 친교사에 의거한다. (iii) 바른 가행의 작의가 세 번째 방편이라고 알아야 한다.

그중에서 이것이 올바른 가행의 작의이다. 올바른 가행이란 이 맥락에서 계의 청정이며, 그 [계의 청정]을 작의하는 것이라고 설해진다. 그가 저 계의 청정을 작의할 때, 후회가 없다. 후회가 없는 자에게 환희가 있으며 내지 심의 안주가 있다. 따라서 올바른 가행의 작의도 심의 안주를 위한 방편이라고 설해진다.

이와 같은 것이 방편의 측면에서 신속하게 심의 안주라고 알아야 한다.

이 다섯 가지 이유에 의해 또 포섭된 이 20가지 행상들에 의해 그의 심이 갈애의 다함과 소멸, 열반에 편안히 안주했을 때, 또 그의 심이 '그 경우에 나와 나에 속하는 것은 어떻게 되지?'라는 두려움 때문에 퇴환하지 않을 때, 그는 [4]제를 현관한 자라고 설해진다.

실로 이것이 [4]제의 현관의 의미의 상세함이라고 알아야 한다.

7.2. 장애의 제거 (394a15)

그중에서 장애의 제거란 무엇인가?

7.2.1. 11종의 장애

11종의 장애는 두 가지 점에 있다. 요약하면 두 가지 장애는 행위에 포함된 것과 주함에 포함된 것이다.

7.2.1.1. 행위에 속한 장애

그중에서 행위에 속한 장애는 (1) 무리에 주하는 성스런 성문이 계속 생겨나는 승가의 일들과 관련하여 선품을 버린 후에 빨리 무리와 만나는 것, (2) 걸식하는 자로서 주하는 자가 두 가지 면에서 음식에 대해 중히 여기는 것, (3) 의복과 발우 등의 일과 의무(itikaraṇīya)를 행하는 자가 그것을 즐기는 것, (4) 독송을 행하는 자가 이야기를 즐기는 것, (5) 밤에 승원에 있는 자가 잠을 즐기는 것, (6) 낮에 승원에 있는 자가 왕과 도적 등의 염오된 담론을 즐기는 것, (7) 어떤 곳에서 친척 등이나 친밀한 자들이 얘기하고 있을 때 그곳으로부터 떨어지기를 싫어하는 것이다. 즉, 그들과의 만남과 관련해 오랫동안 익숙해졌기 때문에 친구와 함께 주함을 좋아하는 것이다. 이것이 행위에 속한 장애라고 설해진다.

7.2.1.2. 주함에 속한 장애 (394a25)

주함에 속한 장애란 무엇인가? 은거한 자가 샤마타와 비파샤나를 수습하는 것을 요약해서 주함이라 한다. 샤마타와 비파샤나와 관련해 4종의 장애가 있다고 알아야 한다. 즉, 비파샤나의 지분과 상응하지 않는 것, 샤마타의 지분과 상응하지 않는 것, 그 양자에 속한 정념과 상응하지 않는 것, 처소와 상응하지 않는 것이다.

(1) 스스로 현명하다고 간주하기 때문에 타인으로부터 정법을 청문하지 않는 것이 비파샤나의 지분과 상응하지 않는 것이다. (2) 신구의의 작용이 안정되지 않은 자는 무익하게 반복해서 계를 범하기 때문에 후회에서부터 내지 심주를 얻지 못하기 때문에 샤마타의 지분과 상응하지 않는 것이라고 알아야 한다. (3) 정념의 상실 때문에 도거와 침몰 등의 수번뇌들에 의해 마음이 보호되지 않는 것이 그 양자에 속한 정념과 상응하지 않는 것이라고 알아야 한다. (4) 5종의 단점과 결합된 조구와 와구를 사용하기 때문에 처소와 상응하지 않는 것이라고 알아야 한다.

낮에는 주로 축축함(kleda)과 밤에는 물림과 모기 등의 고통을 접촉하고, 많은 두려움과 많은 불행, 작고 좋지 않은 생활필수품, 악한 친구에 둘러싸임, 선우의 결핍이 처소에 속한 장애라고 설해진다.

7.2.2. 장애의 제거 (394b11)

2종 장애는 요약하면 두 가지 원인에 의해 제거된다고 알아야 한다. 삼매의 낙에 자주 주함에 의해, 또 간택을 자주함에 의해서이다.

(1) 그중에서 삼매의 낙에 자주 주함에 의해서란 요약하면 6종 원인에 의해서이다. 만일 삼매의 낙을 얻었지만 삼매를 완성시키지 못했고 삼매의 자재를 얻지 못했다면, 샤마타의 능숙함과 흥분의 능숙함, 평정의 능숙함을 행하는 그에게 삼매에 대한 낙을 자주 반복함과 삼매의 자재의 획득이 있다. 반면에 만일 그가 삼매를 완성했고 삼매의 자재를 획득했다면, 삼매의 능숙함과 삼매에 주함

의 능숙함, 삼매로부터 출정함의 능숙함을 행하는 그에게 삼매에 대한 낙을 자주 반복함이 생겨난다.

(2) 간택을 많이 한다는 것은 무엇인가? 선한 지혜가 간택이라고 설해진다. 그는 저 지혜를 통해 밤낮으로 자신의 선법의 증대를 여실하게 알고, 자신의 불선법의 증대를 여실하게 안다. 선법의 손실을 여실하게 알고, 불선법의 손실을 여실하게 안다. 밤낮으로 행하고 주하는 그가 의복과 음식 등의 생활을 영위하는 수단들에 몰두할 때 불선법들은 증대하고 선법들은 줄어들거나 또는 선법들은 증대하고 불선법들은 줄어든다. 그는 이것도 여실하게 안다. 바로 저 간택에 의지한 후에 계속해서 생겨나는 불선한 법들을 집착하지 않는 방법으로 쫓아내고 물리치고 제거하며, 또 선법들을 수습한다.

이 두 개의 처소에 속한 10종의 능숙함에 의해 두 개의 처소에 속한 11종의 장애들이 끊어지며, 계속 생겨나는 [장애]들은 제거된다. 이것이 장애의 제거라고 설해진다.

실로 이것이 장애를 제거하는 의미의 상세함이라고 알아야 한다. 이것보다 상위의 것은 없고 이것보다 뛰어난 것은 없다.

7.3. 뛰어난 인식을 위한 작의 (394c2)

현관한 후에 신속히 뛰어난 인식(abhijñā)을 위해 환희의 사태를 작의한다는 것은 무엇인가? 실로 그와 같이 [사]제를 보았던 저 성제자는 인지될 수 있는 맑은 믿음을 얻었다. 그는 저 인지될 수 있는 맑은 믿음에 의지한 후에 불법승과 功德田을 작의하기 때문에 환희를 일으킨다. 스스로 광대하고 뛰어난 것과 관련해서 심신복합체에 있어서 재물과 증득의 성공을 작의하기 때문에 환희를 일으킨다. 질투없음과 관련하여 자신에 있어서와 같이 타인들에 있어서도 마찬가지다. 報恩과 관련하여 은혜를 받은 자는 설하는 자의 은혜를 수념하기를 작의하기 때문에 고통의 제거와 그 원인 및 낙의 초래와 그 원인과 관련해서 환희를 일으킨다. 수습의 도와 상응하는 환희의 사태에 대한 작의는 신속히 뛰어난 인식을 위한 것이다. 실로 이것이 수습의 도와 상응하는 환희의 사태에 대한 작의가 지닌 상세한 의미라고 알아야 한다. 이것보다 상위의 것은 없고 이것보다 뛰어난 것은 없다.

7.4. 修道 (Ch. 394c14)

그와 같이 획득된 수행도의 수습이란 무엇인가? 이와 같이 광대하고 죄를 여읜 환희에 의해 그 마음이 적셔진 자가 구경으로 가는 것에 대해 현재 극히 희구하는 마음이 되는 것이다. 그와 같이 희구하는 자에게 '언제 나는 성자 아라한들이 그것을 갖춘 후에 주하는 저 [성자의] 영역을 나는 언제 갖춘 후에 주할 것인가?'라는 출리의 욕구가 빈번히 현행하게 된다. 그와 같은 욕구가 생겨난 그는 37보리분법들을 수습하기 위한 노력을 행하면서 항시 또 주로 노력에 착수한다.

그는 그와 같이 용맹정진하면서 재가자와 출가자들과 섞여서 주하지 않는다. 또한 그는 낡은(prānta) 좌구와 와구에 익숙하며, 그의 마음은 [좌구와 와구의 낡음과] 멀리 떨어져 있다. 또한 그는 그와 같은 욕구를 일으키고, 용맹정진하고, [세간과] 떨어져 있으면서, 만족하지 않는다. 즉, 작은 특별한 증득에 만족하지 않고 선법들을 갖고 높은 단계보다 더 높고, 탁월한 것보다 더욱 탁월한 영역을 희구하는 모습을 갖고 주한다. 그는 이러한 네 가지 법들을 갖고 수습의 도를 포섭하고 매우 잘 포섭한다.

이런 4종 수습의 도에 의지한 후에 먼저 그에게 환희는 앞에서 설한 것과 같은 환희의 사태에서 생겨난다. 또한[25] 번뇌의 끊음과 특별한 획득을 증득했기 때문에 그의 희열도 수습을 완성시키게 된다. 수습에 의해 제거되어야 할 번뇌와 추중을 떠났기 때문에 그에게 경안이 있다. 또 경안에서 생겨난, 신체적이고 심리적인 청량함의 수습을 도와주는 것이 수습을 완성시키게 된다. 또 그의 유학

---

25 한역(394c26f)에는 彼於爾時 修得圓滿最極損減方便道理라는 문장이 덧붙여져 있다.

에 속한 삼매는 금강과 같은 [삼매]의 끝에 이르렀기 때문에 수습을 완성시키게 된다. 이것이 그와 같이 획득된 도의 수습이라고 설해진다.

실로 이것이 그와 같이 획득된 도의 수습의 의미의 상세함이라고 알아야 한다. 즉, 4종 법들에 의지한 후에 다섯 수습의 완성이 있다. 이것보다 상위의 것은 없고 이것보다 뛰어난 것은 없다.

7.5. 극히 청정한 도의 획득 및 결과의 공덕 (Ch. 395a6)

극히 청정한 도의 획득 및 결과의 공덕이란 무엇인가?

(1) 고와 낙, 불고불락의 상태라는 세 가지 상태들 속에서 범부와 유학 두 사람에게 주로 위력이 있는 잠재적인 번뇌가 취착이라는 잡염에 속하고 또 행이라는 잡염에 속한 것이라는 2종 잡염에 속한 것을 분출시키는 것이다. 그리고 번뇌는 저 두 잡염에 속한 것을 끊은 후에 법과 율에 들어오는데 장애를 일으킬 수 있다. 오랫동안 마음에 들어왔고 또 다양한 고통을 생기시키는 이 번뇌들을 남김없이 끊는 것이 극히 청정한 수행도의 결과라고 설해진다.

(2) 10종 無學의 지분에 포섭된 계·정·혜·해탈·해탈지견의 5종 무학이 극히 청정한 도라고 설해진다. 그가 극히 청정한 도를 얻었을 때 10종의 단점을 버리고 성자의 처소에 주하게 된다. 10종의 단점이란 무엇인가?

(i) 외적으로 욕망의 대상들과 관련한 비탄과 우수, 고통과 심적 우울, 번민이라는 고고성(苦苦性)과 결합한 단점이다. (ii) 내적인 것과 관련해 근을 보호하지 않는 단점이다. (iii) 마치 근을 보호하지 않은 자에게 비탄 등이 일어나듯이, 낙과 주함에 있어 애착의 단점이다. (iv) 행위와 주함에 있어 방일의 단점이다. (v-vii) 외부의 비불교도들과 공유하지 않는, 진실하지 않은 견해를 일으키는, 오직 그들만의 말과 심사, 추구라는 세 가지 단점들이다. (viii) 정려에 의거함의 극한에 이른 단점이다. (ix) 연기에 포섭된 취착이라는 잡염에 속한 것을 일으키는 단점이다. (x) 행이라는 잡염에 속한 것을 일으키는 단점이다.

이와 같이 10종의 단점과 결합하지 않은 최후의 신체를 가진 자는 두 번째 심신복합체를 일으키지 않으며, 최고의 적정한 열반 속에 온전히 안주한다. 有頂(bhavāgra)에서 재생한 모든 유정들과 관련하여 모든 유정들의 최고의 상태를 얻었다. 따라서 성자의 처소에 주한다고 설해진다. 또한 10종의 단점을 버린 성자의 처소에 주하는 것이 공덕이라고 설해진다.

그것의 결과와 극히 청정한 도, 장점 모두를 하나로 압축한 후에 결과의 공덕 및 극히 청정한 도의 획득이라고 설해진다. 결과의 공덕 및 극히 청정한 도의 의미의 상세함은 바로 앞에서 설했던 측면들에 의해 알아야 한다. 이것보다 상위의 것은 없고 이것보다 뛰어난 것은 없다.

(3) 그가 이와 같이 최고의 무학이라는 성자의 성질을 얻었을 때, 그 [무학]이라는 성자의 성질과 상응하는 심은 5종 욕망의 대상들에 대해 완전히 외면한다. 왜냐하면 저 [무학의 심]은 이숙하지 않기 때문에 다른 곳에서 [재생을] 잇지 않는다. 반면에 비록 끊어졌어도 현행하고 있는 저 세간적인 심은 소멸한다. 번뇌의 길과 후유로 이끄는 업의 길은 현재에 그에게 단절된다. 또 그것이 단절되었기 때문에 고통의 길도 원인의 소멸과 결과의 소멸에 의해 미래에 작동하지 않는다. 바로 이것이 고통의 끝이다. 이것보다 상위의 것은 없고 이것보다 뛰어난 것은 없다.

[사]제의 현관, 장애의 제거, 신속히 뛰어난 인식을 위한 즐거운 사태의 작의, 그와 같이 획득된 수행도의 수습, 결과를 수반한 이로움과 극히 청정한 수행도의 획득이 모든 종류의 출세간적 청정이라고 설해진다.

실로 이것이 설해진 대로의 측면들에 의해서 모든 종류의 출세간적 청정의 이익의 광대함이라고 알아야 한다. 이것보다 뛰어난 것은 없고 이것보다 우수한 것은 없다.

앞서 설명된 모든 종류의 세간적 청정과 모든 종류의 출세간적 청정을 하나로 압축한 후에 수습의 결과(bhāvanāphala)라고 설한다.[26]

이와 같이 [앞에서] 설한 수습의 토대, 이와 같이 설해진 수습의 원인, 이와 같이

설해진 요가의 수습, 이와 같이 설해진 수습의 결과가 수소성지라고 설해진다.[27]

유가사지론에서 수소성지를 끝냈다.

26 이 문장은 7개의 지분들 중에서 마지막 두 지분들이 4종 분류에 따라 수습의 결과에 포함됨을 설명한 것이다.

27 이 문장은 앞부분에서 설한 네 가지 점에 의한 수소성지의 포섭을 결론지은 것이다.

제13장

聲聞地 Śrāvakabhūmi

(Ch. 395c6-477c1)[1]

1 『성문지』 전체가 안성두(2021)에 의해 번역, 출판되었기 때문에 여기에 포함시키지 않았다.

제14장

獨覺地 Pratyekabuddhabhūmi

(Ch. 477c2)

독각지(pratyekabuddhabhūmi)[2]란 무엇인가?

그것은 5종이라고 알아야 한다. 종성의 측면에서, 도의 측면에서, 증득의 측면에서, 주함의 측면에서 그리고 행위의 측면에서이다.

1. 독각의 종성이란 무엇인가? 그것과 관련해 세 가지 특징이 있다고 알아야 한다.

(1) 본성적으로 독각들은 바로 이전에 깨달았기 때문에 때가 적은 종성(mandarajaskagotra)[3]을 갖게 된다. 이 때문에 이들은 윤회로 심을 향하지 않고 홀로 즐기는 상태로 나아간다.

(2) 본성적으로 독각들은 바로 이전에 깨달았기 때문에 비심이 작다. 그 때문

---

2 독각지의 번역은 Yonezawa(1998)의 편집본에 의거했다.

3 mandarajaska("때가 적은 자")는 ŚrBh II.(『성문지』 2021: 190)에서 28종의 개아의 나열에서 아홉 번째로 나열되며, 단지 강한 사태에 대해서만 탐심을 일으키지 중간 정도의 사태나 약한 사태에 대해서는 탐심을 일으키지 않는 사람으로 제시된다. 그리고 ŚrBh II.의 다른 곳에서(『성문지』 2021: 316-319) 그의 특징은 "매우 신속하게 심의 안주를 획득하는 자"로서 (i) 덮여지지 않고, (ii) 처음부터 청정하며, (iii) 자량을 갖추고 있으며, (iv) 맑은 믿음이 많고, (v) 현명하고, (vi) 복덕을 갖추고 있고, (vii) 공덕을 갖추고 있는 것으로 제시하면서 이를 상세히 설명하고 있다.

에 이들의 심은 중생의 이익을 행하는 법의 교설로 나아가지 않고, 작은 열의를 갖고 주하는 상태로 나아간다.

(3) 본성적으로 독각들은 바로 이전에 깨달았기 때문에 중급의 감각능력을 갖고 있으며,[4] 만심을 갖고 행동하는 부류이다. 그 때문에 그들은 스승도 없고 적도 없는 깨달음을 희구한다.

2. 독각의 수행도도 세 가지 특징을 갖고 있다고 알아야 한다.

(1) 여기서 어떤 자가 독각의 종성 속에 안주하면서 백겁 동안 붓다께서 세상에 출현하기를 열망하고(ārāgayati)[5], 그것과 관련해 심상속을 성숙시켰다. 즉, 온의 선교와 처의 선교, 계의 선교, 연기의 선교, 처비처선교(sthānāsthāna-kauśalya),[6] 그리고 [사성]제의 선교를 미래에 독각의 보리를 위해 행했다. 이것이 첫 번째 독각의 수행도이다.

(2) 또는 여기서 어떤 자가 붓다의 출세를 바란 후에 바른 사람과의 만남, 정법의 청문, 여리작의에 의거해서 이전에 일어나지 않았던 煖·頂·忍의 순결택분의 선근들을 일으키고 산출하지만, 그러나 그 생에서 법의 현관(現觀)을 행하거

---

4 『보살지』(BoBh 3,1f)에서 보살은 상급의 감각능력을, 독각은 중급의 감각능력을, 성문은 하급의 감각능력를 갖고 있다고 설해진다. 『성문지』(2021: 75)는 중급의 감각능력을 가진 자는 인식되어야 할 사태인 인식대상에 대해 그의 근들이 극히 둔하게 진행하지는 않지만, 信·根·念·慧·定에 의해 법(dharma)이나 義(artha)에 통달할 수 있거나 또는 진실을 신속히 통달할 수 있는 중간정도의 능력과 힘을 가진 자라고 말한다.

5 BHSD s.v. ārāgayati. 여기서 (1) "attains, ges, acquires" (2) "propitiates, gratifies, pleases".

6 처비처선교란 타당한 경우나 타당하지 않은 경우에 대한 능숙함을 의미한다. 「섭결택분」(T30: 613a10f)에서 처와 비처는 다음과 같이 정의된다. "처(sthāna)란 무엇인가? 이러저러한 사태에 대해 도리와 모순되지 않은 것이다. 비처(asthāna)란 무엇인가? 이러저러한 사태에 대해 도리와 모순된 것이다." 『성문지』(2021: 244; ŚrBh 249,4ff)는 처비처선교를 특수한 형태의 연기선교라고 하면서 그 차이를 다음과 같이 설명한다. "處와 非處에 대한 선교란 바로 특수한 [형태의] 연기에 대한 선교라고 알아야 한다. 그 차이는 다음과 같다. 처와 비처에 대한 선교에 의해서 그는 [사태가] 균등하지 않은 원인을 가졌음을 안다. 선업과 불선업들의 결과의 이숙이 있다. 선업들은 원하는 결과의 이숙을 갖지만, 불선업들은 원하지 않는 [결과의 이숙을] 가진다." ASBh 98,26ff에서 두 선교의 차이는 연기선교가 제법이 다른 원인으로부터 생겨난다는 확실성과 관련되는 반면에, 처비처선교는 어떤 결과 어떤 원인으로부터 가능한지 또는 가능하지 않은지에 대한 앎과 관련된다는 데 있다.

나 또는 사문과를 획득할 능력은 없다. 그는 미래에 법의 현관과 사문과의 증득에 이를 때까지 온에 능숙하고, 처에 능숙하며, 계에 능숙하고, 연기에 능숙하며,[7] [사성]제에 능숙하다. 이것이 두 번째 독각의 수행도이다.

(3) 또는 여기서 어떤 자가 붓다의 출세를 바란 후에 바른 사람과의 만남, 정법의 청문, 여리작의에 의거해서 법의 현관을 행하고 사문과를 획득하지만, 그러나 모든 방식으로 모두 극도의 구경에 이른 상태, 극도의 때를 여읜 상태, 극도의 범행을 완성한 상태인 아라한의 상태를 얻을 능력은 없다. 그는 출세간의 수행도에 의해 극도의 구경에 이른 상태와 극도의 때를 여읜 상태, 극도의 범행을 완성한 상태인 아라한과를 얻기 위해 온에 대해 선교하고, 처에 대해 선교하고, 계에 대해 선교하고, 연기에 대해 선교하고, 그리고 [사성]제에 대해 선교한 자가 된다. 이것이 세 번째 독각의 수행도이다.

3. 증득의 측면에서: 여기서 어떤 자가 첫 번째 독각의 수행도에 의해 백겁 동안 자량을 완성시켰다. 백겁이 지날 때까지 붓다의 출세가 없다면 스승 없이 37보리분법들을 수습한 후에 독각의 보리를 깨닫고 또 모든 번뇌를 끊은 아라한의 상태를 촉증한다.

여기서 어떤 자가 두 번째와 세 번째 독각의 수행도에 의해 그 인연 때문에 다만 제불의 출세가 없을 때에만 스승 없이 37보리분법들을 수습한 후에 법의 현관을 행하고 내지 아라한의 상태를 획득한다. 또는 사문과를 획득한(anuprāpta-śrāmanaphalo vā)[8] 그는 극도의 구경에 이른 상태, 극도의 때를 여읜 상태, 극도의 범행을 증득한 상태인 최고의 결과로서의 아라한의 상태를 획득한다.

그중에서 첫 번째 증득에 의해 독각은 인각(麟角)에 비유(khaḍgaviṣānakalpa)

---

7 두 번째와 세 번째 독각의 수행도에서는 첫 번째 수행도에서 언급된 처비처선교가 빠져있다.

8 Ed. anuprāptaśrāmanaphalaṃ vā. 그러나 이 복합어는 독각을 수식하는 형용구로서 문장에서 목적격이 아닌 주격의 역할을 해야 한다고 보인다.

된다.[9] 두 번째와 세 번째 증득에 의해 승리자(pratyekajina)가 되지만 인각에 비유되지는 않는다.

4. 주함의 측면에서: 인각에 비유되는 독각은 홀로 즐기는 자로서 홀로 주하고, 심원한 승해를 갖고 있으며, 심원한 연기를 최고로 반성적 관찰하며, 공성과 무원, 무상에 대한 작의에 머물고 있다.

그중에서 두 번째와 세 번째의 두 개의 증득에 의해 승리자는 한결같이 홀로 즐기거나 홀로 주하지 않고, 무리들과 [함께] 머무는 자(vargavihārin)가 된다. 그에게 있어 나머지 주함은 인각에 비유되는 [독각]와 같다.

5. 행위의 측면에서: 그들은 바로 모든 마을이나 촌락에 의거해서 주한다. 그들은 잘 보호된 신체에 의해 보호받는 근들을 갖고, 잘 확립된 정념을 갖고 바로 그 마을이나 촌락에 탁발하러 들어간다. 그렇지만 그들은 하열하고 가난한 자들에 대해 연민심을 갖고 있으며, 말이 아니라 몸으로 연민을 행한다. 왜냐하면 그들의 법의 교설은 신체적인 것이지 말에 속한 것이 아니기 때문이다.[10] 그들은 증오심을 가진 자들로 하여금 물러나게 하기 위해 여러 종류의 신통력의 영역을 보여준다. 그들 모두는 한결같이 적정으로 가는 자들이라고 알아야 한다.

독각지를 끝냈다.

---

9 AKBh 183,6ff (T29: 120c-121a)에 2종의 독각이 설명되어 있다. Yonezawa는 khaḍgaviṣānakalpa의 어원으로 AKVy 337, 30-32를 제시한다. yathā khaḍgaviṣānā advitīya bhavanti, evaṃ te gṛhasthapravrajitaiḥ anyaiś ca pratyekabuddhā (Text: pratyekabuddhai) asaṃsṛṣṭvihāriṇa iti. khaḍgaviṣānakalpā ity ucyate. ("마치 두 개의 뿔이 없는 인각처럼, 저 독각들은 다른 재가와 출가자들과 함께 섞여 주하지 않는다. 따라서 인각의 비유라고 설해졌다.").

10 Yonezawa는 관련된 내용을 보여주는 Divya 313을 제시한다. kāyikī teṣāṃ mahātmanām dharmadeśanā na vācikī.

제15장

菩薩地 Bodhisattvabhūmi

제4장 眞實義品 (Tattvārtha-paṭala)[1]

1. 진실인 대상

진실인 대상(眞實義, tattvārtha)[2]은 무엇인가?

1.1. 2종의 진실

요약하면 2종이다. 법들이 존재하는 방식에 관하여 법들의 진실성(如所有性)

---

1 본 번역에서는 『보살지』 중에서 제1유가처 제4장 <眞實義品>만을 포함시켰다. 왜냐하면 이미 『보살지』 전체에 대한 번역이 안성두에 의해 2015년 출판되었기 때문에 중복해서 『유가론』 번역에 포함시킬 필요가 없었기 때문이다. 그렇지만 여기서 <진실의품> 번역을 특별히 포함시킨 이유는 이 부분이 『보살지』 전체 중에서 철학적이고 수행론적 맥락에서 가장 중요한 내용을 보여주기 때문이다. 주지하다시피 <진실의품>은 유식사상에서 tattva가 어떻게 이해되고 있는지를 처음으로 체계화시켜 보여주고 있다. 여기서 비록 삼성(trisvabhāva)의 용어가 언급되지는 않는다고 해도, 그 선행적인 사상이 vastu 형태로 나타나며, 나아가 이 부분은 「섭결택분」 중에서 선택적으로 번역해서 포함시킨 <五事章>과 깊은 관련이 있다는 점에서 양자의 대조가 필수적이기 때문이다. <오사장>은 <진실의품>에 대한 일종의 주석이라는 점에서 초기유식사상에서 언어와 실재의 관계를 이해하기 위한 출발점이 된다. 이하의 번역은 기본적으로 『보살지』(2015)에 따랐지만, 불분명한 번역이나 오역은 수정했고, 각주도 보충했다.

2 복합어 tattvārtha가 tatpuruṣa가 아니라 karmadhāraya로 풀이되어야 한다는 것에 대해서는 이길산 2020 참조.

과, [법들이] 존재하는 한도에 관하여 법들의 전체성(盡所有性)이다.[3] 그러므로 법들의 진실성과 전체성을 통틀어서 진실인 대상이라고 알아야 한다.

1.2. 4종의 진실

또한 그 진실인 대상은 분류하면 4종이다. 세간에서 인정된 것, 도리에 의해 인정된 것, 번뇌장이 청정해진 지의 영역과, 소지장이 청정해진 지의 영역이다.

1.2.1. 세간에서 인정된 진실

그중에서 [세간에서 인정된 진실이란 무엇인가?][4] 모든 세간 사람들은 어떤 사태에 대해 언어약정(saṃketa)과 상식(saṃvṛti), 관습(saṃstavana)과 전승(āgama)을 이해하는 인식에 의해 동일한 견해를 가진다. 예를 들면 地에 대해 바로 地로서 [이해하고], '이것은 불이 아니다'고 하는 것이다. 地에 대해서와 마찬가지로 火, 水, 風, 색, 성, 향, 미, 촉, 음식, 음료, 탈 것, 옷, 장식구, 생활도구, 향료, 화환, 도향, 가무, 노래, 악기, 광채, 남녀 집사, 밭, 시장, 집이라는 사태에 대해서도 이와 같다. 고통과 즐거움에 대해 '이것은 고통이고 즐거움이 아니다. 이것은 즐거움이고 고통이 아니다'고 하는 것이다. 요약하면 '이것은 이것이고, 저것이 아니다, 이것은 이와 같고 다른 것이 아니다'고 하는 결정된 확신의 영역이다. 그 사

---

3 여기서 2종의 진실로서 여소유성(yathāvadbhāvikatā)과 진소유성(yāvadbhāvikatā)이 제시되고 있지만, 이 새로운 개념에 대한 어떠한 정의나 설명이 없기 때문에 이것들은 다른 텍스트에서 차용된 것이라 보인다. 이 개념들은 『성문지』(ŚrBh II. 의 '所緣' 항목에서 인식대상의 맥락에서 설해지고 있어 이 텍스트에서 인용되었을 것이다. 거기서 양자는 사태의 구극성(vastuparyantatā)으로서, 진소유성은 "그것을 넘어선 다른 것은 존재하지 않는 것으로서, 색온, 수온, 상온, 행온, 식온이라고 5종 법들에 의해 모든 유위의 사태를 포섭하는 것이며, [18]계와 [12]처에 의해 일체법을 포섭하는 것이다. 또 사성제에 의해 일체 인식되어야 할 사태를 포섭하는 것"으로 정의되며, 여소유성은 "인식대상의 진실성인 진여이며, 觀待道理와 作用道理, 證成道理와 法爾道理라는 4종 도리(yukti)에 의해 도리를 갖춘 상태"로 정의된다. 따라서 이 맥락에서 法은 붓다나 불교에서 인정된 가르침(Dharma)을 가리킨다.

4 세 개의 한역(현장: 486b16; 담무참: 892c24; 구나발마: 968a29) 및 다른 진실의 설명에 나오는 표현에 따라 보충했음.

태는 모든 세간 사람들에게, 서로 공유하는 관념(想)에 의해 스스로의 분별에 의해 인정된 것이지, 사고한 후에, 계량한 후에, 관찰한 후에 취해진 것이 아니다. 이것이 세간에서 인정된 진실이다.

1.2.2. 도리에 의해 인정된 진실

도리에 의해 인정된 진실이란 무엇인가? 현량과 비량, 성언량에 의지하여 지혜로운 자, 논리적 의미에 능통한 자, 총명한 자, 논변가, 사변가, 논변에 속한 단계(bhūmi)에 머무는 자, 스스로 변재를 얻은 [단계에 머무는 자], 범부위[에 머무는 자], 사변에 따라서 행하는 [단계에 머무는 자]들의 잘 인식되고[5] 잘 결정된 智의 영역이며, 명백한 증거에 의한 증명이라는 도리(證成道理)[6]에 의해 확정되고 [개념적으로] 확립된 인식되어져야 할 사태(jñeyaṃ vastu)[7]이다.[8] 이것이 도리에 의해 인정된 진실이라 불린다.

1.2.3. 번뇌장이 청정해진 지의 영역인 진실

번뇌장(kleśāvaraṇa)이 청정해진 지의 영역인 진실은 무엇인가? 무루지와, 무루지로 이끄는 것과, 무루 이후에 얻은 세간지에 의한 성문, 연각들의 영역이고

---

5 BoBh에는 suvidita가 누락되었으나 BoBh(D)와 티벳역에 따라 보충하여 번역했다.

6 證成道理(upapattisādhanayukti)에 대해서는 Yoshimizu 1996 참조. 서정주(2019)에서 유식학파 문헌에 나오는 이 개념에 대한 선행연구들이 잘 정리되어 있다.

7 여기서 所知事(jñeyaṃ vastu)는 생활세계에서 접하는 사물들이 아니라 앞에서 여소유상과 진소유성의 두 가지 진실의 제시에서 함축되었듯이 붓다의 가르침으로서의 교법일 것이다. 『성문지』(ŚrBh 193,13-194,6; 『성문지』 2021: 207)는 인식대상(ālambana)에 대한 설명 중에 소지사란 不淨이나 자애, 緣性緣起, 계의 구별, 입출식이며, 또 온선교, 계선교, 처선교, 하지의 거침과 상지의 적정함, 그리고 사제라고 말한다. 그중에서 不淨에서 입출식까지 소위 五停心觀은 행위를 정화시키는 인식대상(淨行所緣)이고, 온의 선교와 처의 선교, 계의 선교는(§3.3) 능숙한 인식대상(善巧所緣)이며, 下地의 거침과 上地의 적정함 및 4제는 각기 세간도와 출세간도에 따른 번뇌를 정화시키는 인식대상(淨惑所緣)이다. 이것들은 수행자의 기질에 적합한 인식대상으로서 相稱所緣(anurūpam ālambanam)이라 한다. 다만 사성제는 이하에서 명시적으로 '번뇌장이 청정해진 지의 영역인 진실'에 해당되기 때문에 도리에 의해 인식되어야 할 소지사에 포함되지 않을 것이다.

8 『보살지』(2015: 78)의 오역을 수정했다.

대상이다. 이것이 번뇌장이 청정해진 지의 영역인 진실이라 불린다. 그 인식대상에 의해 번뇌장으로부터 지가 청정해지며, 또한 미래에 장애가 없는 상태에 머문다. 그러므로 번뇌장으로부터 청정해진 지의 영역인 진실이라 불린다.

그런데 그 진실이란 무엇인가? 사성제(四聖諦), 즉 고·집·멸·도이다. 이들 사성제를 미세하게 고찰(伺察)한 자에게, 그리고 이미 증득된 [사성제]에 대해 증득한 자에게 그 지가 발생한다. 또한 그 [사성]제의 현관(abhisamaya)은 [오]온만을 지각하고, 아트만을 [오]온과 별개인 다른 대상으로서 지각하지 않는 성문과 연각들이 조건지어 생겨난(緣已生) 제행의 생멸과 결합한 혜(慧)를 갖고, 온과 분리된 개아의 비존재에 대한 인식을 반복수습하기 때문에 생겨난다.[9]

1.2.4. 소지장이 청정해진 지의 영역인 진실

소지장(jñeyāvaraṇa)이 청정해진 지의 영역인 진실은 무엇인가? 인식대상에 대한 지의 막힘이 장애(āvaraṇa)라고 불린다. 그 인식대상의 장애로부터 벗어난 지의 영역과 대상이 소지장이 청정해진 지의 영역인 대상이라고 알아야 한다.[10]

그런데 그 [진실]이란 무엇인가? 모든 법이 언어표현될 수 없는 본질을 갖고 있다는 사실과 관련해서 보살과 불세존들은 가설된 언어가 자성을 갖고 있다고 분별하지 않는 것과 같은[11] 지에 의해-그 지가 이미 이해되었거나 또는 극히

---

9 여기서 번뇌장이란 성문과 연각들의 영역이며 진실이라고 명시하면서, 그 진실은 사성제이며, 그것의 인식이 개아의 비존재에 대한 앎으로 이끈다고 말하고 있다. 여기서 비록 인무아(pudgalanairātmya)라는 용어가 사용되지 않지만 이를 가리키고 있는 것은 분명하다.

10 인식대상에 대한 지의 장애는 여기서 개아의 존재에 대한 집착이 문제되는 것이 아니라 알아야 할 것에 대한 무지는 불세존의 영역인 소지장(jñeyāvaraṇa)으로서 문제되고 있음을 보여준다. 이평래(2004: 5-8)는 舟橋尙哉를 인용하면서 所知障이란 용어가 『阿毘達磨大毘婆沙論』에서 사용되지만, 대승의 소지장 개념과는 동일한 의미를 가진 것이 아니라, 다만 不染汚無知와 관련하여 논해지고 있으며, 비로소 『유가론』에서 소지장과 법무아의 관계가 분명히 연관된 것으로 설해진다고 지적하고 있는데, 필자가 아는 한 소지장 개념이 진실의품에서 처음으로 정형화된 것으로 사용되고 있는 점을 고려할 때, 소지장 개념은 기존의 불염오무지 개념을 포함하면서 이를 법무아와 관련시키는 역할을 했다고 말할 수 있겠다.

11 BoBh(D) 26,13f과 BoBh(W) 38,25은 prajñaptivādasvabhāvanirvikalpa-**jñeya**-samena jñānena로 읽지만, 굵

청정하거나 간에- 법무아성을 이해하기 때문에 [불가언설의] 영역인 대상이다. 그것은 최상이고 無上이며 인식대상의 궁극인 진여(tathatā)인데, 거기부터는 모든 바른 법에 대한 통찰이 완성되며,[12] [그것을 초월해] 생겨나지 않는다.

2. 不二로서 진실의 특징의 규정

그런데 그 진실의 특성은 규정의 관점에서 不二(advaya)로 특징지어진다고 이해해야 한다. 둘이란 존재(有, bhāva)와 비존재(無, abhāva)이다.

2.1. 존재(bhāva)에 대한 규정

그중에서 '존재(bhāva)'는 가설을 자성으로 하는 것으로서 확립된다. 즉, 오랜 세월동안 세상 사람에 의해 집착된 것이고, 세상 사람에게 있어 일체 분별의 희론의 뿌리이다. 예를 들어 '이것은 색이다' 또는 '이것은 受, 想, 行, 識이다' 또는 '이것은 眼, 耳, 鼻, 舌, 身, 意이다' 또는 '이것은 地, 水, 火, 風이다' 또는 '이것은 색, 성, 향, 미, 촉이다' 또는 '이것은 선이고 이것은 불선이고 이것은 중립적인 것이다' 또는 '이것은 생이고, 이것은 멸이고, 이것은 조건지어 생겨난 것이다' 또는 '이것은 과거이고 이것은 미래이고 이것은 현재이다' 또는 '이것은 유위법이고 이것은 무위법이다' 또는 '이 세계, 저 세계, 태양과 달 두 개' 또는 '이것은 견문각지되고 획득되고 추구된 것, 사고에 의해 고찰되고 사량된 것이다' 내지 '이것은 열반이다'라는 등으로 이루어진, 가설에 의해 인정된 제법의 자성이 세상 사람에게 있어 '존재(bhāva)'라고 설해진다.

은 활자체로 표시한 **jñeya**는 티벳역과 현장역에 의해 지지되지 않으며, 의미상 해석하기 곤란하다. 따라서 jñeya를 빼고 번역했다. 이에 관련된 논거는 Takahashi 2005: 155, fn.8 참조.

12 BoBh(D): nivartante; BoBh nirvartante; 티벳역 P 25b8; D 21b5: 'grub par gyur로 '완성되다'라는 의미, 현장역 468c23: 正法思擇皆悉退還 담무착역은 法擇永滅 구나발마역은 없음. 한역은 모두 '사라지다'는 의미.

2.2. 비존재(abhāva)에 대한 규정

비존재(abhāva)란 '이것은 색이다'라는 가설의 말 내지 '이것은 열반이다'라는 가설을 위한 말의 근거가 없다는 것, 즉 원인이 없다는 것이다. 그 [의지체][13]에 의지한 후에 가설을 위한 말이 생겨나야 하지만, 그 가설을 위한 말의 의지체는 모든 방식으로 비존재한다는 것, 현존하지 않는다는 것이다. 이것을 비존재라고 한다.

2.3. 위없는 중도

그런데 앞의 존재와 비존재 및 존재와 비존재 양자와 분리된 법의 특징(dharmalakṣaṇa)[14]에 포섭되는 사태(vastu)는 不二이고, 불이인 것은 두 개의 극단을 여읜 것으로, 無上의 中道라고 불린다.

3. 보살의 바른 노력

그 진실과 관련해, 제불세존의 지혜는 매우 청정하다고 알아야 한다. 반면 그 [진실과 관련해] 보살들의 지혜는 훈련의 [수행]도로 특징지어진다고 알아야 한다.

---

13 高橋晃一(2005: 89; 157, fn.12)은 사본 NKR이 yam āśritya prajñaptivādaḥ pravarteta로 읽고 있으며, 반면 사본 C는 pravarteta 앞에 부정사 na를 첨가해 읽고 있다고 밝히면서, BoBh(D)와 BoBh(W)의 yām은 오독이라고 지적하고 있다. 그러면서 사본 C에 따라 해석할 것을 제안한다. 하지만 그가 밝히고 있듯이 현장역과 티벳역이 부정사 na 없이 번역하고 있다면 굳이 사본 C에 따라 관계대명사 yam을 abhāva를 받는 것으로 이해할 필요가 있을까 한다. 따라서 여기서는 관계대명사 yam을 āśraya를 가리키는 것으로 번역했다.

14 여기서 법의 특징으로 번역한 法相은 아비달마에서 법을 自相과 共相의 방식으로 분류하고 규정한 것을 가리킨다. 이러한 규정은 유식학파의 용어법에 따르면 단지 유용한 개념적 설정(vyavasthāna)에 지나지 않으며, 그런 한에서 궁극적 실재와 일치하지 않는 것이다. 법상의 유용하지만 가설적인 성격에 관해서는 『해심밀경』 승의제상품(SNS I-IV) 참조.

3.1. 보살의 대방편

그리고 그 반야는 위없는 완전한 깨달음을 얻기 위한 보살의 커다란 방편이다. 그 이유는 무엇인가? 왜냐하면 저 공성에 대한 승해(śūnyatādhimokṣa)를 갖고 각각의 생명형태 속에서 노력하는[15] 보살은 중생의 성숙과 스스로 붓다의 속성(buddhadharma, 佛法)을 성숙시키기 위해 윤회하면서 그 윤회를 여실하게 완전히 안다. 그리고 무상 등의 측면들을 통해 윤회에 대해 싫어하지 않는다. 만일 그가 윤회를 여실하게 완전히 알지 못한다면, 탐·진·치 등의 일체의 잡염으로부터 마음을 평정하게 할 수가 없을 것이다. 평정하지 못하고 마음이 염오된 채 그는 윤회할 것이다. 마음이 염오된 채 윤회하는 그는 붓다의 속성뿐 아니라 중생들도 성숙시키지 못할 것이다. 또한 만일 그가 무상(無常) 등의 측면들에 의해 윤회를 두려워한다면, 그렇다면 보살은 신속하게 열반에 들어가고자 할 것이다. 신속하게 열반에 들어가고자 하는 보살은 붓다의 속성뿐 아니라 중생들도 성숙시키지 못할 것인데, 하물며 어떻게 위없는 완전한 깨달음을 깨달을 수 있겠는가?

바로 이 공성에 대한 승해를 갖고 노력하는 보살은 열반을 두려워하지 않을 뿐 아니라 열반을 갈구하지도 않는다. 만일 보살이 열반을 두려워한다면 그에게, 즉 그 [열반]에 대해 두려워하는 마음을 갖고 또 열반에 대해 공덕을 보지 못하고, 그 [열반]에 포함된 공덕의 봄에 의해 깨끗한 믿음과 승해를 여읜 보살에게 열반의 자량은 성숙되지 않게 될 것이다. 그리고 만일 보살이 열반에 대한 갈구를 빈번히 행한다고 한다면 빨리 열반에 들어가려 할 것이다. 빨리 열반에 들어가려 하는 그는 붓다의 속성 뿐 아니라 중생들도 성숙시키지 못할 것이다.

---

15 『보살지』(2015: 80)에서 "각각의 생명형태 속에서 그 공성에 대한 승해와 결합한 보살은"으로 번역했지만 이는 prayujyamānaḥ를 pratisaṃyujyamānaḥ로 오독한 것이다. 따라서 위의 번역처럼 수정되어야 한다. (이하 번역에서도 마찬가지임). 다만 adhimokṣa가 믿음의 의미에서 信解인지 아니면 명상의 맥락에서 勝解인지는 이 맥락에서는 불확실하지만, 공성은 신뢰나 믿음의 대상이라기보다는 현상적 사물의 존재성을 단지 현현에 지나지 않는 것으로 관찰하는 상태이기에 후자의 의미라고 보았다.

윤회를 여실하게 완전히 알지 못하기 때문에 염오된 마음을 가진 자의 윤회 속에서 윤회함, 또 윤회를 싫어하는 마음을 가진 자의 신속한 열반, 또 열반을 두려워하는 마음을 가진 자의 그 [열반의] 자량을 완성시키지 않은 것, 또 열반에의 갈망을 빈번히 행하는 자의 신속한 열반, 이것이 위없는 완전한 깨달음의 [획득을 위한] 보살의 방편의 결여인 것이다.

또한 윤회를 여실히 완전히 아는 관점에서 염오되지 않은 마음을 가진 자의 윤회 속에서 윤회함, 또 무상 등의 행상에 의해 윤회를 싫어하지 않는 마음을 가진 자의 신속하지 않은 열반, 또 열반을 두려워하지 않는 마음을 가진 자의 그 [열반의] 자량을 완성하는 것, 또 열반에 대해 공덕과 장점을 보면서 깊이 열망하는 자가 [그럼에도] 신속히 열반하지 않는 것, 이것이 위없는 완전한 깨달음을 얻기 위한 보살의 커다란 방편이다. 이것이 그 공성에 대한 승해에 의존하는 방편이다. 따라서 최고의 공성에 대한 승해의 수습은 여래의 지를 증득하기 위한 훈련의 수행도에 포섭되는, 보살의 커다란 방편이라고 설해진다.

3.2. 법무아의 지혜

실로 그 보살은 오래전부터 이해한 법무아의 지에 의해, 모든 법들이 불가언설의 본질을 갖고 있음(離言自性)을 여실하게 알고 난 후, '오직 사태일 뿐'(唯事, vastumātra), '오직 진여일 뿐'(唯眞如, tathatāmātra)이라고 파악하는 것을 제외하고는 어떠한 법도 결코 분별하지 않는다. 나아가 이 [보살]은 이와 같이 "이것은 오직 사태일 뿐, 오직 진여일 뿐"이라고 생각하지도 않는다. 오히려 그 보살은 [최고의] 대상을 실천한다. 최고의 대상을 실천하면서, 모든 법들이 그 진여와 동일하다고 여실하게 般若를 통해 본다.

3.3. 보살의 최상의 평정(upekṣā)

그리고 모든 곳에서 평등한 견해를 지닌 이, 평등한 마음을 지닌 이로써 최상의 평정(upekṣā)을 획득한다. 그 [평정]에 의지하여, 모든 학문 분야에 대한 능숙함(善巧)에 대해 노력하면서, 보살은 모든 피곤함과 고통의 생겨남에 의해서도 물러나지 않는다. 또한 지치지 않는 몸과 마음을 지닌 그는, 그 [학문분야]에 대한 숙련을 속히 성취한다. 그리고 뛰어난 기억력의 유지를 획득하게 된다. 그리고 그 숙련으로 인해서 교만하지 않는다. 또한 다른 사람들에 대해 스승의 인색함을 행하지 않는다. 그리고 그는 모든 숙련에 대해 위축되지 않는 마음을 가지며, 또한 인내심을 갖고 장애받지 않게 행한다.

견고한 갑옷을 [입은 것처럼] 수행하는 그는 윤회에 유전하면서 크나큰 고통을 받으면 받을수록 [언제나] 위없는 완전한 깨달음을 향한 인내심을 증장시킨다. 그가 뛰어난 높은 지위를 얻으면 얻을수록, 중생들에 대해서 자만심이 없게 된다. 뛰어난 인식을 얻으면 얻을수록, 더욱더 계율의 어김에서 일어나는 것에 대해 또 타인에 대한 힐난과 논쟁, 잡담과 [근본] 번뇌와 수번뇌에 대해 두루 관찰하고 관찰한 후에 마음을 확실하게 평정하게 한다. 공덕이 늘어나면 늘어날수록, [공덕을] 감추는데 익숙하게 된다. 타인으로부터 인정받기를 원하지 않으며, 재물과 존경을 바라지 않는다.

그 지혜에 의지하는 보살에게 깨달음(菩提)에 적합하고, 깨달음에 속하는 이러한 종류의 수많은 이로움이 생겨난다. 그러므로 누구라도 보리를 이미 획득한 사람, 획득할 사람, 현재 획득하는 사람 그 모든 이들은 바로 이 지혜에 의지한 후에 [얻는 것이지], 저열하거나 수승한 다른 지혜에 의지해서 [얻는 것은] 아니다.

3.4. 자리와 이타의 실천

이와 같이 희론이 없는 방식에 올라타고 이와 같은 많은 이익을 행하는 보살은 자신에 있어서는 붓다의 속성(佛法)을 완전히 성숙시키기 위해, 그리고 타인들로 하여금 삼승의 가르침(法)을 완전히 성숙시키기 위해 올바로 실천하게 된다. 또한 그는 이와 같이 올바로 성취한 자가 된다. 즉 재산들과 신체에 대한 갈애를 여의고 있다. 그는 중생들에 대해 재산과 신체를 포기하기 위하여 갈애를 여읜 상태에 대해 훈련한다. 오직 중생들의 이익을 위하여 제어된 자가 되며, 몸과 말에 의해 잘 제어한 자가 된다. 그리고 본성적으로 악을 즐거워하지 않고 또 본성적으로 선함에 능숙한 상태가 되기 위해 율의를 갖고 훈련한다. 다른 사람으로부터의 모든 괴롭힘과 잘못된 행위들을 참게 된다. 그리고 분노를 약하게 하기 위하여, 다른 사람을 괴롭히지 않기 위하여 참는 것을 훈련한다. 그리고 중생들의 의심을 제거하고 도움을 초래하기 위해, 또 스스로 일체지의 원인을 섭수하기 위해, 모든 학문분야에 정진하는 자가 되고 [모든 학문분야에] 숙련된 자(kuśala)가 된다. 마음을 내적으로 안주시키고 마음이 잘 집중된 자가 된다. 그리고 마음을 [확고하게] 머물게 하기 위해, 4범주(四梵住)에 의해 정화되게 되기 위해, 5신통(神通)을 갖고 유희하기 위해, 중생을 위한 일을 성취하기 위해, 모든 [훈련항목에 대한] 숙련에 전념함으로부터 생긴 피곤함을 떨쳐 버리기 위해 훈련한다. 밝은 안목을 가진 자가 되고 최고의 진실을 아는 자가 된다. 그리고 대승과 관련된 최고의 진실을 알기 위해, 또 미래에 자신의 완전한 열반을 위해 훈련한다.

3.5. 중생에 대한 태도

실로 이와 같이 바르게 실천한 보살은 공덕을 가진 중생들에 대하여 공양과 이득과 공경을 갖고 대면한다. [반면] 과실이 있는 중생들에 대하여 최고의 비심(悲心)을 갖고, 연민의 마음을 갖고 대면한다. 그리고 능력과 힘에 따라 이들의 과실을 제거하기 위해 노력한다. 해를 끼친 중생들에 대해서는 자심을 갖고 대면한다. 능력과 힘에 따라 속이지 않는 자가 된 후에, 기만이 없는 자로서 그들에게 이익과 즐거움을 초래한다. 그러한 해를 입힌 자들에 대해서 [그들] 자신의 의향과 행동의 과실로 인한 증오의 마음을 제거하기 위해, 그리고 도움을 입은 중생들에 대해서는 은혜를 알기 때문에 [이전에 받은 도움과] 동등하거나 더 좋은 보답을 갖고 대면한다. 그리고 그는 그 [중생]의 여법한 희망을 능력과 힘에 따라 충족시킨다. 그리고 비록 능력이 없을지라도 요청을 받았다면, 각각의 일들의 수행에 있어서 존중과 노력을 보여주어야 하며, 갑자기 중지하지 않는다. 어떻게든지 '나는 능력은 없지만 행하지 않으려는 것은 아니다'는 것을 이해시켜야 한다.

이와 같은 것이 최고의 진실의 지혜에 의존하는, 희론을 여읜 방식에 올라탄 보살의 바른 노력이라고 알아야 한다.

4. 일체 법이 불가언설을 자성으로 한다는 것의 증명

4.1. 理證

그중에서 어떤 논리에 의해 일체법이 언어를 자성으로 하지 않는다는 것이 이해되어야 하는가? 이 법들의 자상으로 언어적으로 표현된 것, 즉 앞에서와 같이 색 혹은 수로부터[16] 최후로 열반에 이르기까지의 [모든] 것이 언어적으로 표현된 것일 뿐이라고 인식되어야 하는데, 그것은 자성도 아니고 또한 그 [제법]과 분리되고 그것과 별개인 언어의 영역과 언어의 대상도 아니다.

이와 같을 때 제법의 자성은 언설된 대로 존재하는 것이 아니다. 그리고 또한 모든 방식으로 존재하지 않는 것도 아니다. 또 그것이 이와 같이 (=자성을 가진 것으로서) 존재하는 것도 아니지만 모든 방식으로 존재하지 않는 것도 아니라면, 어떻게 존재하는 것인가? [자성은] 실재하지 않는 것(asadbhūta)을 [실재하는 것으로] 증익하는 잘못된 파악과 분리되고, 실재하는 것을 [비실재하는 것으로] 손감하는 잘못된 파악과 분리된 것으로서 존재한다. 또한 그 일체법의 궁극적인 자성은 오직 분별을 여읜 지혜의 영역이라고 알아야 한다.[17]

---

16 티벳역에는 'du shes zhes bya ba'am 'du byed rnams zhes bya ba'am rnam par shes pa zhes bya ba nas가 추가되어 있다.

17 티벳역(D: rnam par mi rtog pa'i ye shes kho na'i spyod yul ma yin par rig par bya'o//)은 "분별을 여읜 지혜의 영역이 아니다."라고 번역하고 있다.

4.1.1. 증익에 관한 세 가지 오류의 논증[18]

(1) 만약 어떤 법들 혹은 어떤 사태에 대해 언어표현(abhilāpa)이 있는 것처럼, 그 법들 혹은 그 사태가 그것을 자성으로 하는 것으로서 존재한다면, 그렇다면 하나의 법, 하나의 사태의 자성은 다종이고 다수가 될 것이다. 그 이유는 무엇인가? 하나의 법과 하나의 사태에 대해 다종, 다수의 많은 가설과 언어사용(upacāra)이 다양한 언어표현에 의해 행해지지만, 다종, 다수의 가설적 진술에 있어 어떠한 확정성도 결코 지각되지 않는다. 즉, 많은 가설적 언어 중 하나에 의해 그 법과 그 사태는 그것과 동일하며, 그것으로 구성된 것이며, 그것을 자성으로 갖는 것이지만, 다른 나머지 가설적 진술에 의해서는 [그 사태의 동일성은] 없게 될 것이다. 그러므로 전체적이고 부분적인 모든 가설적 진술에 의해서 모든 법과 모든 사태에게 그것과의 동일함은 없고 그것으로 이루어진 것은 없으며 그것을 자성으로 하는 것은 없다.

(2) 또한 만약 색 등의 모든 법이 이전에 가르쳐진 대로 가설을 위한 말을 자성으로 하는 것이라면, 그렇다면, 이전에 먼저 사태가 있고 나중에 그것에 대한 욕망으로부터 가설을 위한 말을 위한 언어사용(upacāra)이 있다. 가설을 위한 말을 위한 언어사용 이전에, [즉] 가설을 위한 말을 위한 언어사용이 이루어지지 않았을 때, 그 법과 사태는 오직 자성을 결여한 것일 것이다. 자성이 없을 때, 가설을 위한 말이 사태를 갖지 않는다는 것은 타당하지 않다. 그리고 가설을 위한 말을 위한 언어사용이 없을 때 법과 사태가 가설을 위한 말을 자성으로 한다는 것은 타당하지 않을 것이다.

(3) 또한 만일 가설을 위한 말에 대한 언어사용 이전부터 저 색은 색을 본질로 하는 것이며, 후에 비록 색을 자체로 하는 것에 대해 가설을 위한 말에 포함되는

---

18 증익에 대한 세 논증은 『보살지』, 「섭결택분」, 『섭대승론』(MSg II.24)에서 언급되었다. 이들 문헌에서 설해진 세 오류가 서로 관련되어 있다는 것은 원측의 『해심밀경소』(673a3—7)에서도 확인되고 있다. 이에 대한 연구로는 특히 袴谷(1991)과 池田(1996), 高橋(2005: 24ff)를 참조.

색으로서 언어사용을 하더라도,[19] 그 경우에 '이것은 색이다'라는 그 가설을 위한 말에 대한 언어사용 없이도 색이라고 명명된 법과 색이라고 명명된 사태에 대해 색이라는 인식이 생겨야 할 것이다. 그러나 생기지 않는다.

그러므로 이러한 이유와 이러한 도리에 의해 제법의 자성은 언설될 수 없는 것이라고 이해되어야 한다. 색과 마찬가지로 受 등으로부터 최후로 열반에 이르기까지 법들도 설명된 대로 인식되어야 한다.

4.1.2. 증익과 손감의 두 오류

이 두 [사람]은 이 법과 율로부터 벗어난 사람이라고 알아야 한다. 어떤 사람은 색 등의 법들과 색 등의 사태의 자상이 가설을 위한 말을 본질로 한다고 비실재를 증익하는 입장에서 집착한다. 또 다른 사람은 가설적 언어의 특질(nimitta)의 근거이자 가설을 위한 말의 특질의 의지처이며, 언표될 수 없는 것을 본질로 하는 것으로서 궁극적으로 실재하는 사태를 손감하면서 모든 방식으로 존재하지 않는다고 부정한다.

(가) [첫 번째] 비실재의 증익에 대한 오류들은 잘 드러나 있고 명백하며, 명료하고 명확하다. 그 오류들에 의해 색 등의 사태에 대해 비실재를 실재시하기 때문에 이 법과 율로부터 벗어난 자라고 알아야 한다.

(나) 다음으로 색 등의 법에 대해 오직 사태일 뿐인 것도 부정하면서 모든 것의 소멸을 주장하는 자는 이 법과 율로부터 벗어난 자이다. [나는] 다음과 같이 말할 것이다. '색 등의 법들이 사태뿐임을 부정하는 자에게는 진실도 없고 가설

---

19 티벳역에 따라 번역했다. (D 25a7-b1: gal te 'dogs pa'i tshig nye bar 'dogs pa'i snga rol nas/ gzugs de gzugs kyi bdag nyid yin te / phyis kyang gzungs kyi bdag nyid la gdags pa'i tshig gis bsdus pa'i gzugs su nye bar 'dogs par byed na yang /). 현장역도 티벳역을 지지한다. 반면 산스크리트 문장은 앞의 두 번째 논증 내의 문장과 혼용된 결과로 보인다. sacet punaḥ pūrvam eva prajñaptivādopacārād akṛte prajñaptivādopacāre sa dharmas tad vastu tadātmakaṃ syāt// "만약 가설을 위한 말을 언어사용(upacāra)하기 이전에, 즉 가설을 위한 말의 언어사용이 이루어지지 않았을 때, 그 법과 그 사태는 그 [언설]을 자체로 해야 할 것이다." 이 교정에 대해 Takahashi 2005: 164 참조.

도 없다. 이 양자는 합리적이지 않다. 곧 존재하는 색온 등에 대해 개아를 가설하는 것은 타당하다. 존재하지 않는 [색온]에 대해 개아의 가설이 근거를 결여하고 있다는 것은 [타당하지 않다]. 만일 이와 같다면, 색 등의 법들이 사태일 뿐인 것에 대해 그 색 등의 법에 대한 가설적 언어의 수행이라는 것은 타당하다. 만일 그렇지 않다면, 가설적 언어의 수행은 근거를 결여하고 있을 것이다. 여기에 '가설의 사태는 존재하지 않는다'고 한다면 가설조차도 근거가 없는 것으로서 존재하지 않을 것이다.

(i) 그러므로 일부는, 대승과 상응하고, 심오하고, 공성과 상응하고, 의도를 가지고 설해진, 이해하기 어려운 경들을 들은 후에 여실하게 설해진 것의 의미를 이해하지 못하고, 올바르지 못하게 분별한 후에, 오로지 사변만에 의해 올바르지 않게 인도되었기 때문에 '모든 것은 가설뿐이고 이것이 진실이다. 이와 같이 보는 자는 바르게 보는 자이다'라고 보고 그와 같이 말하게 된다. 그들에게는 가설의 근거인 사태뿐인 것이 존재하지 않기 때문에 바로 이 가설은 모든 방식으로 존재하지 않는다. 다시 어디에서부터 가설일 뿐인 진실이 존재하겠는가?

그러므로 이러한 방식으로 그들에 의해 진실도 가설도 그 양자 모두 손감되게 된다. 가설과 진실을 손감하기 때문에 극단적인 허무론자라고 알아야 한다. 그가 이와 같이 허무론자라면 청정행을 행하는 지자와 함께 말하지 말아야 하고 함께 머물지 말아야 한다. 어떤 자가 그 [허무주의자]의 견해에 동의한다면, 그는 자신을 파괴할 뿐 아니라 세간 사람들도 파괴한다.

(ii) 그리고 이것을 염두에 두고 세존은 [다음과 같이] 설하셨다. "이 세상에서 일부 사람의 아견이 일부 사람의 잘못 파악된 공성(惡取空)보다 낫다."[20] 그 이

---

20 이 문장은 『大寶積經』 迦葉品에서 인용한 것이다. Kāśyapaparivarta (Ed. von Staël-Holsten) § 64: varaṃ khalu puna kāśyapa sumermātrā pudgaladṛṣṭir āśritā na tv evādhimānikasya śūnyatādṛṣṭimālinā/. 비슷한 문장이 『보성론』에서 약간 다르게 인용되고 있다. RGV 28: śūnyatādṛṣṭayaś cābhimānikā yeṣām iha tadvimokṣamukhe 'pi śūnyatāyām *ādesyamānāyāṃ* śūnyataiva dṛṣṭir bhavati yān adhikṛtyāha/ varaṃ khalu kāśyapa sumerumātrā pudgaladṛṣṭir na tv evābhimānikasya śūnyatādṛṣṭir iti/. 가섭품의 adhimānika 대신 RGV는 abhimānika로 읽고 있다.

유는 무엇인가? 아견을 가진 사람은 인식대상에 대해 혼란스러울 뿐이지만, 모든 인식대상을 부정하지는 않을 것이다. 그로 인하여 [3종] 나쁜 존재형태(惡趣)에 떨어지지 않을 것이며, 또한 법을 구하고 고로부터 해탈을 구하는 다른 사람을 속이지 않고 해치지 않을 것이다. [다른 사람을] 법과 진리에 머물게 할 것이다. 학문 영역들에 대해 게으른 자가 되지 않을 것이다.

그렇지만 그는 잘못 파악된 공성에 의해서 인식 대상인 사태에 대해 혼란스러울 뿐 아니라, 모든 인식 대상을 부정할 것이며, 그로 인해 나쁜 존재형태들에 재생할 것이다. 또 그는 법[을 구하고] 고로부터의 해탈을 구하는 다른 사람을 속일 것이며, 지식영역들에 대해 게으른 자가 될 것이다. 그와 같이 실재하는 사태를 부정하는 자는 이 법과 율로부터 벗어난 자가 된다.

4.1.3. 공성에 대한 두 가지 이해

(1) 악취공

그런데 잘못 파악된 공성(惡取空)이란 무엇인가? 만일 어떤 사문 혹은 바라문이 어떤 것(A)의 공인 그것(A)을 인정하지 않고, 또 어디에(B) 어떤 것(A)의 공이 있을 때[21] 그것(B)도 인정하지 않을 때, 이와 같은 것을 잘못 파악된 공성이라고 한다. 그 이유는 무엇인가? 어떤 것(A)의 공인 것 그것(A)은 비실재이기 때문에, 그리고 어떤 것(B)에서 어떤 것이 공할 때 그것(B)은 실재하기 때문에, 공성은 타당할 것이다.[22] 그런데 모든 것이 존재하지 않는다면 어디에서 무엇이 무엇의 공이 될 것인가? 그리고 그것이 그것의 공성이라는 것은 타당하지 않다. 그러므로 이와 같이 잘못 파악된 공성이 된다.

---

21 BoBh(W+D)에서 tad api necchati yat tena śūyam으로 읽고 있다. 하지만 Takahashi(2005: 101)는 사본 NKR에서 모두 yat tena śūyam으로 tena를 첨가하고 있다고 지적한다. 티벳역 gang gis gang stong pa도 이를 지지한다.

22 티벳역은 '어떤 것에 대하여 공한 것은 존재하지 않고, 공한 것 그것은 존재한다. 이 공성이 타당하기 때문이다. (gang gis stong pa de med pa dang / gang stong pa de yod pa'i stong pa nyid ni rigs pa'i phyir ro //).

(2) 선취공

그런데 잘 파악된 공성(善取空)이란 무엇인가?[23] 왜냐하면 어떤 것(B)이 어떤 곳(A)에 없기 때문에 그것(A)은 그것(B)에 대해 공이라고 바르게 본다. 그런데 여기에 남아있는 것(C) 그것은 여기에 실재한다고 여실하게 인식한다. 이것이 여실하고 전도없이 공성에 들어감이라고 한다. 곧 [앞에서] 가르쳐진 대로 색이라는 명칭을 가진 사태(A)에 색이라고 하는 이와 같은 가설적 언어를 본질로 하는 법(B)은 존재하지 않는다. 그러므로 그 색 등의 이름을 가진 사태(A)는 '이것은 색이다'라는 이와 같은 등의 가설적 언어를 본질로 가진 것(B)의 공이다. 그런데 색 등의 이름을 가진 사태에 남아있는 것(C)은 무엇인가? 곧 그것은 색이라고 하는 등의 가설적 언어의 근거[24]이다. 그리고 그 양자를 여실하게 인식한다. 곧 존재하는 사태뿐인 것과 사태뿐인 것에 대해 가설뿐인 것을 [여실하게 인식하고] 비실재를 실재시하지 않는다. 실재를 부정하지 않고 그 이상의 것을 만들지 않는다. 그 이하의 것을 만들지 않는다. 취하지 않는다. 버리지 않는다. 그리고 불가언설성을 본질로 하는 여실한 진여를 여실하게 인식한다. 이것이 바른 지혜에 의해 잘 통달된 선취공이라 불린다.

4.1.4. 증성도리에 의한 설명

이것이 먼저 증거에 의한 증명이라는 도리(upapattisādhanayukti, 證成道理)인데, 이것에 의해 일체법이 불가언설의 본질을 갖고 있다는 것이 이해되어야 한다.

---

23 이하의 善取空(sugṛhītā śūnyatā)의 구문은 유식문헌과 여래장계 문헌에서 다수 인용되고 있다. 예를 들어 MAV I.1에서 허망분별과 공성의 관계를 다루면서, 공성 속에 허망분별이 존재한다고 해석할 때 善取空의 정형구를 인용해서 허망분별을 '공성 속에 남겨진 것'의 의미로 이해하거나, 또는 『보성론』(RGV 75,13-18)에서 이 정형구를 인용하면서 '남아있는 것'을 여래장으로 해석하는 경우이다. '공성 속에 남겨진 것'의 의미에 대해서는 Nagao 1978b, 안성두 2017 참조.

24 티벳역에는 근거(āśraya)에 대응하는 말이 빠져있다.

4.2. 교증

모든 법들이 불가언설적인 본질(離言自性)을 갖고 있다는 것은 신뢰할 만한 전승(傳承)으로부터도 알려져야 한다.

4.2.1. 轉有經의 인용

『전유경』(轉有經, Bhavasaṃkrāntisūtra)[25]에서 세존이 이와 같은 의미를 밝히면서 게송으로 설하시는 것과 같다.

> 실로 각각의 명칭에 의해, 각각의 법이 언어적으로 표현된다.
> 그 [법]은 거기에 존재하지 않는다. 실로 그것이 제법의 법성이다.

또한 이 게송은 이 의미를 어떻게 설명하고 있는가? 色 등의 명칭을 가진 법에게 '저것은 色이다'라는 등의 명칭이 있을 때, '이것은 色이다'라는 등의 명칭에 의해 色 등의 명칭을 가진 저 법들이 色이나 受 내지 열반으로 언설된다.

그러나 그것에 있어서 색 등의 명칭을 가진 법들은 스스로 색 등을 자체로 하지 않으며, 또한 그런 [제법] 속에 그것과 다른, 색 등의 명칭을 가진 법이 존재하는 것도 아니다. 또한 색 등의 명칭을 가진 법들이 언설될 수 없는 대상으로서 존재한다는 것이 승의의 관점에서 자성으로서의 법성(法性)이라고 알아야 한다.

4.2.2. 의품의 인용

또한 세존은 <義品(arthavargīya)>[26]에서 설하셨다.

---

25 Bhavasaṃkrāntisūtra는 유식학파와 중관학파에서 중시되었다. 이에 대해서 Hakamaya 1977: 14-22 및 2001: 252-293 참조. 특히 이 구절과 『유식삼십송』의 제20송과의 형식상의 유사성 참조 (Tr 20: yena yena vikalpena tad tad vastu vikalpyate/ parikalpita evāsau svabhāvo na sa vidyate//).

26 아래 <의품>의 인용은 Suttanipāta IV, Aṭṭhakavagga 13, v.2 (verse no. 897)에 해당되며, 『義足經』 (T4: 183a8-9)에 대응한다. Takahashi 2005: 168 참조.

실로 세간에 어떤 세속적인 것들이 있든,
그 모든 것들에 존자는 가까이 가지 않는다네.
실로 가까이 가지 않는 이 사람은 무엇을 갖고 얻을 수 있는가?
보고 듣는 것에 대해, 탐착을 일으키지 않는다네.

이 게송은 이 의미를 어떻게 밝히고 있는가? 색 등의 명칭을 가진 사태에 대해 '[이것은] 색이다'라고 하는 등의 가설들은 세속적인 것들이라고 설해진다. '그 사태는 그러한 가설들과 동일한 것이다'라고 이와 같이 그는 세속적인 것들에 가까이 하지 않는다. 그 이유는 무엇 때문인가? 왜냐하면 그에게는 증익견과 손감견[27]이 없다. 따라서 전도를 현전시키는 견해가 없기 때문에 그는 가까이 하지 않는다고 설해진다. 그가 이와 같이 가까이 하지 않는데, 무엇을 가지고 취착하겠는가? 그러한 견해 없이 그 사태를 증익이나 손감의 측면에서 취착하지 않는 그는 인식대상에 대해 정견을 갖게 된다. 이것이 그에게 보여진 것이다. 바로 그 인식대상을 언설에 따라 듣는 것이 그에게 들려진 것이다. 보고 들을 것에 대해 그는 갈애를 일으키지 않으며, 증장시키지 않는다. 단지 그 인식대상을 통해서 [갈애를] 제거하는 것은 제외하고, 평정에 주한다. 이와 같이 그는 애착을 일으키지 않는다.[28]

4.2.3. 상타 카티야야나에 대한 가르침

또한 세존은 상타 카티야야나에게 말씀하셨다.

"여기서 상타여! 비구는 땅에 의지하여 정려하지 않는다. 물·불·바람·허공·식·무소유·비상비비상처, 이 세상과 저 세상, 또 그 양자, 해와 달 또 양

---

27 BoBh(D) 30,l6-l8: asadbhūtasamāropāsaṃgrāhavivarjitaś ca bhūtāpavādāsaṃgrāhavivarjitaś ca vidyate/ sa punaḥ pāramārthikaḥ svabhāvaḥ sarvadharmāṇāṃ nirvikalpayaiva jñānasya gocaro veditavyaḥ/.

28 BoBh(D): evaṃ kāntiṃ [BoBh(W): na] karoti

자, 본 것과 들은 것, 생각한 것과 인식한 것, 획득된 것, 추구된 것, 마음으로 심사되고 숙고된 것, 그 모든 것에 의지하여 정려하지 않는다. [그렇다면] 정려자는 어떻게 땅에 의지하지 않고 정려하고, 내지 [앞서 설한] 모든 것에 의지하지 않고 정려하는가? 이 경우 상타여! 비구는 땅에 대해 땅이라는 관념(想, saṃjñā) 그것을 제거한다. 물에 대해 물이라는 관념, 내지 모든 것에 대해 모든 것이라는 관념을 제거한다. 이와 같이 정려하는 비구는 땅에 의지하여 정려하지 않고, 내지 모든 것에 대해 '이것은 모든 것이다'라는 생각에 의지하여 정려하지 않는다. 이와 같이 정려하는 비구를 인드라와 세상의 지배자, 자재신을 포함한 신들이 멀리서부터 예경한다. '인간 중에서 비범한 분이시여! 그대에게 예경합니다. 가장 존귀한 분이시여! 그대에게 예경합니다. 그대가 무엇에 의지하여 정려하는지 저희들은 모릅니다.'"[29]

다시 어떻게 이 경문이 바로 이러한 의미를 밝히는가? 땅 등으로 불리는 사태에 대해 땅 등의 이러한 이름·기호·가설이 땅 등의 관념이라고 불린다.[30] 그리고 그 관념은 땅 등으로 불리는 사태에 대해 증익된 것이고 손감된 것이다. 증익된 상이란 그것으로 이루어진 자성을 사태로서 포착하는 것이며, 반면 사태만으로 존재하는 것을 궁극적인 의미에서 [존재의] 부정으로서 포착하는 것이 손감하는 관념이다. 그리고 그에게 관념이 제거된다. 제거란 끊는 것이고 버리는 것이다.

그러므로 우리는 경전으로부터, 즉, 여래와 관련된, 최고의 증득한 자의 전승으로부터 모든 법은 언어로 표현될 수 없는 자성을 갖고 있다고 알아야 한다.

---

29 Takahashi(2005: 169, fn.33)는 阿理生(1984)의 선행연구를 인용하면서 이 경전과 비슷한 내용이 『雜阿含』 926經(T2: 235c-236b), 『別譯雜阿含經』 151經(T2: 430c-431b) 그리고 AN Nissaya-vagga (PTS Vol.V, 311-328)에 보인다고 지적한다.

30 BoBh에 sā pṛthivyādisaṃjñety ucyate/ 가 생략되어 있다.

5. 언어표현을 사용하는 이유

이와 같이 불가언설을 본질로 하는 일체 법에 대해 왜 언어적 표현이 사용되는가? 언어적 표현 없이는 그 불가언설의 법성을 다른 사람에게 말할 수도 없고 설할 수도 없기 때문이다. 말함과 들음이 없다면 그 불가언설을 자성으로 하는 것을 인식할 수도 없다. 그러므로 들은 것을 알게 하기 위해 언어적 표현이 사용된다.

6. 8종 분별과 3종 사태

바로 이 진여가 이와 같이 변지되지 않았기 때문에 어리석은 사람들에게 그것을 원인으로 하는 여덟 가지 분별(vikalpa)이 세 가지 사태(vastu)를 일으키는 것으로 작용한다. 작용하는 그 [여덟 가지 분별]은 모든 유정세간(有情世間)과 기세간(器世間)을 산출한다.

6.1. 여덟 가지 분별

그것은 자성에 대한 분별(svabhāvavikalpa), 차이에 대한 분별(viśeṣavikalpa), 단일자로서 파악하는 분별(piṇḍagrāhavikalpa),[31] '나'라는 분별(aham iti vikalpa), '나의 것'이라는 분별(mameti vikalpa), 좋아하는 것에 대한 분별(priyavikalpa), 좋아하지 않는 것에 대한 분별(apriyavikalpa), 그리고 그 두 가지 모두와 상위한 분별(tadubhayaviparīto vikalpaḥ)이다.

---

31 piṇḍagrāha를 "단일자로서 파악"이라고 번역한 것은 Schmithausen 1987: 515 n.1414의 설명("a solid unit")에 따랐다. piṇḍagrāhavikalpa에 대한 현장역은 '總執分別'이다. 진제는 『삼무성론』(T31: 869b16)에서 이를 '聚中執一分別'로 번역했다. 풀이하면 "모인 것을 단일자로서 파악하는 분별" 정도일 것이다.

6.2. 여덟 가지의 분별에 의한 세 가지 사태의 산출

그러면 이 여덟 가지의 분별이 어떻게 이 세 가지 사태를 일으키는가?

(i) 자성에 대한 분별과 차이에 대한 분별, 그리고 단일자로서 파악하는 분별이라는 이 세 가지 분별은 분별과 희론의 토대(vikalpaprapañcādhiṣṭhānaṃ)[32]이며, 분별과 희론의 인식대상(vikalpaprapañcālambanaṃ)인 사태(vastu)를 색 등의 개념적인 것으로서 산출한다. 사태에 의지해서 명칭(nāman), 개념(saṃjñā), 언어(abhilāpa)에 의해 포함되고,[33] 명칭, 개념, 언어에 의해 훈습된 그 분별은 바로 그 사태에 대해 다양하게 희론(=개념화)하면서, 무수하고 다양한 종류로 사변적으로 작용한다.

---

32 먼저 vikalpaprapañcādhiṣṭhānaṃ vikalpaprapañcālambanaṃ vastu의 번역에서 『보살지』(2015: 93ff)에서는 선행하는 두 개의 복합어를 vastu를 수식하는 형용사 복합어로 보고 번역했다. 하지만 이 번역은 명백히 의미상 모순되기에 vastu와 동격관계로 해석해서 "분별-희론의 의지처이며, 분별-희론의 인식대상인 사태(vastu)"로 번역하는 것이 타당할 것이다. 이하의 구문에서도 상응하게 수정되어야 한다. 그리고 또 다른 문제는 복합어에서 vikalpa(分別)와 prapañca(戲論)의 관계를 어떻게 이해해야 하는가이다. 이전 번역에서는 뒤따르는 구문 § 6.2.1.에서 "분별의 토대이며 희론의 [토대]라는 사태"의 풀이가 분별과 희론 양자를 동의어로 간주하고 있음에 주목해서 '분별과 희론의 의지처'로 이해했다. 물론 이런 해석도 Sāgaramegha의 주석에서(BoBhVy P 86b1: rnam par rtog pa nyid spros pa ste/ brtags pa'i ngo bo nyid yin pa'i phyir ro//) 분별과 희론이 동의어로 해석되고 있다는 점에서 지지를 받을 것이다. (Takahashi 2005: 171, fn.35에서 인용). 그렇지만 Takahashi는 양자의 관계를 Tatpuruṣa로 이해하는 것이 좋다고 하면서, vikalpaḥ prapañcayan의 문장의 예를 들지만, 오히려 이 문장은 vikalpa를 prapañca의 내용으로 보는 것이 아니라 동격관계임을 보여준다고 보인다. 오히려 Takahashi의 해석을 지지하는 문장은 SNS V.2에 나오는 mtshan ma dang ming dang rnam par rtog pa la tha snyad 'dog pa'i spros pa'i bag chags len pa라는 표현이다. 여기서 희론은 적어도 분별을 내용으로 하는 것으로 파악되고 있다. 이하에서는 동격관계로 번역했다.

33 명칭과 개념, 언어가 분별작용과 관련해 수행하는 역할은 『보살지』(BoBh(D) 69,4f)에서 나타난다. 여기서 이들은 '言說因(anuvyavahārahetu)의 세 가지 구성요소로서 언급되고 있는데, 세 개념의 관계는 명칭이 근본이 되고, 그것에 의존해서 관념이, 또 관념에 의존해서 언어가 나오는 것으로 설명되고 있다. 그렇다면 세 가지 분별 자체가 순차적인 의존관계이기 때문에, 이들 요소들은 세 분별에 대해 순차적으로 대응한다고 보인다. 실제 『삼무성론』(T31: 870a)은 "관념과 언어라고 하는 것은 이 명칭에 대한 심적 이미지이며, 이 명칭에 대한 언설이기에 관념과 언어라고 말한다. 이것은 분별이 관념과 언어를 근거로 한다는 것이다. 지금 여기서 관념과 언어를 설정하는 것은 명칭과 문자를 아우른 것으로, 명칭과 문자에 細·麤가 있음을 보여주고자 한 것이다. 명칭은 미세하고 관념은 조금 조야하고, 언어는 가장 조야하다. 따라서 이들 세 가지 명칭을 사용하여 세 가지 분별을 지목한 것"이라고 설명함으로써 이를 뒷받침한다.

(ii) 그 [여덟 가지 분별] 중에서 두 가지 분별, 즉 나라는 분별과 나의 것이라는 분별은 그 밖의 모든 견해(dṛṣṭi)의 근원이며 慢의 근원인 유신견(有身見, satkāyadṛṣṭi) 및 그 밖의 모든 慢의 근원인 아만(我慢, asmimāna)을 산출한다.[34]

(iii) 그 [여덟 가지 분별] 중에서 좋아하는 것에 대한 분별, 좋아하지 않는 것에 대한 분별, 그리고 그 두 가지와 상위한 분별은 [각각에] 상응해서 탐·진·치를 산출한다.

6.2.1. 마찬가지로 이 여덟 가지 분별은 이 세 가지 사태, 즉 분별의 토대(vikalpādhiṣṭhāna)이며 희론의 [토대](prapañcādhiṣṭhāna)라는 사태, [유신]견과 아만, 그리고 탐·진·치의 출현을 위해 작용한다. 그중에서 유신견과 아만은 분별과 희론의 사태를 의지처로 하며, 탐진치는 유신견과 아만에 의지하고 있다.[35] 이 세 가지 사태들에 의해 모든 세간의 流轉分이 남김없이 설명되었다.

---

34 이 문장에서 '나라는 분별'과 '나의 것이라는 분별'이 산출하는 것이 유신견과 아만(asmimāna)이라는 것은 분명하다. 왜냐하면 『유가론』에서 유신견과 아만은 대비된 한 쌍의 개념으로 사용되기 때문이다. 예를 들어 「섭결택분」(본서 「섭결택분」 III.2.1.4.)의 아항카라(ahaṃkāra) 항목에서 경전에 나오는 ahaṃkāra-mamakāra-asmimāna-abhiniveśa-anuśaya라는 정형구를 "아견과 아소견, 아만에 대한 집착과 수면"(SWFF, p.211)으로 해석하면서 앞의 두 요소를 유신견으로, 세 번째 아만과 대비시키고 있기 때문이다. 이는 이 정형구에 대한 다른 해석에서 "잘못된 인식의 원인의 원인은 아견과 아소견의 형태로 생겨나는 유신견이며, 고의 발생의 원인의 원인은 아만 때문에 처음과 끝에 올바로 행하지 않는 것"으로 설명하는 데에서도 나타난다. 또 유신견이 다른 견해나 māna의 근거라는 이해는 AS (7,4: mānaḥ katamaḥ/ satkāyadṛṣṭisaṃniśrayeṇa cittasonnatiḥ/ "만이란 무엇인가? 유신견에 의거함에 의한 심의 거만함") 또는 TrBh (28,28: māno hi nāma sarva eva satkāyadṛṣṭisamāśrayeṇa pravartate/ "실로 모든 慢은 유신견에 의거함에 의해 일어난다.")라는 표현에서 확인된다. 그렇지만 『보살지』의 이 산스크리트 문장은 조금 혼란스러운데, 왜냐하면 목적어 satkāyadrstiṃ과 같은 목적격의 형태로 쓰인 tadanyasarvadṛṣṭimūlaṃ mānamūlaṃ ca이 무엇을 가리키는지, 또한 목적격 asmimānaṃ과 같은 격인 tadanyasarvamānamūlaṃ가 무엇을 가리키는지 불분명하기 때문이다. 나는 그 이유가 원래 이 문장이 다른 곳에 나오는 표현인 satkāyadṛṣṭiḥ tadanyasarvadṛṣṭimūlaṃ mānamūlaṃ ca를 인용하면서, 단지 satkāyadṛṣṭiḥ만 문장의 격에 맞추어 변화시켰기 때문이라고 생각한다. 이 문장의 해석에 대해서는 Takahashi(2005: 172, fn. 38) 참조.

35 분별과 사태의 관계에서 ①~③은 (i)의 사태를, ④~⑤는 (ii)의 사태를, ⑥~⑧은 (iii)의 사태를 산출하는 것으로 정리되고 있지만, (iii) → (ii) → (i)에 의거한다고 설명하고 있다. 앞의 두 개의 항목(ii~iii)들이 모두 염오된 법인데 비해 (i)은 번뇌와 직접 관련이 없는 소위 '不染汚 無知(akliṣṭam ajñānam)'의 성격을 갖고 있음을 고려할 때, 여기서는 비록 염오되지는 않았다고 해도 법에 대한

6.3. 8종 분별의 정의

① 그 [8종 분별] 중에서 자성에 대한 분별은 무엇인가? 색 등의 명칭을 가진 사태에 대해 '이것은 색이다'라는 것과 같은 등의 분별이 자성에 대한 분별이라고 설해진다.[36]

② 차이에 대한 분별은 무엇인가? 바로 이 색 등의 명칭을 가진 사태에 대해 '이것은 물질적인 것이고 이것은 비물질적인 것이며, 이것은 보이는 것이고 이것은 보이지 않는 것이며, 마찬가지로 [이것은] 저항을 가진 것이며 [이것은] 저항이 없는 것이며, 유루(有漏)와 무루(無漏), 유위(有爲)와 무위(無爲), 선과 불선 및 중립적인 것, 과거, 미래, 현재 등의 이러한 종류의 무수한 구별에 의해 자성에 대한 분별을 토대로 하는, 그것과 구별되는 대상에 대한 분별하는 방법이다. 이것을 차이에 대한 분별이라고 말한다.[37]

③ 단일자로서 파악하는 분별은 무엇인가? 바로 이 색 등의 명칭을 가진 사태에 대해 자아, 유정, 영혼(jīva, 命), 사람(jantu)이라는 명칭과 표식에 의해 초래된 것이 단일한 많은 법들에 대해 [단일한] 전체로 파악하는 원인으로서 작용한다. 또한 집, 군대, 숲 등과 음식, 음료, 수레, 옷 등에 대해 그것의 명칭과 표식에 의해 초래된 것이다. 이것이 단일자로서 파악하는 분별이라고 말해진다.[38]

분별작용을 가장 근본적인 윤회의 원인으로 설명하는 것이다.

36 「섭결택분」(T30: 703c19-704a6)이나 『섭대승론』(MSg II.19 = T31: 139c13-18), 진제의 『삼무성론』(T31: 869a5-b5) 등의 유식문헌에서 5온 등의 자성이 어떻게 명칭에 의거해서 분별되는지를 설명하고 있다. 여기서 5종의 자성분별이란 (가) 명칭에 의거해 대상의 자성을 분별하는 것, (나) 대상에 의거해 명칭의 자성을 분별하는 것, (다) 명칭에 의거해 명칭의 자성을 분별하는 것, (라) 대상에 의거해 대상의 자성을 분별하는 것, (마) 명칭과 대상에 의거해 명칭과 대상의 자성을 분별하는 것이다. 이것은 명칭과 그것이 지시하는 대상이 관계하는 방식을 5종으로 나누어 그 우연적 결합관계를 인식하는 것이다.

37 이는 법상에 따른 분류방식이다. 여기서는 2법으로서 有色-無色(rūpin-arūpin), 有見-無見(nidarśana-anidarśana), 有對-無對(sapratigha-apratigha), 有漏-無漏(sāsrava-anāsrava), 유위-무위(saṃskṛta-asaṃskṛta)와 3법으로서 선-불선-무기(kuśala-akuśala-avyākṛta), 과거-미래-현재(āgata-anāgata-pratyutpanna)의 항목들이 제시되고 있지만, 다른 추가항목들의 나열에 대해서는 예를 들면 <오사장>의 § 1.10.2. 참조.

④-⑤ '나'라는 것과 '나의 것'이라는 분별은 무엇인가? 집착을 일으키는 유루의 대상이 오랫동안 '나' 혹은 '나의 것'으로 찬탄되고 집착되며 모여진다. 그러므로 올바르지 않은 파악을 찬탄하기 때문에 [이들] 견해를 불러일으킬 수 있는 스스로의 사태에 의존한 후에 잘못된 분별이 일어난다. 이것을 '나'라는 분별과 '나의 것'이라는 분별이라고 설명한다.

⑥ 좋아하는 것에 대한 분별은 무엇인가? 아름다워서 좋아하는 대상을 인식대상으로 하는 분별이다. ⑦ 좋아하지 않는 것에 대한 분별은 무엇인가? 아름답지 않아서 좋아하지 않는 대상을 인식대상으로 하는 분별이다. ⑧ 좋아하고 좋아하지 않는, 양자와 다른 분별이란 무엇인가? 아름다워 마음이 끌리고 아름답지 않아 마음이 끌리지 않는, 그 양자를 여읜 사태를 인식 대상으로 하는 분별이다.

6.4. 분별과 사태의 상호의존

그리고 바로 이것은 간략하게 말하면 분별(vikalpa)과 분별의 의지처이며, 분별의 인식대상인 사태(vastu)의 양자로 나누어진다.

그리고 이 양자는 시작이 없고 상호 원인이 되는 것으로 알아야 한다. 첫 번째 분별은 분별의 인식대상인 현재의 사태가 일어나기 위한 [원인이며], 또한 분별의 대상인 이미 출현한 현재의 사태는 그것을 인식대상으로 하는 현재의 분별이 일어나기 위한 원인이다. 그 경우에 있어서 분별을 변지하지 못함이 미래에 그 [분별]의 인식대상인 사태가 일어나기 위한 [원인이 된다]. 그 [사태]가 일어나기 때문에 계속하여 그 [사태]에 근거하고, 그 [사태]에 의지하는 분별이 확정적으로 일어나게 된다.

---

38 『삼무성론』(T31: 869b21)은 '자아, 유정' 등의 명칭에 의해 복합체를 단일체로 파악하는 것은 人執이며, 반면 '집, 군대' 등의 명칭에 의해 복합체를 단일체로 파악하는 것은 法執이라고 구별해서 설명한다.

7. 4종 심사와 4종 여실변지에 의한 분별의 변지

그렇다면 어떻게 이 분별은 변지되는가? 네 종류의 심사(尋思)와 네 종류의 여실변지(如實遍智)에 의해서이다.[39]

7.1. 4종의 심사

무엇이 네 종류의 심사(paryeṣaṇā)인가? 명칭에 대한 심사, 사태에 대한 심사, 고유한 성질(자성)로 가설된 것에 대한 심사 그리고 차별로 가설된 것에 대한 심사이다.

(i) 그중에서 명칭에 대한 심사는 보살이 명칭에 대하여 '다만 명칭일 뿐이다'라고 보는 것이다. (ii) 이와 같이 사태에 대하여 '다만 사태일 뿐이다'[라고] 보는 것이 사태에 대한 심사이다.

(iii) 자성으로 가설된 것에 대하여 '다만 자성으로 가설된 것일 뿐'이라고 보는 것이 자성으로 가설된 것에 대한 심사이다. (iv) 차별로 가설된 것에 대하여 '다만 차별로 가설된 것일 뿐'이라고 보는 것이 차별로 가설된 것에 대한 심사이다.

그는 명칭과 사태의 특징이 분리되었거나 결합되었다고 보고, 자성으로 가

---

39 이 교설은 유식에서 법무아를 체득하기 위한 수행법으로서 이후 『섭대승론』(MSg III.7)과 『현양성교론』(T31: 507c14ff), 『삼무성론』(T31: 875b5ff) 등에서 중요하게 다루어지고 있다. 심사와 여실변지의 관계는 각 항목의 이름 자체가 보여주듯이, 후자는 전자의 관찰에 의해 획득된 지혜로 보인다. 이 단계가 수행도 위에서 어느 단계에 해당되는가에 대해서는 문헌마다 설명의 차이가 보인다. 예를 들어 『보살지』의 다른 개소(『보살지』 2015: 372)에서 이 4종 심사와 4종 여실변지가 완성된 상태는 12종의 보살주 중에서 10번째 단계인 '의욕작용이 없고 의도적 노력 없이 수행도가 진행되는, 상을 여읜 住(anabhisaṃskāra anābhogamārgavāhano nirnimitta eva vihāra)'로 배대되고 있다. 그 단계는 보살십지 중에서 제8지에 해당되는 것으로 여기서 無生法忍(anutpattikadharmakṣānti)을 얻은 것으로 설명되고 있다. 반면 MSg III.7ab에서는 4종 심사와 4종 여실변지에 의해 문자(vyañjana)와 대상(artha)으로 현현하는 意言(manojalpa)이 유식성으로서 이해되고, 또 문자에 의거하는 대상 역시 오직 의언뿐인 것으로서 통찰되는 것으로서 설명되는데, 이는 4종 심사와 여실변지를 순결택분의 수행단계에 적용시킨 것이다. 진제도 『삼무성론』에서 4종 여실변지를 모두 문혜와 사혜의 단계에 속한다고 설명하는데 이는 MSg의 설명과 맥을 같이 한다고 보인다.

설된 것과 차별로 가설된 것을 명칭과 사태의 결합에 의지한 것으로서 통달한다.[40]

7.2. 4종의 여실변지

무엇이 네 종류의 여실변지(yathabhūtaparijñāna)인가? (a) 명칭에 대한 심사로서의 여실변지, (b)사태에 대한 심사로서의 여실변지, (c) 고유한 성질로 가설된 것에 대한 심사로서의 여실변지, (d) 차별로 가설된 것에 대한 심사로서의 여실변지[이다].

(a) 명칭에 대한 심사에 의거한 여실변지란 무엇인가? 실로 그 보살이 명칭에 대하여 '다만 명칭일 뿐인 것'으로 심사한 후에 그 명칭을 다음과 같이 여실하게 인식한다. 즉 '이것은 명칭이다'라는 의미를, 나아가 [이것은] 관념이라는 의미, [이것은] 견해라는 의미, [이것은] 비유적 표현이라는 의미를 사태에 대해 정립한다. 만약 '색' 등의 명칭을 가진 사태에 대하여 '색'이라는 명칭을 정립하지 않는다면, 어떠한 사람도 결코 그러한 사태를 '색'이라고 알지 못할 것이다. ['색'이라고] 알지 못하는 사람은 증익의 관점에서 집착하지는 않을 것이다. [증익의 관점에서] 집착하지 않는 사람[41]은 언어로 표현하지 않을 것이다.' 이와 같이 여실하게 인식하는 것이 명칭에 대한 심사에 의거한 여실변지라고 설해진다.[42]

---

40 여기서 4종 심사의 목적이 드러난다. (i)과 (ii)는 명칭과 그 명칭에 대응한다고 간주된 사태를 분리시켜 "단지 명칭뿐" 또는 "단지 사태뿐"이라고 보는 것이며, (iii)과 (iv)는 명칭과 사태의 결합에 의거하면서도 그것을 "단지 자성으로서 가설된 것" 또는 "단지 차별로서 가설된 것"이라고 보는 것이다. 분별작용이 일반적으로 명칭과 사태를 결합해서 이해하는 방식이라면, (i-ii)에서 분리해서 관찰하는 방식은 이런 결합관계를 해체시켜 다시 명칭 자체(nāmamātra, 唯名)나 사태 자체(vastumātra, 唯事)로 각각 환원시키는 것에 해당될 것이다. 반면에 (iii-iv)는 '자성'이나 '차이'를 본래 갖고 있다고 간주된 법이 실은 명칭과 사태의 결합 관계에 의거해 있으며, 그 타당성은 단지 언어적 차원에서만 인정된다고 보는 것이다. 여기서 자성이나 차별은 아비달마적인 법상의 규정에 따라 예를 들어 色의 자성이란 變壞하는 것이며, 색의 차별이란 有色/無色, 有對/無對 등으로 색을 구별해서 파악하는 것이다.

41 BoBh(D): anabhiniveśaṃ을 BoBh(W): anabhiniveśamāno에 따라 읽는다.

42 명칭에 대한 심사에 의거한 여실변지란 첫 번째 명칭에 대한 심사에서 명칭에 대해 '다만 명칭일

(b) 사태에 대한 심사에 의거한 여실변지란 무엇인가? 그로부터 보살이 사태에 대하여 '다만 사태일 뿐인 것'이라고 심사한 후, 그 색 등의 사태를 모든 언어표현으로부터 분리된 것이자 언어로 표현할 수 없는 것으로 보는 것이 두 번째 사태에 대한 심사에 의거한 여실변지이다.[43]

(c) 자성으로 가설된 것에 대한 심사에 의거한 여실변지란 무엇인가? 그로부터 보살은 색 등이라고 명명된 자성으로 가설된 사태에 대하여 '다만 자성으로 가설된 것'이라고 심사한 후, 그 자성의 가설을 통해 그 [색을] 자성으로 하지 않는 사태가[44] 그 [색을] 자성으로 해서 현현하고 있다고 여실하게 통달하고 잘 인식한다. 그 [색 등의] 자성을 변화(nirmita)와 영상(pratibimba), 메아리(pratiśrutka), 신기루, 물에 비친 달(udakacandra), 꿈(svapna)과 환화(māyā)와 비슷하다고 보고 있는 그에게 있어 그 [변화와 영상 등]으로 나타난 것은 그것으로 이루어진 것이 아니다. 이것이 심오한 대상을 인식영역으로 하는 세 번째의 여실변지이다.[45]

뿐인 것'으로 심사한 후에, 그 명칭을 사태에 대해 정립할 때에, 그렇게 이름 붙여진 사태와 명칭의 관계를 분명히 아는 것으로 설명되고 있다. "만약 '색' 등의 명칭을 가진 사태에 대하여 '색'이라는 명칭을 정립하지 않는다면, 어떠한 사람도 결코 그러한 사태를 '색'이라고 알지 못할 것"이라는 주장은 대상인식은 명칭과 밀접한 관계를 갖고 있는 것이지만, 그것은 대상 자체에 없는 것을 명칭을 통해 덧붙인 增益(samāropa)에 지나지 않는 것이라고 보는 것이다. 하지만 보살이 (i)의 심사를 통해 '다만 명칭뿐'이라고 통찰했다면, 그는 대상에 대한 명명이란 단지 외재적이고 우연적인 것에 지나지 않으며, 따라서 그런 명칭이 대상 자체와 일치한다고 보지 않고, 대상 자체라고도 집착하지 않으리라는 것이다. 이렇게 본다면, 이런 여실변지는 (i)에서 함축된 명칭과 대상의 분리성이라는 사실을 명칭의 측면에서 다시 확인하는 작업일 것이다.

43 사태에 대한 심사에 의거한 여실변지는 '다만 사태일 뿐인 것'이라는 (ii)의 심사 후에 사태가 모든 종류의 언어표현과 분리되었다는 것, 그것은 불가언설이라는 점을 이해하는 데 있다. 다시 말해, 사태 자체가 그 사태를 지칭하는 명칭 등에 의해 파악되거나 동일시될 수 없는 본질을 갖고 있음을 아는 것이다. 여기서의 기술상의 특징은 비록 '불가언설'이라는 표현이 나오기는 하지만, (ii)의 심사에서 함축된 명칭과 대상의 분리성이라는 사실을 사태의 측면에서 다시 확인하는 것이라고 보인다.

44 BoBh: tatsvabhāvābhāvasya이지만, BoBh(D): atatsvabhāvasya에 따라 읽었다.

45 자성으로 가설된 것에 대한 심사에 의거한 여실변지는 (iii)의 심사에 의거한 후에, 그러한 가설 때문에 x를 본질로 갖지 않은 사태가 마치 x를 본질로 가진 것처럼 현현하는 것이라고 이해하는 것이다. 여기서는 그러한 현현의 예로 "변화와 영상, 메아리, 신기루, 물에 비친 달, 꿈과 환화"를 제시하면서, 이러한 것들은 어떤 본질을 갖고 있는 것이 아니라 그렇게 현현하는 것에 지나지 않는

(d) 차별로서 가설된 것에 대한 심사에 의거한 여실변지란 무엇인가? 그로부터 보살이 차별로 가설된 [사태]에 대하여 '다만 가설로 존재하는 것'으로 심사한 후, 그 색 등의 명칭을 가진 사태에 대하여 차별로 가설된 것을 不二의 의미로 본다. 그 사태는 존재하는 것도 아니고 존재하지 않는 것도 아니다. 언어로 표현될 수 있는 성질로서는 존재하는 것이 아니기 때문에 존재하는 것이 아니지만, 언어로 표현될 수 없는 성질로서 [가설로] 규정되었기 때문에 존재하지 않는 것도 아니다. 이와 같이 궁극적 진리의 관점에서는 '형태를 가진 것(有色)이 아니지만, 세속적 진리의 관점에서는 그것에 대해 '형태'라는 비유적 표현 때문에 형태를 갖지 않은 것도 아니다. 존재와 비존재, 형태를 가진 것(有色)과 형태를 갖지 않은 것과 같이, 볼 수 있는 것과 볼 수 없는 것 등의 차별로 가설된 모든 방식들도 마찬가지로 이해해야 한다. 이와 같이 차별로 가설된 것을 이와 같이 불이(不二)의 의미로서 여실하게 아는 것이 차별로 가설된 것에 대한 심사에 의거한 여실변지이다.[46]

다고 말한다. 이들 비유가 전형적인 의타기성의 비유이며, 또 "그것으로 나타난 것은 그것으로 이루어진 것이 아니다"라는 표현이 식의 미란성(bhrānti)을 나타내는 것임을 고려할 때, tp 번째 여실변지는 『중변분별론』(MAV I.3)의 식의 x로서의 '현현'이나 『대승장엄경론』(MSA XI.13)에서의 '迷亂' 개념을 분별작용과 관련하여 제시하고 있는 것이라고 보인다. 여기서 주목되는 것은 이러한 여실변지가 "매우 심오한 대상을 인식영역으로 한다(sugambhīrārthagocara)"는 설명이다. "심오한"이란 표현이 대승을 가리킨다고 볼 때, 이 여실변지는 대승의 궁극적 통찰을 함축한다고 말할 수 있겠다. 이에 대한 BoBhVy(P 89a1-3; D 76b6-7)의 해석에 따르면 그 의미는 "그와 같이 사태의 행상(ākāra)도 영상(pratibimba)과 비슷한 것으로 변계소집성으로서 이해되어야 한다. 변계소집성을 떠난 것을 보는 그것이 매우 심원한 대상을 인식영역으로 한 것이다." 이 해석은 삼성설의 방식에 따라 x로서 현현하는 영상을 변계소집성이라고 보면서, 바로 의식의 현현에서 그런 영상의 비존재를 보기 때문에 심원하다고 말하는 것이다.

46 차별로서 가설된 것에 대한 심사에 의거한 여실변지는 (iv)의 심사에 의거한 후에, "색이라는 명칭을 가진 사태"에 대해서 '그 색은 형태를 가진 것'이나 '그 색은 저항력을 가진 것' 등의 법상의 차별로 언표된 것은 승의적인 관점에서 존재하는 것도 아니고, 세속적인 관점에서 보면 존재하지 않는 것도 아닌, '不二'라고 보는 것이다. 비록 여기서 '不二'라는 술어가 二諦의 의미에서 사용되고 있다고 해도, 이 관법은 법의 자성이 아니라 법의 차별(viśeṣa)을 대상으로 하기 때문에, (c)에 의거한 이차적인 통찰로 간주될 것이며, 그렇기에 '심오한'이라는 수식어가 덧붙여지지 않았을 것이다.

7.3. 분별과 사태의 상호관계

그중에서 범부들의 이 여덟 가지 삿된 분별은 세 가지 사태를 낳고 세간을 산출하는 것인데, 그것은 이 네 가지 여실변지의 결핍, 즉 함께 모이지 않음에서 발생한다. 그리고 그 삿된 분별로부터 잡염이, 잡염으로부터 생사의 유전이, 생사의 유전으로부터 생사에 수반되는 생·노·병·사 등의 苦가 발생한다.

7.4. 그리고 네 가지 여실변지에 의지한 후 보살에 의해 여덟 가지 분별이 완전히 인식되었을 때, 현재에 그것을 바르게 완전히 인식했기 때문에, 미래에 그것의 근거이고, 그것의 인식대상이며, 희론에 속한 사태의 출현이 없게 된다. 그것이 생하지 않았기 때문에 즉 출현하지 않았기 때문에, 그것을 인식대상으로 하는 분별도 미래에 출현하지 않게 된다. 이와 같이 그 사태를 수반한 분별의 소멸이야말로 모든 희론의 소멸이라고 알아야 한다. 그리고 이와 같은 희론의 소멸이 보살에게 있어 대승의 반열반[47]이라고 알아야 한다.

8. 보살의 공덕

8.1. 보살의 자재성의 획득

현재에 그 최상의 진실인 대상을 인식영역으로 하는 지가 청정하기 때문에, 그 보살은 모든 것에 대해 자재의 획득을 얻는다. 즉, (i) 다양한 화현에 있어서 화현의 신통에 의해, (ii) 다양한 변화에 있어서 변화의 신통에 의해, (iii) 모든 것을 인식대상으로 하는 지에 대해, (iv) 의도하는 대로 [이 세상에] 머무는 것에 대해, (v) 원하는 대로 [다른 사람의] 손상이 없이 죽음에 대해 [자재의 획득을 얻는

---

47 희론 내지 분별작용의 소멸이 대승의 반열반이라는 선언은 바로 분별의 제거와 그럼으로써 현현하는 사태의 인식에 의해 법무아가 증득된다는 점을 말하는 것이다.

다.] 그는 이와 같은 자재를 얻는 자로서 모든 중생 중에서 가장 존귀한 자가 된다.

8.2 보살의 이로움

그리고 이와 같이 모든 것에 대해 자재를 갖춘 보살에게 최상의 다섯 가지 이로움(anuśaṃsa)들이 있다고 알아야 한다.

(i) 그는 번뇌의 적정이 아니라 주함의 적정에 의해 최상의 심의 적정을 얻는다.[48]

(ii) 모든 학문 영역에 대해 그의 지견이 장애가 없고 완전히 청정하며 깨끗한 것으로서 생겨난다.

(iii) 중생들을 위해 생사에 유전하는 것에 피곤하지 않은 자가 된다.

(iv) 여래들의 모든 숨겨진 의도를 가진 말들을 이해한다.

(v) 다른 사람에 의존하지 않기 때문에, 대승에 대한 믿음으로부터 이탈하지 않는다.

---

48 이 문장에서 적정(śānti)의 구별이 무엇을 가리키는지는 자체로 불확실하지만, 「본지분」의 「유여의지」(XVI. § 2.1.)에서 적정의 의미를 넷으로 구분하면서, 번뇌의 적정과 평정에 의한 적정(=주함의 적정)에 대한 설명과 연관될 것이다. "아라한인 비구에게 확정적으로 불생의 성질로서(atyantam anutpattidharmatayā) 탐(rāga)은 남김없이 끊어졌고, 진(瞋, dveṣa)은 남김없이, 치(moha)는 남김없이 그리고 모든 번뇌는 남김없이 끊어졌다. 이것이 번뇌의 적정이라 불린다." 또 "루를 소멸한 아라한인 비구는 6종의 주함에 의해 항시 그것에 빈번히 주한다. 즉, 그는 눈으로 색들을 본 후에 즐거워하지도 않고 우울해하지도 않고 평정하게 정념을 갖고 정지를 갖고 주한다. 그는 귀로 소리들을, 코로 향들을, 혀로 맛들을, 신체로 접촉되어지는 것들을, 의(意)로 법들을 인지한 후에, 즐거워하지도 않고 우울해하지도 않고 평정하게 정념을 갖고 정지를 갖고 주한다. 이것이 그에게 평정에 의한 적정이다." 이러한 의미에서 <오사장> § 1.10.2.(7) "진여는 모든 세간언설과 희론이 적정해진(vyavahāraprapañcaśānta) 대상이라는 의미에서 출세간적인 것이지, 모든 세간언설과 희론을 초월한 것으로 특징지어진다는 의미에서는 아니다."라는 난해한 문장의 의미는 이해될 수 있을 것이다.

8.3 이로움의 작용

실로 이 다섯 가지 이로움이 바로 다섯 가지 작용을 한다고 알아야 한다.

(i) 깨달음을 위한 노력으로부터 생겨난 신체적이고 심리적인 노력의 피곤을 없애기 위한 보살의 최상의 현재의 즐거움에 머묾(現法樂住)이 심의 적정이라는 이익의 작용이라고 알아야 한다.

(ii) 보살이 모든 붓다의 속성(佛法)을 성숙시키는 것, 이것이 다섯 지식영역에 장애가 없는 지혜의 상태에 의해 이익의 작용이라고 알아야 한다.

(iii) 보살이 중생을 성숙시키는 것, 이것이 윤회에서 피곤함이 없기 때문에 이익의 작용이라고 알아야 한다.

(iv) 교화되어야 할 중생들에게 반복하여 생하는 의심을 제거하는 것과 오랜 기간 동안 法眼을 영위하고 유지하는 것이 사이비 정법의 교계를 감추는 것을 변지하고 밝히고 제거함에 의해 모든 숨겨진 의도를 가진 말의 이해라는 이익의 작용이라고 알아야 한다.

(v) 모든 다른 대론자들을 제압하는 것과 견고한 정진, 그리고 서원으로부터 물러서지 않는 것, 이것이 [대승에 대한 믿음으로부터] 이탈하지 않고 다른 사람에 의존하지 않음이라는 이익의 작용이라고 알아야 한다.

8.4. 이익을 주는 행위

실로 이와 같이 그것이 보살이 행해야 하는 것이라면 그 모든 것은 보살에게 이 다섯 가지 이로움을 주는 행위들에 의해 포섭된다. 그 행해야 하는 것이란 무엇인가? (i) 염오되지 않고 스스로 즐거운 것, (ii) 붓다의 속성을 성숙시키는 것, (iii) 중생을 성숙시키는 것, (iv) 정법을 유지하는 것, 그리고 (v) 부동의 서원을 갖고 또 치열하게 정진하는 자가 다른 대론자들을 제압하는 것이다.

9. 4종 진실에 대한 평가

네 가지 진실인 대상 중에서 앞의 [세간에서 인정된 진실과 도리에 의해 인정된 진실] 두 가지는 열등하고, 세 번째 [번뇌장이 청정해진 지의 영역인 진실]은 중간이며, 네 번째 [소지장이 청정해진 지의 영역인 진실]은 최상이라고 알아야 한다.

『보살지』 持(ādhāra)라는 유가처(yogasthāna) 중에서 네 번째 <진실의품>이다.

제16장

有餘依地 sopadhikā bhūmiḥ

(Ch. 576b28)

유여의지(sopadhikā bhūmiḥ)[1]란 무엇인가?

그것은 3종이라고 알아야 한다. 단계(地)에 대한 가설의 건립에 의해, 적정(upaśama)에 대한 가설의 건립에 의해, 그리고 토대(upadhi)에 대한 가설의 건립에 의해서이다.

1. 단계에 대한 가설의 건립이란 무엇인가?

유여의지는 『무심지』, 『수소성지』, 『성문지』, 『독각지』, 『보살지』의 다섯 부분 중에서 일부를 제외하고, 또 무여의라는 하나의 단계를 전체적으로 제외하고, 남은 단계들이 유여의지라고 불린다. 이것이 단계에 따른 가설의 건립이다.

2. 적정에 대한 가설의 건립이란 무엇인가?

2.1. 네 가지 적정들에 의해 유여의지는 건립된다. 고통의 적정에 의해, 번뇌의 적정에 의해, 중생들에 대한 손상(viheṭha)의 적정에 의해, 그리고 평정에 의한

---

1 XVI + XVII은 Schmithausen 1991a의 편집본에 의거해 번역했다.

적정에 의해서이다.

2.1.1. 루를 소멸한 아라한인 비구에게 미래에 [다시] 생겨나지 않는 성질로서(āyatyām anutpādadharmatayā) 미래의 재생에 속한 고통은 끊어졌고, 변지되었으며, 마치 탈라 나무 끝의 잎처럼 뿌리가 잘려져 있으며, 현현하지 않는다. 이것이 그에게 고통의 적정이다.

2.1.2. 아라한인 비구에게 확정적으로 불생의 성질로서(atyantam anutpattidharmatayā) 탐욕(rāga)은 남김없이 끊어졌고, 진(瞋, dveṣa)은 남김없이, 치(moha)는 남김없이 그리고 모든 번뇌는 남김없이 끊어졌다. 이것이 번뇌의 적정이라 불린다.

2.1.3. 그는 탐욕을 소멸했고 진과 치, 모든 번뇌를 소멸했기 때문에 악을 행하지 않고 선을 행한다. 이것이 그에게 중생에 대한 손상의 적정이다.

2.1.4. 루를 소멸한 아라한인 비구는 6종의 주함에 의해 항시 그것에 빈번히 주한다. 즉, 그는 눈으로 색들을 본 후에 즐거워하지도 않고 우울해하지도 않고 평정하게 정념을 갖고 정지를 갖고 주한다. 그는 귀로 소리들을, 코로 향들을, 혀로 맛들을, 신체로 접촉되어지는 것들을, 의(意)로 법들을 인지한 후에, 즐거워하지도 않고 우울해하지도 않고 평정하게 정념을 갖고 정지를 갖고 주한다. 이것이 그에게 평정에 의한 적정이다.

2.2. 이 4종의 적정과 관련하여 유여의지는 최고의 적정(śānti)이며, 최고의 청량(śitibhāva)이라고 설해진다.

이것이 적정에 대한 가설의 건립이다.

3. [생존의] 토대(upadhi)[2]에 대한 가설의 건립이란 무엇인가?

3.1. [생존의] 토대는 여덟 개이다. 가설의 토대, 포섭의 토대, 유지의 토대, 윤회의 토대, 장애의 토대, 고통의 토대, 희락의 토대. 그리고 최후의 토대이다.

3.1.1. 가설의 토대(prajñaptyupadhi)란 무엇인가? 5취온이다. 그것에 대하여 자아, 중생, 지바, 생자, 양육자, 푸드갈라, 인간, 사람이라고 하는 관념(saṃjñā)과 통념(samājñā), 가설(prajñapti), 언설(vyavahāra)이 행해진다. 그것에 대하여 이런 이름을 가졌고, 이런 부류이며, 이런 종성이고, 이런 것을 음식으로 하며, 이런 고락을 경험하며, 이와 같이 장수하며, 이와 같이 오래 주하며, 이와 같이 수명이 끝났다고 하는 관념, 통념, 가설, 언설이 행해진다.

3.1.2. 포섭의 토대(parigrahopadhi)란 무엇인가? 일곱 가지 포섭의 사태들이 있다. (i) 자신과 부모, (ii) 처자, (iii) 여종과 남종, 일꾼과 노동자, (iv) 친구와 신하, 인척과 친척 등이 일곱 개의 포섭의 사태로서 예를 들어 「意地」에서와 같다.[3] 그들과 관련하여 중생들은 포섭하는 자들이라고 가설된다.

3.1.3. 유지의 토대(sthityupadhi)란 무엇인가? 네 가지 음식(āhāra)이다. [즉,] 물질적인 음식, 접촉이라는 음식, 意思라는 음식, 識이라는 음식이다. 그것들에 의거한 후에 살아있는 중생들의 근거와 생계수단이 되며, 또 생겨나기를 바라는 자들에게 도움을 준다.

3.1.4. 유전의 토대(pravṛttyupadhi)란 무엇인가? 네 가지 식주(識住, vijñā-

---

2 upadhi는 팔리 전통에서(CPD s.v. upadhi) pariggaha("taking possession of")와 동의어로서 사용되며, BHSD에서는 "substratum", "material thing"을 의미한다. 한역 依는 넓은 의미에서 "substratum("토대")의 의미를 주며, 반면 티벳역 phung po는 아래 <최후의 근거>의 항목에서 드러나듯이 개체의 상속에 속한 5온을 의미할 것이다. 하지만 여기서 upadhi가 8종의 측면으로 구분되는 데에서 나타나듯이, upadhi는 온이라는 한정된 의미를 넘어 그가 소유물로 취하고 집착하는 대상이거나 아니면 고통의 근거로서의 욕계라는 넓은 의미를 갖고 있다. 따라서 여기서는 '토대'로 번역했다.

3 YBh 47,1ff에서 일곱 개의 사태들은 (1) 자신과 부모, (2) 처자 (3) 여종과 남종, 일꾼과 노동자 (4) 친구와 신하, 인척과 친척 (5) 국토의 사태, 집의 사태, 시장의 사태, (6) 복업의 사태, 업의 완수에 노력하는 사태, 그리고 (7) 창고에 저장하는 사태로 나열되어 있다. 이런 의미에서 포섭이란 사회적으로 살아가기 위해 필요한 요소들을 가리킨다.

nasthiti)[4]와 12지 연기이다. 즉, 색의 영향을 받는(-upaga) 식주이고, 受의 영향을 받고, 想의 영향을 받고, 行의 영향을 받는 識住이며, 또한 무명을 조건으로 하는 제행, 제행을 조건으로 하는 식 내지 생을 조건으로 하는 노사이다. 그것에 의거해서 중생들은 5종 존재형태를 가진 윤회에서 유전하게 된다.

3.1.5. 장애의 토대(antarāyopadhi)란 무엇인가? 천신으로서의 마라이다. 선을 향해 노력하는 자들에게 각각의 경우에 장애를 일으키고 현전하는 것이다.[5]

3.1.6. 고통의 토대(duḥkhopadhi)란 무엇인가? 모든 욕계가 고통의 근거라고 설해진다. 그것 때문에 중생들은 고통과 심적 우울함을 경험한다.

3.1.7. 희열의 토대(ratyupadhi)란 무엇인가? 정려와 등지(samāpatti)의 낙이 희열의 토대라고 설해진다. 그것에 의거하여 여기에서 입정하고 또 그곳에서 재생한 중생들은 오랫동안 정려와 등지의 희열을 경험한다.

3.1.8. 최후의 토대(antya-upadhi)란 무엇인가? 아라한의 상속에 속한 온들이다. 그것들에 의거한 후에 아라한은 최후의 신체를 가진 자라고 설해진다.

3.2. 루를 끊은 아라한인 비구가 유여의지에서 안주할 때[6] 몇 가지 토대(upadhi)들과 결합하고 몇 가지들과는 결합하지 않는다고 말해야 하는가?

그는 최후의 토대 하나와 한결같이 결합하고, 여섯 가지 섭수의 사태들과 한결같이 결합하지 않는다. 한결같이 전체적인 유전의 토대와 결합하지 않으며,

---

4 4識住에 대해서는 DN iii, 228 참조. 산스크리트 표현에 나오는 -upaga를 Schmithausen은 "under the sway of" "be subject to"로 번역하고 있다. Schmithausen 1987: fn.504, 788, 789 참조.

5 ŚrBh II. 262,7ff에 4종 māra의 하나로서 devaputramāra에 대한 설명에서 이와 비슷한 문장이 나온다. "온과 번뇌, 죽음을 초월하기 위해 선품에 대해 노력하는 자에게 자재력을 획득한 욕계에 속한 천신이 방해를 일으킬 때, [즉,] 산란하게 만들 때에, 그가 천신으로서의 악마라고 불린다."(『성문지』 2021: 343).

6 모든 번뇌를 끊은 아라한이 그럼에도 5온을 가진 채 존속하는 것이 여기서 유여의지로서 분명히 제시되고 있기 때문에, Schmithausen(1969: 80-81)은 이 구절에 의거해서 유여의지가 "토대를 수반한 [소멸의] 단계"로서 유여의열반과 동일한 의미라고 지적한다. 무여의지도 마찬가지로 무여의 열반과 같은 의미일 것이다. 유여의지에 대한 「섭결택분」은 이 부분만을 취급하고 있다.

또 한결같이 전체적인 장애의 토대와 결합하지 않는다. 나머지 토대들과는 결합하는 것도 아니고 결합하지 않는 것도 아니다.

이것이 [생존의] 토대에 대한 가설의 건립이다.

유가사지론에서 유여의지를 끝냈다.

제17장

無餘依地 nirupadhikā bhūmiḥ

(Ch. 577a29)

무여의지(無餘依地, nirupadhikā bhūmiḥ)란 무엇인가?

그것도 세 측면을 가졌다고 알아야 한다. 단계(地)에 대한 가설의 건립에 의해, 소멸에 대한 가설의 건립에 의해, 그리고 소멸의 동의어에 대한 가설의 건립에 의해서이다.

1. 단계에 대한 가설의 건립이란 무엇인가?

다섯 가지 단계들, 즉 『무심지』, 『수소성지』, 『성문지』, 『독각지』 그리고 『보살지』가 부분적으로 무여의지의 일부에[1] 포섭된다고 알아야 한다.

2. 소멸(nirvṛti)에 대한 가설의 건립이란 무엇인가?

적정의 의미에서의 소멸(vyupaśamanirvṛti)과 손상이 없음의 의미에서의 소멸(avyābādhanirvṛti)이라는 2종의 소멸에 의해 무여의지가 건립된다.[2]

---

1 앞의 유여의지에서 이들 5지가 부분적으로 유여의지에 포함된다고 했기에, 이에 포함되지 않은 다른 부분들이 무여의지에 포함될 것이다.

2 두 가지 소멸의 차이가 무엇인지 분명치 않다. Sakuma(1991: I. 83f)는 이에 대해 두 가지 해석의 가능

2.1. 적정의 의미에서의 소멸이란 무엇인가?

앞에서 「유여의지」에서 4종의 적정이 증득되고, 획득되고, 접촉되고, 촉증되었다. 지금 무여의 열반계의 경우에도 마찬가지로 그에게 4종의 적정이 있다. 즉, 헤아려짐의 적정, 모든 토대(upadhi)들의 적정, 토대에 의거한 고통의 적정, 토대에 의거한 고통이 [미래에 다시] 생기하는 것에 대한 두려움의 적정이다.

다음과 같이 [경에서][3] 설해졌다.

> 집착하지 않는 마음으로 감수를 취할 때,
> 바로 등불이 꺼진 것처럼 그의 마음은 해탈했다네.

이것이 적정의 의미에서의 소멸이라고 설해진다.

성을 제시한다. (1) nirvṛti는 소멸과 행복의 두 의미가 있기에 (BHSD s.v. nirvṛta and nirvṛti) 손상이 없음의 의미에서의 소멸은 모든 고통의 적정이라는 의미에서 행복을 가리킬 것이며, 이는 "낙에 주하는 비구는 소멸했다"는 인용에 의해서도 지지될 것이다. 그렇지만 손상이 없음으로서의 소멸은 "모든 번뇌와 고의 현행과 반대되는 것"이기에 이에 의거해서 추론하면 vyupaśama-nirvṛti는 고통의 소멸을 가리키지만, avyābādha-nirvṛti는 고통이 미래에 생겨나지 않음을 가리킬 것이다. (2) vyupaśama-nirvṛti가 "근거에 의거한 고통이 [미래에 다시] 생기하는 것에 대한 두려움의 적정"으로 설명되기에 이것은 아라한이 죽을 때 생겨나는 사건으로서 여겨진 것이다. 반면 avyābādha-nirvṛti는 남김없는 소멸의 상태와 관련되거나, 이 상태를 구성하는 본질일 것이다. Sakuma는 후자가 더 나은 해석이라고 생각하지만, 그러나 아직 고려해야 할 문제가 남아있다고 생각된다. 왜냐하면 텍스트는 바로 avyābādha-nirvṛti에 대한 경증을 인용한 후에, "심원하고 광대하고 무량한 [무루계] 속에서 소멸한 자는 [더 이상] 헤아려질 수 없다"고 하는 세존의 교설은 사실은 손상이 없음의 의미에서의 열반을 의도하고 설했다고 해석하는 점이다. 이 인용이 vyupaśama-nirvṛti에서 말하는 첫 번째 '헤아려짐의 적정'을 가리키기 때문에, 이는 전자의 방식으로서의 nirvṛti의 설명이 함축하는 원래 의도는 avyābādha-nirvṛti에 있다고 보는 것이다. 후자의 소멸의 특징은 upadhi의 적정이 아니라 upadhi와 결합되지 않은 상태, upadhi에 의거한 고통의 소멸이 아니라 모든 번뇌와 고가 현행하지 않는 상태를 가리킨다. Sakuma는 후자의 소멸이 무여의열반계를 가리킨다고 보지만, 이것이 일반적 의미에서의 소멸이 아니라는 점은 "upadhi와 결합되지 않은", "번뇌와 고가 현행하지 않는"이란 표현에서 분명할 것이다. 따라서 여기서의 무루계는 무여의열반계가 아니라 심적 작용이 번뇌를 여읜 상태를 가리킨다고 보는 것이 타당할 것이다. 그렇다면 vyābādha-nirvṛti는 전통적 의미에서의 성문들의 열반이고, avyābādha-nirvṛti는 대승적 의미에서의 새로운 열반을 가리키고 있을 것이다.

3 Schmithausen은 MPS § 44,11; DN II 157; SN I 159; 잡아함 (T2: 414a9-11), Pras 520,7f를 제시한다.

2.2. 손상이 없음의 의미에서의 [남김 없는] 소멸이란 무엇인가?

모든 근거(upadhi)와 결합되지 않고, 모든 번뇌와 고의 현행과 반대되며, 의지체의 전환(āśrayaparivṛtti)[4]에 의해 특징지어지는 무루계(anāsravo dhātuḥ)[5]이다.

[경에서] "낙에 주하는 비구는 소멸되었다"고 설하는 것과 같다.

또한 [경에서] 다음과 같이 설했다.

> "태어나지 않고, 일어나지 않고, 지어지지 않고, 만들어지지 않고, 생겨나지 않은 것이 있다. 태어나고, 일어나고, 지어지고, 만들어지고, 생겨난 것이 있다. 만일 태어나지 않고, 일어나지 않고, 지어지지 않고, 만들어지지 않고, 생겨나지 않은 것이 없다면, 태어나고, 일어나고, 지어지고, 만들어지고, 생겨난 것의 출리는 없다고 나는 말할 것이다. 실로 태어나지 않고, 일어나지 않고, 지어지지 않고, 만들어지지 않고, 생겨나지 않은 것이 존재하기 때문에, 태어나고, 일어나고, 지어지고, 만들어지고, 생겨난 것의 출리가 있다고 나는 말한다."[6]

이 [손상이 없음의 의미에서의 소멸]을 의도하신 후에 세존께서는 "심원하고 광대하고 무량한 [무루계] 속에서 소멸한 자는 [더 이상] 헤아려질 수 없다"고 말씀하셨다.

그중에서 알기 어렵기 때문에 심원한 것이며, 공덕을 가진 상태의 강대함 때문에 광대한 것이고, 다함이 없기에 무량한 것이며, 헤아려질 수 없다는 것은 불이(不二)의 교설 때문에 헤아려질 수 없는 것이다.

---

4 āśrayaparivṛtti(轉依) 개념의 일반적인 의미와 유식문헌에서의 다양한 해석에 대해서는 Sakuma 1991 및 2004 참조. 전의 개념은 여기서 토대의 남김없는 소멸(nirvṛti)의 맥락에서 설해지고 있는데, 이 개소의 해석은 Sakuma 1991 I, 82-88 + II, 153f. 참조.

5 無漏界(anāśravo dhātuḥ)는 이 부분에 대한 「섭결택분」에서 다음과 같이 규정된다. "남김없는 열반으로 들어간 자의 전의로서의 무루계는 색과 다른 것인가 아니면 다르지 않은 것인가? 그것은 동일한 것도 아니고 다른 것도 아니다. … 마찬가지로 유위법과 모든 界, 존재형태들과 동일한 것도 아니고 다른 것도 아니다."

6 (근본설일체유부의) Uv XXVI.23-25.

그런데 왜 [소멸한 자는] 헤아려질 수 없는가? 존재나 비존재로서 설해질 수 없기 때문이다. 색이나 또는 색과 다른 것으로서, 또한 수·상·행·식이나 수·상·행·식과 다른 것으로서 설해질 수 없기 때문이다.

그 이유는 무엇인가? 왜냐하면 그 [무루계]는 진여의 청정에 의해 특징지어지고, 완전히 때를 여의었기 때문이다. 이것이 손상이 없음의 의미에서의 열반이라고 설해진다.

그 양자를 하나로 합친 후에 소멸에 대한 가설의 건립이라고 설한다.

3. 소멸의 동의어에 대한 가설의 건립이란 무엇인가?

이것들이 소멸의 동의어라고 알아야 한다. 영원하고(nitya), 견고하고(dhruva), 상주하고(śāśvata), 변하지 않는 성질을 가진 것(apariṇāmadharmaka)이며, 집(layana)이고, 섬(dvīpa)이며, 보호(trāṇa)이고, 귀의처(śaraṇa)이고, 최종목적(parāyaṇa)이며, 안은(kṣema)이며, 적정(śiva)이며, 좋은 사태를 가진 것(sauvastuka)이며, 길상(svastyayana)이며, 움직이지 않는 것(acala)이며, 굽지 않은 것(anata)[7]이며, 보기 어려운 것(durdṛśa)이고, 불사(amṛta)이며, 근심이 없는 것(aśoka)이며, 죽지 않는 것(acyuta)이며, 타오름이 없고(nirjvara), 번민이 없고(niṣparidāha), 병이 없으며(ārogya), 부동(āneñjya)이며, 열반(nirvāṇa)이며, 희론을 여읜 것(niḥprapañca)이다. 소멸의 동의어는 이런 부류라고 알아야 한다.[8]

이것이 소멸의 동의어에 대한 가설의 건립이다.

유가사지론에서 무여의지를 끝냈다.

---

7 티벳역은 mi gzhol ba ("구부러짐이 없는"), 한역은 無垢(amala)이다.

8 여기서 25종의 동의어들이 나열되고 있다. 그중에서 kṣema부터 nirvāṇa까지는 조금 다른 순서로 「섭사분」(Ch. 765c26ff)에서 나열되고 있고, layana에서 nirvāṇa까지는 AS 63,23ff 및 ASBh 75,1ff에도 제시되고 있다. 또한 『잡아함경』 224b7ff 및 『법온족론』 T1537.26: 481b19ff에도 나온다. 이에 대해서는 Schmithausen 1991a: fn.104 참조. 「섭결택분」에서 이 동어의들 중에서 몇 개가 전의의 특징으로서 설명되고 있다. Schmithausen 1969: 51ff 참조.

제2부

「섭결택분」의 부분 번역

제1장

알라야식의 존재논증

(「섭결택분」 51, Ch. 579a7-582a12)

1. 알라야식의 존재논증[1]

집수된 것, 최초, 명료함, 종자, 업은 타당하지 않으며,
신체적인 경험, 무심정, 명종(命終)도 마찬가지다.

여덟 가지 측면에 의해 알라야식의 존재성이 입증되어야 한다. 즉, 알라야식이 없다면, (1) 의지체의 집수는 불가능하기 때문이며, (2) 최초의 생기는 불가능하기 때문이며, (3) 명료함의 생기는 불가능하기 때문이며, (4) 종자의 상태는 불가능하기 때문이며, (5) 작용은 불가능하기 때문이며, (6) 신체적 경험은 불가능하기 때문이며, (7) 무심정은 불가능하기 때문이며, (8) 식의 죽음은 불가능하기

1 「섭결택분」의 첫 부분은 불교사상사에서 처음으로 알라야식의 존재논증을 행한 곳으로 유명하며, Schmithausen(1987: n.226)은 이 부분을 Proof Portion으로 명명하고 있다. 이 논증은 직접적으로 『현양성교론』(T31: 5765a17-c22)에서 차용되었으며, 진제역 『決定藏論』(T30: 1018c9-1019a24)에도 번역되고 있다. 또한 『阿毘達磨雜集論』(ASBh 11.16-13,20)에서도 이 부분의 산스크리트 문장이 온전히 인용되고 있다. 따라서 이하의 번역에서는 ASBh에 의거했다. 「섭결택분」과 『결정장론』의 대조연구는 Ui 1965: 543ff 및 709ff 이하의 각주 참조. 「섭결택분」과 ASBh의 연구는 Hakamaya 1978; 1979 참조. 또 Griffiths 1986: 130ff의 영역도 있다.

때문이다.[2]

1.1. 첫 번째 논증[3]

어떤 이유로 의지체의 집수(āśrayopādāna)는 타당하지 않은가? 답: 다섯 가지 이유들에 의해서이다. 즉, (i) 알라야식은 과거의 제행을 원인으로 한다. 반면에 안식 등의 전식(pravṛttivijñāna)은 작동하는 것을 조건으로 하고 원인으로 한다. 예를 들어 감각기관과 감각영역, 작의의 힘 때문에 식들의 생기가 있다는 따위이다. 이것이 첫 번째 이유이다. (ii) 또한 선하고 불선한 여섯 식의 그룹들이(六識身) 지각된다. 이것이 두 번째 이유이다. (iii) 또한 여섯 식의 그룹들에 있어서 무기의 이숙(avyākṛtavipāka)에 포함될 수 있는 그러한 유형(jāti)은 지각되지 않는다. 이것이 세 번째 이유이다. (iv) 또한 여섯 식의 그룹들은 확정된 의지체를 갖고 일어난다. 각각의 의지체에 의해 식이 그곳에서(tatra) 생겨날 때 바로 그것만이(tad eva)[4] 그 [식]에 의해 집수된 것이지, 나머지 [의지체]는 집수되지 않았

---

2 Schmithausen(1987: 194-196)은 알라야식의 8종 존재논증이 모두 동일한 전제에서 출발하지 않는다고 지적하면서 특히 새로운 독립적인 manas의 도입을 중심으로 그 특징을 지적한다. 그의 설명은 이하 해당 개소에서 간략히 요약할 것이다. 그리고 형식적인 면에서 8종의 존재논증을 다음과 같이 구분한다. 먼저 (1), (6-8)의 네 논증은 알라야식의 신체적(somatic) 측면에 관심을 갖고 있으며, (4)는 이와 관련되지만 약간 달리 종자의 측면에서 분석하고 있다. 반면 (2)와 (3)은 알라야식의 존재를 증명하려는 것이 아니라 『해심밀경』에 의거하여 몇 개의 식의 동시적 생기문제를 다루고 있다고 지적한다. 그리고 마지막 (5)는 알라야식과 다른 식의 동시성에 관심을 갖고 있지만, (4)의 측면을 포함하는 점이 구별된다.

3 ASBh 12,1-13: kena kāraṇenāśrayopādānaṃ na yujyate/ āha pañcabhiḥ kāraṇaiḥ/ tathā hi ālayavijñānaṃ pūrvasaṃskārahetukam/ cakṣurādipravṛttivijñānaṃ punar vartamānapratyayahetukam/ yathoktam indriya-viṣayamanaskāravaśād vijñānānāṃ pravṛttir bhavatīti vistareṇa/ idaṃ prathamaṃ kāraṇam/ api ca kuśalākuśalāḥ ṣaḍ vijñānakāyā upalabhyante/ idaṃ dvitīyaṃ kāraṇam/ api ca ṣaṇṇāṃ vijñānakāyānāṃ sā jātir nopalabhyate yāvyākṛtavipākasaṃgṛhītā syāt/ idaṃ tṛtīyaṃ kāraṇam/ api ca pratiniyatāśrayāḥ ṣaḍ vijñānakāyāḥ pravartante, tatra yena yenāśrayeṇa yad vijñānaṃ pravartate tad eva tenopāttaṃ syād avaśiṣṭasyānupāttateti na yujyate, upāttatāpi na yujyate vijñānavirahitatayā/idaṃ caturtha kāraṇam/ api ca punaḥ punar āśrayasyopādānadoṣaḥ prasajyate/ tathā hi cakṣurvijñānam ekadā pravartate ekadā na pravartate evam avaśiṣṭāni/idaṃ pañcamaṃ kāraṇam/ iti pūrvakarmapravarttamānapratyahetuto ’pi kuśalākuśalato ’pi tajjātyanupalaṃbhato ’pi praty-atāśrayato ’pi punaḥ punar upādānadoṣato 'pi na yujyate //.

4 tad eva에서 대명사 tad가 받는 것은 남성명사 āśraya일 수 없기에, tad는 문장 전체를 받거나 또는

다고 하기에, 타당하지 않다. 또 [나머지 의지체가] 집수되었다는 것도 타당하지 않다. 왜냐하면 [그것은] 식을 여의고 있기 때문이다. 이것이 네 번째 이유이다. (v) 또한 반복해서 의지체의 집수의 잘못이 생겨날 것이다. 왜냐하면 안식은 어떤 때에는 생겨나고 어떤 때에는 생겨나지 않는다. 나머지 [식]들도 마찬가지다. 이것이 다섯 번째 이유이다.

이처럼 과거의 업과 현재의 조건을 원인[5]으로 한다는 점에서, 선하고 불선한 것이라는 점에서, 그것의 유형이 지각되지 않는다는 점에서, 확정된 의지체를 가졌다는 점에서, 그리고 반복적인 집수의 오류라는 점에서 [알라야식 없이는 의지체의 집수는] 타당하지 않다.

1.2. 두 번째 논증[6]

어떤 이유로 최초의 생기(ādipravṛtti)의 일어남은 타당하지 않은가? 만일 알라야식이 존재한다면 그럼으로써 두 개의 식의 동시적인 생기가 있게 될 것이라고 어떤 이가 말한다면, 그에게 다음과 같이 말해야 할 것이다. 그대는 오류가 아닌 것에 대해 오류라고 생각하고 있다. 실로 두 개의 식의 동시적 생기가 있다. 그 이유는 무엇인가? 동시에 보려고 하고 내지 인식하려고 하는 어떤 이에게 최초부터 상호적으로 식의 생기는 타당하지 않다. 왜냐하면 그 [최초]에서 작의(manaskāra)와 감각기관(indriya), 그리고 대상영역(viṣaya)은 구별되지 않기 때

---

tatra를 받는 것으로 이해해야 할 것이다.

5 Schmithausen(1987: 195)은 첫 번째 논증을 알라야식의 신체적 측면이라고 부르면서 알라야식이 신체를 집수하는 기능에 따라 세 가지 점으로 나눈다. (i-iii)은 수태의 때에 신체의 집수의 측면이며, (iv)는 신체 전체의 집수의 측면, (v)는 생애 전반에 걸친 집수의 측면이다. 이에 대한 Yamabe(2012: 189-67)의 비판과 그에 대한 Schmithausen(2014: 278ff, n.1277)의 재비판 참조.

6 ASBh 12,14-19: kena kāraṇenādipravṛttisaṃbhavo na yujyate/ sacet kaścid vaded yady ālayavijñānam asti tena dvayoḥ vijñānayoḥ yugapat pravṛttir bhaviṣyati/ sa idaṃ syād vacanīyaḥ - adoṣa eva bhavān doṣasaṃjñī/ tathā hi bhavaty eva dvayor vijñānayor yugapat pravṛttiḥ/ tat kasya hetoḥ/ tathā hy ekatyasya yugapad draṣṭukāmasya yāvad vijñātukāmasyādita itaretaravijñānapravṛttir na yujyate/ tathā hi tatra manaskāro 'pi nirviśiṣṭa indriyam api viṣayo 'pi//.

문이다.

1.3. 세 번째 논증[7]

어떤 이유로 동시적인 식의 생기가 없다면, 안식 등과 동시에 진행하는 의식(manovijñāna)의 명료함(spaṣṭatva)이 가능하지 않은가? 왜냐하면 과거에 경험된 영역을 기억하는 바로 그 때에 의식의 진행은 명료하지 않지만, 그러나 그와 같이 현재의 것을 대상영역으로 하는 의식은 불명료한 것은 아니다. 따라서 [식의] 동시적인 생기나 또는 의식의 불명료함은 타당해야 한다.

1.4. 네 번째 논증[8]

어떤 이유로 여섯 개의 식의 그룹들이 서로 종자가 됨(bījatva)이 가능하지 않은가? 왜냐하면 선한 [식]의 직후에 불선한 [식]이, 불선한 [식]의 직후에 선한 [식]이, 저 양자 직후에 무기의 [식]이, 열등한 계에 속한 [식]의 직후에 중간의 계에 속한 [식]이, 중간의 계에 속한 [식]의 직후에 상급의 계에 속한 [식]이 [생겨나며], 마찬가지로 상급의 계에 속한 [식]의 직후에 [중간의 계에 속한 식] 내지 열등한 계에 속한 [식]이, 유루의 [식] 직후에 무루의 [식]이, 무루의 [식] 직후에 유루의 [식]이, 세간적인 [식]의 직후에 출세간적인 [식]이, 출세간적인 [식]의 직후에 세간적인 [식]이 [생겨난다]. 그렇지만 그 [6식의 그룹]들에게 그와 같이

---

7 ASBh 12,20-24: kena kāraṇenāsatyāṃ yugapadvijñānapravṛttau manovijñānasya cakṣurādivijñānasahānucarasya spaṣṭatvaṃ na saṃbhavati/ tathā hi yasmin samaye 'tītam anubhūtaṃ viṣayaṃ samanusmarati tasmin samaye 'vispaṣṭo manovijñānapracāro bhavati na tu tathā vartamānaviṣayo manaḥpracāro 'vispaṣṭo bhavati/ ato 'pi yugapatpravṛttir vā yujyate 'vispaṣṭatvaṃ vā manovijñānasya //.

8 ASBh 12,25-13,3: kena kāraṇena bījatvaṃ na saṃbhavati ṣaṇṇāṃ vijñānakāyānām anyonyam/ tathā hi kuśalānantaram akuśalam utpadyate, akuśalānantaraṃ kuśalam, tadubhayānantaram avyākṛtam, hīnadhātukānantaraṃ madhyadhātukam, madhyadhātukānantaraṃ praṇītadhātukam, evaṃ praṇītadhātukānantaraṃ yāvad dhīnadhātukam, sāsravānantaram anāsravam, anāsravānantaraṃ sāsravam, laukikānantaraṃ lokottaram, lokottarānantaraṃ laukikam/ na ca teṣāṃ tathā bījatvaṃ yujyate/ dīrghakālasamucchinnāpi ca saṃtatiś cireṇa kālena pravartate, tasmād api na yujyate //

종자의 상태는 타당하지 않다.[9] 장기간 끊어졌던 [심]상속도 오랜 시간이 지나 작동한다. 따라서 [6식의 그룹들이 종자가 된다는 것은] 타당하지 않다.

1.5. 다섯 번째 논증[10]

어떤 이유로 동시적인 식의 생기가 없다면, 작용(karma)은 가능하지 않은가? 요약하면 4종의 [식의] 작용이 있다. 기세간의 요별(bhājanavijñapti), 의지체의 요별(āśrayavijñapti), 나라는 요별(aham iti vijñapti),[11] 그리고 대상영역의 요별(viṣayavijñapti)이다.[12] 이 요별들은 매 찰나 동시에 작동하는 것으로서 지각된다. 한 찰나에서 하나의 식에게 이러한 형태의 구별된 작용이 있는 것은 타당하지 않다.

---

9 Schmithausen(1987: 195)은 6식이 상호의 종자가 될 수 없다는 논변도 교의발전의 측면에서 무기의 알라야식을 선하고 불선하고 중립적인 전식의 종자라고 보는 「본지분」의 설명을 실질적으로 벗어나지 못한다고 지적한다,

10 ASBh 13,4-7: kena kāraṇenāsatyāṃ yugapad vijñānapravṛttau karma na saṃbhavati/ tathā hi samāsataś caturvidhaṃ karma – bhājanavijñaptir āśrayavijñaptir aham iti vijñaptir viṣayavijñaptiś ceti/ etā vijñaptayaḥ kṣaṇe kṣaṇe yugapat pravartamānā upalabhyante/ na caikasya vijñānasyaikasmin kṣaṇe idam evaṃrūpaṃ vyatibhinnaṃ karma yujyate//

11 Schmithausen(1987: 194)은 여기서 '나라는 요별'이 모든 대상의 지각에 수반되는 것으로 언급되고 있기 때문에 manas는 새로운 형태의 식으로서 도입되었다고 생각한다. 그는 이와 같이 새로운 manas를 전제하는 이 논증은 논증(7)에서 무심정의 하나로 거론되는 무상정의 경우에 이 논증은 확정적이지 않다고 지적한다. 이는 MSg I.7.4-5에서 무의식적인 manas는 이 두 유형의 명상을 구별하기 위해 필요하다고 주장하는 설명과 대비된다. 다시 말해, 그것은 무상정(asaṃjñīsamāpatti)에 존재해야만 한다. 따라서 Schmithausen(1987: 481, n. 1232)은 "새로운 manas는 위의 진술이 형성되었을 때에는 아직 도입되지 않았기 때문에 고려되지 않았다"고 제안한다.

12 Hakamaya(1978: 23)는 Bu ston을 예시하면서 4종의 요별이 MAV I.3ab 및 MAVBh 18,21-26에서 설해진 4종의 현현과 비슷하다고 지적한다. arthasattvātmavijñaptipratibhāsaṃ prajāyate (MAV I.3ab). 이에 대해 세친은 tatrātmapratibhāsaṃ yad rūpādibhāvena pratibhāsate/ sattvapratibhāsaṃ yat pañcendriyatvena svaparasantanayor/ ātmapratibhāsaṃ kliṣṭaṃ manaḥ/ ātmamohādisaṃprayogāt/ vijñaptipratibhāsaṃ ṣaḍ vijñānam/. 양자의 관계는 순서대로 기세간의 요별 = ātmapratibhāsa, 의지체의 요별 = sattvapratibhāsa, 나라는 요별 = ātmapratibhāsa, 대상영역의 요별 = vijñaptipratibhāsa이다.

1.6. 여섯 번째 논증[13]

어떤 이유로 알라야식이 없다면 신체적인 감수(kāyiko 'nubhavaḥ)는 타당하지 않은가? 왜냐하면 올바르거나 올바르지 않게 생각하거나 또는 거칠게 사유하는 어떤 자에게, 또는 마음이 집중되어 있거나 집중되어 있지 않은 어떤 자에게 신체에 대해 다양한 종류의, 많고 상이한 부류의 신체의 감수들이 생겨날 때, [알라야식이 없다면] 그것들은 생겨나지 않아야 하겠지만, 그러나 [신체의 감수들은] 지각된다. 따라서 알라야식은 존재한다.

1.7. 일곱 번째 논증[14]

어떤 이유로 알라야식이 없다면 무심정(acittā samāpattiḥ)은 가능하지 않은가? 왜냐하면 [알라야식이 없다면] 무심정에 들어간 자에게나 또는 멸진정에 들어간 자에게 바로 식은 신체로부터 떠난 것이어야만 할 것이다. [그러나 식은 신체로부터] 떠나지 않았다. [만일 식이 떠났다면] 바로 죽음이어야 할 것이다. 세존께서 '그의 식은 신체로부터 떠나지 않았다'[15]고 설하신 것과 같다.

---

13 ASBh 13,8-11: kena kāraṇenāsaty ālayavijñāne kāyiko 'nubhavo na yujyate/ tathā hy ekatyasya yoniśo vāyoniśo vā cintayato vānuvitarkayato vā samāhitacetaso vāsamāhitacetaso vā ye kāye kāyānubhavā utpadyante 'nekavidhā bahunānāprakārās te na bhaveyur upalabhyante ca/ tasmād apy asty ālayavijñānam//

14 ASBh 13,12-15: kena kāraṇe nāsaty ālayavijñāne 'cittā samāpattir na saṃbhavati/ tathā hy asaṃjñisamāpannasya vā nirodhasamāpannasya vā vijñānam eva kāyād apakrāntaṃ syāt/ nānapakrāntaṃ tataḥ kālakriyaiva bhavet/ yathoktam bhagavatā - vijñānaṃ cāsya kāyād anapakrāntaṃ bhavatīti//

15 이 경은 MSg I.50에서 인용되고 있는데, Nagao 1982: 232에 따르면 그것은 MN 43, Mahāvedallasutta(MN I. 296)에 대응한다.

1.8. 여덟 번째 논증[16]

어떤 이유로 알라야식이 없다면 죽음(cyuti)도 타당하지 않은가? 왜냐하면 죽어가는 자의 식은 신체의 위로부터나 또는 신체의 아래서부터 차가워지면서[17] 떠난다. 그러나 결코 [점차적으로] 작동하지 않는 의식(manovijñāna)이 [이 맥락에서 죽어가는 자의 식은] 아니다. 따라서 신체를 집수하는 알라야식이 [신체를] 떠나기 때문에 신체의 차가워짐과 신체의 무감각이 지각된다. 그렇지만 의식에 있어서는 그렇지 않다. 따라서 [알라야식이 없다면 죽음도] 타당하지 않다.

2. 알라야식의 기능과 소멸 (Ch. 579c23)

요약송이다.

> 인식대상, 상응, 상호조건성,
> 동시적 생기 그리고 모든 염오법들의 소멸이다.

요약하면, 알라야식의 기능(pravṛtti)은 [앞의] 네 측면에 의해 확립되며, [그것의] 소멸(nivṛtti)은 나머지 한 측면에 의해 확립된다. 즉, 그것의 기능은 (1) 인식대상(ālambana), (2) 상응(saṃprayukta), (3) 상호 조건성(anyonyapratyayatā) 그리고 (4) 동시적 생기(sahabhāvapravṛtti)의 네 측면에 의해서 확립되며, (5) [알라야

---

16 ASBh 13,16-20: kena kāraṇenāsaty ālayavijñāne cyutir api na yujyate/ tathā hi cyavamānasya vijñānam ūrdhvadehaṃ vā śītikurvan vijahāti, adhodehaṃ vā/ na ca manovijñānaṃ kadācin na pravartate/ ato 'py ālayavijñānasyaiva dehopādānakasya vigamād dehaśītatā upa[la]bhyate dehāpratisaṃvedanā ca/ na tu manovijñānasya/ ato 'pi na yujyate//

17 YBh 18,16-20의 설명 참조. "임종할 때에 불선업을 행하는 자들의 식은 윗부분에서부터 신체(āśraya)를 벗어난다. 그의 윗부분이 차가워지며, ... 반면에 선행을 행하는 자들의 식은 아랫부분에서부터 신체를 벗어난다. 그의 아랫부분이 차가워진다."

식의] 소멸(nivṛtti)은 잡염들의 소멸에 의해서 확립된다고 알아야 한다.

2.1. 인식대상에 의거한 알라야식의 기능

그중에서 어떻게 알라야식이 인식대상에 의존해서 일어난다고 건립되는가? 알라야식은 요약하면 두 가지 인식대상에 의거해서 일어난다. 내적인 집수의 요별에 의해, 그리고 그 행상이 분명히 구별되지 않는 외적인 기세간의 요별(bahirdhā aparicchinnākārabhājanavijñapti)[18]에 의해서이다.

2.1.1. 두 가지 집수

그중에서 내적 집수란 변계된 자성에 대한 집착을 향한 습기(parikalpita-svabhāvābhiniveśavāsanā)[19]와 토대를 수반한 물질적 감각기관(sādhiṣṭhānam indriyarūpam)이다. 더욱 [양자는] 물질적 형태의 영역 [즉, 욕계와 색계]에서 [일어난다]. 오직 습기의 집수만이 무색계(ārūpyadhātu)에서 [일어난다].

'그 행상이 구별되지 않는 외적인 기세간의 요별'이란 내적 집수를 인식대상으로 갖는[20] 알라야식에 의거해서 항시 단절되지 않은 기세간의 지속성의 요별이다.[21]

---

18 전체 산스크리트 문장은 TrBh 19,5f에서 확인된다. ālayavijñānaṃ dvidhā pravartate/ adhyātmam upādānavijñaptito bahirdhā 'paricchinnākārabhājanavijñaptitaś ca. Cf. ASBh 21,9f: asaṃviditavijñaptiḥ bhājanavijñaptiḥ, sarvakālam aparicchinnākāratvāt.

19 알라야식의 기능을 위한 두 개의 대상적인 토대를 가리키는 유사한 산스크리트 구절이 TrBh 19,7에 보인다: tatrādhyātmam upādānaṃ parikalpitasvabhāvābhiniveśavāsanā sādhiṣṭhānam indriyarūpaṃ nāma ca. 따라서 여기서 알라야식의 대상적인 토대는 과거의 경험과 앎 그리고 신체적 과정들에서 획득된 습기이다. 다음의 대상적 토대인 기세간과 함께 그것들은 알라야식의 생기를 촉발하는 세 개의 대상적 토대를 이룬다. 따라서 셋은 과거의 경험과 앎, 신체적 감수 그리고 기세간이다.

20 티벳역은 kun gzhi rnam par shes pa nang gi len pa'i dmigs pa "내적 집수의 대상인 알라야식"으로 번역하고 있다.

21 이 구절은 알라야식의 인지적 기능들 뿐 아니라 그 [알라야식]의 기세간의 지각이 알라야식의 내적 집수, 즉 습기와 신체에 의존하고 있음을 강조하고 있다.

예를 들어 타오르는 등불이 심지와 기름이라는 원인에 의해 내적으로 작동하고 외적으로는 빛을 발하는 것처럼, 알라야식의 방식도 내적 집수를 인식대상으로 하고 기세간을 인식대상으로 하는 것으로서 그것과 비슷하다고 알아야 한다.

2.1.2. 인식대상의 특징

[알라야식의] 인식대상은 미세(sūkṣma)하다. 그것은 세상의 현자들에 의해서도 판별되기 어렵기 때문이다. [알라야식의] 인식대상은 항시 존재하며, 어떤 때에 이것이고 다른 때에 저것으로 되는 것이 아니다. 그렇지만 [수태할 때 신체의] 첫 번째 집수의 찰나부터 생명이 지속되는 한까지 [그것의] 요별은 동질적인 것으로서(*ekarasatvena)[22] 일어난다. 알라야식은 그것의 인식대상과 관련해 찰나적이라고 알아야 한다. 비록 그것이 찰나적 흐름 속에서 지속해서 일어난다고 해도 그것은 단일한 것(ekatva)이 아니다.[23]

알라야식은 욕계에서는 작은 집수(rgyu, upādāna)[24]를 인식대상으로 가진다. 그것은 색계에서는 커다란 집수를 인식대상으로 가진다. 그것은 무색계의 공무변처(ākāśānantyāyatana)와 식무변처(vijñānānantyāyatana)에서는 무량한 집수를 인식대상으로 가진다. 그것은 무소유처(ākiṃcanyāyatana)에서는 미세한 집수를 인식대상으로 가진다. 그것은 비상비비상처(naivasaṃjñānāsaṃjñāyatana)

---

22 SED 229에 따르면 ekarasa(一味)는 "(항시) 동일한 사랑의 대상을 가진, 변치 않는"을 의미한다.

23 T30: 580a17f: 當知剎那相續流轉, 非一非常.

24 티벳역: kun gzhi rnam par shes pa de yang 'dod pa'i khams na ni rgyu chung ngu'i dmigs pa can du brjod par bya'o// "저 알라야식도 욕계에서는 극히 작은 집수(upādāna)를 인식대상으로 한다고 말해야 한다." 한역(580a18f: 阿賴耶識, 言於欲界中 緣狹小執受境)에서도 '작은 집수'임을 분명히 보여준다. 『결정장론』의 번역(T30.1019b9-11: 阿羅耶識 於境界中念念生滅, 在欲界中取境微小)에서 取는 현장역 執受에 대응할 것이지만, 다만 여기서 取는 微小 뒤에 오는 것이 타당할 것이다. 여하튼 이 요약이 의거하고 있는 앞의 문장에서 집수가 다루어지기 때문에 이 단락에서 작거나 큰, 또는 무량한 집수가 다루어져야 할 것이다. Schmithausen(1987: 392f, n.647)은 Hakamaya(1979)의 티벳역 번역의 오류를 지적하고 있다.

에서는 극히 미세한 집수를 인식대상으로 가진다.[25]

2.1.3. 요약

이와 같이 인식대상에 의한 알라야식의 기능은 2종의 인식대상의 요별에 의해서, 또한 미세한 [인식대상의] 요별에 의해, [유사한] 인식대상의 요별에 의해, 찰나적인 [인식대상의] 요별에 의해, 또한 작은 집수를 가진 인식대상의 요별에 의해, 커다란 집수를 가진 인식대상의 요별에 의해, 무량한 집수를 가진 인식대상의 요별에 의해, 미세한 집수를 가진 인식대상의 요별에 의해, 극히 미세한 집수를 가진 인식대상의 요별에 의해 건립된다.[26]

2.2. 상응에 의한 알라야식의 기능

상응에 의한 [알라야식의] 기능의 건립이란 무엇인가?[27] 알라야식은 심과 상응하는 5종 변행심소와 상응한다. 그것들은 作意(manaskāra), 觸(sparśa), 受

---

25 여기서 알라야식의 인식대상으로서 5종을 들고 있다. 그중에서 작고, 크고, 무량한 집수의 3종은 VI. 사마히타지 4.2.3.에서의 작은 삼매와 커다란 삼매, 무량한 삼매의 분류와 일치하지만, 거기서는 이를 색계나 무색계와 관련하여 명시하지는 않는다. ŚrBh 397,19ff에서는 인식대상의 승해(=산출)와 제견(=소거)과 관련하여 "인식대상을 승해하는 만큼 제견하지만, 반드시 제견하는 만큼 승해하는 것은 아니다. 한정된 [인식대상]을 승해한다면 바로 한정된 것을 제견하며, 큰 [인식대상]이나 무량한 [인식대상]도 마찬가지다. 또한 한정된 것을 제견한 후에 어떤 때는 바로 한정된 것을 승해하고, 어떤 때는 바로 큰 것과 무량한 것을 [승해한다]. 크고 무량한 [인식대상]에 대해서도 마찬가지이다."라고 말한다. 여기서 무량한 인식대상이 무색계에서의 비물질적 요소임을 고려할 때, 거기서 "비물질적인 요소들의 현현은 명칭과 기호에 의존하고 또 경험에 따라 영향받는"(『성문지』 2021: 376)다는 지적은 색과 관련해서는 무량하지만 심리적 이미지들의 현현은 명칭에 의해 영향을 받는다는 지적이다.
반면 <五事章>(2부, V.1.9.1.1.)에서는 이를 관념상(nimitta)과 관련시키면서 협소함이라는 관념상은 욕계에, 광대함이라는 관념상은 색계에, 무량함이라는 관념상은 무색계 중에서 공무변처와 식무변처에 관련시키며, 나아가 [아무것도] 없다는 관념상을 무소유처와 관련시키고 있다. 이러한 4종의 분류는 기본적으로 <문소성지>(X.1.4.4.)에서 희론의 결박의 4종 대상과도 연결될 것이다.

26 이 구절들은 SNS VIII.37.1.3-7에 나오는 구절들과 유사하다. Schmithausen 1987: 383f, 392 참조.

27 saṃprayoga(相應)는 어떤 심소법들이 어떤 주어진 찰나에 심과 밀접히 연결되어 있기에 그것들이 그 찰나의 식의 성격에 영향을 주거나 조건짓는 관계를 가리킨다.

(vedanā), 想(saṃjñā), 思(cetanā)이다.

이 법들은 (i) 이숙의 [범주에] 포함되며, (ii) 세상의 현자에 의해서도 요별되기 어렵기 때문에 미세하며, (iii) 항시 하나의 인식대상에 대해 상응하게 작동한다. 더욱 이들 심소 중에서 알라야식과 상응하는 감수(vedanā)는 (iv) 전적으로 고통스럽지도 않고 전적으로 즐거운 것도 아니며, 또한 (v) 그것은 [업의 측면에서] 중립적인 것이다. 다른 심소법들도 같은 방식으로 설명된다.

[요약:] 이와 같이 상응의 관점에서 알라야식의 기능은 변행심소와의 상응에 의해 확립되며, 이숙이라는 비슷한 유형의 법들과의 상응에 의해, 심소의 미세한 생기와의 상응에 의해, 하나의 인식대상에 대해 그와 같이 생기하는 법과의 상응에 의해, 불고불락의 [감수와의] 상응에 의해, [업의 측면에서] 중립적인 [심소]와의 상응에 의해서이다.

2.3. 상호 조건에 의한 알라야식의 기능

2.3.1. 전식의 조건으로서의 알라야식

상호 조건에 의한 [알라야식의] 기능의 건립이란 무엇인가? 알라야식은 전식들의 조건으로서 두 가지로 작동한다. 그 [전식]들의 종자임(bījabhāva)에 의해, 또 그것들의 토대를 제공함(āśrayakara)에 의해서이다.

그중에서 '종자임'이란 전식들이 선이나 불선, 중립적인 것으로 일어나든 간에 그것들은 모두 알라야식을 종자로서 가지는 것이다. '그것들의 토대를 제공함'이란 전5식은 알라야식에 의해 집수된(upātta) 물질적인 감각기관들(rūpīndriyāṇi)에 의거해서 일어나지, [알라야식에 의해] 집수되지 않은 것들로부터는 일어나지 않는다는 것이다.

眼과 같은 [물질적] 감각기관이 5식의 지지처인 것처럼, 알라야식은 마나스(manas)와 意識(manovijñāna)의 지지처이다. [알라야식이] 존재할 때, 마나스와 의식은 일어나지만, [알라야식이] 존재하지 않을 때에는 아니다.[28]

2.3.2. 알라야식의 조건으로서의 전식

그리고 전식들은 알라야식의 조건으로서 두 가지로 작동한다. 현세에서 종자를 기름에 의해, 또 내세에 저 [알라야식]의 산출(*tad-abhinirvṛtti)[29]을 위한 종자를 취함에 의해서이다.

"현세에서 종자를 기른다"는 것은 [업의 측면에서] 선하고 불선하고 중립적인 전식의 [찰나]들이 알라야식에 의거해서 일어나며, 그것들의 동시적인 생멸은 그들 자신의 토대에 의해 지지된 채, 알라야식 속에 종자를 훈습한다. 저 원인(hetu)과 조건(pratyaya)에 의해 전식들이 선법 등에 의해 성공적으로 더욱 잘 길러지고 잘 조정되고 매우 분명하게 다시 일어난다.

다른 유형의 습기는 미래에 이숙의 [과보]인 바로 그 알라야식을 포섭하기 위해 작용한다.[30]

2.3.3. 요약

이와 같이 우리는 [알라야식의] 생기는 서로 알라야식과 전식이 상호 조건이 됨에 의해서, [즉] 알라야식이 종자가 됨에 의해, 또 [전식들의] 토대를 만듦에

---

28 여기서의 논점은 물질적 감각기관들이 6식의 동시적 토대(sahabhvāśraya)인 것처럼 알라야식도 manas(意)와 manovijñāna(意識)의 동시적 토대라는 것이다. 현장역(580b13-17)은 여기서 알라야식이 manas의 토대이며, 그것은 다시 의식의 토대라고 서술하고 있다. Siddhi: 235, 240 및 Schmithausen 1987: 326, n. 358 참조. 그런데 여기서 manas의 언급은 MSg I.7a.2에서 염오의가 manovijñāna의 토대라고 설하는 것과 관련되어 있다. 하지만 이러한 manas의 설명은 환멸문이 끝나고 관련된 문제를 질문 형태로 논의하는 <알라야문헌>의 마지막 부분(T30: 582a4-7)에서 알라야식과 전식을 가진 경우를 4구 형태로 해설하는 중에 첫 번째 경우와 구별될 것이다. 여기서 의식작용 없는 잠에 빠진 자와 의식작용 없이 기절한 자들, 무상정을 얻은 자들, 멸진정을 얻은 자들 그리고 상이 없는 중생[의 영역]에서 태어난 자들의 경우 전식은 없지만 알라야식은 존재하는 자들로 설명한다. 그런데 여기서 말하는 전식에 manas가 포함되지 않고 있기에 위의 구문에서의 설명과 다르다는 점에 주의해야 한다.

29 Schmithausen(1987: 60, 562, 564)은 *tad-abhinirvṛtti(Tib. de mngon par 'grub pa'i sa bon)에서 대명사 tad(Tib. de)는 분명히 알라야식을 가리킨다고 지적한다.

30 Schmithausen(1987: 564)은 이 문장을 *ālayavijñānasya vipākasya parigraha-라고 읽으면서 "포섭되어지는 이숙(vipāka)이 새로운 알라야식이라는 것은 ... 분명하다"라고 말한다.

의해서이며, 또한 전식이 [알라야식 속에] 종자를 기름에 의해, 또 [알라야식이] [미래에 존속하기 위한] 종자를 포섭함에 의해 확립된다고 알아야 한다.

2.4. 알라야식의 동시적 존재성의 기능[31]

알라야식의 동시적 작동의 건립이란 무엇인가(sahabhāvapravṛttivyavasthāna)?

(1) 어떤 때에는 알라야식은 다만 하나의 식과 동시에 작동한다.[32] 즉, 意(manas)와 동시에 [작동]한다. 왜냐하면 아집이나 아만, 자만의 측면을 가진 의는 의식작용이 있는 상태(sacittika)나 의식작용이 없는 상태(acittika)에서도 알라야식과 동시에 생겨나서 작동하기 때문이다. 意(manas)는 알라야식을 그의 대상으로 취하고, 그것을 '나는 이것이다. 이것이 나다'라고 인식하는 측면을 갖고 있다.[33] 어떤 때에는 알라야식은 두개의 식과 동시에 생겨나서 작동한다. 즉, 의(manas)와 의식(manovijñāna)이다. 어떤 때에는 [알라야식은] 세 개의 [식

---

31 sahabhāva(俱有)는 문자적으로 "co-existence"를 뜻한다. 아비달마 교설에서 동시성의 의미를 보여주는 이 용어는 심과의 연결성을 강조하는 saṃprayoga(相應)와 구별된다. saṃprayoga가 심에 적극적으로 영향을 주는 측면이 강하다면, sahabhāva는 어떤 주어진 찰나에 단지 "함께 일어나고, 공존하고, 또는 동시적인" 요소들을 가리킨다. 그런 요소들은 적극적인 영향력이 없으며, 따라서 각 찰나에서의 심의 행위를 저해함이 없이 심의 흐름 속에서 존속할 수 있다. 이 두 가지 관계의 정의와 차이에 관해서는 왈드론 2022: 141ff 참조. 또 "동시성"에 대한 유가행파의 이해에 대해서는 왈드론 2022: 270ff 참조.

32 식이 한 찰나에 하나의 식만이 존재할 수 있다는 것은 아비달마 주류에서 식의 가장 중요한 규정의 하나로 간주되었다. 그것은 사실 식에게 단일성 내지 통일성을 부여하기 위한 전제로 당연할 것이다. 그렇기 때문에 하나의 심찰나에 두 개 이상의 식이 동시에 존재할 수 있다는 이 주장은 일상적이고 표층적인 식의 상태에서는 해명될 수 없었고, 식에 심층성이 인정될 경우에만 가능했을 것이다. 그렇기에 이 주장이 알라야식을 체계적인 식의 구조하에서 처음으로 설명하고 있는 『해심밀경』(SNS V.4)에서 알라야식의 잠재성과 관련해 바로 제기되고 있다는 점은 당연할 것이다. 그것이 여기서는 알라야식의 존재증명에서 다른 식과의 동시적 존재성의 인정으로서 설해지고 있다.

33 이 중요한 구절은 후에 염오의(kliṣṭamanas)로 명명된 것을 기술하고 있다. 그렇지만 여기서 manas는 전식의 하나로 간주되고 있다. Schmithausen(1987: 444)은 현장역 503c3에 의거하여 *manyanā를 ahaṃkāra와 asmimāna와 관련된 동사로 간주하면서, 이 구절이 "새로운 manas의 가장 오래된 전거일 가능성이 높다"(1987: 149f)고 서술한다.

과 동시에 생겨나서 작동한다]. 의와 의식, 그리고 전5식 중의 하나와 [동시에 생겨나서 작동한다]. 어떤 때에는 [알라야식은] 네 개의 식과 [동시에 작동한다]. 즉 5종의 식 중에서 두 개와 동시에 [생겨나서 작동한다]. 어떤 때에는 [알라야식은] 일곱 개의 식과 [동시에 작동한다]. 즉 5종의 식과 동시에 [생겨나서 작동한다].

의식은 마나스에 의거해 있다고 설해진다. 왜냐하면 마나스가 소멸하지 않는 한, [의식은] 현상적 이미지(nimitta)에 대한 요별이라는 속박(vijñaptibandhana)으로부터 벗어날 수 없기 때문이다. 그러나 만일 [마나스가] 소멸한다면 그 [요별이라는 속박]으로부터 벗어난다.[34]

의식은 다른 [전5식의] 영역을 그것의 인식영역으로 하며, 또 자신의 영역에 속한 것을 인식대상(svaviṣayālambana)으로 한다. 여기서 '다른 [전5식의] 영역을 그것의 인식영역으로 하며'란 그것의 인식대상이 동시에 일어나건 아니면 동시적으로 일어나지 않건 간에 전5식의 어느 하나를 영역으로 한다는 것이다. '자신의 영역에 속한 것을 인식대상으로 한다'는 것은 의식이 전5식의 인식대상 없이도 [순전히 심소]법을 인식대상으로 갖고 생겨난다는 것이다.

(2) 나아가 알라야식은 때로 괴로운 감수, 즐거운 감수, 불고불락의 감수와 섞여 일어난다. 왜냐하면 [그것은] 전식에 의거해서 일어나는데, [그것들은] 어떤 하나의 감수에 의거해 있기 때문이다.[35] 인간이나 욕계의 신들, 동물들, 아귀들

---

34 이 구문은 티벳역이나 한역 모두 이해하기 어렵다. Schmithausen(1987: 202, n.1298)은 여러 판본에서의 상이한 번역을 검토하면서 이 구문의 산스크리트 형태가 aniruddhe hi manasi nimitte vijñaptibandh(an)āmuktiḥ, aniruddhe ca(?) tanmuktiḥ라고 추정한다. 번역은 그의 해석에 따랐다. 이에 따라 이 문장의 의미는 다음과 같을 것이다. 아래 단락에서 명시하듯이 manas가 유신견과 아만, 아애, 무명과 항시 상응하는 한, manas의 영향 아래에 있는 의식에게 그 인식 자체가 속박으로서 기능할 것이다. 다시 말해 manas의 심층적이고 무의식적 자기중심성에 의해 지각 자체가 모든 현상을 주-객과 자-타의 견지에서 판별하게 되고, 이것이 바로 결박이라는 것이다. manas의 소멸, 즉 항시 manas를 수반하는 4종의 번뇌가 소멸할 때, 의식도 요별이라는 속박으로부터 벗어난다.

35 Hakamaya(1979: 75, n. 43)에 따르면 감수는 변행심소의 하나이기 때문에 만일 6종 전식의 감수가 고통이라면, 알라야식은 고통과 섞여 일어난다. 그렇지만 6종 전식과 고통과의 관계가 상응하는데 비해, 알라야식과 고통과의 관계는 동시적(sahabhū)이지만 상응하지는 않는다. 따라서 고통의 발

에 있어서 전식의 감수의 흐름은 동시에 일어나며, 불고불락(aduḥkhāsukha)인 [알라야식의] 구생의 감수와 섞여 일어난다. 지옥중생에게 있어서 불고불락인 [알라야식의] 감수는 압도된다. [그것은] 오로지 고의 흐름과 동시에 일어나며 작동한다. 더욱 그것이 압도되었을 때 [알라야식의 불고불락의 감수는] 지각되기 어렵다.

(3) 때로 알라야식은 전식에 속한 선법과 불선법, 무기법과 동시에 일어난다. 그렇다면 알라야식은 전식과 함께 일어나며 작동한다. 그것은 우연적인(āgantuka) 감수 및 우연적인 선법과 불선법, 무기법과 함께 일어나고 작동한다.[36] 그러나 그것들과 상응하는 것은 아니라고 설해진다. 그 이유는? 왜냐하면 그것은 동일하지 않은 인식대상을 갖고(asamālambana) 동시에 생겨나기 때문이다.[37] 예를 들어 안식이 눈과 동시에 생겨나지만 그것과 상응하지 않는 것과 같다. 이것도 부분적인 유사성(sādharmya)의 방식에 따라 이해되어야 한다.

또 심소법들은 다양한 성질을 갖고 있기 때문에 그것들이 심소인 한에서 차별이 없다는 점에서 그것들의 동시적 생기에 어떤 모순이 없는 것처럼, 알라야식과 전식이 동시에 일어나는 것에 어떤 모순도 없다.

예를 들어 파도가 물살과 동시에 생겨나는데 있어 모순이 없고(avirodha), 또 영상이 거울에 표면에 동시에 일어나는데 모순이 없는 것처럼, 전식이 알라야식과 동시에 일어나는데 모순이 없다.[38]

예를 들어 안식은 어떤 때에는 하나의 사물에 대해 동일한 종류의 무차별적인 측면을 지각하기도 하고, 또 다른 때에는 많은 다양한 측면을 동시에 지각하

생은 전식에 의존하는 것이다.

36 현장역 580c27: 心所=caitasika.

37 이 구절은 알라야식이 전식과 동일한 인식대상을 갖지 않고, 전식과 다른 인식대상을 가진다고 말하고 있다.

38 SNS V.5에서 여러 개의 식의 동시적 존재성이 설해진 직후에 파도의 비유와 거울의 비유가 차례로 제시되고 있다.

기도 한다. 안식이 색을 지각하는 것처럼 耳識은 소리를 [지각하고] 鼻識은 향을 지각하고 舌識은 맛을 지각한다. 또한 예를 들어 身識은 어떤 때에는 하나의 감촉될 수 있는 사물에 대해 동일한 종류의 무차별적인 측면을 가진 감촉을 지각하고, 어떤 때에는 많은 측면을 가진 [감촉을] 동시에 지각하는 것처럼, 의식의 요별이 동일하거나 여러 [측면을 가진 대상의 동시적] 지각에 어떤 모순도 없다고 알아야 한다.[39]

앞에서 설했던 意(manas)는 항시 알라야식과 동시에 생겨나서 작동한다. 그것은 완전히 끊어질 때까지 항시 동시에 생겨나는 성질을 가진 4종의 번뇌,[40] 즉 유신견과 아만(asmimāna), 아애(ātmasneha), 무명(avidyā)과 상응한다고 이해해야 한다. 이런 4종의 번뇌는 집중된 단계에서나 집중되지 않은 단계에서 선 등과 모순됨이 없이 일어나며, [번뇌에] 덮여 있지 않고 또 [선과 불선으로] 명기되지 않는 것(nivṛtāvyākṛta, 無覆無記)[41]이다.

[요약:] 이와 같이 (1) 전식과의 동시성에 의해서도, (2) 감수와의 동시성에 의해서도, (3) 선 등과의 동시성에 의해서도, 알라야식의 동시적 작동이 건립되었다고 알아야 한다.

2.5. 환멸문[42] (Ch. 581a25)

잡염의 근원의 소멸[43]의 건립(saṃkleśamūlanivṛttivyavasthāna)이란 무엇인가?

---

39 괄호 속의 내용은 현장역(581a15f: 如是分別意識, 於一時間 或取一境相, 或取非一種種境相)에 따랐다.

40 한역(581a18)은 manas에 항시 수반하는 요소를 煩惱(kleśa)라고 표기하지만 티벳역(D 6b5: kun nas nyon mongs pa)은 雜染(saṃkleśa)으로 번역한다.

41 '명기되지 않는 것'(avyākṛta, 無記)은 그 번뇌들이 업의 측면에서 중립적이라는 것을 의미한다. 다시 말해 번뇌들은 특정한 종류의 결과를 초래하는 업을 촉발하지 않는다. AKBh II 30a-b + V 59d에서 유신견(satkāyadṛṣṭi)과 변집견(antagrāhadṛṣṭi) 사이의 구별과 관련한 논의 참조. 이 입장은 유가행파 문헌들에서도 발견된다. Schmithausen(1987: 447, n. 953)은 『성유식론』(2a12ff)에서 "(알라야식을 그것의 대상으로 갖는) manas의 지속적이고 잠재적인 구생의 아집은 오온을 그것의 대상으로 갖는 표층적인 의식의 차원에서의 간헐적인 구생의 아집과 구별된다."고 지적한다.

42 Schmithausen은 환멸문의 기술을 Nivṛtti-portion으로 부른다.

2.5.1. 잡염법의 근원으로서의 알라야식

요약하면 알라야식은 모든 잡염[법]의 근원이다. 따라서 (1) 그것은 중생세간의 생기의 근원이다. 왜냐하면 [그것은] 토대를 포함한 감각기관(sādhiṣṭhānam indriyarūpam)과 전식을 생기시키는 것(utpādaka)이기 때문이다. 또 (2) 그것은 기세간(bhājanaloka)의 생기의 근원이다. 왜냐하면 [그것은] 기세간을 생기시키는 것이기 때문이다.[44]

나아가 모든 중생은 서로 영향을 주기 때문에(anyonyādhipatyāt) [그것은] 또한 중생들의 서로에게 행하는[45] 근원이다. 왜냐하면 다른 중생들을 보는 등에 의해 낙(sukha)과 고(duḥkha) 등을 감수하지 않을(nānubhāvet) 그런 중생들은 없기 때문이다. 이런 방식으로 중생계(sattvadhātu)는 서로 영향을 준다. 이와 같이 알라야식은 일체 종자를 가진 것(sarvabījaka)이기 때문에 그것은 (3) 현세에서 고제를 본질(duḥkhasatyasvabhāva)로 하고, (4) 미래에 고제를 일으키는 것이고, (5) 바로 현재에 집제(samudayasatya)를 일으키는 것이기도 하다.[46]

이와 같이 알라야식은 중생세간을 생기시킴에 의해, 기세간을 생기시킴에 의해, 고제를 본질로 함에 의해, 미래에 고제를 일으킴에 의해, 현재에 집제를 일으킴에 의해 모든 잡염의 근본이다.

---

43 nivṛtti(還滅)는 pravṛtti(流轉)의 반대말로서, 그것의 문자적 의미인 "되돌리다"에 함축된 여러 의미, 즉 "벗어나다, 제거하다, 중지하다, 끝나다, 사라지다, 포기하다, 끊다, 제거하다" 등의 여러 의미를 갖고 있다.

44 AKBh 277,3에서 세간의 다양성은 업에 의해 생겨난다고 설명된다. 세간이 중생세간과 기세간을 포함하고 있다면, 알라야식에 포함된 종자에 의해 기세간도 생기된다고 이해될 수 있다. 보다 직접적인 설명으로는 SNS V.2에서 알라야식의 두 가지 집수 중에서 두 번째 집수와 관련될 것이다. 여기서 알라야식은 관념상과 명칭, 분별에 대한 언설의 희론의 습기를 집수한다고 설해지고 있다.

45 Schmithausen(1987: 491, n. 1303)은 *itaretarādhipatyāt라고 제안하고 있다.

46 알라야식은 과거의 제행으로부터 귀결되기 때문에, 사물의 조건지어짐 속에 내재된 것으로서의 행고성(saṃskāraduḥkhatā)에 포섭된다. 바로 그것이 미래에 경험되어지는 업의 종자를 받는 것이며, 또 현재 상태들의 종자를 지지하는 것이다.

2.5.2. 선근의 종자에 의한 환멸 (Ch. 581b10)

(1) 그렇지만 해탈로 이끌 수 있고(mokṣabhāgīya, 順解脫分) 또 결택으로 이끌 수 있는(nirvedhabhāgīya, 順決擇分) 선근(kuśalamūla)의 종자를 가진 알라야식은 집제의 원인은 아니다. 해탈 등으로 이끌 수 있는 선근들은 [잡염법의] 생기와 모순된 것(virodhatva)이기 때문이다.

만일 저 [선근]들이 일어난다면, 다른 세간적인 선근들은 매우 분명해지며, 따라서 이미 지니고 있는 자신들의 종자에 대해 보다 큰 능력을 가질 것이며, [바로 그] 증대된 종자에 의해 [미래의 그것의] 성취를 향한 보다 강한 힘을 갖게 될 것이다. 이 종자들로부터 선법이 보다 분명해지고, 미래에 보다 즐겁고 보다 바람직한 과보가 성취되게 된다.

일체 종자를 가진 알라야식을 의도해서 붓다께서는 眼界(眼의 요소)와 色界(색의 요소), 眼識界(안식의 요소)로부터 意界와 法界, 意識界까지를 설하셨다. 왜냐하면 다양한 요소(nānādhātu)[47]들이 알라야식 내에 존재하기 때문이다. 또한 경전에서도 알라야식에는 많은 원인(dhātu)들이 있다고 설하기 때문이다. 악샤 더미(akṣaraśi)[48]의 비유와 같다.

(2)[49] 또한 이와 같이 잡염의 근원인 알라야식은 선법의 수습(kuśaladharma-

---

47 여기서 요소로 번역한 界(dhātu)는 종자의 의미에서이다. YBh 26,18f에서 dhātu는 bīja의 동의어의 하나로 나열되고 있다. bījaparyāyāḥ punar dhātur gotram prakṛtir hetuḥ.

48 akṣaraśi, 한역 惡叉聚의 비유는 특히 種種界와 관련하여 『유가론』(609c23; 846c24)에서 예시되고 있다. 또한 『성유식론』(8a5; 8b26)에서도 "일체 유정에게 무시이래 다양한 界가 마치 akṣaraśi처럼 자연적으로 존재한다."고 같은 맥락에서 비유를 들고 있다.(Siddhi p.102 참조). akṣa의 의미에 대해서 강성용(2021)은 akṣa란 "vibhīdaka 혹은 vibhītaka (Terminalia bellerica)라고 불리는 나무의 열매 안에 있는 딱딱한 씨앗"으로서 '견과욫'으로 번역하고 있다. 따라서 akṣaraśi는 이 씨앗덩어리를 가리킨다. 그는 베다의 '악샤 노래'와 관련하여 1에서 4까지의 숫자 하나를 내기참여자에게 무작위로 배정하고 각 내기참가자가 얻은 악샤를 4로 나눈 후에 남은 악샤의 숫자를 갖고 승패를 겨루는 것으로 악샤 내기를 해명하는데, 種種界와 관련한 이 비유의 의미는 아마도 악샤 자체는 물리적 성질로 따지면 같은 종류이지만 그것을 분류하는 방식에 따라 무수하게 구별될 수 있다는 의미일 것이다.

49 Schmithausen(1987: 209ff)은 이 단락이 알라야식의 환멸을 설명하는 핵심부분으로서 마지막 요약부

bhāvanā)에 의해 환멸된다(vinivartta)고 알아야 한다.

선법의 수습에서 범부들은 심을 안주시키기 위해 전식을 대상으로 하는 작의에 의해 노력해야 하며, 그는 처음으로 [사]제의 현관에 들어가기 위해 수습한다. 왜냐하면 [사]제를 아직 보지 못하고, [사]제에 대한 법안을 얻지 못한 자는 일체 종자를 가진 알라야식을 통달(*pratividh-)할 수 없기 때문이다.

그 [사제의 현관]을 얻은 후에 그가 성문의 결정성(samyaktvaniyāma)에 들어가거나 보살의 결정성에 들어가서,[50] 일체법의 법계를 통달한다면, 알라야식도 통달하게 될 것이다. 거기에 있는 모든 잡염에 대해 총체적으로 보는 그는 외적인 현상적 이미지의 결박(nimittabandhana)과 내적인 추중의 결박(dauṣṭhulyabandhana)에 의해[51] 자신이 결박되어 있음을 통찰한다.

알라야식은 희론에 포섭된 제행(saṃskārāḥ)의 구성요소이기 때문에 [요가행자는] 그것들을 알라야식 내에 하나로 집중하고, 하나의 무더기와 하나의 더미로 만든다.[52] 한 종류로 모은 후에, 진여를 대상으로 하는 지에 의해 노력하고 수습하기 때문에 의지체가 전환된다. 의지체의 전환 직후에 알라야식이 끊어졌다고 말하는 것이다. 그것이 끊어졌기 때문에 모든 잡염도 끊어졌다고 말해야 한다.

분에서 언급되는 '[사제의 현관에] 들어감과 통달, 수습(bhāvanā)을 [목표로 하는] 작의'에 내용적으로 부합된다고 상세히 해명하고 있다. 그리고 앞의 (1)은 주제어의 내용에 연결되지 않는다고 보면서, 그것들은 "이질적인 요소들이며, 또 마지막 결론을 포함해서 핵심 텍스트의 작성 이후에 추가된 것으로 의심된다."(1987: 221f)고 서술하면서, 한역 復次도 이를 표현하고 있다고 지적한다.

50 Schmithausen(1987: 197)의 산스크리트 복원에 따르면 samyaktvaniyāmam avakrānta (정성이생에 도달한 자)이다.

51 相縛(nimittabandhana)과 麤重縛(dauṣṭhulyabandhana)의 2종은 각기 샤마타와 비파샤나에 의해 제거된다. (SNS VIII.32).

52 ekadhyam abhisaṃkṣipaty ekaṃ puñjam ekaṃ rāśiṃ karoty: Schmithausen(1987: 198). Cf. ASBh 121,29f: ekadhyam a[bhi]saṃkṣipyaikaṃ bhāgaṃ karoty ekaṃ piṇḍa, ekaṃ puñjam ekaṃ rāśiṃ karoty ekaṃ kṛtvā.

2.5.3. 의지체의 전환에 의한 환멸 (Ch. 581c8)

의지체의 전환은 알라야식과 모순되기 때문에 그것을 대치한다.[53]

(i) 알라야식은 무상하고 취착을 수반한 것(sopādāna)[54]이지만, 의지체의 전환은 영원하고 취착을 여읜 것이다. 왜냐하면 그것은 진여를 대상으로 하는 수행도에 의해 변화되었기 때문이다.

(ii) 알라야식은 추중에 의해 수반되지만, 의지체의 전환은 모든 추중으로부터 영원히 벗어나 있다.[55]

(iii) 알라야식은 번뇌의 생기의 원인이지만, 수행도의 지속의 원인은 아니다. 반면 의지체의 전환은 번뇌의 생기의 원인이 아니며, 수행도의 지속의 원인이다. 왜냐하면 그것은 [후자의] 토대인(pratiṣṭhāhetutva)이지만 [전자의] 산출인(janmahetutva)은 아니기 때문이다.

(iv) 알라야식은 선법과 무기법을 지배하지 못하지만, 의지체의 전환은 선법과 무기법을 지배한다.

알라야식의 끊어짐으로 특징지어지는 [의지체의 전환][56]은 그것을 끊자마자 2종의 취착(upādāna)이 끊어지고, 변화와 같은 신체가 존속하는 것이다. 왜냐하면 미래에 재생의 고를 일으키는 원인이 끊어졌기 때문에, 미래에 재생을 낳는 취착이 끊어졌다. 또한 현세에서 모든 잡염의 원인[을 포함하는 알라야식]이 끊

---

53 Paramārtha(T 30: 1020b11-19)는 '의지체의 전환'을 의미하는 āśrayaparivṛtti(轉依)를 阿摩羅識(amalavijñāna)으로 음역하고 있다. āśrayaparivṛtti는 유가행파의 구제론에서 중심 술어의 하나이다. āśraya "의지체, 토대"는 알라야식을 가리키며, 그것의 변화 또는 전환은 여기서 염오된 자기중심성으로부터 완전한 깨달음과 지혜로 개체존재의 토대 자체의 변화로 이해되고 있다. 유가행파에서 의지체의 전환(轉依, āśraya-parivṛtti/parāvṛtti) 개념에 대해서는 Sakuma 1991 참조.

54 Paramārtha(T 31: 1020b13)는 이 반의어들을 有漏法(sāsrava-dharma)와 無漏法(anāsrava-dharma)으로 번역하고, 후자를 阿摩羅識(amalavijñāna)이라고 제시한다.

55 Schmithausen(1987: 499, n. 1337)에 따르면 이 구절도 이질적이다.

56 아래 §2.5.3.에서 단지 세 가지 주제만이 언급되었기 때문에 이 단락의 주제도 (3) 의지체의 전환이어야 할 것이다. 따라서 阿賴耶識斷滅相者를 āśrayaparivṛttiḥ를 수식하는 형용사복합어로 보고 번역했다.

어졌기 때문에, 현세에서 잡염의 토대에 대한 취착이 끊어졌다. 그리고 모든 추중으로부터 벗어나 수명의 조건이 되는 것만이 남아있다.[57] 그것이 존재한다면 그는 신체의 극한이나 생명의 극한에 속한 감수(vedanā)를 경험한다. 따라서 경전에서 "현세에서 모든 감수는 그런 한에서 끝나게 된다."[58]고 상세하게 설해진다.

[요약:] 이와 같이 잡염법의 소멸은 (1) [알라야식을] 잡염법의 근원으로 건립함에 의해, (2) [사제의 현관에] 들어감과 통달, 수습(bhāvanā)을 [목표로 하는] 작의[59]의 건립에 의해, (3) 의지체의 전환의 건립에 의해서라고 알아야 한다.

3. 알라야식 존재논증의 총결 (Ch. 581c28)

따라서 이것이 심·의·식을 건립하는 올바로 방식이다. 이와 같이 설했던 삼계에 속한 모든 심·의·식의 방식에 의해 모든 잡염의 방식과 청정의 방식이 이해되어야 한다. 심·의·식의 방식을 달리 설하는 것은 교화되어야 할 자의 단계 때문이다. 즉, 일상적인 지혜를 가진 교화되어야 할 자에 대해 쉬운 방편으로 이해시키기 위해서이다.

---

57 Schmithausen(1987: 365, n.555)에 이 단락의 번역이 있다. 그는 앞의 두 문장을 2종의 취착(upādāna)이 끊어짐으로 그리고 뒤의 한 문장을 변화와 같은 신체의 존속으로 설명한다. 또한 Schmithausen(1987: 499, n.1337) 참조. 결정장론(1020b23f)은 "아말라식이라는 원인 때문에"(得阿摩羅識之因縁故)를 덧붙인다.

58 세 가지 끊음은 위에서 제시된 세 가지 측면으로서, 각기 미래에서 고통의 제거와 현세에서 고통의 원인의 제거, 그리고 현세에서 고통의 제거에 대응한다.

59 이 문장은 티벳역에 따르면 'jug pa dang rtogs pa dang bsgom pa dang yid la byed pa rnam par gzhag pa이고, 한역은 趣入通達修習作意. 이에 의거하여 Schmithausen(1987: 208)은 그 산스크리트 문장을 *praveśa-prativedha-bhāvanā-manaskāra-vyavasthā로 추정한다. 하지만 그는 티벳역의 해석과 달리 manaskāra는 Tatpuruṣa 복합어로 이해해야 하며, 따라서 "취입과 통달과 수습을 위한 작의의 확립"이라고 이해한다. 그리고 앞의 세 단어는 각기 가행도(prayogamārga)와 견도(darśanamārga), 수도(bhāvanāmārga)에 대응한다고 설명한다.

4. 관련된 문제[60] (Ch. 582a4)

알라야식을 가진 자들은 전식을 갖고 있는가, 그리고 전식을 가진 자는 알라야식을 갖고 있는가? 네 가지 가능성이 있다.

(1) 전식 없이 알라야식을 가진 자들은 의식작용 없는 잠에 빠진 자와 의식작용 없이 기절한 자들, 무상정을 얻은 자들, 멸진정을 얻은 자들 그리고 관념이 없는 중생[의 영역]에서 태어난 자들이다.[61]

(2) [6종] 식을 갖고 있지만 알라야식을 갖고 있지 않은 자들은 아라한과 연각, 불퇴전의 보살 또는 의식을 가진 상태에 있는 여래이다.

(3) [6종 식과 알라야식] 양자를 가진 자들은 위에서 언급한 것 이외의 의식작용을 가진 상태에 있는 자들이다.

(4) [6종 식과 알라야식 모두를 갖지 않은 자들은] 아라한이나 연각, 불퇴전의 보살들이나 여래로서 멸진정이나 무여의열반계(nirupadhiśeṣanirvāṇadhātu)에 있는 자들이다.

---

60 Schmithausen(1987: n.226)은 이 단락이 알라야식의 환멸과 직접 관련된다고 보면서, 이를 Nivṛtti-Portion에 포함시킨다. 그의 분류에 따라 알라야식 존재논증에 포함시켰다.

61 후대에 확립된 문헌에서 manas(意)는 전식의 범주에 포함되지만, 이 맥락에서는 그렇지 않다. 예를 들어 MSg I.7.4-5에서 무의식적인 manas는 무상정(asaṃjñīsamāpatti)에는 존재하지만 멸진정에는 존재하지 않는다고 설명되고 있다. 따라서 manas는 두 유형의 명상을 구별하기 위해 필요하다고 주장한다. 따라서 무상정과 멸진정을 구별하지 않고 양자는 전식에 가능하지 않다고 설하는 이 구절은 manas의 존재를 고려하지 않는 것이다. 이에 대한 가장 개연적인 해석은 Schmithausen (1987: 481, n. 1232)에 따르면 "새로운 manas는 위의 진술이 형성되었을 때에는 아직 도입되지 않았기 때문"이다.

제2장

번뇌와 수번뇌의 분류

(「섭결택분」 55, Ch. 603a9)[1]

염오된 법들은 번뇌(kleśa)와 수번뇌(upakleśa)라는 두 가지 범주로 구성된다. 그중에서 먼저 번뇌들이 설명되고 그 후에 수번뇌들이 설명될 것이다.

1. 번뇌의 분석[2]

1.1. 번뇌의 토대(adhiṣṭhāna)

번뇌들의 토대는 얼마나 많은가? 여섯 개의 토대들이 있다.

(i) 무명에 수반된, 염오된 원하는 대상, (ii) 무명에 수반된, 염오된 원하지 않는 대상, (iii) 비여리작의에 수반된, 염오된 대상, (iv) 무명에 수반된, 내적인 오

---

1 제2장의 번역은 Ahn(2003: 88-95)의 티벳역 편집본에 의거해 수행되었다.

2 번뇌의 9종 범주는 앞의 「섭결택분」(T30: 602b11f. D 60b1)의 요약 게송에서 나열되고 있다. 그것들은 (i) 依處(adhiṣṭhāna), (ii) 自由(ngo bo nyid, svabhāva), (iii) 相應(saṃprayoga), (iv) 世俗(saṃvṛti-[sat]), (v) 軟等(mṛdu etc.), (vi) 事(vastu), (vii) 差別(prabheda), (viii) 德失(guṇadoṣa), (ix) 能所治(vipakṣa)이다. (ii)의 自由는 自性의 오류일 것이다. 이들 9종 범주는 4종 비물질적 온들을 선과 불선, 무기라는 도덕적 성질에 따라 분석하기 위한 것이다.

취온과, 열등하고 비등하고 우수한 중생, 얻어야 하지만 아직 얻지 못한 것에 대한 전도된 관념 및 공덕에 대한 전도된 관념, (v) 무명과 비여리작의에 수반된, 삿된 교설의 청문, (vi) 무명과 비여리작의에 수반된, 올바른 교설에 대한 나태이다.

그중에서 첫 번째 토대는 [원하는 것과] 만남을 좋아하기 때문이라고 이해해야 한다. 두 번째는 [원하지 않는 대상과] 떨어지기를 좋아하기 때문이다. 세 번째는 대상에 대해 전도된 관념을 갖고 있기 때문이다. 네 번째는 [타인과] 경쟁하고 또 자만심(māna)을 갖기 때문이다. 다섯 번째는 삿된 교설에 집착하고 [그것을] 실행하기 때문이다. 그리고 여섯 번째는 올바른 인식과 환멸을 수행하지 않기 때문이다.

1.2. 번뇌의 자성(svabhāva)

번뇌들의 자성이란 무엇인가? 답: 이것도 6종이라고 알아야 한다. 貪(rāga), 瞋(pratigha), 무명(avidyā), 慢(māna), 見(dṛṣṭi) 그리고 疑(vicikitsā)이다.

1.3. 번뇌의 상응(saṃprayoga) (Ch. 603a23)

어떤 번뇌가 어떤 번뇌와 상응한다고 말할 수 있는가? 답: 무명은 모든 [번뇌]들과 상응한다. 疑는 어떤 [번뇌와도] 상응하지 않는다. 貪과 瞋은 서로 상응하지 않지만, 慢과 見과 상응한다. 왜냐하면 [어떤 사물이나 사람을] 탐할 때에 [자신과] 비교하고,[3] 분별하기 때문이다. [어떤 사물이나 사람을] 탐하는 자에서 있어서처럼, 진에의 경우도 마찬가지다. 만과 견은 대부분 서로 상응한다. 왜냐하면 만을 일으키는 한, [동시에] 분별하기 때문이다.

3 여기서 慢(māna)의 심리학적 특성이 잘 드러나는데, 그것은 주로 대상과 자신을 비교함에 의해 나오는 자만감, 열등감 등이다.

1.4. 세속(saṃvṛti) 등

몇몇 번뇌들이 언설적으로 존재하며, 얼마나 많은 번뇌들이 실유인가?

답: 견은 慧의 일부이기 때문에 언설적 존재(saṃvṛtisat)이다. 다른 번뇌들은 실유(dravyasat)이며, 또 [특정한] 심소법이다.

1.5. 번뇌들의 등급

저 [번뇌]들은 어떤 방식으로 미세하고, 중간이고, 거칠다고 규정되는가? 답: 최후에 제거되는 것들이 미세한 것이며, 중간 [단계]에서 제거되는 것들이 중간이고, 시초에 제거되는 것들이 거친 것이다.

번뇌들의 거침은 6종이라고 알아야 한다. (i) 성적 욕망에서 생겨난 번뇌들은 본성적으로 거칠다고 알아야 한다. (ii) 과거의 반복습관에서 [생겨난] 것들도 마찬가지다. (iii) [존재의] 근거(padasthāna)에 굳건히 부착된 것들도 마찬가지다. (iv) 치유될 수 없는(asādhya) [번뇌들], 즉 반열반의 성질을 갖지 않은 것들도 마찬가지다. (v) 존경하는 사람(gurukṣetra), 존중받아야 할 사람(dakṣinīya) 등 적합하지 않은 대상으로[4] 향하는 [번뇌]들도 마찬가지다. 그리고 (vi) 본성적으로 거친 것은 행위를 격발시키는 방식으로 행위를 수반한 번뇌들이라고 알아야 한다.

1.6. 사태 (vastu) (Ch. 603b8)

번뇌들이 생겨날 때, 바로 그 사태(vastu)에 의지해서 생겨나는 그 번뇌들의 사태란 무엇인가?

답: (1) 탐의 사태는 10종이다. 오취온, 見, 획득하지 못한 대상, 획득한 대상,

---

4 YBh 165,10-166,4 (번역 III-V. § 5.1.6.)에서 번뇌는 여섯 가지 이유에 의해 매우 강력하고 날카롭고 무거운 특성을 가진 것으로 설해진다. 하지만 위의 설명에 직접 부합되는 것은 네 번째 vastutas에서이다.

[이전에] 향수했지만 지금 지나간 것, 악행, 자식들, 친구들, 생활필수품, 재생 그리고 비존재(vibhava)이다. 몇 가지 사태로부터 몇 종류의 탐이 생겨나는가? 답: 열 가지 사태들로부터 순서대로 10종의 탐이 생겨난다. 사물들에 대한 탐, 견해에 대한 탐, 소유욕으로서의 탐, 인색함으로서의 탐, [정려에 대한] 장애로서의 탐, 악행을 위한 탐, 아이에 대한 탐, 권속들에 대한 탐, 생활필수품들에 대한 탐, 그리고 재생이나 비존재(punarbhavavibhava)에 대한 탐이다.

(2) 진에의 사태도 10종이다. 그 자신, 좋아하는 [중생], 좋아하지 않는 중생, [이들에게] 과거에 손해나 도움을 주었던 [중생], [그들에게] 미래에 손해나 도움을 줄 [중생], [그들에게] 현재에 손해나 도움을 준 [중생], 좋아하지 않는 사물, 질투, 이전의 반복습관, 그리고 다른 관점이다.

이것들로부터 순서대로 진에가 생겨난다고 알아야 한다. [앞의] 여섯에 의지해서 아홉 개의 증오의 경우(āghātavastu)[5]들이 확립된다. 모든 이러한 것들은 오로지 중생들에 대한 진에이다. 나머지 것들에 의지해서 대상에 대한 진에가 [확립된다]. 인내하지 못함에 의존하는 진에는 중생에 대한 진에일 수도 있으며, [이는] 이전의 반복습관에서 나온 진에 및 다른 관점에 대한 진에도 마찬가지다.[6] 이들 [10종] 진에는 요약하면 3종이다. 중생들에 대한 진에, 대상들에 대한

---

5 āghātavastu에 대해서는 AKVy 109,23-32: āghātaḥ kopaḥ. tasya vastu viṣayaḥ āghātavastu. nava cāghātavastūni. anarthaṁ me akārṣīt karoti kariṣyati cety āghātavastutrayam. mitrasya me anartham akārṣīt karoti kariṣyatīti aparam āghātavastutrayam. amitrasya me artham akārṣīt karoti kariṣyati cety aparam āghātavastutrayam iti. "증오는 분노이다. 그것의 사태, 영역이 āghātavastu이다. 아홉 개의 āghātavastu가 있다. '그는 내게 해로움을 행했고, 행하고 있고, 행할 것이다'라는 것이 세 개의 āghātavastu이다. '그는 나의 친구에게 해로움을 행했고, 행하고 있고, 행할 것이다'라는 것이 또 다른 세 개의 āghātavastu이다. '그는 나의 적에게 이로움을 행했고, 행하고 있고, 행할 것이다'라는 것이 또 다른 āghātavastu이다." 초기전거에 대해서는 AN IV 408; DN III 262를 볼 것.

6 한역(603b21-22: 若不忍爲先亦有情瞋若宿習瞋若見瞋)은 불명확하지만, 적어도 若에 의해 인도되는 문장이 위에서 열거한 진에의 사태를 가리킨다는 것은 若宿習瞋과 若見瞋을 고려하면 분명할 것이다. 그렇다면 若不忍爲先이 가리키는 것은 맥락상 '질투(īrṣya)라고 보인다. 반면 티벳역은 이 문장과 이어지는 문장을 전혀 다르게 해석하고 있다. "불인에 의존하는 중생들에 대한 진에와 반복습관에 의존하는 진에, 또한 견해에 의거한 진에가 있고, 이것들은 요약하면 3종의 진에이다." 하지만 이러한 해석은 10종의 진에를 3종으로 요약한 취지와 부합되지 않을 것이다.

진에 그리고 견해들에 대한 진에이다.

(3) 그것에 의거해서 무명이 생겨나는 사태는 7종이다. [삼]세라는 사태, 세간적인 토대라는 사태, [다른 재생처로] 이전하는 사태, 공덕이라는 사태, 진실이라는 사태, 잡염과 청정이라는 사태 그리고 증상만이라는 사태이다.

이 [7종] 사태들에 의거해서 7종이나 19종의 무지(ajñāna)[7]가 생겨난다고 알아야 한다. 첫 번째 [사태]란 세 방식으로 의심이 생겨나기 때문이다. 두 번째는 내6처에 대해, 외6처에 대해, 그리고 양자에 대해 '[이것은] 나이다.' '[이것은] 나의 것이다.' '[이것은] 내 친구의 편이다.'라는 견해가 생겨나기 때문이다. 세 번째는 행위와 이숙, 그리고 양자에 대해 '행위자'나 '경험의 주체', '원인이 없다.' 내지 부적합한 것을 원인이라고 보는 견해(viṣamahetudṛṣṭi)가 생겨나기 때문이다. 네 번째는 삼보를 부정하기 때문이다. 다섯 번째는 [사성]제를 부정하기 때문이다. 여섯 번째는 잘못 인지하기(mithyāpratipatti) 때문이다. 일곱 번째는 自利를 획득했다고 망상하기 때문이다.

(4) 그것에 의거해서 만이 생겨나는 사태는 6종이다. 하열한 중생, 동등한 중생, 뛰어난 중생, 내적인 오취온, 획득해야 하지만 아직 획득하지 못한 것에 대한 전도, 공덕에 대한 전도이다. 이 여섯 가지 [사태]들에 의거해서 慢과 增上慢 등의 7종의 만이 생겨난다. 뛰어난 중생들에 대해 2종의 만이[8] 생겨나며, 나머지

---

7 19종의 무지는 YBh 204,2ff에서 나열되고 있고 (상세한 내용은 III-V. 5.3.4.4. <연기의 구별> 항목을 볼 것), 7종 무지는 YBh 205,11f.에서 adhva-saṃmoha, vastu-, saṅkrānti-, agra-, tattva-, saṃkleśavyavadāna-, abhimāna-saṃmoha로 나열되어 있다. 두 번째 vastu-saṃmoha를 여기서 'jig rten gnas pa'i gzhi (*loka-saṃniveśa)라는 다른 단어로 표현한 것을 제외하고는 용어상 거의 차이가 없다. 그리고 그 아래에서 19종의 무지와의 포섭관계가 설명되어 있는데, 위의 설명과 비교하면 분류 자체는 일치하지만, YBh에서는 7종 무지와 19종의 상호 포섭관계를 다룬 반면, 여기서는 무명이 생겨나는 7종의 사태와 19종의 포섭관계가 설해지고 있다는 점에 차이가 있다. 하지만 이곳의 분류가 19종의 무지의 설명을 전제한다는 것은 19종 각각에 대한 설명이 빠져있다는 점에서도 분명히 드러난다.

8 여기서는 2종의 慢이 무엇인지 설명하지 않지만, AKBh 285,2ff에서 mānātimāna(過慢)와 ūnamāna(卑慢)가 뛰어난 중생들을 대상으로 하는 慢으로 설명된다. 현장역(T29: 101a16f)은 산스크리트본과 달리 atimāna도 뛰어난 중생을 대상으로 한다고 말하지만, 진제역 『구사론』(T29: 255a3ff)은 산스크리트본을 지지한다.

사태에 의거해서 각각 하나의 만이 생겨난다.

(5) 그것에 의거해서 견이 생겨나는 사태는 2종이다. 증익(samāropa)이라는 사태와 손감(apavāda)이라는 사태이다.

증익이라는 사태는 4종이다. 자아가 존재한다고 증익하는 것, [사물이] 영원하거나 무상하다고[9] 증익하는 것, [그렇지 않은 것을] 상승으로 이끄는 방편이라고 증익하는 것, 그리고 [그렇지 않은 것을] 해탈로 이끄는 방편이라고 증익하는 것이다.[10]

손감도 4종이다. 원인의 손감과 결과의 손감, 작용의 손감 그리고 실재하는 사태의 손감이라고 보아야 한다.[11] (가) '보시자도 없고'에서부터 '선행도 없고 악행도 없다'까지의 말은 원인의 부정이라고 보아야 한다. (나) '선업과 악업의 과보의 이숙도 없다.'는 말은 결과의 부정이라고 보아야 한다. (다) '이 세계도 없고'부터 '화생하는 유정도 없다.'까지의 말은 작용의 부정이라고 보아야 한다. 왜냐하면 '작용'이란 말은 이 맥락에서는 능동적 행위(puruṣakāra)[12]로 해석되기 때문이다. 이것도 4종이다.[13] 오고 감이라는(āgamanagamana) 행위, 종자를

---

9 여기서의 무상한 것은 죽음과 더불어 소멸한다는 견해로서 변집견의 일부인 단견의 토대이다.

10 네 가지 증익하는 견해는 차례대로 유신견, 변집견, 견취, 계금취에 대응한다.

11 4종 손감하는 견해는 邪見(mithyādṛṣṭi)이 수행하는 원인과 결과, 작용 및 실재하는 사태에 대한 부정을 가리킨다. mithyādṛṣṭi에 대한 초기경전의 설명은 DN I 55를 볼 것. 사견에 대해서 유식논서의 여러 곳에서 설명하고 있는데, 그렇지만 설명상의 차이가 보인다. 예를 들어 위의 설명은 YBh 178,15ff와 ASBh 6,6ff와 일치하지만, 「섭결택분」(본서 II. 3. § 1.4.1.의 邪見 항목 참조)의 설명과는 차이를 보여준다.

12 puruṣakāra는 士夫用으로 한역되듯이 원래는 "남자의 행위" 또는 여기서 전의되어 "열정적 행위"를 의미한다. 하지만 여기서는 이하의 설명 맥락에 따라 "능동적 행위"로 번역했다. AKBh 126,7ff에서 puruṣakāra는 일반적으로 법의 인과적 작용을 위한 것으로 사용되기도 한다.

13 한역에서는 4종의 작용의 부정의 순서에 따라 두 번째와 세 번째 행위가 바뀌어 나열되고 있다. 즉, 작용의 부정에서 "이 세계는 없다"는 말은 오고 감이라는 행위의 부정으로서, "어머니도 없다"는 종자를 저장하는 행위의 부정으로서, "아버지는 없다"는 [종자를] 모태에 보존하는 행위의 부정으로서, 그리고 "화생하는 중생은 없다"는 재생으로 이끄는 행위의 부정에 해당된다. 이 설명은 YBh 179,12ff에서 인용한 것이고, 후에 『잡집론』(ASBh 6,9-11)에서 다시 세 가지 형태로 압축되어 인용되고 있다.

저장하는(bījopanikṣepaṇa) 행위, [종자를] 모태에 보존하는(garbhadhāraṇa) 행위, 그리고 재생으로 이끄는 행위이다. (라) '이 세상에 아라한은 없다.'는 말은 실제로 존재하는 사태의 부정이다.

여덟 개나 또는 두 개의 사태에 의거해서 유신견과 변집견, 견취, 계금취, 사견의 다섯 가지 見들이 생겨난다.

그것에 의거해서 변집견과 사견이 생겨나는 사태란 과거에 대해 사변하고 미래에 대해 사변하는 자들의 62개의 사태들이다. 그것들은 [범망]경(Brahmajālasūtra)에서 설한대로[14] 이해되어야 한다. 이 사태들의 차이로부터 62견이 있다.

(6) 그것에 의거해서 疑가 생겨나는 사태는 6종이다. 나쁜 교설의 청문, 스승의 잘못된 행동의 관찰, 그가 신뢰하는 사람들에 있어 상이한 교설의 이해의 관찰, 본성적으로 하등하고 어리석음, 본성적으로 심원한 가르침, 그리고 광대한 교설의 제시이다.

1.7. 번뇌들의 차이 (Ch. 603c24)

번뇌들의 차이란 무엇인가? 모든 [번뇌]들의 차이는 15종이다.

(1-2) 내적으로 향한 것(antarmukha)[15]과 외적으로 향한 것(bahirmukha), (3-4) 견도소단인 것과 수도소단인 것, (5-6) 그것들의 분출이 바라지고 인정된 것(iṣṭābhyupagataparyavasthāna)[16]과 그것들의 분출이 바라지지도 않고 인정되지

---

14 Brahmajālasutta는 DN I 12ff에 해당된다.

15 여기서 antarmukha를 "내적으로 향한 것"으로 번역한 것은 SWTF (antar-bahir-mukha, "내적인 방향")에 따랐다. 하지만 이것은 형용사로서 "내적인 것"의 의미로서, 번뇌의 양태상의 차이를 나타내는데 사용될 수 있을 것이다. 이는 "내적인" 또는 "내적으로 향한" 번뇌는 세간도에 의해 이욕한 자들에게 나타나며, 반대로 "외적인" 또는 "외적으로 향한" 번뇌는 이욕하지 않은 자에게 나타나기에 양자의 대비는 정려를 수습했는지의 여부에 따라 구분된 것으로서, 이에 대해 ASBh 19,11ff에서 "내적인 것과 외적인 것의 차이에 의하기 때문에, … 외적인 것은 사마히타지에 속하지 않은 것이며, 내적인 것은 사마히타지에 속한 것이다."로 설명하고 있다.

도 않은 것, (7) 수면에 포섭된 것, (8-10) 미세한 것과 중간인 것 그리고 거친 것, (11-15) 산란의 상태(vikṣepāvasthā)에 있는 것, [훼범을] 후회하게 하는 경고의 상태(*saṃjñaptyavasthā)에 있는 것, 미약하게 된 상태에 있는 것, 억압의 상태(viṣkambhaṇāvasthā)에 있는 것, 벗어남의 상태(visaṃyogāvasthā)에 있는 것이다.[17]

1.8. 번뇌의 단점 (Ch. 604a2)

번뇌들은 어떤 이로움도 갖지 못한다. 단점들이란 무엇인가? 유심유사지[18]에서 상세하게 설했듯이 그것들은 분출할 때에 심의 흐름을 염오시킨다.

1.9. 번뇌에 대치작용이 없음

번뇌들은 결코 어떤 것의 대치가 아니라고 알아야 한다.

만일 그렇다면 왜 [세존께서는] 갈애에 의거해서 갈애를 끊고, 만(慢)에 의거해서 만을 끊으라고 설하셨는가? [답:] 그것은 번뇌가 아니라, 선한 심적 작용이

---

16 iṣṭābhyupagata-paryavasthāna는 티벳역에서는 'dod cing khas blangs pa'i kun nas dkris pa로 다음 항목인 'dod cing khas blangs pa med pa'i kun nas dkris pa(= aniṣṭābhyupagata-paryavasthāna)와 대비되어 나타난다. 양자는 「섭결택분」(D 130a2, Ch. 629b21)에서도 대비되어 나타나고 있는데, 티벳역은 동일하지만 한역은 위의 개소의 번역에서는 所欲趣纏으로, 후자의 경우에는 隨所欲纏으로 조금 다르다. 所欲趣纏에서 趣는 YBh-Index(I. p.430)에서 upaga의 번역어로도 사용되기에, 의미상 khas blangs pa = abhyupagata로 이해한 듯이 보인다. 여하튼 여기서 두 개념의 구별이 의미하는 바는 「섭결택분」(Ch. 629b15)에서 분명히 제시되고 있듯이 번뇌의 분출이 인정되는 것은 재가자의 경우이고, 그것이 인정되지 않는 것은 출가자의 경우라고 구별해서 대비시키는 것이다.

17 xi-xv의 5종은 「섭결택분」(Ch. 629a4)와 『현양성교론』(495b15ff)에서 한역의 용어는 조금 다르지만 대치의 관점에서의 설명이 제시되고 있다. 「섭결택분」에서 (xi-xiv)의 넷은 분출의 제거라는 의미에서, 마지막은 번뇌의 영단이라는 의미에서 구별되고 있다. 이에 대해서는 뒤의 「섭결택분」(II.2.6.5.)의 번역 참조. 이를 위의 설명에 대응시키면 (xi) 散亂 (xii) 曉悟/顯了 (xiii) 羸劣 (xiv) 制伏/催伏 (xv) 離繫이다. 여기서 (xii)는 YBh-Index(I. p.156, p.200)에서 제시되고 있는 것으로 계를 범했을 때 자신의 잘못을 후회하게끔 경고하고 훈계하는 것을 가리킨다. 그리고 마지막 세 요소는 「섭결택분」(Ch. 684c22)에서 조복의 자성으로서 한 세트로 묶여 제시되고 있는데, (xiii)은 전생에 익힌 선근의 힘에 의해 번뇌의 분출을 미약하게 하는 것이고, (xiv)는 세간도에 의해 번뇌의 분출을 일시적으로 억압하는 것이고, (xv)는 분출을 포함해 번뇌의 종자를 완전히 끊는 것을 가리킨다.

18 YBh 170,1ff에서 나열된 21종의 단점을 가리킨다. 이것들의 반대로서 「섭결택분」(Ch. 602c19ff)에서 선법들의 공덕 21종이 나열되고 있다.

다. 그것은 단지 갈애와 慢과 [현현하는] 방식의 유사성 때문에 갈애와 만이라고 불린다.

앞에서 설했던[19] 15종의 대치의 반대항은 심을 염오시키는 것으로서 15종의 번뇌들이라고 알아야 한다.

2. 수번뇌의 분석 (Ch. 604a9)

2.1. 수번뇌의 토대

수번뇌들의 토대란 무엇인가? 그것은 9종이라고 알아야 한다. 서로 함께 주함, 서로 이야기함, 이득과 명예, 올바른 생계수단으로부터 벗어남, 스승에 대한 존경의 부족, 인내하지 못함, 증상계의 손상, 증상심의 손상, 그리고 증상혜의 손상이다.

2.2. 수번뇌의 자성

그것의 자성은 무엇인가?

忿(krodha)·恨(upanāha)·覆(mrakṣa)·惱(pradāśa)·嫉(īrṣyā)·慳(mātsarya)·誑(māyā)·諂(śāṭhya)·憍(mada)·害(vihiṃsā)·無慚(āhrīkya)·無愧(anapatrāpya)·惛沈(styāna)·掉擧(auddhatya)·不信(āśraddhya)·懈怠(kausīdya)·放逸(pramāda)·忘念(muṣitasmṛtitā)·散亂(vikṣepa)·不正知(asamprajanya)·惡作(kaukṛtya)·睡眠(middha)·尋(vitarka)·伺(vicāra)이다. 「본지분」에서[20] 상세히 설해졌듯이, 이런 부류의 것들이 수번뇌의 자성이라고 알아야 한다.

---

19 「섭결택분」(Ch. 603a3ff)에서 언급된 15종의 나열을 가리킨다.

20 여기서 나열된 24종은 51종의 심소법을 열거하면서 24종의 염오법을 나열하고 있는 YBh 11,17ff과 명칭과 순서가 일치한다. 반면 『유가론』에는 邪欲과 邪勝解를 더해 26종의 수번뇌를 열거하는 또 다른 분류도 예를 들면 YBh 57,8f 및 「섭결택분」(Ch. 622b23ff)에 나타난다,

이와 관련하여 첫 번째 [忿]과 두 번째 수번뇌 [恨]은 첫 번째 토대인 [서로 함께 주함]에 의거해서 생겨나며, 세 번째 [覆]과 네 번째 [惱]는 두 번째 토대인 [서로 이야기함]에 의거해서, 다섯 번째 [嫉]과 여섯 번째 [慳]은 세 번째 토대인 [이득과 명예]에 의거해서 생겨나며, 일곱 번째 [誑]과 여덟 번째 [諂]은 네 번째 토대인 [올바른 생계수단으로부터 벗어남]에 의거해서, 아홉 번째 [憍]는 다섯 번째 토대인 [스승에 대한 존경의 부족]에 의거해서 생겨나며, 열 번째 [害]는 여섯 번째 토대인 [인내하지 못함]에 의거해서, 11번째 [無慚]과 12번째 [無愧]는 일곱 번째 토대인 [증상계의 손상]에 의거해서 생겨나며, 그리고 나머지 12개의 [수번뇌]들은 여덟 번째와 아홉 번째 토대인 [증상심의 손상과 증상혜의 손상]에 의거해서 생겨난다고 알아야 한다.

증상심과 증상혜는 세 가지 방식으로 손상된다. 샤마타를 [촉진하는] 관념상(śamathanimitta)[21]의 손상에 의해, 흥분을 [촉진하는] 관념상(pragrahanimitta)의 손상에 의해, 그리고 평정을 [촉진하는] 관념상(upekṣānimitta)의 손상에 의해서이다. 첫 번째 경우에 의해 惛沈과 睡眠이 산출될 수 있고, 두 번째 경우에 의해 掉擧와 惡作이, 세 번째 경우에 의해서는 不信에서부터 尋과 伺까지가 산출될 수 있다.

2.3. 수번뇌들의 상응 (Ch. 604a25)

몇 가지 방식으로 이 [수번뇌]들은 서로 상응하는가? 無慚과 無愧는 모든 불선한 [법]들과 상응한다.[22] 不信과 懈怠, 放逸, 忘念, 散亂, 惡慧(dauṣprajña)[23]는 모든 염오된 심소법들과 상응한다.[24] 睡眠과 惡作은 모든 것, 즉 선법과 불선법, 무기

---

21 세 가지 관념상(nimitta)에 대해서는 SNS VIII.18를 볼 것. ŚrBh 392,5ff (『성문지』 2021: 370ff) 및 「수소성지」 (Ch. 390c24ff) 참조. MAVT 185,6-11에도 간단한 설명이 있다.

22 이런 점에서 무참과 무괴 양자는 『구사론』에서 대불선지법으로 분류되었을 것이다.

23 티벳역과 한역은 기대하고 있던 asamprajanya 대신에 모두 dauṣprajña로 읽고 있다.

24 「섭결택분」 (Ch. 622b27-29)에서 모든 염오된 심소에서 생겨나는 10종 법들이 나열되고 있다. 그것

법들과 상응할 수 있다.[25] 나머지들은 서로 상응하지 않는다고 알아야 한다.

2.4. 수번뇌들의 실유와 가유 (Ch. 604a29)

이 수번뇌들 중에서 몇 가지가 단지 가유(prajñaptisat)[26]이고 몇 가지가 실유(dravyasat)인가?

忿·恨·惱·嫉·害는 진에의 부분이기 때문에 [단지] 명칭으로 존재한다. 慳·憍·掉擧는 탐의 부분이기 때문에 [단지] 명칭으로 존재한다. 覆·誑·諂·惛沈·睡眠·惡作은 우치의 부분이 때문에 [마찬가지로] 단지 명칭으로 존재한다. 無慚·無愧·不信·懈怠는 실유이다. 放逸은 앞의 것처럼[27] [단지] 명칭으로만 존재한다. 忘念·散亂·惡慧는 전적으로 우치의 부분이기 때문에 [단지] 명칭으로만 존재한다. 尋·伺는 [단지] 명칭으로만 존재한다. 왜냐하면 그것들은 언어를 초래하고 慧에 속하는 심의 功用이기 때문이다.[28]

2.5. 수번뇌들의 등급 (Ch. 604b7)

수번뇌들의 하·중·상은 어떻게 이해해야 하는가? 그것들은 번뇌들에 있어서처럼 이해되어야 한다.

들은 放逸·掉擧·惛沈·不信·懈怠·邪慾·邪勝解·邪念·散亂·不正知로서, 밑줄친 것들은 여기서 언급되지 않은 것이다. (不正知는 惡慧로 대체됨).

25 선불선의 어느 것으로 확정되지 않았다는 점에서 睡眠과 惡作은 『구사론』에서 不定地法으로 분류된다. 하지만 위의 설명에서 尋과 伺는 여기에 포함되지 않고 있다. 반면 「섭결택분」 58(Ch. 622c4ff)에서는 네 가지 법들이 이 범주에 속하는 것으로 나열되고 있다.

26 한역은 假有 대신에 世俗有라고 번역하고 있다. 하지만 실유에 대비되는 것이 세속유가 아니기에 명확한 구별을 위해 여기서는 티벳역에 따라 假有로, 즉 명칭적 존재의 의미로 번역하겠다.

27 한역은 如前說로 번역하지만, 앞에서 방일의 가유를 설한 곳은 없다.

28 『집론』(AS 10,10ff): "尋(vitarka)이란 무엇인가? 思 또는 慧에 의거한 후에 심구하는(paryeṣaka) 의언(manojalpa)이며, 또한 심의 거친 상태이다. 伺(vicāra)란 무엇인가? 思 또는 慧에 의거한 후에 반성적으로 관찰하는(pratyavekṣaka) 의언(manojalpa)이며, 또한 심의 미세한 상태이다."

2.6-9. 저 [수번뇌]들의] 사태는 번뇌들과 마찬가지다. [수번뇌들의] 차이와 단점, 대치도 번뇌들에 있어서처럼 이치에 따라 이해해야 한다.

제3장

번뇌잡염의 분류

(「섭결택분」 58-59, Ch. 621a26-630a2)[29]

1. 번뇌잡염의 5종 구분

번뇌잡염의 차이는 다섯 가지 점에서 규정된다. 무엇이 다섯 가지 점에서인가? [각각의 번뇌의] 자성의 측면에서, 자성의 차이의 측면에서, 잡염과 청정과 관련된 차이의 측면에서, 끊음과 관련된 차이의 측면에서, 그리고 대치와 관련된 차이의 측면에서이다.

1.1. 번뇌잡염의 자성

자성(svabhāva)이란 무엇인가? 자성은 요약하면 2종이다. 자성적으로 견의 성질을 가진(dṛṣṭika) 번뇌들과 자성적으로 견의 성질을 갖지 않은(adṛṣṭika) 번뇌들이다.

1.2. 각각의 번뇌들의 구별

[각각의 번뇌들의] 자성의 구별(svabhāvaprabheda)이란 무엇인가? 그것은 요

29 제3장의 번역은 Ahn(2003: 96-155)의 티벳역 편집본에 의거해 수행되었다.

약하면 10종이라고 알아야 한다.[1] 번뇌들의 구별은 5종의 자성적으로 견의 성질을 가진 것과 5종의 자성적으로 견의 성질을 갖지 않은 것이다. 이를 합한다면 번뇌들의 구별은 10종이 된다. 즉, 유신견, 변집견, 邪見, 계금취, 견취, 탐, 진, 치, 慢, 무명 그리고 疑이다.

1.2.1. 10종 번뇌

1.2.1.1. 10종 번뇌의 정의 (Ch. 621b6)

(1) 유신견(satkāyadṛṣṭi)이란 무엇인가? 취착[의 대상]인 오온을 자아나 자아에 속한 것으로 보고, [그것에] 집착하고, 마음에 상정하는[2] 것이다. 이것은 俱生(sahaja)과 변계된 것(parikalpita)의 2종으로 이해될 수 있다. 구생인 것은 일상인과 나아가 금수의 [유신견]이며,[3] 변계된 것은 비불교도의 [유신견]이라고 알아야 한다.[4]

---

1 10종 번뇌의 분류는 기본적으로 98수면설이나 128종 수면설의 분류에서 번뇌의 기본적 수로서 YBh 162,11ff에서도 나타난다. 앞의 「섭결택분」 55에서의 6종 번뇌의 분류에 비해 여기서는 見을 다시 5종으로 세분화함으로써 10종으로 분류한 것이다.

2 "마음에 상정하는"이란 티벳역(sems la 'jog pa)에 따라 번역한 것이다. 현장역은 增益으로 번역한다. 증익이 samāropa이기에 산스크리트어가 sam-ā-ruh에서 파생된 samāropaṇa라고 추정된다. 이는 티벳역과도 부합할 것이다. 이 단어는 일반적으로 없는 것을 더해서 상상하는 samāropa 개념과는 달리 samāropika("증익하는")와 apavādaka("부정하는, 손감하는")의 두 가지 뉘앙스를 모두 포함하고 있다.

3 Cf. 「섭사분」(Ch. 797c9-798a5)에서는 薩伽耶見의 습기가 유학의 성자에게도 잔존해 있다고 말하고, 또 다른 개소(Ch. 779c10-25)에서는 구생의 아견은 금수들에 이르기까지 일어난다고 말하고 있다. 그렇지만 또 다른 개소(Ch. 779c10-25 + 788a26ff)에서는 위의 「섭결택분」과 마찬가지로 구생의 아견에 성자가 관련되었다는 어떤 진술도 찾을 수 없다. Schmithausen은 후대에 유신견 습기설은 방기되고 구생의 아견이 유학의 성자에 결부됨에 의해 수소단으로 간주되게 되었다고 설명하는데, 이에 대한 상세한 논의는 Schmithausen 1979; 1987: 146ff 참조.

4 『구사론』에서 유신견을 2종으로 구분하는 것은 선궤범사(pūrvācārya)들의 이론으로 간주되고 있다. (『유가론』의 선궤범사에 대해서는 Hakamaya 1986; 권오민 2014 참조). AKBh 260,21f: sahajā satkāyadṛṣṭir avyākṛtā/ yā mṛgapakṣiṇāṃ api varttate/ vikalpitā tv akuśaleti pūrvācāryāḥ/. 여기서 구생의 유신견 개념은 일반인과 동물들에게 현행하는 것으로 설명되고 있다는 점에서, 구생 개념은 '자연적으로 타어나면서 가지게 된 것'을 의미할 것이다. 구생의 유신견 개념을 「섭사분」에서는 아만 개념과 관련시켜 금수에게서 나타난다는 설명이 보인다. 이 개념과 染汚意의 관련성에 대해서는

(2) 변집견(antagrāhadṛṣṭi)이란 무엇인가? 바로 이 유신견에 의거해서 취착의 대상인 오온을 영원하다거나 단멸한 것이라고 보고, [그것에] 집착하고, 마음에 상정하는 것이다.

常見에 속한 변집견은 62견(dṛṣṭi)[5] 중에서 [자아와 세계의] 영원성이나 [자아와 세계의] 부분적인 영원성을 주장하는, 과거에 대해 분별하는 자들의 견해이며, 또 [자아가] 상을 갖고 있다고 주장하거나 상이 없다고 주장하거나 상도 아니고 상이 아닌 것도 아닌 것을 갖고 있다고 주장하는, 미래에 대해 분별하는 자들의 견해이다.

단견에 속하는 변집견은 일곱 개의 사태들에[6] 의해 [자아를] 단멸한다고 보는 사문과 바라문들의 [견해]이다. 그들의 변집견은 전적으로 분별된 것이며, 구생인 것으로 보이지 않는다.[7] 저 [구생인] 것은 단지 전생과 연결되어 나타난 것이다.

이 [변집견]은 「본지분」에서 확정된 것(nirdhārita)이나 확정되지 않은 것(anirdhārita)의 구별에 따라 설해진 대로[8] 이해되어야 한다.

Schmithausen 1979: 2ff 및 1987: 147ff 참조.

5 62見은 Brahmajālasutta(DN I 12ff)에서 상세히 설해지는데, 그것들은 크게 두 그룹으로 나뉜다. (A) 한 그룹은 前際에 대해 사변하는(pūrvānatakalpaka) 견해들과 (B) 다른 그룹은 後際에 대해 사변하는(aparāntakalpaka) 견해들이다.
(A)에는 모두 18개의 견해들이 속해 있는데, (i) śāśvatavāda(상주론, 4종), (ii) ekatyaśāśvatavāda(일부상주론, 4종), (iii) ahetuvāda(無因論, 2종), (iv) antānantikavāda(끝이 있고 끝이 없다는 견해, 4종), (v) amarāvikṣepavāda(不死矯亂論, 4종)이다.
(B)에는 44개의 견해들이 속해 있는데, (i) saṃjñivāda(16종), (ii) asaṃjñivāda(8종), (iii) naivasaṃjñināsaṃjñivāda(8종), (iv) ucchedavāda(7종), (v) dṛṣṭadharmanirvāṇavāda(5종)이다. 여기서 62견은 상주론에 속한 변집견에 (A) i-ii + (B) i-iii이 배속되며, 단멸론(ucchedavāda)에 속한 변집견에는 (B) iv, 그리고 사견에는 (A) iii-v + (B) v가 배속된다.

6 일곱 가지 사태란 DN I 34,3 참조.

7 이런 해석과 반대로 『잡집론』은 구생의 변집견이 단견에 속한다고 설명한다.

8 이는 YBh 162,15ff에 해당된다. antagrāhadṛṣṭiḥ katamā/ pañcopādānaskandhān ātmato vā chāśvato vaocchedato vā samanupaśyato yā nirdhāritā vānirdhāritā vā kliṣṭā prajñā/. 여기서 "확정된 것"이란 순전히 사변적 사고에 의해서 분별된 것으로서, 단견에 속하는 변집견을 가리키며, "확정되지 않은 것"은 자연적으로 주어진 것으로서 상견에 속한 변집견을 가리킨다. 「섭결택분」에서 kun brtags

(3) 邪見(mithyādṛṣṭi)이란 무엇인가? 모든 전도된 견해들은 인식되어져야 할 사태에 대해 전도되어 생겨난 한에서 삿된 견해라고 설명된다. 이것도 증익하는(samāropika) 것과 손감하는(apavādaka) 것의 2종이다.[9]

(3.1.) 유신견과 변집견, 계금취, 견취의 네 견해는 총체적으로 증익하는 사견이라고 설해진다.

(3.2.) 손감하는 사견은 무엇인가? 손감하는 사견이란 원인이나 행위, 또는 결과를 손감하거나 실제로 존재하는 사태를 부정하는 자의 견해와 집착, 마음에 상정하는 것이다.

(i) 원인의 손감이란 '보시도 없고, 희생물도 없으며, 공양물도 없다'는 말이다.

(ii) 행위의 손감이란 '선행도 없고 악행도 없다'는 말이다.

(iii) 결과의 손감이란 '선행이나 악행에서 과보의 이숙도 없다'는 말이다.

(iv) 실제 존재하는 사태의 부정이란 '부모도 없고, 재생에 떨어지는 중생도 없다.'에서부터 '세상에 누를 소진한 아라한은 없다'[10]는 말에 이르기까지이다.

이 사견은[11] (i) 원인 없이 [발생이 있다는] 무인론자나 (ii) [세상의] 끝이나 끝

---

pa/kun brtags pa ma yin pa란 표현을 「본지분」의 nirdhārita/anirdhārita의 구별과 대응하는 것으로서 사용한 것은 nirdhārita란 표현에서는 분명히 드러나지 않은 사고에 의한 대상의 규정성의 측면이 보다 분명히 의식되고 있기 때문일 것이다.

9 사견의 설명에서 사견은 크게 전도된 견해로서 규정되고, 이어 특별한 맥락에서 사견을 제외한 다른 네 견은 "증익하는 [사견]"으로 설명되며, "손감하는 [사견]"이 좁은 의미에서 사견으로 설명된다. 이때 단멸론에 속하는 변집견은 설 자리가 없어질 것이다.

10 이 경전의 말은 아래에서 "현세에서 열반을 믿는 한에 있어서 미래에 대해 사변하는 자들의 견해"로 간주된다.

11 네 종류의 사견은 순서대로 Brahmajālasuttta의 ahetuvāda (= A,iii), antānantikavāda (= A,iv), amarāvikṣepavāda (A,v), 그리고 dṛṣṭadharmanirvāṇavāda (B.v)이다. 원인의 손감이 업의 부정으로서 無因論과 연결된다는 것은 자연스러운 해석일 것이다. 행위의 손감이나 결과의 손감이 어떻게 Brahmajālasutta의 두 주장과 연관될 수 있는지는 불명확하다. YBh의 16종의 異說 중에서 열 번째 amarāvikṣepavāda의 설명에서도 '과보의 이숙이 없다'는 등의 주장은 발견되지 않는다. 마지막 항목인 실제 존재하는 사태의 부정에서 아라한의 부정은 초월적인 열반의 존재를 현법열반론자들이 부정하기 때문일 것이다. 반면 부모나 재생하는 중생의 부정은 업에 따른 세속적 작용을 부정하는 斷見에 속한다는 점에서 세속제를 부정하거나 또는 현법의 삶만을 인정하는 입장과 통할 것이다.

이 없다고 주장하는, 과거에 대해 사변하는 사문과 바라문들의 [견해거나] (iii) 또는 회피하는 답변을 하는 자들이나 (iv) 또는 현세에서 열반을 믿는 한에 있어서 미래에 대해 사변하는 자들의 [견해]이다. 이런 방식으로 유신견을 근거로 해서 생겨난 62견은 상주견에 속한 변집견과 단멸견에 속한 변집견, 그리고 사견의 세 견해에 포섭된다.

(4) 견취(dṛṣṭiparāmarśa)란 무엇인가? 62견의 하나를 가장 탁월하고 최선이며 가장 우수하고 최고라고 집착하며, [그것에] 매달려서, 그것에 대해 "이것만이 진실이며 다른 것은 거짓이며, 이 견해를 통해 나는 청정해지며, 해탈하며, [윤회로부터] 출리한다"고 말하는 것이다.

(5) 계금취란 무엇인가? 견취에 상응하고 견취를 수반하고 그것에 적합한 행동규범과 준칙을 받은 후에 이 행동규범과 준칙을 가장 탁월하고 최선이며 가장 우수하고 최고이라고 집착하며, 그것에 매달려서 "이것만이 진실이고 다른 것은 아니다" "이 견해를 통해 나는 청정해지며, [윤회로부터] 출리할 것이다"라고 말하는 것이다.

(6) 탐(rāga)이란 무엇인가? 마음의 애착(adhyavasāna)이다. 그것은 4종으로, 견해와 감각적 쾌락, 색, 무색에 대한 탐이다.

(7) 진(pratigha)이란 무엇인가? 마음의 증오(āghāta)이다. 그것도 4종이라고 알아야 한다. 사태를 다르게 보고, [나에게] 손해를 끼치고, 나에게 사랑스러운 자들에게 손해를 끼치고, 그리고 내가 좋아하지 않는 자들에게 호의를 베푸는 다른 중생들에 대한 증오이다.

(8) 慢(māna)이란 무엇인가? 마음의 오만(unnati)이다. 그것도 4종이다. 견해에 의거한 것과 중생에 의거한 것, 감각적 쾌락에 기여하는 물건들에 의거한 것, 그리고 재생에 의거한 것이다. 이 慢은 요약하면 착란된 것(bhrānta)과 착란되지 않은 것(abhrānta)이다.

그중에서 중생에 의거한 慢은 앞에서 [제시한 것처럼][12] 3종이다. 감각적 쾌락에 기여하는 물건들에 의거한 [만]은 큰 재물이나 많은 친구(mahāpakṣa), 많은 친지(mahāparivāra)들을[13] 갖고 있다는 사실에 의거한 거만함이다. 재생에 의거한 [慢]은 [다양한] 종류의 불안과 망상, 생각, 노력, 갈애를 가진 자가 '나는 재생할 것이다.' '나는 재생하지 않을 것이다' 내지 '나는 비상비비상처에서 재생할 것이다'라고 생각할 때의 오만이다.

착란되지 않은 慢은 그가 낮은 자보다 나은 자이며, 비슷한 자와 비슷하다고 거만하게 생각하는 자의 [오만]이다. 착란된 慢은 다른 6종의 慢을 포함한다.[14] 만일 그가 하열한 재물에도 불구하고 '나는 부유하다'고 생각한다면, 그것은 착란된 慢이며, 반면 가치있는 재물 때문에 '나는 부유하다'고 생각한다면 그것은 착란되지 않은 慢이라고 알아야 한다. 만일 그가 그의 미래의 재생과 관련해 전도된 인식에서 생각한다면 그것도 마찬가지로 착란된 慢이다. 반면 올바른 인식에서 '나는 [천상에서] 태어날 것이다.'라고 생각한다면 그것은 착란되지 않은 慢이다.

(9) 무명(avidyā)이란 무엇인가? 심으로 하여금 인식되어야 할 진실을 아는 것을 방해하고 장애하는 것이다. 그것은 요약하면 4종이라고 알아야 한다. 즉, 이해하지 못함에서 나온 미혹, 방일에서 나온 미혹, 염오된 미혹, 염오되지 않은 미혹이다.

(i) 보고 듣고 생각하고 인지하지 못했기 때문에 인식되어야 할 사태를 알지 못하는 것에 대해 이해하지 못함에서 나온 미혹이라고 한다.

(ii) [비록] 보고 듣고 생각하고 인지했다고 해도, 산란과 정념의 상실 때문에 [인식되어야 할 사태를] 알지 못하는 것에 대해 방일에서 나온 미혹이라고 한다.

---

12 이 개소는 「섭결택분」(Ch. 603c3f)를 가리킨다.

13 "큰 재물과 많은 친구, 많은 친지"들은 일련의 정형구로서, 예를 들어 BoBh 19,20에서 이것들은 자재함의 구족으로 설명된다.

14 7종의 慢은 「섭결택분」(Ch. 603c5)에서 나열되고 있고, 『구사론』(AKBh 284,23f)에서도 māna 'timāna, mānātimāna, asmimāna, abhimāna, ūnamāna, mithyāmāna로 열거되고 있다. 티벳역은 '다른 6종' 대신에 '5종'이라고 번역하는데, 이는 낮은 자보다 나은 자이며, 비슷한 자와 비슷하다는 것을 2종으로 간주하고 있기 때문이지만, 이는 『구사론』에 의거하면 오류일 것이다.

(iii) 마음이 잘못 행하는 사람이 알지 못하는 것에 대해 염오된 미혹이라 한다.

(iv) 마음이 잘못 행하지 않는 사람이 알지 못하는 것에 대해 염오되지 않은 미혹이라 한다.

모든 이런 [유형의] 무명을 요약하면 2종이 된다. 번뇌와 상응하는 [무명](kleśasaṃprayuktā avidyā)과 단독적인 [무명](āveṇikī avidyā)[15]이다.

무명은 모든 번뇌들과 상응한다. 왜냐하면 탐 등의 다른 번뇌들이 존재하지 않는 자에게도 항시 무명은 존재하기 때문이다. 미혹을 여읜 자에게 어떤 번뇌들도 오지 않는다. 단독으로 일어나는 무명이란 고제에 여실하지 못하게 작의하는, 지혜가 얕은 자에게 비록 탐 등의 다른 번뇌들이 분출하지 않는다고 해도 [고제 등이] 여실하게 현현하지 않기 때문에 그의 마음이 덮여지고 방해되고 은폐되고 어둡게 되는 것이다.

(10) 疑(vicikitsā)란 무엇인가? 마음의 유예(vimati)이며, 둘로 나뉜 상태이며, 비결정이다. [의심의] 구분은 요약하면 5종으로 건립된다. 즉, 他世와 [업의] 작용, 그 결과, 사제, 삼보에 대한 심의 유예이다.

1.2.1.2. 번뇌의 대상 (Ch. 622a20)

[앞에서] 설명했던 10종 번뇌들은 [한편으로는] 사물을 대상으로 하는 방식으로, 그리고 [다른 한편으로는] 다른 번뇌들을 대상으로 하는 방식으로 생겨난다.[16] 10종 번뇌 중에서 자신의 영역(地)에 속하는 것들은 서로를 인식대상으로 하며, 그것들은 또한 하지에 속한 모든 유루의 사태를 인식대상으로 한다. 하지에 속한 [번뇌]들은 상지에 속한 번뇌뿐 아니라 [상응하는] 사태를 인식대상으로 한다. 상지에 속한 [번뇌]들은 하지에 속한 번뇌 및 [상응하는] 사태를 인식대

---

15 āveṇikī avidyā는 한역에서 不共無明으로 번역된다.

16 『집론』(Ch. 676b8ff): "인식대상이란 무엇인가? 모든 번뇌는 모든 번뇌의 인식대상이라고 알아야 한다. 번뇌의 토대도 인식대상이다. 무명과 견, 의심을 제외한, 욕계에 속하는 번뇌는 상지를 인식대상으로 하지 않는다. 상지에 속하는 번뇌는 하지를 인식대상으로 하지 않는다."

상으로 하지 않는다.

얼마만큼 번뇌들이 서로를 인식대상으로 하며, 또 하지에 속한 것이 상지를 인식대상으로 하는지를 결택하는 문장은 더 이상 보이지 않는다.

1.2.1.3. 번뇌들의 불선과 무기 (Ch. 622a26)

구생(俱生)의 유신견은[17] 중립적인 것(avyākṛta)이다.[18] 왜냐하면 그것은 한편으로 빈번히 현행하고 다른 편으로 자신이나 타인에게 심한 손상을 끼칠 수 없기 때문이다. 반면 분별에서 일어난 [유신견]은 욕계에 속하는 한 불선한 것이지만, 상계에 속하는 한 샤마타에 의해 지지되고 있기 때문에,[19] 또 많은 白法들에 의해 포섭되고 있기 때문에 중립적인 것이다. [그렇지만] 그것은 염오되고 오점이 많기 때문에[20] 자성적으로 덮여진 것(nivṛta)이다. 다른 번뇌들도 이런 방식으로 이해되어야 한다.

욕계에 속하는 다른 번뇌들은 악한 행동들의 토대이기 때문에 불선한 것이라고 보아야 한다. 이것들은 세 가지 조건 하에서 불선한 것일 뿐 아니라 나쁜 존재형태로 들어가는 [조건]이기도 하다. 그렇지 않다면 [나쁜 존재형태로 들어가

---

17 티벳역에 "욕계에 속한(kāmāvacara)"이란 문장이 구생의 유신견을 수식하는 문장으로서 한역과는 달리 보충되어 있다. 분별에서 일어난 유심견의 경우 욕계에 속한 것과 상계에 속한 것이 구별되고 있기 때문에 만일 티벳역에 따르자면 '상계에 속한' 유신견에 대한 설명도 필요할 것이다. 이런 점에서 구생의 유신견을 삼계 전체에 배정하는 한역의 번역이 일관적이라 보인다. 하지만 오히려 이런 일관성 때문에 티벳역이 의거한 원본이 보다 원형에 가까운 형태일 수도 있다는 점도 고려해야 할 것이다.

18 이에 대해서는 AKBh 260,21ff 참조. 여기서 "구생의 유신견은 무기이지만, 분별에서 일어난 유신견은 불선"이라고 하는 선궤범사들의 이론이 인용되어 있는데, 그것은 분별에서 일어난 유신견의 경우도 욕계의 것과 상계의 것을 구별하는 「섭결택분」의 설명과 차이가 있다.

19 AKBh 290,11f.: "색계와 무색계에 속하는 [번뇌]들은 모두 무기이다. 그 이유는? 염오된 법들에 고통의 이숙이 있을 것이기 때문이다. 또 두 [영역]에 그것은 없다. 왜냐하면 타인을 손상시키는 원인이 없기 때문이다." 『아비담심론』(T1550.28: 846b1f)은 그 번뇌들이 중립적인 이유를 삼매에 의해 억압되어 있기 때문이라고 비슷한 방식으로 설명한다.

20 한역 由染污故 體是隱沒. 여기서 염오는 티벳역(nyon mongs pa can dang skyon chags pa nyid)에 따르면 한 단어가 아니라 kliṣṭatvād duṣṭatvāt라는 두 개의 이유를 보여준다.

기 위한] 필요성이 없다.

세 가지 조건이란 무엇인가? 첫 번째 조건은 '이것이 덕이다'라는 생각으로 공경하면서 항시 수행하고 집중해서 수행하면서, 그것에 대해 어떤 잘못과 단점들을 보지 않는 것이다. 두 번째 조건은 이 번뇌들에 의거하고 그것들을 토대로 삼은 후에 신구의를 통해 나쁜 행동들을 범하고 축적하는 것이다. 세 번째 조건은 저 [번뇌]들을 통해 선법을 향하는 타인들의 목표를 저지하고 타인들로 하여금 불선한 [법]들을 취하게 하는 것이다. 여기서 나쁜 존재형태로 이끄는 [그의] 업이 전생에서 수행되었고, 또 [그 과보가] 다른 존재에서 감수되어질 수 있는 것(aparaparyāyavedanīya)[21]은 제외한다.

1.2.1.4. 번뇌와 6식의 상응 관계 (Ch. 622b10)

10종 번뇌 중에서 일곱 번뇌들은 오로지 意地에 속하며, 탐과 진, 무명은 5식의 그룹과 상응하는 지에 속한다.

1.2.1.5. 번뇌와 낙근 등의 상응

욕계에서는 4종의 견과 慢은 喜根(saumanasya)과 捨根(upekṣā)과 상응한다. 탐은 낙근(sukha)과 희근, 사근과 상응한다. 瞋은 苦根(duḥkha) 및 憂根(daurmanasya)과 상응한다. 사견은 희근 및 우근과 [상응하고], 의심은 오로지 우근과 [상응하며],[22] 무명은 모든 다섯 [근]들과 상응한다. 이런 상응의 방식은 거친 [규정

---

21 YBh 192,9-10에서 세 종류의 감수를 일으킬 수 있는 업이 구별되었다. (i) "현세에서 감수를 일으킬 수 있는 업(dṛṣṭadharmavedanīyaṃ karma)이란 현세에서 결과를 가진 업이다. (ii) 재생한 후에 감수를 일으킬 수 있는 업(upapadyavedanīyaṃ karma)은 직후의 생을 결과로 갖는 업이다. (iii) 다른 존재에서 감수를 일으킬 수 있는 업(aparaparyāyavedanīyaṃ karma)은 그 [직후의] 생 이후의 생을 결과로 갖는 업이다." (iii)의 업에 대해서는 「섭사분」(Ch. 808b1ff)에서 "그 과보가 현생이나 직후에 내생이 아니라 그 이후에 감수되는 것"이라고 분명히 설명되고 있다.

22 한역에 따르면 의심은 憂根 외에 捨根과도 상응한다. 『집론』(678b21)에서도 "의심은 욕계에서 우근과 사근과 상응한다."라는 같은 설명이 보인다. 반면에 아래에서 지시하는 "상세한 설명"의 개소에서도 의심은 단지 우근이나 희근과 상응한다고 설명되어 있다.

이고] 상세히는 아래에서[23] 설명될 것이다.

상지에서는 각각의 지에 속하는 번뇌들은 [각각 대응하는 지에] 나타나는 감수들과 상응한다.

1.2.1.6. 사태에 의거하는 번뇌들과 그렇지 않은 번뇌들 (Ch. 622b15)

10종 번뇌들 중에서 견도소단의 [번뇌]들은 '토대가 없는 것(avastuka)'이라고 설해진다. 왜냐하면 그 [번뇌]들에 의해 인식대상으로 된 사태는 실제 존재하지 않기 때문이다. 다른 [번뇌]들은 토대를 가진 것이거나 또는 토대를 여읜 것이다. 왜냐하면 그 [다른 번뇌]들에 있어서는 그것의 반대가 타당하기 때문이다.

탐과 慢은 원하는 대상으로서 특정한 측면의 사태를 대상으로 취하면서 일어난다. 진에는 원하지 않는 대상으로서 특정한 측면의 사태를 인식대상으로 취하면서 생겨난다. 따라서 이 세 번뇌들은 [특정한] 측면에서 생겨나고 [특정한] 측면을 취하는 것이라고 설해진다. 유루의 사태가 내적으로나 외적으로 원하는 것이든 원하지 않는 것이든 아니면 양자이든 간에, 다른 번뇌들은 그 토대를 인식대상으로 취하면서 생겨난다. 따라서 그것들은 변재하는 것(sarvatraga)[24]으로, 또 전체적인 토대를 취하는 것이라고 설해진다.

이것이 번뇌들이다.[25]

---

23 「섭결택분」(627c17-628a29)을 가리킨다.

24 티벳역 thams cad du 'gro ba 및 한역 遍行은 Skt. sarvatraga에 대응한다. 이 용어는 심소법의 분류에서 변행심소와 동일한 단어이지만 그 의미는 전혀 다르다. 변행은 『아비담심론경』(T1551.28: 845a26-b5)에서 다음과 같이 설명된다. "욕계에서 견고소단과 견집소단의 11종의 번뇌들, 즉 의심, [5]견, 상응무명과 불공무명은 각각의 계 중에서 自界에 속한 地에서 변행한다. … 변행이란 무엇인가? [대응하는] 번뇌가 모든 유루의 사태를 인식대상으로 하기 때문에 변행이다. 또한 모든 이들 번뇌들이 모든 중생들에게 또 모든 유루의 사태들과 관련해 본래적으로 일어나기 때문에 변행이라 한다. 범부들이 본래적으로 자아나 자아에 속한 것으로서 집착하지 않았던 어떤 법도 없다."

25 이 문장은 한역에는 없다.

1.2.2. 수번뇌(upakleśa)

1.2.2.1. 수번뇌의 정의 (Ch. 622b21)

번뇌들을 촉진하고 번뇌들과 동시에 생기며 번뇌에 속한 것이 수번뇌라고 불린다.

1.2.2.2. 수번뇌의 분류

수번뇌란 무엇인가? 수번뇌의 특별함은 요약하면 4종으로 규정될 수 있다. (i) 모든 불선한 심에 변재하면서 일어나는 것으로서, (ii) 모든 염오된 심에서 일어나는 것으로서, (iii) 개개의 불선한 심에서 일어나는 것으로서, 그리고 (iv) 선하고 불선하고 중립적인 심에서 생겨나지만, 결코 모든 곳에서 또 모든 때에 [생겨나는 것은] 아닌 것으로서이다.

(i) 無慚(āhrīkya)[26]과 無愧(anapatrāpya)는 모든 불선한 심에서 두루 일어나는 수번뇌라고 불린다.

(ii)放逸(pramāda)·掉擧(auddhatya)·惛沈(styāna)·不信(āśraddhya)·懈怠(kausīdya)·邪欲(mithyācchanda)·邪勝解(mithyādhimokṣa)·邪念(mithyāsmṛti)[27]·散亂(adhikṣepa)·不正知(asamprajanya)[28]라는 10종 수번뇌들은 모든 염오된 심에서, 즉 삼계에 속한 심적 상태들에서 일어나는 것으로 이해되어야 한다.

(iii) 忿(krodha)·恨(upanāha)·覆(mrakṣa)·惱(pradāśa)·嫉(īrṣyā)·慳(mātsarya)·

---

26 AS(G) 17,27ff에서 무참은 자신에 대한 부끄러움이 없음이고, 무괴는 타인에 대한 부끄러움이 없는 것으로 정의된다.

27 한역 邪念 및 티벳역 log par dran pa는 Skttt. mithyāsmṛti의 직역일 것이다. 반면 이 텍스트가 전제하는 意地의 개소는 muṣitasmṛtitā(失念)로 읽고 있다.

28 이 항목에서 수번뇌의 나열순서는 「본지분」에서 심소법을 나열하는 순서와 명칭에서 차이를 보여준다. 「본지분」의 나열순서는 惛沈(styāna)·掉擧(auddhatya)·不信(āśraddhya)·懈怠(kausīdya)·放逸(pramāda)·忘念(muṣitasmṛtitā) 등이며, 邪欲(*mithyāchanda) + 邪勝解(*mithyādhimokṣa) 양자는 없다. 반면 여기서는 방일이 가장 먼저 언급되고 순서도 뒤섞여 있다. 앞의 「섭결택분」(Ch. 604a26f.)에서 염오된 심에서 생겨나는 법들은 不信, 懈怠, 放逸, 忘念, 散亂, 惡慧의 6종으로 언급되고 있다.

誑(māyā)·諂(śāṭhya)·憍(mada)·害(vihiṃsā)라는 10종 수번뇌들은 각각의 불선한 심에서 일어나는 것이라고 불린다. [즉,] 그곳에서 어느 하나가 일어나면, 두 번째 것은 일어나지 않는다. 이들 [수번뇌] 중에서 誑과 諂, 憍를 제외한 모든 것은 욕계에 속한다고 알아야 한다. 誑과 諂은 초정려에 이르기까지 존재하며, 憍는 [모든] 삼계에 속한다. 이 세 가지 수번뇌는 상계에 속하는 한, 중립적인 것이다.

(iv) 尋(vitarka)·伺(vicāra)·惡作(kaukṛtya)·睡眠(middha)의 네 수번뇌들은 선하거나 불선하거나 중립적인 심에서 일어나지만,[29] 모든 곳에서 또 모든 때에 [일어나지는] 않는다. 빈번하고 지속적으로 심구하고 고찰하는 자의 몸은 피곤해지며 주의력은 잃어지며, 심은 손상된다. 따라서 尋과 伺는 수번뇌라고 불린다. 양자는 초정려에 이르기까지 존재한다. 惡作과 睡眠은 욕계에 속한다.

정려의 단계에 속하는 수번뇌들은 尋(vitarka)·伺(vicāra)·誑(māyā)·諂(śāṭhya)·放逸(pramāda)·掉擧(auddhatya)·憍(mada)·惛沈(styāna)·懈怠(kausīdya)이다. 그들 중에서 앞의 넷은 초정려의 단계에 속하며, 다른 것들은 모든 단계에 속한다고 알아야 한다.

세존에 의해 「잡사분」(Kṣudravastuka)[30] 중에서 상세히 설해졌고 「섭사분」[31]에서 분석된 우수와 비탄, 고통, 심적 우울, 번민(śokaparidevaduḥkha-daurmanasyopāyāsa) 등의 모든 수번뇌들은 적절하게 4종의 수번뇌의 분류에 포함된다고 알아야 한다.

---

29 이들 네 가지 법은 『구사론』에서 염오심소와 별도로 不定心所(aniyata-dharma)라는 독립된 범주에 배정되었다. 이에 대해 YBh 57,8ff의 심소법의 분류의 설명에 대한 주석 참조.

30 Kṣudravastuka는 유부의 『법온족론』에서 Kṣudravastu로 전승된 문헌 및 다른 학파에서의 유사한 개소들을 가리킨다. 이에 대해서는 Schmithausen 1986: §11-12 참조.

31 「섭사분」(Ch. 802b17-803b2, D 193b3-195a6)의 수번뇌의 리스트에서 12처에 따른 명시적인 분류는 보이지 않지만, 수번뇌의 나열순서는 이하에서 제시한 12개의 경우(sthāna)와 거의 일치하고 있다.

1.2.2.3. 욕계에서 수번뇌가 일어나는 12가지 경우 (Ch. 622c15)

수번뇌들은 욕계에서 요약하면 12개의 경우에 의거해서 일어난다. 12개의 경우란 무엇인가?

(i) 악행에 대한 집착, (ii) 싸움과 분쟁, 다툼과 언쟁, (iii) 계의 훼손(śīlavipatti), (iv) 진실하지 않은 사람의 가르침을 받고 지님, (v) 삿된 생계, (vi) 감각적 쾌락에 대한 탐닉, (vii) 청문한 대로의 교설의 의미에 대한 숙고, (viii) 숙고한 의미에 대해 심을 집중하기 위해 내적으로 샤마타에 대한 노력, (ix) 물질적 재물(āmiṣabhoga)에 대해 서로서로 알려줌, (x) 법의 재물(dharmabhoga)에 대해 서로 알려줌,[32] (xi) 섞여서 주하지 않고, 외진 장소에서의 와구에 주함,[33] (xii) 遠離(praviveka)의 생활을 통해[34] 불편함에 직면함이다.

이들 12개의 경우에 의거해서 앞에서 설했던 탐착(lobha)에서부터 번민(upāyāsa)에 이르기까지의 수번뇌들이 일어난다고 건립해야 한다.[35]

---

32 형식상 티벳역은 (ix)과 (x)을 별도의 경우로 취급하고 있지만, 한역은 양자를 하나의 경우로 묶어 번역하고 있다. (이에 따라 (xi)을 두 경우로 구분해서 번역하고 있다.) 의미상으로도 티벳역은 gcig la gcig zang zing gi longs spyod stobs da dang / gcig la gcig chos kyi longs spyod stobs da dang으로 "물질적 재물(āmiṣabhoga)의 향수를 공지함과 서로 법의 향수를 공지함"이다. 반면 한역은 展轉受用財法處으로 "재물과 법의 향수가 일어남"을 뜻한다. (두 가지 종류의 향수에 대해서는 AN I 92,11f. 참조)

33 "섞여서 주하지 않고 외진 곳에서 침구에 주함"은 언뜻 출가 승려에게 권장되는 덕목처럼 들린다. 실제 YBh 192,20에서는 saṃsṛṣṭavihāritā("함께 섞여 머무는 상태")를 vinibandha의 특징으로 규정하기 때문이다. 이는 출가자와 재가자들의 섞여 주함이든지 아니면 출가자들만의 섞여 주함이든지 간에, 무소의 뿔처럼 혼자서 명상하고 사색하는 즐거움을 권장하는 맥락일 것이며, 이런 점에서 초기 대승에 있어서 아란야카의 생활방식이 찬탄되고 있음을 볼 수 있다. 하지만 여기서 섞이지 않고, 즉 승원에서 생활하지 않고, 외진 곳에서 생활이 수번뇌의 하나로 언급된 맥락은 위의 맥락과는 달리 이런 외로움이나 결핍이 특히 초보수행자에게 번뇌를 일으키는 토대가 됨을 말하는 것이다.

34 한역에서는 "遠離의 생활을 통해"를 앞의 문장과 결부시키고 있지만, 티벳역에 따라 12번째 경우와 관련시키는 것이 나을 것이다. 여기서 遠離는 praviveka/prāvivekya로서 세속적 욕망에서 벗어난 상태로서, 불편하고 외진 아란야에서의 생활을 함축할 것이다.

35 이하에서 12개의 경우에 배정하는 수번뇌의 리스트는 직접적으로 「섭사분」의 수번뇌의 리스트와 관련되어 있지만, 그 리스트도 어떤 경전에 근거하고 있을 것이다. 이에 의거해 『법온족론』과 『대비바사론』, 『사리불아비담론』 및 Ratnāvalī의 리스트들이 제작되었을 것이다. 아래 나열된 수번뇌의 순서는 위에서 말했듯이 「섭사분」의 리스트에 따른 것으로 보이지만, 거기에는 단지 수번뇌의 나열과 정의만이 나타나고, 12처의 분류는 나타나지 않는다. 해당 수번뇌의 산스크리트

탐착과 진에, 우치는 첫 번째 경우에 [의거해서 일어나며], 忿(krodha)에서 諂(śāṭhya)까지는 두 번째 경우에,[36] 無慚(āhrīkya)과 無愧(anapatrāpya)는 세 번째 경우에, 慢(māna)에서 폭력(saṃrambha)까지는 네 번째 경우에,[37] 사기(kuhanā)부터 나쁜 친구와의 교제(pāpamitratā)까지는 다섯 번째 경우에,[38] 不忍(akṣānti)과 탐닉(gardha)부터 불평등한 탐착(viṣamalobha)까지는 여섯 번째 경우에,[39] 유신견, 有見,[40] 非有見[41]은 일곱 번째 경우에,[42] 성적 탐욕에 대한 욕구(kāmacchanda)부터 부작의(amanaskāra)까지는 여덟 번째 경우에,[43] 뻣뻣함(śṛṅgī)[44]과 트집(*tittirīkā/tintirīkā)은 아홉 번째 경우에, 곧지 않음, 유연하지 않음, 적절한 [행동방식]을 따르지 않음은 열 번째 경우에,[45] 성적 욕망에 대한 생각에서부터 가족의 안녕과 관련된 생각까지는 열한 번째 경우에,[46] 그리고 우수(śoka) 등은 12번

어는 Schmithausen 1986: 221ff에 의거했다. 위의 리스트와 다른 개소의 리스트와의 차이에 대해서는 Schmithausen 1986 및 Ahn 2003: 251ff 참조.

36 (ii) 항목에 포함되는 수번뇌를 「섭사분」에 의거해 나열하면 8종이다: krodha, upanāha, mrakśa, paridāśa/paridāha, īrṣyā, mātsarya, māyā, śāṭhya

37 (iv) 항목에 포함되는 수번뇌는 11종이다: 7종의 慢과 mada, pramāda, staṃbha, saṃrambha.

38 (v) 항목에 포함되는 수번뇌는 11종이다: kuhanā, lapanā, nainimittikatā, naiṣpeṣikatā, lābhena lābhasya niścikīrṣaṇatā, anādaratā, daurvacasya, pāpamitratā, pāpecchatā, mahecchatā, icchavitā.

39 (vi) 항목에 포함되는 수번뇌는 7종이다: akṣānti, gardha, parigardha, rāgam adharmarāga, abhiniveśa(?), viṣamalobha.

40 有見(bhavadṛṣṭi)은 有, 즉 미래의 재생이 수행을 통해 끝나지 않는다는 견해이다. 「섭사분」(P 223b1f)은 이를 "유신견에 의거한 후에 제행들은 항구적이라는 견해"로 설명한다.

41 非有見(vibhava-dṛṣṭi)은 죽음과 더불어 존재가 소멸한다는 견해로서, 「섭사분」에 따르면 단견과 비슷한 것이다.

42 (vii) 항목에 포함되는 수번뇌는 3종이다: 유신견(satkāyadṛṣṭi), 有見(bhavadṛṣṭi), 非有見(vibhavadṛṣṭi).

43 (viii) 항목에 포함되는 수번뇌는 12종이며, mi rigs par 'jug pa를 제외할 경우 11종이다: 5종의 nivaraṇa, tandrī, arati, vijṛmbhikā, bhakte 'samatā, amanasikāra, (mi rigs par 'jug pa, 不應理轉), cetasi līnatva.

44 śṛṅgī는 『법온족론』(T1537.26: 497b22-c7)에서 "사람들이 기대하는 것과 반대로 행하는 것"이라고 풀이된다. 반면 「섭사분」(803c13f.)에서 "타인을 해치고자 하는 것"을 뜻하며, tittirīkā는 "모든 것에 대해 트집을 잡는 것"으로 풀이된다. 한역은 두 단어를 顧悅纏綿로 풀이하는데, 그 의미는 불확실하다.

45 (x) 항목에 포함되는 수번뇌는 언급된 3종으로서, anārjavatā, amārdavatā, asabhāgānuvartanatā.

46 (xi) 항목에 포함되는 수번뇌는 8종이다: kāmavitarka, vyāpādavitarka, vihiṃsāvitarka, jñātivitarka,

째 경우에[47] 의거해서 일어난다.

1.2.2.4. 번뇌의 상응 관계 (Ch. 623a3)

5견은 혜(prajñā)[48]를 자성으로 한다는 사실 때문에 서로 상응하지 않는다. 왜냐하면 [특정한] 자성을 가진 법이 [비슷한] 자성을 가진 [다른] 법과 상응한다는 것은 불가능하기 때문이다. 또한 탐과 진에, 慢, 의심은 서로서로 배제하기 때문에 그것들은 서로 상응하지 않는다. 왜냐하면 어떤 것을 원하는 심은 스스로 낮추지만, 慢을 지닌 심은 오만하기 때문이다. 따라서 탐과 만은 서로 배제한다고 알아야 한다.

1.2.2.5. 수번뇌와 번뇌의 관계 (Ch. 523a7)

이런 방식으로 설명된 수번뇌들은 전적으로 번뇌에 속한다고 알아야 한다. 그것들 중에서 먼저 방일은 모든 번뇌에 속하는 것으로 알아야 한다. 왜냐하면 누가 어떤 것을 원할 때에서부터 의심을 품을 때까지 방일이 있기 때문이다. 탐착(貪著, lobha),[49] 인색(mātsarya, 慳), 교만(mada, 憍), 도거(掉擧, auddhatya)는 탐에 속하고(rāgapakṣya) 탐에서 파생된 것(rāganiṣyanda)[50]이다. 분노(krodha, 忿), 원한(upanāha, 恨), 惱(pradāśa), 질투(īrṣyā, 嫉), 손상(vihiṃsā, 害)은 진에에 속하고 진에

---

janapadavitarka, amaravitarka, avamanyanāpratisaṃyulto vitarkaḥ, kulodayapratisaṃyukto vitarkaḥ.

47 (xii) 항목에 포함되는 수번뇌는 5종이다: śoka, parideva, duḥkha, daurmanasya, upāyāsa.

48 여기서 '慧(prajñā)'는 지혜가 아니라 '판단'하는 심적 작용을 의미하며, 이것이 심소법의 맥락에서 별경심소로서의 혜의 의미이다.

49 貪著('chags pa)은 lobha로서 rāga 대신에 3독의 하나로 언급되기도 하는 주요한 번뇌이지만, 야기서는 "탐에 속하고 탐에서 파생된 것"으로 설명되기 때문에 rāga와 동등한 역할을 하진 것은 아니며, rāga의 어느 한 측면을 나타내기 위한 것으로 보인다. 하지만 lobha는 위에서 언급된 26종의 수번뇌 중에서 나열되지 않았다. 반면 위에서 언급된 雜事(kṣudravastuka)의 리스트 속에서 41번째 항목으로 언급되고 있다. 여기서 lobha는 사랑과 관련된 질투의 측면을 나타내고 그런 점에서 嫉(īrṣyā)의 특정한 측면을 나타내기 위해 사용되었을 것이다.

50 niṣyanda는 한역에서 等流로 번역되는 단어로 '~에서 흘러나온 것'을 의미한다. 등류가 비록 전문술어이긴 하지만 지금 어떤 적절한 의미도 주지 못하기 때문에 '파생된 것'으로 번역했다.

에서 파생된 것이다. 誑(māyā)과 諂(śāṭhya)은 邪見에 속하고 사견에서 파생된 것이다. 無慚(āhrīkya)은 諂에 속하고 오직 諂에서 파생된 것이다. 尋과 伺를 제외한 다른 수번뇌들은 癡에 속하고 癡에서 파생된 것이다. 尋(vitarka)과 伺(vicāra)는 見들처럼 慧와 思(cetanā)를 본질로 하는 것으로 보아야 한다. 慧가 意言(manojalpa)에 의거하는 한, 그것이 대상에 대해 산동하는 방식으로 일어날 때, 그것은 비록 그의 자성에 따라 저[혜=판단]이지만, 尋과 伺라고 불린다. 그때 특정한 대상에 대해 산란하게 움직이고, 의언에 의지하는 거친 혜를 尋이라고 부르며, 바로 동일한 [대상]에 대해 산란하지 않게 움직이고, [의언에 의지하는][51] 미세한 혜를 伺라고 부른다.

이것은 번뇌잡염을 자성의 차이에 따라 건립한 것이다.

1.3. 잡염과 청정과 관련해 번뇌잡염의 차이의 건립

1.3.1. 잡염의 두 원인 (Ch. 623a20)

잡염과 청정과 관련해 번뇌잡염의 차이의 건립이란 무엇인가? [앞에서] 설했던 번뇌와 수번뇌들은 요약하면 두 가지 이유에서 중생을 염오시킨다. 즉, 분출(paryavasthāna)과 잠재적 경향성(眠隨, anuśaya)에 의해서이다.[52]

번뇌들의 현행(samudācāra)과 현전화된 것(saṃmukhībhāva)이 분출이라 불린다. 제거되지 않았고 근절되지 않은 바로 이 [번뇌]들의 종자가 잠재적 경향성이며 또 추중이라고도 불린다. 왜냐하면 각성되지 않은 한에서 [번뇌들은] 잠재적 경향성의 형태를 가지며, 또 각성된 상태에서 그것들은 분출의 형태를 갖기 때문이다.[53]

---

51 티벳역에는 없지만 한역에 따라 보충해서 번역했다.

52 이 구별은 YBh 164,14ff에서 번뇌의 수면과 번뇌의 분출의 2종 구분에 따른 설명이다.

53 이 설명은 용어나 방식에서 다음과 같은 『구사론』(AKBh 278,19ff)의 구별과 매우 유사하다. “수면은 [심과] 상응하지도 않고 상응하지 않는 것도 아니다. 왜냐하면 그것은 [그것과] 구별되는 실체가 아니기 때문이다. 잠들어 있는(prasupta) 번뇌는 수면이며, 각성된 것(prabuddha)은 분출이라 불

욕계에서 태어나고 생겨난, 모든 결박들을 가진 범부들은 삼계에 속한 번뇌들의 잠재적 경향성을 갖추고 있다(samanvāgata).[54] 색계에서 태어나고 생겨난 범부들은 욕계에 속한 번뇌들의 잠재적 경향성을 갖추고 있는데, 그것들은 샤마타의 힘에 의해 억압됨을 통해 손상된다.[55] 반면에 그들은 색계에 속하고 무색계에 속한 번뇌들의 [잠재적 경향성]들을 갖추고 있는데, 그것들은 결코 [샤마타의 힘에 의해] 억압됨을 통해 손상되지 않는다. 무색계에 태어나고 생겨난

리기 때문이다. 그런데 그 [번뇌의] 잠들음이란 무엇인가? 현실화되지 않는 번뇌가 종자로서 존속함이다. 각성된 것이란 무엇인가? 현전화된 것(saṃmukhībhāva)이다."

54 samanvāgata 또는 그 명사형인 samanvāgama는 成就로 한역되며, 티벳역 (dang) ldan pa가 보여주듯이 "수반한, 갖춘"의 의미로 사용된다. 이 단어는 prāpta 또는 그 명사형인 prāpti(得)와 교환 가능한 개념이다. 「섭결택분」에서 samanvāgama는 종자의 수반, 자재의 수반, 현행의 수반의 3종으로 구분되며, 이 구분은 『집론』(AS 35,2ff)에도 이어진다. "갖춤이란 무엇인가? 구별의 측면에서 3종이다. 즉, 종자의 갖춤, 자재의 갖춤, 현행의 갖춤이다. 종자의 갖춤이란 무엇인가? 욕계에서 태어나고 생겨난 자들이 욕계와 결부되고 또 색계와 무색계와 결부된 번뇌와 수번뇌들의 종자를 갖춤에 의해 또 재생에서 획득된 선법들의 종자를 갖춤에 의해 갖춘 것이다. 색계에서 태어나고 생겨난 자들이 욕계와 결부된 번뇌와 수번뇌들의 종자를 갖춤에 의해 갖춘 것이며, 또 갖추지 않은 것이라고 말해야 하며, 또 욕계와 결부되고 색계와 결부된 번뇌와 수번뇌들의 종자를 갖춤에 의해 또 재생에서 획득된 선법들의 종자를 갖춤에 의해 갖춘 것이다. 무색계에서 태어나고 생겨난 자들이 욕계와 결부되고 색계와 결부된 번뇌와 수번뇌들의 종자를 갖춤에 의해 갖춘 것이며, 또 갖추지 않은 것이라고 말해야 하며, 또 무색계와 결부된 번뇌와 수번뇌들의 종자를 갖춤에 의해 또 재생에서 획득된 선법들의 종자를 갖춤에 의해 갖춘 것이다."

55 여기서 '손상'(nyams pa, Skt. *upaghāta)은 두 가지 제거방식을 포함하고 있다. 하나는 번뇌의 종자들의 완전한 근절이며, 다른 하나는 억압(viṣkambhaṇa)이다. 전자가 보통 출세간도에 의한 번뇌의 완전한 소멸을 가리킨다면, 후자는 세간도에 의한 번뇌의 일시적인 억압을 나타낸다. 「섭결택분」(Ch, 664c10f., D 213a5f.)은 nyams pa를 "루와 유루는 세간도와 출세간도에 의해 이욕한 자들에 의해 제거된 것이 손상(nyams pa)이다."라고 정의한다. 여기서는 "샤마타의 힘에 의해 억압됨을 통해 손상된다."고 말하기 때문에 세간도에 따른 일시적인 종자의 손상이란 의미를 나타낼 것이다. 다른 개소에서 「섭결택분」(Ch. 583c17ff)은 종자의 "손상"을 (i) 遠離損伏(*parihāṇi-upaghāta) (ii) 厭患損伏(vidūṣaṇa-upaghāta) (iii) 奢摩他損伏(śamatha-upaghāta)의 세 종류로 구분한다. (i)은 어느 사람이 출가한 후 욕망의 대상들에 대한 향수를 멀리하기 때문에 그것으로 인한 번뇌가 생겨나지 않는 것을 말하며, (ii)는 어떤 자가 단점이라는 관념과 부정이라는 관념, 푸르게 변한 [시체]의 관념 등을 여리작의함에 의해 욕망의 대상들을 싫어하기 때문에 거기에 마음이 들어가지 않는 것으로서 설명되며, (iii)은 세간도에 의해 욕계나 색계의 욕망을 끊으며, 샤마타의 힘에 의해 지지되는 심의 흐름 때문에 욕계나 색계에 다시 들어가지 않는 것이다. 텍스트는 이들 셋에 더해 성제자가 출세간도에 의해 삼계의 욕망으로부터 벗어나는 네 번째 종류를 '조반의 완전한 손상이라는 의미에서의 손상'(永害助伴損伏, *sahāyasamudghāta-upaghāta)이라고 부른다. 여기서 조반이란 YBh 11,14ff에서 보여주듯이 심소법을 가리킨다.

범부들은 욕계와 색계에 속한 번뇌들의 잠재적 경향성을 갖추고 있는데, [그렇지만 그것들은] 샤마타의 힘에 의해 억압됨을 통해 손상되는 반면에, [그들은] 무색계에 속한 번뇌들의 잠재적 경향성을 갖추고 있는데, [그것들은] 결코 [샤마타에 의해서는] 손상되지 않는다.

계들과 관련해서처럼 [각각의] 地와 관련해서도 마찬가지다. 탐에서 벗어나지 못한 [범부]들은 自地에 속한 분출을 갖추고 있다. [만일 그들이 그것으로부터] 벗어났다면, 그들은 그것을 더 이상 갖추고 있지 않다. 하지에 주하는 [범부들은] 상지에 속하는 분출을 갖추고 있는 반면에 상지에 주하는 자들은 결코 하지에 속하는 분출들을 갖추고 있지 않다고 설해야 한다.

1.3.2. 네 가지 문답 (Ch. 623b6)

(1) 문: 모든 결박을 지닌 사람은 이전에 일어났었던 번뇌의 분출을 억압했지만 그것을 끊지 못했다. 이 번뇌는 과거나 미래, 또는 현재의 어떤 사태에 묶여있는가?

[답:] 그것은 과거의 사태에 묶여있지 않다. 왜냐하면 [과거의 사태에] 묶임은 이미 지나갔기 때문이다. 그것은 대응하는 형태의 번뇌의 잠재적 경향성을 갖고 현재의 [사태]에 묶여있다. 만일 번뇌가 현실적으로 일어난다면 그것은 분출과 묶여있다. 그것은 잠재적 경향성의 형태로나 분출의 형태로 미래의 사태에 묶여있을 것이지만, [현재의 사태에] 묶여있는 것은 아니다. 대응하는 형태의 저 [번뇌]와의 묶임처럼 그것과 다른 번뇌들과의 [묶임]도 마찬가지다. 모든 결박을 지닌 자(sakalabandhana)에 있어서처럼, 부분적으로 결박된 자(vikalabandhana)[56]에 있어서도 마찬가지다. 이때에 다음과 같은 차이가 있다. 후자는 단지 남아있는 번뇌들과 묶여 있다고 알아야 한다.

---

56 ŚrBh 438,8-10에서 모든 결박을 지닌 자(sakalabandhana)는 범부에게, 반면 부분적으로 결박된 자(vikalabandhana)는 有學(śaikṣa)으로서 설명되고 있다.

(2) 요가행자는 번뇌들의 분출을 억압하는데, 그는 어떤 방식으로 억압하는가?

[답:] 번뇌들의 분출을 억압하기 위해 3종의 대치가 있다. 이 [대치]를 수행한다면, 번뇌들의 분출을 억압할 수 있다. (i) 번뇌의 자성과 단점들의 변지이며, (ii) 저 [번뇌]를 대치하는 [명상대상으로 선정된] 대상의 관념상에 대한 작의이며, (iii) 심의 흐름에서 선법을 적집하는 것이다. 반면 [번뇌들의 잠재적 경향성의] 완전한 제거를 위한 대치는 정견을 선행요소로 하는[57] [팔정]도라고 알아야 한다.

(3) 요가행자가 번뇌들을 제거할 때 그는 [번뇌를] 분출의 형태로 제거하는가 아니면 잠재적 경향성의 형태로 제거하는가? 그가 어떤 것으로서 그것을 제거할 때 번뇌들이 제거되었다고 말할 수 있는가?

[답:] 그는 잠재적 경향성의 형태로서 [번뇌들을] 제거한다. 왜냐하면 분출은 이미 처음에 제거되었기 때문이다. 잠재적 경향성으로서 [번뇌들을] 제거했을 때 그것들은 실제로 제거되었다고 말할 수 있기 때문이다. 그 이유는? 분출로서의 번뇌들이 제거되었지만 잠재적 경향성으로서 제거되지 않았다면, [번뇌들의] 분출은 항시 일어나기 때문이다. 그러나 잠재적 경향성으로서 [번뇌]들을 제거했을 때 [그것들은] 두 가지 [형태]로, 즉 잠재적 경향성과 분출로, 더 이상 생겨나지 않는다.

(4) 요가행자는 과거나 미래 또는 현재의 [잠재적 경향성들을] 제거하는가?

[답:] 그는과거의 [잠재적 경향성들을] 끊지도 않고 [미래나 현재의 것들도] 끊지 않는다.

그렇지만 그는 과거의 것뿐 아니라 미래와 현재의 것들도 끊는다.[58]

---

57 여기서 한역 正見前行之道에서 正見前行은 道를 수식하는 관용적인 형용구로 이해해야 한다. 이는 티벳역 yang dag pa'i lta ba mngon du btang ba'i lam에서도 분명하다. Skt.는 "saṃyagdṛṣṭipūrvāṅgamo mārgaḥ로서 pūrvāṅgamo는 "x를 선행요소로 하는, x에 의존하는" 등으로 번역하면 좋을 것이다.

58 이 두 개의 대답은 형태상 서로 모순된 것처럼 보이지만, 제거되고 제거되지 않는 것이 무엇인지를 구분한다면 서로 모순되는 것이 아니라 보완하는 것으로서 이해될 수 있다. 이런 이해는 뒤따

먼저 잠재적 경향성을 지닌 과거의 [심의 찰나]는 이미 끊어졌다. 왜냐하면 그것은 저절로 이미 소멸했기 때문이다. 따라서 [과거의 심의 찰나]에 있어서 끊어져야 할 어떤 것도 없다. 미래의 [잠재적 경향성을 지닌 심의 찰나]는 아직 일어나지 않았고, 자체가 없는 것(*aśarīra)이다. 따라서 끊어져야 할 것이 없다. 현재의 잠재적 경향성을 지닌 [심의 찰나]는 [하나의] 찰나를 넘어 존재하지 않으며, 잠재적 경향성을 지니고 있고, 또 그것으로부터 벗어난 두 개의 심[의 찰나]가 동시에 생겨나는 것은[59] 불가능하다. 따라서 현재의 [잠재적 경향성을 지닌 심의 찰나]는 끊어지지 않았다. 그렇지만 타인의 말과 또 스스로의 여리작의로부터 번뇌들을 대치(pratipakṣa)하는, 정견과 상응하는 심이 생겨나며, 그때 [대치]의 반대항(vipakṣa)인 번뇌들을 지닌 심이 사라진다. 이런 방식으로 [대치]가 일어날 때가 바로 저 [반대항]이 사라지는 때이다. 따라서 이들 [두 요소의] 생겨남과 사라짐은 동시라고[60] 알아야 한다.

번뇌들의 대치인 정견과 상응하는 심[의 찰나]는 현재에서 잠재적 경향성으

르는 설명에서 각각의 경우를 구별하고 있기 때문이다. 따라서 첫 번째 대답에서 끊어지지 않는 과거와 미래, 현재의 잠재적 경향성들은 심적 상태를 수반하는 한에서 끊어지지 않는 것이며, 반면 두 번째 대답에서 끊어지는 것은 잠재적 경향성 자체를 가리킨다. 모든 번뇌들의 대치로서 기능하는 출세간적인 심적 상태는 삼세에서 잠재적 경향성으로부터 벗어나 있으며, 이는 전의 이후에 생겨나는 세간적인 선하고 중립적인 심적 상태에 있어서도 마찬가지다.

59 유부와 경량부의 정설에 따르면 동시에 두 개의 심이 생겨나지 않는다. 단지 자성청정심의 교설에 의거한 대중부만이 동시적인 두 심의 심의 생기를 인정했다. 이에 대한 전거는 Schmithausen 1987: 45f 및 fn. 302-303, 314 참조. 초기불교의 자성청정심의 교설에 대해서는 Bhikkhu Anālayo 2017 참조.

60 티벳역은 mgo mnyams du, 한역은 平等平等으로 반역하고 있다. 「섭결택분」(D 15a3f; Ch. 701c9ff)에서 mgo mnyams du는 dus gcig tu("동시에")로 풀이되기 때문에 동시의 의미를 살려 풀이했다. 여기서 어떤 의미에서 대치와 그 반대항이 동시적인가를 다음과 같이 설명하고 있다. 관념상의 除遣(nimittavibhāvanā)과 언설수면의 제거는 동시적으로 일어나는가 하는 질문에 대해 양자는 동시적이라고 답하면서 저울과 그림그리기, 눈병의 세 가지 비유를 들어 설명한다. (i) 무게를 잴 때에 저울의 두 끝이 동시에 올라가고 내려간다. (ii) 그림의 형태를 덧칠할 때에 이전의 형태는 새로운 것의 출현과 동시에 사라진다. (iii) 눈병을 제거할 때 동시에 둥근 형태가 사라진다. 동일한 (i)의 비유가 YBh 19,2(tulyakālanirodhotpādayogena tulāgraprāntanāmonnāmavat)에 나오는데, 여기서 tulyakāla란 동시성을 나타낸다. (ii)의 그림 덧칠하기의 비유는 ŚrBh 397,8ff 참조. (iii)의 비유는 SNS(VI.7)에서 첫 번째 삼상의 비유로서 제시되고 있는 눈병의 경우를 동시성의 각도에서 제시한 것이다.

로부터 벗어나 있다. 이 찰나를 벗어나 [과거로] 지나가버리면, 그것은 [여전히] 잠재적 경향성으로부터 벗어나 있다. 또한 미래에도 그것은 잠재적 경향성으로부터 벗어나 있다.

또한 이런 방식으로 의지체가 전환되고, 저 [잠재적 경향성들]이 완전히 단절된 흐름(saṃtāna) 속에서 그 이후에 생겨나는 세간적인, 선하고 중립적인 심[의 찰나]들은 그것과 연결된 채, 과거와 미래, 현재의 것으로서 잠재적 경향성으로부터 벗어나 있다. 그렇기에 과거와 현재, 미래의 [잠재적 경향성]들이 끊어졌다고 한다.

이것들이 잡염과 청정과 관련해 번뇌잡염의 차이이다.

1.4. 미혹과 끊음과 관련하여 번뇌잡염의 특별함의 건립 (Ch. 623c10)

미혹과 끊음과 관련하여 번뇌잡염의 특별함의 건립이란 무엇인가? 그것은 요약하면 15종이라고 알아야 한다. 고[제]의 인식에 의해, 집[제]의 인식에 의해, 멸[제]의 인식에 의해, 도[제]의 인식에 의해 그리고 수습에 의해 제거되어야 하는 욕계에 속한 루(āsrava)[61]이다. 욕계에 속한 5종처럼, 색계와 무색계에 속한 저 [각각의 5종의 루]들도 마찬가지다.

욕계에서 고[제]와 관련해 모든 10번뇌들은 잘못 인지된 것이다(vipratipanna). 집[제]와 관련하여 유신견과 변집견을 제외한 여덟 번뇌들이 잘못 인지된 것이다. 집[제]와 관련하여 여덟 번뇌들이 [잘못 행해지는] 것처럼, 멸[제]와 도[제]와 관련해서도 그 [여덟 번뇌]들은 [잘못 인지된 것이다].

욕계에서처럼 [색계와 무색계라는] 상계들에서 진에를 제외한 저 [번뇌]들이 모든 진리들과 관련하여 잘못 인지된 것이다.[62]

---

61 이 단락에서 āsrava(漏)는 anuśaya(隨眠)와 교환가능한 용어로 사용되고 있다.

62 여기서 미혹의 끊음과 관련하여 「섭결택분」의 독특한 104종의 번뇌가 설해지고 있다. 이를 요약하면 욕계에서 모든 10종 번뇌는 고제를 봄에 의해 제거되며, 반면 유신견과 변집견을 제외한 나

1.4.1. 견소단의 수면

1.4.1.1. 고제에 대한 10종 수면 (Ch. 623c16)

10종 수면(anuśaya)[63]은 고제와 관련해 왜 잘못 인지되었는가?

(i) '오취온은 요약하면 고통이다'라는 말에서 일반인들은 오취온을 유신견에 대한 20개의 점(koṭi)[64]들 중에서 다섯 가지 점들은 자아(ātman)이고 나머지들은 자아에 속한 것(ātmīya)이라고 본다. 그럼으로써 유신견은 고제와 관련하여 잘못 인지된 것(vipratipanna)이라고 보아야 한다.[65]

머지 8종 번뇌들은 집제와 멸제, 도제에 대한 잘못된 인지에서 생겨난 것이다. 따라서 34종의 번뇌가 있다. 색계와 무색계에는 진에(pratigha)가 없기 때문에 각각 30종의 번뇌들이 나온다. 따라서 삼계에 속한 견소단의 번뇌들은 모두 94종이 된다. 여기에 욕계에서 수소단의 번뇌에 貪과 진, 慢, 무명의 4종이 있고 색계와 무색계에는 瞋이 제외되기에 모두 10종이 된다. 따라서 삼계에 속한 견소단과 수소단의 번뇌들을 합치면 104종이 된다. 유식학파에서 번뇌의 구성과 그 의미에 대해서는 안성두 2003a 참조.

63 § 1.4. 단락에서 anuśaya는 '잠재적 경향성'이 아니라 번뇌의 동의어로 사용되고 있다. 이는 이하에서 유신견이 20가지 점에서 설명되고 있는 사실에서도 분명하겠다. 따라서 여기서는 anuśaya를 '수면'이란 용어로 그대로 번역할 것이다.

64 유신견은 5온을 자신이라고 보는 5종 아견과 자신에 속한 것이라고 보은 15종의 아소견으로 이루어졌다. 초기불전에서 아견과 아소견을 5온과 관련해 20종으로 구분하는 것에 대해서는 Collins(1982) 참조. ASBh 7,3ff는 그 구분의 이유를 보다 구체적으로 제시하고 있다. 여기서 아견이란 오온을 자아라고 보는 것이며, 다른 아소견은 "자아는 색 등을 갖고 있다고 볼 때, 색 등은 [자아와의] 결합을 통해 자아에 속한 것이 된다. 색 등은 자아에 속한다고 볼 때, 색 등은 지배자로서의 자아에 속한다는 의미에서 자아에 속하는 것이다. 색 등의 속에 자아가 있다고 할 때, 색 등은 [자아와] 분리될 수 없다는 의미에서 자아에 속한 것이다." 「섭사분」(Ch.799c26ff 又依分別薩迦耶見 立二十句, 不依俱生)은 이 설명이 단지 분별에서 생겨난 유신견에게 해당되지, 구생의 유신견에게는 해당되지 않는다고 제한하고 있다. 그러나 이러한 해석은 앞의 「섭결택분」의 설명에서 2종의 유신견의 존재를 구별한 것과 명백히 모순되기 때문에, 「섭결택분」의 원의는 구생이든 분별에서 일어난 것이든 유신견을 모두 견고소단으로 간주한다고 인정하는 것이라 보인다. 그렇다면 「본지분」에서 구생 개념을 수소단을 함축한 것으로 사용하고 있는 것과는 구별되는 이해일 것이다.

65 위의 설명에서 왜 유신견이 단지 견고소단이며 집제 등에 대한 잘못된 이해가 아닌지에 대해서는 명시되지는 않지만, 이는 「본지분」에서 유신견이 모든 4부의 견소단의 번뇌라고 간주되는 것과 구별되는 것으로서, 오히려 유신견을 견고소단으로만 간주하는 유부의 분류와 일치하고 있다. AKBh 181,20-22(T29: 100a1-4)에 따르면 유신견이란 5취온으로서의 신체가 항상적으로 또는 단일체로 존재한다(sat-kāya)고 보는 것으로 이런 관념이 5취온에 대해 我와 我所라는 집착을 일으키기 때문에, 유신견을 견고소단일 뿐이라고 파악하는 것이다. 그리고 자아의 상주성이나 자아가 단일체라는 관념은 고제를 관함에 의해 제거되기 때문에 유신견은 다만 견고소단으로 간주되게 된다.

(ii) 바로 이 유신견에 의거하여 바로 동일한 오취온을 영원하다거나 단멸하다고 본다. 따라서 이 변집견도 고제와 관련하여 잘못 인지된 것이다.

(iii) 邪見의 일부는 고제와 관련하여 잘못 인지된 것이다. "보시는 없다"부터 "잘 행해졌거나 잘못 행해진 업의 과보의 이숙은 없다."는 사견의 일부와 "부모도 없고, 저절로 재생한(化生) 유정도 없다."라는 사견의 일부도[66] 고제와 관련해 잘못 인지된 것이다. 다른 부분은 집제와 관련하여 [잘못 인지된 것이다]. "사문 고타마가 그의 제자들에게 설했던 고제는 존재하지 않는다."라고 하는 고제를 부정하는 비불교도들의 사견은 고제와 관련하여 잘못 인지된 것이다. 자재천과 중생들의 주인(Prajāpati), 인드라, 범천 및 그와 비슷한 자들을 영원하고, 항구적이며, 불변하다고 생각하는 자들의 사견은 고제와 관련하여 잘못 인지된 것이다. [세상의] 한정성이나 무한성을 주장하는 자(antānantika)[67]들의 사견 일부는 고제와 관련하여 잘못 인지된 것이다. 회피하는 답변을 하는(amarāvikṣepika)[68] 사문과 바라문들의 사견 일부는 고제와 관련하여 잘못 인지된 것이다.

(iv) [잘못된] 견해에 대한 집착(dṛṣṭiparāmarśa)을 통해 고제와 관련하여 잘못 인지된 견해들을 탁월하고 우수한 것으로서 집착하면서, '이 [견해]를 통해 나는 청정해지고(śuddhi), 해탈하며(mukti), [윤회에서] 벗어난다(nairyānika)'[69]고 말하는 이 견취(dṛṣṭiparāmarśa)는 고제와 관련하여 잘못 인지된 것이다.

(v) 행동방식과 행동준칙에 대한 집착(śīlavrataparāmarśa)을 통해 그가 받은 이 견해에 수순하고 그것에 적합한 행동방식과 행동준칙을 탁월한 것으로 집착하

---

66 이 견해는 근본설일체유부의 율장의 Pravrajyāvastu에 따르면 Pūraṇa Kāśyapa이고, DN I 55,15ff에 따르면 Ajita Kesakambalin이다. 이에 대해서는 Vogel 1970: 20 및 MacQueen 1984: 296 참조. YBh 151,19ff에서 이 사견은 Nāstikavāda 하에서 다루어지고 있다.

67 이 사견은 YBh 148,1ff에서 9번째 paravāda로서 다루어지고 있다.

68 이 사견은 YBh 149ff에서 열 번째 paravāda인 不死矯亂論(amarāvikṣepavāda)으로 다루어지고 있다. Brahmajālasutta에서 62견의 하나로, 또 이것은 DN I 58,24ff에서 Sañjaya Belaṭṭhiputta에게로, 근본설일체유부의 율에서는 Kakuda Kātyāyana에게로 귀속되고 있다. Vogel 1970: 33f 참조.

69 śuddhi와 mukti, nairyānika라는 이 세 가지 단어는 「본지분」에서 계금취의 설명에서 나오는 단어이다.

면서 그것에 대해 '나는 이 [견해]에 의해 청정해지고 해탈하게 되며 [윤회로부터] 벗어날 것이다.'라고 말하는 이 계금취(śīlavrataparāmarśa)는 고제와 관련하여 잘못 인지된 것이다.[70]

(vi) 바로 이 견해에 집착하고, 그것들에 경도되고, 그것을 잡고, 그 견해들을 탐착하고 있는 탐(rāga)은 고제와 관련하여 잘못 인지된 것이다.

(vii) [고통에 대한 자신의 견해와] 일치하지 않는 타인들의 견해들에 대해 거부감을 느끼는 진에는 고제와 관련하여 잘못 인지된 것이다.

(viii) 바로 이 견해들에 의해 거만하게 되는 慢(māna)은 고제와 관련하여 잘못 인지된 것이다.

(ix-x) 견해들과 탐 등의[71] 번뇌들과 상응하는 무지(ajñāna) 및 단독으로 생겨나는 무지는 고제와 관련하여 잘못 인지된 것이다.

이런 방식으로 10종 수면들은 고제와 관련하여 잘못 인지된 것이며, 따라서 고제를 봄에 의해 제거되어야 하는 것이다.

---

70 계금취를 어떻게 끊어야 하는가에 대해 번뇌설 내에 다양한 설명들이 있다. 「섭결택분」은 이것이 고집멸도를 봄에 의해 끊어진다고, 즉 4부의 견소단의 번뇌라고 간주하며, 이런 점에서 「본지분」의 분류와 일치하지만, 이에 대한 구체적 설명이나 이유는 밝히고 있지 않다. 반면 유부는 이 번뇌를 이것을 단지 견고소단과 견도소단에만 한정시키고 있다. 『구사론』(AKBh 282,13f.)에서 견고소단의 계금취는 원인이 아닌 것을 원인으로 집착하는 것으로 예를 들어 세계의 원인이 아닌 자재신(Īśvara) 등을 세계의 원인이라고 보는 것으로 常顚倒, 我顚倒에서 생겨나는 것이며, 또한 견도소단의 계금취는 천국에 태어나는 원인이 아닌 것, 즉 물이나 불에 뛰어들어 자살하는 것을 그 원인이라 보는 것이고 비불교도의 해탈도를 청정을 얻는 원인이라고 믿는 것으로 설명된다. 이에 대해 세친은 만일 계금취가 원인에 미혹해서 생겨나는 것이라면 오히려 견집소단으로 간주되어야 하지 않겠는가 하는 의문을 제기하고 있다. 세친은 여기서 자신의 견해를 확정적으로 밝히고 있지 않지만, Yaśomitra는 이 구절에 대한 주석(AKVy 451,30ff)에서 128종으로 수면을 분류하는 유가행파의 교설을 마치 세친의 의견인 것처럼 간주하고 있다.

71 한역은 疑貪等이라고 번역하고, 티벳역은 貪等이라고 번역하고 있다. 티벳역의 방식은 앞에서 10종 수면의 순서에 따라 제시한 것이다. 여하튼 等이라는 말로 疑(vicikitsā)가 포함되었다는 것을 티벳역은 함축하고 있으며, 반면 한역은 명시하고 있다.

1.4.1.2. 집제와 관련한 8종 수면 (Ch. 624a15)

왜 8종의 수면이 집제와 관련하여 잘못 인지되었는가?

(i) 無因論(ahetuvāda)[72]을 주장하는 사문과 바라문들의 사견과 자재천 등이 창조자이고 화작자이며 사물의 행위자라고 하는, 적절하지 않은 것을 원인이라고 주장하는(viṣamahetuvāda)[73] 사문과 바라문들의 사견, 그리고 '보시도 없고 희생물도 없고 제사도 없다'는 사견의 일부,[74] 회피하는 답변을 하는(amarāvikṣepika) 사문과 바라문들의 사견의 일부, 그리고 '사문 고타마가 설했던 집제는 존재하지 않는다.'고 집제를 부정하는 비불교도의 사견들은 집제와 관련하여 잘못 인지된 것이다.

(ii) [잘못된] 견해들에 대한 집착을 통해 이 견해[들의 하나]에 대해 탁월한 것이라고 집착하고 그것에 대해 '이 [견해]를 통해 나는 청정해지고 해탈할 것이고 [윤회로부터] 벗어날 것이다.'라고 말하는 견취는 집제와 관련하여 잘못 인지된 것이다.

(iii) 행동방식과 행동준칙에 대한 집착을 통해 그가 받은 이 견해에 수순하고 그것에 적합한 행동방식과 행동준칙을 탁월한 것으로 집착하면서 그것에 대해 '나는 이 [견해]에 의해 청정해지고 해탈하며 [윤회로부터] 벗어난다.'고 말하는 이 계금취(śīlavrataparāmarśa)는 고제와 관련하여 잘못 인지된 것이다.

(iv-viii) 탐에서부터 의심에 이르기까지 다른 [번뇌]들도 앞에서처럼 이해되어야 한다.

---

72 ahetuvāda는 「유심유사지」에서 16異見(paravāda) 중에서 11번째로 "사변에 의거함에 의해 자아와 세간은 원인 없이 생겨났다고 보는" 견해로 거론되고 있다.

73 viṣamahetuvāda는 YBh 144,8ff에서 "사람과 개아가 경험하는 모든 것은 자재천의 화작(nirmāṇa)을 원인으로 하거나 또는 다른 푸루샤의 화작을 원인으로 한다."고 보는 견해로서 자재천 등의 적절하지 않은 것을 원인이라고 주장하는 견해이다.

74 이 견해는 「유심유사지」에서 13번째 paravāda인 空見論(nāstikavāda)에 배정되고 있다. 그리고 바로 위에서(Ch. 621b24f) 언급한 邪見(mithyādṛṣṭi) 중에서 손감하는 사견으로 특히 원인의 손감으로 규정되고 있다.

이런 방식으로 8종 수면들은 집제와 관련하여 잘못 인지된 것이며, 따라서 집제를 봄에 의해 제거되어야 하는 것이다.

1.4.1.3. 멸제와 관련한 8종 수면 (Ch. 624a29)

왜 8종의 수면이 멸제와 관련하여 잘못 인지되었는가?

(i) [세상의] 한정성이나 무한성을 주장하는(antānantika) 사문과 바라문들의 사견 일부와 회피하는 답변을 하는 자들의 사견 일부, 현세에서의 열반을 믿는 사문이나 바라문들의 사견,[75] '세상에 아라한은 없다'는 등의 사견의 [일부]이다. 아라한들이 [번뇌들의] 끊음을 통해 또 지혜를 통해 특징지어지는데, [여기서의 맥락에서는] 이들 중에서 [번뇌들의] 끊음을 부정하기 때문이다. 위에서처럼 멸제를 부정하는 비불교도의 사견, 그리고 잘못된 해탈을 생각하는 [비불교도들의] 사견은 멸제와 관련하여 잘못 인지된 것이다.

(ii) 이들 견해[의 하나]에 집착하기 때문에 위에서처럼 그것을 최고라고 집착하는 자의 견취는 멸제와 관련하여 잘못 인지된 것이다.

(iii) 행동방식과 행동준칙에 대한 집착을 통해 그가 받은 이 견해에 수순하고 그것에 적합한 행동방식과 행동준칙을 탁월한 것으로 집착하면서 그것에 대해 '이 [견해]를 통해 나는 청정해지며, 해탈하며, [윤회에서] 벗어난다.'고 말하는 이 계금취(śīlavrataparāmarśa)는 멸제와 관련하여 잘못 인지된 것이다.

(iv-viii) 진에를 제외한 탐 등의 다른 [수면]들은 앞에서처럼 이해되어야 한다. [존재의] 소멸에 대한 공포의 생각과 결합되고, [소멸에 대해] 증오와 거역의 생각과 결합된 진에는 멸제와 관련하여 잘못 인지된 것이다. 다른 [수면]들도 앞에서와 같다.

이런 방식으로 8종 수면들은 멸제와 관련하여 잘못 인지된 것이며, 따라서 멸

---

75 현세에서의 열반을 믿는 견해는 「유심유사지」에서 15번째 paravāda인 妄計清淨論(śuddhivāda)에 해당된다.

제를 봄에 의해 제거되어야 하는 것이다.

1.4.1.4. 도제와 관련한 8종 수면 (Ch. 624b15)

왜 8종의 수면이 도제와 관련하여 잘못 인지되었는가?

(i) '세상에 아라한은 없다'는 주장과 관련하여 유위이지만, 루를 여읜 법들, 특히 지혜(jñāna)를 부정하는 사견은 도제와 관련하여 잘못 인지된 것이다. 회피하는 답변을 하는 자들의 사견 일부는 도제와 관련하여 잘못 인지된 것이다. "사문 고타마가 그의 제자들에게 설했던 [윤회로부터] 벗어나는 도는 [실제로] 인도하지 못하며, 그것은 고를 소멸로 이끄는 출리가 아니다.' 및 '자아가 없다는 견해와 그가 받은 행동방식과 행동준칙, 그가 가르친 그것에 적합한 교설은 나쁜 길이며, 선한 길이 아니다.'고 하는 비불교도들의 도제를 부정하는 사견은 도제와 관련하여 잘못 인지된 것이다. 나아가 그들의 도와 실천이 출리이며, 고의 소멸로 이끈다는 비불교도들의 사견은 전적으로 도제와 관련하여 잘못 인지된 것이다.

(ii) [잘못된] 견해들에 대한 집착을 통해 이들 견해[의 하나]에 대해 탁월한 것이라고 집착하고 그것에 대해 '이 [견해]를 통해 나는 청정해지고 해탈할 것이고 [윤회로부터] 벗어난다.'고 말하는 견취는 도제와 관련하여 잘못 인지된 것이다.

(iii) 행동방식과 행동준칙에 대한 집착을 통해 그가 받은 이 견해에 수순하고 그것에 적합한 행동방식과 행동준칙을 탁월한 것으로 집착하면서 그것에 대해 '나는 이 [견해]에 의해 청정해지고 해탈하게 되며 [윤회로부터] 벗어난다.'라고 말하는 이 계금취(śīlavrataparāmarśa)는 도제와 관련하여 잘못 인지된 것이다.

(iv-viii) 도제와 관련하여 잘못 인지된, [탐 등의] 다른 [번뇌]들은 멸제와 관련하여 잘못 인지된 것들과 유비하여 이해되어야 한다.

이런 방식으로 8종 수면들은 도제와 관련하여 잘못 인지된 것이며, 따라서 도제를 봄에 의해 제거되어야 하는 것이다.

이 [수면]들이 [사제를] 봄에 의해 제거되어야 하는 漏라고 설해진다.

1.4.2. 수소단 (Ch. 624c3)

수습에 의해 제거되어야 하는 漏란 무엇인가? 욕계에 속하는 진에와 삼계에 속하는 貪, 慢, 無明이다.[76] 모든 이 번뇌들은 반복적인 도의 수습에 의해 제거되어야 하며, 따라서 '수습에 의해 제거되어야 하는 것'이라고 불린다. 각각의 지와 계에서 각각 약·중·강의 3종으로 [구분되어] 있는데, [루를] 제거하기 위해 수도도 똑같이 세 단계로 [구분된다]. 약한 [단계]의 도는 거친 루의 제거를 위해 생겨나며, 중간 [단계]의 도는 중간의 [루]의 제거를 위해, 그리고 강한 [단계]의 도는 미세한 [루]의 제거를 위해 생겨난다.

수도에 의해 제거되어야 하는 루는 자발적으로 루를 가진 사태들로 향하고 있으며, 오래전부터 무시이래 존재하고 있는 것이다. 따라서 그것들은 [이 사태로부터] 제거하기 힘들며, 각각의 사태들과 관련해 잘못 인지된 것이다.

이것이 미혹과 끊음과 관련된 번뇌잡염의 차이의 건립이라고 설해진다.

1.4.3. 견소단과 수소단의 루의 인식대상 (Ch. 624c12)

[위에서] 다룬, 견소단과 수소단의 루들은 요약하면 5종의 인식대상(ālambana)을 가진다고 알아야 한다. (i) 변계된 대상을 인식대상으로 가진 것, (ii) 견해를 인식대상으로 가진 것, (iii) 행동방식과 행동준칙을 인식대상으로 가진 것, (iv) 스스로 분별된 것에 대한 명칭을 인식대상으로 가진 것, (v) 자발적으로 확고히 존재하는 사태를 인식대상으로 가진 것이다.

(i) 고제와 집제를 인식대상으로 하는 루들은 변계된 대상을 인식대상으로 한

---

76 이 설명에 따르면 삼계에 속하는 수도소단의 번뇌들은 모두 10종이 된다. 수소단의 번뇌에 관한 「섭결택분」의 이러한 분류는 유부의 분류와 일치하지만, 「본지분」에서 삼계에 속하는 유신견과 변집견의 양자를 포함해서 16종으로 파악하는 것과 차이가 난다.

다고 불린다.

(ii) 견도에 의해 제거되어져야 하는 견취 및 의심은 제외한[77] 탐 등은 견해를 인식대상으로 한다고 불린다.

(iii) 계금취는 행동방식과 행동준칙을 인식대상으로 한다고 불린다.

(iv) 멸과 도를 인식대상으로 하고, 또 다른 계들을 인식대상으로 하는 루들은 스스로 분별된 것에 대한 명칭을 인식대상으로 한다고 불린다.[78] 왜냐하면 번뇌들은 결코 멸과 도를 인식대상으로 하지 않았고, 하지 않으며, 하지 않을 것이며,[79] 또 다른 계를 인식대상으로 하지 않기 때문이다.[80]

(v) 수습을 통해 제거되어야 하는 [루]들은 자발적으로 항시 존재하는 사태를 인식대상으로 한다고 불린다.

---

77 여기서도 의심은 '탐 등'에서 等에 포함된 번뇌로서 이해되고 있다. 그렇다면 의심은 번뇌의 체계에서 (i)과 (iv)에 포함될 것이다.

78 한역(624c14): 緣自分別所起名境, 티벳역 rang gis rnam par brtags pa'i ming la dmigs pa. 두 번역 모두 동일한 Skt. *svavikalpitanāmālambaka를 전제한다. 이 설명에서 멸제와 도제를 인식대상으로 하는 번뇌들과 다른 계에 속한 것을 인식대상으로 하는 번뇌들은 스스로 분별된 것에 대한 명칭만을 인식대상으로 한다고 설명하는데, 이를 고려하면 멸제나 도제 자체가 아니라 멸제나 도제라는 관념상(nimitta)과 이 관념상에 대한 명칭을 멸제나 도제라고 간주하면서 그것을 인식대상으로 한다는 것으로 이해된다. 『성유식론』(T31: 33a26-27)은 단지 명칭만을 인식대상으로 하는 이유를 相分과 質(*bimba)이 서로 비슷하지 않기 때문이라고 설명한다. 이 설명이 번뇌들이 멸제와 도제를 인식대상으로 하지 않는 이유인지, 아니면 다른 계를 인식대상으로 하지 않는 것에만 해당되는지 불분명하다. 적어도 다른 계에 속한 것의 경우 우리가 직접 그것을 보지 못했기 때문에 質과 상분이 다르다는 이유는 자명할 것이지만, 만일 멸제와 도제를 인식대상으로 하지 않는 경우에도 적용된다면, 質이 멸제나 도제 자체라면 상분은 그것의 명칭에 해당되는 것으로 이해해야 할 것이다.

79 한역은 단지 非此煩惱能緣滅道로 번역하지만, 티벳역은 nyon mongs pa ni nam yang 'gog pa dang lam la dmigs par ma gyur dmigs par mi byed dmigs par mi 'gyur la로서 과거나 현재, 미래의 어느 때에도 번뇌는 멸제와 도제를 인식대상으로 하지 않는다고 번역하고 있다.

80 한역은 非無所緣故를 덧붙이는데, 티벳역에 없다는 것을 고려하면 이 문장은 현장의 보충설명이라 보인다. 후대 『성유식론』의 해설서인 『成唯識論述記集成編』(T67: 590a28-b1)이나 또는 『成唯識論演秘』(T43: 925b19-24)에서 이 구절을 (iv) 항목을 설하는 것으로 간주하고 있다. 그 의미는 이 번뇌들이 비록 멸제나 도제, 다른 계를 인식대상으로 하지는 않지만, 그것들에 대한 명칭을 인식대상으로 하기 때문에 완전히 인식대상이 없는 것은 아니라는 현장의 설명이다.

1.5. 대치와 관련해 번뇌잡염의 차이의 건립 (Ch. 624c22)

1.5.1. 4종 대치

대치와 관련해 번뇌잡염의 차이의 건립이란 무엇인가? 그 [대치]는 4종이라고 보아야 한다. 그것을 통해 심의 흐름을 성숙시키는 대치, [번뇌들을] 거의 끊음으로 이끄는 대치,[81] [번뇌의] 일부를 끊는 것으로 이끄는 대치, [번뇌의] 완전한 끊음으로 이끄는 대치이다.[82]

(i) 『성문지』에서 설했듯이,[83] 13종의 자량도가 그것을 통해 심의 흐름을 성숙시키는 대치이다.

(ii) 역시 『성문지』에서 설했던 것처럼,[84] [사성제의] 관통으로 이끄는 선근들, 즉 煖(ūṣmagata), 頂(mūrdhan), 忍(kṣānti), 世第一法(laukikāgradharma)이 [번뇌들을] 거의 끊음으로 이끄는 대치라고 불린다.

(iii) 견도(darśanamārga)는 [번뇌들의] 일부를 끊는 것으로 이끄는 대치라고 불린다.

(iv) 수도(bhāvanāmārga)는 [번뇌들의] 완전한 끊음으로 이끄는 대치라고 불린다.

---

81 여기서 사선근위를 近斷對治로서 규정하는데, 이와 유사한 표현이 『성유식론』 49a28f.에도 나타난다. "이 네 가지는 순결택분이라고 불린다. 왜냐하면 그것들은 견도에 근접해있기 때문이다." 사선근위가 견도, 즉 번뇌의 끊음에 가깝다는 것을 나타내는 표현으로 『대비바사론』 944c3 이하에서 忍과 世第一法이 견도에 근접해 있다는 표현이 나타난다.

82 4종 대치는 내용상 자량도, 가행도, 견도, 수도로서 유가행파의 5위 수행도에서 단지 마지막 究竟道만이 빠진 것이다. 이 용어는 매우 특이하며 다른 곳에서는 발견되지 않는다. 「섭결택분」(669a12ff)에서 발견되는 다른 4종의 대치는 厭患對治(vidūṣaṇā-pratipakṣa), 斷對治(prahāṇa-pratipakṣa), 持對治(ādhāra-pratipakṣa), 遠分對治(dūrībhāva-pratipakṣa)이다. 이에 대해서는 Sakuma 1990: Teil II, 176ff 참조.

83 『성문지』(ŚrBh 36,11ff) 제1유가처의 세 번째 항목인 출리지(naiṣkramyabhūmi)에서 13종의 자량도가 설해지고 있다. "그중에서 자량이란 무엇인가? 자신의 원만, 타인의 원만, 선법에의 욕구, 계의 율의, 근의 율의, 음식에 대해 양을 아는 것, 이른 밤과 늦은 밤에 깨어서 수행함, 정지를 갖고 주함, 선우의 상태, 정법의 청문과 사유, 무장애, 포기, 그리고 사문의 장엄이다. 이 요소들이 세간도와 출세간도에 의해 이욕으로 가기 위한 자량이라고 설해진다."(『성문지』 2021: 26).

84 ŚrBh 499,6ff = Ch. 475c2ff에서 승해작의의 단계에서 4선근위의 네 요소들을 설명하고 있다. 『성문지』 2021: 479f 참조.

1.5.2. 견도의 설명 (Ch. 624c27)

[문1:] 견도에 올라탄 성자의 지혜의 작용은 어떠한 것인가? [문2:] 견도는 몇 개의 심[의 찰나]들에 의해 완전해지는가? [문3:] 견도에 의해 제거되어야 할 번뇌들은 어떻게 끊어지는가? 단박에 또는 순차적으로?

1.5.2.1. 견도에서 인식의 특징

견도에 올바로 들어간 성자에게 지혜의 작용은 관념상(nimitta)으로부터 벗어나 있다. 그는 지혜에 의해 고통을 인식대상으로 하지만, 그때 고통스런 사태와 관련해 그에게 '이것은 고통이다'라는 분별이나 관념상의 취함이 생겨나지 않는다.[85] 고통에 있어서처럼 [고통의] 생기와 소멸, 도에서도 마찬가지다. 왜냐하면 이때 그가 이전에 세속지에 의해 고찰했었던 진리들과 관련해 이전의 관념과 관념상으로부터 벗어난, 희론으로부터 벗어난(niṣprapañca) 지혜가 그에게 생겨나기 때문이다. 단지 대상만(arthamātra)을 아는 그 지혜는 진여를 인식대상으로 하고(tathatālambanaṃ jñānam), 관념상으로부터 벗어나 있다(nirnimitta). 이때 성자의 인식은 그러하다.

1.5.2.2. 견도의 성취의 규정 (Ch. 625a6)

견도의 건립은 2종이다. (i) 희론을 수반한, 교설에 의거한 상세한 가르침의 내용의 건립 및 (ii) 희론을 여읜, 내자증되어야 하는 승의제의 의미에서의 건립이다.

---

85 비슷한 사유를 나타내는 『보살지』 <진실의품>의 구절을 보라 BoBh 28,9ff: "실로 그 보살은 오래전부터 이해한 법무아의 지에 의해, 모든 법들이 불가언설의 본질을 갖고 있음(離言自性)을 여실하게 알고 난 후, '오직 사태일 뿐(唯事, vastumātra)', '오직 진여일 뿐(唯眞如, tathatāmātra)'이라고 파악하는 것을 제외하고는 어떠한 법도 결코 분별하지 않는다. 나아가 이 [보살]은 이와 같이 '이것은 오직 사태일 뿐, 오직 진여일 뿐'이라고 생각하지도 않는다. 오히려 그 보살은 [최고의] 대상을 실천한다. 최고의 대상을 실천하면서, 모든 법들이 그 진여와 동일하다고 여실하게 般若를 통해 본다." 두 문헌의 차이는 「섭결택분」이 이 지혜를 '관념상으로부터 벗어난', '희론으로부터 벗어난 지혜' 등으로 표현하는데 비해, <진실의품>은 '법무아의 지' '離言自性' 등으로서 언설을 벗어나 있음을 강조한다는데 있다.

(i) 첫 번째 건립을 주제로 해서 여덟 개의 심의 찰나가 생겨난다. 거기서 네 개의 심의 찰나는 法智(dharmajñāna)에 속한 것이고, 넷은 類智(anvayajñāna)에 속한 것이다.[86] 이들 여덟 심의 찰나들이 생겨나는 한에 있어서, 그만큼 그 직후에 들어온, 전적으로 샤마타로 특징지어지는 하나의 심의 찰나가 생겨난다. 이를 더한다면 심의 찰나는 아홉이다. 따라서 견도는 아홉 [심의 찰나에 의해] 완성된다. 어느 만큼의 시간의 경과 후에 고제의 행상의 이해(vijñapti)가 설명된 대로 성취되는가가 [이 맥락에서] 일심(ekacitta)[87]으로서 불린다.

---

86 法智(dharmajñāna)와 類智(anvayajñāna)는 유부에서 견도를 구성하는 두 가지 인식으로서, 전자는 욕계에서 사물의 무상성 등의 인식이며 후자는 상2계에서 사물의 무상성 등에 대한 유비적 인식이다. (Frauwallner 1971: 87f 참조) 양자는 유부의 교설에서 다시 무상성 등의 인식을 통해 번뇌를 제거하는 忍(kṣānti)과 이런 제거를 확인하는 智(jñāna)의 두 계기로 나누어지지만, 위의 설명에서 忍과 智에 따른 2차적 구분은 명시되지 않는다. 그렇지만 『유가론』에서 일반적으로 법지와 유지의 구분은 유사하게 이해되고 있다. 예를 들어 「섭결택분」(Ch. 683b17ff)에서 법지는 욕계에서 견소단의 번뇌들의 대치로서, 유지는 색계와 무색계에서 견소단의 번뇌들의 대치로서 언급되고 있다. 그렇지만 법지를 눈앞에 놓인, 직접 주어진 법들로 파악하고, 유지를 직접적인 현량을 떠난 것(parokṣa)으로서 설명하는 개소(「섭결택분」 675a4f)도 있다. 왜냐하면 욕계에서도 찰나멸처럼 직접 지각될 수 없는 사물의 측면이 존재하기 때문이다. (Schmithausen 1982: 77f). 그렇지만 여기서는 이어지는 설명에서 욕계와 색계, 무색계에 속한 것과 현량과 현량을 떠난 것이 대조되기 때문에 상관성이 인정되고 있다고 보인다. 법지와 유지의 내용을 설하는 또 다른 용례는 법지를 자신의 인무아와 법무아에 대한 인식으로 이해하고, 유지를 그런 인식을 모든 중생들과 법들로 유비적으로 확대하는 인식이라고 설명하는 개소(「섭결택분」 605c19ff 및 28f.)도 보인다.

87 여기서 一心(ekacitta)은 시간적 의미에서 심의 한 찰나를 의미하지 않는다. 왜냐하면 시간적 경과 후에 고제의 행상의 이해가 완결되는가를 여기서 '일심'이라고 말하기 때문이다. 여기서 일심을 고제의 행상의 이해라고 규정하기 때문에 시간적 경과란 비파샤나 단계의 8심의 찰나만을 가리키는 것으로 간주될 수 있을 것이다. 그렇지만 이때 샤마타 단계의 하나의 심의 찰나가 어떤 역할도 하지 못하기 때문에, 이를 견도의 성취라고 볼 수 있을지 의문이다. 따라서 또 다른 해석의 가능성은 일심을 "샤마타와 비파샤나가 평등하게 인도하는 견도의 단계를 가리키는 것으로 보고, 따라서 시간적 경과란 비파샤나 단계의 8심의 찰나와 샤마타 단계의 단일한 심의 찰나를 합친 것으로 해석하는 것이다. 일심(ekacitta)에 대한 YBh 59,7ff의 설명은 전자의 해석에 가까울 것이다: "하나의 심(ekacitta)과 그 이후의 식들이라고 설해진 것에서 어떤 맥락에서 하나의 심이 건립되는가? 일상적인 의미에서 심의 찰나에 의해서이지, [실질적인] 생기의 찰나의 의미에서는 아니다. 일상적인 의미에서 일심이란 무엇인가? 어떤 시간의 경과 속에서 하나의 문장에 의거해서 하나의 사태에 대한 이해가 생겨날 때, 그런 한에서 일심이다. 또한 그 [첫 번째 찰나]와 유사한 흐름이 있을 때, 그것도 바로 하나의 [심]이라고 말해진다. 그러나 그것과 유사하지 않은 것은 두 번째 [심]이라고 [말해진다]." 따라서 『유가론』에서 말하는 一心(ekacitta)은 동아시아불교에서 말하는 초월적 포괄자로서의 의미가 아니다.
그런데 원효는 二障義에서 흥미롭게도 바로 위의 「섭결택분」의 구절을 지칭하면서 "일심一心이

(ii) 두 번째 건립을 주제로 해서 견도는 진여의 인식과 상응하는 유일한 심의 종류를 통해 완전히 완성되게 된다. 이 건립에서 샤마타의 도는 앞에서와 같이 이해되어야 한다.

1.5.2.3. 견소단의 번뇌들의 제거방식[88] (Ch. 625a16)

(i) 견도에 의해 제거되어야 할 번뇌들의 잠재적 경향성들은 2종으로 규정된다. [먼저] 그것들이 미세한 물질을 수반하고 있다는 점에서이며, [다른 하나는] 심과 심적 요소들을 수반한다는 점에서이다.[89]

(ii) 견도가 샤마타와 비파샤나를 평등하게 인도하는 것이기 때문에 성제자들은 두 유형의 잠재적 경향성, 즉 샤마타에 의해 제거되어야 할 것과 비파샤나에 의해 제거되어야 할 것을 동시에 제거한다.

(iii) 그때 첫 번째 [잠재적 경향성의 부분]은 비파샤나에 의해 제거될 수 있으

란 관에 들어간 (심)에게는 오직 하나의 품류만이 있어 전후 유사하여 차이가 없기 때문에 '일심'이라고 부르는 것이지, 찰나의 관점에서 일심이라고 부르는 것은 아니다."(『이장의』, p. 155)로 말한다. 이렇게 이해할 때, 일심을 시간적 관점에서가 아니라 구조적 관점에서 이해할 수 있는 길이 열리게 될 것이지만, 『유가론』의 일심과는 거리가 있는 설명일 것이다.

88 견소단의 번뇌들의 제거방식을 다룬 이 단락은 다섯 개의 문장으로 구성되어 있지만, 문장 전후의 연결맥락이 분명치 않아 이해하기 어려운 점이 많다. 이하에서는 구문의 의미를 간단히 제시하는 것으로 만족할 것이고, 상세한 내용 분석은 Ahn 2003: 295ff 참조.

89 번뇌의 잠재적 경향성이 물질적 근으로서의 미세한 물질(rūpaprasāda)뿐 아니라 심과 심소를 수반하고 있다는 주장은 「섭결택분」(583b21ff)에서 설해졌다. 거기서 물질적 근들은 자체의 물질적인 종자뿐 아니라 심과 심소의 종자를 갖고 있으며, 마찬가지로 심과 심소도 자체의 종자뿐 아니라 물질적 근들의 종자를 갖고 있다고 설해졌다. 색심호훈설로서 알려진 이 이론은 경량부의 이론으로 간주되고 있는데(『유가론기』 680b21, Hakamaya 1986, Kato 1989: 261, 권오민 2014), 중국 주석자들에 의해 알라야식의 도입 이전 단계의 교설로서 평가된 것이다. 그런데 「섭결택분」에서 색심호훈설은 멸진정의 상태 속에서 식의 중지 이후에 식이 다시 생겨나게 하는 것을 가능케 하며 또 무색계에서의 재생 후에 신체를 갖고 재생하는 것을 가능케 하는 기능을 갖고 있다.(Schmithausen 1987: 21f) 그렇지만 위위 개소에서는 이런 종자의 기능을 취하는 것이 아니라, 견도에서 번뇌의 끊음의 문제를 다루는 맥락에서 색심호훈설을 논의로 이끌어 들이면서 단지 견도에서 제거되어야 할 잠재적 경향성이 심과 심소 속에 있을 뿐 아니라 미세한 물질로서 물질적 근들에도 있어야만 한다는 함축성을 취하고 있다. 그럼으로써 견소단의 잠재적 경향성에 두 개의 범주가 있어야만 하고, 이에 따라 이것들이 어떻게 출세간도에서 제거되어지는가를 묻는 것이다.

며, 두 번째는 샤마타에 의해 제거될 수 있다. 따라서 견도는 완전히 성취되었다고 말해진다.

(iv) 만일 비파샤나에 속한 인식이 견도에 의해 제거되어야 할 잠재적 경향성에 의해 수반되는 방식으로 생겨난다면, 그것들은 대치로서 사용될 수 없을 것이다.

(v) 그 때문에 세존께서는 수신행자(śraddhānusārin)와 수법행자(dharmānusārin)[90]라는 두 종류의 [사람]이 견도에 들어갈 때 관념상 없이 주하는 여섯 번째 사람이라고 설하셨다.[91] 반면에 나머지 다섯 [종류의] 사람들,[92] 즉 믿음으로 신해하는 자(śraddhādhimukta), 정견을 얻은 자(dṛṣṭiprāpta), 몸으로 촉증한 자(kāyasākṣin), 혜에 의해 해탈한 자(prajñāvimukta), 두 부분으로 해탈한 자

---

90 수신행자와 수법행자에 대해서는 ŚrBh II의 앞부분에서 구분되고 있는 28종의 개아와 그 정의에서 12~13번째 항목을 볼 것.

91 여기서 sūtra는 AN IV 74-79나 이에 대응하는 경전일 것이다. 이 경은『대비바사론』208c12-209b25에서도 전체적으로 인용되고 있다. 여기서 Tiṣyo Brahmā가 Mahāmaudgalyāyana에게 범천들은 뒤에서 언급되는 5종의 사람들을 (팔리 문헌에 따르면 수법행자를 포함해 6종) 그대로 알아차릴 수 있다고 설명한다. 붓다는 대목건련에게 범천이 관념상 없이 주하는 여섯 번째 사람(빨리문헌에 따르면 7번째)을 언급했는가를 묻고, 아니라고 하자 이를 보충하고 있다. 동시에 붓다는 그가 모든 관념상에 대해 작의하지 않고, 따라서 관념상을 여읜 심삼매(animitta cetosamādhi)에 들어갔다고 기술하고 있다. 그는 아직 아라한이 아니기 때문에, 불교문헌에서는 경전에서 언급되지 않은 수신행자와 (팔리 전승과는 조금 달리) 수법행자들이 견도에 들어갔을 경우를 관념상 없이 주한다고 하면서 이들을 '여섯 번째 사람'이라고 말한다.

92 이 5종의 개아는 ŚrBh II.1.2.에서 구분된 28종의 개아에 대한 설명에서 14~16 + 27~28번째 항목에서 다음과 같이 규정된다. 여기서 (i) 믿음으로 신해하는 사람은 "바로 그 수신행자가 타인으로부터의 교수와 교계와 관련해 사문과를 증득하고 접촉하고 촉증했을 때, 그는 믿음으로 신해하는 사람이라고 불린다." (ii) 정견을 얻은 사람이란 "바로 그 수법행자가 타인으로부터의 교수와 교계와 관련하지 않고 사문과를 증득하고 접촉하고 촉증했을 때, 그는 정견을 얻었다고 불린다." (iii) 몸으로 촉증하는 사람이란 "어떤 사람이 8해탈에 순·역의 방식으로 들어가고 나오며, 또 몸으로 촉증한 후에 자주 주하지만, 모든 방식으로 루의 소멸을 획득하지 못한다. 그는 신체로 촉증하는 사람이라고 불린다." (iv) 혜에 의해 해탈한 사람이란 "어떤 사람이 모든 방식으로 모든 漏의 소멸을 획득했지만, 8해탈을 몸으로 촉증한 후에, 도달한 후에 주하는 것은 아니다. 그는 혜에 의해 해탈한 사람이라고 불린다." 그리고 (v) 두 부분으로 해탈한 사람이란 "어떤 사람이 모든 방식으로 모든 漏의 소멸을 획득했고, 8해탈을 몸으로 촉증한 후에, 도달한 후에, 주하고 있고, 그가 번뇌장과 해탈장(vimokṣāvaraṇa)으로부터 심을 해탈했을 때, 그를 두 방식으로 해탈한 사람이라고 부른다."(『성문지』 2021: 191ff 참조).

(ubhayatovibhāgavimukta)들은 그렇게 불릴 수 없다. 왜냐하면 그들은 멸에 대해 '이것은 적정하다'는 생각을 하면서 주하기 때문이다. 따라서 [단지] 저들 [2종의 사람들]만이 관념상을 여읜 [상태]에서 주한다고 불린다.

1.5.2.4. 비유 (Ch. 625a26)

마치 외과의(śalyāhartṛ)인 의사(bhaiṣaja)가 어떤 사람의 종기(gaṇḍa)가 완전히 터진 것을 본 후에 그것을 먼저 예리한 칼로 찌른다. 그가 그것을 찌른 만큼 고름(pūti)이 흘러나오지만, 고름은 남김없이 나온 것은 아니다. [의사가 종기를 계속해서] 자르고 손으로 누른 만큼 [그 속에 있던] 고름이 흘러나오지만, 그 [사람]의 상처의 절개부분은 아직 깨끗이 되지 않고 치료되지 않았다. 그의 상처의 절개부분을 치료하기 위해 [의사는 그것을] 밀가루와 버터로 만든 덩어리나 또는 오일로 적셔진 천조각으로 묶는다. 이런 방식으로 밀가루와 버터로 만든 덩어리나 오일로 적셔진 천조각으로 묶인 상처는 점차로 치유되게 된다. 이 비유는 [위에서 설명한] 사태를 쉽게 이해하게 하기 위해 만들어진 것이다.

이 [비유]의 의미는 다음과 같이 이해되어야 한다. 터진 종기는 견도에 의해 제거되어야 하는 루들의 루를 촉진시킬 수 있는 사태들(*āsravasthānīyāni[93] vastūni)이라고 알아야 한다. 칼로 찌름은 비파샤나에 속한 견도라고 보아야 한다. [손으로] 누름은 샤마타에 속한 견도라고 보아야 한다. 고름은 견도에 의해 제거되어야 할 잠재적 경향성에 포함되는 루들이라고 알아야 한다. 깨끗하지 않고 치료되지 않는 상처는 수도에 의해 제거되어야 할 루 및 그것의 사태들이라고 알아야 한다. 그것을 통해 상처가 치유되는 밀가루와 버터로 만든 덩어리

---

93 sthānīya는 티벳역에서 gnas lta bu, 한역에서 隨順 … 處로 번역된다. AKBh-Index에 따르면 sthānīya는 두 가지 뉘앙스를 갖고 있다. (a) "대신에", "~과 유사한" 예: kośa-sthānīyaṃ = kośa-sadṛśaṃ (AKVy) (b) "산출할 수 있는", 예: cakṣuśā rūpāṇi dṛṣṭvā saumanasya-sthānīyāni rūpāṇi = saumanasya-janakāni (AKVy). 유식문헌에서 이에 더해 (c) "~과 상응하는", "~을 촉진하는"의 의미도 보여준다. 예: kleśa-sthānīye viṣaye ābhāsagate, vedana-sthānīyā dharmāḥ. (c)의 의미는 아직 산출된 것은 아니지만, 산출될 수 있는 능력이나 성질을 갖고 있다는 의미로 사용된다.

나 오일로 적서진 천조각은 수도라고 알아야 한다.

1.5.3. 세간적인 수도 (Ch. 625b7)

욕계에서 이욕하거나 색계에서 이욕한 범부는 단지 수도에 의거해 행하며, 반면 견도는 그에게 존재하지 않는다. 욕계의 [인식대상]들로부터 이욕한 자에게 성적 욕망에 대한 탐욕과 진에, 이 [탐욕과 진에]들과 대응하고 근접해 있는 慢, 그리고 그것들과 상응하는 무명(tatsaṃprayuktā avidyā)은 더 이상 현행하지 않는 방식으로 제거되었다.[94] 유신견 등 견도에 의해 제거되어야 하는 [번뇌들]에 있어서는 그렇지 않다. 그 [성적 욕망에 대한 탐욕(kāmarāga)] 등은, 그가 이 세상에서 살아가고 이 신체 속에서 주하는 한, 그에게 생겨나며, 그가 삼매에서 출정했을 때에는 경우에 따라 매우 강력하게 생겨난다. 그렇지만 만일 그가 [죽은 후에] 상계에서 재생할 때에는 그 [번뇌]들은 그에게 생겨나지 않는다.

마찬가지로 색계에서 이욕한 범부에게도 [수도에 의해 제거되어야 할] 번뇌들, 즉 진에를 제외한 나머지 것들은 이치에 따라 이해되어야 한다.

만일 그 [번뇌]들이 [상응하는] 조건들과 만날 때에는 자신의 지에 속한, 견도에 의해 제거되어야 할 루들은 [범부들이] 등지(samāpatti)에 있거나 그것에서 출정했거나 또는 [상계]에서 재생했든지 간에 그들에게 항시 생겨난다.

1.5.4. 2종의 추중 (Ch. 625b16)

麤重(dauṣṭhulya)은 요약하면 2종이다. 루의 추중(āsravadauṣṭhulya)과 루를 수반하고 있는 것의 추중(sāsravadauṣṭhulya)이다.[95]

---

94 이는 수도에서 제거되어야 하는 탐, 진, 만, 무명의 네 가지 번뇌들이 억압되었기 때문에 분출의 방식으로 생겨나지 않는다는 것을 의미한다.

95 漏의 추중과 유루의 추중은 Schmithausen(1987:66)이 말하듯이 번뇌의 추중(kleśadauṣṭhulya)과 이숙의 추중(vipākadauṣṭhuya)에 대응한다. 번뇌의 추중이 정신적으로 부정적인 추중의 측면을 표현하는 반면 이숙의 추중은 이전의 추중의 부산물이나 잔존효과로 보인다. 그것이 다음 단락에서 바

(i) 루의 추중은 아라한에게 완전히 사라졌다. 왜냐하면 수도에 의해 제거되어야 할 번뇌들이 이미 제거되었기 때문이다. 그것은 수면에 포섭된, 識을 수반한 신체(savijñānakaḥ kāyaḥ)에 활동성이 없는 방식으로(akarmaṇyayogena) 좋지 않은 상태가 우세하기 때문이다.

(ii) 루를 수반하고 있는 것의 추중이란 번뇌들을 이미 제거했음에도 불구하고, [아라한의 신체에] 비록 매우 미약하고 약소하지만, [첫 번째 추중과] 유사한 작용성의 부재의 형태로 본래적인 불편함과 나쁘게 달라붙은 상태가 있는 것이다. [이 상태는] 이전의 루에 의해 초래된 것이며, [이전의] 루에 의한 영향에서 나오는 것이다.

루를 수반하고 있는 것의 추중은 번뇌의 습기(kleśavāsanā)[96]라고도 불린다. 아

로 번뇌의 습기로 규정된 것이다. 이 맥락에서 루의 특별한 의미는 ASBh 24,1f에 반영되어 있다. āsravānvayato 'rhatāṃ skandhānāṃ paurvajanmikakleśasambhūtatvāt "[유루란] 루의 종류이기 때문이다: 아라한들의 온들은 이전의 재생과 관련된 번뇌로부터 생겨났기 때문이다." 아라한들은 과거생의 루 때문에 재생했다. 아라한이 되었을 때의 그들의 온은 과거생의 루의 영향 하에 있는 한에서 생겨나고 그것들에 의해 규정된 한에서 유루라는 것이다. 해탈을 장애하는 요소로서의 루들은 아라한에게는 이미 끊어졌지만 그것들은 아라한의 신체 속에 비록 미세하고 희미하지만 그래도 흔적을 남겨놓았고, 그 흔적이 여기서 무거운 느낌으로서의 추중이라는 것이다. 두 종류의 추중과 알라야식의 관계에 대해서는 Schmithusen 1987: 81-84 참조.

96 여기서 번뇌의 습기는 신체 속에 남아있는 잔존물로서, 수면이 제거된 후에도 남아있는 것으로 이해되고 있다. 그런 한에서 습기 개념은 隨眠(anuśaya)과 차이를 보여준다. 왜냐하면 「섭결택분」(Ch. 661b26ff)에서 설명하듯이 수면은 잠재적인 측면에서 번뇌의 종자(kleśabīja)로서 어떤 것을 산출할 수 있는 능력을 갖고 있기 때문이다. 이와 같이 번뇌를 적극적으로 작동하는 것과 잔존물로서 구분하는 방식은 「섭사분」(Ch. 797c13ff)에서의 아만(asmimāna)의 두 유형과도 일치한다. 하나는 제행에 집착함에 의해 생겨나는 아만이고, 다른 하나는 정념의 상실에 의해 생겨나는 아만이다. 성자는 전자를 제거했지만, 후자는 수면으로서의 유신견을 제거한 성자에게도 현행하는 것으로 설명되고 있다. 그렇지만 성자에게 유신견의 습기는 남아있는데, 이것이 정념의 상실의 경우에 두 번째 유형의 아만이 생겨나는 토대가 되는 것이다. 이는 성스런 수행도가 온전히 수행되지 않았기 때문에 일어난다고 말하고 있다.

이런 맥락에서 Lamotte(1974)가 불교전통에서 번뇌의 습기를 번뇌 자체와 구별했음을 보여준 것은 좋은 실례이다. 비록 아라한은 번뇌를 이미 제거했지만, 그에게 계속해서 번뇌의 습기가 남아있으며, 이것은 오직 붓다에게서 완전히 끊어질 수 있다는 설명은 「섭결택분」의 맥락과 통하는 것이다. 그리고 이 문제는 붓다나 아라한의 신체가 무루인가 유루인가 하는 문제와 깊이 연관되어 있다. 만일 붓다가 번뇌 및 번뇌의 습기를 완전히 제거했다면, 그의 신체는 당연히 유루가 아닐 것이고 청정해야 한다. 이를 붓다만이 가진 속성으로 보는 것에 대해서는 아래의 각주를 볼 것.

라한과 연각들도 이것들을 제거하지 못했고, 오직 여래만이 그것들을 제거했다. 따라서 습기의 영단(vāsanāsamudghāta)은 고유한 붓다의 특성이라고 불린다.[97]

이것이 번뇌잡염의 차이에 대한 5종의 건립이라고 설해진다.

2. 번뇌들에 대한 개별적 설명

2.1. 일곱 가지 항목에 따른 설명

2.1.1. 성적 욕망(kāma)과 관련된 번뇌들 (Ch. 625b26)

(1) 망분별에 의해 일어난 탐욕(saṃkalparāga)

세존께서는 "사람의 망분별에 의해 일어난 탐욕(saṃkalparāga)[98]은 욕망(kāma)이다"[99]라는 말씀에서 왜 오직 번뇌로서의 욕망(kleśakāma)[100]을 욕망

---

97 BoBh 409,5f는 네 가지를 고유한 붓다의 특성으로 제시한다: 대비(mahākaruṇā), 잊지 않는 성질(asaṃmoṣadharmatā), 습기의 영단(vāsanāsamudghāta), 일체종지(sarvākāravarajñāna). 그중에서 번뇌의 영단은 행주좌와의 어떤 행위에 있어서도 번뇌의 자취가 없는 것을 가리킨다. 『집론』(AS 100,16f): "번뇌의 영단에 의해 어떤 작용을 하는가? 번뇌를 여읜 자는 번뇌와 비슷한 [어떤] 행동도 보여주지 않는다." 또한 BoBh 404,18ff에서 "여래가 움직일 때나 볼 때, 말하실 때나 주하실 때, 번뇌의 실질적 존재와 유사한 움직임이 완전히 현행하지 않는 상태가 여래의 습기의 영단(vāsanāsamudghāta)이라고 설해진다. 그런데 비록 번뇌를 제거했다고 해도 아라한들에게는 번뇌의 존재와 비슷한 움직임이 움직일 때나 볼 때, 말할 때나 주할 때에 있다."
위없는 보리의 맥락에서 습기의 영단에 대해서는 BoBh 88,11ff: "청정한 지와 일체지, 장애없는 지와 모든 번뇌의 습기를 완전히 단절한 것과 염오되지 않은 무명의 남김 없는 끊음이 위없는 완전한 보리라고 설해진다. 그중에서 습기를 수반한 일체번뇌를 모두 또 철저히 끊었기 때문에 그 지는 청정하다고 설해진다."

98 한역에 따라 saṃkalpa를 '妄分別'이라 번역했다. 이 단어가 주로 번뇌로서의 욕망(kleśakāma)을 가리키고 있기에, 그 의미는 성적 욕망과 관련된 잡스런 생각 일반을 의미할 것이다.

99 이와 비슷한 문장이 Uv II 7에 나온다. (또 『잡아함경』 199a6f; AKBh 113,3f 참조)
na te kāmā yāni citrāṇi loke saṃkalparāgaḥ puruṣasya kāmaḥ /
tiṣṭhanti citrāṇi tathaiva loke athātra dhīrā vinayanti cchandam //

100 kāma를 2종으로 구분하는 것은 ŚrBh 449,15에 나오지만, 상세한 설명은 사소성지(Ch. 387b29ff)에 나온다. 여기서 vastukāma는 탐욕의 대상인 외적 사물로서, 광물이나 돈, 토지, 부인 등이다, kleśakāma는 식에 생겨나는 vastukāma를 촉진시키는 탐닉으로서 정의되며, 망분별에서 생겨난 탐욕(saṃkalparāga)과 동일시되고 있다.

(kāma)이라고 설하시고, 사물로서의 욕망[의 대상](vastukāma)들은 아니라고 하셨는가?

답: (i) 번뇌로서의 욕망은 본성적으로 염오되었기 때문이다.

(ii) 단지 번뇌로서의 욕망만이 사물로서의 욕망[의 대상들]을 갈구하기 때문이다.

(iii) 외적 사물이라는 욕망[의 대상들]에 의해 촉발된 잡염을 [구성하는] 오류는 [실제로는] 번뇌로서의 욕망에 의해 산출되기 때문이다.

만일 어떤 이가 망분별에 의해 일어난 탐욕을 변지하지 못하고 따라서 제거하지 못했다면, 그는 처음부터 감각적 욕망의 대상들에 대한 갈애에 의해 불타게 된다. 그가 감각적 욕망의 대상들에 대한 갈애에 의해 불타기 때문에 그는 감각적 욕망의 대상들을 추구하고 감각적 욕망의 대상들에 대한 추구를 통해 신체적이고 심리적인 피곤함에서 일어난 고통(pariśramaduḥkha)을 경험한다. 만일 그의 노력이 결실없이 머문다면 그는 '아! 나의 노력은 결실이 없다.'고 생각하면서 노력의 결실이 없는데서 생겨난 고통을 경험한다. 설사 [그의 노력이] 성공했다고 해도 그는 [획득한 것을] 보존하기 위해 진지한 근심을 하기 때문에 보존과 관련된 고통(ārakṣāduḥkha)을 경험한다.[101] 향수할 때에도 그는 탐욕의 불에 불타고 [따라서] 내적으로 적정하지 못한데서 오는 고통을 경험한다. 만일 [소유물이] 사라지면 그는 우수(śoka)의 [형태로] 고통을 경험하고, 그 [잃어버린 소유물을] 기억할 때에 분별에서 [생겨난] 고통을[102] 경험한다. 그와 같이 그

---

101 이와 아주 비슷한 문장이 ŚrBh 78,20f에 나온다. sacet saṃpadyate sa tasyārakṣādhikaraṇahetos tīvram autsukyam āpadyate. 여기서 tīvram autsukyam을 티벳역은 rtsol ba drag po("강한 노력"), 한역은 大憂慮로 다르게 번역하고 있다. 이는 autsukya / utsuka가 "anxiety" 또는 "desire" 등의 여러 뉘앙스를 갖고 있기 때문이다.

102 티벳역은 rnam par rtog pa'i sdug bsngal(vikalpaduḥkha)로 읽지만, 한역은 追憶苦(anusmaraṇaduḥkha)로 번역한다. 이는 AKBh 22,20f에서 명시되듯이 vikalpa(분별)에 자성분별(svabhāvavikalpa), 計度分別(abhinirūpaṇavikalpa), 隨念分別(anusmaraṇavikalpa)의 3종이 있기 때문에, 한역이 이를 구체적으로 번역한 것이라 보인다. AKBh 22,26에서 "anusmaraṇavikalpa는 집중된 것이든, 집중되지 않은 것이든, 마음에 있는 모든 기억이다."로 정의된다.

는 이 이유에서 신·구·의에 의한 악행(duścarita)을 일으킨다.

(iv) 성적 욕망의 대상을 포기하고 출가자가 된 자는 비록 [그것을] 포기했지만, [아직 제거되지 않은] 번뇌라는 욕망 때문에 성적 욕망의 대상을 다시 취하는 경우도 있다.[103]

(v) 오로지 번뇌라는 잡염 때문에 욕계와 나쁜 존재형태에서 생노병사 등의 고통을 당하게 된다.

잡염의 오류는 이런 유형이며, 그것들의 원인은 번뇌라는 욕망이다. 따라서 세존께서는 오직 번뇌라는 욕망만을 욕망(kāma)이라고 설하셨지, 사물로서의 욕망[의 대상]들에 대해서는 [욕망이라고 설하시지] 않았다.

(2) 8종의 망분별 (Ch. 625c14)

감각적 욕망에 대한 탐욕을 산출하는 망분별(saṃkalpa)에는 몇 종류가 있는가?

8종이 있다.[104] 즉, 끌리고(nudana), 알아차리고(bodhana), 결박하고(saṃyojana), [특징을] 취하고(naimittika), 애착하고(snehana), 쾌락적이고(vilasana), 교합하고(niṣpīḍana), 최고로 애착하는(parisnehana) [망분별]이다. 이 망분별이 감각적 욕망에 대한 탐욕을 일으킨다고 한다. 현자는 이것을 피해야 한다.

(i) 끌리는(nudana) 망분별이란 선을 향해 노력하는 심의 흐름을 되돌리고, 탐욕[의 대상들]로 향하게(ābhoga)[105] 하는 것이다.

---

103 이에 대해서 「사소성지」(YBh_ms. 112b3ff; Ch. 370a23f)에서 사물로서의 욕망[의 대상]의 끊음(vastukāma-prahāṇa)과 번뇌로서의 욕망의 끊음(kleśakāma-prahāṇa)의 구별을 보라. 전자는 출가하는 것이라고 정의된다, 그렇지만 출가자는 이때에 성적 욕망으로부터, 즉 번뇌라는 욕망으로부터 벗어나지는 못하는데, 그것들의 제거는 사념처의 수행을 요구한다.

104 망분별의 8종은 『유가론』 「본지분」의 「思所成地」 중의 意趣伽陀(Ābhiprāyikārthagāthā) 42-43에서 나열되고 있으며, 그에 대한 산문주석에서 정의되고 있다. 여기서 saṃkalpa라고 한 것은 의취의가타에서는(음절에 따라) kalpa로 쓰여 있고, 그것이 다시 산문주석에서 vikalpa로 제시되고 있다. 의취가타에 대해서는 前田崇(1991: 87f)의 선행연구가 있지만, 본 번역에서는 Ahn(2003: fn.546) 및 산스크리트 사본에 의거한 사소성지의 비판사본 작업의 성과에 의거했다. 상세한 내용 설명은 「사소성지」 해당부분의 번역을 참조할 것.

105 ābhoga는 한역에서 發動, 發, 發悟 등으로 심이 대상을 향해 발동하는 측면을 가리키며, 작의의 정의

(ii) 알아차리는(bodhana) 망분별이란 [탐욕의] 대상이 근접하고 현전하지 않을 때에도 감각적 욕망에 대한 탐욕의 분출에 의해 [이것에] 묶는 것이다.

(iii) 결합시키는(saṃyojana)[106] 망분별이란 그것을 통해 감각적 욕망에 대한 탐욕에 떨어진 자(kāmarāgaparyavasthita)가 욕망의 대상들을 추구하는 것이다.

(iv) [특징을] 취하는(naimittika) 망분별이란 [탐욕의] 대상이 근접하고 현전해 있을 때, 그것을 통해 그 주된 특징과 부차적 특징을 취하는 것이다.

(v) 애착하는(snehana) 망분별이란 [탐욕의] 대상이 근접하고 현전해 있을 때, 감각적 욕망에 대한 탐욕의 분출에 의해 [이것에] 묶는 것이다.

(vi) 쾌락적인(vilasana) 망분별이란 그것을 통해 감각적 욕망에 대한 탐욕에 떨어진 자가 감각적 욕망의 대상들에 대한 다양한 향락을 갈구하는 것이다.

(vii) 교합하는(niṣpīḍana) 망분별이란 그것을 통해 감각적 쾌락을 다시 만들어내면서 그것에서 전적으로 장점만을 보고 단점을 보지 않기[107] 때문에 그것을 충분히 즐기는 것이다.

(viii) 최고로 애착하는(parisnehana) 망분별이란 감각적 욕망에 대한 탐욕의 분출이 정점과 절정에 이른 후에 [이것에] 묶는 것이다.

(3) 왜 [세존께서는] 욕계에 속하는 모든 번뇌들 속에서 단지 탐욕(rāga)을 감각적 욕망(kāma)의 특징이라고 설하셨는가? [세존께서] 갈애를 집제의 특징이라고 설하신 것과 같은 이유에서 그렇게 하셨다고 알아야 한다.

(4) 왜 [세존께서는] 탐욕을 망분별과 함께 감각적 욕망의 특징이라고 설하셨는가?

에서 보통 사용된다. 예를 들어 AS(G) 15,38: manaskāraḥ katamaḥ/ cetasa ābhogaḥ/ ālambane cittadhāraṇakarmakaḥ; YBh 60,1과 PSk 5,5에서의 작의도 AS와 동일하다.

106 saṃyojana는 결박의 의미를 갖고 있지만, 의취가타와 여기서는 "[대상과] 결합시키는"이란 의미가 일차적이다.

107 "단점을 보지 않기"라는 문장은 한역에는 없다.

(i) [세존께서는] 일면으로는 탐욕의 현전과 생기를 위한 원인과 다른 면으로는 [외적] 사물이라는 감각적 욕망의 대상의 향유를 위한 원인을 하나로 합쳐서 이를 '망분별이라는 탐욕(saṃkalparāga)'으로 설하셨다.

(ii) 출가자는 욕망의 대상을 포기했지만, 그러나 아직 욕망의 대상과 관련된 망분별들을 일으키고 있다. 그럼으로써 그는 그 [망분별]들이 욕망이라고 인식하고 그 후에 그것들을 포기하도록 하기 위해 세존께서는 망분별을 욕망의 특징이라고 설하신 것이다.

2.1.2. 갈애 (Ch. 626a10)

왜 [세존께서는] 갈애(tṛṣṇā)를 집제의 특징이라고 설하셨는가? 두 가지 이유에서이다. 갈애는 원하고 원하지 않도록 만들고, 또 변재하게 생겨나기 때문이다.

(1) 갈애가 신체나 향수물을 향하고 있는 한 그것을 취하고 또 향수하도록 하는 바람을 가진다. 또한 그것은 어떤 바람도 갖지 않도록 한다. 갈애에 대한 대치로서의 선한 법을 바라지 않음으로 향한 갈애는 그 [선법]을 받아들여 실천하고자 하는 바람이 없도록 작용한다.[108] 이런 방식으로 바람과 바라지 않음으로 인해 윤회에서의 [끝없는] 순환이 그치지 않는다.

(2) 변재하는 갈애의 생겨남은 세 가지[109]라고 알아야 한다.

(i) 상태와 관련한 변재성이란 [갈애가] 모든 [유형의] 감수들에 대해 5종으로[110] 생겨난다는 것을 의미한다. 즉, 결합을 통해, 분리되지 않음을 통해, 결합

---

108 티벳역에 따라 번역했다. 한역(626a13-15: 所以者何? 由彼貪愛 於身財等所應期願, 爲現攝受故, 便起期願, 於非願處對治善中 爲非所願, 現攝方便故 便起不願)의 의미는 정확히 이해하기 어렵다. "그 이유는? 저 갈애는 신체나 재산 등의 원할만한 것에 대해서 [그것을] 나타내기 위해 바람을 일으키지만, 바라지 않는 경우를 대치하는 선법에 대해서는 [그것을] 나타내는 것은 바라는 바가 아니기에 바라지 않음을 일으킨다."

109 ASBh 55,7ff에서 갈애는 6종으로 설명된다. (i) 사태에 변재하는 것(vastusarvatragā), (ii) 상태에 변재하는 것(avasthāsarvatragā), (iii) 시간에 변재하는 것(adhvasarvatragā), (iv) 계에 변재하는 것(dhātusarvatrikā), (v) 추구에 변재하는 것(eṣaṇasarvatrikā), (vi) 품류에 변재하는 것(prakārasarvatrikā)이다. 그중에서 앞의 셋이 위의 설명에 대응하는 것이다.

되지 않음을 통해, 분리에 대해 즐거워함에 의해, 그리고 심신복합체라는 집착의 대상(ālaya)에 대한 항시 따라 붙어있는 애착[111]을 통해서이다.

(ii) 시간과 관련한 변재성이란 [갈애가] 과거와 미래, 현재의 것을 대상으로 하는 것이다.

(iii) 인식영역(viṣaya)과 관련한 변재성이란 [갈애가] 심신복합체를 현세와 내생에서 추구하고 또한 획득하지 못한 감각대상을 인식대상으로 하는 것이다.[112]

2.1.3. 이욕 (Ch. 626a22)

왜 세존께서는 심이 탐욕과 진에, 우치로부터 벗어났을 때에만 이욕(vairāgya)이라고 하시고, 색이나 수와 같은 번뇌의 대상으로부터 [벗어났을 때에는 이욕이라고 하지] 않는가?

---

110 다섯 가지 갈애는 ASBh 55,11ff에 따르면 saṃyoga-tṛṣṇā, asaṃyoga-, viyoga-, aviyoga-, saṃmoha-이다. 『대비바사론』(T27: 121a6ff)은 이를 3종 감수의 맥락에서 다음과 같이 설명한다. "어떻게 세 감수가 갈애를 일으키는가? 답: 갈애는 5종이다. (i) saṃyoga-tṛṣṇā, (ii) asaṃyoga-, (iii) viyoga-, (iv) aviyoga-, (v) saṃmoha-이다. 만일 樂受가 아직 산출되지 않았을 때, 그것과 결합하기(saṃyoga-tṛṣṇā)를 바란다. 만일 낙수가 이미 산출되었다면, 그것과 분리되지 않기(aviyoga-tṛṣṇā)를 바란다. 만일 苦受가 아직 산출되지 않았다면, 그것과 결합이 없기(asaṃyoga-tṛṣṇā)를 바란다. 만일 고수가 이미 산출되었다면, 그것과 분리되기(viyoga-tṛṣṇā)를 바란다. 만일 불고불락수가 아직 산출되지 않았다면, 그것과의 결합(saṃyoga-tṛṣṇā)을 바라고, 그것이 아미 산출되었다면, 그것과 분리되지 않기(aviyoga-tṛṣṇā)를 바란다. 그 [불고불락수]에 대해 특히 saṃmoha-tṛṣṇā가 자라난다." 이와 다른 방식의 5종 감수의 배열에 대해서는 『아비담비바사론』(T28: 95a25ff) 참조.

111 Schmithausen(1987: 165f 및 fn. 202-204, 1063-1064 참조)은 이 문장을 "continuous attachment to the object-of-Clinging consisting in (the basis of) personal existence(*nityānubaddhātmabhāvālayasneha)"로 번역하고 있다.

112 ASBh 55,7ff: tṛṣṇā vastusarvatragā prāptāprāptasarvātmabhāvaviṣayavastuvyāpanat/ prāpte ātmabhāve tṛṣṇā, aprāpte paunarbhavikī/ prāpteṣu viṣayeṣu nandīrāgasahagatā/ aprāpteṣu viṣayeṣu tatratatrābhinandinī vyāpanāt /. "갈애는 사태에 변재하는 것이다. 왜냐하면 [그것은] 획득되고 획득되지 않은 모든 심신복합체의 인식영역에 변재하기 때문이다. 심신복합체가 획득되었을 때가 갈애이고, 획득되지 않았을 때가 재생으로 인도하는 [갈애]이다. 지각대상이 획득되었을 때 그 [갈애는] 즐거움에 대한 탐욕을 수반(nandīrāgasahagatā)하며, 지각영역이 아직 획득되지 않았을 때 이곳저곳에서 즐거움을 구하는 [갈애]라고 알아야 한다." 여기서 마지막 두 개는 갈애를 집제로 정의하는 중에 나오는 과거에 대한 연착과 미래에 대한 기대로서의 갈애를 나타낸다.

답: (i) 왜냐하면 심이 [탐욕 등의 번뇌로부터] 이욕했을 때, 그것은 [번뇌의 대상]들로부터도 벗어나기 때문이다.

(ii) 또한 번뇌들은 본성적으로 염오되었고 따라서 많은 단점들을 갖고 있기 때문이다. 대상들로부터 어떤 단점들이 생겨나든 간에 그 모든 것은 [실제로는] 번뇌들로부터 일어난다고 알아야 한다. 이 단점들은 앞에서 온의 선교(skandhakauśalya)의 경우에[113] 설했던 것처럼 알아야 한다.

(iii) 또한 [번뇌들은] 멀리할 수 있기 때문이다. 왜냐하면 대상들에 대한 번뇌들은 멀리할 수 있지만, 대상 자체는 멀리할 수 없기 때문이다.

(iv) 또한 부정관 등의 세간도에 의해 [감각적] 욕망의 대상들을 염리하고[114] 그럼으로써 감각적 욕망으로부터 벗어난 영역에 들어갔다고 해도, 그의 심은 번뇌들로부터 벗어나지 못했다. 왜냐하면 감각적 욕망의 단계로부터 벗어난 영역에 속하는 번뇌들은 계속해서 [심에] 결부된 채 존속하기(*anubaddha) 때문이다. 따라서 이런 이유 때문에 그 심은 번뇌들과의 분리에 의해 완전히 해탈한 것이지, [그것들의] 대상들로부터 벗어남에 의해서는 아니다.

이 주제를 결택하는 다른 설명들은 더 이상 나오지 않는다.

2.1.4. 아함카라(ahaṃkāra) (Ch. 626b3)

왜 경전들에서 다른 번뇌들과 분리되어 아견과 아소견, 아만, 집착, 수면(ahaṃkāra-mamakāra-asmimāna-abhiniveśa-anuśaya)[115]은 잡염품이라고 설해졌는

---

113 온의 선교는 「섭결택분」(Ch. 669a14ff)에서 상세히 다루어졌다. 그렇지만 이 개소에서 단점의 설명은 다시 「본지분」의 번뇌잡염 항목의 설명에 의거한다고 말하고 있다. 번뇌의 단점에 대한 다른 설명은 「섭결택분」(Ch. 673c12-24)에서 제시되어 있다.

114 여기서 厭患對治(vidūṣaṇapratipakṣa)가 세간도에 의한 잠정적인 번뇌의 억압을 의미한다는 것에 대해서는 「섭결택분」(Ch. 669a14ff) 참조. 이 개소의 해석에 대해서는 Sakuma(1990: II, 175ff) 참조.

115 SWTF(p.211)에서 이 복합어는 앞의 셋과 뒤의 둘은 각각 Dvandva이며, 그 관계는 Tatpuruṣa로 해석된다. 즉, "아견과 아소견, 아만에 대한 집착과 수면"으로 풀이된다. 초기경전에도 이와 유사한 복합어인 ahaṃkāra-mamaṃkāra-mānānuśayā susamūhatā가 나온다. (CPD p.533). 『유가론』의 여러 개소

가?

(1) 답: 세 가지 이유 때문이다.

(i) 왜냐하면 그것들은 삿된 인식(mithyāpratipatti)을 향하고 있기 때문이다. [이는] 아견과 아소견이다. 즉, [아견과 아소견을 포함하는] 유신견에 의거하고 또 그것들의 뿌리에서 생겨나는 62종의 邪見들을[116] 취한다면, 비록 해탈을 원한다고 해도 해탈에 대해 잘못 인식하게 된다.

(ii) 왜냐하면 그것들은 올바른 인식(samyakpratipatti)과 배치되기 때문이다. [이는] 아만과 집착이다. 즉, 그는 아만과 집착에 의거해서 붓다와 그의 제자들, 올바른 사람들에게 가서 '무엇이 선한 것이고 무엇이 불선한 것입니까?'라고 묻지 않고, 질문하지 않는다. 설사 그들이 와서 [그에게] 질문을 한다고 해도 자신을 그들에게 진실하게 드러내지 않는다.[117]

(iii) 왜냐하면 그가 [이전에] 도달했던 특별한 증득으로부터 물러났기 때문에

에서도 이와 비슷한 방식으로 복합어 해석이 제시된다. 「攝異門分」(Ch. 765a4ff, D 32b3ff)은 "집착이란 번뇌들에 의해 온이 취해질 때, 그 [번뇌]들에 의해 분출되는 것이다. 그 [번뇌]에 속한 추중이 수면이다. … 그중에서 아견과 아소견은 유신견이다. 아만은 바로 저 [자신에] 대한 慢(māna)이다. 바로 이 양자에 의한 분출이 집착이다. 추중은 수면이다." 「섭사분」(Ch. 777b28ff, D 138b1ff)에서도 행상과 분출과 수면의 방식에 따라 5종 번뇌로 구별된다고 하면서, 아견과 아소견, 아만은 見雜染과 慢雜染의 행상(ākāra)으로, 집착은 분출, 수면은 상속에 부착된 종자로 설명되고 있다. 이에 따르면 번뇌들은 집착과 수면의 방식에 따라 구별되며, 그것들의 행상이 바로 아견과 아소견, 아만인 것이다. 특히 이 번뇌들의 세 행상들은 無學(aśaikṣa)에 의해서는 이미 제거되었지만 有學(śaikṣa)에 의해서는 제거되어야만 하는 것으로서 간주되고 있다. 이는 아견과 아소견으로 이루어진 유신견이 이미 예류에 든 성자에게 이미 제거된 것으로 보는 유부의 일반적 설명과는 다른 것이다. 이런 유부의 설명과 비슷한 것이 「섭사분」의 다른 개소에서 나타나는데, 여기서 유학은 견잡염을 이미 제거했지만, 아만의 경우 아직 습기가 남아있다고 하면서 양자를 구별하고 있다. 이는 『잡집론』에도 인용되고 있는 Kṣemakasūtra의 설명과도 유사한 것이다.

하지만 이런 교학적 내용을 고려하면서도 번역에서는 이 복합어를 앞의 「섭사분」의 풀이에서처럼 ('di lta ste/ bdag tu 'dzin pa dang/ bdag gir 'dzin pa dang/ nga'o snyam pa'i nga rgyal dang/ mngon par zhen pa dang/ bag la nyal lo//) 모두 병렬복합어로 풀이했다. 왜냐하면 이런 방식이 이하의 설명에 더 부합되기 때문이다.

116 62종의 사견은 Brahmajālasutta(DN I 12ff)에서 상세히 설해지고 있다. 이에 대해서는 앞의 각주 참조.

117 티벳역 smra bar … byed pa와 한역 顯發은 모두 '드러낸다'는 의미로서, āviṣ-kṛ의 번역일 것이다. 유사한 표현으로 MN II 128,21f의 yathābhūtaṃ attānaṃ āvikattā을 참조.

그는 다시 떨어진다. [이는] 오직 잠재적 경향성 때문이다. 즉, 비록 그가 有頂(bhavāgra)이까지 올라갔다고 해도 그는 하지에 속한 잠재적 경향성에 부착되어 있기 때문에 다시 떨어져서 [하계로] 퇴환한다.

(2) 다른 설명방식이다. 인식되어야 할 것의 봄을 방해하고 끊음의 실현을 방해하는 두 가지 법이 있다. [그것은] 잘못된 인식의 원인과 고의 발생의 원인이다.

잘못된 인식의 원인은 62종의 사견이다. 왜냐하면 이것에 집착할 때 신·구·의로 중생들에 대해 잘못 대하기 때문이다. 고의 발생의 원인은 잠재적 경향성을 끊지 않은 것이다.

두 법들의 원인도 마찬가지도 둘이다. 잘못된 인식의 원인의 원인은 아견과 아소견의 형태로 생겨나는 유신견이다. 고의 발생의 원인의 원인은 아만 때문에 처음과 끝에 올바로 행하지 않는 것이다. 왜냐하면 [아만 때문에] 듣지 않기 때문에 처음에 올바로 행하지 않으며, [아만 때문에] 스스로 자만에 빠져 있기에 끝에서 [올바로 행하지 않기 때문이다].

(3) 다른 설명방식이다. 잘 설해진 법과 율에 최상이고 최고이며 탁월하고 극히 뛰어나고 우수하며 비불교도들과 공통되지 않은 네 가지 요소들이 있다. 네 가지란 무엇인가? [사성]제의 올바른 분석, 동료수행자를 즐겁게 하는 계, 반대편에 서 있는 자들에 대한 증오가 없음, 그리고 청정한 [단계]에서 물러서지 않는 것이다.

잘못 설해진 법과 율에 [앞의 네 가지 요소들에] 대립하는 네 가지 요소들이 있다. 아견과 아소견의 형태로 생겨나는 유신견, 아만, '이것이 진실이다'라는 생각에 집착하는 것, 그리고 잠재적 경향성을 제거하지 않았기 때문에 유정에서 재생했다고 해도 다시 [하계에] 퇴환하는 것이다.

(4) 다른 설명방식이다. 집착에는 2종이 있다. 근과 대상들에 대한 집착과 중생들에 대한 집착이다. 근과 대상들에 대한 집착은 아견과 아소견이라고 보아야 한다. 중생들에 대한 집착은 '나는 더 뛰어나다'는 등의 형태로서의[118] 아만이라고 보아야 한다.

2.1.5. 욕구 (Ch. 626c3)

만일 갈애가 고의 원인이라면 왜 세존께서는 욕구(chanda)도 고의 원인이라고 설하셨는가? 답: 왜냐하면 그것은 현세에서의 고의 원인이기 때문이다. 즉, 비탄 등은 사람이 갈구하거나 그것을 향해 탐욕을 일으키거나 또는 좋아하는 것이 나쁘게 변했거나 다른 것으로 되었기 때문에 일어난다.

2.1.6. 경전의 일곱 가지 비유[119] (Ch. 626c6)

(i) 왜 [세존께서는 *Valmīkopamasūtra에서] 5蓋(nivaraṇa)를 '거북이'라고 설하셨는가? 답: 왜냐하면 그것들은 여리작의의 반대항(vipakṣa)으로서, 다섯 개의 지분이라는 점에서 [거북이와] 비슷하기 때문이다.

(ii) 왜 [세존께서는] 분노(krodha)를 '전갈'[120]이라고 설하셨는가? 답: 왜냐하면 그것은 교수와 교계를 받아들이는 것의 반대항으로서, 악한 말과 [교수하는] 말을 참지 못하기 때문에 본성적으로 전갈과 비슷하기 때문이다.

(iii) 왜 [세존께서는] 嫉(īrṣyā)과 慳(mātsarya)을 '고기 덩어리(māṃsapeśi)'[121]라

---

118 이 설명에서 잠재적 경향성에 대응하는 요소가 빠져 있기에 이런 종류의 개념화된 집착이 잠재적 형태로서 개념 속에 내재된 잠재적 경향성으로 간주된 것으로 보인다.

119 이하의 일곱 개의 비유는 Vammīkasutta(MN I 142ff)에서 설해졌다. 그 이외에 네 개의 한역도 존재한다: 『잡아함』(T2: 282a22-c17), 『잡아함』(T2: 379c3-380a15), 『蟻喩經(』T1: 918b21-919a17), 『증일아함』(T2: 733b12-c27). 이들 다섯 판본에 대한 연구로는 F. Grohmann 1991 참조. 7종 비유의 순서는 증일아함을 제외한 한역의 순서는 「섭결택분」의 그것과 일치하지만, 증일아함의 순서는 i-vii-ii-iii-iv-vi-v이며, MN의 순서는 avijjā-kodhupāyāsa-vicikitsā-nīvaraṇa-upādānakkhanda-kāmaguṇa-nandirāga이다.

120 티벳역 sdig pa는 MVy 4848(Ishihama ed.)에서 vṛścikaḥ, 즉 전갈을 의미한다. 반면 한역 母駝는 불분명하다. MN에서 uddhumāyikā는 (CPD c.v.) 개구리의 일종이다. 잡아함(380a1f.)에서 蝮蛇는 살모사를 의미한다. 『蟻喩經』의 水母蟲은 벌레를 가리키지만 어떤 종류인지는 불확실하다.

121 티벳역 sha sna dgu("다양한 고기")로 번역하고 있지만, 맥락에 맞지 않는다. 한역은 凝血로 번역하고 있어 티벳역 sha(=肉)에 해당하는 글자가 빠져있지만, 凝血肉의 축약형이라고 보인다. 왜냐하면 ŚrBh 440,17(Ch. 465c25)에서 māṃsapeśi는 凝血肉으로 번역되어 있기 때문이다. MN도 maṃsapeśi로 읽는다,

고 설하셨는가? 답: 왜냐하면 그것은 희열로 이끄는 요소들의 반대항으로서, 이득과 명예를 원하는 상태에서[122] 생겨나기 때문이다.

(iv) 왜 [세존께서는] 감각적 욕망을 '판매할 고기'[123]라고 설하셨는가? 답: 왜냐하면 그것들은 선법들의 항시적인 수행의 반대항으로서, 그것의 소유자에게 속하는 것으로 간주될 수 없기 때문이다.[124]

(v) 왜 [세존께서는] 무명을 lāṅgī[125]라고 설하셨는가? 답: 왜냐하면 그것은 청문으로 이루어진 지혜의 반대항으로서, 본성적으로 그것과 비슷하기 때문이다.

(vi) 왜 [세존께서는] 의심을 '둘로 나뉜 길(dvedhāpatha)'[126]이라고 설하셨는가? 답: 왜냐하면 그것은 사유로 이루어진 지혜의 반대항으로서, 본성적으로 그것과 비슷하기 때문이다.

(vii) 왜 [세존께서는] 아만을 '원환 [형태의] 산맥'[127]이라고 설하셨는가? 답: 왜냐하면 그것은 수습으로 이루어진 지혜의 반대항으로서, 본성적으로 그것과 비슷하기 때문이다.

---

122 한역(626c11-12: 由於虛薄無味利養而現行故, 能障可愛樂法故)은 "공허하고 무의미한 이득과 명예에 대해 현행하고, 또 즐거워할 만한 법들을 장애하기 때문이다."로 매우 다르게 번역하고 있다.

123 티벳역 btsong sha("판매될 고기")에 따라 번역했고, 한역 屠机上肉은 "도살자의 책상 위의 고기" 정도를 의미할 것이다. 반면 여러 한역들과 MN의 다른 전거는 한결같이 asisūnā("도살장")를 가리킨다. 실제 감각적 욕망(kāma)은 Vin II 26과 MN I 130 등에서 asisūnā와 비교되고 있다.

124 그 의미는 판매될 고기가 도살장의 주인에게 속하지 않는 것처럼 감각적 욕망이 소유물에 대해 근심하는 사람으로 하여금 선법의 수행을 장애하며, 동시에 그것이 실질적인 그의 소유물이 아님을 나타낸다.

125 한역 浪者는 lāṅgī의 음사어이다. 티벳역 spre'u mjug ring("긴 꼬리를 가진 작은 원숭이")은 lāṅgūlin으로 읽었다고 보인다. 빨리어 lāṅgī는 avijjā-lāṅgī와 복합어로 사용되는 경우가 있는데 (see PTSD s.v.) "bolt, bar, obstruction" 등의 의미로 풀이된다. Ñāṇaponika는 MN의 번역에서 주석서에 의거해서 다음과 같이 번역한다. "도시 입구에 쳐 있는 차단막이 사람들로 하여금 도시로 들어가는 것을 방해하듯이, 무명은 사람들이 열반을 얻는 것을 방해한다." 무명을 차단막으로 비유하는 것은 적절한 예일 것이다. 반면에 『대비바사론』(245b20-24)은 무명을 lāṅgī로 비유적으로 묘사하는 것과 관련해 이를 독이 있는 곤충으로 이해하고 있다.

126 의심(vicikitsā)를 dvedhāpatha로 설명하는 것은 의미상 유사하며, 따라서 비유로서 많이 사용되고 있다. ŚrBh 336,17: nirvicikitsāḥ dvedhāpathā<pa>gato.

127 티벳역 khor yug("surrounding wall, area"), 한역 輪圍는 상통하는 의미이다.

2.1.7. 소유욕 등 (Ch. 626c17)

왜 악행을 야기하는 다른 번뇌들이 있음에도 불구하고 소유욕(lobha), 진에(dveṣa), 우치(moha)들이 자체적으로 불선근이라고 규정되는가?

답: 왜냐하면 요약하면 악행을 위해서는 3종의 이유가 있기 때문이다. 물질적 재물 때문에, 다른 사람들에게 손해를 끼치기 때문에, 그리고 삿된 가르침에 집착하기 때문에 [악행을 범한다]. 이 3종의 이유에 서 각기 소유욕 등을 통해 집착한다.

중간의 요약송이다.

> 욕망, 갈애, 이욕,
> 아견 등, 욕구, 거북이 등 그리고 소유욕이다.

2.2. 아홉 가지 항목에 따른 번뇌의 설명

2.2.1. 업을 작동시키는 것으로서의 번뇌 (Ch. 627a7)

탐욕 등의 10종 번뇌 중에서 몇 개가 업을 발동시키며, 몇 개는 [발동시키지] 않는가?

답: 모든 [10종 번뇌]들은 업을 발동시킨다. 특히 강하게 현행하는 번뇌들은 나쁜 존재형태로 이끄는 업을 발동시키는[128] 반면에, 정념의 상실 때문에 현행하는[129] 번뇌들은 그렇지 않다. 그리고 분별에서 일어난(parikalpita) [번뇌]들은 [그런 업들을 발동시키지만], 저절로 생겨나는(naisargika) [번뇌]들은 그렇지 않다.[130]

---

128 이는 YBh 166,1에서 "업의 발동에 의해서란 번뇌의 분출에 의해 압도되고 억압된 자가 신업과 구업을 발동시키는 것이다."로 정의되고 있고, 또 YBh 187,14f에서도 "여기서 어떤 이가 날카로운 탐·진·치의 발동에 의해, 또 날카로운 무탐·무진·무치의 강한 행위에 의해 업을 발동시키는 것이다."로 설명되듯이 번뇌가 업을 강하게 분기시키는 것을 가리킨다.

129 정념의 상실 때문에 일어나는 번뇌를 YBh 162,11 이하에서는 '자연적인 것(naisargika)'으로 간주하면서, 10종 번뇌 중에서 수소단의 번뇌를 가리키는 맥락에서 사용하고 있다.

2.2.2. 번뇌의 특징 (Ch. 627a11)

번뇌들은 얼마나 많은 특징을 갖고 있는가? 답: 간략히 말하면, 자상(svalakṣaṇa)과 공상(sāmānyalakṣaṇa), 그리고 차별상(viśeṣalakṣaṇa)이다.

2.2.2.1. 자상은 각각의 탐욕 등의 특징에 속하는 것이라고 알아야 한다.

2.2.2.2. 공상은 모든 [번뇌]들이 차이없이 적정하지 않은 것으로 특징지어지는 것이다.[131]

2.2.2.3. 차별상은 설명방식의 차이에 의해 특징지어지는 것과 생겨남의 차이에 의해 특징지어지는 것이다.

2.2.2.3.1. 설명방식의 차이에 의한 특징 (Ch, 627a15)

설명방식의 차이에 의한 특징은 「본지분」에서 설명되었듯이,[132] 결·박·수면·수번뇌·전 등이다.

2.2.2.3.2. [번뇌들의] 생겨남의 차이에 의한 특징 (Ch. 627a16)

[번뇌들의] 생겨남의 차이에 의한 특징은 [7종이라고] 알아야 한다. (1) 잠재적 경향성으로부터 [번뇌들의] 생겨남의 측면에서, (2) 인식대상과 관련해 [번뇌들의] 생겨남의 측면에서, (3) 현행의 의미에서 [번뇌들의] 생겨남의 측면에서, (4) 품류의 차이에 따른 [번뇌들의] 생겨남의 측면에서, (5) 힘을 갖고 또는 무력하게 [번뇌들의] 생겨남의 측면에서, (6) 원인과 결과와 관련해 [번뇌들의] 생

---

130 위의 각주에서 말했듯이, 자연적인(naisargika) 번뇌들은 수도에 의해서만 제거되는 것들을 가리킨다. 따라서 이 문장은 직전의 '강하게 업을 분기시키는 번뇌' vs. '정념의 상실 때문에 현행하는 번뇌'의 대비를 다시 '분별에서 일어난 것' vs. '자연적인 것'으로 확장해서 설한 것이라고 보인다.

131 Cf. 「본지분」에서는 번뇌의 자성을 모든 번뇌들이 차이없이 적정하지 않은 것으로 특징지어지는 것이라고 정의하지만, 『잡집론』(ASBh 56,1f)에서도 이것은 번뇌의 공상으로 정의되고 있다.

132 YBh 166,24ff에서 26종의 동의어를 나열한 것을 가리킨다. 여기서는 처음의 다섯 개의 동의어가 나열되고 있다. 異門(paryāya) 항목에서 번뇌의 나열은 「섭이문분」(Ch. 769c13-771b23)의 동의어 리스트와 「섭사분」(Ch. 802a13-804a22)에서의 17종의 동의어가 있다.

겨남의 측면에서, 그리고 (7) 잘못된 인식으로서 [번뇌들의] 생겨남의 측면에서이다.

(1) 잠재적 경향성으로부터 [번뇌들의] 생겨남의 특징은 요약하면 다음과 같이 18종이라고 알아야 한다. 스스로의 영역에 속하는 것과 다른 영역에 속하는 것, 손상된 것과 손상되지 않은 것, 수증하는 것과 수증하지 않는 것, 전체적인 것과 전체적이지 않은 것, 근절될 수 있는 것과 근절될 수 없는 것, 강력한 것과 중간단계의 것과 미약한 것, 각성된 것과 각성되지 않은 것, 고통을 많이 일으키는 것과 고통을 적게 일으키는 것과 어떤 고통도 일으키지 않는 것이다.[133]

(i-ii) 스스로의 영역에 속하는 [잠재적 경향성]은 삼계에서 자신의 영역에 속한 것이다. 다른 영역에 속하는 [잠재적 경향성]은 하지나 상지에서 재생한 자에게 상지나 하지에 속한 번뇌의 종자들이 뒤따르고 있는 것이다.[134]

(iii-iv) 손상된 [잠재적 경향성]은 세간도에 의해 이욕한 자에게 하지에 속한 것이다. 손상되지 않은 [잠재적 경향성]은 세간도에서 이욕한 자나 또는 그것으로부터 이욕하지 못한 자에게 스스로의 단계에 속한 것이다.

(v-vi) 수증하는 [잠재적 경향성]이란 스스로의 영역에 속한 것이다. 수증하지 않는 것은 다른 영역에 속한 것이다.

(vii-viii) 전체적인 [잠재적 경향성]은 범부들의 그것이며, 전체적이지 않은 것은 범부가 아닌 자, 즉 유학의 그것이다.

(ix-x) 근절될 수 있는 [잠재적 경향성]은 완전히 소멸하는 성질을 가진 것이며, 근절될 수 없는 것은 완전히 소멸하는 성질을 갖지 않은 것이다.

---

133 『현양성교론』(T31: 573b2ff)은 18종에 더해 비사마히타지에 속한 잠재적 경향성 및 사마히타지에 속한 잠재적 경향성 양자를 첫 번째와 두 번째로 나열한다.

134 이 문장에서 명확하듯이 여기서 수면은 종자와 동일시되지 않고, 잠재성과 분출을 포함하는 포괄적인 의미에서 사용되고 있다. 그렇지 않다면 수면이 종자들에 의해 뒤따르고 있다는 것은 동어반복이 될 것이기 때문이다. 반면 현장은 anuśaya를 일관되게 隨眠으로 번역하고 있기에, 이 문장에서 종자에 대응하는 번역어가 빠져있다.

(xi-xiii) 강력한 [잠재적 경향성]은 행동이 탐욕 등에 의해 [지배되는] 자의 그것이며, 중간단계의 것은 행동이 [탐욕 등과] 비슷하게 나누어진 자의 그것이며, 미약한 것은 번뇌가 희박한 자의 그것이다.

(xiv-xv) 각성된 [잠재적 경향성]은 [번뇌의] 분출을 결과로 가진 것이 그 [분출]과 함께 생겨나는 것이고, 각성되지 않은 [잠재적 경향성]은 분출 없이 존속하는 것이다.

(xvi-xviii) 고통을 많이 일으키는 [잠재적 경향성]은 욕계에 속하는 것이고, 고통을 적게 일으키는 것은 색계와 무색계에 속하는 것이며, 어떤 고통도 일으키지 않는 것은 자재성을 획득한 보살의 그것이다.

(1a) 잠재적 경향성들은 추중의 그룹(dauṣṭhulyakāya)이며, 그것들은 추중을 자체로 갖는다고 설해졌다. 번뇌에 속한 추중은 제행과 다른 것이라고 설해질 수 있는가, 아니면 다르지 않은 것이라고 설해질 수 있는가? 답: 그것은 다르다고 말해야 한다. 그 이유는? 왜냐하면 비록 아라한이 번뇌에 속한 추중은[135] 완전히 근절했다고 해도, 그에게 있어 제행의 흐름은 아직 중단되지 않았기 때문이다.

(1b) 추중은 얼마나 많은 [유형의] 추중에 포섭되는가? 답: 18종에[136] [포섭된다]. 즉, 자성적인 이숙의 추중, 자성적인 번뇌의 추중, 자성적인 업의 추중, 번뇌장으로서의 추중, 업장으로서의 추중, 이숙장으로서의 추중, 덮개로서의 추중, 올바르지 않은 심사로서의 추중, 비탄으로서의 추중, 공포로서의 추중, 피곤함으로서의 추중, 음식에 의해 조건지어진 추중, 잠 때문에 생겨난 추중, 성행위에 의해 조건지어진 추중, 요소들의 불균형에서 생겨난 추중, 나이의 변화에서 생

---

135 '번뇌에 속한 추중(kleśapakṣyaṃ dauṣṭhulyam)' 개념과 그 전거에 대해서는 Schmithausen 1987: 색인 항목을 볼 것. 비록 아라한은 번뇌에 속한 추중은 제거했지만 제행의 흐름이 남아있다는 것은 그에게 이숙에서 나온 추중은 잔존해 있다는 의미이다.

136 『현양성교론』(T31: 573b17ff)은 18종에 더해 소지장 추중 및 등지장 추중 양자를 다섯 번째와 여섯 번째로 첨가하고 있다. 그곳에서 나열의 순서는 위의 것과 조금 다르다. 또 AS 76,14ff에서도 24종의 또 다른 추중의 리스트가 제시되어 있고, 이에 대한 설명이 ASBh 92,4ff에 보인다. 이에 대한 상세한 설명은 「본지분」의 각주를 볼 것.

겨난 추중, 죽음에 의해 생겨난 추중, 변재하는 추중이다. 이것은 앞에서처럼 보아야 한다.

(2-3) 인식대상과 관련해 [번뇌들의] 생겨남과 현행의 의미에서 [번뇌들의] 생겨남이란 아래에서[137] 설명될 것이다.

(4) 품류의 차이에 따른 [번뇌들의] 생겨남이란 위에서 온의 선교의 경우에[138] 설명된 것처럼 알아야 한다.

(5) 힘을 갖고 또는 무력하게 [번뇌들의] 생겨남이란 마찬가지로 위에서처럼 「본지분」에서[139] 설했던 것과 같이 알아야 한다.

(6) 원인과 결과와 관련해 [번뇌들의] 생겨남이란 번뇌뿐 아니라 업이나 재생도 번뇌를 통해 야기된다. 또한 결과도 이치에 따라 상응하는 방식으로 알아야 한다. 욕계에 속한 번뇌들 중에서 일부, 즉 불선법들은 이숙을 수반하며, 나머지들은 이숙이 없다.

(7) 잘못된 인지로서 [번뇌들의] 생겨남이란 「본지분」에서[140] 7종으로 요약적으로 설해졌다. [이들 7종에 대한 상세한] 분석이란 무엇인가?

(i) 유신견과 변집견, 사견은 인식되어야 할 [대상]들을 잘못 이해함에 의해 사성제에 대해 잘못 인지된 것이다.

(ii) 무명은 이해하지 못함에 의해 [잘못 인지된 것이다].

(iii) 疑는 이해와 이해하지 못함 [사이에서 동요함]에 의해서이다.

(iv) 견취와 계금취, 貪은 견해를 인식대상으로 하고 견도소단인 한, 잘못된 이해에 대한 집착에 의해 잘못 인지된 것이다.

---

137 바로 뒤따르는 「섭결택분」(Ch. 629a25ff)에서 인식대상(ālambana)의 설명과 「섭결택분」(Ch. 629b13ff)에서 현행(samudācāra)의 설명이다.

138 「섭결택분」(Ch. 593b6ff)에서 설해진 6종 선교(kauśalya) 중에서 온선교가 가장 상세하게 설해지는데, 여기서의 분류를 가리킨다.

139 YBh 165,10-166,4 참조.

140 YBh 165,6-9에 해당된다. 이와 유사하게 잘못된 인지의 맥락에서의 설명은 AS(D) 83b6f. 및 ASBh 60,15ff 참조.

(v) 이 모든 [번뇌]들은 고제와 집제를 향하는 한, 잘못 인지된 것이다. 왜냐하면 [10종 번뇌들은] 그 [고와 집]의 원인이고, 또 [고와 집은] 그것들을 토대로 하기 때문이다(tannidānapadasthānataḥ)[141].

(vi) 이 모든 것들이 멸제와 도제에 향하는 한, 잘못 인지된 것이다. 왜냐하면 그 [번뇌]들은 그것들에 대해 공포를 일으키기 때문이다(taduttrāsasaṃjananataḥ).

(vii) 모든 이 [번뇌]들 중에서 자연적으로 생기하는 것들은 자발적으로 생겨나는 한, 수도(bhāvanāmārga)에 대한 반대항(vipakṣa)이다.

앞에서는[142] 교설과 관련해서 번뇌의 잘못된 인지에 건립은 교화되어야 할 [중생]들에게 상이한 번뇌들의 잘못된 인지의 단점들을 이해시키기 위해 번뇌의 대치와 반대항이 매우 거칠게 제시되는 방식으로 설해졌다. 그렇지만 여기서는 번뇌들의 잘못된 인지의 건립은 미세한 측면들이 여실하게 분석되는 방식으로 설해졌다.

2.2.3. 번뇌의 토대 (Ch. 627c13)

이 번뇌들 중에서 몇 개가 토대(vastu)를 갖고 있으며, 몇 개는 그렇지 않은가?

답: 見과 慢는 어떤 토대도 갖고 있지 않다. 왜냐하면 그것들은 제행 속에 어떤 자아도 존재하지 않음에도 불구하고 [그것을 자아라고] 상상한 후에 생겨나기 때문이다. 탐욕과 진에는 토대를 지니고 있다. 무명과 疑는 양자라고 이해해야 한다.[143]

---

141 동일한 표현이 마찬가지로 잘못된 인지(vipratipatti)의 맥락에서 YBh 165,8 및 AS(D) 83b6f.에서 사용된다. 여기서의 내용의 이해와 보충은 ASBh 60,15-17에 의한 것이다.

142 '앞에서는'이 지시하는 개소는 「섭결택분」(Ch. 623c10-624c21)을 가리킬 것이다. 왜냐하면 그곳의 설명은 여기서 말하는 번뇌들의 잘못된 인지뿐 아니라 번뇌들의 대치와 반대항을 모두 언급하고 있기 때문이다. 즉, 견소단의 4부와 수소단의 1부를 합친 5부의 구분에서 번뇌들의 잘못된 인지를 설하고, 그에 대응하는 번뇌들의 끊음은 대치를 나타내기 때문이다. 「섭결택분」의 다른 부분(Ch. 602a3-8 + 603c24ff) 도 15종의 대치와 반대항들을 언급하고는 있지만 번뇌의 단점들은 언급하고 있지 않기에 여기서 지시하는 조건을 충족시키지 못한다.

143 무명은 모든 번뇌에 상응하기에 두 방식 모두여야 하며, 疑는 실재하는 사물이나 상상의 사물을

2.2.4. 번뇌와 감수와의 상응 관계 (Ch. 627c17)

이 번뇌들 중에서 몇 가지가 낙근(樂根)과 상응하며, 몇 가지가 [다른 것들과 상응하고], 내지 사근(捨根, upekṣendriya)과 [상응하는가]?

(1) 답: 저절로 생겨나는(naisargika) 모든 번뇌들은 3종의 감수(vedanā)[144]에서 생겨나는 것으로서 지각된다. 따라서 이 [번뇌]들은 식의 그룹들과 연결되어 있는 한 모든 유형의 [受]根들과 상응한다. 그것들이 모든 식의 그룹들과 연결되어 있지 않는 한, 그것들은 의근에 속한 모든 유형의 [수]근들과 상응한다.

(2) 저절로 생겨나지 않는 [번뇌]들의 상응은 이치에 따라 설해져야 한다.

(i) 貪(rāga)은 어떤 경우는 낙과 희와 상응하고, 어떤 경우는 苦와 憂와 [상응하며], 어떤 경우는 捨와 상응한다. [어떤 유형의] 탐이 그러한가?

답: 어떤 이가 낙수와의 결합을 향한 갈애나 [그것과의] 비분리를 향한 갈애를 현전한 후에 주하지만, 그는 이 상황에서 낙수와 비결합되어 있고 결합되지 않고 있으며, [그것과] 분리되었고 [그것을] 수반된 것이 아니다. 마찬가지로 [어떤 이가] 고수와의 비결합을 향한 갈애나 [그것과] 분리를 향한 갈애를 현전한 후에 주하지만, 그는 이 상황에서 고수와 [계속해] 결합되어 있고 [그것과] 비분리된 것이 아니며, [계속해서 그것과] 비분리되어 있고 분리된 것이 아니다. 이런 방식으로 탐은 어떤 경우 苦 및 憂와 상응한다.

반대되는 경우에는 그것은 낙 및 희와 상응한다고 알아야 한다. 탐이 불고불락의 상태에 탐닉하는 한, 그것은 捨根과 상응한다고 알아야 한다.

(ii) 瞋(pratigha)은 어떤 경우는 苦 및 憂와, 어떤 경우는 樂 및 喜와 상응한다. [어떤 유형의] 瞋이 그러한가? 답: 어떤 이가 바로 자신의 몸의 장애에 대해서나 또는 [그에 대응하는] 그의 심의 장애에 대해서 증오하고, 또 그의 작의를 바로 그 자신의 불유쾌한 상태로 향할 때, 또는 만일 그가 원하지 않는 제행(saṃskāra)이

향할 수 있기 때문에 마찬가지로 두 방식 모두에 해당된다.

144 3종 감수는 樂受, 苦受, 不苦不樂受이다.

나 원하지 않는 중생(sattva)들이나 원하지 않는 법(dharma)들에 대해[145] 진에를 느낄 때 그의 작의는 [자신의] 심으로 향한다. 그러면 瞋은 苦 및 憂와 상응한다. 또한 어떤 이가 좋아하지 않는 적들에 대해 진에의 태도를 갖고 있을 때 그는 저 [적]이 고통에 빠지기를 바라거나 이미 빠져있거나 또는 그가 행복하지 않기를 바라거나 [행운이] 파괴되었다고 작의한다. 이런 방식으로 진은 樂 및 喜와 상응한다.

(iii-iv) 유신견과 변집견은 受根에 의해 수반된 오취온을 자아나 자아에 속한 것으로서, 또 영원한 것으로 보는 한에서 희근와 상응한다. 또 그것들은 고통에 의해 동반되는 오취온을 자아나 자아에 속한 것으로서 또는 영원한 것으로 보는 한 憂根과 상응한다. 또 그것들은 무관심(捨)에 의해 동반되는 오취온을 자아나 자아에 속한 것으로서 또는 영원한 것으로 보는 한 捨根과 상응한다. [죽음과 더불어 완전한] 소멸이 [있다]고 하는 견해에 포섭되는 변집견은 그 반대라고 알아야 한다.

(v-vi) 견취와 계금취는 각각의 견해에 집착하기 때문에 그것들의 [受根과의] 상응은 이치에 따라 이해해야 한다.

(vii) 사견(mithyādṛṣṭi)은 선행을 한 자들에게는 憂와, 악행을 한 자들에게는 喜와 상응한다고 알아야 한다.[146]

(viii) 慢(māna)은 어떤 때는 喜와, 어떤 때는 憂와 상응한다. [어떤 유형의] 慢이 그러한가? 답: 만은 요약하면 2종이다. 거만이라는 만(unnati-māna)과 열등감이라는 만(avanati-māna)이다. 거만이라는 만은 3종으로 알아야 한다. 3종의 거만

---

145 진에의 대상 세 가지는 AS(7,2f: pratighaḥ katamaḥ/ sattveṣu duhkhe duhkhesthānīyeṣu dharmeṣu āghātaḥ/)에서 "瞋이란 무엇인가? 중생들에 대한, 고통에 대한, 고통을 일으킬 수 있는 법들에 대한 증오이다." 여기서 dharma는 「섭결택분」의 saṃskāra에 대응할 것으로 보인다. 그런 점에서 「섭결택분」의 dharma는 제행의 의미로 이해될 수도 있을 것이지만, 제행이 이미 언급되었기 때문에 가르침의 의미에서 dharma로 해석할 여지가 크다고 생각된다.

146 행위의 결과를 부정하는 사견은 선행을 하는 자에게는 즐거운 보답을 부정하기에 씁쓸할 것이고, 악행을 하는 자에게도 현생과 내생에서의 괴로운 보답을 부정하기 때문에 즐거울 것이다.

이란 무엇인가? 비교에서 나오는 거만과 재생에서 나오는 거만, 그리고 이득과 명예에서 나오는 거만이다. 거만이라는 만은 喜와 상응한다. 반면에 열등감이라는 만은 憂와 상응한다.

(ix) 疑(vicikitsā)는 [기대하는] 이득과 명예, 인정, 칭찬, 행운과 좋은 존재형태와 관련해 확실한 경우에 타인들에 의해 의심이 생겨날 때, 憂와 상응한다. 반면 [기대되고 있는] 손실이나 불명예, 악명, 비난, 고통, 나쁜 존재형태와 관련해 확실한 경우에 타인들에 의해 의심이 생겨날 때, 喜와 상응한다.

(x) 무명(avidyā)은 모든 다섯 [受根]과 상응한다.

[번뇌와 受根과의] 상응과 관련해 다른 예들은 보이지 않는다.

앞에서[147] 受根과 번뇌들의 상응이 [수행자로 하여금] 혼란에 빠지지 않도록 하기 위해 거친 방식에 따라 규정되었다. 반면에 여기서는 자신과 타인들의 심의 흐름 속에서 [상응이] 다양한 측면에서 생겨남을 구별하도록 하기 위해 미세한 방식에 따라 규정되었다.

2.2.5. 불선법 등에 따른 번뇌의 구분 (Ch. 628b1)

번뇌들의 그룹들은 간략히 말하면 3종이다. 욕계에 속한 것과 색계에 속한 것, 그리고 무색계에 속한 것이다.

(1) 이 세 개의 번뇌들의 그룹들 중에서 몇 개가 불선한 것이며, 몇 개는 중립적인 것인가? 답: 이것들 중에서 첫 번째 그룹이 부분적으로 불선한 것이고, [나머지] 둘은 중립적인 것이다. 불선한 것은 이숙을 수반한 것이라고 보아야 한다.

(2) (i) 몇 개가 본성적으로 다수이고 몇 개가 본성적으로 작은 것인가? 답: 첫 번째 [그룹]이 본성적으로 많은 것이다. 나머지 양자는 그렇지 않다. 본성적으로 많은 것과 본성적으로 작은 것처럼, [이하 번뇌들도] 마찬가지라고 알아야

---

147 '앞에서'는 「섭결택분」 III.1.2.1.5. <번뇌와 낙근 등의 상응>에 해당될 것이다.

한다. (ii) 본성적으로 강하고 오랫동안 염오된 [번뇌들과] 본성적으로 강하지 않고 일시적으로 염오된 것, (iii) 외적으로 향한 잡염을 일으키는 것과 내적으로 향한 잡염을 일으키는 것, (iv) 악행을 일으키는 것과 악행을 일으키지 않는 것, (v) 많은 고통을 일으키는 것과 적은 고통을 일으키는 것, (vi) 많은 죄를 가진 것과 적은 죄를 가진 것, (vii) 천천히 사라지는 것과 빨리 사라지는 것, (viii) 이욕하지 않은 것으로 특징지어지는 것과 [부분적인] 이욕으로 특징지어지는 것, (ix) 정려와 모순되는 것과 정려와 모순되지 않는 것, (x) 하나의 방식의 재생으로 확정되지 않은 것과 하나의 방식의 재생으로 확정된 것이다.

중간의 요약게송이다.[148]

> 다수, 염오된 것, [내적으로 향한 것], [악]행, 고통,
> 죄, 천천히, 이욕, 정려, 그리고 재생이다.

2.2.6. 번뇌의 끊음 (Ch. 628b15)

(1) 어떤 방식으로 번뇌들은 끊어지며, 번뇌들이 끊어졌다고 말할 수 있기 위해 무엇이 충족되어야 하는가?

(2) 어떤 점에서 번뇌들은 끊어질 수 있는가?

(3) 번뇌들은 단박에(yugapad) 아니면 순차적으로(krameṇa) 끊어질 수 있는가?

(4) 어떤 순서로 번뇌들은 끊어질 수 있는가?

(5) 어떤 유형의 번뇌들의 끊음이 있는가?

(6) 번뇌들이 이미 끊어졌다는 징표는 무엇인가?

(7) 번뇌들의 끊어짐의 이로움은 무엇인가?

---

148 이 중간의 요약게송은 바로 앞의 (2)의 열 항목의 요약이다.

(1) 번뇌들을 제거하는 수행도 (628b20)

(i) 번뇌들은 [먼저] 전제조건들을 완전히 증득했고, 가행의 단계에 들어가고, 견도의 단계에 도달하고, 수도의 단계에 충실히 익숙했을 때 끊어질 수 있다. 구경의 단계에 도달했을 때 번뇌들은 끊어졌다고 설해질 수 있다.[149]

(ii) 다른 설명방식이다. 번뇌들은 4종의 요가를 실천했을 때 끊어질 수 있다. [이 4종의 요가를] 성공적으로 수행한 후에 [번뇌들은] 끊어졌다고 설해질 수 있다. 4종의 요가는 『성문지』에서[150] 설한대로 이해될 수 있다.

(iii) 다른 설명방식이다. 번뇌들은 심적 흐름의 성숙을 통해, 수순하는 교설을 통해, 여리작의에 의해, 내적인 작의에 의해, 그리고 대치의 산출에 의해 끊어질 수 있다. 대치가 완성되었을 때 [번뇌들은] 끊어졌다고 설해질 수 있다.

(iv) 다른 설명방식이다.[151] 번뇌들은 번뇌들의 토대(vastu)[152]를 변지했을 때, 번뇌의 자성을 변지했을 때, 번뇌들의 단점을 변지했을 때, 이미 생겨난 [번뇌들을] 용인하지 않을 때(anadhivāsana),[153] 그리고 대치를 포섭했을 때, 끊어질 수

---

149 이것은 유식학파의 자량도-가행도-견도-수도-구경도의 5종 수행도에 따른 설명이다.

150 ŚrBh 275,23ff에서 4종 요가는 信(śraddhā), 欲(chanda), 精進(vīrya), 方便(upāya)으로 제시되어 있고, 상세히 설명되어 있다. (『성문지』 2021: 268ff). 4종 요가에 대한 또 다른 전거는 『현양성교론』 513c25-514a28 참조. 문소성지에서는 4종 이외에 9종의 요가가 나열되는데, 즉 세간도, 출세간도, 가행도, 무간도, 해탈도, 승진도, 약-중-상의 도이다.

151 이하에서 설명하는 다섯 가지 점들은 『집론』(Ch. 678c16ff)에서 다시 약간 변형된 채 인용되고 있다. 여기서 다섯 가지 점들은 (1) 변지(parijñana) 하에서 그것의 토대인 사태의 변지(tannidānavastuparijñāna), 자성적인 변지(svabhāvaparijñāna), 단점의 변지(ādīnavaparijñāna)의 셋과 (2) 거리를 둠(parivarjana), (3) 대치의 획득(*pratipakṣaprāpti)으로 구분되고 있다.

152 vastu에 대해서는 「섭결택분」(Ch. 603b8ff)을 볼 것. 여기서 번뇌를 일으키는 토대는 10종으로 세분되고 있다.

153 한역은 不堅著으로 번역하고 있다. 『유가론』 색인(I. p.896)에 따르면 현장은 adhivāsayati(Tib. dang du len pa)를 항시 堅執, 堅著, 堅執著으로 번역하고 있다. 그렇지만 현장은 다른 개소에서 (an)adhivāsayati를 (不)忍, (不)忍受로 올바로 번역하기 때문에 (『유가론』 색인 I. p.920) 堅執으로 번역한 경우에도 잘못된 오독에 의거해 있다고 보인다. 비슷한 경우로서 ŚrBh 104,16f.: utpannaṃ nivaraṇaṃ nādhivāsayati/ (Ch. 412c16f. 不堅執著) prajahāti vyantīkaroti의 경우는 현장의 오독을 보여준다. 이 맥락에서는 이미 일어난 장애를 용인하지 않는 것이 바로 그것들을 끊고, 멀리 하는 것이라고 풀이되고 있다. ŚrBh 504,8ff은 그런 용인하지 않음은 선법의 반복훈련의 힘에 의해 생겨나는 것이라고 말한다.

있다. 대치의 산출을 통해 [번뇌들은] 끊어졌다고 설해질 수 있다.

(v) 다른 설명방식이다. 번뇌들은 샤마타와 비파샤나의 반복훈련에 의해 제거될 수 있다. 관념상에의 결박(nimittabandhana)과 추중의 결박(dauṣṭhulyabandhana)으로부터 벗어났을 때,[154] [번뇌들은] 끊어졌다고 설해질 수 있다. 따라서 세존께서는 다음과 같이 설해셨다.

> 샤마타와 비파샤나를 수습한 후에
> 추중의 결박과 관념상에의 결박으로부터 벗어난다.[155]

(vi) 다른 설명방식이다. 번뇌들은 인식대상의 변지(ālambanaparijñāna)와 인식대상에 대한 기쁨(ālambanābhirati)을 통해 제거될 수 있다. 또 [이전의] 의지체가 소멸하고(āśrayanirodha), [새로운] 의지체가 그 자리에 들어왔을 때(āśrayaparivarta), [번뇌들은] 끊어졌다고 설해질 수 있다.[156]

---

154 SNS VIII.32에서 샤마타와 비파샤나의 기능은 이들 2종의 결박으로부터 벗어나는데 있다. 「섭결택분」(Ch. 581b27ff)은 수행자가 saṃyaktvaniyāma에 도달해서 일체법의 법계와 알라야식을 인식했을 때, 그가 외적으로는 相縛(nimittabandhana), 내적으로는 추중박(dauṣṭhulyabandhana)에 의해 묶여있음을 통찰한다고 말한다. 상박과 추중박의 14종의 구별에 대해서는 「섭결택분」(Ch. 712c24ff) 참조.

155 이 게송은 SNS III.7에 나오며, 『수습차제』(BhKr III 1,8f)에서 산스크리트 원문이 인용되고 있다. nimittabandhanāj jantur atho dauṣṭhulyabandhana. vipaśyanāṃ bhāvayitvā śamathañ ca vimu(cyata iti).

156 ālambanaparijñāna, ālambanābhirati, āśrayanirodha, āśrayaparivarta의 네 개념은 ŚrBh 283,2ff에서 10번째 주제인 <요가에 의해 행해져야 할 것>의 네 주제로 설해진다. "그중에서 (i) 의지체의 소멸이란 가행과 작의의 수습을 위해 노력하는 자에 있어서 추중을 수반한 의지체가 점차로 소멸하고, (ii) 의지체가 경안을 수반하는 것으로 전환되는 것이다. 이 의지체의 소멸과 의지체의 전환이 요가에 의해 행해져야 하는 것이다. (iii-iv) 그중에서 인식대상의 변지와 인식대상에 대한 기쁨이란, 즉 인식대상의 변지와 인식대상에 대한 기쁨은 의지체의 소멸과 의지체의 전환에 의존하는 경우도 있다. 인식대상의 변지와 인식대상에 대한 기쁨 때문에 의지체가 소멸하고 전환된다. 또한 인식대상의 변지와 인식대상에 대한 기쁨은 의지체의 청정에 의존하는 경우도 있다. 의지체의 청정과 관련하여 인식대상에 대한 지혜와 [그것에 대한] 기쁨의 결과가 완성될 때에 극히 청정하게 생겨난다."(『성문지』 2021: 277ff). 의지체의 소멸(āśrayanirodha)과 의지체의 전환(āśrayaparivarta) 개념에 대해서는 Sakuma 1990: I. 95ff를 볼 것.

(2) 상응 및 인식대상과 관련해 번뇌의 제거 (Ch. 628c11)

번뇌들은 상응 및 인식대상과 관련해 제거될 수 있다. 즉, 대치가 생겨났을 때, 번뇌는 더 이상 생겨나지 않으며, 확실히 [미래에도] 더 이상 생겨나지 않을 것이다. 따라서 [번뇌들은] 상응의 측면에서 제거되었다. 만일 [번뇌들이] 상응의 측면에서 제거되었다면, 그것들을 더 이상 인식대상으로 취하지 않는다. 따라서 [그것들은] 인식대상의 측면에서도 제거된 것이다.

(3) 번뇌의 제거 양태 (Ch. 628c15)

[견도에 의해 제거되어야 할] 번뇌들은 단박에 제거되지, 점차적으로는 아니다. 그 이유는? 왜냐하면 견도에 의해 제거되어야 할(darśanaheya) 번뇌들은 現觀하는 지혜에 의한 진리의 현관(abhisamayajñānasatyābhisamaya)[157]에 의해 제거된다. 그러나 이 현관(abhisamaya)은 섞여진 [진리]를 인식대상(sambhinnālambana)[158]으로 하는 작의와 상응한다. 따라서 견도에 의해 제거되어야 할 번뇌들은 [개별적인 진리인] 고제 등에 대한 잘못된 인지에 의해 특징지어지는 것으로서 3심[의 찰나][159]들에 의해 [각각] 단박에(yugapat) 제거되는 것이다.

---

157 YBh 232,13ff에서 6종의 現觀(abhisamaya)이 구별되고 있다. 그것들은 思現觀(cintā-), 信現觀(śraddhā-), 戒現觀(śīla-), 現觀智諦現觀(abhisamayajñānasatya-), 現觀邊智諦現觀(abhisamayāntikajñānasatya-), 究竟現觀(niṣṭhā-abhisamaya)이다. 그중에서 '現觀하는 지혜에 의한 진리의 현관'은 네 번째 현관의 번역으로서, 이 현관에 의해 견도소단의 번뇌들이 제거된다. (ŚrBh 500,11ff에서 이 현관에 의해 定性離生(= 견도)에 이른다고 한다.) 6종의 현관에 대한 상세한 설명은 「섭결택분」(Ch. 690c23-692b26)을 볼 것.

158 sambhinnālambana라는 표현은 사념처의 맥락에서 자주 발견된다. 이에 대해서는 AKBh 342,2f 참조. 사념처의 수행과 유비하여 여기서 abhisamayajñānaṃ sambhinnālambanam이란 이 현관지가 섞여진 사성제를 인식대상으로 한다고 말할 수 있다. AS 52,18: sambhinnena manaskāreṇa sarvadharmā anātmā iti paśyati (Edition에서 asambhinna-이지만 티벳역 'dres pa에 의해 수정)의 설명에 주목할 필요가 있다. 여기서 위의 설명과 비슷하게 번뇌의 제거가 '일체법은 무아이다'라는 형태로 섞여진 작의에 의해 성취된다고 설명하고 있는데, 그 작의는 일체법의 共相으로서 무아를 내용으로 하는 것이라고 말할 수 있다.

159 「섭결택분」(Ch. 605c17ff)에 따르면 견도는 3심을 포섭한다. 앞의 두 심은 자신과 관련해 자아나 법이라는 세속적 관념으로부터 벗어나 있고, 세 번째 심은 모든 면에서 자아와 법이라는 세속적 관념으로부터 벗어나 있다. 3심은 단박에 모든 네 부류의 견도소단의 번뇌들을 제거한다. Cf. 견도를

반면 수습에 의해 제거되어야 하는(bhāvanāheya) [번뇌]들은 점차적으로 제거되어야 한다고 알아야 한다.[160] 왜냐하면 그것들은 수행도의 반복훈련에 의해 제거될 수 있기 때문이다.

(4) 번뇌의 제거 순서 (Ch. 628c20)

(i) 무엇보다 먼저 불선한 업(karmānta)[161]과 잘못된 견해를 제거해야 한다. 즉, 재가자로서 있을 때이다. (ii) 그 후에 감각적 욕망에 대한 심사(kāmavitarka)와 악의로 [특징지어지는] 심사(vyāpādavitarka), 해치려는 심사(vihiṃsāvitarka)를 제거해야 한다.[162] 왜냐하면 [이것들은] 출가에 대한 기쁨을 방해하는 것이기 때문이다. (iii) 그 후에 친족심사(jñativitarka), 국토심사(janapadavitarka), [마치 죽지 않을 것처럼 행하는] 불사심사(amaravitarka)[163]를 제거해야 한다. 왜냐하면 그것들은 아직 집중된 마음을 갖지 못한 자들로 하여금 집중상태에 들어가는 것을 방해하기 때문이다.[164] (iv) 그 후에 遠離에 대한 기쁨이 없고(anabhirati)[165]

중생의 표식과 법의 표식 그리고 양자의 표식이라는 인식대상을 제거한 것으로 규정하는 『집론』의 설명도 유사하다. AS 66,5: pratyātmam apanītasattvasaṃketadharmasaṃketasarvatobhayasaṃketālambanadharmajñānam.

160 유식학파의 번뇌분류에서 修所斷의 번뇌들은 욕계에서는 탐, 진, 치, 만과 유신견과 변집견 6종이며, 색계와 무색계에서는 瞋을 제외한 각 5종이다. 따라서 3계에서 모두 16종이 수소단이다. 이에 대해서는 안성두

161 -anta는 CPD에 따르면 "어떤 것의 완성이나 전체성을 포함하는 보다 구체적인 의미를 주는" 접미사이다.

162 여기서 세 가지 심사는 출가를 장애하는 것으로 설명되지만, 원래의 맥락은 이미 출가한 자들로 하여금 초선에 들어감을 방해하는 역할이다. 이는 사소성지(Ch. 383b10)에서 "여기서 어떤 이가 초선에 의거해서 세 가지 악한 심사들, 즉 kāmavyāpādavihiṃsāvitarka들을 제거한다."고 하는 설명에서 분명히 나타난다.

163 不死尋思(amaravitarka)의 복합어 해석은 CPD a-mara-vitakka 참조. 사마히타지에서 "불사심사란 무엇인가? 소년의 상태나 노인의 상태, 또는 저급한 의무(itarakaraṇīya)나 타인을 위한 의무(parārthakaraṇīya)와 관련한 기쁨이나 슬픔의 형태로서의 심의 작동이다." (본서 III.2.2.2.(4a) 참조.

164 「사마히타지」(Ch. 329b28ff)에서 이들 세 가지 심사는 네 번째 덮개인 掉擧惡作蓋(auddhatyakaukṛtyāvaraṇa)의 자양분이고 출발점이라고 설해진다.

165 한역에는 부정어가 없다. 즉, "원리에 속한 신체의 추중에 대한 기쁨"으로 번역되어 있다. 원리

집중된 작의의 획득을 방해하는 신체의 추중을 제거해야 한다. (v) 그 후에 견도에 의해 제거되어야 할 번뇌들을 제거해야 한다. (vi) 그 후에 수습에 의해 제거되어야 할 번뇌들을 제거해야 한다. (vii) 그 후에 고통 및 우울과 연결된 장애, 그 후에 낙과 희와 연결된 장애, 그 후에 평정(捨)과 연결된 장애를 제거해야 한다.[166] 그 장애는 등지의 장애에 속하는 것(samāpattyāvaraṇapakṣyam āvaraṇam)이다. (viii) 그 후에 [앞서 언급된] 사람들 중에서 몇몇은 소지장에 속한 장애(jñeyāvaraṇapakṣyam āvaraṇam)[167]를 제거해야 한다.

이런 순서로[168] 번뇌들을 제거해야 한다.

(viveka)가 초선의 특징으로 나타나기에 한역에 따르면 장애란 바로 이 상태에 대한 기쁨으로서, 초선을 넘어서지 않고 계속 머물고자 하는 일종의 定章일 것이다. 반면 티벳역에 따르면 장애란 원리에 대한 기쁨이 없는 것으로 초선에 들어가려고 하지 않는 것이다. '신체의 추중'이 초선에서 완전히 사라지기 때문에 티벳역의 이해에 따랐다.

166 여기서는 단계별로 감수의 극복이 설해지고 있다. 「사마히타지」(§2.5.1; Ch. 331a20ff)에서 4정려는 감수들의 출리를 위한 사태라고 하면서, 초정려에서 憂를, 제2정려에서 苦를, 제3정려에서는 喜를, 제4정려에서는 樂을 극복하는 것으로 설해지고, 마지막으로 無想定(animitta cetosamādhi)에서 마지막 장애인 捨를 극복하는 것으로 설해진다는 점에서 위의 설명과 차이를 보이지만, 5종이 순차적으로 제거된다는 점에서는 동일한 이해일 것이다. 다만 왜 이러한 감수의 극복이 수소단의 번뇌의 이후에 설해진 이유는 등지의 장애에 9차제정과 8해탈, 그리고 멸진정이 포함되며, 이는 모든 수행자에 의해 반드시 행해져야 하는 것이 아니라 일부의 성자나 아라한에게만 실현되는 것이기 때문이다. 예를 들어 ŚrBh 177,3-5에서 身觸證者는 8해탈을 촉증하고 주하는 자이지 모든 방식으로 루의 소멸을 획득한 것은 아니라는 설명이 그것이다. 그리고 번뇌장→定障→소지장의 제거 순서는 「섭결택분」(Ch. 656a18ff)에서도 각각 혜해탈자와 俱分解脫者, 여래심에 이른 자를 위한 것으로 설명되고 있다.

167 소지장(jñeyāvaraṇa)은 『보살지』(BoBh 26,8f)에서 "인식대상에 대한 지의 막힘이 障이라고 불린다."고 정의되며, "그 인식대상의 장애로부터 벗어난 지의 영역과 대상이 소지장이 청정해진 지의 영역인 대상"으로서 진실(tattva)이고 진여이다. 『보살지』에서 그것은 유와 비유를 떠난 無二智의 대상으로 설해진다. 따라서 소지장에 속한 장애란 일반적인 의미에서 번뇌가 아니라 궁극적인 상태로서의 진여의 증득을 방해하는 것이다.

168 여기서 기술된 여덟 단계는 (i-ii) 재가자의 상태에서의 해탈도의 준비단계, (iii-iv) 출가한 후의 해탈도의 준비단계이며, (v-vi) 견도소단과 수도소단의 번뇌들의 제거로서 번뇌장의 제거를 위한 것이며, (vii)은 定障(samāpattyāvaraṇa)의 제거를 위한 것이고, (viii)은 소지장의 제거를 위한 단계이다.

(5) 번뇌를 제거하는 유형과 방식 (Ch. 628c29)

번뇌들의 끊음의 유형과 방식은 많다고 알아야 한다. 요약하면, 그것들은 2종이다. 분출(paryavasthāna, 纏)의 끊음과 잠재적 경향성(anuśaya, 隨眠)의 끊음이다.

분출의 끊음은 貪의 끊음과 瞋의 끊음에서부터 내지 疑의 끊음까지이며, 유신견의 끊음부터 邪見의 끊음까지이다. 견도소단의 [번뇌]들의 끊음부터 수도소단의 [번뇌]들의 끊음까지이다. 욕계에 속한 [번뇌]들의 끊음부터 무색계에 속한 [번뇌]들의 끊음까지이다. 산란의 끊음, 경고를 통한 끊음(*saṃjñapti-prahaṇa), 허약하게 함에 의해 끊음(*durbalīkaraṇaprahāṇa), 억압의 [의미에서의] 끊음(viṣkambhaṇaprahaṇa),[169] 그리고 비결합의 [의미에서의] 끊음(visaṃyoga-prahāṇa)[170]이다. 여기서 비결합의 [의미에서의] 끊음이 잠재적 경향성의 끊음[171]이다.

(6) 번뇌들이 끊어진 징표 (Ch. 629a6)

(i) 이미 번뇌들이 끊어진 자는 보통 탐착으로 이끄는 사물들에 대해 --설사 그것들이 저열하거나 뛰어나거나 현전하거나 현전하지 않던 간에-- 비록 그가 집중적으로 관찰하고 심사하더라도 집착하지 않는다. 그가 [보통] 탐착으로 이끄는 사물들에 대해 집착하지 않는 것처럼, 그는 [보통] 진에로 이끄는 사물들과 우치로 이끄는 사물들에 대해 증오와 우치를 경험하지 않는다.

(ii) 마찬가지로 그는 안근을 갖고 색을 볼 때 喜나 憂에 빠지지 않고, 평정하게 정념과 정지를 갖고 주한다. 그가 안근을 갖고 색을 볼 때와 마찬가지로 그가 의

---

169 『현양성교론』(T31: 495b21f)에 따르면 伏斷(viṣkambhaṇaprahaṇa)이란 "어떤 이가 세간도에 의해 번뇌의 종자들을 그의 힘에 따라 억압하는 것이다."

170 AS(D) 99b5f에 따르면 이 끊음은 구경도의 실천에서 나오며, 그 직후에 轉依를 증득하는 것이다. 『보살지』(BoBh 26,17ff)에서도 모든 번뇌와의 비결합의 결과는 보리의 낙으로 기술되고 있다.

171 『현양성교론』(T31: 495b22f)에 따르면 수면의 끊음은 "어떤 이가 출세간도에 의해 번뇌의 종자들을 그 힘에 따라 완전히 끊는 것이다."

근을 갖고 법을 인식할 때에도 그렇다.

(iii) 마찬가지로 그는 본성적으로 바라는 바가 적고, 온전한 만족의 상태에 있다. 그가 소욕이듯이 그는 만족하며, 원리의 상태에 있으며, 용맹정진하며, 정념에 머물고, 집중해 있으며, 지혜를 갖추고 있다.

(iv) 그는 자발적으로 희론을 여읜 상태를 좋아하며, 단지 간택한 후에만 심을 희론에 향한다. 이러한 부류의 것이 그가 번뇌를 끊었다고 하는 징표라고 알아야 한다.

(7) 번뇌의 끊음의 이로움 (Ch. 629a15)

번뇌의 끊음의 이로움은 많다고 알아야 한다.

(i) 苦와 憂를 초월해 있으며, 낙과 희를 넘어서 있으며, 색과 저항과 다양성의 관념(rūpapratighanānātvasaṃjñā)[172]을 넘어서 있으며, 나쁜 존재형태의 고통과 재생의 고통 등을 초월해 있으며, 적정과 최고의 적정함(paramaśītībhāva)[173]에 도달해 있으며, 최고의 청량함에 도달해 있으며, 현재에 최고의 안락에 주하고 있으며, 자신의 심에 대한 자재함을 갖고 있으며, 원하는 대로 행동하고 주하며, 다시 퇴환하지 않음이 확실하며, 自利를 완전히 성취했으며, 더 이상 걱정해야 할 과제 때문에 걱정할 필요가 없다.

(ii) 많은 [사람]들이 타인의 이익을 위해 행한다. 즉, 많은 중생들의 행복과 안락을 위해, 세상의 연민을 위해, 신과 인간들의 행복과 이익, 안락을 위해서이다.[174]

---

172 이 복합어의 해석에 대해서 Deleanu 2006: 338 (=ŚrBh 459,9): sa evaṃ rūpapratighanānātvasaṃjñā vibhāvayitvā ...

173 ŚrBh 26,18f: "행해야 할 것을 이미 행한 최고의 청량한 상태를 획득한 자를 구경에 이른 개아라고 한다."

174 이 정형구는 bahujanahītāya bahujanasukhāya lokānukampāya arthāya hītāya sukhāya devamanuṣyānāṃ으로서 DN II 45, 103, 115, 119 등의 초기경전은 물론 대승경전에서도 많이 사용된다. (이에 대해서는 Maithrimurthi 1999: 123, Anm. 16 참조) 주목되는 점은 위의 언급에서 (i) 자리와 (ii) 타리의 긴장이 보이지 않는다는 사실이다. 자리는 타리를 위한 행위의 전제조건으로 당연한 것으로 간주되고 있다.

이런 부류의 것이 번뇌를 끊었음의 이로움이라고 알아야 한다.

2.2.7. 번뇌의 인식대상 (Ch. 629a25)

[문:] 번뇌들의 인식대상(ālambana)은 무엇인가? 요약하면 15종이라고 알아야 한다.

(i) 전체를 인식대상으로 하는 [번뇌]는 유신견 등에 있어서이다.

(ii) 일부를 인식대상으로 하는 [번뇌]는 탐·진·치에 있어서이다.

(iii) 토대를 수반한 것을 인식대상(savastukālambana)으로 하는 [번뇌]는 실재하는 토대를 가진 번뇌들에 있어서이다.

(iv) 토대를 갖지 않는 것을 인식대상(avastukālambana)으로 하는 [번뇌]는 실재하는 토대를 갖지 않은 번뇌들에 있어서이다.

(v) 내적인 것을 인식대상으로 하는 [번뇌]는 내6처를 인식대상으로 하는 번뇌들에 있어서, 즉, 사마히타지에 속한 [번뇌]들과 비사마히타지에 속한 [번뇌]들에 있어서이다.

(vi) 외적인 것을 인식대상으로 하는 [번뇌]는 욕망의 대상인 다섯 성질(kāmaguṇa)들을 인식대상으로 하는 것들에 있어서이다.

(vii) 직접지각의 대상을 인식대상(pratyakṣālambana)[175]으로 하는 [번뇌]는 현재의 것을 인식대상으로 하는 번뇌들에 있어서이다.

(viii) 직접 현전하지 않은 것을 인식대상(paroksālambana)으로 하는 [번뇌]는 과거의 것과 미래의 것을 인식대상으로 하는 번뇌들에 있어서이다.

(ix) 자신의 종류의 것을 인식대상(*svajātyālambana)으로 하는 [번뇌]는 오로지 자신의 종류에 속하는 것을 인식대상으로 하는 번뇌들에 있어서이다.

(x) 다른 종류의 것을 인식대상(*parajātyālambana)으로 하는 [번뇌]는 다른 종

---

175 여기서 現量(pratyakṣa)이 직접 지각이 아니라 직접지각의 대상이라는 점은 분명하다.

류에 속한 번뇌들을 인식대상으로 하는 번뇌들에 있어서이며, 또한 유신견처럼 번뇌들의 토대를 인식대상으로 하는 번뇌들에 있어서이다.

(xi) 존재(bhava)를 인식대상으로 하는 [번뇌]는 재생을 인식대상으로 하는 번뇌들에 있어서이다.

(xii) 비존재(vibhava)를 인식대상으로 하는 [번뇌]는 단멸과 소멸을 인식대상으로 하는 번뇌들에 있어서이다.

(xiii) 자신의 영역을 인식대상으로 하는 [번뇌]란 욕계에 속한 번뇌들이 욕계[를 인식대상으로 하는 것]이며, 색계와 무색계에 속한 번뇌들이 색계와 무색계[를 인식대상으로 하는 것]이다.

(xiv) 다른 영역을 인식대상으로 하는 [번뇌]란 욕계에 속한 번뇌들이 색계[를 인식대상으로 하는 것]이고, 색계에 속한 번뇌들이 무색계[를 인식대상으로 하는 것]이다. 마찬가지로 상지에 태어난 [중생]들이 그들은 하지의 중생들보다 영원하고 지속하며 행복하고 청정하다고는 점에서 더 뛰어나다고 거만하게 생각할 때, 하지는 상지에 속하는 번뇌들의 [인식대상]이다.

(xv) 비존재하는 것을 인식대상으로 하는 [번뇌]는 망분별된 멸제와 도제를 인식대상으로 하고, 또 자의적으로 망상된 붓다의 무수한 속성들을 인식대상으로 하는 번뇌들에 있어서이다.

2.2.8. 번뇌의 현행 (Ch. 629b13)

번뇌의 현행(samudācāra)이란 무엇인가? 답: 20종의 개아들에 있어 20종의 번뇌들이 20종의 조건들에 의해 [생겨난다]고 알아야 한다.

2.2.8.1. 20종의 개아

20종의 개아(pudgala)란 누구인가?[176]

---

176 번뇌의 현행의 맥락에서 20종의 개아는 『현양성교론』(573b11-25)에서 나타나지만, 순서 및 용어

(i-ii) 재가자(gṛhin)와 출가자(pravrajita), (iii-iv) 법이 잘못 가르쳐진 자와 법이 잘 가르쳐진 자, (v-vii)[177] 그의 행동이 [특정] 번뇌에 지배되는 자(utsadakleśacarita)와 [모든 번뇌들이] 균등하게 획득한 자(samabhāgacarita)와 때가 적은 자(mand-arajaska), (viii-ix) 세간도에 의해 이욕한 자와 아직 이욕하지 못한 자, (x-xi) [사성제라는] 근거를 본 자(dṛṣṭapada)와 근거를 보지 못한 자, (xii-xiii) 집착하는 자(abhiniviṣṭa)와 집착하지 않는 자, (xiv) 심사하는 자, (xv-xvi) 잠든 [상태]에 있는 자와 각성된 자, (xvii-xviii) 젊은이와[178] 근이 성숙한 자(paripakvendriya), (xix-xx) [그의 종성이] 반열반하는 성질을 가진 자(parinirvāṇadharmaka)와 반열반하는 성질을 갖지 못한 자이다.

2.2.8.2. 20종의 번뇌의 현행 (Ch. 629b21)

20종의 번뇌들의 현행이란 무엇인가?

답: (i-ii) 바라고 인정된 [번뇌들의] 분출들이 생겨나는 것이며, 바라지 않고 인정되지 않은 분출들이 생겨나는 것이다.

(iii-iv) [그러한 것으로서] 인지되지 않은(apratisaṃvidita)[179] 번뇌들이 생겨나는 것이며, [그러한 것으로서] 인지하고 있는 번뇌들이 생겨나는 것이다.

의 사용에서 약간 차이가 나타난다. 이하의 리스트는 대부분 한 쌍의 군으로 나열되었지만, (v-vii)처럼 세 개가 한 그룹을 이루는 것도 있고 (xiv)의 경우는 단독으로 언급되기도 했다. 따라서 이를 표현하기 위해 쉼표로 구분했다. 하지만 어떤 확실한 원칙에 따라 나열되었다기보다는 임의적으로 나열된 것이라 보인다. 반면 위의 『현양성교론』의 리스트는 앞의 것이 수행론적으로 부정적인 데 비해 뒤의 것은 긍정적이라는 원칙하에서 나열되어 있다. 또 다른 28종의 개아의 분류에 대해서는 ŚrBh 195ff (『성문지』 2021: 188ff) 참조.

177 이렇게 3종의 개아의 구분은 ŚrBh II.2.3. <성향의 차이에 따른 개아의 건립>에서 7종의 개아들이 각기 rāgacarita, dveṣacarita, mohacarita, mānacarita, vitarkacarita, samabhāgacarita, mandacarita로 설명되는 것에 대응한다. 앞의 5종이 여기서 utsadakleśacarita에 해당될 것이다. 각각의 개아들에 대한 설명은 『성문지』 2021: 197ff 참조.

178 근이 성숙한 자(paripakvendriya)와 비교할 때, 여기서 젊은이는 정신적 능력이 아직 계발되지 못한 젊은이를 가리킬 것이다.

179 명료하게 '인지되지 않은'(apratisaṃvidita) 번뇌들은 종자의 형태로 미세하게 잔존하는 번뇌들의 현행을 가리킬 것이다.

(v-vii) 거친 번뇌들이 생겨나는 것이며, 중간 정도의 번뇌들이 생겨나는 것이고, 미세한 번뇌들이 생겨나는 것이다.

(viii-ix) 내적으로 향한(antarmukha) 번뇌들이 생겨나는 것이며, 외적으로 향한(bahirmukha) 번뇌들이 생겨나는 것이다.

(x-xi) 정념의 상실 때문에 [일어난] 번뇌들이 생겨나는 것이며, 압도하는[180] 번뇌들이 생겨나는 것이다.

(xii-xiii) 변계된 것(parikalpita)으로 특징지어지는 번뇌들이 생겨나는 것이며, 자발적으로(naisargika)[181] [일어난] 번뇌들이 생겨나는 것이다.

(xiv) 심사에 속한(paryeṣaṇagata) 번뇌들이 생겨나는 것이다.

(xv-xvi) 조절할 수 없는(asvātantrya)[182] 번뇌들이 생겨나는 것이며, 조절할 수 있는 번뇌들이 생겨나는 것이다.

(xvii-xviii) [적합한 신체적인] 토대에 의거하지 않은[183] 번뇌들이 생겨나는 것이며, [적합한 신체적인] 토대에 의거한 번뇌들이 생겨나는 것이다.

(xix-xx) 치유될 수 있는(sādhya)[184] 번뇌들이 생겨나는 것이며, 치유될 수 없는 번뇌들이 생겨나는 것이다.

---

180 티벳역 zil gyis gnon pa는 abhbhāvaka를 전제한다. 하지만 한역 猛利("강력한")는 tīvra로 읽었고, 대응하는 현양성교론의 번역인 增上도 adhimātra를 전제한다.

181 자발적으로(naisargika) 일어나는 번뇌 대신에 『현양성교론』(T31: 573a19)은 俱生(sahaja)의 번뇌를 전제한다.

182 꿈에서 조절할 수 없고 임의적인 욕정들이 생겨나는 경우가 이에 해당된다.

183 이는 아이의 신체에 강력한 번뇌가 생겨나지 않는다는 것을 의미할 것이다. 왜냐하면 그의 신체나 감각기관은 번뇌가 생겨나기에는 아직 충분히 성숙하지 못했기 때문이다.

184 「攝釋分」(Ch. 750c28f)은 sādhya와 asādhya의 차이를 반열반할 수 있는 성질을 가진 자와 반열반할 수 있는 성질을 갖지 못한 자의 차이로 설명한다.

2.2.8.3. 번뇌의 현행을 위한 20종의 조건 (Ch. 629c2)

번뇌들의 현행을 위한 20종의 조건들이란 무엇인가?

답: 번뇌들은 樂受와 苦受, 不苦不樂受에 의해, 욕구에 의해, 尋思에 의해, 접촉에 의해, 잠재적 경향성에 의해,[185] 반복습관에 의해, 나쁜 사람과의 만남에 의해, 진실하지 않은 법의 청문에 의해, 비여리작의에 의해, 불신에 의해, 나태에 의해, 정념의 상실에 의해, 산란에 의해, 惡慧에 의해, 방일에 의해, 번뇌에 의해,[186] 이욕하지 않음에 의해,[187] 그리고 범부성에 의해 조건지어지기 때문에 일어난다.

2.2.9. 결생 (pratisaṃdhi) (Ch. 629c9)

어떤 존재영역에서 [중생들은] 심신복합체(ātmabhāva)라는 토대에 연결되는가(pratisaṃdadhāti)? 모든 영역의 모든 번뇌들에 의해 연결되는가 아니면 부분적인 [번뇌들]에 의해 연결되는가?

(1) 답: [결생은] 모든 번뇌들에 의해서이지, 부분적인 [번뇌들에] 의해서는 아니다. 그 이유는? 왜냐하면 이욕하지 못한 자가 그의 재생처에서 태어나지, 이욕한 자는 아니기 때문이다. 또 아직 이욕하지 못한 자에게 [이전의] 심신복합체는 모든 번뇌에 속한 추중에 의해 수반된다. [그 추중이] 어떤 곳에 다른 [새로운] 심신복합체가 생겨나기 위한 원인인 것이다. 이 때문에 모든 번뇌들에 의해 [새로운 존재에] 결생한다고 알아야 한다.

---

185 여기서 잠재적 경향성(anuśaya)부터 비여리작의까지 5종의 조건들은 YBh 164,3ff에서 번뇌들의 생기를 위한 6종의 원인 중에서 나열되고 있다. 다만 두 번째 '인식대상의 측면에서(ālambanataḥ)'의 설명은 빠져있다.

186 유신견이나 무명이 다른 번뇌들의 생기를 위한 조건이라는 점에서 번뇌를 다른 번뇌의 조건이 된다는 설명은 개연적이다. 다만 현양성교론(573a29f.)은 방일과 번뇌를 합쳐서 17번째 放逸煩惱로서 나열하고 있다.

187 이욕하지 않음과 범부성의 차이는 전자가 세간도에 의해 이욕하지 못했음을 가리키는 반면, 후자는 출세간도에 의해 이욕하지 못한 상태로 구별하는 것이 의미상 명백할 것이다. 따라서 후자의 범부의 명칭은 세간도에 따라 색계와 무색계의 명상을 획득한 자들에게도 적용되는 것이다.

(2) 또한 재생할 때에 [새로운] 심신복합체에 대한 갈애(ātmabhāvatṛṣṇā)[188] 뿐 아니라 남자나 여자에 대한 탐욕과 진에도 일어난다. 또 '내가 이 남자나 여자와 결합할 수 있을까, 아니면 없을까?'라고 생각한다면 의심도 일어난다. 내적이거나 외적인 [대상]에 대해 아견이나 아소견, 아만이 일어난다. 이런 방식으로 모든 번뇌에 의해 새로운 존재에 결생하는 것이라고 알아야 한다.

(3) 또한 간략히 말해 새로운 존재와의 7종 결생이 있다.

(i) 분출 및 수면에 의한 새로운 존재와의 결생은 범부들에 있어서이다. (ii) [단지] 수면에 의한 새로운 존재와의 결생은 [사성제라는] 토대를 본 자(dṛṣṭapada)들에 있어서이다.

(iii) 의식을 갖고 [모태에] 들어가는 방식으로 새로운 존재와의 결생은 전륜성왕에 있어서이다. (iv) 온전한 의식을 갖고 [모태에] 들어가고 머무는 방식으로 새로운 존재와의 결생은 연각에 있어서이다. (v) 어떤 정념의 상실도 없이 [모태에] 들어가는 방식으로 새로운 존재와의 결생은 보살에 있어서이다.[189]

(vi) 업의 작동(karmasaṃskāra)에 따른 새로운 존재와의 결생은 보살의 결생을 제외한 다른 모든 [중생]들에 있어서이다. (vii) 지혜의 작동(jñānasaṃskāra)에 따른 새로운 존재와의 결생은 보살에 있어서이다.

(viii) 불이익과 결부된 방식으로 새로운 존재와의 결생은 바로 업의 작동에 따른 새로운 존재와의 결생이다. (ix) 이익과 결부된 방식으로 새로운 존재와의 결생은 바로 지혜의 작동에 따른 새로운 존재와의 결생이다.

만일 이들 [결생]을 합친다면 일곱 개 또는 9종이 된다.

---

188 ātmabhāva-tṛṣṇā에 대해서는 Schmithausen 1987: II. Index를 볼 것. 이 술어는 『유가론』에서 여기서 처음으로 등장한다. 유사한 표현인 ātmabhāvābhinandana, -sneha, -abhilāṣa는 YBh 18,2ff에 나온다.

189 (iii-v)의 세 항목은 모태 속으로 들어가는 네 가지 양태를 기술하는 YBh 49,13ff의 설명 중에서 앞의 세 경우에 해당된다. 나머지 하나의 유형은 정지를 갖지 않고 들어가고 주하고 나오는 경우로서, 전륜성왕이나 연각, 보살을 제외한 중생들에게 해당된다. 『대비바사론』(T27: 863a11ff)에도 순서는 다르지만 동일한 설명이 나온다. 4종의 양태에 대해서는 Kritzer 2000 참조.

여기까지 앞의 문장(pūrvapādaka)[190]과 뒤의 문장(paścātpādaka), 四句의 형태(catuṣkoṭika)로 결택하는 다른 텍스트는 보이지 않는다.

---

190 ASBh 148,15ff: pūrvapādakaṃ dvayor dharmayoḥ ka(tha)ṃcid eva dharmam ārabhya parasparaṃ pṛṣṭayoḥ pūrva<ṃ> dharmam adhiṣṭhāya yad vyākriyate/ … paścātpādakaṃ tathaiva dvayor dharmayoḥ parasparaṃ pṛṣṭayor yat paścimam adhiṣṭhāya vyākriyate/ … catuṣkoṭikaṃ yatra catasro 'pi koṭayo vyākriyate/. Schmithausen(1969: 183ff, fn. 290)은 이 개소에 의거하여 그 의미를 다음과 같이 상세히 설명하고 있다. 그의 설명을 간략히 요약하면 "pūrvapādaka는 답변할 때에 두 개의 질문에서 첫 번째 부분이나 문장이 긍정되지만 두 번째는 그렇지 않은 경우이다." "paścātpādaka는 앞의 pūrvapādaka와 유비하여 뒤의 문장이 긍정되지만 앞의 문장은 그렇지 않은 경우이다." "catuṣkoṭika는 답이 네 가지 대안을 포함하는 경우이다." Katsura(1993: 91ff)는 여기서 pada가 문장이 아니라 term(dharma)이라고 지적하면서 pūrvapādaka를 "질문이 앞의 표현이나 규정에 동의하면서 답해지는 것"이라고 번역한다.

제4장

五事章 (Pañcavastuka)

(「섭결택분」 72, Ch. 695c26-703a23)

1. 10종 항목을 통한 오사의 설명[1]

진실인 대상(tattvārtha)을 알기 위해 요약해서 알아야만 하는 다섯 가지 사태(五事)에 대한 요약적 게송이다.

> 교설과 분석, 존재, 실유, 가유,
> 생기, 차이, 특징, 종류, 그리고 물질적인 것이다.

1.1. 오사(五事, pañcavastu)의 종류

오사란 무엇인가? 상(相, nimitta)과 명칭(名, nāman), 분별(分別, vikalpa), 진여(眞如, tathatā), 정지(正智, samyagjñāna)이다.

---

1 五事章은『보살지』<진실의품>에 대한 결택 부분이다. 이하의 번역은 기본적으로 Kramer(2005)의 티벳역 비판편집본에 의거해서 진행되었다. 그렇지만 현장역과 비교해서 편집본에 문제가 있을 경우나 본 번역자의 이해와 다를 경우 각주에서 밝혀두었다. 이는 각주작업에서도 마찬가지다. 원문에서 제시된 설명이나 전거의 경우 그녀의 번역본을 많이 의거해서 각주작업을 수행했지만, <오사장>의 설명이 『보살지』와 『성문지』에 많이 의거하기 때문에, 그와 관련된 설명은 필자의 번역에 의거해서 진행했다. 이때 상묵스님(정유정 2010)의 석사학위논문도 참조했다.

1.2. 오사의 정의 (Ch. 696a2)

(1) 관념상이란 무엇인가? 요약하면 언설하는 단어의 토대가 되는 사태이다.

(2) 명칭이란 무엇인가? 바로 관념상에 대한 비유적 설명이다.

(3) 분별이란 무엇인가? 삼계에 속한 심과 심소법들이다.

(4) 진여란 무엇인가? 법무아에 의해 특징지어지고, 성자의 지혜의 영역이고, 또 모든 언설의 토대가 되지 않는 사태이다.

(5) 정지란 무엇인가? 그것은 요약하자면 2종이라고 알아야 한다. 한결같은 출세간적(laukika) [정지] 및 세간적이며 출세간적 [정지]이다.[2]

(5.1) 한결같은 출세간적(lokottara) 정지는 무엇인가? 그것에 의해 성문과 연각과 보살들이 진여를 항상 증득하는 것이다. 그것에 의해 보살들이 다섯 가지 지식영역(五明處)[3]들에 대해 노력할 때, 진여를 [대상으로 하는] 智가 변재하기 때문에 그것에 대해 자주 주하고 소지장의 청정(jñeyāvaraṇaviśuddhi)을 올바로 증득하게 하는 것이다.

(5.2) 세간적이며 출세간적인 정지란 무엇인가? 그것에 의해 성문과 연각들이 최초의 정지에 의해 진여를 잘 통달한 후에, 첫 번째 출세간의 정지 이후에 획득된, 세간적이고 출세간적인 [정지]에 의해 안립제(vyavasthāpitasatya)[4]들에 관해 삼계에 대한 마음의 두려움과 매우 적정한 삼계의 맛을 경험하는 것, 또 그것

---

2 이하에서 삼승은 모두 출세간적 정지에 의해 진여를 증득한 후에, 성문과 연각, 그리고 보살의 길이 나누어진다고 구별하고 있다. 보살은 진여의 증득 이후에 오명처를 배울 때에도 진여를 대상으로 하는 지가 그에게 계속 작동함으로써 소지장으로부터 청정해진다. 반면에 성문과 연각은 출세간적 정지에 의해 진여를 증득한 후에 후득지에 의해 언어화된 형태로 진리를 체험하고, 삼계의 고통에 대한 두려움으로 번뇌장으로부터 청정해진다.

3 5明處(vidyāsthāna)는 다섯 가지 학문영역으로서, 이에 대해서는 「문소성지」의 번역부분을 참조. 오명처에 대한 설명은 『보살지』 <역종성품>에도 나타나는데, 특히 [불교] 내부의 학문영역(內明處)을 佛說(buddhavacana)이라고 설명한다. 이에 대해서는 『보살지』(2015: 139-140) 참조.

4 안립제는 개념이나 범주에 의해 확립된 진리로서 『유가론』에서는 사제를 가리킨다. 반면 이에 대비되는 비안립제는 범주에 의해 규정될 수 없는 진여를 가리킨다. 이 개념에 대해서는 Schmithausen 1987: 206; 495f 참조.

에 자주 주함에 의해 매우 신속하게 번뇌장의 청정(kleśāvaraṇaviśuddhi)을 올바로 획득하는 것이다. 그것은 익숙하지 않다는 의미에서 출세간적인 것이지만, 언설상을 인식대상으로 한다는 의미에서 세간적인 것이기 때문에 따라서 세간적이고 출세간적인 [정지]라고 한다.

세존께서도 그것을 의도하신 후에, '나는 세간적인 지혜도 있다고 설하며, 나는 출세간적인 지혜도 있다고 설하고, 나는 세간적이고 출세간적인 지혜도 있다고 설한다.'고 말씀하셨다.

그중에서 분별에 의해 포섭된 정지는 오직 세간적인 것이다. 첫 번째 정지에 의해 포섭된 [정지]는 오직 출세간적인 것이다. 두 번째 정지에 의해 포섭된 [정지]는 세간적이고 출세간적인 것이다.

1.3. 오사의 존재성 (Ch. 696a22)

(1) 관념상은 존재한다고 설해야 하는가? 아니면 존재하지 않는다고 설해야 하는가?[5] 답: [그것은] 존재한다고 설해야 한다.

(2) [관념상은] 자성(svabhāva)과 차별(viśeṣa)에 따라 가설(prajñapti)된 대로[6] 존재한다고 설해야 하는가? 답: [그것은] 그렇게 [가설된] 대로 존재하는 것은 아니라고 설해야 한다.[7]

---

5 이 질문은 BoBh 45,14ff에서 사태가 명칭의 근거로서 기능하고 또 자체적으로 불가언설적인 것으로서 존재하고 있음을 부정하는 견해의 비판과 관련된다.

6 BoBh 51,21ff에서 자성분별과 차별분별의 정의: "자성에 대한 분별은 무엇인가? 색 등의 명칭을 가진 사태에 대해 '이것은 색이다'라는 것과 같은 등의 분별이 자성에 대한 분별이라고 설해진다. 차이에 대한 분별은 무엇인가? 바로 이 색 등의 명칭을 가진 사태에 대해 '이것은 물질적인 것이고 이것은 비물질적인 것이며, 이것은 보이는 것이고 이것은 보이지 않는 것이며, 마찬가지로 [이것은] 저항을 가진 것이며 [이것은] 저항이 없는 것이며, 有漏와 無漏, 有爲와 無爲, 善과 不善 및 중립적인 것, 과거, 미래, 현재 등의 이러한 종류의 무수한 구별에 의해 자성에 대한 분별을 토대로 하는, 그것과 구별되는 대상에 대한 분별하는 방법이다. 이것을 차이에 대한 분별이라고 말한다." (『보살지』 2015: 93).

7 관념상(nimitta)과 그것의 언어적 기술 사이의 불일치성은 유식문헌에서 변계소집성의 특징 중의 하나로 설명되고 있다. 이에 대해서는 MSA XI.39와 그에 대한 MSABh 64,21-26 참조.

(3) [관념상은] 분별의 영역인 것처럼 그렇게 존재한다고 설해야 하는가?[8] 답: [그것은] 그와 같이 존재한다고 설해야 한다.

그와 같이 존재하는 관념상에 대해 능숙한 보살은 관념상이 있다고 답하는 것에도 능숙하고, 없다고 대답하는 것에도 능숙하다. 존재하기도 하고 존재하지 않기도 하다고 답하는 것에도 능숙하며, 존재하는 것도 아니고 존재하지 않는 것도 아니라고 대답하는 것에도 능숙하다.[9] 그와 같이 답변에 능숙한 그는 증익의 극단(samāropānta)과 손감의 극단(apavādānta)을 제거한 후에 중도에 의해 법계(dharmadhātu)를 설한다.[10]

(4) 관념상은 언설의 대상으로서 존재한다고 설해야 하는가 아니면 언설할 수 없는 것의 대상으로서 존재한다고 설해야 하는가?[11] 답: [그것은] 두 가지 [방

---

8 관념상(nimitta)과 분별의 관계는 BoBh 50,22ff에서 세 가지 사태(vastu)와 8종 분별(vikalpa)의 상호 생기를 위한 조건 관계로 풀이되고 있다. 『보살지』 2015: 92f 참조.

9 Kramer(2005: 194, fn.16)는 보살이 이렇게 확정되지 않게 대답하는 것을 타인의 의견이나 질문의 맥락에 부합하기 위해서라고 해석한다. 넓은 의미에서 그런 해석도 가능하겠지만, 관념상에 대해 4句(catuṣkoti)의 어느 것으로도 확정하지 않은 것은 "바로 그와 같이 존재하는"(de ltar yod pa nyid)이라는 말에 의해 암시되어있듯이, 구체적으로 선행하는 세 개의 문답과 직접 관련되어 있다고 보인다. 그렇다면 첫 번째 관념상의 존재의 긍정은 관념상이 자체적으로는 존재한다는 문장을 가리키며, 관념상의 존재의 부정은 그것이 자성(svabhāva)과 차별(viśeṣa)에 따라 가설(prajñapti)된 대로 존재하는 것은 아니라는 문장을 가리킨다. 그렇다면 사구에서 세 번째와 네 번째는 "관념상은 분별의 영역인 것처럼 그렇게 존재한다"는 문장을 가리킨다고 보이지만, 이런 의미가 분명히 표현된 것은 아니다. 다만 우리의 사유분별이 관념상을 대상으로 한다면, 그 관념상은 분별에 의거하는 한 있지만 그 분별을 떠나서는 없기에 존재하기도 하고 또 존재하지 않는다는 세 번째 범주에 속할 것이다. 또 관념상의 우연적 존재성을 나타내기 위해 있는 것도 아니고 없는 것도 아니라는 네 번째 범주가 적용되었을 것이다.

10 BoBh 진실의품의 설명에서 증익의 극단(samāropānta)과 손감의 극단(apavādānta), 중도(madhyamā pratipad)라는 단어는 나오지만, 法界(dharmadhātu)라는 단어는 사용되지 않는다. 여기서 관념상에 대한 증익의 극단은 문2에서, 그리고 손감의 극단은 문1에서 비판하는 것이다. 그렇지만 중도가 문3에 의해 표현되고 있는지는 확실하지 않다.

11 Kramer(2005: 105)는 ci rgyu mtshan brjod pa'i <u>don</u> gyis yod par brjod par bya'am/ brjod du med pa'i <u>don</u> gyis yod par brjod par bya zhe na/(問: 此相爲以言說義當言是有, 爲以離言說義當言是有)에서 밑줄친 don(한역: 義)을 '의미'로 이해하면서 이를 "현상이 언명의 의미에서 존재하는가 아니면 언명될 수 없는 것의 의미에서 존재하는가?"로 번역한다. artha(don, 義)가 가진 '의미, 대상, 목적' 등의 다양한 용법에서 볼 때, 확정적으로 말하기는 어렵지만 여기서의 주제가 관념상과 언명의 존재론적 대응 관계라고 본다면, artha를 단순히 '~의 의미에서, ~의 견지에서'로 번역하기보다는 "thing-meant"

식]으로 존재한다고 설해야 한다. 그 이유는? [관념상이] 언설의 근거로 되는 한에서 그러한 토대를 가진 것은 언설의 대상으로서 존재한다고 설해야 하지만, 자성과 차별에 따라 가설된 대로 실제로 존재하지 않는 것(aparinispanna)과 같이 언설될 수 없는 것의 대상으로서는 존재하지 않는다고 설해야 하기 때문이다.

(5) 명칭과 분별은 관념상과 마찬가지로 존재한다고 설해야 하는가?[12] 답: [그것들은] 그와 같이 존재한다고 설해야 한다.

(6) 진여와 정지도 존재한다고 설해야 하는가? 답: [그것들은] 존재한다고 설해야 한다.

1.4. 오사의 실유와 가유 (Ch. 696b7)

(1) 관념상은 실유(dravyasat)라고 설해야 하는가 아니면 가유(prajñaptisat)라고 설해야 하는가?[13] 답: [그것은] 실유의 제행에 대해서는 실유라고 설해야 하며, 가유의 [제행]에 대해서는 가유라고 설해야 한다. 관념상을 수반하는 제행도 두 종류이다.

(2) 명칭은 실유라고 설해야 하는가 아니면 가유라고 설해야 하는가? 답: [그것은] 가유라고 설해야만 한다. 오직 관념상에 대해 가설된 것뿐이기 때문이다.

(3) 분별은 실유라고 설해야 하는가 아니면 가유라고 설해야 하는가? 답: [그것은] 양자라고 설해야 한다.[14]

로 이해하는 것이 좋을 것이다. 한역에서 의도적으로 義를 살려 번역했다는 점도 이를 방증할 것이다. artha의 여러 의미와 특히 "thing-meant"로서의 해석에 대해서는 Houben 1997: 58f 참조.

12 문5와 문6은 티벳역에서 하나로 묶여 다루어지고 있는 반면, 한역에서는 구분되어 번역되고 있다. 여기서는 한역에 따라 번역했다. 왜냐하면 진여가 어떻게 관념상과 동일한 방식으로 존재할 수 있는지 잘 이해되지 않기 때문이다. 하나의 가능성은 진여에 대한 관념상으로 간주하는 것이지만, 여하튼 티벳역 구문은 문제가 있다고 보인다.

13 dravyasat는 존재자가 더 이상 환원될 수 없는 1차적 존재라는 점에서 설해진 것이고, prajñaptisat는 존재자가 복합체의 의미에서 1차적 존재에 의해 구성되고 따라서 개념적으로만 존재하는 2차적 존재라는 의미이다. 이에 대해서는 AKBh 13,24ff 및 윌리엄스 외(2022: 172f) 참조.

14 유식문헌에서 분별은 삼세에 속한 심과 심소라고 정의된다. 그런데 심소법 중의 많은 법이 가유

(4) 진여는 실유라고 설해야 하는가 아니면 가유라고 설해야 하는가? 답: [그것은] 실유라고 설해야 한다. 승의에 의해 포섭된 것이기 때문이다.

(5) 정지는 실유라고 설해야 하는가 아니면 가유라고 설해야 하는가? 답: [그것은] 양자라고 설해야 한다. 智(jñāna) 자체는 실유이지만, 智의 수반요소(parivāra)인 심과 심소법들도 [일상표현에 따르면] 정지이기 때문에 두 종류이다.[15]

1.5. 오사의 승의유와 세속유 (Ch. 696b15)

(1) 관념상은 세속유(saṃvṛtisat)라고 설해야 하는가 아니면 승의유(paramārthasat)라고 설해야 하는가?[16] 답: 세속유라고 설해야 한다. 두 가지 원인에 의해서이다. 왜냐하면 [관념상은] 잡염(saṃkleśa)을 일으키기 때문이고, 또 가설의 근거이기 때문이다.

(2) 명칭은 세속유라고 설해야 하는가 아니면 승의유라고 설해야 하는가? 답: 세속유라고 설해야 한다. 세 가지 원인에 의해서이다. 왜냐하면 [명칭은] 잡염을 일으키기 때문이고, 가설의 근거이기 때문이고, 또 세간언설의 토대이기 때문이다.

(3) 분별은 세속유라고 설해야 하는가 아니면 승의유라고 설해야 하는가? 답: 세속유라고 설해야 한다. 네 가지 원인에 의해서이다. 왜냐하면 [분별은] 잡염을 일으키기 때문이고, 가설을 근거로 하기 때문이고,[17] 언설의 잠재력

라고 설해진다. 예를 들어 ASBh에서는 apramāda, krodha 등의 법을 가설이라고 명시한다. 이에 대해서는 Saito et.al. 2014에서 관련된 심소법 항목 참조.

15 Kramer(2005: 106)는 여기서 말하는 智는 올바른 인식의 순간에 심과 심소에 포함된 慧(prajñā)라고 간주하고, 심과 심소법들은 단지 정확하지 않은 일상적 언어사용에 따라 정지에 포함된 것이라고 설명한다.

16 여기서 세속유와 승의유는 잡염과 청정에 따라 구별된다, 여기에 더해 세속유는 언설의 근거 및 언설의 잠재력 내지 작동력과 관련해서 설명된다.

17 티벳역(gdags pa'i gzhi yin pa'i phyir)과 한역(施設器故)은 위의 명칭의 세속유에서와 동일하게 번역

(vyavahārānuśaya)을 지니고 있기 때문이고, 그리고 언설을 각성시키는 것(*vyavahārānubodhaka)이기 때문이다.

(4) 진여는 세속유라고 설해야 하는가 아니면 승의유라고 설해야 하는가? 답: [그것은] 승의유라고 설해야 한다.[18] 왜냐하면 [진여는] 청정한 대상을 본질로 하기 때문이다(*viśuddhālambanātmakatvāt).

(5) 정지는 세속유라고 설해야 하는가 아니면 승의유라고 설해야 하는가? 답: 첫 번째 [출세간적인 정지]는 승의유라고 설해야 한다.[19] 두 번째 [세간적이며 출세간적 정지]는 양자라고 설해야 한다.

1.6. 오사의 생기 (Ch. 696b27)

(1) 관념상은 무엇으로부터 생겨난다고 설해야 하는가? 답: [관념상은] 관념상으로부터 생겨나며, 또 이전의 분별로부터 생겨난다.[20]

(2) 명칭은 무엇으로부터 생겨난다고 설해야 하는가? 답: [명칭은] 유정의 욕구로부터 생겨난다.

하고 있으며, Kramer(2005: 107)도 마찬가지다. 하지만 명칭이 가설, 즉 언어표현의 토대라는 것은 타당하지만, 분별이 언어표현의 토대/그릇이라는 것은 조금 납득하기 어렵다. 따라서 언어가 사유의 집이란 점에서 분별이 언어표현을 토대로 한다고 이해하여 번역했다.

18 승의를 진여로 해석하는 것은 MAVBh 41,18에서 진여를 '최고의 지의 대상'(paramasya jñānasya arthaḥ)으로 해석하는 것과 통한다.

19 여기서 승의(paramārtha)는 MAVBh 41,19f(pratipattiparamārtho mārgaḥ paramo 'syārtha iti kṛtvā)의 해석에 따라 '수행도(mārga)는 그것의 대상이 최고라는 점에서 정행으로서의 승의이다'라는 Bahuvrīhi 복합어에 의한 설명이다.

20 관념상이 관념상으로부터 생겨난다는 설명은 소연연에 의거한 것이라 보인다. 반면 관념상이 이전의 분별로부터 생겨난다는 설명은 BoBh 52,24ff에서 3종 사태와 8종 분별이 상호 원인이라는 설명과 관련이 있다. 『보살지』는 양자의 관계를 다음과 같이 서술한다. "사태(vastu)는 분별(vikalpa)의 의지처이고 분별의 대상이다(BoBh: vikalpaś ca vikalpādhiṣṭhānaṃ ca vikalpālambanaṃ vastu). 이 양자는 시작이 없고 상호 원인이 되는 것으로 알아야 한다. 첫 번째 분별은 분별의 인식대상인 현재의 사태가 일어나기 위한 [원인이며], 또한 분별의 대상인 이미 출현한 현재의 사태는 그것을 인식대상으로 하는 현재의 분별이 일어나기 위한 원인이다. 그 경우에 있어서 분별을 변지하지 못함이 미래에 그 [분별]의 인식대상인 사태가 일어나기 위한 [원인이 된다]. 그 [사태]가 일어나기 때문에 계속하여 그 [사태]에 근거하고, 그 [사태]에 의지하는 분별이 확정적으로 일어나게 된다."

(3) 분별은 무엇으로부터 생겨난다고 설해야 하는가? 답: [분별은] 분별로부터 생겨나고, 또 관념상으로부터 생겨난다.[21]

(4) 진여는 무엇으로부터 생겨난다고 설해야 하는가? 답: [진여는] 생겨나지 않는다고 설해야 한다.

(5) 정지는 무엇으로부터 생겨난다고 설해야 하는가? 답: [정지는] 정지와 진실한 법의 청문, 그리고 여리작의에서 생겨난다.

1.7. 오사의 차별 (Ch. 696c4)

1.7.1. 관념상과 다른 사태의 관계

(1) 명칭은 관념상과 다르다고 설해야 하는가 아니면 다르지 않다고 설해야 하는가? 답: 두 가지로 설할 수 없다. 그 이유는? 두 가지로 잘못된 결론에 이르기 때문이다. 만일 [명칭이 관념상과] 다르다면 어떤 과실이 있는가? 명칭은 실유가 될 것이다.[22] 만일 [명칭이 관념상과] 다르지 않다면 어떤 과실이 있는가? 관념상을 파악할 때 명칭도 파악되게 될 것이다.[23]

(2) 분별은 관념상과 다르다고 설해야 하는가 아니면 다르지 않다고 설해야 하는가? 답: 두 가지로 설하지 않아야 한다. 그 이유는? 두 가지로 잘못된 결론에 빠지기 때문이다. [만일 분별이 관념상과] 다르다면, 어떤 허물이 있는가? 분별들은 관념상을 자체로 하지 않게 될 것이다.[24] [만일 분별이 관념상과] 다르지 않다면 어떤 허물이 있는가? 분별과 분리된 관념상들도 바로 분별을 자체로 하게

---

21 분별이 분별로부터 생겨난다는 설명은 등무간연에 따른 것이라 보이며, 분별이 관념상으로부터 생겨난다는 의미에 대해서는 위의 각주를 볼 것.

22 이는 명칭이 관념상과 독립해 존재한다는 오류에 빠진다는 의미이다.

23 그런 경우 관념상에는 그것의 명명 이전에 이미 명칭에 대한 인식이 있을 것이라는 비판이다. 이 주제는 오사장의 두 번째 요약송에 따른 § 2.2에서 다루어지고 있다.

24 사물에 대한 인식이나 분별은 사물에 대한 관념상에 의거하고 있다는 점에서 분별이 관념상과 독립해 있다면 오류가 될 것이라는 비판이다.

될 것이다.

(3) 진여는 관념상과 다르다고 설해야 하는가 아니면 다르지 않다고 설해야 하는가? 답: 두 가지로도 설하지 않아야 한다. 그 이유는? 두 가지로 잘못된 결론에 빠지기 때문이다. [만일 진여가 관념상과] 다르다면 어떤 허물이 있는가? 관념상의 승의는 진여로 되지 않을 것이며, 또 요가행자가 관념상에 의존하지 않고도 진여를 추구하게 될 것이며, 또 진여를 완전히 깨달았을 때에도 관념상에 대해 완전한 깨달음을 얻지 못하게 될 것이다.[25] [만일 진여가 관념상과] 다르지 않다면, 어떤 허물이 있는가? 진여에 차별이 없는 것처럼, 모든 관념상에도 차별이 없게 될 것이며, 또 관념상을 지각했을 때에 진여도 지각하게 될 것이며, 또 진여를 지각하더라도 관념상[의 지각에서]처럼 청정하지 않게 될 것이다.[26]

예를 들면 제행에 무상·고·무아라는 공상(共相)이 있지만, [공상이] 그 [제행]과 다른 것인지 다르지 않은 것인지를 설할 수 없을 것이며, 또 몸과 마음에 추중(dauṣṭhulya)[27]과 경안(praśrabdhi)[28]이 있지만, 그것들이 몸과 마음과 다른

---

25 진여와 관념상의 同異 문제는 SNS III.3-5(= 解深密經 T16: 690b20-691a14)에서 승의제의 특징(paramārthalakṣaṇa)과 제행의 특징(saṃskāralakṣaṇa)의 同異에 대한 문답에서 다루어졌다. 먼저 승의제의 특징과 제행의 특징이 동일하다고 할 때의 문제점이 SNS III.3에서 설해진다. "만일 제행의 특징과 승의의 특징이 다르다면, 그렇다면 진리를 본 자들도 제행의 특징을 여의지 못할 것이다. 제행의 특징을 버리지 못했기 때문에 진리를 본 자도 관념상의 결박(nimittabandhana)에서 완전히 벗어나지 못할 것이다. 관념상의 결박에서 완전히 벗어나지 못하면 추중의 결박(dauṣṭhulyabandhana)에서도 완전히 벗어나지 못할 것이다. 두 가지 결박에서 벗어나지 못하면 진리를 본 자도 편안하고 위없는 열반을 얻지 못할 것이며, 또한 무상정등각을 확실히 깨닫지 못할 것이다. 진리를 보지 못한 범부들은 단지 범부인 한에서 편안하고 위없는 열반을 얻지 못할 것이며, 무상정등각도 확실히 깨닫지 못할 것이기 때문에 제행의 특징과 승의의 특징이 다르지 않다고 말하는 것은 타당하지 않다. … "

26 이어 승의제의 특징과 제행의 특징이 동일하다고 할 때의 문제점이 SNS III.5에서 다음과 같이 설해진다. "만일 제행의 특징과 승의의 특징이 다르지 않다면, 그럼으로써 승의의 특징이 제행의 특징에 대해 차별이 없는 것처럼 제행의 모든 특징도 차별이 없게 될 것이며, 요가행자들 또한 제행에 대한 견문각지를 넘어서, 그 이상은 승의를 온전히 찾지 못할 것이다. 만일 제행의 특징과 승의의 특징이 다르다면, 그럼으로써 제행이 오직 무아라는 것과 오직 무자성이란 것도 승의의 특징이 되지 못할 것이다. 잡염의 특징과 청정의 특징도 동시에 별개의 특징으로 성립하게 될 것이다. … "

27 dauṣṭhulya(麤重)의 정의에 대해서는 Schmithausen 1987: 66ff 참조. 그리고 초정려를 얻기 위한 수행

것인지 다르지 않은 것인지를 설할 수 없을 것이며, 또 선과 불선과 무기의 법들 속에 종자가 있지만, [종자가] 그것들과 다른 것인지 다르지 않은 것인지를 설할 수 없을 것이다. 그 이유는? 왜냐하면 두 가지 모두 잘못된 결론에 떨어지기 때문이다. 예를 들면 허공(ākāśa)은 변재하기 때문에 사물의 부분(rūpapradeśa)에도 허공은 존재하지만, 그 [허공]이 그 [사물]과 다르다거나 다르지 않다고 설할 수 없을 것이다. 그 이유는? 두 가지 모두 잘못된 결론에 떨어지기 때문이다. [만일 허공이 사물과] 분리되어 존재한다면, 어떤 허물이 있는가? 허공은 모든 것에 변재하지 않게 되기 때문에 무상한 것으로 될 것이다. [만일 허공이 사물과] 분리되어 존재하지 않는다면, 어떤 허물이 있는가? 허공은 사물의 부분 외부에 존재하게 될 것이다. 이와 같이 이 [진여와 관념상]에 대해서도 이치에 따라 보아야 한다.

세존께서는 성문승에 대해서도 때때로 제행과 다른 것도 아니고 다르지 않은 것도 아니라는 이런 답변의 방식을 다음과 같이 설하셨다. "비구들이여, 온들은 취착(upādāna)이 아니며, 또 취착은 온들과 떨어져 있지도 않다. 그렇지만 이 [오온]에 대한 욕탐(chandarāga)이 여기에서 취착이다."[29]

만일 [오온이 취착과] 다르지 않다면 어떤 허물이 있는가? 답: 온들 속에서 선법과 무기법이 부정되게 될 것이며, 또 어떤 청정도 없게 된다는 허물이 있다. 만일 다르다면 어떤 허물이 있는가? 답: 취착을 항상한 것으로 증익하게 될 것이며, 또 청정이 존재하지 않게 된다는 허물이 있다.

관념상과 진여[의 관계]처럼, 명칭과 분별과 정지[와 진여의 관계][30]도 마찬

의 맥락에서 추중과 경안의 의미에 대해서는 『성문지』(2020: 431f) 참조.

28 현장은 praśrabdhi를 輕安, 즉 경쾌하고 안락함의 두 뉘앙스를 가졌다고 풀이한다. 경안은 불교의 수행전통에서 五蓋(nīvaraṇa)의 제거 후에 나타나며, 초정려에 들어가기 이전의 상태로 설명하고 있기 때문에 경안은 정려의 상태에서 획득하는 낙(sukha)의 선행조건으로 간주되고 있다.

29 Kramer(2005: 111, fn.41)는 이에 대응하는 경전으로 MN I 299ff를 제시한다. tañ ñeva upādānaṃ te pañc' upādānakkhandhā na pi aññatra pañcaḥ upādānakkhandhehi upādānaṃ/yo kho ... pañcas upādānakkhandhesu chandarāgo taṃ tattha upādānan ti. 또한 AKBh 308,5f에도 관련된 문장이 보인다.

가지라고 알아야 한다.

(5) 정지는 관념상과 다르다고 설해야 하는가 아니면 다르지 않다고 설해야 하는가? 답: 분별과 같이 두 가지로도 설해서는 안 된다.

1.7.2. 명칭과 분별 및 정지의 관계

(1) 분별은 명칭과 다르다고 설해야 하는가 아니면 다르지 않다고 설해야 하는가? 답: 다르다고 설해야 한다.

(2) 정지는 명칭과 다르다고 설해야 하는가 아니면 다르지 않다고 설해야 하는가? 답: 다르다고 설해야 한다.

(3) 정지는 분별과 다르다고 설해야 하는가 아니면 다르지 않다고 설해야 하는가? 답: 다르다고 설해야 한다.

1.8. 오사의 특징 (Ch. 697a8)

(1) 관념상의 특징(lakṣaṇa)은 무엇인가? 답: [관념상의] 특징은 분별의 영역이라는 것이다.

(2) 명칭의 특징은 무엇인가? 답: [명칭의] 특징은 세간언설의 토대라는 것이다.

(3) 분별의 특징은 무엇인가? 답: [분별의] 특징은 관념상을 대상영역으로 한다.

(4) 진여의 특징은 무엇인가? 답: [진여의] 특징은 정지의 대상영역이라는 것이다.

(5) 정지의 특징은 무엇인가? 답: [정지의] 특징은 진여를 대상영역으로 한다.[31]

---

30 한역(697a3: 名分別正智與眞如 當知亦爾)에 따라 보충했다.

31 출세간적 정지는 비안립된 진여를 대상으로 하며, 세간적 정지는 안립된 진여로서의 사성제를 대상으로 한다.

1.9. 오사의 종류와 동의어 (Ch. 697a13)

1.9.1. 오사의 종류

1.9.1.1. 관념상(nimitta)의 종류

관념상(nimitta)[32]의 종류는 무엇인가? 답: 분별의 종류가 다양하고 헤아릴 수 없기 때문에, 그 [관념상]의 종류도 다양하고 헤아릴 수 없다고 알아야 한다.

(1) 즉, 색이라는 관념상과 심이라는 관념상, 심소라는 관념상, 심불상응행이라는 관념상, 무위(asaṃskṛta)라는 관념상;[33] 온이라는 관념상, 처라는 관념상, 계라는 관념상, 연기라는 관념상, 처비처라는 관념상, 근이라는 관념상, [사]제라는 관념상;[34] 염주라는 관념상, 정단 · 신족 · 근 · 력 · 각지라는 관념상, 도지라는 관념상;[35] 길(pratipad)[36]이라는 관념상, 법의 토대(dharmapada)라는 관념상; 샤마타라는 관념상, 비파샤나라는 관념상, 흥분(pragraha, 擧)이라는 관념상, 평정(upekṣā)이라는 관념상(捨相); 조건(pratyaya)이라는 관념상, 귀의(pratisaraṇa)라는 관념상; 지 · 수 · 화 · 풍이라는 관념상, 허공(ākāśa)이라는 관념상, 식(vijñāna)이라는 관념상; 이 세계(ayaṃ lokaḥ)라는 관념상, 저 세계(paraloka)라는 관념상, 태양이라는 관념상, 달이라는 관념상; 지옥중생이라는 관념상, 축생 · 아귀 · 천 · 인이라는 관념상, 사대천왕이라는 관념상, 삼십삼천 · 야마천 · 도솔천 · 화락천 · 타화자재천이라는 관념상; 초정려라는 관념상, 제2정려 · 제3정려 · 제4정려라는 관념상, 공무변처라는 관념상, 식무변처 · 무소유처 · 비상비비

---

32 여기서 nimitta의 용법은 분별의 영역이라는 점에서 현상적 이미지라기보다는 관념상의 의미에 가깝다.

33 첫 번째 범주는 오위법에 따른 분류이다. 티벳역은 여기에 'dus byas rgyu mtshan(= saṃskṛtanimitta)이라는 용어를 부가하지만, 한역에는 없다.

34 이들 7종은 선교(kauśalya)에 따른 분류이다. YBh에서 선교에 따른 구분은 자주 등장하는데, 특히 앞의 5종이 함께 세트로 등장하는 경우가 많다. 하지만 여기에 더해 根善巧와 諦善巧가 포함되어 7종으로 나열되거나 아니면 하나만이 더해서 나열되기도 한다.

35 이는 37보리분법에 따른 분류이다.

36 pratipad에 대해서는 AKBh 382,7ff 참조.

상처라는 관념상; 생기(utpāda)라는 관념상, 소멸(vyaya)이라는 관념상, 유(bhāva)라는 관념상, 비유(abhāva)라는 관념상; 잡염(saṃkleśa)이라는 관념상, 청정(vyavadāna)이라는 관념상; 견 · 문 · 각 · 지라는 관념상, 획득되고(prāpta) 심사되었다(paryeṣita)라는 관념상, 마음에서 심사되고(anuvitarkita) 사찰되었다(anuvicarita)는 관념상이다.[37] 그리고 [그것과] 다른 이러한 부류의 관념상들이다.

(2) 또한 관념상은 여섯이다. 관념상을 수반한 관념상, 관념상을 여읜 관념상, 협소함이라는 관념상, 광대함이라는 관념상, 무량함이라는 관념상 그리고 [아무것도] 없다(無所有)는 관념상이다.[38]

(가) 관념상을 수반한 관념상이란 무엇인가? 답: 이해했던 사태를 명칭에 의거해 분별하는 관념상이다.

(나) 관념상이 없는 관념상이란 무엇인가? 답: 이해되지 않은 사태를 명칭에 의거해 분별하는 관념상이다.

(다) 협소함이라는 관념상이란 무엇인가? 답: 욕계의 사태에 관해 분별하는 관념상이다.

(라) 광대함이라는 관념상이란 무엇인가? 답: 색계의 사태에 관해 분별하는 관념상이다.

(마) 무량함이라는 관념상이란 무엇인가? 답: 무색계의 사태인 공무변처(ākāśānantyāyatana)와 식무변처(vijñānānantyāyatana)에 관해 분별하는 관념상이다.

(바) [아무것도] 없다는 관념상이란 무엇인가? 답: 무색계의 사태인 무소유처

---

37 『보살지』(2015: 78)에서 색수상행식과 안이비설신의, 지수화풍, 색성향미촉 등의 법들이 나열되며 마지막으로 마음에 의해 심사되고(anuvitarkita) 사찰되었다(anuvicarita)라는 항목들이 존재(bhāva)들이 가설을 자성으로 하는 것으로서 언급된다. 하지만 『보살지』의 각 항목은 위의 항목과 일치하지는 않는다.

38 이 6종의 그룹은 AS(G) 15,2ff(『집론』. T31: 664a5-7)에서 想(saṃjñā)에 의거해 생겨나는 것으로 나열된다.

(ākiṃcanyāyatana)에 관해 분별하는 관념상이다.

(3) 또한 다섯 개의 관념상이 있다. 관념상이라는 관념상(*nimitta-nimitta)과 명칭이라는 관념상(*nāma-nimitta), 분별이라는 관념상(*vikalpa-nimitta), 진여라는 관념상(*tathatā-nimitta), 정지라는 관념상(*saṃyagjñāna-nimitta)이다.

(4) 또 다른 두 개의 관념상이 있다. 자연적인 것(prakṛti)이라는 관념상과 영상(pratibimba)이라는 관념상이다. 자연적인 것이라는 관념상이란 무엇인가? 답: 이전의 분별에 의해 발생된 관념상과 또 관념상에 의해 발생된 것으로, [세상에서] 인정된 관념상이다. 영상의 관념상이란 무엇인가? 답: 자연적으로 존속하지 않고, 승해(adhimokṣa)에 의해 나타나는 변계된 [관념상]이다.

1.9.1.2. 명칭의 종류는 무엇인가? 답: 그것도 관념상의 힘 때문에 다양하고 헤아릴 수 없는 종류를 갖고 있다. 그 [명칭]을 요약하면 12종이다. 세간언설로부터 생겨난 것, 여실한 사태, 보편자와 연결된 것, 개별자와 연결된 것, 공덕으로부터 생겨난 것, 비유적 표현인 것, [세상에서] 알려진 것, 알려지지 않은 것, 명확한 것, 명확하지 않은 것, 요약된 것, 구별된 것이다.

1.9.1.3. 분별의 종류는 무엇인가? 답: 그 [분별]도 관념상과 명칭의 힘에 의해 다양하고 헤아릴 수 없는 종류를 갖고 있다. 그 [분별]을 요약하자면 7종이라고 알아야 한다. [명료한 심적] 관념상에서 생겨난 것, [명료한 심적] 관념상이 없이 생겨난 것, 대상에 대해 자연적으로 작동하는 것, 심사하는 것, 반성적 관찰과 관련된 것, 염오된 것, 염오되지 않은 것이다.[39]

1.9.1.4. 진여의 행상은 무엇인가? 답: [진여는] 언설될 수 없는 행상을 갖고 있다.

1.9.1.5. 정지의 행상은 무엇인가? 답: 출세간적인 [정지]는 언설될 수 없는

---

39 여기서의 분별의 7종 분류는 YBh 12,12-13,3의 7종 분별을 전제하고 있다고 보인다. 이에 대해서는 앞의 意地의 번역(1.5.1.) 참조할 것. 또한 동일한 7종 분별이 ASBh 16,11ff에서도 나열되고 있다.

행상을 갖고 있다. 세간적이고 출세간적인 [정지]는 안립제를 파악하는 행상을 가졌다.

1.9.2. 오사의 동의어 (Ch. 697b24)

(1) 관념상(nimitta)과 영상(影像, pratibimba), 반영(返影, pratibhāsa), 존재(bhava), 희론(prapañca), 유신(satkāya), 유위(saṃskṛta), 의도된 것(abhisaṃcetita), 緣生法(pratītyasamutpanna) 등의 이러한 부류가 관념상의 동의어이다.

(2) 명칭(nāman)과 기호(saṃketa), 시설(prajñapti), 세간언설(vyavahāra), 세속(saṃvṛti), 가설(upacāra), 명언(abhilāpa) 등의 이러한 부류가 명칭의 동의어이다.

(3) 분별(vikalpa)과 사유(saṃkalpa), 변계(parikalpa), 삿된 수행도(mithyāmārga), 삿된 행위(mithyāpatti), 잘못된 흐름, 바르게 파악하지 않는 것 등의 이러한 부류가 분별의 동의어이다.

(4) 진여(tathatā)와 진실성(samyagtva), 진리(satya), 무착란(abhrānti), 무전도성(aviparyāsa), 희론을 여읜 계(niḥprapañcadhātu), 무상계(animittadhātu), 법계(dharmadhātu), 실제(bhūtakoṭi)[40] 등의 이러한 부류가 진여의 동의어이다.

(5) 정지(samyagjñāna)와 올바른 지혜(samyakprajñā), 올바른 사유와 올바른 수행도(samyagmārga), 올바른 행(pratipatti), 올바른 흐름, 올바른 파악(*samyaggrāha) 등의 이러한 부류가 정지의 동의어이다.

---

40 『집론』(T31: 62b1)에서도 무상, 법계, 실제가 진여의 동의어로 제시되고 있다.

1.10. 오사의 법상 구분 (Ch. 697c5)

1.10.1. 오사와 기본교설 범주의 포섭 관계[41]

(1) 오사 중에서 몇 가지가 색이고, 몇 가지가 심이며, 몇 가지가 심소이고, 몇 가지가 심불상응행이며, 몇 가지가 무위인가? 답: 관념상은 다섯 가지 모두이다.[42] 명칭은 심불상응행이다. 분별과 정지는 심과 심소이다. 진여는 무위이다.

(2) [오사 중에서] 몇 가지가 온에 포섭되고, 몇 가지가 포섭되지 않는가? 답: 세 가지는 온에 포섭된다. 관념상은 [온에] 포섭되고, 또 포섭되지 않는다.[43] 진여는 [온에] 포섭되지 않는다.

(3) [오사 중에서] 몇 가지가 [18]계와 [12]처에 포섭되고, 몇 가지가 포섭되지 않는가? 답: 모든 것이 남김없이 [18계와 12처에] 포섭된다.[44]

(4) [오사 중에서] 몇 가지가 연기(pratītyasamutpāda)에 포섭되고, 몇 가지가 포섭되지 않는가? 답: 세 가지는 포섭된다. 관념상은 [연기에] 포섭되고 또 포섭되지 않는다. 진여는 포섭되지 않는다.

(5) 연기에 포섭된 것과 포섭되지 않은 것처럼, 처비처(sthānāsthāna)[45] 및 근

---

41 여기서는 오사와 다른 교설 범주와의 포섭관계가 다루어지고 있다. Kramer(2005: 117, fn.84)가 지적하듯이 상호 포섭관계는 오사장의 두 번째 uddāna에서 첫 번째 항목인 bsdu pa(saṃgraha)에서 설해질 것으로 기대되지만 거기서도 아비달마의 방식으로 분류되고 있지 않는다. 그런데 문제는 이 항목이 어디에 포함되어야 하는가이다. uddāna에서 9번째 항목은 rnam pa(ākāra, 行等), 10번째 항목은 gzugs can(rūpin, 色等)이다. 티벳역에 따르면 '물질적인 것' 등으로의 법상의 구분은 여기에 해당되지 않지만, 한역에 따르면 10번째 항목은 여기서부터 시작된다고 보인다. 그런 점에서 Kramer는 이 단락이 원래의 서술이 종결된 후 추가적으로 보충된 것이라 간주한다.

42 색이라는 관념상 내지 무위라는 관념상이 가능하기 때문에 5종 모두 관념상에 포함된다.

43 관념상은 모든 것을 대상으로 삼을 수 있기 때문에 오온 전체에 포함되지만, 동시에 오온에 포함되지 않는 무위법도 대상으로 할 수 있기에 오온에 포함되지 않는다.

44 진여도 12처 중의 법처에, 18계 중의 법계에 포함되어 있다.

45 處非處를 Kramer(2005: 118)는 "가능하고 가능하지 않은 것"으로 번역하는데, 여기서는 '타당하고 타당하지 않은 것'이라고 번역했다. 왜냐하면 「섭결택분」(T30: 613a10f)에서 처(sthāna)는 "이러저러한 사태에 대해 도리와 모순되지 않은 것"으로 정의되며, 비처(asthāna)는 "도리와 모순되는 것"으로 정의되기 때문이다. 여기서 처비처가 연기와 비슷한 방식으로 오사와 관련된다고 하는 설명은 『성문지』(2021: 244; ŚrBh 249,4ff)에서 처비처선교를 특수한 형태의 연기선교라고 하는 설명

(indriya)[46]에 포섭된 것과 포섭되지 않은 것들도 마찬가지라고 알아야 한다.

(6) [오사 중에서] 몇 가지가 진리에 포섭되고, 몇 가지가 포섭되지 않는가? 답: 진리는 2종이다. 안립제(vyavasthāpitasatya)와 비안립제(avyavasthāpitasatya)이다. 사성제는 안립제이고, 진여는 비안립제이다. 그중에서 세 가지는 안립제에 포섭된다.[47] 관념상은 포섭된 것과 포섭되지 않은 것이다.[48] 진여는 오직 비안립제에 포섭된다.

(7) [오사 중에서] 몇 가지가 인연(hetupratyaya)에 포섭되며, 몇 가지가 등무간연(samanantarapratyaya)과 소연연(ālambanapratyaya), 증상연(adhipatipratyaya)에 포섭되는가?[49] 답: 관념상은 모든 것에 포섭된다. 명칭은 등무간연에 포섭되지 않는다. 분별과 정지는 네 가지 모두에 포섭된다. 진여는 오직 소연연에 포섭된다.[50]

(8) [오사 중에서] 몇 가지가 법(dharma)이라는 귀의(pratisaraṇa)에 포섭되고,

과 비슷한 맥락일 것이다. 처비처선교는 『유가론』「섭결택분」(T30: 613a10-614a12)에서도 상설되어 있고, 그 끝부분에 연기선교와의 차이가 다음과 같이 요약되어 있다. "오직 인과의 생기도리만을 정지를 통해 밝히는 것이 연기선교이고, 일체의 전도되지 않은 이치를 정지를 통해 밝히는 것이 처비처선교이다." 또한 두 선교의 차이에 대해서 ASBh 98,26ff에서도 서술하고 있다.

46 『유가론』(T30: 614a12-620b4)에서 근선교의 맥락에서 根은 22종으로 상설되어 있다.

47 명칭과 분별, 정지는 안립제에 모두 포함되는 것이 아니라, 아래 2.1에서 명시되듯이 명칭은 고제에, 분별은 멸제를 제외한 세 진리에, 그리고 정지는 도제에 포함된다.

48 이 문장의 의미는 분명하지 않지만, 아래 2.1.에서 관념상이 모든 사제에 포함된다는 설명에 의거할 때 '관념상은 [안립제 모두에] 포함되지만 [비안립제에는] 포함되지 않는다'로 이해되어야 할 것이다. 왜냐하면 비록 진여를 대상으로 해서 하나의 관념상을 가질 수는 있지만 진여 자체는 비안립제로서 관념상의 영역을 초월해 있기 때문이다.

49 여기서는 4종의 연(pratyaya)과 오사의 포섭관계가 다루어진다. 4종의 연에 대해서는 YBh 61,16ff; 110,18ff 참조.

50 4연 중에서 오사와의 관계에서 가장 문제되는 것이 등무간연이다. 등무간연은 온전히 전찰나의 심과 후찰나의 심 사이의 조건관계이기 때문에 명칭은 여기에 포함되지 못하지만, 분별과 정지는 심심소에 속하기 때문에 여기에 포함된다. 분별과 정지에 대해 관념상이 가능하기에 관념상도 등무간연에 포함될 수 있다. 반면 진여는 심심소를 떠난 것이기에 직전의 심찰나라는 조건에 의거하지 않기에 등무간연에 포함되지 않는다. 진여는 다만 정지의 대상이기 때문에 소연연에는 포함된다.

몇 가지가 의미(artha)와 요의경(nītārthasūtra)과 지혜(jñāna)라는 귀의에 포섭되는가? 답: 관념상은 세 가지 귀의에 포섭된다. 명칭은 오직 법이라는 귀의에 포섭된다. 관념상과 같이 분별도 마찬가지다. 진여는 지혜의 대상이기 때문에 의미라는 귀의에 포섭된다. 정지는 오직 지혜라는 귀의에 포섭된다.[51]

1.10.2. 법상에 따른 오사의 포섭 관계[52] (Ch. 697c27)

(1) [오사 중에서] 몇 가지가 물질적인 것(rūpin)이고, 몇 가지가 비물질적인 것(arūpin)인가? 답: 관념상은 두 종류 모두이다. 분별과 정지는 비물질적인 것이다. 명칭과 진여는 두 가지 모두가 아니다. 왜냐하면 [명칭은] 가유이기 때문이며, [진여는] 언설할 수 없는 것이기 때문이다.

(2) 물질적인 것과 비물질적인 것처럼, 보이는 것(sanidarśana)과 보이지 않는 것(anidarśana), 저항(sapratigha)을 가진 것과 저항이 없는 것(apratigha)도 마찬가지라고 알아야 한다.

(3) [오사 중에서] 몇 가지가 유루(sāsrava)이고, 몇 가지가 무루(anāsrava)인가? 답: 관념상은 양자이다. [명칭과 분별] 양자는 유루이다. [정지와 진여] 양자는 무루이다. 진여는 무루의 대상이라는 점에서 무루이지만, 루의 소멸로 특징지어진다는 점에서는 [무루가] 아니다. 정지는 루를 소멸시키기 때문에 대치하는 점에서 무루이다.

---

51 4종의 귀의(pratisaraṇa)는 일반적으로 dharma, artha, nītārtha, jñāna이다. 귀의와 오사의 포섭관계에서 관념상과 분별은 세 가지 귀의에 포함된다고 하는데, 무엇이 '세 가지'인지 명시하지는 않지만, 내용상 앞의 셋이라고 보인다, 왜냐하면 관념상과 분별은 모두 문자화된 가르침이나 그 내용, 그리고 재해석될 필요가 없는 직접적 의미를 포함할 수 있지만, 그것들은 모두 올바른 지혜가 아닌 분별적 인식이기에 네 번째 지혜에 포함되지는 못하기 때문이다. 명칭이 단지 dharma에 포함된다는 설명은 자명할 것이고, 진여도 대상인 한에서 의미에 포함될 것이다. 그리고 여기서 정지는 출세간의 정지란 의미에서 지혜에 포함될 것이다.

52 이하의 나열에서 (1)-(12)까지의 법의 항목은 「섭결택분」(T30: 608a7-b13)과 거의 동일하며, 다만 「섭결택분」에서 墮界(paryāpanna) 다음에 나열된 과거 등의 항목은 (22)에서 순서가 바꾸어있다, 그리고 원·근 다음에 나열된 欲界繫 등의 항목은 (23)에, 선·불선·무기는 (24)에, 學 등은 (28)에, 見所斷 등은 (29)에 대응한다.

(4) [오사 중에서] 몇 가지가 유위(saṃskṛta)이고, 몇 가지가 무위(asaṃskṛta)인가? 답: 관념상은 양자이다. 셋은 유위이다. 진여는 무위이다. [진여는] 제행의 적정한 대상이라는 점에서 [무위]이지, 제행의 적정으로 특징지어진다는 점에서는 아니다.

(5) [오사 중에서] 몇 가지가 쟁론을 수반한 것(有諍, saraṇa)이고, 몇 가지가 쟁론을 여읜 것(無諍, araṇa)인가? 답: 관념상은 두 가지 모두이다. 둘은 쟁론을 수반한다. 둘은 쟁론을 여읜 것이다. 여기서도 유루와 무루의 방식처럼 보아야 한다.

(6) 쟁론을 수반한 것과 쟁론을 여읜 것처럼, 애미(愛味)를 지닌 것(sāmiṣa)과 애미를 여읜 것(nirāmiṣa), 탐닉에 의지한 것(gredhāśrita)과 출리에 의지한 것(naiśkramyāśrita)도 마찬가지라고 알아야 한다.

(7) [오사 중에서] 몇 가지가 세간적인 것(laukika)이고, 몇 가지가 출세간적인 것(lokottara)인가? 답: 셋은 세간적인 것이다. 진여는 출세간적인 것이다. 정지의 일부는 출세간적인 것이고, 다른 일부는 세간적이며 출세간적인 것이다. 진여는 모든 세간언설과 희론이 적정해진(vyavahāraprapañcaśānta) 대상이라는 의미에서 출세간적인 것이지, 모든 세간언설과 희론을 초월한 것으로 특징지어진다는 의미에서는 아니다.[53]

(8) 세간적이고 출세간적인 것처럼, [삼계에] 속한 것(paryāpanna)과 속하지 않은 것도 마찬가지라고 알아야 한다.

(9) [오사 중에서] 몇 가지가 내적인 것(ādhyātmika)이고, 몇 가지가 외적인 것(bāhya)인가?[54] 답: 관념상은 양자 모두이다.[55] 명칭은 외적인 것이다. 분별은 [자

---

53 만일 진여가 모든 세간언설과 희론을 초월한 것이라면, 진여는 현상과 아무런 관계도 없게 될 것이기에 여기서는 진여와 현상의 不相離의 측면이 강조되고 있다. 그러한 해석에서 진여의 근원적 내재성 내지 현상의 본래성으로서의 측면이 강조될 수 밖에 없을 것이다. 비슷한 해석이 뒤의 2.3.6에서 열을 청정한 법계이며, 그것은 번뇌와 고통이 적정해졌다는 의미에서이지, 비존재의 의미에서는 아니라는 설명에서도 나타나고 있다.

타로부터의] 생겨남을 포함하기에[56] 양자 모두이다. 진여는 양자 모두가 아니다. 분별처럼, 정지도 마찬가지다.

(10) [오사 중에서] 몇 가지가 거친 것(audārika)이고, 몇 가지가 미세한 것(sūkṣma)인가? 답: 셋은 양자 모두이다. 진여는 미세한 것이다. 인식하기 어렵다는 의미에서이지, 그 특징이 감소하고 극히 작아진다는 의미에서는 아니다.[57] 정지도 미세한 것이다. 미세한 대상을 인식하기 때문이다.

(11) [오사 중에서] 몇 가지가 열등하고(hīna),[58] 몇 가지가 수승한가(praṇīta)? 답: 셋은 양자 모두이다. 진여는 수승하다. 청정의 대상이라는 점에서이지, 하열한 것에서 수승한 것으로 나아간다는 점에서는 아니다. 정지도 수승하다. 진여를 영역으로 한다는 점에서이다.

(12) [오사 중에서] 몇 가지가 먼 것(dūra)이고,[59] 몇 가지가 가까운 것(antika)인가? 답: [관념상] 하나는 공간적으로나 시간적인 거리의 관점에서 양자 모두이다. 명칭과 분별과 정지는 단지 시간적 거리의 관점에서 양자 모두이다.[60] 진여는 무위이기 때문에 두 가지 관점에서 양자 모두가 아니다.

---

54 내적인 것(ādhyātmika)과 외적인 것(bāhya)은 AKBh 13,5f에서 "내적인 것은 자신의 상속에 속한 것이고, 외적인 것은 타인의 [심상속에 속한 것]이다."라고 정의된다.

55 nimitta는 내적인 것으로서 관념상(mental image)일 수 있고, 또한 외적인 것으로서 현상(Erscheinung)으로 번역될 수 있다. 비록 외적 현상이라는 의미가 두드러진 경우도 있지만, 그럼에도 나는 오사장에서 nimitta의 번역에 일관성을 부여하기 위해 '관념상'으로 번역했다.

56 여기서 분별은 나의 분별인 한에서 내적인 것이고, 타인의 분별인 한에서 외적인 것이다. 정지의 경우도 마찬가지다.

57 진여(tathatā)가 문자대로 '그와 같은 것'이라면, 그것은 조건의 생기에 의존하지 않는 것으로 불변하는 것으로 이해되어야 하며,, 따라서 양적 변화를 통해 그것의 존재성을 파악할 여지는 없다는 의미이다.

58 「섭결택분」(T30: 608b9)은 법이 열등하다고 간주되는 이유는 그것이 무상하고 고통스럽고 염오되었기 때문이라고 설명한다.

59 「섭결택분」(T30: 608b11f)은 공간상이나 과거와 미래에 의해 떨어져 있다는 의미에서 '먼 것'이라고 설명한다.

60 분별과 정지는 심적 요소이기 때문에 공간적 연장성으로부터 벗어나 있고, 명칭은 심불상응법이기에 역시 공간적 연장성에 속하지 않는다.

(13) [오사 중에서] 몇 가지가 집수된 것(upātta)[61]이고, 몇 가지가 집수되지 않은 것(anupātta)인가? 답: 관념상은 양자 모두이다.[62] 명칭과 분별과 정지는 집수되지 않은 것이다. 진여는 양자 모두가 아니다.

(14) [오사 중에서] 몇 가지가 비슷한 것(同分, sabhāga)[63]인가? 몇 가지가 비슷하지 않은 것(彼同分, tatsabhāga)인가? 답: 관념상은 양자 모두이다. 그 나머지들은 양자 모두가 아니다. 비슷한 것과 비슷하지 않은 것들은 색을 가진 근들에 관하여 안립된 것이기 때문이다.

(15) [오사 중에서] 몇 가지가 원인(hetu)이고, 몇 가지가 원인이 아닌가? 답: 네 가지는 원인이다. 진여는 원인이 아니다.

(16) 원인과 원인이 아닌 것처럼, 결과(phala)와 결과가 아닌 것(aphala), 원인을 가진 것(sahetuka)과 원인을 갖지 않은 것(ahetuka), 결과를 가진 것(saphala)과 결과를 갖지 않은 것(aphala)들도 마찬가지라고 알아야 한다.[64]

---

61 「섭결택분」(T30: 666a12ff)은 집수된 것(upātta)이란 심에 의해 취해진 것으로, 예를 들어 색이 신체에 속하거나 또는 감각기관에 의해 취해진 색이 집수된 것이며. 반면에 식에 의해 취해지지 않은(anupātta) 색은 집수되지 않은 것이라고 설명한다. 반면에 심이나 심소는 잡수된 것이 아니다. 이 개념에 대해서는 안성두 2011 참조.

62 살아있는 물질을 집수한 경우의 관념상은 집수된 것이고, 반면 명칭이나 의식작용과 관련된 것을 집수하는 경우의 관념상은 집수되지 않은 것이다.

63 同分/彼同分은 sabhāga/tatsabhāga의 번역어지만, 한역 자체로는 그 의미를 파악하기 힘들다. sabhāga는 '부분을 같이 하는 것' 정도를 나타내는 말로서, 감각기관(=根)은 지각과정에 관여하는 한에서 지각대상(viṣaya)과 관련해 식에 비슷하게 나타나고, 반대로 지각과정에 관여하지 않는다면 그 감각기관은 그것 자체와 비슷하게 나타난다(tat-sabhāga)는 의미이다. 이 용어는 『구사론』에서 다음과 같이 설명된다. "눈에 의해 색들을 보았고, 보고, 보려고 할 때. 그 눈이 sabhāga('비슷한')라고 불린다. … 그 눈에 의해 색들을 보았고, 보고, 보려고 할 때, 그 색들은 '비슷한 것'이다. 색을 보는 사람에게 [색은] 비슷한 것이지만, 보지 않는 사람에게 [색은] 비슷한 것이 아니다." (tatra yena cakṣusā rūpāny apaśyat paśyati drakṣyati vā tad ucyate sabhāgaṃ cakṣuḥ/ … rūpāni ca yāni cakṣusā 'paśyat paśyati drakṣyati vā tāni sabhāgāni … rūpaṃ tu yaḥ paśyati tasya sabhāgaṃ yo na paśyati tasya tatsabhāgam/: AKBh 28,2ff). 「섭결택분」(T30: 660c9-11)에도 다음의 설명이 보인다. "식과 동시에 청정한 색들이 식과 인식대상을 같이 할 때, 同分이라고 하며, 식과 분리된 청정색이 자체의 흐름으로 생겨난다면 피동분이라 한다." (若與識俱諸清淨色與識同境, 故名同分. 若離於識諸清淨色, 前後自類相續而轉, 名彼同分色.)

64 「섭결택분」(T30: 665b4ff)은 그것들의 종자가 영단되지 않은 선·불선·무기법들이 산출인의 형태로 원인을 갖고 있을 때 이를 '원인을 가진 것'(sahetuka)이라고 부른다. 그리고 '과를 가진

(17) [오사 중에서] 몇 가지가 이숙(vipāka)[65]이고, 몇 가지가 이숙이 아닌가? 답: 관념상은 양자 모두이다. 명칭은 이숙이 아니다. 분별도 양자 모두이다. 진여는 양자 모두가 아니다. 정지는 이숙이 아니다.

(18) [오사 중에서] 몇 가지가 이숙을 수반한 것(savipāka)이고, 몇 가지가 이숙을 여읜 것(avipāka)인가? 답: 관념상은 양자 모두이다. 명칭은 이숙이 없다.[66] 분별도 양자 모두이다.[67] 진여는 양자 모두가 아니다. 정지는 오직 이숙이 없는 것이다.[68]

(19) [오사 중에서] 몇 가지가 인식대상을 가졌으며(sālambana), 몇 가지가 인식대상이 갖지 않았는가(nirālambana)?[69] 답: 관념상은 양자 모두이다. 명칭은 대상이 없는 것이다.[70] 분별과 정지는 대상을 갖는 것이다. 진여는 양자 모두가 아니다.

(20) 인식대상을 가진 것과 인식대상을 갖지 않은 것들처럼, 상응하는 것(sasaṃprayukta)과 상응하지 않는 것, 행상을 가진 것(sākāra)과 행상을 갖지 않은 것들, 의지체를 가진 것(sāśraya)과 의지체를 갖지 않은 것들도 마찬가지라고 보아야 한다.

것'(saphala)란 "재생으로 인도하는 업과 번뇌들은 이숙과의 형태로 결과를 갖고 있는 것이다."

65 異熟(vipāka)과 이숙을 가진 것(savipāka)의 차이는 Kramer(2005: 130, fn.155)에서 명확히 설명되고 있다. 이숙이란 원인에서 생겨난 것을 가리키며, 반면 '이숙을 가진 것'은 업의 작용을 하는 것이다. 따라서 이숙을 가진 법은 기본적으로 이숙이 아니며(avipāka), 이숙인 법은 이숙을 가질 수 없다(avipāka). 이숙을 갖지 않은 법은 이숙일 수 없는 것이다.

66 명칭은 무기법이기 때문에 업의 작용을 하지 못한다.

67 이미 이숙을 일으킨 법을 제외하면, 이숙을 갖지 못한 분별은 무기의 심소법이기 때문이다.

68 정지는 정의상 선하고 무루이기 때문에 이숙을 갖지 않은 법에 속한다.

69 AKBh 62,5ff: "심심소들은 근들에 의거하기 때문에 의지체를 가졌다고 한다(sāśraya). 그것들은 인식대상을 포착하기 때문에 대상을 가졌다(sālambana). 그것들은 저 대상을 부류에 따라 인기하기 때문에 행상을 가진 것이다(sākāra). 그것들은 평등하게 작동하기 때문에 연결된 것이다(sasaṃprayukta). 어떤 방식으로 그것들은 평등하게 작동하는가? 의지체와 대상, 행상, 時, 실체와 관련된 평등성에 의해서이다."

70 오직 심이나 심소만이, 또는 오사의 범주에서는 분별과 정지가 지향성의 의미에서 대상을 가질 수 있지만, 명칭은 심불상응법이기 때문에 대상을 갖지 못한다.

(21) [오사 중에서] 몇 가지가 위가 있는 것(sottara)이고, 몇 가지가 위가 없는 것(niruttara)인가?[71] 답: 네 가지는 위가 있는 것이다. 진여는 위가 없는 것이다. 무위라는 점에서, 또 청정의 대상이라는 점에서이다.

(22) [오사 중에서] 몇 가지가 과거와 미래와 현재인 것이며,[72] 몇 가지가 과거의 것이 아니고, 미래의 것이 아니고, 현재의 것이 아닌가? 답: 네 가지는 세 종류 모두이다. 진여는 세 종류 모두가 아니다.

(23) [오사 중에서] 몇 가지가 욕계에 속한 것(kāmapratisaṃyukta)인가? 답: 세 가지이다. 문: 몇 가지가 색계에 속한 것인가? 답: 동일한 그 세 가지이다. 무색계에 속한 것도 바로 마찬가지다. [오사 중에서] 몇 가지가 [삼계에] 속한 것이 아닌가? 답: 한 가지이다. 바로 출세간적인 정지이다. 세간적이면서 출세간적인 정지는 [삼계에] 속하는 것과 속하지 않은 것이다. 진여는 양자 모두가 아니다.[73]

(24) [오사 중에서] 몇 가지가 선(kuśala)이고, 몇 가지가 불선(akuśala)이고, 몇 가지가 무기(avyākṛta)인가? 답: 관념상과 분별은 세 종류 모두이다. 명칭은 무기이다. 진여는 청정하고 선[법]의 인식대상이라는 점에서 선한 것이지, 원하는 결과의 포섭을 일으키는 특징을 가졌다는 점에서 [선한 것은] 아니다.[74] 정지는 오직 선한 것이다.

---

71 「섭결택분」(T30: 666c24ff)에 따르면 "열반을 제외한 일체 법은 자신보다 높은 것을 갖고 있는 반면, 열반은 다섯 가지 이유에서 최고이다. 집제가 적정해졌기 때문에, 고제가 적정해졌기 때문에, 공포와 불운, 손상과 재앙으로부터 벗어남에 의해 안은하기 때문에, 현재에 안락에 주하기 위한 대상이기 때문에, 안락과 행복을 위해 항시 견고하게 속이지 않기 때문이다."

72 「섭결택분」(T30: 667a20ff): "무엇이 지나간 법인가? 그것의 원인이 이미 경험되었고 자체로 소멸한 후에 조건이 되어 다른 법을 생기게 하는 것이다. … 무엇이 오지 않는 법인가? 그것의 원인이 아직 경험되지 않았고 자체적으로 경험되지 않은 것으로 조건에 의거하여 생기게 될 것이거나 또는 미래에 현전하게 되는 것이다. … 무엇이 현재의 법인가? 그것의 원인은 이미 경험되었지만 그 자체는 아직 소멸하지 않은 것으로서, 그 찰나 이후에 확실히 파괴되는 것이다."

73 진여를 삼계에 속한 것도 아니고 속하지 않은 것도 아니라고 설한 이유는 진여가 현상의 진정한 본성으로서 현상과 분리된, 초월적인 것도 아니며, 또한 현상과 동일한 것도 아니기 때문이다.

74 진여는 청정한 대상이지, 미래의 윤회재생에서 원하는 과보를 초래한다는 의미에서는 아니다. 여기서 '결과의 포섭'(phalaparigraha)이란 심신복합체의 의미에서 몸을 포섭함(ātmabhāvaparigraha)을 의미한다. 이에 대해서는 Schmithausen 1987: 552, fn.1477 참조.

(25) [오사 중에서] 몇 가지가 청문으로 이루어진 것(śrutamaya)이고, 몇 가지가 청문으로 이루어진 것을 영역을 하는가? 몇 가지가 사유로 이루어진 것(cintāmaya)이며, 수습으로 이루어진 것(bhāvanāmaya)이고, 사유로 이루어진 것을 영역을 하며, 수습으로 이루어진 것을 영역을 하는가?[75] 답: 관념상과 분별은 세 가지 모두이며, 모든 세 가지를 영역으로 한다. 명칭은 청문과 사유로 이루어진 것이며, 모든 세 가지를 영역으로 한다. 진여는 세 종류 모두가 아니며, 오직 수습으로 이루어진 것을 영역으로 한다. 정지는 수습으로 이루어진 것이고, 세 가지 모두를 영역으로 한다.

(26) [오사 중에서] 몇 가지가 공성(śūnyatā)이고 몇 가지가 공성을 영역으로 하는가? 몇 가지가 무원(apraṇihita)과 무상(ānimitta)이고, 무원을 영역으로 하고 무상을 영역으로 하는가?[76] 답: 관념상은 3종 모두이고, 모든 3종을 영역으로 한다. 명칭은 3종 어떤 것도 아니고, [공성과 무원의] 2종을 영역으로 한다. 분별은 3종 모두이고 [공성과 무원의] 2종을 영역으로 한다. 진여는 3종 모두가 아니고 공성과 무상(無相)을 영역으로 한다. 정지는 3종 모두이고 공성을 영역으로 한다.

어떤 곳에서 공성과 무원과 무상이 구별없이 설해질 때, 바로 그곳에서 그것들은 청문과 사유와 수습으로 이루어진 것이라고 알아야 한다. 어떤 곳에서 그

---

75 Kramer(2005: 136)는 "몇 가지가 청문으로 이루어진 것(śrutamaya)이고, 몇 가지가 청문으로 이루어진 것의 영역인가?" 등으로 번역한다. 하지만 관념상이나 명칭 등은 청문으로 이루어진 것을 그것의 영역으로 하는 것으로, 즉 형용사복합어로 이해하는 것이 의미상 나을 것이다. 그녀의 오해는 아마 청문으로 이루어진 [혜]라는 관용적 용법 때문에 생겨났다고 보인다.

76 『보살지』 2015: 303 (BoBh 276,2ff): "보살의 공삼매란 무엇인가? 이 세상에서 모든 언설을 자체로 하는 자성(svabhāva)을 여읜 사태는 불가언설을 자성으로 한다고 보는 보살의 마음의 안주가 그에게 공삼매라고 설해진다. 무원삼매란 무엇인가? 이 세상에서 보살은 바로 그 불가언설을 본질로 하는 사태가 삿된 분별에 의해 분출된 번뇌와 고통에 의해 포섭되었기 때문에 다양한 잘못에 의해 더럽혀져 있다고 보면서, 미래에 그것에 대한 무원에 의거하는 마음의 안주가 그에게 무원삼매라고 설해진다. 무상삼매란 무엇인가? 이 세상에서 보살이 모든 분별과 희론의 특성들을 제거한 후에 바로 그 불가언설을 본질로 하는 사태를 여실하게 적정의 측면에서 마음을 쏟을 때에 마음의 안주가 그에게 무상삼매라고 설해진다." 앞의 VI. 「사마히타지」 4.1.2.1에 나오는 세 가지 삼매의 설명을 참조.

것들이 다만 삼매(samādhi)라는 말로 설해질 때, 그곳에서 그것들은 세간적이고 출세간적인 수습으로 이루어진 것이라고 보아야 한다. 어떤 곳에서 그것들이 바로 해탈문(vimokṣamukha)이라는 말로 설해질 때, 그곳에서 그것들은 바로 출세간적인 것이라고 알아야 한다.[77]

(27) [오사 중에서] 몇 가지가 증상계(adhiśīla)[78]와 증상계의 수반요소(parivāra)인가? 몇 가지가 증상심(adhicitta)과 증상혜(adhiprajñā)이며, 증상심의 수반요소와 증상혜의 수반요소인가? 답: 관념상은 증상계이고 또한 증상계의 수반요소이기도 하며, 증상심과 증상혜이기도 하고, 그것들의 영역(gocara)이기도 하다. 명칭은 증상계의 수반요소이며, 증상심과 증상혜의 영역이다. 분별은 증상심과 증상혜이고, 그것들의 영역과 증상계의 수반요소이다. 진여는 세 가지 모두가 아니며, 증상심과 증상혜의 영역이다. 정지는 증상심과 증상혜이고, 그것들의 영역이고 또한 증상계의 수반요소이다.[79]

(28) [오사 중에서] 몇 가지가 학(śikṣā)이고, 몇 가지가 학이 아니고, 몇 가지가 학도 아니고 학이 아닌 것도 아닌가? 답: 관념상과 분별은 세 가지 모두이다. 명칭은 학도 아니고 학이 아닌 것도 아니다. 진여는 무위이기 때문에 학도 아니고

---

77 여기서 세 가지 단계가 설정되고 있다. (1) 공성과 무원, 무상에 어떤 특정한 구별이 없이 설해질 때, 그것들은 문사수로 이루어진 것으로서, 즉 수행도에 따른 세간적인 특징을 가진 것으로서 설해진 것이고, (2) 공삼매 등으로서 삼매의 단계로 특정될 때 그것들은 때로는 세간적인 것에 속하고 때로는 출세간적인 것에 속한 수습을 가리키며, (3) 공해탈문 등으로 설해질 때에는 오직 출세간적인 것으로, 문사수의 수행과 거리가 있는 것이다.

78 AKBh 365,20에서 증상계와 증상심, 증상혜는 계정혜를 자성으로 한다고 규정되어 있다.

79 Kramer(2005: 137, fn.186)는 이 문장의 의미를 다음과 같이 해석한다. "증상계는 신체적, 언어적 행위를 의미하며, 따라서 오직 관념상일 수 있다. 그것의 수반요소는 신업과 구업을 수반하는 심소들 및 언설의 수반요소로서의 명칭을 포함한다. 이런 심소들은 세간적 차원에서 분별과 관념상의 일부이며, 출세간의 차원에서는 정지가 된다. 증상심은 삼매로 정의되기 때문에 세간적 차원에서는 분별이고, 출세간적 차원에서는 정지이다. 그것의 영역은 세간적 차원에서는 모든 세간적인 것이며 출세간적 차원에서는 진여이다. 세간과 출세간의 차원에서 정지는 증상심의 영역으로 된다. 정지는 도제를 구성하는 것으로서 사성제의 관찰의 영역이지만, 그 관찰이 잠정적일 때는 분별이다. 그렇지만 세간적이며, 출세간적인 후득지로서 그 관찰은 정지에 포섭된다. 증상혜도 비슷하게 세간적 차원에서는 분별이지만 출세간적 차원에서는 정지이다. 그것의 영역은 증상심과 유비하여 이해될 수 있다."

학이 아닌 것도 아니다. 정지는 학과 학이 아닌 것이다.

(29) [오사 중에서] 몇 가지가 [일회적] 인식에 의해 제거되어야 할 것(見所斷, darśanaprahātavya)이고, 몇 가지가 반복된 수습에 의해 제거되어야 할 것(修所斷, bhāvanāprahātavya)이고, 몇 가지가 제거될 수 없는 것(aprahātavya)인가?[80] 답: 관념상은 모든 종류이다. 명칭은 수소단이다.[81] 분별은 견소단과 수소단이다. 진여는 제거될 수 있는 것이 아니다. 정지도 바로 제거될 수 있는 것이 아니다.[82]

(30) 관념상을 대상으로 해서 몇 가지 염처(smṛtyupasthāna)[83]를 수습하는가? 답: 네 가지 모두이다. 명칭을 대상으로 해서 몇 가지를 [수습하는가]? 답: 한 가지이다. 법념처이다. 분별을 대상으로 해서 몇 가지를 [수습하는가]? 답: 세 가지이다. 수(受)·심·법념처이다. 진여를 대상으로 해서 몇 가지를 [수습하는가]? 답: 한 가지이다. 법념처이다.[84] [그가] 신체의 현상적 이미지의 진여를 작

---

80 번뇌의 견소단과 수소단, 무소단의 범주는 『유가론』의 번뇌의 분류에서 즐겨 사용된다. 예를 들어 「섭결택분」(T30: 608c9ff)은 "견소단은 현관하는 지에 의한 사제의 현관에 의해 제거된다. … 수소단은 이 현관 이후에 수도에 의해 제거된다. … 제거될 수 없는 것은 대치의 의미와 이미 완전히 영단되었다는 의미에서 모든 염오된 [법]들이 확실히 끊어진 것이다."라고 그 끊음의 의미를 명확히 정의하고 있다. 그리고 또 다른 곳에서 「섭결택분」(T30: 668a20ff)은 구체적으로 어떤 법뇌가 이 범주에 속하는지를 명시한다. "무엇이 [한번의] 인식에 의해 제거되어야 할 법(見所斷法)들인가? 유신견(satkāyadṛṣṭi) 등의 5종 見(dṛṣṭi)과 그 견들에 대한 탐욕(rāga), 진에(pratigha), 慢(māna)이며, 또한 그 [견]들과 상응하는 [심과 심소법]들과 [4]제에 대해 단독으로 생겨나는(不共) 무명(āveṇikī āvidyā)과 [4]제에 대한 의혹과 악취로 감을 촉진하는 업 그것들 모두가 견소단법이라고 불린다. 무엇이 반복된 수습에 의해 제거되어야 할 법(修所斷法)들인가? 모든 유루의 선법과 모든 無覆無記(anivṛtāvyākṛta)의 법들, 그리고 위에서 언급된 염오된 법들을 제외한 다른 모든 법들이 수소단법이라고 불린다. 무엇이 제거될 수 없는 법(無所斷法)들인가? 훈련해야 하는 자(有學)의 출세간의 법들과 더 이상 훈련할 필요가 없는 자(無學)의 심상속에 속하는 [법]들이다. 그중에서 출세간적인 [법]은 제거될 수 없다. 왜냐하면 그것들은 본성상 청정하기 때문이다. 이것들과 다른 세간적인 [법]들은 제거될 수 없다. 왜냐하면 그것들은 이미 [이 단계에서] 제거되었기 때문이다."

81 명칭은 무부무기법이기 때문에 수소단에 속한다.

82 정지와 진여는 유위와 무위라는 차이는 있지만 모두 염오된 것이 아니라는 점에서 제거될 수 없는 것이다.

83 사념처는 身·受·心·法에 집중하는 수행으로 초기불교 이래 불교의 대표적인 수행법으로 간주되어 왔다. 염처경에 대한 해설서로 아날라요 비구, 마음챙김 확립 수행 참조. 유가행파의 사념처에 대한 설명은 『성문지』(2021: 283-294; ŚrBh 290,4-307,4) 참조. 또 Schmithausen 1976 및 Gethin 1992: 29ff 참조.

의할 경우에도 섞인 인식대상(sambhinnālambana)을 가진 법념처를 수습한다.[85] 수와 상과 법의 관념상들에 관해서도 마찬가지다. 정지를 대상으로 해서 몇 가지인가? 답: 단지 세 가지이며 분별과 같다.

(31) 이미 생겨난 불선한 악한 법은 [정단(samyakprahāṇa)을 통해] 관념상을 대상으로 한 후에 제거된다고 설해야 하는가 아니면 제거되지 않는다고 설해야 하는가?[86] 답: 잠정적 억압(viṣkambhaṇa)의 의미에서 제거한다고 설하는 것이지, 잠재적 경향성(anuśaya)의 영단의 의미에서는 아니다. 관념상에 관해서처럼 명칭과 분별도 마찬가지다. 진여를 대상으로 하는 [정단]과 정지를 대상으로 하는 [정단]은 오직 잠재적 경향성의 영단이라는 의미에서 [불선한 법들을] 제거한다고 설해야 한다.[87]

---

84 身·受·心·法에 집중할 때에 그것의 nimitta만이 대상으로 떠오른다는 의미이다. 명칭은 색법이나 심소법에 속하지 않기에 단지 법념처의 대상으로서만 생겨나며, 마찬가지로 진여도 무위법으로서 단지 법념처의 대상으로서만 생겨난다.

85 『구사론』(AKBh 343,2ff)은 이에 대해 다음과 같은 설명을 한다. "세 가지 염주는 섞이지 않은 인식대상을 가진다. 네 번째 것은 두 종류의 인식대상을 가진다. 그가 단지 법들을 관찰한다면 그것의 인식대상은 섞이지 않는다. 반면에 신체 등의 둘이나 셋, 네 개의 인식대상을 관찰한다면 그것의 인식대상은 섞인 것이다." 이는 앞의 세 염주가 각각의 고유한 대상을 가지고 있는 반면에 법념처는 네 가지 대상 중에서 여럿을 동시에 인식대상으로 가질 수 있다는 것이다. 이는 신체의 관찰이 아니라 신체의 진여의 관찰을 수행할 경우 필요할 것이다.

86 4正斷(saṃyakprahāṇa)에 의거한 불선법의 끊음에 대해서는 『성문지』(2021: 294ff) 참조. 여기서 4正斷(saṃyakprahāṇa)은 북전에 따른 명명이고, 초기 Nikāya와 남방 상좌부에서는 sammappadhāna("right endeavour")로 달리 이해하고 있다. 이 차이에 대해 Gethin(1992: 70-72)은 중세 인도어 형태인 sammappahāna에 의거하여 북전 Sanskrit에서는 samyakprahāṇa로, 남전 Pāli에서는 sammappahāna로 각기 다르게 구성했을 것이라고 추정한다. 그는 Pāli어 표현이 이 정형구의 일반적 기술로서 보다 부합되는 것처럼 보인다고 하면서, Mahāvastu(III 165)에서 samyak pradhāna가 사용되며, 또 Dharmaskandha의 산스크리트 단편에서도 samyakpradhāna(Dietz 1984: 52)라는 표현이 나온다는 사실 등을 지적하면서, 동시에 팔리어 주석문헌에서도 prahāṇa의 의미로 사용되는 경우가 보인다고 지적하고 있다. 그는 북전전통에서 4정단의 단계가 순결택분의 이전단계로 이해되고 있으며, 이 [4정단의] 단계를 거친 장애들과 방해물들을 끊은 것으로 특징짓는 것은 전혀 부적절한 것이 아니며, 또한 pradadhāti와 pradhāna의 용법이 거의 일치하지 않는다는 점을 지적하면서, prahāṇa의 의미로 받아들일 것을 제안하고 있다. 『성문지』의 기술에서 '끊음"과 "노력"의 두 측면이 4정단에 나타나 있다.

87 여기서 잠정적 억압(viṣkambhaṇa)으로 번역한 말은 한역에서 伏斷으로 번역된 것으로 세간도에 의한 번뇌의 일시적 억압을 가리킨다. 반면 수면의 완전한 끊음(prahāṇa)은 한역에서 永害으로 번

(32a)[88] 오사 중에서 몇 가지 사태를 작의할 때 그는 세간적인 초정려에 들어가는가? 답: 그가 욕계 및 초정려의 단계에 속한 관념상과 명칭과 분별을 작의할 때이다. 마찬가지로 그는 앞의 단계와 제2정려의 단계에 속한 관념상과 명칭과 분별을 작의할 때 세간적인 제2정려에 들어간다.[89] 나머지 정려들과 무색정의 경우에도 [관념상과 명칭, 분별의 작의는] 마찬가지라고 이치에 따라 알아야 한다.

(32b) [오사 중에서] 몇 가지 사태들을 작의할 때 그는 출세간적인 초정려에 들어가는가? 답: 그가 욕계 및 초정려의 단계에 속한 관념상과 명칭, 분별의 진여를 작의할 때이다. 무소유처(ākiṃcanyāyatana)에 이르기까지도 마찬가지로 이치에 따라 알아야 한다. 그는 확실히 오직 세간적인 [작의]에 의해 비상비비상처에 들어간다.[90]

(32c) 비상비비상처의 단계에 속한 관념상을 어떤 관념상이라고 설해야 하는가? 답: 그것은 관념상이 없는 것의 관념상과 미세한 것의 관념상이라고 설해야 한다.

(33) 오사 중에서 信(śraddhā) 등의 법은 어떤 것을 자성으로 하고, 어떤 것을 인식대상으로 하며, 어떤 것을 주도적 요소(增上, adhipati)로 함에 의해 근

역된 것으로 번뇌를 불러일으키는 잠재력까지 완전히 제거한 것을 가리킨다. 『유가론』은 이를 불에 태운 종자가 결코 싹을 낼 수 없다는 것에 비유하고 있다. 『성문지』의 4정단의 항목에서 수면에 대비된 것은 잠재적 억압이 아니라 번뇌의 분출이란 의미를 지닌 纏(paryavasthāna) 개념이 사용되고 있다.

88 (30)-(36)까지는 37보리분법의 항목들이다. 다만 (32)에서 보리분법의 순서에 따라 기대된 4神足(ṛddhipāda)이 여기서는 4정려(dhyāna)와 4무색정(ārūpyasamāpatti)으로 대체되고 있다.

89 『성문지』 제4유가처에 따르면 세간적인 작의는 상지의 미세함을 보면서, 하지의 거침을 끊은 방식으로 진행된다.

90 AKBh 436,8f에 따르면 "[이 영역에서] 상(saṃjñā)이 미약하기 때문에 非想非非想處라고 불린다. [그곳에서] 상은 강하지도 않고, 또한 어떤 상도 없는 것도 아니다." 『집론』에 따르면 "세간적인 비상비비상처는 관념의 진행과 관련해 명료하지 않다." (AS_G 33,8f: naivasaṃjñānāsaṃjñāyatanaṃ laukikam evāparisphuṭaṃ saṃjñāpracāratām upādāya). 비상비비상처는 세간의 정점(有頂)으로서 이 영역을 초월하는 더 높은 영역은 존재하지 않기 때문에, 여기서 재생한 존재들은 출세간으로 나아가지 못하고 다시 하지로 떨어질 수밖에 없기 때문에 오직 세간적인 영역이라고 하는 것이다.

(indriya)의 명칭을 획득하는가? 답: 분별을 자성으로 하고, 명칭과 관념상을 인식대상으로 하며, 진여[를 대상으로 하는] 정지를 주도적 요소로 함에 의해서이다.

(34) 근의 명칭처럼 역(力, bala)의 명칭도 마찬가지다. 어떤 상태에서 [먼저 근으로 명명된 요소들이] 역(力, bala)의 명칭을 획득하는가? 답: 신근 등이 불신 등과 섞이지 않고, 섞이지 않는 상태로 될 때이다.[91]

(35) 근과 력처럼 정념 등의 세간적인 [7]각지(bodhyaṅga)들도 보리의 지분이기 때문에 분별을 자성으로 한다고 알아야 한다.[92] 정념 등의 출세간적인 [7]각지들은 보리의 지분이기 때문에 정지를 자성으로 하고, 진여를 대상로 하는 것이며, 또 안립제의 증득을 주도적인 요소로 함에 의해서라고 알아야 한다.[93]

(36) 정견 등의 도지(mārgāṅga)들도 세간적인 것인 한에서는 앞에서의 [7각지]와 같다고 알아야 한다. 출세간인 [도지]들은 계의 지분에 속한 것을 제외하고 정지를 자성으로 하고, 안립[제] 및 비안립된 진여를 인식대상으로 하며,[94] 모든 루의 소멸의 작증과 현법낙주를 주도적 요소로 한다.

(37-40) 도지들처럼 [네 가지] 길(pratipad)[95]과 [네 가지] 법의 토대(dharma-

---

91 여기서는 근(indriya)과 역(bala)의 차이가 질문되고 있다. 『집론』(AS 116b5)의 설명에 따르면 "차이는 다음과 같다. 저 요소들이 대치의 반대항(vipakṣa)을 소거했고, 그것에 의해 더 이상 제압당하지 않기 때문에 bala라고 불린다."

92 7각지는 정념(smṛti), 법의 사택(dharmapravicaya), 정진(vīrya), 희(prīti), 輕安(praśrabdhi), 삼매(samādhi), 捨(upekṣā)이다. 『성문지』(2021: 310)에서 7覺支의 설명: "定性離生에 들어간 개아에게 여실한 깨달음(avabodha)은 이 [깨달음의] 지분들이다. 왜냐하면 여실한 깨달음은 일곱 개의 지분을 포함하기 때문으로, 세 개는 샤마타에 속하고 세 개는 비파샤나에 속하고 하나는 양자에 모두 속한다. 따라서 깨달음의 지분(覺支)이라고 설해진다. 그중에서 법의 사택(dharmavicaya), 정진(vīrya), 희열(prīti)의 셋은 비파샤나에 속하며, 경안(prasrabdhi), 삼매(samādhi), 평정(upekṣā)의 셋은 샤마타에 속하고, 念(smṛti)은 양자에 속하며, [따라서] 모든 곳에 변재한 것(sarvatraga)이라고 불린다. 이때 먼저 각지를 획득했기 때문에 그는 [사성제의] 흔적을 본 자(dṛṣṭapada)인 有學(śaikṣa)이 된다."

93 초기경전에서 세간적인 7각지와 출세간적인 7각지의 구별에 대해서는 Gethin(1992: 304ff; 352ff) 참조.

94 한역(T30: 699b2, 安立非安立眞如)에 의거해 번역했다.

95 『집론』(T31: 695a28ff)에서 이하의 4종의 pratipad, 4종의 dharmapada, 샤마타와 비바퍄나가 순서대로 나열되고 있다. 여기서 4종 pratipad(正行)는 신통(abhijñā)과 관련해 설해져 있다. "신통력이 천천히 또 무겁게 생겨나는 [길], 신통력이 빨리 또 무겁게 생겨나는 [길], 신통력이 천천히 또 가볍게 생겨나는 [길], 그리고 신통력이 빨리 또 가볍게 생겨나는 [길]이다. 첫 번째 것은 鈍根者로서 근본

pada),[96] 샤마타(śamatha)와 비파샤나(vipaśyanā)[97] 도 마찬가지라고 알아야 한다. 그중에서 길은 둔근과 이근의 건립 및 현법낙주[98]의 획득과 획득하지 못함에 의해 건립된다. 법의 토대들은 일상적이고(sāṃketika) 승의적인(pāramārthika) 정법을 지지한다는 점에서 건립된다. 증상계라는 일상적인 정법을 지지한다는 점에서 앞의 양자가 건립된다. 증상심과 증상혜라는 승의적인 정법을 지지한다는 점에서 뒤의 양자가 건립된다. 샤마타와 비파샤나는 인식대상에 대해 동요하지 않음과 관찰의 의미에서 건립된다.

(41a) 관념상의 결박(nimittabandhana)과 추중의 결박(dauṣṭhulyabandhana)[99] 양자로부터 벗어나는 힘에 의해 8해탈(vimokṣa)[100]이다. 오사와 관련하여 8해탈은 무엇을 자성으로 하고, 무엇을 인식대상으로 하고, 무엇을 주도적 요소로 하는가?

정려를 얻지 못한 자의 [길]이며, 두 번째 것은 利根者로서 근본정려를 얻지 못한 자의 [길]이다. 세 번째 것은 둔근자로서 근본정려를 얻은 자의 [길]이며, 네 번째 것은 이근자로서 근본정려를 얻은 자의 [길]이다." (『집론』 T31: 695a28-b2).

96 『집론』(T31: 695b2-5)은 4종 法迹(dharmapada)을 다음과 같이 정의한다. "[법적이란] 탐욕의 없음, 진에와 정념과 정삼매의 없음이다. 탐욕의 없음과 진에의 없음은 증상계(adhiśīla)의 훈련을 청정하게 하고, 정념은 증상심(adhicitta)을, 정삼매는 증상혜(adhiprajñā)의 [훈련을 청정하게 한다.]"

97 『집론』에서 샤마타는 9종 심주(cittasthiti)로서, 그리고 비파샤나는 4종의 관찰작용으로 설해져 있다. 9종 심주와 4종 비파샤나의 작용에 대한 정의는 『성문지』(2021: 347ff) 참조. 9종 심주는 유식문헌에서 샤마타의 9종 행상으로서 자주 등장한다. 9종 심주의 의미에 대해서는 차상엽 2009 참조. 반면 비파샤나의 4종 관찰작용은 내적으로 심의 샤마타를 의지한 후에, 법들을 사택하고(vicinoti) 간택하고(pravicinoti), 상세히 심사하고(parivitarkayati), 두루 사려하는 것(parimīmāṃsām āpadyate)이다. 『성문지』에서 이 작용은 분별을 수반한 영상(savikalpaṃ pratibimbam)을 관찰하는 네 가지 방식으로 설명되고 있다.

98 現法樂住(dṛṣṭadharmasukhavihāra)는 정려(dhyāna)의 동의어이다.

99 SNS VIII.32는 샤마타와 비파샤나의 작용에 의해 2종의 결박으로부터 벗어난다고 설한다. 「섭결택분」(Ch. 581b27ff)은 수행자가 定性離生(samyaktvaniyāma)에 도달해서 일체법의 법계와 알라야식을 인식했을 때, 자신이 외적으로는 相縛(nimittabandhana), 내적으로는 추중박(dauṣṭhulyabandhana)에 의해 묶여있음을 통찰한다. 상박과 추중박의 14종의 구별에 대해서는 「섭결택분」(Ch. 712c24ff) 참조. 상박과 추중박에 대해서는 Schmithausen 1987: 201f 참조.

100 이미 MN II 12 등의 초기경전에서부터 8해탈은 8勝處(abhibhvāyatana)와 10遍處(kṛtsnāyatana)와 함께 나란히 언급되고 있고, 이는 이하의 설명에서도 마찬가지다. 8해탈에 대한 설명은 사마히타지(VI.1.3)의 정의 및 뒤따르는 사마히타지(VI.4)의 설명 참조. 그리고 『성문지』(2021: 449); 문소성지(§ 1.4.8.(8)); AS 95,4ff 및 이에 대한 ASBh 124,18ff 참조.

답: [8해탈은] 세간적이고 출세간적인 정지를 자성으로 한다. 첫 번째와 두 번째 [해탈]은 색의 색깔이라는 관념상과 [그 색깔의] 진여라는 관념상을 인식대상으로 하고,[101] 세 번째 [해탈]은 바로 색의 이로움이라는 관념상과 그것의 진여라는 관념상을 인식대상으로 한다. 네 [해탈]은 자신의 관념상을 인식대상으로 하는 것과 그것들의 진여라는 관념상을 인식대상으로 한다. 마지막 [해탈]은 인식대상을 갖지 않는다.[102] 또한 모든 것은 성자들의 신통의 공덕을 성취하는 것을 주도적 요소로 한다. 그것들도 색의 형태 및 형태를 여읜 것의 관념상을 가진 장애들에 의하여 장애받는 수행자에 의해 그 장애들을 제거하기 위해 파악된다.

(41b) 8승처(abhibhvāyatana)의 처음 네 개는 마치 앞의 두 개의 해탈과 같다.[103] 마지막 넷은 예를 들면 세 번째 해탈과 동등하다.[104] 색[의 관념상]을 제압하기 어렵기 때문에 그 색[의 관념상]을 제압한다면 색이 없는 것[의 관념상]을 제압하는 능력도 획득할 수 있기 때문이다.

"제압한 후에 알고, 극복한 후에 본다"[105]고 [세존께서] 설하셨을 때, 이는 성자가 색의 관념상과 그 진여를 작의함에 의하여 [색을] 제압한 후에 보는 것을 말한다. 일상인은 그와 같지 않다. 일상인은 어떻게 제압하는가? 답: 세 가지 관

---

101 두 개의 해탈이란 색깔이나 형태를 외적으로나 내적으로 보는 것에서 나오기에 외적으로 그것들의 관념상을 보거나 내적으로 그것들의 진여를 대상으로 하는 것이라는 의미이다.

102 마지막 해탈은 상수멸해탈이다. 상수멸정은 정의상 어떠한 식의 생기도 가능하지 않기 때문에 인식대상이 없다고 간주한 것이다.

103 8승처에 대해서는 앞의 사마히타지 번역 참조. 여기서 8해탈과 8승처, 10변처의 차이가 설명되고 있다. 처음 두 승처에서 수행자는 내적, 외적 형태를 관찰하며, 따라서 첫 번째 해탈에 대응한다. 세 번째와 네 번째 승처에서 수행자는 단지 외적 형태만을 보기에 두 번째 해탈에 대응한다.

104 나머지 네 개의 승처에서 수행자는 청·황·적·백의 색깔을 관찰한다. 왜 이런 색깔의 관찰이 깨끗함의 지각이라는 세 번째 해탈에 대응하는지에 대해 Kramer(2005: 148, fn.237)는 『구사론』(AKBh 457,6ff)에 의거하여 이 수행에서 다채로운 색깔의 나타남이 한 색깔로 환원되고 따라서 그 색깔이 맑게 관찰되기 때문이며, 또한 여기서는 다만 색깔만이 관찰되지 형태는 아니기 때문에 앞의 해탈과 관련이 없다고 설명한다.

105 Lamotte 1970: 1283에서 이 표현은 abhibhūya jānāti abhibhūya paśyati 정도로 환원될 수 있는데, 이와 유사한 많은 구절들이 경전에 보인다고 말하고 있다.

념(想)에 의해서이다. 즉, 깨끗하고(淨)과 깨끗하지 않은(不淨) 색이 상호 의존해 있다는 관념에 의해서, 또 상호 의존하기 때문에 서로 연결되어 있다는 관념에 의해, 그리고 깨끗하고 깨끗하지 않은 색이 상호 연결되어 있기에 한결같이 깨끗하다고 보는 관념에 의해서이다. 그와 같이 일상인들의 마지막 제압은 모든 성인들과 공통된 것이다.

(41c) 십변처(kṛtsnāyatana)[106]는 승처의 힘에 의해서라고 보아야 한다. 그중에서 [양자의] 차이는 다음과 같다. [변처는 특히] 사대(bhūta)의 관념상을 인식대상으로 하며 그것들의 진여의 관념상을 인식대상으로 한다. 그리고 공무변처와 식무변처의 관념상을 인식대상으로 하며, 그것들의 진여의 관념상을 인식대상으로 한다. 그렇지 않다면 의지체(āśraya)를 관통하지 못하는 한에서 [그것에] 의지하는 [청색 등]을 관통하지 못하게 된다.[107] 왜냐하면 그 인식대상들에 있어 진여의 관념상이 작의되기 때문에 '완전히 관통한다'고 설해야 한다.

승처와 변처 양자에 의해서 청정한 해탈과 성인의 신통의 공덕들이 실현되는 것이다.

2. 오사에 대한 또 다른 10종의 분류 (Ch. 699c18)

요약송이다.

포섭[108]과 자성, 소취, 살가야, 유,

세간 자체, 탐구, 진실, 밀의, 그리고 차제이다.

---

106 10변처는 지·수·화·풍, 청·황·적·백, 허공과 식이다.

107 ASBh 127,29f에 매우 유사한 표현이 나온다. "만일 地 등이 변처들 속에서 건립되지 않는다면, 사대라는 그것들의 의지체 없이 그 위에 의지하고 있는 청색 등의 색깔들은 관통될 수 없을 것이다."

108 티벳역 bsdu은 한역(思擇)과 다르다. 티벳역은 saṃgraha를 나타내지만, 한역 思擇은 *vicāra 등의 번역어로 티벳역과 전혀 다르다.

2.1. 포섭(saṃgraha)

2.1.1. 관념상과 진리의 포섭 관계

관념상(nimitta)은 몇 가지 진리(satya)에 의해 포섭되는가?

답: 관념상(nimitta)은 네 가지 안립제(vyavasthāpitasatya)에 의해 [포섭된다].[109] 명칭(nāman)은 하나[의 안립제]에 의해, 즉 고제에 의해서 [포섭]된다.[110] 분별(vikalpa)은 멸제를 제외한 세 개[의 안립제]에 의해 [포섭]된다.[111] 진여(tathatā)는 네 가지 비안립제(avyavasthāpitasatya)에 의해 [포섭]된다. 정지(samyagjñāna)는 비안립제와 안립제를 인식대상으로 하는 도제에 의해 포섭된다.[112]

2.1.2. 오사의 상호 포섭 관계 (Ch. 699c23)

(1) [모든] 관념상은 명칭인가 그리고 [모든] 명칭도 관념상인가?

답: 먼저 [모든] 명칭은 관념상이지만, 관념상이면서 명칭이 아닌 것도 있다. 즉, 명칭의 관념상(nāmanimitta, 名相)을 제외한 네 가지 관념상들이다.[113] 나머

---

109 nimitta가 안립제로서의 모든 사제에 의해 포섭된다는 의미는 모든 것은 관념상으로 포착될 수 있기 때문이다. 따라서 멸제와 도제도 개념적으로 규정된 것이라는 점에서 멸제나 도제라는 관념상으로서 이해된다는 것이다.

110 nāman은 그것이 지시하는 대상 자체와 일치하지 않는다는 점에서 불만족스러운 것이며 따라서 고제에 속할 것이다. 그렇지만 명칭은 번뇌나 업이 아니기 때문에 집제에 속하지 않고, 또 열반도 아니기 때문에 멸제도 아니며, 멸제도 인도하는 방법도 아니기 때문에 도제에도 포함되지 않는다.

111 사성제의 범주에서도 멸제는 모든 심과 심소의 소멸이기 때문에 어떠한 분별에 의해서도 파악될 수 없지만 다른 세 가지 진리는 분별의 대상이 될 수 있다는 의미이다.

112 이는 도제가 세간출세간적인 정지로 규정된 것과 맥을 같이 하는 설명이다. 출세간적인 정지는 비안립제를 인식대상으로 하며, 세간적인 정지는 안립제를 인식대상으로 한다.

113 이 문답에서 nimitta가 모든 것을 그것의 내용으로 삼을 수 있다는 점이 "[모든] 명칭은 관념상"이라는 답에서 주어져있다. 그렇지만 각각의 관념상도 그 내용에 따라 달라질 수 있다는 점을 "관념상이면서 명칭이 아닌 것도 있다. 즉, 명칭의 관념상(nāmanimitta)을 제외한 네 가지 관념상들"이라는 답변이 보여준다. 다시 말해 '명칭의 관념상'은 관념상에 속하지만, 그 내용은 명칭이기 때문에, 분별이나 정지 등을 내용으로 갖는 관념상과 다르다는 의미이다. 이러한 답변은 nāmanimitta가 Karmadhāraya 복합어로 풀이되어야 한다는 점을 보여준다. 이는 § 1.9.1.1.에서 다양한 관념상의 행상을 번역할 때 제안한 것이다. 따라서 원래는 nāmanimitta를 '명칭으로서의 관념상'으로 번역해야 하지만 그렇게 표현할 경우 한글번역문 자체가 이해하기 읽히기 어렵기 때문에 이하에서는

지 [사태에 대해서도][114] 그와 같이 이치에 맞게 알아야 한다.

(2) 관념상인 것 모두는 관념상의 관념상(*nimittanimitta, 相相)인가 아니면 관념상의 관념상 모두는 관념상인가? 답: 먼저 관념상의 관념상은 관념상이지만, 그러나 관념상이지만 관념상의 관념상이 아닌 것도 있다. 명칭의 관념상(nāmanimitta) 등 네 가지이다.

(3) 관념상의 관념상에 관해 분별할 때, 그 모든 것은 명칭의 관념상을 가진 것의 연관성에 대해 분별하는 것인가? 명칭의 관념상에 관해 분별할 때, 그 모든 것은 관념상의 관념상을 가진 것의 연관성에 대해 분별하는 것인가?[115]

답: 4구가 있다. (i) 관념상의 관념상에 관해 분별하지만 명칭의 관념상을 수반한 것과의 연관성에 대해 분별하지 않는 것도 있다. [즉,] 명칭을 인지하지 못하는 자가 관념상에 대해 분별할 때의 관념상과 또 명칭에 대한 잠재적 경향성(anuśaya)을 제거한 자의 [관념상]이다.[116] (ii) 명칭의 관념상에 관해 분별하지만, 관념상의 관념상을 수반한 것과의 연관성에 대해 분별하지 않는 것도 있다. [즉,] 사물을 인지하지 못한 자가 명칭에 대해 분별할 때의[117] 관념상이 바로 그

'명칭의 관념상'으로 번역했다.

114 vikalpa, tathatā, samyagjñāna와 nimitta의 관계도 마찬가지로 이해해야 한다는 것이다.

115 이 질문은 관념상의 관념상에 대한 모든 분별이 명칭의 관념상을 수반한 것과 연관되었는지 아니면 명칭의 관념상에 대한 모든 분별이 관념상의 관념상을 수반한 것과 연관되어 있는가를 물은 것이다. 그런 점에서 관념상과 명칭의 관계를 네 가지로 분류한 것이다.

116 이 경우를 두 가지로 나누어 제시한다. 하나는 예를 들어 장미꽃이라는 이름을 알지 못하는 자가 그가 본 x의 관념상에 대해 분별할 때 x에 대해 분명하지 않은 관념상을 가질 경우이며, 다른 하나는 명칭에 대한 잠재적 경향성(anuśaya)을 끊은 자가 그 명칭에 대한 어떠한 분별도 일으키지 않는 경우이다.

117 Tib.(dngos po ma rtogs pa'i ming la rnam par rtog pa'i rgyu mtshan gang yin pa'o//)은 크게 두 방식으로 해석될 수 있다. (가) Kramer(2005: 150)처럼 ma rtogs pa'i ming을 dngos po를 수식하는 구문으로 보는 경우이다. 그 경우 '그것의 명칭이 인지되지 못한 사물에 대해 분별하는 (자의) 관념상'으로 번역될 것이다. (나) dngos po ma rtogs pa'i와 ming la rnam par rtog pa'i를 절대속격으로 이해해서 '사물을 인지하지 못한 자가 명칭에 대해 분별할 때, 그의 관념상'으로 번역될 수 있다. 한역(700a2f: 謂分別不了其事所有名相)은 적어도 dngos po를 ma rtogs pa의 목적어로 보고 있다는 점에서 (가)의 방식대로 이해한 것은 아니지만, 절대속격으로 이해한 것인지도 불명확하다. 다만 所有라는 표현이 뒤따르는 단어인 名이 소유격의 형태임을 간접적으로 보여준다고 생각된다. 따라서 본 번역은 (나)에 의

것이다.[118] (iii) 그것과 상위한 것은 양자이다. (iv) 그 [관념상과 명칭]들에 속하지 않은 것은[119] 양자가 아니다.

2.1.3. 진여와 진여의 작의 (Ch. 700a6)

진여를 작의하는 그는 바로 진여를 보는가 아니면 진여를 보는 그는 바로 그 진여를 작의하는가?

답: 4구가 있다. (i) 진여를 작의하지만 진여를 보지 못하는 경우도 있다. 즉, 그가 분별에 의해 포섭된 작의를 통해 진여를 작의할 때, [진여를] 증득하지 못한 한에서 그는 진여의 관념상을 보지만 진여 [자체]는 보지 못하고 증득하지 못한다. 설사 [진여를] 증득한다고 해도 그 이후에 안립된 진여를 작의하는 것이다.[120]

(ii) 진여를 보지만, 작의하지 않는 경우도 있다. 즉, 진여를 증득할 때에 승의의 관점에서 관념상을 작의하지 않는 것이다.[121]

(iii) 진여를 보고, 바로 진여를 작의하는 경우도 있다. 즉, [진여를] 증득한 후에 비안립된(avyavasthāpita) 진여를 끊임없이 작의하는 것이다.[122]

거했다.

118 이 경우는 예를 들면 장미꽃이라는 사물을 인지하지 못한 자가 장미꽃이라는 명칭을 듣고 그것에 대해 분별할 때의 관념상이다.

119 nimitta, nāman, vikalpa에 속하지 않은 것은 어떤 것으로도 명명되거나 포착될 수 없는 tathatā일 것이다.

120 여기서 두 가지 유형이 구분된다. 하나는 일상분별에 포함된 작의에 의해서는 진여 자체는 증득될 수 없고 단지 진여의 관념상만이 인식된다는 것이다. 다른 하나는 '이것은 진여이다'라고 그가 증득했다고 해도 그런 파악은 단지 개념적으로 포착된 진여에 지나지 않는다는 것이다. 이는 아래 (2-ii)에서 "관념상을 봄이 없이 관념상을 작의하는 경우"로 제시되고 있는데, 다시 말해 '이것은 진여이다'라는 관념상을 현전시키지 않고 그것을 진여의 내용으로 작의하는 경우를 가리킨다.

121 이는 요가행자가 진여를 증득할 때, 즉 진여를 볼 때, 적어도 그에게 '이것은 진여이다'라는 의 파악이 있지만, 그것을 승의의 관점에서, 즉 공성의 관점에서 언어나 관념상과 동일시하지 않음을 의미한다. 이는 아래 (2-i)에서 '이것은 진여이다'라는 관념상을 일으킴이 없이 그럼에도 그것을 작의하는 것을 의미한다.

122 이는 진여를 보고 증득한 후에, 그것을 개념이나 이미지에 의해 포착될 수 없는 진여에 대해 지속해서 집중하는 것을 가리킨다. 이는 아래 (2-iv)에서 '이것은 진여이다'라고 보지도 않고 또 작의하

(iv) 진여도 보지 못하고 또 진여를 작의하지도 못하는 경우도 있다. 즉, 올바르지 않게 산출된 작의에 의해 관념상을 작의하는 것이다.[123]

2.1.4. 관념상과 관념상의 작의

관념상을 작의하는 자는 바로 그 관념상을 보는가? 아니면 관념상을 보는 자가 바로 저 관념상을 작의하는가?[124]

답: 4구가 있다. (i) 관념상을 봄이 없이 관념상을 작의하는 경우도 있다. 예를 들면 두 번째 구와 같다.

(ii) 관념상을 작의함이 없이 관념상을 보는 경우도 있다. 예를 들면 첫 번째 구와 같다.

(iii) 관념상도 작의하기도 하고 또 관념상을 보는 경우도 있다. 예를 들면 네 번째 구와 같다.

(iv) 관념상도 작의하지도 않고 또 관념상을 보지 않는 경우도 있다. 예를 들면 세 번째 구와 같다.

오사에 의해 모든 법이 포섭되는가 아니면 [포섭되지] 않는가? 답: 포섭된다.

2.2. 자성(svabhāva) (Ch. 700a22)

2.2.1. 제법의 자성

그 법들의 자성은 무엇이라고 해야 하는가? 답: [저 법들은] 언설될 수 없는 자

지도 않음을 의미한다.

123 일상적인 작의에서 사물이 우리에게 나타나는 대로 그것의 존재를 당연하게 받아들이는 방식을 가리킨다. 이는 아래 (2-iii)에서 말하듯이 '이것은 진여이다'라는 관념상을 보고 또 그런 관념상을 작의하는 것을 의미한다.

124 §2.1.3.(1)에서 진여의 봄과 진여의 작의가 특정해서 다루어졌다면, 여기서는 진여의 관념상을 포함해서 관념상 일반의 문제가 다루어진다. 진여의 경우와 진여의 관념상의 경우가 구분되어야 함을 이하의 4구의 마지막에 나오는 "예를 들면 두 번째 구와 같다."는 말이 보여준다.

성을 가졌다.

2.2.2. 제법의 특징

그 [법]들의 특징은 무엇이라고 알아야 하는가? 답: [그것들은] 환(幻)과 같은 특징을 가졌지만 비존재하는 것은 아니다. 예를 들면, 환의 작용은 바로 환의 작용으로서는 존재하지만, 마병과 상병, 마차병과 보병, 보물과 보석, 금과 은 등의 자성을 가진 것으로서는 존재하지 않듯이,[125] [법들의] 자성도 다만 명칭과 관념상으로서는 존재하지만 자성과 차별로서의 가설에 [상응하는] 사태로서는 존재하는 것은 아니다.[126]

'관념상'이라는 명칭을 가진 관념상에 의해 관념상의 자성은 지각될 수 없다. 관념상처럼 명칭의 자성은 명칭에 의해, 분별의 자성은 분별에 의해, 진여의 자성은 진여에 의해, 그리고 정지의 자성은 '정지'라는 명칭을 가진 정지에 의해 지각될 수 없다.[127]

---

125 이와 비슷한 비유가 SNS I.4에 보인다. "사거리에서 능숙한 마술사와 그의 제자가 풀과 나뭇잎, 나뭇가지, 기와, 돌들을 모은 후에 상병과 기병, 마차병, 보병, 보석과 진주, 유리, 벽옥, 수정, 금은, 곡식 등의 다양한 마술의 작용을 보여주듯이,"

126 『해심밀경』 <승의제상품>에서는 명칭과 그 명칭에 의해 지시되는 사태의 관계를 여러 측면에서 설명하고 있다.

127 BoBh 43,25ff는 이를 다음과 같이 서술하고 있다. "그중에서 어떤 논리에 의해 일체법이 언어를 자성으로 하지 않는다는 것이 이해되어야 하는가? 이 법들의 자상으로 언어적으로 표현된 것, 즉 앞에서와 같이 색 혹은 수로부터 최후로 열반에 이르기까지의 [모든] 것이 언어적으로 표현된 것일 뿐이라고 인식되어야 하는데, 자성도 아니고 또한 그 [제법]과 분리되고 그것과 별개인 언어의 영역과 언어의 대상도 아니다. 이와 같을 때 제법의 자성은 언설된 대로 존재하는 것이 아니다. 그리고 또한 모든 방식으로 존재하지 않는 것도 아니다. 또 그것이 이와 같이 (=자성을 가진 것으로서) 존재하는 것도 아니지만 모든 방식으로 존재하지 않는 것도 아니라면, 어떻게 존재하는 것인가? [자성은] 실재하지 않는 것(asadbhūta)을 [실재하는 것으로] 증익하는 잘못된 파악과 분리되고, 실재하는 것을 [비실재하는 것으로] 손감하는 잘못된 파악과 분리된 것으로서 존재한다. 또한 그 일체법의 궁극적인 자성은 오직 분별을 여읜 지혜의 영역이라고 알아야 한다." (『보살지』 2015: 83f). 보다 정형화된 MSA XI.39 게송에 따르면 "명칭대로 또 대상대로 대상과 명칭이 현현하는 것이 변계소집상으로서 비실재하는 것에 대한 분별을 원인으로 한다." (yathānāmārthaṃ arthasya nāmnaḥ prakhyānatā ca yā/ asatkalpanimittaṃ hi parikalpitalakṣaṇam//). 이에 대한 세친석: "만일 명칭대로 대상이 현현하거나 혹은 대상대로 명칭이 [현현한다면] 이것이 허망분별의 인식대상인 변계소집상

2.2.3. 자성이 가설되었음에 대한 네 가지 논변

그것은 무엇 때문인가? 답: 그것의 자성은 어떤 방식이든 타당하지 않기 때문이다.

(1) 만약 어떤 자성에 의해 규정된 관념상에 관하여 바로 그것과 상응하는 명칭을 가설(upacāra)하기 때문에 가설은 관념상에 의존한다고 한다면, 그렇다면 가설 이전에 그와 같이 규정된 명칭대로 관념상에 대해서도 그것의 이해가 생겨나야만 할 것이며, 또한 하나의 관념상에 관해 가설이 많고 다양하기 때문에 많은 자체를 얻게 되기 때문이다. 따라서 가설이 관념상에 의존한다는 것은 타당하지 않다.

(2) 만약 관념상에 명칭을 규정하듯이, 명칭의 힘에 의해 관념상의 자성도 생겨난다면, 그렇다면 가설 이전에 관념상의 자성도 없게 될 것이다. [가설의 토대로서의] 저 [관념상]이 없다면 가설도 없게 되기 때문에 따라서 양자 모두가 없게 된다는 잘못된 결론에 빠지게 될 것이다. 나아가 가설이 많고 또 다양하기 때문에 [관념상] 자체가 많게 되고 또 다른 것에 의존하게 될 것이라는 오류가 생겨날 것이다. 다른 것에 의존하게 된다는 것은 관념상에 대한 가설이기 때문에, 따라서 그것의 자성이 저 [가설]과 동일한 것으로서의 어떤 가설에 의해 [관념상이 형성]된다는 것은 타당하지 않다.

예를 들어 환화로 만들어진 사람에게 다양한 신체가 있는 것과 같다. 마치 환술사가 남자와 여자, 코끼리와 말과 개와 곰의 신체 등의 다양한 형태로 환화로 만들어진 사람을 만들지만, [그 사람이] 저 신체를 자체로 하지 않은 것처럼, 관념상도 그것을 자체로 하는 것으로서 어떤 가설에 의해 [형성된] 것이 아니라고 알아야 한다.

이다. 그런 한에서 실로 명칭이나 대상이 [각기 명칭이나 대상으로] 변계소집된다." (yadi yathānāmārthaḥ khyāti yathārthaṃ vā nāma ity etad abhūtaparikalpālambanaṃ parikalpitalakṣaṇaṃ etāvad dhi parikalpyate yad uta nāma vā artho veti. MSA 64,24-26).

(3) 만약 관념상과 가설 양자가 모였을 때 그것들과 독립된 자성을 산출한다고 한다면, 그렇다면 그 [자성]은 관념상 내지 명칭이거나, 또는 양자 모두이거나, 아니면 양자 사이의 어떤 것으로서 지각하는 방식으로서는 지각되어야만 할 것이다. 그렇지만 그렇게 지각되지 않는다. 따라서 그것도 타당하지 않다. 그러므로 자성은 세간언설로부터 생기는 것이다.

(4) 만약 가설이 자성들을 현현시키는 것이라고 주장한다면, 그것도 타당하지 않다. 왜냐하면 [관념상이] 포착된 후에 가설이 [관념상에] 뒤따르건 아니면 관념상이 [이전에] 포착되지 않았든 간에 오류가 생겨나기 때문이다. (i) 만약 관념상을 파악한 후에 그것이 가설된다면, [가설이 자성을] 현현시킨다는 것은 타당하지 않다.[128] (ii) 만약 [이전에] 포착되지 않았어도 관념상이 가설된다면, 가설은 그것의 토대가 없게 되기에 타당하지 않기 때문이다.[129] (iii) 나아가 앞에서 [설명]했듯이 [관념상은] 많은 자체를 갖게 된다는 오류가 생겨날 것이다. 왜냐하면 가명들은 많고 다양하기 때문이다. [사물을] 현현시키는 [광선의] 예는 일치하지 않기 때문에 적합하지 않다. 그중에서 일치하지 않는 것은 이것이다. [광선이] 현현시키는 원인이라면, [그것은] 모든 대상과 관련해 차이가 없고 또한 다양한 [광선의 경우도] 그렇다. 그렇지만 가설은 그와 같은 포착의 원인으로서 [작용하지] 않는다.[130]

2.2.4. 반론과 답변 (Ch. 700b29)

(1) [반론:] 불가언설(anabhilāpya)이라는 언설도 '[그것은] 불가언설이다'라

---

128 관념상이 가설을 통해 비로소 현현된다고 한다면, 먼저 관념상을 지각한 후에 그것을 가설하는 것은 가능하지 않다는 의미이다.

129 가설이 관념상을 나타나게 한다면 가설은 관념상 이전에 이미 존재해야만 할 것이다. 그렇지만 가설은 그것의 토대로서의 관념상 없이는 가능하지 않을 것이다.

130 이 논변은 언어가 마치 어두운 창고에 빛이 들어올 때 그 안의 모든 사물을 동시에 드러내는 것처럼 그와 같은 방식으로 사물을 드러내게 하는 원인이 아니라는 것이다.

는 언설로 나타나기 때문에 불가언설이라고 하는 말도[131] 타당하지 않다. 또한 [그 주장은] 다양한 환의 형태들로 형성된 환으로 만들어진 사람과 [같다]. 비록 그 형태들은 그 [다양한 신체]를 자체로 하는 것은 아니지만, 다양하게 작동하는 환의 형태들은 마치 그 [다양한 신체]를 자체로 하는 것처럼 존재한다.[132] 따라서 이 비유는 적절하지 않다.

답: 불가언설은 불가언설이라고 주장하는 바로 그 때에, 이미 확정적으로 배제되었기 때문에, 이 [주장]에 과실이 없다. 그 의미를 이해하기 위해서 [비유를] 사용하는 것이다. 또한 저 [예시하는 상태]와 유사하기 때문에, 비유는 일치하지 않는 것이 아니다. [결론적으로] 가설들은 그것을 자체로 하는 것도 아니고, 언설될 수 없는 대상이 비존재하는 것도 아니다.

(2) [반론:] 만약 [관념상이] 명칭에 의해 가설될 때 관념상이라는 사태는 존재하게 되지만, [가설되지] 않을 때 존재하지 않는다면, 그렇다면 대응하는 [환의] 비유도 타당하게 될 것이고 [관념상을] 불가언설이라고 생각하는 것도 가능할

---

131 한역(700b29-c1: 是故 法性不可言說, 不應道理)은 여기에 法性이란 단어를 첨가하지만, 이는 현장의 보충으로서 그것은 사물의 본성으로서의 진정한 법성을 의미하는 것이 아니라 '자연적으로'라는 부사적 의미로 사용된 것이라 보인다.

132 Tib. (sgyu ma'i skye bu lus sna tshogs su grub pa de dag gis de'i bdag nyid ma yin yang sgyu ma'i skye bu lus sna tshogs su grub pa de'i bdag nyid yin pas)는 의미를 파악하기 어렵다. 여기서 두 번 나오는 lus sna tshogs su grub pa는 sgyu ma'i skye bu를 후치수식하는 것은 분명하며, 따라서 이를 직역하면 "다양한 형태로 존재하는 마야로 만든 사람들은 비록 그것을 자체로 하는 것은 아니지만, 다양한 형태로 존재하는 마야로 만든 사람은 그것을 자체로 하기 때문에"로 이해되지만, 의미가 통하지는 않는다. 한역(700c1-3: 又造幻者 所造種種幻化形類, 雖彼形類非如其性, 然有種種能造幻事如其自性)은 일반적인 구문론에 따르면 마치 '造幻者에 의해 만들어진 ...'으로 읽히며, Kramer(2005: 157, fn.285)도 이에 따라 이해하고 있다. 그러나 위에서 지적한 후치수식구문을 고려할 때, 所造種種幻化形類를 造幻者를 수식하는 구문으로 읽을 가능성도 있을 것이다. 그렇게 본다면 한역은 "여러 마야의 형상들로 만들어진 환으로 만든 사람들은 비록 그것들의 형태가 그것의 [원래의] 자성과 같지는 않지만, 그렇지만 그것의 자성대로 여러 종류의 마야로 만들어진 모습을 가진 것이다."로 이해가능한 해석을 제공한다. 따라서 한역에 따라 번역했다. 이 주장은 § 2.2.4.(2)의 비유에 대해 반론자가 다른 해석의 가능성을 제시한 것으로서 그의 주장의 포인트를 보여준다. 반론자는 다양한 형상을 가진 마야로 만들어진 존재는 그 형상에 대응하는 자성을 갖지 않는다고 해도, 코끼리 등으로 현현하는 것에 코끼리 등의 자성을 인정할 수 있으며, 또 그렇게 현현하는 것이 언설에 의해 파악된다면, 이를 불가설이라고 말할 수는 없다고 주장하는 것으로 보인다.

것이다. 만약 그렇지 않다면, [관념상을] 불가언설로서 간주하는 것은 무의미할 것이다.[133]

답: 「본지분」에서 이전의 8종 분별로부터 현재의 3종의 사태(vastu)가 생겨난다고 설했다.[134] [그렇게] 생겨난 3종의 사태도 분별들을 일으키기 위해 생겨난다. 그러한 결합의 방식에 의해 잡염(saṃkleśa)[135]의 흐름은 끊어지지 않으며, 따라서 비유는 일치한다.[136] 분별 속에서 [산출된] 가설이 제거될 때 잡염의 소멸도 타당하다. 이것은 성자의 지혜에 의해 지각되는 것이다. 그 [성자의 지혜]도 인식수단(pramāṇa)이며, 따라서 [관념상이] 불가언설이라는 생각도 무의미한 것은 아니다.

(3) [반론:] 만약 관념상이라는 사태를 소멸하기 위해서 분별 속에서 [산출된] 가명을 제거한다면, 성자의 하나의 지혜에 의하여 관념상과 분별[137]에 의해 포섭되고, 유정과 무정으로 산정되는 모든 사태를 소멸시키게 된다는 잘못된 결론에 도달하게 된다. 예를 든다면 마술사와 환의 형태와 같다.[138]

---

133 Kramer(2005: 158, fn.288)는 이 반론의 의미를 다음과 같이 해석한다. 반론자에 있어 마술의 경우 환의 형태의 근거가 되는 나뭇조각들이 그것을 생각 속에서 '사람'으로 명명한다면 먼저 사람 등으로 지각된다. 만일 이러한 명명하는 생각이 결여되어 있다면 사실로서 경험하는 어떤 환의 형태로 존재하지 않을 것이며, 나뭇조각도 반론자는 단지 나뭇조각으로 남을 뿐이다. 결여된 명칭 때문에 존재하지 않는 관념상이 기술을 위한 어떤 토대도 제공하지 않고 그럼으로써 명명될 수 없는 한에서 명명될 수 없다고 서술될 수 있다. 관념상이 가설하는 행위 이전에 이미 존재하고 가설에 의해 창출되었다는 주장을 오류라고 본다. 그것은 명명되건 명명되지 않건 간에 항시 존재하는 것이다. 따라서 반론자는 그것은 거기에 있음에 의해 항시 명명될 수 있어야만 한다는 사실에서 불가언설일 수 없다는 결론을 이끌어낸다.

134 『보살지』 진실의품에서 8종 분별과 3종 사태가 상호 조건이 된다는 설명을 요약해서 인용한 것으로, <진실의품>의 §6에 해당된다.

135 잡염에는 번뇌잡염과 업잡염, 생잡염의 3종이 있으며, 이들은 12지 연기를 구성하는 요소들로서 윤회존재 자체의 흐름을 보여준다. 3종 잡염은 YBh 160,11ff에서 상세히 다루어지고 있다. 특히 12지 연기의 맥락에서의 설명은 MAVBh 21,8-22,9를 볼 것.

136 <진실의품>은 사태와 분별이 시간적 흐름의 맥락에서 상호 조건이 된다고 설명한다. 예를 들어 사태는 현재의 분별에 선행하지만 동시에 과거의 분별에 의해 조건지어진다. 사태는 분별에서 생겨나지만 명명행위와 함께 분별이 그칠 때 사태도 생겨나지 않는 것이다.

137 한역(700c17f: 一切相名分別)은 명칭을 더해 번역한다.

답: 사태는 공통되지 않은(asādhāraṇa) 분별을 원인으로 해서 생겨난 것과 공통된(sādhāraṇa) 분별을 원인으로 해서 생겨나기 때문에, 공통되지 않은 분별을 원인으로 생겨난, 확정되지 않은 것(anirdhārita ?)은 소멸하지만, 공통된 분별을 원인으로 생겨난, 확정되지 않은 것은 다른 사람의 분별에 의해 포함되기 때문에 소멸하지 않는다. 그렇지 않다면 타인의 분별은 무의미하게 될 것이다. 그 [관념상의 부분]은 소멸하지 않지만, 청정한 본질을 가진 자에게 [공통된 사태에 대한] 인식은 청정하다고 알아야 한다. 예를 들면 매우 많은 요가수행자들이 동일한 대상을 다양한 방식으로 집중된 인식에 의해 승해할 때, [하나의 사태에 대해] 구별되는 지각을 가지는 것과 같다.[139]

2.3. 소취와 능취 (Ch. 700c27)

2.3.1. 소취와 능취에 따른 오사의 구분

오사 중에서오사 중에서 몇 가지가 파악되는 것(=所取)이고, 몇 가지가 파악하는 것(=能取)인가? 답: 세 가지는 파악되는 것이다. 분별과 정지는 파악하는 것이기도 하고 파악되는 것이기도 한다.[140]

---

138 즉, 마술사가 마술을 그칠 때 모든 환의 형태가 사라지는 것과 같다.

139 공통된 분별과 개별적인 분별과 그것들의 소멸 및 비유에 대한 이하의 서술은 MSg I.60에서 (i) 공통되고 개별적인 알라야식의 두 양태와 (ii) 그것의 대치 및 (iii) 요가행자의 승해 경험의 비유로 설명되고 있다. (i) "공통된 [알라야식]은 기세간을 위한 종자이며, 개별적인 [알라야식]은 내적인 6처를 위한 종자이다." (thun mong ni snod kyi 'jig rten gi sa bon gang yin pa'o// thun mong ma yin pa ni so so rang gi skye mched kyi sa bon gang yin pa'o//). (ii) "만일 대치가 생겨났다면, 해탈에 방해가 되는 개별적인 [알라야식]은 소멸한다. 반면 타인의 분별에 의해 유지되는 공통된 [알라야식]에 있어서는 [대치가 일어남에 의해] 봄(darśana)이 청정해진다. (gnyen po byung na thun mong ma yin pa mi mthun pa'i phyogs 'gag go// thun mong pa gzhan gyi rnam par rtog pas yongs su zin pa la ni mthong ba rnam par dag par 'gyur te/). (iii) "요가행자들의 상이한 승해에 의해 하나의 사태에 대해 상이한 대상을 지각하는 것과 같다." (rnam 'byor pa rnams kyi mos pa tha dad pas dngos po gcig la lta bar bya ba tha dad pa dmigs pa bzhin no//).

140 AS(G) 22.7ff에 따르면 능취는 물질적 감각기관 및 심과 심소법이고, 소취는 능취를 포함해 모든 것이다.

2.3.2. 오사와 관련해 파악의 영역

오사와 관련하여 요약하면 파악의 영역의 의미는 몇 종류라고 알아야 하는가? 답: 세 종류이다. 언설을 수반하고 관념상을 수반한 파악의 영역, 언설할 수는 없지만 관념상을 가진 파악의 영역, 그리고 관념상이 없는 파악의 영역이다.

(1) 그중에서 첫 번째 파악의 영역은 일상언설을 아는 자에 있어서이다. 두 번째 파악의 영역은 일상언설의 잠재적 경향성을 가진 자에 있어서이다. 세 번째 파악의 영역은 일상언설의 잠재적 경향성을 갖지 않은 자에 있어서이다.

(2) 앞의 양자는 세속제(saṃvṛtisatya)의 파악이며, 마지막은 승의제(paramārthasatya)의 파악이다.

(3) 또한 잠재적 경향성(隨眠, anuśaya)이 없는 상태 이후에 증득되는 파악도 있다. 이 [파악]의 영역은 두 가지 진리 모두에 속한 것으로서, 즉 세간적이고 출세간적인 정지이다. 그것의 영역은 안립제이기 때문에 그것의 영역은 두 가지를 포함한다고 확립된다.

(4) 이런 두 유형의 파악은 두 가지 원인에 의해 세간적이고 또 출세간적인 것이라고 알아야 한다. 이전에 친숙해진 것과 이전에 친숙해지지 않았기 때문에, 또 일상언설에 의지하고 일상언설에 의지하지 않기 때문이다.

2.3.3. 관념상을 수반하고 여읜 것에 대한 파악

세간에서 관념상을 가진 것(sanimitta)에 관한 파악(grahaṇa)은 알려져 있지만, 관념상이 없는 것(animitta)에 관한 파악은 알려져 있지 않다. 따라서 [그것에] 원인과 조건을 [제시함이] 없이 [그러한 파악을 인정하는 것은] 타당하지 않다. 그렇다면 그것의 원인과 조건은 무엇인가?

답: 일상언설에 의해 영향받은 파악의 결과는 관념상을 수반한 것(sanimitta)의 파악으로 알려져 있으며, 잡염에 속한 것이다. 승의지(勝義智)에 의해 영향받은 파악의 결과는 관념상이 없는 것(animitta)에 관한 파악이며, 청정에 속한 것

이다. 따라서 양자 모두 원인과 조건을 갖고 있다. 마치 눈에 비문증의 허물이 있는 자에게 머리털 등 비문증의 증상이 지각되고,[141] 또 마치 이런 허물이 없는 자에게 저 [머리털 등]이 지각되지 않고 일반적으로 나타나는 것과[142] 같다.

2.3.4. 무상계의 파악 방식

[반론:] 만일 어떤 관념상도 없는 영역(=無相界)에 대해 관념상으로 파악한다면 그것은 무상으로서의 파악이 아니다. 그렇지만 만일 그 [무상계]에 대해 [관념상]으로 파악하지 않는다면, 무상을 파악하지 못하게 될 것이다. 답: [무상으로서의] 파악은 일상언설의 잠재력(vyavahārānuśaya)으로부터 벗어나 있기 때문에, 그것은 비록 무상으로서의 파악이지만 그것을 관념상으로 파악하지 않는다. 따라서 그것은 무상으로서의 파악으로서 타당하다.

[반론:] 만일 [무상으로서의 파악이] 어떠한 [대상의] 관념상도 파악하지 않는 것이라면, 무엇이 그런 파악인가? 답: [그 파악은] 비록 [언어적으로] 규정된 것은 아니지만, 관념상들에게 차이가 있다는 점에서 증익된 것이다. 그렇다고 해도 그 파악은 [언어적 구성을 떠났다는 점에서] 무상이다. 따라서 이것이 [무상으로서의] 파악이다.[143]

---

141 SNS VI.7의 3상의 설명에서 비문증에 걸린 자의 눈에 나타나는 머리털 등의 비유가 변계소집상으로서, 그리고 비문증에 걸리지 않은 자의 눈에 어떤 증상도 없는 것이 원성실상의 비유로서 사용되고 있다. 여기서 관념상의 지각의 원인은 일상언설에 의해 영향받은 파악이며, 관념상의 비지각의 원인은 승의지에 의해 영향받은 파악이다.

142 티벳역(tha mal par snang ba lta bu'o//)은 한 역(但有自性無顚倒取: 701a17f)과 매우 달리 번역하고 있다. 한역은 '자성적으로 전도됨이 없이 파악함이 있다.'로 번역하여 이 단락의 주제인 '파악'(取, grahaṇa)과 연관시켜 이해하려고 한다. 그런 해석은 '파악'의 맥락에 부합되겠지만, 여기서는 단지 비유의 맥락이기 때문에 원 텍스트는 티벳역과 유사한 형태였다고 보인다. 티벳역에서 '일반적으로'(tha mal par)이란 의미는 건강한 사람의 눈에 그런 머리털 등의 현상이 나타나지 않는다는 것을 가리킨다.

143 답은 티벳역과 한역에서 매우 다르게 번역되었다. 티벳역(de'i mtshan ma bshig pa'i phyir dang/ mngon rtags su 'dzin par sgro 'dogs pa med pas so//)은 '[그 파악은] 저 [대상]의 관념상을 소멸시키기 때문이고, 또 문자적 파악(citrīkāra)에 대한 증익이 없기 때문에'로 번역될 수 있다. Kramer는 Mathes(1996: 143 etc.) 및 ASBh 40,9에 의거해서 mngon rtags su 'dzin pa를 citrīkāra로 보면서 이 단어는 "언어적 규정"의

[반론:] 만일 [그 파악이] [언어적] 규정의 형태로서 증익된 것이 아니라면, [그 파악의] 특징은 무엇과 같다고 알아야 하는가? 답: 승의를 파악하기 때문에, 또 무상으로서의 파악이기 때문에,[144] [저 파악은] 오사에 대해 어떤 관념상도 현현하지 않음을 특징으로 한다.

[반론:] 만일 [파악이] 명료하지 않은 것으로서 건립된다면, 왜 [관념상이 없는 것으로서의] 파악은 단지 소멸뿐인 것이 아니라고 보는가? 답: 소멸은 노력할만한 것이 아니기 때문에 요가행자는 저 [관념상의] 소멸만을 위해 노력하지 않는다.[145]

[관념상이 없는 것으로서의 파악의] 특징은 무엇에 의해 인지되는가? 답: 내적인 증득에 의해서이다.

저 [관념상이 없는 것으로서의 파악]이 그와 같이 내적으로 증득된다고 왜 대답하지 않는가? 답: 내적인 증득은 언설의 토대(padasthāna)가 아니기 때문이다.

[반론:] 만약 첫 번째 智(jñāna)가 관념상으로부터 벗어나지 못했다면, 그것이 없기 때문에 관념상을 여읜 지의 반복수행(abhyāsa)도 없을 것이다. 그렇지만 그것에 관한 반복수행이 없다면 관념상을 여읜 지는 원인의 결여 때문에 생겨날 수 없다. 답: 관념상을 수반한 [관찰]도 관념상을 여읜 [지]에 적합한 한에서 그것의 원인일 수 있다. 마치 세간적인 [관찰]에 의지한 후에 출세간적인 [지]가 생겨나고,[146] 루(漏)를 수반한 [관찰]에 의지한 후에 루를 여읜 [지]가 [생겨나

의미라고 이해된다고 지적하면서, 한역과 티벳역 양자가 모두 정확한 의미를 보여주는데 실패했다고 보면서, 이 문장을 "왜냐하면 비록 그것이 [그 대상, 즉] 무상을 파악한다고 해도, 그것은 특정한 관념상의 형태로 [대상의] 이미지를 [언어적으로] 규정하면서(citrīkāra) 그 [이미지]를 증익하기 때문이다."로 이해한다. 하지만 한역을 答雖不搆獲. 諸相差別有所增益, 然取無相. 故得成取로 읽는다면, 질문에 대한 답으로서 적절하다고 생각된다. 따라서 한역에 의거해 번역했다.

144 Tib.(mtshan ma med pa 'dzin pa ma yin pa'i phyir)는 "無相을 파악하는 것이 아니기 때문에"로 번역하지만, 한역(取無相: 701a25)에는 ma yin pa에 대응하는 부정어가 없다.

145 아래에서 열반이 청정한 법계로서 [단지 탐진치의 소멸이라는] 비존재의 의미는 아니라는 기술 참조.

146 ŚrBh IV.에서 세간도와 출세간도는 모두 동일한 7종 작의에 따라 구성되어 있다. 『성문지』(2021:

며], 그리고 유심정(有心定)에 의지한 후에 무심정(無心定)이 일어나는 것[147]과 같다.

2.3.5. 고지(苦智)의 올바른 이해

[반론:] 세존께서 고통에 대한 智(苦智) 등을 청정의 원인으로서 설하셨다. 만일 고통에 대한 지 등에 의해 고제 등이 고 등으로 생각된다면, 그 [지혜]는 관념상을 수반할 것이다. 만일 [그것이 그렇게] 생각되지 않는다면, 그것은 고통에 대한 지혜 등이 아니다. 그러나 그 [고통에 대한 지혜 등]이 없다면, 어떻게 청정하게 되겠는가? 답: 세간적이고 출세간적인 청정한 [사]제의 지혜는 관념상을 여읜 지혜의 힘에 의해 생겨나기 때문에 바로 그것에 의해 번뇌들이 제거된다. [그런 한에서 사제의 지혜는 번뇌의 제거를 성취시키는 것이 아니다.] 따라서 고통에 대한 智 등의 원인이자 번뇌를 제거하는 관념상을 여읜 지혜를 고통에 대한 智 등으로 가설한 것이다. 여기서 [관념상을 여읜 지혜라는] 원인을 [고통에 대한 智라는] 결과의 의미에서 사용한 것이다. 그러므로 오류가 없다.

앞에서 파악된 것은 파악하는 것을 결과로 한다고 설했는데, 그렇다면 무엇이 파악하는 것의 결과라고 설해야 하는가? 답: 양자 모두는 서로를 결과로 한다.

2.3.6. 인식되어야 할 것의 소멸

인식되어야 할 것이 무상하고 익숙하고 견고하고 무량하고 대부분 보이지 않을 때, 어떻게 요가행자는 [그것을] 대상으로 하며, 또 어떻게 그것을 소멸시키는가?

답: 그는 청문과 사유의 힘에 의거해서 삼매를 획득한 후에, 인식되어야 할 5

412ff) 참조.

147 有心定(sacittikā samāpatti)와 無心定(acittikā samāpatti)의 차이에 대해서는 본서 1부 <「본지분」> VIII-IX 볼 것.

종의[148] 삼매의 영상을 현전시킨다. 그 후에 그는 저 인식되어야 할 것들을 인식대상으로 한다. [삼매의 영상들이] 제압될 때, [인식대상들도] 소멸된다.

(1) 5종의 인식되어야 할 것들의 제압은 무엇을 특징으로 한다고 설해야 하는가? 답: [그것은] 위없는 의지체의 전환(轉依)[149]과 무위, 그리고 열반으로 특징지어진다.[150]

(2) 열반은 무엇인가? 답: 청정한 법계이며, 나아가 [열반은] 번뇌와 고통이 적정해졌다는 의미에서이지, 비존재의 의미에서는 아니다.[151]

(3) 번뇌와 고통이 단지 적정해진 것에 대해서만 열반이라고 한다면, 어떻게 그것은 비존재의 의미에 의해서는 아니라고 하는가? 답: 예를 들면 수계(水界)에서 단지 탁함과 분리된 것만이 맑은 것이지만, 탁함과 분리됨에 의해 [수계에] 맑음이 없는 것이 아니며, 또한 금은 허물이 없을 때 순정한 것이지만, 그 [허물]과 분리됨에 의해 순정함이 없는 것은 아니며, 또한 허공은 구름과 안개 등과 분리되었을 때 청정한 것이지만, 그 [구름 등]과 분리됨에 의해 청정함이 없는 것이 아니듯이,[152] 이 [열반]에 관한 [설명]방식도 마찬가지라고[153] 알아야 한다.

---

148 5종의 인식되어야 할 것이 무엇인지 확실하지 않다. Kramer(2005: 164, fn.320)는 이를 심법, 심소법, 심불상응법, 색법, 무위의 5종일 것이라고 추정하지만 확실하지는 않다, 여기서 명상수행의 맥락에서 인식되어야 할 것은 소위 五停心觀으로 부른 것이 아닐까 추정된다.

149 轉依(āśrayaparivṛtti)에 대해서는 Sakuma(1990) 참조. 이 부분도 Sakuma(1990: vol. I. 186ff + vol. II. 109ff)에서 상세히 다루어지고 있다.

150 나는 여기서 '위없는'이라는 형용사를 전의와 무위, 열반을 모두 수식하는 것으로 이해했다. Kramer(2005: 164)처럼 "위없는 전의 및 무위의 열반"이라고 이해한다면, 무위의 열반이 무엇을 의미하는지 불분명해진다. 더구나 우리 텍스트가 말하는 것은 무위의 열반, 즉 최종적 상태/결과로서의 열반이 아니라, 아래 수계 등의 비유에서처럼 오히려 제거과정=열반으로 보는 것이 본래적인 열반의 의미라고 주장하는 점을 고려할 때, 이러한 후자의 관점에서의 열반을 최고의 열반이라고 부르는 것으로 해석하는 것이 낫기 때문이다.

151 여기서 열반에 대한 두 가지 이해가 제시되고 있다. 하나는 소멸로서의 열반이다. 이는 전통적으로 열반을 탐·진·치의 소멸로 정의했다는 점에서 이를 의미한 것이라고 보인다. 다른 하나는 적정의 의미에서의 열반이다. 여기서 적정이 어떤 의미인지는 분명하지는 않지만 뒤따르는 비유의 의미에 의거할 때, 번뇌와 고통의 활동이 정지한 상태 정도로 이해하는 듯하다. 비유와 그 의미에 대해서는 아래 각주를 보라.

152 水界(abdhātu), 금(suvarṇa), 허공(ākāśa)의 세 가지 비유는 위의 설명 이외에도 『중변분별론』과 그

(4) 법계의 청정(dharmadhātuviśuddhi)이란 무엇인가? 답: 정지의 수습에 의지한 후에 모든 관념상을 제거하기 때문에 [증득되는] 진여(tathatā)이다. 마치 어떤 사람이 꿈에서 자신이 강물에 의해 떠나려가고 있을 때, 저 강물로부터 벗어나기 위해서 용맹정진하기 때문에 깨어나게 되고, 깨어난 후에 저 강물을 다시 보지 못하는 것과 같다. 여기서 관념상의 제거도 마찬가지라고 알아야 한다.

(5) 일상언설의 잠재력을 끊는 바로 그 때에 관념상이 제견되는가, 아니면 [그것을] 끊은 후 다른 때에 제견되는가? 답: 그 [일상언설의 잠재력]을 끊는 것과 그것을 제견하는 것은 저울의 고저의 방식과 같이 평등하며, 동시적이다. 예를 들면 그림의 형상에 색깔을 지울 때 [동시에] 형태도 사라지는 것처럼,[154] 그리

주석, 『법법성분별론』 등의 유식문헌이나 RGV 등에서 자주 발견된다. 유식문헌에서는 이 비유들은 전의나 공성 또는 원성실성을 나타내기 위해 사용되며, 반면 여래장계 문헌인 RGV I.30-31에서는 여래장의 의미를 설하는 것으로 해설되고 있다. 예를 들어 MAV I.16cd: abdhātu-kanakākāśa-śuddhivac chuddhir iṣyate//. 이를 세친은 "우연적인 때가 제거되었기 때문에 [공성의 청정을 말하지만], 그러나 공성이 자성적으로 다른 것으로 되는 것은 아니다."(MAVBh 24,11-3: yasmād asyāḥ abdhātu-kanakākāśa-śuddhivac chuddhir iṣyate// āgantukamalāpagamān na tu tasyāḥ svabhāvānyatvaṃ bhavati/)라고 해설하고 있는데, 그 상세한 의미는 MAVT 52,4-17의 주석 참조. (이에 대한 번역은 안성두 2017: 110f 참조).

하지만 주목되는 점은 위의 세 가지 비유가 설해지는 맥락이 MAV나 RGV 등과 다르다는 사실이다. 그들 문헌에서 세 비유가 진여이든 공성이든 아니면 전의이든 간에 그런 궁극적 상태가 비록 현상존재와 분리될 수 없이 존재론적으로 결합되어 있다고 해도 그것은 MAVT 52,4-17이 보여주듯이 본래적인 自性淸淨의 측면에 초점이 맞추어져 있다. 하지만 여기서는 먼저 열반과 관련해 세 가지 비유가 사용되고 있다. 그리고 내용적으로 보면 자성청정보다는 오히려 離垢淸淨 내지 道淸淨에 초점이 맞추어져 있다고 보인다. 다시 말해 수행에 의해 모든 관념상이 제거된다는 점에 초점이 맞추어져 있는 것이다. 그런 점에서 오사장의 설명 맥락은 다른 텍스트들과 결을 달리하며 이는 이 텍스트가 조금 이른 시기에 편찬되었음을 보여준다고 생각된다.

153 수계 등의 비유와 유비시킨다면, 탐·진·치 등의 모든 번뇌가 이미 끊어지고 비존재하는 상태를 열반이라고 부를 수 있지만, 동시에 탐·진·치 등의 번뇌와 분리되어간다는 점에서 적정해졌기 때문에 열반이라고 부를 수도 있다는 것이다. 열반을 탐·진·치의 소멸로 정의하는 것은 아비달마에 따른 것으로 이 텍스트가 이를 부정하는 것은 자칫하면 그런 정의는 열반을 현상적 경험을 초월한 존재론적인 타자로서 정립할 위험이 크다는 데 있을 것이다. 반면 여기서 "번뇌와 고통이 적정해졌다는 의미에서"의 열반의 규정은 수행도의 과정에 의거해 점차 청정해지는 것을 강조한 것이라고 볼 수도 있겠고, 나아가 무주처열반과 같은 과정으로서의 열반을 함축한 것일 수도 있을 것이다.

154 『성문지』(2021: 375; ŚrBh 397,8ff)에서 화가가 이전에 그린 그림을 지우는 것이 명상에서 인식대상을 제견하는 것으로 비유되고 있다.

고 비문증의 허물이 제거될 때 [동시에] 머리털 등의 비문증[의 현상]도 제거되는 것과 같다. 이것에 관해서도 [설명]방식은 마찬가지라고 알아야 한다.

(6) 요가행자는 어떻게 인식대상(ālambana)을 제압하는가?[155] 답: 집중된 마음에서 인식되어야 할 것의 영상이 생겨난 후에, 먼저 승의에 대한 숙고를 작의함(*paramārthanidhyānamanaskāra)에 의해 관념상을 수반한 것이 사라지며, 관념상을 여읜 것으로 변화된다.[156]

(가) 관념상을 여읜 것으로의 변화도 다섯 단계이다. 한정된(prādeśika) [단계], 변행하는(sarvatraga) [단계], 동요하는 [단계], 의욕작용을 수반한(sābhisaṃskāra) [단계], 완성된(niṣpanna) [단계]이다.[157]

(나) 완성된 [단계]에는 어떤 특징이 있는가? 답: [이 단계에서는] 모든 번뇌와 모든 손상에 의해 제압당하지 않기 때문에 항상 손상되지 않는다. 따라서 근거를 성취한 [단계]라고 한다. 그 [단계]는 극히 청정한 진실인 대상(tattvārtha)을

---

155 여기서 요가행자는 자연적인 대상을 제압하는 것이 아니라, 명상대상으로 취한 그 대상들의 심적 이미지를 제압하는 것이다. 여기서 '제압'으로 번역한 단어는 티벳역에 의하면 zil gyis gnon (abhibhavati)이고, 한역은 除遣(*vibhavayati)으로 번역하고 있다.

156 한역(答: 由正定心於諸所知境界影像, 先審觀察, 後由勝義作意力故 轉捨有相, 轉得無相. 701c15-17)은 조금 달리 번역했다: "집중된 심에 의해 인식되어야 할 것의 영상에 대해 먼저 살피고 관찰하며, 그 다음에 승의의 작의의 힘에 의해 관념상을 수반한 명상대상을 소거하고 관념상을 여읜 인식대상으로 획득한다." 이 부분에 대한 상세한 논의는 Sakuma(1990: 188f, fn.999-1003) 참조. 『보살지』(2015: 391)에서 이와 유사한 기술이 보인다: "그는 그와 같이 세간적인 청정한 선정을 수습하며, 나쁜 존재형태로 이끄는 번뇌품의 추중을 의지체(āśraya)로부터 제거한다. 멀지 않아 그것이 제거되기 때문에 이 보살의 의지체는 전환되게 된다."

157 이들 다섯 단계는 「섭결택분」(T31: 668b28-c03)에서 16종의 修(bhāvanā) 중의 10-14번째로 나열되고 있다. 그것들은 (1) 聲聞乘相應作意修, (2) 大乘相應作意修, (3) 影像修, (4) 事邊際修, (5) 所作成辦修, (6) 得修, (7) 習修, (8) 除去修, (9) 對治修, (10) 少分修, (11) 遍行修, (12) 動轉修, (13) 有加行修, (14) 已成辦修, (15) 非修所成法修, (116) 修所成法修이다. 그중에서 5종은 다음과 같이 정의된다: (10) 少分修는 무상의 관념 등 어떠한 선법에 대해 작의하는 수습이다. (11) 遍行修란 일체법은 진여를 일미로 하는 것이라고 작의하는 수습이다. (12) 動轉修란 상을 여읜 것의 수습에 들어가 자에게 계속해서 관념상 때문에 중단이 일어나는 것이다. (13) 有加行修란 바로 저 수습에 들어간 자에게 가행 덕분에 관념상에 의한 중단이 일어나지 않는 것이다. (14) 已成辦修이란 그것에 의해 [수행자가] 성문승이나 연각승, 대승에 의해 그의 의지체가 완전히 변화되었고, 모든 법에 대한 자재함을 얻은 것이다.(T.31: 668b22ff).

영역으로 하며, 모든 것의 직접지각을 영역으로 하고, 또 모든 것에 대한 자재함을 영역으로 한다.

(다) 완성된 [상태]는 또한 얼마나 많은 승(乘, yāna)에 의해 확립되며, 어떤 때에 획득되는가? 답: 세 종류의 [정신적인] 능력이 존재하기 때문에 세 가지 승이 확립된다. 왜냐하면 二乘도 무상정등보리의 승을 근본으로 하기 때문이다. 양자에 의해서는 시간의 확정성 없이 획득된다. 그러한 조건과 그러한 성숙에 의해서이다. 마지막 것은 세 가지 추중(dauṣṭhulya)과 관련하여 삼아승지겁의 시간 동안 획득되게 된다.

(라) 3종의 추중은 무엇인가?[158] (i) 악취 및 즐거워하지 않음(arati)과 상응하는, 피부에 있는 [추중]이다. 그런 것을 끊음에 의해 악취로 가지 않고, 수행할 때에도 즐거워하지 않음과 섞이지 않게 된다. (ii) 번뇌장(kleśāvaraṇa)과 상응하는, 살에 있는 [추중]이다. 그런 것들을 끊음에 의해 일체방식으로 매우 미세한 번뇌들은 현행하지 않지만, [번뇌의] 잠재적 경향성(anuśaya)은 영단되지 않았다. (iii) 소지장(jñeyāvaraṇa)과 상응하는, 골수에 있는 [추중]이다. 그것들을 끊음에 의해 무지의 잠재적 경향성을 영단하고 모든 인식되어야 할 것에 대한 장애를 떠난 인식이 작동하게 된다.

2.3.7. 삼승에 대한 개념적 규정 (Ch. 702a8)

어떻게 성문은 규정되는가? 답: 세 가지 이유에서, 즉 화작(nirmāṇa)과 서원(praṇidhāna), [자연적] 성격(法性, dharmatā)에 의해서이다.

---

158 세 가지 추중에 대해서 『보살지』(2015: 376; BoBh 357f) 참조. 여기서 여래에 속한 주(如來住)에 들어가는 자에게 소지장에 속한 세 개의 추중이 있다고 언급된다. 그것은 겉껍질에 있는(tvaggata) 추중과 살에 있는(phalgugata) 추중, 그리고 골수에 있는(sāragata) 추중이다. SNS IX. 29에서 이들 각각의 추중은 lpags shun la yod pa(在皮麤重), khri la yod pa(在膚麤重), snying po la yod pa(在骨麤重)으로 제시되어 있는데, 마지막 추중이 肉 대신에 骨로 번역된 것을 제외하면, 용어와 내용상 『보살지』의 3종 추중과 동일하다. 하지만 오사장에서는 3종 추중 모두가 소지장에 속한 것이 아니라 단지 세 번째 추중만이 소지장에 속한 것으로 설명되고 있다.

(1) 그중에서 화작이란 조복하기 위해 여래께서는 이러저러한 경우에 성문들로 화현하는 것이다. 서원이란 성문승에 속한 사람이 되겠다는 서원을 세웠을 때, 그를 성문이라고 규정하는 것이다. [자연적] 성격이란 본성적으로 작은 연민을 갖고 있고, 또 [윤회의] 고통을 두려워하는 자는 이런 두 가지 이유[159] 때문에 타인들의 이익을 위해 노력하지 않고 타인들을 위해 윤회하기를 원하지 않는다. 이러한 [자연적인] 성격 때문에 성문으로 가설되는 것이다. 비록 그는 정각을 할 수 있는 성질을 갖고 있지만, 두려움의 행상을 갖고 안립제들을 향하며, 따라서 그것들을 증득하는 것이다.

(2) 성문들에 있어서처럼 연각들에 있어서도 마찬가지다. 그들은 제불이 출현하지 않았지만 보리를 얻었기 때문에 [성문들보다] 더 뛰어난 성자이다.

(3) 보살들은 그것과 반대되는 세 가지 원인들에 의해서 [보살로서 규정된다고] 알아야 한다.

2.3.8. 법과 율로부터 삼승의 파괴 (Ch. 702a20)

(1) 어떻게 성문들은 법과 율이 파괴되었다(pranaṣṭa)고 알아야 하는가? 답: 만약 소멸(nirodha)이란 단지 번뇌의 열병이 없는 것뿐이라고 사량하는 사람에게 '나는 없어지게 된다.' '파괴되게 된다.' '존재하기를 그친다.'라는 생각으로 공포가 생겨난다. 마치 열병에 걸린 어떤 사람이 만일 그가 열병으로부터 벗어난다면 그의 온몸이 소멸할 것이라고 생각하면서, 병이 없다는 것이 무엇인지를 알지 못하기 때문에 두려움에 빠지는 것과 같다. 그렇다면 그는 열병으로부터 치료되지 못할 것이며, [건강을] 잃을 것이다, 성문들에게 [법과 율의] 파괴도 마찬가지라고 알아야 한다.

(2) 어떻게 보살들은 대승을 파괴하는가? 답: 만일 그들이 제법의 심오함과 무

---

159 본성적으로 연민심이 적고 또 타인을 위해 윤회의 고통을 받아들이고자 하지 않는다는 것이 초기 대승경전에서 성문을 규정하는 전형적인 표현이다.

자성을 들은 후에, 번뇌의 열병은 자성적으로 비존재한다고 분별하고 스스로 병으로부터 벗어났다고 사량하는 것이다. 마치 열병에 걸린 어떤 사람이 그는 병으로부터 벗어나있다고 사량하고 따라서 병으로부터 치료되지 않는다면, 그는 [건강을] 잃을 것이다. 보살도 그와 같이 [파괴되었다고] 알아야 한다.

2.4. 살가야(satkāya) (Ch. 702b3)

문: 오사 중에서 몇 가지가 살가야(satkāya)[160]이고, 몇 가지가 살가야가 아닌가? 답: 관념상은 양자 모두이다. 두 가지는 살가야이고, 하나는 살가야가 아니다. 진여는 양자 모두가 아니라고 말해야 한다.[161]

2.5-6. 윤회존재와 세간[162]

살가야처럼 윤회존재(bhava)와 세간(loka)도 마찬가지라고 알아야 한다.[163]

---

160 YBh 26,18f에서 satkāya는 종자(bīja)의 동의어의 하나로 나열된다. Schmithausen(1987: fn.1008)은 이 맥락에서 satkāya는 초기경전에서처럼 전체로서의 오취온의 의미에서 사용된 것이 아니라, '이숙으로 이루어진 일체종자를 가진 심신복합체'(sarvabījaka ātmabhāvaḥ)의 의미로 사용되었다고 설명한다.

161 satkāya(有身, 'jig tshog)를 오사에 따라 분류하면 다음과 같다. (가) 상(nimitta)은 satkāya이면서 satkāya가 아니다. (나) 名과 分別은 satkāya이다. (다) 정지는 satkāya가 아니다. (라) 진여는 satkāya도 아니고 satkāya가 아닌 것도 아니다. 이는 4구에 따른 분류로 환원된다. 여기서 nimitta는 satkāya에 속한 것이거나 속하지 않은 모든 것에 대한 관념상일 수 있다는 점에서의 설명이고, 명칭과 분별이 satkāya에 속한다는 것은 자명할 것이다. 정지에는 세간적 정지와 출세간적 정지가 있지만 어떤 정지이든 satkāya에 속하지 않는다는 설명은 주목된다. 마지막으로 진여는 satkāya에 속한 것도 아니고 속하지도 않은 것이라는 설명은 진여의 초월성과 동시에 내재성을 보여주는 것이다.

162 Kramer(2005: 171ff)는 두 번째 요약송을 고려하지 않고 윤회존재(bhava)와 세간(loka)을 (4) satkāya 항목에 부속시키고, 또 (6) 심사, (7) 여실변지로 분류하고 있다. 또 요약송의 항목수를 10개 대신에 9개로 보지만, 이는 오류일 것이다.

163 이는 윤회존재(bhava)와 세계(loka)가 satkāya와 동일한 성격을 갖고 있음을 보여준다.

2.7. 진실(tattva)[164] (Ch. 702b12)

4종 진실과 오사 중에서 오사에 의해 몇 가지 진실이 포섭되는가? 답: 세간에 알려진 진실과 도리에 의해 알려진 진실은 세 가지 사태에 의해 포섭된다. 번뇌장이 청정해진 지의 영역인 진실과 소지장이 청정해진 지의 영역인 진실은 두 가지 사태에 의해 포섭된다.[165]

2.8. 심사와 여실변지 (Ch. 702b9)

(1) 4종 심사(尋思)[166]와 오사 중에서 오사에 의해 몇 가지 심사가 포섭되는가? 답: 분별은 여리작의를 수반하기 때문에 모든 4종 심사를 포섭한다.

(2) 4종 여실변지(如實遍智)[167]와 오사 중에서 몇 가지 사태에 의해 몇 가지 여

---

164 두 번째 요약송에서 yongs tshol(=paryeṣaṇa)과 yang dag(=tattva)의 순서가 본문의 서술순서와 바뀌어있다.

165 여기서 언급된 네 가지 진실(tattva)은 『보살지』 <진실의품>의 앞부분에서 다음과 같이 정의된다. (가) "세간에 알려진 진실이란 모든 세간 사람들은 어떤 사태에 대해 언어약정(saṃketa)과 상식(saṃvṛti), 관습(saṃstavana)과 전승(āgama)을 이해하는 인식에 의해 동일한 견해를 가진다. 예를 들면 地에 대해 바로 地로서 [이해하고], '이것은 불이 아니다'고 하는 것이다. … 그 사태는 모든 세간 사람들에게, 서로 공유하는 관념(想)에 의해 스스로의 분별에 의해 인정된 것이지, 사고한 후에, 계량한 후에, 관찰한 후에 취해진 것이 아니다." (나) 도리에 의해 알려진 진실이란 "현량과 비량, 성언량에 의지하여 지혜로운 자들이 … 잘 인식되고 잘 결정된 智의 영역을 인식대상으로 하는 사태를 명백한 증거에 의한 증명이라는 도리(證成道理)에 의해 확정하고 [개념적으로] 확립한 것이다." (다) 번뇌장이 청정해진 지의 영역인 진실은 "무루지와 무루지로 이끄는 것과, 무루 이후에 얻은 세간지에 의한 성문, 연각들의 영역이고 대상이다. … 그 인식대상에 의해 번뇌장으로부터 지가 청정해지며, 또한 미래에 장애가 없는 상태에 머문다. 그 진실이란 四聖諦, 즉 고 · 집 · 멸 · 도이다." (라) 소지장이 청정해진 지의 영역인 진실이란 "인식대상에 대한 지의 막힘이 障이라고 불린다. 그 인식대상의 장애로부터 벗어난 지의 영역과 대상이다. …그것은 최상이고 無上이며 인식대상의 궁극인 진여이다." 『보살지』(2015: 76ff)에서 인용.

166 <진실의품>은 8종 분별을 올바로 이해하기 위해 4종 尋思(paryeṣaṇā와 4종 如實遍智(yathābhūta-parijñāna)를 설한다. 4종 심사란 명칭에 대한 심사, 사태에 대한 심사, 자성으로 가설된 것에 대한 심사 그리고 차별로 가설된 것에 대한 심사이다. 이에 대한 정의는 『보살지』 2015: 95 참조. 법무아를 증득하기 위한 관법으로서의 4종 심사와 4종 여실변지에 대해서는 안성두 2019: 21ff 참조.

167 <진실의품>에서 4종 여실변지는 명칭에 대한 심사로서의 여실변지, 사태에 대한 심사로서의 여실변지, 자성으로 가설된 것에 대한 심사로서의 여실변지, (iv) 차별로 가설된 것에 대한 심사로서

실변지가 포섭되는가? 답: 정지에 의해 모든 4종 [여실변지]가 포섭된다.

2.9. 밀의(abhisaṃdhi) (Ch. 702b17)

2.9.1. 무이법(無二法)을 설한 의도

여래께서는 무엇을 의도하신 후에, 모든 법을 無二(advaya)라고 설하셨는가? 답: 바로 오사가 세간언설로부터 생겨난 것을 자성으로 하기 때문에 무자성이고, 또 각각의 특징(lakṣaṇa)에 의거하여 자성을 갖고 있음을 의도하신 후에 [모든 법은 무이라고] 설하셨다.[168]

2.9.2. 일체법의 무자성을 설한 의도

(1) 세존께서는 무엇을 의도하신 후에, 모든 법의 무자성성(niḥsvabhāvatā)을 설하셨는가? 답: 교화되어야 할 [중생]들 때문에 이곳저곳에서 상무자성성과 생무자성성 그리고 승의무자성성의 3종 무자성성[169]을 의도하신 후에 설하셨다.

상무자성성(lakṣaṇaniḥsvabhāvatā)이란 무엇인가? 답: 일체법이 세간언설로부터 생겨났음을 자성으로 하는 것이다.[170] 생무자성성(utpattiniḥsvabhāvatā)이란 무엇인가? 답: 조건지어진 요소(=제행)들은 연기이기 때문에 조건들의 힘에 의

의 여실변지이다. 이에 대한 정의는 『보살지』(2015: 95f) 참조.

168 오사가 세간언설에서 생겨난 것을 자성으로 한다는 것은 바로 이하에서 설명하듯이 변계소집성이다. 그리고 각각의 특징에 의거해서 자성을 가진 것으로서 규정한다는 것은 의타기성을 말할 것이다. 그렇다면 여기서 advaya의 의미는 변계소집성과 의타기성의 非一非異를 의미하는 것으로 보인다. 이는 <진실의품>에서 무이를 有(bhāva)와 非有(abhāva)를 여읜 것으로서 無上의 중도로 규정한 것과는 조금 차이가 있는 설명이다.

169 여기서 삼무자성의 설명은 SNS VII.에 의거하고 있다고 보이는데, 특히 생무자성성의 설명이 그렇다. 다만 승의무자성에 대한 설명은 SNS보다 단순하고 또 뒤따르는 비유에서도 차이가 난다.

170 Cf. 『해심밀경』에서 상무자성성의 정의 (= SNS VII.4): "제법의 상무자성성이란 무엇인가? 변계소집상이다. 그 이유는? 왜냐하면 그것은 명칭과 표식으로 건립된 특징이지, 자상으로서 존속하는 것은 아니기 때문에 그것을 상무자성성이라 한다." (云何諸法相無自性性? 謂諸法遍計所執相. 何以故? 此由假名安立為相, 非由自相安立為相. 是故說名相無自性性.) SNS의 번역은 기본적으로 티벳역에 의거한 것이지만 편의상 현장역을 제시했다.

해 생겨나지, 저절로 생겨나지 않는 것을 생무자성성이라고 한다.[171] 승의무자성성(paramārthaniḥsvabhāvatā)이란 무엇인가? 답: 진실인 대상(tattvārtha)으로서 [제법의] 특징과 분리된 법을 승의무자성성이라고 한다.[172] 예를 들면, 요가행자인 비구가 많은 뼈들에 관해 승해한 후에 제견(除遣)[173]하지 않는다면, 저 많은 뼈들에 관해 항시 끊임없이 승의적으로 자성이 없다는 관념(saṃjñā)이 일어나는 것처럼 승의무자성성도 마찬가지라고 알아야 한다.

오사는 상무자성성으로서 무자성인 것은 아니지만,[174] 생무자성성과 승의무자성성으로서 무자성이라고 이치에 따라 설해야 한다. 그중에서 상과 명칭과 분별과 정지는 양자에 의해서이다. 진여는 무자성으로서의 자성이 없는 것이 아니다. 세존께서는 그것을 의도하신 후에 "진리는 하나이며, 두 번째 [진리]는 없다"고 게송에서[175] 설하신 바와 같다.

---

171 Cf.『해심밀경』에서 생무자성성의 정의 (= SNS VII.5): "제법의 생무자성성이란 무엇인가? 제법의 의타기상이다. 그 이유는? 왜냐하면 그것은 다른 조건의 힘에 의해 생겨나지, 자체적으로 [생겨나는 것은] 아니기 때문에 그것을 생무자성성이라 한다." (云何諸法生無自性性? 謂諸法依他起相. 何以故> 此由依他緣力故有, 非自然有. 是故說名生無自性性)

172 Cf.『해심밀경』에서 승의무자성성의 정의 (= SNS VII.6): "제법의 승의무자성성이란 무엇인가? 연기법 그것이 생무자성성으로서 무자성이라는 것이 승의무자성성이다. … 또한 제법의 원성실성도 승의무자성성이라 한다. 그 이유는? 제법의 법무아성 그것이 저 [법]들의 무자성성이라고 하며, 그것은 승의이지만 승의는 제법의 무자성으로 특징지어지기 때문에 따라서 승의무자성성이라 한다." (云何諸法勝義無自性性? 謂諸法由生無自性性故 說名無自性性, 即緣生法. 亦名勝義無自性性 … 復有諸法圓成實相 亦名勝義無自性性. 何以故? 一切諸法法無我性, 名為勝義, 亦得名為無自性性. 是一切法勝義諦故, 無自性性之所顯故. 由此因緣, 名為勝義無自性性)

173 除遣이란 vibhāvanā의 번역어로서 승해에 의해 산출된 이미지들을 제거하는 것이다.『성문지』의 비유에서 화가가 도화지에 그림을 그리는 것이 승해라면, 산출된 이미지들을 흰 물감으로 제거하는 것이 제견이다. ŚrBh에서 승해와 제견과 관련된 화가의 비유는『성문지』2020: 375 (ŚrBh 397,1ff) 참조.

174 다시 말해 오사는 허공의 꽃(khapuṣpa)과 같이 상무자성이 아니다. 꽃은 인연에서 생겨난 것이고 허공은 무위법이지만 허공의 꽃은 단지 양자의 관계를 증익함에 의해 생겨난 허구에 지나지 않는다. 이렇게 본다면 꽃과 같은 것이 상, 명, 분별, 정지이고, 허공에 비유되는 것이 진여일 것이다.

175 이 게송은 Kramer(2005: 176, fn.368)에 따르면 Sn(884: ekaṃ hi saccaṃ na duvīyam atthi)으로 비정된다. 진리가 하나란 설명은 여기서 어떤 자성도 갖지 않은 것으로서의 진여가 그런 한에서 무자성은 아니라는 사실을 가리킨다.

(2) 세존께서는 무엇을 의도하신 후에, 모든 법이 무생, 무멸이며, 본래적정하고 자성열반이라고 설하셨는가? 답: 바로 상무자성성을 의도하신 후에 설하신 것이다.[176]

(3) 세존께서는 무엇을 의도하신 후에 모든 법이 허공(ākāśa)과 같다고 설하셨는가? 답: 바로 상무자성성을 의도하신 후에 설하셨다.[177]

(4) 세존께서는 무엇을 의도하신 후에, 모든 법이 환(māyā)과 같다고 설하셨는가? 답: 생무자성성과 승의무자성성을 의도하신 후에 설하셨다.[178]

(5) 세존께서는 무엇을 의도하신 후에, '색(rūpa)이 존재하며, 내지 식(vijñāna)까지 존재하지만, [수행자는 그것들을] 무상하다(anitya)고 본다'고 설하셨는가?[179] 답: 상무자성성을 의도하신 후에 설하셨다. 그 이유는? 왜냐하면 [그가 그것들을] 무상한 것으로 본다는 것은 [그것들이] 무상한 것으로 존재한다고 본다는 말이기 때문이다.

---

176 이 문장은 반야경의 요약으로서 AS(G) 35, 15-18에 산스크리트문이 제시되고 있다. yad uktaṃ vaipulye ... niḥsvabhāvāḥ sarvadharmāḥ iti ... anutpannā aniruddhā ādiśāntā prakṛtiparinirvṛteti /. SNS VII.8에 이 문장들이 상무자성을 의도한 후에 설해졌다는 동일한 내용이 나오며, 더구나 그 이유가 상세히 제시되고 있다. "그 이유는? 자상으로서 비존재하는 것은 생겨나지 않았고, 생겨나지 않았던 것은 소멸하지 않았다. 생겨나고 소멸하지 않았던 것은 본래부터 적정하고, 본래부터 적정한 것은 본성적으로 소멸한 것이다. 본성적으로 소멸한 것에 대해 소멸하게 하는 어떠한 것도 없다. 따라서 상무자성성을 의도한 후에 일체법무자성, 무생무멸, 본래적정, 자성열반이라고 설했다."

177 SNS VII.4에서 상무자성성은 '허공의 꽃'으로 비유되며, 이는 그것이 순전한 허구의 산물이며 따라서 그 특징이 비존재한다는 점을 보여준다는 점에서 직관적이다. 하지만 여기서 상무자성성의 비유로서 허공을 제시한 것은 일반적으로 허공이 무위법 내지 진여의 비유로서 사용된다는 점에서 독특하다고 보인다.

178 SNS VII.7에 비슷한 설명이 나온다. "환에 의해 만들어진 것(māyākṛti)처럼 생무자성성과 승의무자성성의 일부도 그렇게 보아야 한다." 왜냐하면 그것은 허공의 꽃처럼 완전히 비존재하는 것이 아니라, 단지 여러 가지 인연들의 결합에 의해 생겨난 것이기 때문에 생무자성성으로 보아야 하는 것이다. SNS VII.6는 조건 속에서 생겨난 것은 승의무자성성이 아니기 때문에 그것을 승의무자성성의 일부로 보아야 한다고 설명한다. 이 설명은 복합어 승의무자성성(paramārthaniḥsvabhāvatā)이 '승의적 관점에서 자성이 없음'으로 해석되어야 함을 보여준다.

179 오온은 무상하고 고통스럽고 공하고 어떤 본질도 없다는 설명은 AN IV 147, SN III 21 + 76, MN I 137 + 228 (Kramer 2005: 177) 등의 초기경전에서 반복해서 발견된다. 하지만 Kramer가 제시하듯이 오온을 무상 등으로 본다는 교설을 삼무성과 관련시키는 이하의 설명은 SNS에서는 보이지 않는다.

(6) 세존께서는 무엇을 의도하신 후에, '색은 존재하며, 내지 식도 존재하지만, [수행자는 그것들을] 고통스럽다(duḥkha)고 본다'고 설하셨는가? 답: 생무자성성과 승의무자성성을 의도하신 후에 설하셨다.

(7) 세존께서는 무엇을 의도하신 후에, '색은 존재하며, 내지 식은 존재하지만, [수행자는 그것들을] 공하다(śūnya)고 본다'고 설하셨는가? 답: 제법의 특징이 자성을 여의고 있으며, 또 저 [법]들의 생무자성성과 승의무자성성을 의도하신 후에 설하셨다.

(8) [세존께서는 제법의 특징이 자성을] 여읜 것처럼 [제법이] 특징과 동일하지 않음을 의도하신 후에 무아(anātman)라고 설하셨다고 알아야 한다.[180]

(9) 세존께서는 무엇을 의도하신 후에, '색 내지 식을 이치대로 보고(paśyati), 깊이 고찰하고(nidhyāyati), 분석적으로 관찰하는(upaparīkṣate) 사람에게 비존재하는 것으로 현현한다'고 설하셨는가?[181] 답: 상무자성성을 의도하신 후에 설하셨다.[182]

(10) 세존께서는 무엇을 의도하신 후에, '그것이 공허하고(riktaka) 거짓되고(tucchaka), 내실이 없는 것으로(asāraka) 현현한다'고 설하셨는가?[183] 답: 생무자

---

180 오온의 '공성'과 '무아'의 의미는 일반적으로 서로 교환되어 사용될 수 있다는 점에서 오온의 공을 삼무자성을 의도한 것이라는 설명 직후에 오온의 무아를 설명한 것은 삼무자성 모두를 의도한 것이라고 Kramer(2005: 178)처럼 해석할 수도 있겠다. 하지만 티벳어 구문(bral ba nyid ji lta ba bzhin du mtshan nyid mi 'dra ba nyid las dgongs nas bdag med par gsungs par blta bar bya'o)는 단지 상무자성성을 의도한 것으로 해석했다고 보이며, 이에 따라 번역했다. 공성과 무아 양자의 의미상의 차이에 대해서는 반야경 주석서인 Yum gsum gnod 'jom(D3808, 206a5-7)은 다음과 같이 말한다. "공성과 무아 양자에 의미의 차이는 없지만 가설에 따라 차이가 있다. 공성은 다른 것을 여읜 것인데, 예컨대 물이 없기 때문에 병이 비었다라고 하는 것과 같다. 마찬가지로 자상 등의 상(lakṣaṇa)을 여의었기 때문에 그 법들에 대해 공하다고 분별한다. 무아라는 말은 제법이 비존재하는 것인데, 예컨대 환화의 코끼리 등과 같은 것이다. 그 법들은 자성 등을 여의었다고 말하고자 함에 대해 공하다고 했다. 존재하는 것이 아니라고 사태가 없다고 말하고자 하는 것에 대해 무아라고 했다." 안성두 2019: 12, fn.10 참조.

181 Kramer(2005: 179, fn.383)는 세존의 설법이 세 개의 동사의 사용이나 내용면에서 아래 각주에서 인용된 SN III 140f와 관련되지만, 그에 대응하는 Catuḥśataka(ed. V. Bhattacharya 194,19f)에서는 asati 'pi asya khyāyād 라는 문장이 첨가되어 있다고 지적한다.

182 그 의미는 오온은 명칭대로 주어진 방식으로는 존재하지 않는다는 것이다.

성성과 승의무자성성을 의도하신 후에 설하셨다.[184]

(11) 세존께서는 무엇을 의도하신 후에, 그렇다면 안(眼)도 소멸하여 색의 관념을 여의고, 意도 적멸하여 법이라는 관념을 여의게 되는 그 영역(處, āyatana)을 알아야 한다고 설하셨는가?[185] 답: [세 가지] 무자성을 의도하지 않고 설하신 것이다.[186]

(12) 세존께서는 무엇을 의도하신 후에, '모든 방식으로 [그에게] 심의 관념이 완전히 사라졌기 때문에 그가 무엇에 의지해서 정려를 하는지를 인드라를 포함해 신들도 알지 못한다'고 설하셨는가?[187] 답: 어떤 무자성도 의도하지 않고 설하신 것이다.

(13) 세존께서는 무엇을 의도하신 후에, '눈에 의해 지각되어져야 하는 색과 의에 의해 분별되어져야만 하는, 희(喜)와 우(憂)와 사(捨)를 불러일으킬 수 있는 법들에 관해 진실하고, 진리이며, 전도되지 않은 것이고, 비전도된 것이다'라고 설하셨지만, '출세간적인 성스러운 진리는 있다'고 설하셨는가? 답: [한편으로는] 모든 무자성을 의도하신 후에 설하셨고, [다른 한편으로는] 무자성도

---

183 Kramer(2005: 179, fn.385)는 SN III 140f을 관련된 경전으로 제시한다. yaṃ kiñci rūpam atiitānāgatam paccuppannam// … tam bhikkhu passati nijjhāyati yoniso upaparikkhati// tassa tam passato nijjhāyato yoniso upaparikkhato rittaka,n,neva khāyati tucchakaññeva khāyati// asarakaññeva khāyati//; 한역은 T99.2: 68c7 참조. Vetter 2000: 241ff 참조.

184 오온은 자체적으로 존재하지 않는다는 의미에서 공허하고(riktaka) 거짓되고(tucchaka), 내실이 없는 것(asāraka)이지만, 그것들은 완전히 비존재하는 것은 아니라 조건에서 생겨난 것이라는 의미에서 생무자성성이며, 그것들은 궁극적으로 존재하지 않는다는 의미에서 승의무자성성이다.

185 Kramer(2005: 180, fn.388)는 전거로 SN IV 98을 제시한다. tasmā ti ha bhikkhave se āyatane veditabbe// yattha cakkhuṃ ca nirujjhati rūpasa,n,nāca virajjhati.

186 모든 12처가 소멸한 영역은 열반이나 진여이며, 그것들은 무자성으로서 간주될 수 없기 때문이다. 이는 열반이나 진여라는 영역을 그것을 인식하는 관법으로서의 삼무자성과 구별하는 이해방식이다.

187 이는 『보살지』(2015: 90f; BoBh 50,3ff)에서 세존께서 상타 카티야야나에게 한 말로서 인용되고 있다. 『보살지』 <진실의품> 번역 참조. 그 내용을 요약하면 비구는 지수화풍 내지 견문각지한 것에 의지하여 정려하지 않고, 지수화풍 등에 대해 지수화풍이라는 관념(想, saṃjñā)을 제거하면서 수행할 때, 그 영역을 인드라를 포함한 모든 신들이 알지 못한다는 것이다.

의도하지 않고 설하신 것이다.

(14) 세존께서는 무엇을 의도하신 후에, '정려자들의 정려의 영역과 붓다들이 인식했던 영역은 불가사의하다'고 설하셨는가?[188] 답: 모든 무자성을 의도하시고 설하신 것이며 또 어떤 무자성도 의도하지 않고 설하신 것이다.[189]

2.10. 차제(krama) (Ch. 703a14)

왜 오사 중에서 바로 처음에 관념상(nimitta)을 시설하는 등의 순서로 시설했는가?

답: 근거가 없는 것에 관한 명칭의 가설은 적당하지 않게 때문에, 그 때문에 처음에 관념상을 가설했다. 그 후에 그 [명칭]에 의해 자성으로 시설되거나 차별로 시설되기 때문에 따라서 명칭을 시설했다. 다음으로 관념상이나 명칭 또는 그 양자에 의해 분별하는 분별이 일어나기 때문에 따라서 분별을 시설했다. 그와 같이 그들 3종 법에 의해 잡염품을 완성시키는 순서를 현시한 것이다. 그 다음에 청정품의 경우이다. 잡염법들의 진여를 볼 때, 그리고 정지에 의해 그것들을 볼 때 청정하게 되기 때문에 그 때문에 그 양자에 의해 청정품을 완성시키는 순서를 해설한 것이다. 이런 방식으로 이것이 저 [오사]의 순서이다.

진실의품의 항목의 결택을 마친다.

---

188 Kramer(2005: 181, fn.393)는 이 구절의 전거로 AN II 80을 제시한다. "비구들이여, 이것이 네 가지 불가사의한 것이다. 그것에 대해 생각하지 말아야 하며, 그것에 대해 생각한다면 그는 이해력을 잃고 혼란에 빠질 것이다. 네 가지란 무엇인가? 붓다들이 인식했던 영역이며, 정려자들의 정려의 영역이며, 업의 이숙이며, 그리고 세간에 대한 사유이다."

189 그런 영역들이 진여라는 점에서 삼무자성의 어떤 것에도 속하지 않는다는 것은 이해가 되지만, 삼무자성을 의도하고 그런 영역의 존재를 설했다는 의미는 잘 이해가 되지 않는다.

해제

유가사지론 해제

『瑜伽師地論』(Yogācārabhūmi)은 "[불교] 요가를 수행하는 자들의 단계" 또는 "[불교] 요가수행자들의 토대"(Schmithausen 2007: 213; Delhey 2013: 501)를 의미한다. 여기서 yoga는 불교 맥락에서는 '정신적 노력'을 의미하며, 또한 地(bhūmi)는 단계 또는 보다 정확히 수행자가 의거하는 '수행을 위한 토대'를 가리킨다. 『유가사지론』(이하 『유가론』)은 동아시아 전통에서 미륵(Maitreya)의 저작으로서, 그리고 후기 인도전통과 티벳 전승에서는 無著(Asaṅga)의 저작으로 설해지고 있으며, 한역으로 100권에 달하는 방대한 분량의 저작이다. 지난 세기에 이르기까지 일부 학자들은 이런 방대한 저작이 단일저자에게 귀속될 수 있다고 여전히 주장했지만 현재 대부분의 학자들은 『유가론』이 단일저자의 저작이 아니라 다수의 편찬자들에 의한 편집의 소산이라는 견해에 찬동하고 있다.

1. 『유가사지론』의 구성

『유가론』은 한역에 따르면 5부로 구성되어 있다. 5부의 명칭은 「本地分」(Maulī Bhūmiḥ / Maulyo Bhūmayaḥ), 「攝決擇分」(Viniścaya-saṃgrahaṇī), 「攝釋分」

(*Vyākhyā-saṃgrahaṇī), 「攝異門分」(Paryāya-saṃgrahaṇī) 그리고 「攝事分」(Vastu-saṃgrahaṇī)이다. 반면 티벳역에 따르면 6부로 구성되어 있으며 순서도 한역과 차이가 난다. Maulī Bhūmiḥ (sa'i dngos gzhi), Viniścaya-saṃgrahaṇī (rnam par gtan la dbab pa bsdu ba), Vastu-saṃgrahaṇī (gzhi bsdu ba), *Vinaya-saṃgrahaṇī ('dul ba bsdu ba), Paryāya-saṃgrahaṇī (rnam grang bsdu ba), *Vyākhyā-saṃgrahaṇī (rnam par bshad pa bsdu ba)이다. 한역에서 「섭사분」의 일부를 이루는 *Vinaya-saṃgrahaṇī를 티벳역에서 독립된 장으로 배대한 것은 『유가론』이 번역되었을 당시의 형태상의 변화를 반영하고 있거나 또는 티벳전승에서의 변용이라고 볼 수 있을 것이다. 하지만 이러한 티벳역의 구성은 「섭결택분」에서 mātṛkā, 즉 아비다르마에 포함되는 가르침이 17지와 4종 攝으로 이루어져 있다(T30: 654b5f: 摩呾理迦所攝者, 謂十七地及四種攝)는 언급을 고려할 때, 『유가론』 자체의 설정과는 거리가 있다. 이와 관련해 Deleanu(2006: 46f)는 *Vinayasaṃgrahaṇī를 티벳역에서 독립된 장으로 설정한 것은 「섭사분」과 「섭석분」과 함께 경율론 삼장에 배대하기 위한 것이라고 지적하면서, 그렇지만 이는 초기 번역목록이나 Bu ston의 목록에도 나오지 않는다고 지적하고 있다. 이러한 편찬상의 고려에 의한 티벳역의 다른 편집체재는 「성문지」와 「보살지」가 「본지분」의 번역에서 빠져있고, 다른 독립저작으로 번역되어 있다는 사실에서도 확인될 것이다. 이렇게 볼 때, 티벳역의 구성은 편찬상의 목적에 따른 것이라 보이며, 원래의 구성은 한역이 보여주고 있다고 생각된다.

먼저 「본지분」을 보자. 「본지분」은 『유가론』 전체의 약 절반에 해당되는 분량을 가진 문헌으로 사상사적으로 가장 고층에 속하고 또 핵심적인 부분을 이룬다고 평가된다. 그런데 「본지분」이란 명칭은 「섭결택분」에서 첫 번째 부분을 가리키는 명칭으로 사용되며(Schmithausen 2000: 245, note 3), 여기서 '本'(maulī / pl. maulyaḥ)의 의미는 뒤따르는 네 개의 攝分(saṃgrahaṇī)과 대비하여 중심부분을 이룬다는 점에서 붙여진 것으로 보이며, 이런 점에서 분명 텍스트 편집이 끝난 이후의 명명법이라고 추정된다(이에 대해서 Deleanu 2006: 45). 따라서 「본지분」

이 텍스트로 편찬될 당시에 어떤 명칭으로 불렸는가는 명확하지 않다. YBh 3.1ff 에서는 「본지분」 이란 명칭 대신에 『유가론』 이 十七地(Saptadaśa bhūmayaḥ)라고도 불린다는 언급이 나온다. 이는 『유가론』 이 편찬될 당시에 '17지'라는 명칭이 『유가론』 의 편찬자에게 이미 알려져 있었음을 보여준다. 여기서 주목되는 점은 「본지분」 이 아니라 『유가론』 이 17地로 이루어졌다고 하면서, 이어지는 설명에서는 「본지분」 과 내 개의 섭분을 나열하지 않고 바로 현존하는 「본지분」 을 구성하는 17지의 명칭을 나열하고 있다는 사실이다. 이는 17지의 편찬이 끝났을 때 단지 그것만을 『유가론』 이라고 불렀지만, 후에 네 개의 섭분이 모두 편찬되었을 때 모두 이를 『유가론』 이라는 제목으로 불렀음을 암시한다.

『유가론』 이라는 명칭이 일반적이지만, 이 저작은 「본지분」 이 지닌 중요성 때문에 후대에 『十七地論』(*Saptadaśabhūmika)이라는 별칭으로도 불렸다고 보인다. 이는 진제(Paramārtha, 499-569)에 의해 번역되었다고 전해지지만 현재 산실된 『十七地論』 에 대한 최근의 오오다케(大竹晋 2012: 140-145)의 연구에서도 확인된다. 오오다케의 연구는 진제가 『십칠지론』 이란 이름으로 지시하고 있는 문헌이 반드시 「본지분」 을 가리키고 있지 않다는 점을 지적하고 있다. 그는 진제역 『섭대승론석』 에서 『十七地論』 으로 지시하는 세 개소 중에서 한 군데가 「섭결택분」 을 가리키고 두 군데가 「본지분」 을 가리키고 있다는 점을 들어, 『십칠지론』 을 「본지분」 과 무조건적으로 동일시하기는 어렵다고 지적하고 있다. 이러한 오오다케의 지적은 적어도 진제의 해석이 타당한 한에서 당시 인도불교나 중국불교에서 『십칠지론』 을 『유가론』 전체를 가리키는 것으로 사용했을 가능성도 보여주는 것이다.[1]

이제 『유가론』 의 구성을 먼저 스케치해 보자. 『유가론』 은 이미 언급했듯이

---

1 여기서 『십칠지론』 이 나머지 세 개의 섭분에도 적용될 수 있는지를 물을 수도 있겠다. 이는 현존 자료로서는 확정하기 어렵지만, 이와 관련하여 『십칠지론』 이란 용어가 반드시 『유가론』 을 지칭하지 않고 때로 『불성론』 이나 『보성론』 을 가리키는 것으로 사용된 경우도 있다는 오오타니(大竹晋 2012: 140-145 참조)의 지적은 여러 해석의 여지를 보여줄 것이다.

「본지분」과 네 개의 섭분이라는 다섯 부분으로 구성되어 있다. 유가론 전체의 분량 중에서 「본지분」이 49.9%, 즉 절반이고, 「섭결택분」은 30.2%, 「섭석분」은 1.6%, 「섭이문분」은 1.8%, 그리고 「섭사분」은 16.5%를 차지하고 있다. (Kragh 2013: 51f).

I. 本地分	Maulī Bhūmiḥ/ Maulyo Bhūmayaḥ
1. 五識身相應地	Pañcavijñānakāyasaṃprayuktā bhūmiḥ
2. 意地	Manobhūmi
3. 唯尋唯伺地	Savitarkā savicārā bhūmiḥ
4. 無尋唯伺地	Avitarkā savicārā bhūmiḥ
5. 無尋無伺地	Avitarkāvicārā bhūmiḥ
6. 三摩呬多地	Samāhitā bhūmiḥ
7. 非三摩呬多地	Asamāhitā bhūmiḥ
8. 有心地	Sacittikā bhūmiḥ
9. 無心地	Acittikā bhūmiḥ
10. 聞所成地	Śrutamayī bhūmiḥ
11. 思所成地	Cintāmayī bhūmiḥ
12. 修所成地	Bhāvanāmayī bhūmiḥ
13. 聲聞地	Śrāvakabhūmi
14. 獨覺地	Pratyekabhūmi
15. 菩薩地	Bodhisattvabhūmi
16. 有餘依地	Sopadhikā bhūmiḥ
17. 無餘依地	Nirupadhikā bhūmiḥ
II. 攝決擇分	Viniścaya-saṃgrahaṇī
III. 攝釋分	*Vyākhyā-saṃgrahaṇī

IV. 攝異門分 Paryāya-saṃgrahaṇī

V. 攝事分 Vastu-saṃgrahaṇī

여기서는 『유가론』의 구성에 나타나는 몇 가지 문제점을 거론하고자 한다. 먼저 「본지분」을 구성하는 17地의 명칭을 보면, 여기서 17지 전체의 구성이 직선적이고 점증적인 발전의 방향을 나타내는 것이 아니라는 점은 쉽게 알아차릴 수 있지만, 「본지분」의 편찬자가 어떤 통일적인 기준을 갖고 「본지분」 전체를 구성하려고 했는지가 분명히 드러나지는 않는다. 물론 여기서 심작용과 명상상태에서의 식의 작동 여부가 「본지분」 전체를 관통하는 일차적 관심사라는 점은 분명하지만, 각 장의 제목에서 기대하는 바와 같은 체계적 설명은 보이지 않는다.

제1장과 제2장은 제목에 따르면 의식작용의 분석으로서, 각기 전5식과 제6의식(manovijñāna)의 작용에 따른 설명이 기대될 것이다. 제1장에서는 5식 자체에 대한 분류와 그 설명이 제시되고 있어 제목과의 일치성이 보이지만, 「意地」의 설명에서는 제6의식 자체에 대한 설명이 아니라 이것이 다른 대상과 연관됨으로써 나타나는 현상들이 포함되어 설해지고 있다. 예를 들어 개체적 차원의 생사와 우주론적 차원의 생멸, 그리고 심의 구조에 대한 설명이 그것이다. 제3~5장은 심이 언어작용을 수반하는 거친 사유(尋, vitarka)나 미세한 사유(伺, vicāra)를 수반하는가의 여부에 따라 정려나 무색정의 단계를 구별한 것이지만, 여기서도 제목에 일치하는 내용은 나타나지 않는다. 대신 3계의 구조와 그곳에 거주하는 중생들의 상태가 설해지며, 불교도와 비불교도들의 올바르지 않은 16종의 견해(paravāda)가 『범망경』(Brahmajālasutta) 등의 초기경전에 의거하여 설명되고 있다. 마지막 부분에서 번뇌잡염(kleśasaṃkleśa)과 업잡염(karmasaṃkleśa), 생잡염(janmasaṃkleśa)의 3종 잡염(saṃkleśa)이 상세히 설해지고 있다. 복합어 kleśasaṃkleśa와 karmasaṃkleśa가 karmadhāraya로서 '번뇌라는 잡염'과 '업이라는 잡염'으로 풀이되고 있고, janmasaṃkleśa는 '생이라는 잡염' 또는 '생의 잡염'

으로 풀이되고 있다는 점에서 세 개의 잡염은 사성제의 도식에서 앞의 양자는 집제에, 그리고 후자는 고제에 대응하고 있다. 3종 잡염의 도식은『유가론』이래『중변분별론』과『대승장엄경론』,『섭대승론』등의 초기유식문헌에서 염오법의 양태를 설명하기 위해 매우 즐겨 사용되었다고 보인다. 예를 들어 3종 잡염은『중변분별론』(MAVBh 21,21ff)에서 특히 12지 연기에 적용되고 있는데, 무명(avidyā)과 갈애(tṛṣṇā), 취(upādāna)는 번뇌잡염에 속하고, 행(saṃskāra)과 유(bhava)는 업잡염에 배정되며, 나머지 7지는 생잡염에 속한다. 후대에 제3지 식(vijñāna)이 일체종자식(sarvabījakam vijñānam)으로서 알라야식(ālayavijñāna)으로 간주된 후에 그것이 재생의 원인적 측면인가 아니면 결과적 측면인가에 관한 논의가 나타났지만,『유가론』에서 이 문제는 아직 수면위로 부상되지는 않았다.

제6~7장은 제목이 보여주듯이 심을 집중된 상태(samāhitā bhūmiḥ)와 집중되지 않은 상태(asamāhitā bhūmiḥ)에 따라 구분한 것이다. 집중된 상태의 심은 전통적으로 널리 사용된 정려(dhyāna)와 해탈(vimokṣa), 삼매(samādhi), 等至(samāpatti)의 네 가지 명상기법들로 구분되어 상세히 설해지고 있다. 여기서는 章의 제목과 상응하게 초기 유식학파의 명상경험의 내용들이 대한 풍부하게 서술되어 있다. 그리고 제8~9장은 심을 의식작용을 수반한 상태(sacittikā bhūmiḥ)와 의식작용이 없는 상태(acittikā bhūmiḥ)로 구분한 것이다. 여기서의 설명은 매우 간략하지만, 앞의 제1장~7장까지의 심의 상태를 심을 수반한 상태(有心)와 심을 여읜 상태(無心)의 기준에 따라 다시 구분한 것이라 보인다.

제10~12장은 문·사·수 三慧에 따른 수행단계의 구분이다,「문소성지」는 크게 五明處라는 다섯 가지 학문영역을 다루고 있다, 먼저 내명처에서는 성문승에게 설한 주제와 대승에게 설한 주제로 나누는 등 청문의 주제를 구분하지만, 전체적으로 매우 아비달마 방식에 따른 법수의 나열을 통해 각각의 주제를 다루고 있다. 그리고 인명처(因明處)는 초기유식이 가진 논리적 증명방식과 인식수단에 대한 관심을 보여준다.「사소성지」에서는 <다르마에 대한 분석> 항목에서 勝義伽他(Paramārthagāthā)와 意趣義伽他(Ābhiprāyikārthagāthā), 體義伽他

(Śarīrārthagāthā)를 주석을 포함해서 다루고 있다. 그리고 「수소성지」는 전통적인 아비달마의 방식에 따른 수행도를 보여주고 있는데, 그 설명은 많은 부분 「성문지」에 의거하면서 변형시켰다고 평가되고 있다. (Sugawara 2013 참조).

제13～15장은 삼승에 따른 수행자의 구분으로서 각기 「성문지」와 「독각지」 그리고 「보살지」이다. 그중에서 「성문지」와 「보살지」는 각각 네 개의 處(sthāna)로 구성되어 있는 방대한 분량의 저작으로서 『유가론』 중에서 가장 오래된 층위라고 평가되고 있다. 「보살지」는 현장에 의해 『유가론』의 일부에 포함되어 번역되기 이전에 이미 曇無讖(Dharmakṣema)에 의해 418년에 『菩薩地持經』(T1581)으로, 또 求那跋摩(Guṇavarman)에 의해 431년 『菩薩善戒經』(T1582)으로 한역되었기 때문에 독립적인 저작으로 유통되었다고 보이지만, 델레아누가 밝히고 있듯이 『菩薩地持經』에 다섯 차례의 「성문지」 인용과 두 차례의 「섭사분」 인용 및 한 차례의 「意地」 인용이 보이기 때문에,[2] 늦어도 CE. 400년까지는 이미 전체로서의 『유가론』의 편찬은 완성되었다고 보인다.

위에서 요약했듯이, 제6장～15장의 구성에서 사마히타지-비사마히타지, 유심지-무심지의 구도는 전통적인 관점에서 샤마타의 수행도와 관련하여 설한 것이고, 반면 문·사·수의 체계는 법의 청문과 그 내용의 이해 그리고 그것의 반복수행을 설한 것으로 전통적인 관점에서 비파샤나의 수행도를 설한 것이라고 보인다. 그리고 삼승에 따른 제13～15장의 이를 실천하는 수행자의 관점에서의 구별일 것이다. 이렇게 본다면, 이들 챕터는 사성제의 도식에서 도성제에 대응하는 것이라고 생각된다.

그리고 마지막 제16～17장은 전통적인 방식에 따라 오온이라는 토대를 수반한 유여의 열반과 오온마저 소멸한 무여의 열반의 2종으로 구분하고 있는데, 이는 말할 나위도 없이 사상제의 도식에서 멸제에 대응할 것이다.

---

2 Deleanu 2006: 183ff 참조.

이와 같이 나는 『유가론』의 편찬자가 '유가행자의 [수행의] 토대'라는 『유가론』의 제명에 어울리게 선정수행에 중점을 둔 마음의 체계를 구축하고자 했을 때, 전체적으로 심작용과 그 대상 간의 관계에 일차적 초점을 맞추면서도 여기에 사성제의 도식을 간접적으로 적용시키려고 했다는 인상을 받는다. 물론 『유가론』이 가진 백과전서적인 설명방식으로 인해 한 챕터에도 여러 다른 이질적 요소들이 등장하고 있으며, 또한 각 地의 명칭과 거기서 다루어지는 내용이 반드시 일치하지 않기 때문에 명확히 편찬자의 의도가 무엇이었는지는 파악하기는 어렵지만, 그래도 이런 구별은 「본지분」 전체를 통일적으로 이해하려는 시도에 어느 정도 도움이 될 수 있을 것이다. 후라우발너(Frauwallner 1971)가 밝히고 있듯이 『阿毘曇心論』이나 『入阿毘達磨論』과 같은 아비달마 논서들은 사성제의 도식에 의거하여 구성되어 있고 이를 통해 교설의 체계화를 시도했다. 이는 세친의 『구사론』에서도 마찬가지다. 이와 같이 사성제의 도식이 당시 텍스트를 구성하는 데 있어 매우 유효하고 의미있는 범주였으며, 또한 그 범주에 따라 구성된 이들 아비달마 논서들이 『유가론』과 비슷한 시기에 편찬되었거나 그 직후에 저작되었다고 한다면, 17지의 편찬에서도 비록 심작용에 일차적 관심이 집중되었다고 해도 적어도 편찬자들에게는 사성제가 「본지분」의 구성상의 원리로서 작용했을 것이라고 보인다.

「본지분」을 뒤따르는 네 개의 攝分은 다양한 측면에서 「본지분」을 보완하기 위해 편찬에 추가된 것으로 보인다. 「섭결택분」은 형태상으로 각각의 地를 결택하는 방식을 취하고 있지만 1-2장과 3-5장, 16-17장의 경우 묶어서 결택하고 있고, 「독각지」의 결택은 이름만 언급될 뿐이다. 각각의 지의 결택은 한역에 따르면 다음과 같다.

(1-2) 오식신상응지와 의지의 결택: T30: 579a3-620c21. 제51권-57권

(3-5) 유심유사지 등 3지의 결택: 620c24-644b11. 제58권-61권

(6) 사마히타지의 결택: 644b14-650c25. 제62권-63권

(7) 비사마히타지의 결택: 650c26-651b4. 제64권

(8) 유심지의 결택: 651b5-652a6. 제64권

(9) 무심지의 결택: 652a7-652c12. 제64권

(10) 문소성지의 결택: 652c15-658c4. 제65권

(11) 사소성지의 결택: 658c7-668b19. 제65권-66권

(12) 수소성지의 결택: 668b22-669b6. 제67권

(13) 성문지의 결택: 669b7-694c16. 제67권-71권

(14) 독각지의 결택: 694c16,

(15) 보살지의 결택: 694c20-747b26. 제72권-80권

(16-17) 유여의지와 무여의지의 결택: 747b27-749c18. 제80권의 나머지 부분.

이와 같이 「섭결택분」은 「본지분」의 17지와 대응하는 형태로 구성되어 있다. 그리고 내용상으로도 「본지분」에서 제시된 여러 주제들에서 선정된 주제를 해명하고 있다. 예를 들어 「섭결택분」의 첫 머리에 등장하는 알라야식의 논증부분은 『유가론』에서 알라야식을 처음으로 명확히 논증하고 있다. 그런 점에서 「섭결택분」은 「본지분」에 대한 일종의 주석 내지 해설문헌과 같은 성격을 갖고 있지만, 그러한 해설이 후대 확정된 유식학파의 교설과 반드시 일치하는 것은 아니다. 여기에는 유부나 경량부 등의 아비달마학파의 관점에서 해당주제가 정리되어 제시되기도 한다. 예를 들어 「섭결택분」에서 발견되는 색심호훈설(色心互熏說)은 종자설이 도입되기 이전에 식작용이 없는 깊은 명상상태에서 어떻게 식이 신체를 떠나지 않는지를 신체와 심의 상호작용에 의거해 설명하는 방식이다. 또한 번뇌의 분류를 위해 제시된 104종의 번뇌설은 유식학파의 정설인 128종의 번뇌설이나 유부의 98수면설과 다른 번뇌작용에 대한 이해를 보여주며, 이는 후대 중국에서 찬술된 『유가사지론약찬』에 따르면 경량부의 학설이다.

「섭결택분」 전체에 대한 산스크리트 사본은 존재한다고 추정되고 있지만,

아직 그 전모가 확실히 밝혀지지는 않았다. 이를 정리해서 보고하고 있는 최진경(Choi, Jinkyoung 2015)에 따르면 러시아의 St. Petersburg에 보관된 12개의 폴리오, 라사에 보관된 98개의 폴리오가 「섭결택분」에 해당될 것이라고 추정되고 있다. 그 이외에도 예 사오용(Ye Shaoyong et al. 2013: 233)에 의해 확인된 두 개의 사본과 마츠다(Matsuda)에 의해 확인된 두 개의 폴리오의 네팔사본이 있다.[3]

이어지는 세 개의 攝分은 한역에 따르면 「섭석분」, 「섭이문분」, 「섭사분」의 순서로 구성되어 있다. 반면 티벳역에 따르면 「섭사분」, 「섭이문분」, 「섭석분」의 순서로 이루어져 있다. 가장 큰 형태상의 차이는 티벳역이 한역에서 「섭사분」의 한 부분에 포함된 조복사를 *Vinayasaṃgrahaṇī로 명명하여 독립된 섭분으로 구분하고 이를 「섭사분」과 「섭이문분」 사이에 위치시키고 있으며, 또 조복사의 설명에서도 양자 사이에는 내용상의 결락도 보인다는 점이다.[4] 이와 같이 티벳역에 따르면 『유가론』은 「본지분」과 다섯 개의 섭분으로 구성된 것이 되지만, 앞에서 지적한대로 이는 『유가론』 자체의 설명과 차이가 있기에 한역의 구성이 올바를 것이다.

나아가 이들 세 개의 섭분은 17지의 구성과 직접 관련된 「본지분」이나 「섭결택분」과는 다른 구성적 성격을 보여주고 있다. 「섭석분」의 주제는 여기서는 어떻게 경의 의미를 제시하는가의 문제, 특히 논쟁할 때에 어떻게 수사학적이며 논리적인 주장을 개진할 수 있는가의 문제이다. 델하이(Delhey 2013: 539)에 따르면 이 부분은 「문소성지」의 因明(hetuvidyā)에 대한 설명과 世親(Vasubandhu)의 저작 Vyākhyāyukti(『釋軌論』)와 관련이 깊다.

「섭이문분」이 다루는 항목은 요약송(Uddāna)에 따르면 "師, 第一, 두 가지 慧, 4종의 善說, 因緣, 施, 戒, 道"와 관련된 동의어(paryāya, 異門)이다. 「섭이문분」은 경전에 나오는 이 개념들의 여러 동의어에 대해 각기 다른 의미를 부여함에 의해

3 각각의 사본의 해당부분에 대한 상세한 정보는 Choi, Jinkyoung(2015) 참조.

4 Kritzer 2005: xvi, fn.11 참조

그 뉘앙스를 차별적으로 이해하려고 시도한다. 예를 들면 「섭이문분」(T30: 802a13-804a22)에서 다양하게 설해지고 있는 번뇌의 동의어는 「본지분」(YBh 166,24-169,21)의 26종의 동의어 및 AS 44,15ff에서의 24종의 동의어의 나열순서와 내용에서 차이를 보여준다. 또한 이 부분에는 삼보의 공덕을 회상하기 위해 사용된 소위 "iti pi so" 정형구에 대한 주석도 포함되어 있다.[5]

마지막 부분인 「섭사분」은 성립사적으로 다른 세 攝分에 비해 빠르며 학자에 따라 『유가론』 중에서 가장 고층으로 분류되기도 한다. 「섭사분」은 크게 經(sūtra)의 주제들을 다룬 契經事(T30: 771b-868b)와 律(vinaya) 주제들을 다룬 調伏事(868c-878a24), 論母(mātṛkā = abhidharma)의 주제들을 다룬 論母事(878a25-881c)로 구성되어 있다. 여기서 계경사에 대한 해설이 분량상 압도적인 반면 조복사와 논모사에 대한 해설은 매우 간략하다. 「섭결택분」(T30: 654b5f: 摩呾理迦所攝者, 謂十七地及四種攝)이 말하듯이, mātṛkā에 포함되는 가르침이 17지와 4종 攝이라면, 논모사 자체는 『유가론』 전체를 가리키고 있다고 말할 수 있다. 그리고 삼장의 일반적 형식을 여기에 적용하면, 계경사는 논모가 근거하는 경전이며, 그것의 율이 조복사에서 다루어지고 있다고 보인다.

그런데 주목할 점은 계경사 항목에서 계경이 바로 『잡아함경』을 가리키고 있으며,[6] 따라서 『잡아함경』에서 다루어진 주제들을 다시금 항목별로 정리, 해설하고 있다는 사실이다. 『잡아함경』이 설일체유부에 귀속되고 있다면, 『유가론』은 설일체유부 내지 근본설일체유부와 깊은 관련이 있을 것이다. 『유가론』이 아비달마 학파 중에서 근본설일체유부와 깊은 관련이 있다는 사실은 이미

---

5 이 정형구는 팔리어 문헌에서 붓다의 속성을 회상(buddhānusati)하기 위해 사용된 정형구로서 여래의 십호를 외우며 여래를 찬양하는 것이다. iti pi so bhagavatā arahaṃ sammā sambuddho vijjacaraṇasampanno sugato lokavidu anuttaro purisadammasārathi satthā devamanussānaṃ buddho bhagavā ti. 이에 대응하는 산스크리트 정형구는 "ity api sa"로서 여러 산스크리트어 경전에서 발견된다. 이 정형구에 대해서 Kragh(2013: 229-230)는 Skilling 1994: 265-309을 참조하라고 제시하고 있다.

6 이는 남경학파인 呂徵에 의해 1930년대에 처음으로 밝혀졌고, 다시 독립적으로 연구를 수행한 向井明(1985: 8ff)에 의해서도 지적되고 있다.

슈미트하우젠(1970)의 연구에 의해 제시되었고, 이후 『유가론』의 편찬자가 의거한 경전은 근본유부의 판본이라고 인정되고 있다(Deleanu 2006: 159). 이런 학파소속성이 중요한 이유에 대해 델하이(Delhey 2013: 503)는 두 가지 이유를 제시하고 있다. 하나는 『유가론』의 교설적인 해설에 관한 작업이 이 판본에 속한 다른 텍스트들을 참조함에 의해 도움을 받을 수 있으며, 또 다른 하나는 『유가론』의 교의적 혁신이 바로 그가 속한 경전의 판본의 배경 아래에서 온전히 이해될 수 있기 때문이다.

이들 세 개의 섭분은 한역과 티벳역으로 번역되어 있지만, 극히 일부만이 산스크리트 문장으로 현존하고 있다. 「섭이문분」의 산스크리트 사본의 한 폴리오가 마츠다(Matsuda 1994)에 의해 발견되어 편집되었고, 또한 「섭사분」 내의 계경사(T30: 827c3-828c12)에 YBh 198,17-203,5에 해당되는 '緣起體'(pratītyasamutpāda-śarīra) 항목이 포함되어 있기 때문에(Kritzer 1999: 157ff 참조) 산스크리트 문장을 확보할 수 있다.[7]

2. 『유가사지론』의 저자와 사상사적 성립 층위

앞에서 『유가론』의 '저자'가 동아시아 전통에서는 미륵(Maitreya) 보살로서, 반면 후기 인도전통과 티벳 전승에서는 無著(Asaṅga)으로 전해진다고 언급했다. 이와 같이 『유가론』의 저자와 관련해서 대승불교 유식학파의 실질적 개창자로서의 무착과 미륵의 관계에 대한 상이한 이해가 보인다. 미륵은 주지하다시피 불교전통에서 미래불로서 도솔천에 주하고 있다고 간주되어왔다. 진제

7 『유가론』 각 부분의 산스크리트 사본과 그 발견과 편집, 그리고 연구현황에 대해서는 Delhey(2013) 참조. 그리고 『유가론』 각 부분들과 또 『유가론』의 전승과 관련된 문제들은 *The Foundations for Yoga Practitioners* (ed. Kragh 2013)에서 포괄적으로 다루어졌다. Kragh(2013)의 서문은 각각의 논문에 대한 요약의 성격도 갖고 있지만, 『유가론』 전체를 조망하는 데에도 유용하다.

가 지은 『婆藪盤豆法師傳』(T50: 188c5ff)에 따르면 그는 도솔천에서 무착에게 대승공관을 설했고 무착은 그 가르침을 지상에서 『十七地經』(=『유가론』)의 이름으로 편찬했다. 고승전의 이러한 전승은 종교적 상징의 의미에서 명상경험의 맥락을 서술하고 있다고 보이지만, 『유가론』 편찬과정에서 미륵과 무착 간의 긴밀한 관계와 그 핵심적인 역할을 보여준다. 이런 종교적 설명과는 다른 역사적 의미에서 근대학계에서 미륵을 '미륵의 보호자'(Maitreyanātha)라고 칭했던 어떤 그룹으로 이해하려는 연구도 나타난다. 후라우발너(Frauwallner 2010: 4; 192)는 이런 선상에서 소위 '미륵5법'(byams chos sde lnga)의 저자인 미륵을 역사적 인물로서 간주하면서, 예를 들어 『보성론』의 게송들은 여래장 개념의 도입에 의해 오래된 자료들을 새롭게 체계화한 것이라고 평가한다. 미륵5법이 각각 텍스트마다 차이가 있긴 하지만 『유가론』과 용어상으로나 구조상으로 밀접히 연결되어 있다는 슈미트하우젠(1969: 819-822)의 지적은 미륵5법의 성립이 『유가론』과 그다지 시간적으로 떨어지지 않았음을 함축한다. 마테스(Mathes 1996: 11ff)도 미륵과 무착의 저작 문제와 관련한 후라우발너의 구별을 기본적으로 받아들이면서도, 양자 사이에 모순된 입장은 나타나지 않는다고 주장하고 있다.

그렇지만 『유가론』의 저자와 편찬적인 성격에 대한 본격적인 논의는 역사적이고 문헌학적 관점에서의 텍스트 내용 자체에 대한 분석적 고찰을 통해서 제기되었다. 먼저 후라우발너(Frauwallner 2010: 173)는 『유가론』이 여러 세대에 걸쳐 편찬된 방대한 문헌(Riesenwerk)으로서, 유식학파의 고층에 속한다고 지적하고 있다. 이는 『유가론』이 동아시아나 티벳 전통이 말하듯이 어떤 단일인물의 저작이 아니라 역사적으로 다양하게 발전된 불교사상의 여러 측면들을 포괄하고 있는 문헌임을 가리킨 것이다. 슈미트하우젠(Schmithausen)은 후라우발너의 이런 관점을 구체적으로 발전시켜 『유가론』 내에 사상사적으로 이질적이고 모순적인 여러 요소들이 제시되어 있다는 사실을 보여주면서, 나아가 『유가론』이 가장 오래된 유식학파의 자료들을 포괄하고 있는 "이질적인 자료들의 복합체"(Schmithausen 1969: 817)라고 지적했다.

그의 이런 입장은 알라야식(ālayavijñāna) 개념의 기원에 대한 기념비적 연구로 평가받는 『알라야식: 유가행파 철학의 핵심적 개념의 기원과 발전』(Schmithausen 1987)에서도 기본적인 시각으로 유지되고 있다. 그는 이 책에서 『유가론』 내에서 알라야식이 언급되고 있는 구절들과 그 맥락을 상세하게 분석하면서 이 개념이 어떤 교의적이고 체계적 맥락에서 도입될 수 있었는지를 논구하고 있다. 하나의 예를 들면, 『유가론』에는 식의 성격과 관련해 상반된 의미의 서술이 발견된다. 「意地」에서 전5식은 동시에 생기할 수 없다는 주장이 나오는 반면, 알라야식에 대한 최초의 존재논증을 시도하고 있는 「섭결택분」(T30: 580c8-9)에서는 알라야식은 다른 7종 識과 동시에 생기한다는 극히 반대되는 주장이 제시되고 있다.[8] 전자는 전통적인 아비달마의 식 개념에 의거하고 있는 반면에 후자는 여러 개의 식이 동시적으로 생기할 수 있다는 설명으로서, 양자는 의식의 본성에 대한 전혀 이해를 보여주기 때문에 이런 상이한 관점을 보여주는 문헌이 한 사람의 저작일 수는 없는 것이다. 물론 슈미트하우젠(Schmithausen 1987: 185; n. 451)도 무착이 『유가론』의 편찬과정에 어떤 방식으로든 참여했을 가능성은 배제하지 않고 있지만 이 편찬과정에서 과연 무착이 '어떤 방식으로 참여했는지'는 인도에서 불전편찬 과정에 대한 정보의 결여로 확정적으로 답해질 수 없기 때문에 단언하기 어렵다고 간주한다. 비슷한 시기에 수구로(勝呂信靜 1976)도 『유가론』에 대한 독립적 연구를 통해 『유가론』이 다수인에 의해 편찬된 저작이란 결론을 내리고 있다. 또한 알라야식 이외에 삼성설의 관점에서 『유가론』의 성립을 논하는 아라마키(荒牧典俊 2000)의 관점도 구체적인 면에서 각 부분의 전후관계에 대한 이해의 차이를 보여주고 있지만 커다란 틀에서 『유가론』의 복수편찬자설에 동의하고 있다.

이러한 선구적 연구에 힘입어, 비록 현대 학계에서도 向井明(1981) 등 몇몇 학

---

8 이에 대해서 Schmithausen 1987: 참조. 최근 Deleanu(2006: Introductory Study)는 『유가론』과 관련해 기존 학계에서 수행된 연구 성과를 잘 요약, 제시하고 있는데, 본 설명에서 이를 참조했다.

자들은 아직도 『유가론』이 한 사람의 저작이라고 하는 입장을 옹호하고 있지만, 대다수 학자들은 『유가론』을 구성하는 자료들은 여러 시기에 걸쳐 성립되었으며, 그것들이 다수의 인물에 의해 수집되고 편찬된 것이라는 주장을 따르고 있다.

이렇게 다양한 방식으로 구성되어 있는 『유가론』의 역사적 성립 층위를 문헌학적 검토를 통해 재구성하려는 시도가 1960년대 이후 학계에서 수행되어왔다. 후라우발너(2010: 173)는 「보살지」(Bodhisattvabhūmi)를 가장 오랜 층위로서 보고 있지만, 최근의 연구에서는 이에 더해 「성문지」와 「섭사분」이 가장 고층에 속하는 부분이며, 반면 「섭결택분」은 일반적으로 가장 후대의 층위에 속한다고 평가하고 있다. 이때 이를 판정하는 기준의 하나가 텍스트 내에서 사용된 개념과 그 맥락이다. 그때 새로운 개념이 유식학파에 의해 새롭게 창안되고 각각의 교설에 적용된 것이라면 이를 판정하는 데 보다 유용할 것이다. 이것이 바로 슈미트하우젠(1987: 14)이 유식학파의 가장 독창적인 개념인 알라야식(ālayavijñāna) 개념의 검토를 통해 보여주고자 한 것이다. 그는 이 개념이 『유가론』의 각 부분에서 명시적으로 사용되고 있는지, 아니면 그것의 사용이 기대되는 곳에서 다른 전통적 개념들이 사용되고 있는지 등을 검토함으로써 이 문제를 이념사적 측면에서 해명하고자 시도했다. 그럼으로써 그는 (1) 알라야식 개념이 언급되지 않는 「성문지」와 「보살지」, 「섭사분」, (2) 알라야식 개념이 때로 언급되고 있는 「본지분」의 남은 부분, 그리고 (3) 알라야식을 상세히 논의하고 『해심밀경』을 인용하는 「섭결택분」의 세 층위로 『유가론』을 구분하고 있다. 반면 아라마키(荒牧典俊 2000: 39, n.2)는 유식성(vijñaptimātratā) 개념의 발전에 초점을 맞추면서 여러 불전의 설명을 14단계로 구분할 수 있다고 제안하고 있는데, 그중에서 『유가론』에 해당되는 단계는 여섯 단계이다. (1) 「성문지」의 세 층위, (2) 「섭사분」, (3) 「보살지」의 두 층위, (4) 「섭결택분」의 알라야식 논증부분 등, (5) 「섭결택분」의 유심지, (6) 「본지분」이다. 이런 연구들은 구체적인 점에서는 차이를 보여주지만 『유가론』이 단독 저자의 작품이 아니라 편찬의 산물이라는 사실을 의심할 여지없이 분명히 보여준다.

최근 델레아누(Deleanu 2006: 156f)는 먼저 『유가론』 자체에서 사용된 개념을 중심으로 新·古層을 구분하면서, 「본지분」과 「섭사분」이 가장 고층에 속하며, 「본지분」 중에서도 가장 오랜 부분은 알라야식 등의 개념이 전혀 등장하지 않는 「성문지」와 「보살지」라고 평가하고 있다. 그는 그중에서도 「성문지」를 가장 오래된 층위라고 간주하면서 그 이유로 아래의 세 가지 점들을 지적하고 있다.

(1) 「성문지」는 『유가론』의 다른 부분에 고유한 구절이나 교설을 전제하거나 의존하지 않는다. 그는 「성문지」가 보여주는 두 가지 교차인용(ŚrBh 281,6 + 467,7)의 경우에서도 후대에 편찬자의 손에 의해 가필되었을 것이라고 해석한다. 델레아누는 ŚrBh 467,7에서 8해탈(aṣṭau vimokṣāḥ)과 8勝處(aṣṭāv abhibhvāyatanāni), 10遍處(daśa kṛtsnāyatanāni)를 설명하기 위해 「사마히타지」(Samāhitabhūmi 三摩呬多地)를 언급하는 경우를 예로 들어, 이들 세 개념이 이미 초기 불전에서 잘 알려진 개념이기 때문에 사마히타지의 설명을 전제할 필요가 없을 것이며, 또 사마히타지를 제시하는 방식도 특이하다고 지적한다. 따라서 이 교차인용은 후대에 가필되었을 것이라는 점을 설득력 있게 보여준다. 문제는 그가 설명하지 않은 ŚrBh 281,6의 경우이다. 여기서는 여러 nimitta(“관념상”)에 대한 설명이 samāhitabhūmi의 교차인용을 통해 제시되고 있는데, 여기서의 교차인용의 경우 내용이나 형식적인 측면에서 어느 곳이 더 선행하는지 확인하기 어렵다. 먼저 형식적인 측면에서 네 번째 항목인 실행되어야 할 관념상(niṣevanīyaṃ nimittam)에 대한 설명이 누락되어 있으며, 또한 4종의 제거되어야 할 관념상(parivarjanīyanimitta) 중에서 (iii) saṅgha-nimitta와 (iv) vikṣepa-nimitta의 나열순서가 바뀌어져 있다. 또한 내용적인 측면에서도 두 텍스트는 큰 차이를 보여준다. 「성문지」에서 인식대상으로서의 관념상의 설명은 ŚrBh II.3.1을 연상시키며, 또 원인으로서의 관념상의 설명에서는 Samāhitabhūmi에서의 삼매의 자량이라는 단순한 정의를 샤마타와 비파샤나로 확장하려는 의도적인 고려가

보인다. 그리고 4종의 제거되어야 할 관념상을 ālambana-nimitta와 nidāna-nimitta로 한정하여 설명하려는 시도는 분명히 「성문지」의 설명이 Samāhitabhūmi보다 발전된 것임을 보여준다고 생각된다. 이는 여기서 실행되어야 할 관념상에 대한 설명이 맥락상 중요하지 않기에 누락되었다는 점에서도 방증될 것이다. 하지만 그렇다고 「성문지」 전체가 Samāhitabhūmi보다 후대라는 결론은 나오지 않으며, 단지 이 개소가 『유가론』 전체의 최종적 편찬단계에서 삽입되었다고 보는 것이 타당할 것이다.

(2) 「보살지」나 「섭결택분」에 전문이 인용된 『해심밀경』도 「성문지」에 의존하고 있다. 그는 예를 들어 4종 도리(yukti)가 「성문지」에서 도입되고 상세히 정의되고 있지만, 「보살지」와 『해심밀경』은 이를 당연한 것으로 언급하고 있다고 지적한다. 또한 그는 양자가 「성문지」를 전제하고 있다는 증거로서 진소유성과 여소유성의 한 쌍의 개념을 들고 있다(Deleanu 2006: 166; 174). 「보살지」 진실의품에서 이 개념은 단지 제시되고 있을 뿐이며, 『해심밀경』(SNS VIII. 20.1-2)에서도 이 개념은 보살이 알아야 할 의미(artha)로서 나열되고 있을 뿐이지만, 「성문지」에서는 사태의 구극성(vastuparyantatā)으로서 여러 차례 명상대상의 맥락에서 사용되고 있다는 점이다.

(3) 『유가론』의 다른 개소와 비교해 볼 때 「성문지」에서 설해진 많은 교설들은 철학적 발전의 최초 단계에 있다. 예를 들어 멸진정 개념의 기술에서 「성문지」는 알라야식을 언급하지 않는 전형적인 유부의 관점을 따르고 있다. 이는 Schmithausen 1987: 18ff이 보여주듯이 Samāhitabhūmi가 비슷한 맥락에서 알라야식을 언급하는 것과는 차이가 있는 것이다.

델레아누(Deleanu 2006: 195f)는 『유가론』 각 부분의 성립연대에 대해 이제까지 학계의 연구성과에 의거해서 정리하면서, 여기에 당시 『대비바사론』에서 유가사(yogācāra)가 수행했던 수행경험의 이론화의 측면[9] 및 한역으로 전승되고 있는, 당시 Yogācārabhūmi라고 불리던 일군의 문헌을 포함한 소위 禪經類[10] 문헌의 성립을 고려하여 『유가론』의 성립에 대한 다음과 같은 가설을 제시하고 있다.

배경

1세기경: 설일체유부 유가사(Yogācāra)와 禪經類 문헌의 편찬

100년경: 衆護(Saṅgharakṣa)의 *Yogācārabhūmi (이 문헌은 安世高에 의해 CE. 148-168 사이에 『道地經』(T607)으로 부분적으로 한역되었고, 法護(Dharmarakṣa)에 의해 CE. 284년에 『修行道地經』으로 번역)

100년경: 馬鳴(Aśvaghoṣa)의 Saundrananda 및 Buddhacarita(『佛所行讚』)

『유가론』의 성립 단계

Phase I: 「성문지」 편찬, CE. 200-270년경

Phase II: 「보살지」 편찬, CE. 230-300경:

Phase III: 「본지분」의 나머지 부분과 「섭사분」, 「섭석분」, 「섭이문분」의 편찬, CE. 270-340년경

Phase IV: 『解深密經』의 편찬, CE. 300-350년경

---

9 西義雄(1975: 219-265)은 『대비바사론』에서 교리 사이의 모순과 대립이 생겨날 경우 瑜伽師(yogācāra)에게 문의했다는 사실을 지적하고 있다. 이는 불교가 이론과 경험 사이에서 단순히 경험에 우선적 가치를 두었다는 것을 의미할 뿐 아니라, 나아가 경험에 의거해서 이를 체계화하는 작업이 중시되었음을 역설적으로 보여주는 것이다.

10 禪經類 문헌이란 유부 계열의 수행자들에 의해 편찬된 불교 요가수행을 위한 텍스트로서, 『修行道地經』(T606), 『達摩多羅禪經』(T618), 『坐禪三昧經』(T614) 등을 말한다. 여기에는 아비달마적인 특징뿐 아니라 대승적 관법도 포함되어 있다. 이에 대한 여러 선행연구들이 있지만, 이러한 선경류 문헌과 『유가론』의 관계에 대해서는 "『수행도지경』이 『유가론』의 가장 오랜 층위인 성문지로 전개되고 있으며"(Aramaki 1983: 120), 또 "『수행도지경』에서 시작한 유가사의 수행도 체계가 보살의 수행도 체계로 대승화되었다"(Aramaki 2000: 39)는 아라마키의 주장을 소개하면 충분할 것이다. 이와 관련해서 소위 Yogalehrbuch가 보여주는 선경류 문헌과 대승관법과의 연관성도 주목될 필요가 있다. 이에 대한 연구로 Schlingloff(2006), Seyfort Ruegg(1967), Yamabe(1999b, 2003), 안성두 2003b 참조. 그렇지만 『유가론』이 선경류 문헌의 설명을 그대로 인용한 것이 아니라 변용해서 사용했다는 사실에 대해 Yamabe(2013)는 Manobhūmi의 기술과 Saṃgharakṣita의 『수행도지경』의 구절을 비교하여 보여준다.

Phase V: 「섭결택분」의 초기 부분의 편찬. CE. 320-350년경

Phase VI: 「섭결택분」의 후기 부분의 편찬 및 추가와 삽입, 상호인용을 포함한 (無著이 편집에 참여한?) 『유가론』의 최종 편집. CE. 350-380년경.

이와 같이 델레아누는 「성문지」에서 「섭결택분」의 후기 부분의 편찬이 여섯 단계로 성립되었을 것이라고 제안한다. 그의 작업가설이 보여주는 장점은 『유가론』 각 부분의 편찬과정이나 또는 『유가론』에 대한 다른 문헌들의 영향관계를 입체적으로 보여주려고 시도한 데 있다. 이를 위해 그는 서구학계와 일본학계의 연구성과를 『유가론』으로 수렴해서 다시 보여주고 있다.

현존하는 각각의 텍스트의 내용을 고려하면 적어도 「성문지」와 「보살지」, 「섭사분」 등의 순서로 역사적 층위를 매길 수 있을 것이다. 「섭결택분」에 포함된 『해심밀경』에 삼상과 삼무성이 체계적으로 제시되어 있고(SNS VI-VII), 또 유식성의 도리나 法(dharma)과 義(artha)의 구도에 입각한 유식학파의 수행도가 「분별유가품」(SNS VIII)에서 명시적으로 구분되어 설명되고 있는 점에서 「본지분」에 선행하고 있다고 말할 수 있지만 왜 동일한 기준이 「섭결택분」에 적용될 수는 없는지 의문이다. 「섭결택분」의 서두를 이루고 있는 알라야식 증명부분은 분명 『해심밀경』의 성립 이후라고 보이지만 그 외의 부분들은 『해심밀경』에 비해 후대라고 간주할만한 점이 분명히 나타나지 않기 때문이다. 본서에서 번역된 <오사장>도 「보살지」 <진실의품>에 대한 결택(viniścaya)으로서 <진실의품>에서 하나의 사태(vastu)가 언설의 기체와 승의적 기체를 포괄하고 있다는 점을 오사, 즉 관념상(nimitta)과 명칭(nāman), 분별(vikalpa), 정지(samyagjñāna) 그리고 진여(tathatā)의 관계로 보다 분석적으로 해명하고 있는 것으로서, 그것은 『해심밀경』과는 다른, 보다 아비달마적인 관점에서의 설명이지 그 경의 설명보다 후대라고 확정하기는 어려울 것이다.

델레아누의 작업가설이 보여주는 보다 커다란 문제는 텍스트의 성립연대를

확정적으로 제시하고 있다는 점이다. 이는 텍스트가 최종적인 편찬 작업에 의해 확정되기까지 끊임없이 증대되고 변용되고 있다는 점에서 의문시될 것이다. 예를 들어 「성문지」는 불교요가행자들의 명상을 위한 입문서의 성격을 갖고 있고, 또 그런 점에서 이미 CE. 1세기에 편찬된 衆護(Saṃgharakṣa)의 『수행도지경』을 위시한 소위 선경류 문헌과의 관련성을 보여주지만, 「성문지」 제2유가처에서 가장 중요한 항목인 '명상대상'(所緣, ālambana)'에서 제시된 '遍滿所緣'의 도식은 다른 선경류 문헌에서 찾을 수 없는 체계를 보여준다는 점에서 후대의 산물로 생각되기 때문에, 그 설명이 CE. 270년 무렵에 완결되었다고 보이지 않는다. 이런 문제점은 무착(330-405)이나 세친(350-430)의 연대 설정에서도 보인다. 이는 『유가론』의 편찬에서 무착이 했었을 것이라 추정되는 최종 편찬자로서의 역할을 주로 고려하여 그렇게 설정된 것이라 보이지만, 『능가경』의 성립과 관련해 조금 늦은 설정이라고 생각된다.[11]

3. 『유가사지론』의 주요 내용

위에서 보았듯이 유식학파의 최초기 문헌인 『유가론』에는 유부와 경량부 등의 아비달마 학파들의 교설과 대승의 교설이 혼재되어 나타난다. 『유가론』은 아비달마 학파들 중에서 특히 유부의 법체계에 의거해 있지만,[12] 동시에 유부

---

11 『유가론』은 현장의 『대당서역기』(T2087: 896b22f)에 따르면 굽타왕조의 문화 중심지이자 수도였던 Ayodhyā에서 편찬되었다. 『유가론』에는 이런 핵심개념 이외에도 경량부와의 관련성을 보여주는 여러 자료들도 포함되어 있고 또 종자설이 YBh의 해석체계 내에서 일관된 역할을 하고 있음을 고려할 때, 편찬 시기는 늦어도 CE. 4세기 중반으로, 경량부의 논사 슈릴라타(Śrīlata)와 세친의 『구사론』의 편찬 사이의 어느 시점일 것이다. 만일 무착이나 세친의 연대에 대한 델리아누의 도표를 30년 정도 앞당기면서 『유가론』의 최종 편찬시기로 제안한 CE. 350-380에서 CE. 350년으로 잡는다면 적절할 것이라 보인다.

12 『유가론』이 유식학파의 최초기의 작품으로서 단일저자의 소산이 아니라 편찬물이라는 성격을 갖고 있다면, 그 사상이나 내용은 어느 학파에 근거하고 있는지의 문제가 중요할 것이다.

의 교설이 지닌 문제점들을 새로운 개념을 도입해 체계적으로 극복하려는 시도를 보여준다. 이러한 체계화가 『유가론』을 대승불교의 새로운 Magnum opus로 평가받게끔 했던 요소라고 보인다.

유식사상에서 이러한 체계화는 『섭대승론』이 보여주듯이 알라야식(ālayavijñāna)의 이론과 삼성(svabhāvatraya)설, 그리고 이와 연관된 唯識 / 唯心(vijñaptimātra / cittamātra)의 세 가지 개념을 중심으로 해서 이루어지고 있다. 유식사상을 구성하는 이 세 가지 교설이 유기적인 전체를 형성하느냐 아니면 서로 무관하게 발전된 교설들이 『섭대승론』에서 체계화되었느냐의 문제는 오랜 논쟁의 역사를 갖고 있다. 최근 슈미트하우젠(Schmithausen 2014)은 이 세 가지 개념들이 초기 유식문헌들에서 상이하게 다루어지고 있음을 지적한다. 그는 『유가론』에는 알라야식과 삼성설은 언급되지만, 『해심밀경』 전체를 인용하고 있는 「섭결택분」의 해당부분을 제외하면 유식 개념은 나타나지 않으며, 반면 『중변분별론』과 『대승장엄경론』에는 알라야식 개념이 나오지 않는 반면 『아비달마집론』에는 유식성은 언급되지 않는다고 지적하면서, 따라서 세 개념은 분리된 채 발전하다가 각기 다른 이유에서 등장했다는 입장을 옹호하고 있다.[13] 이에 따라 그는 사상사적 관점에서 초기유식문헌에서 세 개념의 발전과 융합을 다루고 있는데, 이하에서는 그의 설명에 의거해서 이들 세 개념들이 어떻게 형성되었는지를 주로 『유가론』을 중심으로 서술하겠다. 나아가 『유가론』에는 이런 핵심개념 이외에도 경량부와의 관련성을 보여주는 여러 자료들도 포함되어 있는데, 여기서는 관련된 항목을 한정해서 살펴보겠다.

Schmithausen(1970)은 용어상 『유가론』은 근본설일체유부의 용어법을 사용하고 있으며, 따라서 근본설일체유부와의 친연성이 인정된다고 간주한다. 이런 주장은 「섭사분」이 유부에 귀속되는 『잡아함경』의 구성을 따르고 있다는 점에서도(Mukai 1985) 방증될 수 있을 것이다.

13 이에 대해서는 Schmithausen 2017: 참조.

3.1. 알라야식(ālayavijñāna)

『유가론』이 편찬되기 이전에 불교에서 식의 잠재성에 대한 새로운 인식이 나타났다. 식의 잠재성이란 단지 표층적이고 현상적 차원에서 작동하는 6식과 달리 식에 보다 잠재적인 층위가 존재하며, 중생의 의식은 그런 잠재성에 의해 깊이 영향을 받는다는 사고이다.

이러한 식의 잠재성은 식물학적 비유에서 주로 '종자'(bīja) 개념과 연결되어 사용되었다. 이러한 의식의 잠재성에 대한 인도인들의 관심은 굽타왕조 시대에 새로운 사상의 형성으로 이끄는데, 엘리아데에 따르면 "고행주의적이고 명상적 삶에 대한 가장 큰 장애들은 무의식의 활동에서부터, 제행(saṃskāras)과 습기(vāsanā)들로부터 나온다. '수태'와 '잔여물', '잠재성'들은 심층심리학이 무의식의 내용이며 구조라고 부른 것을 구성한다."(Eliade 1973: xvii). 이러한 새로운 사상적 경향은 불교 외부에서는『요가경론』에서 '종자를 수반한 삼매'나 '종자가 없는 삼매' 등의 표현에 의해 나타나며, 불교 내부에서는 경량부의 종자설에 의해 대변되고 있었다.

우리는 불교 내에서 이러한 새로운 식의 잠재성에 대한 인식이 단지 경량부에만 한정되어 있다고 생각하지는 않는다. 비록 그 학파의 종자설이 유식학파에 의해 채택되고 사용됨에 의해 후대에 강한 영향을 끼쳤지만, 다른 아비달마 학파에서도 그 흔적을 찾아보기란 어렵지 않다.『섭대승론』(MSg I.11)은 성문승의 체계에서도 대중부(Mahāsaṅgika)의 '근본식'(mūlavijñāna)이나 화지부(Mahīśāsaka)의 '윤회가 존속하는 한의 온'(窮生死蘊)이란 용어가 등장하며, 또한 상좌부 경전에서도 지각과정에 '有分心'(bhavaṅgacitta)이 필요하다는 점을 제시하면서, 이것들은 모두 알라야식의 선구이론들이라고 지적하고 있다. 그렇지만 붓다가 성문승들에게 알라야식을 설하지 않은 이유는 그들이 "일체의 인식대상에 대한 앎을 목표로 하지 않기 때문"(MSg I.10)이다. 여기서 '일체의 인식대상에 대한 앎'이란 알라야식의 대상이 표층적인 것뿐 아니라 그 잠재적인 것도 포함하고 있기 때문이다. 이러한『섭대승론』의 언급은 아비달마 학파들이 식의 잠재성에 대한 인식은 공유하고 있었지만, 이를 유식학파의 알라야식 개념처럼 성공적인 체계구성으로 이끌지는 못했다고 하는 인상을 준다. 그렇다면 알라야식 개념의 체계구성을 위한 성공적인 도입은 어떻게 이루어졌는가?

슈미트하우젠은 ālayavijñāna라는 새로운 유형의 식이 도입되기 위해서는 다음의 두 가지 조건을 충족시켜야 한다고 주장한다.

(1) 체계적이거나 해설적인 상황이 새로운 유형의 식의 도입이 불가피한 단계에 이르렀음을 보여주어야 하거나 또는 새로운 유형의 식의 직접적인 심리학적 또는 신비적 경험을 위한 명백한 증거가 존재해야만 한다.

(2) 이러한 새로운 유형의 식의 특정 성질이나 기능이 ālayavijñāna라는 용어의 선택에 적합해야만 한다.[14]

그는 ālayavijñāna이라는 용어가 나오는『유가론』의 여러 개소들을 상세히 검토하면서, 그곳에서 그 문자적 의미에 대한 해석이 일치하지 않음을 지적한다. 이는 교설의 발전에 기인하기도 하고, 또한 ālaya라는 용어가 초기경전에서 '집착'(cling)이나 '집착되는 것'(that to which one clings)의 의미로 사용되는 모호함 때문이기도 하다고 지적한다(1987: § 1.8). 그런 검토를 거쳐 슈미트하우젠은 「본지분」의 「사마히타지」에서 발견되는 다음 구절이 두 가지 조건을 충족시키는 알라야식의 도입문(Initial passage)으로서 주목될 가치가 있다고 주장한다.

> "멸진정에 들어간 자에게는 심과 심소들은 소멸된다. 그런데 식은 어떻게 신체로부터 떠나지 않는가? [답:] 왜냐하면 그에게 변괴되지 않은 물질적인 근들 속에서 전식의 종자를 포섭하는 알라야식(ālayavijñāna)이 중단되지 않기 때문에 미래에 그것을 다시 생기시키는 성질을 갖고 있기 때문이다."[15]

---

14 Schmithausen 1987: 15.

15 Schmithausen 1987: 18, n.146: nirodhaṃ samāpannasya cittacaitasikā niruddhā bhavanti/ kathaṃ vijñānaṃ kāyād anapakrāntaṃ bhavati/ tasya hi rūpīṣv indriye<ṣv a>pariṇateṣu pravṛttivijñānabījaparigṛhītam

슈미트하우젠은 이 도입문이 전통적인 6식과 다른, 새로운 유형의 식의 도입을 위한 동기를 보여준다고 평가한다. 그의 설명(1987: § 2,3)에 따르면 여기서는 죽음과 멸진정의 차이가 명근과 체열, 그리고 식이 신체를 떠나지 않는다고 하는 초기경전의 구절이 지시되고 있다. 이 경전에 따르면 멸진정에는 어떤 종류의 식이 존재해야만 한다는 것을 전제하지만, 이는 멸진정 속에서 어떤 종류의 식의 존재도 인정하지 않는 유부 정통파들에게는 받아들여질 수 없는 주장이었다. 따라서 이런 난제로부터 벗어나는 유일한 해결책은 멸진정에서 신체를 떠나지 않는 식을 새로운 유형의 식으로서 간주하고, 이를 제6의식(manovijñāna)의 특별한 형태로 간주하든지, 아니면 6식과는 전혀 다른 새로운 유형의 식으로 간주하는 것이다. 그리고 슈미트하우젠은 위의 인용문에 보이듯이, 유식학파는 종자 개념의 도입을 통해 6식과는 다른 기능을 갖는 새로운 유형의 식으로서의 알라야식이 물질적 근들 속에 존속할 수 있다고 설명한다.[16]

그리고 슈미트하우젠은 「본지분」의 여러 곳에서 ālaya-vijñāna의 ālaya가 '집착'(cling)이나 '집착되는 것'의 두 가지 용례로 사용되고 있음을 보여준다. 먼저 '집착되는 것'으로서의 ālaya의 의미는 예를 들면 「意地」의 앞부분에서 알라야식은 "일체 종자를 수반하고(sarvabījopagata), 의지체를 수반하고(āśrayabhāvopagata), 의지체에 부착되어 있고(āśrayabhāvasanniṣṭha), 집수자(upādātṛ)이며, 이숙에 포섭된 것(vipākasaṃgṛhīta)"(YBh 11,4 = 본서 II.1)이라는 설명에서 나타난다. 여기서 "의지체란 직전의 직전의 의지체(samanantarāśraya)인 意(manas)"라고 규정되고 있기 때문에 알라야식이 이러한 의지체 = 意를 수반하고, 의지체 = 意에 부착되어 있음을 보여준다. 아비달마 지각론의 맥락에서 직전에 소멸한 감각지각이 意로 간주되기 때문에 알라야식은 이러한 감각내용을 자기 것으로 만들고, 정신적인 의미에서 취착하고 있음을 가리킬 것이다.

ālayavijñānam anuparataṃ bhavati āyatyāṃ tadutpattidharmatāyai.

16 Schmithausen 1987: § 2,5-6 참조.

또 다른 의미에서 '집착'하는 것으로서의 ālaya의 의미는 식이 재생과정에서 물질적 근에 달라붙고 그럼으로써 그것을 토대로 삼는다는 설명에서 잘 나타난다. 「意地」에서 식이 어떻게 물질적 근에 달라붙는지를 다음과 같이 설명하고 있다.

> "거기서 성적 정열에 찬 부모의 성적 욕망이 강한 상태에 이르렀을 때 마침내[17] 정액이 방출되며, 또 그 [과정의] 끝에서 필히 둘로부터 [아버지의] 정과 [어머니의] 혈의 방울이 나온다. 정과 혈의 방울들 모두가 어머니의 자궁에서 섞이며, 마치 끓인 우유가 식은 상태로 되어가면서 크림으로 굳는 것처럼, 한 덩어리로 주한다. 그 [정혈의 덩어리]에서 일체 종자를 가지고 있고, 이숙에 포섭되고, 또 신체를 집수하는 알라야식(ālayavijñāna)이 화합, 의탁한다."[18]

여기서는 재생과정에서, 구체적으로 모태에 들어가서 알라야식이 어떻게 물질적 근들과 혼합되고 그럼으로써 그것들을 자신의 물질적 토대로서 집수하는가를 보여주고 있다. 이러한 알라야식의 작용 때문에 "칼랄라의 물질(色)은 서로의 운명을 같이 한다는 의미에서 그 심심소법들과 융합하며, … 또 심의 힘에 의해 그 [칼랄라의 물질]은 부패되지 않으며, 또한 그 [칼랄라의 물질]은 심·심소들을 돕고 방해하기 때문에 돕고 방해함이 있다. 따라서 그것이 상호 운명을 같이 함(anyonyayogakṣema)이다."(YBh 24,14ff)

이와 같이 슈미트하우젠은 도입문에서 제시한 두 가지 조건에 의거해서 『유가론』에서 알라야식이 가진 기본적 의미는 정신적으로 중립적인 원리(spiritually neutral principle)로서 신체를 집수하는 작용이라고 설명한다. 알라야

---

17 YBh 24,1: ['vasāne] śukraṃ mucyate. YBh_ms 7b4: sarvapaścād ghanaṃ śukraṃ mucyate.

18 YBh 24,1-5. 이 문장은 Schmithausen(1987: 127ff)에서 교정되고 상세히 분석되고 있다.

식의 이러한 파악 이후에 알라야식은 「섭결택분」의 체계적인 알라야식 논증부분 및 「유심지결택」의 간단한 논의에서 식의 유형으로서 체계적으로 발전했다. 그럼으로써 알라야식은 비록 미세하고 잠재적이지만 전식처럼 복합적인 대상을 인지하고 또 심소들에 의해 수반되는 것으로서 전식과 동시에 생겨나는 것으로 파악되었다. 이렇게 하여 알라야식은 정신적으로 염오된 것으로서 잡염의 뿌리이며, 또 재생에 대한 집착과 현생의 염오된 토대에 대한 집착이라는 2종의 취착(upādāna)의 뿌리로 인식되고 있다. 따라서 그것은 해탈한 자에게는 비존재하는 것으로 설해지고 있다.[19]

덧붙여서 필자는 알라야식의 잠재성의 논증을 위한 결정적 단계는 『해심밀경』(SNS V.4)에서 알라야식과 다른 轉識(pravṛttivijñāna) 사이의 동시적 존재를 명확히 주장한데 있다고 생각한다. 왜냐하면 이 논변을 통해 한 찰나에 하나의 식만이 가능하다고 하는 아비달마 이래의 대명제가 알라야식의 잠재성에 의거해서 재해석될 수 있었기 때문이다. 필자의 사견이지만, 이러한 알라야식의 잠재성과 동시성이 받아들여졌을 때, 후대 불교사상이 보여주듯이 심을 자성청정심이나 법성심으로 해석할 수 있는 교학적 토양이 마련될 수 있었을 것이다.

3.2. 『유가사지론』에서 번뇌설의 체계화

번뇌(kleśa)는 업(karman)과 함께 중생을 윤회시키는 근본원인으로서 아비달마 학파들의 교리체계에서 매우 핵심적 역할을 담당해 왔다. 그들에게 있어 번뇌의 분류는 법상의 명확한 이해를 위해서 뿐 아니라 번뇌의 제거를 위한 수행도의 건립과 밀접한 관련을 갖고 있기에 번뇌의 숫자와 그 분류의 문제는 단순한 현학적 관심의 소산으로서 치부될 수는 없다고 보인다.

번뇌의 수와 그 분류에 관해 여러 설명이 있지만 우리에게 가장 잘 알려져 있

---

19 이상의 설명은 Schmithausen 2017: 271ff에 의거했다. 『유가론』과 여러 초기유식문헌에서의 알라야식과 관련된 논의는 슈미트하우젠(2014: Pt.1)에서 체계적으로 정리되어 있다.

는 것은 유부의 108 번뇌설로서, 이것은 98종의 수면에 10종의 纏을 더해 이루어진 것이다. 유부에서 이러한 번뇌의 형식적 분류를 위한 틀은 번뇌를 有身見, 邊執見, 邪見, 見取, 戒禁取, 貪, 恚, 慢, 無明, 疑의 10종으로 구분한 후에 4성제를 욕계, 색계, 무색계의 3계에 속한 번뇌를 사성제에 따라 견도에 의해 제거되어야 하는 것으로 배열하고, 다시 수도에 의해 제거되어야 하는 것으로 배대하는 방식이다. 유부의 최초기 논서인 『법온족론』(T26: 464c-465a)에서 預流果를 설해 88수면을 永斷하고, 一來果를 설해 88종의 수면을 영단하고, 不還果를 설해 92종 수면을 영단한다는 설명은 이미 98종의 수면설을 함축하는 것이며, 그런 점에서 98수면설은 이미 유부의 초기문헌에서 그 골격이 거의 성립되었다고 보인다.

유부의 98수면설과는 달리 유가행파는 128종의 수면설을 채택하고 있다. 128종의 수면은 유가행파의 최초기 논서인 『유가론』「본지분」의 「有尋有伺地」(YBh 161,17-19)에서 분류되고 설명되고 있고, 뒤따르는 『집론』(T31: 678c9-14)이나 『현양성교론』(T31: 485b13-15)에서 유식학파의 정통설로서 수용되고 있다. 「유심유사지」에서의 번뇌의 새로운 분류는 유부의 번뇌설과 비교할 때 10종 번뇌를 삼계와 사성제, 견도와 수도에 따라 배대하고 있다는 점에서 형식적인 틀은 비슷하지만 그 내용의 차이는 분명히 드러난다.

그 차이는 크게 10종 번뇌 중에서 앞의 5종의 見의 성질을 가진 번뇌를 어떻게 해석할 것인가의 문제와 관련되어 있다. 인식(dṛṣṭi)과 관련이 있는 번뇌들은 그것이 취하는 대상의 측면(行相, ākāra)의 차이에 따라 5종으로 분류된다. 行相의 구별이란 『입아비달마론』(T28: 981c2-5)에 따르면 見(dṛṣṭi)을 그 특성에 따라 5종으로 분류하는 것으로, 유신견은 아견과 아소견을, 변집견은 斷, 常을, 사견은 존재하는 것을 없다고 비방함을, 견취는 [이 견해가] 뛰어나다는 집착을, 계금취는 [이 견해가] 청정하다고 하는 집착을 행상으로 갖고 생겨난다는 것이다.

그중에서 핵심적인 것은 유신견(satkāyadṛṣṭi)의 제거에 달려있다. 유신견의 제거가 어떤 단계에서 이루어지는가에 따라 번뇌의 숫자가 달라지기 때문이다. 유부는 유신견을 삼계에서 고제의 인식에 의해 제거될 수 있는 견소단

(darśanaheya)의 번뇌라고 이해한다. 유신견이 我見과 我所見의 측면을 가진다고 볼 때, 이는 결국 자아의식이 예류과에 든 성자에게는 존재하지 않는다고 하는 유부의 교설에 따른 것이다. 유부가 유신견을 이렇게 파악하는 이유는 유신견에 대한 정의에서 찾을 수 있다. 유신견이란 5취온으로서의 신체가 항상적으로 또는 단일체로 존재한다(sat-kāya)고 보는 것으로 이런 관념이 5취온에 대해 我와 我所라는 집착을 일으키기 때문이다.

반면 「유심유사지」에서는 유신견은 고제의 인식에 의해서 뿐 아니라 다른 세 가지 진리의 인식에 의해서 제거되어야 하는 것으로 간주되고 있다. 「유심유사지」에서 그 이유는 명확히 설해지지 않지만, 일체의 번뇌가 7종의 방식을 통해 견도와 수도의 장애가 된다고 설명하는 중에 다음과 같은 설명이 나온다. [10번뇌가] 그 [苦와 集의] 원인이고 [고와 집은] 그 [10번뇌]를 근거와 터전으로서 가지기 때문이며(tannidānapadasthānataḥ),[20] 또한 [모든 번뇌가] 그 [滅과 道에 대해] 공포를 일으키기 때문(taduttrāsasaṃjananataḥ)이다.[21] 이 압축적인 설명은 이해하기 어렵지만, 잡집론은 이를 보충하여 "모든 10번뇌는 고제와 집제의 원인(nidāna)이며, 이것들은 이 번뇌들을 근거와 터전(padasthāna)으로 하기 때문에 미혹되게 된다고 말한다. 또한 모든 10번뇌는 멸제와 도제에 미혹되어 있기 때문이며, 또한 멸제와 도제에 미혹되어 있기 때문에 우리는 이 두 진리에 대해 우리가 無化되어 버리지는 않을까 하는 두려움을 갖게 되는 것이다."[22] 모든 10번뇌가 고와 집의 원인이고 고와 집은 10번뇌를 터전으로 하며, 또한 멸과 도에 대한 공포를 일으킨다는 설명을 통해 우리는 유식학파가 왜 10번뇌를 견고소단

---

20 복합어의 해석은 아래의 주에서 인용된 『잡집론』에 따랐다. tannidāna-padasthāna에 대한 설명으로는 「섭사분」 (대정 830a26-b9; D 252b2ff)의 설명이 보다 구체적이다.

21 YBh 165,8 (대정 514a21-22); 「섭결택분」 627c5-7 참조.

22 『집론』 678b9-11; ASBh 60,15-17: te (사본은 tad-로 읽지만 한역과 티벳역에 의해 교정) duḥkhasamudayayor daśāpi kleśā nidānaṃ bhavanti / tau ca teṣāṃ padasthānam / atas te tannidānapadasthānato vipratipannā ity ucyante / nirodhe mārge cottrāsasaṃjananato vipratipannāḥ kleśavaśāt saṃsāre 'bhiratasya vyavadānataḥ prapātasaṃjňātrāsāt /.

뿐 아니라 다른 3부의 진리를 봄에 의해 제거될 수 있다고 간주했는지를 어느 정도 이해할 수 있다. 적어도 유신견이 멸제와 도제의 인식에 의해 제거될 수 있다는 위의 설명은 내용적으로 충분히 이해가능하다. 열반에 대해 미혹해 있는 사람은 자아나 자아에 속한 것으로서 집착된 5취온의 소멸을 궁극적 소멸로 보기 때문에 멸제와 도제에 대해 공포를 갖기 때문이다.

문제는 유부에서 단지 고제의 인식에 의해 제거되어야 하는 것으로 파악되었던 유신견 등이 유식학파에서 왜 사제의 인식에 의해 제거되어야 하는 번뇌로 그 기능이 확대되었는가하는 점이다. 나는 그 이유가 『유가론』에서 유신견이 모든 見의 성질을 가진 번뇌의 근거라고 하는 설명에서 찾을 수 있다고 생각한다.[23] 비록 이런 해석이 『유가론』에 고유한 것은 아니지만 『유가론』에 자주 등장하는 이런 표현은 왜 유신견이 모든 4부의 견소단에 배속되었는지를 보여주는 유력한 내용적 근거일 것이다. '모든 견의 근거로서의 유신견'이라는 파악은 전통적 유부의 이해와의 현격한 차이를 함축하고 있다. 만일 유신견이 다른 견이나 견의 성질을 가진 다른 번뇌들의 근거라면, 유신견은 유부에서와 같이 다만 견고소단으로서 간주될 수는 없을 것이다. 왜냐하면 유신견이란 근거가 이미 없어졌는데도, 이에 의거하고 있는 다른 견이 견집소단 등으로서 계속 존속하고 있다는 것은 타당하지 않기 때문이다. 따라서 모든 견4제소단으로서 유신견을 파악하는 유식학파의 이해의 배후에는 자아의식의 근원적 염오성에 대한 새로운 인식이 깔려 있다고 생각된다.

후라우발너(Frauwallner)는 유부에 있어 유신견의 염오성에 대한 인식이 점차 증대되어 왔다는 사실을 지적하면서 이런 파악의 배후에는 '現觀論'(abhisamayavāda)에 대한 점증하는 관심이 놓여 있다고 말한다.[24] 이러한 지적은

---

23 『유가론』에서 이는 여러 곳에서 반복해서 설해지고 있다. 예를 들어 Ch. 621c2-3; 626b7-9; 799b14; 841a24-26; 「섭사분」 794b25ff에서 見雜染을 다른 잡염의 근거로 보는 해석도 여기에 포함될 수 있다. AS 7,9f의 설명이나 AKBh 461,4 (ātmagrāhaprabhavāś ca sarvakleśāḥ)도 이런 해석의 연장선상에 있다.

24 유부의 現觀論(abhisamayavāda)적 사유의 중요성에 관해서 E. Frauwallner, Abhidharma-Studien III. Der

매우 계발적이지만, 그럼에도 유부의 98종의 번뇌분류에서 유신견에 대한 강화된 인식이 어떻게 발전되어 왔는가는 명확하지 않고 또한 '현관론'적 인식과 관련해 유신견의 기능이나 성격도 명백하지 않다. 왜냐하면 유부에서처럼 유신견이 견고소단으로만 간주되는 한, 이러한 유신견은 현관론에서 핵심적 요소로 기능할 수 없다고 보이기 때문이다. 현관론적 사유의 특성은 유부의 번뇌론의 단계에서 보다는 오히려 유식학파의 번뇌설에서 더욱 전형적인 모습으로 나타나는 것처럼 보인다. 번뇌에 있어 인지적 요소의 강조, 그리고 이와 더불어 유신견을 모든 4제에 배당시키는 것은 『유가론』에서 처음으로 명백한 형태로 체계화되었고, 이는 모든 번뇌의 근본으로서의 유신견의 발견을 통해 체계적으로 확립될 수 있었다고 보인다.

이에 비해 128종 수면설에서 나타나는 또 다른 중요한 특징은 유신견을 수도에 의해 제거되어야 하는(bhāvanāheya) 번뇌로 간주하고 있다는 점이다. 이를 최초로 정형화한 「유심유사지」는 10종의 번뇌에 대한 정의 속에서 모든 수소단의 6종 번뇌에 '不分別'(anirdhārita)이란 표현을 사용한다. 또한 그 근거로서 任運失念(naisargikaḥ smṛtisaṃpramoṣaḥ)[25]이란 표현을 사용하는데, 이는 자발적이고 정서적인, 즉 非知的인 수소단의 번뇌의 특성을 보여주기 위해서이다. 중생의 정념 깊숙이 뿌리내린 수소단의 번뇌는 4성제의 1회적 인식에 의해서는 제거되지 않기 때문에, 그것의 제거를 위해서는 4성제에 대한 반복된 관찰이 필요하기 때문이다.

유신견의 이러한 성격을 『잡집론』[26]은 '俱生'(sahaja)개념과 연결시켜 명확히

Abhisamayavādaḥ, Wiener Zeitschrift für die Kunde Süd- und Ostasiens 1971 참조. 이 논문은 『불교학리뷰』 2(2007)에 번역되어 있다.

25 YBh 162,12 이하 유신견, 변집견, 탐, 진, 만, 무명의 6종 수소단 번뇌에 대한 정의 참조.

26 ASBh 62,3-4: sahajā satkāyadṛṣṭiḥ kā </> bhāvanāprahātavyā / yām adhiṣṭhāyotpannadarśanamārgasyāpy āryaśravakasyāsmimānaḥ samudācarati / yathoktam ... ("유신견이란 무엇인가? 수소단이다. 견도에 들어간 고귀한 성문들에게조차 그 [유신견]에 의지해서 我慢은 현행한다. [경에서] 말하듯이 ..."). 여기서 『잡집론』이 인용하는 경은 『크세마카경』을 가리킨다.

논하고 있다. 슈미트하우젠(1979; 1987: 148)은 『잡집론』(ASBh 62,5-7)과 연결시켜 '구생의 유신견'(sahajā satkāyadṛṣṭiḥ) 개념이 『크세마카경』(SN 22. 89; 『잡아함경』 103)과 관련된 문제맥락에서 왔다고 본다. 여기서 크세마카 비구는 자기는 5온이 자아나 자아에 속하는 것이 아니라는 것은 깨닫고 있지만 그럼에도 아직 아라한은 아니라고 말한다. 왜냐하면 그에게는 아직 "[이것은] 나이다"라는 미확정적 형태의 애착이나 자만심, 잠재적 경향성이 남아있기 때문이다. 즉 아직 아라한은 되지 못했지만 4성제를 관찰해서 성인의 위치에 오른 有學에게 미세한 심층적 자아의식이나 그것의 훈습에서 생겨난 영향이 아직 남아 있다는 것이다. 그런데 이러한 이 경의 설명방식은 유신견이 豫流(srotaāpanna)에서 단해지며 我慢은 5上分結로 아라한에게 있어 비로소 단해진다고 간주하는 유부의 이해와 모순된다. 이에 따르면 유학의 성자에게 유신견은 단해졌지만 아만은 아직 남아있다. 문제는 『크세마카경』의 의미에서 어떻게 我慢이 그 근거인 유신견이 없이도 현행할 수 있는가 하는 것이다.

슈미트하우젠은 유학에게 유신견이 현행하는 문제와 관련해 구생의 유신견 개념이 중요한 역할을 했다고 생각한다. 그는 「섭사분」에 나오는 유신견의 습기(vāsanā)라는 개념과 구생의 아견이라는 개념이 『유가론』의 새로운 층위에 속하는 「유심유사지」에서 불확정된 것(anirdhārita)으로서의 유신견을 수소단으로 간주하게끔 하는 데 토대역할을 했다고 생각한다.[27] 이런 구생의 유신견의 도움으로 『크세마카경』의 의미에서 유학에 있어 아만의 존재를 설명할 수 있게 되었다.

---

27 「섭사분」(797c9-798a5f)에서 薩伽㖿見의 습기가 유학의 성자에게도 잔존해 있다고 서술되고, 779c10-25에서는 구생의 아견은 금수들에 이르기까지 일어난다고 서술되고 있다. Schmithausen(1987: 146ff)은 후에 살가야견의 습기설은 방기되고 구생의 아견이 유학의 성자에 결부됨에 의해 수소단으로 간주되게 되었다고 지적한다.

이것이 「유심유사지」에 나오는 128종 번뇌설에서 결정적으로 유부의 이해와의 차이를 보여주는 유신견의 역할에 대한 대략적인 설명이지만, 「유심유사지」의 번뇌설에 대한 일종의 주석부분인 「섭결택분」에는 또 다른 104종의 번뇌설이 설해지고 있다. 여기에 나타난 번뇌의 분류에서 유신견은 다만 고제의 인식에 의해 제거되어야 하는 것이지, 다른 진리의 인식으로 확대되고 있지 않다. 이런 파악은 기본적으로 유부의 그것과 동일한 것이다. 「섭결택분」은 그 이유에 대해 어떤 설명도 제시하지 않지만, 주목되는 것은 유신견이 다른 모든 견의 근거라는 언급이 나타나지 않고 단지 변집견의 근거라고만 설해지고 있다는 점이다. 이는 「섭결택분」이 '모든 견의 근거로서의 염오된 유신견'이라는 주장에 동의하고 있지 않음을 보여주는 것이다.

나아가 여기서는 유신견은 5온에 관해 각 4종의 방식으로 분석되어 총 20가지 점(koṭi)[28]으로 설명되고 있다. 이 설명은 「섭사분」이 명시하듯이 분별에서 생겨난 유신견에 해당되지, 구생의 유신견은 여기에 포함되지 않는다.[29] 따라서 「섭사분」의 해석에 따르자면 「섭결택분」의 이 개소는 구생의 유신견에 대해서는 논의하지 않고 다만 분별에서 생겨난 유신견만을 주제로 하는 것으로 이해되어야 할 것이다. 그러나 이런 해석은 이 설명 직전에 2종의 유신견의 존재를 명시한 구절과 명백히 모순되기 때문에 인정될 수 없을 것이다. 따라서 우리는 『유가론』의 각 부분에서 '구생' 개념이 상이하게 사용되고 있다는 점을 인정할 때, 이러한 모순으로부터 벗어날 수 있다고 보인다.

『유가론』에 대한 주석서인 『유가론기』(T42: 677b28f)에서 遁倫은 104종 번뇌설을 경량부의 이론이라고 설명한다. 만일 그렇다면 이는 경량부가 자아의식의 심층성을 인정하지 않았다는 설명으로 보이는데, 어떻게 종자설에 의거한

---

28 20가지 점에 관해 ASBh 7.3ff 참조. 여기서 각각의 색수상행식을 자아라고 보는 5종의 관점이 아견이고, 나머지 15종의 관점은 아소견으로, 각각의 5온에 대해 "5온은 자아를 갖고 있다", "5온은 자아에 속한다", "5온 속에 자아가 있다"고 보는 것이다.

29 「섭사분」(799c26f): 又依分別薩迦耶見 立二十句 不依俱生.

경량부가 표층적인 자아의식의 작동과 관련한 분석에 만족했는지는 다시 해명되어야 할 것이다.

이상에서 『유가론』에서 왜 128종의 번뇌의 분류가 새롭게 시도되었는지를 내용적인 면에서 살펴보았다. 여기서 가장 중요한 것은 유신견의 해석으로서, 이를 모든 사제의 인식에 의해 제거되어야 하는 번뇌로 간주한 이유는 모든 잡염의 근거로서의 유신견의 성격에 대한 새로운 인식에서 나왔다고 보았다. 물론 『유가론』에서는 유부의 교학적 의미에서 유신견이 견도에서 제거된다고 하는 기술도 발견되고 있지만,[30] 이미 「섭사분」에서 잡염을 2종으로 나누고 견잡염이 보다 근본적이라고 하는 언명에서 우리는 이런 발전에의 싹을 찾을 수 있을 것이다. 또한 유신견이 수소단으로 배분된 이유는 슈미트하우젠이 추정하듯 『크세마카經』에서 제기된 '[이것은] 나이다'라는 미세한 자아의식이 유학의 성자에게 잔존해 있다는 기술이 단초가 되어 「섭사분」에서 유학의 성자에게 나타나는 살가야견의 습기설과 동물들에게 나타나는 구생의 아견설이 「유심유사지」의 단계에서 종합되어 수소단으로서의 불분별의 유신견(anirdhāritā satkāyadṛṣṭiḥ)으로 표현되었다고 보인다. 이는 「유심유사지」보다 초기층위에 속하는 「섭결택분」의 해당개소에서 구생개념이 아직 수소단과 관련됨이 없이 설명되고 있는 데서도 드러난다.

이에 비해 104종의 수면을 설하는 「섭결택분」의 분류는 유부와 「유심유사지」와의 중간적 발전단계, 또는 다른 학파의 이해를 반영하고 있다고 보인다. 여기서 유신견은 단지 변집견의 근거로서만 명시될 뿐, 다른 견이나 번뇌의 근거라고 하는 파악은 나오지 않는다. 따라서 수소단도 유부의 이론처럼 10종으로 한정될 뿐이다.

이렇게 볼 때 유가행파의 128종의 번뇌의 분류에서 결정적인 관건은 유신견

---

30 「섭결택분」 668a20; 『성문지』 424c26-29 (Śrāvakabhūmi, ed. K. Shukla, p. 177,8-11).

을 수소단에 속한 것으로 간주한 점이다. 이것이 번뇌설의 맥락에서 유식학파의 이론을 유부의 그것과 뚜렷이 구분시켜 주는 지표이다. 「유심유사지」에서 유신견이 수소단으로 확립되었을 때, 비록 이 단계에서 '染汚意'(kliṣṭa-manas)는 아직 언급되고 있지 않지만, '염오의'설의 도입을 위한 가장 중요한 조건, 즉 염오의를 항시 수반하는 4종의 구생번뇌 중에서 가장 우선적인 구생의 아견이라는 조건을 충족시키게 되었을 것이다.

3.3. 번뇌의 잠재성과 그 분출의 문제

유식학파는 번뇌를 隨眠(anuśaya)과 纏(paryavasthāna)로 구분하고 있다. YBh 167,6f에서 '잠재적 경향성'으로 번역한 anuśaya는 "종자의 형태로 모든 세간적인 상승에 수반되기 때문"으로, 또 '분출'로 번역한 paryavasthāna는 "반복해서 현행하기 때문"으로 정의되고 있다. 이 정의는 『유가론』이 번뇌를 잠재적 양태와 현실적인 분출의 양태로 명확히 구별되고 있음을 보여준다. 이러한 구별은 『유가론』에서 가장 오래된 층위인 「성문지」에서나 또는 가장 늦게 성립했다고 평가되는 「섭결택분」의 여러 곳에서 자주 발견된다. 따라서 우리는 이를 『유가론』의 일반적인 특징이라고 간주할 수 있으며, 나아가 유식학파 번뇌설의 특징이라고도 말할 수 있다.

양자의 구별은 세친에 따르면 경량부의 방식이다. 세친은 『구사론』, 「수면품」(AKBh V.)에서 수면(anuśaya)과 纏(paryavasthāna)을 번뇌의 잠재성과 분출로 구별하는 해석이 경량부에 귀속되며, 반면 양자를 단지 번뇌의 미세성과 거친 상태로 간주하는 것은 유부라고 명확히 설명하고 있다. 그는 이를 kāmarāga-anuśaya라는 복합어 해석을 통해 보여준다. 이것이 karmadhārya로서 '바로 감각적 욕망에 대한 탐욕이라는 수면'(kāmarāga eva anuśaya)인지, 아니면 tatpuruṣa로서 '감각적 욕망의 수면'(kāmarāgasya anuśaya)으로 해석되어야 하는가이다. 전자가 수면을 단지 번뇌의 미세한 형태에 지나지 않는다고 보는데 비해, 후자는 특정한 형태의 번뇌로서 번뇌의 잠재성이라고 보는 것이다. 그는 두 해석이 각기 유부와 경량부의 해석으로 환원될 수 있다고 말하고 있다. 세친은 경량부의 해석에 동의하는데, 유식학파도 마찬가지로 번뇌의 분출과 그 잠재성을 명확히 구별함으로써 이 복합어 해석에서 보여주는 경량부의 해석에 따르고 있다.[31]

「성문지」도 anuśaya와 paryavasthāna를 명확히 구별함으로써 『구사론』 이전에 이미 요가행자들의 명상 경험에서 이런 구별이 수행되고 있음을 보여준다. 예를 들면, ŚrBh 317,20-318,3에서도 隨眠과 纏은 "[번뇌의] 분출로부터 나의 심은 해탈되었지만, 모든 방식으로 잠재력으로부터는 아니다. 그것을 대치하는 삼매 등의 선법들이 내게 획득되고 수습되었지만, 잠재력을 대치하는 [선법]들은 아니다." (『성문지』 2021: 304)라고 하면서 양자를 구별되는 두 양태로서 설명하고 있다. 그렇지만 anuśaya가 어떤 방식으로 번뇌의 잠재적 경향성으로 작동할 수 있는가에 대해서는 「성문지」는 보다 생물학적 방식으로 다음과 같이 설명하고 있다.

> 갈애의 수면 등 의지체에 부착된 [번뇌의] 수면이 미래에 後有를 산출하기 위한 원인이 되고, 또 그것에서 생겨난 분출(paryavasthāna, 纏)이 이치에 따라 모이고, 생기하고, 조건이 되는 것이다.[32]

여기서 "갈애의 수면 등 의지체에 부착된 것(āśrayasanniviṣṭa)"은 "그것에서 생겨난 분출(paryavasthāna, 纏)"과 명시적으로 대비되고 있다. "의지체에 부착된 것"이 무엇인가에 대해 ŚrBh 16,15ff(『성문지』 2021: 71)는 "알라야에 대한 갈애"라고 말하는데, 다른 곳(ŚrBh 73,6ff = 『성문지』 2021: 114)에서 의지체에 부착

---

31 만일 세친의 이런 설명을 받아들인다면, 『유가론』에서 널리 사용되고 있는 anuśaya와 paryavasthāna의 구별은 유가론이 경량부의 영향을 받았다는 유력한 증거의 하나일 것이다. 하지만 이것만으로 「성문지」에 끼친 경량부의 영향을 단정하기란 어렵다. 무엇보다 「성문지」를 포함해 『유가론』이 보여주는 생리학적 설명방식이 경량부에 귀속될 수 있는가의 문제이다. Deleanu(2006: 160ff)도 「성문지」의 몇몇 내용들은 유부의 유가행자들에게 귀속될 수 있는 여러 특징들을 보여주며, 몇몇 경우에 경량부에 귀속될 수 있는 특징도 보여준다고 지적하면서, 「성문지」를 특정학파에 귀속시키려고 하지 않는다.

32 ŚrBh 197,1ff = 『성문지』 2021: 473.

된 것이 바로 anuśaya라고 설명하고 있다. 여기서 "[번뇌의] 분출을 일으키다"가 "현전시키다"(saṃmukhīkaroti)로 풀이되고, 또 "[번뇌의] 잠재력을 끊지 못한다"가 "근절하지 못한다"(na samudghātayati)로 풀이되고 있기 때문에, 이 맥락에서 anuśaya와 paryavasthāna는 유부의 해석대로 미세한 번뇌와 거친 번뇌의 의미가 아니라 번뇌의 잠재적 경향성과 그 분출의 의미로 이해되어야 할 것이다. 이와 같이 anuśaya와 paryavasthāna를 잠재력과 그 분출의 의미에서 구별하는 문장들은 「성문지」 도처에서 발견된다.

"의지체에 부착된"이란 해석에서 주목해야 하는 또 다른 측면은 알라야식과의 관련성이다. 비록 「성문지」에 알라야식이란 단어는 나오지 않지만, 「성문지」에 등장하는 이런 생리학적 표현은 Schmithausen(1987: 67; n. 480)이 말하듯이 알라야식의 유래가 일차적으로 신체에 부착된 추중이나 잠재적 번뇌와 관련되어 있다는 점을 고려할 때, 강한 관련성을 보여준다. 이런 점에서 번뇌의 잠재성을 그 분출과 구별하는 것은 분명히 경량부적 영향이나 또는 경량부 사유와의 공통성을 보여주고 있지만, 그것이 온전히 경량부에 귀속될 수 있는지 아니면 어떤 공통된 경험에 의거해서 경량부와 「성문지」의 기술로 발전된 것인지는 확답하기 어렵다. 다만 여기서는 이 구별이 함축하고 있는 잠재적 심적 상태의 인정은 종자설의 도입이나 Kṣemakasūtra의 의미에서 잠재적인 자아의식의 발견과 그다지 내용적으로 멀리 떨어져 있지 않다고 말할 수 있겠다.[33] 이와 관련하여 「성문지」 제2유가처의 <명상대상>(ālambana)에서 흥미로운 설명이 보인다.

> "욕계에서의 이욕을 행하고자 원하면 욕[계]의 거침과 색[계]의 적정함에 대해, 또는 색계로부터의 이욕을 행하고자 원하면 색[계]들의 거침과 무색[계]의 적정함에 대해 심을 묶는다. 또는 모든 곳에서 有身見(satkāyadṛṣṭi)으로

---

33 잠재적인 자아의식은 ASBh 62,3f에서 '구생의 유신견' (sahajā satkāyadṛṣṭiḥ) 개념과 연관되어 있는데, Schmithausen(1987: 148)은 이 개념이 『크세마카경』(SN 22. 89; 『잡아함경』 103)과 관련된 문제맥락에서 왔다고 추정하고 있다. 안성두 2003b: 75ff 참조.

부터 벗어나고 해탈하고자 원한다면, 고제와 집제, 멸제와 도제에 심을 묶는다."[34]

위의 인용에서 세간도에 의한 이욕과 사성제에 의한 이욕이 구별되고 있다. 사성제를 대상으로 하는 명상이 출세간도를 가리킨다는 것은 분명하다. 주목되는 점은 모든 곳에서, 즉 삼계에서 有身見(satkāyadṛṣṭi)[35]의 완전한 제거를 위해서는 사성제의 명상이 필요하다는 설명이다. 이는 고 내지 도를 대상으로 하는 유신견이 존재한다는 것으로서, 유신견이 견소단 내지 수소단으로 간주되고 있음을 의미한다. 이런 해석은 유신견을 견고소단으로 보는 유부의 해석이나 또는 경량부에 귀속되는 104종의 번뇌의 분류와는 달리, 3계와 견소단 + 수소단의 5부에 모두 배속시키는 것으로서, 『유가론』의 128종의 번뇌의 분류에 내용상 대응할 것이다. 따라서 여기서 말하는 유신견은 유부교학에서 설명하듯이 (또는 경량부의 번뇌 분류가 함축하듯이) 단지 예류에 든 성자에 의해 이미 제거된 자아의식이 아니라, 수행자가 열반에 이를 때까지 그에게 존속해 있는 심층적인 자아의식을 가리킬 수밖에 없다. 이는 YBh 162,11-13에서 satkāyadṛṣṭi를 "… 오취온(pañcopādānaskandha)을 자아나 자아에 속한 것으로 보는 자에게 있어서 확정되거나(nirdhāritā) 확정되지 않은(anirdhāritā) 염오된 판단(kliṣṭā prajñā)"으로 정의할 때에 사용된 "확정되지 않은(anirdhāritā)"이란 표현에 함축되어 있으며, 또한 「섭결택분」(T30: 621b7-10)에서 아견을 "pari-kalpita(kun brtags

---

34 『성문지』 2021: 212.

35 satkāyadṛṣṭi는 有身見으로 한역되거나 薩迦耶見으로 음사되며, 티벳역은 'jig tshogs la lta ba이다. MN I 299에서 satkāya는 오온으로 간주된다. 즉, 영원하거나 안락한 것이 아니라 무상하고 고통스러운 것이다. 따라서 satkāya는 티벳역이 보여주듯이 잘못된 견해의 내용이 아니라 잘못된 인식의 대상을 가리킨다. YBh 26,18에서 종자의 동의어로서 satkāya, upādāna가 언급되는데, 이는 오취온이 satkāyadṛṣṭi의 토대가 된다는 것을 의미할 것이다. 이에 대해서는 Schmithausen 1987: 157-160 참조. 유식문헌에서 satkāyadṛṣṭi는 비슷하게 아견과 아소견을 포함하는 것으로 설명된다. TrBh 29,20f.: tatra satkāyadṛṣṭir yat pañcopādānaskandheṣu ātmātmīyadarśanam. ("유신견이란 오취온에 대해 자아나 자아에 속한 것이라고 보는 것이다.").

pa, 分別起)와 sahaja(lhan cig skyes pa, 俱生)로 나눈 것 중에서 후자에 해당될 것이다. 따라서 위의 맥락에서 유신견을 언급한 것은 자아의식의 잠재성의 의미를 가리킬 것이다.

이렇게 본다면, 「성문지」의 설명이 경량부와 유사한 점이 있다고 해도 전적으로 경량부에 귀속시키기는 어렵다는 것은 분명해 보인다. Deleanu(2006: 159f)도 앞에서 지적한 Schmithausen(1973)의 연구를 예로 들면서 텍스트 전체를 경량부 문헌으로 간주하기는 어렵다고 생각하면서, 「성문지」와 같이 명상에 관심이 깊은 텍스트로서 소위 禪經류 문헌으로부터의 영향을 고려하고 있다.

다시 번뇌의 잠재력과 분출 사이의 구별 문제로 되돌아가자. 앞에서 「성문지」의 용례를 살펴보았지만, 이런 구별은 적어도 「본지분」과 「섭결택분」을 통해 명확히 나타난다. 예를 들면, YBh 164,12ff에서 번뇌는 분출(paryavasthāna)과 잠재적 경향성(anuśaya)의 두 방식에 의해 심을 염오시킨다고 말한다.[36] 「사마히타지」에서도 정려의 수습과 관련해 양자를 구별한다.

> "세간적인 정려에 의해서 그것에 속한 추중은 끊어지지만, 그것의 종자의 상태는 근절되지 않는다. 왜냐하면 그렇지 않을 경우 그것을 제거했기 때문에 미래에 이것은 바로 생겨나지 않을 것이기 때문이다. 반면에 무루의 [정려]에 의해서는 그 [잠재적 경향성과 분출] 양자는 끊어진다."[37]

「사소성지」 PG 31에 대한 주석에서 "아견은 … 자신의 종자에서 생겨난다."를 "구생의 아견은 … 그 [아견의] 잠재적 경향성으로부터 생겨난다."고 풀이하

---

36 「섭결택분」(Ch. 628c29ff)도 같은 의미에서, "번뇌들의 끊음의 유형과 방식은 많다고 알아야 한다. 요약하면, 그것들은 2종이다. 분출(paryavasthāna, 纏)의 끊음과 잠재적 경향성(anuśaya, 隨眠)의 끊음이다."라고 구별한다. 이러한 구별은 anuśaya로부터의 번뇌의 발생을 18종으로 분류하는 직전의 설명(Ch. 627a11ff)에서도 나타난다.

37 본서 1부 VI.2.5.1.(2)를 보라.

는 것이나, ĀG 12에 대한 주석에서 일체의 궁극적 청정으로 이끌지 못하는 이유를 "욕탐의 잠재적 경향성을 완전하게 근절하지 못했기 때문"이라고 하는 설명도 양자의 구별에 의거한 것이다.

「섭결택분」은 YBh 164,12ff의 구별을 보다 윤회 재생의 맥락에서 상세하게 설명하고 있다.

> "번뇌들의 현행(samudācāra)과 현전한 것(saṃmukhībhāva)이 분출이라 불린다. 제거되지 않았고 근절되지 않은 바로 이 [번뇌]들의 종자가 잠재적 경향성이다. 또한 그것은 추중이라고도 불리는데, 왜냐하면 각성되지 않은 한에서 [번뇌들은] 잠재적 경향성의 형태를 가지며, 또 각성된 상태에서 그것들은 분출의 형태를 갖기 때문이다."[38]

이어지는 설명은 삼계에 따라 범부들이 어떤 종류의 잠재적 경향성을 갖추고 있는지를 설하면서, 상계의 중생들의 경우 하지에 속한 잠재적 경향성을 갖추고 있지만 이를 샤마타의 힘에 의해 억압하며, 반면 동일한 계에 속한 잠재적 경향성은 샤마타의 힘에 의해 억압하지 못한다고 설명한다. 여기서 번뇌의 잠정적 억압(*viṣkambhaṇa, 伏斷)이 사마타의 힘 때문이며, 반면 잠재적 경향성(anuśaya)의 永斷은 정견과 상응하는 심에 의거한다고 설하고 있다.

3.4. 삼성과 유식성 개념

앞에서 언급했듯이 삼성(svabhāvatraya)과 유식/유식성(vijñaptimātra(tā))의 두 개념은 알라야식과 함께 유식사상의 세 축을 이루지만, 초기유식문헌들에서 셋이 모두 논의되는 경우는 드물다. 슈미트하우젠(Schmithausen 2017)은 삼성 개념은 알라야식의 맥락과 떨어져 「본지분」에서 종종 언급되고는 있지만 「섭

---

38 『유가론』 T30: 623a20ff = 본서 2부 III.1.3.1.

결택분」에서 비로소 상세히 논의되고 있으며, 반면 유식/유식성 개념은 『해심밀경』(SNS VIII.7) 전체를 인용하는 「섭결택분」에서 비로소 등장한다고 요약하고 있다.

이와 관련하여 흥미로운 것은 「문소성지」(본서 X.1.2.1.1.B)의 '대승에게 설한 주제'들 중에 단지 삼자성과 이와 관련된 三無自性性이 나열되어 있지, '유식성' 개념은 나오지 않는다는 점이다. 이 주제들에 5종 사태(vastu)와 2종 공성과 2종 무아성, 4종 진실, 4종 심사, 4종 여실변지, 5종 대보리 등 주로 「섭결택분」의 보살지결택이나 「보살지」에서 설해진 교설들이 포함되어 있는데, '유식성' 개념처럼 유식사상을 대표하는 교설이 포함되지 않은 것은 주목된다. 더욱 우리가 아는 한, 삼무자성성 개념이 바로 『해심밀경』 <무자성상품>(SNS VII.)에서 처음으로 설해졌음을 고려할 때, '유식' 개념이 대승을 대표하는 교법에 포함되지 않은 점은 의문일 것이다.[39]

이하에서는 유식성과 삼성 개념이 서로 연관되면서 법무아의 증득에 포함되는지를 간단히 설명하겠다.

'唯識'(vijñaptimātra)이란 단지 요별작용이나 표상만이 존재하지 주객 양자는 존재하지 않는다는 것을 나타내는 용어이다. 『십지경』과 『반주삼매경』의 '唯心'(cittamātra) 개념이 일반적으로 유식 개념의 선구로서 인정되고 있지만, 그 의미는 유식의 맥락과는 다르다. '유식'이란 용어는 처음으로 『해심밀경』(SNS VIII.7)에서 사용되었다. 그것은 선정수행과 관련된 맥락에서 등장한다. 붓다는 삼매 속에서 떠오른 영상(pratibimba)이 심과 다른지 또는 다르지 않은지에 대한 미륵보살의 질문에 대해 그것들은 마음과 다르지 않은데, 왜냐하면 그것들은 단지 표상(唯識)이기 때문이라고 말하고 있다.[40] 이어지는 설명에서 붓다는 일

---

39 이에 대한 첫 번째 답변은 『해심밀경』의 편찬적인 성격 때문에 '삼무자성성'의 부분은 「문소성지」의 편찬자에게 알려졌지만, '유식' 경문이 나오는 SNS VIII.7은 알려지지 않았다고 가정하는 것이다. 두 번째 가능한 답변은 유식 개념이 TrBh 38,15ff에서 설해지고 있듯이 인무아와 법무아에 모두 해당되기 때문이라고 이해하는 것이다.

상적 지각의 대상도 심과 다르지 않고 唯識일 뿐이라고 서술하고 있어 유식으로서의 선정대상의 규정이 모든 일상적 대상으로 일반화되고 있고, 이를 통해 유식은 보편적 원리로서 확장되고 있다.

논란이 되는 문장은 현장역에 따르면 "由彼影像唯是識故, 我說識所緣唯識所現故"(T676.16: 698b1f)이다. 이 문장은 『해심밀경』에 대한 여러 한역들과 또 이와 유사한 문장이 나오는 여러 문헌에서 조금씩 다르게 번역되고 있기 때문에, 그 정확한 의미에 대해서 최근까지 많은 논의가 있었다.[41] 슈미트하우젠(2014: 393)의 이해에 따르면 이 문장의 의미는 다음과 같이 풀이된다. "저 영상은 唯識이기 때문이다. 나는 식은 인식대상의 단순한 요별에 의해 특징지어진다고 설한다."[42]

여기서 이 문장을 슈미트하우젠처럼 이해할 때, 유식의 의미는 완전히 대승적인 것이라기보다는 대상의 요별이라는 전통적인 식의 의미에 의거하고 있다고 보인다. 다만 唯(-mātra)의 사용에 의해 識(vijñapti)의 의미가 배타적으로 강조되어 해석되고 있다.

그렇지만 『섭대승론』의 단계에서 유식은 파악되는 대상의 존재론적 물음을 포함하고 있다.

> "이 요별은 단지 표상뿐인 것이다. 왜냐하면 대응하는 사물이 없기 때문이다. ... 마치 꿈에서 대응하는 사물이 없이도 나타나는 것처럼, 단지 마음속에 색성향미촉과 집, 숲, 땅, 산 등 다양한 종류의 사물이 나타나지만, 그곳에는 그런 사물이 없다."[43]

---

40 Saṃdhinirmocanasūtra VIII.7 (= T16: 698a27-b2). 현장역: 三摩地所行影像 彼與此心當言有異 當言無異 ... 由彼影像唯是識故, 識所緣唯識所現故.

41 Schmithausen(1984)에서 SNS VIII.7에 대한 산스크리트 문장의 복원과 그 근거가 논의되었다. 이에 대해 Matsumoto(2003)와 Buescher(2008)의 비판이 제기되었고, Schmithausen(2014: 387-505)은 그들의 비판에 대한 답변의 형태로 작성된 것으로, 이 문장과 관련된 일차자료들을 상세히 검토하고 있다.

42 Schmithausen 2014: 393; § 352 및 § 357.2를 보라.

43 MSg II.6: rnam par rig pa 'di dag ni don med pa'i phyir rnam par rig pa tsam mo zhe bya ba 'di la dpe ci yod ce

이는 지각과 경험에 대응하는 외부사물의 존재를 부정한다는 점에서 일반적으로 불교의 관념론적 성격을 보여준다고 이해되었다. 외부대상의 존재를 부정한다는 점에서 이 명제는 분명 관념론적인 성격을 갖고 있다고 보이지만, 동시에 이런 영상들이 단지 마음속에 이미지로서 존재할 뿐이라고 해석할 여지도 있다. 나아가 여기서 문제삼는 것은 그런 이미지들이 외부에 대응하는 대상을 갖는가의 문제가 아니라 『대승장엄경론』(MSA XI.39)의 표현대로 단지 언어나 의식작용에 의해 구성된 "그와 같이 나타나는 것"(yathā khyati)을 진실존재라고 간주하지 말라는 주장으로 이해할 수도 있기 때문이다. 따라서 관념론이란 표현이 유식사상을 제대로 대변하는지에 대해서는 다른 의견이 있을 것이다.[44] 슈미트하우젠도 유식학파의 외계부정론이 서양철학의 의미에서 관념론(idealism)이라고 확언하는 대신에 이를 "관념론과 관념론처럼 보이는 표현들"('Idealsim' and 'Idealist'-looking Formulations)이라고 완곡하기 표현하고 있다.[45]

그럼 이러한 유식 개념과 함께 유식사상을 내용상 특징지우는 삼성(svabhāvatraya) 개념을 보자. 三性 또는 三相이란 원성실성과 의타기성, 변계소집성으로서 유식학파에서 창안한 개념이다. 슈미트하우젠은 <진실의품>에서 진실의 두 가지 해석으로부터 삼성설의 연원을 찾을 수 있다는 흥미로운 지적을 한다.[46] 하나는 언설적인 진실은 abhilāpya로서 오직 가설(prajñaptimātra)이며, 반면 승의적인 진실은 불가언설(anabhilāpya)로서 진여(tathatā)라는 이해이다. 진여는 개념을 초월한 통찰에 의해서만 접근 가능하기에, 여기서 모든 사태는

---

na/ ⋯ dper na rmi lam nadon med par yang rnam par shes pa tsam nyid du gzugs dang/ sgra dang/ dri dang/ ro dang/ reg bya dang/ khang khyim dang/ nags tshal dang/ sa dang ri la sogs pa'i don sna tsgogs kyi rnam par snang gi de na don ni ci yang med do//. Schmithausen 2014: § 339.3, fn. 722 참조.

44 唯識 개념에 대한 관념론적 해석과 그 비판에 대해서는 안성두 2016 참조.

45 Schmithausen 2014: 599ff에서 유식학파의 소위 '관념론적' 설명이 상세하게 다루어지고 있다.

46 Schmithausen 2014: § 303 참조.

완전히 동일한 것으로(samasama) 파악되는 것이다. 다른 하나는 진여를 분별과 대비시키는 것이다. 여기서 분별은 사태를 창출하고, 사태는 다시 분별을 창출하며, 이러한 무시이래의 상호영향으로 인해 윤회의 구조가 견고하게 된다. 슈미트하우젠은 이러한 두 가지 해석을 결합시킬 때, 삼성설로 발전된다고 본다. 다시 말해 변계소집성은 명칭의 증익으로, 원성실성은 진여로, 그리고 의타기성은 분별과 사태라는 심적 활동으로 파악되는 것이다. 이와 같이 슈미트하우젠은 <진실의품>과 삼성설이 처음으로 정형화된 『해심밀경』 사이에 밀접한 관련성이 있다고 보면서 이를 논구하고 있다.

이하에서는 『해심밀경』(SNS VI.4-6)의 三相의 정의를 제시하고, 이를 발전된 『섭대승론』의 정의와 비교해 보겠다. 그리고 후대 안혜에 의해 유식성과 삼성이 법무아의 인식으로 이끈다는 해석을 보기로 하자. 먼저 『해심밀경』의 정의를 보자.

> "변계소집상이란 무엇인가? 언설로 가설하기 위해 일체법의 자성이나 차별을 명칭과 기호에 의거해 확립하는 것이다. 의타기상이란 무엇인가? 제법이 연기하고 있는 것이다. 원성실상이란 무엇인가? 제법의 진여이다."[47]

여기서 변계소집상의 정의는 특히 주목된다. 아비달마에서 법의 자성은 그것을 다른 것과 구별시키는 고유한 성질로서 자체적으로 존재하는 것으로 결코 사유나 언설에 의거한 임의적인 표식이 아니다. 하지만 이제 법의 자성은 온전히 언설작용에 의해 임의적으로 확립된 것에 불과한 것으로 이해되었다. 그렇지만 이 맥락에서 변계소집상은 부정적인 방식이긴 하지만 여전히 아비달마

---

47 SNS VI.4-6: de la chos rnams kyi kun brtags pa'i mtshan nyid gang zhe na/ ji tsham du rjes su tha snyad gdags pa'i phyir chos rnams kyi ngo bo nyid dam bye brag tu ming dang brdar rnam par bzhag pa gang yin pa'o//. chos rnams kyi gzhan gyi dbang gi mtshan nyid gang zhe na/ chos rnams kyi rten cing 'brel par 'byung ba nyid de/ ... chos rnams kyi yongs su grub pa'i mtshan nyid gang zhe na/ chos rnams kyi de bzhin nyid gang yin pa ste/ ...

적인 방식으로 언설과의 관계에서만 파악되고 있다는 점에 주의할 필요가 있다. 이제 변계소집상을 언설과는 다른 측면에서 사유에 의해 구성되었다고 파악하는 다른 유형의 설명을 보자. 이 유형에는 『중변분별론』과 『유식삼십송』(Tr)이 포함되지만, 후자를 제시하겠다.

> 각각의 분별에 의해 각각의 사태가 분별된다.
> 바로 그것이 변계소집성이며, 그것은 존재하지 않는다. (Tr 20)
> 의타기성은 분별이고, 조건으로부터 생겨난 것이다.
> 원성실성은 그것이 전자를 항상 여읜 상태인 것이다. (Tr 21)[48]

Tr 20의 변계소집성의 정의는 『해심밀경』처럼 언설과 관련되어 설해지지 않고, 오직 분별되어지는 사태의 허구성 내지 비존재성에 초점이 맞추어져 있다. 분별이 능취(grāhaka)라면 변계된 것은 소취(grāhya)일 것이며, 이는 전통적인 불교의 지각론의 맥락에서 능-소에 따른 설명을 삼성설에 적용한 것이다. Tr 20에 대한 주석에서 안혜(Sthiramati)는 "분별된 것을 대상으로 하는 사태는, 왜냐하면 존재성으로서는 비존재이기 때문에 존재하지 않는다. 그러므로 그 사태는 변계소집을 자성으로 할 뿐이다. 인연과 결부되는 것을 자성으로 하는 게 아니다."[49]라고 설명한다. 이에 따르면 유식학의 변계소집성의 설명은 분별작용에 의해 파악된 것의 존재성을 부정하는 데 있다. 왜냐하면 대상의 존재가 그것을 대상으로서 파악하는 분별작용에 의존한다면, 그 대상의 존재는 그것이 가진 고유한 자성에 달린 것이 아니라 Tr 21ab가 말하듯이 원인과 조건에 따라 일어나는 의타기성으로서의 분별작용의 산물을 실체시하는 것에 지나지 않기 때문이다.

---

48 Tr 20-21: yena yena vikalpena yad yad vastu vikalpyate/ parikalpita evāsau svabhāvo na sa vidyate// paratantrasvabhāvas tu vikalpaḥ pratyayodbhavaḥ/ niṣpannas tasya pūrveṇa sadā rahitatā tu yā//

49 TrBh 122,12f: yad vastu vikalpyaviṣayas tad yasmāt sattābhāvān na vidyate/ tasmāt tad vastu parikalpitasvabhāvam eva/ na hetupratyayapratibaddhasvabhāvam/.

위에서 인용한 두 텍스트의 삼성설의 설명이 매우 다르다는 점은 부정할 수 없다고 보인다. 이제 마지막으로 『섭대승론』(MSg II.2-4)의 설명을 보자. 여기서는 앞에서와 달리 알라야식을 포함시켜 삼상을 정의하고 있다.

> "의타기상이란 무엇인가? 그것은 알라야식(ālayavijñāna)을 종자로 하고, 허망분별(abhūtaparikalpa)에 포섭되는 표상(vijñapti)이다. … 변계소집상이란 무엇인가? 그것은 [외계의] 대상은 실재하지 않지만, 다만 표상뿐인 것이 대상으로서 [실재하는 것처럼] 현현하는 것이다. 원성실상이란 무엇인가? 바로 저 의타기상에 대상의 특징이 결코 존재하지 않는 것이다."[50]

여기서도 변계소집상은 분별작용에 의해 나타나는 대상적인 표상으로서 설명되며, 이는 Tr에서처럼 의식작용과 관련하여 능-소의 맥락에서의 정의이다. 하지만 보다 존재론적 측면에서 외부대상은 비존재하지만 마치 대상처럼 식이 현현한다는 점에 초점을 맞추고 있다. 이는 『중변분별론』(MAV I.3)에서의 식의 현현 개념을 전제하면서 이를 唯識(vijñaptimātra)으로 확장하는 것이다. 나아가 의타기상의 설명에 잠재적인 종자를 가진 것으로서의 알라야식이 포함되어 있는데, 이런 점에서 『섭대승론』의 설명은 가장 후대의 것으로서 유식사상의 세 가지 중심개념을 삼상의 설명 속에 포함시키고 있다.

이상에서 삼성에 대한 세 문헌의 정의는 각기 다른 측면에서 언설작용에 중점을 둔 설명과 식작용에서 능-소의 구별에 의거한 설명으로 크게 대분할 수 있다. 후대에 안혜는 TrBh 38,15ff에서 유식성의 이해를 인무아와 법무아, 번뇌장과 소지장 양자에 적용시키고 있지만, 삼성설은 전적으로 대승에 속한 교법으로서 법무아의 특징을 드러내는 역할을 한다고 말할 수 있다. 반면 알라야식은

---

50 MSg II.2-4: de la gzhan gyi dbang gi mtshan nyid gang zhe na/ gang kun gzhi rnam par shes pa'i sa bon can yang dag pa ma yin pa kun rtog pas bsdus pa'i rnam par rig pa'o// ... de la kun brtags pa'i mtshan nyid gang zhe na/ gang don med kyang rnampar rig pa tsam de don nyid du snang ba'o// de la yongs su grub pa'i mtshan nyid gang zhe na/ gang gzhan gyi dbang gi mtshan nyid de nyid la don gyi mtshan nyid de gtan med pa nyid do//

그것이 식의 성격을 가진 한에서 인무아를 통한 번뇌장의 제거와 관련될 수 밖에 없을 것이다.[51]

4. 『유가사지론』 사본과 그에 의거한 연구

이하에서는 주로 『유가론』의 산스크리트 사본과 관련한 학계의 연구를 간략히 정리하겠다. 이에 대한 상세한 설명은 Delhey(2013; 2017)에서 잘 정리되어 있기 때문에 이를 반복할 필요는 없겠지만, YBh_ms의 발견과 편찬에 대한 가장 중요한 몇 가지 정보만을 간단히 소개하려고 한다.

『유가론』의 일부를 이루는 「보살지」는 이미 5세기 중반에 두 차례 한역되었고, 또 진제(499-569)는 알라야식의 존재논증을 보여주는 「섭결택분」의 앞부분을 『決定藏論』이란 제목으로 한역했다. 이후 Yogācārabhūmi는 『十七地經』이란 이름으로 알려지다가 648년 현장에 의해 『瑜伽師地論』으로 한역되어 동아시아 불교에 커다란 영향을 미쳤다. 그리고 이 책은 8세기 말과 9세기 초 사이에 Jinamitra와 Ye shes sde 등에 의해 rNal 'byor spyod pa라는 명칭으로 티벳어로 번역되었다. 따라서 13세기 초 인도에서 불교승원들이 파괴되어 불교가 사라진 후, 20세기 초에 Yogācārabhūmi 사본이 네팔과 티벳 등지에서 발견되기 전까지 고전시기에 동아시아와 티벳에서 『유가론』 연구는 한역과 티벳역에 의해 수행되었다.

산스크리트 사본에 의거한 Bodhisattvabhūmi의 편집은 1936년에 Wogihara에 의해 처음으로 수행되었다. 그는 런던에 보관된 네팔사본에 의거해 『보살지』를 편집, 출판했다. 비슷한 시기에 인도학자인 Rāhula Sāṅkṛtyāyana에 의해 보다 중요한 발견이 이루어졌다. 그는 1937-1938년에 걸친 두 차례 티벳 여행을 통해

51 이에 대해서는 안성두 2019: 7ff 참조.

티벳의 여러 승원에 보관되어 있는 많은 대승불교 산스크리트 사본을 촬영했다. 이때 당시까지 알려지지 않았던 주요한 불전들의 산스크리트 사본이 발견되었는데,[52] 여기에 Śrāvakabhūmi 사본을 포함한 Yogācārabhūmi의 「본지분」 사본도 티벳의 Zhva lu사와 Sa skya사에서 발견되었다, 그것들은 네가티브 필름으로 복사되고 그 필름이 인도 Patna의 Bihar Research Society에 보관되었다.[53] 이 사진본에 의거해 Vidhushekhara Bhattacharya는 『유가론』 본지분의 앞의 5장을 1957년 The Yogācārabhūmi of Ācārya Asaṅga(본 번역에서 YBh로 약칭)로 출판했다. 이어 Alex Wayman의 Analysis of the Śrāvakabhūmi Manuscript(1961)와 Karunesha Shukla의 Śrāvaka-Bhūmi of Ācārya Asaṅga(1973)가 출판되었다. 그렇지만 이 편집본들은 한편으로는 Sāṅkṛtyāyana의 사진본이 지닌 기술적인 결함 때문에, 다른 한편으로는 한역과 티벳역을 충분히 참조하지 않았기 때문에 비판교정본으로서의 한계를 지니고 있었다.

1980년대 이후 독일 함부르크대학의 Schmithausen과 그의 제자들은 이 사진본에 의거하면서도 티벳역과 한역을 비교하여 비판교정본을 만드는 작업을 수행했다. 그 결과 Schmithausen(1987; 1991a), Sakuma(1990), Aymore(1995), Choi(2001), Ahn(2003), Kramer(2005), Deleanu(2006), Delhey(2006; 2009) 등에 의한 『유가론』의 일부분에 대한 비판교정본이 출판되었다. 『유가론』 사본연구에서 새로운 전기는 China Library of Nationalities에서 티벳승원에서 발견된 사본들을 새롭게 팩시밀리본으로 사진촬영하고 이를 학문연구에 활용하기 시작한 데에 있다. 『유가론』과 관련한 성과의 하나가 일본 大正大學校 綜合佛教研究所의 <聲聞地研究會>에서 출판된 『瑜伽論 聲聞地 I-III』(1998, 2007, 2018)이다. 이를 통해 Śrāvakabhūmi 연구를 위한 보다 발전된 토대가 제공되었다고 생각된다.

---

52 예를 들어 Vasubandhu(世親)의 Abhidharmakośabhāṣya(『阿毘達磨俱舍論』), Dharmakīrti(法稱)의 Pramāṇavartika, Candrakīrti(月稱)의 Madhyamakāvatāra(『入中論』) 등 이전까지 발견되지 않았던 텍스트의 산스크리트 사본들로서, 이후 불교학 연구를 크게 변화시켰다.

53 Yogācārabhūmi의 산스크리트 사본에 관한 상세한 사항은 Delhey 2013: 504-511 참조.

4.1. 본 번역에서 참조한 편집본과 선행 번역

본 번역에서는 기본적으로 기존에 출판된 여러 편집본에 대한 Delhey(2013; 2017)의 평가에 의거하여 『유가론』 각각의 부분들의 번역을 위한 기본 판본으로 삼았다. 참고한 편집본과 번역은 다음과 같다.

I. 본지분(本地分) Maulyo Bhūmayaḥ

1. Pañcavijñānakāyasamprayuktā bhūmiḥ 五識身相應地

Edition:
- YBh 4,1-10,13 (ed. Bhattacharya 1957)
- Schmithausen: personal Correction

2. Manobhūmiḥ 意地

Edition:
- YBh 11,1-72,7 (Bhattacharya 1957)
- Schmithausen: personal Correction

3-5. Savitarkā Savicārā bhūmiḥ etc. 有尋有伺等 三地

Edition:
- YBh 73,3-232,17 (Bhattacharya 1957)
- Eltschinger 2017a: 393-395; 2017b: 228-230
- Ahn 2003: 56-87
- Aymore 1995: 36-73
- Schmithausen: personal Correction

번역:
- Eltschinger 2017a: 397-403; 2017b: 231-235 (16 paravāda 중 각각 8. hiṃsādharmavāda 및 14. agravāda)
- Ahn 2003: 158-214 (번뇌잡염 부분)
- Aymore 1995: 74-118 (업잡염의 앞부분)

6. Samāhitā bhūmiḥ 三摩呬多地

Edition:
- Delhey 2009: 125,1-228,5

번역:
- Delhey 2009: 394-449

7. Asamāhitā bhūmiḥ 非三摩呬多地

Edition: • Delhey 2006: 134,1-136,13

번역: • Delhey 2006: 140-144

8-9. Sacittikā bhūmiḥ, Acittikā bhūmiḥ 有心地·無心地

Edition: • Schmithausen 1987: 221-222

10. Śrutamayī bhūmiḥ 聞所成地

Edition: • 운산스님: YBh_ms 편집본

• Schmithausen 2000: 247,1-249,8

11. Cintāmayī bhūmiḥ 思所成地

Edition: • 이영진 & 김홍미 in preparation

• Schmithausen 1987: 223-241. Paramārthagāthā (勝義伽他) 28-41 게송 및 그 주석 부분

• Maeda 2007: 340,1-368,22. Ābhiprāyikārthagāthā (意趣義伽他)

• Enomoto 1989: Śarīrārthagāthā (體義伽他)

번역: • Schmithausen 1987: 229-241

12. Bhāvanāmayī bhūmiḥ 修所成地

Edition: • 이영진 in preparation

13. Śrāvakabhūmi 聲聞地

Edition: • Shukla 1973.

• 大正大學 聲聞地研究會 I-III: 1998, 2007, 2018

• Deleanu 2006: 317-354

번역: • 大正大學 聲聞地研究會 I-III

• Deleanu 2006: 446-589 (ŚrBh IV. Laukikamārga 부분)

• 안성두 2021

14. Pratyekabuddhabhūmi, 獨覺地

Edition: • Yonezawa 1998: 14-18

번역: • Yonezawa 1998: 19-25

15. Bodhisattvabhūmi 菩薩地

Edition: • Wogihara 1971

• Dutt 1978

• Takahashi 2005 (진실의품)

번역: • 안성두 2015

16. Sopadhikā bhūmiḥ 有餘依地

Edition: • Schmithausen 1991: 670ff

17. Nirupadhikā bhūmiḥ 無餘依地

Edition: • Schmithausen 1991: 670ff

II. Viniścayasaṃgrahaṇī 攝決擇分

1. 알라야식 논증부분: 섭결택분 권51, Ch. 579a7-582a12

Edition: • Hakamaya 1978 + 1979 (티벳역 편집)

번역: • Hakamaya 1979

• Waldron 2003: 178-189

2. 번뇌와 수번뇌의 분류: 섭결택분 권55, Ch. 603a9-604b9

Edition: • Ahn 2003: 88-95

번역: • Ahn 2003: 215-230

3. 번뇌잡염의 분류: 섭결택분 권58-59, Ch. 621a26-630a2

Edition: • Ahn 2003: 96-155

번역: • Ahn 2003: 231-372

4. 五事章 Pañcavastuka: 섭결택분 권72, Ch. 695c26-703a23

Edition: • Kramer 2005: 67-100

번역: • Kramer 2005: 101-181

위에서 보듯이, 본 『유가론』의 번역은 제1부와 제2부로 구성되어 있다. 먼저 제1부는 산스크리트로 편집되었거나 활용될 수 있는 「본지분」(Maulyo Bhūmayaḥ) 전체를 우리말로 번역한 것이다. 여기에 필자에 의해 이미 번역, 출판된 『보살지』(세창출판사, 2015)와 『성문지』(세창출판사, 2021)는 제외했지만, 『유가론』 전체에서 가장 압축적으로 대승의 법무아를 설하고 있고, 사상사적으로 가장 중요한 부분의 하나인 <진실의품>(Tattvārtha-paṭala)[54]은 기존의 번역을 보완해서 포함시켰다. 왜냐하면 <진실의품> 자체의 중요성 외에도 여기서의 논의는 유식학파의 삼성설의 이해와 <보살지결택>에 포함된 <오사장>의 이해에 필수적이기 때문이다.

그리고 제2부에서는 「섭결택분」의 네 부분을 선택해서 번역했다. 네 부분을 특정해서 선택한 이유는 그 부분이 다른 부분들보다 중요하기 때문은 아니라, 이 부분들이 필자가 믿기에 「본지분」에서의 논의를 체계적으로 이해하기 위해 필요하다고 생각되었기 때문이다. 이는 특히 (1) 알라야식 논증부분의 경우 타당하다. 비록 이 부분이 『유가론』의 성립사에서 가장 후기에 속한다고 평가되고 있지만, 『유가론』의 체계구성을 위한 알라야식의 중요성을 고려할 때, 포함되어야 한다고 생각된다.

(2)-(3)은 불교에서 번뇌분류가 가진 중요성을 고려해서 포함시켰다. 번뇌의 제거가 결국 불교수행의 목표라고 한다면, 그 체계화는 단순히 이론적 관심의 소산이 아니라 그 실천적 적용을 반영하고 있다. 이런 점에서 「섭결택분」의 104종의 번뇌설을 「본지분」이나 다른 유식문헌에서 정통설로 간주된 128종의 번뇌설과 비교하여 이해할 때 유식학파가 지향하는 아비달마와 차별되는 목표를 분명히 할 수 있다고 생각되기 때문이다.

그리고 마지막으로 (4) <五事章>(Pañcavastuka)을 포함시켰다. <五事章>은 「보

---

54 「진실의품」(Tattvārthapaṭala)에 대한 상세하고 독립적인 연구는 高橋晃一 2005를 볼 것.

살지」 <진실의품>에 대응하는 부분으로서 「진실의품」에서 다루어진 불가언설의 사태(anabhilāpyavastu)와 언어, 의식작용의 관계를 相(nimitta), 명칭(nāman), 분별(vikalpa), 正智(saṃyagjñāna), 진여(tathatā)의 다섯 가지 개념에 의거해서 설명하고 있다. Kramer(2005)의 연구가 보여주듯이, <오사장>의 서술은 매우 아비달마적인 법상의 분석방식에 따라 이루어지고 있지만, 이 부분이 <진실의품>과 함께 유식학파의 고유한 이론인 삼성설의 주요한 원천이라는 것은 이미 학계에서 널리 인정되어왔다. 이는 최근의 연구에 한정하더라도 타카하시(Takahashi 2005)와 크라머(Kramer 2005), 슈미트하우젠(Schmithausen 2014)의 논의에 의해서도 증명될 것이다.

내용상으로 <오사장>의 주제인 다섯 개념들은 대승 일반에서도 핵심적인 주제이기 때문에, 이 개념들은 대승문헌에서 부분적으로 사용되고 있지만, 五事 또는 五法이란 명칭으로 이를 체계화시켜 설명하는 것은 <오사장>이 처음이다. 여기서 일상적인 의식작용을 나타내는 분별(vikalpa)이 '관념상' 또는 '현상적 이미지'로 번역될 수 있는 相(nimitta) 및 분별작용의 구성요소인 명칭(nāman)과 어떻게 상호작용을 하는지, 또 이런 세 가지 요소로부터 벗어난 진여(tathatā)와 그것을 대상으로 하는 正智의 관계가 아비달마의 법상구분에 의거해 설해지고 있다.

이런 五事의 개념은 삼성설과 평행하게 이후에 출현한 다른 문헌들에게도 영향을 주었다. 예를 들면 『능가경』(Laṅkāvatārasūtra)이나 진제의 『三無性論』(T1617)이 그것이다. 「섭결택분」은 일반적으로 『유가론』 중에서 가장 후대에 편찬된 것이라고 간주되지만, <오사장>의 성립이 삼성설을 다룬 부분들보다 후대라고 보이지는 않는다. 아마 <오사장>은 <진실의품>과 평행하게 관념상과 명칭, 분별의 관계를 분석함에 의해 법무아의 통찰에 도달하려고 했던 일군의 수행자들의 시도를 보여준다고 생각된다. 삼성설과 유식성의 성립과 관련해 <진실의품>과 <오사장>, 『해심밀경』, 미륵5법 등 초기유식문헌의 다양한 사유에 대해서는 슈미트하우젠(2014: Appendice to Pt.2)의 상세하고도 통찰력있는 논의가 매우 유용하다.

4.2. 번역과 관련된 몇 가지 문제

• 티벳역과 한역의 특색

『유가론』「본지분」의 번역은 일차적으로 여러 학자들에 의해 편집된 산스크리트 교정본을 저본으로 했지만, 이해하기 어려운 구절은 다시 한역과 티벳역을 참조해 번역했다. 『유가론』 전체는 현장에 의해 번역되었고, 그의 번역은 매우 정확하다고 평가되고 있다. 그리고 『유가론』은 인도학승인 Jinamitra와 Ye shes sde 등에 의해 9세기 초에 rNal 'byor spyod pa'i sa로 티벳어로 번역되었는데, 그 번역은 「성문지」의 티벳역에 대한 Deleanu(2006: 74)의 평가처럼 전체적으로 매우 신뢰할만하다고 평가된다. 따라서 산스크리트 텍스트의 문제가 되는 구문이나 난해한 구문의 경우 티벳역과 한역에 의거해 교정작업을 수행했다. 그리고 특히 산스크리트 편집본이 없는 2부의 번역은 일차적으로 티벳역에 의거했고, sDe dge 판본과 Peking 판본의 두 종류를 이용했다. 한역의 경우 대정신수대장경(T)을 참조했고, 다른 판본은 이용하지 않았다.[55]

• 『유가론』의 주석서

인도에서 저작된 『유가론』의 주석서 중에서 最勝子(*Jinaputra)에 의해 저술된 *Yogācārabhūmivyākhyā가 가장 방대하지만, 단지 일부만이 『瑜伽師地論釋』(T30.1580)으로 한역되어 있다. 그리고 동아시아에서 찬술된 『유가론』에 대한 주석서는 基가 편찬한 『瑜伽師地論略纂』(T1829)과 道倫이 편찬한 방대한 『瑜伽論記』(T1828; 『韓國佛教全書』 13-14)가 있다. 그 외에 관련된 자료로서 『成唯識論』(T1585.31) 및 基가 편찬한 『成唯識論述記』(T1830.43)이 『유가론』의 문제맥락을 이해하는 데 도움이 된다.

---

55 유가론의 여러 티벳어 판본과 한역 판본에 대해서는 Deleanu 2006: Vol. I, 3장-4장 참조.

• 번역의 분담

1부 X. 「聞所成地」(Śrutamayī bhūmiḥ)와 XI. 「思所成地」(Cintāmayī bhūmiḥ), 그리고 XII. 「修所成地」(Bhāvanāmayī bhūmiḥ)에 대한 산스크리트 비판교정본은 아직 출판되지 않았다. 그렇지만 「聞所成地」의 <내명처>에 대한 비판교정본이 운산스님(추인호)에 의해 아직 출판되지는 않았지만 거의 완성되었고, 그에 의해 번역되었다. 「思所成地」의 비판교정본은 이영진과 원과스님(김홍미)에 의해 온전히 편집되었고 번역되었다. 이 경우 용어통일과 가독성을 위해 책임번역자인 안성두가 수정했다. 그리고 「修所成地」는 사본과 티벳역, 한역에 의거해 안성두에 의해 우리말로 번역되었다. 나머지 부분들은 모두 안성두에 의해 번역되었다.

• 科斷의 제시

본 번역에서 제시한 科斷은 기본적으로 텍스트 자체의 분류를 따랐다. 예를 들어 텍스트 자체에 Uddāna(요약송)가 제시된 경우 이를 토대로 장절 구분을 했지만, 세부 분류에 있어서는 역자 자신의 이해를 바탕으로 나누었다. 따라서 많은 부분 본 번역이 의거했던 산스크리트 교정본의 저자가 제시했던 과단과 차이가 있다. 이는 특히 1부 VI. 「사마히타지」(Samāhitabhūmi)와 2부 IV. 오사장(Pañcavastuka)에서 두드러진다. 왜냐하면 원 편집자인 Delhey(2009)와 Kramer(2005)의 목차구성은 필자에게 너무 번쇄하고 오히려 텍스트의 읽기를 방해한다고 보였기 때문에, 가능한 한 이를 내용과 가독성에 따라 단순화시켰다.

• 번역용어의 문제

불전 번역에서 번역용어의 선택과 관련해 현대의 번역자들이 직면하는 문제점들을 이미 성문지 번역에서 언급했지만, 독자를 위해 번역용어의 선택 문제를 간단히 재론하겠다.

불교 산스크리트 용어에 대응하는 적절한 번역어를 선택하는 것은 어려운 일이다. 더욱 불교문헌처럼 수행론적 함축성이 강한 텍스트를 번역하기 위해서는 이론적 지식 위에 깊은 수행의 경험이 요구될 것이다. 왜냐하면 텍스트 번역은 저작과는 또 다른 의미에서 또 하나의 창작일 수밖에 없기 때문이다. 물론 본 번역을 포함해 대부분의 번역은 원저(Urtext)의 세계를 넓히지 못하고 자기만의 해석의 지평에 매몰되고 있지만 말이다. 그런 점에서 티벳의 닝마파가 텍스트 자체의 이해를 위해서는 그에 합당한 번역자(lo tsa ba)의 정신적 성취를 요구했다는 것도 충분히 납득이 될 것이다.

그렇지만 이하에서 언급하려는 것은 그러한 높은 차원의 해석학적 문제가 아니다. 비록 문자적 차원의 이해를 위한 번역이라고 해도 우리가 고려해야 할 두 가지 함정이 있다는 점을 말하면서, 모든 고전어 번역이 숙명적으로 지닌 문제를 드러내고 이를 위한 하나의 변명을 하려는 것이다.

두 가지 함정이란 마치 불교에서 말하는 두 가지 극단처럼 번역자를 괴롭히는 두 가지 입장이다. 하나는 전통용어를 그대로 보존해서 사용하려는 입장이며, 다른 하나는 이런 낡은 용어를 모두 현대적 색채를 보여주는 단어로 치환하려는 입장이다. 전자는 예를 들어 전통적인 한문용어를 그대로 채택하여 텍스트의 의미를 전달하려는 입장이다. 비록 나는 현장의 번역이 매우 훌륭하다는 점을 번역하는 내내 실감하고 있지만, 그럼에도 1400년 전의 단어를 그대로 사용하는 것이 소통의 맥락에서 좋다고 보이지 않는다.

이와 반대되는 전통적 술어 대신에 자신만의 용어로 불교 텍스트를 번역하는 것은 전통과의 소통의 단절로 이끈다는 점에서 더욱 조심해야 할 것이다. 우리는 번역작업이 동시대인과의 소통은 물론 역사적 전통과의 소통이라는 사실을 항시 염두에 두어야 한다. 자신이 선택한 현대적 번역이 맞는지의 여부를 떠나 이는 용어의 공유를 통해 우리가 구축해 왔던 불교사상의 역사적 이해의 지평을 붕괴시킬 위험이 많을 것이다. 유식학파는 오랜 아비달마의 사유를 이어받고 있는 대승아비달마로서, 아비달마에서 발전시킨 많은 심리학적 전문술어를 사용하고 있다. 그러한 아비달마의 장점인 정확한 용어사용을 자의적 용어로 치환할 때 그 번역은 아무런 학문적 토대도 갖지 못하게 될 것이며, 따라서 그런 번역용어로 표현된 불교의 명상경험을 전달하지 못하고 이에 따라 수행론적 맥락도 잃게 될 것이다.

따라서 본서의 번역에서 우리는 두 가지 번역방식 사이에서 중도를 지키려고 했지만, 우리가 택한 방식이 과연 현 상황에서 적절한 것인지에 대한 비판도 있을 것이다. 이에 아래의 최소한의 번역의 기준 하에서 가능한 한 산스크리트 문장을 직역할 것이다.

(가) 심소법의 항목과 같이 전문술어의 경우 가능하면 잘 알려진 현장의 한문용어를 채택했다. 이 경우 처음 나오는 곳에서 산스크리트 원어를 병기했다. 하지만 일반적 문맥에서 사용되거나 동사로서 사용되는 경우 가장 근접한 의미의 현대어로 바꾸어 번역했다.

(나) 하지만 전문술어라고 해도 자주 사용되고 또 『유가론』에서 다른 의미를 함축한 경우 원 의미에 따라 번역했다. 예를 들면 anuśaya를 유식학파의 이해에 따라 '隨眠' 대신에 '잠재적 경향성'이라고 번역했는데, 隨眠이란 번역어가 비록 전문술어이지만 현대 한국어에서 거의 의미를 전달해 주지 못하며 또 한글로 적었을 경우 잘못된 인상을 주기 때문이다. 마찬가지로 paryavasthāna를 전문술어인 '纏' 대신에 '분출'로 일관되게 번역했다. 그렇지만 anuśaya가 유부의 방식대로 번뇌의 동의어로 사용되었을 경우에는 텍스트의 의미를 살리기 위해 이를 '수면'으로 번역했다. 예를 들어 본서 제2부 제3장 § 1.4. <미혹과 끊음과 관련하여 번뇌잡염의 특별함의 건립>에서는 104종의 번뇌가 설해져있는데, 여기서 수면은 漏와 동의어로 사용되고 있기 때문에 잠재적 경향성을 의미하지 않는다. 그리고 śamatha와 vipaśyanā의 경우에도 잘 알려진 止와 觀 대신에 음사어 '샤마타'와 '비파샤나'로 번역했다. 왜냐하면 우리말 '지'나 '관'으로 번역할 경우 혼동을 줄 수 있기 때문이다.

(다) 번역은 가능한 한 직역의 방식을 택했다.

- 의미전달을 위해 보충할 필요가 있는 경우 [ ]를 사용해서 내용을 보충했다.
- ( )는 산스크리트나 한자를 병기한 것이다.
- 한글만으로 맥락상 의미가 잘 전달되지 않는 경우에는 한자로 표기했다.
- 본문에서 아라비아숫자는 번역자의 이해에 따른 장절의 구분이며, 라틴숫자는 세분된 항목의 표시이다.

2023년 시월, 대모산 기슭에서

안성두

참고문헌

1차 자료 및 사전

AAĀ Abhisamayālaṃkārāloka. Ed. U. Wogihara. Tokyo 1932.

AAŚ see Youngjin Lee 2017.

AD Abhidharmadīpa with Vibhāṣāprabhāvṛtti. Ed. Padmanabh S. Jaini. Patna 1959.

AKBh Abhidharmakośabhāṣya. Ed. Pradhan 1967.

AKVy Abhidharmakośavyākhyā. Ed. Wogihara

Akṣ Akṣayamatinirdeśasūtra, vols. I-II. Ed. Jens, Braarvig, 1993.

AN Aṅguttaranikāya, PTS (Pali Text Society)

AS Abhidharmasamuccaya. Ed. Pradhan. Santiniketan 1950.

ASBh Abhidharmasamuccayabhāṣya. Ed. N. Tatia. Patna 1976.

BhK Bhāvanākrama I & II. Ed. G. Tucci.

BHSD Buddhist Hybrid Sanskrit Dictionary. Ed. F. Edgerton, 1953.

BHSG Buddhist Hybrid Sanskrit Grammar. Ed. F. Edgerton. 1953.

BoBh Bodhisattvabhūmi. Ed. U. Wogihara, 1971.

BoBh(D) Bodhisattvabhūmi. Ed. N. Dutt, 1978.

BoBhVy Bodhisattvabhūmivyākhyā. D no. 4047, P no. 5548.

CPD A Critical Pāli Dictionary I-III.

D sDe dge edition of the Tibetan Tripiṭaka.

Dhp Dhammapada. Ed. Viggo Fausbøll. London 1900.

DN Dīghanikāya, PTS (Pali Text Society)

M-W Monier Monier-Williams Sanskrit English Dictionary.

MAVBh Madhyāntavibhāga. Ed. G. Nagao, Tokyo 1964.

MAVT Madhyāntavibhāgaṭīkā. Ed. Susumu Yamaguchi. Nagoya 1934.

MN Majjhimanikāya, PTS.

MPS Mahāparinirvāṇasūtram (Das Mahaparinirvanasutra, Teil 1-3). Ed. Ernst Waldschmidt. Berlin 1950-1951

MSA Mahāyānasūtrālaṃkāra. Ed. Sylvain Lévi. 1907.

MSg Mahāyānasaṃgraha. Ed. G. Nagao. Tokyo 1982-1987.

MSgU Mahāyānasaṃgrahopanibandhana (Asvabhāva). D no. 4051.

NagSū The Nagaropamasūtra: An Apotropaic Text from the Saṃyuktāgama. A Transliteration, Reconstruction, and Translation of the Central Asian Sanskrit Manuscripts. Ed. G. Bongard-Levin, D. Boucher, T. Fukita, K. Wille. Göttingen 1996.

P Peking edition of the Tibetan Tripiṭaka.

PSk Vasubandhu's Pañcaskandhaka. Eds. Ernst Steinkellner & Li Xuezhu. Vienna/Beijing 2008.

PSkV Sthiramati's Pañcaskandhakavibhāṣā. Ed. Jowita Kramer. Vienna/Beijing 2013.

PTSD *The Pali Text Society's Pali-English Dictionary.* Ed T. W. Rhys Davids and William Stede. 1921.

PW Sanskrit-Wörterbuch in kürzerer Fassung. Ed. Otto von Böhtlingkt. 1879-1889 (Petersburger Wörterbuch).

RGV Ratnagotravibhāga, ed. E. H. Johnston, 1950.

SBV The Gilgit Manuscript of the Saṅghabhedavastu I, II. Ed. Raniero Gnoli. Roma 1977, 1978.

Śikṣ Śikṣāsamuccaya. Ed. Cecil Bendal. 1902.

SHT Sanskrithandschriften aus den Turfanfunden.

Sn Suttanipāta. In: Buddha's Teaching being the Sutta-Nipāta or Discourse-Collection. Ed. and Tr. Lord Charlmers. 1932.

SN Saṃyuttanikāya, PTS.

SNS	Saṃdhinirmocana Sūtra. Ed. Étienne Lamotte, Louvain 1935.

ŚrBh	Śrāvakabhūmi of Ācārya Asaṅga. ed. K. Shukla, 1973.

ŚrBh_ms	*Facsimile Edition of the Śrāvakabhūmi Sanskrit Palm-leaf Manuscript*, Joint Publication of Taisho University (Tokyo) and China Library of Nationalities (Beijing). Beijing: Minzu chubanshe.

ŚrBh I-III	瑜伽論 聲聞地 第一瑜伽處(1998), 第二瑜伽處(2007), 第三瑜伽處(2018). 大正大學綜合佛教研究所 聲聞地研究會, 東京.

SWTF	Sanskrit Wörterbuch der buddhistischen Texte aus den Turfan-Funden. Göttingen.

T	大正新修大藏經

TPSI	Terminologie der Frühen Philosophischen Scholastik in Indien. Ed. Gerhard Oberhammer, Wien 1991-2006.

TrBh	Sthiramati's Triṃśikāvijñaptibhāṣya. Ed. Harmut Buescher. Wien 2007.

Ud	Udāna. Ed. Paul Steinthal. PTS 1982.

Uv	Udānavarga, Band I, Ed. Franz Bernhard, Göttingen 1965.

VyY	The Tibetan Text of the Vyākhyāyukti of Vasubandhu. Ed. Lee, Jong Cheol, Tokyo 1994.

YBh	Yogācārabhūmi. Ed. Bhattacharya, 1957.

YBh_ms	Sanskrit manuscript of the Yogācārabhūmi.

YBh-Index	Index to the Yogācārabhūmi (Chinese-Sanskrit-Tibetan). 橫山紘一, 廣澤隆之. 東京 1996.

YBh-Term	Sanskrit-Tibetan-Chinese & Tibetan-Sanskrit-Chinese Dictionary of Buddhist Terminology (Based on Yogācārabhūmi). 橫山紘一, 廣澤隆之, 新作博明編. 東京 1997.

<記>	瑜伽論記. 遁倫. 韓國佛教全書 13+14.

보살지	see 안성두 역 2015.

삼무성론	三無性論 (T1617.31). 진제 역

성문지	see 안성두 역 2021.

이장의	see 안성두 역 2019.
잡집론	대승아비달마잡집론(T1606.31)
집론	대승아비달마집론(T1605.31)
약찬	瑜伽師地論地略纂(T1829.43). 基撰
현양성교론	顯揚聖教論(T1601.31)

2차 자료

가라시마 세이지(辛嶋静志) 2014, 「누가 대승(mahāyāna) 경전을 창작하였는가?—대중부(大衆部) 그리고 방등(方等, vaitulya) 경전—」(정주희 번역), 『불교학리뷰』 16.

강명희 2012, 「『유가사지론』 성문지에 나타난 편만소연의 의미와 특징」, 『불교학보』 62.

강성용 2004, 「adhikaraṇa 연구 I – 고대인도의 논쟁, 논리전통에서의 adhikaraṇa에 대하여」. 『철학』 79.

강성용 2021, 「'주사위 노름'으로 오해되는 고대 인도의 내기에 대한 해명 – 베다 시기 견과윷(akṣa) 경기와 『릭베다』(Ṛgveda)의 "견과윷 노래"(Akṣa-sūkta)를 중심으로」. 『인문논총』 78-2.

권오민 2012, 『上座 슈리라타와 經量部』. 서울: 씨아이알.

권오민 2014, 「先代軌範師의 '色心互熏說' 散考」, 『불교연구』 41.

권오민 2015, 「불교지성의 전통과 역사」, 『동아시아불교문화』 23.

김성철 2010, 「『유가사지론』 <성문지>의 입출식념」, 『요가학연구』 4.

김성철 2011, 「종성의 본질에 대한 유가행파와 여래장 사상의 해석: '6처의 특별한 양태(ṣaḍāyatanaviśeṣa)' 개념을 중심으로」, 『불교학리뷰』 10.

김성철 2017, 「유가사지론 『성문지』의 '종성지'에 대해」, 『인도철학』 49.

김재성 2006, 「초기불교에서 오정심관(五停心觀)의 위치」, 『불교학연구』 14.

김태우 2016, 『菩薩地 「眞實義品」에 등장하는 네 가지 심사와 네 가지 여실변지의 사상적 연원과 발전 양상』, 서울대학교 대학원 석사학위논문.

김홍미(원과) 2009, 「상윳따 니까야 인연상응(Nidāna-Saṃyutta)의 연기 유형」, 『인도철학』 26.

델하이 2008, 「초기유가행파에 있어서의 선정 – Yogācārabhūmi, Samāhitā Bhūmiḥ와 특히 관련하여」, 『보조사상』 29.

라모뜨 2006, 『인도불교사』 (호진 역). 서울: 시공사.

박창환 2013, 「구사론주(Kośakāra) 세친(Vasubandhu)의 현상주의적 언어철학」, 『동아시아불교문화』 14.

서정주 2019, 『해심밀경』의 upapattisādhanayukti와 그 특성』. 서울대학교 대학원 동양철학 석사학위논문.

쇼펜 2015, 「『금강경』(Vajracchedikā)의 정형구 'sa pṛthivīpradeśaś caityabhūto bhavet': 대승불교(Mahāyāna)에서 경전 숭배에 관한 생각」 (류현정 역), 『불교학리뷰』 17.

슈미트하우젠 2006, 「『성문지』에서의 선정수행과 해탈경험」 (안성두 역), 『불교학리뷰』 1. (원 논문: Schmithausen 1982a).

아날라요 비구 2019, 『마음챙김 확립 수행』 (김종수 옮김). 서울: 불광출판사.

안성두 2002, 「유가행파에 있어 견도설 (I)」, 『인도철학』 12-1.

안성두 2003a, 「瑜伽師地論에 있어 '128종 隨眠(anuśaya)'說의 성립과 그 특징」, 『인도철학』 12-2.

안성두 2003b, 「<禪經>에 나타난 유가행 유식파의 단초 – 4선근을 중심으로」, 『불교학연구』 6.

안성두 2004, 「유가행파의 견도설 (II)」, 『보조사상』 22.

안성두 2010, 「유식학의 지관수행: 『유가론』의 지관쌍운을 중심으로」, 『불교사상과 문화』 2.

안성두 2011, 「원측의 執受 개념의 이해」, 『상월원각대조사 탄신 100주년 기념논총』. 서울: 원각불교사상연구원.

안성두 2015, 『해심밀경』에 나타난 3성설의 해석과 후대 인도 – 티벳 전통에 끼친 영향. 『인도철학』 44.

안성두 2016, 「유식(vijñaptimātra)에 대한 관념론적 해석 비판 – 분별과 진여 개념을 중심으로」, 『철학사상』 61.

안성두 2017, 「초기 유식문헌과 『보성론』에 공통된 인용문과 비유」, 『불성·여래장 사상의 형성 수용과 변용』. 서울: 씨아이알.
안성두 2019, 「유식학의 법무아 해석과 그 증득방법」, 『인도철학』 56.
안성두 역 2015, 『보살지』. 서울: 세창출판사.
안성두 역 2019, 『이장의』. 서울: 동국대학교출판부.
안성두 역 2021, 『성문지』. 서울: 세창출판사.
왈드론, 윌리엄 2022, 『불교의 무의식』 (안성두 옮김). 서울: 운주사.
윌리엄스, 폴 2022, 『인도불교사상』 (안성두, 방정란 옮김). 서울: 씨아이알.
이길산 2020, 「초기유가행파의 진리 개념의 한 측면 – 『보살지』 「진실의품」의 tattvārtha(漢: 眞實義)를 중심으로」 『동아시아불교문화』 43.
이길산 2021, 『유식이십론 연구: 관념론적 해석을 중심으로』. 서울대학교 대학원 박사학위논문.
이영진 2018, 「흑설(黑說)과 대설(大說)에 관하여」, 『보조사상』 52.
이영진 2021, 「명상을 통한 성욕(性慾)의 극복으로부터 아만(我慢)의 제거까지」, 『동서인문』 15.
이영진 2022, 「'진리에 대한 깨달음'으로 착각된 샤마타의 양상 대(對) 심일경성에 대한 직접 경험」, 『동서인문』 18.
이자랑 2018, 「율장을 통해 본 성욕과 성윤리」, 『불교평론』 74.
이종철 1995, 「와수반두의 언어관」 『철학논구』 23.
이종철 2015, 『『구사론』 계품 근품 파아품 – 신도 영혼도 없는 삶』. 성남: 한국학중앙연구원출판부.
이평래 2004, 「人·法, 二無我의 성립에 관한 연구」, 『한국불교학』 38.
정유정(상묵) 2010, 「『瑜伽師地論』 <五事章>에 나타난 수행론 연구」, 동국대학교 대학원 석사학위논문.
차상엽 2009, 「평정(upekṣā, 捨)의 위상과 역할에 대한 소고」, 『보조사상』 32.
추인호(운산) 2015, 「瑜伽師地論」 「攝決擇分」의 알라야식 還滅에 관한 연구 – 麁重 개념의 변화를 중심으로」, 『한국불교학』 74.
후라우발너 2007, 「아비다르마 연구 III. 現觀論 (Abhisamayavāda)」 (안성두 역), 『불

교학리뷰』 2. (원 논문: Frauwallner 1971).
후지타 요시미치(藤田祥道) 2019, 「불어(仏語)의 정의를 둘러싼 고찰」 (류현정 번역), 『불교학리뷰』 26. (원 논문: 「佛語の定義をめぐる考察」, 『インド學チベット學研究』 3).

Ahn, Sung-doo 2003, *Die Lehre von den Kleśas in der Yogācārabhūmi*. Stuttgart: Franz Steiner Verlag.

Aramaki, Noritoshi 荒牧典俊 2000, "Toward an Understanding of the Vijñaptimātratā". *Wisdom, Compassion, and the Search for Understanding: the Buddhist Studies legacy of Gadjin M. Nagao*. ed. Jonathan A. Silk, Honolulu.

Aymore, Fernando Amado 1995, *Die zehn Arten von gutem und bösem Karma nach der Savitarkādi-Bhūmi der Yogācārabhūmi*. Magister Arbeit der Universität Hamburg.

Bhikkhu Anālayo 2011, *A Comparative Study of the Majjhima-nikāya*. 2 vols, Taipei: Dharma Drum Publishing Corporation.

Bhikkhu Anālayo 2012, *Madhyāma-āgama Studies*. Taipei: Dharma Drum Publishing Corporation.

Bhikkhu Anālayo 2017, "The Luminous Mind in Theravāda and Dharmaguptaka Discourses". *Journal of Oxford Center for Buddhist Studies* 13.

Bronkhorst, Johannes 1986, *The Two Traditions of Meditation in Ancient India*. Stuttgart: Franz Steiner Verlag.

Buescher, Harmut 2008, *The Inception of Yogācāra-Vijñānavāda*. Wien.

Chemparathy, George 1968-1969, "Two Early Buddhist Refutations on the Existence of Īśvara as the Creator of the Universe", *Wiener Zeitschrift für die Kunde Süd- und Ostasiens* 12-13.

Choi, Jinkyoung 2015, "A Brief Survey on the Sanskrit Fragments of the Viniścayasaṃgrahaṇī", *Indian Logic* VIII.

Choi, Jong-Nam 2001, *Die dreifache Schulung (śikṣā) in der frühen Yogācāra-Schule: Der 7.*

Band des Hsien-yang sheng-chiao lun. Stuttgart: Franz Steiner Verlag.

Collins, Steven 1982, *Selfless Persons: Imagery and Thought in Theravāda Buddhism.* Cambridge: Cambridge University Press.

Collins, Steven 1993, "The Discourse on What is Primary (Agañña-sutta): An Annotated Translation", *Journal of Indian Philosophy* 21.

Cousins, Lance S. 1996, "Good or skillful: *Kusala* in Canon and Commentary", *Journal of Buddhist Ethics* 3.

Deleanu, Florin 1992: "Mindfulness of Breathing in the Dhyāna Sūtra", 『國際東方學者會議紀要』 1992, 2006, 2013, 37.

Deleanu, Florin 2006, *The Chapter on the Mundane Path (Laukikamārga) in the Śrāvakabhūmi*. Vol I + II. Tokyo: The International Institute for Buddhist Studies.

Deleanu, Florin 2013, "Meditative Practices in the Bodhisattvabhūmi: Quest for and Liberation through the Thing-In-Itself", in: *The Foundation for Yoga Practitioners: The Buddhist Yogācārabhūmi Treatise and Its Adaptation in India, East Asia, and Tibet*. Ed. Ulrich Timme Kragh, Cambridge: Harvard University Press.

Deleanu, Florin 2017, "Reshaping Timelessness: Paradigm Shifts in the Interpretation of Buddhist Meditation", 『國際佛教學大學院研究紀要』 21.

Delhey, Martin 2006, "Asamāhitā Bhūmiḥ: Zwei Kapitel der Yogācārabhūmi über den von meditativer Versenkung freien Zustand". *Indica et Tibetica* Band 47. Marburg: Indica et Tibetica Verlag.

Delhey, Martin 2009, *Samāhitā Bhūmiḥ: Das Kapitel über die meditative Versenkung im Grundteil der Yogācārabhūmi (Teil 1+2)*. Wien

Delhey, Martin 2013, "The Yogācārabhūmi Corpus: Sources, Editions, Translations, and Reference Works", *The Foundation for Yoga Practitioners: The Buddhist Yogācārabhūmi Treatise and Its Adaptation in India, East Asia, and Tibet*. Ed. Ulrich Timme Kragh, Cambridge: Harvard University Press.

Delhey, Martin 2016, "From Sanskrit to Chinese and Back again: Remarks on Xuanzang's Translations of *Yogācārabhūmi* and Closely Related Philosophical Treatises",

Cross-Cultural Transmission of Buddhist Texts (ed. Dorji Wangchuk). Hamburg.

Delhey, Martin 2017, "Yogācārabhūmi", in: *Oxford Bibliographies*. OUP.

Diwakar Acharya 2013, "How to Behave like a Bull? New Insight into the Origin and Religious Practices of Pāśupatas", *Indo-Iranian Journal* 56.

Eliade, Mircia 1973, *Yoga: Immortality and Freedom.* Princeton: Prnceton University Press.

Eltschinger, Vincent 2014a, "The Yogācārabhūmi against Allodoxies (*paravāda*): 1. Introduction and Doxography", *Wiener Zeitschrift für die Kunde Südasiens* Bd. LV.

Eltschinger, Vincent 2014b, *Buddhist Epistemology as Apologetics. Studies on the History, Self-understanding and Dogmatic Foundations of Late Indian Buddhist Philosophy.* Vienna: Austrian Academy of Sciences Press.

Eltschinger, Vincent 2017a, "The Yogācārabhūmi against Allodoxies (*paravāda*): 2. Ritual Violence", *Indo-Iranian Journal* 60.

Eltschinger, Vincent 2017b, "The Yogācārabhūmi against Allodoxies (*paravāda*): 3. The Caste-Classes", *Acta Orientalia Belgica XXX.*

Eltschinger, Vincent and Honjo, Yoshifumi 2015, "Abhidharma", in: *Brill's Encyclopedia of Buddhism. Vol. I: Literature and Languages.* (Ed. Jonathan A. Silk). Leiden/Boston: Brill.

Enomoto, Fumio 1978, "On the Āsrava". 『印度學佛教學硏究』 27-1,

Enomoto, Fumio 1982, 「『攝大乘論』無性釋に引用される若干の經文をめぐって」. 『佛教史學硏究』 24-2,

Enomoto, Fumio 1989, *Śarīrārthagāthā: A Collection of Canonical Verses in the Yogācārabhūmi. Part* 1: *Text. Sanskrit-Wörterbuch des buddhistischen Texte aus den Turfan-Funden Beiheft 2.* Göttingen: V&R.

Enomoto, Fumio et.al. (ed) 2014, 『ブッダゴーサの著作に至るパーリ文献の五位七十五法対応語: Bauddhakośa III』. Tokyo: The Sankibo Press.

Frauwallner, Erich 1951, "Amalavijñāna und Ālayavijñāna -Ein Beitrag zur Erkenntnislehre des Buddhismus". *Beiträge zur indischen Philologie und*

Altertumskunde. Hamburg (reprint in: *Erich Frauwallner, Kleine Schriften*, hrsg. von Ernst Steinkellner, Wiesbaden 1982: 637-648).

Frauwallner, Erich 1958, "Die Erkenntnislehre des Klassischen Sāṃkhya-Systems". *Wiener Zeitschrift für die Kunde Süd- und Ostasiens ür Indische Philosophie* II, Wien 1958: 84-139 (reprint in: *Erich Frauwallner, Kleine Schriften*, hrsg. von Ernst Steinkellner, Wiesbaden 1982: 223-278).

Frauwallner, Erich 1971, "Abhidharma-Studien III. Abhisamayavādaḥ", *Wiener Zeitschrift für die Kunde Südasiens* XV, Wien 1971: 69-102.

Frauwallner, Erich 2000, *Die Philosophie des Buddhismus*. (the 1. edition in 1956). Berlin: Akademie Verlag.

Funayama, Toru (ed.) 船山徹(編) 2012, 『眞諦三藏研究論集』(京都大學人文科學研究所研究報告). 京都.

Gethin, R. 1992, *The Buddhist Path to Awakening*, Leiden: E. J. Brill.

Gethin, R. 1998, *The Foundation of Buddhism*. Oxford: Oxford University Press.

Griffiths, Paul J. 1986, *On Being Mindless: Buddhist Meditation and the Mind-Body Problem*. La Salle: Open Court Publishing.

Griffiths, Paul. J. 1992, "Memory in Classical Indian Yogacara". Janet Gyatso, ed., *In the Mirror of Memory: Reflections on Mindfulness and Remembrance in Indian and Tibetan Buddhism*. Albany: SUNY Press.

Grohmann, F. 1991, "The Ant Hill Discourse. First Step toward an Understanding", 『中華佛教學報』 4.

Hakamaya, Noriaki 袴谷憲昭 1977, 「Bhavasaṃkrāntisūtra－解說および和譯」. 『駒澤大学仏教学部論集』 8.

Hakamaya, Noriaki 袴谷憲昭 1978, 「ア-ラヤ識存在の八論證に關する諸文獻」. 『駒澤大学仏教学部研究紀要』 36.

Hakamaya, Noriaki 袴谷憲昭 1979, 「Viniścayasaṃgrahaṇīにおけるア-ラヤ識の規定」. 『東洋文化研究所紀要』. 79.

Hakamaya, Noriaki 袴谷憲昭 2001, 『唯識思想論考』. 東京.

Hakamaya, Noriaki 袴谷憲昭 2008,『唯識文獻研究』. 東京.

Halbfass, Wilhelm 1991, *Tradition and Reflection. Exploration in Indian Thought*. Albany: SUNY Press.

Harrison, Paul 1992, "Is the Dharma-kāya the Real 'Phantom Body' of the Buddha?" *JIABS* 15-1.

Hayashima, Osamu 早島理 1985,「人法二無我論」,『南都佛教』54.

Hayashima, Osamu 早島理 and Mori, Toshihide 毛利, 俊英 1989,「顕揚聖教論の科文」,『長崎大学教育学部社会科学論叢』40.

Hirakawa, Akira 1973-1978,『阿毘達磨俱舍論索引』1-3, 東京：大藏出版.

Hirakawa, Akira et.al. 1993,『講座大乘佛教 8: 唯識思想』(이만 역). 서울: 경서원.

Hopkins, Jeffrey 1981, *Meditation on Emptiness*, London.

Horuichi, Toshio 堀内俊郎 2008, "How to Interpret and Preach the Buddha's Teaching: The Discussion in Chapter 5 of the Vyākhyāyukti".『印度學佛教學研究』56-3.

Horuichi, Toshio 堀内俊郎 2015,「梵行·勝義·欲-『釈軌論』第二章の解釋にもとづく語義解釋·現代語譯例経節 9, 14, 17-22, 30 訳注」,『國際哲學研究』4.

Horuichi, Toshio 堀内俊郎 2018, 「『法随念注』に対する文献学的研究ー『釈軌論』, Arthaviniscayasūtranibandhanaとの対比でー」,『国際哲学研究』7.

Hotori, Risho 阿理生 1984,「三昧の一側面 - 除遣について」.『印度學佛教學研究』32-2.

Hotori, Risho 阿理生 2006,「pāramitā (波羅蜜)の語源·語義について」.『印度學佛教學研究』54-2.

Houben, Jan E. M. 1997, "The Sanskrit Tradition", in: *The Emergence of Semantics in Four Linguistic Tradition* (eds. W. van Bekkum, Jan E. M. Houben, Ineke Sluiter, Kees Versteegh). Amsterdam: John Benjamins.

Huimin, Bhikkhu 釋慧敏 1994,『聲聞地における 所緣の研究』. 東京.

Ikeda, Michihiro 池田道浩 1996,「依他起性は實在するか」,『駒澤大學佛教學部論集』27.

Jaini, Padmanabh S. 1962, "Review of *Analysis of the Śrāvakabhūmi Manuscript*, by Alex Wayman". *Bulletin of the School of Oriental and African Studies* 25.

Johannson, Rune E.A., 1979, *The Dynamic Psychology of Early Buddhism*. London/Malmö.

Jones, C. V., 2021 *The Buddhist Self: On Tathāgatagarbha and Ātman*, Honolulu: University of Hawai'i Press.

de Jong, J. W. 1976. "Review of Śrāvakabhūmi of Acārya Asanga, ed. by Karunesha Shukla". *Indo-Iranian Journal* 18 (3/4): 307-310.

Kajiyama, Yuichi 2000. "Buddhist Cosmology as Presented in the Yogācārabhūmi". Jonathan Silk, ed. *Wisdom, Compassion, and the Search for Understanding: The Buddhist Studies Legacy of Gadjin M. Nagao*. Honolulu: University of Hawai'i Press.

Karashima, Seishi 辛嶋静志 2014, "Who composed Mahāyāna Scriptures? Mahāsāṃghikas and *Vaitulya* Scriptures", 『創價大學 國際佛教學高等研究所 年譜』 18.

Katsura, Shoryu 1993, "Tetralemma *(catuṣkoti)* Explained by Venn Diagrams", In: 『原始佛教と 大乘佛教』 (ed. E. Mayeda). Kyoto.

Kim, Seongcheol & Nagashima, Jundo 2017, *Śrāvakabhūmi and Buddhist Manuscripts*. Tokyo: Nombre.

Kragh, Ulrich Timme 2013, "The *Yogācārabhūmi* and Its Adaption: Introductory Essay with a Summary of the Basic Section", in: *The Foundation for Yoga Practitioners: The Buddhist Yogācārabhūmi Treatise and Its Adaptation in India, East Asia, and Tibet*. Ed. Ulrich Timme Kragh, Cambridge: Harvard University Press.

Kramer, Jowita 2005, *Kategorien der Wirklichkeit im frühen Yogācāra*. Wiesbaden.

Kramer, Jowita 2017, "Conceptuality and Non-conceptuality in Yogācāra Sources", *Journal of Indian Philosophy* 46.

Kritzer, Robert 1999, *Rebirth and Causation in the Yogācāra Abhidharma*. Wiener Studien zur Tibetologie und Buddhismuskunde Heft 44, Wien.

Kritzer, Robert 2000, "The Four Ways of Entering the Womb (*garbhāvakrānti*)", 『佛教文化』 10. 九州龍谷短期大學 佛教文化研究所.

Kritzer, Robert 2005. *Vasubandhu and the Yogācārabhūmi: Yogācāra Elements in the Abhidharmakosabhāṣya*. Tokyo: The International Institute for Buddhist Studies.

Kusumoto, Nobumichi 楠本信道 2014, 「Kautukamaṅgala 研究」, 『筑紫女学園大学 短期大学部 人間文化研究所年報』 25.

Lamotte, Étienne 1970, *Le Traité de la Grande Vertu de Sagesse de Nāgārjuna (Mahāprajñāpāramitāśāstra)*. Bd. 3. Publications de l'Institut Orientaliste de Louvain 2. Louvain.

Lamotte, Étienne 1974, "Passions and Impregnations of Passions in Buddhism", *Buddhist Studies in Honour of I.B. Horner*. (Ed. L. Cousin et.al.) Dordrecht-Holland.

Lee, Hsu-Feng 2017, *A Study of the Śarīrārthagāthā in the Yogācārabhūmi*. Dissertation of the University of Sydney.

Lee, Youngjin 2017, *Critical Edition of the First* Abhisamaya *of the Commentary on the* Prajñāpāramitā Sūtra *in 25,000 Lines by Ārya-Vimuktiṣeṇa, based on Two Sanskrit Manuscripts preserved in Nepal and Tibet.* Napoli: Università degli studi di Napoli L'Orientale.

Li, Xuezhu 2013, "Diplomatic Transcription of Newly Available Leaves from Asaṅga's *Abhidharmasamuccaya*—Folios 1, 15, 18, 20, 23, 24", *Annual Report of The International Research Institute for Advanced Buddhology at Soka University* (*ARIRIAB)* 16.

Lin, Qian 2015, *Mind in Dispute: The Section on Mind in Harivarman's *Tattvasiddhi*, PhD dissertation, University of Washington.

Maeda, Takashi 前田崇 1991,「瑜伽論梵文研究: Ābhiprāyikārthagāthānirdeśa (釋意趣義伽他)」,『文化』55-1/2.

Maithrimurthi, M. 1999, *Wohlwollen, Mitleid, Freude und Gleichmut*. Stuttgart: Frans Steiner Verlag.

Mathes, Klaus-Dieter. 1996. *Unterscheidung der Gegebenheiten von ihrem wahren Wesen (Dharmadharmatāvibhāga): Eine Lehrschrift von der Yogācāra-Schule in tibetischer Überlieferung*. Swisttal-Odendorf Indo et Tibetica Verlag.

Mathes, Klaus-Dieter 2000 "Tāranātha's Presentation of trisvabhāva in the gŹan stoṅ sñiṅ po", *Journal of the International Association of Buddhist Studies* 23.2.

Matsuda, Kazunobu 松田和信 1983, 「Abhidharmasamuccaya における 十二支縁起の解釋」,『大谷大學 眞宗綜合研究所紀要』1.

Matsuda Kazunobu 松田和信 1984,「Vasubandhu 研究ノ-ト (1)」,『印度學佛教學研究』

32-2: 82-85.

Matsuda, Kazunobu 松田和信 1994, 「『瑜伽論』「攝異門分」の梵文斷簡」, 『印度哲學佛教學』 9.

Matsuda Kazunobu 松田和信 2013, "Sanskrit fragments of the Saṃdhinirmocanasūtra", in: *The Foundation for Yoga Practitioners: The Buddhist Yogācārabhūmi Treatise and Its Adaptation in India, East Asia, and Tibet*, ed. by Ulrich Timme Kragh. Cambridge, Mass: Harvard University.

Matsumoto, Shiiro 松本史朗 2003, 「『解深密經』の唯識の經文について」 『駒澤大學佛教學部研究紀要』 61.

Mikogami, Eshō 紳子上惠生 1967, 「瑜伽師地論における極微說批判」, 『印度學佛教學研究』 15-2.

Mittal, Kusum 1957, *Dogmatische Begriffsreihen im älteren Buddhismus I: Fragmente des Daśottarasūtra aus zentralasiatischen Sanskrit-Handschriften*. Berlin: Akademie-Verlag.

Miyazaki, Izumi 宮崎泉 et.al. (ed) 2017, 『中観五蘊論における五位七十五法対応語: Bauddhakośa IV』. Tokyo: The Sankibo Press.

Mukai, Akira 向井明 1981, 「瑜伽論の成立とAsaṅgaの年代」, 『印度學佛教學研究』 29-2.

Mukai, Akira 向井明 1985, 「『瑜伽師地論』「攝事分」と『雜阿含經』」, 『北海島大學文學紀要』 33(2).

Mukai, Akira 向井明 1996, 「『瑜伽師地論』「攝釋分」「攝異門分」の結構 -uddāna 頌による批判」, 『インド思想と佛教文化』. 東京.

Muroji, Gijin 室寺義仁 et.al. (ed), 2017, 『喩伽師地論における五位百法対応語ならびに十二支縁起項目語: Bauddhakośa V』. Tokyo: The Sankibo Press.

Nagao, Gajin 長尾雅人 1978a, 『中觀と唯識』, 東京.

Nagao, Gajin 長尾雅人 1978b, "What remains in Śūnyatā. A Yogācāra Interpretation of Emptiness". *Mahāyāna Buddhist Meditation* (ed. Kiyota), Hawaii.

Nagao, Gajin 長尾雅人 1982, 『攝大乘論 上』. 東京.

Nakamura, Hajime 中村元 1976, 『自我と無我』. 京都.

Ñāṇananda (Bhikkhu) 1971, *Concept and Reality in Early Buddhist Thought: An Essay on*

Papañca and Papañca-saññā-saṅkhā, Kandy.

Nehrdich, Sebastian 2023, "Observations on the Intertextuality of Selected Abhidharma Texts Preserved in Chinese Translation." *Religions* 14

Nishi, Giyu 西義雄 1975,『阿毘達磨 佛教の 研究』. 東京.

Oberhammer, Gerhard (ed.) 1991-2006, *Terminologie der Frühen Philosophischen Scholastik in Indien.* Wien.

Odani, Nobuchiyo 小谷信千代 2000:『法と行の思想としての佛教』. 京都.

Okada, Shigeho 岡田 繁穂 2017,「初期瑜伽行派3文献におけるsaṃgraha(摂, bsdus pa)」,『インド哲学仏教学研究』25.

Otake, Susumu 大竹晋 2012,「眞諦『九識章』をめぐって」,『眞諦三藏研究論集』, 船山徹 編. 京都.

Pagel, Ulrich 2007, *Mapping the Path: Vajrapadas in Mahāyāna Literature*, Tokyo.

Poussin, Louis de la Vallée 1989, *Abhidharmakośabhāṣyam by Louis de la Vallée Poussin* (tr. Leo Pruden). Berkeley: Asian Humanities Press.

Poussin, Louis de la Vallée 2012, *Abhidharmakośa-Bhāṣya of Vasubandhu* (tr. Gelong Lodrö Sangpo). Delhi: Motilal Banarsidass.

von Rospatt, Alexander 1995. *The Buddhist Doctrine of Momentariness: A Survey of the Origins and Early Phase of this Doctrine up to Vasubandhu.* Stuttgart: Franz Steiner Verlag.

von Rospatt, Alexander 2013, "Remarks on the *Bhāvanāmayī Bhūmiḥ* And its Treatment of Practice", in: *The Foundation for Yoga Practitioners: The Buddhist Yogācārabhūmi Treatise and Its Adaptation in India, East Asia, and Tibet.* Ed. Ulrich Timme Kragh, Cambridge: Harvard University Press.

Saito, Akira et.al. (ed) 2011,『俱舍論を中心とした五位七十五法の正義的用例集 Bauddhakośa I』. Tokyo: The Sankibo Press.

Saito, Akira et.al. (ed) 2014,『瑜伽行派の五位百法: Bauddhakośa II』. Tokyo: The Sankibo Press.

Saito, Akira et.al. (ed) 2018, *The seventy-five elements (dharma) of Sarvāstivāda in the*

Abhidharmakośabhāṣya and related works: Bauddhakośa VI. Tokyo: The Sankibo Press.

Sakuma, Hidenori 佐久間秀範 1990, *Die Āśrayaparivṛtti-Theorie in der Yogācārabhūmi*. Stuttgart: Franz Steiner Verlag.

Sakuma, Hidenori 2007, "In Search of the Origin of the Five-Gotra System". 『印度學佛教學研究』 55.3.

Sakurabe, Hajime 櫻部健 1955, 「九十八隨眠説の 成立に ついて」, 『大谷學報』 35-3.

Saṅkṛtyāyana, Rahula. 1935. "Sanskrit Palm-1eaf Mss. in Tibet". *Journal of the Bihar and Orissa Research Society* 21 (1): 21-43.

Saṅkṛtyāyana, Rahula. 1937. "Second Search of Sanskrit Palm-leaf Mss. in Tibet". *Journal of the Bihar and Orissa Research Society* 23 (1): 1-57.

Schlingloff, Dieter 1962, *Dogmatische Gegriffsreihen im älteren Buddhismus Ia: Daśottarasūtra IX-X*. Berlin: Akademie-Verlag.

Schlingloff, Dieter 2006, *Ein buddhistisches Yogalehrbuch* (ed. Jens-Uwe Hartmann und Hermann-Josef Röllicke, originally published in 1964). Düsseldorf: Haus der Japanischen Kultur.

Schmithausen, Lambert 1969, "Zur Literaturgeschichte der älteren Yogācāra-Schule", *Zeitschrift der Deutschen Morgenländischen Gesellschaft*. Supplementa I.

Schmithausen, Lambert 1970, "Zu den Rezensionen des Udānavargaḥ" *Wiener Zeitschrift für die Kunde Südasiens und Archiv für indische Philosophie* 14.

Schmithausen, Lambert 1972, "The Definition of *pratyakṣa* in the Abhidharmasamuccayaḥ", *Wiener Zeitschrift für die Kunde Südasiens* 16.

Schmithausen, Lambert 1976, "Die vier Konzentrationen der Aufmerksamkeit" *Zeitschrift für Missionswissenschaft und Religionswissenschaft* 57: 161-186.

Schmithausen, Lambert 1977, "Zur buddhistischen Lehre von der dreifachen Leidhaftigkeit", *Zeitschrift der Deutschen Morgenländischen Gesellschaft. Supplementa III*.

Schmithausen, Lambert 1979, 「我見に關する 若干の考察 - 薩伽倻見, 我慢, 染汚意」, 『佛教學』7.

Schmithausen, Lambert 1982a, "Versenkungspraxis und Erlösende Erfahrung in der Śrāvakabhūmi", *Epiphanie des Heils: Zur Heilsgegenwart in Indischer und Christlicher Religion*. Ed. Gerhard Oberhammer. Wien.

Schmithausen, Lambert 1982b, "Die letzten Seiten der Śrāvakabhūmi", in: *Indological and Buddhist Studies. Volume in Honour of Professor J. W. de Jong on his Sixtieth Birthday*, ed. by L. A. Hercus et al. Canberra.

Schmithausen, Lambert 1983, "The Darśana Section of the Abhidharmasamuccaya and its Interpretation by Tibetan Commentators (with Special Reference to Bu ston Rin chen grub)", in: *Contributions to Tibetan and Buddhist Religion and Philosophy*. Wien.

Schmithausen, Lambert 1987. *Ālayavijñāna: On the Origin and the Early Development of a Central Concept of Yogācāra Philosophy*. Tokyo: The International Institute for Buddhist Studies.

Schmithausen, Lambert 1987a. "Beiträge der Schulzugehörigkeit und Textgeschichte kanonischer und postkanonischer buddhistischer Materialien". *Schulzugehörigkeit von Werken der Hīnayāna-Literaur*. Hg. von Heins Bechert. Bd. 2. Abhandlungen der Akademie der Wissenschaften in Göttingen. Göttingen.

Schmithausen, Lambert 1991a, "Yogācārabhūmi: Sopadhikā and Nirupadhikā bhūmi" in: *Papers in Honour of Prof. Dr. Ji Xianlin on the Occasion of his 80th Birthday*. 江西人民出版社.

Schmithausen, Lambert 1991b, *The Problem of Sentience of Plants in Early Buddhism*. Tokyo.

Schmithausen, Lambert 1992, "A Note on Vasubandhu and the Laṅkāvatārasūtra" *Asiatische Studien* XLVI.1

Schmithausen, Lambert 2000, "On Three Yogācārabhūmi Passages Mentioning the Three *Svabhāvas* or *Lakṣaṇas*" *Wisdom, Compassion, and the Search for Understanding: the Buddhist studies legacy of Gadjin M. Nagao*. ed. Jonathan A. Silk, Honolulu.

Schmithausen, Lambert 2005a. *On the Problem of the External World in the Ch'eng wei shih lun*. Tokyo: The International Institute for Buddhist Studies.

Schmithausen, Lambert 2005b. "Man and World: On the Myth of Origin of the Agaññasutta", *Supplement to the Bulletin of the Research Institute of Bukkyo University*.

Schmithausen, Lambert 2007. "Aspects of Spiritual Practice in Early Yogācāras", *Journal of the International College for Postgraduate Buddhist Studies* 11.

Schmithausen, Lambert 2013, "*Kuśala and Akuśala*: Reconsidering the Original Meaning of a Basic Pair of Terms of Buddhist Spirituality and Ethics and Its Development up to Early Yogācāra", in: *The Foundation for Yoga Practitioners: The Buddhist Yogācārabhūmi Treatise and Its Adaptation in India, East Asia, and Tibet*, ed. by Ulrich Timme Kragh. Cambridge, Mass: Harvard University, Department of South Asian studies.

Schmithausen, Lambert 2014. *The Genesis of Yogācāra-Vijñānavāda: Responses and Reflections*. Tokyo: The International Institute for Buddhist Studies.

Schmithausen, Lambert 2017. "Some Remarks on the Genesis of Central Yogācāra-Vijñānavāda Concepts", *Journal of Indian Philosophy* 46.

Schmithausen, Lambert 2020. *Fleischverzehr und Vegetarismus im indischen Buddhismus*. Bochum/Freiburg: Projektverlag.

Seyfort Ruegg, D. 1967, "On a Yoga Treatise in Sanskrit from Qïzïl", *Journal of the American Oriental Society* 87.

Seyfort Ruegg, D. 1989, *Buddha-nature, Mind and the Problem of Gradualism in a Comparative Perspective*, School of Oriental and African Studies, University of London.

Silk, Jonathan 2000, "The Yogācāra Bhikṣu", in: *Wisdom, Compassion, and the Search for Understanding: the Buddhist studies legacy of Gadjin M. Nagao*. ed. Jonathan A. Silk, Honolulu.

Silk, Jonathan 2001, "Contribution to the Study of the Philosophical Vocabulary of the Mahāyāna Buddhism", *The Eastern Buddhist* XXXIII, 1.

Skilling, Peter 1994, *Mahāsūtras: Great Discourses of the Buddha. vol. I: Texts, Critical editions of the Tibetan Mahāsūtras with Sanskrit and Pāli Counterparts as available*. Oxford.

Speijer, Jacob Samuel 1886 *Sanskrit Syntax*. Leiden: E. J. Brill.

Sugawara, Yasunori 菅原泰典 2013, "The *Bhāvanāmayī Bhūmiḥ*: Contents and Formation", in: *The Foundation for Yoga Practitioners: The Buddhist Yogācārabhūmi Treatise and Its Adaptation in India, East Asia, and Tibet*, ed. by Ulrich Timme Kragh. Cambridge, Mass: Harvard University, Department of South Asian studies.

Suguro, Shinjo 勝呂信靜 1976,「瑜伽論の成立に關する私見」,『大崎學報』129.

Takahashi, Koichi 高橋晃一 2005,『『菩薩地』「眞實義品から」「攝決擇分中菩薩地」への思想展開』. 東京.

Tokunaga, Muneo 1995, "Statistic Survey of the Śloka in the *Mahābhārata*", *Memoirs of the Faculty of Letters* (京都大學文學部研究紀要) 34.

Tucci, Giuseppe 1986, *Minor Buddhist Texts Part I & II*. Delhi: Motilal Banarsidass.

Ui, Hakuju 宇井伯壽 1965,『印度哲學研究 第六』. 東京.

Vetter, Tilmann 2000, *The 'Kkhanda-Passages' in the Vinayapiṭaka and the Four Main Nikāyas*. Wien.

Waldron, Williams S. 2003, *The Buddhist Unconscious: The Ālaya-vijñāna in the Context of Indian Buddhist Thought*. London & New York.

Watanabe, Baiyu 渡邊楳雄 1936,「D.33 Saṅgīti-S.及び D.34 Dasuttara-s. 関係諸佛典對照表」,『駒沢大学仏教学会年報』7.

Wayman, Alex 1961, *Analysis of the Śrāvakabhūmi Manuscript*. Berkeley/Los Angeles: University of California Press.

Wezler, Albrecht 1985, "A Note on Vārṣaganya and the Yogācārabhūmi", *Journal of the Asiatic Society* 27-2.

Yaita, Hideyomi 矢板秀臣 2005, *Three Sanskrit Texts from the Buddhist Pramāṇa-Tradition*. Naritasan Shinshoji.

Yamabe, Nobuyoshi 山部能宜 1990, "Bīja Theory in Viniścayasaṃgrahaṇī",『印度學佛教學研究』1990.

Yamabe, Nobuyoshi 山部能宜 1999a,「Pūrvācāryaの 一用例について」,『九州龍谷短期大學紀要』.

Yamabe, Nobuyoshi 山部能宜 1999b, "The Significance of the "Yogalehrbuch" for the Investigation into the Origin of Chinese Meditation Texts", 『佛教文化』 9 (九州龍谷短期大學 佛教文化研究所).

Yamabe, Nobuyoshi 山部能宜 2003, "On the School Affiliation of Aśvaghoṣa: "Sautrāntika" or "Yogācāra"?" *Journal of the International Association of Buddhist Studies* 26-2.

Yamabe, Nobuyoshi 山部能宜 2012, 「アーラヤ識に關する一考察」, 『唯識と瑜伽行』 (シリーズ大乘佛教 第七巻). 東京: 春秋社.

Yamabe, Nobuyoshi 山部能宜 2013, "Parallel Passages between the *Manobhūmi* and the **Yogācārabhūmi* of the Saṃgharakṣa", *The Foundation for Yoga Practitioners: The Buddhist Yogācārabhūmi Treatise and Its Adaptation in India, East Asia, and Tibet*, ed. by Ulrich Timme Kragh. Cambridge, Mass: Harvard University.

Yamabe, Nobuyoshi 山部能宜 2017, "Once Again on 'Dhātu-vāda'", 『불교학리뷰』 21.

Yonezawa, Yoshiyasu 1998, "Pratyekabuddhabhūmi, Sanskrit Text and Annotated Translation" 『三康文化研究所年報』 29: 9-25.

Yoshimizu, Chizuko 吉水千鶴子 1996, 「Saṃdhinirmocanasūtra Xにおける 四種の yukti について」, 『成田山佛教研究所紀要』 19.

Yoshimizu, Chizuko 吉水千鶴子 2022, "Revisiting the Tenth Chapter of the Saṃdhinirmocanasūtra: A Scripture on Rational Reflection". Orna Almogi (ed.), *Evolution of Scriptures, Formation of Canons: The Buddhist Case*. Indian and Tibetan Studies Series 13. Hamburg: Department of Indian and Tibetan Studies, 63-93.

Zhang, Hanjing & Ye, Shaoyong 2020, "Sanskrit Folios from Unknown Commentary on the Yogācārabhūmi: A Preliminary Report" *The Journal of Oriental Studies* 30.

찾아보기

ㄴ

ㄷ

ㅁ

ㅂ

ㅅ

ㅇ

ㅈ

ㅊ

ㅋ

ㅌ

ㅍ

ㅎ

역자 소개

안성두

독일 함부르크 대학에서 Prof. Lambert Schmithausen의 지도하에 석사와 박사. 금강대학교 연구원과 교수를 거쳐 서울대학교 철학과 교수 역임. 인도불전의 번역에 관심을 갖고 『보성론』(2012), 『보살지』(2015), 『성문지』(2021) 등을 번역했고, 주로 유식-여래장 사상에 대한 여러 논문이 있다.

이영진

동국대 박사 이후 함부르크 대학의 포닥 과정과 일본 Soka 대학 고등불교연구소의 방문학자를 역임했고, 현재 국립경상대학교 철학과 교수로 재직. 전공분야는 인도 대승불교철학으로 산스크리트 필사본에 의거해 중관과 유식문헌을 연구. 이영진(2017) 등의 저서와 「'제견'(vibhāvanā)이라는 척도로 살펴본, 인도불교 문헌에 나타난 주지주의와 신비주의의 접전(接戰)」(2023) 등 다수의 논문이 있다.

원과 스님 (김홍미)

동국대에서 「十二緣起 전개과정 연구: 解脫智 기술을 중심으로」라는 논문으로 2010년 박사학위를 받았다. 현재는 동국대 외래 강사와 삼선불학승가대학원(대한불교 조계종) 교수로 재직 중이다. 『집일 경론소기』를 공동 번역했고, 「왜 반야바라밀을 수습하는가?」 등 다수의 논문이 있다.

운산 스님 (추인호)

서울대학교 졸업 후에 직지사로 출가. 그 이후 동국대 불교학과 대학원에서 석사와 박사학위 취득. 현재 독일 함부르크대학 H. Isaacson 교수의 지도하에 Yogācārabhūmi 「문소성지」 <내명처>의 산스크리트 비판교정본의 출판을 준비하고 있다.

불교 요가 수행자들의 수행토대

瑜伽師地論 유가사지론

초판 발행 2023년 11월 10일
초판 2쇄 2024년 10월 30일

역주 안성두, 이영진, 원과 스님, 운산 스님
펴낸이 김성배

책임편집 최장미
디자인 송성용, 엄해정
제작 김문갑

발행처 도서출판 씨아이알
출판등록 제2-3285호(2001년 3월 19일)
주소 (04626) 서울특별시 중구 필동로8길 43(예장동 1-151)
전화 (02) 2275-8603(대표) | 팩스 (02) 2265-9394
홈페이지 www.circom.co.kr

ISBN 979-11-6856-161-8 (93220)